北京古籍叢書

[明]郭造卿 著
邱居里 輯錄點校

燕史

上

全國高校古籍整理研究工作委員會直接資助項目
2014年度北京市古籍整理出版資助項目

圖書在版編目（CIP）數據

燕史 /（明）郭造卿著；邱居里輯録點校．— 北京：北京出版社，2015. 12

（北京古籍叢書）

ISBN 978 - 7 - 200 - 11883 - 4

Ⅰ. ①燕… Ⅱ. ①郭… ②邱… Ⅲ. ①北京市—地方史—古代 Ⅳ. ①K291

中國版本圖書館 CIP 數據核字(2015)第 322082 號

責任編輯　喬天一　張　帥　　責任印製　宋　超

裝幀設計　郭　宇　　書名題簽　馬國慶

北京古籍叢書

燕史

［明］郭造卿 著　邱居里 輯録點校

出　　版　北京出版集團公司

　　　　　北京出版社

地　　址　北京北三環中路六號

郵　　編　一〇〇一二〇

網　　址　www. bph. com. cn

總 發 行　北京出版集團公司

經　　銷　新華書店

印　　刷　北京虎彩文化傳播有限公司

開　　本　八八〇毫米×一二三〇毫米　三十二

印　　張　四四點三七五

字　　數　七九六千字

版　　次　二〇一五年十二月第一版

印　　次　二〇二三年五月第二次印刷

書号　ISBN 978 - 7 - 200 - 11883 - 4

定價　138. 00 圓

質量監督電話　010 - 58572393

郭造卿與《燕史》

《燕史》是一部北京及周邊地區的地方通史，是明朝太學生郭造卿，受薊鎮總兵官戚繼光囑托和資助，於萬曆初年編纂的。從這部書修撰起，其價值就受到當時及後世的矚目，清初著名學者顧炎武、朱彝尊都以未睹其書爲憾。由於戚繼光調任和辭世，《燕史》未能最後完成刊刻，後世逐漸湮没無聞，僅存抄本十記三十五卷，已非完帙。本書在校勘標點《燕史》抄本的同時，又從郭造卿詩文集《海嶽山房存稿》、論説集《海嶽山房別稿》中，輯録出該書的全部篇序和部分論、辨，凡一百四十五篇，與抄本合爲一帙，首次將《燕史》全部傳世篇章輯爲一書，對於閲讀這部獨一無二的古代北京地方通史，瞭解其編纂宗旨、體裁結構和基本内容，提供了儘可能完整可靠的文本。

一、郭造卿的生平與學術

郭造卿（一五三二—一五九三），字建初，號玉融山人、海嶽先生，福建福清人。其父郭萬程，嘉靖十四年（一五三五）進士，官刑部河南司主事，不久即因病去世。七歲而孤的造卿，與母盧氏、兄遇卿從北京間關萬里扶喪返鄉。在母親的勉勵下，兄弟二人刻苦志學，皆入學爲諸生。造卿始就學，就「日誦數千言」，顯示出良好的爲學資質。弱冠入學，曾三試冠諸生，先後受到福建提學副使朱衡、福建觀察使姜良翰的贊賞。造卿的才學深受父友江西巡撫馬森器重，認爲他才堪大用，而孝友又古人所難，特地推薦入江右王門著名學者羅洪先門下，學業蒸蒸日進。此時，郭造卿已經開始顯露自己的學術旨趣：「不屑治博士家言，而好爲古文辭，稱聲詩，又精曆律，明習當世掌故，達於經國之體，指畫形勝、兵符、錢穀，歷歷如覩。」〔一〕預示其日後的學術趨向，不在於科舉，而在於經世致用的實學。

倭寇的侵擾，打斷了年青士子的科第之途。嘉靖三十七年，倭寇侵擾福建，郭造卿以避難遊於吳越間，先後客於浙直福建總督胡宗憲和南京兵部左侍郎李遂門下，於座間抵掌談天下事。回到福建後，郭造卿又以經世之學和良史之才受到前後兩任福建巡撫汪道昆、涂澤民的推重。「先生練習世務，每談當代得失之故，如決溜懸河，聽者忘倦，世

〔一〕郭應寵《先考海嶽府君行狀》，載郭造卿《海嶽山房存稿》附録，明萬曆三十五年刊本。

遂不敢以文士目先生」[二]。嘉靖四十一年，戚繼光率軍援閩抗倭，四十三年，以平寇功任都督同知福建總兵官。由於兩任福建巡撫的推重，以及其兄郭遇卿參與平定倭寇的戰事，所以戚繼光不恃身份，禮賢下士，首先登門造訪郭氏兄弟。此時，二人雖未正式入幕戚將軍府，但已爲之平倭守閩出謀畫策。郭造卿詩文集《海嶽山房存稿》中，收有《前海議》《後海議》各五篇，以及《閩中經略議》《閩中兵食議》《閩中分處郡縣議》《防閩山寇議》等文章，就是郭造卿此時爲戚將軍及福建當政謀畫的軍事方略[三]。説明他不同於那些拘拘於八股功名之間的一般儒生，而是注重經世致用的有識之士。

嘉靖中期以後，蒙古俺答部強大，不斷侵擾北方，京城告警。爲了改變被動局面，隆慶元年（一五六七），明穆宗調兩廣總督譚綸和福建總兵官戚繼光到北方督練邊兵。二年三月，譚綸出任薊遼總督。五月，任命戚繼光爲署都督同知總理薊昌保定練兵事。三年正月，改任薊州總兵官，鎮守薊州、永平、山海關等處軍務。戚繼光到任後，積極修築敵臺邊牆，訓練將士，設置車炮營，加強防務，在長達十五年的時間里，保障了北京

[二] 葉向高《海嶽山房存稿敘》，載《海嶽山房存稿》卷首；又見葉向高《蒼霞草》卷八，明萬曆刊本。

[三] 郭造卿《海嶽山房存稿》文集卷十一、十二。

東北邊防的安定。在戚繼光的力邀下，郭遇卿拋棄舉業，北上薊門，入幕戚將軍府。隆慶六年，在兵部右侍郎前福建巡撫汪道昆和福建提學徐中行的力薦下，郭造卿入貢北京國子監，成爲太學生。遊學京城，使他開闊了眼界，增長了學識，結交了黎民表、歐子耕等當世名士，并得到國子祭酒王錫爵的稱賞。然而，郭氏雖有聲太學，卻始終困於一第。萬曆元年（一五七三）、四年兩次秋闈，他均未能中舉。年逾不惑的郭造卿，已不復有年青時「行藏丈夫抱，誰當用舍軸。世事付杯酒，吾道寧碌碌」的豪氣〔二〕，不得不考慮另謀出路。

明代的國子監生，凡科舉不第者，出路多爲兩途，或通過考選入中書、六部等國家機構爲屬員，或以才能入幕達官。當時亦有人邀請郭造卿參加中書科的考試，但是繕寫眷录的中書屬員生涯，不符合他的意趣。他辭謝不往，并由此得到王錫爵「生不辱吾國士知」的讚賞〔三〕。至於入幕，郭造卿亦有自己的考慮。他的抉擇不在幕主權勢的高下，而是希望其人能真正激賞自己的才學，從而得以施展抱負。當時，力邀造卿入幕的有兩位，

〔二〕郭造卿《秋試後登烏石》，《海嶽山房存稿》詩集卷一。

〔三〕郭應寵《先考海嶽府君行狀》，載郭造卿《海嶽山房存稿》附録。

一是薊鎮總兵官戚繼光，延請他編修薊鎮地方志《薊略》；一是萬曆五年正月改任江西右布政使的徐中行，召他同去江西，并完成《臨汀府志》的修撰。徐、戚二人都是影響郭氏人生的重要人物，而編纂《薊略》或《臨汀志》，也是他希望從事的史學工作。其時郭遇卿已入戚將軍麾下，且戚對造卿「禮甚恭，行李相望於道，促治裝」[一]。然而造卿考慮到，作爲徐中行的門生，不可以「先友而後師」[二]。而且徐任福建提學時，曾祠祀造卿父於鄉賢祠，又旌表其母盧氏之節，有功德於父母，自己卻「未有分毫可報稱者」；尤其是徐中行《送郭建初南還》詩云：「聖代編摩秘閣開，幾人載筆上蘭台。誰知六館諸生里，更有西京良史材。」[三]對自己的史學才能深深激賞，使他下决心從徐中行之豫章，完成《臨汀志》的編修。

郭氏世有史才。造卿父郭萬程生前曾爲福清作縣志《玉融古史》，未成稿而卒，「識者稱其雄勁簡奧，善紀述」。造卿年青時即以史學自任，雖不得不從事科舉，「然非其好

〔一〕葉向高《海嶽郭先生墓誌銘》，載郭造卿《海嶽山房存稿》附録；又見葉向高《蒼霞草》卷十七。

〔二〕郭應寵《先考海嶽府君行狀》，載郭造卿《海嶽山房存稿》附録。

〔三〕載郭造卿《海嶽山房存稿》附録；又見徐中行《天目先生集》卷三，明萬曆十二年張佳胤浙江刊本。

也。其志在上下今古，貫穿百氏，窮搜人間未有之書，羅之胸中，以勒成一家言」〔一〕。嘉靖末年，葉夢熊任福清知縣，聞知造卿之名，即開館蕭寺，延聘他完成《玉融古史》。郭氏作《與邑侯龍潭葉公論邑志書》二千餘言，詳細探討以往縣志的得失，説明自己的纂修設想。他還爲福清縣作《忠烈祠略》，考訂南宋末年抗元義士劉同祖等人的事跡。隆慶年間，葉夢熊叔父葉春及任惠安知縣，得知郭氏史才，亦邀請他修訂《惠安政書》。《臨汀志》是曾任汀州知府的徐中行推薦郭造卿編修的，因其「世嫻閩中故實」，且又「史才當海内大方」。此時郭氏已入太學，他充分利用國子監的豐富藏書，及與當世名士交遊的便利，從事史料的搜集整理。「公車既富載籍，又從學士先生遊，旁紬金匱石室，而搜緝有緒矣」〔二〕。郭造卿隨徐中行到豫章後，一面協助徐氏處理文書公務，一面繼續編修。萬曆六年，志書告成，造卿將前往汀州校訂梓行。徐中行爲作《臨汀志序》送行。不料是年十月，徐中行因處理宗侯訟事猝卒，郭造卿不得不留在豫章爲徐經理喪事，然後再前往汀州，完成《臨汀志》的校梓工作。萬曆七年夏，郭造卿又應汀州所屬上杭知縣楊

〔一〕葉向高《海嶽山房存稿敘》，載郭造卿《海嶽山房存稿》卷首。
〔二〕徐中行《臨汀志序》，載郭造卿《海嶽山房存稿》附録。

萬春邀請，作《上杭縣志》七卷。

從閩浙江贛到京師塞外的壯闊遊歷，入讀北京國子監，與當世名士的廣泛交往，開拓了郭造卿的眼界，也增廣了他的學識。《臨汀府志》等多部地方志的編修，則鍛煉了他的史學才能。所有這些，爲其後《燕史》編修奠定了堅實的基礎。

二、入幕薊鎮編纂《燕史》

郭造卿隨徐中行南下江西後，戚繼光并没有放棄約請他修史的願望。他從薊鎮寄詩徐中行，以「寄言莫負名山興，覽古重來吊薊丘」的詩句[一]，邀請郭氏它日重遊薊州。因此，造卿在《臨汀志》《上杭志》諸事完畢後，萬曆八年（一五八〇）即北上薊門，入幕戚府，開始修史。

《戚繼光年譜》記載：「萬曆八年庚辰，家嚴五十三歲。春三月，築蓮心館，聘山人郭造卿修《燕志》。」蓮心館修築在薊州鎮北部的漢兒莊，地處龍井關與潘家口之間長城的南面。此地是戚氏所部車前營的駐地，距薊鎮都督府所在的三營屯路程不遠。

[一] 戚繼光《延郭建初修燕史逃從師于江右寄徐夫子方伯訂其重遊》，載郭造卿《海嶽山房存稿》附録。

其館制：除中道爲門路至堂，兩塀則環水爲池，夾抱其堂，而有橋可渡。堂後亭池，幽然清境，可消煩暑。其中荷香馥鬱，池館生凉，居然瀟灑物外，可以卻世慮而絶塵想也。此後則虛室深院可居。中署爲景堂，以崇祀神像。雖藉苞流之成勢，而實邊圉之勝概也。乃處山人於其中，享以千金，爲修志計[一]。

可見戚繼光對延聘郭造卿修史是極其隆重的，并在館舍設置和資金上給予了充分的支持。戚繼光聘請郭氏，最初的設想祇是編修一部記載薊鎮歷史和軍事方略的《薊略》，而非《燕史》。但是，郭造卿之志卻不止於此。郭應寵《海嶽山房存稿總目後跋語》云：

先子生而雅志經世，故於異秘牒笈，雖無所不窺，而尤沉酣於二十一史、朝家掌故，旁精曆律兵符諸書，洞悉山川厄塞。揮麈立談，慨然慕諸葛武侯、范文正公之爲人。顧困於數奇，乃因戚少保下榻，而著《燕史》以見志[二]。

與中國古代的大多數儒士一樣，經邦濟世是郭氏人生的最高理想。然而科舉的困頓使他無從施展經濟之才，不得不另尋出路。孔子窮而著《春秋》，司馬遷困而作《史記》，古

[一] 戚祚國《戚少保年譜耆編》卷十二，中華書局二〇〇三年點校本。

[二] 載郭造卿《海嶽山房存稿》卷首；又見郭應寵《郭汝承集》卷四，國家圖書館藏清抄本。

昔聖賢的楷模，與生俱來的史學興趣和素養，多部地方志編修的經驗，使他很自然地從史學中尋找慰藉。進入北京國子監後，與當世名士廣泛的交往，使郭造卿注意到，作爲遼、金、元、明四朝都城的北京，竟然没有一部像樣的地方通史，這使他萌生了編修皇都志作爲自己名山事業的强烈願望。

葉夢熊《永平府志序》轉引郭氏言云：

> 唐五代後史，非考事不目，故外史多失職，皇都尤爲闕典。昔都關、洛，其史漢、唐，其詞典雅。今承遼、金、元史，不中乎文士，然其事在都下，何可以草昧遺之哉！生則三復之不忍置焉。將代都人士執役，奈何以奪史氏權！惟具勝國，達啟宇，藏之燕山爲副耳[二]。

郭造卿晚年在《柬葉化甫先生》中説的更爲直截：「僕憤大明二百載，莫爲神都志者，乃編燕事，以爲外史。」[三] 郭氏認爲，唐五代以後地方志多不完備，尤其是有關明朝都城北京的記載更是闕典。中國歷史上興盛的漢、唐諸朝，其紀傳體史書都非常典雅，而遼、

[二] 載郭造卿《海嶽山房存稿》附録。

[三] 郭造卿《海嶽山房存稿》文集卷十三。

金、元各史則多受到批評。明朝繼遼、金、元三朝之後，定鼎北京已經一百六十餘年，皇都的歷史豈可或缺！但是，自己既非朝廷史官，亦非都城名賢，無法替代他們直接編修明朝国史，因此，郭氏立志編纂一部地方通史來記載明代以前的北京歷史。但是，一部開創性的北京通史，必然卷帙浩繁，無論資料、經費和人力都非個人力量可以承擔，正好戚繼光邀請修《薊略》，造卿遂入幕戚氏，借助都督府的力量來實現自己的抱負。故而萬曆八年入駐蓮心館後，郭造卿首先動手編修《燕山古史》，準備其後再作《薊略》。

《燕山古史》又名《燕史》《燕志》《古燕史》。所謂古史，是指時間斷限上，《燕史》始自周初召公封燕，迄於元朝覆没，是一部貫穿二千三百多年，「網羅千載，搜輯前聞」的古代通史[二]。地域上，《燕史》涵蓋北京周邊及遼東地區，「名雖一方，實該九有」[三]。體裁上，郭卿爲《燕史》設置了記、纂、表、譜、考、録、傳、編八種體裁，全方位多層次地記述歷史。爲了編撰這樣一部規模宏大的地方通史，郭造卿在史料上進行了多重準備。一方面，他從大量的紀傳體和編年體史書中摭取材料。「余居燕有史役，日

[二] 郭造卿《壽少保特進光禄大夫左柱國孟諸戚公序》，《海嶽山房存稿》文集卷二。

[三] 葉向高《海嶽山房存稿敘》，載郭造卿《海嶽山房存稿》卷首。

乙二十一史，有關燕事者輒標識之」[一]。二十一史，是明人對《明史》之前的歷代紀傳體正史的統稱，從《史記》《漢書》開始，至《元史》爲止，不包括《舊唐書》與《舊五代史》。但事實上，郭造卿大量參考了《舊唐書》和《舊五代史》，還多次徵引《舊唐書》的史論，實際應包括二十三史。此外，《燕史》還大量引録《後漢紀》《資治通鑒》等編年史的資料。另一方面，郭氏又親自遊歷邊塞，進行實地考察。

以司馬遷爲典範，郭造卿自年青時就開始遊歷四方，曾「道吴越，上金陵，溯大江，而西及荆滇之交」[二]。進入太學後，明朝北部邊防的危機和纂修皇都志的心願，又激起他對北部邊塞的重視，「慨然念庚戌之變，欲從盧龍，歷九邊，盡觀天下厄塞」[三]。隆慶元年，造卿初至北方，赴薊州探視在戚將軍幕下的兄長遇卿，就曾隨同戚繼光一同登山遊覽[三]，并與王仲房、董全之等一起遊歷塞外，寫下了一系列的詩文[四]。「砂跡萬重連塞外，河流千疊繞關前」，「寒城野白鷺刁斗，衰草雲黄隱戍樓」[五]，壯闊的邊塞風光，艱苦的防戍生

[一] 郭造卿《海嶽山房別稿》卷四跋文，明萬曆四十一年刊本。
[二] 董應舉《海嶽山房文集序》，載郭造卿《海嶽山房存稿》卷首。
[三] 分見戚繼光《横槊稿》上，中華書局二〇〇一年點校本；戚祚國《戚少保年譜耆編》卷十。
[四] 郭造卿《海嶽山房存稿》詩集卷三，文集卷一、六。
[五] 郭造卿《同王仲房宿塞外戍樓》《同王仲房遊塞外贈别》，《海嶽山房存稿》詩集卷三。

活，給他留下深刻印象。萬曆八年開始修史後，郭氏又多次遊歷邊關。如當年季夏，戚繼光巡視關塞，造卿隨行。戚繼光《横槊稿》上有《露坐觀飛蟲撲燈賦》一首，亦載於《海嶽山房存稿》詩集卷五，名《夕蛾賦》，實爲遊歷時造卿爲戚氏代筆，衹是文句稍有改易而已。這一次的遊歷，更是爲《燕史》編撰作實地考察。此外，郭氏還派人多次深入塞外，考察大寧等遺址。顧炎武《營平二州史事序》即云：

> 昔神廟之初，邊陲無事，大帥得以治兵之暇留意圖籍。而福之士人郭君造卿，在戚大將軍幕府，網羅天下書志略備，又身自行歷薊北諸邊營壘。又遣卒至塞外，窮濡源，視舊大寧遺址。還報，與書不合，則再遣覆按，必得實乃止[一]。

前代史籍的大量記載，身自親歷的實地考察，爲《燕史》撰修積累了豐富信實的資料。

出乎意料的是，開館纂修《燕史》將及三年，人事就發生了巨大變化。萬曆十年六月，朝中一向支持戚繼光的首輔張居正去世。十一年二月，受到當政排擠的戚繼光由薊鎮總兵官調任廣東，次年十一月又罷職回鄉，十五年十二月病逝於故鄉蓬萊。《燕史》纂修開始不久，就失去了戚繼光的支持，郭造卿將何去何從？《戚少保年譜耆編》在萬曆

[一] 顧炎武《亭林文集》卷二，《四部叢刊》影印康熙刊本。

八年「築蓮心館，聘山人郭造卿修《燕志》」條下云：「乃處山人於其中，享以千金，爲修志計。山人第攜金歸，而志終弗就也。」〔一〕這是出自戚繼光後人的記載，實際情況卻并非如此，衹不過遠在山東蓬萊的戚氏後人，無從知曉薊州修史的情況，更不瞭解郭造卿的爲人。

戚繼光調任時，郭氏兄弟都在薊州，年已耄耋的母親盧氏則留在數千里外的故鄉福清。以當時的情事，造卿完全可以拂袖而歸，以慰母親倚閭之情。但是他卻計不出此，而是「慷慨謂：大將軍，武人也，乃有意潤色山川，示後世師。矧野人職外史，復何辭！且將軍可謂古之重臣，惜爲智謀所掩，不有野史，其孰直之乎？」〔二〕他不忍心辜負戚繼光的重托，更不願意自己的名山事業半途而廢，因此不顧人事的變動，毅然留在薊州繼續修史。此時，已經擔任薊鎮車營都指揮的郭遇卿，因受戚繼光牽連，以「弓馬非長」爲由落職，薊遼總督張佳胤挽留之纂修《薊昌圖説》〔三〕。郭造卿聽到消息後，立刻致書張佳胤云：

〔一〕戚祚國《戚少保年譜耆編》卷十二。
〔二〕郭應寵《先考海嶽府君行狀》，載郭造卿《海嶽山房存稿》附録。
〔三〕葉向高《閩都閫肖雲郭公墓誌銘》，《蒼霞餘草》卷九，明萬曆刊本。

不肖懧愚，甘老布衣，妄希表見，藉之不朽。故纂《燕史》，專心構思，敕斷外事，惟史爲伍。謂千秋之業，不可旦夕得者。……但念倚閭，每切瞻屺，思圖養於一日，不忍捐乎千秋。静言思之，惄然如擣。昨聞家兄罷官，爲之喜而痛飲。……頃其書來，豈不浩然，但弗忍負明公拔濯，思有報稱萬一耳。然不肖未卒業，若家兄再濡滯，莫言烏烏之情，如犬馬養何哉！乞於圖竣，而敕之歸〔二〕。

信中明白表示，自己雖然惦念母親，思歸孝養，但不忍捐棄《燕史》的千秋之業。所以，當聽到遇卿落職時，他非但没有爲兄長抱屈，反而「喜而痛飲」。他希望《薊昌圖略》完成後，張佳胤就放其兄回福清孝養母親，以便自己安心地留在薊州，完成《燕史》大業。

郭造卿居留薊州的情况，據《海嶽府君行狀》記載是「不受廩於官」，「先後督撫、部刺史相承以禮交，而拜使刺稱野人，不謁謝於公門」。但參閲造卿詩文集《海嶽山房存稿》，可知他并非一味閉門謝客，在專心修史的同時，他參加了一系列紀念戚繼光的活動，與薊州、永平等地的軍政官員也有廣泛的交往。

〔二〕郭造卿《答張肖甫大司馬公》之二，《海嶽山房存稿》文集卷十三。

萬曆十一年，戚繼光移鎮廣東時，薊門等地父老曾赴京挽留，戚到廣東後，又有言官疏請召之回薊，皆爲當政不允。在朝野内外攻擊張居正、戚繼光的狂潮中，郭造卿卻致書薊遼總督張佳胤，爲戚繼光辯污：

戚少保爲名將，智謀無雙，門下再三保全之，匪爲國家計，其系世道不少矣。此公人品心術，可謂國之重臣，惜爲智謀所掩，故爲人言不了也。故相（張居正）匪所敢議，於戚推心托重，實未嘗爲私交。戚感其知遇，而竭力圖報，俾無煩京陵憂，亦不才所深知者[二]。

説明戚繼光與張居正并非私交，張居正的推心托重，戚繼光的知恩圖報，都不過是爲了國家邊務，以不使皇帝擔憂。造卿還參與了當地父老在薊州景忠山爲戚繼光立像建祠樹去思碑，在漢莊蓮心館景堂設立生祠等紀念活動，撰寫了《少保總理戚公景忠山去思碑》和《少保戚公蓮館景堂記》兩文，以示薊州軍民的懷念之情[三]。萬曆十三年十月初一，是戚繼光五十八歲壽辰，薊鎮父老在蓮心館景堂建無遮會，爲戚氏合詞祝壽，造卿又作

[二] 郭造卿《答張肖甫大司馬公》之六，《海嶽山房存稿》文集卷十三。
[三] 郭造卿《海嶽山房存稿》文集卷六。

《爲薊鎮父老合祝戚令公生祠文》[一]。這些文章不僅收録於《海嶽山房存稿》中，《戚少保年譜耆編》亦見記載。萬曆十四年夏六月，戚繼光在蓬萊賦詩《結夏山中寄都塞上諸知己》[二]，記述自己的鄉居生活。造卿亦作《寄壽戚元敬少保於蓬萊》，以「好向東山朝北斗，稱觥先拜萬年觴」，向戚將軍遥祝壽辰[三]。按郭造卿的設想，將在《燕史》《薊略》完成後返回家鄉福清，途中專門「取道蓬萊，以觀海市」，向戚繼光告成[四]。不料《燕史》尚未脱稿，萬曆十五年十二月，戚繼光已病逝於蓬萊。訃告傳至薊州，造卿作《祭少保戚都護公文》，表示深切的哀悼[五]。

這一時期郭造卿與薊州、永平等地軍政官員的交往，大約是希望得到他們對《燕史》的支持。顧養謙，字益卿，南直隸通州人，嘉靖四十四年進士。萬曆十一年十月，從浙江按察兵備副使調任薊州兵備副使。他從時任浙江按察司副使葉夢熊處聞知造卿爲人，不僅「多讀書，能文章」，而且有氣節，於是馳馬漢兒莊，與郭氏置酒歡飲。萬曆十三年

〔一〕郭造卿《海嶽山房存稿》文集卷十五。
〔二〕戚繼光《横槊稿》上，又見戚祚國《戚少保年譜耆編》卷十二。
〔三〕郭造卿《海嶽山房存稿》詩集卷三。
〔四〕郭造卿《答張肖甫大司馬公》之六，《海嶽山房存稿》文集卷十三。
〔五〕郭造卿《海嶽山房存稿》文集卷十五。

六月，顧養謙拜右僉都御史巡撫遼東，造卿送別顧氏於永平，又作書《與顧益卿中丞》，以東漢定遠侯班超的功業激勵顧氏，并作《遼鎮通海議》，爲顧畫漕運之策[一]。顧養謙回書郭氏論《燕史》云：

及走晤漢莊……得聞所定故《燕志》，核而確，蓋古所稱信史者云。更念戚大將軍門下士，以武功取富貴去者何限，誰能復守其約，淹三年不變，若足下之於《燕志》哉！而足下之於戚將軍，友耳，是常師事足下。足下誼至是，諸門下士能無愧乎[二]？

對郭氏重於友情、在戚繼光離任後仍堅持修史深表讚歎，并用班超之兄班固的史學回勉造卿。顧養謙至遼東後，即採納郭氏漕運之策，解決遼東的糧食危機。

時光荏苒，轉眼造卿留居薊州已經七年。萬曆十五年，于達真（子冲）任薊州兵備道，在遊三屯營東湖的宛在亭時，得知郭氏修《燕史》的情況，賦詩贈郭造卿云：

塞客衣單露始零，風高木落水天清。烏啼橫海將軍幕，人識江湖處士星。

〔一〕郭造卿《海嶽山房存稿》文集卷十三、十二。

〔二〕顧養謙《大中丞冲庵顧公論燕史書》，載郭造卿《海嶽山房存稿》文集卷五附録。

薊史一篇存往跡，燕然萬里勒新銘。莫愁久病無供給，波滿塞塘月滿庭[一]。

據詩意，造卿時久居營城，露零衣單，久病而乏供給，仍堅持修史不輟，于達真贈詩允諾予以支持。郭氏回書《與于子沖部刺史》，并作詩《薊部刺史于子沖遊宛在亭以予寓纂燕乘枉詩卻寄》[二]，向于氏致謝。

此時，郭造卿與保定總兵官張爵、薊鎮總兵官張臣、薊鎮遊擊將軍陳第、車前營驃騎將軍李遇甫、永平守備陳邦哲、兵部主事袁黄等都有詩文往來。但是由於官員遷轉無常，他仍然無法得到長期而有效的支持。其子郭應寵在《盧龍塞略目録後跋語》中坦率地説：

（戚）少保嘗屬先生爲草《燕史》《薊略》，未竣而少保去，後帥無能竟其緒者。會東粤葉大司馬（夢熊）公時部永平，謀諸太守孫公（維城），辟先生纂郡志[三]。

葉夢熊字男兆，號龍潭，廣東歸善人。嘉靖四十四年進士，任福清知縣，曾聘郭造卿修《玉融古史》。萬曆十三年前後，葉氏由浙江副憲調任永平兵備使。造卿與葉氏雖有故交，

[一] 于達真《贈郭建初山人曾以戚大將軍聘修薊乘客營城垂十年矣》，載郭造卿《海嶽山房存稿》附録。

[二] 郭造卿《海嶽山房存稿》文集卷十三，詩集卷三。

[三] 載郭造卿、郭應寵《盧龍塞略》卷首，明萬曆三十八年刊本。

卻避而不入城府。葉在巡視邊塞時，往往與他約之中途，杯酒醉别。葉氏推崇他有孔門弟子澹台滅明「非公事不見卿大夫」之風。造卿撰《與葉觀察公論薊略書》，爲他謀畫鎮守、漕運、銃車等軍事方略[一]。葉夢熊賦詩一首，以「衰鬢十年關塞夢，敝裘千里薜蘿心」，「一自編摩誇博物，符融嗟異到於今」[二]，稱讚郭氏在困境中堅持修史，并借東漢符融識郭林宗之典，來比喻兩人的交誼。萬曆十六年，郭造卿留居薊州已有八年，由於長期闕乏供給，已經難以爲繼。夢熊遂向永平知府孫維城推薦造卿，編修《永平府志》。由於有《燕史》《薊略》的基礎，《永平府志》很快成稿，葉夢熊爲之作序。葉序記述了郭造卿修撰《燕史》《薊略》的始末和宗旨，概括了《永平志》的五大優點，并表彰郭氏「（戚）元敬以人言去，生獨爲《史》《略》留。……忘寢食家室，留滯十餘年，往矣，成卷六百有奇，其匯二十餘種」，使「元敬藉其留，獨爲去後重」[三]。

萬曆十八年春初，郭造卿羈旅薊鎮已逾十年，《永平府志》即將刊板，《燕史》《薊略》也草創粗就。由於戚繼光辭世，加以二書卷帙浩繁，無人能爲刻梓。此時造卿已無

[一] 郭造卿《海嶽山房存稿》文集卷十三。
[二] 葉夢熊《余識郭建初嗟異久之茲修燕史復聚首塞上竊比符融之知林宗也》，載郭造卿《海嶽山房存稿》附録。
[三] 葉夢熊《永平府志序》，載郭造卿《海嶽山房存稿》附録。

所留戀，遂攜書稿浩然南歸，於次年六月回到故鄉福清。回鄉後，他杜門掃軌，構樓瑞巖，從故人爲歡，觴詠自適。在談及《燕史》時，他說：

> 野人束髮讀父書，妄意當世之業，晚托千秋以見志。今其副具在，姑俟夫寥寥不可知之人耳〔一〕。

在致友人原惠安令葉春及書中，造卿更明白表示：

> 僕憤大明二百載，莫爲神都志者，乃編燕事，以備外史。姑藏之名山，俟化甫應詔居中，乃副之京師也〔二〕。

這既是一種無奈，又深爲《燕史》而自負，將藏之名山，以俟後世聖人君子。萬曆二十一年六月，郭造卿登樓偶蹶，逝世於福清，享年六十二歲。

郭造卿一生著述頗豐，而以史部爲主。據其子郭應寵《先考海嶽府君行狀》和葉向高《海嶽郭先生墓誌銘》記載，有《燕史》《薊略》《永平志》《臨汀志》《上杭志》《忠烈祠略》《玉融古史》及詩文集若干卷〔三〕，而據葉向高《盧龍塞略小敘》，郭氏尚有《盧

〔一〕郭應寵《先考海嶽府君行狀》，載郭造卿《海嶽山房存稿》附録。
〔二〕郭造卿《柬葉化甫先生》之二，《海嶽山房存稿》文集卷十三。
〔三〕載郭造卿《海嶽山房存稿》附録；後文又見葉向高《蒼霞草》卷十七。

龍塞略》和《碣石叢談》二書[二]，凡十種，各書皆未注明卷數。清人黄虞稷《千頃堂書目》是現存著録郭造卿著述最多的書目，該書地理類著録郭造卿《燕史》一百二十卷、《碣石叢談》八卷、《永平府志》無卷數、《上杭縣志》七卷、《盧龍塞略》四卷，小説類著録《海嶽山房别稿》五卷，别集類著録《海嶽山房集》二十卷[三]，凡七種。上述著作流傳至今者，除《燕史》外，僅有《海嶽山房存稿》二十卷《附録》一卷、《海嶽山房别稿》五卷、《盧龍塞略》二十卷，均是郭造卿辭世後，由其子郭應寵編輯，於萬曆三十五至四十一年間陸續刊刻行世的。

三、《燕史》的卷數

《燕史》的卷數是多少，自脱稿起就衆説紛紜，加之《四庫全書總目》未曾著録，公私目録亦多不載。

黄虞稷《千頃堂書目》地理類，著録郭造卿《燕史》一百二十卷。其後《明史·藝

[二] 載郭造卿、郭應寵《盧龍塞略》卷首。

[三] 黄虞稷《千頃堂書目》卷六、七、八、十二、二十三，上海古籍出版社一九八二年點校本。

文志》和康熙《福建通志》也都著録一百二十卷[二]，應該是上承《千頃堂書目》而來。黄虞稷是明清之際人，上距郭氏在世不及百年，所云似應可信。但遍查郭造卿詩文集《海嶽山房存稿》及當時人有關《燕史》的記載，從未有人提及《燕史》的確切卷數，不知黄虞稷何據？而且黄氏著録郭造卿著述的卷數并不完全可靠。如《盧龍塞略》一書，《千頃堂書目》著録爲四卷，但查閲北京大學圖書館藏明萬曆三十八年刊本《盧龍塞略》，該書實爲二十卷、首一卷，所以《千頃堂書目》所云《燕史》一百二十卷，似乎并不可靠。

萬曆十九年（一五九一），陝西巡撫葉夢熊作《永平府志序》云：

（戚繼光元敬）築館漢莊，將屬之《薊略》。時采事未至，乃草《燕山古史》。而元敬以人言去，（郭）生獨爲《史》《略》留……忘寢食家室，留滯十餘年，往矣，成卷六百有奇，其匯二十餘種[三]。

這是有關《燕史》卷數的最早記載。葉氏嘉靖年間任福清知縣，曾聘郭造卿修纂縣志

〔二〕張廷玉等《明史》卷九十七《藝文志二》，中華書局一九七四年點校本；康熙《福建通志》卷六十《藝文二》，清康熙二十三年刊本。

〔三〕載郭造卿《海嶽山房存稿》附録。

《玉融古史》，二人爲故交。萬曆十三年前後任永平兵備使，與留居薊州修撰《燕史》的郭造卿多有詩文往來。萬曆十六年，他又向永平知府孫維城推薦郭氏纂修《永平府志》，并作志序。因此，他説《燕史》卷數是六百有奇，應當有所據依。

萬曆三十五年（一七〇六），南京禮部右侍郎葉向高在《海嶽山房存稿序》中云：

先生生平所論著甚多，其大者則有《燕史》、永平、臨汀、上杭諸志、《古融古史》，《燕史》多至數百卷[一]。

葉向高是福清人，萬曆十一年進士，與郭造卿居同里。其父葉朝榮，與造卿爲兄弟交，向高又以詩文受知於造卿。萬曆十九年郭造卿攜《燕史》回鄉，時向高「已通籍里居，數從先生遊，相與揚榷藝林，窮日夜不休」[二]，其言《燕史》有數百卷之多，亦與葉夢熊記載吻合。

萬曆三十八年（一六一〇），薊遼保定總督王象乾作《盧龍塞略序》云：

余曩撫上谷，則閩中郭汝承（應寵字）來遊，談其尊人海嶽先生所著《燕山古

[一] 載郭造卿《海嶽山房存稿》卷首；又見葉向高《蒼霞草》卷八。

[二] 葉向高《海嶽山房存稿敘》，載郭造卿《海嶽山房存稿》卷首。

史》《薊略》《永志》，可數百卷，洋洋灑灑，皆關陲戰守所宜，余聞之意傾〔一〕。象乾云數百卷，是合《燕史》《薊略》《永平志》三書言之。他本人雖未睹《燕史》，但其言得自造卿子郭應寵，也是可信的。

其後，清順治十五年（一六五八），顧炎武遊歷永平，應地方官之請作《營平二州史事》六卷，其序文云：

> 福之士人郭君造卿，在戚大將軍幕府……作《燕史》數百卷，蓋十年而成，則大將軍已不及見。又以其餘日作《永平志》百三十卷，文雖晦澀，而一方之故頗稱明悉〔二〕。

此時上距郭造卿修《永平志》已七十年，其志已不可得見，則顧氏言《燕史》數百卷，也當是根據葉向高、王象乾的序文。

《燕史》的確切卷數究竟是多少，最清楚的應該是郭造卿本人。奇怪的是，他在文章和書信中，凡涉及《燕史》之處，如《柬葉化甫先生》二篇〔三〕，從未説明其書的卷數。

〔一〕載郭造卿、郭應寵《盧龍塞略》卷首。
〔二〕顧炎武《亭林文集》卷二。
〔三〕郭造卿《海嶽山房存稿》文集卷十三。

造卿死後，書稿藏於福清家中。郭應寵編輯父親文集時，曾清理《燕史》書稿，并將《燕史》部分序文、議論收入《海嶽山房存稿》和《海嶽山房别稿》。但他在萬曆二十一年撰寫的《先考海嶽府君行狀》，以及《海嶽山房存稿總目後跋語》《盧龍塞略目録後跋語》中提到《燕史》時，也都未曾言及該書的卷數〔一〕。

如上所述，《燕史》是在薊鎮總兵官戚繼光去職、而又得不到後任支持的困難條件下纂修的，加以通貫古今，規模宏大，所以成稿過程十分漫長。郭造卿《柬葉化甫先生》之一云：「小子之爲《燕史》，八年於兹，未脱矣。」也就是説，從萬曆八年至十五年，郭氏在薊州從事修纂已經八年，《燕史》尚未脱稿。次年造卿移居永平，兩年後離開永平回鄉，其間主要是修纂《永平府志》。回到福清後，郭氏致書友人葉春及云：

> 塞上得新志二種於永平……僕憤大明二百載，莫爲神都志者，乃編燕事，以備外史。姑藏之名山，俟化甫應詔居中，乃副之京師也。兹永平二典請裁，燕編大概若此矣〔二〕。

〔一〕載郭造卿《海嶽山房存稿》附録、卷首，郭造卿、郭應寵《盧龍塞略》卷首。

〔二〕郭造卿《柬葉化甫先生》之二，《海嶽山房存稿》文集卷十三。

所謂「新志二種」，是哪兩種，郭氏未明言。但下文云「玆永平二典請裁」，説明其一是《永平府志》。另一種既非《燕史》，或當是《薊略》。换言之，郭造卿在永平的兩年中，除《永平志》外，還修纂了《薊略》，并在回鄉後將兩書抄示葉春及，似乎無暇顧及《燕史》。回鄉兩年後，郭氏又突然去世。從上述情況判斷，郭造卿生前《燕史》即便脱稿，也應該衹是大致草就，而没有經過最後的整理編卷而爲完帙。所以，王象乾《盧龍塞略序》才會有「征其《燕史》《薊略》，云未殺青，副在帥幕，余懷之餘十年」的説法[一]。

《燕史》遺稿也證實了這一推測。今存《燕史》抄本共十記三十五卷，包括《燕政記》《燕統記》《燕雄記》《燕鎮記》《燕敵記》《燕督記》《燕道記》《燕繫記》《燕裔記》《燕朔記》。此外，郭應寵編訂《海嶽山房存稿》時，又在文集卷四、卷五分别收録了《燕史》的五十三篇序文。兩相對勘，可以發現三個問題：

其一，《存稿》收録的五十三篇序，全部是《燕史》各分篇的序文，而無全書總序和凡例。這説明郭造卿生前尚未來得及對《燕史》修纂作最後總結，使後世無法詳知全

[一] 載郭造卿、郭應寵《盧龍塞略》卷首。

書的修撰宗旨、結構、體裁設置和篇卷情况。

其二，根據《燕史》存稿，其書的篇卷結構是，各篇前有篇序，篇下分卷，每卷前後又各有「郭造卿曰」，分别作爲卷序和史論。現存十記中，卷序和卷後史論多有闕失。如《鎮記》卷二、卷六、《道記》卷二、卷三之前闕卷序，《政記》卷後、《鎮記》卷三、卷十、《督記》卷四、《道記》卷一、卷二、卷三之後闕史論，這些有可能是原稿散佚造成的缺失。但是，《道記》《鎮記》前各缺記序，《存稿》中收録的《燕道記序》和《燕鎮記序》，是郭應寵摘取各記卷一的「郭造卿曰」替代。這就不是原稿散佚所致，而應該是郭造卿修纂時尚未及撰寫。

其三，《燕史》存稿的編卷情况非常混亂。十記之中，《雄記》《鎮記》《督記》《道記》《朔記》是以一、二、三……編卷，《統記》《繫記》《裔記》是以上、中、下或上、下編卷，《政記》《敵記》則是以前、後編卷。這種編卷的混亂情况，顯然是郭造卿修纂時隨筆編録所致，也説明郭氏生前并没有對《燕史》統一編卷。

以上三點可以證明，郭造卿去世時《燕史》祇是大致草就，而没有經過最後的整理校訂和統一編卷。郭氏父子對確切卷數自己也不清楚，所以才會造成《燕史》卷數語焉不詳、衆説紛紜的局面。

四、《燕史》的傳本與輯録

郭造卿留居薊鎮纂修的三部書中，只有《永平府志》有知府孫維城爲之刊板，《燕史》《薊略》二書，由於戚繼光辭世，加以卷帙浩繁，無人能爲刻梓。葉夢熊《永平府志序》云：《燕史》「成卷六百有奇，其匯二十多種，沈（永平府推官沈之吟）録之而未竟，孫（維城）受之而非全，則梓之者其誰？」[一] 葉向高《海嶽山房存稿序》亦云：「《燕史》多至數百卷，書成而莫任剞劂，故尚未行也。」[二] 因此，萬曆十八年郭造卿離開永平時，只能攜稿南歸，以俟方來。王象乾《盧龍塞略序》所云「《燕史》《薊略》，云未殺青，副在帥幕」，衹是推測之詞。因爲時任薊遼總督、薊鎮總兵官并未支持郭造卿纂修，所以郭氏應不會留副本於薊鎮。而且他在《柬葉化甫先生》之二中明白表示：《燕史》「姑藏之名山，俟化甫應詔居中，乃副之京師也」。所以，當萬曆三十六年起復王象乾任薊遼總督時，才會出現「檄視故府，則報漫漶，不復有存者矣。爲之低回太息」的

〔一〕載郭造卿《海嶽山房存稿》附録。

〔二〕載郭造卿《海嶽山房存稿》卷首；又見葉向高《蒼霞草》卷八。

情況〔一〕。這説明，《燕史》草就後未曾刊刻，由郭造卿攜稿南歸，一直以稿本形式保存在福清家中。

郭造卿《燕史》雖未能刊行，但其價值仍受到世人矚目。萬曆二十二年（一五九四），明朝修纂正史，其中《九邊志》需考察薊鎮事宜，曾下所部詢問「（郭）先生故所纂安在？」〔二〕黄虞稷《千頃堂書目》與《明史·藝文志》也都予以著録。清順治十五年，顧炎武《營平二州史事序》云：

昔神廟之初，邊陲無事，大帥得以治兵之暇留意圖籍。而福之士人郭君造卿，在戚大將軍幕府，網羅天下書志略備，又身自行歷薊北諸邊營壘。又遣卒至塞外，窮濡源，視舊大寧遺址。還報，與書不合，則再遣覆按，必得實乃止。作《燕史》數百卷，蓋十年而成，則大將軍已不及見。又以其餘日作《永平府志》百三十卷，文雖晦澀，而一方之故頗稱明悉。其後七十年，而炎武得遊於斯，不見文字禮儀之教，求郭君之志且不可得〔三〕。

〔一〕王象乾《盧龍塞略序》，載郭造卿、郭應寵《盧龍塞略》卷首。
〔二〕郭應寵《題盧龍塞略目録後》，載郭造卿、郭應寵《盧龍塞略》卷首。
〔三〕顧炎武《亭林文集》卷二。

深深感慨《燕史》《永平志》之不可得見。康熙二十六年（一六八七），朱彝尊纂《日下舊聞》，參考群書凡一千六百餘種，亦以未見郭造卿《燕史》爲憾[二]。

時光流逝，未經刊刻的《燕史》逐漸殘佚。《中國古籍善本書目》與《北京大學圖書館藏古籍善本書目》，著録郭造卿《燕史》清抄本三部，分别藏於福建省圖書館、北京大學圖書館、首都圖書館。北大和首都圖書館藏本卷末，附清道光二十八年（一八四八）烏程高錫蕃和嘉定周其懿跋語兩篇。高氏跋云：

右《燕史》抄本三十四卷[三]，爲目凡十：曰政、曰統、曰雄、曰鎮、曰敵、曰督、曰道、曰繫、曰裔、曰朔，而皆系之曰紀，明郭建初造卿譔。

燕庭方伯權興泉永道篆時，於厦門舊紳家見此書，以語孫儀國總戎曰：「昔朱竹垞作《日下舊聞考》，檢書隸事一千五六百種之多，猶以未得見此書爲憾。《四庫全書》亦未著録。蓋建初籍隸福建，偏遊九邊，有所作，藏之篋，衍而歸，今稿本猶在閩，可寶也。」總戎即借抄成册。方伯旋去閩，而陝右，而甘凉，而西蜀，道里

[二] 參見張鵬《日下舊聞序》，《日下舊聞考》卷一百六十。

[三] 據首圖藏本，《燕史》殘卷實爲十記三十五卷，其中《燕道記》三卷。然因《道記》殘佚嚴重，三卷互不銜接，故福建本、北大本誤作二卷，全書亦因此誤作三十四卷。

遠，未郵致也，以寄貯於吴閶，將以遺之。適方伯開藩兩浙，攜之來，簡帙散亂，爲厘訂爲八册，命錫蕃校正其文。抄胥庸劣，譌舛夥頤，且有闕文脱簡，無元書可以校補，僅就所確知爲錯誤者而乙之、添之，其疑者仍闕之。

竊以爲此非全本也。《鎮紀》弟九敘劉仁恭爲子保囚於晉事，云「語在《變紀》」，是十紀之外，又有《變紀》也。《敵紀》弟一敘漢初以公主妻冒頓事，云「語在《追紀》」，是又有《追紀》也。《督紀》第一敘劉靖爲鎮北將軍事，云「語在《牧紀》」，是又有《牧紀》也。《督紀》弟一敘肅慎來獻楛矢石砮事，弟四敘王白駒等迎燕王事，《道紀》弟一敘高句麗、新羅、百濟入貢事，《繫紀》弟二敘高句麗王璉入貢事，《裔紀》弟一敘陳饒椎破故印事，又敘討濊出漁陽事，皆云「語在《貊紀》」，凡六見，則又有《貊紀》矣。此本前無總序，疑尚不止十紀，殆皆失鈔。且建初從事幕府，與定襄侯郭登善，最留心邊防陒塞，故書中於華夏征戰、置州略地極詳，而自漢汔唐而止，至宋、元、遼、金時燕雲割據及明萬曆以前邊事，無一語及之，何也？意尚有别紀歟？抑鈔胥急於蕆事，大半脱寫歟？或原稿久經散佚歟？安得於閩取其書而核之！倘獲全書，梓以行世，庶考證古今，不致如竹垞遺珠之歎乎！

時道光戊申三月，烏程高錫蕃讀一過并跋於浙藩官廨。

周其懿跋語與高文大意相似，僅在高跋指出尚闕《變紀》《追紀》《牧紀》《貊紀》之外，又增補了《胡紀》《蕃紀》《寇紀》三種[一]。

兩篇跋文大略交代了《燕史》在清後期的流傳情況。道光年間，權興泉永道篆劉喜海在厦門舊紳家見到《燕史》稿本，告知駐守厦門的署福建水師中軍參將孫雲鴻（字儀國），孫即借抄成册。不久，劉喜海離開福建，先後調任陝右、甘凉、西蜀，因路程遥遠，未能郵寄。而孫氏亦調任江南吴淞鎮、福山鎮總兵[二]，遂將《燕史》抄本寄貯於蘇州閶門。道光二十八年，劉喜海轉任浙江布政使，得到《燕史》抄本，已簡帙散亂不完。劉氏遂厘訂爲八册，請高錫蕃、周其懿加以校訂。抄本爲十記三十五卷，始於西漢，止於唐末。二人據書中記載，以及内容不及宋、遼、金、元事，疑其書非完帙，但已不清楚是原稿久經散佚，還是鈔胥脱寫所致。劉喜海（一七九三—一八五二）字吉甫，號燕庭，祖籍山東諸城，嘉慶舉人，官至浙江布政使，是晚清著名金石家和藏書家。據王葆

[一] 兩篇跋文，載《燕史》上編卷末。
[二] 參見陳楊富《福州戍台名將》，海潮攝影藝術出版社，二〇〇九年版。

心按語，「劉氏抄校本，爲貴築黄彭年得之京師」[二]。黄彭年（一八二三—一八九〇），字子壽，貴州貴築人，道光進士，官至湖北布政使。同治中，黄氏爲李鴻章聘任續修《畿輔通志》，任總纂，則他熱衷搜求郭造卿《燕史》作爲參考，是很必然的。《畿輔通志·藝文略》卷五，亦著録郭造卿《燕史》一百二十卷。

《燕史》稿本與黄彭年所藏劉氏抄校本，今皆不見著録，僅存三部清抄本。福建省圖書館藏本十八册，格紙抄本，半頁七行十八字，有「龔少文所藏書畫印」「大通樓藏書印」，原爲龔易圖家藏本。龔氏（一八三〇—一八八八）字藹仁，號少文，原籍福建莆田，咸豐進士，官至湖南布政使。少文在福州筑大通樓收藏圖書，是晚清福建的著名藏書家[三]。福建本不避玄、丘、弘等諱，傳抄錯誤較少，多可補正他本之失，可以推測抄録時間較早。且抄本末無道光高錫蕃、周其懿跋語，也説明該本并非劉氏抄校本的傳抄本，應屬於福建地區流傳的《燕史》抄本。福建本有卷帙攙亂的情况，如記述唐朝史的《燕道記二》，因闕失首尾，攙入記載東漢史的《燕政記後》卷末，所以目録僅著録《燕道

[二] 轉引自朱士嘉《中國舊志名家論選》，北京燕山出版社一九九八年版。
[三] 參見王長英、黄兆鄲《龔易圖與「大通樓」藏書》，《福建藏書家傳略》，福建教育出版社二〇〇七年版。

記》二卷，全書三十四卷。國家圖書館存有福建本的縮微膠片。

北京大學圖書館藏本十六册，緑絲欄抄本，半頁九行二十或二十一字，有「陶齋校閲」「深澤王氏洗心精舍所藏書畫」「國立北京大學藏書」等印，是直隸深澤人王肇晉、王用誥父子洗心精舍藏書。該本卷帙、内容與福建本同，僅《燕政記敘》後多抄録顧炎武《營平二州史事序》中文字一段以爲校簽。卷末有高、周二跋，屬於劉氏抄校本的傳抄本。該本抄寫較爲草率，訛誤稍多，也有可補正他本之處。北大本《道記二》不再攙入《政記》之後，但目録仍著録《道記》二卷，《燕史》三十四卷，與福建本同。此外，北大本也有多處前後錯頁和不同記、卷内容交錯的情況。

首都圖書館藏本八册，黑絲欄抄本，半頁十行二十四字，有「王思籛印」「王壽彭」「錫生」等藏書印，原是王壽彭家藏本。壽彭（一八七四—一九三〇）字眉軒，號次籛等，山東濰縣人，光緒二十九年狀元，曾任翰林修撰、湖北提學使。該本曾經傅增湘見跋，云：「王世兄思籛以家藏本見示……此書乃王氏假黄子壽家藏本録副。」[二] 可知王氏藏本直接録自黄彭年收藏的劉喜海抄校本，且抄寫較爲精審，文字訛誤略少，但《統記

[二] 傅增湘《燕史跋》，《藏園群書題記》卷四，上海古籍出版社一九八九年版。

上》也有前後錯頁的情況。二〇〇八年，學苑出版社據首都圖書館藏本，影印出版了《古燕史》四冊。

三部清抄本同爲十記三十五卷，記載内容大致相同，如果按歷史順序列表，其記、卷、内容如下：

篇目	卷數	卷帙	内容
燕統記	三	記敘、記上、記中、記下	西漢
燕裔記	二	記敘，記上、記下	新莽、更始
燕政記	二	記敘、記前、記後	東漢
燕雄記	二	記敘、記一、記二	蜀漢
燕督記	六	記敘、記一至記六	晉、宋、齊、梁、陳
燕敵記	二	記敘、記前、記後	劉漢、石趙、苻秦
燕朔記	二	記三、記四	前燕（慕容儁、暐）
燕繫記	三	記敘、記上、記中、記下	北魏、東魏、西魏
燕道記	三	記一、記二、記三	唐皇朝
燕鎮記	十	記一至記十	唐諸藩鎮

根據上表，十記三十五卷的《燕史》傳抄本，相較于起自上古、止于元末的數百卷

《燕史》原稿，已經是一部殘卷，散佚超過泰半。幸而所存十記，上起西漢，下至唐末，除《朔記》《道記》《鎮記》有闕佚外，其他各記較爲完備，尚能上下貫通。更重要的是，通過抄本，可以清楚瞭解《燕史》中記的編纂結構與内容，而編年記載各朝北京歷史的記，又正是《燕史》的主體。還應説明，《燕史》十記排序紊亂，并不符合歷史進程。抄本的次序是：《政記》《統記》《雄記》《鎮記》《敵記》《督記》《道記》《繫記》《裔記》《朔記》，且三部抄本完全相同。如此，則記載西漢史事的《統記》，排在東漢《政記》之後；王莽、更始的《裔記》，編在北朝《繫記》之下；十六國的《敵記》，列於兩晉南朝《督記》之前；而唐皇朝和諸藩鎮的《道記》《鎮記》，亦没有置於抄本最後。這顯然不可能是《燕史》原稿的順序，説明該書在流傳中確實造成「簡帙散亂」，即便經過劉喜海重新釐訂，高錫蕃、周其懿校正，仍未能改變十記順序混亂的情況。

幸運的是，《燕史》抄本雖保存原稿有限，但在作者的其他著作中，還存留了大量的《燕史》篇章，有着輯録的可能。郭造卿「弱冠即以古文詞、聲詩名當世」，但於日常應酬詩文頗不在意，故當他萬曆二十一年去世時，所存詩文寥寥。此後，其長子郭應寵「走齊魯燕代，涉吴越之墟，從先子曩所交遊家，及佳山水嘯詠題勒處，稍稍搜羅」，歷時十五年，方輯録起郭造卿的詩文，經于慎行、葉向高二人編訂，成《海嶽山房存稿》

詩五卷、文十五卷、附録一卷，於萬曆三十五年（一六〇七）刊版印行。編纂文集時，考慮到其父傾盡心血的《燕史》一書未能刊行，應寵遂將「《燕史》諸序，亦匯入文目中，庶世有因敘目而訪全書，不竟至於泯泯無聞，以負先子編摩之志」[一]。實際上，郭應寵不僅在《存稿》文集卷四、卷五，收録了《燕史》的五十三篇敘文，同時在文集卷八，收録了《燕史》的三篇辨和二十一篇史論[二]。數年後，應寵又將父親的論説，彙編爲《海嶽山房別稿》五卷，於萬曆四十一年（一六一三）梓行。該書卷四《史漢至隋》、卷五《唐至勝國》，又收存了《燕史》的史論六十八篇。

以上述輯録的篇章與《燕史》抄本對勘，可以得知以下三點：

其一，《存稿》《別稿》所收五十三篇敘文，絶大部分是《燕史》各分篇的篇敘[三]；三篇考辨，應是《燕史》《燕夷考》和《燕寧編》中的內容；八十九篇史論，則全部取自《燕史》各卷卷首或卷末的「郭造卿曰」，不過，有些史論并非全文，如《別稿》卷

[一] 郭應寵《題先考海嶽集總目後》，載郭造卿《海嶽山房存稿》卷首；又見《郭汝承集》卷四。

[二] 《祖逖論》一篇有目無文，不計入其中。

[三] 如《存稿》與抄本重複的九篇敘文，衹有《燕道記敘》與《燕鎮記敘》是原稿闕敘，郭應寵摘取各記卷一之首的「郭造卿曰」作爲補充。

四第二十六、二十八篇，卷五第六、十三篇，都祇是摘取「郭造卿曰」的部分内容。

其二，《存稿》《别稿》收録的《燕史》篇章，絶大部分是《燕史》抄本闕失的内容。如在上述一百四十五篇敘、辨、論中，祇有九篇敘、十三篇論與《燕史》抄本重複，其餘四十四篇敘、三篇辨、七十六篇論，皆爲今抄本所無。即《存稿》《别稿》存録的《燕史》篇章，百分之八十五爲抄本所無，可見其補充《燕史》的重要價值。即便是與抄本重複的敘、論，行文亦多有差異。這是由於郭造卿文字晦澀難讀，因此，郭應寵在收録時，曾進行删改修訂，以便文意曉暢。

其三，郭應寵對《燕史》敘、論的存録，是有所區别的。《燕史》抄本今存七篇記敘〔二〕，全部收録在《存稿》卷四，説明《存稿》保存的五十三篇敘，應是當時《燕史》原稿的全部敘文。相反，《燕史》抄本十記，今存「郭造卿曰」五十九篇，其中與《存稿》《别稿》重複者祇有卷首二篇、卷末十一篇，僅佔百分之二十二。又可知《存稿》《别稿》收録的八十九篇史論，不過是《燕史》「郭造卿曰」中的一小部分。説明郭應寵有意收存了《燕史》的全部篇敘，而對其父的史論，則僅選取了較少的部分。

〔二〕　即《燕統記敘》《燕裔記敘》《燕政記敘》《燕雄記敘》《燕督記敘》《燕敵記敘》《燕繫記敘》。

郭應寵收入《存稿》《别稿》的《燕史》敘、辨和史論，共計一百四十五篇。他的這番苦心，不僅在傳抄本之外爲《燕史》保留了大量文獻，更可貴的是存録的部分，都出自《燕史》中郭造卿的自撰，體現着作者的思想和宗旨。如三篇辨文，可資以分析作者的考史功夫；大量史論，有助於探討作者的史學理論和思想；最具價值的是五十多篇敘文，爲考察《燕史》的編纂體裁和宏大規模，提供了不可或缺的珍貴資料。

五、《燕史》的體裁結構與歷史記載

考察《海嶽山房存稿》收録的敘文，可知《燕史》全書共分八種體裁，其中記二十六篇、纂一篇、表一篇、譜一篇、考六篇、録二篇、傳一篇、編十五篇。不過，八種體裁五十三篇，還不是《燕史》篇目的全部。如《燕史》抄本中，《鎮記五》《鎮記八》兩次提到「語在《變記》」，都是關於五代的史事，可見在記述唐藩鎮的《鎮記》和北宋的《潢記》之間，原有《燕變記》一篇，專門記載五代十國的歷史。又如《燕律譜敘》云：「兹譜燕曆，而律共貫」，可見在譜這一體裁中，除《律譜》外，還應有《燕曆譜》。但是五十三篇敘文中，并没有《燕變記敘》和《燕曆譜敘》。這有可能是郭造卿尚未及撰作，也可能是原稿佚失。無論如何，《燕史》篇目還應該補充《燕變記》和《燕曆譜》兩篇，爲五十五篇。此外，《統記》《政記》有七處提到《胡記》，都涉及匈奴問題。而五十三篇敘中雖然没有《胡記敘》，卻已有《燕追記敘》記述匈奴事務，據此，《胡記》與《追記》，或許是作者名篇時前後改易，屬於同篇異名，而非有所闕失。這也説明，八種體裁五十五篇，即使不是《燕史》篇目的全部，也已所闕無多。

根據敘文和以上補充，可將《燕史》八種體裁五十五篇列表如下：

體裁	篇目	内容	體裁	篇目	内容
记	燕初記	西周、春秋	纂	燕占纂	天文星占
	燕國記	戰國燕	表	燕域表	歷代政域
	燕鄰記	齊、趙、魏、韓、楚	譜	燕曆譜	曆法
	燕交記	合縱連横		燕律譜	音律
	燕讐記	秦	考	燕宗考	召公宗祀
	燕統記	西漢		燕封考	西周封國
	燕裔記	新莽、更始		燕夷考	伯夷、叔齊、箕子
	燕政記	東漢		燕戎考	山戎
	燕牧記	漢末州牧、曹魏、孫吴		燕車經考	經書之車戰
	燕雄記	蜀漢		燕車史考	史書之車戰

续表

體裁	篇目	內容
記	燕督記	晉、宋、齊、梁、陳
	燕追記	匈奴
	燕貊記	朝鮮等東夷
	燕蘖記	烏桓、鮮卑
	燕敵記	劉漢、石趙、苻秦
	燕朔記	慕容燕
	燕繫記	北魏、東魏、西魏
	燕類記	北齊、北周、隋
	燕道記	唐皇朝
	燕寇記	安史之亂
	燕鎮記	唐諸藩鎮
	燕變記	五代十國
録	燕經録	《山海經》燕域記載
	燕集録	燕域詩歌
傳	燕列傳	人物傳記
編	燕儀編	遼禮儀
	燕仗編	遼車輿服儀仗
	燕聘編	宋金交聘
	燕貢編	元外國朝貢
	燕寧編	大寧記載
	燕定編	元灭宋統一
	燕璽編	傳國璽
	燕器編	元器物
	燕農編	元農業

续表

體裁	篇目	內容	體裁	篇目	內容
记	燕潢記	北宋	編	燕殖編	遼貨殖
	燕都記	南宋		燕漕編	元漕運
	燕番記	遼		燕俗編	遼金元風俗
	燕源記	金		燕譯編	遼語解
	燕漠記	元		燕幸編	遼金遊幸
				燕巫編	遼金元佛教巫術

如上表所示，八種體裁中，記的篇目最多，無疑是《燕史》的主體。作者將上起周初、下至元末二千三百多年的歷史，按朝代、民族政權或歷史階段區劃爲若干記，記下又根據內容的多寡設置分卷，卷中則分年隸事，用編年體的形式分別記載有關北京及周邊地區的歷史大事。二十七篇記在《燕史》中通貫歷代，自成體系，相當於紀傳體史書中的本紀。記的取材主要來自《史記》至《元史》等二十三部紀傳體正史，以及《資治通鑑》等編年史，選録其中有關政治、軍事、經濟、文化等方面的重要史料纂輯成文，

尤詳於政治演變、制度沿革、軍事征伐、置州略地。值得注意的是，《燕史》各記的設置亦非一成不變，而是根據不同的歷史對象、時代特征、活動區域進行調整變化，不僅統一王朝與分裂時期有所區别，不同的民族或地方政權也各有差異。例如同是東晉十六國時期的少數族政權，以幽州爲政權中心的慕容燕就設置《燕朔記》專門記載，而劉漢、石趙、苻秦則合爲《燕敵記》，視爲與慕容燕相對等的民族政權，以突出《燕史》的地域特色。這正如同爲戰國七雄，《燕史》設《燕國記》專篇記載燕國歷史，而齊、趙、魏、韓、楚等五國，卻合爲《燕鄰記》，記録爲燕之鄰國。至於秦國，由於其統一中國的歷史地位，則先以《燕交記》記述秦如何任用張儀，以連横破除蘇秦合縱東方六國抗秦的史事，再設置《燕讐記》，專門記載秦統一的歷史進程。祇可惜，《燕史》的上述四記今已不存，無從瞭解作者如何對戰國史事進行區分記載。又如漢與唐，同爲中央集權的大一統皇朝，《燕史》的處理也各有不同。對於漢朝，郭造卿設立了《燕統記》《燕裔記》《燕政記》三記，依時間順序划爲西漢、王莽與更始、東漢三個時期，分别記述中央政權與燕京地區歷史的關係。至於唐朝，作者則根據歷史發展的特點，先以《燕道記》，概述唐皇朝對幽州、薊州等燕京地區的統轄；然後設《燕寇記》，專篇記載以范陽爲發源地的安史之亂對唐朝的衝擊；最後用《燕鎮記》的大量篇幅，記録安史亂後藩鎮割據及其與唐中央朝廷的關係。雖唐代三記中的《寇記》佚失不傳，僅存篇敘，仍可見作者對唐代各記謀篇布局的用心。上述《燕史》諸記設置的調整變化，顯示出郭造卿歷史觀察的細微與史書編纂的合理。

《占纂》纂集歷代天文星占的變化，域表以圖表的形式説明歷代地理區劃的沿革演變，《曆譜》和《律譜》以圖譜記述曆法、音律，三體結合，相當於紀傳體史書中的表譜，也是《燕史》的重要組成。若非佚失，可以清楚知曉《燕史》涵蓋的地理區域，瞭解北京地區歷代天文、曆法等方面的變化。

六篇考，分别考訂與北京有關的歷史事件、人物、民族、制度，屬於史考的範疇。兩篇録分别輯録古代經典中有關北京的記載和歷代詩歌，類似於地方志中的藝文。列傳則記述北京的重要歷史人物，更是紀傳體史書中不可或缺的内容。

十五篇類編，分類記載禮儀、車服、交聘、朝貢、遊幸、玉璽、物産、農商、漕運、風俗、語言、宗教多方面内容，是《燕史》中僅次於記的重要組成部分，也是全書的特色所在，相當於紀傳體史書中的書、志。《燕史》類編注重近世，尤其突出遼、金、元三個定都北京的少數民族政權的特殊性，設置大量篇卷，專門記載三朝有别於漢族政權的禮儀、制度、語言、宗教等情況。《燕寧編》則是記載元代大寧路概況的專篇，以有助於瞭解與明代東北邊政有重要關係的蒙古兀良哈三衛的歷史淵源。

《燕史》的八種體裁自成體係而又互爲補充，構成有機整體，多層次多視角地記述了北京及周邊地區的古今通史，説明郭造卿不僅繼承了古代史學的優秀傳統，而且能夠根據編纂要求和時代變化別出心裁，設置新的史書體裁來記述歷史。

《燕史》的篇卷結構也十分嚴整。以抄本爲例，十記三十五卷，不僅每篇記前有作者的記敘，概括全記的内容宗旨，各卷前後還分別有「郭造卿曰」，卷前者爲該卷小序，卷後則爲史論，相當於《史記》中的「太史公曰」，表達作者對歷史事件、人物、制度等等的看法。這些出自作者思想的記序、卷序和史論，與卷中輯録前人史著的歷史記載互相配合，融爲一體，服務於完整記述北京古今歷史編纂宗旨。

《燕史》的歷史記載，主要取材於《史記》至《元史》等二十三部紀傳史和《資治通鑑》等編年史，擇取其中有關燕京地區的歷史資料，按照《燕史》的體裁篇目重新分類編排。作者在《海嶽山房別稿》卷四，對此有簡要説明，而通過《燕史》抄本的他校，也已經得到切實的驗證。還應指出，郭造卿不僅充分利用前代史著的歷史記載，還非常注意采擇史書中保存的當時人的議論。如《燕督記四》，郭氏即據沈約《宋書》的本傳，收録了何承天《安邊論》和徐爰《防虜議》。《燕敵記前》，據《晉書·劉元海載記》，引用了劉宋江統的《徙戎論》。《燕道記二》，據新、舊《唐書·劉蕡傳》，轉載了太和二年唐文宗對賢良方正直言極諫諸儒的策問與劉蕡的著名對策；又據《新唐書·杜牧傳》和《通鑑》卷二四四，征引了杜牧的《罪言》《原十六衛》《戰論》《守論》。而《燕督記三》，則據《晉書·苻堅載記》和《通鑑》卷一〇四，記録了東晉太元七年前秦苻堅與群臣、太子之間關於是否討伐東晉實現統一的詳細討論。這些當時人的著名政論，與史書的史實記載相互印證，進一步加深了讀者對重要歷史問題的理解。《燕史》也非常重視前代史家的論贊。僅抄本十記，引録的前史論贊就多達四十條，既有班固《漢書》、范曄《後漢書》、陳壽《三國志》、沈約《宋書》、蕭子顯《南齊書》、歐陽修《新唐書》、司馬光《資治通鑑》等傑出史著的敘、論、評、贊、史臣曰、臣光曰，也包括官修史著《晉書》《舊唐書》的史臣曰和贊，甚至還有載記類史書常璩《華陽國志》的序志和譔。郭氏還征録到史書和史注中引用的前代史論，如裴松之《三國志注》中的孫盛曰、習鑿齒曰，《通鑑》中的魏史臣崔鴻曰等。此外，郭氏非常重視隋代學者文中子（王通）的《元經》，在《燕史》敘及「郭造卿曰」中征引其説十次之多。這些前代史家的論贊，與作者本人的敘論交相呼應，構成《燕史》豐富而又統一的歷史觀。在史書之外，《燕史》還注意利用到揚雄、韓愈、白居易、陸贄等著名儒臣的文集資料。

《燕史》的體裁、結構和歷史記載，充分證明了它不是一部隨意拼湊的雜鈔、史纂，而是具有明確思想宗旨、嚴密纂修體例、豐富史料與史論的史學著述，也證明了郭造卿有别於一般的地方史家，是一個既能把握歷史全局、又有别識心裁的優秀史學家。

六、《燕史》的校點整理

鑒於《燕史》的傳世文獻包括殘卷抄本和輯録序論兩部分，因此，整理本也分爲上下兩編。

上編收録郭造卿《燕史》的傳世抄本，凡十記三十五卷，後附清道光二十八年高錫蕃、周其慤跋文兩篇，約五十九萬字。整理者對《燕史》抄本，主要做了對校和他校兩方面工作。首先，取學苑出版社影印首都圖書館藏清抄本爲底本（簡稱底本），以福建省圖書館藏清抄本（簡稱福建本）、北京大學圖書館藏清抄本（簡稱北大本）爲校本，進行抄本的版本對校和標點。同時，考慮到《燕史》未曾刊刻，輾轉謄録中錯誤在所難免，以致三部抄本雖内容大致相同，但文字差異較大。因此，整理者更着重做了《燕史》的他校。即逐條清查《燕史》各記卷的史料來源，取中華書局點校本《史記》至《元史》等二十三部紀傳史，《資治通鑒》等編年史，以及其他相關書籍，校勘《燕史》全文，訂正了抄本的大量訛誤。此外，整理本十記，也不再遵循原抄本的混亂次序，而是根據時代先後，重新編次爲《統記》《裔記》《政記》《雄記》《督記》《敵記》《朔記》《繫記》《道記》《鎮記》，以符合歷史發展的進程。

下編收録《燕史》敘、辨、論一百四十五篇，約七萬六千字。其中敘、辨、論一，輯録自郭造卿《海嶽山房存稿》文集卷四、卷五、卷八，據北京大學圖書館藏明萬曆三十五年（一六〇七）師古齋吴勉學刻本爲底本；論二，輯録自《海嶽山房別稿》卷四、卷五，據北京大學圖書館藏明萬曆四十一年（一六一三）刻本爲底本。其中九篇敘和十三篇論，爲《燕史》抄本已有，考慮到郭應寵收録時曾作過刪改，也爲保持《燕史》敘、論的完整風貌，所以下編中仍予保留，且與抄本對勘，説明二者差異。保存在《存稿》《別稿》中的《燕史》篇章，是郭應寵編輯兩書時特意收録，希望後世能據之而關注、尋訪《燕史》全書，使之「不竟至于泯泯無聞，以負先子編摩之志」。整理本遵照郭應寵的遺愿，首次將抄本以外的敘、辨、論與抄本合爲一帙，充分展示了郭造卿《燕史》的多種體裁、豐富類目和大致内容，儘最大可能恢復該書的原貌。

《燕史》二十六篇記敘的次序，在《存稿》中分别是：《燕初記敘》《燕國記敘》《燕統記敘》《燕鄰記敘》《燕交記敘》《燕讐記敘》《燕裔記敘》《燕政記敘》《燕牧記敘》《燕督記敘》《燕雄記敘》《燕朔記敘》《燕敵記敘》《燕道記敘》《燕寇記敘》《燕鎮記敘》《燕追記敘》《燕貊記敘》《燕番記敘》《燕類記敘》《燕繫記敘》《燕蘖記敘》《燕都記敘》《燕源記敘》《燕潢記敘》《燕漠記敘》，也與歷史發展不盡相符。整理本亦按照各敘記述内容的時代先後，調整爲本書的順序。

《燕史》整理本還增加附録二種：其一著述題跋，選録郭造卿《海嶽山房存稿》《永平府志》《盧龍塞略》三書的序跋六篇；其二傳記資料，收録郭造卿的墓志銘和行狀。這些文章，分别輯録自《海嶽山房存稿》和《盧龍塞略》的卷首與附録，作者包括郭造卿的同鄉葉向高、故人葉夢熊、薊遼總督王象乾、造卿之子郭應寵等，以便讀者瞭解《燕史》的編纂流傳情况和作者的生平。

《燕史》校點及研究，得到全國高校古籍整理研究工作委員會的支持，列名二〇〇一年古委會直接資助項目。我的領導和老師、北京師範大學古籍所曾貽芬教授，首先發現《燕史》的價值，并積極組織項目申報，使本書的整理研究得以順利展開。首都圖書館歷史文獻閲覽室、北京大學圖書館古籍閲覽室、國家圖書館善本和古籍閲覽室的各位同仁，對查閲《燕史》及相關文獻，給予了熱忱的幫助。北京出版社的領導安東先生、楊璐先生，慨然承諾出版《燕史》，并積極申報立項，安排出版事宜，使《燕史》獲得北京市新聞出版局二〇一四年北京市古籍整理出版資助項目，得以順利出版。責任編輯喬天一先生，認真審讀全書，提出大量寶貴的修改意見，爲保證《燕史》的點校質量和編輯出版，付出了辛勤的勞動。對於所有這些支持和幫助，謹在此表達我最誠摯的謝意。

北京師範大學　邱居里

二〇一六年四月三十日

目録

下編　燕史輯録（凡有*號者爲《燕史》已有）……（一一六一）

燕史論一……（一二四五）

附録

上編　燕史

燕統記

燕統記敘[一]

唐、虞、夏，其數曰曆；夏、商、周，其時曰統。官異姓以爲禪，則躬執中而惟一；家同姓以爲繼，則世改正而有三。唐如天，虞如地，夏如人。夏尚人，商尚地，周尚天。帝王五運若循環，合三才而統於一。成、康之盛，昭、穆已衰[二]，厲流於彘，共和爲之，立王中興，至幽而失，雖賴秦東遷，卒歸之於秦。凡八百六十七年，過曆而統獨永矣。燕自受封，朝貢未聞，且僭王者百年，而與秦爲雄敵，名屬於周，實自爲國。秦雖統一，或謂閏位，而燕封廢爲郡縣，遺黎孰非仇讎乎。故從陳、項而起，其王遞易遞滅。至漢定燕乃服，遂大封同、異姓，史氏之表元，不勝其繁也。故必統有所歸，總稱

[一] 按：《燕統記敘》，郭應寵收入《海嶽山房存稿》卷四，今見本書下編燕史敘。

[二] 按：己、已、巳，底本三字或混用，以下徑改，不注。

帝之正朔。若紀志之更尚，高承堯運而得天，文應黃龍而得地，武用夏時而得人，乃非愚所敢知。至改元於中衰，陳聖劉太平，則國統三絶，非漢而非燕矣，是以燕統訖於兹焉。光武誅莽，功同滅秦，魏、晉而後，弑篡相仍，追論三代而下，惟漢之得統爲正。第中興而燕無封，故國邊胡，郡縣僅存，無元可以表記矣。乃以《政》而記之者，爲東京之守令[一]，別於西京侯王，何莫而非漢统哉[二]！

萬曆辛巳春仲，越海郭造卿撰。

燕統記上

郭造卿曰：封建廢而罷秦，乘亂燕復之矣。漢猝起于豐沛，豈遠交資燕哉。然漁陽發戍之日[三]，實亭長入關之端，秦亡漢興，咸藉乎此。楚徙廣而王荼，實分其勢以樹黨。漢首傳檄而定之，以韓信勝趙餘威恐愒而靡。奉漢爲帝，更置侯王，荼幸如故。白帝甫喪於垓下，赤符未都乎關中，燕獨稱畔首焉，羽封人不自安矣。勞將

[一] 按：今、令，底本二字或混用，以下徑改，不注。
[二] 「而」，底本脱，今據福建本、北大本、下編《燕統記敘》補。
[三] 按：戊、戌、戍，底本三字或混用，以下徑改，不注。

士，賁封爵，而乃更屬之親故[一]，不將保其無畔乎？綰藉日月末光，異姓特推爲王，奚亦不自安，而甘淪異域哉？營陵以黨附謀封，子爲禽獸行，除國。旦同氣，爲寵王，顧亦未帝不厭，寧非統以幽州[二]，兼控馭乎代、渤。其曰幽燕，曰燕代，曰渤碣，壯哉國也。王而坐據大都，非其利器者歟？然不能百年間，其封數數易焉。乃雁門至遼陽迤東，自爲阨塞，更置緣邊諸郡，饒利兵馬器械，壹歸之於天子，燕得稱雄藩哉？故帝室獨尊，而遠國陵夷，至除封稍弱，遂獻符新室。未幾白水真人興，先驅則又在於燕，不惟漁陽、上谷力居多，而燕南爲即真之所矣。故表燕域於四方，匪惟幽部五郡，外爲涿及廣陽，而且有代有渤。自代而入，并爲邊郡，自渤而入，冀爲列國。及中山、河間二藩，盡易水之延袤，封號錯於其間，推分互有出入，勢不能以悉寘，則當條其顛末焉。但於政事不具屬，并、冀刺史亦然[三]，而專具乎幽郡，乃代、渤則概之矣。至二國或聞其政，亦必有關乎燕焉。

漢元年，冬十月，沛公至霸上。至四年，秋九月，軍皆稱萬歲，語在前記。

[一] 「乃」，底本作「已」，今據福建本、北大本改。
[二] 「州」，底本脱，今據福建本、北大本補。
[三] 按：刺、剌，底本二字或混用，以下徑改，不注。

五年，正月〔一〕，諸侯楚王韓信、韓王信、淮南王英布、梁王彭越、故衡山王吴芮、趙王張敖、燕王臧荼等，請尊漢王爲皇帝。二月，甲午，上尊號，漢王即位，都洛陽，徙封諸王，荼如故。五月，西都長安。七月，荼反，寇陷代、上谷，帝自將征之。九月，虜荼。當時酈商、周勃、樊噲並以將軍從。商戰龍脱，在燕、趙之界，先登陷陳，同勃破之易下。勃所將卒，當馳道爲多。噲虜荼，定燕地。程黑、蟲達、戴野、陳夫乞〔二〕、華毋害俱以將軍，陳豨以遊擊、灌嬰以車騎，皆以將軍從。騎將召歐、重將宣虎、中尉陶舍、都尉魏遬、季必、朱濞、騎都尉張越、劉到〔三〕、代相張蒼、燕相昭涉掉尾從，並有戰功。而護軍中尉陳平出奇計。温疥以燕將軍從漢，爲燕相，告荼反。翟盱爲燕令，堅守燕。漢初有事于燕、代也，淮陰下銅鞮，夏説敗閼與，燕從而靡數載息肩。荼也首兵，罪不容誅。代有末王，上谷亦非所屬，故荼首劫上谷，而代次之焉。然分封不度，小人負乘地界，邊夷禁網踈闊，以謾藏而啟畔，漢之所自爲者，失矣。自帝定天下，非劉氏

〔一〕「正」，底本作「十二」，今據《史記》卷八《高祖本紀》、《漢書》卷一《高帝紀下》、《資治通鑑》卷一一改（中華書局一九五九、六二、五六年點校本）。
〔二〕「夫」，底本作「伏」，今據《史記》卷一八《高祖功臣侯者年表》、《漢書》卷一六《高惠高后文功臣表》改。
〔三〕「到」，底本作「釗」，今據《史記・高祖功臣侯者年表》、《漢書・高惠高后文功臣表》改；以下徑改，不注。

而王者七人，其請即位，首楚而末燕。荼之先反，以項臣降而最無功，于漢尤踈爾。盧綰，豐人也，與帝同里，其親與太公相愛。及生男，帝、綰同日，里中持羊酒賀兩家。及壯，學書，又相愛也。里中嘉兩家親相愛，生子同日，壯又相愛，復賀羊酒。帝爲布衣時，有吏事，避宅，綰常隨上下。及帝初起沛，綰以客從，入漢，爲將軍，常侍中。從東擊項籍，以太尉常從，出入卧内，衣被飲食賞賜，群臣莫敢望，雖蕭、曹等特以事見禮，至其親幸，莫及綰者。封長安侯，故咸陽也。籍死，使綰別將與劉賈擊臨江王共尉，還，從破燕。帝以親幸故，獨欲王綰，爲群臣觖望[一]，迺下詔諸將相列侯，擇群臣有功立以爲燕王。群臣知上意在綰，荆王臣信等十人皆言曰：「太尉、長安侯盧綰，常從平定天下，功最多，可王。」九月，壬子，立綰爲燕王，而諸侯王得幸莫如燕王矣。潁川侯利幾亦以項將反[二]，帝自擊破之。

六年，十月，令天下縣邑城。甲申，始剖符封諸功臣爲徹侯。十二月，甲申，封召歐爲廣侯。歐以中涓從起沛[三]，至霸上，爲連敖，入漢，以騎將定燕、趙，得燕將軍，

[一] 按：郡、群，底本二字或混用，以下徑改，不注。
[二] 按：潁、穎，底本二字或混用，以下徑改，不注。
[三] 「涓」，底本闕，今據福建本、北大本、《史記·高祖功臣侯者年表》、《漢書·高惠高后文功臣表》補。

侯，二千二百户，國屬渤海郡。以破燕及前功，封陳平户牖侯、夏侯嬰汝陰侯〔一〕。正月，丙午，封周勃絳侯、樊噲舞陽侯、酈商曲周侯、灌嬰潁陰侯，皆破燕及前功。陳豨別定代而破燕，封陽夏侯。董渫初起〔二〕，以舍人從擊秦，爲都尉，入漢，定三秦，出關，以將軍定諸侯，比厭次侯爰類功，封二千八百户〔三〕，封成侯，國屬涿郡。壬子，以雲中、雁門、代郡五十三縣〔四〕，封兄宜信侯喜爲代王。帝起兵時，喜侍太公。天下既定，懲秦孤立，大封同姓也。三月，庚子，以燕功封宣虎南安侯、蟲達曲成侯。達以西城户將三十七人從起碭，至霸上，爲執金吾，五年，爲二隊將，屬周吕侯，入漢，定三秦，以都尉破項籍垓下，侯，四千户，以將軍擊燕、代，拔之，國屬涿。摇毋餘封海陽侯，蔡寅封肥如侯。毋餘以越隊將破秦，入漢，定三秦，以都尉擊項籍，侯，千八百户。寅以魏太僕漢王三年初從，以車騎將軍破龍且及彭城，侯，千户。海陽、肥如，國屬遼西。六月，丁亥，封戎賜爲柳丘侯。賜以連敖起薛，爲三隊將，入漢，定三秦，以都尉破項籍軍，

〔一〕按：侯、候，底本二字或混用，以下徑改，不注。

〔二〕「渫」，底本重文，今據《史記·高祖功臣侯者年表》、《漢書·高惠高后文功臣表》删。

〔三〕「二」，底本作「三」，今據福建本、北大本、《史記·高祖功臣侯者年表》、《漢書·高惠高后文功臣表》改。

〔四〕按：十、千，底本二字或混用，以下徑改，不注。

爲將軍，侯，八千户，國屬渤海。七月，庚寅，封郭亭爲阿陵侯。亭以連敖前元年從起單父，以塞路入漢，還定三秦，屬周吕侯，以都尉擊項籍功，侯，國屬涿。戊戌，華毋害以燕功，封終陵侯。八月，丙辰，劉到封東茅侯；甲子，戴野封臺侯：並以燕功。丁禮以中涓騎從起碭，爲騎將，入漢，定三秦，爲正奉侯，以都尉擊籍，屬灌嬰，殺龍且，更封千户，爲樂成侯，國屬河間。謁千秋以謁者三年初從，定諸侯，有功秩[一]，舉蕭何功，侯，二千户，封安平侯，國屬涿。王陵，沛人，以自聚黨定南陽、漢陽，還擊項籍，以兵屬，從定天下，侯，五千户，封安國侯。丁丑，張蒼封北平侯。蒼，陽武人，以客從起陽武，至霸上，爲常山守，得陳餘，爲代相，徙趙相，相耳、敖，復以代相攻荼功，侯，千二百户。安國、北平，屬燕南中山郡。九月，匈奴圍韓王於馬邑，信降匈奴，語在《胡記》。是年，張越封任侯，陳夫乞封高胡侯[二]，皆與有定燕、代功者。而酈商以攻荼卻敵，遷爲右丞相，賜爵列侯，食邑涿五千户，號曰涿侯，別定上谷、代，受趙相國印。凡爲燕功侯，其邑不在域者，不及其國除。魯侯奚涓以死事封，無子，

［一］「秩」，底本作「秋」，今據《史記·高祖功臣侯者年表》、《漢書·高惠高后文功臣表》改。
［二］按：夫、大，底本二字或混用，以下徑改，不注。

封母底爲重平侯，國屬渤海。

七年，十月，信與其將曼丘臣、王黄及匈奴攻漢，居代、上谷。帝至平城，用户牖侯陳平計解圍而出。使樊噲定代地。十二月，匈奴攻代，代王喜棄國間行走雒陽自歸，帝不忍致法，赦爲合陽侯。帝自平城南過曲逆，上其城，望室屋甚大，曰：「壯哉縣！吾行天下，獨見雒陽與是耳。」顧問御史：「曲逆户口幾何？」對曰：「始秦時三萬餘户，間者兵數起，多亡匿，今見五千餘户。」於是詔御史，更封平，食之，除前所食户牖。辛卯，立皇子如意爲代王，幼，未之國。陳豨以陽夏侯爲代相國，監兵。正月，己酉，封吕馬童爲中水侯。馬童以郎騎將元年從好時，以司馬擊龍且，復共斬項籍，侯，千五百户，國屬涿。是年，封伯兄子信爲羹頡侯。帝兄弟四人，長兄伯蚤卒。帝微時，嘗辟事，時時與賓客過巨嫂食。嫂厭叔，叔與客來，嫂陽爲羹盡，轢釜，賓客以故去，已而視釜中尚有羹，繇此怨嫂。及爲帝，封昆弟，而伯子獨不得封。太上皇以爲言，帝曰：「某非敢忘封之也，爲其母不長者耳。」信嘗從擊信都，爲郎中。羹頡山在上谷，取其山名爲侯號者，怨故也。帝不忍轢釜小忿，而視亦憂亦喜遠矣。曾謂躡足附耳時，假王其能免乎？林摯以燕相功，而封平棘侯。

八年，十月，癸丑，封趙將夕爲深澤侯。以趙將三年降，属淮陽侯，定趙、齊、楚，以擊平城功，侯，七百户，國屬中山。丙辰，温疥封捊侯[二]；癸酉，程黑封歷侯；四月，辛卯，魏遬封寧侯：並千户，皆以定燕功。六月，戊申[三]，旅卿以代功，封昌侯。壬子，旅罷師以平城功，封共侯。馮解散以雁門守爲將軍，平代反寇，封閼氏侯。九月，丙午，封紀通爲襄平侯。父成，兵起初，以將軍從擊破秦，入漢，定三秦，功比平定侯；將受功，戰好畤，死，子侯襄平，遼東縣也，臨淮亦有之。

九年，正月，廢趙王張敖爲宣平侯，徙代王如意爲趙王。如意不之代，乃議之趙，而相周昌。陳豨仍監代及趙，邊兵皆屬焉。

十年，十月，燕王等來朝。九月，陳豨反代地。豨少常慕魏公子，及守邊，招致賓客，如布衣交，皆出客下。嘗告過趙，賓客隨之者千餘乘，邯鄲官舍皆滿。周昌求入見帝，具言豨賓客甚盛，擅兵於外數歲，恐有變。帝令人覆案豨客居代者諸爲不法事，多連引豨。豨恐，陰令客通使王黄、曼丘臣所。及太上皇崩，召豨，豨稱病甚，遂與王黄等反，自立爲代王。上曰：「豨嘗爲吾使，甚有信。代地吾所急，故封豨爲列侯，以相

[二]「捊」，底本、北大本作「恂」，《史記・高祖功臣侯者年表》作「栒」，今據福建本、《漢書・高惠高后文功臣表》改。

[三]「申」，底本作「辰」，今據《史記・高祖功臣侯者年表》、《漢書・高惠高后文功臣表》改。

國守代，今乃與王黄等劫略代地。吏民非有罪也，能去豨、黄來歸者，皆舍之。」帝欲自擊豨，信武侯周緤泣曰：「始秦攻破天下，未曾自行。今上常自行，是亡人可使者乎？」帝以爲愛我，賜入殿門不趨。竟自將，遂東至邯鄲，喜曰：「豨不南據邯鄲，而阻漳水，吾知其亡能爲矣。」昌奏：「常山二十五城，亡其二十，請誅守、尉。」帝曰：「守、尉反乎？」對曰：「不。」帝曰：「是力不足，亡罪。」令昌選趙壯士可將者四人，各封千户。左右諫：「封此何功？」帝曰：「豨反趙、代，地皆豨有。吾以羽檄徵天下兵，未有至者[二]。今計唯獨邯鄲兵耳，吾何愛四千户，不以慰趙子弟！」皆曰：「善。」又求樂毅後，得其孫叔，封之樂鄉[三]，號華城君。問豨將，皆故賈人。帝曰：「吾知與之矣。」乃多以金購豨將，多降。兹漢將四，有事于代土也。帝懲郃陽之失圖，重屯兵以備警；鑒信都之反射，出愛將以臨戎。然鼠虎之勢壹分，梟獍之形立見，而於居重馭輕，嚴内防外，戾矣。且如意既已徙王，而相國監兵如故，地要黨盛，勢所必至。况賈案連引，

[二] 按：底本第九二頁「天下兵未有」至第一〇一頁「人或聞」之間，共有八頁錯頁：底本第九九至一〇〇頁，應作第九三至九四頁；底本第九七至九八頁，應作第九五至九六頁；底本第九五至九六頁，應作第九七至九八頁；底本第九三至九四頁，應作第九九至一〇〇頁：今全部據福建本、北大本調正頁序。

[三] 按：鄉、卿，底本二字或混用，以下徑改，不注。

而甘就禽乎？然其藉口信陵，養士雖厚，所得者多賈人，安有夷門輩哉！帝固重望諸而封樂叔，亦與將四壯士意同。

十一年，冬，帝在邯鄲，留侯張良、曲逆侯陳平從。豨將丞相侯敞將萬餘人遊行，王黄將騎千餘軍曲逆，張春將卒萬餘人度河攻聊城。漢將軍東武侯郭蒙與齊將擊破之。周勃以太尉擊豨[二]，張良出奇計，殘馬邑。勃與所將卒斬其將軍乘馬降[三]。轉擊信、豨、趙利軍於樓煩，破之，得豨將宋最、雁門守圂。因轉攻得雲中守遬、丞相箕肄、將軍博。定雁門郡十七縣，雲中郡十二縣。樊噲與曼丘臣軍戰襄國，破柏人，先登，降之，定清河、常山凡二十餘縣。灌嬰同武信侯靳歙將梁、趙、齊、燕、楚車騎，別破侯敞軍曲逆下，卒斬敞及特將五人，降曲逆、盧奴、上曲陽、安國、安平。趙利守東垣，帝率左丞相酈商及噲殘東垣，斬其卒罵帝者，更名東垣爲真定。詔諸縣堅守不降反寇者，復租賦三歲。遷噲爲左丞相。破得綦母卬、尹潘軍於無終、廣昌，破別將胡人王黄軍代南。十二月，癸巳，張相如以河間守力戰，封東陽侯。丙辰，陶舍以中尉擊燕、代，封開封侯。

[二] 按：大、太，底本二字或混用，以下徑改，不注。
[三] 「所」，底本作「將」，今據《史記》卷五七《絳侯周勃世家》、《漢書》卷四〇《周勃傳》改。

正月，殺淮陰侯韓信。信稱病，不從擊豨。吕后謂其謀叛，應豨，詔殺之，夷三族。樊噲擊韓王信都軍於參合，所將卒與將軍柴武斬信都，擊豨胡騎於横谷，斬將軍趙既，虜代丞相馮梁、守孫奮、大將王黄，將軍一人[一]、太僕解福等十人，與諸將共定代鄉邑七十三。己未，孫赤以上黨守封堂陽侯，公孫昔以郎中封禾成侯，高邑以將軍封祝阿侯。辛未，趙堯以御史大夫封江邑侯。劉澤以帝從昆弟，自漢三年爲郎中擊項羽，至是，以將軍得王黄，封營陵侯。帝購王黄、曼丘臣以千金，其麾下生致之，則其知與之者益信矣。帝還雒陽，詔王、相國、通侯、吏二千石擇可立爲代王者，燕王綰等曰：「子恒賢。」丙子，立之，都晉陽，即信都之故都也。復置代郡，屬幽州。自是，故代無王矣。帝之籌代，蓋三變云。始也建喜[二]，連三郡五十城，樹磐石犬牙之强宗矣。胡馬一馳，社稷失守，乃悔綢繆不豫，憒所托者非人，而如意斯封焉。繼也委豨，作藩樹之，以愛子而出信臣爲相國，周矣。勢極則反，操戈遂聞，乃慮尾大不行，悔利器之輕授，而山後以割焉。其終也，置郡徵調，隸于京師，守、尉比之内史，是變通紆謀，補救悉宜矣。然威

[一]「軍」下，底本衍「大將」二字，今據《史記》卷九五《樊噲列傳》、《漢書》卷四一《樊噲傳》删。

[二]「喜」，底本作「善」，今據福建本、《漢書》卷一四《諸侯王表》、《通鑑》卷一二改；以下徑改，不注。

信時歉於數更，兵勢漸輕于世將，因時興利，利與害偕，緣俗立法，法隨弊至，惟在識治者善審其勢矣。二月，乙酉，公上不害以太僕封汲侯。二月[一]，丁亥，宣義以廷尉封土軍侯；任敖以上黨守堅守，封廣阿侯。己丑，趙衍以河間守誅都尉相如功[二]，封須昌侯。辛亥，吕臣以都尉擊豨功，封寧陵侯。三月，癸酉，秘彭祖以中廐令擊豨功，封戴侯。梁王彭越以擊豨徵兵，稱病，使使將兵，帝怒而讓之，遂以爲反，族而醢之，賜諸侯。五月[三]，淮南王英布見梁王醢，大恐而反。齊相國、陽陵侯傅寬從擊，爲代相國，將屯。七月，己丑，翟盱以都尉堅守燕，封衍侯。八月，甲辰，昭涉掉尾以故二千石，爲平州侯。皆有燕功，而宣義後爲燕相。

十二年，十月，誅英布。布之反也，若能出上計，東取吴，西取楚，并齊取魯，傳檄燕、趙，固守其所，則山東非漢有焉。若出中計，則成敗未可知。乃身歸長沙，而斬于番陽矣。豨奔於靈丘，勃破之，定代九縣，斬之。與酈商并斬其丞相程縱、守相郭同、

[一] 按：「二月」，《燕史》上文已有，此處重出。

[二] 「河」，底本作「何」，今據《史記・高祖功臣侯者年表》、《漢書・高惠高后文功臣表》改；以下徑改，不注。

[三] 「五月」，《史記・高祖本紀》、《漢書・高帝紀下》、《通鑑》卷一二作「七月」。

將軍陳武、都尉高疑等以下至六百石十九人[一]。及夏侯嬰擊豨、布，兩陷陣却敵，益封千户。十二月，赦代吏民爲兵所劫掠者。信都之繼燕畔，而身入匈奴矣。且韓非幽州部，故語在《胡記》。豨繼韓畔，而身在代，信、越、布因之先誅，又爲燕禍首，故其語在燕。燕王綰初擊豨東北，使張勝入匈奴，范齊通謀計於豨所，令其久亡，連兵勿决，語在《胡記》。豨敗，裨將降，言之。帝使使召綰，稱疾。又使辟陽侯審食其、御史大夫趙堯往迎之[二]，因驗問左右。綰愈恐，閟匿，謂其幸臣曰：「非劉氏而王者，獨我與長沙耳。往年春，漢族淮陰，夏，誅彭越，皆吕后計。今上病[三]，屬任吕后[四]。吕后婦人，專欲以事誅異姓王者及大功臣。」廼遂稱病不行。其左右皆亡匿，語頗泄，辟陽侯聞之，歸具報[五]，帝益怒。又得匈奴降者，言張勝亡在匈奴，爲燕使。帝曰：「盧綰果反矣。」二月，遣相國樊噲擊之。詔曰：「燕王綰與吾有故，愛之如子。聞與陳豨有謀，吾以爲亡

〔一〕「疑」，《史記·絳侯周勃世家》作「肆」，《漢書·周勃傳》作「肆」。「十九人」，底本作「商斬九十九」，今據《史記》卷九五《酈商列傳》、《漢書》卷四一《酈商傳》删補。
〔二〕「食」，底本脱，今據福建本、北大本、《史記·盧綰列傳》、《漢書·盧綰傳》、《通鑑》卷一二補。
〔三〕按：上、尚，底本二字或混用，以下徑改，不注。
〔四〕「屬」，底本作「篤」，今據福建本、《史記·盧綰列傳》、《漢書·盧綰傳》、《通鑑》卷一二改。
〔五〕「具」，底本作「且」，今據《史記·盧綰列傳》、《漢書·盧綰傳》、《通鑑》卷一二改。

有，故使人迎綰。綰稱疾不來，謀反明矣。燕吏民非有罪也，賜其吏六百石以上爵各一級。與綰居，去來歸者，赦之，加爵亦一級。」正月[二]，封季必爲戚侯。必以攻臧荼，爲將軍，擊信都，侯。乙丑，馮谿以將軍定代，封穀陽侯。許猜以郎中擊羽及豨，封嚴侯。乙酉，奚意以太原尉定代，封成陽侯。是時，武原侯衛胠[三]、藁侯陳鍇以擊代豨功，益户。詔諸侯王議可立爲燕者，長沙王臣等請立子建。二月，甲午，立之。三月，帝有疾。綰悉將其宮人家屬騎數千，居長城下候伺，幸上疾瘉，自入謝。帝疾甚，人有惡樊噲黨于吕氏。帝怒，乃使陳平乘馳傳載絳侯周勃，以相國代將。噲破其丞相，抵薊南，定燕縣十八，鄉邑五十一。絳侯擊下薊，得綰大將抵、丞相偃、守陘、太尉弱、御史大夫施屠渾都，破綰軍上蘭，後擊綰軍沮陽，追至長城，定上谷十二縣，右北平十六縣，遼東二十九縣，漁陽二十二縣。四月，帝崩。吕后與審食其謀曰：「諸將故與帝爲編户民，北面爲臣，心常鞅鞅。今乃事少主，非盡族是，天下不安。」以故不發喪。人或聞，以語酈商。商見審食其曰：「聞帝已崩，四日不發喪，欲誅諸將。誠如此，天下危矣。陳平、

[二]「正月」，《史記·高祖功臣侯者年表》、《漢書·高惠高后文功臣表》作「十二月癸卯」。

[三]「原」，底本作「元」，今據福建本、北大本、《史記·高祖功臣侯者年表》、《漢書·高惠高后文功臣表》改。

灌嬰將十萬守滎陽〔一〕，樊噲、周勃將二十萬定燕、代，比聞帝崩〔二〕，諸將皆誅，必連兵還鄉，以攻關中。大臣内畔，諸將外反，亡可蹻足待也。」審食其入言之，乃發喪。五月，己巳，太子即位。樊噲至，赦，復其爵也，益食千三百户。綰聞帝崩，遂將其衆萬人亡入匈奴，匈奴以爲東胡盧王，往來苦上谷以東。六月，壬辰，以擊綰功，封陳倉爲紀信侯〔三〕，張平爲鹵侯，⿰扌甹侯疥以燕相國定綰功，益封千九百户。朱濞封僞陵侯，又以擊荼功也。綰之畔，燕人衛滿入朝鮮，語在《貊記》。國初，官制因秦。諸侯王初置，金璽盭綬，掌治其國。有太傅輔王，内史治國民，中尉掌武職，丞相統衆官，群卿大夫都官如漢朝。監御史，秦官，掌監郡〔四〕。漢省，丞相遣史分刺州，不常置。郡守，秦官，掌治其郡，秩二千石。有丞，邊郡又有長史〔五〕，掌兵馬，秩皆六百石。郡尉，秦官，掌佐守典武職甲卒〔六〕，秩比二千石。有丞，秩皆六百石。關都尉，秦官。縣令、長，皆秦官，掌治其

〔一〕按：滎、榮，底本二字或混用，以下徑改，不注。
〔二〕按：比、北、此，底本三字或混用，以下徑改，不注。
〔三〕「紀」，底本作「記」，今據《史記·高祖功臣侯者年表》、《漢書·高惠高后文功臣表》改。
〔四〕按：郡、都、部，底本三字或混用，以下徑改，不注。
〔五〕按：乂、义、又，底本三字或混用，以下徑改，不注。
〔六〕「守」，底本脱，今據《漢書·百官公卿表上》補。

縣，萬户以上爲令，秩千石至六百石，減萬户爲長，秩五百石至三百石。皆有丞、尉，秩四百石至二百石，是謂長吏。百石以下，有斗食、佐史之秩，是爲少吏。大率十里一亭，亭有長。十亭一鄉，鄉有三老、有秩、嗇夫、游徼。三老掌教化。嗇夫職聽訟，收賦税。游徼徼循禁賊盜。縣大率方百里，其民稠則減，稀則曠；鄉、亭亦如之。列侯所食縣曰國，皇太后、皇后、公主所食曰邑，有蠻吏曰道。燕有王有侯，郡縣如制。

惠帝元年，七月，燕王來朝。相國曹參薨，安國侯王陵爲右丞相，曲逆侯陳平爲左丞相。帝崩，太子立，幼。

吕太后臨朝稱制，元年，十一月，甲子，右丞相陵爲太傅，左丞相平爲右丞相。羹頡侯信削爵一級，爲關内侯。四月，丙申，以衛將軍王恬啟嘗擊陳豨，用梁相，封山都侯。

四年，二月，癸未，立所名惠帝子太爲昌平侯。四月，丙申，封朱進爲中邑侯。進以執矛從入漢，以中尉破曹咎，用吕相侯，六百户〔一〕，國屬渤海。

五年，重平國除，立十九年，薨。

〔一〕「百」，底本作「千」，今據《史記》卷一九《惠景間侯者年表》、《漢書·高惠高后文功臣表》改。

七年，七月，丁巳，立昌平侯太爲濟川王，國除。太后使使告代王，欲徙王趙，代王謝之，願守代邊，乃立兄子呂禄爲趙王。九月，燕靈王建薨，有美人子，太后使人殺之，國除。

八年，十月，辛丑，立呂肅王子鍾侯通爲燕王。故燕王綰在匈奴，嘗爲蠻夷所侵奪，常思復歸。居歲餘，死胡中。至是，妻子亡，來降。會太后病，不能見，舍燕邸，爲欲置酒見之。七月，太后殂，不得見，綰妻亦病死。齊王發兵，及諸侯合從，待呂氏變，誅之。太尉勃欲入北軍，不得入。襄平侯紀通尚符節，乃令持節矯内勃北軍，而呂禄被欺，遂殺禄、産及呂氏諸男女，仍使人誅諸呂。九月，通等伏誅。迎代王，立之，是爲文帝。

文帝元年，十月，辛亥，右丞相平爲左丞相。十一月，辛丑，詔曰：「大尉勃身率襄平侯通，持節承詔入北軍，其益封通邑二千户，金千金。劉揭以典客奪呂禄印，閉殿門止産等，共立皇帝，封陽信侯，二千户，賜金千斤。」十二月，庚戌，徙琅琊王澤爲燕王[一]。二年徙封，以與諸將相共迎立帝封。是時，都尉欒布爲燕相，至將軍，布廼稱曰：

[一]「澤爲燕王」，底本脱四字，今據《史記》卷一〇《孝文本紀》、《漢書》卷四《文帝紀》補。

「窮困不能辱身下志，非人也；富貴不能快意，非賢也。」于是嘗有德者厚報之，有怨者必以法滅之。

二年，十月，曲逆獻侯陳平薨。詔列侯各之國，爲吏及詔所止者，遣太子。二月，乙卯，有司請立皇子爲諸侯王。詔先立趙幽王少子辟彊，分趙爲河間王，都樂城，在燕南。封皇子武爲代王，參爲太原王，分代爲二王。九月，燕敬王薨。

三年，五月，濟北王興居聞帝之代，欲自擊匈奴，乃發兵反。琅琊不其人王仲，好道術，明天文。諸吕作亂，齊哀王襄謀發兵，而數問於仲。及興居反，欲委兵師仲，仲懼禍及，乃浮海東奔樂浪山中，因而家焉。八月，興居自殺，赦諸與反者。是年，燕王嘉嗣。

四年，正月，甲午，御史大夫、北平侯張蒼爲丞相。

五年，徙武爲淮陽王，以參爲代王，盡得故地，都晉陽如故，非故代也。

六年，匈奴彊，侵邊。天下初定，制度疏闊。諸侯王僭儗，地過古制，淮南、濟北王皆爲逆誅。梁王太傅賈誼上疏陳政事，曰：「夫以天子之位，乘今之時，因天之助，尚憚以危爲安，以亂爲治。假設天下如曩時，淮陰侯尚王楚，黥布王淮南，彭越王梁，韓信王韓，張敖王趙，貫高爲相，盧綰王燕，陳豨在代，令此六七公者皆亡恙，當是時而陛下即天子位，能自安乎？然尚有可諉者，曰疏，臣請試言其親者。假令悼惠王王齊，元王王楚，中子王趙，幽王王淮陽，共王王梁，靈王王燕，厲王王淮南，六七貴人皆亡恙，當是時陛下即位，能爲治乎？故疏者必危，親者必亂，已然之效也。臣竊跡前事，大抵彊者先反。淮陰王楚最彊，則最先反；韓信倚胡，則又反；貫高因趙資，則又反；陳豨兵精，則又反；彭越用梁，則又反；黥布用淮南，則又反；盧綰最弱，最後反。長沙迺在，二萬五千户耳，功少而最完，埶疏而最忠[一]，非獨異姓人也，亦形勢然也。然則天下之大計可知已。欲諸王之皆忠附，則莫若令如長沙王；欲臣子之勿菹醢，則莫若令如樊、酈等；欲天下之治安，莫若衆建諸侯而少其力。力少則易使以義，國小則亡邪心。割地定制，令齊、趙、楚各爲若干國，使悼惠王、幽王、元王之子孫畢以次各受祖之分地，地盡而止。及燕、梁它國皆然。其分地众而子孫少者，建以爲國，空而置之，須其子孫生者[二]，舉使君之。諸侯之地其削頗入漢者，爲徙其侯國及封其子孫也，所以數償之。一寸之地，一人之衆[三]，天子亡利焉，誠以定治而已。」嗟夫！誼論天

[一]「埶」，底本作「執」，今據福建本、《漢書》卷四八《賈誼傳》、《通鑑》卷一四改；以下徑改，不注。
[二]「須」，底本作「順」，今據《漢書·賈誼傳》、《通鑑》卷一四改。
[三]「衆」，底本作「從」，今據福建本、北大本、《漢書·賈誼傳》、《通鑑》卷一四改。

下大勢，終漢世漸行之。燕之同、異姓，不能出斯言焉，而與中山、河間瓜分繡錯繇此。

八年，燕王來朝。

十年，四月，癸丑，封召奴爲黎侯〔一〕。召平之子〔二〕，以父齊相侯，燕同宗也，附之。

十四年，成侯董赤爲内史。燕王來朝。河間文王薨，明年，子哀王福嗣；一年薨，亡後，國除。

十六年，六月，丙子，封韓頹當爲弓高侯。頹當以匈奴相國故韓王子降，侯，國屬河間。

後元二年，八月，戊戌，丞相蒼免。封絳侯周勃子亞夫爲條侯〔三〕，國屬渤海。

三年，四月，丁巳，封丞相申屠嘉爲故安侯。嘉，梁國人也。文二年，舉淮陽守，從高祖入漢功，食邑五百户。茲因丞相侯，千七百一十二户〔四〕，國屬涿。

四年，燕王來朝。

〔一〕「召」，底本作「趙」；「侯」，底本脱，今據《史記·惠景間侯者年表》、《漢書·高惠高后文功臣表》改補。

〔二〕「召」，底本作「諸」，今據《史記·惠景間侯者年表》、《漢書·高惠高后文功臣表》改。

〔三〕「侯」，底本脱，今據福建本、北大本補。

〔四〕「一一」，底本作「二一」，今據《史記·惠景間侯者年表》改。

七年，六月，丁未，皇太子即位。封皇太后弟廣國爲章武侯，兄長公子彭祖爲南皮侯，國並屬渤海。廣侯國除。自嚴侯歐封，二十三年薨；文二年，戴侯勝嗣，九年薨；十一年，共侯嘉嗣，十三年薨，亡後。

景帝元年，肥如侯國除。自敬侯寅封，二十四年薨；文三年，嚴侯戎嗣，十四年薨；後元年，奴嗣，七年薨，無後。

二年〔一〕，三月，甲寅，立皇子德爲河間王，都樂成。非燕故地，事不具。六月，丞相、故安侯申屠嘉薨。以燕侯爲名相者，蒼、曲逆，安國稍遠矣。惟嘉剛毅守節，且故安也，視齪齪廉謹爲丞相備員者，異矣。

三年，十二月，詔曰：「襄平侯嘉子恢説不孝，謀反，欲以殺嘉，大逆無道。其赦嘉爲襄平侯，及妻子當坐者復故爵。論恢説及妻子如法。」六月，乙巳，立皇子勝爲中山王，都盧奴，在燕南。非燕故地，事不具。

五年，燕康王嘉薨。

〔一〕按：「二年……」，底本連抄于景帝元年「七年薨無後」之下，今據北大本及《燕史》體例，調整爲每年重新分段；以下凡同類情況，皆另行分段，不再一一注明。

六年，四月，丁卯，封將軍欒布爲俞侯，復以爲燕相。布擊齊有功，而復相燕。燕、齊之間，皆爲立社，號曰欒公社。是年，燕王定國嗣。陽信侯國除。自夷侯揭封[二]，十四年薨；十五年，侯中意嗣，十四年，有罪，免。

七年，二月，乙巳，太尉、條侯周亞夫爲丞相。

中元二年，二月，匈奴入燕。七月，更郡守爲太守，郡尉爲都尉。

三年，十一月，罷諸侯御史大夫官。十二月，丁丑，封匈奴降王徐盧爲容成侯，七百户；范代爲范陽侯，六千二百户；陸彊爲遒侯[三]，千五百七十户；僕黚爲易侯，千一百十户；賜爲垣侯；國俱屬涿郡；而翕侯邯鄲，屬内黄。初，六人之降，帝欲侯之。丞相周亞夫議不可，帝不用其議，因謝病。九月，戊戌，免，國除。是年，燕王來朝。

五年，四月，丁巳，故燕王綰孫它之以東胡王降，封亞谷侯。國在河内，不具。八月，令諸侯王不得復治國，天子爲置吏，改丞相曰相，省御史大夫、廷尉、少府、宗正、

〔二〕「侯」，底本作「後」，今據《史記·惠景間侯者年表》、《漢書·高惠高后文功臣表》改。

〔三〕按：彊、疆，底本二字或混用，以下徑改，不注。

博士官〔一〕，大夫、謁者、郎、諸官長丞皆損其員〔二〕。是年，續封深澤國爲臾侯〔三〕，成國爲節氏侯。深澤自齊侯將夕封，十三年，高后元年，免；三年，復封，三年薨；文後二年，戴侯頭嗣〔四〕，八年薨；景三年，侯修嗣，七年，有罪，耏爲司寇；是年，夷侯胡以頭子續封。成自敬侯渫封，七年薨；惠元年，康侯赤嗣，四十四年，户五千六百，有罪，免；是年，復封。

六年，續封阿陵國爲南侯。自頃侯亭封，二十四年薨；文三年，惠侯歐嗣，二十二年薨；景二年，勝侯客嗣，八年，有罪，免；是年，靖侯延居續。海陽國除。自齊信侯毋餘封，九年薨；惠三年，哀侯昭襄嗣，九年薨；高后五年，康侯建嗣，三十年薨；景四年，省嗣，十年薨，是爲哀侯，亡後。垣侯賜死，亡嗣，國除。

後元元年，燕王來朝。柳丘侯國除。自齊侯戎賜封，十八年薨；高后五年，侯安國嗣，三十年薨；景四年，敬侯嘉成嗣，十年薨；侯角是年嗣，户三千，有罪，免。

〔一〕「博」，底本作「傅」，今據《漢書・百官公卿表上》改。
〔二〕「郎」，底本作「即」，今據福建本、《漢書・百官公卿表上》改。
〔三〕「國爲」，底本二字互乙，今據《漢書・高惠高后文功臣表》正。
〔四〕「頭」，底本作「顯」，今據《史記・高祖功臣侯者年表》、《漢書・高惠高后文功臣表》改。

二年，燕王來朝。十月，省徹侯之國，文遣而復省之也。

三年，易侯國除。⿰黑日死，亡嗣。中邑侯國除。自貞侯進封，二十二年薨；文後二年，侯悼嗣，二十一年，有罪，免。

郭造卿曰：漢即位三年間，邊地四起，燕爲戎首。居馬邑者畔焉，監趙、代者畔焉。使不先畔以挑匈奴，則信、豨無疑阻而朝，彭不枉族，盧、黥何爲者，天下晏如矣。彼臧、韓不足論，莫幸于豨，莫匿于綰，亦相挺起，甘于淪没，何恩信不足憑，擊斷不足懲哉？於戲！天下，勢而已矣。邊塞近虜，日有戎事，弗盛形逼於驅羊，過盛機生於變虎。故睥睨沙漠而側足逋藪，信降而綰踵接，乃事勢所必至。是獨所先患者，不出於燕、代矣。及呂擅制，燕易二王。代後爲吴，吴反；齊分爲七，反者五；淮南分三而畢反。七國，燕、代不扇，乃南北不及，勢如風馬牛。其時之連衡于南，猶昔犄角于北也。而吴濞反書，且假燕連匈奴，以動諸侯兵爲其憑籍，在此。當武，淮南、衡山、濟北、江都既誅，旦其何爲者，我當爲帝乎？及中山王子、齊之王孫既敗，旦謀未舉而國除矣〔一〕，自此藩王不復畔。是歷西漢叛國，而

〔一〕「矣」，底本脱，今據福建本、北大本補。

燕之爲終始也。若故代爲郡〔二〕，故韓爲代，代而南徙，不聞其畔，豈非去胡日遠乎？而邊郡其慎封哉！

燕統記中

郭造卿曰：漢有文、景矣，而可無武哉？過雖彼時，功則後世，驅夷狄而拓邊郡，誠不繆于一統之主也。若燕，日奉匈奴出塞，或棄地于上谷，曷損？或闢郡于蒼海，奚益？縱不闢不棄，何關於成敗，乃國則婁除而復立。初賜策爲曠典，而於薰鬻氏悉心，毋廢乃備，非教士不得從徵，章章矣。及求宿衛，乃悔不置齊、魯，而以燕、趙啟爭端，罰削三縣，以小其國。然内郡鄰封，中山、河間，瓜分者多，而燕力尚全。自幼弟立而佻德作，國廢爲郡，啟釁伊誰其先？最反覆而復導畔者，詎非齊之王孫及中山王子乎？豈必燕、趙之皆畔，而不籌所以置哉！帝世，齊、趙稍遠，河間本故趙國，其縣與燕皆四。乃分其國爲十一，中山則爲二十，地入幽

〔二〕「代」，底本作「韩」，今據福建本、北大本改。

之渤海多矣。昭之中山一，燕削。至宣，乃續而爲廣陽，分新昌于涿[一]，安定于鉅鹿，河間之子五，中山之子二。至元，乃廣陽五，而成廣陽一、河間四。哀之河間三，平之廣陽三，其間盤錯，多非故國焉。總之，二國强衆，而廣陽甚寡弱。至起兵討莽，長沙、安衆爲之唱，和者多齊、魯苗裔。膠東有徐卿，東平有嚴卿，而燕、趙、中山、河間無聞。乃美新則不少，玄社其何爲哉！故詳廢置出入于彼，而爲郡國交若此。它封者不具論，惟燕無善狀矣。

武帝建元二年，太僕灌夫爲燕相。

五年，北平國除。自文侯蒼封，五十年薨[二]；景六年，康侯奉嗣，八年薨；後元年，侯類嗣，七年，坐臨諸侯喪後不敬，免。是年，燕人王恢爲大行令。燕人，史無傳，見《百官公卿表》者附之；有傳，非丞相及燕官不具。

六年，二月[三]，乙未，遼東高廟災。四月，壬子，高園便殿災。帝素服五日。其後，太中大夫董仲舒居家，推其意，以高廟不當居遼東，高園便殿不當居陵旁，於禮不當立。

[一]「涿」，底本作「海」，今據福建本改。
[二]「五」，底本脱，今據《漢書·高惠高后文功臣表》補。
[三]「二」，底本作「三」，今據《漢書》卷六《武帝紀》、《通鑑》卷一七改。

高廟在外，像諸侯不正者；高園在內，像大臣不正者。天戒若曰：去諸侯大臣貴幸而正者云爾。草槀未奏，太中大夫主父偃素妬仲舒，竊書奏之。仲舒下獄，吏當死，詔宥之。

元光元年，燕王來朝。

二年，十月，帝幸雍，祠五畤。李少君以祠竈、却老方見上，帝尊之。少君者，故深澤侯舍人也，主方。而海上燕、齊怪迂之方士，多更來言神事矣。六月，馬邑軍罷，將軍王恢坐首謀不進，下獄死，語在《胡記》。恢自爲大行，同大司農擊閩越。未至，閩越人殺王郢，使使奉其頭致大行。大行曰：「所爲來者誅王，今王頭至，謝罪，不戰而耘，利莫大焉。」乃以便宜案兵告大司農軍，而使使奉王頭馳報天子。詔罷兩將兵。恢因兵威，使番陽令唐蒙風指曉南越，通西南夷，而因於匈奴，尋有馬邑之釁矣。恢史無本傳，以燕人附論其事。

三年，夏，丞相田蚡取燕王嘉女爲夫人。初，燕王臧荼有孫女曰臧兒，嫁爲王仲妻，生女；再嫁田氏，生蚡。其王氏女納之景帝，實生帝，稱王太后，蚡同母弟也。將軍灌夫爲燕相，數歲，坐法去官，居長安，與魏其侯竇嬰相引重。蚡取燕王女，太后詔召列侯宗室皆往賀，灌夫與魏其因酒失歡丞相，俱棄市。

五年，曲逆國除。自獻侯封，二十四年薨；文三年，共侯買嗣[一]，二年薨；文五年，簡侯悝嗣，二十三年薨；景五年，侯何嗣，二十三年，户萬六千矣，坐略人，棄市。始，平曰：「我多陰謀，道家之所禁[二]。吾世即廢，亦已矣，終不能復起，以吾多陰禍也[三]。」其時曾孫陳掌以衛氏親戚貴，願得續封，然終不得焉。正月，河間獻王薨。壬子，封子明爲兹侯，《表》地闕。明年，子不周嗣[四]。

六年，范陽國除[五]。自靖侯代封，十四年薨；元光二年，懷侯德嗣，四年薨[六]，亡後。

元朔元年，十一月，詔舉孝廉。無終人徐樂上書，拜爲郎中，語在史傳。

二年，六月，甲午，封中山王子安忠爲廣望侯，朝平爲將梁侯，未央爲新館侯，嘉

〔一〕「買」，底本作「賈」，今據福建本、《史記·高祖功臣侯者年表》、《漢書·高惠高后文功臣表》改。
〔二〕「道家」，底本二字互乙，今據福建本、北大本、《史記》卷五六《陳丞相世家》、《漢書》卷四〇《陳平傳》正。
〔三〕「吾」，底本作「無」，今據《史記·陳丞相世家》、《漢書·陳平傳》改；以下徑改，不注。
〔四〕「子」上，底本衍「壬」字，今據《史記》卷五九《五宗世家》、《漢書》卷五三《景十三王傳·河間獻王劉德傳》删。
〔五〕「除」，底本作「徐」，今據福建本、北大本、《史記·惠景間侯者年表》改。
〔六〕「四年」，底本脱二字，今據《史記·惠景間侯者年表》、《漢書·景武昭宣元成功臣表》補。

爲薪處侯，貞爲陸城侯[一]，國俱屬涿。秋，燕王定國與父康王姬姦，生子男一人，奪弟妻爲姬，與子女三人姦。定國有所欲誅殺臣肥如令郢人，郢人等告定國，定國使謁者以他法劾捕，格殺郢人滅口。故代王子吴王濞反時，遺諸侯書有云：「燕王故與胡王有約，燕王北定代、雲中，轉胡衆入蕭關，走長安，匡正天下，以安高廟。」吴、楚平，不究。至元年，郢人昆弟復上書具言定國陰事。主父偃從中發之，以此詔下公卿，皆議曰：「定國禽獸行，亂人倫，逆天，當誅。」帝許之。定國自殺，立二十四年，國除爲郡。大臣皆畏偃口，賂遺千金。後以納女於齊不遂，即言齊王内有淫失，請治之。上拜偃爲齊相。偃齊人，至，使人以王與姊姦事動王。王恐效燕王論死，廼自殺。始，偃爲布衣游，不得意于齊、燕、趙，及貴，連敗燕、齊。趙王以故懼，上書言偃受諸侯金，諸侯子弟多以得封者。及齊王自殺聞，上怒甚，罪其劫王，竟族偃。

二年[二]，上谷棄造陽。

三年，十月，癸酉，封河間獻王子匄爲距陽侯[三]，退爲蔞侯，《表》地闕；殷爲旁

[一] 按：城、成，底本二字或混用，以下徑改，不注。
[二] 按：元朔「二年」，《燕史》上文已有，此處重出。
[三] 「匄」，底本作「句」，今據《史記·建元已來王子侯者年表》、《漢書·王子侯表上》改。

光侯〔一〕，讓爲蓋侯，《志》在魏；豫爲阿武侯〔二〕，禁爲州鄉侯，俱屬涿；禮爲成平侯，在南皮；順爲廣侯，勉爲參户侯，俱屬渤海。廣川惠王子嘉爲蒲領侯，《表》在東海，《志》在渤海，有罪，免。三月，乙卯，封中山王子義爲陸地侯，《表》在辛處，地屬中山。四月，甲辰，封趙王子平爲涿易侯〔三〕，《表》在鄗。是年，河間共王薨；明年，子基嗣。

四年，四月，甲午，封中山王子光爲臨樂侯，屬渤海；又，章爲東野侯〔四〕，地闕；嘉爲高平侯，在平原；頗爲廣川侯，在信都。封河間獻王子擔爲千鍾侯〔五〕，屬渤海。乙卯，封齊孝王子越爲定侯，國爲山侯，陽已爲柳侯，並屬渤海。

五年，十一月，辛酉，封趙王子終古爲中山柏暢侯〔六〕。乙丑，以公孫弘爲丞相，封平津侯。漢初常以列侯爲丞相，丞相封侯自弘始。以詔所褒侯，三百七十三户，平津，高

〔一〕「旁光」，底本作「旁觀」，《史記·建元已來王子侯者年表》作「房光」，今據福建本、北大本、《漢書·王子侯表上》改。

〔二〕「豫」，底本作「戴」，今據《史記·建元已來王子侯者年表》、《漢書·王子侯表上》改。

〔三〕「平」下，底本衍「安」字，今據《史記·建元已來王子侯者年表》、《漢書·王子侯表上》删。

〔四〕「野」，底本作「陽」，今據《史記·建元已來王子侯者年表》、《漢書·王子侯表上》改。

〔五〕「鍾」，底本作「童」，《漢書·王子侯表上》作「重」，今據《史記·建元已來王子侯者年表》改；以下徑改，不注。

〔六〕「暢」，底本、福建本據《漢書·王子侯表上》；北大本作「陽」，據《史記·建元已來王子侯者年表》。

成鄉也，屬渤海。三月，癸酉，封中山王子洋爲乘丘侯，破胡爲高丘侯，讓爲戎丘侯，恢爲安道侯，《表》地並闕；蓋爲柳宿侯，脩爲樊輿侯，萬歲爲曲成侯，傳富爲安郭侯，並屬涿；應爲安險侯，屬中山。四月，丁未，封公孫敖爲合騎侯。敖以護軍都尉三從大將軍擊匈奴，至右王庭，得王，侯，封國在高城，屬渤海。臾國除。夷侯胡封，二十一年，無子。弓高國除。自壯侯頹當封，七年，景前元年，侯則嗣，三十三年薨，亡後。

六年，五月，壬辰，封上谷太守郝賢爲衆利侯，以四從大將軍擊匈奴，首虜千級以上功，侯，千一百户。公孫敖以從大將軍，益封九千五百户。是年，以右北平太守李廣爲郎中令。

元狩元年，安平侯鄂但棄市。自敬侯秋封，十二年薨；惠三年，簡侯嘉嗣，九年薨；高后八年，頃侯應嗣，十四年薨；文十四年，煬侯寄嗣，二十五年薨；景後三年，但嗣〔二〕，十九年，坐與淮南王女陵通，遺王書稱臣盡力，國除。章武，自景侯廣國封，七年薨；景七年，共侯定嗣，十八年薨；元光三年，常生嗣，十年，坐謀殺人，

〔二〕「二十五年薨；景後三年，但嗣」，底本脱十一字，今據福建本、北大本、《史記·高祖功臣侯者年表》、《漢書·高惠高后文功臣表》補。

未殺，免，國除。

二年，三月，戊寅，丞相、平津獻侯弘薨。是年，衆利國除。坐爲上谷太守，入戍卒財物，上計謾罪也。合騎國除。敖坐將兵擊匈奴，與驃騎將軍期後〔一〕，當斬，贖罪。千鍾國除。擔坐不使人爲秋請，免。

三年，更封故安侯爲清安侯。自節侯申屠嘉封〔二〕，七年薨；景前三年，共嗣，二十二年薨；是年，臾嗣，改封。成平國除。禮封之六年，坐恐猲取鷄以令買償免〔三〕，復謾，完爲城旦。節氏國除。赤封，八年薨；建元四年，共侯罷軍嗣，五年薨；元光三年，朝嗣，是年，坐爲濟南太守，與城陽王女通〔四〕，罰爲鬼薪。

四年，冬，置鹽鐵官。自《管子》言燕有遼東之煑，至是始置官。遼東之平郭，有鹽有鐵；漁陽之漁陽以鐵，泉州以鹽；遼西之海陽以鹽；右北平之夕陽以鐵；涿郡之故官，而以鐵置矣。六月，丁卯，右北平太守路博德爲邳離侯〔五〕。四從驃騎將軍擊右

〔一〕「期後」，底本二字互乙，今據《史記》卷二〇《建元已來侯者年表》、《漢書·景武昭宣元成功臣表》正。

〔二〕「屠」，底本脱，今據《史記·惠景間侯者年表》、《漢書·高惠高后文功臣表》補。

〔三〕「猲」，底本作「猖」，今據福建本、《漢書·王子侯表上》改。

〔四〕「王」，底本脱，今據福建本、北大本、《史記·高祖功臣侯者年表》、《漢書·高惠高后文功臣表》補。

〔五〕「邳離」，底本作「符邳離」，《史記·建元已來侯者年表》作「符離」，今據《漢書·景武昭宣元成功臣表》刪。

王，得重〔一〕，會期，首虜二千七百人功，侯，千六百户。西河平州人也。漁陽太守解獲鼓旗，賜爵關内侯，食邑三百户。

五年，復置燕國。三月，詔徙姦猾吏民于邊。

六年，四月，乙巳，廟立皇子旦爲燕王，賜策曰：「於戲！小子旦，受茲玄社〔二〕。朕承祖考，維稽古，建爾國家，封於北土，世爲漢藩輔。於戲！薰粥氏虐老獸心，侵犯寇盗，加以姦巧邊萌。於戲！朕命將率〔三〕，徂征厥罪〔四〕，萬夫長、千夫長，三十有二君皆來，降旗奔師，薰粥徙域，北州以綏。悉爾心，毋作怨，毋俷德，毋乃廢備〔五〕。非教士不得從徵。保國艾民，可不敬歟！」

元鼎元年，四月，戊寅，封城陽頃王子光爲文成侯，《表》在東海，《志》在遼西。清安侯國除。封五年，坐爲九江太守，受故官送，免。

二年，曲成國除。自圉侯達封，二十二年薨；文元年，恭侯捷嗣，八年，有罪，

〔一〕「得」，底本作「德」，《史記・建元已來侯者年表》作「將」，今據《漢書・景武昭宣元成功臣表》改。

〔二〕「社」下，底本衍「稷」字，今據《史記》卷六〇《三王世家》、《漢書》卷六三《燕刺王劉旦傳》删。

〔三〕「率」，底本脱，今據《史記・三王世家》、《漢書・燕刺王劉旦傳》補。

〔四〕「征」，底本脱，今據《史記・三王世家》、《漢書・燕刺王劉旦傳》補。

〔五〕「乃廢」，底本二字互乙，今據《史記・三王世家》、《漢書・燕刺王劉旦傳》正。

免；十四年復封，十八年復免；户九千三百。景中五年，復封，五年薨；建元二年，皇柔嗣，二十四年，坐爲汝南太守，知民不用赤側錢爲賦，爲鬼薪。

三年，河間剛王基薨，明年，子緩嗣。

四年，夏，樂成侯丁義薦方士欒大，云：「與文成將軍同師。」上方悔誅文成，得欒大，大説，見數月，封爲樂通侯，位上將軍，佩六印，貴震天下。於海上燕齊之間，莫不搤腕自言有禁方、能神仙矣。逾年，棄市。中山靖王薨，明年，子昌嗣。

五年，九月，列侯坐酎金奪侯者百六人。其封燕者，將梁侯朝平、薪館侯未央、陘成侯貞、薪處侯嘉、曲成侯萬歲、文成侯光、陸地侯義[一]、廣侯順、安險侯應，並未傳。柳宿侯蘇，自夷侯蓋封，四年薨；元狩三年，蘇嗣，八年，國除。外戚：南皮，自彭祖封，二十一年薨；建元六年，夷侯良嗣，五年薨[二]；元光五年，侯桑林嗣，十八年，國除。高祖功臣侯：中水，自嚴侯馬童封，三十年薨；文十年，夷侯瑕嗣，三年薨；十三年，共侯青眉嗣，三十二年薨；建元六年，靖侯德嗣，一年薨；元光元年[三]，侯宜

[一]「義」，底本作「莪」，今據《史記·建元已來王子侯者年表》、《漢書·王子侯表上》改。

[二]「五年薨」，底本脱三字，今據《漢書》卷六《外戚恩澤侯表》補。

[三]「光」，底本作「先」，今據福建本、北大本、《史記·高祖功臣侯者年表》、《漢書·高惠高后文功臣表》改。

城嗣，二十二年，國除。阿陵，自南侯延居封，十五年薨；元光六年，侯則嗣，十七年，國除。安國，自武侯陵封，二十一年薨；高后八年，哀侯忌嗣，一年薨；文元年，終侯斿嗣，三十九年薨；建元元年，安侯辟方嗣，二十年薨；元狩三年，侯定嗣，八年，國除。十一月，樂成國除。自節侯禮封，二十六年薨；文五年，夷侯馬從嗣，十八年薨；後七年，式侯吾客嗣，四十二年薨[一]；元鼎二年，侯義嗣[二]，户二千四百，三年，坐言五利不道，棄市。

六年，三月，乙酉，封楊僕爲涿將梁侯。僕以樓船將軍擊南越，摧鋒却敵，封。是年，中山哀王昌薨，明年，子昆侈嗣。

元封元年，四月，封泰山，禪梁父。乃自泰山復東巡，至碣石。自遼西，歷北邊九原，五月，歸于甘泉。是年，襄平國除。自通封，五十二年薨；景中三年，相夫嗣，一名嘉，十九年薨；元朔元年，夷吾嗣，十九年薨[三]，亡後。

二年，冬，朝鮮王攻殺遼東都尉，募天下死罪擊之。

[一]「後七年，式侯吾客嗣，四十二年薨」，底本脱十三字，今據《漢書·高惠高后文功臣表》補。
[二]「侯義」，底本脱二字，今據《史記·高祖功臣侯者年表》、《漢書·高惠高后文功臣表》補。
[三]「十九年薨」，底本作「二十年」，今據《史記·高祖功臣侯者年表》、《漢書·高惠高后文功臣表》改補。

三年，夏，朝鮮平，以其地爲樂浪、臨屯、玄菟、真番四郡。四月，丁卯，封韓陶爲荻苴侯。陶以朝鮮相將，而漢兵圍之，降，侯，五百四十户，國屬渤海。是年，廷尉趙禹以貶爲燕相，數歲，誖亂有罪，免歸。

四年，十月，帝北出蕭關，歷獨鹿、鳴澤，涿之遒北界也，自代而還。是年，平津國除。自獻侯弘封，六年薨；元狩三年，侯度嗣，十三年，元封四年〔一〕，坐爲山陽太守，詔徵鉅野令史成不遣〔二〕，完爲城旦。將梁侯楊僕，坐征朝鮮失亡多，贖，完爲城旦，國除。

五年，初置刺史，部十三州〔三〕。幽州部燕國五郡，兼代、涿、渤海、朝鮮之初郡。其秩六百石，假印綬，有常治所。治以秋分行部，御史爲駕四封乘傳。到所部，郡國各遣一吏迎之界上。所察六條，有州郡察吏民奇材異等。趙廣漢字子都，涿郡蠡吾人也，故屬河間。少爲郡吏、州從事，以廉潔通敏下士爲名。舉茂才，平準令。察廉爲陽翟令。

〔一〕「三年元封」，底本脱四字，今據《漢書・外戚恩澤侯表》補。

〔二〕按：遣、遺，底本二字或混用，以下徑改，不注。

〔三〕「三」，底本作「二」，今據《漢書・武帝紀》、《通鑑》卷二一改。

六年，黎侯國除。自頃侯奴封，十一年薨；文後五年，潰嗣〔一〕，三十五薨；元朔五年，延嗣，十九年，户千八百，坐不出時馬，要斬。

太初元年，五月，正曆，以正月爲歲首。定官名，損王國郎中令秩千石，改太僕曰僕，秩亦千石。

二年，春正月〔二〕。

三年，高祖功臣百四十有三人，見侯裁四人，燕域無一人焉。

天漢二年，秋，群盜齊有徐教，燕趙之間有堅盧、范主之屬，阻山攻城，道路不通。遣直指使者暴勝之等，衣繡杖斧，分部逐捕。刺史、郡守以下皆伏誅。

四年，河間頃王薨，子慶嗣。

太始三年，皇子弗陵生。母曰河間趙倢伃，語在史傳。容城侯徐光爲太常〔三〕。

〔一〕「潰」，底本作「漢」，《史記·惠景間侯者年表》作「澤」，今據《漢書·高惠高后文功臣表》改。

〔二〕按：「月」下，《燕史》疑有脱文。

〔三〕「徐」，《史記·惠景間侯者年表》作「唯徐」，《漢書》卷一九《百官公卿表下》作「唯塗」，《燕史》據《漢書·景武昭宣元成功臣表》；下同，不注。

征和二年，三月，丁巳[一]，涿郡太守劉屈氂爲左丞相[二]。詔分丞相長史爲兩府，以待天下遠方之選。夫親親任賢，周、唐之道也。以澎户二千二百，封左丞相爲澎侯，中山靖王子也。是時，涿郡鐵官鑄鐵，銷皆飛去，氂忽召入。七月，庚寅，衛太子出亡。癸巳，封莽通爲重合侯。通以侍郎發兵擊反將如侯，封，四千八百七十户，國屬渤海。燕王旦壯大就國，爲人辯略[三]，博學經書雜説，好星曆數術倡優射獵之事，招致游士。以衛太子敗，齊懷王又薨，次當立，上書求宿衛。帝見書，擊地，怒曰：「生子當置齊、魯禮義之邦，乃置之燕、趙，果有争心，不讓之端見矣。」即斬其使於闕下。後坐臧匿亡命，削良鄉、安次、文安三縣。帝由是惡旦。荻苴國除。侯薨，不得嗣。

三年，六月，壬寅，丞相屈氂下獄，要斬。中山穅王昆侈薨，明年，輔嗣。

後元元年，四月，甲辰，迺侯陸則坐使巫齊少君祠咒詛上，大逆無道，要斬，國除。

二年，五月，壬辰，容城侯徐光要斬。自擕侯盧封，七年薨；建元二年，康侯纏

〔一〕「三」，底本作「五」，《百官公卿表下》作「四月壬申」，今據《史記》卷二二《漢興以來將相名臣年表》改。

〔二〕「屈氂」，底本作「屈鼇」，今據福建本、北大本、《漢書》卷六六《劉屈氂傳》改；「左丞相」，底本作「右丞相」，今據《漢書》《百官公卿表下》、《劉屈氂傳》改；以下徑改，不注。

〔三〕按：辨、辯、辦、瓣，底本四字或混用，以下徑改，不注。

嗣，十四年薨；元朔三年，光嗣，四十年[一]，坐呪詛上，國除。重合國除。莽通坐發兵與衛尉潰等謀反，要斬。中山頃王輔薨[二]；明年，子福嗣。

昭帝始元元年，初，武廟崩，賜諸侯王璽書。旦得書，不肯哭[三]，曰：「璽書封小，京師疑有變。」遣幸臣壽西長、孫縱之、王孺等之長安，以問禮儀爲名，陰刺候朝廷事。王孺見執金吾郭廣意，問帝崩所病，立者誰子，年幾歲。廣意言：「待詔五莋宮[四]，宮中讙言帝崩，諸將軍共立太子爲帝，年八九歲，葬時不出臨。」歸以報王，王曰：「上棄群臣，無語言，蓋主又不得見，甚可怪也。」蓋主，帝長姊鄂邑長公主，居禁中，共養帝者。旦復遣中大夫至京師，上書言：「竊見孝武皇帝躬聖道，孝宗廟，慈愛骨肉，和集兆民，德配天地，明並日月，威武洋溢，遠方執寶而朝，增郡數十，斥地且倍，封泰山，禪梁父，巡狩天下，遠方珍物陳于太廟，德甚休盛，請立廟郡國。」奏報聞。時大將軍霍光秉政。二月，己亥，褒賜燕王錢三十萬，益封萬三千户。旦怒曰：「我當爲帝，何賜

〔一〕「四十」，底本二字互乙，今據《漢書·景武昭宣元成功臣表》正。

〔二〕「中」上，底本衍「三年」二字，按：武帝後元無三年，且據《漢書·諸侯王表》，中山頃王于武帝征和四年嗣王位，三年薨，應為後元二年，今據刪；「王輔薨」，底本作「輔嗣」，今據《諸侯王表》改補。

〔三〕「肯」，底本作「旨」，今據福建本、北大本、《漢書·燕剌王劉旦傳》、《通鑑》卷二三改。

〔四〕「莋」，底本作「祚」，今據《漢書·燕剌王劉旦傳》改。

也！」遂與宗室中山哀王子長、齊孝王孫澤等結謀，詐言以武帝時受詔，得職吏事，修武備，備非常。長於是爲旦命令群臣曰：「寡人賴先帝休德，獲奉北藩，親受明詔，職吏事，領庫兵，飭武備，任重職大，夙夜兢兢，子大夫將何以規佐寡人？且燕國雖小，成周之建國也。上自召公，下及昭、襄，于今千載，豈可謂無賢哉？寡人束帯聽朝三十餘年，曾無聞焉。意者寡人之不及與？亦子大夫之思有所不至乎？其咎安在？方今寡人欲撟邪防非，章聞揚和，撫慰百姓，移風易俗，厥路何由？子大夫其各悉心以對，寡人將察焉。」群臣皆免冠謝。郎中成軫謂旦曰：「太王失職，獨可起而索，不可坐而得也。太王壹起，國中雖女子皆奮臂隨大王。」旦曰：「前高后時，僞立子弘爲皇帝，諸侯交手事之八年。呂太后崩，大臣誅諸呂，迎立文帝，天下乃知非孝惠子也。我親武帝長子，反不得立。上書請立廟，又不聽。立者疑非劉氏。」即與澤謀爲奸書，言：「少帝非武帝子，我安得弟在者？今立者，乃大將軍子也，大臣所共立。天下宜共伐之。」使人傳行郡國，以摇動百姓。澤謀歸發兵臨淄，欲殺青州刺史雋不疑，與燕王俱起。旦遂招來郡國奸人，賦歛銅鐵作甲兵，數閱其車騎材官卒，建旌旗鼓車，旄頭先敺[二]，郎中侍從

〔二〕「敺」，底本作「毆」，今據《漢書・燕剌王劉旦傳》改。

者著貂羽，黃金附蟬，皆號侍中。旦從相、中尉以下，勒車騎，發民會圍，大獵文安縣，以講士馬，須期日。郎中韓義等數諫，旦殺義等凡十五人。會缾侯成知澤等謀[一]，告之不疑。八月，不疑收捕澤等以聞。帝遣大鴻臚丞治，連引燕王、澤等，皆伏誅。益封缾侯，遷不疑爲京兆尹。詔以燕王至親，勿治。公卿使大臣請，遣宗正與大中大夫公户滿意、御史二人，偕往使燕，風喻之。到燕，各異日更見責王。宗正先見王，爲列陳道帝實武帝子狀。侍御史乃復見王，責之以正法，問：「王欲發兵罪名明白，當坐之。漢家有正法，王犯纖介小罪過，即行法直斷耳，安能寬王。」驚動以文法，王意益下，心恐。公户滿意習於經術，最後見王，稱引古今通議，國家大禮，文章爾雅。謂王曰：「古者天子必內有異姓大夫，所以正骨肉也；外有同姓大夫，所以正異族也。周公輔成王，誅其兩弟，故治。武帝在時，尚能寬王。今帝始立年幼，富於春秋，未臨政，委任大臣。古者誅罰不阿親戚，故天下治。方今大臣輔政，奉法直行，無敢所阿，恐不能寬王。王可自謹，無自令身死國滅，爲天下笑。」於是旦乃恐懼服罪，叩頭謝過。大臣欲和合骨肉，難傷之以法也。是年，易侯國除。自安侯平封，二十年薨；元封五年，康侯種嗣，薨；

[一]「缾」，底本作「鉼」，今據《漢書·燕刺王劉旦傳》、《通鑑》卷二三改；以下徑改，不注。

子侯德嗣，坐殺人，免。

二年，正月，壬寅，封大將軍霍光爲博陸侯。光初以奉車都尉捕反者莽何羅侯〔一〕，武帝遺詔所封，食北海、河間二千三百五十户，取嘉名而無縣。漁陽有博陸城也。

三年，柏暢侯國除。自戴侯終古薨，侯朱嗣〔二〕，薨，亡後。

六年，五月，乙卯，封清河綱王子禄爲蒲領煬侯；哀侯推嗣，亡後，屬渤海。

元鳳元年，三月，賜郡國所選有行義者涿郡韓福等五人，以德行徵至京師，帛人五十疋，賜策書，遣歸，曰：「朕閔勞以官職之事，其務修孝弟以教鄉里。令郡縣行道舍傳舍〔三〕，縣次具酒肉，食從者及馬。長吏以時存問，常以歲正月賜羊一頭、酒二斛。有不幸者，賜複衾一襲，祀以中牢。」九月，燕王旦反，伏誅。姊蓋長公主，私近子客河間丁外人。帝與大將軍聞之，不絕主驩，有詔外人侍長公主。長公主内周陽氏女，令配耦帝。時上官安有女，即霍光外孫，安因光欲内之。光以爲尚幼，不聽。安素與丁外人善，説外人曰：「聞長主内女，安子容貌端正，誠因長主時得入爲后，以臣父子在朝而有椒房

〔一〕「車」，底本作「東」，今據福建本、北大本、《漢書·外戚恩澤侯表》、《通鑑》卷二一〇改。

〔二〕「侯」，底本作「後」，今據《漢書·王子侯表上》改。

〔三〕按：傳、傅，底本二字或混用，以下徑改，不注。

之重，成之在於足下。漢家故事常以列侯尚主，足下何憂不封侯乎？」外人善，言於長公主。長公主以爲言，詔召安女入爲倢伃。月餘，遂立爲皇后，年甫六歲。安封桑樂侯[一]，遷車騎將軍，日以驕淫。數守大將軍光，爲丁外人求侯，及桀欲妄官禄外人爲光禄大夫，令得召見。光執正，皆不聽。長公主大以是怨光。而桀、安亦慚，深怨而重德蓋主，與光争權，有隙。皆知旦怨光，即私與燕交通，爲外人求侯。旦大喜，上書稱：「子路喪姊，期而不除，孔子非之。子路曰：『由不幸寡兄弟，不忍除之。』故曰『觀過知仁』。今臣與陛下獨有長公主爲姊，陛下幸使丁外人侍之[二]，外人宜蒙爵號。」書奏，上以問光，光執不許。旦遣孫縱之等十餘輩[三]，皆多齎金寶走馬，賂遺蓋主。桀、御史大夫桑弘羊等皆與交通，數記疏光過失與旦，令上書告之。桀欲從中下其章，弘羊當與大臣共執退光。旦聞之喜，乃令人詐爲燕王上疏曰：「昔秦據南面之位，制一世之命，威服四夷，輕弱骨肉，顯重異族，廢道任刑，無恩宗室。其後尉佗入南夷，陳涉呼楚澤，近狎作亂，内外俱發，趙氏毋炊火焉。高皇帝覽踪跡，觀得失，見秦建本非是，故改其

[一]「樂」，底本作「落」，今據《漢書》《昭帝紀》、《外戚恩澤侯表》改；以下徑改，不注。
[二]按：侍、待，底本二字或混用，以下徑改，不注。
[三]「輩」，底本脱，今據《漢書·燕剌王劉旦傳》、《通鑑》卷二三補。

路，規土連城，布王子孫〔二〕，是以枝葉扶疏，異姓不得間也。今陛下承明繼成，委任公卿，群臣連與成朋，非毀宗室，膚受之愬，日騁於廷，惡吏廢法立威，主恩不及下究。臣聞武帝使中郎將蘇武使匈奴，見留二十年不降，還，亶爲典屬國〔三〕。今大將軍長史敞無勞，爲搜粟都尉。又將軍出都肄郎、羽林，道上移蹕，太官先置。又擅調莫府校尉。光專權自恣，疑有非常。臣旦願歸符璽，入宿衛，察奸臣之變。」候伺光出沐日，奏之。桀欲從中下其事，帝不肯下。明旦，光聞之，止畫室中，不入。帝問：「大將軍安在？」桀對曰：「以燕王告其罪，故不敢入。」有詔：「召大將軍。」光入，免冠頓首謝。上曰：「將軍冠！朕知是書詐也，將軍無罪。」光曰：「陛下何以知之？」帝曰：「將軍之廣明，都郎屬耳。調校尉以來，未能十日，燕王何以得知之？且將軍爲非，不須校尉。」是時帝年十四，尚書、左右皆驚。而上書者果亡，捕之甚急。桀等懼，白上：「小事不足究。」帝不聽。後有譖光者，帝輒怒，將坐之。自是，桀等不敢復言，遂親信光而疏桀等。桀等因謀共殺光，廢帝，迎立燕王爲天子。旦置驛書，往來相報，許立桀爲王，

〔二〕「布」，底本作「市」，今據《漢書·燕刺王劉旦傳》改。

〔三〕「亶」，底本作「置」，今據《漢書·燕刺王劉旦傳》改。

外連郡國豪桀以千數。旦以語相平，平曰：「大王前與劉澤結謀，事未成而發覺者，以澤素夸，好侵陵也。平聞左將軍素輕易，車騎將軍少而驕，臣恐其如澤時不能成，又恐既成，反大王也。」旦曰：「前日，一男子詣闕，自謂故太子，長安中民趣鄉之，正讙不可止。大將軍恐，出兵陳之，以自備耳。我帝長子，天下所信，何憂見反？」後謂群臣：「蓋主報言，獨患大將軍與右將軍王莽。今右將軍物故，丞相病，幸事必成，徵不久。」令群臣皆裝。安又謀誘燕王至而誅之，因廢帝而立桀。或曰：「當如皇后何？」安曰：「逐麋之狗，當顧菟邪！且用皇后爲尊，一旦人主意有所移，雖欲爲家人亦不可得。此百世之一時也！」是時燕多妖祥〔二〕，語在《占纂》。后姬以下皆恐，旦驚病，使人祠葭水、台水。王客呂廣等知星，爲王言：「當有兵圍城，期在九月、十月，漢當有大臣戮死者。」旦愈憂恐，謂廣等曰：「謀事不成，妖祥數見，兵氣且至，柰何？」會蓋主舍人稻父燕倉知其謀，以告楊敞。敞惶懼，移病，以告杜延年，以聞。九月，詔丞相賜璽書，部中二千石逐捕孫縱之及桀等，皆伏誅，蓋主自殺。旦聞之，召相平曰：「事敗，

〔二〕「妖」，底本作「祅」，今據《漢書・燕刺王劉旦傳》改；以下徑改，不注。

遂發兵乎〔二〕？」平曰：「左將軍已死，百姓皆知之，不可發也。」旦憂懣，置酒萬載宮，會賓客群臣妃妾坐飲。旦自歌曰：「歸空城兮，狗不吠，鷄不鳴。横術何廣廣兮，固知國中之無人！」華容夫人起舞曰：「髮紛紛兮寘渠，骨籍籍兮亡居。母求死子兮，妻求死夫。徘徊兩渠間兮，君子獨安居！」坐者皆泣。有赦令到，旦讀之，曰：「嗟乎！獨赦吏民，不赦我。」因迎后姬諸夫人之明光殿，旦曰：「老虜曹爲事當族！」欲自殺。左右曰：「儻得削國，幸不死。」后妃夫人共啼泣止王。會帝使使者賜旦璽書，曰：「昔高皇帝王天下，建立子弟以藩屏社稷。先日，諸吕陰謀大逆，劉氏不絶若髮。賴絳侯等誅討賊亂，尊立孝文，以安宗廟，非以中外有人，表裏相應故邪？樊、酈、曹、灌，攜劍推鋒，從高皇帝墾菑除害，耘鉏海内。當此之時，頭如蓬葆，勤苦至矣，然其賞不過封侯。今宗室子孫曾無暴衣露冠之勞，裂地而王之，分財而賜之，父死子繼，兄終弟及。今王骨肉至親，敵吾一體，乃與他姓異族謀害社稷，親其所疏，疏其所親，有逆悖之心，無忠愛之義。如使古人有知，當何面目復奉齊酎見高祖之廟乎！」旦得書，以符璽屬醫工長，謝相二千石：「奉事不謹，死矣。」即以綬自絞。后夫人隨旦自殺者二十餘人。十

〔二〕「遂」，底本作「逐」，今據福建本、《漢書·燕剌王劉旦傳》、《通鑑》卷二三改；以下徑改，不注。

月，詔曰：「左將軍安陽侯桀、驃騎將軍桑樂侯安、御史大夫桑弘羊，皆數以邪枉干輔政，大將軍不聽，而懷怨望，與燕王通謀，置驛往來相約結。燕王遣壽西長、孫縱之等賂遺長公主、丁外人、謁者杜延年、大將軍長史公孫遺等，交通秘書，共謀令長公主置酒，伏兵殺大將軍光，徵立燕王爲天子，大逆毋道。故稻田使者燕倉先發覺，以告大司農敞，敞告諫大夫延年〔一〕，以聞。丞相徵事任宫手捕斬桀，丞相少史王壽誘將安入府門〔二〕，皆已伏誅，吏民得以安。封延年爲建平侯，倉爲宜城侯，宫爲弋陽侯，壽爲商利侯〔三〕。」有司請誅旦妻子，帝不忍，詔曰：「燕王迷惑失道，前與齊王子澤等爲逆，抑而不揚，望王反道自新。今乃與長公主、左將軍桀等謀危宗廟。王及公主皆自伏辜。其赦王太子建、公主子文信及宗室子與燕王、上官桀等謀反父母同産當坐者，皆免爲庶人。其吏爲桀等所詿誤，未發覺在吏者，除其罪。」賜旦謚曰剌王。旦立三十八年而誅，國除，爲廣陽郡。久之，文學濟陰魏相對策，以爲：「日者燕王爲無道，韓義出身彊諫，爲王所殺。義無比干之親，而蹈比干之節，宜顯賞其子以示天下，明爲人臣之義。」乃擢

〔一〕「諫」，底本作「見」，今據《漢書·昭帝紀》、《通鑑》卷二三改。
〔二〕「壽」，《漢書·景武昭宣元成功臣表》、《通鑑》卷二三作「山壽」，《燕史》據《漢書·昭帝紀》。
〔三〕「商」，底本或作「商」，今據《漢書·景武昭宣元成功臣表》改；以下徑改，不注。

義子延壽爲諫大夫。幽州從事崔朝諫刺史弗與刺王通，王敗，擢侍御史。初治燕王獄，光刑罰嚴，延年由太僕爲右曹給事中，輔之以寬，奏記争光，議論持平。時窮治燕黨與，蘇武素與桀、弘羊有舊，數爲燕王所訟。武子元與安有謀，坐死。廷尉奏請逮捕武，光寢其奏，免武官。

三年，冬，遼東烏桓反，以中郎將范明友爲度遼將軍。烏桓語在《蘖記》〔一〕。

五年，六月，發三輔及郡國惡少年吏有告劾亡者，屯遼東。十一月，庚子，封中山康王子喜爲涿之成侯。

六年，正月，募郡國徒築遼東、玄菟城〔二〕。二月，乙丑，封楊敞爲安平侯。初，以燕王反，杜延年首發大姦，有忠節，封侯；敞不直告，不封。至是，以丞相侯，七百户，與大將軍光定策，益封子忠，凡五千五百四十七户。《表》在汝南，《志》在涿郡。

郭造卿曰：武、昭奪封，兩王不道，大率封建於燕，祇播惡於衆耳。中山聞樂之對，河間雅樂之獻，皆侯國盛事，爲非燕不具。而酎金及它除者，在燕域莫非細

〔一〕「蘖」，底本作「繫」，今據本書下編《燕蘖記序》改。
〔二〕按：徒、徙、從，底本三字或混用，以下徑改，不注。

故。蓋懲諸侯王屢畔不止，而行賈、晁、主父之策也。其爲郡守封，如上谷、北平、衆利、邳離，尋除；漁陽之關内，則不知所終。元封，封建衰散矣，乃置刺史，部十三州，然有酷吏而無循良。惟有屈氂，由王子爲涿守，由涿守爲丞相，由丞相封侯，而至於極刑。則是爲守者，亦不利建侯矣。此封建、郡縣交敝，由邊郡、邊國則然。刺史既部，牧伯改置，雖或廢或復，而其政可知也。

燕統記下

郭造卿曰：燕初郡隣胡貊，秦而漢增益焉，非質有文武曷任，爲邊疆之重也顓矣。燕有趙守、徐令，漢興不少概見，僅欒公有社，爲其爲相也。他之名者，率以疆事。若稱庶幾，文亡有，況景、武之多酷乎！故司馬《循吏》漢無人，而《酷》列杜、張輩。趙禹相燕，詩亂矣。郅都守雁門，義縱出雲中，邊郡往往如是，内郡國無良焉。班氏補文翁於景世，若武無得而稱。雖能曲恕杜、張，都、縱輩其免乎？既蠭屬以邊郡，又權奪於國相。即旦之詐受詔，職吏事，而郡縣孰敢以吏事爲争哉！然王邑坐昌邑被刑，後戒子孫毋爲王國吏。故子駿遷趙内史，避歸，以幽州刺史而起家。則王吏亦不可爲，而況於國屬者乎。故封建婁敝，而守令偏廢矣。第吏事未歸于郡縣，侯封爲人民社稷主，豈曰無其政不詳厥封乎？乃有逆謀之主，而無從畔之民。蓋守一邑一職，思干戈而方洋于世者[一]，罕矣。自左官、附益、阿黨法設，諸侯惟得食衣租税，或乘牛車而不與政事。昭除燕國爲郡，宣雖復郡爲國，勢分政逮，賢良爲理，棕核名實於上，而良吏於斯爲盛。故《循》有渤海，《酷》惟延年，若語吏治，必自宣始矣。

宣帝本始元年，春，論定策功，益封博陸侯，食東郡萬七千二百，與故所食北海、河間，凡二萬户。五月，以廣陽郡爲國，詔立燕剌王故太子建爲王。七月，壬子，封燕剌王子賢爲鉅鹿安定侯。

四年，四月，己丑，封清河綱王子寅爲修市侯[二]，國屬渤海。五月，癸丑，封燕剌王子慶爲涿新昌侯。

地節二年，三月，庚午，博陸侯光薨，詔復其後世，疇其爵邑，世世有所與，功如蕭相國。四月，癸巳[三]，子禹嗣侯。癸卯，封河間獻王子矖爲涿高郭侯，子雍爲渤海景

[一] 按：「戈」，底本或誤作「弋」，以下徑改，不注。
[二] 「綱王」，底本二字互乙，今據《漢書・王子侯表下》正。
[三] 「巳」，《漢書・外戚恩澤侯表》作「卯」。

成侯。

三年，五月，擊匈奴師罷。建平侯杜緩從征〔一〕，還爲諫大夫，遷上谷都尉。十二月，詔置廷尉平。于是選于定國爲廷尉，黄霸等以爲廷平，季秋請讞。時帝常幸宣室，齋居而決事，獄刑號爲平矣。鄭昌字次卿，泰山剛人也，好學明經，通法律政事。爲涿郡太守，與弟南陽太守弘，皆著條教法度，爲後所述。惟昌過深，不如弘平，上疏言：「聖王置諫争之臣者，非以崇德，防逸豫之生也；立法明刑者，非以爲治，救衰亂之起也。今明主躬垂明聽，雖不置廷平，獄將自正；若開後嗣，不若删定律令。律令一定，愚民知所避，姦吏無所弄矣。今不正其本，而置廷平以理其末，政衰聽怠，則廷平將招權而爲亂首矣。」帝未及修改。至元、成詔定律令，有司塞詔而已。終漢世大議不立，則昌之慮深矣。度遼將軍、都尉范明友爲光禄勳。

四年，七月，博陸侯禹謀反，要斬，國除。初，《黄帝終始傳》曰：「漢興百餘年，有人不短不長，出白燕之鄉〔二〕，持天下之政，時有嬰兒主〔三〕。」而少主之禍，萌于驂乘矣。

〔一〕按：綬、緩，底本二字或混用，以下徑改，不注。
〔二〕「白」，底本作「自」，今據《史記》卷一三《三代世表》改。
〔三〕「時有嬰兒主」，底本作「時時有嬰兒」，今據《史記·三代世表》删補。

不知以爲祥，故敗。其言本平陽之白燕鄉。光雖平陽人，而鄉無所名也，其應在燕之博陸矣。時光姪冠陽侯雲拜爲玄菟太守，壻太中大夫任宣拜爲代郡太守[二]，及取度遼將軍范明友，事覺，皆自殺。是年，召渤海太守龔遂爲水衡都尉。遂字少卿，山陽南平陽人也，以明經官昌邑王郎中令，減死，髡爲城旦，語在史傳。時渤海左右郡歲饑，盜賊並起，二千石不能禽制。帝選能治者，丞相、御史舉遂可用，帝以爲渤海太守。遂年七十餘矣，召見，形貌短小。帝望不副所聞，心内輕焉，謂曰：「渤海廢亂，朕甚憂之。君欲何以息其盜賊，以稱朕意？」對曰：「海瀕遐遠，不霑聖化，其民困於饑寒而吏不恤，故使陛下赤子，盜弄陛下兵於潢池中耳。今欲使臣勝之邪？將安之也？」帝聞對甚説，答曰：「選用賢良，固欲安之也。」對曰：「臣聞治亂民猶治亂繩，不可急也，唯緩之，然後可治。臣願丞相、御史且無拘臣以文法，得一切便宜從事。」帝許焉，加賜黄金，贈遺乘傳。至渤海界，郡聞新太守至，發兵以迎，遂皆遣還。移書敕屬縣，悉罷逐捕盜賊吏，諸持鉏鉤田器者皆爲良民，吏毋得問，持兵者乃爲盜賊。遂單車獨行至府，郡中翕然，盜賊亦皆罷。渤海又多劫略相隨，聞遂教令，即時解散，棄其兵弩而持鉏鉤。盜賊於是

〔二〕「太」，底本脱，今據《漢書》卷六八《霍禹傳》、《通鑑》卷二五補。

悉平，民安土樂業。遂迺開倉廩假貧民，選用良吏，尉安牧養焉。遂見齊俗奢侈，好末技，不田作，迺躬率以儉約，勸民務農桑。令口種一樹榆、百本䪥、五十本葱、一畦韭，家二母彘、五雞。民有带持刀劍者，使賣劍買牛，賣刀買犢，曰：「何爲带牛佩犢！」春夏不得不趨田畝，秋冬課收斂，益畜果實菱芡。勞來循行，郡中皆自畜積，吏民富貴，獄訟止息。數年，帝遣使者徵遂，議曹王生願從。功曹以爲王生素嗜酒，亡節度，不可使。遂不忍逆，從至京師。王生日飲酒，不視太守。會遂引入宫，王生醉，從後呼曰[一]：「明府且止，願有所白。」遂還問其故，王生曰：「天子即問君何以治渤海，君不可有所陳對，宜曰『皆聖主之德，非小臣之力也』。」遂受其言。既至前，帝果問以治狀，遂對如王生言。天子説其有讓，笑曰：「君安得長者之言而稱之！」遂因前曰：「臣非知此，乃臣議曹教戒臣也。」帝以遂年老不任公卿，拜爲水衡都尉，議曹王生爲水衡丞，以褒顯遂云。水衡典上林禁苑，共張宫館，爲宗廟取牲，官職親近，帝甚重之，以官壽卒。漢《循吏傳》六人，惟遂爲幽。屬渤海盗賊，左右郡不能禽制而任，則燕、代無良吏矣。渤海所屬半燕區，故於其太守稱焉。

[一] 按：從、後，底本二字或混用，以下徑改，不注。

元康元年，春，徙丞相、列侯、吏二千石、訾百萬者于杜陵。涿之蠡吾王侯家、燕之郎中杜家徙之。商利侯王山壽坐爲代郡太守，故劾十人罪不直，免。安郭侯國除。自于侯傳富封，五百二十户，子釐侯嗣，傳偃子侯崇，坐首匿死罪，免。

四年，八月。帝開廟臧，覽舊籍，令有司求高祖功臣子孫適後失侯者百三十六人，咸出保庸之中，皆賜黄金二十斤[一]，復其家，奉祭祀勿絶。其在燕者，成侯渫玄孫平陵公乘詘[二]、安國侯陵玄孫長安公乘襄、曲成侯達玄孫茂陵公乘宣、阿陵侯亭玄孫茂陵公乘賢、肥如侯寅曾孫肥如大夫福、陽信侯青玄孫長陵大夫陽、安平侯秋玄孫之子解大夫后、北平侯蒼玄孫之子長安公士蓋宗、中水侯馬童玄孫之孫長安公士建明[三]、樂成侯禮玄孫之孫長安公士禹[四]、襄平侯通玄孫長安簪裹萬年、曲逆侯平玄孫之子長安簪裹侯莫、深澤侯將夕玄孫平陵上造延世、海陽侯毋餘玄孫之子不更未央。

神爵元年，三月，詔改元，賜天下勤事吏爵二級[五]。嚴延年字次卿，東海下邳人也。

[一]「二」，底本作「三」，今據《漢書》卷八《宣帝紀》、《通鑑》卷二五改。

[二] 按：「玄」，底本、北大本因避諱或改作「元」，今據福建本改；以下徑回改，不注。

[三]「蓋宗、中水侯馬童玄孫之孫長安公士」，底本脱十五字，今據福建本、北大本、《漢書・高惠高后文功臣表》補。

[四]「禹」，底本作「屬」，今據《漢書・高惠高后文功臣表》改。

[五]「賜」，底本作「詔」，今據《漢書・宣帝紀》改。

西羌反，延年自好時令爲長史，從軍敗西羌，還。時涿郡比得不能太守，涿人畢野白等由是廢亂。大姓西高氏、東高氏，自郡吏以下皆畏避之，莫敢與牾，咸曰：「寧負二千石，無負豪大家。」賓客放爲盜賊，發，輒入高氏〔一〕，吏不敢追。浸浸日多，道路張弓拔刃，然後敢行，其亂如此。延年至，遣掾蠡吾趙繡按高氏，得其死罪。繡見延年新將，心内懼，即爲兩劾，欲先白其輕者。索懷中，得重劾，即收送獄。夜入，晨將至市論殺之，先所按者死，吏皆股弁。更遣吏分考兩高，窮竟其姦，誅殺各數十人。郡中震恐，道不拾遺。三歲，遷河南太守〔二〕，賜黄金二十斤。號屠伯，有罪，棄市，語在史傳。漢酷吏十三人，自燕邊郡，郅都、義縱之屬無論。趙禹爲燕相，誖亂，免歸，而壽卒於家。延年之棄市〔三〕，豈非尤酷哉？然在涿之政，則不可廢焉。

五鳳元年，十二月，乙酉朔，日食。左馮翊燕人韓延壽棄市，以渤海太守信守左馮翊。癸巳，封河間孝王子昌爲涿之陽興侯，千三百五十户。

三年，中山懷王脩薨，無後，後詔封至廣平，不具。河間孝王慶薨，明年，子元嗣。

〔一〕「輒」，底本作「轍」，今據福建本、北大本、《漢書》卷九〇《酷吏傳·嚴延年傳》改。

〔二〕「遷」，底本作「遺」，今據福建本、北大本、《漢書·嚴延年傳》改；以下徑改，不注。

〔三〕「年」，底本脱，今據《漢書·嚴延年傳》、《通鑑》卷二七補。

四年，安平侯國除。自敬侯敞封，一年薨；元平元年，頃侯忠嗣，十一年薨；元康三年，譚嗣，九年，坐爲典屬國季父惲有罪〔一〕，譚言誹謗，免爲庶人。

甘露元年，三月，壬辰，封中山頃王子安爲利鄉侯；戴侯遂嗣，傳侯國嗣，除。

元帝初元元年，三月，癸卯，封王舜爲安平侯。舜，皇太后兄〔二〕，侍中中郎將封，千四百户。

二年，京兆尹代郡范〔三〕。三月〔四〕，詔舉茂材異等、直言極諫之士。涿郡高陽人王尊，少爲獄小吏，給事太守府，問詔書行事，無不對。太守奇之，除補書佐，署守屬監獄，復署守屬治獄，爲郡决曹史。數歲，以令舉幽州刺史從事。太守察廉，補遼西鹽官長。至是，舉直言，遷虢令，事在史傳。

四年，廣陽頃王建薨。

五年，六月，舜嗣廣陽王。封頃王子雲爲臨鄉侯，容爲西鄉侯，發爲陽鄉侯，國俱

〔一〕「季」，底本作「李」，今據福建本、北大本、《漢書·外戚恩澤侯表》改。
〔二〕「太」，底本脱，今據《漢書》卷九《元帝紀》、《外戚恩澤侯表》補。
〔三〕按：「范」下，《燕史》疑有脱文。
〔四〕「三月」，底本作「三年二月」，今據《漢書·元帝紀》、《通鑑》卷二八改。

屬涿。侯容仍稱頃侯，發稱思侯。雲交嗣，容景嗣，發度嗣，并免。

永光元年，徙宣帝子清河王竟爲中山王，十三年薨，無後。

三年，三月，封廣陽頃王子嬰爲涿益昌侯，仍稱頃侯；共侯政嗣，而侯福嗣，免。是年，王尊爲護羌校尉，坐擅離部署，會赦，免，歸家。涿郡太守徐明薦尊不宜久在閭巷，起爲郿令〔二〕。薛宣字贛君〔三〕，東海郯人也。是時察廉，遷樂浪都尉丞。幽州刺史舉茂材，爲宛句令，後爲丞相，封高陽侯，語在史傳。

五年，三月，封廣陽王子疊爲襄平侯。

建昭元年，冬，河間王元坐殺人，廢，遷房陵。

四年，六月，甲申，中山王竟薨。

五年，山侯國除。自原侯國封，十七年薨；天漢三年，康侯棄嗣，十四年薨；始元三年，安侯守嗣，二十二年薨；傳侯發；甘露二年，孝侯外人嗣，十八年薨，亡傳。

竟寧元年，安平侯王章子然爲執金吾，在帝世。般人高嘉以《魯詩》授帝，仕至上

〔二〕「郿」，底本作「郡」，今據《漢書》卷七六《王尊傳》改。
〔三〕「字」，底本作「子」，今據福建本、北大本、《漢書》卷八三《薛宣傳》改。

谷太守。

成帝建始元年，正月，丁亥[一]，立故河間王弟上郡庫令良爲王。罷以中書令石顯爲官者，故少府五鹿充宗左遷玄菟太守。時幽州刺史王駿遷司隸校尉。駿，琅邪皐虞人也，以趙内史免歸，起家爲刺史，而遷也。

二年，陽興侯國除。昌坐朝私留它縣[二]，使庶子殺人，棄市。

河平四年，三月，遣使行舉瀕河郡，給事中平當，使行幽州流民，舉奏刺史二千石勞徠有意者，言渤海鹽池可且勿禁，以救民急。所過見稱，奉使者十一人爲最，遷丞相司直。渤海高城鮑宣，以明經初爲縣鄉嗇夫，守束州丞，後爲都尉太守功曹，舉孝廉爲郎，病去官，復爲州從事。大司馬、衛將軍王商辟宣，薦爲議郎。仕至司隸校尉，語在史傳。

陽朔元年，廣陽穆王舜薨。

二年，璜嗣廣陽王。徙元帝子信都王興爲中山王。

[一]「丁亥」，底本作「乙丑」，今據《漢書·諸侯王表》改。
[二]「朝私」，底本二字互乙，今據《漢書·王子侯表下》正。

鴻嘉元年，六月，宗正慶忌坐平都公主殺子[一]，貶爲遼東太守。

二年[二]，六月，立中山憲王弟孫立鄉侯子雲客爲廣德王[三]，三年薨，無子，國除。

四年，春，詔：「水旱爲災，青、幽、冀部尤劇。已遣使者循行郡國[四]，被災害什四以上，民貲不滿三萬，勿出租賦。逋貸未入，皆勿收。流民欲入關，輒籍内。所之郡國，謹遇以理，務有以全活之。」秋，振貸渤海、清河河溢被災者。

永始元年，五月，乙未，封舅王曼子侍中、都尉、光禄大夫莽爲新都侯，新室所由以篡也。七月，癸卯，續封酇侯。先是，詔有司訪求漢功臣後，久未省録。郎杜業納説曰：「唐、虞、三代皆封建諸侯，以成太平之美。至其没也，所息之樹且猶不伐，况其廟乎！是以燕、齊之祀與周並傳，子繼弟及，歷載不墮。豈無刑辟，繇祖之竭力，故支庶賴焉。迹漢功臣，百餘年間而襲封者盡，或絶失姓，或乏無主，朽骨孤于墓，苗裔流於道，生爲愍隸，死爲轉屍。以往况今，甚可悲傷。聖朝憐閔，詔求其後，四方忻忻，

〔一〕「主」，底本作「子」，今據《漢書·百官公卿表下》改。
〔二〕「二年」，底本作「三年」，今據《漢書》卷一〇《成帝紀》、《通鑑》卷三一改。
〔三〕「子」，底本作「孫」，今據《漢書·景十三王傳·中山靖王劉勝傳》改。
〔四〕「國」，底本脱，今據《漢書·成帝紀》補。

靡不歸心。出入數年而不省察，設言虛亡[一]，則厚德掩息。遴柬布章[二]，非所以視化勸後也。三人爲众，雖難盡繼，宜從尤功。」帝納之，復紹蕭何燕、齊之祀[三]，功臣未有聞焉。

二年，馮參爲代太守。參字叔平，上黨潞人也。自渭陵寢中郎超遷，以邊郡道遠，徙爲安定太守。參兄野王守上郡，立守五原，吏民有二君之歌。參復競爽，翩翩塞方，雖其未任，爲賢紀之。

元延元年，七月，詔内郡國舉方正能直言極諫者各一人，北邊二十二郡舉勇猛知兵法者各一人[四]。是年，改高郭侯爲鄭侯[五]。自節侯嗑封，孝侯久長嗣，傳頃侯菲，菲傳共侯稱，稱傳哀侯霸，亡後；霸弟異衆紹爲鄭侯。

綏和元年，二月，癸丑，詔立定陶王欣爲皇太子[六]，益中山國三萬户。六月，丙寅，

[一]「設」，底本作「謾」，今據《漢書·高惠高后文功臣表序》改。
[二]「遴柬」，底本作「遼東」，今據福建本、北大本、《漢書·高惠高后文功臣表序》改。
[三]「紹」，底本作「詔」，今據福建本、北大本、《漢書·高惠高后文功臣表序》改；以下徑改，不注。
[四]「二十二」，底本作「三十」，今據《漢書·成帝紀》改。
[五]「鄭」，底本作「鄭」，今據福建本、北大本、《漢書·王子侯表下》改；以下徑改，不注。
[六]「王」下，底本衍「子」字，今據《漢書》《成帝紀》、《諸侯王表》、《通鑑》卷三二刪。

封廣陽王子常得爲方鄉侯〔二〕，趙共王子吉爲安國侯〔三〕。八月，庚戌，中山孝王薨。十一月，丙寅，王莽爲大司馬，輔政。貶執金吾任宏爲代郡太守。十二月，丞相方進、大司空何武奏言：「古選諸侯賢者以爲州伯，《書》曰『咨十有二牧』，所以廣聰明、燭幽隱也。今部刺史居牧伯之位，秉一州之統，選第大吏，所薦位高至九卿，所惡立退，任重職大。《春秋》之義，用貴治賤，不以卑臨尊。刺史位下大夫，而臨二千石，輕重不相準，失位次之序。臣請罷刺史，更置州牧，秩二千石，以應古制。」奏可。黄門郎揚雄作《幽州牧箴》曰：「蕩蕩平川〔三〕，惟冀之别。北扼幽都，戎夏交逼。伊昔唐虞，實爲平陸。周末薦臻，追于獯鬻。晉溺其陪〔四〕，周使不徂。六國擅權，燕趙本都。東限穢貊，羡及東胡。强秦北排，蒙公城壃。大漢初定，介狄之荒。元戎屢征，如風之騰。義兵涉漠，偃我邊萌。既定且康，復古虞唐。盛不可不圖，衰不可或忘。隄潰蟻穴，器漏箴芒。牧臣司幽，敢告侍傍。」省諸侯王内史，更令相治民如郡太守，中尉如郡都尉。燕如制。中

〔二〕按：得、德，底本二字或混用，以下徑改，不注。
〔三〕「吉」，底本作「昔」，今據《漢書·王子侯表下》改。
〔三〕按：川、州，底本二字或混用，以下徑改，不注。
〔四〕「陪」，底本作「倍」，今據福建本、《揚子雲集·幽州牧箴》改（臺灣影印清乾隆文淵閣《四庫全書》本）。

山孝王興薨[一]，明年，子箕嗣。

二年，四月，丙午，皇太子即位。七月，詔：「河間王良，喪太后三年，爲宗室儀表，益封萬户。」

哀帝建平元年，正月，昭儀趙氏兄侍中騎都尉新城侯欽、成陽侯訢有罪[二]，免爲庶人，徙遼西。是年繼絶，封燕王澤玄孫之孫無終公士歸生爲營陵侯。成侯國除。自獻侯喜封，十五年薨；神爵元年，頃侯得疵嗣，薨；又，煬侯偂嗣；哀侯貴嗣，亡後。河間惠王良薨，子尚明年嗣。

二年，四月，丞相朱博奏言：「部刺史奉使典州，督察郡國，吏民安寧。故事，居部九歲舉爲守相，其有異材功效著者輒登擢，秩卑而賞厚，咸勸功樂進。前罷刺史，更置州牧，秩真二千石，位次九卿。九卿缺，以高第補，其中材則苟自守而已，恐功效陵夷，姦軌不禁。臣請罷州牧，置刺史如故。」從之。幽州牧仍爲刺史。

三年，廣陽思王璜薨。以尚書令涿郡趙昌君仲爲少府[三]。一年，爲河内太守。時奉車

[一] 按：「中山孝王興薨」，《燕史》上文已有，此處重出。
[二] 「訢」，底本作「訴」，今據福建本、《漢書》卷一一《哀帝紀》、《通鑑》卷三三改；以下徑改，不注。
[三] 「仲」，底本作「仰」，今據《漢書·百官公卿表下》改。

光禄大夫劉歆移書太常博士，立《左氏春秋》，爲忤執政衆儒，懼誅，求出補吏，爲河内太守。以宗室不宜典三河，徙守五原，後復轉在涿郡，歷三郡守〔二〕，數年，以病免官。

四年，嘉嗣廣陽王。陳留太守渤海劉不惡子麗爲宗正，更名容。

元壽元年，三月，丞相王嘉下獄死。光禄大夫楚人龔勝君賓，以議嘉出爲渤海太守。勝謝病不任之官，積六月免歸，復徵光禄大夫。

二年，八月，詔賜海陽侯毋餘代後者賢爵關内侯。九月，中山王箕立爲帝，年九歲。是年，幽州刺史復爲牧，在哀帝世。彭宏，宛人也，爲漁陽太守，偉容貌，善飲飯，有威于邊。劉茂字子衛，晉陽人也，察孝廉，再遷五原屬國候。遭母喪去位，服竟，復爲沮陽令。郭欽，隃麋人也，爲丞相司直，奏董賢，左遷盧奴令。

平帝元始元年，正月，群臣奏言大司馬莽功德比周公，賜號安漢公。當世名士若上谷都尉陽並咸爲莽言，而涿郡崔發皆以材能幸，而爲之説符命焉。二月，丙辰，以東平思王宇孫桃鄉頃侯宣子成都爲中山王，奉孝王後。桑丘侯頃子寄生，以思王孫封陽興侯。

〔二〕「歷」，底本作「立」，今據福建本、《漢書》卷三六《劉歆傳》改。

癸巳〔一〕，以左將軍、光祿勳甄豐定策安宗廟，封爲廣陽侯。《表》在南陽，《志》在幽州，侯國。九月，以中山苦陘縣爲孝王后湯沐邑。

二年，四月，乙酉，詔以博陸侯光從父昆弟之曾孫龍勒士伍陽紹封，三千户。平津侯弘後子孫之次見爲適者，爵關内侯，食邑三百户〔二〕。范陽侯代玄孫政、曲逆侯平代後者鳳爵並關内侯〔三〕。丁酉，封廣陽穆王子宣爲方城侯，思王子益爲當陽侯，疌爲廣城侯〔四〕。六月，庚寅，光祿大夫龔勝、太中大夫邴漢，以莽專政，乞骸骨。莽令太后策詔，加禮而遣之，如昭帝時涿郡韓福故事。

三年，莽殺其二子，濫刑郡國豪桀及漢忠直不附者，如鮑宣、彭宏等數百人。北海逢萌謂友人曰：「三綱絶矣，不去，禍將及人。」即解冠，掛東都城門〔五〕，歸，將家屬浮海，客於遼東。九江梅福棄妻子，變姓名，爲吴門卒。

〔一〕「癸」上，底本衍「三月」二字，今據《漢書·外戚恩澤侯表》删。

〔二〕「百」，底本作「千」，今據《漢書》卷五八《公孫弘傳》改。

〔三〕「侯」，底本脱，今據上下文補。

〔四〕「疌」，底本作「捷」，今據《漢書·王子侯表下》改。

〔五〕「東」下，底本衍「城」字，今據《後漢書》卷八三《逸民列傳·逢萌傳》（中華書局一九六五年點校本）、《通鑑》卷三六删。

四年，二月，丁未，迎莽女爲皇后。夏，採伊尹、周公稱號，加莽爲宰衡，位上公。又升宰衡位在諸侯王上。分天下爲十二州，應古制，更其名、分界，郡國所屬，罷置改易，天下多事，吏不能紀矣[一]。

五年，正月，祫祭，諸侯王、列侯、宗室子徵助祭。禮畢，封孝宣曾孫信等三十六人爲列侯。詔曰：「宗室子自漢元至今，十餘萬人。其令郡國各置宗師以糾之，致教訓焉。」五月，庚寅，策命莽以九錫。閏七月，丁酉，以謝殷與王惲等八人使行風俗，齊同萬國，封爲章鄉侯，國屬渤海。八月，泉陵侯劉慶請居攝。十二月，莽弑帝。次年，三月，立宣帝玄孫嬰爲皇太子，號曰孺子嬰，而稱居攝元年。漢統自此中絶，王侯廢爲家人。高帝所封子孫，無有與漢俱亡者，即景、武以來封，爲所絶殆盡矣。

《燕域表》侯國及莽世而除，具左：

燕刺王嫡廣陽王嘉嗣，十二年，爲莽始建國元年，貶爲公；明年，廢漢藩王爲家人，嘉獨以獻符命封扶美侯，受其王姓。

廣陽支子，頃王三子，臨鄉、西鄉、陽鄉，並再世除矣。

[一] 按：吏、史，底本二字或混用，以下徑改，不注。

方城侯，繆王子，封七年，同廣陽王國，除。

方鄉侯常得，《表》曰惠王子，廣陽無惠王也，當以爲思王璜支子封，十六年，爲始建國，除。

當陽侯益、廣城侯疌〔一〕，思王子，封、免仝方城〔二〕，除。剌王支子安定侯賢封，而頃侯延年嗣，傳昱，免：凡三世三十五年。

襄平侯亹封〔三〕，《表》曰廣陽厲王子，廣陽無厲王。或謂廣陵王，廣陵亦無厲王〔四〕。在廣陵，則襄平屬臨淮，在廣陽，則遼東有襄平也。蓋廣陽王子戾侯之後，封四十七年，始建國，除。

新昌節侯慶封〔五〕，而頃侯稱嗣，傳哀侯未央，無嗣；弟釐侯嫋以元延元年嗣，傳侯晉〔六〕，免：凡四世。除于莽，而燕王支庶盡矣。

〔一〕「疌」，底本作「建」，今據《漢書·王子侯表下》改。

〔二〕「城」，底本作「鄉」，今據《漢書·王子侯表下》改。

〔三〕「封」，底本作「嗣」，今據《漢書·王子侯表下》改。

〔四〕按：《漢書·諸侯王表》有「廣陵厲王胥」，爲漢武帝子，《燕史》疑誤。

〔五〕「封」，底本作「侯」，今據福建本、北大本、《漢書·王子侯表下》改。

〔六〕按：晉、普，底本二字或混用，以下徑改，不注。

燕敬王後營陵侯，至更始中爲亂兵殺，除。

河間獻王七世尚嗣，十四年，於莽始建國元年，貶爲公，尋廢。

文：景成自原侯雍封，六年薨；元康四年，頃侯歐嗣，傳釐侯禹，至節侯福，免：凡四世。

參户自節侯免封〔一〕，四十六年薨；元鳳元年，敬侯嚴嗣；嚴傳頃侯元，元傳孝侯利親〔二〕，利親傳度：凡五世。

阿武自戴侯豫封，二十四年薨；太初三年，敬侯宣嗣，二十年薨；始元三年，節侯信嗣，二十三年薨〔三〕；神爵元年，釐侯嬰齊嗣，傳頃侯黄，至長久：凡六世。

州鄉自節侯禁封，十一年薨；元鼎二年，思侯齊嗣；元封六年，憲侯惠嗣；惠傳釐侯商，商傳恭侯伯，伯傳侯禹：凡六世。

〔一〕「免」，底本作「勉」，今據《漢書・王子侯表上》改。

〔二〕「親」，底本作「稱」，今據福建本、《漢書・王子侯表上》改；以下徑改，不注。

〔三〕「三」，底本作「二」，今據《漢書・王子侯表上》改。

高郭至鄭侯異衆，傳發，免：凡六世。

右獻王子侯，多非至莽廢，具于年紀。

中山靖王後爲廣德、廣平，不具，其支子至莽除。

臨樂自敦侯光封〔一〕，二十年薨；元封六年，憲侯建嗣，傳列侯固〔二〕；五鳳三年，節侯萬年嗣，傳廣都：凡五世。

樊輿自節侯脩封，三十六年薨〔三〕；後元年，煬侯過倫嗣，傳思侯異衆，異衆傳頃侯土生〔四〕，至自予：凡五世。

廣望自節侯忠封，三十年薨；天漢四年，頃侯中嗣，十三年薨；始元三年，思侯何齊嗣，傳恭侯遂，至閣：凡五世〔五〕。

〔一〕「敦」，底本作「毅」，今據《漢書·王子侯表上》改。

〔二〕「列」，底本作「烈」，今據《漢書·王子侯表上》改。

〔三〕「三」，底本脱，今據《漢書·王子侯表上》補。

〔四〕「土」，底本作「上」，今據《漢書·王子侯表上》改。

〔五〕「五」，底本作「六」，今據《漢書·王子侯表上》改。

中山孝王子嗣成都，八年，莽建國，貶爲公；明年，獻書頌莽德，封列侯，受其賜姓王。

齊孝王支子侯入《燕域表》。

定自敷侯越封，十二年薨；元鼎四年，思侯德嗣，五十一年薨；元康四年，憲侯福嗣，傳恭侯湯，湯傳定侯乘〔一〕：凡五世。

柳自康侯陽已封，嗣爲敷侯罷師〔二〕，罷師傳于侯自爲，自爲傳安侯攜，攜傳繆侯軻，傳侯守：凡六世。

清河綱王子脩市〔三〕，自原侯寅封，三年薨；地節三年，頃侯千秋嗣，傳釐侯元，至雲免：凡四世。

〔一〕「傳恭侯湯湯」，底本脱五字，今據《漢書・王子侯表上》補。

〔二〕「罷」，底本作「覇」，今據《漢書・王子侯表上》改；以下徑改，不注。

〔三〕「綱王」，底本二字互乙，今據《漢書・王子侯表下》正。

趙共王子吉安國侯，至莽初始免。

外戚：安平自夷侯舜封，十三年薨；建昭四年，剛侯章嗣，十四年薨；陽朔四年，釐侯淵嗣，二十五年薨；元始五年，懷侯買嗣：凡四世[一]。

功臣：安國、曲逆、平津、博陸，自元始續者，至莽絶。

守令：史傳，郡循吏一人，龔遂；酷吏一人，嚴延年。郭伋字細侯，扶風茂陵人也。少有志行，哀、平間，辟大司空府，三遷爲漁陽都尉。在《後漢書》傳。

郭造卿曰：自封建在燕，無政不在於守令乎。故屈氂、薛宣，繇郡縣至丞相、封侯，各有列傳，燕政無稱。涿、海三君，名吏並起，閭里嗇夫、功曹、從事，微矣。若張敞之先儒，班固之先長，並上谷太守，邳彤父吉守遼西，皆見其子孫傳，

[一]「凡」，底本作「几」，今據福建本、北大本、《漢書·外戚恩澤侯表》改。

而不知其年。它之散逸多矣。幽州之刺史，則惟王駿附父吉傳，而政雖無聞，其後尹京兆有能名，則刺幽之政可知已。然子雲之箴，爰語其大，故僅二千石有可觀焉。而漢循良，二龔、渤海少卿無間然。君賓以卧治。涿徐明不蔽賢，賢亦不負所舉。它之瑕疵不掩，取節而綜核之。鄭昌明經顯，曷不經之寧失乎？其注定律令，亦經世之務哉。宣之所莅，爲世吏師，居大位以苛察，視《甘棠》之意遠矣。遼東有蘇季之賦，亦緣飾之翹楚。甘延壽雖免官，材力尚足任，庶幾文武，詳則不知。嚴延年爲屠伯，惡在其民父母！坐河南而棄市，若在涿亦足傷矣。彭宏之死莽，其得死所乎。屈氂之致異，有異政否歟？而歆守則無聞，皆宗室，以叛誅，使封涿侯王，不爲綰、旦乎？視任宣於代，其罪浮之矣。令在前漢無列傳，惟郭欽附于鮑宣。故乘文安有趙夔者，武帝時政多奇，大旱罪己自焚[二]，人爲之立祠。愛人何必乃爾！其不能如諒輔，以格天而澍，何耶？故不敢補史闕，以比社于欒公。沮陽之劉茂，則出於《後書》，避莽而保全起家，視之君賓[三]，其幸哉！

[二]「焚」，底本作「殺」，今據福建本、北大本、《明一統志》改（臺灣影印清乾隆文淵閣《四庫全書》本）。
[三]「賓」，底本作「實」，今據福建本、北大本、《漢書·龔勝傳》改。

燕裔記

燕裔記敘[一]

周室維藩，姓同以親，族異以庸。燕、齊不然，惟其庸之同矣，而曷論乎異哉。秦封變古，顓任郡縣，滅而續燕者，卒史韓氏耳。尚抗漢争權，首割封于項，而滅統歸之漢。暂及苗裔，非軍功不封，非劉氏不王，遞除異叛，以屬同姓，尋滅于吕，耡而去之。壯哉！朱虚之田歌，炎劉所以復興也。倘微陳平、周勃輩，其爲力不亦艱哉！亡何，諸王屢叛，而遂分削其權，及功侯後亦殆盡，斯外戚之所獨盛。數稱燕，蓋以避吕、霍，而骨肉之属日微，帶礪之盟世寒矣。故州牧、部刺、郡縣，相率從風而靡焉。即宗室更生封事之忠剴，子孫以黨新而夷僇，他輩敢正其閏位哉！間有同姓憤興者，侯崇則嘉背

[一] 按：《燕裔記敘》，郭應寵收入《海嶽山房存稿》卷四，今見本書下編燕史敘。

之，相紹則竦背之，嗣起亦罔不即敗。功臣之續者幾存[二]，恩私咸歸于莽矣，寧知謀畔而歸正，况吏莫非所除乎。惟高陵丞相侯家義，以守大郡而起，滅族至酷，及于同事，皆嘉、竦巧爲奏，戕同宗所貽也。是燕之毒流四裔，莫敢復議即真矣。若夫守令，宏以漁陽死，茂以沮陽歸，豈曰不賢，孰據牧部以率屬，有能繼義起者乎？雖積威之所劫，亦其遴柬勢然爾。至勃然嘯林藪，雖有故侯種嗣，非亡命之徒，則失職之家，非守令之子孫，則郡縣之掾屬[三]。然皆弗堪莽亂，乘民心之思漢，若秦末假楚而爲名，豈果爲漢仇報者哉？觀其立更始、建世，則所由起可知矣。倘能乘時思奮，孺子且以復立，邯鄲、安定，皆托漢胤，况梟突之雄區，而爲燕侯王哉！既不能效先驅，乃委以資假姓，不爲士大夫所竊持，以取功名於真主乎？適當南陽昆季，獨懷少康之憤，以匹夫而動豪桀，賣穀市弓弩爲資，騎牛而起，單馬而走，未嘗稍有所憑藉，而難于亭長甚矣。謂其必本於漢封，則先驅而潰者接踵。倘白馬丹書之裔，而有三户一旅在焉，自緑林以至赤眉，能孑然而獨立哉！第以偏師數千人當先，大破於昆陽，乃秦、漢所未有百萬犀象之旅，功

〔二〕「續」，底本作「績」，今據福建本、北大本、下編《燕裔記敘》改。
〔三〕按：掾、椽，底本二字或混用，以下徑改，不注。

倍沛公入關多矣。匪以光復舊物掩之，當滅秦爲漢祖，而廟不入高乎！其徇河北至燕也，所藉漁陽、上谷，而謂士大夫先世，孰非燕之遺黎乎？曷忍即捐爲莽臣，不以姑待漢興哉！其宗室功臣裔，雖既相率帝莽，改國姓以從王。至更始、建世間，封廣陽而不終。竟本始封於漢，仍稱燕，爲之諱，所以重絶莽也。故張衡以《莽傳》應載篡事而已，至於年月災祥，宜爲《元后本紀》；聖公居位無異望，蕭王由其封即真，宜以更始之號，建于光武之初。書數上，不聽。而兹稍如衡言，以論次于其裔，且著僭僞附焉。

萬曆辛巳夏孟，越海郭造卿撰。

燕裔記上

郭造卿曰：燕自召祖後，宗周之義不聞久矣。秦滅而入漢，異姓四王，循爲覆軌，同姓三續，漸削寖分，至式微而氏王，其于漢何有哉！當莽稱安漢，以藉口于周公，有引召公不悦者，輒坐責而罷歸。故附居攝爲之辭，而多貶召以尊周，爲其賢不知聖，未聞燕人之不悦也。及更始將興，則言思漢者，甚周人之思召伯，未聞燕人之或思焉。豈《甘棠》世澤既斬，故國無聞其風者乎？亦不聞丹、軻之舉，燕之俠氣何索哉！乃弗愧心於同袍，而復攘臂以作俑。巧奏圖取乎容悦，流殃于忠義極酷。翟氏何嘗爲之阻，槐里復甘于同滅。期門、徐鄉、真定、鉅鹿，屢敗而屢起者何？天植良不容遏爾。倘非巧奏之流殃，孰不左袒爲漢，莽將復辟不暇，敢肆然而即真哉！然則速成其篡，燕逢而長之矣，罪尤甚于國師，裔實恥乎幽州。當投之有北不受，非有昊，其孰投乎！故自攝至更，漢統爲歇。凡能誅莽，非燕亦及之，以愧廣陽從新者，其裔隋莽而訖焉。

居攝元年，正月，王莽祀上帝于南郊。自平帝立，群臣上言莽功德比周公，賜號安漢公。扶風功曹申屠剛舉賢良方正，對策曰：「臣聞成王幼少，周公攝政，動順天地，舉措不失。然近則召公不悦[一]，遠則四國流言。今之保傅，非古之周公。周公至聖，猶尚有累，何况事失其衷，不合天心者哉[二]！」莽令罷歸田里。及太師孔光等稱莽功德比周公，宜告祠天地。大司農孫寶曰：「周公上聖，召公大賢，尚猶有不相悦，著于經典，兩不相損。今風雨未時，百姓不足，每有一事，群臣同聲，得無非其美者。」坐免，終于家。大司農司直陳崇使安平侯張敞孫竦草奏，盛稱安漢公功德，諸子之封宜如六子。泉

[一]「近」，底本脱，今據福建本、北大本、《後漢書》卷二九《申屠剛列傳》、《通鑑》卷三五補。
[二]「者」，底本作「乎」，今據《後漢書・申屠剛列傳》改。

陵侯劉慶乃上書言：「周成王少，周公居攝。今帝富于春秋，宜令安漢公行天子事，如周公。」群臣皆曰：「宜如慶言。」莽弑平帝，太后詔令：「安漢公居攝踐祚，如周公故事，具禮儀奏。」於是群臣奏言：「周成王幼少，周道未成，成王不能共事天地，修文、武之烈。周公權而居攝，則周道成，王室安；不居攝，則恐周隊失天命。《書》曰：『我嗣事子孫，大不克共上下，遏失前人光，在家不知命不易。天應棐諶，乃亡隊命。』說曰：周公服天子之冕，南面而朝群臣，發號施令，常稱王命。召公賢人，不知聖人之意，故不說也。《禮・明堂記》曰：『周公朝諸侯於明堂，天子負斧依南面而立。』謂『周公踐天子位，六年朝諸侯，制禮作樂，而天下大服』也。召公不說，時武王崩，縗麤未除。由是言之，周公始攝則居天子之位，非乃六年而踐祚也。《書》逸《嘉禾篇》曰：『周公奉鬯立于阼階，延登，贊曰：假王莅政，勤和天下。』此周公攝政，贊者所稱。成王加元服，周公則致政。《書》曰『朕復子明辟』，周公常稱王命，專行不報，故言我復子明君也。臣請安漢公居攝踐祚，服天子韍冕[二]，背斧依于户牖之間，南面朝群

[二]「服」，底本作「朝」，今據福建本、《漢書》卷九九《王莽傳上》、《通鑑》卷三六改。

臣，聽政事。車服出入警蹕，民稱臣妾，皆如天子之制[一]。郊祀天地，宗祀明堂，共祀宗廟，享祭群神[二]，贊曰『假皇帝』，民臣謂之『攝皇帝』，自稱曰『予』。平決朝事，常以皇帝之詔稱『制』，以奉順皇天之心，輔翼漢室，保安孝平皇帝之幼嗣，遂寄托之義，隆治平之化。其朝見太皇太后、帝皇后[三]，皆復臣節。自施政教于其宫家國采，如諸侯禮故事。」太后詔：「可。」改元。三月，己丑，立宣帝玄孫嬰爲皇太子。四月，安衆侯劉崇起兵誅莽。崇，長沙定王之裔也。先平帝時，崇與春陵侯敞俱朝京師，助祭明堂，諸侯王二十八人，列侯百二十人，宗室子九百餘人。崇私謂敞曰：「安漢公擅國權，群臣莫不回從，社稷傾覆至矣。太后春秋高，天子幼弱，高皇帝所以多封子弟，蓋爲此也。」敞心然之。至是，崇與相張紹謀曰：「莽專制朝政，必危劉氏。天下非之者，乃莫敢先舉，此宗室耻也。吾帥宗族爲先，海内必和。」紹等及宗室禮從者百餘人，遂進攻宛，不得入而敗。紹從弟竦爲京兆史，與崇族父廣陽王子嘉詣闕自歸，莽赦弗罪。竦因爲嘉作奏曰：「建平、元壽之間，大統幾絶，諸宗室幾弃。賴蒙陛下聖德，扶服振救，遮扞匡衛，

[一]「制」，底本作「儀」，今據福建本、《漢書·王莽傳上》、《通鑑》卷三六改。

[二]「神」，底本作「臣」，今據《漢書·王莽傳上》、《通鑑》卷三六改。

[三]「太皇」，底本脱「太」字，今據福建本、北大本、《漢書·王莽傳上》、《通鑑》卷三六補。

國命復延，宗室明目。臨朝統政，發號施令，動以宗室爲始，登用九族爲先。並録支親，建立王侯，南面之孤，計以百數。收復絶屬，存亡續廢，得比肩首，復爲人者，嬪然成行，所以藩漢國、輔漢宗也。建辟雍，立明堂，班天法，流聖化，朝群后，昭文德，宗室諸侯，咸益土地。天下喁喁，引領而嘆，頌聲洋洋，滿耳而入。國家所以服此美、膺此名、饗此福、受此榮者，豈非太皇太后日昃之思，陛下夕惕之念哉！何謂？亂則統其理，危則致其安，禍則引其福，絶則繼其統，幼則代其任，晨夜屑屑，寒暑勤勤，無時休息，孳孳不已者，凡以爲天下，厚劉氏也。臣無愚智，民無男女，皆諭至意。而安衆侯崇乃獨懷悖惑之心，操畔逆之慮，興兵動衆，欲危宗廟，惡不忍聞，罪不容誅，誠臣子之仇，宗室之讎，國家之賊，天下之害也。是故親屬震落而告其罪，民人潰畔而弃其兵，進不跬步，退伏其殃。百歲之母，孩提之子，同時斷斬，懸頭竿杪，珠珥在耳，首飾猶存，爲計若此，豈不誖哉！臣聞古者畔逆之國，既以誅討，則瀦其宮室以爲汙池，納垢濁焉[二]，名曰凶虚，雖生菜茹，而人不食。四牆其社，覆上棧下，示不得通。辨社諸侯，出門見之，著以爲戒。方今天下聞崇之反也，咸欲騫衣手劍而叱之。其先至者，

[二]「垢」，底本作「穢」，今據福建本、北大本、《漢書·王莽傳上》改。

則拂其頸，衝其胸，刃其軀，切其肌；後至者，欲撥其門，仆其牆，夷其屋，焚其器，應聲滌地，則時成創。而宗室尤甚，言必切齒焉。何則？以其背畔恩義，而不知重德之所在也。宗室所居或遠，嘉幸得先聞，不勝憤憤之願[一]，願爲宗室倡始，父子兄弟負籠荷鍤，馳之南陽，豬崇宮室，令如古制。及崇社宜如亳社，以賜諸侯，用永監戒。願下四輔公卿大夫議，以明好惡，視四方。」于是莽大説。公卿曰：「皆宜如嘉言。」莽白太后下詔曰：「惟嘉父子兄弟，雖與崇有屬，不敢阿私，或見萌芽，相率告之，及其禍成，同共讐之，應合古制，忠孝著焉。其以杜衍户千封嘉爲帥禮侯[二]，嘉子七人皆賜爵關内侯。」後又以竦爲丹陽太守，封淑德侯。長安爲之語曰：「欲求封，過張伯松；力戰鬭，不如巧爲奏。」莽又封南陽吏民有功者百餘人，汙池崇室宅。後謀反者，皆汙池云。群臣復白：「崇等謀逆者，以莽權輕也。宜尊重以填海内。」五月，甲辰，太后詔莽朝見太后稱「假皇帝」。而莽畏惡劉氏，徵敞至長安，免歸國。南郡華容人胡剛聞居攝，解衣冠縣府門而去[三]，遂亡命交趾，隱于屠肆之間。

[一]「願」，底本闕，今據福建本、《漢書·王莽傳上》補。
[二]按：帥、師，底本二字或混用，以下徑改，不注。
[三]「府」下，底本衍「縣」字，今據《後漢書》卷四四《胡廣列傳》删。

二年，九月，東郡太守翟義，丞相方進子，高陵侯宣弟也。以「莽必代漢，今宗室衰弱，外無彊藩，天下傾首服從，莫能亢扞國難。吾幸得備宰相子，身守大郡，父子受漢厚恩，義當爲國討賊，以安社稷。舉兵誅不當攝者，選宗室輔而立之。設令時命不成，死國埋名，猶可以不慚于先帝〔二〕」。遂與姊子上蔡陳豐、都尉劉宇、東郡王孫慶、王翁起兵誅莽〔三〕，立嚴鄉侯劉信爲天子，信弟武平侯璜佐之。移檄郡國，言莽鴆殺孝平皇帝，矯攝尊號，今天子已立，共行天罰。郡國皆震，衆十餘萬。莽惶懼不能食。槐里男子趙朋、霍鴻等起兵和義，衆十餘萬，攻長安，火見未央宮前殿。莽晝夜抱孺子禱郊廟，依《周書》作《大誥》，班行天下，以當反位孺子之意。十二月，莽兵破義，斬璜及信二子穀鄉侯章、德廣侯鮪，義母練、兄宣、親屬二十四人，皆磔暴都市，餘衆悉降。翁獨守節力戰，莽燔燒之。義、信弃軍庸亡，捕得義，磔市，卒不得信。敞初見崇敗，欲結援樹黨，乃爲子祉娶宣女爲妻。義起，南陽捕殺宣女，祉坐繫獄。敞因上書謝罪，願率子弟宗族爲士卒先。莽新居攝，欲慰安宗室，不被殺。鮑宣子永爲上黨郡功曹，數爲太守苟諫陳

〔二〕「不」，底本脱，今據福建本、北大本、《漢書》卷八四《翟義傳》、《通鑑》卷三六補。

〔三〕「王」下，底本衍「文」字，今據《後漢書》卷四五《張酺列傳》删；以下徑删，不注。

興復漢室，翦滅篡逆之策。諫每戒曰：「幾事不密，禍倚人門[一]。」永感其言。

三年，二月，朋、鴻皆破滅。莽盡坏義第宅，汙池之。發其父、祖冢，燒棺柩，夷滅三族，誅及種嗣，至皆同坑，以棘五毒并葬之。又聚其黨尸[二]，表木於上，書曰「反虜逆賊鯨鯢」。遂謀即真之事矣。後獲王孫慶，使太醫與巧屠共刳剥之[三]，量度五臧，以竹筳導其脉，知所終始云。十一月，莽奏廣饒侯劉京言齊郡新井諸符命，騎都尉崔發等視說，語在《發傳》。以是年爲始初元年，示即真之漸也。期門郎張充等謀共劫莽，立宣帝曾孫楚王紆，發覺，死之。戊辰，莽即天子位，定有天下之號曰新，奪漢璽，奉太皇太后爲新室文母。

始建國元年，正月，策命孺子爲定安公，立漢祖宗廟於其國，與周後並，行其正朔、服色。以孝平皇后爲定安太后。孺子北面稱臣，百僚陪位，莫不感動。以大阿、右拂、大司空、衛將軍、廣陽侯甄豐，爲更始將軍、廣新公，備四將。諸劉爲郡守，皆徙爲諫議大夫。封王氏齊縗之屬爲侯、伯、子、男。定漢室諸侯王號皆稱公，四夷爲王者更爲

[一]「倚人」，底本作「依人」，今據福建本、北大本、《後漢書》卷二九《鮑永列傳》改。
[二]「尸」，底本作「户」，今據福建本、北大本、《通鑑》卷三六改。
[三]「屠」，底本作「者」，今據福建本、《漢書·王莽傳中》、《通鑑》卷三八改。

侯。乃漢諸侯王三十二人降爲公，王子侯者百八十一人降爲子。封古帝王後，夏後遼西姒豐章功侯爲恪。策命群司，各以其職，如典誥文。改長安曰常安[一]，郡太守曰大尹，都尉曰大尉，縣令長曰宰。時郭伋以漁陽都尉爲上谷大尹。沮陽令劉茂弃官，避世弘農山中教授。莽以「劉」爲字「卯、金、刀」也，乃罷錯刀、契刀及五銖錢，更作小錢。四月，徐鄉侯劉快結黨數千人起兵于國。兄殷，故漢膠東王，時改爲扶崇公。快舉兵攻即墨，殷閉城門，自繫獄。吏民距快，快敗走，至長廣死。莽曰：「昔予之祖濟南愍王困於燕寇，自齊臨淄出保于莒。宗人田單廣設奇謀，獲殺燕將，復定齊國。今即墨大夫復同心殄滅反虜，予甚嘉其忠者[二]，憐其無辜。其赦殷等。非快之妻子它親屬當坐者皆勿治。吊問死傷，賜亡者葬錢，人五萬。殷知大命，深疾惡快，以故輒伏厥辜。其滿殷國户萬户，地方百里。」莽以姚、嬀、陳、田、王五姓皆黄、虞苗裔，名籍于秩宗，皆援以爲宗室。秋，遣五威將十二人班符命。其東出者，至玄菟、樂浪、高駒驪、夫餘；南出者，喻徼外，歷益州[三]，貶句町王爲侯；西出者，至西域，盡改其王爲侯；北出者，至

[一]「常」，底本作「長」，今據福建本、北大本、《漢書·王莽傳中》、《通鑑》卷三七改；以下徑改，不注。

[二]「嘉」上，底本衍「愛」字，今據福建本、《漢書·王莽傳中》删。

[三]「歷」，底本脱，今據《漢書·王莽傳中》、《通鑑》卷三七補。

匈奴庭，授單于印，改漢印文，去「璽」曰「章」〔一〕。燕人陳饒椎破其故印，單于大怒，而句町、西域後卒以此畔。饒還，拜大將軍，封威德子，語在《貊記》。冬，置五威司命、中城四關將軍。司命司上公以下，中城主十二城門。策命崔發，見本傳。其命尉睦侯王嘉曰：「羊頭之陒，北當燕趙。女作五威後關將軍，壺口捶挖，尉睦于後。」是歲，長安狂女子碧呼道中曰：「高皇帝大怒，趣歸我國。不者，九月必殺汝！」莽收捕殺之。真定劉都等謀舉兵，發覺，皆殺。

二年，二月，赦天下。五威將帥七十二人還奏事，漢諸侯王爲公，悉上璽綬爲民，無違命者。獨故廣陽王嘉以獻符命，魯王閔以獻神書，中山王成都以獻書言莽德，皆封列侯。十一月，立國將軍孫建奏：「九月，辛巳，戊己校尉史陳良、終帶自稱廢漢大將軍，亡入匈奴。又今月癸酉，不知何一男子遮臣建車前，自稱『漢氏劉子輿，成帝下妻子也。劉氏當復，趣空宮！』收繫男子，即常安姓武字仲。皆逆天違命，大逆無道。漢氏宗廟不當在常安城中，及諸劉爲諸侯者，當與漢俱廢。陛下至仁，久未定。前故安衆

〔一〕「曰」，底本脱，今據《漢書·王莽傳中》、《通鑑》卷三七補。

侯劉崇、徐鄉侯劉快、陵鄉侯劉曾、扶恩侯劉貴等更聚衆謀反[一]。今狂狡之虜復依託亡漢，至犯夷滅，連未止者，此聖恩不蚤絶其萌芽故也。臣請漢氏諸廟在京師者皆罷。諸劉爲侯者，以户多少就五等之差；其爲吏者皆罷，待除於家[二]。」莽曰：「可。嘉新公、國師以符命爲予四輔，明德侯劉龔、帥禮侯劉嘉等凡三十二人皆知天命，或獻天符，或貢昌言，或捕告反虜，厥功茂焉。諸劉與三十二人同宗共祖者勿罷，賜姓曰王。」嘉改爲扶美侯。唯國師以女配莽子，故不賜姓。定安太后居漢故明光宫，爲定安館。自劉氏之廢，常稱疾不朝會，年未二十。莽敬憚傷哀，欲嫁之，乃更號爲黄皇室主，欲絶之於漢也。令孫建世子豫飾將醫往問疾。后大怒，笞鞭其傍侍御。因發病，不肯起。莽遂不復彊。孺子居大鴻臚府，爲定安公第，皆置門衛使者監領。敕阿乳母不得與嬰語，常在四壁中，至長大，不能名六畜。莽以所僇子宇之女妻之。十二月，征匈奴，十二將十道並出。誅貉將軍陽俊、討濊將軍嚴尤出漁陽[三]，語在《貊記》。是時争以符命封侯，其不爲者相戲曰：「獨無天帝除書乎？」司命陳崇白莽曰：「此開奸臣作福之路而亂天命，宜

[一]「貴」，底本作「忠」，今據《漢書·王莽傳中》改。
[二]「待」，底本脱，今據福建本、北大本、《漢書·王莽傳中》、《通鑑》卷三七補。
[三]「陽」，《通鑑》卷三七作「楊」，《燕史》據《漢書·王莽傳中》；「俊」，底本作「復」，今據《王莽傳中》、《通鑑》改。

絶其原。」莽亦厭之，遂治，非五威將率所班，皆下獄。初，甄豐、劉歆、王舜爲莽腹心，倡導在位，褒揚功德；安漢、宰衡之號及封莽母、兩子、兄子，皆豐等所謀，而豐、舜、歆亦受賜，並富貴矣，非復欲令莽居攝。居攝萌於泉陵侯等，羽翼已成，意欲稱攝。豐等承順其意，莽輒復封舜、歆兩子及豐孫。豐等爵位已盛，心意俱滿，又實畏漢宗室、天下豪桀。而疏遠欲進者，並作符命，莽遂以即真，舜、歆内懼而已。豐素剛强，莽覺其不説，故徙大阿、右拂、大司空豐，托符命文，爲更始將軍，與賣餅兒王盛同列。豐父子默默。時子尋爲侍中、京兆大尹、茂德侯，即作符命，言新室當分陝，立二伯，即從之，如周、召故事。莽即從之，拜太傅平晏爲左伯，豐爲右伯。當述職西出，未行，尋復作符命，言故漢平帝后黄皇室主爲尋妻。莽以詐立，心疑大臣怨謗，欲震威懼下，以是發怒曰：「黄皇室主天下母，此何謂也！」收捕尋。尋亡，豐自殺。尋隨方士入華山，歲餘捕得，辭連國師公歆子侍中、東通靈將、五司大夫、隆威侯棻，棻弟右曹、長水校尉、伐虜侯泳，大司空邑弟左關將軍、掌威侯奇〔二〕，及歆門人侍中、騎都尉丁

〔二〕「掌」，底本作「堂」，今據《漢書·王莽傳中》、《通鑑》卷三七改。

隆等〔二〕，牽引公卿黨親列侯以下，死者數百人。尋手理有「天子」字，莽解其臂入視，曰：「此一大子也〔三〕，或曰一六子也。六者，戮也。明尋父子當戮死。」廼流棻于幽州，放尋於三危，殛隆于羽山，皆驛車載屍傳致云。

天鳳元年，七月，置卒正、連率、大尹，職如太守；屬令、屬長，職如都尉。又置州牧、部監。有鄣徼者曰邊郡。改上谷曰朔調，以耿況爲連率，景丹爲副貳。郭伋以上谷大尹爲并州牧。三人者賢，可録，仕莽，不没其實。況字俠游，扶風茂陵人。丹字孫卿，馮翊櫟陽人。蘇竟字伯況，扶風平陵人也。平帝世，以明《易》爲博士講《書》祭酒，善圖緯，能通百家言。與劉歆等莽時共典校書，拜代郡中尉。時匈奴擾亂，北邊罹禍，竟終完輯一郡。或以跡涉僞朝，污累賢者辯之。以歆校書在成河平中，哀復領秘書，遂以争立《左氏春秋》，出爲五原太守，謂竟因而至代。然歆校書在成、哀，而竟未爲博士。及設講《書》祭酒，在建國二年，乃平陽唐昌，竟當繼之。但能完郡歸正，則賢矣。並伋、況而仕莽，何傷乎！

〔二〕「人」，底本作「下」，今據《漢書·王莽傳中》改。
〔三〕「大」，底本作「天」，今據《漢書·王莽傳中》改。

三年，下吏禄制度，北岳國將衛將軍保北方二州一部二十五郡。

地皇元年，正月，莽見四方盜賊多，復欲厭之，置前、後、左、右、中大司馬位，賜州牧至縣宰皆有大將軍、偏、裨、校尉之號[一]。七月，鉅鹿男子馬適求等謀舉燕趙兵誅莽，連郡國豪桀數千人，被殺。汝南郅惲，明天文歷數，以爲漢必再受命，上書説莽還漢，繫獄，踰冬赦出。時逢萌客遼東，素明陰陽，知莽將敗，有頃，首戴瓦盆，哭於市曰：「新乎！新乎！」因遂潛藏。

二年，正月，卜者王況謂漢家當復興，作讖書，合十餘萬言，事發，殺之。轉天下穀帛詣西河、五原、朔方、漁陽，每郡以百萬數[二]，欲以擊匈奴。以州牧位三公，刺舉怠解，更置牧監副，秩元士，冠法冠，行事如漢刺史。莽子孫白月四喪[三]，壞漢孝武、孝昭廟，分葬其中。上谷儲夏自請説臨淮畔酋瓜田儀降之，莽以爲中郎，使出儀。儀文降，未出而死。莽求其屍葬之，爲起冢、祠室，謚曰瓜寧殤男，幾以招來其餘，然無肯降者。

〔一〕「州」下，底本衍「縣」字；「裨」，底本作「調」，今據《漢書·王莽傳下》、《通鑑》卷三八删改。
〔二〕「以」，底本作「一」，今據《漢書·王莽傳下》、《通鑑》卷三八改。
〔三〕「月」，底本作「日」，今據福建本、《漢書·王莽傳下》改；以下徑改，不注。

莽惡高帝神靈，遣虎賁武士入廟，拔劍四面提擊，斧壞户牖，桃湯赭鞭[二]，鞭灑屋壁，令輕車校尉居其中。

三年，下江、新市、平林兵起。四月，赤眉兵起，圖讖言「劉秀當爲天子」。宛人李通好星歷讖記，言：「劉氏當興，李氏爲輔。」長沙定王發子舂陵節侯孫居南陽白水鄉者曰鬱林太守外，生鉅鹿都尉回，回生南頓令欽。欽伯子縯，字伯升，有大節。自莽篡漢，常憤憤[三]，懷復社稷慮，傾身破産，結交天下之豪桀。守子通以伯升兄弟可與謀大事，乃與縯季弟秀結約，歸舂陵，舉兵以相應。縯召豪桀計議曰：「王莽暴虐，百姓分崩。今枯旱連年，兵革並起。此亦天亡之時，復高祖之業，定萬世之秋也。」衆皆然之。於是分遣親客，於諸縣起兵。而秀興，凡得子弟七八千人，部署賓客，自稱柱天都部。通未發，事覺，亡走，父守及家屬坐死者六十四人。縯使宗室嘉誘新市、平林合兵而進。莽遣太師王匡、更始將軍廉丹擊之。秋，詔書讓丹曰：「倉廩盡矣，府庫空矣，可以怒矣，可以戰矣。將軍受國重任，不隕身于中野，無以報恩塞責。」丹惶恐，召掾馮衍示之。衍因

[二]「桃」，底本作「挑」，今據福建本、北大本、《漢書·王莽傳下》、《通鑑》卷三八改。

[三] 按：常、帝，底本二字或混用，以下徑改，不注。

説曰：「張良以五世相韓，椎秦皇博浪之中。將軍之先，爲漢信臣。新室之興，英俊不附。今海内潰亂，人懷漢德，甚於周人思召公也，愛其甘棠，况子孫乎。人所歌舞，天必從之。今方爲將軍計，莫若屯據大郡，鎮撫吏士，砥厲其節，納雄桀之士[二]，詢忠智之謀，興社稷之利，除萬人之害，則福禄流於無窮，功烈著於不滅。何與軍復於中原，身膏於草野，功敗名喪，耻及先祖也？」再説之，不聽。冬，兵敗，匡走。丹使吏持其印、韍、節付匡，曰：「小兒可走，吾不可！」遂止，戰死。校尉汝雲、王隆等二十餘人別鬭，聞之，皆曰：「廉公死，吾誰爲生？」馳奔敵，皆戰死。

四年，正月，莽聞漢兵起，憂懼。二月，辛巳朔，平林、新市、下江兵將共立舂陵戴侯曾孫亡命從起兵爲更始將軍玄爲帝，改元爲更始，以縯爲大司徒，秀爲太常、偏將軍。豪傑各起其縣以應漢，商人王岑，自稱定漢將軍。而莽日與方士涿郡昭君等於後宫考驗方術，縱淫樂焉。及事急逼，亶爲厭勝。遣使壞渭陵、延陵園門罘罳，曰：「毋使民復思漢也。」又以墨洿色其周垣焉[三]。五月，縯攻宛，至小長安，與莽兵戰。漢兵大敗，

[二]「雄」，底本作「椎」，今據福建本、《後漢書・馮衍列傳上》、《通鑑》卷三八改。
[三]「垣」，底本作「坦」，今據福建本、北大本、《漢書・王莽傳下》改。

姊元、弟仲皆遇害，宗室死者數十人。復將兵拔宛，更始入都之。將殺守宛岑彭，縯曰：「彭，郡大吏，執心固守，其節也。今舉大事，當表義士，不如封之。」乃封爲歸德侯。六月，己卯朔[二]，秀大破莽兵于昆陽。海内豪桀翕然響應，皆殺其牧守，自稱將軍，用漢年號待詔命，旬月間，徧於天下。而更始殺縯，拜秀爲破虜大將軍，封武信侯。道士西門君惠謂莽族衛將軍王涉曰：「讖文劉氏當復興，國師公姓名是也。」涉遂與國師公秀等謀，以所部兵劫莽降漢，以全王宗。七月，皆自殺。莽拜崔發爲大司空。成紀隗囂，以己酉朔稱漢復元年，起兵，移檄郡國，聲莽弒簒。攻莽從子安定大尹向，諭之不降，殺之。莽清水長茂陵公孫述[三]，使人詐稱漢使者，假述輔漢將軍、蜀郡太守兼益州牧，擊岑等，并其衆。安定左谷盧芳詐稱武帝曾孫劉文伯，與三水屬國羌胡起兵。前鍾武侯劉望起兵汝南，八月，即皇帝位。莽將軍嚴尤、陳茂既敗于昆陽，走至沛譙，自稱漢將，召會吏民。尤爲稱説王莽所亡聖漢復興狀，茂伏而涕泣。聞望起，降之。更始攻洛陽、武關，三輔震動。莽愈憂，不知所出。發言：「古者國有大災，則哭以厭之，宜告天以

[二] 按：己、乙，底本二字或混用，以下徑改，不注。

[三] 「長」，底本重文，今據福建本、北大本、《後漢書》卷一三《公孫述列傳》、《通鑑》卷三九刪。

求救。」莽乃率群臣至南郊，陳其符命本末，仰天大哭。而長安中諸縣各起兵，稱漢將，發掘莽妻子父祖冢，燒其棺槨及九廟、明堂、辟雍，火照城中。九月，戊申朔，兵入城。己酉，火及黄皇室主居，后曰：「何面目見漢家！」投火中死。庚戌，莽逃漸臺。大司馬王邑晝夜戰，罷極。子侍中睦解衣冠欲逃〔一〕，邑叱之令還，共守莽。矢盡，短兵接，父子同蹛惲、王巡戰死。漢兵斬莽，軍人分其身，節解臠分，争相殺者數十人。傳莽首詣宛，縣市，百姓共提擊之，或切食其舌。莽揚州牧李聖、司命孔仁敗山東，聖格死，仁將其衆降，已而歎曰：「吾聞食人食者死其事。」拔劍自刺死。曹部監杜普、陳定大尹沈意、九江連率賈萌守郡不降，爲漢兵誅。賞都大尹王欽及郭欽守京師倉，莽死乃降，更始義之，皆封侯者。劉崇敗於宛，室宅爲汙池，莽誅懸藁街，足以泄憤。竦封侯後，罷官歸長安。莽敗，客池陽，知有賊當去，會反支日，不去，爲賊殺，無後。嘉不知所終。

史臣班固敘曰〔二〕：「咨爾賊臣，篡漢滔天，行驕夏癸，虐烈商辛〔三〕。僞稽黄、虞，繆稱典文，衆怨神怒，惡復誅臻。百王之極，究其姦昬。」

〔一〕「逃」，底本作「討」，今據福建本、北大本、《漢書・王莽傳下》、《通鑑》卷三九改。

〔二〕「臣」，底本脱，今據《燕史・燕政記前》「史臣范曄曰」補。

〔三〕「虐」，底本作「雪」，今據福建本、《漢書》卷一〇〇《敘傳下》改；以下徑改，不注。

其時燕郡國外，節義在書傳者四欸。

公卿避位哀平間：大司農鄢陵孫寶，大司空陽夏彭宣，皐虞王崇繼去。崇，駿子也。

不附莽者：前將軍、氾鄉侯郫人何武，丞相杜陵王商子樂昌侯安，左將軍狄道辛慶忌三子校尉通、都尉遵、茂，族人太守伯，司隸校尉渤海鮑宣，漁陽太守宛人彭宏，南陽彭偉、杜公子，郡國豪傑數百人。其守死善道者：光禄大夫楚國龔勝。

棄官不仕者：侍御史慎陽戴遵，侍中懷人蔡茂，綉衣使者閬中譙玄，尚書汶人陳咸及子參、豐、欽皆解官，不用王氏臘，太中大夫琅邪邴漢，光禄大夫楚國龔舍，般人高容及子郎中翊，郎官蜀郡王嘉、梓潼李業，賢良方正茂陵申屠剛，刺史杜陵蔣翊，郡守隃糜郭欽，都尉平輿許楊，郡掾祭酒齊人薛方，縣令蜀郡王皓、陳留蔡勳、宛人卓茂、孔休，沮陽令晋陽劉茂，南昌尉九江梅福。

處士避亂：宗室安衆宣、東昏昆〔二〕；太原郡譚賢〔三〕、徐房、郇越、閔貢，其廣武苟

〔二〕「昏」，底本作「緡」，今據《後漢書》卷七九《儒林列傳上·劉昆傳》改。

〔三〕「賢」，底本作「賓」，今據《後漢書》卷八三《逸民列傳·周黨傳》改。

恁、周黨、王霸；北海郡禽慶、蘇章、淳于恭，其都昌逢萌；山陽郡王成、曹竟，其東緡丁恭；平原郡李子雲、王君公；雒陽郭堅、郭游君；魯人孔子建，齊人栗融，宋人郭憲，穰人郭丹，蕭人陳宣，圉人高固，華容胡剛，華陰楊寶，朝歌向長，臨濟牟長，茂陵孔奮，蘭陵王良，元城疏孟達，育陽洼丹，雲陽宣秉，龍亢桓榮，曲阿包咸，下邽王丹〔二〕，汝南鄭敬，雁門殷謨，餘姚嚴光，太末龍丘萇。不知姓名者：野王二老、龔勝吊客老父、王良友人不肯見者。而燕於四欵，五郡並無焉。

郭造卿曰：劉起誅莽者，崇敗而快繼之，世家則翟氏，郡守亦惟有此。國統連丁三絶，王后獨歷四朝，權棅更持于戚屬，爵命莫不出其門。繼絶舉廢，假悦宗室，推及軍功者有幾，而司存則如奕置矣。比之王子、功臣，其世次當嗣者異。况元始有新命，咸署于安漢公乎。州牧、二千石、茂材，吏初除奏事〔三〕，考故問新，不合奏免，爲所密致而加厚者，孰非受其狙詐者哉。嚮利有德，何知忠義！翟氏鱷鯢，史臣則曰：「當莽之乘天威，雖有賁育，何益于敵？不量隕宗，悲夫！」然竟起而滅

〔二〕「邽」，底本作「洼」，今據《後漢書》卷二七《王丹列傳》改。
〔三〕按：奏、奉、秦、泰，底本四字或混用，以下徑改，不注。

莽者，名爲宗室功臣之裔，實惟亡命匹夫之徒，實於封建無與焉。守令之不敢動，壹如秦二世時。若閉境以待真主，如交趾錫光，賢矣！間有功曹、從事、掾吏、亭長一二而起者，燕亦未之聞。而繼義以殉職者〔一〕，期門郎外其誰哉！乃甘爲莽死，如廉丹、王邑，及盡命於戰陳，與固守以被僇，聞莽敗伏泣，誅滅而始降，降而復自刺，謂食死其事。此輩圍中爛蛆耳，豈得與鴻毛並稱！伯升且以爲義士，更始封之於列侯，彼雖不識乎順逆，視詐禄背恩者異。凡是死漢、死莽，燕皆邈不相及。至於避世，豈皆逃名？未聞空谷之音，非人之云亡乎。雖寇子翼輩興，莽時何以爲國哉！

燕裔記下

郭造卿曰：廣陽背安衆于居攝，誠爲宗藩之大僇也。然外戚羽翼既成，瞻烏于誰之屋乎！王后雖柔于呂，呂陰滅燕而易之，后乃改燕以從王；新莽則深于霍，霍正誅燕而廢之，莽乃存燕以從新。燕爲身家計，藉口保宗已矣。至於更始立，真

〔一〕「者」，底本脱，今據福建本、北大本補。

人出於其間，問主雖非，聞名則正。上谷、漁陽二守，既皆佩印受爵，何獨廣陽之子起兵以應王郎，真人且就之矣，而幾不得免乎。則宗室在燕者，自此而絶望也。王郎逆檄四馳，諸郡真僞莫辨，司馬之德澤未深，更始所解體既多，邯鄲勢昌，河北援絶，南馳不足與歸，北討無可爲籍，所冀望而重賴者，非二郡突騎力乎？上谷之況子非弇，漁陽之寵客非漢，志雖歸正，勢則未定。其□者不從邯鄲[一]，而敢違更始哉？至屬意大司馬，固弇、漢之力居多，而燕材爲用，則亦未嘗無人焉。蓋恂爲況功曹，與弇必有成議。故弇往長安，即因之盧奴。恂勸況連漁陽以拒邯鄲，豈不約而符如此？丹、業各從而佐之，皆恂首畫所縱臾耳。漢以亡命説寵，發兵而合。上谷官屬皆附王郎，非得燕人護軍、縣令如延、梁輩爲佐，不竟爲之奪，而得將義旅轉戰，無劾敵腹背夾攻之乎？昔燕之亡也，韓廣以上谷卒史，而用漁陽之閭左，尚足以自王。炎劉雖既失，功曹、護軍輩，恂爲之何，弇爲之信，而漢不下於參，延、梁亦絳、灌之流，有燕騎爲之用，其能不復興乎！況是騎當以德稱。秦末曰梟，佐漢于初創，資淮陰趙、代之兵，以距籍于廣武；莽末曰突，佐漢以再興，資

[一]「□」，底本、北大本闕一字，福建本脱。

耿、彭幽薊之師，以距王郎于邯鄲。其於暴篡不力焉，數子之梟突而將騁者久矣。燕乃以資士大夫，宗室世胄安在哉！蓋國之利器，不可以示人。形勢之地，材武之方，操之未必興，舍之罔不亡。

更始元年，九月，漢兵誅莽。十月，擊殺劉望于汝南。嚴尤爲大司馬，陳茂爲丞相十餘日，敗，尤、茂並死。更始將都洛陽，以武信侯行司隸校尉，復漢官威儀，識者皆屬心焉。更始都洛陽，以梁孝王八世孫永先詣，封紹梁王，都睢陽。分遣使者徇郡國，曰：「先降者復爵位。」使者至上谷，朔調連率茂陵耿況與副貳櫟陽景丹降，迎上印綬。使者納之，一宿無還意。功曹寇恂，昌平人也，世爲著姓，好學，況甚重之。勒兵入見，請之。使者曰：「天王使者，功曹欲脅之邪？」恂曰：「非敢脅使君，竊傷計之不詳也。今天下初定，國信未宣，使君建節銜命，以臨四方，郡國莫不延頸傾耳，望風歸命。今始至上谷而先墮大信，沮向化之心，生離畔之隙，將復何以號令他郡乎？且耿府君在上谷，久爲吏人所親，今易之，得賢則造次未安，不賢則祇生亂。爲使君計，莫若復之以安百姓，且外以宣恩信。」使者不應。恂叱左右以使者教召況。至，恂進取印綬帶況。使者不得已，乃承制詔之，拜受而歸。況爲太守，丹長史，復漢制，明改正也。拜官非使者意，斯遂得爲漢臣乎[二]？更始之命，先降者復爵位。率僚屬迎界上，先降矣。納印綬無還意，乃使者之失信。至勒兵陳説，則恂忠憤所激，豈況、丹意哉？然況、丹不終于更始斯制，何以爲漢臣？然降更始，即從漢也。至歸大司馬，則真得漢主矣。區區授受末節，大亂而能苟求哉？宛人彭寵，字伯通，漁陽太守宏子也。寵少爲郡吏，地皇中，爲大司空士，從王邑東拒更始軍。到洛陽，聞同産弟在更始兵中，懼誅，即與鄉人吴漢亡命漁陽，抵父時吏。漢資用乏，販馬自業，往來燕、薊間，所至交結豪傑。更始使謁者韓鴻徇河北，或謂鴻曰：「吴子顔，奇士也，可與計事。」鴻召見漢，甚悦之，且與寵並鄉閭故人，遂承制拜寵爲偏將軍，行漁陽太守事，漢安樂令。時更始遣司隸校尉行大司馬事，十月，持節北渡河，鎮慰州郡。所到部縣，輒見二千石、長吏、三老、官屬，下至佐史，考察黜陟，如州牧行部事。輒平遣囚徒，除莽苛政，復漢官名。吏人喜悦，争持牛酒，皆不受。南陽鄧禹杖策追之于鄴，遂晝大計。以書招寵，寵具牛酒，將上謁。會邯鄲卜者王郎詐稱成帝子子輿，年二十，始還長安，展轉中山[三]，往來燕、趙，以須天

[二]「臣」，底本脱，今據福建本、北大本補。
[三]「中山」，底本二字互乙，今據《後漢書》卷一二《王郎列傳》改。

時，人皆信之。故趙繆王子林等率車騎數百，立之爲天子，都邯鄲。遂遣使徇下幽、冀，移檄州郡，制詔部刺史、郡太守。趙國以北，遼東以西，皆望風響應。代人石鮪、閔堪皆稱將軍，起兵應漢。其後從違雖異，初非豪桀不興也。

二年，正月，大司馬以王郎新盛，乃北徇薊。二月，更始至長安，先封宗室，以祉爲定陶王，歙爲元氏王，嘉爲漢中王，賜爲宛王，信爲汝陰王，而慶爲燕王，良爲國三老，然後封異姓十三王。朱鮪以非高帝約不受，而爲左大司馬。曹竟就徵，以爲丞相，封侯，欲視致賢人，銷寇賊，竟不受侯爵。又徵僞劉文伯爲騎都尉，使鎮撫安定以西。諸將在外者，皆專行誅賞，各置牧守，州郡交錯，不知所從。由是關中離心，四海怨叛。時王郎亦遣將徇漁陽，耿況與景丹共謀拒之。況子弇，少好學，習父業。常見郡尉試騎士，建旗鼓，肄馳射，由是好將帥之事。況見更始所立諸將略地者，前後多擅威權，輒改易守令，而自以莽所置，不自安。時弇年二十一，況遣奉奏詣更始，因齎貢獻以自固。及至宋子，會郎兵起，從縣吏孫倉、衛包曰：「劉子輿成帝正統，捨此不歸，遠行安之？」弇按劍曰：「子輿敝賊，卒爲降虜耳。我至長安，與國家陳上谷、漁陽兵馬之用。還出太原、代郡，反覆數十日，歸發突騎以轔烏合之衆，如摧枯折腐耳。觀公等不識去就，族滅不久也。」倉、包遂亡降郎。弇聞大司馬在盧奴，乃馳北上謁，留署門下史。弇因説護軍宛人朱祐，求歸發兵，定邯鄲。大司馬笑曰：「小兒曹乃有大意哉！」因數召見加恩慰。弇書上況，盛陳大司馬度略，宜速來相見。況乃馳至昌平，遣小子舒獻馬。大司馬與弇俱至薊。郎移檄購大司馬十萬户，大司馬令功曹令史潁陽王霸至市中，募人擊郎，市人皆大笑，舉手邪揄之，霸慚懅而反。大司馬將南歸，召官屬計議。弇曰：「今兵從南方來，不可南行。漁陽太守彭寵，公之邑人；上谷太守，即弇父也。發此兩郡，控弦萬騎，邯鄲不足慮者。」大司馬官屬腹心盡南方，皆曰：「死尚南首，柰何北行入囊中。」大司馬指弇曰：「是我北道主人也。」會故廣陽王子接起兵薊中，以應王郎，城内驚，擾亂，言邯鄲使者方到，二千石以下皆出迎。於是大司馬趣駕而出，百姓聚觀，喧呼滿道，遮路不得行。賊曹掾郟人銚期騎馬奮戟，瞋目大呼曰「蹕」[一]，衆皆披靡。及至南城門，門已閉，攻之得出。晨夜南轅，不敢入城邑，舍食道傍。至饒陽，官屬皆乏食。爲傳舍吏給言「邯鄲將軍至」[二]，乃駕去。至滹沱河，無船，遇冰偶合，霸權答而濟。狼狽不知所向，有白衣老人，指馳至信都。時郎使將徇地，所到莫不奉迎，惟信都

[一] 「瞋」，底本作「瞑」，據《後漢書》卷二〇《銚期列傳》改。
[二] 「將軍」，底本二字互乙，今據《後漢書》卷一上《光武帝紀上》、《通鑑》卷三九正。

太守宛人任光與都尉黄人李忠、和成太守信都邳彤堅守不下。彤，故遼西太守吉子也，爲王莽和成卒正。大司馬徇河北，舉城降，復以爲太守。及聞大司馬從薊還，失軍，欲至，選精騎二千餘匹，使五官掾張萬、督郵尹綏緣路迎至信都。光孤城獨守，恐不能全，喜而出迎，吏民皆稱萬歲。彤尋亦來會。議者多言可因信都兵自送，西還長安。彤曰：「吏民歌吟思漢久矣，故更始舉尊號而天下響應，三輔清宮除道以迎之。今卜者王郎，假名因埶，驅集烏合之衆，遂振燕、趙之地，無有根本之固。明公奮二郡兵討之，何患不克！今釋此而歸[一]，豈徒空失河北，必更驚動三輔，墮損威重，非計之得也。明公既西，則邯鄲勢成，民肯捐父母、背成主千里送君哉？」大司馬乃止。以二郡兵弱，城頭子路寇掠河濟[二]，有衆二十餘萬，力子都有衆六七萬，欲往依之。光以爲不可。乃發旁縣，得精兵四千人，以光爲左大將軍，封武成侯，忠爲右大將軍，封武固侯，彤爲後大將軍、和成太守如故，信都令萬脩及期、萬、綏皆拜偏將軍。大司馬既出薊，上谷、漁陽突騎未至，非得此二郡助，則势未可知矣。故二守之力，不下於突騎也。大司馬仍使主簿父

[一]「釋」，底本作「失」，今據《後漢書·邳彤列傳》、《通鑑》卷三九改。
[二]「路」，底本作「都」，今據《後漢書·任光列傳》、《通鑑》卷三九改。

城馮異别收河間兵。昌城人劉植與弟喜、從兄歆，宋子人耿純與從昆弟訢、宿，各率宗親子弟，據其縣邑，奉迎大司馬。以植爲驍騎將軍，纯爲前將軍，昆弟皆爲偏將軍。進攻下曲陽，降之，衆稍合，至數萬人。復北擊中山，進拔盧奴。時真定王楊起兵附郎〔二〕，衆十餘萬。大司馬遣植説之，降。所過移檄，還復響應。異自河間還，拜偏將軍。弇自見大司馬，歸主人，食未竟，會薊中亂，爲掠，與大司馬相失。以馬與南城門亭長，始得出。遂北走昌平，就説況，發兵擊邯鄲。況之奉奏，知有漢也。弇之盧奴，所以爲漢。長安之號令不行，邯鄲之凶焰勃熾，況有不及知者。弇遂事而尊親，出境專之，可也。可曲行累大德，小言妨大信乎？及大司馬相失，自薊而南馳，弇遂北而發兵，其忠誠之所激，則應變如流矣。時郎遣將徇漁陽、上谷，兵急發，北州疑惑，多欲從之。寇恂與門下掾閔業説況曰：「邯鄲拔起，難可信向。昔王莽時，所難獨有劉伯升耳。今聞大司馬伯升母弟，尊賢下士，士多歸之，可附也。」況曰：「邯鄲方盛，力不能獨拒，如何？」對曰：「今上谷完實，控弦萬騎，舉大郡之資，可以詳擇去就。恂請東約漁陽，齊心合衆，邯鄲不足圖也。」弇説況，乃遣恂東約寵，欲各發突騎二千匹、步兵千人，詣

〔二〕按：揚、楊、陽，底本三字或混用，以下徑改，不注。

大司馬。吴漢素聞大司馬長者，獨欲歸心，乃説寵曰：「漁陽、上谷突騎，天下所聞也。君何不合二郡精鋭，附劉公擊邯鄲，此一時之功矣。」護軍蓋延、狐奴令王梁，亦勸寵從大司馬。寵以爲然，而官屬皆欲附郎，寵不能奪。漢乃出，止外亭。時多饑人，遇一儒生，召而食之，問以所聞。生言：「大司馬劉公所過，爲郡縣所歸。邯鄲舉尊號者，實非劉氏。」漢大喜，因以譎衆，詐爲大司馬書，移檄漁陽，使生齎以詣寵〔二〕，令具以所聞説之。漢隨後入，寵甚然之。會恂至，寵乃發步騎如約，以漢行長史，及都尉嚴宣與延、梁將之。恂還，至昌平，襲擊邯鄲使者，殺之，奪其軍。遂南攻薊，殺郎大將趙閎等。還與丹及弇將兵俱南，與漁陽軍合。所過擊斬郎大將、九卿、校尉以下四百餘級，得印綬百二十五，節二〔三〕，斬首三萬級，定涿郡、中山、鉅鹿、清河、河間凡二十二縣。夫是役也，弇一太守子，而能識順逆之勢。其未歸上谷也，且以漁陽并許之。恂一郡功曹，而能决成敗之機。其方往漁陽也，則於上谷克成焉。歸以發兵爲名，往以與國爲義，若連衡之成算，寵不出其範圍。而吴漢之慫慂，適逢其會矣。則其即同取勝，視滹沱之冰

〔二〕「生齎」，底本作「齊」，今據福建本、《後漢書》卷一八《吴漢列傳》、《通鑑》卷三九改。
〔三〕「二」，底本脱，今據福建本、《後漢書·耿弇列傳》補。

合，與白衣之指馳，非天人之所以交助哉！遂及大司馬於廣阿。聞城中車騎甚衆，漢等勒兵問曰：「此何兵？」曰：「大司馬。」「爲公何也？」曰：「劉公也。」漢等喜，即至城下。城中初傳言二郡兵爲邯鄲來，衆皆恐。大司馬自登西城樓〔一〕，勒兵問之。漢等曰：「上谷兵，爲劉公來。」諸部莫不喜躍。弇拜於城下，召入，具言發兵狀。乃急召漢等入，笑曰：「邯鄲將帥數言我發漁陽、上谷兵，吾聊應言『我亦發之』，何意二郡良爲吾來！當與二郡士大夫共此功名耳。」乃以丹、恂、弇、延、漢、梁、宣皆爲偏將軍，使還領其兵。封況興義侯，寵建忠侯，皆加大將軍，得自置偏裨。丹爲奉義侯，恂爲承義侯，延爲建功侯，漢爲建策侯，梁爲關内侯。進軍邯鄲，連戰破之。郎乃使諫大夫杜威請降。威雅稱郎實成帝遺體，大司馬曰：「設使成帝復生，天下不可得，況詐子輿者乎！」請求萬户侯，曰：「顧得全身可矣。」威怒而去，乃急攻之。已而擊郎將倪宏等於南䜌，我軍引卻，丹等縱突騎大破之，追奔十餘里，死傷者從横。丹還，大司馬謂曰：「吾聞突騎天下精兵，今乃見其戰，樂何可言耶！」五月，甲辰，拔邯鄲，王霸斬郎。大司馬飲酒高會，既罷，獨與振威將軍湖陽馬武登叢臺，從容謂曰：「吾得漁陽、上谷突

〔一〕「城」，底本作「域」，今據《通鑑》卷三九改。

騎，欲令將軍將之，何如？」武曰：「駑怯無方略。」大司馬曰：「將軍久將，習兵，豈與我掾史同哉！」武由是歸心。拜铫期虎牙大將軍，乃因説曰：「河北之地，界接邊塞，人習兵戰，號爲精勇。今更始失政，大統危殆，海内無所歸往。明公據河山之固，擁精鋭之衆，以順萬人思漢之心，則天下誰敢不從乎？」大司馬笑曰：「卿欲遂前蹕耶[一]？」更始徵代郡太守趙永，而况勸永不應召，令詣大司馬于廣阿。大司馬遣永復郡。永北還，而代令張曄據城畔[二]，乃招迎匈奴、烏桓以爲援。大司馬以弇弟舒爲復胡將軍，使擊曄，破之，永乃得復郡。永之歸漢，發縱者况，而永從善，可交嘉焉。曄以令背守，若其爲更始討永之不就徵，則宜抗表長安，於廣阿成敗何計焉！乃華夷順逆判然，而招胡爲援，非畔哉？五校賊二十餘萬北寇上谷，况與舒連擊破之，賊皆退走。張况之族姊，爲大司馬祖考夫人。時况爲郡吏，謁見，大司馬大喜曰：「乃今得我大舅乎！」留與俱北。更始見大司馬威聲日盛，君臣疑慮[三]，乃遣使立大司馬爲蕭王，令罷兵，與諸將

[一]「前」，底本脱，今據福建本、北大本、《後漢書·铫期列傳》補。
[二]「曄」，底本作「畢」，今據《後漢書·耿弇列傳》改；以下徑改，不注。
[三]「慮」，底本作「盧」，今據福建本、北大本、《後漢書·耿弇列傳》改。

有功者還長安。遣苗曾爲幽州牧，韋順爲上谷太守，蔡充爲漁陽太守[一]，並之部。蕭王居邯鄲宮，晝臥温明殿。弇入，牀下請間曰：「百姓患苦王莽，復思劉氏。今元元叩心，更思莽朝。又銅馬、赤眉之屬數十輩[二]，輩數十百萬，聖公不能辦也，其敗不久矣。明公首事南陽，破百萬之衆；今定河北，北據天府之地。以義征伐，發號嚮應，天下可傳檄而定也。天下至重，公可自取，無令他姓得之！王郎雖破，天下兵革乃始耳。聞使者從西方來，欲罷兵，不可從也。今吏士死亡者多，弇願歸幽州，益發精兵，以集其大計。」王大悦，乃辭以河北未平，不就徵，始貳於更始。長安政亂，四方背叛。梁王劉永擅命睢陽，公孫述稱王巴蜀，李憲自立爲淮南王，秦豐自號楚黎王，張步起琅邪，董憲起東海，延岑起漢中，田戎起夷陵，並置將帥，侵略郡縣。又別號諸賊銅馬、大彤、高湖、重連、鐵脛、大槍、尤來、上江、青犢、五校、檀鄉、五幡[三]、五樓、富平、獲索等賊，各領部曲，合數百萬人，所在寇掠。王欲發幽州兵擊之，夜召鄧禹，問可使行者。禹對曰：「間數與吴漢言，其人勇鷙有智謀，諸將鮮能及者。」乃拜漢、弇爲大將軍，持節北

[一]「充」，底本作「光」，今據《後漢書·耿弇列傳》、《通鑑》卷三九改。
[二]「十」，底本脱，今據《後漢書·耿弇列傳》、《通鑑》卷三九補。
[三]「幡」，底本作「幅」，今據《後漢書·光武帝紀上》、《通鑑》卷三九改。

發幽州十郡突騎。苗曾聞之，陰勒兵，敕諸郡不肯應調。漢乃將二十騎，先馳至無終。曾以漢無備，出迎於路，漢即撝兵騎，收曾斬之而奪其軍。弇至上谷，亦收韋順、蔡充斬之。北州震駭，城邑莫不望風弭從。遂悉發其兵，引而南。蕭王中興之業，本於徇河北，人材聚於幽、薊，多奇計而善權。徇之勒兵見更始使者，取印綬帶況，諸郡從漢乃定。弇往長安而之盧奴，及霸言冰合濟事，漢之引儒生説寵，皆應變如轉圜。至是，殺更始牧守，蕭王貳之乃堅。孰謂東漢士不足與權哉！秋，王擊銅馬於鄡，漢將突騎會清陽。諸將望見漢還，士馬甚盛，皆曰：「是寧肯分與人耶！」及漢至幕府，上兵簿，請所付與，不敢自私，王益重之。諸將人人多請，王曰：「屬者恐不與人，今所請又何多也？」諸將皆慚服。王以偏將軍朱浮爲大將軍、幽州牧，治薊城。浮字叔元，沛國蕭人也。初從，爲大司馬主簿，破邯鄲。帝既破銅馬、高湖、重連，又破赤眉別帥與大彤、青犢、上江、五幡十餘萬于射犬[二]。應侯馮異別擊破鐵脛于北平，又降匈奴于林闟頓王，因從平河北矣。使漢襲殺更始尚書謝躬于鄴。而赤眉入長安。冬，王將北徇燕、趙，度更始必敗，既委禹以關中，而以魏郡、河內獨不逢兵，而城邑完全，倉廪實，乃委恂拜

[二]「餘」，底本作「五」，今據福建本、《後漢書·光武帝紀上》、《通鑑》卷三九改。

河內太守，行大將軍事，謂之曰：「昔高祖留蕭何關中，吾今委公以河內，當給足軍粮，率厲士馬，防遏他兵，勿令北度而已。」而以異爲孟津將軍，統二郡軍河上，與恂合埶，以拒更始大司馬朱鮪於洛陽。王自引兵而北。恂移書屬縣，講兵肄射，伐淇園之竹，爲矢百餘萬，養馬二千匹，收租四百萬斛，轉以給北軍。軍雖遠征，未嘗乏絶。十二月，赤眉西入關。燕王慶弟梁以俠氣聞，起兵豫章，欲徇江東，自號就漢大將軍，暴病卒。隗囂從更始，以爲御史大夫。

三年，正月，平陵人方望立前孺子嬰爲天子，更始兵擊斬之。四月，公孫述稱帝，建元龍興。蕭王北擊尤來、大槍、五幡于元氏，追至北平，連破之。又戰于順水北，乘勝輕敵，反爲所敗。賊追急，王親刃以禦，未交鋒，耿弇射之，賊不得前。岸高不得上[二]，王自投馬下[三]，值突騎王豐，下馬授王，王撫豐肩而上，顧笑謂弇曰：「幾爲賊嗤。」弇頻射却賊，馬武在後戰甚力，故賊阻岸，上得免。士卒死者數千人，我散兵保范陽。或言：「上已没矣！」軍中恐懼，不知所爲。數日，衆乃復振。然賊雖戰勝，憚王

[二]「得」，底本作「能」，今據福建本、北大本、《後漢紀》卷三改（臺灣影印清乾隆文淵閣《四庫全書》本）。
[三]「王」，底本作「任」，今據福建本、《後漢紀》卷三改。

威名，主客不相知，夜遂引去。大軍復進至容城、小廣陽、安次，戰破之，斬首三千餘級。强弩將軍西鄂陳俊下馬，手接短兵，所向必破，追奔二十餘里，斬其渠帥而還。王望而嘆曰：「戰將盡如是，豈有憂哉！」五校引退入漁陽，所過虜掠。俊言於王曰：「宜令輕騎出賊前，使百姓各自堅守壁，以絶其食，可不戰而殄也。」王然之，遣俊將輕騎馳出賊前，視人保壁堅完者，敕令固守，放散在野者，因掠取之。賊至，無所得，遂散敗。及軍還，王謂俊曰：「困此虜者，將軍策也。」未幾，馮異、寇恂勝朱鮪于洛陽，諸將入賀，因上尊號。武請宜還薊，乃議北征，從之而還。復遣吳漢率耿弇、景丹、蓋延、陳俊、馬武、邳彤、耿純、劉植及軍正王霸、偏將軍朱祐、潁陽祭遵、襄城堅鐔、刺姦將軍棘陽岑彭，凡十三將軍，追尤來等，至潞東及平谷，再戰，斬首萬三千餘級。時武爲軍鋒，力戰無前，諸將皆引而隨之，遂窮追右北平郡無終、土垠間，至浚靡而還。賊散入遼東、遼西，爲烏桓、貊人所鈔擊，略盡。鐔別擊破大槍於盧奴。漢常將突騎五千爲軍鋒〔二〕，數先登陷陳，平河北。都護將軍冠軍人賈復，與五校戰于真定，傷，創甚。

〔二〕「盡。鐔別擊破大槍于盧奴。漢常將突騎五千爲軍」，底本脱十九字，今據福建本、北大本補。

尋愈，追及于薊，相見甚懽。四月，公孫述稱帝于蜀〔一〕。王自漁陽過范陽，命收葬士卒死者。至中山，以張況爲元氏令。群臣復上尊號。六月，己未，王即皇帝位于鄗南，改元曰建武。處士逢萌聞之，自遼東乃之琅邪勞山。隗囂自更始亡歸天水，自稱西州上將軍。是月，赤眉立劉盆子爲帝。盆子，式侯憲之孫也〔二〕。初祖章爲朱虚侯，誅諸吕者，封爲城陽王，謚景〔三〕。赤眉軍中常有齊巫，鼓舞祀景王求福，巫狂言王大怒，曰：「當爲縣官，何故爲賊？」乃求王後。盆子本牧子，年十五，以探符札于王祠而立之，改元建世。宗室劉茂，年十八，漢兵起，自號劉先職，嘗聚衆京、密間，稱厭新將軍〔四〕，攻下潁陽、汝南。七月，弇等攻之，以十萬衆來降，帝封爲中山王。八月，廪丘王田立降帝。九月，赤眉擁盆子入長安，更始單騎走。帝封爲淮陽王，吏民敢有賊害者，罪同大逆；其送詣吏者，封列侯。鮪固守洛陽，帝廷尉岑彭説之曰：「皇帝平定燕、趙，盡有幽、薊之地，親率大兵來攻。天下事逝其去矣。嬰城固守，何待乎？」及將軍蘇茂降，而洛陽平。十

〔一〕按：「四月，公孫述稱帝于蜀」，《燕史》上文已有，此處重出。
〔二〕「式」，底本作「戎」，今據福建本、《後漢書》卷一一《劉盆子列傳》、《通鑑》卷四〇改。
〔三〕「謚」，底本作「謐」，今據福建本、北大本改；以下徑改，不注。
〔四〕「新」，底本作「狄」，今據《後漢書》卷一四《泗水王歙列傳》、《通鑑》卷四〇改。

月，更始遣盆子兄恭請降于赤眉，上璽綬于盆子。將相皆降，獨丞相曹竟不降，手劍格死。恭保全更始，封爲長沙王。十一月，梁王永稱帝。十二月，更始爲赤眉將謝祿所殺，恭收其屍，帝詔葬于霸陵。燕王慶未嘗之國，時爲亂兵殺。三水豪傑共立僞劉文伯爲上將軍、西平王，匈奴迎立爲漢帝，還入安定。更始張掖屬國都尉平陵竇融，自行河西五郡大將軍事[二]。

建武二年，正月，更始復漢將軍鄧曄、輔漢將軍于匡降，帝皆復爵位。真定王楊及弟臨邑侯讓謀反，帝遣前將軍耿純持節，行赦令于幽、冀，所過慰勞王侯，密敕純收戮之。憐其謀未發，並封其子，復國。四月，更始宛王賜詣洛陽降，封慎侯。叔父良、族父歙、族兄祉皆自長安來，封良爲廣陽王。祉者，舂陵侯敞子也。間行奔，先至。封王兄縯二子爲王，更始三子皆爲列侯。更始鄧王舞陰王常降，封山桑侯。五月，封歙及子終爲王。九月，赤眉發諸陵，汙辱呂后尸。帝大司徒鄧禹，承制拜隗囂爲西州大將軍。竇融以河西隔遠，未能自通，從囂受建武正朔，囂假其將軍印綬。更始汝陰王信、漢中王嘉相繼降，封信爲侯。中山王茂弟匡與漢兵俱起者降，封侯。十一月，銅馬、青犢、

[二]「河西」，底本二字互乙，今據《後漢書》卷二三《竇融列傳》、《通鑑》卷四〇正。

尤來餘賊共立孫登爲帝于上郡，爲其將樂玄所殺，以五萬餘衆降帝。十二月，戊午，帝詔：「宗室列侯爲王莽所絶者皆復故國。若侯身已没，屬所上其子孫見名尚書，封拜。」安衆侯崇弟宣，知莽當篡，變姓名抱經書匿避林藪，乃出，紹封安衆侯。崇宗室禮，與起兵而死，子隆自更始騎都尉而從，封亢父侯〔二〕。

三年，閏正月，帝平赤眉，盆子遣恭以百萬衆約降，帝待之以不死，乃奉高皇帝璽綬降。帝謂盆子曰：「自知當死不？」對曰：「罪固當死，猶幸上憐赦之耳。」帝大笑曰：「兒大黠，宗室無蚩者。」憐之而賞賜甚厚，以爲趙王郎中。後失明，賜滎陽均輸官地爲列肆〔三〕，使食其税終身。恭爲更始報仇，殺謝禄，自繫獄，帝赦之。後更始季子鯉乃怨盆子害其父，結客報殺恭，詔郡縣捕，王侯賓客坐死者數千人。其長子後傳三世。宗室起而從更始，及帝立叛者梁王父子俱誅。特起而從之，封燕南者，唯中山王茂以功，若河間王邵、真定王楊子得嗣，皆以與帝同出景帝後也。嘉後乃封順陽侯。隆列二十八將，以功臣定封爲慎侯。自王封親降公、疏降侯，又申明舊制阿附番王法，而侯者傳世

〔二〕「侯」，底本作「戾」，今據福建本、《後漢書》卷五二《劉隆列傳》改；以下徑改，不注。

〔三〕「均」，底本作「將」，今據《後漢書·劉盆子列傳》、《通鑑》卷四一改。

亦尠矣。燕自慶絶封，廣陽王徙趙，而廣陽并於上谷，亦不復封，尋自爲郡矣。制非皇子不王，中山、河間皆皇子封，而燕亦無封功臣。增邑更封燕人寇氏、王氏、蓋氏，雖非燕故地，而不出燕南。王、蓋以連畔除，而寇亦徙扶柳商鄉，其封雍奴，一世而已。雲臺諸將食邑頗多[二]，亦在燕南。自建武而後，異姓燕封則亡矣。

郭造卿曰：世祖舍稼穡即禽，而能不失乎舊鹿。燕棄其國，以從新室，嗣是食封者，宗姓皆它徙，惟諸將同功名，蓋無劉氏侯矣。夫漢裔均也，陵泉慶首請居攝，廣陽嘉首符即真，不旋踵而亡。其視南陽同名曰慶、曰嘉，咸佐義兵而享侯王，何如哉！當莽僞封其私人，廣陽奪于甄氏。若求免禍，如宣上也，次敞弗受禄，而其責亦塞矣，卒並不失故封。乃嘉之父子，背安衆義舉，驅真人出薊，俱不知烏之雌雄。昔燕且爲嬴弱姬，祇如氓之蚩蚩耳，况兹能抱布而貿絲乎。世祖因盆子降，謂宗室無蚩者。燕自漢肇封，同異姓侯王無一善狀，固卒不振。而更生子孫，乃靡哲不愚，種嗣自粗[三]，流尸幽州，罪浮四凶，恥孰甚焉。林率車騎數百，楊之有衆十

[二]「臺」，底本闕，今據福建本、北大本、《後漢書》卷五二范曄論、《通鑑》卷四四補。
[三]「粗」，底本作「粗」，今據福建本、北大本改。

萬，不佐同宗，而附王郎，其取誅滅，蚩亦甚矣。豈如更始懦弱，但以興漢爲名，至敗，傳侯猶及數世。盆子當爲縣官，尚得食稅終身，不失朱虛之遺種。曾謂巫言皆狂哉？帝謂不蚩者，其意蓋在此。永平中，帝幸宛，表安衆宗，寵其忠壯，策文嗟嘆，以厲宗室。嘉如有知乎，而愧無地矣！詔李氏爲輔者後，亦隨安衆宗姓見，而並受寵賞篤恩，涿之崔門毋媿乎？蓋哲人之愚，此類亦是矣〔二〕。

〔二〕「矣」，底本作「夫」，今據福建本、北大本改。

燕政記

燕政記敘[一]

自王政不在周室，禮樂征伐下出[二]，而相尚以伯。政則日陵而不止，斯陪臣爲大夫，大夫爲諸侯矣。秦承禮樂崩廢，至僭爲天子，惟征伐是事，削封建，置郡縣，將使天下亂賊銷，萬世不復爲戰國，何有於大夫、陪臣，而况黔首、蒼頭乎！然上陵不止者，勢必極於下反。匹夫德及征伐，曷論乎舜、禹、湯、武。漁陽戍而楚澤嘑，閭左爲立王，楚牧爲義帝，沛亭長以即真，乃上谷卒史不异哉。漢楚征伐未息[三]，燕、代相爲終始，懲秦而大封，以錯置於郡縣，五世功侯爲宰輔，於崩廢未遑焉。武雖稍事文飭，而禮云樂云末矣。定相或策或言，猶必加以侯封，且大司馬冠將軍，權不重於初制乎！故使公卿

[一] 按：《燕政記敘》，福建本闕。郭應寵收入《海嶽山房存稿》卷四，今見本書下編燕史敘。
[二] 「下」，底本作「不」，今據下編《燕政記敘》改。
[三] 「楚」，底本作「初」，今據北大本、下編《燕政記敘》改。

失職，守令之政爲奪。至分部置刺史，察吏治，酷有徒而循無聞以此。宣政先内郡，而聞於燕南，渤海雖循，涿仍以酷。乃建侯之敝極[一]，救以郡縣，未醇耳。然國命漸執於外戚，遂爲新室所紛裂[二]。自燕五郡之入漢，其善政未嘗聞之矣。光武名雖侯裔，實守令之孫子[三]，本躬稼而起匹夫，深知民艱由於失政，而以吏事責三公。功臣亦多請郡自效，若上谷王霸，任者二十年，而漁陽伋、堪相繼，皆以邊郡却匈奴，内安外攘，燕可覩已。雖歸臺閣，未盡善視之宜，不足多乎。明、章禮樂班班，至匈奴遣子入學，則邊郡之紘歌，其亦有足聞者哉。故和、安以後，燕吏循、酷之傳，其張弛雖異，皆一時良能也。至閹戚踵亂于内，斯州牧角立於外，篡弑相仍，四夷入主，其餘郡縣之制，竟不能廢。燕多邊州，漢之守令爲將及刺史督軍事者，務葆障塞以爲任。故記之於《胡》《貊》，而内外以别焉。昔戎居夏國若弁髦，《春秋》之不遺者，以事不以人也。故魏、晉、隋、唐、宋，中國政從其記，不斤斤然而爲之傳。諸夏郡縣既没，幸夷狄之有君，社稷人民，故家遺俗，綫髪猶存者，寧忍棄之哉！庶幾而有守令，非其部酋，比民爲有德者，則進

〔一〕「敝」，底本作「敵」，今據下編《燕政記敘》改。
〔二〕「遂」，底本作「歸」，今據下編《燕政記敘》改。
〔三〕「實」，底本作「是」，今據下編《燕政記敘》改。

之惟恐後。它亦稍存其事，以備監戒。記例之變，難乎爲之傳矣。夫《政》者正，而《統》繫焉。在東周者，封建日重，政出大夫陪臣，亂則歸之雄戰。在西漢者，封建日輕，政出州郡部縣，亂則驅之中興。大統定而善蹟成，治安莫久於斯世。自統失於閹戚，則政失于州牧，夷狄乃入而爲政，大統之緒斯綫矣。惟唐視魏則獨永，燕乃久没藩鎮，如漢記之幾何，故自兹而終始焉。

萬曆辛巳夏季，越海郭造卿撰。

燕政記前

郭造卿曰：王政散於春秋，其傳則從于經，不爲人而立。立之自司馬，例五而傳居一焉，史法于是乎雜矣。乃有以類從者，吏又别而二之〔一〕。罷侯政所自出，惟上承而下宣。任有久速，率閲爲傳舍；事有是非，遞沿爲轍迹。豈封建統于世家，有年月可表乎哉？小者不勝書，大者不概紀，故《循》《酷》各於其黨，而綜之則有詳略。九州四岳，牧伯不出於二科；十室百乘，邑宰亦垂之千世。隨所至以備勸

〔一〕「吏」，底本、北大本作「史」，今據福建本改。

戒，詎爲燕語燕矣乎？其它不足徵，則略而取節。若可以具體者，删之彼闕，引之斯濫，而概詳於燕，是越俎而侵官，不知所以裁矣。粤惟古制，入境觀政。名實之醇疵，較然不可掩；先後之殿最，判然毋相及。凡人民社稷，利害攸關，當采記之，他則不敢知。矧古從政，多不出境。境外著於《春秋》者，一彼一此無缺。如國各自爲語，而未嘗有不周焉。士於鄉舉其行，及没則祭之社。斯人而主斯土，政而記，行而傳，視之實爲有辨。若斯土非斯人，自茲以歷蒙古，邊郡夷區，其事不可泯，記雖弗以政名，政則從而綴之，不以史有傳，又從而别焉。冀九州之一，幽三分乎冀，視建統之從〔一〕，其代而該，所轄者不同。魯史既包列國，《國語》弗標以列傳，實重政於公朝，視國故不以别乎？大小何常，各從而識之。倘左史爲郡縣書，或不廢乎斯言矣。

建武元年，六月，己未，即位，更建宗封，語在《裔記》。七月，丁丑，以野王令王梁應《赤伏符》「主衛作玄武」，而爲大司空，封武彊侯。以讖文用平狄將軍孫咸行大司

〔一〕「建」，底本、北大本闕，今據福建本補。

馬[二]，衆咸不悦。詔舉可爲大司馬者，群臣惟推吴漢及景丹。帝曰：「景將軍北州大將，是其人也。然吴將軍有建大策之勳，又誅苗幽州、謝尚書，其功大。舊制：驃騎將軍官與大司馬相兼也。」壬午，以漢爲大司馬，丹爲驃騎大將軍，耿弇爲建威大將軍，蓋延爲虎牙大將軍，朱祐爲建義大將軍，中堅將軍杜茂爲大將軍。梁、咸漁陽人，諸將皆從征幽、薊者也。帝以寇恂在河内，輦車驪駕，轉輸不絶，以廩百官，數策書勞問。恂同門生茂陵董崇説恂曰：「昔蕭何守關中，悟鮑生之言而高祖悦。今君所將皆宗族昆弟也，無乃當以前人爲鏡戒。」恂遂稱疾，不視事。帝將攻洛陽，先至河内。恂固請從軍，不聽，乃遣兄子張、姊子谷崇將突騎，願爲軍鋒。帝喜之，皆以爲偏將軍。九月，赤眉入長安，更始敗。遣侍御史杜詩安集洛陽。詩到洛陽，勒郡兵，將突騎，擊斬逆賊楊異等。朱鮪、蘇茂降而洛陽平。十月，定都洛陽。十一月，劉永僭稱帝。十二月，赤眉殺更始，而隗囂據隴右，盧芳起安定矣。是年，張況遷涿郡太守[三]，以年八十，不任兵馬，上疏乞身，許之。就拜代都尉蘇竟爲太守，使固塞備匈奴。莽及更始代太守趙永也納上谷之勸，

[二]「用」，底本脱，今據《後漢書》卷二二《景丹列傳》、《通鑑》卷四〇補。

[三]「況」，底本作「放」，今據《東觀漢記》卷一一改（臺灣影印清乾隆文淵閣《四庫全書》本）。

決意廣阿，因復胡之師平定張曄。彼時以都尉完輯一郡稱[一]，則周旋其間，功亦不少矣。自帝即位，竟先代，永後之，邊守以漸易，而徵彭寵，則畔矣。帝之不及帝高，無可無不可以此。惟耿況久之迎歸，永先受代，是賢乎！

二年，正月，甲子朔，吴漢率王梁等九將軍降檀鄉賊于鄴東口，破五樓賊於昌城。庚辰，封功臣皆爲列侯。以大將軍、幽州牧朱浮討定北邊，封舞陽侯[二]，食邑三縣；更武成侯任光爲涿阿陵侯，食邑萬户；武固侯李忠爲涿中水侯[三]，食邑三千；建功侯蓋延爲涿安平侯；耿鄉侯耿純爲涿高陽侯；樂鄉侯杜茂爲中山苦陘侯；偏將軍張萬爲渤海重平侯；嚴宣爲千乘建信侯；列侯陳俊更爲中山新處侯。遣純持節行赦令於幽、冀，密敕收真定王楊、臨邑侯讓，誅之。還京師，因自請曰：「臣本吏家子孫，幸遭大漢復興，聖帝受命，備位列將，爵爲通侯。天下略定，臣無所用志，願試治一郡，盡力自效。」帝笑曰：「卿既治武，復欲修文耶？」迺以高陽侯、前將軍拜東郡太守，吏民思服。梁、茂安輯魏郡、清河、東郡，悉平諸營堡，三郡清靜，自洛陽至漁陽、上谷，邊

[一]「都」，底本作「郁」，今據《後漢書》卷三〇上《蘇竟列傳》改。

[二]「舞」，底本作「武」，今據《後漢書》卷三三《朱浮列傳》改。

[三]按：固、因，底本二字或混用，以下徑改，不注。

路流通矣。二月，己酉，梁免。壬子，彭寵反於漁陽。初，帝之討王郎也，寵發突騎以助軍，轉粮食前後不絶。及帝追銅馬至薊[一]，寵上謁，自負其功，意望甚高。帝接之不能滿，以此懷不平。帝知之，以問朱浮，對曰：「前吴漢北發兵時，上遺寵以所服劍，又手書慰納，倚以爲北道主人。寵謂至當迎閤握手，交驩並坐，特異於衆也。今既不然，所以失望。」帝曰：「何等子，而望獨異乎！」浮曰：「王莽爲宰衡時，甄豐旦夕入謀議，時人語曰：『夜半客，甄長伯。』及莽篡位後，豐見疎，意不平，卒以誅死[二]。」帝大笑，以爲不至於此。及即位，漢、梁，寵之所遺，並爲三公，而寵獨無所加，愈怏怏不得志，歎曰：「我功當爲王，但爾者，陛下忘我耶？」是時北州破散，而漁陽差完，有舊鹽鐵官。寵轉以貿穀，積珍寶，益富强。浮封侯，年少有俊才，頗欲厲風迹，收士心，辟召州中名宿涿郡王岑之屬以爲從事，及莽時故吏二千石，皆引置幕府。多發諸郡倉穀，廩贍其妻子。寵以爲天下未定，師旅方起，不宜多置官屬，以損軍實，頗不從其令。浮性矜急自多，頗有不平，因以峻文詆之。寵亦狠强負功，嫌怨轉積。浮數譖構之，

[一]「薊」，底本作「蘇」，今據福建本、北大本、《後漢書》卷一二《彭寵列傳》、《通鑑》卷四〇改。
[二]「死」，底本作「此」，今據福建本、《後漢書·彭寵列傳》改。

密奏寵遣使迎妻而不迎母，又受貨賄，殺害友人，多聚兵穀，意計難量。帝輒漏泄令寵聞，以脅恐之。至是，徵寵，寵意浮賣己，上疏願與浮俱徵。又與漢、梁、延書，盛言浮枉狀[一]，固求同徵。帝不許，寵益自疑。其妻素剛，不堪抑屈，固勸之曰：「天下未定，四方各自爲雄。漁陽大郡，兵馬最精，何故爲人所奏，而棄此去乎！」寵又與所親信吏計議，皆懷怨浮，莫有勸行者。帝遣寵弟子后蘭卿往喻，寵因留之，遂反，拜署將帥，自將二萬餘人，攻浮於薊，分兵徇廣陽、上谷、右北平。浮以書質之，曰：「蓋聞知者順時而謀，愚者逆理而動。常竊悲京城太叔以不知足而無賢輔，卒自棄於鄭也。伯通以名士典郡，有佐命之功，臨人親職，愛惜倉庫，而浮秉征伐之任，欲權時救急，二者皆爲國耳。即疑浮相譖，何不詣闕自陳，而爲族滅之計乎？朝廷之於伯通，恩亦厚矣。委以大郡，任以威武，事有柱石之寄，情同子孫之親。匹夫媵母尚能致命一餐，豈有身帶三綬，職典大邦，而不顧恩義[二]，生心外畔者乎！伯通與吏人語，何以爲顏？行步拜起，何以爲容？坐卧念之，何以爲心？引鏡窺影，何施眉目？舉措建功，何以爲

[一]「枉」，底本作「柱」，今據北大本、《後漢書·彭寵列傳》改。
[二]「恩」，底本作「思」，今據福建本、北大本、《後漢書·朱浮列傳》改。

人？惜乎！棄休令之嘉名，造梟鴟之逆謀，捐傳世之慶祚，招破敗之重灾，高論堯、舜之道，不忍桀、紂之性，生爲世笑，死爲愚鬼，不亦哀乎！伯通與耿俠遊俱起佐命，同被國恩。俠遊謙讓，屢有降挹之言；而伯通自伐，以爲功高天下。往時遼東有豕，生子白頭，異而獻之，行至河東，見群豕皆白，懷慚而還。若以子之功論於朝廷，則爲遼東豕也。今乃愚妄，自比六國。六國之時，其埶各盛，廓土數千里，勝兵將百萬，故能據國相持，多歷年世。今天下幾里，列郡幾城，奈何以區區漁陽而結怨天子？此猶河濱之人，捧土以塞孟津，多見其不知量也！方今天下適定，海内願安，士無賢不肖，皆樂立名於世。而伯通獨中風狂走，自捐盛時，内聽驕婦之失計，外信讒邪之諛言，長爲群后惡法[二]，永爲功臣鑒戒，豈不悞哉！定海内者無私讎，勿以前事自誤，願留意顧老母幼弟。凡舉事無爲親厚者所痛，而爲見讎者所快。」寵得書愈怒，攻浮轉急。又自以與耿況俱有重功，而恩賞並薄，數遣使要誘況。況輒斬其使。延岑自稱武安王於漢中[三]。四月，蘇茂反於淮陽，附劉永。甲午，封叔父良爲廣陽王。八月，帝遣遊擊將軍鄧隆陰助

[二]「群」，底本作「辟」，今據福建本、《後漢書·朱浮列傳》改。
[三]「武安」，底本作「安漢」，今據《後漢書·光武帝紀上》改。

浮討寵。隆軍潞南，浮軍雍奴，遣使奏狀曰「旦暮破寵矣」。帝怒曰：「營相去百里，其勢豈可得相及哉？比若還，北軍必敗矣。」寵果盛兵臨河西以拒隆，遣輕騎三千從潞南襲其後，大破之。浮遠不能救，引去。吏還説帝語，皆爲神也。帝自征五校，大破於羛陽，降之。堵鄉人董訢反宛城。破虜將軍鄧奉反於淯陽〔二〕。十一月，涿郡太守張豐執使者反，自稱無上將軍，與寵連兵。琅邪張步降。十二月，封潁川太守寇恂爲雍奴侯，邑萬户。

三年，閏正月，帝自征赤眉於宜陽。丙午，赤眉君臣面縛，奉高皇帝璽綬降。二月，祠高廟，受傳國璽。劉永立董憲爲海西王，張步爲齊王。步反時，帝方北憂漁陽，南事梁、楚，故步專集齊地，據有十二郡焉。吴漢破青犢於軹西，降之。三月，涿郡、漁陽畔，北州憂恐。朱浮以帝必自將討之，但遣鄧隆陰助浮。浮懷懼，以帝怠不救，上疏曰：「昔楚、宋列國，俱爲諸侯，莊王以宋執其使，遂有投袂之師。魏公子顧朋友之要，觸冒强秦之鋒。夫楚、魏非有分職匡正之大義也，莊王但爲争强而發忿，公子以一言而立信耳。今彭寵反叛，張豐逆節，以爲陛下必棄捐它事，以時滅之。既歷時月，寂漠無

〔二〕「淯」，底本作「清」，今據《後漢書·光武帝紀上》、《通鑑》卷四〇改。

音。從圍城而不救，放逆虜而不討，臣誠惑之。昔高祖聖武，天下既定，猶身自征伐，未嘗寧居。陛下雖興大業，海内未集，而獨逸豫，不顧北垂，百姓遑遑，無所繫心，三河、冀州，曷足以傳後哉！今秋稼已熟，復爲漁陽所掠。張豐狂悖，姦黨日增，連年拒守，吏士疲勞，甲冑生蟣蝨，弓弩不得弛，上下燋心，相望救護，仰希陛下生活之恩。」詔報曰：「往年赤眉跋扈長安，吾策其無穀必東，果來歸降。今度此反虜，勢無久全，其中必有内相斬者。今軍資未充，故須後麥耳。」寵拔右北平、上谷數縣，以美女綵繒賂遺匈奴，要結和親，借兵爲助。單于使左南將軍將七八千騎，往來爲遊兵以助寵。寵又南結步及富平、獲索諸賊，皆與交質連衡。浮城中粮盡，人相食。會耿况遣上谷騎來救，浮乃脱身走。南至良鄉，其兵長反遮之，恐不得脱，乃下馬刺殺其妻，僅以身免。薊城遂降於寵，寵自稱爲燕王。是時執金吾賈復遷左將軍，擊赤眉。以浮代之，徙封父城侯[二]。四月，帝親征鄧奉，斬之，董訢降。吴漢選四部精兵黄頭吴河等，及烏桓突騎三千餘人，齊鼓而進[三]，破蘇茂軍於廣樂。以京輔都尉張宗將突騎與征西大將軍馮異共擊關中

[二]「父」，底本作「武」，今據《後漢書·朱浮列傳》改。
[三]「而」，底本重文，今據福建本、北大本、《後漢書·吴漢列傳》删。

諸營堡[二]，平之。七月，斬永，而茂立其子紆爲梁王。十月，帝幸舂陵。耿弇從容自請北收上谷兵未發者，定寵於漁陽，取豐於涿郡，還收富平、獲索，東攻步，以平齊地。帝壯其志，許之。是年，李憲僭稱帝於盧江。

四年，四月，吴漢破五校于箕山。五月，辛巳，帝幸盧奴，將親征寵。大司徒伏湛諫曰：「臣聞文王受命而征伐五國，必先詢之同姓，然後謀於群臣，加占蓍龜，以定行事，故謀則成，卜則吉，戰則勝。其《詩》曰：『帝謂文王，詢爾仇方，同爾兄弟，以爾鉤援，與爾臨衝[三]，以伐崇庸。』崇國城守，先退後伐，所以重人命，俟時而動，故三分天下而有其二。陛下承大亂之極，受命而帝，興明祖宗，出入四年，而滅檀鄉，制五校，降銅馬，破赤眉，誅鄧奉之屬，不爲無功。今京師空匱，資用不足，未能服近而先事邊外。且漁陽之地，逼接北狄，黠虜困迫，必求其助。又今所過縣邑，尤爲困乏。種麥之家，多在城郭，聞官兵將至，當已收之矣。大軍遠涉二千餘里，士馬罷勞，轉粮艱阻。今兖、豫、青、冀，中國之都，而寇賊從横，未及從化。漁陽以東，本備邊塞，地

〔二〕「宗將」，底本脱二字，今據福建本、北大本、《後漢書》卷三八《張宗列傳》補。

〔三〕「爾」，底本脱，今據福建本、北大本、《後漢書》卷二六《伏湛列傳》補。

接外虜，貢稅微薄。安平之時，尚資内郡，况今荒耗，豈足先圖？而陛下捨近務遠，棄易求難，四方疑怪，百姓恐懼，誠臣之所惑也。復願遠覽文王重兵博謀，近思征伐前後之宜，顧問有司，使極愚誠，采其所長，擇之聖慮，以中土爲憂念。」帝乃還。於是遣大將軍朱祐、耿弇、征虜將軍祭遵、驍騎將軍劉喜（喜，植之弟也。）討張豐於涿郡。遵先至，急攻豐，豐功曹孟厷執豐降[一]。初，豐好方術，有道士言豐當爲天子，以五綵囊裹石繫肘，云石中有玉璽。豐信之，遂反。既執，當斬，猶曰：「肘石有玉璽。」傍人爲椎破之，豐乃知被詐，仰天嘆曰：「當死無恨！」諸將皆引還，問於漢曰：「敵未破而上還，何也？」漢曰：「陛下曉兵，還必不虛。」帝告諸將曰：「狡賊出魏郡，在人後，故還也。」蓋魏有五校之亂矣。帝詔弇進擊寵，弇以父據上谷，本與寵同功，又兄弟無在京師者，自疑，不敢獨進，上書求詣雒陽。詔報曰：「將軍出身舉宗爲國，所向陷敵，功效尤著，何嫌何疑，而欲求徵？且與漢忠將軍王常共屯涿郡，勉思方略。」况聞弇求徵，亦不自安，更遣舒弟國入侍。帝善之，拜爲黄門侍郎，進封况爲隃麋侯。乃命弇、祐、常等擊望都、故安西山賊十餘營，皆破之。時遵屯良鄉，喜屯陽鄉，以拒寵。寵遣弟純

[一]「厷」，底本作「尤」，今據《後漢書》卷二〇《祭遵列傳》改；以下徑改，不注。

將匈奴二千餘騎，寵自引兵數萬，分爲兩道以擊遵、喜[一]。遵因遣護軍傅玄襲寵將李豪於潞[二]，大破之，斬首千餘級。胡騎經軍都[三]，舒襲破其衆，斬兩王，寵乃退走。况復與舒攻寵，取軍都。常北擊河間、漁陽，平諸屯聚。九月，召臨淮大尹侯霸爲尚書令。霸追奏朱浮敗亂幽州，構成寵罪，徒勞軍師，不能死節，當伏誅。帝不忍之。是年，郭伋以尚書令出爲中山太守。

五年，二月，彭寵爲其蒼頭所殺，漁陽平。初，寵徵書至，明日，潞縣有火災。及妻數爲惡夢，又多見怪變，語在《占纂》。卜筮望氣者皆言，兵當從中起。寵以子后蘭卿質漢歸，不信之，使將兵居外，無親於中。寵齋，獨在便室。蒼頭子密等三人因寵卧寐，共縛著牀，告外吏云：「大王齋禁，皆使吏休，旦乃白事。」僞稱寵教，收縛奴婢，各置空室中。又以寵聲呼其妻。妻入，大驚曰：「奴反！」奴乃捽其頭，擊其頰。寵急呼曰：「趣爲諸將軍辦裝！」兩奴將妻入取物，一奴守寵。寵謂守奴曰：「若小兒，我素愛也，今爲子密所迫劫耳！解我縛，當以女珠妻汝，家中財物皆與若。」小奴意解之，

[一]「遵」，底本重文，今據《後漢書·耿弇列傳》删。
[二]「遵因遣護軍傅玄」，底本作「喜」，今據福建本、《後漢書·祭遵列傳》改補。
[三]「經」，底本作「輕」，今據福建本、北大本、《後漢書·耿弇列傳》改。

視户外，見子密聽其語，遂不敢。於是收金玉衣物，至寵所裝之，被馬六匹，使妻縫兩縑囊。昏夜後，解寵手，令作記告城門將軍云：「今遣子密等至子后蘭卿所，速開門出，勿稽留之。」書成，斬寵及妻頭，置縑囊中，便持馳詣闕。明旦，閤門不開，官屬踰墻而入，見寵尸，驚怖。其尚書韓立、高宣等共立寵子午爲燕王，子后蘭卿爲將軍。數日，國師韓利斬午首，詣祭遵降。遵相拒歲餘，數挫其鋒，黨與多降者。至是，進定其地，夷宗族。子密封爲不義侯。寵之初從，未堅，第吴漢决之耳。帝視之以上谷，故不推心置腹接之，果不能満。况牧以朱浮枉狀[一]，復漏泄脅恐之乎，其叛也固宜。至子密之戕主，同歸於亂，罪不相蔽。宜各致王法[二]，乃反爵以五等。時之反側者多，所以令其相斬，示叛者之得反也[三]。夫封雍齒而斬丁公，皆兵家一時之機權。先是，劉永將慶吾斬之，降，封列侯。張豐爲功曹孟厷執降，未聞封。或封或否，勢難概同。但浮構亂不能死，而復任用，罔徵矣。然寵父子既誅，帝嘗笑謂不至此，而兹則過之焉，前功不宜存其族乎？郭凉字公文，右北平人也。長八尺，氣力壯猛，雖武將，通經書，多智略，尤

[一]「狀」，底本作「壯」，今據福建本、北大本、《後漢書·彭寵列傳》改。
[二]「致」，底本作「守」，今據福建本、《通鑑》卷四一權德輿議曰改。
[三]「反也」，底本作「之反」，今據福建本改。

曉邊事。浮辟爲幽州牧兵曹掾，擊寵有功，封廣武侯。上黨守馮翊田邑，自更始敗降，授舊職。至是，拜爲漁陽太守。未到官，道病，徵還爲諫議大夫，病卒。以郭伋爲漁陽太守。於是加耿況之功，乃使光祿大夫樊宏持節迎況於上谷，曰：「惟況功大，不宜監察從事。邊郡苦寒，不足久居。其詣行在所。」賜甲第，奉朝請，封牟平侯[一]。時輸誠之臣有二人焉，上谷、河西，皆能始終以功名顯，帝待之亦曲盡焉。此藩臣效節之規，遇變擇事之鑒，而亦君人懋賞庸功、保全故舊之法也。以龔賜爲上谷太守。賜，勝之子也。蓋嘉勝守節而拜之，斯東京義氣凜然矣。吳漢、耿弇破降富平、獲索於平原、渤海。三月，癸未，徙廣陽王良爲趙王，始就國。平狄將軍龐萌反於東平。五月，以竇融爲涼州牧，河西歸正。六月，拔黎丘[二]，誅秦豐。八月，拔郯[三]，劉紆爲軍士高扈斬降。十月，弇破張步，步斬蘇茂降。帝曰：「將軍常爲吾言，因上谷兵以擊涿郡、漁陽，進擊富平、獲索，因東攻步，平齊地。以爲落落難合，皆如將軍策，有志者事竟成也。」齊地悉平，振旅還京師。帝之中興也，耿氏功最矣；耿之佐命也，弇力居多焉。況父有恂而子有

[一]「封」，底本脱，今據福建本、北大本、《後漢書·耿弇列傳》、《通鑑》卷四一補。
[二]按：「丘」，底本、北大本因避諱或改作「邱」，今據福建本改；以下徑回改，不注。
[三]「郯」，底本作「剡」，今據《後漢書·光武帝紀上》、《通鑑》卷四一改。

弇，其享功名，不亦休哉！弇之汔爲宗功者，即首事於燕籌之，敢以幽州二郡，即當邯鄲百萬，進則併存，退則覆敗，爲主剖利害，於勢何審也！薊城倉卒，解散異馳，不俟圖謀，北發突騎，爲父度權宜，於變何通也！河北之師，邯鄲請問，乃二更始，未敢訟言，韋順之戮，趨舍昭然，於機何决也[一]！彭寵之封，本出己策，以父上谷同功，而使兄弟入侍，上書求徵，逡巡疑似，於嫌何慎也！豈待於平豐、討步，乃知其大過人哉！三代以下，而若斯人，其有志在。謁盧奴，如子房之識天授，亦惟恂意與同，而遣之往决耳。其境居厥成，亦蕭何遺策，恂嘗試之，從而用焉。史論其尅拔全齊[二]，而遂無尺寸功，將時之度數，不足以相容乎？嗟夫！自此復有智名勇功，不爲矍鑠之薏苡哉！弇審之深矣。初非假王失期、躡足附耳者比，卒無請苑繫械之辱，亦奚必辟穀從游於赤松！天倫樂事，忠孝克全。至父疾病，乘輿數幸，兄弟六人，皆垂青紫，省侍醫藥，當代爲榮。自上大將軍印綬，而奉朝請、籌策，非知止知足乎？凡所平郡四十六[三]，屠城

[一]「决」，底本作「快」，今據福建本改。
[二]「史」，底本作「使」，今據《後漢書·耿弇列傳》范曄論改；以下徑改，不注。
[三]「六」，底本脫，今據《後漢書·耿弇列傳》、《通鑑》卷四一補。

三百，未嘗挫折，爲道家之所忌者，而累葉獨隆，非以殺止殺乎[一]？蓋得全全昌，家國並福矣。保全功臣之美，烏得以專於上哉！是冬，阿陵侯任光徵詣京師，奉朝請，薨，子隗嗣。十二月，閔堪等引盧芳入塞，稱帝於九原，遂據雲中、定襄及雁門、朔方，並置守令。帝乃遣偏將軍隨弟來屯代。太守蘇竟病篤，以兵屬弟，詣京師謝罪。拜侍中[二]，數月，以病免。諸郡皆失，而代獨存，既勝厥任，以兵屬得其人焉。歸於京師，不有寧也；病免侍中，不矯飾也；竟之臣節，始終著矣。

六年，正月，拔舒，李憲爲軍士帛意斬降，封意爲漁浦侯。先是，高扈不封，梁地既平也，憲餘黨未即平，故不以不義封，則獨稱之於子密，亦寓書齊豹盜及三叛人旨也，豈嘗盡悖乎《春秋》哉！二月，拔朐[三]，獲董憲、龐萌，山東平。三月，令郡太守、諸侯相病，丞、長史行事。五月，西州大將軍隗囂反。六月，辛卯，詔曰：「夫張官置吏，所以爲民也。今百姓遭難，戶口耗少，而縣官吏職所置尚繁。其令司隸、州牧各實所部，

[一]「殺乎」，底本二字互乙，今據福建本、《後漢書·耿弇列傳》正。
[二]「侍」，底本脱，今據福建本、《後漢書·蘇竟列傳》補。
[三]「朐」，底本作「昫」，今據《後漢書·光武帝紀下》、《通鑑》卷四二改。

省減吏員。縣國不足置長吏者，并之。」於是并省四百餘縣[一]，吏職減損，十置其一。幽州部縣國并，自此始矣。是月，盧芳寇代，太守劉興死之。代自莽至芳，竟能完輯，功大矣。興死誰之責？或隨弟之罷屯乎。秋，樂浪人王調殺郡守劉憲，自稱大將軍、樂浪太守。帝遣王遵爲太守，擊之。至遼東，讎邯人王閎爲樂浪郡三老[二]，與决曹史楊邑等共殺調迎遵，皆封爲列侯。閎獨讓爵，帝奇而徵之，道病卒。八月，省郡都尉，并職太守，無都試之役。九月，庚子，赦樂浪謀反大逆殊死以下。丙寅，晦，日食。帝以二千石長吏多不勝任，時有纖微之過，必見斥罷，交易紛擾，百姓不寧。執金吾朱浮疏言之，自是，牧、守易代頗簡。舊制：州牧奏二千石長吏不任位者，事皆先下三公，三公遣掾史案黜。帝用明察，不復委任三府，而權歸舉刺史，浮又疏之。其爲幽州牧所舉，涿郡王岑，後爲梁州牧。是冬，詔諸侯就國。高陽侯耿純上書：「前在東郡，誅涿郡太守朱英親屬，今國屬涿，誠不自安[三]。」制書報曰：「侯前奉公行法，朱英久吏[四]，曉知義理，

[一]「縣」，底本作「官」，今據《後漢書·光武帝紀下》、《通鑑》卷四二改。
[二]「邯」，底本作「鄲」，今據《後漢書》卷七六《循吏列傳·王景傳》改。
[三]「誠」，底本作「城」，今據福建本、《後漢書·耿純列傳》李賢注引《續漢書》改。
[四]「久」，底本作「文」，今據《後漢書·耿純列傳》李賢注引《續漢書》改。

何時當以公事相是非！然受堯、舜之罰者，不能愛己也。已更擇國土，令侯無介然之憂。」乃更封純爲渤海東光侯。到國，吊死問病，民愛敬之。

七年，三月，晦，日食。太中大夫鄭興疏曰：「夫國無善政，則謫見日月。今公卿大夫多舉漁陽太守郭伋可大司空者，而不以時定〔一〕，道路流言，咸曰朝廷欲用功臣，功臣用則人位謬矣。願陛下屈己從衆之德，以濟群臣讓善之功〔二〕。」夏，以揚武將軍馬成平李憲于舒〔三〕，封爲代平舒侯。八月，丁亥，封前河間王邵爲河間王〔四〕。

八年，九月，張步叛歸，獲之。十二月，高句麗王遣使朝貢，復其王號。是後見《貊記》。復以東光侯、太中大夫耿純爲東郡太守。

九年，正月，隗囂死，子純立。六月，拜討虜將軍、富波侯王霸爲上谷太守。霸字元伯，潁州潁陽人也。時遣吴漢率四將軍擊盧芳於高柳，匈奴遣兵助芳，漢戰不利，還洛陽。四將軍，朱祐屯常山〔五〕，王常屯涿郡，侯進屯漁陽，而霸領屯兵如故。秋，驃騎將

〔一〕「時」下，底本衍「令」字，今據《後漢書》卷三六《鄭興列傳》、《通鑑》卷四二删。
〔二〕「功」，底本脱，今據福建本、北大本、《後漢書·鄭興列傳》、《通鑑》卷四二補。
〔三〕「武」，底本作「威」，今據《後漢書》卷二二《馬成列傳》、《通鑑》卷四一改。
〔四〕「邵」，底本作「郡」，今據福建本、《後漢書·光武帝紀下》、《通鑑》卷四三改；以下徑改，不注。
〔五〕「屯」，底本作「也」，今據福建本、《後漢書》卷二〇《王霸列傳》、《通鑑》卷四二改；以下徑改，不注。

軍杜茂與芳將賈覽戰繁時，敗績。是年，省關都尉。郭伋拜潁川太守。漁陽離王莽亂，重以彭寵之敗，民多猾惡，寇賊充斥。伋示以信賞[一]，糾戮渠帥，盜賊銷散。時匈奴數抄郡界，邊境苦之。伋整勒士馬，設攻守之略，匈奴畏憚遠迹，不敢復入塞，民得安業。在職五歲，户口倍增。召見辭謁，帝勞之曰：「賢能太守，去帝城不遠，河潤九里，冀京師并蒙福也。」

十年，正月，吴漢復率四將軍及漁陽太守陳訢擊芳將賈覽於高柳，匈奴遣騎救覽，諸將與戰，却之。十月，隗純降，隴右平。

十一年，十二月，省朔方，屬并州。郭伋在潁川，招降山賊，黨與聞伋威信，遠自江南，或從幽、冀，不期俱降。調伋爲并州牧。初斷州牧自還奏事。伋過京師謝恩，即引見賞賜。伋因言：「選補衆職，當簡天下賢俊，不宜專用南陽人。」帝納之。

十二年，七月，威虜將軍馮峻拔江州，獲田戎。十一月，公孫述死，延岑降，誅，蜀平。是年，雍奴侯寇恂薨，子損嗣。恂同産弟及兄子張、姊子谷崇以軍功列侯者凡八

[一]「賞」，底本作「實」，今據福建本、《後漢書》卷三一《郭伋列傳》改。

人，終其身，不傳。初所與謀閔業者，恂數言其忠，賜爵關内侯[一]，官至遼西太守。

十三年，二月，丙辰，詔以古者人臣不封王爵，皆降爲侯。河間王邵爲樂成侯，中山王茂爲單父侯，以服屬已疏也。親者降爲公。是時，宗室及絶國封侯者凡百三十七人。異姓爲富平侯張純，以先來詣闕，侯如故，更封武始侯，食富平之半。省并西京九國[二]，河間屬信都，廣陽屬上谷，而燕無舊封矣。四月，大饗將士，班勞策勳，功臣增邑更封，凡三百六十五人。安平侯蓋延增封，定食萬户。武彊侯王梁定封渤海郡阜成侯。新處侯陳俊定封平原祝阿侯。其殁者益封子孫。昌城侯劉植没，其從兄驍騎將軍、平鄉侯歆封渤海郡浮陽侯。或更封支庶，寇恂庶子損兄壽封沛郡洨侯。帝在兵間久，厭武事，且知天下疲耗，思樂息肩。自隴、蜀平後，諸王子少貴者，欲其親吏事，試令還守，而乃就封。鄧禹、賈復知帝偃武修文，耿弇等亦上大將軍印綬，皆以列侯就第，加位特進，奉朝請。朱祐等荐膠東侯賈復宜爲宰相，帝方以吏事責三公，故功臣並不用，皆保福禄，無誅譴者，而多出爲郡守。房子侯鄧晨嘗爲常山太守，好樂郡職，復拜爲中山太守，吏

[一]「關」，底本作「閔」，今據福建本、《後漢書》卷一六《寇恂列傳》改。

[二]「省」，底本作「者」，今據福建本、《後漢書·光武帝紀下》改。

民稱之，常爲冀州高第。高密侯宗人邯以功封鄳侯〔一〕，仕至渤海太守。富波侯王霸增邑户〔二〕，更封爲向侯，仍守上谷。奉詔將弛刑徒，治飛狐道。請通温水漕，以免陸輓之費，從之。邊塞仰給于東南，水運不行于西北，從古病之矣。温通居庸以東，而西未之及也。引而伸之，未聞其人。是年，東光侯耿純薨，子阜嗣，後徙封莒鄉侯。弟宿至代郡太守〔三〕，封遂鄉侯。

十四年，濟南太守、阜成侯王梁薨，子禹嗣。罷邊郡太守丞，長史領丞職。

十五年，二月，吴漢率馬武等徙鴈門、代郡、上谷三郡民，置常山關、居庸關以東，避匈奴。匈奴左部遂轉居上谷塞内。增緣邊兵，上谷三千餘人。是歲，安平侯、左馮翊蓋延薨，子扶嗣。拜張堪爲漁陽太守。堪字君游，南陽宛人也。自蜀郡太守徵拜騎都尉，時領驃騎將軍杜茂營，擊破匈奴於高柳，而拜堪爲漁陽太守。

十六年，九月，郡國大姓及兵長群盗並起，殺長吏。郡縣追討，到則解散，去復屯結，青、徐、幽、冀四州尤甚。十月，遣使者下郡國，聽群盗自相糾擿，五人共斬一人

〔一〕「鄳」，底本作「黽」，今據《後漢書》卷四四《鄧晨列傳》改。

〔二〕「波」，底本作「疲」，今據《後漢書·王霸列傳》改。

〔三〕「至」，底本作「之」，今據《後漢書·耿純列傳》改；以下徑改，不注。

者，除其罪。吏雖逗留迴避故縱者，皆勿問，聽以禽討爲效。其牧守令長坐界内盜賊而不收捕者，又以畏愞捐城委守者，皆不以爲負，但取獲賊多少爲殿最，唯蔽匿者乃罪之。於是更相追捕，賊並解散。徙其魁帥於它郡[二]，賦田受稟，使安生業。自是牛馬放牧，邑門不閉。盧芳入居高柳，與閔堪兄林遣使乞降。十二月，甲辰，封芳爲代王，以堪爲代相，堪兄林爲太傅，賜繒二萬匹，使和集匈奴。芳上疏陳謝，因奉玉璽。詔報芳朝明年正月。芳入朝[三]，南及昌平，詔止，令更朝明歲。

十七年，十月[三]，辛巳，進皇子右翊公輔爲中山王[四]，并食常山郡，廢皇后郭氏爲中山太后。十二月，匈奴、鮮卑、烏桓連兵入寇，拜襄賁令祭肜爲遼東太守。肜，遵從弟，字次孫，潁川潁陽人也。封代相閔堪爲高柳侯。

十八年，罷幽州牧，置刺史。舉郡賢良，安平崔篆辭歸不仕[五]，語在本傳。五月，盧芳叛。芳自昌平還，内有疑懼，遂復反，與閔堪、閔林相攻連月。同妻子復奔匈奴，留

[二]「它」，底本作「宅」，今據福建本、北大本、《後漢書·光武帝紀下》、《通鑑》卷四三改。
[三]「朝」，底本脱，今據《後漢書》卷一二《盧芳列傳》、《通鑑》卷四三補。
[三]「十」下，底本衍「一」字，今據《後漢書·光武帝紀下》、《通鑑》卷四三删。
[四]「右」，底本作「左馮」，今據《後漢書·光武帝紀下》、《通鑑》卷四三删改。
[五]「辭」下，底本衍「涿」字，今據福建本、《後漢書》卷五二《崔駰列傳》删。

匈奴十餘年，病死。芳發身左谷，而藉口回卿[一]。彼時我宗室四散，郡縣多所擁立，赤眉、盆子、邯鄲王昌，强弱互争，真僞竞騁[二]。帝之於昌，則廉肆卜之情，以黜杜威之請；其于盆子，則矜不死之對，以隆趙邸之恩。酌常變之權宜，篤親疏之大義，蓋非苟然者，以待其定耳。方芳請降也，不咎連胡盗邊之罪，不責據邑要君之故，賜號稱王，建相立傅，就於高柳，恩幾過隆矣。蓋自囂、述輩，咸謂芳爲文伯焉，帝能全無信之乎？及其入朝也，初則許其歲首，繼則反之昌平，徘徊道路，致生嫌猜，網爲少密焉。蓋自閔堪兄弟之貳[三]，而芳僞跡漸著矣，帝能仍無疑之乎？夫寬之狂肆跳梁之寇，而急於安集邊鄙之臣，信之外倚强虜之日，而疑于單車就道之時。信則篤于惠，而申維藩之命；疑則逆其詐，而黜入朝之儀。於戲！豈得已哉，而仁義在其中矣。隗純與賓客數十騎亡入胡[四]，捕誅之。

十九年，中水侯李忠薨，子威嗣。太子舅陰興衛尉，與上谷鮮于裒不相好，知其有

[一]「卿」，底本作「鄉」，今據《後漢書·盧芳列傳》改。
[二]「竞」，底本作「竟」，今據北大本改。
[三]「貳」，底本作「二」，今據《後漢書·盧芳列傳》改。
[四]「與」，底本作「兵」，今據福建本、《後漢書·隗囂列傳》改。

用，猶稱所長而達之。

二十年，六月，乙未，徙中山王輔爲沛王。

二十一年，十月，匈奴、烏桓入寇。伏波將軍馬援來高柳，行視代及上谷、雁門障塞。冬，寇入上谷，至中山。

二十二年，漁陽太守張堪卒。捕擊姦猾，賞罰必信，吏民皆樂爲用。匈奴常以萬騎入漁陽，堪率數千騎奔擊，大破之，郡界以静。乃於狐奴開稻田八千餘頃，勸民耕種，以致殷富。百姓歌曰：「桑無附枝，麥穗兩岐。張君爲政，樂不可支。」視事八年，匈奴不敢犯塞。詔罷諸邊郡亭候吏卒。帝嘗召見諸郡計吏，問其風土及前後守令能否。蜀郡計掾樊顯進曰：「漁陽太守張堪昔在蜀，其仁以惠下，威能討姦。公孫述破時，珍寶山積，捲握之物，足富十世。而堪去職之日，乘折轅車，布被囊而已。」帝聞，良久嘆息，拜顯爲魚復長。方徵堪，會病卒，帝深悼惜之，下詔褒揚，賜帛百匹。徵并州牧郭伋爲太中大夫，賜宅一區，及幃帳錢穀充其家，伋輙散宗親九族。明年卒，年八十六〔二〕。帝親臨吊，賜冢塋地。并州牧何以書？原良守，榮其終焉。

〔二〕「八」，底本作「六」，今據《後漢書·郭伋列傳》改。

二十四年，十月，北方無事，拜驃騎大將軍、平舒侯馬成爲中山太守，尋遣討蠻。十月〔一〕，匈奴分南北部。

二十五年，置烏桓校尉於上谷寧城，比二千石，擁節。長史一人，司馬二人，皆六百石。并領鮮卑賞賜、質子，歲時互市焉〔二〕。又北軍中候監五營，有長水校尉，掌宿衛兵。司馬、胡騎司馬各一人，千石，掌宿衛，主烏桓騎。

二十六年，春，遣中郎將段彬授南單于璽綬〔三〕。始置使匈奴中郎將，比二千石。從事二人，隨事增之。掾，隨事爲員。將兵衛護之。於是雲中至上谷、代八郡民〔四〕，詔歸所徙于本土，皆賜裝錢，轉輸給食。

二十七年，大司農耿國言宜置度遼將軍、左右校尉〔五〕，不從。平舒侯馬成定封全椒

〔一〕按：「十月」，《燕史》上文已有，此處重出。

〔二〕按：焉、馬，底本二字或混用，以下徑改，不注。

〔三〕「彬」，《後漢書·光武帝紀下》、卷八九《南匈奴列傳》作「郴」，《燕史》據《通鑑》卷四四。「于」，底本作「於」，今據福建本、北大本、《後漢書·光武帝紀下》、《通鑑》卷四四改。

〔四〕「八」，底本作「入」，今據福建本、北大本、《後漢書·光武帝紀下》、《通鑑》卷四四改。

〔五〕「農」，底本作「馬」，今據《後漢書》卷一九《耿國列傳》、《通鑑》卷四五改。

侯〔一〕，就國。

三十年，定封王霸爲淮陵侯〔二〕。四月，戊子，徙皇子左翊王焉爲中山王〔三〕。

中元二年，二月，帝崩。

史臣范曄曰：「帝退功臣而進文吏，戢弓矢而散馬牛，雖道未方古，斯亦止戈之武焉。」若「中興二十八將，前世以爲上應二十八宿，未之詳也。然咸能感會風雲，奮其智勇，稱爲佐命，亦各志能之士。議者多非光武不以功臣任職，至使英姿茂績，委而勿用。然原夫深圖遠筭，固將有以焉爾。若乃王道既衰，降及霸德，猶能授受惟庸，勳賢皆序，如管、隰之迭升桓世，先、趙之同列文朝，可謂兼通矣。降自秦、漢，世資戰力，至於翼扶王運，皆武人屈起。亦有鬻繒屠狗輕猾之徒，或崇以連城之賞，或任以阿衡之地，故埶疑則隙生，力侔則亂起。蕭、樊且猶縲紲，信、越終見葅戮〔四〕，不亦然乎！自茲以降，迄於孝武，宰輔五世，莫非公侯。遂使縉紳道塞，賢能蔽壅，朝有世及之私，下多

〔一〕「全」，底本作「金」，今據福建本、北大本、《後漢書·馬成列傳》改。
〔二〕「陵」，底本作「陽」，今據《後漢書·王霸列傳》改。
〔三〕「左」下，底本衍「馮」字，今據《後漢書·光武帝紀下》、《通鑑》卷四四删。
〔四〕「葅」，底本作「俎」，今據《後漢書》卷二二范曄論改。

抱關之怨。其懷道無聞，委身草莽者，亦何可勝言！故光武鑒前事之違，存矯枉之志，雖寇、鄧之高勳，耿、賈之鴻烈，分土不過大縣數四，所加特進、朝請而已。觀其治平臨政，課職責咎，將所謂『導之以政，齊之以刑』者乎！若格之功臣〔一〕，其傷已甚。何者？直繩則虧喪恩舊，撓情則違廢禁典〔二〕，選德則功不必厚，舉勞則人或未賢，參任則群心難塞，並列則其敝未遠。不得不校其勝否，即以事相權。故高秩厚禮，允答元功，峻文深憲，責成吏職。建武之世，侯者百餘，若夫數公者，則與參國議，分均休咎，其餘並優以寬科，完其封祿，莫不終以功名〔三〕，延慶于後。昔留侯以爲高祖悉用蕭、曹故人，而郭伋亦譏南陽多顯，鄭興又戒功臣專任。夫崇恩偏授，易起私溺之失，至公均被，必廣招賢之路，意者不其然乎！」「初，光武長於民間，頗達情僞，見稼穡艱難，百姓病害，至天下已定，務用安靜，解王莽之繁密，還漢世之輕法。身衣大練，色無重綵，耳不聽鄭衛之音，手不持珠玉之玩，宮房無私愛，左右無偏恩。建武十三年，異國有獻名馬者，日行千里，又進寶劍，價兼百金，詔以馬駕鼓車，劍賜騎士。損上林池籞之官，廢騁望弋獵之事。其以手迹賜方

〔一〕「臣」，底本脱，今據福建本、北大本、《後漢書》卷二二范曄論補。

〔二〕「違」，底本作「爲」，今據《後漢書》卷二二范曄論改。

〔三〕「名」，底本作「德」，今據福建本、《後漢書》卷二二范曄論改。

國者，皆一札十行，細書成文。勤約之風，行於上下。數引公卿郎將，列於禁坐，廣求民瘼，觀納風謠。故能內外匪解，百姓寬息。自臨宰邦邑者，競能其官。」

郭造卿曰：觀暐之所敘，可謂知本矣。其二十八將，燕人侯者三家，而莫不爲守。安平守左馮翊，阜成嘗尹河南及山陽、濟南[二]，雍奴之河內、潁川，尤績用最久，而在燕鎮，撫功高矣。其封食燕域而守四方者，阿陵之信都，東光之東郡，中山之豫章，全椒則守中山及祝阿之琅琊。圖畫稱於雲臺，皆以太守而冠侯封者，誠尚吏事而重郡政也。細侯、君游雖非侯封，待之既渥，獲盡其材，文以附衆，武以威敵，故匈奴不敢犯，燕民蒙其休焉。史皆有傳，不列《循吏》，而燕史不爲傳，爲其非燕人也。故記其大者，功不下於元伯。邊郡之著者，隨事在《胡記》矣。

燕政記後

郭造卿曰[三]：國之興衰在人，上則卜於公卿，下則卜於令長。何以明其然也？

[二]「成」，底本作「城」，今據《後漢書》卷二二《王梁列傳》改。

[三]按：《燕政記後》卷首「郭造卿曰」，郭應寵收入《海嶽山房別稿》卷四，今見本書下編燕史論二《史漢至隋》第二十四篇。

建武初政，豪杰以樹倥傯，尚未剖符〔一〕。密之卓茂小宰，行己在清濁間，年且七十餘耳。拔草萊而首群公，以爲太傅、褒德侯，食邑二千户，賜几杖、車馬、衣絮，官二子大夫、中郎，其與周、燕之盛主，表閭、立館何異哉！而燕細侯之輩出，孰非其所風者乎。亡何而薨，聞問闊焉，乃賜棺槨、冢地，車駕素服，親臨送葬。細侯之跡較著，其禮則惟次之，帝可謂知先務，而得政本者矣。明明繼軌，圖畫雲臺，二十八侯外，加者四人，三爲功臣，茂則以德褒。惟兩太傅，一武一文，始鄧而終以卓焉，意者麟閣之武乎。夫武以中郎立節匈奴十九年，僅予典屬國，爵關内而邑三百。子姪竞爲郎〔二〕，與二千石課行尤異〔三〕，爵皆不世嗣。宣意在誇外夷，而藉武以爲重。玆則篤於内治，爲之起家首封，復表之以殿功臣，列侯，其名惟土，而特加以美號，非亘古之曠典乎？其邑汎鄉，傳之五世，與功臣上谷太守淮陵侯之爵並永，且其除以無嗣，非奪功封者比。然除在永元之末，國政亦自此衰矣。刑餘執命，辱及草莽，士夫憤激，争尚風裁，鈎黨朋興，邦國殄瘁。鬻爵上至於公侯，招降寇

〔一〕「剖」，底本作「部」，今據《別稿》卷四改。
〔二〕「竞」，底本作「竟」，今據福建本改。
〔三〕按：與、興，底本二字或混用，以下徑改，不注。

以拜郎，俾舉孝廉計吏，太丘長之德微矣。安得長者見褒，而庶幾乎光、明哉！

明帝永平元年，秋，遼東太守祭肜大破赤山烏桓。西至武威，東盡玄菟，皆來內附[一]，野無風塵，乃罷緣邊屯兵。

二年，十月，諸王來會辟雍，事畢，歸蕃。詔中山王焉與俱就國，從以虎賁官騎。焉上書辭讓，帝曰：「凡諸侯出境，必備左右，故夾谷之會，司馬以從。今五國各官騎百人，稱娖前行，皆北軍胡騎，便兵善射，弓不空發，中必決眥[二]。夫有文事者必有武備，所以重蕃職也。王其勿辭。」是年，王霸在上谷二十餘歲，治道築障，和親通漕，事皆施行。南單于、烏桓降服，北邊無事。至是病免，後數月薨。漢太守涖上谷，莫久于霸，其施厝便民，亦莫之著焉。帝以功臣治邊郡，其效往往如此，而恩典闕，史失之矣。

三年，三月，圖畫二十八將於南宮雲臺。王梁、寇恂、蓋延皆燕人，王霸稱上谷太守。

[一]「來」，底本脱，今據《後漢書》卷二〇《祭肜列傳》、《通鑑》卷四四補。

[二]「眥」，底本作「背」，今據《後漢書》卷四二《中山簡王焉列傳》改。

五年，發遣邊民在内郡者，賜裝錢人二萬[一]。

八年，正月，己卯，司徒范遷薨。遷字子盧，沛國人。初爲漁陽太守，以智略安邊，匈奴不敢入界。及在公輔，家無擔石焉。

九年，中水侯國除。自威嗣侯，卒，子純嗣，坐母殺純叔父，除。

十一年，正月，中山王來朝。

十二年，徵遼東太守祭彤爲太僕。彤在遼東幾三十年，衣無兼副。帝既嘉其功，又美清約，拜日，賜錢百萬，馬三匹，衣被刀劍下至居室什物，大小無不悉備。時天下平安，人無徭役，歲比登稔，百姓殷富，粟斛三十，牛羊被野。

十三年，十一月，楚王英與方士作金龜玉鶴，刻文字爲符瑞。男子燕廣，燕人也，告英與漁陽王平、顏中等造作圖書，有逆謀，事下案驗。有司奏英大逆不道，請誅之。帝以親親不忍，廢英，徙丹陽涇縣。時濟南安王康在國不循法度，交通賓客。人上書告康招來州郡姦猾漁陽顏忠、劉子産等，案圖書，謀議不軌。事下考[二]，有司舉奏之，帝以

[一]「五年，發遣邊民在内郡者，賜裝錢人二萬」，底本脱十六字，今據福建本、北大本、《後漢書》卷二《顯宗孝明帝紀》、《通鑑》卷四五補。

[二]「下」，底本作「不」，今據《後漢書》卷四二《濟南安王康列傳》改。

親親不忍，但削五縣。先是，有私以英謀告司徒虞延者，延以英藩戚至親，不然其言。又欲辟幽州從事公孫弘，以其交通楚王而止，並不奏聞。及英事覺，詔書切讓延。

十四年，三月，甲戌，虞延免，自殺。四月，丁巳，英至丹陽，自殺。封燕廣爲折姦侯。時窮治楚獄，辭語相連累年〔一〕。顔忠、王平辭引隧鄉侯耿建等〔二〕，辭未嘗與忠、平相見。帝怒甚，吏皆惶恐，諸所連及，率一切陷入，無敢以情恕者。侍御史寒朗心傷其冤，試以建等物色獨問忠、平，而二人錯愕不能對。朗知其詐，乃上言建等無姦，專爲忠、平所誣，疑天下無辜類多如此。帝曰：「即如是，忠、平何故引之？」對曰：「忠、平自知所犯不道，故多有虛引，冀以自明耳。」帝感悟，後二日，車駕自幸洛陽獄省囚徒，理出千餘人。時久旱，即大雨。後忠、平死獄中，朗乃自繫。會赦，免官。王平者，嗣阜成侯禹之子、嗣侯堅石之弟也。堅石以此追坐，棄市。蓋延子扶卒，孫嗣侯側，坐與舅平謀反，二國並除。

十五年，四月，改信都爲樂成國，封皇子黨爲王。是年，中山王擅殺姬，坐削安

〔一〕「年」，底本脱，今據《後漢書》卷四二《楚王英列傳》、《通鑑》卷四五補。
〔二〕「隧」，底本作「遂」，今據《後漢書》卷四一《寒朗列傳》、《通鑑》卷四五改。

險縣。

十六年，二月，祭彤以太僕擊匈奴，出高闕塞，不見虜，坐免下獄。出，歐血卒。烏桓、鮮卑朝京師，過冢拜謁號泣。遼東吏民爲立祠，四時奉祭焉。

章帝建初元年，五月，辛酉，初舉孝廉。帝大會群臣，寒朗復舉，前謝恩，詔以朗納忠於先帝，拜爲易長。朗字伯奇，魯國薛人也。歲餘，遷濟陽令[二]，以母喪去官，百姓追思之。燕鄚人張敏舉孝廉，有傳。

三年，上谷太守任興欲誅赤沙烏桓，衆恨謀反。謁者鄧訓將黎陽營兵屯，防其變，撫接邊民，爲幽部所歸。

四年，以清河、渤海、涿郡八縣益樂成國。

六年，鄧訓遷烏桓校尉，黎陽故人多携將老幼，樂隨從邊，饋藥於上谷。鮮卑聞其恩威，不敢南近塞下。

七年，正月，中山王朝。是年，侍御史李恂持節使幽州[三]，宣布恩澤，慰撫北狄，所

[二]「陽」，底本作「南」，今據《後漢書·寒朗列傳》改。
[三]「恂」，底本作「珣」，今據《後漢書》卷五一《李恂列傳》改。

過皆圖寫山川、屯田、聚落百餘卷，悉封奏上。帝嘉之，拜兗州刺史。

八年，鄧訓徵，免歸閭里。燕人思慕，爲之作歌。周紆字文通，下邳徐人也。建初時，自博平令爲渤海太守。每赦令到郡，輒隱閉不出，先遣使屬縣令決刑罪，乃出詔書。坐徵詣廷尉，免歸。紆廉絜無資，常築墼以自給。帝聞而憐之，復以爲郎焉。

元和元年，正月，中山王焉來朝〔一〕。

二年，九月，丙申，徵中山王會烝祭〔二〕。

三年，正月，丙申，北巡狩，中山王從。二月，戊辰，幸中山，出長城，遣使者祠北嶽。以安險縣還中山國。

章和二年，正月，中山王朝。三月，樂成王就國。

和帝永元元年，車騎將軍竇憲用事，出擊匈奴。弟執金吾景擅使乘驛移檄緣邊諸郡，發突騎及善射有才力者，漁陽、雁門、上谷三郡各遣吏將送詣景第。有司畏憚，莫敢言者。司徒袁安乃劾景擅發邊兵，驚惑吏人，二千石不待符信而輒承景檄〔三〕，當伏顯誅。不

〔一〕「元和元年，正月，中山王焉來朝」，底本闕十二字，今據福建本、北大本、《後漢書》卷三《肅宗孝章帝紀》補。
〔二〕「烝」，底本作「丞」，今據《後漢書·肅宗孝章帝紀》改。
〔三〕「輒」，底本作「報」，今據福建本、《後漢書》卷四五《袁安列傳》、《通鑑》卷四七改。

報。漢制，發兵虎符爲重。景之擅檄，及二千石懦而順從，既劾不報，漢室不競，自此始矣。憲雖出征，首惡由之，景也何足責哉，郡從而罪次之矣。憲辟涿郡崔駰爲主簿，不能容，因察高第，爲樂浪郡長岑長，不之官。

二年，五月，庚戌，分樂成、涿郡、渤海爲河間國。丙辰，封皇弟開爲王。六月，辛卯，中山簡王焉。竇太后，其甥也，爲大修冢塋，開神道，平夷吏民冢墓以千數，作者萬餘人。發常山、鉅鹿、涿郡柏黄腸雜木[一]，三郡不能備，復調餘州郡工徒及送致者數千人。凡徵發摇動六州十八郡[二]，制度餘國莫及。王子憲嗣。

四年，封中山王弟十一人爲列侯。八月，辛亥，司空阿陵侯任隗薨，子屯嗣。後帝追思隗忠，擢屯爲步兵校尉，徙封西陽侯，屬山陽郡矣。

六年，十一月，詔以渤海郡屬冀州。

七年，削樂成王二縣，東光、鄡[三]。

[一]「腸」，底本作「楊」，今據福建本、《後漢書·中山簡王焉列傳》改。
[二]「發」，底本脱，今據《後漢書·中山簡王焉列傳》、《通鑑》卷四七補。
[三]「鄡」，底本作「鄡」，今據《後漢書》卷五〇《樂成靖王黨列傳》、《通鑑》卷四八改。

八年，四月，癸亥，樂成王黨薨[一]，子崇嗣，無子，國絶。九月，庚子，復置廣陽郡。十二月，徵護羌校尉史充，以代郡太守吴祉代。

九年，四月，丁卯，封哀王崇兄修侯巡爲樂成王。八月，鮮卑寇肥如，遼東太守祭參下獄死，彤之子也。嗟夫！祭氏以征虜無嗣，當推恩及彤。况彤卧鼓邊亭，滅烽幽障，既一眚感憤，不得其死矣。乃其子亦然，二帝何少恩哉！

十三年，十一月，丙辰，詔曰：「幽、并、凉州，户口率少，邊役衆劇，束修良吏，進仕路狹。撫接夷狄，以人爲本。其令緣邊郡口十萬以上，歲舉孝廉一人；不滿十萬，二歲舉一人；五萬以下，三歲舉一人。」

十五年，七月，丙寅，復置涿郡故安鐵官[二]。九月，壬午，南巡，河間王從。

十六年，十二月，復置遼東西部都尉官。時耿夔爲遼東太守[三]。

殤帝延平元年，三月，丙戌，河間王就國。四月，鮮卑寇漁陽，太守張顯、兵馬掾嚴授、主簿衛福、功曹徐咸死之。

[一]「王黨」，底本二字互乙，福建本作「靖王」，今據北大本、《後漢書·樂成靖王黨列傳》、《通鑑》卷四八正。

[二]「安」，底本作「鹽」，今據《後漢書·孝和帝紀》改。

[三]「遼」，底本脱，今據福建本、《後漢書》卷一九《耿夔列傳》、《通鑑》卷四八補。

安帝永初元年，十二月，乙卯，潁川太守張敏爲司空。

二年，十月，庚寅，廩玄菟貧民。十二月，辛卯，廩廣陽貧民。

三年，耿夔自遼東左轉爲雲中太守。

四年，正月，詔遣御史中丞王宗持節發幽、冀諸郡兵，合數萬，徵宛陵令法雄爲青州刺史，并討渤海賊張伯路。賊遁走遼東海島上。

五年，四月，張伯路復寇東萊，法雄破之。賊逃還遼東，遼東人李久等斬之，州界平。六月，甲辰，樂成釐王萇，子賓嗣。

六年，四月，乙丑，司空張敏免。

七年，封河間王子翼爲都鄉侯[一]。紹封蓋延曾孫恢爲蘆亭侯。復封故中水侯李純爲琴亭侯。恢卒，子遂嗣。純卒，子廣嗣。

元初四年，徵涿郡太守楊震爲太僕。震字伯起，弘農華陰人也。安帝時，以却金名守涿。性公廉，不受私謁。子孫常蔬食步行，故舊長者咸欲令爲開産業，震不肯，曰：

〔一〕「間」，底本作「南」，今據《後漢書》卷五五《河間孝王開列傳》改。按：據《後漢書》《河間孝王開列傳》、《平原懷王勝列傳》，河間王子劉翼貶爲都鄉侯，在永寧元年嗣封平原王之後。《燕史》疑誤。

「使後世稱爲清白吏子孫，以此遺之，不亦厚乎！」

五年，二月，壬戌，中山王憲薨〔一〕，子弘嗣〔二〕。

六年，六月，丁丑，樂成王賓薨〔三〕，無子，國絶。

永寧元年，四月，己巳，立濟北王壽子萇嗣封樂成王〔四〕，都卿侯翼奉平原王勝嗣〔五〕，留京師。是年，封中山王二弟爲亭侯。

建光元年，正月，元會，作西南夷撣國王樂于庭〔六〕。諫議大夫陳禪字紀山，巴郡安漢人也，諫以帝王之庭，不宜夷狄之樂。尚書劾以廷訕朝政，左轉爲玄菟侯城障尉，詔敦迫之官，上妻子從者名。四月，高句麗、鮮卑入寇遼東，太守蔡諷、功曹掾龍端、兵馬掾公孫酺死之〔七〕。禪既行，朝廷訟之者多，追拜爲遼東太守。胡憚其威彊，退還數百里。

〔一〕「王憲」，福建本作「夷王」。

〔二〕按：「弘」，底本、北大本因避諱或改作「宏」，今據福建本改；以下徑回改，不注。

〔三〕「王賓」，福建本作「隱王」。

〔四〕「王壽」，福建本作「惠王」。「壽」下，底本衍「薨」字，今據福建本、《後漢書》《孝和帝紀》、《樂成靖王黨列傳》、《通鑑》卷五〇删。

〔五〕「奉」，底本作「爲」，今據福建本、《後漢書》卷五五《平原懷王勝列傳》改。「王」，福建本作「懷王」。

〔六〕「撣」，底本作「禪」，今據福建本、北大本、《後漢書》卷五一《陳禪列傳》改。

〔七〕「功曹掾龍端」，底本作「切曹龍瑞」，今據《後漢書》卷八五《東夷列傳》、《通鑑》卷五〇改補。

禪不加兵，但使吏卒往曉慰之，單于隨使還郡。禪於學行禮，爲説道義以感化之。單于懷服，遺以胡中珍貨而去。甲子，樂成王萇有罪，廢爲臨湖侯。五月，丙申，貶平原王翼爲都鄉侯[一]，歸河間。

延光元年，四月，遼東屬國都尉龐奮，承僞璽書殺玄菟太守姚光，抵罪。幽州刺史馮煥，巴郡宕渠人也。疾忌姦惡，數致其罪。時光亦失人和，怨者乃詐作璽書譴責煥、光，賜以歐刀。又下奮，使速行刑。奮即斬光收煥。煥欲自殺，子緄疑詔文有異，止煥曰：「大人在州，志欲去惡，實無它故。必是凶人妄詐，規肆奸毒。願以事自上，聽罪無晚。」煥從其言，上書自訟，果詐者所爲，徵奮抵罪。會煥病死獄中，帝愍之，賜煥、光錢各十萬，以子爲郎中。緄由是知名。家富好施，賑赴窮急，爲州里所歸愛。初舉孝廉。緄字鴻卿。五月，己巳，改樂成國爲安平，封河間王子得爲安平王，奉靖王祀。以樂成比廢絶，故改其國名也。九月，鮮卑寇居庸。龐參爲幽州刺史，發廣陽、漁陽[二]、涿郡甲卒却之。十一月，甲子，初置漁陽營兵千人。本紀在前年[三]，誤，其月非甲子也。

[一]「王」，底本作「侯」，今據《後漢書・孝和帝紀》、《通鑑》卷五〇改。
[二]「陽」，底本脱，今據福建本、《後漢書》卷九〇《鮮卑列傳》、《通鑑》卷五〇補。
[三]「紀」，底本作「記」，今據《後漢書》卷五《孝安帝紀》改。

四年，十一月，丁巳，夜，中黄門孫程等十九人迎立故濟陰王爲帝〔一〕，封列侯。程，涿人，封渤海浮陽侯，邑萬户。

順帝永建元年，五月，丁丑，詔幽、并、涼州刺史，使各實二千石以下至黄綬，年老劣弱不任軍事者，上名。嚴敕障塞，繕設屯備〔二〕，立秋之後，簡習戎馬。八月，鮮卑寇代郡，太守李超戰没。

肅宗玄孫纘即位，二月，太后以徐、揚盜賊益熾，博求將帥。三公舉滕撫，以涿令拜九江都尉。

質帝本初元年，五月，庚寅，徙樂安王鴻爲渤海王，帝父也。閏月〔三〕，梁冀弑帝，定策禁中，立肅宗曾孫蠡吾侯志即位〔四〕。九月〔五〕，戊戌，追尊皇祖河間孝王曰孝穆皇，夫人趙氏曰孝穆皇后，廟曰清，陵曰樂成；皇考蠡吾侯曰孝崇皇，廟曰烈，陵曰博。皆置令、丞，使司徒持節奉策書、璽綬，祠以太牢。十月，甲午，尊母匽氏爲孝崇博園貴人。

〔一〕「中」，底本脱，今據《後漢書》卷六《孝順帝紀》、卷七八《宦者列傳·孫程傳》、《通鑑》卷五一補。

〔二〕「繕」，底本脱，今據《後漢書·孝順帝紀》補。

〔三〕「閏」，底本作「九」，今據《後漢書》卷六《孝質帝紀》、《通鑑》卷五三改。

〔四〕「曾」，底本作「魯」，今據福建本、北大本、後漢書》卷七《孝桓帝紀》改。

〔五〕「九」，底本作「閏」，今據《後漢書·孝桓帝紀》、《通鑑》卷五三改。

桓帝建和元年，四月，詔舉郡國至孝獨行之士各一人〔一〕。涿郡舉安平崔寔，徵詣公車，病不對策，除爲郎，退而爲《政論》。七月，渤海王蒉，立帝弟蠡吾侯悝奉祀。

二年，正月，庚午，賜河間、渤海二王黄金各百斤。四月，丙子，以涿郡之良鄉、故安，河間之蠡吾三縣爲母貴人匽氏湯沐邑〔二〕。更封帝弟都鄉侯碩爲平原王〔三〕，留博陵，奉皇考後。

元嘉元年，二月，甲午，河間王建蒉〔四〕，子利嗣。四月，己丑，安平王得蒉〔五〕，子續嗣。

二年，十二月，右北平太守和旻坐贓，下獄死。時遼東太守侯猛，初拜不謁，大將軍梁冀托以他事，腰斬之。

永壽元年，太學生劉陶疏曰：「前烏桓校尉李膺，履正清平，貞高絶俗。歷典牧守，

〔一〕「舉」，底本闕，今據福建本、北大本、《後漢書》卷五二《崔寔列傳》補。

〔二〕「邑」，《後漢書·河間孝王開列傳》作「縣」。

〔三〕「弟」，底本作「兄」，今據《後漢書》《孝桓帝紀》、《河間孝王開列傳》、《通鑑》卷五三改。

〔四〕「王建」，底本作「王元建」，福建本作「貞王」，今據北大本、《後漢書·孝桓帝紀》删。

〔五〕「王得」，福建本作「孝王」。

正身率下，及掌戎馬，威揚朔北〔一〕。斯實中興之良佐，國家之柱臣也〔二〕。宜還本朝，夾輔王室，上齊七曜，下鎮萬國。」書奏〔三〕，不省。膺字元禮，潁川襄城人也。順帝時，再遷漁陽太守，尋轉蜀郡太守，以母老乞不之官，轉烏桓校尉。鮮卑數犯塞，膺常蒙矢石〔四〕，每破走之，斬首二千級〔五〕，虜甚憚懾。以公事免官。

二年，鮮卑寇雲中。帝聞膺能，乃復徵爲度遼將軍，語在《胡記》。後糾奸獲譴，司隸校尉應奉爲之理曰：「著威幽、并，遺愛度遼。」終以黨錮卒。時陽城杜密，字周甫，稍遷代郡太守，名行相次，故時人亦稱李杜焉。公沙穆字文乂〔六〕，北海膠東人也。舉孝廉，爲弘農令，百姓稱神明。永壽間，遷遼東屬國都尉，善得吏人歡心。年六十六，卒官。六子皆知名，孚字允慈，亦爲善士，舉孝廉，仕上谷太守。

延熹元年，六月，丙戌，分中山置博陵郡，以奉孝崇皇園陵。十二月，鮮卑寇邊。

〔一〕「朔」，底本作「塞」，今據《後漢書》卷五七《劉陶列傳》改。
〔二〕「臣」，底本作「石」，今據《後漢書·劉陶列傳》、《通鑑》卷五三改。
〔三〕「書」，底本脱，今據福建本、《後漢書·劉陶列傳》、《通鑑》卷五三補。
〔四〕「矢」，底本作「矣」，今據福建本、北大本、《後漢書》卷六七《黨錮列傳·李膺傳》改。
〔五〕「二」，底本作「三」，今據福建本、《後漢書·李膺傳》李賢注引謝承《後漢書》改。
〔六〕「穆」，底本脱，今據《後漢書》卷八二《方術列傳下·公沙穆傳》補。

馮緄自隴西太守爲遼東太守，討鮮卑，曉喻降集，虜皆弭散。至五年，復拜車騎將軍，擊武陵蠻賊，皆如許曼占。緄初拜隴西郡，開綬笥，有兩赤蛇分南北走。曼占卦成象，曰：「三歲之後，君當爲邊將〔一〕，官有東名，當東北行三千里。更爲大將軍，南征。」

二年，十月，太常楊秉爲太尉〔二〕，條奏牧守以下匈奴中郎將燕瑗、遼東太守孫諠等五十人〔三〕，或死或免，天下肅然。

四年，四月，甲寅，封河間孝王子參户亭侯博爲任城王〔四〕。六月，前太尉黄瓊爲司空。時鮮卑數犯邊，詔三公舉威武謀略士。瓊荐崔寔，拜遼東太守。行道母卒，上疏求歸葬行喪。

七年，殺侍中寇榮，恂曾孫也。恂子損嗣雍奴侯，後徙封扶柳侯；損卒，子釐嗣，徙封商鄉侯；釐卒，子襲嗣。恂女孫爲大將軍鄧隲夫人。及爲清河王慶姬，安帝嫡母

〔一〕「將」，底本脱，今據《後漢書·方術列傳下·吴曼傳》補。

〔二〕按：「二年，十月，楊秉爲太尉」，據《後漢書·孝桓帝紀》、《通鑑》卷五四，此事在「五年十一月」，《後漢書》卷五四《楊秉列傳》，在「五年冬」；《燕史》疑誤。

〔三〕「諠」，底本作「宣」，今據《後漢書·楊秉列傳》改。

〔四〕「子參户亭侯」，底本作「子恭爲參亭侯」，今據《後漢書》《孝桓帝紀》、卷四二《任城孝王尚列傳》、《通鑑》卷五四删補。

也。永初間，鄧太后臨朝，寇氏得志，封雖屢移，而系出上谷。至榮被罪，免歸故郡[一]。幽州刺史張敬追劾榮擅去邊，詔捕，赦不得除，亡命上書，見殺，寇氏遂衰。

八年，正月[二]，渤海王悝降癭陶王。十月，渤海妖賊蓋登等稱太上皇帝，有玉印、珪、璧、鐵券，相署[三]，皆伏誅。

九年，遼東太守度尚卒于官。尚字博平，山陽湖陸人也。初遷文安令，遇時疾疫，穀貴人饑，尚開倉廩給，營救疾者，百姓蒙其濟。時冀州刺史朱穆行部，見尚，甚奇之。自右校令荐爲荆州刺史，平郡寇。徵還，以中郎將將幽、冀、黎陽、烏桓步騎二萬六千人，往救零陵太守，破桂陽賊。復爲荆州刺史。後守遼東，數月，鮮卑攻尚，與戰，破之，戎狄憚畏。卒年五十。太尉陳蕃荐故漁陽太守王暢爲尚書。暢字叔茂，山陽高平人也。由尚書令出爲齊相，徵拜司隸校尉，轉守漁陽，所在以嚴明稱。坐事免官。至是，詔三公令高選庸能，蕃荐之。

永康元年，正月，夫餘王寇玄菟，太守公孫域破之。十二月，壬申，復癭陶王悝爲

[一]「郡」，底本作「鄉」，今據福建本、《後漢書》卷一六《寇榮列傳》、《通鑑》卷五五改。
[二]「正」，底本作「五」，今據《後漢書·孝桓帝紀》、《通鑑》卷五五改。
[三]「署」，底本作「暑」，今據福建本、北大本、《後漢書·孝桓帝紀》改。

渤海王。是年，復博陵、河間二郡，比豐、沛。橋玄字公祖，梁國睢陽人也。其事見中郎蔡邕《黄鉞銘》：「孝桓之季年〔一〕，鮮卑入塞，盗起匈奴左部〔二〕，梁州叛羌逼迫，兵誅淫衍，東夷高句麗嗣子百固逆謀並發，三垂騷然，爲國憂念。西府表橋公昔在涼州〔三〕，柔遠能邇，不煩軍師，而車師克定。及在上谷、漢陽〔四〕，連在營郡，旅力方剛，明集士衆。徵拜度遼將軍，始受旄鉞鉦鼓之任，扞禦三垂。公以吏士頻年在外，勤於奔命，人馬疲罷撓鈍，請且息州營横發之役，以補困憊。朝廷許之。於是儲廩豐饒，奉使不煩〔五〕，人逸馬畜，弓勁矢利，而經用省息，官有餘資。執事無放散之尤，簿書有進入之贏。治兵示威，戎士踴躍，旌旗耀日，金鼓霆奮。守有山岳之固，攻有必克之勢。羌戎授首于西羌，百固冰散于東鄰〔六〕。鮮卑收迹，烽燧不舉。晾事三年，馬不帶鈌，弓不受彄。是用鏤石，作兹鉦鉞軍鼓，陳之東階，以昭公文武之勛焉。銘曰：帝命將軍，秉兹黄鉞。威靈振

〔一〕「年」，底本作「耳」，今據福建本、北大本、《東漢文紀》卷二三《黄鉞銘》改（臺灣影印清乾隆文淵閣《四庫全書》本）。
〔二〕「奴」，底本脱，今據福建本、北大本、《東漢文紀·黄鉞銘》補。
〔三〕「西府」，底本作「四月」，今據《東漢文紀·黄鉞銘》改。
〔四〕「在」，底本作「存」，今據《東漢文紀·黄鉞銘》改。
〔五〕「奉使不煩」，《東漢文紀·黄鉞銘》作「室罄不懸」。
〔六〕按：冰、水，底本二字或混用，以下徑改，不注。

耀，如火之烈。公之在位，群狄是柔。齊斧罔設，人士斯休。」劉梁字曼山，一名岑，東平寧陽人也。梁宗室子孫。舉孝廉，除北新城長。告縣人曰：「昔文翁在蜀〔一〕，道著巴漢。庚桑瑣隸，風移碨磥〔二〕。吾雖小宰，猶有社稷，苟赴期會，理文墨，豈本志乎！」乃更大作講舍，延聚生徒數百人，朝夕自往勸誡，身執經卷，試策殿最，儒化大行。此邑至後猶稱其教焉。特召入，拜尚書郎。

靈帝建寧元年，正月，皇太后父大將軍竇武定策禁中，使守光禄大夫劉儵持節，將左右羽林至河間〔三〕，奉迎肅宗玄孫、河間孝王曾孫解瀆亭侯宏。庚子，即位。閏二月，甲午，追尊皇祖淑爲孝元皇，夫人夏氏爲孝元皇后，陵曰敦，廟曰靖；皇考長爲孝仁皇，夫人董氏爲慎園貴人，陵曰慎，廟曰奐。皆置令、丞。使司徒持節之河間，奉策書、璽綬，祠以太牢。常以歲時遣中常侍之河間奉祠。五月，詔郡國守相舉有道之士各一人。玄菟公孫度對策，除郎中。六月，癸巳，録定策功，封竇靖爲涿西鄉侯。

二年，十月，黨人錮及五屬。制詔州郡大舉鉤黨，於是天下豪傑及儒學行義者，一

〔一〕「翁」，底本作「公」，今據《後漢書》卷八〇《文苑列傳下・劉梁傳》。
〔二〕「磥」，底本作「碨」，今據福建本、北大本、《後漢書・劉梁傳》改。
〔三〕「將」，底本脱，今據《後漢書》卷八《孝靈帝紀》、《通鑑》卷五六補。

切結爲黨人。山陽張儉亡命困逼，望門投止，莫不重其名行，破家相容。復流轉經北海戲子然家，遂入漁陽出塞。其所經歷，伏重誅者以十數，連引收考者布徧天下[一]，宗親並皆殄滅，郡縣爲之殘破。𦗟人夏馥聞而嘆曰：「孽自己作，空汙良善，一人逃死，禍及萬家，何以生爲！」乃自翦須變形而隱。十一月，高麗寇遼東，玄菟太守耿臨破之。

熹平元年，十月，渤海王悝被誣謀反，及妻子皆自殺，國除。

三年，中山穆王暢，子稚嗣，無子，國除。六月，封河間王利子康爲濟南王，奉孝仁皇祀。

四年，三月，封河間王建子新昌侯佗爲任城王[二]。建，桓帝弟也。任城王博薨矣。詔諸儒正《五經》文字，命議郎蔡邕立石于太學。涿人九江太守盧植上言，語在本傳。初，朝議以州郡相黨，人情比周，乃制婚姻之家及兩州人士不得對相監臨[三]。至是，復有三互法，禁忌轉密，選用艱難。幽、冀二州，久缺不備。邕上疏曰：「伏見幽、冀舊壤，鎧

[一]「徧」，底本作「偏」，今據《後漢書·黨錮列傳·夏馥傳》、《通鑑》卷五六改；以下徑改，不注。

[二]「子」，底本作「孫」，今據《後漢書》《孝靈帝紀》、《任城孝王尚列傳》改。

[三]「兩」，底本作「雨」，「人」，底本作「八」，今據福建本、《後漢書》卷六〇《蔡邕列傳下》、《通鑑》卷五七改；以下徑改，不注。

馬所出〔二〕，比年兵饑，漸至空耗。今者百姓虚縣，萬里蕭條，闕職經時，吏人延屬，而三府選舉，踰月不定。臣怪其故，云避三互，十一州有禁，當取二州而已。又二州之士，或復限以歲月，狐疑遲淹，以失事會。臣愚以爲三互之禁，禁之薄者，今但申以威靈，明其憲令，在任之人，豈不戒懼，而當坐設三互，自生留閡邪？昔韓安國起自徒中〔三〕，朱買臣出於幽賤〔三〕，並以才宜，還守本邦。又張敞亡命，擢受劇州。豈復顧循三互，繼以末制乎？三公明知二州之要，所宜速定，當越禁取能，以救時敝；而不顧争臣之義，苟避輕微之科，選用稽滯，以失其人。臣願陛下上則先帝，蠲除近禁，其諸州刺史器用可換者，無拘日月、三互〔四〕，以差厥中。」書奏，不省。是年，遣冀州從事王球、幽州從事張眼分二州地界。十月，拜質帝母陳夫人爲渤海王妃〔五〕。

六年，七月，制書引咎，誥群臣各陳政要。蔡邕舉幽州刺史楊熙等，各有奉公疾姦

〔二〕「馬」，底本作「爲」，今據福建本、《後漢書·蔡邕列傳》、《通鑑》卷五七改。
〔三〕「韓」，底本作「諱」，今據福建本、北大本、《後漢書·蔡邕列傳》、《通鑑》卷五七改；「起」，底本作「之」，今據福建本、《蔡邕列傳》、《通鑑》卷五七改。
〔三〕「賤」，底本作「賊」，今據福建本、《後漢書·蔡邕列傳》、《通鑑》卷五七改。
〔四〕「月」，底本作「用」，今據福建本、《後漢書·蔡邕列傳》、《通鑑》卷五七改。
〔五〕「夫」，底本作「氏」，今據福建本、《後漢書·孝靈帝紀》改。

之心，所究其效尤多，餘皆枉撓，不能稱職。鮮卑寇柳城，遼西太守趙苞以母死全城，葬而死之。苞字威豪，甘陵人也。遼西又有太守廉翻，因夢葬孤竹君，在帝世。

光和元年，尚書令羊陟荐幽州刺史楊熙清亮在公，荐舉升進，帝嘉之。陸康字季寧，吴郡吴人也。少仕郡，以義烈稱，刺史臧旻舉爲茂材，除高成令[一]。縣在邊垂，舊制[二]，令户一人具弓弩以備不虞，不得往來。長吏新到，輒發民繕修城郭。康至，皆罷遣，百姓大悦。以恩信爲治，寇盜亦息。州郡表上其狀，而遷武陵太守。旻，廣陵射陽人[三]。初辟司徒府，除盧奴令。冀州舉尤異，由刺史、太守遷匈奴中郎將，語在《胡記》。

二年，四月，司隷漁陽陽球按誅中常侍王甫等，徙爲衛尉。十月，甲申，下獄死，妻子徙邊。是年，河間安王蒉，子陔嗣。

五年，正月，詔公卿以謡言舉刺史、二千石爲民蠹害者。公卿承望内官，受取貨賂，其宦者子弟、賓客雖貪濁，皆不敢問，而虚糾邊遠小郡清修有惠化者二十六人。吏民詣

[一]「令」，底本作「仝」，今據福建本、《後漢書》卷三一《陸康列傳》改。
[二]「舊」，底本作「奮」，今據《後漢書·陸康列傳》改。
[三]「射」，底本作「時」，今據福建本、《後漢書》卷五八《臧洪列傳》改。

閼陳訴，公卿率黨其私，所謂放鴟梟而囚鸞鳳〔一〕。帝以讓公卿，諸坐謠言徵者悉拜議郎。冀州刺史公孫度以謠言免歸玄菟，後爲同郡徐榮所薦。

六年，鉅鹿張角以黃老妖術誑誘幽、冀等八州徒作亂。

中平元年，二月，張角起爲黃巾賊。三月，乃赦黨人，料簡刺史、二千石〔二〕，遣北中郎將涿郡盧植及左、右中郎將皇甫嵩、朱儁討之，四月，廣陽黃巾殺幽州刺史郭勳及太守劉衛。六月，嵩上破黃巾狀，以功歸儁，進封儁爲西鄉侯。植破黃巾，垂拔，爲小黃門譖，徵，遣中郎將董卓代之。九月，安平王續有罪誅，國除。十一月，嵩破黃巾於下曲陽。

二年，二月〔三〕，常山賊褚燕乞降，拜中郎將〔四〕，使領河北諸山谷事，歲得舉孝廉、計吏。八月，使涿令遼西公孫瓚發幽州烏桓突騎討涼州賊。是年，帝於西園造萬金堂，又於河間買田宅，起第觀。

〔一〕「謂」，底本作「調」，今據《後漢書·劉陶列傳》、《通鑑》卷五八改。
〔二〕「料」，底本作「科」，今據《後漢書》卷七八《宦者列傳·呂強傳》、《通鑑》卷五八改。
〔三〕「二」，底本作「正」，今據《通鑑》卷五八改。
〔四〕「拜」下，底本衍「領」字，今據《後漢書》卷七一《朱儁列傳》、《通鑑》卷五八删。

三年，六月，荆州刺史王敏討江夏反兵趙慈等，封爲安次侯。

四年，五月，故中山相漁陽張純與同郡故太山太守張舉，因征涼州烏桓叛於薊中，而攻殺右北平太守劉政[一]、遼東太守楊終、護烏桓校尉公綦稠等[二]，舉自稱天子[三]，寇幽、冀二州。公孫度代爲遼東太守。

五年，三月，改刺史爲牧，宗正劉虞爲幽州牧。州任重自此始。虞嘗爲幽州刺史，民夷懷其恩信，故用之。九月，遣中郎將孟溢率騎都尉公孫瓚討張純等。十一月，瓚與純戰于石門，大破之。楊璇字機平，會稽烏傷人也。時三遷爲渤海太守，所在有異政。徵拜尚書僕射，以病乞骸骨，卒於家。

六年，三月，幽州牧劉虞購斬張純。四月，以虞爲太尉，封容丘侯[四]。

[一]「攻」，底本作「叛」，今據《後漢書》卷八《孝靈帝紀》、卷七三《劉虞列傳》改。
[二]「稠」，底本作「禂」，今據《後漢書》《孝靈帝紀》、《劉虞列傳》改。
[三]「舉」，底本脱，今據《後漢書》《孝靈帝紀》、《劉虞列傳》、《通鑑》卷五八補。
[四]「侯」，底本脱，今據《後漢書·劉虞列傳》、《通鑑》卷五九補。按：《燕政記後》，卷末無「郭造卿曰」，疑有脱佚。

燕雄記

燕雄記敍[一]

召而封燕，其《國》記之矣。於近曰《隣》，於遠曰《文》，而耦曰《讐》焉[二]，總稱戰國七雄，莫非憑藉先世之資，孰有匹夫崛起者哉！及畢歸於秦，則六翮俱伏。而其間有鷙擊者，乃出於隴畝中，閭左爲先驅，亭長子弟輩出。項號西楚霸王，固蓋世之雄也。而劉名其爲賊，則威加海内，誅之于垓下。燕么麽何算焉，嗣而遞封爲廣陽，莽末則承之羞矣。若中山靖王支庶，爲涿陸城侯，又云臨邑之枝，乃長沙、春陵類也。漢祚中絶而興，其雄帯州域者，皆無六國世資。光武出於長沙，以布衣而得雄寶，藉漁陽、上谷以稱雄，而於燕梟突之區，則未嘗有世封焉。迨黄巾亂於赤眉，逆卓兇於新莽，弱

[一] 按：《燕雄記敍》，郭應寵收入《海嶽山房存稿》卷四，今見本書下編燕史敍。

[二] 「耦」，底本作「藕」，今據福建本、北大本、下編《燕雄記敍》改。

者瞻烏於屋，强者逐鹿於場，孰知其爲雌雄，惟其飛伏何如耳。燕公孫負隅而鬬，尋相繼滅亡。昭烈以中山遠裔，販履織蓆爲業，所與結客起者，關、張亡命之流。當群英起義而盟，天下豈知有劉備哉！由公孫而屢顛沛，以依曹操，操乃謂曰：「今天下英雄，惟使君與操耳。」備方食失匕箸者〔二〕，恐以兩雄不俱立也。斯時孫權弱冠，甫受事於江東，寧知其爲一足之烈，而能取荆以業備哉！操聞爲之落筆，懼其相爲犄角矣。故群雄之頡頏，竟此三分而跱。備生於涿，稱燕之雄。操生於沛，稱楚之雄。楚而都鄴曰魏，燕而都蜀曰漢。惟權生於江表，席世業而據三州，虎視爲吴雄焉。然操喜亂逞奸，挾天子以跨中原，則視蕞爾吴、蜀，雖稱蠻夷大長，並蒲伏而稱藩，其吞噬之志不已也。乃備顛沛屢矣，未嘗爲之少貶，漢存誠爲疏屬，亡則凡稱帝胄，能以討賊名者〔三〕，即可以續正統。漢失而漢得之，遂巍然黄屋左纛。豈若權稱臣於操，至丕亡而乃帝哉！故鼎足雖三，而雄立惟兩，其邪正在所當辨，不可以强弱論矣。備承衣帯之詔，固不能以誅國賊，其先邀斬楊奉，逆黨由此以滅，帝安居而無外患，不可謂之無功。操弑伏后、皇子，其

〔二〕「匕箸」，底本作「己著」，今據下編《燕雄記敘》改。

〔三〕「能以」，底本作「之能」，今據福建本、下編《燕雄記敘》改。

罪律之莽、卓浮矣，而如鬼爲賊，以闇奸天位。權且不與之兩立，豈得爲真正之雄哉？自秦滅姬，同姓惟燕雄焉，其世王於東北，以國而不以主也。及魏篡劉，同姓亦燕雄焉〔二〕，其身帝於西南，以主而不以國也。隣則惟其左右，善也斯交焉，惡也斯讐焉，而國竟爲所亡。雄圖自此而盡，猶取燕故地爲封，而以安樂公稱焉。嗟乎！自是而産，皆蠻狄大長稱虜而僭號者，其辱燕靈多矣。不於兹之雄，而誰爲！

萬曆壬午春仲，越海郭造卿撰。

燕雄記一〔三〕

郭造卿曰：戰國何以雌燕乎？不曰天府之雄哉。周初本之召〔三〕，自西徂東而北，則爲連衡之王封焉；漢終産於涿，自東徂西而南，則爲分鼎之帝業焉。嗣此而僭者弘多，率夷狄篡盜之徒。惟趙宋亦本幽州〔四〕，故燕稱中國尊號，推斯三者爲正

〔一〕「雄」，底本脱，今據福建本、北大本、下編《燕雄記敘》補。
〔二〕「一」，底本脱，今據北大本補。
〔三〕「初本」，底本二字互乙，今據福建本、北大本正。
〔四〕「亦」，底本、北大本作「而」，今據福建本改。

矣。然藝祖生洛陽，其祥在夾馬營；非若先主樓桑村，及壯而以羈旅興也。故今斯土奉祠，趙宋無聞，而俎豆先主則遍於桑梓矣。耳曰三義，爰及關、張，羽嘗爲涿旅，而飛爲之弟焉。故搢紳抵掌而論，閭里鼓頰而談，罔不夸詡其事，率爲傳奇所雜。蓋陳壽三志，莫略於蜀矣。有常璩志二主稍詳，舉一隅而非三反也〔一〕，況蜀書以燕説之乎！《漢末英雄記》，魏王粲所撰，殘缺，梁有十卷，載之《隋志》，不傳。間見於三志注者，乃核史而爲之補，且参以魏、吴，去其弗信者〔二〕，於璩《志》亦取裁，則出入顛末，不謂之無徵。大義取以尊漢，先主之事不敢遺，後主則因而綴之。張以燕人具本傳，關以旅燕而附之。趙雲勇烈不下關、張〔三〕，其人品近道爲優，惟以後至不同稱，而其善終獨殊焉，故尤表爲旅燕重也。嗟夫！甘棠蔽芾，不忍翦而伐之矣。況先主之本實産燕，而移于蜀〔四〕，其子孫臣庶，莫非其枝葉者乎。故爲之識其大，視趙宋以異云。

〔一〕「反」，底本、北大本作「歹」，今據福建本改。
〔二〕「去」，底本、北大本作「出」，今據福建本改。
〔三〕「下」，底本、北大本作「可」，今據福建本改。
〔四〕「移于蜀」，底本脱，今據福建本、北大本補。

漢桓帝延熹四年，先主生，諱備，字玄德，涿郡涿縣人，景帝子中山靖王勝之後也。勝子貞，元狩六年封涿縣陸城亭侯，坐酎金失侯[一]，因家焉。或曰本臨邑侯枝屬也。世仕州郡。祖雄[二]，舉孝廉，官至東郡范令。父弘，早亡。主少孤，與母販履織席爲業。舍東南角籬上有桑樹生，高五丈餘，遥望童童如小車蓋，往來者皆異之。涿人李定云：「此家必生貴人。」主少與宗中諸小兒樹下戲，言：「吾必當乘此羽葆蓋車。」叔父子敬曰：「汝勿妄語，滅吾門也！」主生歲在辛丑，先己亥司馬懿生[三]，先乙未曹操生，漢之存亡，兆此七年間矣。

靈帝熹平四年，主年十五，母使行學，與同宗劉德然、遼西公孫瓚俱事故九江太守同郡盧植。德然父元起常資給主，與德然等。元起妻曰：「各自一家[四]，何能常爾邪！」元起曰：「吾宗中有此兒，非常人也。」而瓚年長，深相友，主以兄事之。

中平元年，黄巾張角賊起，盧植以中郎將討之。廣陽黄巾殺幽州刺史郭勳及太守劉

[一]「酎」，底本作「酧」，今據《三國志》卷三二《先主傳》改（中華書局一九五九年點校本）。

[二]「祖」，底本作「主」，今據福建本、北大本、《三國志·先主傳》改。

[三]按：司馬懿生於東漢光和二年己未（公元一七九），非延熹二年己亥（一五九），《燕史》誤。

[四]「自」，氏本作「有」，今據《三國志·先主傳》改。

衛，而涿亂矣。植破張角，斬獲萬人，角等走保廣宗。主出植門下，時年二十四，不甚樂讀書，喜狗馬、音樂、美衣服。身長七尺五寸，垂手過膝，顧自見其耳。少言語，善下人，喜怒不形於色。好交結豪俠，年少爭附之。中山大商張世平、蘇雙等貲累千金〔二〕，販馬周旋於涿郡，見而異之，乃多與金財，由是得用合徒衆。關羽字雲長，本字長生，河東解人也，亡命奔涿郡。郡人張飛字翼德，而與羽並以壯烈爲主禦侮。羽年長數歲，而飛兄事之。

四年，五月，故中山相漁陽張純等反薊中。以發幽州烏桓突騎討凉州〔三〕，公孫瓚以涿令將之，而純請將，不從也。州縣各舉義兵，主率其屬從校尉鄒靖討黄巾賊有功，由此而起矣。

五年，三月，以太常劉焉爲益州牧，宗正劉虞爲幽州牧。焉以京師將亂，侍中董扶私謂之曰：「益州分野有天子氣。」求牧之，爲主開基。虞乃以敗而牧廢，此幽之王氣索，而主當帝於蜀矣。十月，青、徐黄巾復起，寇郡縣。張純鈔略青、徐、幽、冀四州，

〔二〕「貲」，底本作「貨」，今據福建本、《三國志·先主傳》改。
〔三〕「州」，底本脱，今據福建本、北大本、《三國志》卷八《公孫瓚傳》、《通鑑》卷五八補。

公孫瓚以騎都尉討之。平原劉子平知主有武勇〔一〕，時青州被詔，遣從事將兵討純，過平原。子平薦主於從事，遂與相隨，遇賊於野，中創陽死，賊去，故人以車載之，得免。尋以軍功，爲中山安喜尉。其後州郡被詔書，有軍功爲長吏者，當沙汰之〔二〕，主疑在遣中。督郵在傳舍，主求見，督郵稱疾不肯見。主恨之，還治，將吏卒更詣傳舍，突入門，言：「我被府君密教收督郵。」遂就牀縛之，將出到界，自解其綬以繫督郵頸，縛之柳，鞭杖二百餘下，欲殺之。督郵求哀，乃釋去之，棄官亡命。

六年，帝崩。七月，大將軍何進召外兵詣京師，遣都尉毌丘毅詣丹陽募兵〔三〕。主與俱行，至下邳遇賊，力戰有功，除爲下密丞〔四〕。復去官。至董卓之亂，驍騎校尉曹操變姓名歸〔五〕。主在京師，復與操俱還沛國，募召合衆〔六〕。

愍帝初平元年，正月，關東州郡起兵誅卓。主亦起而從討之，爲高唐尉、令。爲賊

〔一〕「子」，底本闕，今據福建本、北大本、《三國志·先主傳》裴松之注引《典略》補。
〔二〕「沙」，底本作「以」，今據福建本、北大本、《三國志·先主傳》裴松之注引《典略》改。
〔三〕按：丘、兵、立，底本三字或混用，以下徑改，不注。
〔四〕「丞」，底本作「令」，今據《三國志·先主傳》改。
〔五〕「驍」，底本作「騎」，今據福建本、北大本、《三國志》卷一《武帝紀》、《通鑑》卷五九改。
〔六〕「召」，底本作「令」，今據福建本、《三國志·先主傳》裴松之注引《英雄記》改。

所破，奔公孫瓚，表爲别部司馬。

二年，冬，公孫瓚大破冀州牧袁紹，封薊侯，自署其將帥。主與青州刺史田楷拒紹，數有戰功，試守平原令，尋相。遂以關羽、張飛爲别部司馬，分統部曲。主與二人寢則同牀，食則同器，恩若兄弟。而稠人廣坐，侍立終日，周旋不避艱險。趙雲字子龍，常山真定人也。身長八尺，姿顔雄偉，爲本郡將義兵詣瓚，語在《牧記》。遂與瓚征討。主見而奇之，從至平原，爲主主騎，每接納之，雲深自結托。以兄喪辭瓚暫歸，主知其不反，捉手而别。雲辭曰：「終不背德也。」郡民劉平素輕主，耻爲之下，使客刺主。主不知而待客甚厚，客語之狀而去，其得人心如此。時人民饑饉，屯聚鈔暴。主外禦寇難，内豐財施，士之下者，必同席而坐，同簋而食，無所簡擇，衆多歸焉。北海相孔融爲黄巾圍於都昌，遣太史慈求救，曰：「慈，東萊之鄙人也。與孔北海親非骨肉，比非鄉黨，時以名志相好，有分災共患之義。今管亥暴亂，北海被圍，孤窮無援，危在旦夕。以君有仁義名，能救人之急，故北海區區延頸恃仰〔一〕，使慈冒白刃，突重圍，從萬死中自托於君，惟君所以存之。」主歛容答曰：「孔北海知世間有劉備邪！」即遣精兵三千人隨慈。

〔一〕「恃」，底本作「待」，今據福建本、北大本、《三國志》卷四九《太史慈傳》改。

賊聞兵至，解圍散走。

三年，四月，董卓爲中郎將呂布所殺。十二月，後將軍袁術爲兖州牧曹操及袁紹所攻，求援[一]。瓚使主屯高唐，兖州刺史單經屯平原，徐州刺史陶謙屯發干，合術以逼紹。

四年，夏，陶謙拜徐州牧。秋，操攻之，告急於田楷，楷與主救之。

興平元年，正月，主救陶謙，自有兵千餘人及幽州烏桓雜胡騎[二]，又略得饑民數千人。謙益以丹陽兵四千，主遂去楷歸謙。謙表爲豫州刺史，與謙將下邳相曹豹屯剡東小沛，要操，爲所擊破。操軍食盡，引還。十二月，劉焉死，詔以子璋爲益州牧，此主取益之端也。謙病篤，謂別駕東海糜竺曰：「非劉備不能安此州也。」謙卒[三]，竺率州人迎主。主欲往，別駕陳群說曰：「袁術尚强，今東與争，呂布若襲將軍後，將軍雖得徐州，事必無成矣。」辭未敢當。典農校尉下邳陳登[四]，字元龍，有儁才，輕天下士，嘗謂功曹

[一]「求」，底本作「所」，今據福建本、《三國志·武帝紀》改。

[二]「千」，底本脱，今據福建本、北大本、《三國志·先主傳》補。

[三]「卒」，底本作「率」，今據福建本、北大本、《通鑑》卷六一改。

[四]「農」，底本作「軍」，今據《三國志》卷七《陳登傳》裴松之注引《先賢行狀》、《通鑑》卷六一改。

陳矯曰：「雄姿傑出[一]，有王霸之略[二]，吾敬劉玄德。」至是曰：「漢室淩遲，海内傾覆，立功立事，在於今日。鄙州殷富，户口百萬，欲屈使君撫臨州事。」主曰：「袁公路近在壽春，此公四世五公，海内所歸，君可以州與之。」登曰：「公路驕豪，非治亂主。今欲爲使君合步騎十萬，上可匡主濟民，成五霸之業，下可割地守境，書功於竹帛。若使君不見聽許，登亦未敢聽使君也。」孔融曰：「袁公路豈憂國忘家者邪？冢中枯骨，何足介意。今日之事，百姓與能，天與不取，悔不可追。」遂領徐州牧。登等遣使詣紹曰：「天降灾沴，禍臻鄙州，州將殂殞，生民無主。恐懼姦雄一旦承隙，以貽盟主日昃之憂，輒共奉故平原相劉備府君以爲宗主，永使百姓知有依歸。方今寇難縱横，不遑釋甲，謹遣下吏奔告於執事。」紹答曰：「劉玄德弘雅有信義，今徐州樂戴之，誠副所望也。」主表融爲青州刺史。

二年，閏四月，操攻拔定陶，分兵平諸縣。吕布東奔於主。初見，甚尊敬主，謂曰：「我與卿同邊地人也。」布五原人，以與涿皆邊地耳。「布見關東起兵，欲誅董卓。

[一]「姿」，底本作「資」，今據福建本、《三國志》卷二二《陳矯傳》改。

[二]「王霸」，底本二字互乙，今據《三國志·陳矯傳》正。

布殺卓東出，關東諸將無安布者，皆欲殺之。」布請主於帳中坐婦牀上，令婦向拜，酌酒飲食，名主爲弟。主見其語言無常，外然之而内不悦。

建安元年，六月，袁術攻爭徐州，主使張飛守下邳，自將拒術於盱眙、淮陰，相持經月，更有勝負。術與布書稱之曰：「術生年以來，不聞天下有劉備，備乃舉兵與術對戰。術憑將軍威靈，得以破備，將軍功也。」許助以兵粮器具。布大喜，引師水陸東下，到下邳西四十里。主中郎將丹陽許躭夜遣司馬詣布，言：「飛與曹豹相失而殺之，城中乖亂。聞將軍來，踴躍如更生。」布遂夜進，晨到城下。天明，丹陽兵千人開門納布兵。布於門上坐，步騎放火，大破飛兵而走之，虜主妻子軍資及部曲將吏家口〔一〕。主聞之，引還，比至下邳，兵潰。收餘兵東取廣陵，與術戰，又敗於海西，饑餓困頓，吏士相食。糜竺從事進妹爲夫人〔二〕，奴客二千，金銀貨幣以助軍資，賈困賴此復振。主請降於布，布亦忿術運粮不繼，乃召主，復以爲豫州刺史，與并勢擊術。諸將謂布曰：「備數反覆難養，宜早圖之。」布不聽，以狀告主。主心不安而求自托，使人説布，求屯小沛〔三〕。布乃

〔一〕「口」，底本闕，今據福建本、北大本、《三國志》卷七《吕布傳》裴松之注引《英雄記》、《通鑑》卷六二補。
〔二〕「竺」，底本作「笁」，今據福建本、《三國志》卷三八《麋竺傳》、《通鑑》卷六二改；以下徑改，不注。
〔三〕「屯」，底本脱，今據福建本、《三國志·先主傳》裴松之注引《英雄記》補。

遣之，具刺史車馬童僕，發遣主妻子部曲家屬於泗水上〔一〕，祖道相樂。布自稱徐州牧。術遣將紀靈等步騎三萬攻主〔二〕，主求救於布。布諸將謂布曰：「將軍常欲殺備，今可假手於術。」布曰：「不然。術若破備，則北連泰山諸將，吾爲在術圍中〔三〕，不得不救也。」便嚴步兵千、騎二百，馳往赴。靈等皆斂兵不敢復攻。布於沛西南一里安屯，遣鈴下請靈等，靈等亦請布共飲食。布謂曰：「玄德，布弟也。弟爲諸君所困，故來救之。布性不喜合鬬，但喜解鬬耳。」令門候於營門中舉一隻戟，言：「諸君觀布射戟小枝，一發中者諸君當解去，不中可留决鬬。」舉弓射戟，正中小枝。諸將皆驚，言：「將軍天威也！」明日復歡會，各罷。主復合兵得萬人。布惡之，自出攻主，主敗走歸操。操厚遇之，表爲鎮東將軍，封宜城亭侯，領豫州牧。中郎將程昱謂操曰：「備有英雄之志，今不早圖，後必爲患。」操以問祭酒郭嘉，嘉曰：「有是。然君起義兵，爲百姓除暴，推誠仗信以招俊傑，猶懼其未也。今備有英雄名，以窮歸己而害之，是以害賢爲名也。如此，則智士

〔一〕「上」，底本脫，今據《三國志·先主傳》裴松之注引《英雄記》補。
〔二〕「三」，底本作「二」，今據《三國志·呂布傳》、《通鑑》卷六二改。
〔三〕「爲」，底本脫，今據《三國志·呂布傳》、《通鑑》卷六二補。

將自疑，回心擇主，公誰與定天下乎？夫除一人之患，以沮四海之望〔一〕，安危之機也，不可不察！」操笑曰：「君得之矣。」遂益兵給粮，使東至沛，收散兵以圖布。初，主在豫州，舉陳郡袁渙爲茂才。渙爲布所留，欲使作書罵辱主，不可，再三彊之〔二〕，不許。大怒，以兵脅之曰：「爲之則生，不爲則死。」渙顔色不變，笑而應之曰：「渙聞惟德可以辱人〔三〕，不聞以罵。使彼固君子邪，且不耻將軍言〔四〕；彼誠小人邪，將復將軍之意，則辱在此不在於彼。且渙他日事劉將軍，猶今日之事將軍，如一旦去此，復罵將軍，可乎？」布慚而止。

二年，十一月，韓暹、楊奉在下邳，寇掠徐、揚間，軍饑餓，辭吕布，欲詣荆州。布不聽。奉知主與布有宿憾，私相聞，欲共擊布。主陽許之。奉引軍詣沛，主請奉入城，飲食未半，於座上縛斬之。暹失奉，孤特，與十餘騎歸并州，爲杼秋令張宣所殺。胡才、郭汜相繼被殺，而關中討李傕，夷三族，卓黨盡矣。此舉先之也。

〔一〕「望」，底本作「内」，今據福建本、《三國志》卷一四《郭嘉傳》裴松之注引《傅子》、《通鑑》卷六二改。
〔二〕「彊之」，底本重文，今據福建本、北大本、《三國志》卷一一《袁渙傳》、《通鑑》卷六二删。
〔三〕「可以」，底本作「不可」，今據福建本、《三國志·袁渙傳》、《通鑑》卷六二改。
〔四〕「且」，底本作「正」，今據福建本、《三國志·袁渙傳》、《通鑑》卷六二改。

三年，春，布使人齎金欲詣河内買馬，爲主兵所鈔。布復與袁術通，遣中郎將高順、北地太守張遼等攻主。操遣將軍夏侯惇來救，爲所敗。九月，破沛城，主單身走，妻子爲虜。操自征布，與主遇於梁，主與飛隨東征。十月，廣陵太守陳登率郡兵先驅，至下邳。布敗，還保城，不敢出。十二月，癸酉，布降，顧謂主曰：「玄德，卿爲坐上客，我爲降虜，繩縛我急，獨不可一言邪？」操笑曰：「縛虎不得不急。」乃命緩之。主曰：「不可。明公不見布事丁建陽、董太師乎？」丁者，原也；董者，卓也。布爲卓殺原，而又殺卓也。操頷之。布目主曰：「大耳兒，最叵信！」初，操在兗州，以徐翕、毛暉爲將。及兗亂，皆叛[一]。既定，亡命至泰山屯帥臧霸。霸附布，操索霸[二]，招降諸帥爲守相。復語主，令霸送二首。霸曰：「霸所以能自立者，以不爲此也。霸受主公生全恩，不敢違命。然王霸之君，可以義告，願將軍爲之辭。」主以其言白操，操歎息，謂霸曰：「此古人之事，孤之願也。」皆以翕、暉爲郡守。主得妻子，從操還許。表主爲左將軍，禮之愈重，出則同輿，坐則同席。拜羽、飛爲中郎將[三]。

[一] 按：判、叛，底本二字或混用，以下徑改，不注。

[二] 「霸」，底本作「覆」，今據福建本、《三國志·臧霸傳》改。

[三] 按：郎、朗，底本二字或混用，以下徑改，不注。

四年，四月，以帝舅衛將軍董承爲車騎將軍。承稱受衣帶密詔，當誅操。操從容謂主曰：「今天下英雄，惟使君與操耳。本初之徒，不足數也。」主方食，失匕箸[一]，蓋以操知其英雄，懼其將圖己耳。正當雷震，主曰：「聖人云『迅雷風烈必變』，良有以也。一震之威，乃可至於此乎！」操亦悔失言。主與承及長水校尉种輯、將軍吴子蘭、王子服等同謀。會袁術欲經徐州就紹，從下邳北過，操遣主及將軍朱靈邀之。冀州牧董昭曰：「備勇而志大，關羽、張飛爲之羽翼，備心未可論也。」操曰：「吾已許之矣。」程昱、郭嘉説操曰：「公前日不圖備，昱等皆不及也。今借之以兵，必有異心矣。」操悔，追之不及。術爲主所邀，不得過，復走壽春。六月，憤死。靈等還。主據下邳，殺徐州刺史車冑，留羽守下邳，行太守事，而身還小沛。東海賊昌豨反，郡縣多叛操爲主，衆數萬人，遣從事孫乾與紹連和，紹遣騎佐之[二]。操遣司空長史劉岱[三]、中郎將王忠擊之，不克。主謂岱等曰[四]：「使汝百人來，無如我何；曹公自來，則未可知耳！」

[一]「匕」，底本作「已」，今據福建本、北大本、《三國志·先主傳》、《通鑑》卷六三改。
[二]「遣騎佐之」，底本脱四字，今據福建本、北大本補。
[三]「操」，底本脱，今據福建本、北大本、《三國志》《武帝紀》、《先主傳》、《通鑑》卷六三補。
[四]「岱」，底本作「袋」，今據福建本、北大本、《三國志·武帝紀》裴松之注引《獻帝春秋》、《通鑑》卷六三改。

五年，正月，董承謀洩。壬子，操夷承等三族。欲自攻主，諸將皆曰：「與公爭天下者，袁紹也。今方來而棄之東，紹乘人後，若何？」操曰：「劉備，人傑也，今不擊，必爲後患。」郭嘉曰：「紹性遲而多疑，來必不速。備新起，衆心未附，急擊之，必敗。」操師遂東。冀州別駕田豐説紹曰：「操、備連兵，未可卒解。公舉軍而襲其後，可一往而定。」紹辭以子疾，未得行。豐舉杖擊地曰：「嗟乎！遭難遇之時，而以嬰兒病失其會，惜哉，事去矣！」操分留諸將屯官渡，自勒精兵征主。主初謂操與大敵連，不得東，而候騎卒至，言曹公自來。主大驚，然猶未信。自將數十騎出望曹軍，見麾旌，便棄衆而走。操盡收其衆，虜妻子，進拔下邳。并擒關羽，壯其勇鋭，拜偏將軍。又擊昌豨，破之。主奔青州，刺史袁譚，主故茂才也，將步騎迎。隨譚到平原，譚馳使白父紹。紹遣將道路奉迎，身去鄴二百里迎之，父子傾心敬重。駐月餘，所失士卒稍來集。操還官渡，與紹相拒。紹遣將顔良攻東郡太守劉延於白馬。四月，操北救延，使張遼、關羽先登擊之。羽望見良麾蓋，策馬斬於萬衆中而還，紹軍莫能當者，遂解圍。操表羽爲漢壽亭侯。紹騎將文醜與主將五六千騎，操騎不滿六百，遂縱兵擊，大破之，斬醜。醜、良皆紹名將也，再戰，悉擒之，紹軍奪氣。初，操壯羽之爲人，而察其心神無久留之意，使遼以其情問之。羽嘆曰：「吾極知曹公待我厚，然吾受劉將軍恩，誓以共死，不可背之。吾終不留[二]，要當立效以報曹公乃去耳。」遼以羽言報操，操義之。及羽殺良，操知其必去，重加賞賜。羽盡封所賜，拜書告辭，而奔主於袁軍。左右欲追之，操曰：「彼各爲其主，勿追也。」七月，汝南黄巾劉辟等叛曹應紹，遣主將兵助辟，徇濦彊諸縣，多應，而略汝、潁間，自許以南，吏民不安。操患之，議郎曹仁曰：「南方以大軍方有目前急，其勢不能相救，劉備以彊兵臨之，其背叛故宜。備新將紹兵，未能得其用，擊之可破也。」操乃使仁將騎擊，破走主軍，盡復收諸叛縣而還。主還至紹軍，陰欲離紹，乃説南連劉表。自主從紹，趙雲見於鄴中，與同牀眠卧，密遣雲合募得數百人，皆稱劉左將軍部曲，紹不能知。適羽亡歸，復至汝南，與賊龔都等合，衆數千人。操遣將蔡陽來擊，爲主所殺。

六年，九月，操既平紹，擊主於汝南。主遣糜竺、孫乾與劉表相聞，龔都等皆散。表聞主至，自出郊迎，以上賓禮待之，益兵，使屯新野。主在荆州數年，嘗於表坐起至厠，慨然流涕。表怪，問焉，主曰：「平常身不離鞍，髀肉皆消。今不復騎，髀裏肉生。

〔二〕「吾」，底本作「而」，今據《三國志》卷三六《關羽傳》、《通鑑》卷六三改。

日月如流，老將至矣，而功業不建[二]，是以悲耳。」主與許汜並在表坐，表與主共論天下人，汜曰：「陳元龍湖海之士，豪氣不除。」主謂表曰：「許君論是非？」表曰：「欲言非，此君爲善士，不宜虚言；欲言是，元龍名重天下。」主問汜：「君言豪，寧有事邪？」汜曰：「昔遭亂過下邳，見元龍。元龍無客主之意，久不相與語，自上牀卧，使客卧下牀。」主曰：「君有國士之名，今天下大亂，帝主失所，望君憂國忘家，有救世之意。而君求田問舍，言無可采，是元龍所諱也，何緣當與君語？如小人，欲卧百尺樓上，卧君於地，何但上下牀之間邪？」表大笑。主因曰：「若元龍文武膽志，當求之於古耳，造次難得比也。」登以廣陵太守犄角吕布，加伏波將軍而卒矣。

七年，九月，表使主北伐，至葉。操遣將軍夏侯惇、于禁等拒。主一旦燒屯去，惇等追之。裨將軍李典曰：「敵無故退，疑必有伏。南道窄狹[三]，草木深，不可追也。」惇等不聽，使典留守而追，入伏裏，兵大敗。典往救之，主乃退。趙雲與惇戰博望，生獲夏侯蘭。蘭是鄉里人，少小相知，雲白主活之，薦蘭明於法律，以爲軍正。雲不用自近，

[二]「業」，底本脱，今據《三國志・先主傳》、《通鑑》卷六四補。
[三]「南」，底本闕，今據福建本、北大本、《三國志》卷一八《李典傳》、《通鑑》卷六四補。

其慎慮類如此。

十二年，春，操北伐烏桓。主説襲許，表雖厚待主，不能用也。冬，操自柳城還，表謂主曰：「不用君言，故爲失此大會。」主曰：「今天下分裂，日尋干戈，事會之來，豈有終極乎！若能應之於後者，則此未足爲恨也。」初，琅琊諸葛亮寓居襄陽隆中，每自比管仲、樂毅，時人莫之許也。惟潁川徐庶與崔州平謂爲信然。主在荆州，訪襄陽司馬徽，清雅有知人鑒。同縣龐德公素有重名，徽兄事之。其從子統，少時未有識者，惟德公與徽重之。德公嘗謂孔明爲卧龍，士元爲鳳雛，德操爲水鑑[二]。主在荆州，訪士於徽，徽曰：「儒生俗士，豈識時務，識時務者在乎俊傑。此間自有卧龍、鳳雛。」主問爲誰，曰：「諸葛孔明、龐士元也。」庶見主於新野，主器之。庶謂主曰：「諸葛孔明，卧龍也，將軍豈願見之乎？」主曰：「君與俱來。」庶曰：「此人可就見，不可屈致也[三]，將軍宜枉駕顧之。」主詣亮，凡三往[三]，乃見。因屏人曰：「漢室傾頽，姦臣竊命，孤不

[二]「水鑑」，底本作「冰鑑」，今據福建本、《通鑑》卷六五改，《三國志》卷三七《龐統傳》裴松之注引《襄陽記》作「水鏡」。

[三]「屈」，底本闕，今據福建本、北大本、《三國志》卷三五《諸葛亮傳》、《通鑑》卷六五補。

[三]「往」，底本脱，今據《三國志·諸葛亮傳》、《通鑑》卷六五補。

度德量力，欲信大義於天下，而智術短淺，遂用猖獗，至於今日。然志猶未已，君謂計將安出？」亮曰：「自董卓以來，豪傑並起，跨州連郡，不可勝數。曹操比於袁紹，則名微而衆寡，然能克紹，以弱爲强，雖云天時，抑人謀也。今操已擁百萬之衆，挾天子而令諸侯，此誠不可與争鋒。孫權據有江東，已歷三世，國險而民附，賢能爲之用，此可與爲援而不可圖也。荆州北據漢、沔，利盡南海，東連吴會，西通巴、蜀，此用武之國，而其主不能守，此殆天所以資將軍也。益州險塞，沃野千里，天府之土，高祖因之以成帝業。劉璋闇弱，張魯在北，民殷國富而不存恤，智能之士思得明君。將軍既帝室之胄，信義著於四海，總攬英雄，思賢若渴。若跨有荆、益，保其巖阻，撫和戎、越，結好孫權，内修政治，外觀時變，命一上將將荆州軍以向宛、洛，將軍身率益州之衆出於秦川，天下孰不簞食壺漿以迎將軍者乎？如此，則霸業可成，漢室可興矣。」主曰：「善！」與亮情好日密。關羽、張飛不悦，主解之曰：「孤之有孔明，猶魚之有水也。願諸君勿復言。」羽、飛乃止。主數喪嫡室，在沛，納夫人甘氏，常攝内事。是年，於荆而産禪。

十三年，七月，操南征表。會表卒，次子琮代立，長子江夏太守琦將因奔作難。會操軍至，琦奔江南。章陵太守蒯越等勸琮降操，曰：「逆順有大體，强弱有定勢。以人臣而拒人主，逆道也；以新造之楚而禦中國，必危也；以劉備而敵曹公，不當也。三者皆短，將何以待敵？且將軍自料何如劉備？若備不足禦曹公，則雖全楚不能以自存也；若足禦曹公，則備不爲將軍下矣。」琮從之。九月，操至新野，琮遂舉州降。時主屯於樊，琮不敢告主。久之乃覺，遣所親問琮，琮令官屬宋忠詣主宣旨。時操已在宛，主乃大驚駭，謂忠曰：「卿諸人作事如此，不早相語，今禍至方告我，不亦太劇乎！」引刀向之曰：「今斷卿頭，不足以解忿，亦恥大丈夫臨別復殺卿輩！」遣忠去。乃呼部曲共議，或勸主攻琮，荊州可得。主曰：「劉荊州臨亡托我以孤遺，背信自濟[一]，吾所不爲，死何面目以見乎！」主將其衆去，過襄陽，乃駐馬呼琮。琮懼，不能起。其左右及荊州人多歸主。主過辭表墓，涕泣而去。比到當陽，衆十餘萬人，輜重數千輛，日行十餘里，別遣關羽乘船數百艘，使會江陵。或謂主曰：「宜速行保江陵，今雖擁大衆，被甲者少，若曹公兵至，何以拒之！」主曰：「夫濟大事必以人爲本，今人歸吾，吾何忍棄去！」晉習鑿齒論曰：「主雖顛沛險難而信義愈明，勢逼事危而言不失道。追景升之顧，則情感三軍；戀赴義之士，則甘與同敗。觀其所以結物情者，豈徒投醪撫寒含蓼問

〔一〕「背」，底本闕，今據福建本、北大本、《三國志·先主傳》裴松之注引《漢魏春秋》、《通鑑》卷六五補。

疾而已哉！其終濟大業，不亦宜乎！」操以江陵有軍實，恐主據之，乃釋輜重，輕軍到襄陽。聞主已過，操將精騎五千急追之，一日一夜行三百餘里〔二〕，及於當陽之長坂。主棄妻子，與諸葛亮、張飛、趙雲等數十騎走，操大獲人衆輜重。飛將二十騎拒後，據水斷橋，瞋目横矛曰：「身是張翼德也，可來共決死！」操兵無敢近者。或謂主雲北走，主以手戟擿之，曰：「子龍不棄我走也。」頃之，雲身抱子禪，及甘、雍二夫人皆得免難。與主斜趣漢津，適與羽船會，得濟沔，遇琦衆萬餘人，與俱到夏口。操進軍江陵，以琮爲青州刺史。初，吴客臨淮魯肅聞表卒，言於孫權曰：「荆州與國鄰接，江山險固，沃野萬里，士民殷富，若據而有之，此帝王之資也。今表新亡，二子不協，軍中諸將，各有彼此。劉備天下梟雄，與操有隙，寄寓於表，表惡其能而不能用也。若備與彼協心，上下齊同，則宜撫安，與結盟好；如有離違，宜别圖之，以濟大事。肅請得奉命弔表二子，並慰勞其軍中用事者，及説備使撫表衆，同心一意，共治操。備必喜而從命。如其克諧，天下可定也。今不速往，恐爲操所先。」權即遣肅行。到夏口，聞操已向荆州，晨

〔二〕「夜」下，底本衍「行三百」三字，今據福建本、北大本、《三國志·先主傳》、《通鑑》卷六五删。

夜兼道，比至南郡，而琮已降，主南走。肅徑迎〔一〕，會於當陽長坂。肅宣權旨，論天下事埶，致殷懃之意，且問主曰：「豫州今欲何往？」主曰：「與蒼梧太守吴巨有舊，欲往投之。」肅曰：「孫討虜聰明仁惠，敬賢禮士，江表英豪，咸歸附之，已據有六郡，兵精粮多，足以立事。今爲君計，莫若遣腹心自結於東，以共濟世業。而欲投吴巨，巨是凡人，偏在遠郡，行將爲人所并，豈足托乎！」主甚悦〔二〕。肅又謂亮曰：「我，子瑜友也。」即共定交。子瑜者，亮兄瑾也，避亂江東，爲權長史。主用肅計，進住鄂縣之樊口〔三〕。操自江陵將順江東下，亮謂主曰：「事急矣，請奉命求救於孫將軍。」遂與肅俱詣權。見於柴桑，説曰：「海内大亂，將軍起兵江東，劉豫州收衆漢南〔四〕，與操共爭天下。今操芟夷大難，略已平矣，遂破荊州，威震四海。英雄無用武之地，故豫州逃遁至此，願將軍量力而處之！若能以吴、越之衆與中國抗衡，不如早與之絶；若不能，何不按兵束甲，北面而事之！今將軍外托服從之名〔五〕，而内懷猶豫之計，事急而不斷，禍至無

〔一〕「徑」，底本作「經」，今據福建本、北大本、《三國志·魯肅傳》、《通鑑》卷六五改。
〔二〕「悦」，底本作「欲」，今據福建本、北大本、《三國志·魯肅傳》、《通鑑》卷六五改。
〔三〕「住」，底本脱，今據福建本、北大本、《三國志·先主傳》裴松之注引《江表傳》、《通鑑》卷六五補。
〔四〕「豫州」，底本闕，今據福建本、北大本、《三國志·諸葛亮傳》、《通鑑》卷六五補。
〔五〕「服」，底本作「復」，今據福建本、北大本、《三國志·諸葛亮傳》、《通鑑》卷六五改。

日矣。」權曰：「苟如君言，劉豫州何不遂事之乎？」亮曰：「田横，齊之壯士耳，猶守義不辱。況劉豫州王室之胄，英才蓋世，衆士慕仰，如水之歸海。若事不濟，此乃天也，安能復爲之下乎！」權勃然曰：「吾不能舉全吴之地〔二〕，十萬之衆，受制於人。吾計决矣！非劉豫州莫可以當操者，然豫州新敗之後，安能抗此難乎？」亮曰：「豫州軍雖敗於長坂，今戰士還者及羽水軍精甲萬人，琦合江夏戰士亦不下萬人。操之衆遠來疲敝，聞追豫州，輕騎一日一夜行三百餘里，此所謂『强弩之末執不能穿魯縞』者也。故兵法忌之，曰『必蹶上將軍』。且北方之人，不習水戰；又荆州之民附操者，逼兵執耳，非心服也。今將軍誠能命猛將統兵數萬，與豫州協規同力，破曹軍必矣。操軍破，必北還，如此則荆、吴之執强，鼎足之形成矣〔三〕。成敗之機，在於今日！」權既服主大名，又大悦亮奇雅，與其群下謀之。長史張昭等言宜迎操，中護軍周瑜謂權曰：「操雖托名漢相，其實漢賊也。將軍以神武雄才，兼仗父兄之烈，割據江東，地方數千里，兵精足用，英雄樂業，當横行天下，爲漢家除殘去穢。況操自送死，而可迎之邪！請爲將軍籌之，

〔二〕「舉」，底本脱，今據福建本、北大本、《三國志·諸葛亮傳》、《通鑑》卷六五補。
〔三〕「成」，底本脱，今據福建本、北大本、《三國志·諸葛亮傳》、《通鑑》卷六五補。

擒操宜在今日。瑜請得精兵數萬人，進往夏口，保爲將軍破之！」權曰：「老賊欲廢漢自立久矣[二]，徒忌二袁、吕布、劉表與孤耳。今數雄已滅，惟孤尚存，孤與老賊，埶不兩立。君言當擊，甚與孤合，此天以君授孤也。」因拔刀斫前奏案，曰：「諸將吏敢復言當迎操者，與此案同！」乃罷會。權遣瑜及程普爲左右督，督水軍數萬，與主并力逆操。亮詣吴未還，主聞操軍下，恐懼，日遣邏吏於水次候望權軍。吏望見瑜船，馳往白主，主曰：「何以知之非青、徐軍邪？」吏對曰：「以船知之。」主遣人慰勞之。瑜曰：「有軍任，不可得委署，倘屈威，誠副其所望。」主謂羽、飛曰：「彼欲致我，我今自結托於東而不往[三]，非同盟之意也。」乃乘单舸往見瑜，問曰：「今拒曹公，深爲得計。戰卒有幾？」瑜曰：「三萬人。」主曰：「恨少。」瑜曰：「此自足用，豫州但觀瑜破之。」主欲呼肅等共會語，瑜曰：「受命不得妄委署，若欲見子敬，可別過之。又孔明已俱來，不過三兩日到也。」主深愧喜。與操戰於赤壁，大破之，焚其舟船。主與吴軍水陸並進，追到南郡，時又疾疫，北軍多死，操引歸。初，主奔吴，論者以爲權必殺備。魏奮武將

[二]「漢」，底本脱，今據福建本、北大本、《三國志》卷五四《周瑜傳》、《通鑑》卷六五補。

[三]「自」，底本作「日」，今據福建本、《三國志・先主傳》裴松之注引《江表傳》改。

軍程昱料之曰：「權新在位，未爲海内所憚。曹公無敵於天下，初舉荆州，威震江表，權雖有謀，豈能獨當哉？備有英名，羽、飛皆萬人敵，權必資之以禦我。難解勢分，備資以成，又不可得而殺焉。」果如所料。十二月，主表琦爲荆州刺史，又南征四郡。武陵太守金旋、長沙太守韓玄、桂陽太守趙範、零陵太守劉度皆降。廬江營帥雷緒率部曲數萬口歸主[一]。主以亮爲軍師中郎將，使督零陵、桂陽、長沙三郡，調其賦税充軍實。趙雲自牙門將軍爲偏將軍，領桂陽太守，代範。範寡嫂殊有國色[二]，範欲以配雲。雲辭曰：「相與同姓，卿兄猶我兄。」固辭不許。時有人勸雲納之，雲曰：「範迫降耳[三]，心未可測。天下女不少。」遂不取。範果逃走，雲無纖介。益州牧劉璋遣别駕張松詣操，操已定荆州，不復存録松。松怨操，因不利於赤壁，勸璋自絶，且曰：「劉豫州，使君之肺腑，可與交通。」璋然之。

十四年，十二月，主表權行車騎將軍，領徐州牧。會劉琦卒，群下推主爲荆州牧，權以主領之。周瑜爲南郡太守，分南岸四郡地以給主，主立營於油口，改名公安。權稍

[一]「雷緒」，底本作「靁諸」，今據《三國志·先主傳》、《通鑑》卷六六改。
[二]「範」，底本脱，今據福建本、北大本、《三國志》卷三六《趙雲傳》裴松之注引《雲别傳》補。
[三]「迫」，底本作「雖」，今據《三國志·趙雲傳》裴松之注引《雲别傳》改。

畏之，以妹妻主。妹才捷剛猛〔一〕，有諸兄風，侍婢百人，皆執刀侍立，主下車，心常凜凜。

十五年，十二月，劉表故吏士多歸主，主以周瑜所給地少，不足以容其衆，因權進妹固好，乃自詣京見權，綢繆恩紀，而求都督荆州。瑜上疏于權曰：「劉備以梟雄之姿，而有羽、飛熊虎之將，必非久屈爲人用者。愚謂大計，宜徙備置吴，盛爲築宫室，多其美女玩好，以娱其耳目；分此二人，各置一方，使如瑜者得挾與攻戰，大事可定也。今猥割土地以資業之〔二〕，聚此三人，俱在疆埸〔三〕，恐蛟龍得雲雨，終非池中物也。」裨將軍吕範亦勸留之。權以操在北方，當廣擥英雄〔四〕，不從。主自京還，權乘飛雲大船，與其臣張昭、秦松、魯肅等十餘人共追送之，大宴會敘别。昭、肅等先出，權獨與主留語，因言次，嘆瑜曰：「公瑾文武籌略，萬人之英，顧其器量廣大〔五〕，恐不久爲人臣耳。」主還公安，久乃聞瑜、範謀，嘆曰：「天下智謀之士，所見略同。時孔明諫孤莫行，其意亦

〔一〕「捷」，底本作「揵」，今據《三國志》卷三七《法正傳》改。
〔二〕「上」，底本闕，今據福建本、北大本、《三國志·周瑜傳》、《通鑑》卷六六補。
〔三〕按：埸、場，底本二字或混用，以下徑改，不注。
〔四〕「擥」，底本作「覽」，今據《三國志·周瑜傳》、《通鑑》卷六六改。
〔五〕「量」，底本作「重」，今據福建本、《三國志·周瑜傳》裴松之注引《江表傳》改。

慮此也。孤方危急，不得不往，此誠險塗，殆不免周瑜之手！」瑜詣京見權，請進取蜀，權許之。還江陵，爲行裝，於道病困，與權牋曰：「方今曹操在北，疆埸未靜，劉備寄寓，有似養虎，天下之事，未知終始，此朝士旰食之秋，至尊垂慮之日也。」薦肅以代，權以爲奮武校尉，代瑜領兵，令普領南郡太守。肅勸權曰：「將軍雖神武命世，然曹公威力實重，初臨荊州，恩信未洽，宜以借備，使撫安之。多操之敵，而自爲樹黨，計之上也。」權從之。操聞權以土地業備，方作書，落筆於地。主以從事龐統守耒陽令，在縣不治，免官。肅遺主書曰：「龐士元非百里才也，使處治中、別駕之任，始當展其驥足耳！」亮亦言之。主見統，與善譚〔二〕，大器之，遂用爲治中，親待亞於亮，與亮並爲軍師中郎將。權欲與主共取蜀，遣使報主曰：「米賊張魯居王巴、漢，爲操耳目，規圖益州。劉璋不武，不能自守。若操得蜀，則荊州危矣。今欲先攻取璋，進誅魯，首尾相連，一統吴、楚，雖有十操，無所憂也。」或以爲宜報聽許〔三〕，荊州主簿殷觀進曰：「若爲吴先驅，進未能克蜀，退爲所乘，即事去矣。今但可然贊其伐蜀，而自説新據諸郡，未可興

〔二〕「善」，底本脱，今據福建本、北大本、《三國志・龐統傳》、《通鑑》卷六六補。
〔三〕「許」，底本作「與」，今據福建本、《三國志・先主傳》改。

動，吴必不敢越我而獨取蜀。如此進退之計，可以收吴、蜀之利。」主欲自圖蜀，拒答不聽，曰：「益州民富彊，土地險阻，璋雖弱，足以自守。張魯虚僞，未必盡忠於操〔一〕。今暴師蜀、漢，轉運萬里，欲使戰克攻取，舉不失利，此吴起不能定其規，孫武不能善其事也。操雖有無君之心，而有奉主之名〔二〕，議者見其失利於赤壁，謂其力屈〔三〕，無復遠志。然三分天下已有其二，將欲飲馬於滄海，觀兵於吴會，何肯守此坐須老乎？今同盟無故自相攻伐，借樞於曹，使敵承其隙，非長計也。」僞報權曰：「備與璋托爲宗室，冀憑英靈，以匡漢朝。今璋得罪左右，備獨悚懼，非所敢聞，願加寬貸。」權不聽，遣奮威將軍孫瑜率水軍住夏口。主不聽軍過，謂瑜曰：「汝欲取蜀，吾當披髮入山，不失信於天下也。」使羽屯江陵，飛屯秭歸，亮據南郡，主自住孱陵〔四〕。權知主意，因召瑜還。主遷觀爲別駕從事。魯肅之代周瑜，當之陸口，過偏將軍呂蒙屯下。酒酣，蒙問肅曰：「君受重任，與羽爲鄰，將何計略，以備不虞？」肅造次應曰：「臨時施宜。」蒙曰：

〔一〕「必」，底本作「爲」，今據《三國志·先主傳》裴松之注引《獻帝春秋》改。
〔二〕「主」，底本作「君」，今據福建本、北大本、《三國志·先主傳》裴松之注引《獻帝春秋》改。
〔三〕「其」，底本脱，今據《三國志·先主傳》裴松之注引《獻帝春秋》、《通鑑》卷六七補。
〔四〕「孱」，底本作「潺」，今據《三國志·魯肅傳》、《通鑑》卷六七改。

「今東西雖爲一家，而羽熊虎，長而好學，讀《左傳》略皆上口，梗亮有雄氣，然頗自負，好陵人。今與爲對，當有單複，計安得不豫定？」爲肅畫五策，敬受之，秘而不宣。

十六年，十二月，蜀張松與軍議校尉法正善，舉正使荆州，與主結。還，爲松説主有雄略，密謀奉戴以爲州主。會曹司隸校尉鍾繇向漢中，璋内懷恐懼。松因説璋曰：「曹公兵無敵於天下，若因張魯之資以取蜀土，誰能禦之！劉豫州，使君之宗室，而曹公之深讎也，善用兵，若使之討張魯，必破之。魯破，則益州彊，曹公雖來，無能爲也！今州諸將龐羲、李異等[一]，皆恃功驕豪，欲有外意。不得豫州，則敵攻其外，民攻其内，必敗之道也！」璋然之，遣法正將四千人迎主。主簿黄權諫曰：「劉左將軍有驍名，今請到，欲以部曲遇之，則不滿其心；欲以賓客禮待，則一國不容二君。若客有泰山之安，則主有累卵之危。不若閉境，以待時清。」璋不聽，出權爲廣漢長。從事王累自倒懸于州門以諫，璋一無所納。正至荆州，陰獻策於主曰：「以明公之英才，乘劉牧之懦弱；張松，州之股肱，響應於内；以取益州，資其殷富，憑天府之險阻，而成大業，猶反掌也。」主疑未決。龐統曰：「荆州荒殘，人物殫盡，東有孫車騎，北有曹操，難以

[一]「異」，底本作「義」，今據《三國志》卷三一《劉二牧傳》、《通鑑》卷六六改。

得志。今益州户口百萬，土沃財富，誠得以爲資，大業可成也！」主曰：「今指與吾爲水火者，操也。操以急，吾以寬；操以暴，吾以仁；操以譎，吾以忠：每與操反，事可以成耳。今以小利而失仁義於天下，奈何？」統曰：「亂離之時，非一道所能定也。且兼弱攻昧，逆取順守[二]，古人所貴。若事定之後，封以大國，何負於信！今日不取，終爲人利耳。」主以爲然。乃留亮、羽等守荆州，以雲領留營司馬。孫夫人以權妹驕豪，多將吴吏兵，縱横不法。法正每勸主還之。主以雲嚴重，特任掌内事。主將數萬人入益州，權聞主西上，遣船迎妹，而夫人欲將子禪還吴，飛、雲勒兵截江，乃得禪還。璋敕在所供奉，主入境如歸，前後贈遺以巨億計。至巴郡，嚴顔拊心嘆曰：「此所謂『獨坐窮山，放虎自衛』者也。」至江州，北由墊江水詣涪，去成都三百六十里[三]。璋率步騎三萬餘人，車乘帳幔，精光耀日，往會。松令正白主，便於會襲璋。統曰：「今因會執之，則將軍無用兵之勞，而坐定一州矣。」主曰：「此大事也，初入他國，恩信未著，不可倉卒。」璋推主行大司馬，領司隸校尉；主亦推璋行鎮西大將軍，領益州牧。所將吏士，

[二]「逆」，底本作「送」，今據福建本、北大本、《三國志·龐統傳》裴松之注引《九州春秋》、《通鑑》卷六六改。
[三]「百」，底本作「千」，今據《三國志·劉二牧傳》改。

更相之適，歡飲百餘日[一]。璋增主兵，厚加資給，使擊魯。又令督白水軍，并軍三萬餘人，車甲、器械、資貨甚盛。北到葭萌，未即討魯，厚樹恩德，以結其心。而璋還成都。

十七年，十二月，主在葭萌，龐統曰：「今陰選精兵，晝夜兼道，徑襲成都，璋既不武，又素無豫備，大軍卒至，一舉便定，此上計也。白水軍督楊懷、高沛，璋之名將，各仗彊兵，據守關頭，聞數有牋諫璋，使發遣將軍還荆州。將軍遣與相聞，説荆州有急，欲還救之，並使束裝，外作歸形。此二子既服將軍英名，又喜將軍之去，計必乘輕騎來見。因此執之，進取其兵，乃向成都，此中計也。退還白帝，連引荆州，徐還圖之，此下計也。若沈吟不去，將致大困，不可久矣。」主然其中計。及操攻權，呼主自救，主遺璋書曰：「曹公征吴，吴憂危急。孫氏與孤，本爲脣齒。又操將樂進在青泥與關羽相拒，而羽兵弱，今不往救，則操必取荆州，轉侵州界，而憂甚於張魯。魯自守之賊，不足慮也。」因求益萬兵及資粮，璋但許兵四千，其餘皆給半，嫌隙始構矣[二]。主激怒其衆曰：「吾爲益州征彊敵，師徒勤瘁，而積財吝賞，何以使士大夫死戰乎！」松書與主及正曰：

[一]「日」，底本作「里」，今據福建本、《三國志·劉二牧傳》、《通鑑》卷六六改。

[二]「構」，底本作「媾」，今據《三國志·先主傳》改。

「今大事垂立，如何釋此去乎！」松兄廣漢太守肅，恐禍及己，因露其謀。璋斬松，敕關戍諸將文書皆勿復得與主關通。主大怒，嘆曰：「君矯殺吾内主乎！」召懷、沛，責以無禮，斬之。遣將黄忠、卓膺、魏延等勒兵前行。梓潼令王連堅守，主義之，不逼攻。勒兵徑至關頭，并其兵，進據涪城。大會，置酒作樂，謂統曰：「今日之會，可謂樂矣。」統曰：「伐人之國而以爲歡，非仁者之兵也。」主醉，怒曰：「武王伐紂，前歌後舞，非仁者邪？卿言不當，宜速起出！」統逡巡引退。主尋悔，請還。統復故位，初不顧謝，飲食自若。主謂曰：「向者之論，阿誰爲失？」統對曰：「君臣俱失。」主大笑，宴樂如初。宋裴松之曰：「謀襲璋，計雖出於統，然違義成功，本由詭道，心既内疚，則歡情自戢，故聞備稱樂之言，不覺率爾而對也。備宴酣失時，事同樂禍，自比武王，曾無愧色，此備有非而統無失，其云君臣俱失，蓋分謗之言耳。」

十八年，五月，益州從事鄭度聞主舉兵，謂璋曰：「左將軍懸軍襲我，兵不滿萬，士衆未附，軍無輜重，野穀是資。其計莫若盡驅巴西、梓潼民，内涪水以西，其倉廩野穀，一皆燒除[二]，高壘深溝，静以待之。彼至，請戰，勿許，久無所資，不過百日，必將

[二]「一」，底本脱，今據福建本、《三國志·法正傳》、《通鑑》卷六六補。

自走。走而擊之，必爲所擒耳。」主聞而惡之，以問法正。正曰：「璋終不能用，無憂也。」璋果謂群下曰：「吾聞拒敵以安民，未聞動民以避敵也。」不用度言。璋遣其將劉璝、冷苞、張任、鄧賢、吴懿等拒主，皆敗，退保綿竹，懿詣軍降。璋復遣護軍李嚴、費觀督綿竹諸軍，並率其衆降。主軍益强，分遣諸將平下屬縣〔一〕。璝、任與璋子循退守雒城，主進軍圍之。任勒兵出戰於鴈橋，軍敗，擒任。主聞其忠勇，令軍降之，任厲聲曰：「老臣終不復事二主矣〔二〕。」死之，主嘆惜焉〔三〕。然時魏人有傳劉備死者，群臣皆賀，惟郎中令袁渙獨否〔四〕。

十九年，五月，諸葛亮留關羽守荆州，與張飛、趙雲將兵泝流克巴東〔五〕。至江州，破巴郡太守趙筰，獲其將軍嚴顔。飛呵顔曰：「大軍既至，何以不降，而敢拒戰？」顔曰：「卿等無狀，侵奪我州。我州但有斷頭將軍，無降將軍也。」飛怒，令左右牽去斫

〔一〕「屬」，底本作「蜀」，今據《三國志·先主傳》、《通鑑》卷六六改。
〔二〕「事」，底本脱，今據福建本、北大本、《三國志·先主傳》裴松之注引《益部耆舊雜記》補。
〔三〕「惜」，底本作「息」，今據《三國志·先主傳》裴松之注引《益部耆舊雜記》改。
〔四〕「渙」，底本作「煥」，今據《三國志·袁渙傳》、《通鑑》卷六七改。
〔五〕「泝」，底本作「沂」，今據北大本、《三國志·先主傳》、《通鑑》卷六七改。

頭。顔容止不變，曰：「斫頭便斫頭[一]，何爲怒耶！」飛壯而釋之，引爲賓客。分遣雲從外水定江陽、犍爲，飛定巴西，亮定德陽。主圍雒城且一年，龐統爲流矢所中，卒。主痛惜，言則流涕。廣漢太守張存曰：「統雖可惜，違大雅之體。」主怒曰：「統殺身成仁，非仁者乎？」即免存官。法正牋與璋，爲陳形勢強弱，且曰：「左將軍從舉兵以來，舊心依依，實無薄意。愚以爲可圖變化，以保尊門。」璋不答。雒城潰，主進圍成都[二]，亮、飛、雲來會。偏將軍馬超知張魯不足與計事[三]，從武都逃入氐中，密書請降於主。主使人止之，而潛以兵資馬超，到，令引軍屯城北，城中震怖。初，主襲蜀，丞相掾趙戩曰[四]：「劉備其不濟乎！拙於用兵，每戰必敗，奔亡不暇，何以圖人？蜀雖小區，險固四塞，獨守之國[五]，難卒並也。」徵士傅幹曰：「劉備寬仁有度[六]，能得人死力。諸葛亮

[一] 後「頭」字，底本脱，今據《三國志・張飛傳》、《通鑑》卷六七補。
[二] 「圍」，底本脱，今據福建本、北大本、《三國志・先主傳》、《通鑑》卷六七補。
[三] 「與」，底本作「以」，今據《三國志》卷三六《馬超傳》、《通鑑》卷六七改。
[四] 「丞」，底本作「承」，今據福建本、北大本、《三國志・先主傳》裴松之注引《傅子》改；以下徑改，不注。
[五] 「之」，底本作「於」，今據福建本、《三國志・先主傳》裴松之注引《傅子》改。
[六] 「仁」，底本脱，今據福建本、北大本、《三國志・先主傳》裴松之注引《傅子》補。

達治知變，正而有謀，而爲之相〔一〕；關羽、張飛勇而有義，皆萬人之敵，而爲之將。此三人者，皆人傑也。以備之略，三傑佐之，何爲不濟焉？」蜀郡太守許靖將踰城出降〔二〕，璋知，不敢誅。被圍數十日〔三〕，主使從事中郎涿郡簡雍入説璋，璋素雅敬雍也。時城中尚有精兵三萬人〔四〕，穀帛支一年，吏民咸欲死戰。璋言：「父子在州二十餘年，無恩德以加百姓。百姓攻戰三年，肌膏草野者，以璋故也，何心能安〔五〕！」遂開城，遣帳下司馬張裔奉使詣主降，主許禮其君而安其民。璋雅敬雍，遂與同輿出降，群下莫不流涕。主盡歸其財物，佩振威將軍印綬。主入成都，蜀中豐樂，置酒大饗士卒，取蜀城中金銀分賜將士，還其穀帛。遷璋於公安。主領益州牧，以軍師中郎將諸葛亮爲軍師將軍，署左將軍府事〔六〕，偏將軍馬超爲平西將軍。先是，羽聞超來降，舊非故人，書與亮，問超人才可誰

〔一〕「謀而爲」，底本作「爲而謀」，今據福建本、《三國志·先主傳》裴松之注引《傅子》改。

〔二〕「將」，底本脱，今據《三國志·法正傳》、《通鑑》卷六七補；「城」，底本脱，今據福建本、北大本、《法正傳》、《通鑑》卷六七補。

〔三〕「數十」，底本作「十餘」，今據《三國志·劉二牧傳》、《通鑑》卷六七改。

〔四〕「三」，底本作「二」，今據《三國志·劉二牧傳》、《通鑑》卷六七改。

〔五〕「心」，底本作「必」，今據福建本、《三國志·劉二牧傳》、《通鑑》卷六七改。

〔六〕「左」，底本作「佐」，今據《三國志·諸葛亮傳》、《通鑑》卷六七改。

比類。亮知羽護前，乃答之曰：「孟起兼資文武，雄烈過人，一世之傑，黥、彭之徒〔一〕，當與翼德並驅争先，猶未及髯之絶倫逸群也。」羽美鬚髯，故亮謂之髯。羽省書大悦，以示賓客。主之自新野奔江南也，荆、楚群士從之如雲，而零陵劉巴獨北詣魏。操辟爲掾，遣招納長沙、零陵、桂陽。會主略有三郡，巴事不成，欲由交州道還京師〔二〕。時亮在臨蒸，以書招之，巴不從，主深以爲恨。巴遂自交趾入蜀，依璋。及璋迎主，巴諫曰：「備，雄人也，入必爲害。」既入，巴復諫曰：「若使備討張魯，是放虎於山林也。」璋不聽，巴閉門稱疾。主攻成都，令軍中曰：「有害巴者，誅及三族。」及得巴，甚喜，而以爲西曹掾。是時益州郡縣皆望風景附，獨廣漢長黄權閉城堅守，須璋稽服乃降，而以爲偏將軍。於是璋之所授用、擯棄及婚親，皆處之顯任，盡其器能，有志之士，無不競勸，益州民以大和。初，裴潛避亂荆州，操問潛曰〔三〕：「卿前與劉備俱在荆州，以備才略何如？」潛曰：「使居中國〔四〕，能亂人而不能爲治也；若乘間守險，足以爲一方主。」

〔一〕「彭」，底本作「布」，今據《三國志·關羽傳》改。
〔二〕「州」，底本脱，今據《三國志》卷三九《劉巴傳》裴松之注引《零陵先賢傳》、《通鑑》卷六七補。
〔三〕「操」，底本闕，今據福建本、北大本補。
〔四〕「居」，底本作「帝」，今據福建本、《三國志》卷二三《裴潛傳》改。

至是而主一方，潛之言驗矣。主薄許靖先降〔一〕，不用也。法正曰：「天下有獲虛譽而無其實者，靖是也。然今主公始創大業，天下不可户説〔二〕，靖之浮稱，播流四海，若其不禮，天下以是謂主公賤賢也。宜加敬重，追燕主之待郭隗，以慰遠近之望。」主乃禮以爲長史。成都之圍也，主與士衆約：「若事定〔三〕，府庫百物，孤無預焉。」及拔成都，士衆皆捨干戈，赴諸藏競取寶物，軍用不足，主甚憂之。巴曰：「此易耳。但當鑄直百錢，平諸物價，令吏爲官市。」主從之，數月之間，府庫充實〔四〕。時議者欲以成都名田宅分賜諸將〔五〕，趙雲曰：「霍去病以匈奴未滅，無用家爲。今國賊非但匈奴，未可求安也。須天下都定，各反桑梓，歸耕本土，乃其宜耳。益州人民，初罹兵革，田宅皆可歸還，令安居復業，然後可役調，得其懽心。不宜奪之，以私所愛也。」主從之。法正爲揚武將軍、蜀

〔一〕「薄」，底本作「簿」，今據福建本、《三國志·法正傳》、《通鑑》卷六七改。
〔二〕「可」下，底本衍「不」字，今據福建本、北大本、《三國志·法正傳》、《通鑑》卷六七删。
〔三〕「事」，底本作「是」，今據《三國志·劉巴傳》裴松之注引《零陵先賢傳》、《通鑑》卷六七改。
〔四〕「庫」，底本作「軍」，今據福建本、北大本、《三國志·劉巴傳》裴松之注引《零陵先賢傳》、《通鑑》卷六七改。
〔五〕「者」，底本作「曰」，今據福建本、北大本、《通鑑》卷六七改。

郡太守，外統都畿，内爲謀主[一]，一飡之德[二]，睚眦之怨，無不報復[三]，擅殺毁傷己者數人。或謂亮曰：「正大縱横，將軍宜啓主公，抑其威福。」亮曰：「主公之在公安也，北畏操之强，東憚權之逼，近則懼孫夫人生變於肘腋。孝直爲輔翼，令翻然翱翔[四]，不可復制。如何禁止孝直，使不得少行其意邪！」亮佐主治蜀，頗尚嚴峻，人多怨嘆者。正謂亮曰：「昔高祖入關，約法三章，秦氏知德。今君假借威力，跨據一州，初有其國，未垂惠撫；且客主之義，宜相降下，願緩刑弛禁，以慰其望。」亮曰：「君知其一，未知其二。秦以無道，政苛民怨，匹夫大呼[五]，天下土崩，高祖因之，可以弘濟。劉璋暗弱，自焉以來，有累世之恩，文法羈縻，互相承奉，德政不舉，威刑不肅。蜀土人士，專權自恣，君臣之道，漸以陵替。寵之以位，位極則賤；順之以恩，恩竭則慢。所以致敝，實由於此。吾今威之以法，法行則知恩；限之以爵，爵加則知榮。榮恩並濟，上下有

〔一〕「主」，底本脱，今據福建本、北大本、《三國志·法正傳》、《通鑑》卷六七補。
〔二〕「飡」，底本作「飧」，今據《三國志·法正傳》、《通鑑》卷六七改。
〔三〕「復」，底本作「敵」，今據福建本、《三國志·法正傳》、《通鑑》卷六七改。
〔四〕「然」，底本作「飛」，今據《三國志·法正傳》、《通鑑》卷六七改。
〔五〕「大」，底本脱，北大本作「一」，今據《三國志·諸葛亮傳》裴松之曰、《通鑑》卷六七補。

節，爲治之要[一]，於斯而著矣。」主以蔣琬爲廣都長。主嘗因遊觀奄到廣都，見琬衆事不治，時又沈醉，主大怒，將加罪戮。亮請曰：「蔣琬，社稷之器，非百里之才也。其爲政以安民爲本，不以修飾爲先，願主公重加察之。」主雅敬亮，乃不加罪，倉卒但免官而已。

二十年，五月，權知主攻璋，曰：「猾虜，乃敢挾詐如此！」主留關羽守江陵，魯肅與羽鄰界，羽數生疑二，肅常以歡好撫之。及主得益州，權遣中司馬諸葛瑾從求荆州諸郡，主不許，曰：「吾方圖涼州，涼州定，乃盡以荆州相與耳。」權曰：「此假而不歸，乃欲以虛詞引歲也。」遂置長沙、零陵、桂陽三郡長吏，羽盡逐之。權大怒，遣呂蒙督兵二萬，以取三郡。蒙移書長沙、桂陽，皆望風歸服，惟零陵太守郝普城守不降。主聞之[二]，自蜀親至公安，遣令羽入益陽[三]，會羽爭三郡。權進住陸口，爲諸軍節度，使肅將萬人，屯益陽以拒羽，而飛書召蒙，使捨零陵，急還助肅。蒙得書，秘之，夜召諸將，授以方略，晨當攻零陵，詐以：「左將軍在漢中，爲夏侯淵所圍。關羽在南郡，至尊身

[一]「治」，底本作「始」，今據《三國志·諸葛亮傳》裴松之曰、《通鑑》卷六七改。
[二]「聞」，底本脱，今據《通鑑》卷六七補。
[三]「陽」，底本作「州」，今據《三國志·先主傳》、卷四七《吴主權傳》、《通鑑》卷六七改。

自臨之[一]。彼方首尾倒懸，救死不給，豈有餘力復營此哉？」普懼而出降，即日引兵赴益陽。肅欲與羽會語[二]，諸將疑，恐有變，議不可往。肅曰：「今日之事，宜相開譬。劉備負國，是非未決，羽亦不敢重欲干命！」乃邀羽相見，各駐兵馬百步上，但諸將軍單刀俱會。肅因責數羽以不返三郡，羽曰：「烏林之役，左將軍身在行間，戮力破敵，豈得徒勞，無一塊土，而足下來，欲收地邪？」肅曰：「不然。始與豫州覲於長坂，衆不當一校，計窮慮極，志勢摧弱[三]，圖欲遠竄，望不及此。主上矜愍豫州之身，無有處所，不愛土地士民之力，使有所庇蔭，以濟其患；而豫州私獨飾情，愆德墮好。今已藉手於西州矣，又欲翦并荊州之土，斯蓋凡夫所不忍行，而况整領人物之主乎！」羽無所答。會聞操將攻漢中，主懼失益州，使使求和於權。令諸葛瑾報命，更尋盟好。遂分荊州，以湘水爲界，長沙、江夏、桂陽以東屬權，南郡、零陵、武陵以西屬主。七月，張魯欲舉漢中降魏，丞相主簿司馬懿言於操曰：「備以詐力虜璋，蜀人未附，而遠爭江陵，此機不可失也。今克漢中，益州震動，進兵臨之，勢必瓦解。聖人不能違時，亦不可失時

[一]「臨」，底本作「擊」，今據《三國志》卷五四《呂蒙傳》、《通鑑》卷六七改。
[二]「肅」，底本脱，今據福建本、北大本、《三国志·魯肅傳》裴松之注引《吴書》、《通鑑》卷六七補。
[三]按：推、摧，底本二字或混用，以下徑改，不注。

也。」操曰：「人苦無足，既得隴，復望蜀邪！」主簿劉曄曰：「明公北破袁紹，南征劉表，九州百郡，十并其八，威震天下，勢慴海外。今舉漢中，蜀人望風，破膽失守，推此而前，蜀可傳檄而定。備，人傑也，有度而遲，得蜀日淺，蜀人未恃也。今破漢中，蜀人震恐，其勢自傾。以公之神明，因其傾而壓之，無不克也。若少緩之，亮明於治國而爲相，羽、飛勇冠三軍而爲將，蜀民既定，據險守要，則不可犯矣。今不取，必爲後憂。」操不從。居七日，蜀降者說：「蜀中一日數十驚，守將雖斬之而不能安也。」操問曄曰：「今尚可擊不？」曄曰：「今已小定，不可擊也。」乃還。以夏侯淵爲都護將軍，督張郃、徐晃等守漢中；以丞相長史杜襲爲駙馬都尉[一]，留督漢中事。襲綏懷開導，百姓自樂出徙洛、鄴者，八萬餘口。十一月，魯降。魏初攻魯[二]，閻圃說之[三]：「北降曹公，不然，西結劉備以歸之。」魯勃然曰：「寧爲曹公作奴，不爲劉備上客。」魯之走巴中也，黄權言於主曰：「若失漢中，則三巴不振，此爲割蜀之股臂也。」主乃以權爲護

[一]「駙」，底本作「附」，今據福建本、《三國志》卷二三《杜襲傳》、《通鑑》卷六七改。
[二]「魯」，底本作「曹」，今據《三國志》卷八《張魯傳》改。
[三]「圃」，底本作「圑」，今據《三國志・張魯傳》、《通鑑》卷六七改。

軍，率諸將迎魯。魯已降，權遂擊操所署三巴太守朴胡、杜濩、任約[一]，破之。操使郃督諸軍徇三巴，欲徙其民於漢中，進軍宕渠。主使巴西太守張飛與郃相拒[二]，五十餘日，飛襲擊郃，大破之。郃走還南鄭，主亦還成都。

二十二年，十月，法正説主曰：「曹操一舉而降張魯，定漢中，不因此勢以圖巴、蜀，而留夏侯淵、張郃屯守，身遽北還，此非其智不逮而力不足也，必將内有憂逼故耳。今策淵、郃才略，不勝國之將帥，舉衆往討，必可克之。而廣農積穀，觀釁伺隙，上可以傾覆寇敵，尊獎王室；中可以蠶食雍、凉，廣拓境土；下可以固守要害，爲持久計。蓋天以與我，時不可失也。」主善之。儒林校尉周群對曰[三]：「當得其地，不得其民。若出偏軍，必不利，當戒慎之。」州後部司馬張裕亦曉占候，諫曰：「軍必不利。」不用其言，乃進兵，遣張飛、馬超、吴蘭、雷銅屯武都之下辨。

二十三年，二月，魏都護將軍曹洪將擊吴蘭，張飛屯固山，聲言欲斷軍後，衆議狐

[一]「任」，底本作「袁」，今據《通鑑》卷六七改。
[二]「拒」，底本脱，今據福建本、北大本、《三國志·張飛傳》、《通鑑》卷六七補。
[三]「林」，底本脱，今據《三國志》卷四二《周群傳》補。

疑。騎都尉曹休曰：「賊實斷道者，當伏兵潛行。今乃先張聲勢〔一〕，此其不能，明矣。宜及其未集，促擊蘭，蘭破，飛自走矣。」洪進擊破蘭，斬之。三月，飛、超走。四月，主屯陽平關，夏侯淵、張郃、徐晃等與相拒。主遣將陳式等絶馬鳴閣道，爲徐晃所擊破。張郃屯廣石，主攻之不能克，急書發益州兵。亮以問從事楊洪，洪曰：「漢中，益州咽喉，存亡之機會〔二〕，若無漢中，則無蜀矣。此家門之禍也。男子當戰，女子當運，發兵何疑！」時法正從主北行，亮於是表洪領蜀郡太守，衆事皆辦〔三〕，遂使即真〔四〕。七月，操自將擊蜀。九月，至長安。

郭造卿曰：孔明未出隆中，其跨荆、益策定矣。先主昔之領徐衆，奉陶謙遺命，陳群且以爲不可，竟爲呂布所奪。播遷展轉以依表，蓋操之圖荆久矣。表死而琮即立，可以造次得之否？況來征而琮迎降，敢攻琮與操敵乎？其曰不背表者，仗以爲辭也。習鑿齒所贊，於其心迹懸矣。幸得荆四郡，庶幾有用武之地，而據益

〔一〕「乃」，底本作「將」，今據《三國志》卷九《曹休傳》、《通鑑》卷六八改。
〔二〕「會」，底本脱，今據《三國志》卷四一《楊洪傳》、《通鑑》卷六八補。
〔三〕「事皆辦」，底本作「莫能辦」，今據福建本、《三國志·楊洪傳》、《通鑑》卷六八改。
〔四〕「真」，底本作「下」，今據《三國志·楊洪傳》、《通鑑》卷六八改。

門户，則望蜀之圖遂興。吴欲與之共事，報書托爲宗室，共匡漢以拒之，如取當放髮入山，而不失信於天下。此與表托我孤遺同，無非英雄欺人語耳。璋之迎待過於表，遂背伐之以爲歡，取室而逐其子，爲權以濟業云。然曷爲又取既醮之婦，匪當羈旅之年〔一〕。遠效尤於重耳，罔恤同姓之嫌；近有靦於子龍，於信義乎何有。是亦不可以已乎？常言每與操反，此事操且不爲矣。以之而繼權妹，權執宗室前辭以討，其將何辭以對？豈治匹英雄所爲哉〔二〕？斯不能服天下，以成乎正大之業。吴責其失信，而取久假之地，師則直而臧，故能破萬人之敵。漢愧其失策，而報新敗之耻，師則愧而撓，故竟重三北之羞。吴據荆，扼其吭，魏探益，拊其背〔三〕，崎嶇江、漢間，而戰無寧歲矣。蓋英雄之武用而不克終者，違孔明隆中語，不能盡守其策也。

燕雄記二

郭造卿曰：漢之爲漢，以漢中也。當高帝初王，爲西楚所驅耳。及出而爭中

〔一〕「年」，底本作「耳」，福建本闕，今據北大本改。
〔二〕「匹」，福建本作「亡」。
〔三〕「拊」，底本作「附」，今據福建本、北大本改。

原，則視如脱屣焉。及凡攻取，敗則棄之，本非豐沛之世業，得失何有於我哉。漢亂，據蜀者則負隅以圖僭竊，惟恐其或失之，孰進於中原乎？先主雖宗室，而起於布衣，荆、益皆非所有，取之非以信義，則當鼎立之勢〔一〕，不可與草昧比。保巖阻，撫戎、越，結吴而修内政〔二〕，以外觀乎時變，此孔明萬全之策，量主不能如高帝耳。既得荆而可進取，又得漢中以自固，遂自稱王，比高帝，視燒絶棧道，雄矣！及羽摧失荆，又喪飛於臨發，吾且伏以觀變，不當棄荆如三秦哉。高帝之入漢中，又從故道出，何必乎關中。卒滅楚以都秦，蓋聽韓、張所畫，加以三老大義，縞素堂堂而興，籍直以賊誅之耳。子瑜之仗漢而言，雖爲吴，亦公也。使姑從之，抑威損忿〔三〕，而圖其重大，如子龍之舉。當魏初篡以討賊，漢亡咸痛於義弑，誅丕豈難於滅項？吴當犄角其間矣。吴藩魏而魏不我藩，其誰哉？乃獨主於必出，舍魏而構吴，違群臣之諫，雖孔明不能制，果如劉曄所料。至損威抑忿，竟以和不復舉。荆失而益爲孤注，自是與魏争漢中，鬬於穴屈不得出。孔明前後之師，而惟盡瘁以死。姜

〔一〕「立」，底本作「力」，今據福建本改；以下徑改，不注。
〔二〕「吴」，底本脱，今據福建本、北大本補。
〔三〕「損」，底本、北大本作「捐」，今據福建本改；以下徑改，不注。

維躁於熇熇，遂不可救藥矣。是漢此始而此終，實惟漢中之故焉。豈但區區爲一蜀，論其二世云乎哉！

建安二十四年，正月，魏夏侯淵與主相拒踰年。主自陽平南渡沔水，緣山稍前，營於定軍山。淵引兵爭。法正曰：「可擊矣。」主使討虜將軍黃忠乘高鼓譟攻之，淵軍大敗，斬淵及益州刺史趙顒。張郃引兵還陽平。是時新失元帥，軍中擾擾，不知所爲。督軍杜襲與淵司馬太原郭淮收斂散卒，號令諸軍曰：「張將軍國家名將，劉備所憚；今日事急，非張將軍不能安也。」遂權宜推郃爲軍主[一]。郃出，勒兵按陳，諸將皆受郃節度，衆心乃定。明日，主欲渡漢水來攻，諸將以衆寡不敵，欲依水爲陳以拒之。淮曰：「此示弱而不足挫敵，非算也。不如遠水爲陳，引而致之，半濟而後擊之，備可破也。」既陳，主疑，不渡。淮遂堅守，示無還心。以狀聞於操，操善之，遣使假郃節，復以淮爲司馬。操聞正之策，曰：「吾故知玄德不辦有此，必爲人所教也。」又曰：「吾收奸雄略盡，獨不得正邪！」三月，操自長安出斜谷，軍遮要以臨漢中。主曰：「曹公雖來，無能爲也，我必有漢川矣。」乃斂衆拒險，終不交鋒。操運米北山下，征西將軍黃忠引兵欲

〔一〕「推」，底本脱，今據福建本、《三國志》卷一七《張郃傳》、《通鑑》卷六八補。

取之，過期不還。翊軍將軍趙雲將數十騎出營視之，值操揚兵大出，雲猝與相遇，遂前突其陳，且鬭且却。魏兵散而復合，追至營下。雲入營，更大開門，偃旗息鼓。魏兵疑雲有伏〔一〕，引去。雲擂鼓震天，惟以勁弩於後射魏兵。魏兵驚駭，自相蹂踐，墮漢水中死者甚多。主明旦自來，至雲營，視昨戰處，曰：「子龍一身都爲膽也！」操與主相守積月，魏軍士多亡。五月，操悉引出漢中諸軍還長安，主遂有漢中，果得地而不得民，悉如周群言。所遣將吴蘭、雷銅入武都，皆没。乃舉群茂才。主遣宜都太守孟達從秭歸北攻房陵，殺太守蒯祺。又遣養子副軍中郎將劉封自漢中乘沔水下，統達軍，與會攻上庸，太守申耽舉郡降。主加耽征北將軍，領上庸太守，以耽弟儀爲建信將軍、西城太守。七月，軍師將軍臣諸葛亮、盪寇將軍漢壽亭侯臣關羽〔二〕、征虜將軍新亭侯臣張飛、征西將軍臣黄忠、鎮遠將軍臣賴恭、揚武將軍臣法正、興業將軍臣李嚴等一百二十人上言曰：「昔唐堯至聖而四凶在朝，周成仁賢而四國作難，高后稱制而諸吕竊命，孝昭幼冲而上官逆謀，皆憑世寵，藉履國權〔三〕，窮凶極亂，社稷幾危。非大舜、周公、朱虚、博陸，則不

〔一〕「有伏」，底本脱，今據福建本、北大本、《三國志·趙雲傳》裴松之注引《雲别傳》、《通鑑》卷六八補。
〔二〕「亭」，底本作「寧」，今據福建本、《三國志·先主傳》改。
〔三〕「履」，底本脱，今據福建本、北大本、《三國志·先主傳》補。

得流放禽討，安危定傾。伏惟陛下誕姿聖德，統理萬邦〔一〕，而遭厄運不造之艱。董卓首難，蕩覆京畿，曹操階禍，竊執天衡〔二〕。皇后太子，鴆殺見害，剥亂天下，殘毀民物。久令陛下蒙塵憂厄〔三〕，幽處虚邑。人神無主，遏絶王命，厭昧皇極，欲盗神器。左將軍、領司隸校尉、豫荆益三州牧、宜城亭侯備，受朝爵秩，念在輸力，以殉國難。覩其機兆，赫然憤發，與車騎將軍董承同謀誅操，將安國家，克寧舊都。會承機事不密〔四〕，令操遊魂得遂長惡，殘泯海内〔五〕。臣等每懼王室大有閻樂之禍，小有定安之變，夙夜惴惴，戰慄累息。昔在《虞書》，敦序九族，周監二代，封建同姓，《詩》著其義，歷載長久。漢興之初，割裂疆土，尊王子弟，是以卒折諸吕之難，而成太宗之基。臣等以備肺腑枝葉，宗子藩翰，心存國家，念在弭亂。自操破于漢中，海内英雄望風蟻附，而爵號不顯，九錫未加，非所以鎮衛社稷，光照萬世也。奉辭在外，禮命斷絶。昔河西太守梁統等值漢中

〔一〕「邦」，底本作「拜」，今據福建本、北大本、《三國志·先主傳》改；以下徑改，不注。
〔二〕「執」，底本作「報」，今據福建本、北大本、《三國志·先主傳》改。
〔三〕「令」，底本作「領」，今據福建本、北大本、《三國志·先主傳》改。
〔四〕「機事」，底本二字互乙，今據《三國志·先主傳》正。
〔五〕「海内」，底本作「四海」，今據《三國志·先主傳》改。

興，限於山河，位同權均，不能相率，咸推竇融以爲元帥，卒立效績[二]，摧破隗囂。今社稷之難，急於隴、蜀，操外吞天下，内殘群寮，朝廷有蕭墻之危，而禦侮未建[三]，可爲寒心。臣等輒依舊典，封備漢中王，拜大司馬，董齊六軍，糾合同盟，掃滅凶逆。以漢中、巴、蜀、廣漢、犍爲爲國，所署置依漢初諸侯王故典。夫權宜之制，苟利社稷，專之可也。然後功成事立，臣等退伏矯罪，雖死無恨。」遂於沔陽設壇場，陳兵列衆，群臣陪位，讀奏訖[三]，御王冠於主。主上言漢帝曰：「臣以具臣之才，荷上將之任，董督三軍，奉辭於外，不能掃除寇難，靖匡王室，久使陛下聖教陵遲，六合之内，否而未泰，惟憂反側，疢如疾首。曩者董卓造爲亂階，自是之後，群兇縱横，殘剥海内。賴陛下聖德威靈，人神同應[四]，或忠義奮討，或上天降罰，暴逆並殪，以漸冰消。惟獨曹操，久未梟除，侵擅國權，恣心極亂。臣昔與車騎將軍董承圖謀討操，機事不密，承見陷害，臣播越失據，忠義不果。遂得使操窮凶極逆，主后戮殺，皇子鴆害。雖糾合同盟，念在奮力，

[二]「績」，底本作「積」，今據《三國志·先主傳》改。
[三]「侮」，底本脱，今據福建本、北大本、《三國志·先主傳》補。
[三]「奏」，底本脱，今據福建本、北大本、《三國志·先主傳》補。
[四]「神」，底本作「臣」，今據《三國志·先主傳》改。

懦弱不武，歷年未效。常恐殞歿，孤負國恩，寤寐永歎，夕惕若厲。今臣群寮以爲，在昔《虞書》，敦敘九族，庶明厲翼，五帝損益，此道不廢。周監二代，並建諸姬，實賴晉、鄭，夾輔之福。高祖龍興，尊王子弟，大啟九國，卒斬諸呂，以安太宗。今操惡直醜正[二]，實繁有徒，包藏禍心，篡盜已顯。既宗室微弱，帝族無位，斟酌古式，依假權宜，上臣漢中王。臣伏自三省[三]，受國厚恩，荷任一方，陳力未效，所獲已過，不宜復忝高位，以重罪謗。群寮見逼，迫臣以義。臣退惟寇賊不梟，國難未已，宗廟傾危，社稷將墜，誠臣憂責碎首之負。若應權通變，以寧靖聖朝，雖赴水火，所不得辭，敢慮常宜，以防後悔？輒順衆議，拜受印璽，以崇國威。仰惟爵號，位高寵厚，俯思報效，憂深責重，驚怖累息，如臨于谷。盡力輸誠，獎厲六師，率齊群義，應天順時，撲討凶逆，以寧社稷，以報萬分。謹拜章因驛上還所假左將軍、宜城亭侯印綬。」立夫人吴氏爲王后。后，陳留人也，舉家隨劉焉入蜀。焉有異志，而聞善相者相后當大貴。焉時將子瑁自隨，遂爲瑁納之。瑁死，寡居。主既定益州，而孫夫人還吴，群臣勸聘后。主疑與瑁同族，

[二]「操」，底本脱，今據福建本、北大本、《三國志·先主傳》補。

[三]「自」，底本脱，今據福建本、北大本、《三國志·先主傳》補。

法正曰：「論其親疎，何與晉文之於子圉乎？」於是納爲夫人。習鑿齒曰：「夫婚姻，人倫之始，王化之本，匹夫猶不可以無禮，而况人君乎！晉文廢禮行權，以濟其業，故子犯曰，有求於人，必先從之，將奪其國，何有於妻，非無故而違禮教者也。今先主無權事之逼，而引前失以爲譬，非道其君以堯、舜之道者。先主從之，過矣。」《志》評曰：「昔魏豹聞許負之言則納薄姬于室，劉歆見圖讖之文則名字改易，終於不免其身，而慶鍾二主〔一〕。此則神明不可虚要，天命不可妄冀，必然之驗也。而劉焉聞董扶之辭則心存益土，聽相者之言則求婚吴氏，遽造輿服，圖竊神器，其惑甚矣。璋才非人雄，而據土亂世，負乘致寇，自然之理，其見奪取，非不幸也。」立子禪爲王太子。禪字公嗣，甘夫人子也。拔牙門將軍魏延爲鎮遠將軍，領漢中太守，以鎮漢川。於是還治成都，起館舍，築亭障，從成都至白水關，四百餘區。以許靖爲太傅，法正爲尚書令，關羽爲前將軍，張飛爲右將軍，馬超爲左將軍，皆假節鉞。黄忠爲後將軍，趙雲爲翊軍將軍，餘皆進位有差。主欲用忠爲後將軍，亮説主曰：「忠之名望，素非關、馬之倫也，而今便令同列。馬、張在近，親見其功，尚可喻指。關遥聞之，恐必不悦，得無不可乎！」主

〔一〕按：主、王，底本二字或混用，以下徑改，不注。

曰：「吾自當解之。」遣益州前部司馬費詩即授羽印綬。羽聞忠位與己並，怒曰：「大丈夫終不與老兵同列！」不肯受拜[一]。詩曰：「夫立王業者，所用非一。昔蕭、曹與高祖少小親舊，而陳、韓亡命後至，論其班列，韓最居上，未聞蕭、曹以此爲怨[二]。今漢中王以一時之功，隆崇漢升，然意之輕重，寧當與君侯齊乎！且王與君侯，譬猶一體，同休等戚，禍福共之。愚謂君侯，不宜計官號之高下、爵祿之多少爲意也。僕一介之使，銜命之人，君侯不受拜，如是便還，但相爲惜此舉動，恐有後悔耳！」羽大感悟，遽受拜[三]。忠遂與羽等齊位，賜爵關內侯。孫權攻魏合肥。時諸州兵戍淮南，將軍曹仁縣軍，無遠備，水潦方生。羽使南郡太守糜芳守江陵，將軍傅士仁守公安，羽自率衆攻仁於樊。仁使左將軍于禁、立義將軍龐德等屯樊北。八月[四]，大霖雨，漢水溢，平地數丈，于禁等七軍皆没。禁與諸將登高避水[五]，羽乘大船就攻之，禁等窮迫，遂降。吏士盡降，德爲羽所得，立而不跪。羽將降之，德罵曰：「豎子，何謂降也！魏王帶甲百萬，威震天下。

[一]「肯」，底本作「敢」，今據《三國志》卷四一《費詩傳》、《通鑑》卷六八改。
[二]「怨」，底本作「怒」，今據福建本、北大本、《三國志·費詩傳》、《通鑑》卷六八改。
[三]「受拜」，底本二字互乙，今據福建本、北大本、《三國志·費詩傳》、《通鑑》卷六八正。
[四]「八月」，底本脱，今據福建本、北大本、《三國志·武帝紀》、《通鑑》卷六八補。
[五]「高」，底本脱，今據福建本、北大本、《三國志》卷一七《于禁傳》、《通鑑》卷六八補。

汝劉備庸材耳，豈能敵耶！我寧爲國家鬼，不爲賊將也！」羽殺之。急攻樊城，城得水，往往崩壞，衆皆恟懼。或謂仁曰：「今日之危，非力所支。可及羽圍未合，乘輕船夜走。」汝南太守满寵曰：「山水速疾，冀其不久。聞羽遣别將已在郟下，自許以南，非復國家有也，君宜待之。」仁曰：「善。」乃沈白馬，與軍人盟誓，同心固守。城中人馬纔數千人，城不没者數板。羽乘船臨城，立圍數重，外内斷絶。羽又遣别將圍將軍吕常於襄陽。荆州刺史胡修、南鄉太守傅方皆降於羽。十月〔二〕，陸渾民孫狼等作亂，殺縣主簿，南附羽。羽授狼印，給兵，還爲寇賊，自許以南，往往遥應羽，羽威震華夏。操議徙許都以避其鋭，丞相軍司馬司馬懿、西曹屬蔣濟言於操曰：「于禁等爲水所没，非戰攻之失，於國家大計未足有損。備、權外親内疎，羽得志，權必不願也。可遣人勸權躡其後，許割江南以封權，則樊圍自解。」操從之。初，魯肅嘗勸權以操尚存，宜且撫輯羽，與之同仇，不可失也。及吕蒙代肅屯陸口，以爲羽素驍雄，有兼并心，且居國上流，其勢難久，密言於權曰：「今令征虜守南郡，潘璋住白帝，蔣欽將游兵萬人，循江上下，應敵所在，蒙爲國家前據襄陽，如此，何憂於操，何賴於羽！且羽君臣矜其詐力，所在

〔二〕「十」，底本作「六」，今據福建本、《通鑑》卷六八改。

反覆，不可以腹心待也。今羽所以未便東向者，以至尊聖明，蒙等尚存也。今不於强壯時圖之，一旦僵仆，欲復陳力，其可得邪？」權曰：「今欲先取徐州，然後取羽，何如？」對曰：「今操遠在河北，撫集幽、冀，未暇東顧。徐土守兵，聞不足言，往自可克。然地勢陸通，驍騎所騁，至尊今日取徐州，操後旬必來争，雖以七八萬人守之，猶當懷憂。不如取羽，全據長江，形勢益張，易爲守也。」權善之。權嘗爲其子求婚於羽，羽罵其使，不許婚，權由是怒。及羽攻樊，蒙上疏曰：「羽討樊而多留備兵，必恐蒙圖其後故也。蒙常有病，乞分士衆還建業，以治疾爲名。羽聞之，必撤備兵，盡赴襄陽。大軍浮江，晝夜馳上，襲其空虛，則南郡可下，而羽可擒也。」遂稱病篤。權乃露檄召蒙還，陰與圖計。蒙下至蕪湖，定威校尉陸遜謂蒙曰：「羽接境，如何遠下，後不當可憂也？」蒙曰：「誠如來言，然我病篤。」遜曰：「羽矜其驍氣，陵轢於人。始有大功，意驕志逸，但務北進，未嫌於我，有相聞病〔二〕，必益無備。今出其不意，自可擒制。下見至尊，宜好爲計。」蒙曰：「羽素勇猛，既難爲敵，且已據荆州，恩信大行，兼始有

〔二〕「聞」，底本作「鬬」，今據福建本、北大本、《三國志》卷五八《陸遜傳》、《通鑑》卷六八改。

功[一]，膽勢益盛，未易圖也。」蒙至都，權問：「誰可代卿也？」蒙對曰：「陸遜意思深長，才堪負重，觀其規慮[二]，終可大任。而未有遠名，非羽所忌，無復是過也。若用之，當令外自韜隱，内察形便，然後可克。」權乃召遜，拜偏將軍、右部督以代蒙[三]。遜遂至陸口，爲書與羽[四]，稱其功美，深自謙抑，爲盡忠自托意。羽意大安，無復所嫌，稍撤兵以赴樊。遜具啟形狀，陳其可擒之要。羽得于禁等人馬數萬，粮食乏絶，擅取權湘關米。權聞之，遂發兵襲羽，以蒙爲大都督，命征虜將軍孫皎爲後繼。操之出漢中也，使平寇將軍徐晃屯宛以助曹仁。及于禁陷没，晃前至陽陵陂。羽遣兵屯偃城。晃既到，詭道作都塹，示欲截其後，羽兵燒屯走。晃得偃城，連營稍前，拒羽圍三丈所，作地道及箭飛書與仁，消息數通。權爲牋與操，請以討羽自效，及乞不漏，令羽有備。操問群臣，群臣咸言宜密之。董昭曰：「軍事尚權，期於合宜。宜應權以密，而内露之。羽聞權上，若還自護，圍則速解，便獲其利。可使兩賊相對銜持[五]，坐待其敝。秘而不露，使權得

[一]「始」，底本作「加」，今據《三國志·陸遜傳》、《通鑑》卷六八改。
[二]「其」，底本作「可」，今據福建本、北大本、《三國志·陸遜傳》、《通鑑》卷六八改。
[三]「督」，底本作「都」，今據《三國志·陸遜傳》、《通鑑》卷六八改。
[四]「與」，底本作「於」，今據福建本、北大本、《三國志·陸遜傳》、《通鑑》卷六八改。
[五]「銜」，底本作「御」，今據《三國志》卷一四《董昭傳》、《通鑑》卷六八改；以下徑改，不注。

志，非計之上。又，圍中將吏不知有救，計粮怖懼，倘有他意，爲難不小。露之爲便。且羽爲人彊梁，自恃二城守固，必不速退。」操曰：「善。」即敕晃以權書射著圍裏及羽屯中〔二〕。圍裏聞之，志氣百倍。羽果猶豫，不能去。操自雒陽南救仁。操駐軍摩陂，前後遣十二營詣晃。羽圍頭有屯，又別屯四冢〔三〕。晃乃揚聲當攻圍頭屯，而密攻四冢。羽見四冢欲壞〔三〕，自將步騎五千出戰〔四〕。晃擊之，退走。羽圍塹鹿角十重，晃追羽〔五〕，與俱入圍中，破之，傅方、胡修皆死。羽遂撤圍退，然舟船猶據沔水，襄陽隔絶不通。蒙至尋陽，盡伏其精兵𦪇𦨣中，使白衣摇櫓，作商賈人服，晝夜兼行，羽所置江邊屯候，盡收縛之，羽不聞知。糜芳、士仁素皆嫌羽輕己，羽之出軍，芳、仁供給軍資不悉相及，羽言還當治之〔六〕，芳、仁咸懼，相繼而降。蒙入江陵，釋于禁之囚，得羽及將士家屬，皆撫尉之，

〔二〕「書」，底本脱，今據福建本、北大本、《三國志·董昭傳》、《通鑑》卷六八補。按：「著」，底本或作「着」，以下徑改，不注。

〔三〕按：冢、家，底本二字或混用，以下徑改，不注。

〔三〕「羽見四冢」，底本脱，今據《三國志·徐晃傳》補。

〔四〕「將」下，底本衍「兵」字，今據《三國志·徐晃傳》、《通鑑》卷六八删。

〔五〕「追」，底本作「退」，今據福建本、北大本、《三國志·徐晃傳》、《通鑑》卷六八改。

〔六〕「治」，底本作「置」，今據福建本、北大本、《三國志·關羽傳》、《通鑑》卷六八改。

約令軍中：「不得干歷人家，有所求取。」道不拾遺。蒙旦暮使親近存恤耆老，問所不足，疾病者給醫藥，饑寒者賜衣粮。羽府藏財寶，皆封閉以待權至。羽聞南郡破，即走南還。仁會諸將議，咸曰：「今因羽危懼，可追禽也。」趙儼曰：「權邀羽連兵之難，欲掩制其後，顧羽還救，恐我乘其兩疲，故順辭求效，乘釁因變，以觀利鈍耳。今羽已孤迸，更宜存之，以爲權害。若深入追北，權則改虞於彼[一]，將生患於我矣。王必以此爲深慮。」仁乃解嚴。操聞羽走，恐諸將追之，果疾敕仁，如儼所策。羽數使人與蒙相聞，蒙輒厚遇其使，周游城中，家家致問，或手書示信。羽人還，私相參訊[二]，咸知家門無恙，見待過於平時，故羽吏士無鬬心。會權至江陵[三]，荆州將吏悉皆歸附。權以蒙爲南郡太守，以遜領宜都太守。十一月，主所置宜都太守樊友委郡走，諸城長吏及蠻夷君長皆降於遜。遜請金、銀、銅印，以假授初附。擊蜀將詹晏等及秭歸大姓擁兵者，皆破降之，前後斬獲、招納凡數萬計。權以遜爲右護軍、鎮西將軍，屯夷陵，守峽口。羽自知孤窮，乃西保麥城。權使誘之，羽僞降，立幡旗爲象人於城上，因遁走，兵皆解散，纔十餘騎。

[一]「改」，底本作「攻」，今據福建本、北大本、《三國志》卷二三《趙儼傳》、《通鑑》卷六八改。
[二]「訊」，底本作「譏」，今據福建本、北大本、《三國志・吕蒙傳》、《通鑑》卷六八改。
[三]「至」，底本脱，今據福建本、北大本、《三國志・吕蒙傳》、《通鑑》卷六八補。

權先使朱然、潘璋斷其徑路。十二月，璋司馬馬忠獲羽及其子平、都督趙累等於章鄉，斬之，遂定荊州。初，偏將軍吴郡全琮上疏陳羽可取計，權恐事泄，寢而不答。及已擒羽，權置酒公安，顧謂琮曰：「君前陳此[二]，孤雖不相答，今日之捷，抑亦君之功也。」權復以劉璋爲益州牧，駐秭歸，未幾，璋卒。蒙未及受封而疾卒。權後與遜論魯肅二長，而以勸借玄德地是其一短。論吕蒙曰：「子明圖取關羽，勝於子敬。子敬答孤書云：『帝王之起，皆有驅除，羽不足忌。』此子敬内不能辦[三]，外爲大言耳。孤亦恕之，不苟責也。」

二十五年，正月，庚子，魏王曹操死，子丕嗣王位。七月，蜀將軍孟達屯上庸，與副軍中郎將劉封不協。封侵陵之，達忿恚，率部曲四千餘家降魏。丕器愛之，執其手而撫其背曰：「卿得毋爲劉備刺客乎？」遂以爲散騎常侍，領新城太守。遣征南將軍夏侯尚、右將軍徐晃與達共襲封。上庸太守申耽叛封降魏，封破走之，還成都。封本羅侯寇氏之子，主初至荊州，以未有繼嗣，養爲子。主責其侵陵達，又不救羽。諸葛亮慮封剛

[二]「君」，底本作「孤」，今據福建本、北大本、《三國志》卷六〇《全琮傳》、《通鑑》卷六八改。
[三]「能」，底本脱，今據福建本、北大本、《三國志・吕蒙傳》、《通鑑》卷六八補。

猛，易世後終難制御，勸主因此際除之，遂賜封死。十月，辛未，魏篡位，改元黄初。十一月，癸酉，奉漢帝爲山陽公。

章武元年，三月，蜀中傳言漢帝已遇害，主發喪制服，謚曰孝愍皇帝。初，主遣軍謀掾韓冉齎書弔，并貢錦布於魏。冉稱疾，住上庸。上庸致其書，適篡，有詔報答以引致之。主得報書，群臣遂議稱制，主未許。諸葛亮説曰：「昔吴漢、耿弇等初勸世祖即皇帝位，世祖辭讓[一]，前後數四。耿純進言曰：『天下英雄喁喁，冀有所望。如不從議者，士大夫各歸求主[二]，無爲從公也。』世祖感純言深至，遂然諾之。今曹氏篡漢，天下無主，大王劉氏苗族，紹世而起，今即帝位，乃其宜也。士大夫隨大王久勤苦者，亦欲望尺寸之功如純言耳。」前部司馬費詩上疏曰：「殿下以曹操父子逼主篡位，故乃羈旅萬里[三]，糾合士衆[四]，將以討賊。今大敵未克，而先自立，恐人心疑惑。昔高祖與楚約，先破秦者王。及屠咸陽，獲子嬰，猶懷推讓。况今殿下未出門庭，便欲自立邪！愚臣誠不

[一]「説曰：昔吴漢、耿弇等初勸世祖即皇帝位，世祖辭讓」，底本脱二十字，今據福建本、北大本、《三國志·諸葛亮傳》補。
[二]「主」，底本脱，今據福建本、北大本、《三國志·諸葛亮傳》補。
[三]「旅」，底本作「孤」，今據《三國志·費詩傳》、《通鑑》卷六八改。
[四]「糾」，底本作「維」，今據《三國志·費詩傳》、《通鑑》卷六八改。

敢爲殿下取也。」由是忤旨，左遷部永昌從事〔一〕。習鑿齒曰：「夫創本之君，須大定而後正己〔二〕；篡統之主〔三〕，俟速建以係衆心〔四〕。是故惠公朝虜而子圉夕立，更始尚存而光武舉號，夫豈忘主徼利，社稷之故也。今先主糾合義兵，將以討賊。賊彊禍大，主没國喪，二祖之廟，絶而不祀〔五〕，苟非親賢，孰能紹此？嗣祖配天，非咸陽之譬；杖正討逆，何推讓之有？於此時也，不知速尊有德〔六〕，以奉大統，使民欣反正，世覩舊物〔七〕，杖順者齊心，附逆者同懼，詩可謂闇惑矣。其黜降也宜哉！」是後在所並言衆瑞，日月相屬，故議郎陽泉侯劉豹、青衣侯向舉、偏將軍張裔、黃權、大司馬屬殷純、益州別駕從事趙莋、治中從事楊洪、從事祭酒何宗、議曹從事杜瓊、勸學從事張爽、尹默、譙周等上

〔一〕「遷」下，底本衍「帥」字，今據《三國志·費詩傳》、《通鑑》卷六八删。
〔二〕「正」，底本作「王」，今據福建本、《三國志·費詩傳》裴松之注引習鑿齒曰改。
〔三〕「統」，底本脱，今據福建本、北大本、《三國志·費詩傳》裴松之注引習鑿齒曰補。
〔四〕「俟」，底本作「侯」，今據《三國志·費詩傳》裴松之注引習鑿齒曰改；以下徑改，不注。
〔五〕「絶」，底本作「純」，今據福建本、北大本、《三國志·費詩傳》裴松之注引習鑿齒曰改。
〔六〕「知」，底本作「如」，今據《三國志·費詩傳》裴松之注引習鑿齒曰改。
〔七〕「世覩」，底本作「克觀」，今據《三國志·費詩傳》裴松之注引習鑿齒曰改。

言：「臣聞《河圖》《洛書》，五經讖緯〔一〕，孔子所甄，驗應自遠。謹案《洛書甄曜度》曰〔二〕：『赤三日德昌，九世會備，合爲帝際。』《洛書寶號命》曰：『天度帝道備稱皇，以統握契，百成不敗。』《洛書録運期》曰：『九侯七傑争命民炊骸〔三〕，道路籍籍履人頭，誰使主者玄且來。』《孝經鉤命決録》曰：『帝三建九會備。』臣父群未亡時，言西南數有黄氣，直立數丈〔四〕，見來積年，時時有景雲祥風，從璿璣下來應之，此爲異瑞。又二十二年中〔五〕，數有氣如旗，從西竟東，中天而行〔六〕，《圖》《書》曰『必有天子出其方』〔七〕。加是年太白、熒惑、填星，常從歲星相追。近漢初興，五星從歲星謀；歲星主義，漢位在西，義之上方，故漢法常以歲星候人主。當有聖主起於此州，以致中興。時許帝尚存，故群下不敢漏言。頃者熒惑復追歲星，見在胃昴畢，爲天綱。經曰『帝星處之，衆邪消

〔一〕「讖緯」，底本作「世緝」，今據《三國志・先主傳》改。
〔二〕「曰」，底本作「日」，今據福建本、北大本、《三國志・先主傳》改；以下徑改，不注。
〔三〕「命」，底本脱，今據福建本、北大本、《三國志・先主傳》補。
〔四〕「數」下，底本衍「十」字，今據《三國志・先主傳》删。
〔五〕「十二」，底本作「十一」，今據《三國志・先主傳》改。
〔六〕「天」，底本作「間」，今據《三國志・先主傳》改。
〔七〕「曰」，底本脱，今據福建本、北大本、《三國志・先主傳》補。

亡』。聖諱豫覩〔一〕，推揆期驗〔二〕，符合數至，若此非一。臣聞聖王先天而天不違，後天而奉天時，故應際而生，與神合契。願大王應天順命，速即洪業，以寧海内。」太傅許靖、安漢將軍糜竺、軍師將軍諸葛亮、太常賴恭、光禄勳黄柱〔三〕、少府王謀等上言：「曹丕篡弑，湮滅漢室〔四〕，竊據神器，劫迫忠良，酷烈無道。人鬼忿毒，咸思劉氏。今上無天子，海内惶惶，靡所式仰。群下前後上書者八百餘人，咸稱述符瑞，圖讖明徵。間黄龍見武陽赤水，九日乃去〔五〕。《孝經援神契》曰『德至淵泉則黄龍見』，龍者，君之象也。《易》乾九五『飛龍在天』〔六〕，大王當龍升，登帝位也。又前關羽圍樊、襄陽，襄陽男子張嘉、王休獻玉璽。璽潛漢水，伏于淵泉，暉景燭燿，靈光徹天。夫漢者，高祖本所起定天下之國號也。大王襲先帝軌跡，亦興於漢中也。今天子玉璽神光先見，璽出襄陽，漢水之

〔一〕「覩」，底本作「覩」，今據福建本、北大本、《三國志·先主傳》改。
〔二〕「揆」，底本作「撥」，今據福建本、《三國志·先主傳》改；以下徑改，不注。
〔三〕「柱」，底本作「權」，今據《三國志·先主傳》改。
〔四〕「滅」，底本作「沒」，今據《三國志·先主傳》改。
〔五〕「去」，底本作「云」，今據《三國志·先主傳》改。
〔六〕「五」，底本作「三」，今據《三國志·先主傳》改。

末，明大王承其下流，授與大王以天子之位，瑞命符應，非人力所致〔一〕。昔周有烏魚之瑞，咸曰休哉。二祖受命，《圖》《書》先著〔二〕，以爲徵驗。今上天告祥，群儒英俊，並起《河》《洛》〔三〕，孔子讖記，咸悉具至〔四〕。伏惟大王出自孝景皇帝中山靖王之胄，本支百世，乾祇降祚，聖姿碩茂，神武在躬，仁覆積德〔五〕，愛人好士，是以四方歸心焉。考省《靈圖》，啟發讖緯，神明之表，名諱昭著。宜即帝位，以纂二祖〔六〕，紹嗣昭穆，天下幸甚。臣等謹與博士許慈、議郎孟光建立禮儀，擇令辰，上尊號。」即皇帝位，命尚書令劉巴爲文曰：「惟建安二十六年四月丙午，皇帝備敢用玄牡，昭告皇天上帝后土神祇：漢有天下，歷數無疆。曩者王莽篡盜，光武皇帝震怒致誅，社稷復存。今曹操阻兵安忍，戮殺主后，滔天泯夏，罔顧天顯。操子丕載其凶逆，竊居神器。群臣將士以爲社稷隳廢，

〔一〕「致」，底本脱，今據福建本、北大本、《三國志·先主傳》補。
〔二〕「著」，底本作「者」，今據《三國志·先主傳》改。
〔三〕「起」，底本作「進」，今據《三國志·先主傳》改。
〔四〕「咸」，底本作「纖」，今據福建本、北大本、《三國志·先主傳》改。
〔五〕「仁」，底本作「人」，今據《三國志·先主傳》改。
〔六〕「纂」，底本作「篡」，今據福建本、《三國志·先主傳》改；以下徑改，不注。

備宜修之，嗣武二祖，龔行天罰。備惟否德〔一〕，懼忝帝位。詢於庶民，外及蠻夷君長，僉曰『天命不可以不答，祖業不可以久替，四海不可以無主』。率土式望，在備一人。備畏天明命〔二〕，又懼漢阼將湮於地〔三〕，謹擇元日，與百寮登壇，受皇帝璽綬。脩燔瘞，告類于天神，惟神饗祚于漢家〔四〕，永綏四海！」遂即位于武擔之南。大赦，改元。策諸葛亮爲丞相〔五〕，曰：「朕遭家不造，奉承大統，兢兢業業，不敢康寧，思靖百姓〔六〕，懼未能綏。於戲！丞相亮其悉朕意，無怠輔朕之闕，助宣重光，以昭明天下，君其勖哉！」亮以丞相録尚書事，假節。置百官，立宗廟，祫祭高皇帝以下。蓋雖出自孝景，而世數悠遠，昭穆難明，不知以何帝爲元祖以立親廟也〔七〕。五月，辛巳，策曰：「朕承天命，奉至尊，臨萬國。今以后爲皇后，遣使持節丞相亮授璽綬，承宗廟，母天下，皇后其敬之哉！」又

〔一〕「惟」，底本作「雖」，今據《三國志·先主傳》改。
〔二〕「天」，底本脱，今據福建本、北大本、《三國志·先主傳》補。
〔三〕「阼」，底本作「邦」，今據《三國志·先主傳》改。
〔四〕「饗祚于」，底本作「嚮祚」，今據《三國志·先主傳》改補。
〔五〕「亮」，底本脱，今據福建本、北大本、《三國志·先主傳》補。
〔六〕「靖」，底本作「盡」，今據《三國志·先主傳》改。
〔七〕上「以」字，底本脱，今據《三國志·先主傳》補。

策曰：「太子禪，朕遭漢運艱難〔一〕，賊臣篡盜，社稷無主，格人群正，以天明命，朕繼大統。今以禪爲皇太子，以承宗廟，祇肅社稷。使丞相亮授印綬，敬聽師傅，行一物而三善皆得焉，可不勉與！」六月，使司徒靖立庶子魯王，策曰：「小子永〔二〕，受茲青土。朕承天序，繼統大業，遵修稽古，建爾國家，封於東土，奄有龜蒙，世爲藩輔。嗚呼！恭朕之詔。惟彼魯邦，一變適道，風化存焉。人之好德，世茲懿美。王其秉心率禮，綏爾士民，是饗是宜，其戒之哉！」梁王策曰：「小子理，朕統承漢序，祇順天命，遵脩典秩，建爾于東，爲漢藩輔。惟彼梁土〔三〕，畿甸之邦，民狎教化，易導以禮。往悉乃心，懷保黎庶，以永爾國，王其敬之哉！」禪字公嗣，而永字公壽，理字奉孝，異母，并禪庶弟也。夫主以郡國封建諸王，遥采嘉名，匪實厥土。孫權亦然。主本幽、薊所出，而何忘本不取哉？自此迄於南北朝，其遥封類如此。主耻關羽之没，將擊孫權。翊軍將軍趙雲曰：「國賊曹操，非孫權也。若先滅魏，則權自服。今操身雖斃，子丕篡盜，當因衆心，早圖關中，居河、渭上流，以討凶逆，關東義士，必裹粮策馬以迎王師。不應置

〔一〕「運」，底本脱，今據福建本、北大本、《三國志》卷三三《後主傳》補。
〔二〕「小」，底本作「少」，今據《三國志》卷三四《二主傳》改；以下徑改，不注。
〔三〕「土」，底本作「王」，今據《三國志·二主傳》改。

魏，先與吴戰。兵勢一交，不得卒解，非策之上也。」群臣諫者甚衆，主皆不聽。處士秦宓陳天時必無利，坐下獄幽閉，然後貸出。初，車騎將軍張飛，雄壯威猛，亞於關羽。羽善待卒伍，而驕於士大夫；飛愛禮君子，而不恤軍人。主常戒飛曰：「卿刑殺既過差[二]，又日鞭撾健兒而令在左右，此取禍之道也。」飛猶不悛。主將伐權，飛當率兵萬人，自閬中會江州。臨發，其帳下將張達[三]、范彊殺飛，以其首順流奔權。主聞飛營都督有表，曰：「噫！飛死矣。」陳壽評曰：「羽、飛皆稱萬人敵，爲世虎臣。羽報效曹公，飛義釋嚴顔，並有國士之風。然羽剛而自矜，飛暴而無恩，以短取敗，理數之常也。」七月，主自率諸軍擊權，權遣使求和。南郡太守諸葛瑾遺主牋曰：「陛下以羽之親，何如先帝？荆州大小，孰與海内？俱應仇疾，誰當先後？若審此數，易於反掌矣。」主不聽，遣將軍吴班、馮習攻破權將李異、劉阿等於巫，進兵秭歸，兵四萬餘人。武陵蠻夷皆遣使往請兵。權以鎮西將軍陸遜爲大都督，督將軍朱然、潘璋、宋謙、韓當、徐盛、鮮于丹、孫桓等五萬人拒之。初，魏主詔群臣，令料劉備當爲關羽出報孫權否。衆議咸

[二]「既過」，底本作「過重」，今據福建本、北大本、《三國志·張飛傳》、《通鑑》卷六九補删。
[三] 按：達、逵，底本二字或混用，以下徑改，不注。

云：「蜀，小國耳，名將唯羽。羽死軍破，國內憂懼，無緣復出。」侍中劉曄獨曰：「蜀雖狹弱，而備之謀欲以威武自强，勢必用衆，以示有餘。且羽與備，義爲君臣，恩猶父子。羽死，不能爲興軍報敵[一]，於終始之分不足矣[二]。」八月，權遣使稱臣，卑辭奉章，并送于禁等還。朝臣皆賀，曄獨曰：「權無故求降，必內有急。權前襲殺關羽，備必興師伐之。外有彊寇，衆心不安，又恐中國往乘其釁[三]，故委地求降，一以却中國之兵，一以假中國之援，以彊其衆而疑敵人耳。天下三分，中國十有其八，吴、蜀各保一州，阻山依水，有急相救，此小國之利也。今還自相攻，天亡之矣。宜大興師，徑渡江襲之。蜀攻其外，我襲其內，吴亡不出旬日矣。吴亡則蜀孤，若割吴之半以與蜀，蜀固不能久存[四]，況蜀得其外，我得其內乎！」丕曰：「人稱臣降而伐之，疑天下欲來者心，不若且受吴降，而襲蜀之後也。」對曰：「蜀遠吴近，又聞中國伐之，便還軍，不能止也。今備已怒，興兵擊吴，聞我伐吴，知吴必亡，將喜而進與我爭割吴地，必不改計抑怒救吴

[一]「軍」，底本作「兵」，今據《三國志》卷一四《劉曄傳》、《通鑑》卷六九改。
[二]「終始」，底本二字互乙，今據福建本、北大本、《三國志·劉曄傳》、《通鑑》卷六九正。
[三]「往」下，底本衍「來」字，「釁」，底本作「隙」，今據福建本、北大本、《通鑑》卷六九刪改。
[四]「固」，底本作「故」，今據《三國志·劉曄傳》裴松之注引《傅子》、《通鑑》卷六九改。

也。」丕不聽，遂受吴降。

二年，正月，主軍還秭歸，將軍吴班、陳式水軍屯夷陵，夾江東西岸。二月，主自秭歸將進擊吴，治中從事黄權諫曰：「吴人悍戰，而水軍沿流，進易退難。臣請爲先驅以當寇，陛下宜爲後鎮。」主不從，以權爲鎮北將軍，使督江北諸軍，主自率諸將，自江南緣山截領，軍於夷道猇亭。吴將皆欲迎擊，陸遜曰：「備舉軍東下，鋭氣始盛，且乘高守險，難可卒攻。攻之縱下，猶難盡克[二]，若有不利，損我大勢，非小故也。今但且獎勵將士，廣施方略，以觀其變。若此間是平原曠野，當恐有顛沛交逐之憂。今緣山行軍，勢不能展，自當罷於木石間，而可徐制其敝耳。」諸將不解，以爲遜畏之，各懷憤恨。漢人自佷山通武陵，使侍中馬良以金錦賜五谿諸蠻夷，授以官爵。五月，自巫峽、建平沿路置驛，連營至夷陵界，立數十屯，以馮習爲大督，張南爲前部，自正月與吴相拒，至六月不決。黄氣見自秭歸十餘里中，廣數十丈。後十餘日，主遣吴班將數千人於平地立營。吴將帥皆欲擊之，遜曰：「此必有譎，且觀之。」主知其計不行，乃引伏兵八千，從

[二]「盡」，底本作「進」，今據《三國志·陸遜傳》裴松之注引《吴書》、《通鑑》卷六九改。

谷中出〔二〕。遜曰：「所以不聽諸君擊班者，揣之必有巧故也。」遜上疏於權曰：「夷陵要害，國之關限，雖爲易得，亦復易失。失之非徒損一郡之地，荊州可憂。今日争之，當令必諧。備干天常，不守窟穴，而敢自送。臣雖不材，憑奉威靈，以順討逆，破壞在近，無可憂者。臣初嫌之，水陸俱進，今反捨船就步，處處結營，察其布置，必無他變。伏願至尊高枕，不以爲念也。」閏月，遜將進攻漢軍，諸將並曰：「攻備當在初，今乃令入五六百里〔三〕，相守經七八月，其諸要害皆已固守〔三〕，擊之必無利矣。」遜曰：「備是猾虜，更嘗事多，其軍始集，思慮精專，未可干也〔四〕。今住已久，不得我便，兵疲意沮〔五〕，計不復生。犄角此寇，正在今日。」乃先攻一營，不利。諸將皆曰：「空殺兵耳。」遜曰：「吾已曉破之之術。」乃敕各持一把茅〔六〕，以火攻拔之。一爾勢成，通率諸軍同時俱攻，斬張南、馮習及胡王沙摩柯等首，破四十餘營。漢將杜路、劉寧等窮逼請降。主升馬鞍

〔二〕「中」，底本作「口」，今據福建本、北大本、《三國志・陸遜傳》、《通鑑》卷六九改。
〔三〕「入」，底本作「人」，今據福建本、北大本、《三國志・陸遜傳》、《通鑑》卷六九改；以下徑改，不注。
〔三〕「害」，底本脱，今據福建本、北大本、《三國志・陸遜傳》、《通鑑》卷六九補。
〔四〕「干」，底本作「平」，今據《三國志・陸遜傳》、《通鑑》卷六九改。
〔五〕「沮」，底本作「阻」，今據福建本、北大本、《三國志・陸遜傳》、《通鑑》卷六九改；以下徑改，不注。
〔六〕「一」，底本作「以」，今據《三國志・陸遜傳》、《通鑑》卷六九改。

山，陳兵自繞。遜督促安東中郎將孫桓諸軍四面蹙之。蜀兵甚盛，彌山盈谷，桓拔刀奮命，與遜戮力，遂土崩瓦解，死者萬數。主遂夜遁，桓斬上夔道[一]，截其要徑。主踰山越險[二]，驛人自擔燒鐃鎧斷後，僅得入白帝城。改魚復縣曰永安。其舟船器械，水步軍資，一時略盡，屍骸塞江而下。主大慚恚，歎曰：「吾乃爲陸遜所折辱[三]，豈非天耶！」又曰：「吾昔初至京城，桓尚小兒，而今迫孤乃至此也！」將軍傅彤爲後殿[四]，兵衆盡死，彤氣益烈。吴人諭之使降，彤罵曰：「吴狗，安有漢將軍而降者！」遂死之。從事祭酒程畿泝江而退，衆曰：「後追將至，宜解舫輕行。」畿曰：「吾在軍，未習爲敵之走也，況從天子乎！」亦死之。吴遣將軍李異、劉阿等踵躡主軍，屯駐南山。八月，收兵還巫。初，遜爲大都督，諸將或討逆時舊將，或公室貴戚，各自矜持，不相聽從。遜按劍曰：「劉備天下知名，曹操所憚，今在疆界，此彊對也。諸軍當相輯睦，共翦此虜。軍令有常，不可犯也。」及至破備，計多出遜，諸將乃服。史評曰：「備天下稱雄，一世所憚。

[一]「夔」，底本作「兜」，今據《三國志》卷五一《宗室傳·孫桓傳》改。

[二]「山」，底本脱，今據福建本、北大本、《三國志·孫桓傳》補。

[三]按：「決黄氣……吾乃爲陸遜所折辱」，此頁底本錯置于「遜所折辱……決計輒還」頁之下，今據福建本、北大本調正。

[四]「彤」，底本作「肜」，今據福建本、北大本、《三國志》卷四五《楊戲傳》、《通鑑》卷六九改；以下徑改，不注。

遜春秋方壯，威名未著，摧而克之，罔不如志。予既奇遜之謀略，又嘆權之識才，所以濟大事也。」初，諸葛亮與尚書法正好尚不同，而以公義相取。亮每奇正智術。及主伐吳，而時正已卒，亮嘆曰：「孝直若在，必能制主上東行；就使東行，必不傾危矣。」觀此，豈以伐吳爲可乎？然而不諫者，以盛怒不可阻，且得上流，可以勝也。兵勢何常，在於奇變。主嘗與曹公爭，埶有不便，宜退，而主大怒，不肯退，無敢諫者。矢下如雨，正乃往當主前。主云：「孝直避箭。」正曰：「明公親當矢石，况小人乎！」主乃曰：「孝直，吾與汝俱去。」遂退。是不傾危之證焉。主在白帝，吳將徐盛、潘璋、宋謙等各競表言，主必可擒，乞復攻之。權以問遜，遜與朱然、駱統上言曰：「曹丕大合士衆[一]，外托助國討備，内實有姦心，謹決計輒還。」曹公不追關羽，遜不再攻備，其所見固同也。以智遇智，三國所以鼎立歟！初，丕聞漢兵樹柵連營七百餘里，謂群臣曰：「備不曉兵，豈有七百里營可以拒敵者乎[二]！『苞原隰險阻而爲軍者爲敵所擒』，此兵忌也。權上事今至矣[三]。」後七日，吳破漢書到。主既敗走，黄權在江北，與吳軍相拒於夷

〔一〕「士」，底本作「示」，今據《三國志·陸遜傳》、《通鑑》卷六九改。
〔二〕「里」，底本脱，今據福建本、北大本、《三國志·文帝紀》、《通鑑》卷六九補。
〔三〕「至」，底本脱，今據福建本、北大本、《三國志·文帝紀》、《通鑑》卷六九補。

陵，道絶，不得還。八月，率其衆降魏。漢有司請收權妻子，主曰：「孤負黄權，權不負孤也。」待之如初。丕謂權曰：「君捨逆效順，欲追踪陳、韓也？」對曰：「臣過受劉主殊遇，降吴不可，還蜀無路，是以歸命。且敗軍之將，免死爲幸，何古人之可慕也！」丕善之，拜爲鎮南將軍，封育陽侯，加侍中，使陪乘。蜀降人或云漢誅權妻子，丕詔權發喪。權曰：「臣與劉、葛推誠相信，明臣本志。竊疑未實，請須。」後得審問，果如所言。馬良亦死於五谿。十月，詔丞相亮營南、北郊於成都。十一月，魏丕伐吴，吴船敗，收軍還江南。權聞主住白帝，甚懼，使太中大夫鄭泉來聘。遣太中大夫宗瑋報之，吴、漢復通。主聞魏師大出，遺遜書曰：「賊今已在江、漢，吾將復東，將軍謂其能然否？」遜答曰：「但恐軍新破，創夷未復，始求通親；且當自補，未暇窮兵耳。若不推算，欲復以傾覆之餘，遠送以來者，無所逃命。」十二月，漢嘉太守黄元爲亮所不善，以主不豫，懼有後患，故舉郡反[二]。

三年，二月，諸葛亮至永安。三月，丙申，魏征吴，還洛陽。初，丕問太尉賈詡曰：「吾欲伐不從命以一天下，吴、蜀何先？」對曰：「攻取者先兵權，建本者尚德化。

〔二〕「反」，底本作「友」，今據福建本、北大本、《三國志》卷四一《楊洪傳》、《通鑑》卷七〇改。

若綏以文德而俟其變〔二〕，則平之不難矣。吴、蜀雖蕞爾小國，依山阻水。劉備有雄才，諸葛亮善治國；孫權識虚實，陸遜見兵勢。據險守要，汎舟江湖，皆難卒謀也。用兵之道，先勝後戰，量敵論將〔三〕，故舉無遺策。臣竊料群臣，無備、權對，雖以天威臨之，未見萬全之勢也。」丕不納，軍竟無功。黄元進兵臨卭城。時亮東行省疾，成都單虚，元益無所憚。益州治中從事楊洪啓太子，遣將軍陳曶、鄭綽於南安峽口邀元，元軍敗，順江東下，生獲，斬之。癸卯，月犯心中大星。主病篤，命丞相亮輔太子，以尚書令李嚴爲副。主謂亮曰：「君才十倍曹丕，必能安國，終定大事。若嗣子可輔，輔之；如其不才，君可自取。」亮涕泣曰：「臣敢不竭股肱之力，效忠貞之節，繼之以死。」主遺詔敕後主曰：「朕初疾，但下痢耳，後轉雜他病，殆不自濟。人五十不稱夭，年已六十有餘，何所復恨，不復自傷，但以卿兄弟爲念。射君到，説丞相歎卿知量甚大，增修過於所望，審能如此，吾復何憂！勉之，勉之！勿以惡小而爲之，勿以善小而不爲。惟賢惟德，能服於人。汝父德薄，勿效之。可讀《漢書》《禮記》，閒暇歷觀諸子及《六韜》《商君

〔二〕「俟」，底本作「候」，今據《三國志》卷一〇《賈詡傳》、《通鑑》卷七〇改；以下徑改，不注。

〔三〕「論」，底本作「諭」，今據福建本、《三國志·賈詡傳》、《通鑑》卷七〇改；以下徑改，不注。

書》，益人意智。聞丞相爲寫《申》《韓》《管子》《六韜》一通已畢[一]，未送，道亡，可自更求聞達。」臨終時，呼魯王與語：「吾亡之後，汝兄弟父事丞相，令卿與丞相共事而已。」四月，癸巳，主崩于永安宮，年六十三。亮上言於後主曰：「伏惟大行皇帝邁仁樹德，覆燾無疆，昊天不弔，寢疾彌留，今月二十四日奄忽升遐，臣妾號咷，若喪考妣。乃顧遺詔，事惟大宗[二]，動容損益，百寮發哀，滿三日除服，到葬期復如禮。其郡國太守、相、郡尉、縣令長，三日便除服。臣亮親受敕戒，震畏神靈，不敢有違。臣請宣下奉行。」亮奉喪還成都，以李嚴爲中都護，留鎮永安。五月，梓宮自永安還成都，謚曰昭烈皇帝。初，張裕私語人曰：「歲在庚子，天下當易代，劉氏之祚盡矣。主公得益州，九年後，寅卯間當失之。」人密白其言。主忿其漏言，乃顯裕諫争漢中不驗，棄市。而魏立、主薨，皆如裕所刻[三]。

陳壽評曰：「先主之弘毅寬厚，知人待士，蓋有高祖之風，英雄之器焉。及其舉國

[一]「寫」，底本作「了」，今據福建本、《三國志·先主傳》改。
[二]「事」，底本作「是」，今據《三國志·先主傳》改。
[三]「刻」，底本作「列」，今據福建本、《三國志·周群傳》改。

托孤於諸葛亮，而心神無貳，誠君臣之至公，古今之盛軌也。機權幹略[一]，不逮魏武，是以基宇亦狹。然折而不撓，終不爲下者，抑揆彼之量必不容己，非惟競利，且以避害云爾。」

常璩述志曰：「政去王室，權流二棨。瓜分天壤，宰割民物。舍彼信順，任此智計。大道既隱，詭詐競設。並以豪特，力爭當世。居正慮明，名號絶替。身兼萬乘，籍同列國。」述劉先主譔曰：「漢末大亂，雄傑並起。若董卓、吕布、二袁、韓、馬、張楊、劉表之徒，兼州連郡，衆踰萬計，叱咤之間，皆自謂漢祖可踵，桓、文易邁。而魏武神武幹略[二]，戡屠盪盡。于時先主名微人鮮，而能龍興鳳舉，伯豫君徐，假翼荆、楚，翻飛梁、益之地，元胤漢祚，而吴、魏與之鼎峙[三]，非英材命世，孰克如之？然必以曹氏替漢，宜扶信順，以明至公，還乎名號，爲義士所非。及其寄死，托孤于諸葛亮，而心神無貳。陳子以爲君臣之至公，古今之盛軌也。」

〔一〕「略」，底本作「界」，今據福建本、北大本、《三國志·先主傳》改。
〔二〕「神武」，底本脱「武」字，今據福建本、北大本、《華陽國志》卷六《劉先主志》補（臺灣影印清乾隆文淵閣《四庫全書》本）。
〔三〕「與」，底本脱，今據福建本、北大本、《華陽國志·劉先主志》補。

孫盛曰：「夫杖道扶義，體存信順〔一〕，然後能匡主濟功，終定大業。語曰：弈者舉棊不定，猶不勝其偶。況量君之才否而二三其節，何以摧服强鄰囊括四海者乎？備之命亮，亂孰甚焉！世或有謂備欲以固委付之誠〔二〕，且以一蜀人之志。君子曰不然。苟所寄忠賢，則不須若斯之誨；如非其人，不宜啟篡逆之途。是以古之顧命，必貽話言，詭僞之辭，非托孤之謂。幸值劉禪闇弱，無猜險之性，諸葛亮威略〔三〕，足以檢衛異端，故使異同之心無由自起耳。不然，殆生疑隙不逞之釁。謂之爲權〔四〕，不亦惑哉！」

郭造卿曰〔五〕：王者名世之興，以五百年爲期。姬周而來，千有餘年，燕帝震于東北，而鼎定西南，何已？蓋於《易》爲坤，承天而時行，東北則喪朋，西南則得朋。故其之沛之荆，爲豫爲徐，不利；及至于蜀，若蹇而解上六，斯利矣。乃如坤之戰，何哉？漢興，高祖自沛入關〔六〕，爲項驅而王漢中，因以養民致賢，則自西南

〔一〕「存信」，底本作「信達」，今據《三國志·諸葛亮傳》裴松之注引孫盛曰改。
〔二〕「以」、「誠」，底本作「其」、「人」，今據《三國志·諸葛亮傳》裴松之注引孫盛曰改。
〔三〕「威」，底本脱，今據《三國志·諸葛亮傳》裴松之注引孫盛曰補。
〔四〕「爲」，底本脱，今據《三國志·諸葛亮傳》裴松之注引孫盛曰補。
〔五〕按：《燕雄記二》卷末「郭造卿曰」，郭應寵收入《海嶽山房存稿》卷八，爲《劉先主論》，今見本書下編燕史論一。
〔六〕「關」，底本作「官」，今據福建本、北大本、《劉先主論》改。

得朋始。及出而争天下，由雒陽都關中，至於用九群龍無首，剛而能柔，牝之貞焉。漢末，先主自涿而沛，入荆謀蜀，以王漢中，而失乎荆，則不復過沛，祖涿鹿爲異域。乃關、張相繼而殞，所得東北朋喪矣。非上六之陰與陽争，兩敗俱傷而玄黄哉？故爲帝而稱龍，猶未離其數〔二〕，與魏、吴血戰，相繼以亡于晉。天地之雜象如此，是乃三分之業也。

〔二〕「數」，底本作「類」，今據《劉先主論》改。

燕督記

燕督記敍[一]

夫督之大、都[二]，晉、宋、齊《百官志》未核也。蓋本於漢重刺史，持節。至光武初，征伐四方，置督軍御史，事竟而罷。建康初，御史中丞馮赦討九江賊，乃督揚徐二州軍事。建安中，袁紹自爲大將軍，兼督冀青幽并四州。魏武爲相，遣大將軍督軍征吳而還，夏侯惇督二十六軍是也。督而曰都，始於魏命程昱領濟陰太守，都督兖州事。都而曰大，始於吳之嬀覽爲大都督督兵馬。魏既篡漢，司馬懿以尚書轉督軍御史中丞。而置都督諸州軍事，或領刺史，云自黄初三年矣。時且以上軍大將軍曹真都督中外諸軍事，則總中外自真始。而晉督始於懿，爲都自鎮宛始，大而假黄鉞則自征蜀始，遷侍中持節

[一] 按：《燕督記敍》，郭應寵收入《海嶽山房存稿》卷四，今見本書下編燕史敍。

[二] 「夫」、「大」，底本脱，今據福建本、下編《燕督記敍》補。

都督中外諸軍且録尚書事，則自征遼回而受顧命始也。蓋文武大權，斯盡歸之矣。爰師及昭，翦商之心彌著，事殷之跡蔑如。炎則以晉公、相國總百揆，於是上節傳，去侍中、大都督、録尚書之號焉，遂王而之帝，自督而篡以始矣。幽州兼督自紹，而專督自吴署公孫淵，不受以叛，非定制焉。後惟以州屬刺史，而鎮北將軍、假節河北諸軍事兼之。至專督而有名，自晉衛瓘。故以《督記》而始於晉焉。惟瓘及華，實惟名公。至懷、愍之亂，浚則叛臣矣。爲段爲石，或督或否，而琨嘗兼之，弗克底厥終。所授慕容氏，僭而爲燕帝，授其臣如制，與東晉而抗衡焉。既控六州，又督其十，西自秦雍，南及荆揚，遂徙鄴都，而取洛陽。亡何，并鄴失於秦〔一〕。復而爲後、爲南、爲北，而其制大亂。授叛者有之，授篡者有之，授夷虜者有之，凡屬之於《朔記》。蓋晉之東久矣，初嘗授此開國，幽爲其所遥督。無何，督者僑州而已。其制都督中外尤重，惟王導等居之，至末則侈而濫〔二〕，故宋乘以篡焉〔三〕。稱大及中外，雖亦戒慎之，而尚假黄鉞，得專戮節將，豈人臣之常器哉！齊、梁末則濫，而波及於陳亡。夫初而專幽者，爲燕也；既而兼督者，

〔一〕按：于、子，底本二字或混用，以下徑改，不注。
〔二〕「末」，底本作「宋」，今據福建本、下編《燕督記敘》改。
〔三〕「宋」，底本作「采」，今據下編《燕督記敘》改。

爲幽也。僑而名存，不忘其故也；遥而名繫，示奄而有也。宋雖篡晉，《元經》與之，齊則僑而無幽，《經》不之予矣。然於陳亡，上具及晉，爲華夏禮樂在否，猶有與奪之義焉。兹但存其國，以具乎遺制。常而爲交聘，變而爲戰争，至南淪胥而北統一，尚稱假黄鉞使持節大都督内外諸軍事，篡而爲唐乃止。於陳滅不以隋續，爲非承晉之偏篡，故更端易名以記。猶晉後雖有牧[一]，而稱止於鼎立也。

燕督記一

郭造卿曰：晉初督幽，惟衛及張。瓘之分平州，而功固鉅，華雖未久，效亦可觀焉。鮮卑蹢躅于遼陬，未敢陸梁幽都，宇文爲之仇，段氏爲之與矣。自惠賈宗室之亂，王浚乃引異類，納以館甥，封以遼郡，與成都稱隙，引之戕我函夏。故鄴乃伏於匈奴，而淵遂倡五胡，稱漢元熙王，至永鳳皇帝，自有天驕所未有也。而厲階之未弭，非浚督幽始乎？劉琨在并，遂王猗盧[二]，至割地以與之，防自此而大潰焉。

[一]「後」，底本脱，今據福建本、下編《燕督記敘》補。

[二]「猗」，底本作「倚」，今據《晉書》卷六二《劉琨傳》改；以下徑改，不注。

浚破於羯，幽爲之陷，勒去而匹磾領之，竟歸于末柸。琨則死段氏。段氏與慕容敵，而慕容荐食，能自爲國矣。蓋匹磾若琨，末柸若浚，順逆不同，皆鮮克有終，非若慕容，方忠順而未有逆節也。故在西晉略之〔一〕，而惟段氏詳焉。詳浚，主而僭者也。詳琨，隣而兼者也。及乎祖逖，燕人有志者也。至於邵續，則又段氏之與矣。

泰始元年，十二月，丙寅，炎篡位。丁卯，封魏帝爲陳留王，邑萬户，居於鄴宮；魏氏諸王皆爲縣侯。大封宗室，七人其在《燕域表》者：皇叔祖父孚安平王，弟機燕王，從叔父輔渤海王，珪高陽王，綏范陽王，睦中山王，皇從父兄洪河間王。晉室宗封，就國無幾。或出擁旄節，蒞岳牧之崇；或入踐台階，居端揆之重。然而相仍構釁，興廢有甚變棋。故凡以王名燕域者，其事非燕不書爲〔二〕。以鎮北大將軍衛瓘爲菑陽公，鎮北及安東書之，爲燕及邊城，非以菑陽也。若石苞之封樂陵，王沈之封博陵，皆燕域支封，以遠地不書侯。己巳，詔陳留王載天子旌旗，備五時副車〔三〕，行魏正朔，郊祀天地〔四〕，禮

〔一〕「略」，底本脱，今據福建本、北大本補。
〔二〕「燕」，底本作「然」，今據福建本改。
〔三〕「時」，底本作「則」，今據《晉書》卷三《武帝紀》改（中華書局一九七四年點校本）。
〔四〕「郊」，底本作「效」，今據福建本、《晉書·武帝紀》改。

樂制度皆如魏舊，上書不稱臣。賜山陽公劉康、安樂公劉禪子弟一人爲駙馬都尉[二]。安樂公，燕號也，而山陽、陳留何以書？嗟夫！魏篡漢不弑廢帝，而晉尚存其意，是亦盜有道焉。雖篡之流殃深，不猶愈於殺乎？後之因殉而罪倆者，豈知尤有甚於殉哉！乙亥，以安平王孚爲太宰、假黄鉞、大都督中外諸軍事。夫都督中外，則罔不督矣，非督州者比，後之篡，多以此也。

二年，九月，戊戌，有司奏：「受禪有魏，宜一用前代正朔服色，皆如虞遵唐故事。」嗟夫！自魏於漢而然，此其雖篡，而正朔歸之也。十一月[三]，己卯，罷山陽公國督軍，除其禁制。

三年，八月，罷都護將軍，而都督任益專矣。十二月，山陽公劉康來朝。

四年，二月，庚子，增置山陽公國相、郎中令、陵令、雜工宰人、鼓吹車馬各有差。

七年，八月，丙戌，以征東大將軍衛瓘爲征北大將軍、都督幽州諸軍事、幽州刺史、護烏桓校尉。瓘字伯玉，河東安邑人也。劉沈字道真，燕國薊人，世爲州名族。少仕州

[二]「禪」，底本作「祥」，今據《晉書·武帝紀》改；以下徑改，不注。

[三]「一」，底本作「二」，今據《晉書·武帝紀》、《通鑑》卷七九改。

郡，博學好古，太保衛瓘辟爲掾。

八年，二月，壬辰，詔舉奇才可以安邊者三人。尚書盧欽以王衍好論縱橫之術，舉爲遼東太守，不就。父乂爲平北將軍〔二〕，卒于北平，送故甚厚，爲親識之所借貸，因以捨之。太宰、安平王孚薨，是後嗣立不書。

九年〔三〕，七月，鮮卑寇廣寧，殺略五千人。

十年，二月，分幽州五郡置平州，衛瓘所請也，而兼督之。十二月，立太原王子緝爲高陽王。

咸寧元年，六月，鮮卑力微遣子來獻。嘉衛瓘功，賜一子亭侯。瓘乞以封弟，弟未受命而卒〔三〕。是歲，燕王機初封，邑六千六百六十三户。至是，徵爲步兵校尉，尋以漁陽郡益其國，加侍中之服。拜青州都督、鎮東將軍、假節，以北平、上谷、廣寧郡一萬三百三十七户增燕王國爲二萬户〔四〕。初，詔爲機置師友，取明經儒學，有行義節儉，使足嚴

〔二〕「乂」，底本作「義」，今據《晉書》卷四三《王衍傳》改。

〔三〕「年」，底本作「月」，今據福建本、北大本、《晉書·武帝紀》改；以下徑改，不注。

〔三〕「未」，底本作「永」，今據《晉書》卷三六《衛瓘傳》改。

〔四〕「三十七」，底本脱三字；「二」，底本作「三」，今據《晉書》卷三八《宣五王傳·清惠亭侯京傳》補改。

憚者。陳邵，字節良，東海襄賁人也。郡察孝廉，不就，以儒學徵爲陳留内史，累遷燕王師。撰《周禮評》，甚有條貫，行于世。泰始中，詔曰：「燕王師陳邵，清貞潔静，行著邦族，篤志好古，博通六籍，耽悦典誥，老而不倦，宜在左右，以篤儒教。可爲給事中。」卒于官。霍原字休明，燕國廣陽人也。少有志力。叔父坐法當死，原入獄訟之，楚毒備加，終免叔父。年十八，觀太學行禮，因習留之。貴游子弟聞而重之，欲與相見[一]，以其名微，不欲晝往，乃夜共造焉[二]。父友同郡劉岱將舉之，未果而病篤，臨終，敕其子沈曰：「霍原慕道清虚，方成奇器，汝後必薦之。」後歸鄉里，山居積年，門徒百數，燕王月致羊酒。

二年，二月，丙戌，河間王洪薨。甲午，東夷八國歸化，語在《貊記》。十二月，以平州刺史傅詢清白有聞，賜帛二百匹。

三年，正月，庚寅，衛瓘討力微。七月，中山王睦以罪廢爲丹水侯[三]。八月，癸亥，徙渤海王輔爲太原王，顒爲河間王，濟南王耽爲中山王，河間王威爲章武王。立齊王子

〔一〕「欲」，底本作「故」，今據福建本、北大本、《晉書》卷九四《隱逸列傳·霍原傳》改。
〔二〕「造」，底本作「延」，今據《晉書·霍原傳》改。
〔三〕「睦」，底本作「穆」，今據《晉書·武帝紀》、《通鑑》卷八〇改。

蕤爲遼東王。

四年，三月，甲申，尚書左僕射盧欽卒，燕人，史有傳。七月，庚寅，高陽王緝薨。癸巳，范陽王綏薨。九月，以尚書令燕人李胤爲司徒。十月，以征北大將軍衛瓘爲尚書令。瓘之督幽平也，於時幽并〔一〕，東有務桓〔二〕，西有力微，並爲邊害。瓘離間二虜，遂致嫌隙，於是務桓降而力微以憂死。既賜封子密以亭侯，累求入朝，而使旋鎮。至是徵，加侍中焉。

五年，十一月，大舉伐吴，命賈充爲使持節、假黄鉞、大都督。十二月，肅慎來獻楛矢石砮，語在《貊記》〔三〕。

太康元年，三月，壬申，平吴，東晉之基也。六月，封丹水侯睦爲高陽王〔四〕。

二年，十月，鮮卑慕容涉歸寇昌黎。十一月，鮮卑寇遼西，平州刺史鮮于嬰破之。

三年，正月，甲午，以尚書燕人張華持節、都督幽州諸軍事、鎮烏桓校尉、安北將

〔一〕「時」，底本作「是」，今據《晉書·衛瓘傳》改。

〔二〕按：「桓」，底本或誤作「柏」，今據《衛瓘傳》、《通鑑》卷八一改；以下徑改，不注。

〔三〕「貊」，底本作「柏」，今據福建本、北大本改。

〔四〕「丹」，底本作「舟」，今據福建本、北大本、《晉書·武帝紀》、《通鑑》卷八一改。

軍。華字茂先，范陽方城人也。父平，爲魏漁陽郡守。華聲名始著，郡守鮮于嗣薦之〔一〕，仕至廣武縣侯。而出撫納新舊，戎夏懷之。東夷馬韓、新彌諸國，依山带海，去州四千餘里，歷世未附者二十餘國，並遣使朝獻。於是遠夷賓服，四境無虞，頻歲豐稔，士馬彊盛。帝欲徵之，爲讒所阻，頃之，以爲太常。三月，安北將軍嚴詢敗鮮卑慕容廆於昌黎〔二〕，殺傷數萬人〔三〕。閏月，丙子，司徒、廣陸侯李胤卒，語在本傳。八月，罷平州刺史三年一入奏事。趙至字景真，代郡人也。寓居洛陽，因入吴，而向遼西占户焉。遼西舉郡計吏，到洛，與父相遇。時母已亡，父欲令其宦立，弗之告，仍戒以不歸，至乃還遼西。幽州三辟部從事，斷九獄，見稱精審。太康中，以良吏赴洛，方知母亡。初，至自耻士伍〔四〕，欲以宦學立名〔五〕，期於榮養。既而志不就，號憤慟哭，嘔血而卒，時年三十七耳。

四年，五月，己亥，徙遼東王蕤爲東萊王。

〔一〕「嗣」，底本作「輔」，今據福建本、《晉書》卷三六《張華傳》改。
〔二〕「慕容廆」，太康二年文與《通鑑》卷八一作「慕容涉歸」，《燕史》據《晉書·武帝紀》。
〔三〕「殺」，底本脱，今據《晉書·武帝紀》補。
〔四〕「伍」，底本作「位」，今據福建本、北大本、《晉書》卷九二《文苑列傳·趙至傳》改。
〔五〕「宦」，底本作「官」，今據《晉書·趙至傳》改。

七年，五月，慕容廆寇遼東。

九年，六月，庚子朔，徙章武王威爲義陽王。十二月，癸卯，立河間王洪子英爲章武王〔一〕。

十年，五月，慕容廆來降，拜爲鮮卑都督。十一月，甲申，以汝南王亮爲大司馬、大都督、假黄鉞。立皇子演爲代王。

太熙元年，四月，辛丑，以侍中車騎將軍楊駿爲太尉、都督中外諸軍、録尚書事。炎疾篤〔二〕，駿，后父，自爲詔也。炎遂殂，中朝亂自此始矣。八月，壬午，立太子，以前太常張華爲少傅〔三〕。十月，辛酉，左賢王劉淵爲建威將軍、匈奴五部大都督。

惠帝元康元年，三月，辛卯，賈后殺楊駿及東夷校尉文鴦〔四〕，皆夷三族。徵亮爲太

〔一〕「章」，底本作「東」，今據《晉書·武帝紀》改。

〔二〕「篤」，底本作「駕」，今據福建本、北大本、《晉書·武帝紀》、《通鑑》卷八二改。

〔三〕「少」，底本作「太」，今據《晉書·張華傳》、《通鑑》卷八二改。

〔四〕「文鴦」，底本作「文鴦淑」，按：《晉書》卷四《孝惠帝紀》作「文淑」，今據《三國志》卷二八《諸葛誕傳》、《通鑑》卷八二删。

宰，及太保衛瓘輔政。三月〔一〕，庚戌，免東安王繇及東平王楙，繇徙帶方〔二〕。六月，賈后矯詔殺亮及瓘。而殿中中郎孟觀奉賈后旨誣駿，以爲黄門侍郎，特給親信四十人，遷積弩將軍，封上谷郡公。後以從叛王，夷三族。王衍爲中庶子、黄門侍郎。妻郭氏，賈后之親，藉中宫勢〔三〕，剛愎貪戾，聚斂無厭，好干預人事，衍患之而不能禁。李陽爲幽州刺史，京師大俠也。郭氏素憚陽，衍謂郭曰：「非但我言卿不可，李陽亦謂不可。」郭氏爲之少損。陽，琅邪臨沂人也。觀其見憚于郭氏，則刺幽禁姦止暴可知矣。

二年，九月，乙酉，中山王耽薨。

三年，六月，鮮卑宇文莫廆爲其下所殺。初，北虜侵掠北平，以翊軍校尉、上庸縣侯唐彬爲使持節、監幽州諸軍事、領護烏桓校尉、右將軍。彬字儒宗，魯國鄒人也。既至鎮，訓卒利兵，廣農重稼，震威耀武，宣喻國命，示以恩信。於是鮮卑二部大莫廆、擿何等〔四〕，並遣侍子入貢。兼修學校，誨誘無倦，仁惠廣被。遂開拓舊境，卻地千里。復

〔一〕按：「三月」，《燕史》上文已有，此處重出。
〔二〕「繇」，底本脱，今據《晉書·孝惠帝紀》、《通鑑》卷八二補。
〔三〕「中宫」，底本二字互乙，今據《晉書·王衍傳》正。
〔四〕「大」，底本作「文」，今據福建本、北大本、《晉書》卷四二《唐彬傳》改。

秦長城塞，自温城洎于碣石，緜亘山谷且三千里，分軍屯守，烽堠相望。由是邊境獲安，無犬吠之警，自漢、魏征鎮莫之比焉。鮮卑諸種畏懼，遂殺莫廆。彬欲討之，恐列上俟報，虜必逃散，乃發幽冀車牛。參軍許祗密奏之，詔遣御史檻車徵彬，付廷尉，以事直見釋〔一〕。百姓追慕彬功德，生爲立碑作頌。轉拜使持節、前將軍、領西戎校尉、雍州刺史。

六年，正月，以中書監張華爲司空。

九年，李重遷尚書吏部郎，務抑華競，不通私謁，特留心隱逸，舉霍原與馮翊吉謀等爲秘書郎。及劉沈爲燕國中正，舉原爲寒素，司徒府不從。沈又抗詣中書奏原，而中書復下司徒參論。司徒左長史荀組以爲：「寒素者，謂門寒身素，無世祚之資。原爲列侯，顯佩金紫〔二〕，先爲人間流通之事，晚乃務學，少長異業，年踰始立，草野之譽未洽，德禮無聞，不應寒素之目。」李重奏曰：「案如《癸酉詔書》〔三〕，廉讓宜崇，浮競宜黜。

〔一〕「直」，底本作「宜」，今據《晉書・唐彬傳》改。
〔二〕「顯」，底本作「願」，今據《晉書》卷四六《李重傳》改。
〔三〕「如」，底本作「知」，今據《晉書・李重傳》改。

其有履謙寒素靖恭求己者〔一〕，應有以先之。如詔書之旨，以二品繫資，或失廉退之士〔二〕，故開寒素以明尚德之舉。司徒總御人倫，實掌邦教，當務峻準評，以一風流。然古之厲行高尚之士，或栖身巖穴，或隱跡丘園，或克己復禮〔三〕，或耄期稱道，出處默語，唯義所在。未可以少長異操，疑其所守之美，而遠同終始之異〔四〕，非所謂擬人必于其倫之義也。誠當考之于邦黨之倫〔五〕，審之于任舉之主。沈爲中正，親執銓衡。陳原隱居求志，篤古好學，學不爲利，行不要名，絶迹窮山，蘊韣道藝，外無希世之容，內全遯逸之節，行成名立，縉紳慕之，委質受業者千里而應，有孫、孟之風，嚴、鄭之操。始舉原，先諮侍中領中書監華、前州大中正後將軍嬰、河南尹軼。去三年，諸州還朝〔六〕，幽州刺史許猛特以原名聞，擬之西河，求加徵聘。如沈所列，州黨之議既舉，又刺史班詔表薦，如此而猶謂草野之譽未洽，德禮無聞，舍所徵檢之實，而無明禮正辭，以奪沈所執。且應二品，

〔一〕「寒素」，底本二字互乙，今據《晉書·李重傳》正。
〔二〕「失」，底本作「炎」，今據《晉書·李重傳》改。
〔三〕「己」，底本脱，今據福建本、北大本、《晉書·李重傳》補。
〔四〕「終始」，底本二字互乙，今據《晉書·李重傳》正。
〔五〕「邦」，底本作「鄉」，今據福建本、《晉書·李重傳》改。
〔六〕「朝」，底本作「期」，今據《晉書·李重傳》改。

非所求備。但原定志窮山，修述儒道，義在可嘉。若遂抑替，將負幽邦之望，傷敦德之教。如詔書所求之旨，應爲二品。」詔從之。猛，高陽人，素服原名，會刺幽，將詣之，主簿當車諫不可出界，猛嘆恨而止，故荐。與王褒等俱以賢良徵，累下州郡，以禮發遣，皆不到。

永康元年，四月，趙王倫矯詔廢賈后爲庶人，司空張華、僕射尚書裴頠皆遇害。頠二子嵩、該，倫亦欲害之。梁王肜、東海王越稱頠父秀有勳王室，配食太廟，不宜滅其後嗣，故得不死，徙帶方。甲午，倫自爲使持節、都督中外諸軍事、相國、侍中，如宣、文輔魏故事。八月，改封吴王晏爲賓徒縣王。

永寧元年，正月，乙丑〔二〕，倫篡位。丙寅，遷帝于金墉城，號太上皇。齊王冏、成都王穎、河間王顒、常山王乂起兵討倫。四月，辛酉，勒兵入宫，逐倫歸第，即日乘輿反正。誅倫。六月，戊辰，復封賓徒王晏爲吴王。甲戌，以齊王冏爲大司馬，加九錫，備物典策，如宣、景、文、武輔魏故事。穎爲大將軍、都督中外諸軍事、假黄鉞、録尚書

〔二〕「丑」，底本作「亥」，今據《晉書·孝惠帝紀》、《通鑑》卷八四改。

事，加九錫，入朝不趨，劍履上殿。九月，東安王繇復舊爵〔一〕。初，其兄東武公澹譖之也。澹性酗虐，與河内郭俶、弟侃親善。酒酣，俶等言張華寃，澹酗酒，因並殺之，送首于倫。妻郭氏，賈后内妹也，數無禮於其母諸葛太妃，乃訴之，遂以不孝與妻子俱徙遼東。

太安元年，十二月，長沙王乂殺冏，以乂爲太尉、都督中外諸軍事。時河間樹根於關右，成都盤桓於舊魏，新野大封於江漢，兼以方剛之年，並典戎馬之地〔二〕，緣是互生嫌隙，骨肉相殘，盜賊四起，野無烟火，奸雄乘間竊發矣。初，博陵郡公王沈，晉陽人也。嘗比晉，以弑魏高貴鄉公。子浚嗣，封爲中郎將，鎮許昌。及愍懷太子幽于許昌，浚承賈后旨，與黄門孫慮共害太子。遷安北將軍、青州刺史。冠軍參軍褚翜，翟人也，知内難方作，棄官避地于幽州。

二年，五月，江夏張昌作亂。以寧朔將軍、假節、監幽州諸軍事、領烏丸校尉劉弘，轉使持節、南蠻校尉、荆州刺史。弘字和季，沛國相人也。父靖〔三〕，爲鎮北將軍，語在

〔一〕「東」上，底本衍「遼」字，今據《晉書·惠帝紀》、《通鑑》卷八四删。
〔二〕「典」，底本作「與」，今據《晉書》卷八九《忠義列傳·王豹傳》、《通鑑》卷八四改。
〔三〕「靖」，底本作「清」，今據《晉書》卷六六《劉弘傳》改。

《牧記》。弘在幽，甚有威惠，寇盜屏迹，爲幽、朔所稱。以勳德兼茂，封宣城公。轉荆而王浚代之爲寧朔，都督幽州事如弘。八月，顒、穎舉兵討乂，逼京師，帝出幸。顒將河間人右將軍張方入京師，死者萬計。十二月，甲子，封鮮卑段務勿塵爲遼西公。其先出遼西，日陸眷者，因亂被賣爲漁陽烏丸子大庫辱官家奴。諸大人集會幽州，皆持唾壺，唯庫辱官獨無[一]，乃唾日陸眷口中。日陸眷因咽之，西向拜天曰：「願使主君之智慧禄相，盡移入我腹中。」其後漁陽大饑，庫辱官以日陸眷爲健使，將人詣遼西逐食，招誘亡叛，遂至彊盛。日陸眷死，弟乞珍代立。乞珍死，子務目塵代立[二]，據遼西地而臣於晉，爲東部之鮮卑焉。種類勁悍，世爲大人，所統三萬餘家，控弦上馬四五萬騎。浚以朝廷昏亂，天下洶洶，而爲自安計，結好夷狄，以一女妻素怒延，一女妻務勿塵。因遣軍助越征討有功，表爲親晉王，以遼西郡公封之。初，三王起兵討倫，浚擁衆挾兩端，遏絶檄書，使境內士庶不得赴義。穎欲討之，未暇也。倫誅，進號安北將軍。後顒、穎害乂，浚心不平。穎表請幽州刺史石堪爲右司馬，以右司馬和演代之，密使演殺浚，并其衆。

[一] 「獨」，底本作「猶」，今據《魏書》卷一〇三《徒何段就六眷傳》改（中華書局一九七四年點校本）；以下徑改，不注。
[二] 按：「務目塵」，《晉書》卷三九《王浚傳》、《通鑑》卷八五作「務勿塵」，《燕史》據《魏書·徒何段就六眷傳》。

演與烏丸單于審登謀之，遂與浚期游薊城南清泉上。薊城内西行有二道，演、浚各從一道。演與浚欲合鹵簿，因而圖之。值天暴雨，兵器霑濕[一]，不果而還。單于由是與其種人謀曰：「演圖殺浚，事垂克而天卒雨，使不得果，是天助浚也。違天不祥，我不可久與演同。」審登以謀告浚。浚密嚴兵，與單于約同并州刺史、東嬴公騰圖演[二]。演持白旗詣浚降，遂斬之，自領幽州，大營器械。騰，越之弟。穎稱詔徵浚，浚與務勿塵、烏桓羯朱及騰同起兵討穎。穎遣北中郎將、幽州刺史王斌及奮武將軍石超等擊之。初，穎表匈奴左賢王劉淵爲冠軍將軍，監五部軍事，使將兵在鄴。及浚、騰起兵，淵説穎曰：「今二鎮跋扈，衆十餘萬，恐非宿衛及近郡士衆所能禦也。請爲殿下還説五部，以赴國難。」穎曰：「五部之衆，果可發否？就能發之，鮮卑、烏桓，未易當也。吾欲奉乘輿還洛陽以避其鋒，徐傳檄天下，以逆順制之，君意何如？」淵曰：「殿下武皇帝之子，有大勳於王室，威恩遠著，四海之内，孰不願爲殿下盡死力者，何難發之有！王浚豎子[三]，東嬴疎屬，豈能與殿下争衡邪！殿下一發鄴宮，示弱於人，洛陽可得而至乎？縱達洛陽，

[一]「霑」，底本作「露」，今據《晉書·王浚傳》、《通鑑》卷八五改。
[二]「嬴」，底本作「瀛」，今據《晉書》卷三七《宗室列傳·新蔡哀王騰傳》、《通鑑》卷八五改。
[三]「豎」，底本作「監」，今據《晉書》卷一〇一《劉元海載記》、《通鑑》卷八五改。

威權不復在殿下。紙檄尺書，誰爲奉之？且東胡之悍，不踰五部，願殿下撫勉士衆，靖以鎮之。淵請爲殿下以二部摧東嬴，三部梟王浚，二豎之首，可指日而懸也。」穎悦，拜淵爲北單于、參丞相軍事。淵至左國城，從祖右賢王宣等上大單于號，二旬間，有衆五萬，都于離石。遣左於陸王宏帥精騎五千，會穎將軍粹拒騰。粹已爲騰所敗，宏無及而歸。浚、騰合兵擊王斌，大破之。浚以主薄祁弘爲前鋒，敗石超於平棘，乘勝進軍，候騎至鄴。鄴中大震，百僚奔走，士卒分散。穎遂將帳下數十騎，與志奉帝御犢車，南奔洛陽。辛巳，大赦。浚入鄴，士衆暴掠，死者甚衆。使烏桓羯朱追穎，至朝歌，不及。浚還薊，以鮮卑多掠人婦女，命敢有挾藏者斬，於是沈於易水者八千人，黔庶荼毒，自此始也。騰乞師於拓拔猗㐌〔二〕。淵聞穎去鄴，歎曰：「不用吾言，逆自奔潰，真奴才也〔三〕。然吾與有言矣，不可以不救。」命右於陸王景等來救，爲宣等所止。十月，還左國城，僭即漢王位。帝既還洛陽，張方擁兵專制朝政，穎不得復豫事。豫州都督、范陽王

〔二〕按：《魏書·序紀》作「托跋」，《北史》作『拓拔』，《通鑑》作「拓跋」，《燕史》或從《北史》，或從《通鑑》，故不統一。「㐌」，底本作「也」，今據《通鑑》卷八五改。

〔三〕「真」，底本作「皆」，今據福建本、北大本、《晉書·劉元海載記》、《通鑑》卷八五改。

虓等上言：「浚佐命之胤，率身履道，忠亮清正，遠近所推。如今日之大舉〔二〕，實有定社稷之勳。宜特崇重，以副群望，遂撫幽、朔，長爲北藩。」是時方兵士剽掠殆竭，衆情無復留意。

永興元年，正月，癸亥，東海王越潛與殿中諸將收乂〔三〕。甲子，免官，置金墉城。丙寅，張方焚殺乂。穎入京師，復還鎮鄴。詔以穎爲丞相。三月，戊申，詔以穎爲皇太弟，都督中外諸軍事，丞相如故。乘輿服御皆遷於鄴，制度一如武帝故事。表范陽盧志爲中書監，留鄴，參署丞相府事。七月，己亥，帝自洛陽北征討穎。己未，六師敗績於蕩陰。明日，幸鄴。十一月，乙未，張方劫帝及穎幸長安。十二月，丁亥，詔穎以成都王還第，以豫章王熾爲皇太弟。浚、騰各守本鎮。以太宰、河間王顒都督中外諸軍事。時浚既去鄴還薊，聲實益盛矣。

二年，七月，東海王越嚴兵徐方，傳檄山東，欲糾義旅，奉迎乘輿，還復舊都。是時，兄弟并據方任，於是驃騎將軍虓及王浚等共推越爲盟主。越輒選置刺史以下，朝士

〔二〕「舉」，底本作「軍」，今據《晉書·宗室列傳·范陽王虓傳》改。
〔三〕「與殿中諸將」，底本作「於殿下」，今據《通鑑》卷八五改補。

多赴之。越欲更易豫州刺史劉喬，虓欲徙東平王楙，並不受命，而稱穎州太守劉輿迫脅驃騎，距逆詔命。喬、楙合而阻兵。然穎既廢，河北人憐之[一]，其故將公師藩等起兵至數萬。上黨武鄉羯人石勒及馬牧帥汲桑，結壯士爲群盜而赴藩，攻陷郡縣，殺二千石、長吏矣。九月，壬子，以穎爲鎮軍大將軍、都督河北諸軍事，鎮鄴。喬攻虓於許昌，敗之。十月，范陽王司馬劉琨字越石，中山魏昌人，輿之弟也。救許昌不及，遂與輿及虓俱奔河北，父母爲喬所執。十二月，琨説冀州刺史温羡，使讓位於虓。虓領冀州，遣琨詣幽州乞師，浚以突騎資之，擊北中郎將王闡於河上[二]，殺之。琨、虓引兵濟河，斬車騎將軍石超於滎陽，楙走還國，喬衆潰奔。越進屯陽武，琨始得其父母。浚遣天水將軍祁弘帥突騎鮮卑、烏桓爲越先驅。

光熙元年，正月，戊子朔，帝在長安。顒聞喬敗，大懼，殺張方，請和於越。越遣祁弘、將軍宋胄及司馬纂帥鮮卑許扶歷、駒次宿歸等步騎西迎車駕[三]。穎奔長安，留華陰，不敢進。三月，惤令劉伯根反，王彌爲其長史。浚遣將斬之，彌爲群盜。五月，壬

[一]「河」，底本作「江」，今據北大本、《晉書》卷五九《成都王穎傳》、《通鑑》卷八六改。
[二]「擊」下，底本衍「領」字，今據《晉書·孝惠帝紀》、《通鑑》卷八六删。
[三]「宋」，底本作「朱」，今據《晉書·孝惠帝紀》、《通鑑》，卷八六改。

辰，弘等西入關，顒單馬逃入太白山〔一〕。弘等入長安，所部鮮卑掠殺二萬餘人〔二〕。己亥，弘等奉帝乘牛車東還。六月，虓殺喬。八月，以司空越爲太傅，録尚書事；范陽王虓爲司空，鎮鄴；王浚爲驃騎大將軍、都督東夷河北諸軍事、領幽州刺史。以燕國增博陵之封，進東嬴公騰爲東燕王。潁至朝歌，收故將士，得數百人，赴公師藩，被執，送於鄴。十月，虓薨。輿爲長史，以潁素爲鄴人所附，秘不發喪，僞稱詔，賜潁死。越以輿爲左長史，輿説越表琨爲并州刺史，以重北面；騰爲車騎將軍、都督鄴城諸軍事，鎮鄴。十一月，帝崩。或云越之鴆也。十二月，徵顒爲司徒，於道見殺。連歲饑饉，數爲胡寇所掠，邑野蕭條，就食東燕，號爲乞活。并土餘户，不滿二萬〔三〕，寇賊縱横，道路斷塞。琨募得千餘人，轉鬭至晉陽。府寺焚毁，僵屍蔽地，其有存者，饑羸無復人色〔四〕，荆棘成林，豺狼满道。琨翦除荆棘〔五〕，收葬枯骸，造府朝，建市獄。寇盜互來掩襲，恒以城門爲戰場，百姓負楯以耕，屬鞬而耨。琨撫循勞來，甚得物情。劉淵在離石，相去三百許里。

〔一〕「白」，底本作「伯」，今據《晉書》五九《河間王顒傳》、《通鑑》卷八六改。
〔二〕「部」、「二」，底本作「群」、「三」，今據福建本、《晉書·孝惠帝紀》、《通鑑》卷八六改。
〔三〕「萬」，底本闕，今據《晉書·劉琨傳》、《通鑑》卷八六補。
〔四〕按：羸、嬴、贏，底本三字或混用，以下徑改，不注。
〔五〕「琨」，底本作「現」，今據福建本、北大本、《晉書·劉琨傳》改；以下徑改，不注。

琨密遣離間其部雜虜，降者萬餘落。淵甚懼，遂城蒲子而居之。在官未期，流人稍復，鷄犬之音復相接矣。琨父蕃自洛赴之，人士奔迸者多歸于琨。

懷帝永嘉元年，三月，庚辰，改封安北將軍、東燕王騰爲新蔡王，都督司冀二州諸軍事，仍鎮鄴。并州諸郡爲淵所陷，琨獨保晉陽，爲胡騎圍數重，城中窘迫無計。琨乃乘月登樓清嘯，賊聞之，皆悽然長歎。中夜奏胡笳，賊又流涕歔欷，有懷土之切。向曉復吹之，並棄圍而走。五月，汲桑、石勒反聲言爲穎報讎，陷鄴，殺騰，南擊兖州。越大懼，使撫軍將軍苟晞等討之〔二〕。勒乃攻殺前幽州刺史石尠於樂陵。乞活田禋帥衆五萬救尠。勒逆戰，敗禋，與晞等相持陽平間，入掠平原，山陽公劉秋遇害。數月，大小三百餘戰，互有勝負。七月，己酉朔，越進屯官渡，討汲桑。己未，以平東將軍、琅邪王睿爲安東將軍〔三〕、都督揚州江南諸軍事、假節，鎮建鄴，東晉之基也。八月，甲辰，曲赦幽、并、司、冀、兖、豫六州。十二月，戊寅，桑敗誅，勒歸淵，爲其輔漢將軍。癸卯，越自爲丞相，領兖州牧、都督兖豫幽冀并諸州事。

〔二〕「苟晞」，底本作「荀晞」，今據《晉書》卷六一《苟晞傳》、《通鑑》卷八六改；以下徑改，不注。
〔三〕「睿」，底本作「濬」，今據《晉書》卷六《元帝紀》、《通鑑》卷八六改。

二年，二月，庚子，石勒寇常山，王浚遣鮮卑文鴦破之，勒走南陽。十月，甲戌，淵僭帝號於晉陽。

三年，三月，左積弩將軍朱誕奔漢，爲其前鋒，引滅晉。大將軍、大都督劉景攻晉，沈延津男女三萬餘人於河。淵聞之，怒曰：「景何面復見朕！且天道豈能容之！吾所欲除者，司馬氏耳，細民何罪！」黜景爲平虜將軍。九月，石勒寇常山，王浚遣祁弘將段務勿塵等十餘萬騎救越，擊勒於飛龍山，大破之，死者萬餘。勒退屯黎陽，分命諸將攻所未下及叛者，降三十餘壁。十一月，勒寇信都，殺冀州刺史王斌，浚自領冀州。初，東夷校尉渤海李臻與浚約共輔晉室，浚内有異志，臻恨之。和演之死也，别駕昌黎王誕亡歸臻，説之舉兵討浚，遣其子成將兵擊浚。遼東太守龐本素與臻有隙，襲殺臻，遣人殺成於無慮。誕亡歸慕容廆。詔以渤海封釋代臻，本復謀殺之。釋子悛勸釋伏兵請本，收斬之[二]，悉誅其家。是歲，寧北將軍、假節、監冀州諸軍事丁紹卒。紹才足以爲物雄，當官莅政，每事剋舉，慨然有董正四海之志。是時浚盛于幽州，苟晞盛于青州，紹視蔑如也。臨終嘆曰：「此乃天亡冀州，豈吾命哉！」

[二]「收」，底本作「牧」，今據福建本、北大本、《通鑑》卷八七改。

四年，四月，王浚遣祁弘敗淵冀州刺史劉靈曜於廣宗，殺之。七月，己卯，淵死。乙酉，子聰殺嗣王和而僭位。十月，壬子，以驃騎將軍王浚爲司空，領烏桓校尉，以平北將軍劉琨爲平北大將軍。琨自將討匈奴劉虎及白部鮮卑，以其附漢也。乃遣使卑辭厚禮説鮮卑拓跋猗盧，使弟弗之子鬱律帥騎二萬助之[一]，遂破虎、白部，屠其營。琨與猗盧結兄弟，表爲大單于，以代郡封爲代公。時代郡屬幽州，浚不許，遣兵擊猗盧，爲所拒破。浚、琨由是有隙。浚進段務勿塵爲大單于，又表其子匹磾爲左賢王，率衆助國征討，假撫軍大將軍。其别部大飄滑及其弟渴末、别部大屠瓮等，皆爲親晉王。京師饑，越羽檄徵天下兵。帝謂使者曰：「爲我語諸征鎮，若今日，尚可救，後則無逮矣！」時莫有至者。石勒陷襄城，至宛。浚遣文鴦帥騎救之，勒退。浚又遣别將王申始率遼西鮮卑萬餘騎討勒於汶石津，大破之。

五年，三月，丙子，太傅越死，太尉王衍等奉喪還葬東海。四月，戊子，石勒率輕騎追之，大敗晉兵，獲衍等，剖越柩，焚屍，及王公以下死者十萬餘人。又獲東海世子、宗室四十八王。五月，詔加王浚大司馬、侍中、大都督、督幽冀諸軍事。未及發，六月，

[一]「助」，底本作「取」，今據福建本、《魏書》卷一《序紀》、《通鑑》卷八七改；以下徑改，不注。

丁酉，京師陷。帝蒙塵于平陽，聰以帝爲會稽公。司空荀藩、侍中荀組移檄州鎮，以琅琊王睿爲盟主。七月，浚因洛京傾覆，大樹威令，設壇告類，承制假立皇太子，布告天下，稱受中詔封拜，備置百官，列署征鎮，以荀藩爲太尉，荀組爲司隸〔一〕，大司農華薈爲太常，中書令李絙爲河南尹，睿爲大將軍。浚自領尚書令。時海内大亂，江東差安，睿收賢俊，多所署置，而江州刺史華軼、豫州刺史裴憲不受令。王敦等擊斬軼，而憲奔幽州。復以憲及其壻棗嵩爲尚書，使其子居王宫，持節，領護匈奴中郎將，以妻舅崔毖爲東夷校尉。又使嵩監司冀并兖諸軍事、行安北將軍，以田徽爲兖州刺史，李惲爲青州刺史〔二〕。又遣祁弘討勒，及於廣宗。大霧，弘引軍就道，卒與勒遇，爲殺。閻亨爲遼西太守，屬浚自用其人，亨不得之官，故依苟晞。晞驕奢苛暴〔三〕，亨數諫而見害〔四〕。九月，漢王聰拜勒幽州牧。十月，勒斬漢大將軍、齊公王彌，并其衆。聰大怒，猶加勒鎮東大將軍、督并幽二州諸軍事、領并州刺史，持節、征討都督、校尉、開府、幽州、郡公如故。

〔一〕「隸」，底本作「棣」，今據福建本、北大本、《晉書·王浚傳》改；以下徑改，不注。
〔二〕「惲」，底本作「憚」，今據《晉書·王浚傳》、《通鑑》卷八七改；以下徑改，不注。
〔三〕「晞」，底本脱，今據《晉書·苟晞傳》、《通鑑》卷八七補。
〔四〕「亨」，底本脱，今據《晉書·苟晞傳》、《通鑑》卷八七補。

初，勒之爲掠賣也，與母王氏相失。劉琨得之，并其從子虎，遣張儒送于勒，因遺書曰：「將軍用兵如神，所向無敵，所以周流天下而無容足之地，百戰百勝而無尺寸之功者，蓋存亡決在得主，成敗要在所附。得主則爲義兵，附逆則爲賊衆故也。昔赤眉、黄巾橫逸宇宙，所以一旦敗亡者，正以師出無名耳。正亂之機，有似呼吸，吹之則寒，嘘之則温。古來誠無戎人而爲帝王者[一]，至於名臣建業，有之矣。今相授侍中、持節、車騎大將軍、領護匈奴中郎將、襄城郡公，總内外之任，兼華夷之號[二]，顯封大郡，以表殊能。將軍其受之，副遠近之望也。」勒報曰：「事功殊塗，非腐儒所聞。君當逞節本朝[三]。吾自夷，難爲效。」遺琨名馬、珍寶，厚禮其使，謝而絶之。琨長於招懷而短於撫御，一日中歸者數千，而去亦相繼。琨遣庶長子遵請兵於代公猗盧，又遣族人高陽内使希合衆於中山，與浚争冀州。幽州所統代郡、上谷、廣寧，民多歸之，衆至三萬。浚怒而患之，遂輟討勒之師，遣燕相胡矩督護諸軍，與遼西公段疾陸眷共攻希，殺之，驅略三郡士女而去，琨不能争。疾陸眷，務勿塵之子也。父死，叔涉復辰以襲號焉，尋進爲

[一]「誠」，底本作「咸」，今據《晉書》卷一〇四《石勒載記上》改。

[二]「夷」，底本作「夏」，今據福建本、北大本、《晉書·石勒載記上》改。

[三]「逞」，底本作「建」，今據福建本、《晉書·石勒載記上》、《通鑑》卷八七改。

驃騎大將軍。十一月，猗盧寇太原，琨不能制，徙五縣百姓於新興，以其地居之。

六年，正月，帝在平陽。江東諸名士登新亭遊晏，琅邪王睿軍諮祭酒周顗坐中嘆曰：「風景不殊，舉目有江河之異。」因相視流涕。鎮東司馬王導愀然變色，曰：「當共戮力王室，克復神州，何至作楚囚對泣耶！」衆皆收淚謝之。睿以石勒將攻建業，上尚書，檄四方以討之。大集江南衆於壽春，以鎮東長史紀瞻爲揚威將軍，都督諸軍。會大雨，三月不止，勒軍中饑疫，死者太半，聞晉軍將至，集將佐議之。右長史刁膺請先送欵於睿，求掃平河朔以自贖，俟其軍退，徐更圖之。勒愀然長嘯。中堅將軍夔安請就高避水〔二〕，勒曰：「將軍何怯邪！」孔萇、支雄等三十餘將，請各將兵分道夜攻壽春，斬吴將頭，據其城，食其粟。要以今年破丹陽，定江南，盡生縛取司馬家兒輩。勒笑曰：「是勇將之計也！」各賜鎧馬一匹。顧謂張賓曰：「於君意何如？」賓曰：「將軍攻陷京師，囚執天子，殺害王公，妻略妃主，擢將軍之髮，不足以數將軍之罪，奈何復相臣奉乎！去年既殺王彌，不當來此。今天降霖雨於數百里中，示將軍不應留此也。鄴有三臺之固，西接平陽，山河四塞，宜北徙據之，以經營河北。河北既定，天下無處將軍之

〔二〕「堅」，底本作「監」，今據《晉書·石勒載記上》、《通鑑》卷八八改。

右者矣。晉之保壽春，畏將軍往攻之耳。彼聞吾去，喜於自全，何暇追襲吾後，而爲吾不利邪！將軍宜使輜重從北道先發，將軍引大兵向壽春。輜重既遠，大兵徐還，何憂進退無地乎！」勒攘袂鼓髯曰：「張君計是也。」責膺曰：「君既相輔佐，當共成大功，奈何遽勸孤降！此策應斬。然素知君怯，特相宥耳。」於是黜膺爲將軍，擢賓爲右長史，加中壘將軍，號曰右侯。勒引兵發葛陂，遣石虎帥騎二千向壽春。遇晉運船，虎將士爭取之，爲瞻所敗，追奔百里，前及勒軍。勒結陳待之，瞻不敢擊，退還壽春。時劉琨移檄州郡，期以十月會平陽，擊漢。琨幸徐潤，善音律，乃驕恣干政。護軍令狐盛數勸琨殺之[二]，不從。潤譖盛於琨曰：「盛將勸公稱帝矣。」琨不察，殺之。琨母曰：「汝不能駕御豪傑，以恢遠略，而專除勝己，禍必及我矣。」盛子泥奔漢，言虛實，聰大喜。屬上黨太守襲醇降于聰，鴈門烏丸復反，琨親率精兵出禦之。聰遣河內王粲、中山王曜，及泥爲鄉導。琨聞，東出，收兵於常山，使其將郝詵、張喬拒粲，俱敗死。粲乘虛襲晉陽，太原太守高喬、并州別駕郝聿以郡降聰。八月，庚戌，琨還救晉陽，不及，帥左右數十騎奔常山。粲、曜入晉陽，泥殺琨父母。獲尚書盧志等，送平陽，聰用之。九月，辛巳，

〔二〕「令」，底本作「念」，今據《晉書·劉琨傳》、《通鑑》卷八八改。

平西將軍賈疋、京兆太守梁綜奉秦王業爲皇太子於長安〔一〕。是月，琨兄輿子演爲魏郡太守，鎮鄴。勒將攻之，賓言而止。遂進據襄國，固城壍，廣資儲，冀州郡縣壁壘多降〔二〕，運穀以輸襄國。勒表於聰，聰以勒爲都督冀幽并營四州諸軍事、冀州牧、開府、幽州牧、東夷校尉如故。十月，代公猗盧遣其子右賢王六脩及兄子普根、將軍衛雄、范班、箕澹帥衆數萬爲前鋒以攻晉陽〔三〕，猗盧自帥衆二十萬繼之，琨收散卒數千爲鄉導。六脩與劉曜戰，曜兵敗〔四〕，入晉陽。十一月，猗盧及琨乘勝追戰於藍谷，斬三千餘級，伏屍數百里，漢兵死者十五六。猗盧因大獵壽陽山，琨自營門步入拜謝，固請進軍。猗盧曰：「吾不早來，致卿父母見害，誠以相愧。今卿已復州境，吾士馬遠來疲弊，且待後舉。劉聰未可滅也。」遺琨馬牛羊各千餘匹，車百乘而還，留箕澹、段繁等戍晉陽。琨志在復讐，而屈於力弱，泣血尸立，撫慰傷痍。是月，徙居陽曲，招集亡散。盧諶爲叅參軍，亡歸琨，以爲主簿，漢人殺其父志及弟謐、詵。廣平游綸、張豺擁衆數萬，據苑鄉，受王浚假署。

〔一〕「守」，底本作「子」，今據福建本、《晉書》卷五《孝懷帝紀》改。
〔二〕「壁」，底本脱，今據《晉書·石勒載記上》、《通鑑》卷八八補。
〔三〕「以攻晉陽」，底本脱四字，今據《晉書》卷一〇二《劉聰載記》、《通鑑》卷八八補。
〔四〕「戰，曜兵」，底本脱三字，今據福建本、《通鑑》卷八八補。

勒遣夔安、支雄等七將攻之，破其外壘。浚遣督護王昌、中山太守阮豹等，帥諸軍及疾陸眷、弟匹磾、文鴦、從弟末柸部衆五萬，攻勒於襄國。疾陸眷屯渚陽，勒諸將出戰，皆爲敗。疾陸眷大造攻具，將攻城。勒衆甚懼，召將佐謀之曰：「今城塹未固，粮儲不多，彼衆我寡，外無救援。吾欲悉衆决戰，何如？」諸將皆曰：「不如堅守以疲敵，待其退而擊之。」賓、萇曰[一]：「鮮卑之種，段氏最爲勇悍，而末柸尤甚，其鋭卒皆在其所。今聞疾陸眷刻日攻北城，其大衆遠來，戰鬬連日，謂我孤弱，不敢出戰，意必懈惰。宜且勿出示怯，鑿北城爲突門二十餘道，候至，列守未定，出不意，直衝末柸帳。彼必震駭，不暇爲計，破之必矣，其餘不攻而潰矣。」勒從之。既而疾陸眷攻北城，勒登城望，其將士或釋伏而寢，乃命萇督鋭卒自突門出擊之，城上鼓譟助其勢。萇攻末柸帳，不能克而退。末柸遂入壘門，爲勒衆所獲。疾陸眷等軍皆退走，萇乘勝追擊，枕尸三十餘里，獲鎧馬五千匹。疾陸眷收餘衆，還渚陽。勒質末柸求和，疾陸眷許之，文鴦諫曰：「今以末柸一人故，而縱垂亡之虜，得無爲王彭祖所怨，招後患乎？」疾陸眷不從，復以鎧馬二百五十疋、金銀各一簏賂勒，且以末柸弟爲質而請末柸。諸將皆勸勒殺末柸，

[一]「萇」，底本作「長」，今據《晉書·石勒載記上》、《通鑑》卷八八改。

勒曰：「遼西鮮卑，健國也，與我素無仇讐，爲浚所使耳。今殺一人而結一國怨，非計也。歸之，必深德我〔一〕，不復爲浚用矣。」乃厚以金帛報之，遣虎與疾陸眷盟於渚陽，結爲兄弟。疾陸眷引歸，昌不能獨留，亦引兵還薊。勒召末柸飲，誓爲父子，署爲使持節、安北將軍、北平公，遣還遼西。末柸在途，日南嚮而拜者三。由是段氏專心附勒，末柸不敢南向溲焉，「吾父在南」，其感勒不害己也如此〔二〕，浚勢遂衰。勒遣參軍閻綜獻捷於聰。綸、豺請降於勒，勒將襲幽州，務養士，權宜許之，皆就署將軍。勒攻信都，殺冀州刺史王象。浚復以邵舉行冀州刺史，保信都。

愍帝建興元年，二月，丁未，帝遇弒於平陽。四月，丙午，凶聞至長安，皇太子業舉哀。壬申，即位。石勒襲苑鄉，執游綸，以爲主簿。攻李惲於上白，斬之。浚復以烏丸薄盛爲青州刺史。孔萇寇定陵〔三〕，殺田徽。浚使棗嵩督諸軍屯易水，召疾陸眷，欲與共擊勒。疾陸眷以前後違命，恐浚誅之，勒亦遣使厚賂，由是疾陸眷不至。浚怒，以重幣賂拓拔猗盧，并檄慕容廆等共討疾陸眷。猗盧遣六脩將兵會之，爲疾陸眷所敗。廆遣慕

〔一〕「德」，底本脱，今據《通鑑》卷八八補。
〔二〕「其」，底本作「甚」，今據福建本、北大本、《魏書·徒何段就六眷傳》、《通鑑》卷八八改。
〔三〕「陵」，底本作「稜」，今據《晉書·石勒載記上》、《通鑑》卷八八改。

容翰攻段氏，取徒河、新城，至陽樂，聞六脩敗而還，翰因留鎮徒河，壁青山。初，中國士民避亂者，多北依浚，不能存撫，又政法不立，士民往往而去之。段氏其兄弟專尚武勇，不禮士大夫，而多歸慕容氏矣。語在《前燕記》。五月，以琅邪王睿、南陽王保爲左、右丞相，大都督，分督陝東、西諸軍事。詔曰：「昔周、邵分陝，姬氏以隆；平王東遷，晉、鄭爲輔。今左、右丞相茂德齊聖，國之昵屬，當恃二公，掃除鯨鯢，奉迎梓宮。令幽、并兩州勒卒三十萬，直造平陽。右丞相宜帥秦、涼、梁、雍武旅三十萬，徑詣長安。左丞相帥所領精兵二十萬，徑造洛陽。分遣前鋒，爲幽、并後駐。同赴大期，克成元勳。」又詔琅邪王曰：「知公帥先三軍，已據壽春；涼州刺史張軌之旅，連旗萬里；梁州刺史張光屯卒，其會如林。幽、并隆盛，餘胡衰破，然猶恃險，當須大舉。未知公今所到何許，當須來旨，便乘輿自出〔二〕，會中原也。」六月，段末柸任弟亡歸遼西，勒大怒，所經令、尉皆殺之。烏丸審廣、漸裳、郝襲背浚〔三〕，密遣使降于勒，勒厚加撫納。而薄盛執渤海太守劉既，率五千户降勒。是時，山東郡邑相繼陷于勒矣。七月，琨

〔二〕按：便、使，底本二字或混用，以下徑改，不注。
〔三〕「浚」，底本作「後」，今據福建本、《晉書·石勒傳》、《通鑑》卷八八改。

進據藍谷，猗盧遣普根屯於北屈，琨遣監軍韓據自西河而南，將攻西平。聰遣大將軍粲等拒琨，驃騎將軍易等拒普根，蕩晉將軍蘭陽等助守西平。琨等聞之，引兵還。帝遣殿中都尉劉蜀詔左丞相睿以時進軍[一]，與乘輿會除中原。八月，癸亥，蜀至建康，睿辭以方平定江東，未暇北伐。初，范陽祖逖，字士稚，遒人也[二]。世吏二千石，爲北州舊姓。父武，晉王掾、上谷太守。逖少孤有志，往來京師，見者謂有贊世才具。僑居陽平。與琨俱爲司州主簿，同寢，中夜聞荒鷄鳴，蹴琨覺曰：「此非惡聲也。」因起舞。逖、琨并有英氣，每語世事，或中宵起坐，相謂曰：「若四海鼎沸，豪傑並起，吾與足下當相避於中原耳。」及渡江，睿以爲軍諮祭酒。逖居京口[三]，糾合驍健，言於睿曰：「晉室之亂，非上無道而下怨叛也，由宗室爭權，自相魚肉，遂使戎狄乘隙，毒流中土。今遺民既遭殘賊，人思自奮，大王誠能命將出師，使如逖者統之以復中原[四]，郡國豪傑，必有望風響應者矣！沈弱之士，欣於來蘇，庶幾國恥可雪，願大王圖之也。」睿素無北伐志，以逖

[一]「蜀」，底本脱，今據福建本、北大本、《晉書・孝愍帝紀》、《通鑑》卷八八補；「詔」，底本作「召」，今據《孝愍帝紀》、《通鑑》卷八八改。
[二]「遒」，底本作「遵」，今據福建本、《晉書》卷六二《祖逖傳》改。
[三]「口」，底本作「日」，今據《晉書・祖逖傳》、《通鑑》卷八八改。
[四]「使」，底本脱，今據《晉書・祖逖傳》、《通鑑》卷八八補。

爲奮威將軍、豫州刺史，給千人廩，布三千疋，不給鎧杖〔二〕，使自召募。逖將其部曲百餘家渡江，中流擊楫而誓曰：「祖逖不能清中原而復濟者，有如大江！」辭色壯烈，衆皆慨歎。遂屯淮陰，起冶鑄兵，募得二千餘人而進。時王浚以其父字處道，自謂應「當塗高」之讖，謀稱尊號。胡矩諫浚〔三〕，盛陳其不可，浚忿之，出爲魏郡守。前渤海太守劉亮、從子北海太守摶、司空掾高柔切諫，皆殺之。燕國霍原，志節清高，屢辭徵辟。浚以尊號事問之，原不答，浚心銜之。又有遼東囚徒三百餘人，依山爲賊，意欲劫原爲主事，未行。時有謡曰：「天子在何許？近在豆田中〔三〕。」浚以豆爲藿，因誣原與盜通〔四〕，殺而梟之。於是士民駭怨，夜竊尸埋葬之。浚素不平長史燕國王悌〔五〕，遂因他事殺之。內外無親，而浚矜豪日甚，不親政事，所任皆苛刻小人。將士又貪殘，并廣占山澤，引水灌田，漬陷冢墓。而棗嵩、朱碩貪横尤甚，北州謡曰：「府中赫赫朱丘伯，十囊五囊入棗郎。」浚聞責嵩，不能罪之也。又謡曰：「幽州城門似藏户，中有伏屍王彭祖。」有狐

〔二〕「杖」，底本作「伏」，今據福建本、《晉書·祖逖傳》、《通鑑》卷八八改；以下徑改，不注。
〔三〕「矩」，底本作「舉」，今據福建本、《晉書·王浚傳》、《通鑑》卷八八改。
〔三〕「近」，底本作「進」，今據福建本、北大本、《晉書·霍原傳》改。
〔四〕「誣」，底本作「誤」，今據福建本、北大本、《通鑑》卷八八改。
〔五〕「悌」，底本作「梯」，今據《晉書·王浚傳》改。

踞府門，翟雉入聽事。浚調發殷煩，下不堪命，多叛入鮮卑。從事韓咸監護柳城，盛稱慕容廆接納士民，欲以風浚，怒殺之。始惟恃鮮卑、烏桓爲彊，既皆叛之，加蝗旱連年，兵勢益弱。勒欲襲之，未知虛實，將遣使覘之。參佐請用羊祜、陸抗故事〔一〕，致書。勒以問張賓，賓曰：「浚名爲晉臣，實欲廢晉自立，但患四海英雄莫之從耳。將軍威聲震于海內，去就爲存亡，所在爲輕重，浚之欲得將軍，猶項羽之欲得韓信也。夫立大事者，必先爲之卑。今權譎遣使，卑辭厚禮，折節事之，猶懼不信，況爲羊、陸之亢敵乎！夫謀人而使人覺其情，難以得志矣。」勒曰：「善。」十二月，勒遣舍人王子春、董肇等多齎珍寶，奉表於浚曰：「勒本小胡，出於戎裔，值晉綱弛，遭世饑亂，流離屯厄，竄命冀州，竊相保聚，以救性命。今晉祚淪夷，遠播吳會，中原無主。殿下州鄉貴望〔二〕，四海所宗，爲帝王者，非公復誰？勒所以捐軀起兵，誅討暴亂者，正爲明公驅除爾。伏願殿下應天順人，早登皇祚。勒奉戴殿下，如天地父母，殿下察勒微心，亦當視如子也。」又遺嵩書，厚賂之。浚以疾陸眷新叛，士民多棄己去，聞勒欲附之，甚喜，謂子春曰：

〔一〕「祜」，底本作『祐』，今據《晉書·石勒載記上》、《通鑑》卷八八改。
〔二〕「貴」，底本作「責」，今據福建本、《晉書·石勒載記上》、《通鑑》卷八八改。

「石公一時豪傑，據有趙、魏，乃欲稱藩於孤，其可信乎？」子春曰：「石將軍才力彊盛，誠如聖旨。但以殿下中州貴望，出鎮藩嶽，威聲播于八表，固以胡越欽風，戎夷歌德。豈唯區區小府，而敢不歛衽神闕者乎？昔陳嬰豈其鄙王而不王，韓信薄帝而不帝者哉？顧以帝王自有曆數〔二〕，非智力之所取，雖彊取之，必不爲天人所與故也。項羽、子陽，覆車不遠〔三〕。石將軍之比殿下，猶陰精之與太陽，江河之比洪海爾。況古胡人，爲輔臣名佐則有矣，未有爲帝王者。石將軍豈惡之不爲，而讓于殿下哉？其遠鑒前事，歸身中國，此乃石將軍之明識，所以遠過於人也。殿下又何怪乎！」浚大悦，封子春、肇皆爲列侯，遣使報，以厚幣酬之〔三〕。浚之承制也，參佐皆内敘，惟游綸兄統爲司馬，鎮范陽。統怨浚，私附於勒。勒斬使送浚，雖不罪統，益信勒爲忠誠，無復疑矣。

二年，二月，壬寅，以王浚爲大司馬、都督幽冀諸軍事、并州刺史，劉琨爲大將軍、都督并州諸軍事。王子春等及浚使者至襄國，石勒匿其勁卒精甲，羸師虛府以示之〔四〕，北

〔二〕按：顧、頋，底本二字或混用，以下徑改，不注。
〔三〕「車」，底本作「立」，今據《晉書·石勒載記上》改。
〔三〕「幣」，底本作「弊」，今據福建本、北大本、《通鑑》卷八八改。
〔四〕「府」，底本作「附」，今據福建本、北大本、《晉書·石勒載記上》、《通鑑》卷八九改。

面拜使者而受書。浚遺勒麈尾[一]，勒僞不敢執，懸壁，朝夕拜之，曰：「我不得見王公，見所賜，如見公也。」復遣董肇奉表[二]，期三月中旬親詣幽州，上尊號。亦修牋于棗嵩，求并州牧、廣平公。勒問浚政事於子春，子春曰：「幽州去歲大水，人不粒食，浚積粟百萬，不能賑贍。刑政苛酷，賦役殷煩，忠賢内離，夷狄外叛。又幽州謡怪特甚，聞者莫不寒心。人皆知其將亡，而浚意氣自若，曾無懼心，方更置立臺閣，布列百官，自謂漢高、魏武不足比也。」勒撫几笑曰：「王彭祖真可擒也！」浚使者還薊，具言勒形勢寡弱，欵誠無二。浚大悦，益驕怠，不復設備。勒纂嚴，將襲浚，而猶豫未發。張賓曰：「夫襲人者，當出其不意。今軍嚴經日而不行，豈非畏劉琨及鮮卑、烏桓爲吾後患乎？」勒曰：「然。爲之奈何？」賓曰：「彭祖之據幽州，唯仗三部，今皆離叛，還爲寇讎，此則外無聲援以抗我也。幽州饑儉，人皆蔬食，衆叛親離，甲旅寡弱，此則内無彊兵以禦我也。若大軍在郊，必土崩瓦解。今三方未靖，將軍便能懸軍千里以征幽州也。輕軍往返，不出二旬。就使三方有動，勢足旋趾[三]。宜應機電發，安可後時哉！且琨、王浚

[一]「麈」，底本作「塵」，今據福建本、《晉書·石勒載記上》、《通鑑》卷八九改。
[二]「奉」，底本作「舉」，今據《晉書·石勒載記上》、《通鑑》卷八九改。
[三]「旋」，底本作「懸」，今據福建本、北大本、《晉書·石勒載記上》改。

雖同名晉藩，其實仇敵。若修牋於琨，送質請和，琨必欣於得我，喜於浚滅，終不救浚而襲我也。」勒曰：「吾所不了，右侯已了，復何疑哉！」於是輕騎襲幽州，以火宵行。至柏人[二]，殺主簿游綸，以其兄統在范陽，懼聲軍計故也。遣張慮奉牋於琨，陳己過深重，求討浚以自效。琨既素疾浚，大喜，移檄州郡，稱「己與猗盧方議討勒，勒走伏無地，求拔幽都以贖罪。今便當遣六脩南襲平陽，除僭僞之逆類，降知死之逋羯，順天副民，翼奉皇家，斯乃曩年積誠靈佑之所致也！」三月，勒軍達易水[三]。浚督護孫緯疑其詐，馳遣白浚，將勒兵拒之，游統禁之。浚將佐皆曰：「勒貪而無信，必有詭計，請擊之。」浚怒曰：「石公來，正欲奉戴我耳，敢言擊者斬！」衆不敢言，盛設饗以待之。壬申，勒晨至薊，叱門者開門，猶疑有伏兵，先驅牛羊數千頭，聲言上禮，實欲塞諸街巷。浚始懼，或坐或起。勒既入城，縱兵大掠，浚左右請禦之，浚猶不許。勒升其聽事，浚乃走出堂皇，勒衆執之。勒召浚妻，與并坐，執浚立於前。浚罵曰：「胡奴調乃公，何凶逆如此！」勒使徐光讓之曰：「公位冠元台，爵列上公，據幽都驍悍之國，跨全燕突

[二]「柏」，底本作「栢」，今據《晉書·石勒載記上》、《通鑑》卷八八改。
[三]「易」，底本作「湯」，今據《晉書·石勒載記上》、《通鑑》卷八八改。

騎之鄉[一]，手握彊兵，坐觀本朝傾覆，曾不救援，乃欲自尊爲天子，非凶逆乎！又委任姦貪，賊害忠良，殘虐百姓，毒徧燕土，致其餒乏，積穀不振，此誰之罪也！」使其將王洛生以五百騎送浚於襄國。浚自投於水，束而出之[二]。勒殺浚麾下精兵萬人。浚將佐争詣軍門謝罪，饋賂交錯。前尚書裴憲、從事中郎荀綽恬然私室[三]，獨不至。勒素聞名[四]，召而讓之，曰：「王浚暴虐幽州，人鬼同疾。孤恭行乾憲，拯兹黎元，羈舊咸歡[五]，慶謝交路。二君齊惡傲威，誠信岨絶，防風之戮，將誰歸乎？」憲神色侃然，泣而對曰：「憲等世荷晉榮，恩遇隆重。王浚雖凶麤醜正，猶是晉之遺藩，故當從之，不敢有貳。且武王伐紂，表商容之間，未聞商容在倒戈之例也。明公既不欲以道化厲物，必於刑忍爲始者，防風之戮，憲之分也。請就辟有司。」不拜而出。勒深嘉而謝之，待以客禮。召棗嵩而問曰：「幽州人士，誰最可者？」嵩曰：「尚書燕國劉翰，德素長者[六]；北平陽

〔一〕「跨」，底本作「誇」，今據福建本、《晉書·石勒載記上》改。
〔二〕「束」，底本作「求」，今據《晉書·石勒載記上》改。
〔三〕「事」，底本作「侍」，今據《通鑑》卷八九改。
〔四〕「素」，底本作「數」，今據《晉書》卷三五《裴憲傳》改。
〔五〕「歡」，底本作「勸」，今據《晉書·裴憲傳》改。
〔六〕「素」，底本作「崇」，今據《晉書》卷一〇九《慕容皝載記附陽裕傳》改。

裕，幹事之才。」勒曰：「如若公言，王公何以不任？」嵩曰：「王公由不能任，所以爲明公擒也。」勒數嵩及朱碩等以納賄亂政，爲幽州患，責游統以不忠所事，皆斬之。籍浚將佐、親戚家貲，皆至巨萬，惟悳、綽止書百餘袠，鹽米各十餘斛而已。勒曰：「名不虛也。吾不喜得幽州，喜得二子。」以悳爲從事中郎，綽爲參軍。分遣流民，各還鄉里。遷烏丸審廣等於襄國〔一〕。停薊二日，焚浚宮殿。任劉翰以故尚書爲寧朔將軍，行幽州刺史，戍薊，置守宰而還。孫緯遮擊之，勒僅而得免。勒至襄國，斬浚，浚竟不爲屈，大罵而死，無子。史臣曰：「彭祖擁北州之士馬，偶東京之糜沸〔二〕，自可感召諸侯〔三〕，宣力王室。而乘間伺隙，潛圖不軌，放肆獯虜，遷播乘輿。遂使漳、滏蕭然，黎元塗地。縱貪夫於藏户，戮高士於燕垂，阻越石之内難，邀世龍之外府。惡稔毒痛，坐致焚燎，假手仇敵，方申凶獷，慶封之戮，嫚罵何補哉！」勒遣東曹掾傅遘兼左長史，封浚首獻捷於漢。漢大其平幽州勳，使柳純持印署勒爲大都督、督陝東諸軍事、驃騎大將軍、東單于，增封十二郡。勒固辭，受二郡而已。劉琨請兵於猗盧以擊漢，會猗盧所部雜胡萬

〔一〕「審」，底本作「番」，今據《晉書·石勒載記上》改。
〔二〕「偶」、「糜」，底本作「攜」、「靡」，今據《晉書·王浚傳》史臣曰改。
〔三〕「召」，底本作「衆」，今據《晉書·王浚傳》史臣曰改。

餘家謀應勒，猗盧悉誅之，不果赴琨約。琨知勒無降意，乃大懼，上表曰：「臣前表當與鮮卑猗盧剋今年三月都會平陽，會匈羯石勒以三月三日徑掩薊城〔二〕，大司馬、博陵公浚受其僞和，爲勒所虜。勒勢轉盛，欲來襲臣，城塢駭懼，志在自守。又猗盧國内欲生姦謀〔三〕，幸盧警慮，尋皆誅滅。遂使南北顧慮，用愆成舉，臣所以泣血宵吟，扼腕長歎者也〔三〕。勒據襄國，與臣隔山，寇騎朝發，夕及臣城，同惡相求，其徒實繁。自東北八州，勒滅其七，先朝所授，存者唯臣。是以勒朝夕謀慮，以圖臣爲計，闚伺間隙，寇抄相尋，戎士不得解甲，百姓不得在野。天網雖張，靈澤未及，唯臣孑然，與寇爲伍。自守則稽聰之誅〔四〕，進討則勒襲其後，進退唯谷，首尾狼狽。徒懷憤踊，力不從願，慚怖征營，痛心疾首，形留所在，神馳寇庭。秋穀既登，胡馬已肥，前鋒諸軍，並有至者，臣當首啟戎行，身先士卒。臣與二虜，勢不並立，聰、勒不梟，臣無歸志。庶憑陛下威靈，使微意獲展〔五〕，然後隕首謝國，没而無恨。」時劉翰不欲從勒，乃歸匹磾。匹磾遂據薊城，自

〔二〕「匈」，底本作「匂」，今據福建本、北大本、《晋書·劉琨傳》改。
〔三〕「生」，底本作「坐」，今據北大本、《晋書·劉琨傳》改。
〔三〕「扼」，底本作「抱」，今據福建本、北大本、《晋書·劉琨傳》改。
〔四〕「誅」，底本作「謀」，今據《晋書·劉琨傳》改。
〔五〕「意」，底本作「惠」，今據福建本、北大本、《晋書·劉琨傳》改。

領幽州刺史。浚從事中郎陽裕[一]，字士倫，右北平無終人，耽之兄子也。少孤，兄弟皆早亡，單煢獨立，雖宗族無能識者。惟耽幼而奇之，曰：「此兒非惟吾門標秀，乃佐時之良器也。」刺史和演辟爲主簿。浚領州，轉治中從事，忌而不任。勒方任裕，乃微服潛遁。時疾陸眷雅好人物，虛心延裕。裕謂友人成泮曰：「仲尼喜佛肸之召，以匏瓜自喻。伊尹亦稱何事非君，何使非民。聖賢尚如此，況吾曹乎！眷今召我，豈徒然哉！」泮曰：「今華夏分崩，九州幅裂，軌迹所及，易水而已。欲偃蹇考槃，以待通者，俟河之清也。顧人壽幾何，古人以爲白駒之歎。少游有云，郡掾足以蔭後，況國相乎[二]。卿追踪伊、孔，抑亦知機其神也。」裕乃應之，拜郎中令。會稽朱左車、魯國孔纂、泰山胡母翼自薊逃奔昌黎[三]，依慕容廆。初，浚假安陽邵續綏集將軍，爲樂陵太守，屯厭次，其子乂爲督護，綏懷流散，多歸附之。勒既破浚，遣乂招續，續以孤危無援，權附勒，爲冀州刺史，乂仍爲督護。先時，東萊劉胤攜母欲避地遼東，路經幽州，浚表爲渤海太守。浚敗，轉依續。續徒衆寡弱，謀降于勒，胤曰：「夫田單、包胥，齊、楚之小吏耳，猶能

[一]「陽」，底本作「楊」，今據《晋書·慕容皝載記附陽裕傳》改。

[二]「國相」，底本二字互乙，今據《晋書·慕容皝載記附陽裕傳》正。

[三]「車」，底本作「軍」，今據《晋書》卷一〇八《慕容廆載記》、《通鑑》卷八九改。

存已滅之邦，全喪敗之國。今將軍仗精鋭之衆，居全勝之城，如何墜將登之功於一簣，委忠信之人於豺狼乎！且項羽、袁紹非不彊也，高祖縞冠，人應如響；曹公奉帝，而諸侯綏穆。何者？蓋順逆之理殊，自然之數定也。況夷戎醜類，屯結無賴，雖有犬羊之盛，終有庖宰之患。而欲托根結援，無乃殆哉！」續曰：「如若君言，計將安出？」胤曰：「琅琊王以聖德欽明，創基江左，中興之隆，可企踵而待。今爲將軍計者，莫若抗大順以激義士之心，奉忠正以厲軍人之志矣。機事在密，時至難違，存亡廢興，在此舉矣。」既而匹磾在薊，遣書要續俱歸睿，續從之。其下諫曰：「今棄勒歸匹磾，任子危矣。」續垂泣曰：「我出身爲國，豈得顧子而爲叛臣哉！」乃殺異議者數人，遂絶於勒，勒乃害乂。續遣使江東，胤求自行，厚遣之。睿以胤爲丞相參軍，續爲平原太守。續懼勒攻，先求救於匹磾，匹磾遣弟文鴦救續。未至，勒已率八千騎圍續。勒素畏鮮卑，及聞文鴦至，乃棄攻具東走。續與文鴦追勒至安陵，不及，虜勒所署官，并驅三千餘家。又遣騎入勒北邊，掠常山，亦二千家而還。六月，漢劉曜攻琨所假河内太守郭默，默急，乞歸平陽太守李矩於新鄭。矩將使兵迎之，不敢進。會琨遣參軍張肇率鮮卑范勝等五百餘騎往長安，屬默被圍，道路不通，將還依續。行至矩營，矩謂肇曰：「默是劉公所授[一]，公家之事，知無不爲。」屠各舊畏鮮卑，遂邀肇爲聲援，肇許之。賊望見鮮卑，不戰而走，默遂率其屬歸於矩。

三年，二月，丙子，以琅琊王睿爲丞相、大都督、督中外諸軍事。遣兼大鴻臚趙廉持節拜琨爲司空、都督并冀幽三州諸軍事。琨辭司空不受。詔進拓跋猗盧爵爲代王，置官屬，食代、常山二郡。猗盧請并州從事鴈門莫含於琨，琨遣之。含不欲行，琨曰：「以并州單弱，吾之不才，而能自存於胡、羯間者，代王之力也。吾傾身竭貲，以長子爲質而奉之者，庶幾爲朝廷雪大耻也。卿欲爲忠臣，奈何惜共事之小誠，而忘徇國之大節乎！往事代王[二]，爲之腹心，乃一州之所賴也。」含遂行。猗盧甚重之，常與參大計。七月，辛巳，漢劉曜寇上黨，琨遣將救之。八月，癸亥，琨師敗于襄垣。

四年，三月，代王猗盧爲長子六脩所弒，國中大亂。左將軍衛雄、信義將軍箕澹久佐猗盧，爲衆所附，謀歸劉琨，乃言於衆曰：「聞舊人忌新人悍戰，欲盡殺之，將奈

[一]「公」，底本作「安」，今據福建本、北大本、《晉書》卷六三《李矩傳》改。
[二]「代」，底本作「太」，今據福建本、北大本、《魏書》卷二三《莫含傳》、《通鑑》卷八九改。

何？」晉人及烏桓皆驚懼，曰：「死生隨二將軍。」琨質子遵衆亦附之。乃與帥晉人及烏桓三萬家，馬牛羊十萬頭[一]，歸于琨。琨大喜，親詣平城撫納之，琨兵由是復振。四月，石虎攻劉演於廩丘。匹磾使文鴦救演，虎退止盧關津避之。文鴦弗能進，虎遂陷廩丘，演奔文鴦軍，獲演弟啟，送于襄國。勒以琨撫存其母，德之，賜啟田宅[二]，令儒官授其經。十一月，乙未，劉曜陷長安。辛丑[三]，帝蒙塵於平陽。樂平太守韓據爲勒圍於坫城，請救於琨。琨新得猗盧衆，欲因其鋭氣以威勒。澹、雄諫曰：「此雖晉氏，久淪異域，未習明公恩信，恐其難用。不若内收鮮卑餘穀，外抄胡賊之牛羊，閉關守險，務農息兵，待其服化感義，用之，則功無不濟矣。」琨不從，悉發其衆，命澹帥步騎二萬爲前驅，琨屯廣牧爲聲援。勒聞澹至，將逆擊之，或曰：「澹士馬精彊，其鋒不可當。不若且引兵避之，深溝高壘，以挫其鋭，必獲萬全。」勒曰：「澹大衆遠來，體疲力竭，犬羊烏合，號令不齊，可一戰而擒之，何彊之有！寇已垂至，胡可捨去，大軍一動，豈易中還！若澹乘我之退，顧逃潰無暇，焉得深溝高壘乎？此爲不戰自亡之道也。」立斬諫者。以

[一]「馬」，底本脱，今據《晉書·劉琨傳》、《通鑑》卷八九補。
[二]「田」，底本作「由」，今據福建本、北大本、《晉書·石勒載記上》、《通鑑》卷八九改。
[三]「丑」，底本作「未」，今據《晉書·孝愍帝紀》、《通鑑》卷八九改。

孔萇爲前鋒都督，令三軍後出者斬。勒據險要，設疑兵於山上，分爲二伏，出輕騎與瀆戰，僞收衆而北。瀆縱兵追之，勒前後夾擊，瀆軍大敗，獲鎧馬萬匹。瀆、雄帥騎千餘奔代郡，據棄城走，并土震駭。十二月，乙卯，琨司空長史李弘以并州降於勒。琨進退失據，不知所爲。匹磾自浚敗，數遣信要琨，欲與同獎王室。己未，琨帥衆從飛狐奔薊。匹磾甚見親重，與之結婚〔二〕，約爲兄弟，以其從事中郎盧諶爲别駕。萇攻瀆於桑乾，殺之。勒之南和令趙領招合廣川、平原、渤海千餘家，背勒歸續。丞相睿以續爲樂安太守、右將軍、冀州刺史，進平北將軍、假節，封祝阿子。睿聞長安不守，出師露次，躬擐甲胄，移檄四方，剋日北征。以漕運稽期，斬督運令史而止。

郭造卿曰〔三〕：晉亂及幽，段氏、慕容雖拜藩臣，本夷國也，而浚則賊耳。所恃者惟琨，民又樂歸之。一驅於浚，再敗於勒，而至奔薊就夷，并土悉入於胡，身則依於異類，由是乃不克振矣。蓋天運人情，相爲從違，有懷舊德，則恢復成，一弃其凉，鞠躬徒瘁，此萇弘所以化碧，孔明所以隕星也。有於北方岳牧，取幽虞、并

〔二〕「與之結」，底本脱三字，今據《晉書·劉琨傳》、《通鑑》卷八九補。

〔三〕按：《燕督記一》卷末「郭造卿曰」，郭應寵收入《海嶽山房存稿》卷八，爲《劉琨論》，今見本書下編燕史論一。

琨，謂之漢、晉純臣，以心不以事功焉耳。夫仁足以安流離，而亂不能弭於公孫；義足以解胡圍，而疑不能明於匹磾。匹磾乃心王室，豈公孫若浚者比？琨之不能免者，匪天實爲之哉？然虞天性弘寬，操持儉素；琨之意氣豪侈，爲疾忌所先。虞之初舉孝廉，以修務禮義稱，雖有仁者之度，而優於決機。琨弱齡本無異操，飛纓賈謐之館，借箸馬倫之幕，本佻巧之徒也〔二〕。豈材具之廟堂，而用運於封疆乎？然虞爲岳牧推讓，華夷人士所心附，能使故吏、鮮卑爲復讐不已。而琨遇時屯以感激，因世亂以驅馳，既去晉陽，自悲道窮，爲之謀報者，乃至於僨事，豈人亦爲之，而天如彼何哉！既虞於上尊號，申大義拒之而已。琨於群小，慍令狐者爲將勸稱帝而殺之，其母且知禍及矣，卒以一朝亡親，而謂之純臣，可歟？是以琨而匹虞，猶史之以段比蘇也，其所持漢、晉之節則同，而子卿、匹磾有辨矣。

燕督記二

郭造卿曰：自魏篡漢，僞以三讓，漢之群臣，累表請順天人之望，此則勸進之

〔二〕「佻」，底本作「佞」，今據福建本、《劉琨論》、《晉書·劉琨傳》史臣曰改。

端也。晉之篡魏亦然。至愍蒙塵，四海無君，司馬渡江，而北首望孤矣。琨等勸進，豈非獨得其正哉！而所首事者，皆幽、并遺區及東北諸夷，奉正朔以續大統，是復中原之機也。君雖傳檄於征鎮，臣亦涕泣於新亭。在西爲新喪，而流離者未集；在東爲新立，而安輯者未定。即有志中原，亦徒矣，況與僇力者幾人哉！琨已失據，而爲同志所害；磾又失衆，而爲同氣所戕；續又禽於異類，則北方之藩鎮盡。僅有一逖，如河北何！且敦包藏，非閱牆比，幸其自斃，而峻復接踵。逖爲僨卒，繼以畔弟焉，則家聲即隤，國步孔艱矣。自救且不暇，安問匈奴乎。暨匈奴亡而石氏熾，虎南臨江，游騎數十耳。輙以導爲大司馬，而假之黃鉞，尋都督中外，豈真江左夷吾哉？特虚名以尊之，權實奪於庾氏。亮、翼兄弟，罔知國恤，遂議北伐，與慕容相爲犄角，以圖乎石氏。不思燕自王何爲，其殄羯驅宇文，豈如昔之爲晉乎？惟謨之策虎，元老之猶壯矣。聽之而止，彼且入寇擁衆，遷於幽、冀，以爲慕容氏驅〔二〕，則江左可知。劉翔本晉臣，卜中原之不復，故遂息心歸燕，不奉其正朔矣。

元帝建武元年，二月，辛巳，平東將軍宋哲至建康，稱受帝詔，令琅邪王睿攝萬機，

〔二〕「驅」，底本作「毆」，今據上文改。

時據舊都，修復陵廟，以雪大耻。三月，王素服出次，舉哀三日。群臣屢上尊號，王流涕不許。辛卯，即晉王位，改元，大赦。劉聰、石勒，不從此令。丙辰，以征南大將軍王敦爲大將軍，右將軍王導爲驃騎將軍、都督中外諸軍事[一]、領中書監[二]、録尚書事。導辭中外都督，許之。司空、并州刺史、廣武侯劉琨，幽州刺史、左賢王、渤海公段匹磾，相與歃血同盟，期翼戴晉室。司空、右司馬温嶠，其從母琨妻也。琨謂之曰：「昔班彪識劉氏之復興，馬援知漢光之可輔。今晉祚雖衰，天命未改，吾欲立功河朔，使卿延譽江南。行矣，勉之！」對曰：「嶠雖無管仲之才，而明公有桓公之志，欲建匡合，豈敢辭命。」乃以爲左長史。母崔氏固止之，嶠絶裾而去[三]。匹磾遣左長史榮邵，同奉表及盟文詣建康。辛丑，奉琨檄告華夷。時王以鮮卑大都督慕容廆爲都督遼左雜夷流民諸軍事、龍驤將軍、大單于、昌黎公，不受。征虜將軍魯昌、遼東處士高詡説之，遣使浮海詣建康勸進。六月，丙寅，琨、匹磾、廆同領護烏丸校尉鎮北將軍劉翰、單于廣寧公段辰、遼西公段疾陸眷、太尉豫州牧荀組、冀州刺史祝阿子邵續、青州刺史廣饒侯曹嶷、兖州

[一]「軍」上，底本衍「將」字，今據《晉書》卷六五《王導傳》、《通鑑》卷九〇删。
[二]「書」，底本脱，今據福建本、《晉書·王導傳》、《通鑑》卷九〇補。
[三]「裾」，底本作「裙」，今據福建本、北大本、《晉書》卷六七《温嶠傳》改。

刺史定襄侯劉演、東夷校尉崔毖等一百八十人上表勸進[一]：「臣等忝於方任，久在遐外，不得陪列闕庭，與覩盛禮，踊躍之懷，南望罔極。」帝令報曰：「豺狼肆毒，荐覆社稷，億兆顒顒，延首罔繫。是以居於王位，以答天下，庶以克復聖主，掃蕩讎耻，豈可猥當隆極，此孤之至誠，著於遐邇者也。公受奕世之寵，極人臣之位，忠允義誠，精感天地。實賴遠謀，共濟艱難。南北迥邈，同契一致，萬里之外，心存咫尺。公其撫寧華戎，致罰醜類。動靜以聞。」六月，己巳，王傳檄天下曰：「逆賊石勒，肆虐河朔，逋誅歷載，游魂縱逸[二]。復遣凶黨石虎犬羊之衆，越河南渡，縱其鴆毒於譙。平西將軍祖逖帥衆討擊，應時潰散。今遣車騎將軍、琅琊王裒等九軍，鋭卒三萬，水陸四道，逕造賊場，受豫州刺史逖節度。有能梟虎首者，賞絹三千疋、金五十斤[三]，封縣侯，食邑二千户。又賊黨能梟送虎首，封賞亦同之。」尋召裒還建康，未幾卒。琨少負志氣，有縱横之才，善交勝己，而頗浮誇。與逖爲友，聞逖被用，與親故書曰：「吾枕戈待旦，志梟逆虜，常恐祖生先吾著鞭。」其意氣相期如此。秋，匹磾推琨爲大都督，結盟討勒。又檄其兄疾陸眷

[一]「一百八十」，底本作「八百十」，今據《晉書》《元帝紀》、《劉琨傳》改。
[二]「逸」，底本作「逆」，今據《晉書·元帝紀》改。
[三]「三」，底本作「二」，今據《晉書·元帝紀》改。

及叔父涉復辰、弟末柸等會於固安，共討勒。勒懼，遣參軍王續齎金寶貽末柸。末柸既思報其私恩，又忻於厚賂，且因匹磾在外，欲襲奪其國，乃説疾陸眷、涉復辰曰：「以父兄而從子弟，耻也。且幸而有功，匹磾獨收之，吾屬何有哉！」各引兵還。琨、匹磾不能獨留，亦還薊。十一月，丁卯，以琨爲侍中、太尉，其餘如故，并贈名刀。琨答曰：「謹當躬自執佩，馘截二虜。」十二月，戊戌，帝遇害於平陽。

太興元年，三月，癸丑，帝凶問至，王斬縗居廬[二]。丙辰，百寮上尊號，王即皇帝位。春，遼西公疾陸眷卒，其子幼，涉復辰自立。匹磾自薊奔喪，末柸宣言：「匹磾來，爲篡也[三]。」匹磾至右北平，涉復辰發兵拒之。末柸襲殺涉復辰，并其子弟黨與，自稱單于，迎擊匹磾。匹磾敗走，還薊。帝復遣使授慕容廆龍驤將軍、大單于、昌黎公，廆辭公爵不受。裴嶷説於廆曰：「晉室衰微，介居江表，威德不能及遠。宜因中原之亂，以漸并取諸部，爲西討之資。」乃以嶷爲長史，委以軍國之謀，諸部弱小者，稍稍擊取之。五月，癸丑，劉琨爲匹磾所害。匹磾之奔疾陸眷喪也，琨使世子群送之。匹磾敗，群爲

[二]「廬」，底本作「盧」，今據福建本、北大本、《晉書·元帝紀》、《通鑑》卷九〇改。
[三]「篡」，底本作「纂」，今據福建本、《晉書·段匹磾傳》、《通鑑》卷九〇改。

末柸所得。末柸厚禮之，許以琨爲幽州刺史，共結盟襲匹磾，密遣使齎群書，請琨爲内應，匹磾邏騎得之。時琨别屯故征北府小城，不知也。來見，匹磾以群書示曰：「意亦不疑公，是以白公耳。」琨曰：「與公同盟，庶雪國家之耻。若兒書密達，亦終不以一子故，負公而忘義也。」匹磾雅重琨，初無害意，將聽還屯。其中弟叔軍好學有智謀，爲所信，謂曰：「吾胡夷耳，所以能服晉人者，畏吾衆也。今我骨肉構禍，是其良圖之日，若有奉琨以起，吾族盡矣。」遂留琨。琨庶長子遵懼誅，與左長史楊橋、并州治中和綏閉門自守。匹磾諭之不得，因攻之。琨將龍季猛迫於乏食，遂斬橋、綏而降。初，琨之去晉陽也，慮及危亡而大耻不雪，亦知夷狄難以義伏，冀輸寫至誠，僥倖萬一。每見將佐，發言慨慷，悲其道窮，欲率部曲死賊壘。斯謀未果，竟爲匹磾所拘，自知必死，神色怡如也。爲五言詩贈其别駕盧諶曰：「握中有懸璧[二]，本自荆山球。惟彼太公望，昔是渭濱叟。鄧生何感激[三]，千里來相求。白登幸曲逆，鴻門賴留侯。重耳憑五賢，小白相射鉤。能隆二伯主，安問黨與讎！中夜撫枕歎，想與數子遊。吾衰久矣夫，何其不夢周？誰

[二]「璧」，底本作「壁」，今據福建本、《晉書·劉琨傳》改。

[三]「鄧」，底本作「郭」，今據《晉書·劉琨傳》改。

云聖達節，知命故無憂。宣尼悲獲麟，西狩泣孔丘。功業未及建，夕陽忽西流。時哉不我與，去矣如雲浮。朱實隕勁風，繁英落素秋。狹路傾華蓋，駭駟摧雙輈。何意百鍊剛，化爲繞指柔。」琨詩托意非常，攄暢幽憤，遠想張、陳，感鴻門、白登之事，用以激諶。諶素無奇略，以常詞酧和，殊乖琨心，重以詩贈之，乃謂琨曰：「前篇帝王大志，非人臣所言矣。」然琨既忠於晉室，素有重望，被拘經月，遠近憤歎。匹磾署代郡太守辟閭嵩[二]，與琨署鴈門太守王據、後將軍韓據連謀，密作攻具，欲襲匹磾。而韓據女爲匹磾兒妾，聞而告之匹磾，於是執據、嵩及徒黨，悉誅之。琨聞大將軍王敦使至，謂其子曰：「處仲使來而不我告[三]，是殺我也。死生有命，但恨讐耻不雪，無以下見二親耳。」因歔欷不能自勝。匹磾奉敦旨，又懼衆反己，遂稱詔收縊之，時年四十八。子侄四人，俱被害。盧諶、崔悦等帥琨餘衆奔遼西，依段末柸，奉群爲主；將佐多奔石勒。朝廷以匹磾尚彊，冀其能平河朔，乃不爲琨舉哀，而以匹磾爲撫軍將軍、幽州刺史。夷、晉以琨死，皆不附匹磾而離散矣。末柸遣其弟攻匹磾，匹磾帥衆數千將奔邵續，勒將石越邀於鹽山，

[二]「嵩」，底本脱，今據《晉書·劉琨傳》、《通鑑》卷九〇補。
[三]「告」，底本作「害」，今據福建本、北大本、《晉書·劉琨傳》改。

大敗之。匹磾復還保薊。末柸自稱幽州刺史。秋，劉聰寢疾，徵石勒同劉曜，受遺詔輔政。固辭，以勒爲大將軍，領幽、冀二州牧，勒辭不受。聰死，子粲立。其大將軍靳準弑粲，自立爲漢天王。劉氏男女，無少長皆斬東市。發淵墓，斬聰尸，焚其宗廟。謂安定胡嵩曰：「自古無胡人爲天子者，今以傳國璽付汝，還如晉家。」嵩不敢受，準怒，殺之。遣使告司州刺史李矩曰：「劉淵，屠各小醜，因晉之亂，矯稱天命，使二帝幽没。輒率衆扶侍梓宮，請以上聞。」矩馳表於帝，帝遣太常韓胤等奉迎梓宮。漢尚書北宮純等招集晉人，堡於東宮，準從弟衛將軍康攻滅之。十月，曜僭位。十一月，庚申，詔群公卿士各陳得失。御史中丞熊遠上疏，以爲：「胡賊猾夏，梓宮未返，四海延頸，莫不東望，而不能遣軍進討，仇賊未報，一失也。昔齊侯既敗，七年不飲酒食肉。況此耻尤大。臣子之責，宜在枕戈，爲王前驅。而群官不以讐賊未報爲耻[二]，每有宴會，務在調戲酒食而已，二失也。」著作郎虞預上書諫曰：「大晉受命，於今五十餘載。自元康以來，王德始闕，戎翟及於中國，宗廟焚爲灰燼，千里無烟爨之氣，華夏無冠帶之人。自天地開闢，書籍所載，大亂之極，未有若兹者也。中州荒弊，百無一存，牧守官長，非戎貊之族類，

〔二〕「報」，底本作「暇」，今據福建本、北大本、《晉書》卷七一《熊遠傳》、《通鑑》卷九〇改。

則寇竊之幸脱。陛下登阼，此等向化，然狼子獸心，輕薄易動，羯虜未殄[二]，益使難安。壽春無鎮[三]，祖逖孤立，前有勁虜，後無彊援，雖有智力，非可持久。願舉當局之才，而隆禮遇之恩焉。」十二月，石虎率幽、冀兵會勒，攻靳準於平陽，大敗之。

二年，四月，石勒遣孔萇攻幽州諸郡，悉取之。段匹磾士衆饑散，欲移保上谷，代王鬱律勒兵將擊之，匹磾棄妻子奔樂陵，依邵續。八月，以羊鑒爲征虜將軍、征討都督，督鮮卑段文鴦等討叛泰山太守徐龕。文鴦時從其兄匹磾，在厭次也。十一月，勒僭即趙王位。十二月，乙亥，慕容廆襲遼東校尉、平州刺史崔毖，奔高句麗。是歲，河間王子滔來。先是，洛陽陷，嗣河間王混諸子皆没。故小子滔初嗣新蔡王確，亦與兄俱没。後得南還，與新蔡太妃不協，乃入，上疏，以兄弟並没在遼東，其伯章武王威國絶，宜還所生。太妃訟之，事下太常。太常賀循議：「章武、新蔡，俱承一國不絶之統，義不得替其本宗而先後傍親。按滔既已被命爲人後矣，必須無復兄弟，本國永絶，然後得還所生。今兄弟在遠，不得言無，道里雖阻，復非絶域。且鮮卑恭命，信使不絶。自宜詔下

〔二〕「虜」，底本作「膚」，今據福建本、《晉書》卷八二《虞預傳》改；以下徑改，不注。
〔三〕「無」，底本作「初」，今據《晉書·虞預傳》改。

遼東，依劉群、盧諶等例，發遣令還，惟嗣本封。謂滔今未得便委離所後也。」詔曰：「滔雖出養，自有所生母。新蔡太妃相待甚薄，滔執意如此〔一〕。如其不聽，終當紛紜〔二〕，更爲不可。今便順其所執〔三〕，還襲章武。」

三年，正月，段末柸攻匹磾，破之。匹磾被瘡，謂續曰：「吾夷狄慕義，以至破家。君若不忘久要，與吾進討，君之惠也。」續曰：「賴公威德，續得效節。今公有難，豈敢不俱。」遂并力追末柸，斬獲略盡。續嘗遣兄子武邑內史存，與文鴦率匹磾衆就食平原，爲石虎所破。又爲青州曹嶷相侵，疲於奔命。遣存、文鴦屯濟南黃巾固，逼嶷，嶷懼求和。又令文鴦北討末柸弟於薊。石勒知續勢孤，遣虎圍匹磾於厭次，孔萇攻續別營，統內別營諸城，十一皆下之。二月，辛未，續自出擊虎，虎伏騎斷其後，遂執續，使降其城。續呼兄子竺等曰：「吾志雪國難，以報所受，不幸至此。汝努力自勉，便奉匹磾爲主，勿有二心。」匹磾自薊還，未至厭次，去城八十里，聞續已沒，衆懼而散。復爲虎所遮，文鴦以親兵數百力戰，始得入城，與續子緝及存、竺等嬰城固守。虎遣使送續於勒，

〔一〕「執」，底本作「孰」，今據《晉書》卷三七《宗室列傳·河間平王洪傳》改。
〔二〕「當」，底本作「常」，今據《晉書·河間平王洪傳》改。
〔三〕「便順」，底本二字互乙，今據《晉書·河間平王洪傳》正。

勒使徐光讓之曰：「國家應符撥亂，八表宅心，遺晉怖威，遠竄揚、越。而續蟻封海河，跋扈王命，以夷狄不足爲君邪？何無上之甚也！國有常刑，於分甘乎？」續對曰：「晉末饑亂，奔控無所，保合鄉宗，庶全老幼。屬大王龍飛之始，委命納質，精誠無感，不蒙恩恕。言歸遺晉，仍荷寵授，誓盡忠節，實無二心。且受彼厚榮，而復二三其趣者，恐亦不容于明朝矣。周文生於東夷，大禹出於西羌，帝王之興，蓋惟天命所屬，德之所招，何常之有。今使囚去真即僞，不得早叩天門者，大王負囚，囚不負大王也。釁鼓之刑，囚之恒分，但恨天實爲之，謂之何哉！」勒曰：「其言慨至，孤愧之多矣。夫忠於其君者，乃吾所求也。」命張賓延之於館，厚撫之，尋以爲從事中郎〔二〕。令自後諸克敵擒俊，皆送之，不得輒害，冀獲如續之流。尚書吏部郎劉胤聞續被攻，言於帝曰：「北方藩鎮盡矣，惟餘邵續而已。如使復爲虎滅，孤義士之心，阻歸本之路。愚謂宜發兵救之。」帝不能從。聞續已没，乃下詔曰：「邵續忠烈在公，義誠慷慨，綏集荒餘，憂國亡身。功勳未遂，不幸陷没，朕用悼恨於懷。所統任重，宜時有代〔三〕。其部曲文武，已共推

〔二〕「爲」，底本脱，今據福建本、北大本、《晉書·邵續傳》、《通鑑》卷九一補。

〔三〕「宜」，底本作「一」，今據《晉書·邵續傳》改。

其息緝爲營主。續之忠誠，著於公私。今立其子，足以安衆，一以續本位即授緝〔二〕，使總率所統，效節國難，雪其家仇。」又假存揚武將軍、武邑太守。屢爲虎攻，戰守疲苦，不能自立矣。續受勒署，身灌園鬻菜，以供衣食。勒屢遣察之，歎曰：「此真高人矣。不如是，安足貴乎！」嘉其清苦，數賜穀帛。每臨朝嗟嘆，以勵群官。三月，慕容廆奉送玉璽三紐〔三〕，册拜廆爲安北將軍、平州刺史。五月，徐龕爲勒將，帥衆來降。六月，趙孔萇攻匹磾，恃勝不設備，文鴦襲擊，大破之。七月，詔加祖逖爲鎮西將軍。逖鎮雍丘，數遣兵邀擊趙兵，石勒鎮戍歸逖者甚多，境土漸蹙。先是，趙固、上官巳、李矩、郭默互相攻擊，逖馳使和解之，示以禍福，遂皆受逖節度。而部將衛策大破勒别軍於汴水，時黄河以南，盡爲晉土。逖練兵積穀，爲取河北計。石勒患之，不敢爲寇，下書曰：「祖逖屢爲邊患。逖，北州士望也，儻有首丘之思焉。」乃下幽州，爲修其祖、父墓，置守冢二家。因與逖書，求通使及互市。逖不報書，而聽互市，收利十倍。逖牙門童建殺新蔡内史周密，降於勒，斬之，送首於逖，曰：「叛臣逃吏，吾之深仇，將軍之惡，猶

〔二〕「授」，底本作「受」，今據《晋書·邵續傳》改。
〔三〕「紐」，底本作「枚」，今據《晋書》《元帝紀》、《慕容廆載記》、《通鑑》卷九一改。

吾惡也。」逖深德之。自是，趙人叛歸逖者，皆不納，禁諸將侵暴趙民，邊境間稍得休息矣。

四年，二月，段末柸奉送皇帝璽〔一〕。庚戌，告於太廟，乃受之。盧諶、崔悅因末柸使上表曰〔二〕：「臣聞經國之體，在於崇明典刑；立政之務，在於固慎關塞。况方岳之臣，殺生之柄，而可不正其枉直，以杜其姦邪哉！竊見故司空、都督并冀幽三州諸軍事、并州刺史、廣武侯琨，在惠帝擾攘之際，值群后鼎沸之難，戮力皇家，義誠彌厲，躬統華夷，親受矢石，石超授首，吕朗面縛，社稷克寧，鑾輿反駕〔三〕，奉迎之勳，琨實爲隆，此琨效忠之一驗也。其後并州刺史、東嬴公騰以晉川荒匱，移鎮臨漳，太原、西河，盡徙三魏。琨受任并州，屬承其弊，到官之日，遺户無幾。當易危之勢，處難濟之土，鳩集傷病，撫和戎狄，數年之間〔四〕，公私漸振。會京都失守，群逆縱逸，邊萌頓仆，苟懷宴安，咸以爲并州之地，四塞爲固，且可閉關守險，畜資養徒。抗辭厲聲〔五〕，忠亮奮發，以

〔一〕「送」，底本脱，今據《晉書·元帝紀》補。
〔二〕「悅」，底本作「説」，今據《晉書·劉琨傳》、《通鑑》卷九〇改；以下徑改，不注。
〔三〕「反」，底本作「及」，今據福建本、《晉書·劉琨傳》改。
〔四〕「之」，底本脱，今據福建本、《晉書·劉琨傳》補。
〔五〕「辭」，底本作「亂」，今據《晉書·劉琨傳》改。

爲天子沈辱而不隕身死節〔一〕，情非所安，遂乃跋履山川，東西征討。屠各乘虚，晉陽沮潰，琨父母罹屠戮之殃，門族受殲夷之禍。向使琨從州人之心，爲自守之計，則聖朝未必加誅，而賊黨可以不喪。乃猗盧敗亂，晉人歸奔，琨於平城，納其初附。將軍箕澹，又以爲此雖晉人，久在荒裔，難以法整，不可便用〔二〕。琨又讓之，義形于色。假從澹議，偷於苟存，則晏然於并土，必不亡身於燕、薊也。琨自以備位方嶽，綱維不舉，無緣虚荷大任，坐居三司，是以陛下登祚，便引愆告遜，前後章表，具陳誠欵。尋令從事中郎臣續澹以章綬節傳奉還本朝，與匹磾使榮卲期一時俱發。又匹磾以琨王室大臣，懼奪己威重〔三〕，忌琨之形，漸彰於外。琨知其如此，慮不可久，欲遣妻息大小，盡詣京城〔四〕，以其門室，一委陛下。有征舉之會，則身充一卒；若匹磾縱凶慝，則妻息可免。其令臣澹密宣此旨，求詔敕路次，令相迎衛。會王成從平陽逃來，説南陽王保稱號隴右，士衆甚盛，當移關中。匹磾聞此，私懷顧望，留停榮卲，欲遣前兼鴻臚邊邈奉使詣保，懼澹獨

〔一〕「隕」，底本作「陷」，今據福建本、《晉書·劉琨傳》改。
〔二〕「便」，底本作「更」，今據《晉書·劉琨傳》改。
〔三〕「己」，底本作「以」，今據《晉書·劉琨傳》改。
〔四〕「盡」，底本作「進」，今據《晉書·劉琨傳》改。

南，言其此事，遂不許引路。丹誠赤心，卒不上達。匹磾兄眷喪亡，嗣子幼弱，欲因奔喪，奪取其國。又自以欺國陵家，懷邪樂禍，恐父母宗黨不容其罪，是以卷甲橐弓，陰圖作亂，欲害其從叔驎、從弟末波等，以取其國。匹磾親信密告驎、波，驎、波乃遣人距之，匹磾僅以身免。百姓謂匹磾已没，皆憑向琨。若琨於時有害匹磾之情，則居然可擒，不復勞於人力。自此之後，上下並離，匹磾遂欲盡勒胡、晉，徙居上谷。琨深不然之，勸移厭次，南憑朝廷。匹磾不能納，反禍害父息四人，從兄二息同時并命。琨未遇害，知匹磾必有禍心，語臣等云：『受國厚恩，不能克報，雖才略不及，亦由遇此厄運。人誰不死，死生命也。唯恨下不能效節於一方，上不得歸誠於陛下。』辭旨慷慨，動於左右。匹磾既害琨，横加誣謗，言琨欲闚神器，謀圖不軌。琨免述、囂頑凶之思，又無信、布懼誅之情，踦躯亂亡之際，夾肩異類之間，而有如此之心哉！雖臧獲之愚，厮養之智，猶不爲之。况在國士之列，忠節先著者乎！匹磾之害琨，稱陛下密詔。琨信有罪，陛下加誅，自當肆諸市朝，與衆棄之。不令殊俗之豎，戮台輔之臣，亦已明矣。然則擅詔有罪，雖小必誅；矯制有功，雖大不論。正以興替之根〔二〕，咸在於此；開塞之由，不

〔二〕「替」，底本作「贊」，今據福建本、《晉書·劉琨傳》改。

可不閉故也。而匹磾無所顧忌，怙亂專殺，虛假王命，虐害鼎臣，辱諸夏之望，敗王室之法，是可忍之，孰不可忍！若聖朝猶加隱忍，未明大體，則不逞之人，襲匹磾之跡，殺生自由，好惡任意，陛下將何以誅之哉！折衝厭難，唯存戰勝之將；除暴討亂，必須知略之臣。故古語云『山有猛獸，藜藿爲之不採』，非虛言矣。自河以北，幽、并以南，醜類有所顧憚者，唯琨而已。琨既害之後，群凶欣欣，莫不得意，鼓行中州，曾無纖介之慮，此又華夷小大所以長嘆者也。伏惟陛下睿聖之隆，中興之緒，方將平章典刑，經序萬國。而琨受害非所，寃痛已甚，未聞朝廷有以甄論。昔壺關三老訟衛太子之罪，谷永、劉向辨陳湯之功，下足以明功罪之分，上足以開聖主之懷。臣等祖考以來，世受殊遇，入侍翠幃，出簪彤管，弗克負荷，播越遐荒，與琨周旋，接事終始。是以仰慕三臣在昔之義，謹陳本末，冒以上聞，仰希聖朝，曲賜哀察。」史稱文理甚切，諶之辭也。太子中庶子温嶠又上疏，表琨盡忠帝室，家破身亡，宜在褒恤。帝乃下詔曰：「故太尉、廣武侯劉琨，忠亮開濟，乃誠王家，不幸遭難，志節不遂，朕甚悼之。往以戎事，未加弔祭。其下幽州，便依舊弔祭。」贈侍中、太尉，謚曰愍。晉之東也，劉、段盟獎王室，故率衆勸進，段氏功多焉。劉既失據矣，而首奉之，實中土所難，豈非我族類！或曰其中必異，不宜奔之。不曰胡越同舟而濟乎？古之奔異國而有爲者，多矣。况如此其亟，彼邀而億之乎。昔浚敗而琨不救，固墮賊計中，然其不臣已露，救之爲國養賊耳。且出於掩襲，不救固無害也。磾之邀琨，同心王室，幸以投杼，至於攜貳，得群書以示，未嘗以深疑[二]，聽叔軍之畫，未忍以遽害。乃其子輩之閉守，又當橋、綏之斬降，而間嵩諸謀，適中叔軍言。加以敦使之逼，而後害之，烏得無罪？然其心迹可原矣。蓋由夷狄無術，不知《春秋》大義也。然則盧諶之疏，毋乃毀之歟？曰諶之爲其主，大義則然矣。磾不能以信琨，而諶其能信磾哉？若間嵩者，磾所署而背主爲琨，其將孰與乎？蓋當亂世，承晉假授，同爲主臣，僇力王室。彼以忠視段，則國之州牧也，爲其害晉臣，則爲晉謀耳。惟力是視，何傷於署。故君子大居正，小信不由也。諸臣之行不同，同歸於爲晉也已。四月，辛亥，虎復攻厭次城下。文鴦登城臨見，欲出擊之，匹磾不許。文鴦曰：「我以勇聞，故爲民所杖。今視民被掠而不救，非丈夫也。民失所望，誰復爲我致死乎！」遂帥壯士數十騎出戰，殺虎兵甚衆。馬乏不能起，虎呼之曰：「大兄與我俱夷狄，久欲與兄同爲一家。今天不違願，於此得相見，何爲復戰！請釋仗。」文鴦罵曰：「汝爲寇賊，當死日久，吾兄不用吾策，故令汝得至此。我寧鬭死，不爲汝屈！」遂下馬

[二]「嘗」，底本作「常」，今據北大本改。

苦戰，槊折[一]，執刀力戰不已[二]，自辰至申。虎兵四圍，解馬羅披自鄣，前執文鴦。文鴦力竭被執，城内奪氣。匹磾欲單騎歸朝，邵續弟樂安内史洎勒兵不聽。洎復欲執臺使王英送於虎，匹磾正色責之曰：「卿不能尊兄之志，逼吾不得歸朝，亦以甚矣。復欲執天子使者，我雖胡夷，所未聞也！」因謂英曰：「匹磾世受重恩，不忘忠孝。今日事逼，欲歸罪朝廷，而見逼迫，忠欵不遂。若得假息，未死之日，心不忘本。」洎與兄子緝、竺等輿櫬出降，惟邵存潰圍南奔，在道而爲賊殺。匹磾遂渡黄河南，著朝服，持節，賓從出見虎曰：「我受晉恩，志在滅汝。不幸吾國自亂至此，既不能死，又不能爲汝敬也。」勒及虎素與結爲兄弟，虎即起拜之。到襄國，勒以匹磾爲冠軍將軍，文鴦爲左中郎將，散諸流民三萬餘户，復其本業，置守宰以撫之。於是幽、冀、并三州皆入於趙。匹磾不爲勒禮，常著朝服，持晉節。經年，國中推匹磾爲主，事露，被害。文鴦亦遇鴆，及續、演害焉。史臣曰：「匹磾本自遐方，而係心朝廷，始則盡忠國難，終乃抗節虜庭，自蘇子卿以來，一人而已。越石之見誅段氏[三]，實以威名；匹磾之取戮世龍，亦由衆望：禍

[一]「槊」，底本作「執」，今據《晉書·段匹磾傳》、《通鑑》卷九一改。
[二]「執」，底本脱，今據福建本、北大本、《晉書·段匹磾傳》、《通鑑》卷九一補。
[三]「誅」，底本作「諸」，今據《晉書·段匹磾傳》史臣曰改。

福之應，何其速哉。」嗟夫！漢節持於子卿。尚有歸闕之期；晉節持於匹磾，則無還邦之望。將無同乎？亦祗以異？然其抗虎之言，責洎之義，續當昔時也，懸孤危之際，亟反而從正，不恤其子以從王，亦可謂之難矣。惜乎！死之不烈也，竟受其署，不免焉，視之匹磾，君子傷之。而劉翰受勒署，入其郡於匹磾，以其時爲晉臣，豈非其反正之義乎？或云：段氏自勿塵受封于遼西，位號單于，統其部人而已。匹磾遭乘晉亂，盡據幽土，而臣晉人，浚死不請，即受琨推，情非得已，烏同晉臣。翰則盜地以下敵，而不有君命者也。嗟夫！浚之凶醜，裴憲以晉遺藩而依之，是時藐然江表，必請命而反正乎，則坐失事機，其孰與歸？律以春秋，桓、文所難也。是後受周爵於朝，而謂反正於唐者，其視此而孰賢乎？翰不知所終，當恕焉。七月，甲戌，以尚書僕射戴淵爲征西將軍、都督司兗豫并雍冀六州諸軍事、司州刺史，鎮合肥；丹陽尹劉隗爲鎮北將軍、都督青徐幽平四州諸軍事、青州刺史，鎮淮陰。皆假節領兵，名爲討胡，實備王敦也〔二〕。敦遺隗書曰：「頃承聖上顧眄足下，今大賊未滅，中原鼎沸，欲與足下及周生之徒戮力王室，共靜海內。若其泰也，則帝祚於是乎隆；若其否也，則天下永無望矣。」隗答曰：

〔二〕「備」，底本脱，今據福建本、北大本、《通鑑》卷九一補。

「『魚相忘於江湖，人相忘於道術。』『竭股肱之力，效之以忠貞』，吾之志也。」敦得書，甚怒。八月，祖逖以淵吳士，雖有才望，無弘致遠識。且已翦荆棘，收河南地，而淵雍容，一旦來統之，意甚怏怏。又聞王敦與劉、刁構隙，將有内難，知大功不遂，感激發病。九月，壬寅，卒于雍丘。豫州士女若喪父母，譙、梁間皆爲立祠。王敦久懷異志，聞逖卒，益無所憚。十月，壬午，以逖弟約爲平西將軍、豫州刺史，領逖之衆。約無統御之才，不爲士卒所附。初，范陽李産避亂依逖，見約志趣異常，謂所親曰：「吾以北方鼎沸，故遠來就此，冀全宗族。今觀約所爲，有不可測之志。吾托名姻親，當早自爲計，無事復陷身於不義也。爾曹不可以目前之利，而忘長久之策。」乃帥子弟十餘人，間行歸鄉里。十二月，以慕容廆爲持節、都督幽平二州東夷諸軍事、平州牧，封遼東郡公。

永昌元年，正月，戊辰，王敦反於武昌，以誅劉隗爲名。二月，徵戴淵及隗還衛京師。三月，以導爲前鋒大都督。四月，六軍敗績〔一〕，隗奔於石勒。辛未，敦自爲丞相、都督中外諸軍事、録尚書事。十月，辛卯，敦以下邳内史王邃爲征北將軍、都督青徐幽平

〔一〕「績」，底本作「續」，今據《晉書·元帝紀》改。

四州諸軍事[二]，鎮淮陰。是月，慕容廆襲段末柸[三]，入令支，掠千餘家而還。

明帝太寧元年，四月，以尚書陳眕爲都督幽平二州諸軍事、幽州刺史。勒遣使結好於慕容廆，廆執送建康。

二年，正月，石勒、劉曜構兵，自是日相攻掠，不具。七月，壬申，王敦兵向闕。癸酉，帝遣將軍段秀大破之。秀，匹磾弟也。敦憤惋死。丁酉，寇平。

三年，二月，石勒遣兵攻慕容廆，報執其使也，爲所大破，入國城，盡獲而還。是後與慕容戰，語在《朔記》。三月，幽州刺史段末波死，以弟牙嗣。六月，司、豫、徐、兗地皆入趙，以淮爲境矣[三]。十一月，疾陸眷之孫遼殺牙自立，遂與慕容相攻。

成帝咸和元年，十一月，石勒將石聰攻壽春。祖約請救兵，不出，聰遂入寇。建康大震，詔加司徒導大司馬、假黄鉞、都督中外諸軍事以禦之。歷陽内史蘇峻遣將擊聰，走之。

二年，十月，下優詔，徵蘇峻爲特進，以弟逸代領部曲，中書令庾亮意也。峻上表

[一] 「邃」，底本作「還」，今據《晉書·元帝紀》、《通鑑》卷九二改。

[二] 按：「是月，慕容廆襲段末柸」，據《通鑑》卷九二，此事在永昌元年年末，「是月」疑當作「是年」。

[三] 按：淮、淮，底本二字或混用，以下徑改，不注。

曰：「昔明皇帝親執臣手，使臣北討胡寇。今中原未靖，臣何敢即安！乞補青州界一荒郡，以展鷹犬之用。」不許。知祖約怨朝廷，乃推崇之，共討亮。約大喜。譙國内史桓宣曰：「本以彊胡未滅，將戮力討之。使君欲爲雄霸，何不助國討峻[二]，則威名自舉。今乃與峻俱反，此安得之乎！」十一月，並反。

三年，二月，庚戌，王師敗績。九月[三]，庚午，峻伏誅。十二月，乙未，石勒執劉曜於洛陽。

四年，正月，戊辰，祖約奔趙。

五年，二月，石勒僭大趙天王，行皇帝事。右僕射程遐曰：「天下粗定，當顯明逆順，故漢高赦季布，斬丁公。大王自起兵以來，見忠於其君者輒褒之，背叛不臣者輒誅之，此天下所以歸盛德也。今祖約猶存，臣竊惑之。」安西將軍姚弋仲亦以爲言。勒乃收約，并其親屬中外百餘人，誅之，妻妾兒女分賜諸胡。初，祖逖有胡奴曰王安，逖甚愛之。在雍丘，謂安曰：「石勒是汝種類，吾亦無在爾一人。」厚資送而遣之。安以勇幹，

[二]「峻」，底本作「浚」，今據《晉書》卷八一《桓宣傳》、《通鑑》卷九三改

[三]「九」，底本作「八」，今據《晉書》卷七《成帝紀》、《通鑑》卷九四改。

仕趙爲左衛將軍。及約之誅，安歎曰：「豈可使祖士稚無後乎〔一〕？」乃往就市觀刑。逖庶子道重，始十歲，安竊取以歸，匿之，變服爲沙門。及石氏亡，道重復歸江南。九月，勒僭皇帝位，改元，中州流人悉降於勒。甲辰，徙樂成王欽爲河間王。當西晉封者，而皆爲虚國矣。南渡何書夫？封豫章者而嘉禾應，徙東莞者而青氣徵，古來以受封日占分野，而今雖借名，當具也。

六年，二月，己丑，以幽州刺史、大單于段遼爲驃騎將軍。六月，丙申，復故河間王顒爵位，封章武王混子珍爲章武王。冬，慕容廆遣使與太尉陶侃牋，勸北伐，共靖中原。

八年，正月，丙子，石勒遣使來修好，詔焚其幣。雖未能復君父之仇，猶足舒忠義之氣矣。五月，甲寅，遼東公慕容廆卒〔二〕，子皝嗣位，使長史王濟來告哀。七月〔三〕，戊辰，勒死，弘嗣僞位。其將石聰本晉人，冒姓石氏，遣使來降。司馬孔坦與聰書曰：「華狄道乖，南北迴邈，瞻河企宋，每懷饑渴。數會陽九，天禍晉國，姦凶猾夏，乘釁肆

〔一〕「稚」，底本作「雅」，今據《晉書·祖逖傳》、《通鑑》卷九四改。
〔二〕「東」，底本脱，今據《晉書·慕容廆載記》、《通鑑》卷九五補。
〔三〕「七」，底本作「九」，今據《晉書·成帝紀》、《通鑑》卷九五改。

虐。我德雖衰，天命未改。乾符啟再集之慶，中興應靈期之會，百六之艱既過，惟新之美日隆。神州振蕩，遺氓波散，誓命戎狄之手，跼蹐豺狼之穴，朝廷每臨寐永歎，痛心疾首。天罰既集，罪人斯隕，王旅未加，自相魚肉。豈非人怨神怒，天降其灾！蘭艾同焚，賢愚所歎，矜哀勿喜，我后之仁，大赦曠廓，唯虎是討。彭譙使至，粗具動静，知將軍忿疾醜類，翻然同舉。承問欣豫，慶若在己[二]。何知機之先覺，介石之易悟哉！引領來儀，怪無聲息。將軍出身名族，誕育洪胄[三]。遭世多故，國傾家覆，生離親屬，假養異類。雖逼僞寵，將亦何賴！聞之者猶或有悼，況身嬰之，能不憤慨哉！非我族類，其心必異，誠反族歸正之秋，圖義建功之日也。若將軍喻納往言，宣之同盟，率關右之衆，輔河南之卒，申威趙魏，爲國前驅，雖竇融之保西河，黥布之去項羽，比諸古今，未足爲喻。聖上寬明，宰輔弘納，雖射鉤之隙，賞之故行，雍齒之恨，侯之列國。況二三子無曩人之嫌，而遇天啟之會，當如影響，有何遲疑！今六軍誡嚴，水陸齊舉，熊羆踊躍，齕噬爭先，鋒鏑一交，玉石同碎。雖復後悔，嗟何及矣！僕以不才，世荷國寵，

[二]「若」，底本作「君」，今據福建本、《晉書》卷七八《孔坦傳》改。
[三]「育」，底本作「盲」，今據《晉書·孔坦傳》改。

雖實不敏，誠爲行李之主，區區之情，還信所具。夫機事不先，鮮不後悔，自求多福，唯將軍圖之〔一〕。」朝廷遣督護喬球將兵救之，未至，聰等爲虎所誅〔二〕。遂不北伐，人皆懷恨〔三〕，而勒臣相繼來降者，多爲虎所殺矣〔四〕。

九年，八月，遣侍御史王齊使祭廆，又遣謁者徐孟策䟢鎮軍大將軍、平州刺史、大單于、持節、承制封拜，壹如廆故事。十一月，虎殺弘，僭攝趙天王〔五〕。

咸康元年，三月，石虎南遊，臨江而還。有游騎十餘至歷陽，歷陽太守袁耽表上之，不言騎多少。朝廷震懼，司徒王導請出討之。夏四月，加導大司馬、假黄鉞、都督征討諸軍事〔六〕。癸丑，帝觀兵廣莫門，分命諸將〔七〕。俄聞趙騎至少，已去。戊午，解嚴，王導解大司馬。袁耽坐輕妄，免官。九月，虎遷都鄴宮。

〔一〕「家覆生離親屬……唯將軍圖之」，底本脱二百三十一字，今據福建本、北大本、《晉書·孔坦傳》補。

〔二〕「朝廷遣督護喬球將兵救之，未至，聰等爲虎所誅」，底本脱十九字，今據福建本、北大本、《通鑑》卷九五補。

〔三〕「遂不北伐，人皆懷恨」，底本脱八字，今據福建本、北大本、《晉書·孔坦傳》補。

〔四〕「而勒臣相繼來降者，多爲虎所殺矣」，底本脱十四字，今據福建本、北大本補。

〔五〕「九年，八月……僭攝趙天王」，底本脱五十五字，今據福建本、北大本、《通鑑》卷九五補。

〔六〕「咸康元年……都督征」，底本脱六十二字，今據福建本、北大本、《通鑑》卷九五補。

〔七〕「分」，底本脱，今據福建本、北大本、《通鑑》卷九五補。

二年，九月，慕容皝遣使送朝使徐孟等還建康。時温嶠前後表稱：「姨弟劉群、内弟崔悦、盧諶等，皆在末柸中，翹首南望，並有文思，少可愍惜。如蒙録召，繼絶興亡，則更生之德，亘古無二矣。」詔並徵之，爲末柸兄弟愛其才，托以道險不遣焉。

三年，正月，辛巳，石虎稱大趙天王。十月，丁卯，皝自立爲燕王。

四年，二月，石虎帥衆七萬擊段遼于遼西，遼奔于平岡。段氏自務勿塵以後，值晉丧亂，自稱位號，據有遼西，而臣御晉人。其地西盡幽州，東界遼水。然所統胡晉可三萬餘家，控弦可四五萬騎，而與石氏遞相侵掠，連兵不息[一]，竟爲虎所破，徙其民二萬餘户於司、雍、兖、豫四州。虎太子中庶子、散騎常侍裴瑴，與河間邢魚有隙。魚竊乘瑴馬奔遼，爲人所獲，魚誣瑴使己以虎當襲鮮卑告之爲備，時虎適伐遼，而與魚辭正會。虎誅瑴及其兄挹，父憲亦坐免。四月，虎爲皝所敗。癸丑，加皝征北大將軍、幽州牧，領平州刺史。五月，乙未，以司徒王導爲太傅、都督中外諸軍事。十一月，什翼犍即代王位于繁時北。自此而代大事書之。

五年，四月，征西將軍庾亮欲開復中原，帥大衆十萬移鎮石城，爲伐趙之規。丞相

[一]「息」，底本作「悤」，今據福建本、北大本、《晉書·段匹磾傳》改。

王導請許之。太常蔡謨以非廟勝之算，朝議多與謨同，乃詔亮不聽移鎮。左衛將軍陳光又請伐趙，謨不可而止。五月，段遼謀反於燕[一]，燕人殺遼及黨與，送遼首于趙。九月，趙大入寇，圍石城，遂掠漢東，擁七千餘户遷於幽、冀。

六年，二月，慕容皝自以稱王未受晉命[二]，乃以敗石虎將石成于遼西[三]，遣使獻捷論功，且言權假之意，并刻期大舉，共平中原。而使至京師，未報。燕襲趙薊城。

七年，二月，己卯，慕容皝遣長史劉翔求假燕王章璽，許之，以皝爲使持節、大將軍、都督河北諸軍事、幽州牧、大單于，燕王，世子儁爲假節[四]、安北將軍[五]、東夷校尉、左賢王；以翔爲郡守、鄉侯、常侍，不受。因朝會宴集，謂中書令何充等「板蕩三紀，宴安江沱」，充等大慚。及公卿餞於江上，謂「李趙志相吞噬，而王師不能一舉」，中護軍謝廣曰：「是吾心也！」語在《燕記》。七月，詔使兼大鴻臚郭悕持節册命至燕。

八年，十二月，石虎敕河南四州治南寇之備，并、朔、秦、雍嚴西討之資，青、冀、

〔一〕「反」，底本作「及」，今據福建本、北大本、《通鑑》卷九六改。

〔二〕「自以」，底本二字互乙，今據《通鑑》卷九六正。「受」，底本作「授」，今據《通鑑》卷九六改。

〔三〕「西」，底本作「東」，今據《晉書》《成帝紀》、《慕容廆載記》、《通鑑》卷九六改。

〔四〕「世子儁」，底本作「世子雋」，今據《晉書》卷一一〇《慕容儁載記》、《通鑑》卷九六改；以下徑改，不注。

〔五〕「北」，底本作「東」，今據《晉書·慕容儁載記》、《通鑑》卷九六改。

幽州爲東征之計，皆三五發卒，百姓愁困。

康帝建元元年，六月，石虎伐慕容皝，皝大敗之。安西將軍庾翼、車騎將軍庾冰約皝伐趙，上疏曰：「賊石虎年已六十，奢淫理盡，醜類怨叛。又欲決死遼東，皝雖驍果[一]，未必能固。若北無掣手之虜，則江南將不異於遼左矣。臣所以輒發良人[二]，不顧忿咎。然東西形援，未必齊舉。且欲北進，移鎮安陸，御以長轡，用逸待勞，比及數年，興復可冀。」七月，虎將戴開帥衆降。丁巳，詔曰：「慕容皝摧殄羯寇，乃云死没八萬餘人，將是其天亡之始也。中原之事，宜加籌量。使詣安西、車騎，諮謀諸軍事。」翼遂并發所統六州奴及車牛驢馬，百姓嗟怨。八月，宇文逸豆歸執段遼弟蘭[三]，送於趙，虎令帥所從鮮卑五千人屯令支。

二年，二月，慕容皝及逸豆歸戰於昌黎，歸衆大敗，奔於漢，宇文氏由是散亡矣。

郭造卿曰[四]：逖與琨綢繆，而仕進各異。信相避於中原，先鞭爲其所盛贊，在

[一]「雖」，底本闕，今據《晉書》卷七三《庾翼傳》補。
[二]「人」，底本作「久」，今據《晉書·庾翼傳》改。
[三]「蘭」，底本作「榆」，今據《晉書·慕容廆載記》、《通鑑》卷九七改。
[四]按：《燕督記二》卷末「郭造卿曰」，郭應寵先收入《海嶽山房存稿》卷八，爲《祖逖論》，然有目無文；又收入《海嶽山房別稿》卷四，今見本書下編燕史論二《史漢至隋》第二十五篇。

幽、冀之士，可謂之神錘矣。史氏謂其貪亂，至亂而乃感激。晉之必亂〔二〕，不待智者所知〔三〕。惟逖，世亂乃見之，而如天不祚晉何哉〔三〕！故雖烈烈夙懷奇節〔四〕，扣楫中流〔五〕，誓清凶孽〔六〕，鄰醜景附〔七〕，遺萌載悦，而天妖是徵，國耻奚雪矣。況從政者日新〔八〕，豈但憂憤於將亡邪？蓋敦、隗構隙，而隗云「竭股肱之力，效之以忠貞」矣〔九〕，乃云「魚相忘於江湖，人相忘於道術」，視之擊楫者何如！故其竟奔而從夷以死也。則以清談亡晉者，豈獨王戎諸人哉！

〔二〕「必亂」，底本闕二字，今據《別稿》卷四補。
〔三〕「不待智」，底本闕三字，今據《別稿》卷四補。
〔三〕「祚晉何哉」，底本闕四字，今據《別稿》卷四補。
〔四〕「故」，底本闕，今據《別稿》卷四補。
〔五〕「楫」，底本闕，今據福建本、《晉書·祖逖傳》贊補。
〔六〕「孽」，底本闕，今據《別稿》卷四、《晉書·祖逖傳》贊補。
〔七〕「鄰醜景附」，底本闕四字，今據《別稿》卷四、《晉書·祖逖傳》贊補。
〔八〕「況從政者日」，底本闕五字，今據《別稿》卷四補。
〔九〕按：貞、真、直，底本三字或混用，以下徑改，不注。

燕督記三

郭造卿曰：晉中原板蕩，西凉、東燕尚存，而凉之力微，惟燕尚稱效焉。苟督幽得人，與慕容及段、劉琨、邵續并力捍禦，中原且可漸窺，石勒雄而誰可哉！王浚乃自爲，勒内潰而外叛，設不受勒欺，幽亦非晉家有矣。是可守而自失，繇所寄之非人也。然勒雖襲薊，而委之劉翰。翰能歸正，屬於匹磾，匹磾忠晉，劉、邵同心，且祖逖鎮河南，遥睥睨而犄角之，羯虎得高枕而卧，慕容不承檄而赴哉？昊天不假，段氏尋戈，琨死於磾，同盟胥戕，磾、續相繼敗於石，北藩盡而逖亦斃。雖人謀之未協，非天禍之未悔乎！是既復而竟失，適所遘之非時也。故慕容稱燕王而不用晉朔，晉猶以州牧册，彼亦故受之焉。奄有趙、魏則帝，且將督晉十州矣。桓温得志於漢，庾將取捷於趙，蔡謨獨憂之，謂非時賢所及。氐也自立，羌乃歸順，而御以殷法，適激其叛耳。及温伐燕，聲勢足懾，使從郗超言而直趨鄴城，則暐和龍之奔，垂其能阻之哉？然以漢而輕秦，不得於灞上[一]；復以秦而重燕，遂失之枋

〔一〕「灞」，底本作「壩」，今據福建本、北大本改。

頭。蓋二役皆乘勝進兵，逼近於國都，冀聞風畏威，以乘其潰叛，震威聲而服江東耳，豈真弔伐以恢復哉？至逼而無它變故，持重以待之，情見勢屈，更爲所乘，臨敵乃知彼己，而胡不自敗乎！是以二役一律。王猛始知其心，申胤終料其勢，取之不得其道也。故始不得人曰君，繼之不得時曰天，終之失其道曰帥。至燕以關東歸秦，秦何有於晉乎，而袛墮慕容計中，試謝安之方略耳。安卒而桓即篡，故燕、秦後者興。蓋自淝淮敗，十有四年中，關河戎狄長更興而迭作。晉人視之，曾是不意，而拓跋稱尊號，南北之形定矣。義熙則燕、秦裔盡，晉雖爲得其將軍，國乃遂以亡。宋興，時拓跋方盛，取秦者不能守，守燕者不能久，而南卒并於北，詎寧晉末之不競哉！

穆帝永和元年，十二月，燕王皝不用晉年號，自稱十二年。

二年，冬，安西將軍桓温將伐漢，將佐皆以爲不可。江夏相袁喬勸之曰：「今天下之患者，胡、蜀二寇而已。蜀雖險固，比胡爲弱，將欲除之，宜先其易者。論者恐大軍既西，胡必闚覦，此似是而非。胡聞我萬里遠征，以爲内有重備，必不敢動。縱有侵軼，緣江諸軍足以拒守，必無憂也。」故温拜表輒行，明春而克成都。

三年，八月，沙門吴進言於虎曰：「胡運將衰，晉當復興，宜苦役晉人，以厭其氣。」虎發近郡男女十六萬人，築華林苑，燃燭夜作，死者數萬人。

四年，九月，丙申，燕王慕容皝卒。十一月，甲辰，世子儁嗣位，遣使來告喪。

五年，正月，石虎僭皇帝位，以子燕王斌爲大都督、督中外諸軍事。四月，詔謁者陳沈策慕容儁爲使持節、侍中、大都督、督河北諸軍事、幽平二州牧、大將軍、大單于、燕王。己巳，虎死。己丑，其庶子遵逐嗣子世而自立，尋殺之，而趙大亂。燕遂講武戒嚴，爲進取計。桓温聞之，出屯安陸，遣諸將經營北方。征北大將軍褚裒上表請伐趙，即日戒嚴，先遣偏師，「賊即奔潰，宜速發以成聲勢」。七月，加裒征討大都督、督徐兗青揚豫五州諸軍事。裒撫納之，甚得歡心，日以千計。朝野皆以爲中原指期可復，光禄大夫蔡謨獨謂所親曰：「胡滅誠爲大慶，然恐更貽朝廷憂[二]。夫能順天乘時，濟群生於艱難者[三]，非上聖與英雄不能爲也。自餘，則莫若度德量力。觀今日之事，殆非時賢所及，必將經營分表，疲民以逞。既而才略疎短，不能副心，財殫力竭，智勇俱困，安得不憂及朝廷乎！」魯郡民五百餘家起兵附晉，求援於裒，遣部將將鋭卒三千迎之，大敗於代

[二]「貽」，底本作「移」，今據福建本、北大本、《晉書》卷七七《蔡謨傳》、《通鑑》卷九八改。

[三]「生」，底本作「主」，今據《通鑑》卷九八改。

陂，没於趙。八月，裒退屯廣陵，上疏乞自貶。詔不許，命裒還鎮京口，解征討都督。時河北大亂，遺民二十餘萬口渡河欲來歸附。會裒已還，威勢不接，皆不能自拔，死亡略盡。裒以遠圖不就，憂慨發病。還至京口，聞哭聲甚多，以問左右，對曰：「皆代陂死者家也。」益慚而發憤疾，卒。十一月，趙義陽王鑒殺遵自立。

六年，閏正月，石閔廢鑒，殺之，殺虎二十八孫，盡滅石氏。司徒申鍾等上尊號，閔曰：「吾屬故晉人也，今晉室猶存，請與諸君分割州郡，各稱牧守公侯，奉表迎晉天子還都洛陽，何如？」尚書胡睦進曰〔二〕：「陛下聖德應天，宜登大位。晉氏衰微，遠竄江表，豈能總馭英雄，混壹四海乎！」閔曰：「胡尚書之言，可謂識機知命矣。」遂僭皇帝位，國號大魏，復姓冉。朝廷聞中原大亂，謀進取。己丑，以揚州刺史殷浩爲中軍將軍、假節、都督揚豫徐兗青五州諸軍事，以蒲洪爲氐王、使持節、征北大將軍、都督河北諸軍事、冀州刺史、廣川郡公，蒲健爲假節、右將軍、監河北征討前鋒諸軍事、襄國公。去年，洪歸枋頭，遣使來降。今經略中原，故授任以懷來之也。而洪自稱大都督、

〔二〕「睦」，底本作「陸」，今據福建本、北大本、《通鑑》卷九八改。

大將軍、大單于、三秦王，改姓苻氏[二]。二月，燕伐魏。三月，乙巳，拔薊，都之。洪尋卒，健代統其衆，去洪所署號，稱晉官爵，告喪，且稱朝命。趙新興王祗僭位於襄國。四月，閔遣使告晉曰：「逆胡亂中原，今已誅之，能共討者，可遣軍來也。」朝廷不應。初，段蘭卒于趙令支，子龕代領其衆。因趙閔亂，據陳留，而擁部落南徙[三]。七月，引兵東據廣固，自稱齊王。此南燕之基也。八月，閔徵故晉散騎常侍隴西辛謐，不至，死之。謐，幽州刺史怡子也，少有高名，歷劉、石世，徵辟皆不就。閔備禮徵爲太常，遺閔書以爲：「物極則反，致高則危。君王功已成矣，而久處之，非所以顧萬全遠危亡之禍也。宜因茲大捷，歸身本朝，必有由、夷之廉，享喬、松之壽，永爲世輔，豈不美哉！」因不食而卒。九月，燕王儁南徇冀州，取章河、河間。十一月，甲午，苻健入長安，以民心思晉，遣使詣建業獻捷，并修好于桓温。由是，秦、雍夷夏皆附之。

七年，正月，丙辰，苻健僭天王、大單于位，國號大秦。二月，戊寅，以段龕爲鎮北將軍，封齊公，以青州内附也。四月，石祗爲其將劉顯所弒。七月，顯稱帝於襄國。

[二] 按：前秦苻氏，底本或作「符」，以下統一爲「苻」，不注。

[三] 「擁」，底本作「雍」，今據《通鑑》卷九八改。

八月，魏刺史州牧相繼以城來降。九月，趙右丞相、親趙王姚弋仲遣使請降。十月，以弋仲爲使持節、六夷大都督、督河北諸軍事、車騎大將軍、開府儀同三司、大單于、高陵郡公。六夷，胡、羯、氐、羌、段氏及巴蠻也。又以其子襄爲持節、平北將軍、都督并州諸軍事、并州刺史、平鄉縣公。十二月，辛未，桓温北伐。以屢求，詔書不聽，拜表輒行。會稽王昱以書諭之，上疏惶恐致謝，回軍還鎮。

八年，正月，苻健僭即皇帝位。冉閔攻陷襄國，殺劉顯。趙汝陰王琨以其妻妾來奔，斬於建康市，石氏遂絶。中軍將軍殷浩請北出許、洛，詔許之，軍不能進。三月，使北中郎將荀羡擊鮮卑〔二〕。羡以淮陰舊鎮，地形都要，水陸交通，易以觀釁，遂移鎮焉。尋加監青州諸軍事，又領兗州刺史，鎮下邳。姚弋仲有子四十二人，及病，謂諸子曰：「石氏待吾厚，吾本欲爲之盡力。今石氏已滅，中原無主，我死，汝亟自歸於晉，當固執臣節，無爲不義也！」弋仲至，趙王乃降晉，而囑其子歸，賢矣哉！弋仲卒，子襄爲秦兵所敗，遂帥衆歸晉，送其五弟爲質。詔襄屯譙城。襄單騎渡淮，見謝尚於壽春。段末柸

〔二〕「中」，底本作「平」，今據《晉書》卷七五《荀羡傳》、《通鑑》卷九九改。

之子勤爲趙立義將軍[一]，自閔亂，據黎陽，聚胡、羯萬餘人，保枉人山，自稱趙王，附於燕。自爲閔所敗，徙於繹幕，自稱趙帝而降燕。夏，閔攻燕，大敗而奔。燕人執之，乃帥精騎萬人攻其子智於鄴。五月，鄴中大饑，人相食。其大將軍蔣幹遣侍中繆嵩、詹事劉猗奉表請降，且求救於安西將軍謝尚。尚先使督護戴施據枋頭，施聞幹求救，乃自倉垣徙屯棘津，止幹使者，求傳國璽。還鄴白幹，幹疑尚不能救，未決。六月，施帥壯士百餘人入鄴，助守三臺，紿之曰：「今燕寇在外，道路不通，璽未敢送也。卿且出以付我，我當馳白天子。天子聞璽在吾所，信卿至誠，必多發兵糧以相餉。」幹以爲然，出璽付之。施宣言使督護何融迎糧，陰令懷璽送於枋頭。甲子，幹率晉兵出戰，爲燕兵所敗。八月，鄴城陷，施、幹懸縋而下[二]，奔於倉垣。謝尚自枋頭迎傳國璽至建康，文曰：「受天之命，皇帝壽昌。」百寮畢賀。九月，殷浩復北伐，中軍將軍王羲之遺書止之，不聽。十一月，儁即皇帝位，僞以得魏璽，改元元璽。時晉使適至燕[三]，儁謂曰：「汝還白汝天子，我承人乏，爲中國人所推，已爲帝矣！」

[一]「勤」、「立」，底本作「勒」、「建」，今據福建本、《晉書》《段匹磾傳》、卷一〇七《石季龍載記下》、《通鑑》卷九九改。
[二]「縋」，底本作「縮」，今據福建本、北大本、《晉書·石季龍載記下附冉閔傳》、《通鑑》卷九九改。
[三]「時」，底本作「使」，今據《晉書·慕容儁載記》、《通鑑》卷九九改。

九年，九月〔一〕，姚襄屯歷陽，以燕、秦方彊，未有北伐之志，乃廣興屯田，訓厲將士。殷浩惡其彊盛，屢遣刺客刺之，客皆以情告之。十月，浩自壽春帥衆七十萬北伐，欲進據洛陽，復園陵，以襄爲前驅，大敗，走保譙城。十二月，襄遣使詣建康，罪狀殷浩，并自陳謝。

十年，正月，己丑〔二〕，以殷浩連年北伐，師徒屢敗，糧械都盡，征西將軍桓温因朝野之怨，疏其罪，廢爲庶人，而内外大權盡歸於温矣。二月，己丑，温北伐秦。姚襄遣使降燕。燕以慕容評爲鎮南將軍、都督秦雍益梁江揚荆徐兖豫十州諸軍事，權鎮洛水；以慕容彊爲前鋒都督、督荆徐二州緣淮諸軍事，進據河南〔三〕。七月，燕青州刺史朱禿襲殺樂陵太守慕容鉤，奔段龕。九月，桓温以王師敗績，糧盡，引還。

十一年，正月，段龕襲慕容儁將榮國於郎山，破之。六月，苻健卒，子生嗣位。十月，進豫州刺史謝尚兼督并幽冀三州諸軍事、鎮西將軍〔四〕，鎮馬頭。十一月，段龕與儁抗

〔一〕「九」，底本作「六」，今據《通鑑》卷九九改。
〔二〕按：廢殷浩爲庶人事，《通鑑》卷九九在「正月」，《晉書》卷八《穆帝紀》在「二月己丑」，《燕史》此處有誤。
〔三〕「進」上，底本衍「入」字，今據《晉書·慕容儁載記》、《通鑑》卷九九删。
〔四〕「三」，底本作「二」，今據福建本、《晉書·穆帝紀》、《通鑑》卷一〇〇改。

中表之儀，非其稱帝。儁以太原王恪爲大都督，以擊之。十二月，上黨人馮鴦逐燕太守段剛，據安民城，來降。

十二年，正月，慕容恪攻廣固，大敗之，恪據安民。七月，桓温自江陵北伐，與寮屬登平乘樓，望中原，歎曰：「遂使神州陸沈，百年丘墟，王夷甫諸人不得不任其責！」以衍等清談廢事也。八月，己丑，温謁修諸陵，戍之。十月，恪攻廣固，使北中郎將荀羨帥師次於琅琊以救之，斬燕將王騰於陽都。十一月，丙子，龕降燕，爲伏順將軍。羨留兵將守琅琊、太山，斬其將慕容蘭於汴城[一]。帝將封之，固辭不受。詔遣兼司空、散騎常侍車灌等持節如洛陽，修五陵。

升平元年，六月，秦東海王苻堅殺生而代之，稱大秦天王。燕殺段龕，阬其徒三千餘人。七月，秦大將軍、冀州牧張平來降，拜并州牧。九月，據新興、雁門、西河、太原、上黨、上郡之地，壁壘三百餘，夷夏十餘萬户，拜置征鎮，欲與燕、秦爲敵國。十一月[二]，癸酉，燕徙都鄴。

〔一〕「汴」，底本作「卞」，今據《晉書·荀羨傳》、《通鑑》卷一〇〇改。
〔二〕「一」，底本脱，今據《通鑑》卷一〇〇補。

二年，三月，燕陷冀州諸郡，詔安西將軍謝奕、北中郎將荀羡北伐。六月，慕容恪進據上黨，冠軍將軍馮鴦以衆叛歸燕，儁盡陷河北地。八月，奕卒，以謝萬爲西中郎將，代之。先是，趙之亡也，其將李歷、張平、高昌降燕，已而來降，又降秦，各受爵位，欲中立以自固。至是，燕討之，歷奔滎陽〔一〕。其衆壁壘百餘，平將帥壁壘百三十八降燕，平奔平陽〔二〕，復降。十月，泰山太守諸葛攸攻燕東郡，入武陽〔三〕，爲恪敗走，還泰山。恪遂渡河，略地河南，分置守宰。十二月，燕太山太守賈堅屯山茌〔四〕，爲荀羡所拔而死。羡疾篤，徵還，以散騎常侍郗曇爲北中郎將、都督徐兖青冀幽五州諸軍事、徐兖二州刺史，鎮下邳。

三年，春，燕人殺段勤，勤弟思來奔。七月，平北將軍高昌爲燕所逼，自白馬奔滎陽。諸葛攸與燕戰東阿，大敗。十月，詔謝萬軍下蔡，郗曇軍高平，以擊燕將傅顔，敗績，廢萬爲庶人，降曇號建武將軍。於是許昌、潁川、譙、沛諸城，相次没于燕。

〔一〕「滎」下，底本衍「晉」字，今據《晉書·慕容儁載記》、《通鑑》卷一〇〇删。
〔二〕「平」，底本作「晉」，今據《晉書·慕容儁載記》、《通鑑》卷一〇〇改。
〔三〕「武」，底本作「咸」，今據福建本、北大本、《通鑑》卷一〇〇改。
〔四〕「茌」，底本作「荏」，今據《晉書·慕容儁載記》、《通鑑》卷一〇〇改；以下徑改，不注。

四年，正月，癸巳，燕主儁大閲於鄴，將入寇。甲午，卒，子暐嗣，以太宰恪録尚書事，輔政。朝廷聞儁卒，皆以爲中原可圖。桓温曰：「恪尚在，憂方大耳。」

五年，正月，戊戌，郗曇卒，子恢嗣。二月，以鎮東將軍范汪代之，都督徐兖冀青幽五州諸軍事，兼徐兖二州刺史。高昌卒，燕河内太守吕護并其衆，遣使來降，拜護冀州刺史。護欲引兵襲鄴，卒爲燕所敗。平陽降燕，燕置守戍。四月，太尉桓温以其弟黄門郎豁爲都督，將兵取許昌，破燕鎮南將軍慕容塵。七月，護奔滎陽。九月，張平襲平陽，殺所置守戍，反覆燕、秦間，遂爲秦所滅。乙亥，范汪素爲桓温所惡，温將北伐，命汪帥衆出梁國。十月，坐失期，免爲庶人。吕護復奔燕，以爲寧南將軍。

哀帝隆和元年，正月，燕遣將傅末波及吕護屯河陰，攻陷小壘，以逼洛陽。二月，辛未，以輔國將軍、吴國内史庾希爲北中郎將、徐兖二州刺史，鎮下邳；前鋒監軍、龍驤將軍袁真爲西中郎將、監護豫司并冀四州諸軍事、豫州刺史，鎮汝南；並假節，禦燕。希，冰之子也。二月[二]，丁丑，護攻洛陽。三月，乙酉，河南太守戴施奔宛[三]。五

[二] 按：「二月」，《燕史》上文已有，此處重出。吕護攻洛陽，《晉書》卷八《哀帝紀》在「四月丁丑」之後，《通鑑》卷一〇一在「三月」之前。

[三] 「宛」，底本闕，今據《晉書·哀帝紀》、《通鑑》卷一〇一補。

月，丁巳，桓温遣希及竟陵太守鄧遐帥舟師三千人，助冠軍將軍陳祐守洛陽。温請遷都洛陽，不遂。七月，吕護退守小平津，中流矢而卒。燕將段崇收軍北渡，屯於野王。遐進屯新城，希部將何謙破燕將劉則於檀丘。十月，章武王珍薨。十二月，希自下邳退屯山陽，真自汝南退屯壽陽，以洛陽兵解退也，而燕兵尋復至矣。

興寧元年，四月，燕寧東將軍慕容忠攻滎陽，太守劉遠奔魯陽。五月，加征西大將軍桓温侍中、大司馬、都督中外諸軍事、録尚書事、假黄鉞，以袁真都督司冀并三州諸軍事，庾希都督青州諸軍事，禦燕也。癸卯，燕人拔密城，劉遠奔江陵。九月，壬戌，温北伐。十月，燕慕容塵攻陳留太守袁披於長平〔一〕，汝南太守朱斌乘虚襲克許昌。

二年，二月，燕太傅慕容評、龍驤將軍李洪略地河南。四月，甲辰，洪攻許昌、汝南，敗我兵於懸瓠，潁川太守李福戰死，汝南太守朱斌奔壽春，陳郡太守朱輔退保彭城。温遣袁真等禦之，江夏相劉岵擊退燕軍，鑿陽儀道以通運。温帥舟師屯合肥。燕人遂拔許昌、汝南、陳郡，徙萬餘户於幽冀二州，遣慕容塵屯許昌。五月，遷陳人於陸以避之。八月，慕容恪將取洛陽，先遣人招納士民，遠近諸塢皆歸之。乃使司馬悦希軍於盟津，

〔一〕「平」，底本作「安」，今據《晉書·哀帝紀》、《通鑑》卷一〇一改。

豫州刺史孫興軍於成皋。祐聞許昌已没，遂奔新城。悦希引兵略河南諸城，盡取之。

三年，正月，大司馬温移鎮姑孰。二月，司徒昱聞陳祐棄洛陽，會温于洌洲[二]，共議征討。丙申，帝崩，事遂寢。三月，癸酉，散騎常侍、河間王欽薨。丙子，慕容恪陷洛陽，寧朔將軍竺瑶奔襄陽，揚武將軍沈勁死之，贈東陽太守。燕以左中郎將慕容筑爲洛州刺史，鎮金墉；吴王垂爲都督荆揚洛徐兖豫雍益凉秦十州諸軍事、征南大將軍、荆州牧，鎮魯陽。恪還鄴。

帝奕太和元年，十月，燕撫軍將軍慕容厲寇兖州，圍梁父，斷澗水，太山太守諸葛攸奔鄒山，厲拔魯、高平數郡，置守宰而還。十二月，南陽督護趙億及趙弘等據宛城降於燕，太守桓澹走保新野。燕人遣南中郎將趙盤戍宛。

二年，四月，燕慕容塵寇竟陵，太守羅崇擊破之。五月，右將軍、荆州刺史桓豁及崇攻宛，拔之，趙億走，趙盤退歸魯陽。豁追擊於雉城，擒之，送於京師，晋兵戍屯而還。九月，以會稽内史郗愔爲都督徐兖青幽揚州之晋陵諸軍事、徐兖二州刺史，鎮京口。

四年，四月，庚戌，大司馬温請與郗愔、袁真等伐燕，尋轉愔冠軍將軍、會稽内史，

〔二〕「洲」，底本作「州」，今據《晋書》卷九八《桓温傳》、《通鑑》卷一〇一改。

而自領徐兗二州刺史，帥步騎五萬發姑孰，自兗州伐燕。愔子郗超爲温參軍[二]，曰：「道遠，汴水又淺，恐漕運難通。」温不從。六月，辛丑，温至金鄉，天旱，水道絶，温使冠軍將軍毛虎生鑿鉅野三百里，引汶水會于清水。温引舟自清水入河，舳艫數百里。超曰：「清水入河，難以通運。若寇不戰，運道又絶，因資無所，此危道也。不若盡舉見衆，盛夏悉力，直趨鄴城，彼畏公威名，必望風逃潰，北歸遼、碣。若能出戰，則事可立決。設欲城鄴而守之，當此盛夏，難爲功力。百姓布野，盡爲官有，易水以南，必交臂請命矣。但恐明公以此計輕鋭，勝負難必，欲務持重，則莫若頓兵河、濟，控引漕運，俟資儲足，及來夏而進兵。雖如賒遲，然期於成功而已。捨此二策而連軍北上，進不速決，退必愆乏。賊因此勢，以日月相引，僶俛秋冬，水更澁滯。且北土早寒，三軍裘褐者少，恐於時限閡，非獨憂食而已。」温又不從。遣建威將軍檀玄攻胡陸，拔之，獲燕慕容忠。燕以下邳王厲爲征討大都督，帥步騎二萬逆戰於黄墟[三]，大敗，單騎奔還。其高平太守徐翻以郡來降。前鋒冠軍將軍鄧遐又破燕將傅顔於林渚。燕又遣樂安王臧，不能抗，

[二] 「軍」，底本作「將」，今據《晉書》卷六七《郗超傳》、《通鑑》卷一〇二改。
[三] 「戰」，底本作「賊」，今據《晉書·慕容暐載記》、《通鑑》卷一〇二改。

乃求救於秦。七月，温屯武陽，燕故兗州刺史孫元帥族黨起兵來應，温次於枋頭。燕左長史申胤曰：「以温今日聲勢，似能有爲。然晉室衰弱，温專制其國，晉之朝臣未必與同心。故其得志，衆所不願也，必將乖阻以敗其事。又温驕而恃衆，怯於應變。大衆深入，值可乘之會，反更逍遥中流，不出赴利，欲望持久，坐取全勝。若糧廪愆懸，情見勢屈，必不戰自敗，此自然之數也。」暐、暐謀奔和龍，慕容垂請且擊之，乃以垂代臧〔二〕，率五萬來距。温以燕降人段思鄉導，爲禽，又使趙故將李述徇趙、魏，爲斬，而我軍奪氣。所使袁真克譙、梁，不能開石門以通水運。九月，爲燕將軍慕容宙伏擊，死者甚衆。餽糧爲斷，頻戰不利，又聞秦救師至，丙申，焚棄輜重鎧仗，自陸奔還。以毛虎生督東燕等四郡諸軍事，領東燕太守。温自東燕出倉垣，以汴水、濟瀆皆自北而南，恐追兵毒其上流，鑿井而飲，行七百餘里。辛丑，燕兵追及温後軍於襄邑，爲伏所夾擊，大敗，斬首三萬級。秦兵邀於譙，死者以萬計。孫元遂據武陽以拒燕，爲禽。十月，己巳，温收散卒，屯山陽。耻喪敗，歸罪於袁真，以石門不開糧軍不繼爲辭，奏免爲庶人。又免鄧遐官。真不服，表温罪狀，上不報。真遂據壽春叛降燕，請救，亦遣使如秦。温以虎

〔二〕「臧」，底本作「藏」，今據福建本、北大本、《晉書·慕容暐載記》、《通鑑》卷一〇二改。

生領淮南太守，守歷陽，外備壽春，内衛江南也。十一月，辛丑，温自山陽，及丞相會稽王昱會涂中，將謀後舉。十二月，温發徐、兖州民築廣陵城，徙鎮之。時征役既頻，加之疫癘，死者什四五，百姓嗟怨。祕書監孫盛作《晉春秋》，直書時事。温見之，怒謂盛子曰：「枋頭誠爲失利，何至乃如尊君所言！若此史遂行，自是關君門户事〔二〕！」其子遽拜謝，請改之。共號泣稽顙，請爲百口計。盛大怒，不許，諸子遂私改之。盛先已寫別本，寄之於慕容。及孝武帝購求異書〔二〕，得之於遼東，與見本不同，遂兩存之。

五年，正月，己亥，秦攻燕於洛陽，降之。二月，癸酉，真卒。陳郡太守朱輔立真子瑾爲建威將軍、豫州刺史，以保壽春；遣其子乾之及司馬爨亮如鄴請命。燕人以瑾爲揚州刺史，輔爲荆州刺史。四月，燕、秦皆遣兵助瑾，温遣督護竺瑤等禦之。燕兵先至，瑤等破之於武丘，南頓太守桓石虔克其南城。石虔，温之弟子也。八月，温自廣陵帥衆二萬討瑾。癸丑，温敗瑾，圍之於壽春。燕左衛將軍孟高將騎救瑾，至淮北〔三〕，未渡，會秦伐燕，召還。十一月，辛巳，秦滅燕，獲燕主暐。

〔一〕「自」，底本作「至」，今據《晉書·桓温傳》、《通鑑》卷一〇二改。
〔二〕「孝」，底本脱，今據《晉書》卷八二《孫盛傳》、《通鑑》卷一〇二補。
〔三〕「至」，底本作「全」，今據福建本、《通鑑》卷一〇二改。

簡文帝咸安元年，正月〔一〕，秦帥步騎二萬救袁瑾〔二〕。丁亥，温拔壽春，擒瑾及輔，并其宗族送建康，斬之。温欲先立功河朔，以收時望，還受九錫。及枋頭敗，威名頓挫。既克壽春，謂郗超曰：「足以雪枋頭之恥乎？」超曰：「未也。不爲伊、霍之舉者，無以立大威權，鎮壓四海。」温素有心，遂與定議。十一月，己酉，廢帝而立會稽王昱。秦王堅聞之，謂群臣曰：「温前敗灞上，後敗枋頭，不能思愆自貶，以謝百姓，方更廢君以自説〔三〕。六十之叟，舉動如此，將何以自容於四海乎！諺曰『怒其室而作色於父』，其桓温之謂矣。」

孝武帝寧康元年〔四〕，七月，己亥，桓温死，以少子玄襲封。

三年，七月〔五〕，秦丞相王猛卒。寢疾，主堅至第，訪以後事。猛曰：「晉雖僻處江南，然正朔相承，上下安和，臣没之後，願勿以晉爲圖。」

〔一〕「正月」，底本脱，今據《晉書》卷八《海西公紀》、《通鑑》卷一〇三補。
〔二〕「秦」上，底本衍「丁亥，温拔壽春，擒瑾及輔」十字，今據《通鑑》卷一〇三删。「袁瑾」，底本作「之」，今據《晉書·海西公紀》、《通鑑》卷一〇三改。
〔三〕「以」，底本重文，今據福建本、《晉書》卷一一三《苻堅載記上》、《通鑑》卷一〇三删。
〔四〕「孝」，底本脱，今據《晉書》卷九《孝武帝紀》、《通鑑》卷一〇三補。
〔五〕「七」，底本作「八」，今據《通鑑》卷一〇四改。

太元元年，六月，封河間王子欽子範之爲章武王。

二年，八月[一]，丁未，以尚書僕射謝安爲司徒，安讓，復加侍中、都督揚豫徐兗青幽州之燕國諸軍事、假節。十月，朝廷以秦寇爲憂，詔求文武良將可以鎮禦北方者，加安征討大都督。安以兄子兗州刺史玄應詔。玄募驍勇士，得彭城劉牢之等數人。以牢之爲參軍，常領精鋭爲前鋒，戰無不捷。時號北府兵，敵人畏之。

三年，四月，秦入寇，其京兆尹慕容垂拔南陽，執太守鄭裔，與堅庶長子長樂公丕會於襄陽[二]。

四年，正月，秦主堅欲自將攻襄陽，詔陽平公融以關東六州兵會壽春[三]，凉州刺史梁熙以河西之兵爲後繼。融諫曰：「陛下欲取江南，固當博謀熟慮，不可倉猝。若止取襄陽[四]，又豈足親勞大駕乎！未有動天下之衆而爲一城者，所謂『以隨侯之珠彈千仞之雀』也。」梁熙諫曰：「晉主之暴，未如孫皓，江山險固，易守難攻。陛下必欲廓清江

[一]「八」，底本作「七」，今據《晉書·孝武帝紀》改。
[二]「與」，底本作「會」，今據《通鑑》卷一〇四改。
[三]「陽平」，底本二字互乙，今據《晉書·苻堅載記上》、《通鑑》卷一〇四正。
[四]「止」，底本作「上」，今據福建本、北大本、《通鑑》卷一〇四改。

表，亦不過分命將帥，引關東之兵南臨淮、泗，下梁、益之卒東出巴、峽，又何必親屈鑾輅，遠幸沮澤乎！昔漢光武誅公孫述，晉武帝擒孫皓，未聞二帝自統六師，親執枹鼓，禦矢石也。」堅乃止。五月，乙丑，秦兵六萬圍幽州刺史田洛於三阿，去廣陵百里，朝廷大震，臨江列戍〔一〕。謝玄自廣陵救之，與洛追戰，大破之。秦人屢入寇，邊兵失利，謝安每鎮之以和靜。

七年，十月，秦主堅會群臣于太極殿，議曰：「自吾統承大業，垂三十載，芟夷逋穢，四方略定，唯東南一隅，未賓王化。吾每思天下不一，未嘗不臨食輟餔。今略計吾兵杖精卒，可得九十七萬。吾將躬先啓行，薄伐南裔，何如？」秘書監朱彤曰：「陛下應天順時，恭行天罰，嘯叱則五岳摧覆，呼吸則江海絶流，若一舉百萬，必有征無戰。晉主自當銜璧輿櫬，稽顙軍門，若迷而不悟，則走死江海，猛將追之，即可賜命南巢。中國士民，使復其桑梓，然後回輿東巡，告成岱宗，此千載一時，書契未有也。」堅喜曰：「是吾志也。」尚書左僕射權翼曰：「臣以爲晉未可伐。夫以紂之無道，天下離心，八百諸侯不謀而至，武王猶曰『彼有人焉』，旋師止旆。三仁誅放，牧野侯興。今晉雖微

〔一〕「戍」，底本作「戎」，今據《晉書·苻堅載記上》、《通鑑》卷一〇四改。

弱，未有喪德，謝安、桓沖，皆江表偉才，君臣輯睦，內外同心。師克在和，今晉和矣，未可圖也。」堅嘿然良久，曰：「諸君各言其志。」太子左衛率石越曰：「吳人恃險偏隅，不賓王命，陛下親御六師問罪，誠合人神四海之望。但今歲鎮星守斗牛，福德在吳，伐之必有天殃。且晉中宗，藩王耳，夷夏咸共戴之，遺愛猶在於人。昌明，其孫也。彼國據長江之險，朝無昏貳之釁，而民爲之用，殆未可伐也！」堅曰：「昔武王伐紂，逆歲違卜。天道幽遠，未易可知。夫差、孫皓皆保據江湖，不免於亡。今以吾之衆，投鞭於江，足斷其流，又何險之足恃乎！」對曰：「三國之君〔一〕，皆淫虐無道，故敵國取之，易於拾遺。今晉雖無德，未有大罪，願陛下且案兵積穀，以待其釁。」於是群臣各言利害異同，久之不決。堅曰：「此所謂築舍道傍，無時可成。吾當內斷於心耳！」群臣皆出，獨留陽平公融，謂之曰：「自古定大事者，不過一二臣而已。今衆言紛紛，徒亂人意，吾當與汝決之。」對曰：「今伐晉有三難：天道不順，而禍吳、越，一也；晉國無釁，主休明而臣用命，二也；我數戰，兵疲將倦，民有畏敵之心，三也。群臣言晉不可伐者，皆忠臣上策也，願陛下聽之。」堅作色曰：「汝亦如此，吾復何望！吾彊兵百萬，

〔一〕「三」，底本作「二」，今據福建本、《通鑑》卷一〇四改。

資仗如山，吾雖未爲令主，亦非闇劣。乘累捷之勢[一]，擊垂亡之國，何患不克之！豈可復留此殘寇遺子孫，使長爲國家憂哉！」融泣曰：「晉未可伐昭然。今勞師大舉，匪亶無功而返，且臣所憂不止此，實爲子孫宗廟社稷計也。陛下寵鮮卑、羌、羯，布满畿甸爲仇，舊人族類，斥徙遐方[二]。今傾國而去，如有風塵之變，太子獨與弱卒留守，能保腹心肘腋之萬全乎？臣愚不足采擇，王景略一時英傑，陛下常比孔明，獨不記其臨没之言乎！」堅不聽。於是進諫者衆，堅曰：「以吾擊晉，校其彊弱之勢，猶疾風之掃秋葉，而朝廷内外皆言不可者，誠吾所不解也。晉武若信朝士，不征吴，天下何由一軌乎！吾計決矣，不與諸卿議也。」太子宏進曰：「今歲在吴分，又晉君無罪。彼若憑長江以固守，徙北民于江南，增城清野，杜門不戰。我已疲矣，彼未引弓，土下氣厲，不可久留，陛下將若之何？若大舉不捷[三]，恐威名外挫，財力内竭，此群下所以疑耳。」堅曰：「昔吾滅燕，亦犯歲而捷，天道固難知也。秦滅六國，六國之君豈皆暴虐乎！」鋭意欲取江東，寢不能旦。融諫曰：「知足不辱，知止不殆。自古窮兵極武，未有不亡者。且國

〔一〕「乘」，底本作「棄」，今據福建本、《通鑑》卷一〇四改。
〔二〕「斥」，底本作「分」，今據《晉書》卷一一四《苻堅載記下》改。
〔三〕「若」，底本作「是」，今據《晉書·苻堅載記下》、《通鑑》卷一〇四改。

家本邊裔也，正朔會不歸。今江東雖微弱僅存，然中華正統，天意必不絶之。」堅曰：「帝王曆數，豈有常邪？惟德之所在耳！劉禪豈非漢之苗裔邪，終爲魏所滅。汝所以不如吾者，正病此，不達通變耳！」堅素信重沙門道安，群臣使道安乘間進言。十一月，堅與道安同輦遊于東苑，曰：「朕將與公南遊吴、越，整六師而巡狩，謁虞陵于疑嶺，瞻禹穴于會稽，泛長江，臨滄海，不亦樂乎！」安曰：「陛下應天御世，居中土而制四維，順時以適聖躬，動則鳴鑾清道，止則神栖無爲，自足比隆堯、舜，何必身勞于馳騎，口倦于經略〔二〕，櫛風沐雨，蒙塵野次乎！且東南卑濕，沴氣易構，虞舜遊而不歸，大禹往而不復，何足上勞大駕，下困蒼生乎哉！苟文德足以懷遠，可不煩寸兵而坐賓矣。」堅曰〔三〕：「豈爲地不廣而人不足哉？天生烝民而樹之君，使司牧之。朕既天運所鍾，將簡帝心而行天討，豈敢憚勞，使彼一方獨不被澤乎！必如公言，是古之帝王，高辛無熊泉之役，唐堯無丹水之師，何以有省方之文乎！」道安曰：「必不得已，陛下宜駐蹕洛陽，遣使者奉尺書於前，諸將總兵師於後，彼必稽首入臣，不必親涉江、淮也。」堅不

〔二〕「口倦」，底本二字互乙，今據福建本、《晉書·苻堅載記下》正。
〔三〕「堅」，底本作「聖」，今據福建本、《晉書·苻堅載記下》、《通鑑》卷一〇四改。

聽。堅所幸張夫人諫曰：「妾聞天地之生萬物，聖主之治天下，皆因其自然而順之〔一〕，故功無不成。是以黄帝服牛乘馬，因其性也；禹濬九州，障九澤，因其勢也；后稷播殖百穀，因其時也；湯、武帥天下而攻桀、紂，因其心也。皆有因則成，無因則敗。今朝野之人皆言晉不可伐，陛下獨決意行之，妾不知陛下何所因也！《書》曰『天聰明自我民聰明』，天猶因民，而况人乎！」且言天道不順，皆非出師之祥。堅曰：「軍旅之事，非婦人所當預也！」堅幼子中山公詵最有寵，亦諫曰：「臣聞國之興亡，繫賢人之用捨。季良在隨，楚人憚之；宫奇在虞，晉不闚兵。國有人焉故也。及謀不用而亡，不淹歲矣。今陽平公，國之謀主，而陛下違之，晉有謝安、桓冲，而陛下伐之，臣竊惑焉！」堅曰：「天下大事，孺子安知！」惟冠軍慕容垂言晉必可伐，且言「晉武之平吴也，言可者張、杜二三賢臣而已。若採朝衆之言，豈能建不世之功乎！」堅大悦，曰：「與吾定天下者，惟卿耳！」賜帛五百匹。

八年，五月，都督桓冲率衆十萬伐秦，其姪振武將軍石民敗慕容垂、姜成等于漳

〔一〕「因其自然」，底本作「其自然然」，今據福建本、《晉書·苻堅載記下》補删。

口[一]，列將拔筑陽。堅大怒，大舉入寇，朝臣皆不欲行，惟垂及揚武將軍姚萇、良家子勸之行。融諫以[二]：「鮮卑、羌虜，仇讐思變，言不可信。良家少年，不閑軍旅，謟諛。輕舉大事，必有後患，悔無及也！」不聽。八月，秦遣融、垂等，甲子，發長安，戎卒六十餘萬，騎二十七萬，旗鼓相望，前後千里。九月，凉州之兵始達咸陽，蜀、漢之兵順流而下，幽、冀之兵至于彭城，東西萬里，水陸並進。詔以尚書僕射謝石爲征虜將軍、征討大都督、冠軍將軍，謝玄爲前鋒、都督徐兖青三州揚州之晉陵幽州之燕國諸軍事，率兵八萬拒之。十一月，秦兵逼淝水。玄等迎擊，大破之，殺融。堅單騎而歸，奔垂軍，垂遂叛秦。

九年，正月，燕慕容垂起兵於鄴。二月，辛巳，桓冲卒。垂與翟遼攻長樂公丕于鄴。四月，秦姚萇以龍驤將軍起兵於北地。慕容暐弟泓、冲相繼叛秦，僭號。秋，太保謝安上疏求自北征[三]，以乘苻秦傾敗，開拓中原。仍以玄爲前鋒都督，伐秦。九月，河南城堡皆來歸附。太保安自求北征，以侍中、中書監加使持節、大都督揚江荊司豫徐兖青冀幽

〔一〕「民」，底本作「臣」，今據福建本、《晉書》卷七四《石民傳》改。
〔二〕「諫」，底本脱，今據《晉書·苻堅載記下附苻融傳》補。
〔三〕「自」，底本作「北」，今據福建本、《晉書》卷七九《謝安傳》改。

并梁益雍凉十五州諸軍事[一]，加黄鉞，其本官如故，置從事中郎二人。十月，丁巳，河間王曇之薨。乙丑，秦長樂公丕遣使致書，求救於玄。朝廷以兗、青、司、豫既平，加玄都督徐兗青司冀幽并七州諸軍事。玄疏以方平河北，幽、冀宜須總督，司州懸遠[二]，應統豫州。丕使自歸于晉，告饑，玄水陸運米二千斛饋之。

十年，三月，秦亂，長樂公丕遣使奉表請迎。龍驤將軍劉牢之及慕容垂戰于黎陽，王師敗績。四月，丙辰，牢之與沛郡太守周次及垂戰于五澤橋[三]，又敗績。壬戌，謝安出鎮廣陵之新城，以救苻堅。五月，堅出奔，以太子宏守長安。六月，宏西奔[四]，慕容沖入長安。七月，姚萇獲堅。宏假道來奔，處之江州。丕自枋頭西走，龍驤將軍檀玄與戰谷口而敗，丕入鄴。八月，丁酉，安卒。庚子，以司徒、琅邪王道子録尚書、都督中外諸

[一]「江」，底本作「州」，今據《晉書》《孝武帝紀》、《謝安傳》改。「梁」下，底本衍「寧」字，今據《孝武帝紀》删，《謝安傳》則有「寧」而無「涼」。「州」下，底本衍「軍」字，今據《孝武帝紀》、《謝安傳》、《通鑑》卷一〇五删。

[二]「懸」，底本作「縣」，今據《晉書》卷七九《謝玄傳》改。

[三]「沛」，底本闕，今據福建本、北大本、《晉書・孝武帝紀》補。

[四]「西」，底本作「東」，今據《通鑑》卷一〇六改。

軍事[一]，自是得權而晉亂矣。辛丑，姚萇求傳國璽於堅，堅瞋目叱之，曰：「璽已送晉矣。」萇弒之。丕嗣位於晉陽。十月，論淮淝捷，追封有差。

十一年，正月，拓跋珪即代王位。慕容垂僭燕皇帝位。先是，翟真之殺也，子遼奔黎陽，太守滕恬之甚愛信之。恬之喜獵，不恤士，遼潛施以收衆心。恬之南攻鹿鳴城，遼於後閉門以拒，恬之東奔，遼追執于鄄城，遂據黎陽。豫州刺史朱序遣將軍秦膺、童斌與淮、泗諸郡共討之。泰山太守張願以郡叛，降遼，苻氏將也。初，謝玄欲使序屯梁國[二]，玄自屯彭城，以北固河上，西援洛陽。朝議以征役既久，欲令玄置戍而還。會遼、願繼畔，北方騷動，玄謝罪，乞解職，詔慰諭，令還淮陰。四月，姚萇僭位於長安。八月，遼寇譙，序擊走之。十月，西燕慕容永大破秦兵，丕南奔。揚威將軍馮該邀擊，殺之，傳首京師，執其太子寧、長樂王壽，送建康，詔赦不誅，以付苻宏[三]。永僭皇帝位。十一月，秦南安王苻登僭位，堅族子也。

[一]「司」，底本作「師」，今據《晉書·孝武帝紀》、《通鑑》卷一〇六改；「道」，底本作「導」，今據福建本、北大本、《晉書·孝武帝紀》、《謝安傳》、《通鑑》卷一〇六改。
[二]「玄」，底本作「安」，今據《晉書·孝武帝紀》、《通鑑》卷一〇六改。
[三]「付」，底本作「待」，今據福建本、北大本、《通鑑》卷一〇六改。

十二年，正月，乙巳，以朱序爲青、兖二州刺史，代謝玄鎮彭城，都督兖冀幽并諸軍事[二]。序求鎮淮陰，許之，以燕方强，必進取河南，彭城去建康道遠，聲援不接故也。戊午，慕容垂寇河東，濟北太守温詳奔彭城，秦故臣爲晉河北太守者，俱降燕。翟遼遣子釗寇陳、潁，序遣膺擊走之。二月，燕人進軍歷城，青、兖、徐郡縣壁壘多降之。四月，高平人翟暢執太守徐含遠，以郡降於遼。十一月，松滋太守王遐之討遼於洛口[三]，破之。

十三年，二月，燕青州刺史慕容紹爲平原太守辟閭渾逼，而退屯黄巾固。四月，戊午，以朱序爲都督、雍州刺史，以譙王恬之爲鎮北將軍，代序爲都督兖冀幽并諸軍事、青兖二州刺史。七月，翟遼將翟發寇洛陽，河南太守郭給距破之。

十四年，四月，翟遼寇滎陽，執太守張卓。

十五年，正月，乙亥，譙王恬之薨。龍驤將軍劉牢之擊張願，以解太山太守羊邁之圍，翟遼救願，王師敗績。是時，慕容永率衆向洛陽，朱序自河陰北濟河，敗之，追至

[二]「兖」，底本作「充」，今據《通鑑》卷一〇七改。
[三]「洛」，底本作「潞」，今據《晉書·孝武帝紀》改。

白水。翟遼欲向洛陽，乃還攻翟釗于石門[一]，遣參軍趙蕃破遼於懷縣，遼宵遁。序退次洛陽，留戍石門，及使子略督護洛城，而還襄陽。道子以勝負相補，不加褒貶。二月，辛巳，以中書令王恭爲都督青兗幽并冀五州諸軍事、前將軍、兗青二州刺史，鎮京口。長史殷仲堪致書於玄曰：「胡亡之後，中原子女鬻於江東者不可勝數，骨肉星離，荼毒終年，怨苦之氣，感傷和理，誠喪亂之常，足以懲戒，復非王澤廣潤，愛育蒼生之意也。當世大人既慨然經略[二]，將以救其塗炭，而使理至於此，良可嘆息！願節下弘之以道德，運之以神明，隱心以及物，垂理以禁暴，使足踐晉境者必無懷感之心，枯槁之類莫不同漸天潤[三]，仁義與干戈并運，德心與功業俱隆，實所期於明德也。頃聞抄掠所得，多皆採樵饑人，壯者欲以救子，少者志在存親，行者傾筐以顧念，居者吁嗟以待延。而一旦幽縶，生離死絶，求之於情，可傷之甚。昔孟孫獵而得麑，使秦西以之歸[四]，其母隨而悲鳴，不忍而放之，孟孫赦其罪以傳其子。禽獸猶不可離，況於人乎！夫飛鴞，惡鳥也，

〔一〕「釗」，底本作「創」，今據《晉書》卷八一《朱序傳》改；「石」，底本作「右」，今據福建本、《朱序傳》改。
〔二〕「世」，底本作「時」，今據福建本、北大本、《晉書》卷八四《殷仲堪傳》改。
〔三〕「枯」，底本闕，今據福建本、北大本、《晉書·殷仲堪傳》補。
〔四〕「之歸」，底本二字互乙，今據《晉書·殷仲堪傳》正。

食桑葚，猶懷好音。雖戎狄，其無情乎！苟感之有物，非難化也。必使邊界無貪小利，强弱不得相陵，德音一發，必聲振沙漠，二寇之黨，將靡然向風，何憂黄河之不濟，幽谷之不開哉！」玄深然之。八月，牢之擊釗於鄄城，釗走河北，及敗遼於滑臺，張願來降。

十六年，六月，慕容永寇河南，太守楊佺期擊破之。己未，章武王範之薨。

十八年，三月，翟釗寇河南。

十九年，八月，慕容永遣子求救於雍州刺史郗恢，并獻玉璽一紐。恢獻璽於臺，詔王恭及豫州刺史庾楷救之。兵未至，西燕亡。十月，慕容垂遣其子惡奴寇廩丘，東平太守韋簡及垂將尹國戰於平陸，死之。高平太守徐含遠告急，牢之不能救，坐畏懦免。王恭遣偏師禦之，失利，降號輔國將軍，而太山、琅邪諸郡皆委城奔潰矣。十一月，燕敗龍驤將軍、幽州刺史辟閭渾於龍水，遂入臨淄。渾刺幽州，未絕爲晉臣也。

二十年，正月，慕容垂自平原狩於廣川、渤海、長樂而歸。

二十一年，四月，癸未，慕容垂卒於魏軍。壬寅，子寶嗣。七月，魏拓跋珪稱尊號。八月，己亥，大舉攻燕。

安帝隆安元年，四月，甲戌，兖州刺史王恭等各繕甲勒兵，表請北伐。僕射王國寶依附太傅道子，勸損其兵權。詔以盛夏妨農，悉使解嚴。恭等遂舉兵，以討國寶爲名。甲申，殺國寶以悦之，乃罷兵。五月，慕容寶避魏攻，奔黄龍[二]。

二年，五月，慕容寶被弑。七月，子盛討賊，嗣攝天王位。王恭及廣州刺史桓玄等反。八月，丙子，寧朔將軍鄧啟方、南陽太守閭丘羡將兵二萬擊慕容德，與其將戰於管城，敗績。九月，己酉，輔國將軍劉牢之襲獲王恭，送京師，伏誅，遂以牢之爲都督兖青冀幽并徐揚晉陵諸軍事，以代之[三]。十二月，己丑，拓跋珪僭魏皇帝位。

三年，八月，慕容德徇地，攻辟閭渾，其渤海太守封孚降燕。渾徙八千餘家入守廣固，遣司馬崔誕戍薄筍固，平原太守張豁戍柳泉。誕、豁承檄，皆降於德。渾攜妻子奔魏，爲追及，斬之。德遂都廣固。

四年，十一月，會稽世子元顯求領徐州，詔以爲開府儀同三司、都督揚豫徐兖青幽冀并荆江司雍梁益交廣十六州諸軍事、領徐州刺史。是年，慕容德僭皇帝位，是爲南燕。

五年，七月，慕容盛被弑，叔熙嗣位。

[二]「龍」，底本脱，今據福建本、《晉書》卷一〇《安帝紀》補。
[三]「代」，底本作「伐」，今據《晉書》卷八四《劉牢之傳》、《通鑑》卷一一〇改。

元興元年，正月，以尚書令元顯爲驃騎大將軍、征討大都督、都督十八州諸軍事〔一〕、加黄鉞，盡晉境内而督之，討桓玄。三月，玄入京師，總百揆，都督中外諸軍事、丞相、録尚書事〔二〕、揚州牧、領徐荆江三州刺史，假黄鉞〔三〕。徐州率多僑郡，而京口重鎮也，玄悉領之，全有晉國矣，且欲奪劉牢之兵，故領徐以制之。殺元顯及牢之，又殺牢之北府舊將。冀州刺史劉軌邀牢之子敬宣及司馬休之、高雅之等起兵攻玄，不克，奔南燕。

二年，九月，高雅之表南燕主，請伐桓玄，曰：「縱未能廓清吴會，亦可收江北之地。」其中書侍郎韓範亦上疏曰：「今晉室衰亂，江、淮南北，户口無幾，戎馬单弱。重以桓玄悖逆，上下離心。陛下神武，發步騎一萬以臨之，彼必土崩瓦解，兵不留行矣。得而有之，秦、魏不足敵也。拓地定功〔四〕，正在今日。失時不取，彼之豪傑誅滅桓玄，更修德政，豈惟建康不可得，江北亦無望矣。」備德曰〔五〕：「朕以舊邦覆没，欲先定中原，

〔一〕「都督」，底本脱二字，今據《通鑑》卷一一二補。
〔二〕「事」，底本脱，今據《晉書》卷九九《桓玄傳》、《通鑑》卷一一二補。
〔三〕「鉞」下，底本衍「事」字，今據《晉書·桓玄傳》、《通鑑》卷一一二删。
〔四〕「功」，底本作「軍」，今據《通鑑》卷一一三改。
〔五〕「備」，底本作「修」，今據福建本、北大本、《通鑑》卷一一三改。

乃平蕩荆、揚，故未南征耳。其令公卿議之。」皆以爲玄新得志，未可圖，乃止。十二月[一]，壬辰，玄以自稱相國、楚王簒位，以帝爲平固王。

三年，二月，建武將軍劉裕等起兵討桓玄。初，太原王元德及弟仲德爲苻氏攻慕容垂，不克，奔翟遼於滑臺，爲其將帥積年，乃歸朝。仲德見玄稱帝，謂人曰：「自古革命誠非一族，然今之起者，恐不足成大事。」無何，遂與裕等合謀而起。頃，裕等乘勝至建康，玄出走，遂帥百官迎乘輿，誅玄宗族。三月，壬戌，衆推裕行鎮軍將軍，爲使持節、都督揚徐兖豫青冀幽并八州諸軍事、徐州刺史。虞丘進從平京城，定京邑[二]，除燕國内史。是時，劉敬宣、司馬休之知玄敗，歸自南燕，裕以爲晉陵太守。南燕主聞玄敗，欲取江南，會有疾而止。五月，壬午，玄伏誅，乘輿返正於江陵[三]。

義熙元年，正月，乘輿反正[四]，改元。三月，庚子，以劉裕爲侍中、車騎將軍、都督中外諸軍事、徐青二州刺史如故。四月，旋鎮京口[五]，且改授都督荆司等十六州諸軍事，

〔一〕「二」，底本作「一」，今據《晉書·安帝紀》、《通鑑》卷一一三改。
〔二〕「定京」，底本脱二字，今據《宋書》卷四九《虞丘進傳》補（中華書局一九七四年點校本）。
〔三〕「江」，底本作「金」，今據福建本、北大本、《晉書·安帝紀》、《通鑑》卷一一三改。
〔四〕「正」，底本脱，今據《晉書·安帝紀》補。
〔五〕「鎮」、「口」，底本脱二字，今據《晉書·安帝紀》、《通鑑》卷一一四補。

加領兖州刺史，爲圖南燕也。九月，慕容備德卒，太子超嗣。

二年，二月，甲戌，河間王子國璠、叔璠等自南燕攻陷弋陽。河間王顒死，無後，元帝以彭城王植子融爲顒嗣〔一〕。無子，復以彭城王釋子欽爲融嗣，傳曇之，而傳國鎮。璠，鎮兄弟也。裕方興復，篡意未彰，國璠宜如劉敬宣輩南歸可矣。乃攻擾晉邊者，欽孫秀嗣封章武國，爲璠從兄弟，秀以逆黨桓振妹婿謀反誅，故國璠兄弟不得南歸，爲寇也。青州鎮廣陵，諸葛長民爲青州，徙山陽。時鮮卑接境，長民表云：「此蕃十載，釁故相襲，城池崩毀，荒舊散叛，邊疆諸戍，不聞鷄犬。且犬羊侵暴，抄掠滋甚。」乃還鎮京口。吴置幽州牧，屯兵在焉。

三年，閏二月，己酉，殺東陽太守殷仲文等，爲右將軍何無忌所怒也。會南燕入寇，無忌言於劉裕曰：「桓胤、殷仲文乃腹心之疾，北虜不足憂也。」故以謀立桓胤爲主，族誅之。七月，乙丑，燕主熙爲高雲所篡，而史稱爲北燕。

四年，正月，甲辰，以劉裕爲揚州刺史、録尚書事、徐兖二州刺史如故，都督幽冀等州也。

〔一〕「植」，底本作「禎」，今據《晉書》卷五九《河間王顒傳》改。

五年，二月，南燕將慕容興宗等拔宿豫，執陽平太守劉千載、濟陰太守徐阮[一]，大掠男女，付太常補樂伎，又掠濟南千人，執太守趙元。自彭城以南，民皆堡聚自固。詔并州刺史劉道憐鎮淮陰備之。超寇下邳，督淮北諸軍事諸葛長民遣部將徐琰擊走之。三月，己亥，劉裕抗表伐之。四月，己巳，發建康。五月，過大峴。六月，丙寅，破臨朐，至廣固。丙子，克大城。七月，加裕北青、冀二州刺史。舊有南，而北始置也。八月，南燕封融之魏，來降。十月，段宏亦自魏來奔。戊辰，北燕主雲爲馮跋弒篡。

六年，二月，丁亥，破廣固，忿久不下，欲盡阬之。南燕尚書令韓範諫止，猶斬王公以下三千人，没入家口萬餘，夷其城隍。時克燕之問未至，朝廷以盧循入寇，急徵裕。裕得詔，乃以範爲都督八州事、燕郡太守，封融爲渤海太守。戊申，引兵還，送慕容超詣建康，斬之。久而稱範、融謀反，皆殺之。史司馬曰：「晉自濟江以來，威靈不競，戎狄横騖，虎噬中原。裕始以王師翦平東夏，不於此際敬禮賢俊，慰撫疲民，宣愷悌之風，滌殘穢之政，使群士嚮風，遺黎企踵，而更恣行屠戮，以快忿心。迹其設施，曾苻、姚之不如，宜其不能蕩壹四海，成美大之業，豈非雖有智勇而無仁義使然哉！」

[一]「阮」，底本作「元」，今據《晉書》卷一二八《慕容超載記》改。

十年，八月，魏主嗣命博士王諒以相州刺史尉太真書，與太尉裕相聞。晉青州刺史申永遣使浮海通北燕，馮跋使中書郎李扶報命。

十二年，正月，戊子，加太傅裕都督南秦州及青冀幽并等，凡二十二州。三月，加中外大都督，伐秦，以其世子義符爲徐、兖二州刺史，而都督幽冀等州。十二月，壬申，位相國，總百揆，封宋公，備九錫，策曰：「鮮卑負衆，僭盜三齊，介恃遐阻，仍爲邊害。公蒐乘秣馬，夐入遠疆，衝櫓四臨，萬雉俱潰，拓土三千，申威龍漠。此公之功也。」

十三年，九月，劉裕克秦之長安。先時，裕伐秦，魏主嗣問於侍講崔浩曰：「劉裕伐姚泓，果能克乎？」對曰：「克之。」嗣曰：「裕才何如慕容垂？」對曰：「勝之。劉裕垂藉父兄之資，修復舊業，國人歸之，若夜蟲之就火，少加倚仗，易以立功。劉裕奮起寒微，不階尺土，討滅桓玄，興復晉室，北禽慕容超，南梟盧循，所向無前，非其才之過人，安能如是乎！」嗣曰：「裕既入關，不能進退，我以精騎直擣彭城、壽春，裕將若之何？」對曰：「裕克秦而歸，必篡其主。願陛下按兵息民，以觀其變，秦地終爲吾家有，可坐而守也。」嗣笑曰：「卿料之審矣！」浩曰：「臣嘗私論近世將相之臣，若王猛之治國，苻堅之管仲也；慕容恪之輔少主，慕容暐之霍光也；劉裕之平禍亂，司馬德宗之曹操也。」嗣深善之。

十四年，三月，遣使聘魏。

恭帝元熙二年，六月，甲子，劉裕篡位，晉亡。

郭造卿曰：燕之初也，與晉臣魏，而乃臣晉，遂自帝焉。晉有懷、愍之難，而燕有秦厄。晉復興江左，燕則以中山興。及慕容篡於高〔二〕，名燕而實則亡〔三〕。至超之滅於裕，裕尋倒戈反噬，帝位拱手授之馮氏，燕亦歸魏矣。其南北之篡也，莫不以都督中外爲階。而裕廢帝，行晉正朔，車旗服色如舊，有文而不備禮矣。夫莽弒君而存孺子，魏存故君及其嗣。晉雖弒君，存廢主上及於漢。南渡之後，咸和之初，尚封魏武玄孫曹勱爲陳留王以紹魏。惟宋則并廢主弒之，而燕及百男矣。嗟夫！世道日如江河，燕、晉既往，宋、魏而後，何論乎南北哉！

〔二〕「高」，底本作「燕」，今據福建本改。
〔三〕「名」下，底本衍「高」字，今據福建本删；「亡」，底本作「凶」，今據福建本改。

燕督記四

郭造卿曰[一]：晉之僑幽也，固嘗督之矣。君不足以有爲，臣不能以有成，故凡北伐者，惟裕得志焉。幽雖不列地志，而縣散附于淮陵、南陵諸郡，南兗、徐州刺史，固嘗兼督之。地非燕而幽存焉，不忘乎中原也。所論交侵，史臣詳矣。其北動衆而出也，則盡幽州以南，而南未屢敗也，僑幽乃不之督焉。故文中子云：晉、宋之亡，近於正體，於是乎未忘中國，其志將復之爾。不但裕伐南燕、後秦，及修謁五陵也，元嘉將封狼居胥，其志豈不甚壯哉。北適當太武之盛，忌我萬里長城。一旦既自壞之，所任王玄謨輩又懸受兵略，臨時宣示焉，豈能與爲敵！乃思道濟，晚矣。是時其勢在北，而與通和，則佛貍雖雄，敢藐天塹哉！我若納承天，爲自備之策，參周朗所疏，豫以圖進取，則六州不至蕭條，而南北怨讟弗生，弑逆豈並作兩

[一] 按：《燕督記四》卷首「郭造卿曰」，自「文中子云……乃思道濟晚矣」，郭應寵收入《海嶽山房别稿》卷四，今見本書下編燕史論二《史漢至隋》第二十六篇。

朝，而有滔天極變哉！然是二主角立〔一〕，歷年且久〔二〕，兵乃不決，至皆易主更圖。孝建之詔頗周，徐爰之對亦切，南不能聽，北未罷戰，故宋之邊患爲此而終始焉。

宋高祖永初元年，八月，辛酉，詔舊郡縣以北爲名者，悉除之〔三〕；寓立于南者，聽以南爲號。

二年，九月，壬申，遣殿中將軍沈範、索季孫報使聘於魏。己丑，弒晉廢帝，帥百官臨于朝堂三日，一依魏明帝服山陽公故事。十一月，葬以晉禮，裕帥百官瞻送。是後禪讓之君罕全，而亦虛禮漸殺矣。

三年，三月，上不豫，出護軍將軍檀道濟監南徐兗之江北淮南諸軍、鎮北將軍、南兗州刺史。南兗州立自晉成帝，多北州流民南渡者，寄治于京口也。五月，癸亥，主殂。自即位後，分諸子出爲都督。是後大州率加都督，多者或至五十州，不可復詳載矣。遣詔以京口要地，去建康密邇，自非宗室近親，不得居之。九月，魏主嗣追執我使。先，我克長安，魏人大懼，遣使請和，連歲交聘。中國新喪，沈範等奉使在魏，還，及河，

〔一〕「立」，底本作「豆」，今據福建本、北大本改。
〔二〕「歷」，底本作「立」，今據福建本、北大本改。
〔三〕「除」，底本作「降」，今據《宋書》卷三《武帝紀下》改。

魏主使人追執之，發兵取洛陽、虎牢、滑臺。白馬公崔浩諫曰：「陛下不以劉裕欻起，納其使貢，裕亦敬事陛下。不幸今乘喪伐之，雖得之不足爲美。且國家今日，其能一舉取江南哉？而徒有伐喪之名，竊爲陛下不取。臣謂宜遣人弔祭，存其孤弱，恤其凶災，使義聲布於天下，則江南不攻自服矣。况裕新死，黨與未離，兵臨其境，必相帥拒戰，功其可必乎？不如緩之，待其彊臣争權，變難必起，乃命將出師，可以兵不疲勞，而坐收淮北也。」魏主曰：「劉裕乘姚興喪而滅之，我乃不可乎？」浩曰：「不然，興死，諸子交争，故裕乘釁伐之。今彼無釁，不可比也。」不聽，假司空奚斤節，加晉兵大將軍、行揚州刺史，使督宋兵將軍、交州刺史周幾，吴兵將軍、廣州刺史公孫表等來攻。將發，公卿集議於監國前。奚斤欲先攻城，浩曰：「南人長於守城。昔苻氏攻襄陽，經年不拔。今以大兵坐攻小城，若不時克，挫傷軍勢。敵得徐嚴而來，我怠彼鋭，此危道也。不如分軍略地，至淮爲限，列置守宰，收斂租穀，則洛陽、滑臺、虎牢更在軍北，絶望南救，必沿河東走。不則爲囿中物，何憂其不獲也。」表固請攻城，魏主從之，後竟如浩言。時司馬楚之聚衆降魏，以爲征南將軍、荆州刺史，使侵擾宋北境。十二月，己丑，詔南兖州刺史檀道濟監征討諸軍事。是後北伐督將，以南兖州刺史爲重矣。

少主義符景平元年，正月，癸卯，魏陷河南。四月，檀道濟北征。閏月，己未，虎牢降于魏，執司州刺史，及定兗、豫諸郡縣，置守宰。

太祖元嘉元年，八月，癸卯，檀道濟進號征北將軍。

二年，四月，魏主燾遣龍驤將軍步堆來聘，始復通好。遣前使沈範等歸，報我使趙道生之聘也。

三年，五月，乙未，以檀道濟爲征南大將軍、江州刺史。戊戌，以後將軍、長沙王義欣爲南兗州刺史。八月，詔殿中將軍吉恒聘於魏。

四年，四月，丁未，魏員外散騎常侍步堆、謁者僕射胡覲等來聘。是後往來，多員外散騎常侍，但稱常侍焉。

五年，三月，辛巳，魏主禽夏主赫連昌至平城，賜爵會稽公，示將南侵也〔一〕。

六年，四月，遣殿中將軍孫横之聘於魏。魏主將擊柔然，獨崔浩勸之行。公卿尤之，以：「南寇方伺國隙，而捨之北伐，若蠕蠕遠遁，前無所獲，後有强寇，何以待之？」浩曰：「不然。先破蠕蠕，乃所以待南寇也。南人聞國家克統萬以來，内懷恐懼，故揚聲動衆以衛淮北。比吾破蠕蠕，往還之間，南寇必不敢動。彼步我騎，彼來甚困，我往

〔一〕「將」，底本作「江」，今據福建本、北大本改。

未勞。况南北殊俗，水陸異宜，設使我與之河南，彼亦不能守矣。蓋以劉裕之雄傑，吞併關中，留其愛子，輔以良將，精兵數萬，猶不能守[一]，全軍覆没，號泣之聲，至今未已。况義隆今日君臣，非裕時比。主上英武，士馬精强，彼若果來，如以駒犢鬪虎狼也，何懼之有！」果大破蠕蠕，如浩言。

七年，三月，戊子，遣右將軍到彦之北伐。上自踐位，有恢復河南之志。先遣殿中將軍田奇使于魏，曰：「河南舊是宋土，中爲彼所侵，今當修復舊境，不關河北。」魏主大怒曰：「我生髮未燥，聞河南是我地矣，豈爾可得！必若進軍，當權斂戍相避。冬寒地凈，河冰堅合，自更取之。」魏南邊諸將表稱：「宋將入寇，請兵三萬，先其未發逆擊之，以挫其鋭，使不敢深入。」因請悉誅河北境上流民，以絶其鄉導。魏主使公卿議，皆然之。浩曰：「不可。南方卑濕，夏後水潦方降，草木蒙密，地氣鬱蒸，易生疾癘，不可行師。且彼既嚴備，城守必固。留屯久攻，則粮運不繼，分軍四掠，則衆力單寡，無以應敵。以今擊之，未見其利。彼若果能北來，宜待其勞倦，秋涼馬肥，因敵取食，徐往擊之，此萬全之計也。朝廷群臣及西北守將，從陛下征伐，西平赫連，北破蠕蠕，多

[一]「能」，底本脱，今據福建本、北大本、《魏書》卷三五《崔浩傳》、《通鑑》卷一二一補。

獲美女珍寶，牛馬成群。南邊諸將聞而慕之，亦欲南鈔以取資財〔一〕，皆營私計，爲國生事，不可從也。」魏主乃止。諸將復表：「南寇已至，所部兵少，乞簡幽州以南勁兵助己戍守，及就漳水造舡，嚴備以拒之。」公卿皆以爲宜如所請，并署司馬楚之等爲將帥，使招誘南人。浩曰：「非長策也。楚之等皆彼所忌，今聞國家悉發幽州以南精兵，大造舟艦，隨以輕騎，謂欲存立司馬氏，誅除劉宗，必舉國震懼滅亡，悉發精鋭，并心竭力〔二〕，以死爭敵。我南邊諸將，其何以禦之？是欲以威力却敵者，乃所以速之也。徒張虚聲，而召實害矣。楚之之徒，往則彼來，止則彼息，其勢然也。且皆纖利小才〔三〕，止能招合輕薄無賴，而不能成大功，徒使國家兵連禍結而已。昔魯軌説姚興以取荆州，至則敗散，爲蠻人掠賣爲奴，終於禍及姚泓。此已然之效也。」魏主未以爲然，浩乃復陳天時，以爲南方舉兵必不利。魏主不能違衆言，乃詔冀、定、相三州造船三千艘，簡幽州以南戍兵集河上，以備之。魏洛陽、虎牢等戍多棄城去。我諸軍進屯，列守南岸，至潼關，而司、兖既平，諸軍皆喜。安北將軍王仲德獨有憂，曰：「諸賢不諳北土情僞，必墮其計。胡

〔一〕「財」，底本作「則」，今據《魏書·崔浩傳》、《通鑑》卷一二一改。
〔二〕「竭」，底本脱，今據《通鑑》卷一二一補。
〔三〕「利」，底本作「力」，今據《通鑑》卷一二一改。

虜仁義不足，而凶狡有餘，今歛戍北歸，必并力完聚。若河冰既合，將復南來，豈可不以爲憂乎！」十月，甲寅，以左將軍、竟陵王義宣，使持節、都督徐兗青冀幽五州諸軍事、徐州刺史，將軍如故，鎮石頭。是徐州刺史之督幽也。十一月，壬辰，加征南大將軍檀道濟都督征討諸軍事，北討。右將軍到彦之聞洛陽、虎牢不守，自滑臺退奔，焚舟棄甲，步趨彭城，而青、兗大擾矣。彦之、仲德下獄免官，兗州刺史竺靈秀坐棄軍伏誅。十二月，辛酉，以南兗州刺史、長沙王義欣爲豫州刺史。是年，燕王馮跋卒，弟弘僭立。

八年，二月，庚戌，魏冠軍將軍安頡還平城。初，上之遣到彦之也，戒之曰：「若北國兵動，先其未至，徑前入河。若其不動，留彭城勿進。」及安頡得宋俘，魏主始聞其言，謂公卿曰：「卿輩前謂我用崔浩計爲謬，驚怖固諫。常勝之家，始皆自謂踰人，至於歸終，乃不能及。」司馬楚之上疏，以爲諸方已平，請大舉伐宋。魏主以兵久勞，不許，徵楚之爲散騎常侍，以王慧龍爲滎陽太守。慧龍在郡十年，農戰並修，大著聲績，歸附者萬餘家。上縱反間于魏，云：「慧龍自以功高位下，欲引宋人入寇，因執司馬楚之以叛。」魏主聞之，賜慧龍璽書曰：「劉義隆畏將軍如虎，欲相中害，朕自知之。風塵之言，想不足介意。」帝復遣刺客呂玄伯刺之，曰：「得慧龍首，封二百户男，賞絹千匹。」玄伯詐爲降人，求屏人，有所論。慧龍疑之，使人探其懷，得尺刀。玄伯叩頭請死，慧龍曰：「各爲其主耳。」釋之。左右諫曰：「宋人爲謀未已，不殺玄伯，無以制將來。」慧龍曰：「死生有命，彼亦安能害我！我以仁義爲扞蔽，又何憂乎！」遂捨之。

二月[一]，丁丑，以太子右衛率劉遵考督南徐兗州之江北淮南諸軍事、征虜將軍、南兗州刺史[二]，領廣陵太守，尋徵爲侍中。六月，己卯，割江南爲南徐州，江北爲南兗州，以徐州刺史、竟陵王義宣爲都督、南兗州刺史，當鎮山陽，未行。閏六月，乙未，魏常侍周紹來聘，且求昏，宋主依違答之。

九年，五月，遣使者趙道生聘于魏。六月，辛卯，魏常侍鄧穎來聘。壬寅，以江夏王義恭爲都督南兗徐兗青冀幽六州豫州梁郡諸軍事、征北將軍、開府儀同三司、南兗州刺史，鎮廣陵。是南兗州刺史之督幽也。後惟書南兗、書刺，不書督，所督州有革易則書之。

十年，二月[三]，壬午，魏常侍宋宣來聘，且爲太子晃求婚，上依違答之。九月，聘使趙道生至魏，獻馴象一。十二月，辛未，魏常侍盧玄來聘，寧朔將軍也。

[一] 按：「二月」，《燕史》上文已有，此處重出。

[二] 「考」，底本作「孝」，今據《宋書》卷五《文帝紀》、卷五一《宗室列傳・營浦侯遵考傳》改。

[三] 「二」，底本作「三」，今據《魏書》卷九七《島夷劉義隆傳》、《通鑑》卷一二二改。

十二年，正月[一]，燕王弘數爲魏攻，遣使稱藩奉貢。癸酉，詔封弘爲燕王，謂之黄龍國。四月，燕王遣右將軍孫德來乞師。

十三年，三月，己未，殺司空、永修公檀道濟，忌其立功前朝，威名甚重，左右腹心並經百戰，諸子又有才氣，疑畏而召留，收之。道濟憤怒，目光如炬，脱幘投地，曰：「乃壞汝萬里長城！」并殺其子十一人，及司空參軍薛彤、高進之，皆道濟腹心，有勇力，時人比之關、張也。魏人聞之，喜曰：「道濟死，吴子輩不足復憚矣！」丙辰，聘使會元紹至魏。七月，庚戌，魏常侍游雅來聘。

十四年，三月，己卯，遣常侍劉熙伯如魏，議納幣。丁酉，至魏，會公主亡而止。

十五年，三月，燕王怨高麗，遣使上表求迎，遣使者王白駒等迎之，語在《貊記》。

四月，燕王遣使獻方物。十二月，丁巳[二]，魏常侍高雅來使。

十六年，十一月，乙巳[三]，聘使黄延年於魏，並獻馴象。

十七年，二月，己巳，魏常侍邢穎來聘。

[一]「正」，底本作「二」，今據《宋書·文帝紀》、《通鑑》卷一二二改。

[二]「巳」，底本作「丑」，今據《魏書》卷四《世祖紀上》改。

[三]「巳」，底本作「未」，今據《魏書·世祖紀上》改。

十八年，四月，丁巳，黄延年聘於魏。八月，辛亥，魏常侍張偉來聘。十二月，丙子，黄延年聘於魏。

二十一年，八月，壬午[一]，魏常侍高濟來聘。

二十二年，正月，辛亥，魏常侍宋愔來聘。十一月，辛未，選冀、定、相、并、幽、平六州驍騎二萬，使永昌王仁、高涼王那分將之，爲二道，掠淮、泗以北，徙青、徐民以實河北。其安南、平南府又移書兗州，以南國僑置諸州，多濫北境名號，又欲游獵具區。兗州荅移曰：「在昔有晉，混一區宇，九譯承風，遐戎嚮附。永嘉失御，天綱圮裂[二]，石、容、苻、姚，遞乘非據。或棲息趙、魏，或保聚邠、岐。我皇宋屬當歸曆，受終晉氏，北臨河、濟[三]，西盡隴、汧，弔民伐罪，流澤五都。魏爾時祗德悔禍，思用和輯，交通使命，以祈天衷。來移所謂分疆畫境，其志久定者也[四]。俄而不恒其信，虞我國憂，侵牢及洛，至於清濟。往歲入河，且欲綏理舊城，是以頓兵南滋，秋毫無犯。軍師

[一]「午」，底本作「申」，今據《魏書》卷五《世祖紀下》改。
[二]「綱」，底本作「網」，今據福建本、《宋書·索虜傳》改；以下徑改，不注。
[三]「北臨」，底本作「東極」，今據《宋書·索虜傳》改。
[四]「志」，底本作「約」，今據《宋書·索虜傳》改。

不能奉遵廟算，保有成功[二]，回旆之日，重失司、兖。來移云『不因土立州，招引亡命』。夫古有分土，而無分民，德之休明，四方繦負[三]。昔周道方隆，靈臺初構，民之附化，八十萬家。彼不思弘善政，而恐人之棄己，縱威肆虐，老弱無遺。詳觀今古，略聽輿誦，未有窮凶以延期，安忍而懷衆者也。若必宜因土立州，則彼立徐、揚，豈有其地？往年貴主獻書，云『强者爲雄』。斯則棄德任力，逆行倒施，有一于此，何以能振。復加欲『游獵具區，觀化南國』。今治道方融，遠人必至，開館飾邸，則有司存。來歲元辰，天人協慶，鑾旗省方，東巡稽嶺。若欲邀恩，宜赴兹會，懷德貴蚤，無或後期。又稱『馳獵積年，野無飛伏』，此邦解綱舍前，矜蜫育鷇，七澤八藪，禽獸豐碩，虞候蒐算，義非所吝。三代肆覲，其典雖缺，呼韓入漢，厥儀猶全。饋餼之秩，每存豐厚。」

二十三年，三月，魏人來寇青、兖、冀三州，殺掠甚衆，北邊騷動。帝以爲憂，御史中丞何承天上表，撰《安邊論》曰：「漢備匈奴之策，不過二科：武夫盡征伐之謀，儒生講和親之約。然和親事重，當盡廟筭，誠非愚短，所能究言。若追蹤衛、霍瀚海之

[二]「成功」，底本二字互乙，今據《宋書·索虜傳》正。
[三]「繦」，底本作「繼」，今據福建本、北大本、《宋書·索虜傳》改。

志，時事不等，致功亦殊。今寇全據燕、趙，跨帶秦、魏，山河之險，終古如一。自非大田淮、泗，内實青、徐，使民有贏儲，野有積穀，然後分命方、召，總率虎旅，精卒十萬，一舉盪夷，則不足稍勤王師，以勞天下。何以言之？今遺黎習亂，志在偷安，非皆耻爲左衽，遠慕冠冕，徒以殘害剥辱，視息無寄，故襁負歸國，先後相尋。虜既不能校勝循理，攻城略地，而輕兵掩襲，急在驅殘，是以速怨召禍，而滅亡之無日也。若遣軍追討，報其侵暴，大翦幽、冀，屠城破邑，非聖朝愛育黎元之道。但欲撫其歸附，伐罪弔民，則駿馬奔走，不肯來征，徒興巨費，無損於彼。復奇兵深入，殺敵破軍，苟陵患未盡，則困獸思鬭，報復之役，將遂無已。斯秦、漢之末策，輪臺之所悔也。惟安邊固守，於計爲長，備在史策，李牧言其端，嚴尤申其要，大略舉之矣。曹、孫之霸，才均智敵，江、淮之間，不居各數百里。魏捨合肥，退保新城，吴城江陵〔一〕，移民南涘，濡須之戍，家停羡溪。及襄陽之屯〔二〕，民夷散雜，晉宣王以爲宜徙沔南〔三〕，以實水北〔四〕，曹

〔一〕「吴城」，底本脱二字，今據《宋書》卷六四《何承天傳》補。
〔二〕「襄陽」，底本作「表陵」，今據《宋書·何承天傳》改。
〔三〕「徙沔」，底本作「從江」，今據《宋書·何承天傳》改。
〔四〕「實水北」，底本作「北岸」，今據《宋書·何承天傳》補删。

爽不許，果亡柤中〔一〕。何者？斥堠之郊，非耕牧之地，故堅壁清野，以俟其來，整甲繕兵，以乘其敝。雖時有古今，力有强弱，保民全境，不出此塗。蓋狡虜之性，食肉衣皮，以馳騁爲儀容，以游獵爲南畝，非有車輿之安，宫室之衛，櫛風沐雨，不以爲勞，露宿草寢，維其常性，勝則競利，敗不羞走，彼來或驟，而此以奔疲。我邊戍未增，星居布野，勤惰異教，貧富殊資，疆埸之民，多懷彼此，虜之去就，不根本業，難可驅率，易在振蕩。而彼猋騎蟻聚，輕兵烏集，竝踐禾稼，焚爇閭井，雖邊將多略，未審何以禦之。若盛師連屯，廢農必衆，馳車奔馹，起役必遲，散金行賞，損費必大，换土客戍，怨曠必繁。孰若因民所居，並修農戰，無動衆之勞，有扞衛之實，其爲利害，優劣相懸也。要而歸之，其策有四：一曰移遠就近，以實内地。今青、兖舊民，冀州新附，在界首者，三萬餘家，此寇之資也。可悉徙置大峴之南〔二〕，蓋四塞之内險固。民性重遷，闇于圖始，無虜之時，喜生咨怨。今新被鈔掠，餘懼未息，若曉示安危，居以樂土，宜其歌抃就路，視遷如歸矣。二曰浚復城隍，以增阻防。古之城池，處處皆有，今雖頽毁，猶可

〔一〕「柤」，底本作「租」，今據《宋書·何承天傳》改。
〔二〕「悉」，底本作「息」，今據《通鑑》卷一二四改。

修治。粗計户數，量其所容，新徙之家，悉著城内，假其經用，爲之閭伍，納稼築場，還在一處。婦子守家，長吏爲師，丁夫匹婦，春夏佃牧，秋冬入保〔二〕。寇至之時，一城千室，堪戰之士，不下二千，其餘羸弱，猶能登陴鼓譟。十則圍之，兵家舊説，戰士二千，足抗群虜三萬矣。三曰纂偶車牛，以載糧械。計千家之資，不下五百耦牛，爲車五伯兩。參合鉤連，以衛其衆。設使城不可固，平行趨險，賊不能干。既已族居，易可檢括。號令先明，民知夙戒。有急徵發，信宿可聚。四曰計丁課仗，勿使有闕。千家之邑，戰士二千，隨其便能，各自有仗，素所服習，銘刻由己，還保輸之於庫，出行請以自新。弓簳利鐵，民不辦得者，官以漸充之，數年之内，軍用粗備矣。臣聞軍國異容，施於封畿之内；兵農並修，在於疆埸之表〔三〕。攻守之宜〔三〕，皆因其習，任其怯勇。山陵川陸之勢，寒暑温涼之氣，各由本性，易則害生。是故近郡作師，遠屯清濟，功費既重，嗟怨亦深〔四〕。以臣料之，未若即用彼衆之易也。管子治齊，寄令在民；商君爲秦，設以耕戰。

〔二〕「秋冬入保」，底本脱四字，今據《宋書·何承天傳》、《通鑑》卷一二四補。
〔三〕「表」，底本作「主」，今據《宋書·何承天傳》改。
〔三〕「攻守」，底本作「合否」，今據《宋書·何承天傳》改。
〔四〕「嗟」，底本作「詹」，今據《宋書·何承天傳》、《通鑑》卷一二四改。

終申威定霸，行其志業。非苟任强，實由有數。梁用走卒，其邦自滅；齊用技擊，厥衆亦離。漢、魏以來，玆制漸絶，蒐田非復先王之禮，治兵徒逞耳目之欲〔一〕，有急之日，民不知戰，至乃廣延賞募，奉以厚秩，發遽奔救，天下騷然。方伯刺史，拱手坐聽，自無經略，惟望朝廷遣軍，此乃忘戰之害，不教之失也。今移民實内，浚治城隍，族居聚處，課其騎射，長吏簡試，差品能不，甲科上第，漸就優别，明其勳才〔二〕，表言州郡。如此則屯部有常，不遷其業，内護老弱，外通官塗，朋曹素定，同憂等樂，情由習親，藝因事著，晝戰見貌足相識，夜戰聞聲足相救，斯教戰之一隅，先哲之遺術。論者必以古城荒毁，難可修復。今不謂頓便加功，整麗如舊，但欲先定民居〔三〕，營其閭術，墉壑存者，因而即之，其有毁缺，權時栅斷。足以禦彼輕兵，防遏游騎，假以方將，漸就完立〔四〕。車牛之賦，課仗之宜，攻守所資，軍國之要，今因民所利，導而率之。耕農之器，爲府庫之寶，田蠶之氓，兼干城之用。千家摠倍旅之兵，萬户具全軍之衆，兵强而敵不戒，國富

〔一〕「逞」，底本作「追」，今據《宋書·何承天傳》改。
〔二〕「明」，底本作「朋」，今據《宋書·何承天傳》改；以下徑改，不注。
〔三〕「居」，底本脱，今據《宋書·何承天傳》補。
〔四〕「完」，底本作「只」，今據《宋書·何承天傳》改。

而民不勞。比於優復隊伍，坐食廩粮者，不可同年而校矣。而後良守疆其土田，驍帥振其風略，蒐獮宣其號令，俎豆訓其廉耻。懸爵以縻之，設禁以威之。徭税有程，寬猛相濟。比及十載，民知義方。然後簡將授奇[一]，揚旌雲、朔，風卷河、冀，雷掃嵩、恒，燕弧折卻，代馬摧足，秦首斬其右臂，吴蹄絶其左肩[二]，不可銘功燕然之阿，饗徒金微之曲哉！」史臣曰：「夫戎夷狡黠，飄迅難虞，必宜完其嶂塞，謹其烽柝，使來逕可防，去塗易梗，然後乃能禁暴止姦，養威攘寇。漢世案秦舊迹，嚴塞以限外夷。吴、魏交戰，亦以江、淮爲疆埸，莫不先憑地險，却保民和，且守且耕，伺隙乘釁。高祖受命，王略未遠，雖綿河作守，而兵孤援闊，盛衰既兆，用啟戎心。蓋由王業始基，經創多闕，先内後外，以至於此乎！自兹以降，分青置境，無圍守之宜，闕耕戰之略，恃寇不來，遂無其備。周、漢二策，在宋頓亡，遂致胡馬横行，曾無藩落之固，使士民蹻蒼天，蹐厚地，繫虜俘囚，而無所控告，哀哉！承天《安邊論》，博而篤矣。」

二十四年，魏西征，上思弘經略，詔群臣曰：「吾少覽篇籍，頗愛文義，遊玄翫采，

[一]「授」，底本作「拔」，今據《宋書·何承天傳》改。
[二]「蹄」，底本作「蹏」，今據《宋書·何承天傳》改。

未能息卷。自纓紼世務，情兼家國，徒存日昃，終有慚德。而區宇未一，師饉代有，永言斯瘼，彌干其慮。加疲疾稍增，志隨時往[二]，屬思之功，與事而廢。殘虐遊魂，齊民塗炭，乃眷北顧，無忘弘拯。思總群謀，掃清逋逆，感慨之來，遂成短韻。卿等體國情深，亦當義篤其懷也。詩曰：季父鑒禍先，辛生識機始。崇替非無徵，興廢要有以。自昔淪中畿，儵焉盈百祀。不覩南雲陰，但見胡風起。亂極治必形，塗泰由積否。方欲滌遺氛，矧乃穢邊鄙。眷言悼斯民，納隍良在己。逝將振宏羅，一麾同文軌。時乎豈再來？河清難久俟。駘駟安局步，騏驥志千里。梁傅畜義心，伊相抱深耻。賞契將誰寄，要之二三子。無令齊晉朝，取愧鄒魯士。」

二十五年，正月，聘於魏，獻孔雀。四月，乙卯，以撫軍將軍、武陵王駿，改授都督南兗徐兗青冀幽六州豫州之梁郡諸軍事、安北將軍、徐州刺史，持節如故，北鎮彭城，改鎮也。

二十六年，五月，宋主欲經略中原，群臣爭獻策以迎合取寵。彭城太守王玄謨尤好進言，上謂侍臣曰：「觀謨所陳，令人有封狼居胥意。」御史中丞袁淑曰：「陛下今當席

[二]「往」，底本作「在」，今據《宋書・索虜傳》改。

卷趙、魏，檢玉岱宗。臣逢千載之會，願上封禪書。」

二十七年，二月，辛亥，魏主自寇，步騎十萬，入至淮泗，圍縣瓠。四月，不克，引兵還，復遣上書曰：「彼往日北通蠕蠕，西結赫連、沮渠、吐谷渾，東連馮弘、高麗。凡此數國，我皆滅之。以此而觀，彼豈能獨立！我今北征，先除有足之寇，以彼無足，故不先討耳。彼若欲存劉氏血食者，當割江以北輸之，攝守南度。如此，當釋江南，使彼居之。不然，可善敕方鎮、刺史、守宰，嚴供帳之具，來秋當往取揚州。大勢已至，終不相縱。彼非我敵也。常欲一交戰，我亦不癡，復非苻堅，何時與彼交戰？晝則遣騎圍繞，夜則離彼百里外宿。吴人止有斫營伎，彼募人以來，不過行五十里，天已明矣，其首豈不爲我有哉！彼公時舊臣雖老，猶有智策，今彼已殺盡，豈非天資我耶！取彼亦不須我兵刃，此有善呪婆羅門，當使鬼縛以來耳。」即是書也，猶有憚南人心，而不肯交戰。蓋高祖之餘威，而邊垂諸將猶爲有人，則未敢輕矣。上欲伐魏，丹陽尹徐湛之、吏部尚書江湛並上寵信，時稱江、徐，及王玄謨等，並勸之。左軍將軍劉康祖以爲：「歲月已晚，請待明年。」上曰：「北方苦虜虐政，義徒並起。頓兵一周，沮向義之心，不可。」太子步兵校尉沈慶之諫曰：「我步彼騎，其勢不敵。檀道濟再行無功，到彦之失利而返。今料王玄謨等未踰两將，六軍之盛不過往時，恐重辱王師。」上曰：「王師再屈，别自有由。道濟養寇自資，彦之中塗疾動。虜所恃者唯馬，今夏水浩瀁，河道流通，汎舟北下，碻磝必走，滑臺小戍，易可覆拔。克此二城，館穀弔民，虎牢、洛陽，自然不固。比及冬初，城守相接，虜馬過河，即成擒也。」慶之又固陳不可，上使江、徐難之。慶之曰：「治國譬如治家，耕當問奴，織當訪婢。陛下今欲伐國〔一〕，而與白面書生輩謀之，事何由濟！」上大笑。太子劭及護軍將軍蕭思話亦諫，上皆不從。汝南周朗爲江夏王義恭太尉參軍〔二〕，朝議當遣太尉出鎮〔三〕，朗聞之解職。及將出，府主簿羊希從行，與朗書戲之，勸令獻奇策。朗報書曰：「夫匈奴之不誅有日，皇居之亡辱舊矣。天下孰不憤心悲腸，以忿胡人之患，靡衣媮食，以望國家之師。自智士鉗口，雄人蓄氣，不得議圖邊之事者，良淹歲紀。今天子赫然發怒，將以匈奴釁旗，惻然動仁，欲使餘氓被惠。及取士之令朝發，辛士暮登英豪；調兵之詔夕行，主公旦升雄俊。延賢人者〔四〕，固非一日，况復加此焉！足下今出入燕、河，交關姬、衛，整笏振豪，已議于帷筵之上；提

〔一〕「伐」，底本作「代」，今據福建本、《宋書·沈慶之傳》、《通鑑》卷一二五改。

〔二〕「汝」，底本作「河」，今據《宋書》卷八二《周朗傳》改。

〔三〕「朝」，底本作「胡」，今據福建本、《宋書·周朗傳》改；「遣」，底本脱，今據《宋書·周朗傳》補。

〔四〕「人」，底本作「乂」，今據《宋書·周朗傳》改。

鞭鳴劍，復呵於軍場之間，身超每深恩之所集，心動必明主之所亮，可不直議正言，輔人君之過誤，明目張膽，謀軍家之得失，拔志勇之將[一]，薦俊正之士。此乃足下之所以報也。不爾，便擐甲修戈，徘徊左右，衛君王之身，當馬首之鏑，關必固之壘，交死進之戰，使身分而主豫，寇滅而兵全。此亦報之次也。如是，則繫匈奴于北闕無日矣。亡但默默，竊寵而坐。謂子有心，敢書薄意。」朗之辭意倜儻，類皆如此。上謀伐魏，魏主復與書曰：「彼此和好日久，而彼志無厭，誘我邊民。今春南巡，聊省我民，驅之使還。今聞彼欲自來，設能至中山及桑乾川，隨意而行，來亦不迎，去亦不送。若厭其區宇者[二]，可來平城居，我往揚州住，且可博其土地。彼年已五十[三]，未嘗出户，雖自力而來，如三歲嬰兒，與我鮮卑生長馬上者，果何如哉！更無餘物可以相與，今送獵白鹿馬十二匹并氊、藥等物。彼來道遠，馬力不足，可乘[四]，或不服水土，藥自可療也。」七月，庚午，大舉伐魏。詔曰：「虜近雖摧挫，獸心靡革。比得河朔、秦、雍華戎表疏，歸訴

[一]「拔」，底本作「操」，今據《宋書·周朗傳》改。
[二]「者」，底本作「宙」，今據福建本、《宋書·索虜傳》、《通鑑》卷一二五改。
[三]「五」，底本作「丑」，今據福建本、《宋書·索虜傳》、《通鑑》卷一二五改。
[四]「足可」，底本脱二字，今據《宋書·索虜傳》、《通鑑》卷一二五補。

困棘，跂望綏拯[一]，潛相糾結，以候王師。芮芮亦遣間使，遠輸誠欵。經略之會，實在兹日。可遣寧朔將軍王玄謨，帥太子步兵校尉沈慶之等，受督於使持節、督青冀幽三州徐州之東安東莞二郡諸軍事、輔國將軍、青冀二州刺史、霄城侯蕭斌[二]，推三齊之鋒，爲之統帥；持節、都督徐兖青冀幽五州豫州之梁郡諸軍事、鎮軍將軍、徐兖二州刺史、武陵王駿[三]，統四州之衆，水陸並驅；暨諸將帥，太尉、江夏王義恭出次彭城，爲衆軍節度。」乙亥，魏守碻磝諸戍委城走。群臣請魏主遣兵救緣河穀帛，主曰：「馬今未肥，天時尚熱，速出必無功。若兵來不止，且還陰山避之。國人本着羊皮袴，何用綿帛！展至十月，吾無憂矣。」十月，乙丑，魏主渡河，衆號百萬，鞞鼓之聲，震動天地。玄謨攻滑臺，驚走，爲追擊，死者萬餘，麾下散亡略盡，委棄資械山積。十一月，辛卯，魯郡太守崔邪利爲禽。弘農太守柳元景遣軍斬其刺史及將卒三千餘級[四]，其赴河塹死者甚衆[五]，

〔一〕「跂」、「拯」，底本作「跋」、「極」，今據《宋書·索虜傳》、《通鑑》卷一二五改。
〔二〕「霄城侯蕭斌」，底本脱五字，今據福建本、北大本、《宋書·索虜傳》、《通鑑》卷一二五補。
〔三〕「推三齊之鋒……徐兖二州刺史」，底本脱三十八字，今據福建本、北大本、《宋書·索虜傳》補。
〔四〕「級」，底本作「家」，今據《宋書》卷七七《柳元景傳》、《通鑑》卷一二五改。
〔五〕「衆」，底本脱，今據北大本、《宋書·柳元景傳》、《通鑑》卷一二五補。

生降二千餘人〔二〕。元景讓降者曰：「汝本中國人，亦爲虜盡力，力屈乃降，何也？」皆曰：「虜驅民使戰，後出者族滅，以騎蹙步，未戰先死，此將軍所親見也。」諸將欲盡殺之，元景曰：「今王旗北指，當使仁聲先路。」盡釋而遣之，皆稱萬歲而去。甲午，克陝城。關中豪傑及四山羌胡皆來送欵。上以玄謨敗退，魏兵深入，元景不宜獨進，召還。爲魏追所逼，劉康祖戰死。十二月，丙辰朔，魏引兵南下，所過殘滅，皆望風奔潰。戊午，建康纂嚴。乙丑〔三〕，三營没于盱眙。庚午，魏主至瓜步，壞民廬舍，及伐葦爲筏，聲言欲渡江。建康震懼，民皆荷擔而立。壬午，内外戒嚴，丹陽統内盡户發丁，王公以下子弟皆從役。太子劭出鎮石頭，總統水軍，徐湛之守石頭，江湛兼領軍事，處置皆以委焉。上登石頭城，有憂色，謂江湛曰：「北伐之計，同議者少。今日士民勞怨，不得無慚，貽大夫之憂，予之過也。」又曰：「檀道濟若在，豈使胡虜至此！」上又登幕府山，觀望形勢。癸未，魏主鑿瓜步山爲蟠道，于其上設氊屋。甲申，獻百牢方物于魏。魏餉上橐駝、名馬，求婚，以其孫示使者田奇：「宋若能以女妻此孫，我以女妻武陵王，自

〔二〕「生」，底本作「至」，今據《通鑑》卷一二五改。
〔三〕「丑」，底本作「未」，今據《宋書·文帝紀》、《通鑑》卷一二五改。

今匹馬不復南顧。」奇還，上召劭及群臣議之，衆並謂宜許。江湛曰：「戎狄無親，許之無益。」劭曰：「北伐敗辱，數州淪破，獨有斬江湛、徐湛之，可以謝天下。」上曰：「北伐自是我意，江、徐但不異耳。」魏亦知師昏非禮而和，使侍郎夏侯野來報，詔其皇孫爲書，致馬通問焉。

二十八年，正月，丙戌朔，魏主大會群臣于瓜步上，班爵行賞有差。魏人緣江舉火，太子左衛率尹弘言於上曰：「六夷如此，必走。」丁亥，俘廣陵居人萬餘家以北。凡破南兖、徐、兖、豫、青、冀六州，殺傷不可勝計，丁壯者即加斬截，嬰兒貫于槊上，盤舞以爲戲。所過郡縣，赤地無餘。春燕歸巢于林木。自是邑里蕭條，元嘉之政衰矣。二月，癸酉，詔曰：「玁狁孔熾，難及數州，睠言念之，鑒寐興悼。凶羯瘐挫，迸迹遠奔，彫傷之民，宜時振理。凡遭寇賊郡縣，令還居復業，封屍掩骼，賑贍饑流。東作方始，務盡勸課，貸給之宜，事從優厚[一]。其流寓江南者，並聽即屬，并蠲復租調。」三月，己亥，魏主還平城，飲至告廟，以降民五萬餘家分置近畿。五月，己巳，以太尉、江夏王義恭領南兖州刺史，增督南兖豫徐兖青冀司雍秦幽并十一州諸軍事，并前十三州，移鎮盱眙。

[一]「事」，底本脱，今據《宋書·文帝紀》補。

是後復鎮廣陵，不一矣。十月，庚申，聘使將軍孫蓋等至魏。魏殿中將軍郎法祐來聘，修好也。

二十九年，三月，上聞魏主殂，更謀北伐，訪於群臣。中庶子何偃以爲：「淮、泗數州，瘡痍未復，不宜輕動。」不聽。以沈慶之阻議，不使行。青州刺史劉興祖上言：「河南阻饑，野無所掠，脱諸城固守，非旬月可拔，稽留大衆，轉輸方勞。應機乘勢，事存急速。今僞帥始死，兼逼暑時，國内猜擾，不暇遠赴。愚謂宜長驅中山，據其關要。冀州以北，民人尚豐，兼麥已向熟，因資爲易，嚮義之徒，必應嚮赴。若中州震動，黄河以南，自當消潰。臣請發青、冀七千兵，遣將領之，直入其心腹。若前驅克勝，張永及河南衆軍宜一時濟河，使聲實兼舉，並建司牧，撫柔初附。定州刺史取大嶺，冀州刺史向井陘，并州刺史屯雁門，幽州刺史塞軍都，相州刺史備太行，因事指揮，隨宜加授，畏威欣寵，人百其懷。若能成功，清壹可待；若不克捷，不爲大傷。並催促裝束，伏聽敕旨。」上意止存河南，亦不從。使員外散騎侍郎徐爰隨軍，銜中旨授諸將方略，臨時宣示。五月丙申，詔曰：「惡稔身滅，戎醜常數，虐虜凶窮，著于自昔。未勞資斧，已伏天誅，子孫相殘，親黨離貳。關洛僞帥，並懷内欵，河朔遺民，注誠請效。拯溺蕩穢，今其會也。可符驃騎、司空二府，各部分所統，東西應接。歸義建績者，隨勞酬獎。」六月，己酉，撫軍將軍蕭思話率衆北伐。八月，丁卯[二]，攻城不拔，退還。

三十年，正月，戊寅，省南兖州，并南徐州。二月，甲子，元劭弑逆僭立。武陵王駿入討，即位。五月，戊戌，以撫軍將軍、南平王鑠[三]，使持節、都督南兖徐兖青冀幽六州諸軍事，爲司空。七月，甲寅，詔求直言。周朗以中軍録事參軍上疏，以爲：「毒之在體，必割其緩處。函、渭靈區，閴爲荒窟，伊、洛神基，蔚成茂草，豈可不懷歟！歷下、泗間，何足獨戀。議者以爲胡衰不足避，而不知我病甚於胡矣。若謂民既徙，狄必就之；若其來從，我之願也。胡若能來，必非其種，不過山東雜漢，則是國家由來所欲覆育。既華得坐實，戎空自遠，其爲來，利固善也。今空守孤城，徒費財役，亦行見淮北必非境服有矣，不亦重辱丧哉！使虜但發輕騎三千，更互出入，春來犯麥，秋至侵禾，水陸漕輸，居然復絶。於賊不勞，而邊已困，不至二年，卒散民盡，可蹻足而待也。設使胡滅，則中州必有興者，决不能有奉土地、率民人以歸國家矣。誠如此，則徐、齊終逼，亦不可守。且夫戰守之法，常恃人之不敢攻。頃年兵之所以敗，皆反此也。今人

[二]「丁卯」，底本作「十月」，今據《宋書·文帝紀》、《通鑑》卷一二六改。
[三]「將軍」，底本作「將將」，今據福建本、北大本、《宋書》卷六《孝武帝紀》改。

知不以羊追狼，蟹捕鼠，而令重車弱卒，與肥馬悍胡相逐，其不能濟，固宜矣。漢之中年能事胡者，以馬多也；胡之後服漢者，亦以馬少也。既兵不可去，車騎應蓄。今宜募天下，使養馬一匹者蠲一人役，三匹者除一人爲吏，自此以進，階賞有差，邊停徼驛，一無發動。又將者，將求其死也。自能執干戈，幸而不亡，筋力盡於戎役，其于望上者，固已深矣。重有澄風掃霧之懃，驅波滌塵之力，此所自矜，尤復爲甚。近所功賞，人知其濃，然似頗謬虛實，怨怒實衆。垂臂而反脣者，往往爲部；耦語而觖望者〔二〕，處處成群。凡武人意氣，特易崩沮，設一旦有變，則向之怨者皆爲敵也〔三〕。今宜國財與之共竭，府粟與之同罄，去者應遣，濃加寵爵，發所在禄之。將秩未充，餘費宜闕。他事負輦，長不應與，唯可教以蒐狩之禮，習以鉦鼓之節。若假勇以進，務黜其身。老至而罷，賞延於嗣。又緣淮城壘，皆宜興復，使烽鼓相達，兵食相連。若邊民請師，皆宜莫許。遠夷貢至，止於報答。語以國家之未暇，示以何事而非君。須内教既立，徐料寇形，辦騎卒四十萬，而國中不擾，取穀支二十歲，而遠邑不驚，然後越淮窮河，跨龍出漠，亦何

〔二〕「觖」，底本作「呼」，今據《宋書·周朗傳》改。
〔三〕「皆」，底本脱，今據《宋書·周朗傳》補。

適而不可。」書奏忤旨，自解去職。

世祖孝建元年，正月，壬寅，以徐州刺史蕭思話使持節、都督徐兖青冀幽五州豫州之梁郡諸軍事、安北將軍、徐州刺史，加鼓吹一部。未發，二月，庚午，豫州刺史魯爽、江州刺史臧質、荆州刺史南郡王義宣叛。三月，辛丑，蕭思話改江州。四月，丙戌，南兖州刺史沈慶之斬魯爽。癸巳，進慶之鎮北大將軍、督青冀幽三州，給鼓吹一部〔一〕。

二年，正月，沈慶之請老。二月，辛巳，以尚書右僕射劉延孫爲南兖州刺史。

三年，魏寇邊〔二〕，詔問群臣防虜之策。殿中郎兼右丞徐爰議曰：「詔旨『虜犯邊塞，水陸遼遠，孤城危棘，復不可置』。臣以戎虜猖狂，狡焉滋廣，列卒擬偨，伺覘間隙，不勞大舉，終莫永寧。然連旍千里〔三〕，費固巨萬，而中興造創，資儲未積。是以齊斧徘徊，朔氣稽掃。今皇運洪休，靈威遐懾，蠢爾遺燼，懼其誅翦，思肆蜂蠆，以表有餘。雖不敢深入濟、沛〔四〕，或能草竊邊塞。羽林鞭長，太倉遥阻，救援之日〔五〕，勢不相及。且當使

〔一〕「一」，底本脱，今據《宋書·沈慶之傳》補。
〔二〕「魏」，底本脱，今據《宋書》卷九四《恩倖列傳·徐爰傳》補。
〔三〕「旍」，底本作「於」，今據《宋書·徐爰傳》改。
〔四〕「雖」，底本重文，今據福建本、北大本、《宋書·徐爰傳》删。
〔五〕「援」，底本作「拔」，今據《宋書·徐爰傳》改。

緣邊諸戍[二]，練卒嚴城，凡諸督統，聚粮蓄田，籌計資力，足相抗擬。小鎮告警，大督電赴，塢壁邀斷，州郡犄角。儻有自送，可使匹馬不返。詔旨『胡騎倏忽，抄暴無漸[三]，出耕見虜，野粒資寇，比及少年，軍實無擬，江東根本，不可俱竭，宜立何方，可以相贍』[三]？臣以爲方鎮所資，實宜且田且守，若更堅壁而春墾輟耕，清野而秋登莫擬，私無生業，公成虛罄。遠引根本，二三非宜。救之之術，唯在盡力防衛，來必拒戰，去則邀躡，據險保隘，易爲首尾。胡馬既退，則民豐廩實[四]，比及三載，可以長驅。詔旨『賊之所向，本無前謀，兵之所進，亦無定所。比歲戎戍，倉庫多虛，先事聚衆，則消費粮粟，敵至倉卒，又無以相應』。臣以爲推鋒前討，大須資力，據本應末，不俟多衆。今寇無傾國豕突，列城勢足脣齒[五]，養卒得勇，所任得才，臨事而懼，應機無失，豈煩空聚兵衆，以待未然。詔旨『戎狄貪婪，唯利是規，不挫凶圖，奸志歲結』。臣以爲不擊則必侵掠，侵掠不已，則民失農桑，農桑不收，則王戍不立，爲立之方，擊之爲要。詔旨『若令邊

〔二〕「戍」，底本作「戎」，今據福建本、《宋書·徐爰傳》改。
〔三〕「漸」，底本脱，今據福建本、北大本、《宋書·徐爰傳》補。
〔三〕「贍」，底本作「瞻」，今據福建本、《宋書·徐爰傳》改。
〔四〕「實」，底本脱，今據福建本、北大本、《宋書·徐爰傳》補。
〔五〕「列」，底本作「到」，今據福建本、北大本、《宋書·徐爰傳》改。

地歲驚[二]，公私失業，經費困於遥輸，遠圖決無遂事，寢弊贊略，逆應有方』。臣以爲威虜之方，在于積粟塞下。若使邊民失業，列鎮寡儲，非唯無以遠圖，亦不能制其侵抄。今當使小戍制其始寇，大鎮赴其入境，一被毒手，便自吹虀鳥逝矣。」尋即真，遷左丞。

大明元年，八月，甲辰，司空、南徐州刺史、竟陵王誕，出爲都督南兖南徐兖青冀幽六州諸軍事、南兖州刺史，餘如故。

三年，四月[三]，乙卯，貶誕爵爲侯，以始興公沈慶之爲車騎大將軍、開府儀同三司、南兖州刺史，討之。七月，誅誕。丙戌[三]，慶之爲司空，刺史如故。

四年，正月，庚午，魏常侍馮闡來聘。七月，乙丑，常侍明僧暠聘魏[四]。十一月，魏常侍盧度世、員外郎朱安興來聘。

五年，三月，聘使常侍尹顯至魏。十月，乙卯，魏常侍游明根及昌邑侯和天德來聘。

六年，三月，甲申，聘使常侍嚴靈護至魏。十月，壬申，魏常侍游明根、員外郎和

〔二〕「歲」，底本作「遂」，今據《宋書・徐爰傳》改。
〔三〕「四月」，底本脱二字，今據《宋書・孝武帝紀》、《通鑑》卷一二九補。
〔三〕「戌」，底本作「子」，今據《宋書・孝武帝紀》、《通鑑》卷一二九改。
〔四〕「暠」，底本作「嵩」，今據《魏書・島夷劉駿傳》改。

天德來聘。

七年，十月，己巳，魏常侍游明根，驍騎將軍、昌邑子婁內近，寧朔將軍、襄平子李五鱗來聘。明根奉使三至，上以其長者，而禮有加。

八年，七月，己亥，改中軍將軍、義陽王昶〔一〕，爲使持節、都督徐兗南兗青冀幽六州豫州之梁郡諸軍事、征北將軍、徐州刺史〔二〕。

太宗泰始元年，九月，己酉，昶奔魏，使尚公主〔三〕，拜侍中、征南將軍、駙馬都尉，賜爵丹陽王。

二年，正月，乙未，晉安王子勛僭位。五月，丁未，以使持節、監青冀幽并四州諸軍事、前將軍〔四〕、青冀二州刺史張永爲鎮軍將軍。魏謀欲納昶，下詔曰：「《易》稱『利用行師』，《書》稱『恭行天罰』，必觀時而後施，因機而後舉。故夏伐有扈，四海以平；晉定吳會，萬方以一。今宗室衰微，凶難洊起〔五〕，國有殺君之逆，邦罹崩離之難，

〔一〕「將軍」，底本脱二字，今據《宋書》卷七《前廢帝紀》、卷七二《文九王列傳·晉熙王昶傳》補。
〔二〕「北」下，底本衍「大」字，今據《宋書》《前廢帝紀》、《晉熙王昶傳》删。
〔三〕「使」，底本作「始」，今據《通鑑》卷一三〇改。
〔四〕「將」，底本脱，今據《宋書》卷五三《張永傳》補。
〔五〕「起」，底本作「赴」，今據《宋書·索虜傳》改。

起自蕭牆，釁流合境。僞使持節、散騎常侍、都督徐南北兖青冀幽七州豫州之梁郡諸軍事、征北將軍、儀同三司、徐州刺史、義陽王昶[一]，踵微子之蹤，蹈項伯之迹，知機體運，歸欵闕庭。朕錫以顯爵，班同親舊。昶弟湘東王，進不能扶危定傾，退不能降身高謝，阻兵安忍，篡位自立，既無闔閭静亂之功，而有無知悖禮之變，怠棄三正，慢易天常，覆敗之徵既兆，危亡之應已著。僞江州刺史、晉安王復稱大號，自立一隅。荆、郢二州刺史安陸、臨海王劉子綏、子頊，大擅威令，不相祇伏。徐州刺史、彭城鎮主薛安都，青州刺史沈文秀，冀州刺史、歷城鎮主崔道固等，皆彼之要藩，懼及禍難，擁衆獨據，各無定主。仰觀天象，俯察人謀，六軍爕伐之期，率土同軌之日。朕承休烈，屬當泰運，思播靈武，廓寧九服，豈可得臨萬乘之機，遭時來之遇，而不討其讐逆，振其艱患哉。今可分命諸軍，以行九伐。某某領隴右之衆五萬，沿漢而東，直指襄陽。某某領幽、冀之衆七萬，濱海而南，直指東陽。某某領江、雍之衆八萬[二]，出洛陽，直至壽陽。某某領定、相之衆十萬，出濟、兖，直造彭城，與諸軍尅期同到[三]，會於秣陵。納昶還

〔一〕「義」，底本作「華」，今據福建本、《宋書·索虜傳》改。
〔二〕「七萬，濱海而南，直指東陽。某某領江、雍之衆」，底本脱十七字，今據福建本、《宋書·索虜傳》補。
〔三〕「軍」下，底本衍「事」字，今據《宋書·索虜傳》删。

國，定其社稷，使荆、揚沾德義之風，江、漢被來蘇之惠。邊疆將吏，不得因宋衰亂，有所侵損，以傷我國家存救之義。主者明宣所部，咸使聞知，稱朕意焉。」八月，子勛平。十月，薛安都等並遣使乞降。上以南方既平，欲示威淮北。乙亥，以沈攸之爲中領軍，同鎮軍將軍張永將甲士五萬，迎安都。尚書左僕射蔡興宗曰：「安都歸順，此誠非虛，正須單使尺書。今以兵迎之，勢必疑懼，或能招引北虜，爲患方深。若以叛臣罪重，不可不誅，則歸之所宥，亦已多矣。況安都外據大鎮，密邇邊陲，地險兵彊，攻圍難克，考之國計，尤宜馴養。如其外叛，將爲朝廷旰食之憂。」征北司馬蕭道成言同興宗，上不從。薛安都等降魏，引兵來攻，大敗攸之及永，僅以身免，遂失淮北四州及豫州淮西地。以敗書示興宗，曰：「惟我愧卿甚！」

三年，正月，癸巳，聘使常侍貝思、散騎侍郎崔小白至魏。八月，壬寅，以中領軍沈攸之行南兗州刺史，率衆北伐。以崔道固爲都督冀青兗幽并五州諸軍事、前將軍、冀州刺史。十月，辛巳，詔徙義陽王昶爲晉熙王，使員外郎李豐以金千兩贖昶於魏。魏人弗許，使昶與上書，爲兄弟之儀。上責其不稱臣，不答。魏主復使昶與上書，昶辭曰：「臣本實彧兄，未經爲臣。若改前書，事爲二敬；苟或不改，彼所不納。臣不敢奉詔。」乃止。魏人愛重昶，凡三尚公主。十二月，庚戌，以幽州刺史、寧朔將軍劉休賓爲兗州刺史。兖已没於魏，休賓守梁鄒，就以刺史命之。休賓妻，崔邪利女也，及子文曄同父没於魏。魏使文曄邀之於梁鄒，欲降，城中知而禁之。

四年，二月，癸巳，崔道固降魏，休賓亦降〔一〕。三月，戊午，聘使常侍李豐至魏。七月，庚申，以驍騎將軍蕭道成爲南兖州刺史。十月，癸酉，發諸州兵北伐。

五年，春，青、冀盡入於魏。四月，壬辰，聘使常侍王希涓至魏。十一月，丁未，魏復遣使和親。自元嘉末，南北不復通好。上即位，再遣聘使，是歲魏使來，復通好，自是歲通矣。

六年，六月，聘使常侍劉航至魏〔二〕。九月，命南兖州刺史蕭道成還鎮淮陰，以其在軍中久，民間或言其有異相，當爲天子者，上疑而以越騎校尉召。道成懼，不欲内還〔三〕，乃遣數十騎入魏境〔四〕，安置標榜，魏果遣游騎數百履行境上。道成以聞，復本任。至是，還鎮，以侍中、中領軍劉勔爲都督南徐兖等五州諸軍事〔五〕，鎮廣陵。六月，聘使至。

〔一〕「休」，底本作「道」，今據《魏書》卷四三《劉休賓傳》、《通鑑》卷一三二改。
〔二〕「魏」下，底本衍「八月」二字，今據《通鑑》卷一三二删。
〔三〕「還」，底本作「還」，今據《通鑑》卷一三二改；以下徑改，不注。
〔四〕「數」，底本作「取」，今據《南齊書》卷三一《荀伯玉傳》（中華書局一九七二年點校本）、《通鑑》卷一三二改。
〔五〕「侍中」，底本脱「中」字，今據福建本、北大本、《宋書》卷八六《劉勔傳》、《通鑑》卷一三二補。

七年，三月，乙亥，魏常侍邢祐來聘。三月，辛酉，至。七月，戊寅，以淮陰爲北兗州，徵蕭道成入朝。八月，丁未，聘使散騎侍郎田廉、祖德至魏。

泰豫元年，正月，乙卯，魏常侍邢祐來聘。四月，辛亥，聘使散騎侍郎田廉、劉惠秀至魏。

廢主昱元徽元年，正月，庚辰，魏常侍崔演來聘。七月，遣將攻緣淮諸鎮。九月，乙亥，聘使常侍田惠紹、侍郎劉惠秀至魏。

二年，三月，丁亥，魏常侍許赤虎來聘。六月，庚子，以平南將軍蕭道成爲中領軍、都督南兗徐兗青冀五州軍事、鎮軍將軍、南兗州刺史，留衛建康。自是得政，而督不及幽矣。十月，庚子，聘使常侍明曇徽、侍郎江山圖至魏〔二〕。

三年，五月，丙午，魏常侍許赤虎來聘。六月，及〔三〕。十二月，庚寅，聘使常侍李祖、侍郎魚長耀至魏。

順帝昇明元年，七月，壬辰，即位。丙申，以道成爲司空、録尚書事、驃騎大將軍，

〔二〕「圖」，底本作「圓」，今據《魏書·島夷劉昱傳》改；以下徑改，不注。

〔三〕按：「及」，指魏使到達宋。據《宋書》卷九《後廢帝紀》載，元徽三年，「六月癸未，北國使至」。

兼總軍國，與奪自專矣。八月，戊寅，聘使常侍李祖、侍郎陶貞寶赴國訃，并貢方物[一]，至魏。閏十一月，庚子[二]，魏常侍李長仁聘宋。

二年，二月，癸未，加道成太尉、都督南徐等十六州。辛卯，以黄回都督南兗等五州諸軍事、南兗州刺史。四[三]

燕督記五

郭造卿曰：宋之於燕也，自平南而後，其違幽遠矣，而僑猶督之，是在南兗州刺史。至蕭，弗之督焉。督之所以待戰，而北爲拓拔氏，以蕭江南國，目之爲島夷。彼且以索虜視北朝，而況久陷之幽、燕乎。然民與國同休戚，其華夷以正朔爲别，家世以之爲榮辱，雖播竄亦不能忘也。太和之際，中原有君，其歷年久，黎民懷之。齊之二紀七主，惡足以當之哉！此《元經》奪彼予此，以正南北之道也。故問罪之師二舉，其義大於夷吾，雖使臣强外飾，而正統閏氣索矣。聞喪之旆二返，其善優

[一]「物」，底本闕，今據福建本、北大本、《魏書·劉昱傳》補。
[二] 按：子、午，底本二字或混用，以下徑改，不注。
[三]「四」下，《燕史》諸本皆脱佚，且卷末脱「郭造卿曰」。

於士匄，雖邦域必煩内顧，而中原古禮存焉。或彼曰來伐，此曰入寇，皆爲戰争，北善於南。若夫交聘，善在永明。南以講武引謁，志漢帝北伐之圖；北以宗祀肆覲，見周成南都之志。是其君則有行焉，而臣交際之所尚，南鶩華雅，北敦典樸，明辨弗及沖[二]，弁對優于融。其主之褒南者文繡，臣之貶南者斧鉞也。南之君臣當愧，不甚馮之幸纘乎。蓋丁斯時，亂離瘼矣。南而北伐，則華夏之氣壯；北而聘享，則華夏之民安。乃南之幸，亦北之休也。故求書當從融，以銷腥羶之氣；請使當從珪，以代兵車之力。則都督持節者寡，而省耕負耒者多矣。故於二書，爲之具焉。

齊太祖建元元年，十一月，癸丑，魏主宏以丹陽王劉昶入攻，許昶以克復舊業，世胙江南，稱藩于魏。南兖州刺史王敬則聞魏師將濟淮[三]，委鎮還建康，士民驚駭，既而魏竟不至。上以其功臣，不問。

二年，正月，乙卯，遣兵拒魏，内外纂嚴[三]。二月，丁卯朔，魏師將戰，劉昶四向拜

[二]「沖」，《燕史》指魏尚書李沖，據《魏書》卷七九《成淹傳》、《通鑑》卷一三七，疑當作魏著作郎成淹之「淹」字。
[三]「王」，底本作「田」，今據《南齊書》卷二六《王敬則傳》、《通鑑》卷一三五改。
[三]「纂」，底本作「綦」，今據福建本、北大本、《南齊書》卷二《高帝紀下》、《通鑑》卷一三五改。

戰士，流涕縱横，曰：「願同戮力，以雪讐耻！」步騎二十萬，爲决泗水，溺死千數而退。六月，丁卯，魏以南伐所俘賜王公以下。閏九月，辛巳，魏師大敗，而退于朐山。鬱州呼石頭亭爲平虜亭。十月，丁未，魏兵入攻。淮北四州民不樂屬魏，常思歸江南，上多遣間諜誘之。於是，徐、兖之民所在蜂起，爲寇盜，聚衆保五固，推司馬朗之爲主。

三年，春，魏緣淮大掠，江北民皆驚走渡江，而其兵亦屢敗。至四月，敗我衆數萬，掠三萬餘户歸平城。七月，甲子，後軍參軍車僧朗使魏，至平城。魏主問曰：「齊輔宋日淺，何故遽登大位？」對曰：「虞、夏登庸，身陟元后；魏、晉匡輔，貽厥子孫。豈二聖汲汲于天位，兩賢謙虚以獨善？時宜各異，安得一揆哉？」宋使者殷靈誕、苟昭先在魏〔二〕，聞齊篡，靈誕謂魏典客曰〔三〕：「宋、魏通好，憂患是同。宋今滅亡，魏不相救，何用和親！」及劉昶入豫，靈誕請爲昶司馬，不許。九月，庚午，魏閲武於南郊，因晏群臣，置僧朗於靈誕下。僧朗不肯就席，曰：「靈誕昔爲宋使，今爲齊民，乞魏主以禮見處。」靈誕遂與相忿詈。昶賂宋降人解奉君，於會刃僧朗。魏人收奉君，殺之，厚送僧

〔二〕「苟」，底本作「荀」，「先」，底本脱，今據《南齊書》卷五七《魏虜傳》、《通鑑》卷一三五改補；以下徑改，不注。
〔三〕「客」，底本作「容」，今據福建本、《南齊書·魏虜傳》、《通鑑》卷一三五改；以下徑改，不注。

朗之丧，放靈誕等南歸。魏兵斬司馬朗之，東南諸州皆平。時鎮戍兵資得自隨，不入公庫。其徐州刺史薛虎子請以市牛萬頭，興置屯田，兵資皆貯公庫，魏主從之。

四年，二月，乙未，魏主詔曰：「蕭道成逆亂江淮，戎旗頻舉，七州之人既有征運之勞，深乖輕徭之義[一]。其復常調三年[二]。」十二月，己丑，詔曰：「緣淮戍將，久處邊勞，三元行始，宜霑恩慶。可遣中書舍人宣旨臨會。」後每歲如之。時苟昭先以靈誕語啓聞，靈誕坐下獄死[三]，贈僧朗散騎常侍。

世祖永明元年，七月，甲申，魏常侍李彪、員外郎蘭英來聘。八月，壬申，至齊。十月，丙寅，遣驍騎將軍劉纘、前將軍張謨聘於魏。十一月，辛丑，至魏，魏主客令李安世主之。魏人出内藏寶，使賈人鬻於市。纘曰：「魏金玉大賤，當由山川所出。」安世曰：「聖朝不貴金玉，故賤同瓦礫。」纘初欲多市，聞其言，内慚而止。時纘屢使至魏，馮太后遂私幸之。

[一]「乖」，底本作「垂」，今據《魏書·高祖紀上》改。
[二]「年」，底本作「軍」，今據《魏書·高祖紀上》改。
[三]「獄」，底本作「嶽」，今據福建本、北大本、《南齊書·魏虜傳》、《通鑑》卷一三五改。

二年，五月，甲申，魏李彪、蘭英來聘〔二〕。八月，戊申，幸玄武湖水步軍講武，登龍舟，引見魏使。九月，甲午，常侍司馬憲、侍郎庾習至魏。十一月，乙未，彪、英又來聘。十二月，庚申，魏使至。

三年，三月，甲寅，劉纘以輔國將軍及通直郎裴昭明聘魏。五月，至魏。十月，辛酉，魏李彪及尚書郎公孫阿六頭來聘。

四年，二月，壬午，使通直郎裴昭明與冠軍參軍司馬廸之聘魏。三月，庚申，至魏。

後絶使者數年，頻年來攻。是歲，分置州郡，凡三十八州，二十五在河南，十三在河北。

六年，四月，邊將陳顯達北侵，陷城。閏十月，乙卯，詔曰：「北兖、北徐、豫、司、青、冀八州，邊接疆埸，民多懸罄，原永明以前所逋租調。」

七年，正月，邊將侵北邊。七月，魏主使群臣議：「久與齊絶，欲通使。」尚書游明根以爲可從。八月，乙亥，遣常侍邢產、侍郎侯靈紹等來聘。九月，壬寅，至。十一月，戊申，詔平南參軍顏幼明、冗從僕射劉思斆報聘。十二月，甲午，至魏。

八年，四月，甲午，魏常侍邢產、侍郎蘇季連來聘。六月，己巳，至。十一月，丁

〔二〕「蘭」，底本作「藺」，今據《魏書·高祖紀上》改。

已，聘使幼明、思斅至魏。其南部尚書李思沖曰：「二國之和，義在庇民。如聞南朝大造舟車[二]，欲侵淮、泗，推心相期，何應如此？」幼明曰：「主上方弘大信于天下，不失臣妾。既與輯和，何容二三其德？疆埸之言，差不足信。且朝廷若必赫怒[三]，使守在外，亦不近阻淮瀆。」思沖曰：「我國家之疆，經略淮東，何患不蕩海東岳，政存於信誓耳[三]。且和好既結，豈可復有不信？昔華元、子反，戰伐之際，尚能以誠相告，此意良慕也。」幼明曰：「卿未有子反之急[四]，詎求登床之請[五]！」

九年，正月，戊午，詔射聲校尉、散騎常侍裴昭明，侍郎謝竣如魏弔。二月，己丑，至魏。魏人令易戎服行禮，昭明欲以朝服，魏主客曰：「弔有常禮，何得以朱衣入凶庭！」昭明等曰：「受命本朝，不敢輒易。」往還數四，昭明等固執不可。魏主命尚書李沖選學識士與言，沖奏遣著作郎上谷成淹。昭明等曰：「魏朝不聽使者朝服，出何典

[二]「聞」，底本作「問」，今據《南齊書·魏虜傳》改。
[三]「赫」，底本作「恭」，今據《南齊書·魏虜傳》改。
[三]「存」，底本作「在」，今據《南齊書·魏虜傳》改。
[四]「急」，底本作「志」，今據《南齊書·魏虜傳》改。
[五]「詎」，底本作「誰」，今據福建本、北大本、《南齊書·魏虜傳》改。

禮[一]？」淹曰：「吉凶不相壓。羔裘玄冠不以弔，此童稚所知也。昔季孫如晉，求遭喪之禮以行。今卿自江南遠來弔魏，方問出何典禮。行人得失，何其遠哉！」昭明曰：「二國之禮，應相準望。齊高皇帝之喪，魏遣李彪來弔，初不素服，齊朝亦不以爲疑。何至今日，獨見要逼！」淹曰：「齊不能行亮陰之禮，踰月即吉。彪奉使之日，齊之君臣，鳴玉盈庭，貂璫曜目。彪不得主人之命，敢獨以素服厠其間乎！皇帝仁孝，侔於有虞，執親之喪[二]，居廬食粥，豈得以此方彼乎！」昭明曰：「三王不同禮，孰能知其得失！」淹曰：「然則虞舜、高宗，皆非邪？」昭明、竣相顧而笑曰：「非孝者無親，何可當也！」乃曰：「使人之來，唯齎袴褶[三]，此既戎服，不可以弔，唯主人裁其弔服！然違本朝之命，返必獲罪。」淹曰：「使彼有君子，卿將命得宜，且有厚賞。若無君子，卿出而光國，得罪何傷，自當有良史書之。」乃以衣帢給昭明等，使服以致命。己丑，引昭明等入見，文武皆哭盡哀。魏主嘉淹之敏，遷侍郎，賜絹百匹。四月，甲戌，魏李彪、公孫阿六頭等仍前職來聘。五月，丁未，至，爲之置燕設樂。彪辭樂，且曰：「主上孝思

[一]「何」，底本作「弔」，今據北大本、《魏書·成淹傳》、《通鑑》卷一三七改。
[二]「親」，底本作「禮」，今據《通鑑》卷一三七改。
[三]「齎」，底本作「齊」，今據《魏書·成淹傳》、《通鑑》卷一三七改。

罔極，興墜正失，去三月晦，朝臣始除衰絰，猶以素服從事，是以使臣不敢承奏樂之賜。」朝廷從之。少游有機巧，密令觀京師宮殿楷式。清河崔元祖啓上曰：「少游，臣之外甥，特有公輸之思。宋世陷虜，官以大匠。今爲副使〔一〕，必欲模範宮闕。豈可令氈鄉之鄙，取象天宮哉？宜留之，命主使反命。」上以非和通意〔二〕，不許。彪凡六奉使，上甚重之。將還，上親送至琅邪城，命群臣賦詩以寵之。八月，己亥，使司徒參軍蕭琛、范縝聘魏〔三〕。九月，辛巳，至魏。十一月，戊寅，魏遣彪及侍郎蔣少游來聘。

十年，正月，己未，魏祀明堂，登靈臺〔四〕，使侍郎成淹引聘使車騎功曹庾華、南豫州別駕何憲等於館南〔五〕，瞻望行禮。二月，乙巳，使參軍蕭琛、范雲聘魏。三月，辛巳，至魏。七月，甲戌，魏常侍宋弁、房亮來聘。上以中書郎王融才辨，前年幸芳林園禊宴朝臣，使融爲《曲水詩序》，文藻富麗，當世稱之，而使兼主客，接虜使。初，魏使求書，朝議欲不與，融上疏曰：「臣側聞僉議，疑給虜書，如臣愚情，切有未諭。夫虜人面獸

〔一〕「今」，底本脱，今據《南齊書·魏虜傳》補。
〔二〕「非」，底本脱，今據《南齊書·魏虜傳》補。
〔三〕「縝」，底本作「績」，今據《魏書》卷九八《島夷蕭賾傳》改。
〔四〕「登」，底本作「祭」，今據《魏書·成淹傳》、《通鑑》卷一三七改。
〔五〕「華」，底本作「革」，今據《魏書》《成淹傳》、《島夷蕭賾傳》改。

心，狼猛蜂毒，暴悖天經，虧違地義，逋竄燭幽，去來𡆧、朔，綿周、漢而不悛，歷晉、宋其踰梗。豈有愛敬仁智，恭讓廉脩，慚犬馬之馴心〔二〕，同鷹虎之反目。設稾秣有儲，筋竿足用，必以草竊關燧，寇擾邊疆；寧容欵塞卑辭，承衣請朔。陛下務存遵養，不時侮亡，許其膜拜之誠，納裘之賫。況復願同文軌，儻見款遺，思奉聲教，方致猜拒〔三〕。將使舊邑遺逸，未知所寘，衰胡餘噍，或能自推。一令蔓草難鉏，涓流泛酌，豈直疥癢輕痾，容爲心腹重患。抑孫武之言也，困則數罰，窘則多賞，先暴而後畏其衆者，虜之謂乎！前中原士庶，雖淪懾殊俗，至於婚葬之晨，猶巾褠爲禮〔三〕。而禁令苛刻，動加誅轘。于時獯粥初遷，犬羊尚結，即心徒怨，困懼成逃。自其將卒奔離，資待銷闕，北畏勍蠕，西逼南胡，民背如崩，勢絶防斷。於是曲從物情，僞竊章服，歷年將絶，隱蔽無聞。既南向而泣者，日夜以覬；北顧而辭者〔四〕，江淮相屬。凶謀歲窘，淺慮無方，於是稽顙郊門，問禮求樂。若來之以文德，賜之以副書，漢家軌儀，重臨畿輔，司隸傳節，復入關河，

〔二〕「犬」，底本作「大」，今據福建本、《南齊書》卷四七《王融傳》改。
〔三〕「猜」，底本作「復」，今據《南齊書·王融傳》改。
〔三〕「巾」，底本作「中」，今據福建本、北大本、《南齊書·王融傳》改。
〔四〕「者」，底本作「曰」，今據福建本、北大本、《南齊書·王融傳》改。

無待八百之師，不期十萬之衆，固其提漿佇俟，揮戈顧倒，三秦大同，六漢一統。又虜前後奉使，不專漢人，必介以匈奴，備諸覘獲。且設官分職，彌見其情，抑退舊苗，扶任種戚〔二〕。師保則后族馮晉國，總録則邽姓直勒渴侯〔三〕，台鼎則丘頹、苟仁端，執政則目凌、鉗耳。至於東都羽儀，西京簪帶，崔孝伯、程虞虯久在著作，李元和、郭季祐上于中書，李思冲飾虜清官，游明根泛居顯職。今經典遠被，詩史北流〔三〕，馮、李之徒，必欲遵尚；直勒等類，居致乖阻。何則？匈奴以氈騎爲帷床，馳射爲糇粮，冠方帽則犯沙陵雪〔四〕，服左衽則風驤鳥逝。若衣以朱裳〔五〕，戴之玄頍〔六〕，節其揖讓，教以翔趨，必同艱桎梏，等懼冰淵，婆娑蹶躃，困而不能前已〔七〕。及夫春草水生，阻散馬之適，秋風木落，絶驅禽之歡，息沸脣於桑墟，別醍乳於冀俗，聽《韶》《雅》如聾聵，臨方丈若爰居，

〔二〕「種」，底本作「獯」，今據《南齊書·王融傳》改。
〔三〕「姓」，底本脱，今據福建本、北大本、《南齊書·王融傳》補。
〔三〕「史」，底本作「文」，今據《南齊書·王融傳》改。
〔四〕「沙」，底本作「涉」，今據福建本、北大本、《南齊書·王融傳》改。
〔五〕「若」、「朱」，底本作「巖」、「未」，今據福建本、《南齊書·王融傳》改。
〔六〕「頍」，底本作「頗」，今據《南齊書·王融傳》改。
〔七〕「已」，底本作「以」，今據福建本、北大本、《南齊書·王融傳》改。

馮、李之徒，固得志矣，虜之凶族，其如病何？於是風土之思深，愎戾之情動，拂衣者連裾，抽鋒者比鏃，部落争於下，酋渠危於上，我一舉而兼吞，卞莊之勢必也。且棘寶薦虞，晉疆彌盛；大鍾出智，宿氏以亡。帝略遠乎，無思不服，鑾光幸岱，匪暮斯朝。臣請收籍伊瀍，兹書復掌，猶取之内府，藏之外篋，於理有愜，即事何損。若狂言足採，請決敕施行。」上答曰：「吾意不異卿。今所啟，比相見更委悉。」事竟不行。上欲北伐，使毛惠秀畫《漢武北伐圖》，使融掌其事。融好功名，因此上疏曰：「臣聞情㥄自中，事符則感，象構於始，機動斯彰。莊敬之道可宗，會揖讓其彌肅；勇烈之士足貴，應鼙鐸以增思[二]。肇植生民，厥詳莫既，降及興運，維道有徵，莫不有所因循，而升皇業者也。若夫膏腴既稱，天乙知五方之富；皮幣已列，帝劉測四海之尊。異封禪之文，則升中之典攸闕；嘆輿地之圖，乃席卷之庸是立。伏惟陛下窮神盡聖，總極居中，偶化兩儀，均明二耀，拯玄綱於頹絶，反至道於澆淳，可謂區寓儀刑，齊民先覺者也。臣亦遭逢，生此嘉運，鑿飲耕食，自幸唐年。而識用昏霾，經術疎淺，將邁且軸，豈蕨與薇。皇鑒燭幽，天高聽下，賞片言之或善，矜一物之失時，湔拂塵蒙，雲飾光價，拔足草廬，厠身

[二]「鐸」，底本作「鋒」，今據《南齊書·王融傳》改。

朝序，復得拜賀歲時，瞻望日月，於臣心願，曾已畢矣。但千祀一逢，休明難再，思策鉛駑，樂陳涓壒。竊用孔、孟之道，常願待詔朱闕，俯對清蒲，請閒宴之私，談當世之務〔二〕。位賤人微，徒深傾欵。方今九服清怡，三靈和晏，木有附枝，輪無異轍，東鞮獻舞，南辮傳歌〔三〕，羌、僰踰山，秦、屠越海，舌象䚕委體之勤，輶譯厭瞻巡之數，固將開桂林於鳳山，創金城於西守。而蠢爾獯狄，敢讐大邦，假息關河，竊命函谷，淪故京之爽塏，變舊邑而荒凉，息反坫之儒衣，久伊川之被髮。北地殘氓，東都遺老，莫不茹泣吞悲，傾耳戴目〔三〕，翹心仁政，延首王風。若試馳咫尺之書，具甄戎旅之卒，徇其墮城，納其降虜，可弗勞弦鏃，無待干戈，真皇王之兵，征而不戰者也。臣乞以執殳先邁，式道中原，澄瀚渚之恒流，掃狼山之積霧〔四〕，係單于之頸，屈左賢之膝，習呼韓之舊儀，拜鑾輿之巡幸。然後天移雲動，勒封岱宗，咸五登三，追蹤七十，百神肅警，萬國具僚，璯弁星離〔五〕，玉帛雲聚，集三燭於蘭席，聆萬歲之禎聲，豈不盛哉！豈不韙哉！昔桓公

〔二〕「談」，底本作「設」，今據福建本、北大本、《南齊書·王融傳》改。
〔三〕「辮」，底本作「辦」，今據福建本、《南齊書·王融傳》改。
〔三〕「目」，底本作「日」，今據《南齊書·王融傳》改。
〔四〕「狼」，底本作「浪」，今據福建本、《南齊書·王融傳》改。
〔五〕「璯」，底本作「增」，今據福建本、北大本、《南齊書·王融傳》改。

志在伐莒，郭牙審其幽趣；魏后心存去漢，德祖究其深言。臣愚昧，忖誠不足以知微，然伏揆聖心，規模宏遠，既圖載其事，必克就其功。臣不勝歡喜。」圖成，上置琅邪城射堂壁上〔一〕，遊幸輒觀視焉。至是，二使見融年少，問：「主客年幾？」融曰：「五十之年，久踰其半。」因問：「聞作《曲水詩序》，勝於顔延年，實願一見。」融乃示之。後弁於瑶池堂謂融曰〔二〕：「昔觀相如《封禪》，以知漢武之德；今覽王生《詩序》，用見齊主之盛。」融曰〔三〕：「皇家盛明，豈直比蹤漢武；更慚鄙製，無以遠匹相如。」上以虜獻馬不稱，使融問曰：「秦西冀北，實多駿驥，而魏主所獻良馬，乃駑駘之不若。求名檢事，殊爲未孚。將旦旦信誓，有時而爽，駉駉之牧，不能復嗣？」弁曰：「不容虚僞之名，當是不習土地。」融曰：「周穆馬跡，徧於天下。若騏驥之性，因地而遷，則造父之策，有時而躓。」弁曰：「王主客何爲勤勤於千里？」融曰：「卿國既異其優劣，聊復相訪。若千里日至，聖上當駕鼓車。」弁曰：「向意既須，必不能駕鼓車也。」融曰：「買死馬之骨，亦郭隗之故。」弁不能答。及還，魏主問：「江南何如？」弁曰：「蕭氏

〔一〕「上」，底本作「山」，今據《南齊書·王融傳》改。
〔二〕「弁」，底本作「并」，「瑶」，底本作「滛」，今據福建本、《南齊書·王融傳》改。
〔三〕「融」，底本作「嗣」，今據福建本、北大本、《南齊書·王融傳》改；以下徑改，不注。

父子無大功於天下，既以逆取，不能順守，政令苛碎，賦役繁重，朝無股肱之臣，野有愁怨之民，其得没身幸矣，非貽厥孫謀之道也。」十二月，參軍蕭琛、范雲聘於魏[二]。魏主甚重齊人，親與談論，顧謂群臣曰：「江南多好臣。」侍臣李元凱對曰：「江南多好臣，歲一易主；江北無好臣，百年一易主。」魏主甚慚，出元凱爲雍州長史[三]，俄召復職。夫魏主何慚也，江南主當慚矣！即宋弁之對，融佞不亦慚乎！蓋魏主存厚，出以愧心，俄即召之，意可識矣。亡何，融見上有北伐之志，數上書奬勸，因大習騎射。及竟陵王子良板融寧朔將軍，竟因此不得其死，而子良以憂卒。佞人殆其然哉！

十一年，正月，乙丑，常侍邢巒、侍郎劉承叔來聘。初，上于石頭造露車三千乘，欲步道取彭城，魏人知之。劉昶數泣于魏主，乞處邊戍，招集遺民，以雪私耻。乃議南伐，於淮、泗間大積馬芻。上以右衛將軍崔慧景爲豫州刺史，備之。五月，魏議大舉來侵，將遷洛陽也。七月，戊子，魏發露布，及移書南伐。詔發揚、徐民丁，廣設召募以備之。九月，壬子，魏常侍渤海高聰、侍郎賈禎來聘。庚午，魏主至洛陽。丁丑，戎服

[二] 按：「十二月，參軍蕭琛、范雲聘於魏」，《燕史》本年二月、三月已載，此處重出。「二月」、「三月」，據《南史》卷四《齊本紀上》（中華書局一九七五年點校本）、《魏書》卷七《高祖紀下》；「十二月」，據《通鑑》卷一三七。

[三] 「長」，底本作「刺」，今據《南齊書·魏虜傳》改。

南出，群臣稽首于馬前，請輟南伐之謀，而定都洛邑。時關中民起兵，會聞上殂，乃移我兖州府長史府：「奉被行所尚書符騰詔：『皇師雷舉，摇旆南指，誓清江禝，志廓衡霧。以去月下旬，濟次河、洛。會前使人邢巒等至，審知彼有大艾。以《春秋》之義，聞丧寢伐。爰敕有司，輟鑾止軔，休馬華陽，戢戈嵩北。便肇經周制[二]，光宅中區，永皇基于無窮，恢盛業於萬祀。辰居重正，鴻化增新，四海承休[三]，莫不銘慶。』故以往示，如律令。」并遣使來弔。

高宗建武元年，二月，辛卯，司徒參軍劉斆、車騎參軍沈宏聘魏。宏稱字玄覽，避其主諱也。癸卯，至魏。六月，己巳，魏常侍盧昶、侍郎王清石來聘。昶，度世之子也。清石世仕江南[三]。魏主謂清石曰：「卿勿以南人自嫌。彼有知識，欲見則見，欲言則言。凡使人以和爲貴，勿迭相矜夸，見於辭色，失將命之體也。」七月，乙亥，魏以宋王劉昶爲使持節、都督吴越楚諸軍事、大將軍，鎮彭城。魏主親餞之，以王肅爲昶府長史。昶至鎮，不能撫接義故，卒無成功。癸巳，西昌侯鸞廢昭業帝而弑之。丁酉，立新安王昭

〔二〕「經」，底本作「維」，今據《南齊書·魏虜傳》改。
〔三〕「承」，底本作「永」，今據福建本、北大本、《南齊書·魏虜傳》改。
〔三〕「仕」，底本作「任」，今據福建本、《通鑑》卷一三九改；以下徑改，不注。

文。九月，魏常侍高聰來聘[一]。十月，丁酉，加宣城公鸞黄鉞，進授都督中外諸軍事、太傅、領大將軍、揚州刺史，進爵爲王[二]，未拜。辛亥，廢昭文，鸞即位。庚午，魏主詔曰：「比聞緣邊之蠻，多竊掠南土，使父子乖離，室家分絶。朕方蕩一區宇，子育萬姓，若苟如此，南人豈知朝德哉！可詔荆、郢、東荆三州，禁勒蠻民，勿有侵暴。」十二月，辛丑朔，魏主以鸞廢主自立，自將問罪。己巳，魏詔師獲男女口，皆放南還。

二年，正月，癸酉，魏詔禁淮北人不得侵掠，犯者以大辟論，遂大破我軍。甲戌，稱檄喻齊。丁酉，中外纂嚴，以太尉陳顯達爲使持節、都督西北討諸軍事。二月[三]，魏主至壽陽，號三十萬，鐵騎彌望。甲辰，登八公山，賦詩，遣使呼城中人。參軍崔慶遠問師故，魏主曰：「固當有故！卿欲我斥言之乎，欲我含垢依違乎？」慶遠曰：「未承來命，無所含垢。」魏主曰：「齊主何故廢立？」慶遠曰：「廢昏立明，古今非一，未審何疑？」魏主曰：「武帝子孫，今皆安在？」慶遠曰：「七王同惡，已伏管、蔡之誅；

[一] 按：「九月，魏常侍高聰來聘」，據《魏書·高祖紀下》、《北史》卷三《魏本紀三》（中華書局一九七四年點校本）、《通鑑》卷一三八，此事在北魏「太和十七年九月壬子」，即南齊永明十一年，《燕史》疑誤。

[二] 「爵」，底本作「舜」，今據北大本、《南齊書》卷五《海陵王紀》、《通鑑》一三九改。

[三] 「月」下，底本衍「丁卯」二字，今據《魏書·高祖紀下》、《通鑑》卷一四〇删。

其餘二十餘王，或内列清要，或外典方牧。」魏主曰：「卿主若不忘忠義，何以不立近親，如周公之輔成王，而自取之乎？」慶遠曰：「成王有亞聖之德，故周公得而相之。今近親皆非成王之比，故不可立。且霍光亦捨武帝近親而立宣帝，唯其賢也。」魏主曰：「霍光何以不自立？」慶遠曰：「非其類也。主上正可比宣帝，安得比霍光！若爾，武王伐紂，不立微子而輔之，亦爲苟貪天下乎？」魏主大笑曰：「朕來問罪。如卿之言，便可釋然。」慶遠曰：「『見可而進，知難而退』，聖人之師也。」魏主曰：「卿欲吾和親，爲不欲乎？」慶遠曰：「和親則二國交歡，生民蒙福；否則二國交惡，生民塗炭。和親與否，裁自聖衷。」魏主賜慶遠酒殽、衣服而遣之。戊申，魏主至淮而東〔一〕，人皆安堵，租運屬路。戊午，軍士禽齊人三千，主曰：「在君爲君，其人何罪！」於是免歸。壬戌，班師，是時魏戰多不利也。丁卯，遣使臨江，數上之罪。三月，魏師退。初，魏之入寇也，盧昶猶在建康，齊人恨之，飼以蒸豆。昶怖懼食之，淚汗交横。謁者張思寧辭氣不屈，死于館下。及還，魏主讓昶曰：「人誰不死，何至自同牛馬，屈身辱國！縱不遠慚蘇武，獨不近愧思寧乎！」乃黜爲民。南郡太守孔稚珪以：「匈奴爲患，自古而

〔一〕「而」，底本作「南」，今據《魏書·高祖紀下》、《通鑑》卷一四〇改。

然，雖三代智勇，兩漢權奇，算略之要，二塗而已。一則鐵馬風馳，奮武沙漠；二則輕車出使，通驛虜庭。榷而言之，優劣可觀。今之議者，咸以丈夫之氣，耻居物下，况我天威，寧可先屈？吴、楚勁猛，帶甲百萬，截彼鯨鯢，何往不碎？請和示弱，非國計也。臣以爲戎狄獸性，本非人倫，鴟鳴狼踞，不足喜怒，蜂目蠆尾，何關美惡。惟宜勝之以深權，制之以遠筭，弘之以大度，處之以蝨賊。豈足肆天下之忿，捐蒼生之命，發雷電之怒，争蟲鳥之氣。百戰百勝，不足稱雄，横屍千里，無益上國〔一〕。而蟻聚蠶欑，窮誅不盡，馬足毛群，難與競逐。漢高横威海表，窘迫長圍；孝文國富刑清，事屈陵辱；宣帝撫納安静，朔馬不驚；光武卑辭厚禮，寒山無靄。是兩京四主，英濟中區，輸寶貨以結和，遣宗女以通好，長轡遠馭，子孫是賴。豈不欲戰，惜民命也。唯漢武藉五世之資，承六合之富，驕心奢志，大事匈奴。遂連兵積歲，轉戰千里，長驅瀚海，飲馬龍城，雖斬名王，屠走凶羯，而漢之卒甲〔二〕，十亡其九。故衛、霍出關，千隊不反，貳師入漠〔三〕，百旅頓降，李廣敗於前鋒，李陵没於後陣，其餘奔北，不可勝數。遂使國儲空懸，

〔一〕「益」，底本作「異」，今據《南齊書》卷四八《孔稚珪傳》改。
〔二〕「卒」，底本作「棄」，今據《南齊書·孔稚珪傳》改。
〔三〕按：漠、漢，底本二字或混用，以下徑改，不注。

户口減半。好戰之功，其利安在？戰不及和，相去何若？自西朝不綱，東晉遷鼎，群胡沸亂，羌、狄交横，荆棘攢於陵廟，豺虎咆于宫闈，山淵反覆，黔首塗地，逼迫崩騰，開闢未有。是時得失，略不稍陳。近至元嘉，多年無事，末路不量，復挑彊敵，遂廼連城覆徙，虜馬飲江，青、徐之際[二]，草木爲人耳。建元之初，胡塵犯塞，永明之始，復結通和，十餘年間，邊候且息。陛下張天造曆，駕日登皇，聲雷寓宙，勢壓河岳。而封豕殘魂，未屠劍首，長蛇餘喘，偷窺外甸，烽亭不靜，五載於斯。昔歲蟻壞，瘻食樊、漢，今兹蟲毒，浸淫未已。興師十萬，日費千金，五歲之費，寧可貲計。陛下何惜匹馬之驛，百金之賂，數行之詔，誘此凶頑，使河塞息肩，關境全命，蓄甲養民，以觀彼弊。我策若行，則爲不世之福；若不從命，不過如戰失一隊耳。或云「遣使不受，則爲辱命」。夫以天下爲量者，不計細耻；以四海爲任者，寧顧小節。一城之没，尚不足惜；一使不反，曾何取慚[三]！且我以權取貴，得我略行，何嫌其耻！所謂尺蠖之屈，以求伸也。臣不言遣使必得和，自有可和之理；猶如欲戰不必勝，而有可勝之機耳。今宜早發大

[二]「徐」下，底本衍「州」字，今據《南齊書·孔稚珪傳》删。
[三]「取」，底本作「敢」，今據《南齊書·孔稚珪傳》改。

軍，廣張兵勢，徵犀甲於岷、峨，命樓船於浦海，使自青徂豫，候騎星羅，沿江入漢〔一〕，雲陣萬里，據險要以奪其魂，斷粮道以折其膽。多設疑兵，使精悉而計亂；固列金湯，使神茹而慮屈。然後發衷詔，馳輕軺，辯辭重幣，陳列吉凶。北虜頑而愛奇，貪而好貨〔二〕，畏我之威，喜我之賂，畏威喜賂，願和必矣。陛下用臣之啓，行臣之計，何憂玉門之下，而無欵塞之胡哉！彼之言戰既慇懃，臣之言和亦慊闊。伏願察兩塗之利害，檢二事之多少，聖昭玄省，灼然可斷。所表謬奏，希下之朝省，使同博議。臣謬荷殊恩，奉佐侯岳，敢肆瞽直，伏奏千里。」帝不納。

三年，正月〔三〕，乙酉，詔以去歲魏攻緣邊諸州郡，將士有臨陣及病死者，並送還本土。

四年，四月，魏宋王劉昶卒於彭城，葬以殊禮。何以書？仇齊也。六月，甲戌，魏發冀、定、瀛、相、濟五州兵二十萬〔四〕。癸未，來攻。十一月，丁酉，魏敗我兵於沔北，

〔一〕「沿」，底本作「松」，今據福建本、《南齊書·孔稚珪傳》改。
〔二〕「貨」，底本作「古」，今據《南齊書·孔稚珪傳》改。
〔三〕「正」，底本作「二」，今據《南齊書》卷六《明帝紀》、《南史》卷五《齊本紀下》改。
〔四〕「濟」，底本作「齊」，今據《魏書·高帝紀下》、《通鑑》卷一四一改。

十五將降之。

永泰元年，正月，沔北大震，相繼敗亡。二月，辛巳，魏以彭城王勰爲使持節、都督南征諸軍事、中軍大將軍、開府儀同三司。三月，辛亥，大敗魏軍於淮北，尋自奔潰。九月，己亥，魏主聞上殂，下詔稱「禮不伐喪」，引兵還。

廢帝寶卷永元元年，正月，太尉陳顯達督平北將軍擊魏。三月，庚辰，魏主南攻。己亥[一]，顯達敗還。

和帝中興元年，三月[二]，使持節、都督前鋒諸軍事、征東將軍蕭衍等，奉南康王寶融即位于江陵，加衍征東大將軍、都督。十一月，乙卯，魏鎮南將軍元英上書，曰：「蕭寶卷荒縱日甚，虐害無辜。其雍州刺史蕭衍東伐秣陵，掃土興兵，順流而下；唯有孤城，更無重衛。乃皇天授我之日，曠世一逢之秋，此而不乘，將欲何待！臣乞躬帥步騎三萬，直指沔陰，據襄陽之城，斷黑水之路。昏虐君臣，自相魚肉；我居上流，威震遐邇，長驅南出[三]，進拔江陵，則三楚之地，一朝可收，岷、蜀之道，自成斷絕。又命揚、

[一]「亥」，底本作「巳」，今據《通鑑》卷一四二改。
[二]「三」，底本作「十二」，今據《南齊書》卷八《和帝紀》、《通鑑》卷一四四改。
[三]「驅」，底本作「軀」，今據福建本、北大本、《魏書》卷一九下《景穆十二王列傳下·中山王英傳》、《通鑑》卷一四四改。

徐二州，聲言俱舉，建業窮蹙，魚游釜中，可以齊文軌而大同，混天地而爲一。伏惟陛下獨决聖心，無取疑議，此期脱爽，并吞無日。」事寢不報。車騎大將軍源懷上言：「蕭衍内侮，寶卷孤危，廣陵、淮陰等戍，皆觀望得失。斯實天啓之期，并吞之會，宜東西齊舉，以成席卷之勢。若使蕭衍克濟，上下同心，豈唯後圖之難，亦恐揚州危逼。何則？壽春之去建康，纔七百里，山川水陸，皆彼所諳[二]。彼若内外無虞，君臣分定，乘舟藉水，倏忽而至，未易當也。今寶卷都邑有土崩之憂，邊城無繼援之望，廓清江表，正在今日。」魏主乃以任城王澄爲都督淮南諸軍事、鎮南大將軍、開府儀同三司、揚州刺史，使爲經略，既而不果。東豫州刺史田益宗上表曰：「蕭氏亂常，君臣交争，江外州鎮，中分爲兩，東西抗峙，已淹歲時。民既窮於轉輸，甲兵疲於戰鬭，事救於目前，力盡於麾下，無暇外維州鎮[三]，綱紀庶方，藩城棊立，孤存而已。不乘機電掃，廓彼蠻疆，恐後之經略，未易於此。請以義改爲[三]。義陽咽喉[四]，請遣一都督總諸軍節度，季冬進

〔二〕「諳」，底本作「音」，今據北大本、《魏書》卷四一《源懷傳》、《通鑑》卷一四四改。
〔三〕「無暇外維」，底本作「内無外繼」，今據《魏書》卷六一《田益宗傳》、《通鑑》卷一四四改。
〔三〕「請以義改爲」，此五字不見於《魏書·田益宗傳》及《通鑑》卷一四四益宗上表内，疑《燕史》攙入。
〔四〕「義」，底本作「壽」，今據《魏書·田益宗傳》、《通鑑》卷一四四改。

師，迄今春末，弗過十旬，剋之必矣。」魏主從之。十二月，寶卷弑廢爲東昏侯。

二年，正月，壬寅，加大司馬蕭衍都督中外諸軍事，加殊禮。丙戌，進爵爲王。三月，辛丑，鄱陽王奔魏。丙辰，衍篡位。

史臣曰：「齊、虜分，江南爲國，歷三代矣。華夏分崩，舊京幅裂，觀釁阻兵，事興東晉。二庾藉元舅之盛，自許專征，元規臨郠城以覆師，稚恭至襄陽而反旆。褚裒以徐、兖勁卒，壹没於鄒、魯；殷浩驅揚、豫之衆，大敗於山桑。桓温弱冠雄姿，因平蜀之聲勢，步入咸關，野戰洛、鄴。既而鮮卑固於負海，羌、虜割有秦、代，自爲敵國，情險勢分。宋武乘機，故能以次而行誅滅。及魏虜勢兼并，河南失境，兵馬土地，非復曩時。宋文雖得之知己，未能料敵，故師帥無功，每戰必殆。泰始以邊臣外叛，遂亡淮北，經略不振，乃議和親。太祖創命，未及圖遠，戎塵先起，侵暴方牧。淮、豫剋捷，青、海摧奔，以逸待勞，坐徵百勝。自四州淪没，民戀本朝，國祚惟新，歌奉威德，提戈荷甲，人自爲鬬，深壘結防，想望南旗。天子習知邊事，取亂而授兵律。若前師指日，遠掃臨、彭，而督將逗留，援接稽晚[一]，向義之徒，傾巢盡室。既失事機，朝議北寢，偃

〔一〕「晚」，底本作「曉」，今據《南齊書·魏虜傳》史臣曰改。

武修文，更思後會。永明之世，據已成之策，職問往來，關禁寧靜。疆埸之民，竝安堵而息窺覦，百姓附農桑而不失業者，亦由此而已也。夫荊棘所生，用武之弊，寇戎一犯，傷痍難復，豈非此之驗乎？建武初運〔一〕，獯雄南逼，豫、徐彊鎮，嬰高城，蓄士卒，不敢與之校武。胡馬蹈籍淮、淝，而常自戰其地，梯衝之害，鼓掠所亡，建元以來，未之前有。兼以穹廬華徙，即禮舊都，雍、司北部〔二〕，親近許、洛〔三〕，平塗數百，通驛車軌，漢世馳道，直抵章陵，鑣案所騖，晨往暮返。虜懷兼弱之威，挾廣地之計，彊兵大衆，親自淩殄，旍鼓彌年，矢石不息。朝規懦屈〔四〕，莫能救禦。故南陽覆壘，新野頹隍，民户墾田，皆爲狄保。雖分遣將卒，俱出淮南，未解沔北之危，已深渦陽之敗。征賦内盡〔五〕，民命外殫，比屋騷然，不聊生矣。夫休否之數，誠有天機，得失之迹，各歸人事。豈不由將率相臨，貪功昧賞，勝敗之急，不相救讓。號令不明，固中國之所短也。」贊曰：

〔一〕「初」，底本作「之」，今據《南齊書·魏虜傳》史臣曰改。
〔二〕「雍」，底本作「擁」，今據《南齊書·魏虜傳》史臣曰改。
〔三〕「近」，底本作「送」，今據《南齊書·魏虜傳》史臣曰改。
〔四〕「懦」，底本作「儒」，今據《南齊書·魏虜傳》史臣曰改。
〔五〕「賦」，底本作「賊」，今據《南齊書·魏虜傳》史臣曰改；以下徑改，不注。

「天立勍胡[二]，竊有帝圖。即安諸夏，建號稱孤。齊民急病，并邑焚刳。」

郭造卿曰：讀史臣之評，而齊非虜敵明矣。當太和，北主亦曠世一覩者，遇主能篡人之國者，豈可兼弱攻昧言哉。故建元之初，未易爲攻，永明通使，是善爲防也。至西昌廢兩主，而問罪不能討，雖主之不易與，亦魏之重於卜洛也。但建武玆時，當修永明故事，失此則無寧日，而江、淮蕭然，猶元嘉之末，魏主云殂矣。永元中興，機有可乘。倘如元英、源懷言，則畫江爲境，不待侯景之亂。而新主未能，亦各有冥數焉。運既末矣，毋輕議戰。

燕督記六

郭造卿曰[三]：齊將稱梁，以讖而改爲，其利在易劉，而衍乃得稱之。宗同國異，其篡則一。道成既以篡，於衍乎何誅。衍比之諸篡，若有仁聲焉。且嘗言天下公器，苟無期運，終必敗亡。若羽覇莽奸，得之自我，失之自我也。然謂其位取之鸞，而

[二]「勍」，底本作「掠」，今據福建本、北大本、《南齊書·魏虜傳》贊改。

[三]按：《燕督記六》卷首「郭造卿曰」，自「萬里之天塹……荷荷竟大夢也」，郭應寵收入《海嶽山房別稿》卷四，今見本書下編燕史論二一《史漢至隋》第二十八篇。

爲高武子孫報焉，則寶卷在所必誅，聽其餘殃之傾覆，何必寶融乎立哉。既籍其子起，復因而并滅之，曰不慕虚名，而受實禍，乃既遂其奸，而取乎霸矣。而終歸必亡者，天下之惡一也。虜罪在所當問，則撻伐之豈不堂堂，而乃多納其叛。元戎若于人，固將摟而取之，豈彼乎蕭之却哉。故豫章之綜，父卷而叔寅，雖不共戴天，而我何畏焉。惟納而不止，則有侯景。至謂平齊、宋而事燕、趙，上也；割燕、衛、晉、趙于北，歸齊、曹、宋、魯於南，次也。亦不失爲金甌，豈虞其缺且覆哉。萬里之天塹，晉平吴以艨艟，景但一葦而航，都督四出誰何矣。初求昏王、謝，不可，而必臣妾其子女，稱宇宙大將軍都督六合事，不止竟爲大漢皇帝。登太極而元大始焉，所以納元于北者，而復納蕭于南矣。杜弼之檄，驗于卜筮；韓山失律，未爲甚也。即悅若墜，而嘆「吾將無復爲晉家乎」，則中原牧守皆以地來降，方在喑噎中，而未爲蘧然矣。歷年雖多，而奉因果淨居，荷荷竟大夢也。其争稱都督中外者，同異姓四起，相繼而尋亡，卒歸之下里人矣。豈大劫之輪迴，而冥有爲督者哉！

高祖天監元年，六月，江州刺史陳伯之奔魏。十二月，侵魏淮南，爲其任城王澄所敗。

二年，四月，癸未朔，魏主恪以蕭寶夤爲齊王。寶夤伏於魏闕，晝夜慟哭，請兵來伐，以爲都督東揚等三州諸軍事，以伯之爲都督淮南諸軍事，是後連歲侵邊。

三年，二月，魏陷梁州。八月，陷司州。

四年，十月，丙午，上大舉北伐，使臨川王宏都督北討諸軍事。

五年，二月，乙丑，陳伯之敗我徐州兵于梁城。三月，伯之自梁城來歸，魏人殺其子。四月，魏中山王英大破我師，更命鎮東將軍蕭寶夤會之，共攻鍾離。

六年，四月，戊戌，魏大丧師，英單騎入城。

七年，十月，丙子，詔大舉北征，魏將支以城内附〔二〕。

八年，魏宗正卿元樹來奔。

十四年，十二月，己酉，師敗于魏。

十五年，二月，乙巳〔三〕，魏鎮東將軍蕭寶夤大破我將于淮北。

普通元年，七月，魏主恪殺清河王懌，弟略來奔，封爲中山王。十二月，魏遣使者劉善明來聘。自齊盧昶北歸後，魏不復南聘，至是復通焉。

〔二〕「魏將支」，《梁書》卷二《武帝紀中》作「魏陽關主許敬珍」。
〔三〕「巳」，底本作「未」，今據《魏書》卷九《肅宗紀》、《通鑑》卷一四八改。

二年，七月，丁酉，假大匠卿裴邃節，督軍北伐，破其城而帥降。

四年，臨川王宏子正德，上初養爲子，及太子生，歸藩，賜爵西豐侯。正德蓄異謀，前歲奔魏，自稱廢太子，避禍而來。蕭寶夤上表曰：「豈有伯爲天子，父作揚州，棄彼密親，遠投他國！不如殺之。」至是，復自魏逃歸。上泣而誨之，復其封爵。

五年，六月，庚子，以員外散騎常侍元樹爲平北將軍，北伐，魏邊城相繼剋降。

六年，正月，庚申，魏徐州刺史元法僧叛，稱帝，遣子景仲以彭城來降〔二〕。上使散騎常侍朱異使於法僧，以宣城太守元略爲大都督，將兵應接之。癸酉，裴邃及法僧大破魏師。甲戌，以法僧爲司空。五月，壬子，遣中護軍夏侯亶代邃北伐，邃卒於軍也。六月，庚辰，豫章王綜降魏。初，納東昏侯寵姬，七月生者。使人通于寶夤，謂之叔父，陰通，步投於魏臨淮王彧軍。爲東昏侯服三年喪，魏人皆就館弔之。綜長史濟陽江革、司馬范陽祖暅之皆爲魏虜，安豐王延明聞其才名，厚遇之。革稱足疾，不拜。延明使暅之作《欹器漏刻銘》，革唾罵暅之曰：「卿荷國厚恩，乃爲虜立銘，孤負朝廷！」延明聞之，

〔二〕「景仲」，底本二字互乙，今據《梁書》卷三九《元法僧傳》、《通鑑》卷一五〇正。

令革作《大小寺碑》《祭彭祖文》，革辭不爲。延明將箠之，革厲色曰：「江革行年六十[二]，今日得死爲幸，誓不爲人執筆！」延明知不可屈，乃止，日給脱粟三升，僅全其生而已。魏復據彭城。

七年，二月，甲戌，北伐衆軍解嚴。五月，魏遣江革、祖暅之南還，以求元略，上禮而遣之。十一月，夏侯亶軍入魏境，凡降城五十二。

大通元年，十月，甲寅，蕭寶夤叛魏，自稱齊帝。

二年，四月，辛丑，魏郢州刺史元顯達以義陽内附，置北司州。時魏北海王顥及臨淮王彧、汝南王悦來奔，避亂也。北青州刺史元世儁亦以地降。六月，丁亥，彧求還本國，許之。十月，丁亥，以顥爲魏主，遣東宫直閤將軍陳慶之衛送還北。

中大通元年，正月，甲子，魏汝南王悦求還本國，許之。四月，陳慶之所向克捷，禽魏濟陰王元暉業。五月，乙亥，顥以魏主棄洛陽，走河北，遂入洛即位。六月，顥敗，慶之奔還。

二年，四月，甲戌，寶夤死於魏。六月，丁巳，遣魏汝南王悦北還，爲魏主。庚申，

[二]「十」，底本作「年」，今據福建本、《梁書》卷三六《江革傳》、《通鑑》卷一五〇改。

以魏尚書左僕射范遵爲安北將軍，隨之北還[二]。是歲，慶之爲都督南北司等四州諸軍事、南北司二州刺史，屢捷。

三年，正月，丙申，以魏尚書僕射鄭先護爲征北大將軍。

四年，正月，戊辰，遣太尉元法僧北還，爲魏主。既以悦爲魏主，使自西道入，又使法僧自東道入也。以右衛率薛法護爲平北將軍，衛之入洛。十月，魏分爲東、西，東於梁交聘互戰，書之曰魏者，東也。

六年，十月，丁卯，以信武將軍元慶和爲鎮北將軍[三]，封魏王，率衆北伐。十二月，西魏宇文泰弑其主。

大同元年，正月，元慶和爲魏破走。十一月，壬戌，魏梁州刺史元羅降。

二年，五月，乙巳，以元羅爲征北大將軍。九月，壬寅，魏以定州刺史侯景兼尚書右僕射、南道行臺，督諸將南侵。十月，乙亥，大舉伐魏，侯景敗，棄輜重走。十一月，己亥，罷北伐之師。十二月，壬申，魏通和，許之。

[二]「隨」，底本闕，《通鑑》卷一五四作「從」，今據福建本、北大本補。
[三]「信武」，底本二字互乙，今據《梁書》卷三《武帝紀下》、《通鑑》卷一五六正。

三年，七月，甲辰，魏常侍李諧來聘，以吏部郎盧元明、通直侍郎李業興副之。癸卯[二]，諧等至，上引見與語，應對如流，問：「《詩·周南》，王者之風，繫之周公；《召南》，仁賢之風，繫之召公。何名爲繫？」業興對曰：「鄭注《儀禮》云：昔太王、王季，居於岐陽，躬行《召南》之教，以興王業。及文王，行《周南》之教以受命，作邑於酆，分其故地，屬之二公，名爲繫。」上又問：「若是故地，應自統攝，何由分封二公？」業興曰：「文王爲諸侯之時所化之本國。今既登九五之尊，不可復守諸侯之地，故分封二公。」諧等出，上目送之，謂左右曰：「朕今日遇勍敵。卿常言北間無人物，此等何自而來！」是時鄴下言風流者，以諧及元明等爲首。而南北通好，務以俊乂相誇，銜命接客，必盡一時之選，無才地者不得與焉。每梁使至鄴，鄴下爲之傾動，貴勝子弟盛飾聚觀，禮贈優渥，館門成市。宴日，大行臺高澄常使左右覘之，一言制勝，爲之拊掌。魏使至建康亦然。九月，常侍張皋、劉孝儀聘魏。十二月，甲寅，至魏。

四年，二月，丙辰，魏常侍鄭伯猷來聘。五月，甲戌，至。七月[三]，戊辰，常侍劉孝

[二]「癸」上，底本衍「九月」二字，今據《梁書·武帝紀下》、《通鑑》卷一五七删。

[三]「七」，底本作「十一」，今據《南史·梁本紀中》改。

儀、崔曉聘魏。十二月，庚寅，魏使陸操來聘。

五年，六月，丁酉，聘使常侍沈山卿、劉研至魏。八月，壬辰，魏常侍王元景、魏收來聘。十一月，乙亥，至。十二月，常侍柳豹聘魏。

六年，三月，己卯，聘使常侍柳豹、劉景彦至魏。七月，丁亥，魏常侍李象來聘。遣常侍陸晏子、沈景暉報之。十月，丁未，至魏。十二月，乙卯，魏常侍崔長謙來聘。

七年，四月，戊申，魏人來聘。五月，常侍明少遐、通直郎謝藻報聘。六月，乙丑，至魏。八月，甲子，魏常侍李騫來聘。十二月，壬寅，至。

八年，正月〔二〕，丙辰，聘使常侍袁狎、賀文發至魏。四月〔三〕，丙寅，魏常侍李繪來聘。十月，甲寅，聘使常侍劉孝勝、謝景至魏。十二月，辛亥，魏常侍楊斐來聘。

九年，六月，乙亥，聘使常侍沈衆、殷德卿至魏。八月，壬午，魏常侍李渾來聘。

十年，三月，聘使至魏。五月，甲午，魏侍中魏季景等來聘。十一月，辛丑，聘使常侍蕭確、陸緬至魏。自梁、魏通好，魏書每云：「想彼境内寧静，此率土安和。」上復

〔二〕「正」，底本作「四」，今據《魏書》卷一二《孝静紀》改。
〔三〕「四月」，底本脱二字，今據《魏書·孝静紀》、《通鑑》卷一五八補。

書，去「彼」字而已。初，常侍魏收兼中書侍郎，修國史，始定書云：「想境内清晏，今萬里安和。」上亦效之。

十一年，正月，丙申，魏常侍李獎來聘。四月，至。七月，庚子，聘使常侍蕭瑳、賀德瑒至魏。十月，乙未，魏中書舍人尉瑾來聘。

中大同元年，五月，壬寅，聘使常侍謝藺、鮑至至魏。七月，壬寅，魏常侍元廓來聘。辛亥，魏司徒侯景反〔二〕，遣使於西魏。

太清元年，正月，乙丑，聘使至魏。西魏以侯景爲太傅、河南大行臺、上谷公。景遣兵赴之，乃出走豫州。二月，庚辰，又遣其行臺郎中丁和來，上表言：「臣與高澄有隙，請舉函谷以東，瑕丘以西，十三州内附。惟青、徐數州，僅須折簡。且黄河以南，皆臣所職，易同反掌。若齊、宋一平，徐事燕、趙。」上召群臣廷議，僕射謝舉等皆曰：「頃歲與魏通和，邊境無事，今納其叛臣，竊謂非宜。」上曰：「雖然，得景則塞北可清。機會難得，豈宜膠柱！」前月乙卯，上夢中原牧守皆以地來降，舉朝稱慶。以告中書舍人朱异，异曰：「此乃宇宙混一之兆也。」及丁和至，稱景定計以正月乙卯，上愈神之。

〔二〕按：「辛亥，魏司徒侯景反」，據《魏書·孝靜紀》、《通鑑》卷一六〇，此事在「太清元年正月辛亥」，《燕史》疑誤。

然意猶未決，嘗言：「我國家如金甌，無一傷缺，今忽受景，詎是事宜？脱致紛紜，悔之何及？」异揣知上意，對曰：「聖明御宇，南北歸仰，正以事無機會，未達其心。今景分魏之東以來，自非天誘其衷，人贊其謀，何以至此！若拒而不納，恐沮後來之望。此誠易見，願陛下勿疑。」遂定議納之。壬午，以景爲大將軍，封河南王、都督河南北諸軍事、大行臺，承制如鄧禹故事。諮議參軍周弘正善占候[二]，前此謂：「數年後當有兵起。」聞納景，曰：「禍胎在此矣！」四月，甲午，魏常侍李緯來聘。六月，戊辰，鄱陽王範爲征北將軍、總督漢北征討諸軍事，應接景也。八月，或告魏大將軍高澄，以景悔，有北歸之志。澄以景母及妻子皆在鄴，而書諭以招之。景使臺丞王偉復書曰：「今已引二邦，揚旌北討，熊豹齊奮，克復中原，幸自取之，何勞恩賜！爲君計者，莫如割地而三分鼎峙，燕、衛、晉、趙，足相奉禄，齊、曹、宋、魯，悉歸大梁，使僕得輸力南朝，北敦姻好[三]，各保疆界，躬享歲時。若以妻子見要，而謂庶其可反。昔王陵附漢，母在不歸，太上囚楚，乞羹自若，矧伊妻子，而可介意！脱謂誅之有益，欲止不能，殺之無

[二]「善」，底本作「書」，今據《陳書》卷二四《周弘正傳》（中華書局一九七二年點校本）、《通鑑》卷一六〇改。
[三]「北」，底本作「化」，今據《梁書》卷五六《侯景傳》、《通鑑》卷一六〇改。

損〔二〕，徒復阬戮，家累在君，何關僕也！」乙丑，下詔大舉伐魏，以南豫州刺史、貞陽侯淵明爲大都督〔三〕，赦緣邊初附諸州。十一月，丙午，淵明爲魏將慕容紹宗所禽于寒山，敗陷於魏。上悅然嘆曰：「吾將無復爲晉家乎！」恐爲夷狄所取也。蓋危亡將至〔三〕，故其言如此。十二月，甲子朔，魏使軍司杜弼作檄，移梁朝曰：「皇家垂統，光配彼天。唯彼吴、越，獨阻聲教。元首懷止戈之心，上宰薄兵車之命，遂解縶南冠，喻以好睦。雖嘉謀長算，爰自我始，罷戰息民，彼獲其利。侯景豎子，自生猜貳，遠托關、隴，依憑姦僞，逆主定君臣之分，僞相結兄弟之親，豈曰無恩，終成難養，俄而易慮〔四〕，親尋干戈。釁暴惡盈，側首無托。以金陵逋逃之藪，江南流寓之地，甘辭卑禮，進孰圖身，詭言浮説，抑可知矣。而僞朝大小，幸災忘義，主荒於上，臣蔽於下，連結姦惡，斷絶鄰好，徵兵保境，縱盜侵國。蓋物無定方，事無定勢，或乘利而受害，或因得而更失。是以吴侵齊境，遂得句踐之師；趙納韓地，終有長平之役。矧乃鞭撻疲民，侵軼徐部，築

〔二〕「殺」，底本作「救」，今據《梁書·侯景傳》、《通鑑》卷一六〇改。
〔三〕「淵」，底本脱，今據《梁書·武帝紀下》、《通鑑》卷一六〇補；以下徑補，不注。
〔三〕「危」，底本作「爲」，今據《通鑑》卷一六〇胡三省《音注》改。
〔四〕「俄」，底本作「僞」，今據福建本、北大本、《通鑑》卷一六〇改。

壘擁川，舍舟徼利。是以援枹秉麾之將，拔距投石之士，含怒作色，如赴私讎。彼連營擁衆，依山傍水，舉螳蜋之斧，被蛣蟯之甲，當窮轍以待輪，坐積薪而候燎〔一〕，及鋒刃纔交，埃塵且接，已亡戟棄戈，土崩瓦解，掬指舟中，衿甲鼓下，同宗異姓，縲紲相望〔二〕。曲直既殊，彊弱不等，獲一人而失一國，見黄雀而忘深穽，智者所不爲，仁者所不向。誠既往之難逮，猶將來之可追。侯景以鄙俚之夫，遭風雲之會，位班三事，邑啓萬家，揣身量分，久當止足。而周章向背，離披不已，夫豈徒然，意亦可見。彼乃授之以利器，誨之以慢藏〔三〕，使其勢得容姦，時堪乘便。今見南風不競，天亡有徵，老賊姦謀，將復作矣。然推堅彊者難爲功，摧枯朽者易爲力，計其雖非孫、吴猛將，燕、趙精兵，猶是久涉行陳，曾習軍旅，豈同剽輕之師，不比危脆之衆，拒此則作氣不足，攻彼則爲勢有餘，終恐尾大於身，踵麤於股，倔彊不掉，狼戾難馴，呼之則反速而釁小，不徵則叛遲而禍大。會應遥望廷尉，不肯爲臣，自據淮南，亦欲稱帝。但恐楚國亡猿，禍延林木，城門

〔一〕「候」，底本作「待」，今據《通鑑》卷一六〇改。
〔二〕「相」，底本作「目」，今據福建本、《通鑑》卷一六〇改。
〔三〕「誨」，底本作「悔」，今據福建本、《通鑑》卷一六〇改。

失火，殃及池魚，横使江、淮士人[一]，荆、揚人物，死亡矢石之下，夭折霧露之中。彼梁主者，操行無聞，輕險有素，射雁論功，蕩舟稱力，年既老矣，耄又及之，政散民流，禮崩樂壞。加以用舍乖方，廢立失所，矯情動俗，飾智驚愚，毒螫滿懷，妄敦戒業，躁競盈胸，謬治清净。災異降於上，怨讟興于下，人人厭苦，家家思亂，履霜有漸，堅冰且至。傳險躁之風俗，任輕薄之子孫，朋黨路開，兵權在外，必將禍生骨肉，釁起腹心，彊弩衝城，長戈指闕。徒探雀鷇，無救府藏之虚；空請熊蹯，詎延晷刻之命。外崩中潰，今實其時，鷸蚌相持，我乘其弊。方使駿騎追風，精甲輝日，四七並列，百萬爲群，以轉石之形，爲破竹之勢。當使鍾山渡江[二]，青蓋入洛[三]，荆棘生於建業之宫，麋鹿遊於姑蘇之館。但恐革車之所轥轢，劍騎之所蹂踐，杞梓於焉傾折，竹箭以此摧殘。若吴之王孫，蜀之公子，歸欵軍門，委命下吏，當即授客卿之秩，特加驃騎之號。凡百君子，勉求多福。」其後梁室禍敗，皆如弼言。壬申，景遣人説上曰：「鄴中文武合謀，召臣共討高澄。事泄，澄幽元善見於金墉，殺諸元六十餘人。河北物情，俱念其主，請立元氏

〔一〕「人」，底本作「卒」，今據《通鑑》卷一六〇改。
〔二〕「山」，底本作「虡」，今據《通鑑》卷一六〇改。
〔三〕「青」，底本作「清」，今據《通鑑》卷一六〇改。

一人，以從人望。如此，則陛下有繼絶之名，臣景有立功之效，河之南北，爲聖朝之邾、莒，國之男女，爲大梁之臣妾。」上以爲然。戊辰，下詔以太子舍人元貞爲咸陽王，資以兵力，使還北主魏。須渡江，許即位，儀衛以乘輿之副給之。貞，樹之子也。魏主受蕭淵明俘，讓而釋之，待之甚厚。

二年，正月，己亥，魏人討景，景大潰，奔淮西。甲寅，自求貶削，優詔不許。乙卯，即以爲南豫州牧。光禄大夫蕭介上表諫曰：「竊聞侯景渦陽敗績，隻馬歸命，陛下不悔前禍，復敕容納。臣聞凶人之性不移，天下之惡一也。昔吕布殺丁原以事董卓，終誅卓而爲賊；劉牢反王恭以歸晉，還背晉以構妖。何者？狼子野心，終無馴柙之性；養虎之喻，必見飢噬之禍矣。侯景凶狡之才，荷高歡卵翼之遇〔一〕，位忝台司，任居方伯，然而高歡墳土未乾，即還反噬。逆力不逮，乃復逃死關西；宇文不容，故復投身於我。陛下前者所以不逆細流，欲比屬國降胡以討匈奴，冀獲一戰之效耳。今既亡師失地，直是境上之匹夫，陛下愛匹夫而棄與國〔二〕。若國家猶待其更鳴之辰，歲暮之效〔三〕，臣竊惟侯

〔一〕「卵」，底本作「卯」，今據《通鑑》卷一六一改。
〔二〕「愛」，底本作「受」，今據《梁書·蕭介傳》、《通鑑》卷一六一改。
〔三〕「暮」，底本作「慕」，今據《梁書·蕭介傳》、《通鑑》卷一六一改；以下徑改，不注。

景必非歲暮之臣。棄鄉國如脱屣，背君親如遺芥，豈知遠慕聖德，爲江、淮之純臣乎！事迹顯然，無可致惑[一]。臣朽老疾侵，不應干豫朝政[二]。但楚囊將死，有城郢之忠；衛魚臨亡，亦有屍諫之節。臣忝爲宗室遺老，敢忘劉向之心！」上歎息其忠，然不能用。介，思話之孫也。二月，己卯，遣使通和於魏。魏既悉復舊境，其大將軍高澄復求通好，未之許，乃謂貞陽侯淵明遣使言之，與和許還。上得啟流涕，與朝臣議之。朱异等皆以爲便，司農卿傅岐獨曰：「高澄何事須和[三]？必是設間，故命貞陽遣使，欲令侯景自疑。景意不安，必圖禍亂。若許通好，正墮其計中。」异等固執宜和，上亦厭用兵，乃從异言，賜明書：「當别遣行人，重敦鄰睦。」僧辯還，過壽陽，侯景竊訪知之，攝問，具服。乃寫答明之書，陳啓於上曰：「高澄苟腹心無疾，又何急急奉璧求和？豈不以秦兵扼其喉，胡騎迫其背，故甘辭厚幣，取安大國。臣聞『一日縱敵，數世之患』，何惜高澄一豎，以棄億兆之心！竊以北魏安彊，莫過天監之始，鍾離之役，匹馬不歸。當其彊也，陛下尚伐而取之；及其弱也，反慮而和之。舍已成之功，縱重死之虜，使其假命彊

[一]「惑」，底本作「感」，今據福建本、《梁書·蕭介傳》、《通鑑》卷一六一改。
[二]「政」，底本作「堂」，今據《梁書·蕭介傳》、《通鑑》卷一六一改。
[三]「和」，底本作「知」，今據福建本、《梁書》卷四二《傅岐傳》、《通鑑》卷一六一改。

梁，以遺後世，非直愚臣扼腕，實亦志士痛心。昔伍相奔吴，楚邦卒滅；陳平去項，劉氏用興。臣雖才劣古人，心同往事。誠知高澄忌賈在翟，惡會居秦，求盟請和，冀除其患。若臣死有益，萬殞無辭；唯恐千載，有穢良史。」己卯，上遣使弔澄，景又啓曰：「臣與高氏，釁隙已深，仰憑威靈，期雪讐耻。今陛下復與高氏連和，使臣何地自處！乞申復戰，宣暢皇威。臣今蓄粮聚衆，秣馬潛戈，指日計期，克清趙、魏。不容軍出無名，故願以陛下爲主耳。今陛下棄臣遐外，南北復通，將恐微臣之身，不免高氏之手。」上報書以慰之。景乃詐爲鄴中書，求以貞陽侯易景，復書曰：「貞陽旦至，侯景夕反。」景始爲反計。五月，遣建康令謝挺、散騎常侍徐陵等聘於魏〔二〕。景反謀益甚，通於臨賀王正德。八月，戊戌，景反，以誅領軍朱异等爲名。甲辰，詔以鄱陽王範爲南道都督，封山侯正表爲北道都督，司州刺史柳仲禮爲西道都督，通直散騎常侍裴之高爲東道都督，以邵陵王綸持節都督衆軍以討景。督分五道，而陳分水陸矣。九月，乙酉，聘使至魏。十月，戊申，以正德爲平北將軍、都督京師諸軍事，屯丹陽郡。辛亥，景師至京，正德附賊。十一月，戊午朔，正德僭即位。丙辰，州刺史入援者，推仲禮爲大都督。

〔二〕「挺」，底本作「梃」，今據福建本、北大本、《通鑑》卷一六一改，《魏書·島夷蕭衍傳》作「珽」。

三年，正月，戊辰，正表附魏。三月，庚午，侯景自爲大都督、督中外諸軍事〔二〕、大丞相、録尚書事。時綸敗，亦推仲禮爲大都督。景攻臺城，並不救。上問景於仲禮父津，對曰：「陛下有邵陵，臣有仲禮，不忠不孝，賊何由平！」丁卯，城陷，仲禮降景，綸奔。四月，荆州長史王冲等以臺城陷，拜牋，請湘東王繹爲太尉、都督中外諸軍事，承制主盟。繹不許，曰：「王於天下不賤，寧俟都督之名；帝子之尊，何藉上台之號！」不從。又請爲司空主盟，亦不許者，將爲帝也。六月，受上密詔，授假黄鉞、大都督中外諸軍事、司徒、承制，乃立行臺，置官司馬。五月，丙辰，上殂。十二月，岳陽王詧稱藩於西魏。

文帝大寶元年，五月，戊午，齊篡魏者，東也；後稱者，西也。六月，庚子，西魏人欲令詧發哀嗣位，詧辭不受，權册命爲梁王，始建臺，置百官。後稱魏者，西也〔三〕。七月，辛酉，詧入朝於魏，自此魏益厚詧矣，尋還國。九月，丁卯，齊以梁侍中、使持節、假黄鉞、都督中外諸軍事、大將軍、承制、邵陵王蕭綸爲梁王。十月，乙未，侯景自進

〔二〕「督」，底本脱，今據《梁書·侯景傳》補。
〔三〕按：「後稱魏者，西也」，《燕史》上文已有，此處重出。

相國、漢王，加宇宙大將軍、都督六合諸軍事。十一月，甲寅，湘東王繹遣使朝貢於齊。

二年，正月，繹使朝貢於齊。二月，乙亥，魏攻陷邵陵王綸，殺之，而遣使於江陵。壬辰，齊常侍曹文皎使于江陵，繹使常侍王子敏報之。三月，己未，齊詔承制湘東王繹爲梁使持節、假黃鉞、相國，建梁臺，總百揆，承制，梁王。四月，壬辰，繹使朝貢於齊。八月，戊午[一]，侯景廢帝。十月，繹使常侍柳暉朝貢於齊。十一月，侯景僭爲漢帝。是年，齊凡二十三州，盡有淮南之地[二]。

元帝承聖元年，三月，戊子，繹兵克復建康。齊師南伐。癸巳，齊進梁王繹爲梁帝。四月，己卯，侯景伏誅[三]。五月，齊常侍曹文皎等來聘於繹，使常侍柳暉報之，且告平侯景。亦遣舍人魏彥告於魏。魏遣使來賀。六月，齊常侍謝季卿賀平侯景。十一月，繹即位於江陵。

二年，十一月，侍中王琛使於魏。太師宇文泰陰有圖江陵之志，梁王詧聞之，益重其貢獻。閏十一月，壬寅，聘使至齊。

〔一〕「八月戊午」，底本作「七月丙午」，今據《梁書》卷四《簡文帝紀》、《通鑑》卷一六四改。
〔二〕按：「齊凡二十三州，盡有淮南地」，據《北史》卷六《齊本紀上》、《通鑑》卷一六一，此事在太清二年，《燕史》疑誤。
〔三〕「伏」，底本作「復」，今據福建本改。

三年，三月，己酉，魏侍中宇文仁恕來聘。會齊使亦至，上接之不及齊使，仁恕歸，告太師。四月，丙寅，使常侍庾信等聘於西魏。九月，乙巳，魏柱國、常山公于謹等將兵五萬入境。十月，丙寅，蕭詧率兵會之。十一月，辛亥〔一〕，魏人陷江陵，執繹。十二月，辛未，被殺。魏立詧爲梁帝。太尉王僧辯、司空陳霸先等立晉安王方智爲梁王、太宰、都督中外諸軍事。

紹泰元年，正月，壬午朔，梁王詧即位於江陵。二月，癸丑，方智承制以王僧辯爲中書監、録尚書、驃騎大將軍、都督中外諸軍事。六月，壬子，齊以梁國稱藩，詔凡梁民悉聽南還。七月，丙午，僧辯納齊送貞陽侯蕭淵明，立之，以方智爲皇太子。九月，丙午，霸先襲殺僧辯，廢淵明，立方智。十月，壬子，加霸先尚書令、都督中外諸軍事。十二月，以永嘉王莊及霸先弟子曇朗爲質於齊，而送齊兵歸北朝。元帝之孫，世子子也。

太平元年，二月，齊人來聘，使侍中王廓報之。六月，乙卯，霸先與齊大都督蕭軌等戰於鍾山西，生禽軌及將帥凡四十六人，士卒還者十一二。

二年，四月，己卯，齊遣使請和。十月，辛未，位遜於陳王霸先。

〔一〕「亥」，底本作「卯」，今據《梁書》卷五《元帝紀》、《南史》卷八《梁本紀下》改。

陳高祖永定元年[一]，十月，乙亥，霸先以陳王簒位。齊史云稱藩於齊。

二年，二月，辛卯，詔車騎將軍、司空侯瑱總督水步衆軍以遏齊兵[二]。三月，丁酉，齊發兵援梁，送永嘉王莊於江南，册拜梁司空王琳爲梁丞相、都督中外諸軍、録尚書事，奉莊即位于郢州。

三年，三月，丙辰，梁主莊遣使朝貢於齊。

世祖天嘉元年，二月，丙申，王琳與陳兵戰敗，奉主莊奔齊。

二年，三月，丙子，遣侍中周弘正通好於周[三]。六月，乙酉，周使御正殷不害來聘。己亥，齊人通好。十一月，乙巳，聘使至周。癸丑，周許歸安成王頊，使司會上士杜杲來聘[四]。上悦，即遣使報之，并賂以黔中地及魯山郡。

三年，正月，丁未，周以安成王頊爲柱國大將軍，遣杜杲送之南歸。乙卯，齊常侍

〔一〕按：「陳高祖永定元年」，即梁敬帝太平二年，《燕史》同年重出。
〔二〕「瑱」，底本作「填」，今據《陳書》卷二《高祖紀下》改。
〔三〕按：「二年，三月，丙子，遣侍中周弘正通好于周」，據《通鑑》卷一六八，此事在「天嘉元年三月丙子」，《燕史》疑誤。
〔四〕「杜」，底本作「社」，今據《周書》卷三九《杜杲傳》（中華書局一九七一年點校本）、《通鑑》卷一六八改；以下徑改，不注。

崔瞻來聘，歸南康王曇朗之喪。三月[一]，丙子，安成王頊至自周。上謂杜杲曰：「家弟今蒙禮遣，實周朝之惠，然魯山不返，亦恐未能及此。」杲對曰：「安成，長安一布衣耳，而陳之介弟也，其價豈止一城而已哉！本朝敦睦九族，恕己及物，上遵太祖遺旨，下思繼好之義，是以遣之南歸。今乃云以尋常之土，易骨肉之親，非使臣之所敢聞也[二]。」上甚慚，曰：「前言戲之耳。」待杲之禮有加焉。四月，乙巳，齊使來聘。七月[三]，癸亥，遣使聘齊。九月，戊辰，聘使至周。十一月，丁丑，齊常侍封孝琰來聘[四]。

四年，四月，戊午，聘使至齊。七月，庚午，聘使至周。十月，庚戌，聘使至周。十二月，癸巳，聘使至齊。六月，乙卯，齊常侍崔子武來聘[五]。

五年，四月，辛卯，齊常侍皇甫亮來聘。庚子，周使來聘。九月，丁巳，聘使至

〔一〕「三」，底本作「二」，今據《陳書》卷三《世祖紀》、《南史》卷九《陳本紀上》改。

〔二〕「使」，底本作「是」，今據《周書·杜杲傳》、《通鑑》卷一六八改。

〔三〕「七」，底本作「六」，今據《北齊書》卷七《武成紀》（中華書局一九七二年點校本）、《通鑑》卷一六八改。

〔四〕「孝」，底本脱，今據《北齊書·武成紀》、《通鑑》卷一六八補。

〔五〕按：「六月，乙卯，齊常侍崔子武來聘」，《燕史》六月事置於十二月之後，失次。

周[二]，又使於齊。十一月，戊戌，齊常侍劉逖來聘。十二月，癸未，至。

六年，四月，乙亥，聘使至齊。六月，辛酉，周使至。己巳，齊常侍王季高來聘。十月，辛亥，齊使至。十一月，丁未，聘使至周。

天康元年，正月，丁未，周遣小載師杜杲來聘。二月，壬子，聘使至齊。四月，癸酉，上殂，太子伯宗立。五月，庚寅，以安成王頊爲司徒、録尚書、都督中外諸軍事。六月，齊常侍韋道儒來聘。十一月，乙亥，周使來弔。十二月，乙丑，聘使至齊。

廢主伯宗光大元年，四月，癸丑，齊常侍司馬幼之來聘。九月，都督吴明徹等大破周師，禽其將拓拔定。

二年，正月，癸亥[三]，齊常侍鄭大護來聘。十一月，壬辰，齊常侍李翥來聘。

高祖太建元年，五月，甲午，齊人來聘。十二月，自光大元年華皎之亂，以禽周將與絶，至是，周遣御正杜杲來聘，請復修舊好。主許之，遣使如周。

二年，正月，戊申，齊常侍裴讞之來聘。五月，壬午，齊遣使來弔章太后之喪。

〔二〕按：「九月，丁巳，聘使至周」，據《周書》卷五《武帝紀上》、《北史》卷一〇《周本紀下》，此事在周保定四年，即陳天嘉六年，《燕史》疑誤。

〔三〕「癸亥」，底本作「辛丑」，今據《北齊書》卷八《後主紀》、《通鑑》卷一七〇改。

三年，正月，丁巳，齊常侍劉環儁來聘。四月，壬辰，齊使來聘。甲午，使至齊，連和伐周，齊不許。五月，癸亥，周納言鄭詡來聘。九月，壬申，聘使至齊。十月，乙酉，周使至。

四年，七月，辛丑，聘使至周。八月，辛未，周使司城中大夫杜杲來聘。九月，聘使至齊。十月，辛未，周遣小匠師楊勰等來聘。

五年，正月，庚辰，齊遣崔象來聘。閏月，己巳，聘使至周。三月，己丑，都督征討諸軍事吳明徹統十萬伐齊，大破之。四月，癸亥，詔北伐衆軍所殺齊兵，並令埋掩。齊師屢敗，城戍，夏、秋相繼降附。六月，癸亥〔一〕，周聘使至。九月，乙丑，聘使至周。十月，乙巳，所向克捷，陷壽陽，禽王琳，傳首京師，梟於朱雀航。

六年，正月，甲申，周人來聘。十月，丙申，周遣御正楊尚希、禮部盧愷來聘。十一月，乙亥，詔北邊行軍之所，並給復十年。

七年，七月，甲戌，聘使至周。八月，癸卯，周使至。十二月，丙子，聘使至周。

〔一〕「亥」，底本作「卯」，今據《陳書》卷五《宣帝紀》、《南史》卷一〇《陳本紀下》改。

閏九月，壬辰，吴明徹敗齊兵數萬於吕梁〔一〕。

八年，八月，乙丑，聘使至周。

九年，正月，周滅齊。二月，遣吴明徹伐周，争徐、兖。五月，庚子，聘使至周。十月，戊午，破周將於吕梁。上鋭意以爲河南指麾可定，中書通事舍人蔡景歷諫曰：「師老將驕，不宜過窮遠略。」上怒，以爲沮師衆，坐免官，削爵土。

十年，二月，甲子，吴明徹戰敗於吕梁，爲周人禽，憂憤卒。初，上謀取彭、汴，以問五兵尚書毛喜，對曰：「淮北新平，邊民未輯〔二〕。周氏始吞齊國，難與争鋒。且棄舟楫之工，踐車馬之地，去長就短，非吴人所便〔三〕。不若保境安民，寢兵結好，斯久長之術也。」及明徹敗，上謂喜曰：「卿言驗於今矣。」即日召蔡景歷，復用爲征南諮議參軍。

十一年，九月，乙卯，周行軍元帥、鄖公韋孝寬攻淮南，仍遣杜杲、薛舒來聘。十二月，南、北兖諸州民自拔還江南。自是，江北盡没於周。

〔一〕「梁」，底本作「布」，今據《陳書·宣帝紀》、《通鑑》卷一七二改。按：「閏九月，壬辰，吴明徹敗齊兵數萬於吕梁」，《燕史》閏九月事置於十二月之後，失次。

〔二〕「輯」，底本闕，今據福建本、北大本、《通鑑》卷一七三補。

〔三〕「便」下，底本衍「當」字，今據《陳書》卷二九《毛喜傳》、《通鑑》卷一七三删。

十二年，八月，己未，周司馬消難以所統九州八鎮之地來降，以爲大都督，加司空，封隨郡公[二]。戊辰，爲大都督水陸諸軍事。

十三年，二月，隋篡周，奉周主爲介國公。四月，常侍韋鼎、王瑳聘於周[三]。辛丑，至長安，時隋主致之介國。九月，庚午，遣將軍蕭摩訶侵江北。壬申，隋遣行軍元帥長孫覽、元景山來伐，命尚書左僕射高熲節度諸軍。隋因篡，篤修鄰好，每獲陳諜，皆給衣糧禮遣之，而陳不禁侵掠也。十一月，丁卯，遣散騎侍郎鄭撝來聘。

十四年，正月，甲寅[三]，上殂。戊辰，遣使於隋，請和，歸其侵壁。二月，己丑，隋主以禮不伐喪，即詔高熲班師。六月，甲申，遣使來吊，書稱姓名頓首。上答之益驕，書末云：「想彼統内如宜[四]，此宇宙清泰。」隋主不悦，以示朝臣，俱請伐而獻平江南策矣。

後主至德元年，二月，遣常侍賀徹等至隋。四月，己丑[五]，隋以通和，不納陳降城。

[二]「隨」，底本作「隋」，今據《陳書・宣帝紀》、《通鑑》卷一七四改。
[三]「鼎」，底本作「昇」，今據《隋書》卷一《高祖紀上》（中華書局一九七三年點校本）、《通鑑》卷一七五改。
[三]「甲」，底本作「庚」，今據《陳書・宣帝紀》、《通鑑》卷一七五改。
[四]「如宜」，底本二字互乙，今據《南史・陳本紀下》、《通鑑》卷一七六正。
[五]「己丑」，底本作「乙卯」，今據《隋書・高祖紀上》、《通鑑》卷一七五改。

辛卯，遣常侍薛舒、王劭來聘[二]。十一月[三]，庚辰，遣常侍周墳、袁彦至隋，圖隋主像，狀貌異人，大駭，亟命屏之。十二月，乙卯，隋常侍曹令則、魏澹來聘。

二年，七月，丙寅，遣常侍謝泉至隋。八月，乙卯，隋以通和，不納陳降將。十一月，壬戌，隋常侍薛道衡等來聘。

三年，七月，庚申，遣常侍王話等至隋。九月，丙子，隋常侍李若等來聘。

四年，四月，己亥，遣周磻等至隋。八月，辛卯，隋常侍裴豪等來聘。

禎明元年，二月，己巳[三]，常侍王亨等至隋。四月，甲戌，隋常侍楊同來聘。八月[四]，隋主徵梁主入朝，留之，梁主叔父巖、弟瓛來奔。九月，隋廢梁國。十一月，丙子，以巖、瓛爲刺史。隋主益忿曰：「我爲民父母，豈可限一衣帶水，不拯之乎！」乃大作戰船。人請密之，隋主曰：「吾將顯行天討，何密之有！」使投其柹於江，曰：「若彼懼而能改，吾復何求哉！」太市令章華上書極諫曰：「昔高祖南平百越，北誅逆

[二]「劭」，底本作「邵」，今據福建本、北大本、《隋書·高祖紀上》、《通鑑》卷一七五改。
[三]「一」，底本脱，今據《隋書·高祖紀上》、《通鑑》卷一七五補。
[三]「巳」，底本作「卯」，今據《隋書·高祖紀上》、《北史》卷一一《隋本紀上》改。
[四]「八」，底本作「五」，今據《隋書·高祖紀上》、《通鑑》卷一七六改。

虜，世祖東定吴會，西破王琳，高宗克復淮南[二]，辟地千里。三祖之功，勤亦至矣。陛下即位，於今五年，不思先帝之艱難，不知天命之可畏，溺於嬖寵，惑于酒色，祠七廟而不出，拜三妃而臨軒，老臣宿將，棄之草莽，諂佞讒邪，升之朝庭。今疆場日蹙，隋軍壓境，陛下如不改弦易張，臣見麋鹿復遊於姑蘇矣！」上大怒，即日斬之。

二年，正月，乙亥，常侍袁雅等至隋。二月，辛酉，侵之。三月，甲戌，隋常侍程尚賢等來聘。戊寅，下詔大舉來伐。十月，辛酉，聘使至隋，爲留。甲子，出師，合總管九十，兵五十一萬八千，東接滄海，西拒巴、蜀，旌旗舟楫，橫亘數千里。而上忌巖、瓛以梁宗室擁衆來奔[三]，遠散其衆，使二親王鎮之。尋召二王赴明年元會，命緣江諸防船艦意從二王還都，爲威勢以示梁人。由是江中無一鬪船，上流諸州兵皆阻隋軍，不得至。甲士尚十餘萬人。及聞隋軍臨江，而謂侍臣曰：「王氣在此。齊兵三來，周師再來，無不摧敗。彼何爲者耶！」都官尚書孔範曰：「長江天塹，古以爲限南北，今日虜軍豈能飛渡耶！邊將欲作功勞，妄言事急。臣每患官卑，虜若渡江，臣定作太尉公矣！」上笑

[二]「宗克」，底本作「祖堯」，今據《陳書》卷三〇《傅縡附章華傳》、《通鑑》卷一七六改。
[三]「瓛」，底本作「巘」，今據《南史·陳本紀下》、《通鑑》卷一七七改。

以爲然，故不爲深備，奏伎縱酒，賦詩不輟。

三年，正月，乙丑朔，隋師渡江，緣江諸戍，望風盡走。戊辰，乃下詔曰：「犬羊陵縱，侵竊郊畿，蠭蠆有毒，宜時掃定。朕當親御六師，廓清八表。内外並可戒嚴。」於是以驃騎將軍蕭摩訶爲皇畿大都督，護軍樊猛爲上流大都督，刺史樊毅爲下流大都督，重立賞格，分守要害，僧尼道士，盡皆執役。陳人降隋者相繼。上乃聞之，日夜啼泣。孔範奏請一決，當爲官勒石燕然。兵暫交，範即走，摩訶爲禽。辛巳，隋兵入宫，禽上於井中，而俘獻太廟。吴人推蕭瓛爲主，隋兵討執之，巖降，皆送長安斬之，而梁、陳盡亡。

郭造卿曰：江東自晉俘吴，而南渡傳篡者五朝，至陳抑末矣，乃復俘於中原。霸先乘侯景之亂，因又成功掩襲僧辯[二]，以易置貞陽，而立紹泰者，利幼弱以篡耳。視衍之籍寶融而廢寶卷，爲易也。魏文貞以方操、裕之於漢、晉，及權、備之在吴、蜀，舛矣。立國亡何，綱紀未立。其子昌在外將歸，蒨則要而殺之。其子宗亦可輔，項則篡而廢之。視晉、宋、齊、梁内奪者亦殊。蓋得之莫艱，豈虞乎守哉！天嘉梁

[二]「又」，福建本、北大本作「人」。

山之役，而後齊、周通好，是守文之良策，培植之深圖也。太建乃乘齊衰敗，數戰而疲，數勝而驕，以敗乎周之彭城。矧後主之於隋，安敢以敵國論哉！隋乃動總管九十，兵五十餘萬。蓋狀於齊兵三臨，周師再往，未嘗得利，故寧過於張皇也。豈知一葦之可航哉〔一〕。故自都督設，諸篡莫不由以興。其稱大者，末流斯濫。隋主爲大丞相，而即除之矣。建業之困，師出而督爲四道，江陵之陷，城守而督爲四方，權分勢散，誰適爲謀。及隋兵既渡，皇畿、上、下流而爲三大焉，有若兒戲矣，其俘何有哉！

〔一〕「航」，底本、北大本闕，今據本卷卷首「郭造卿曰」補。

燕敵記

燕敵記敘〔一〕

天子中天下而立，以無敵于天下，故有征無戰，而奉曰天討。至中國敢爲敵，則其政匪自出，四夷因而交侵，是爲大亂之世矣。況其有我函夏，而居我天位者乎！昔燕由伯以侯以公，及稱王開五郡，以連衡於秦，卒爲其所滅，不審勢量敵故也。尋起而奪於項，再畔而平於漢，則統一，以列宗封於莽，而式微莫振矣。漁陽、上谷之力，尚足以仗中興。嗣而烏桓、鮮卑，爲幽、冀之仇方，而二公孫以亂，遞爲袁、曹所滅。率義乃來王于魏，而遂竄服於司馬。鮮卑慕容、宇文同歸，而段氏亦然，各以其部呼焉。五胡亂首〔二〕，實惟匈奴。侍子畔回，立而入寇，爲王爲帝，爲劉爲漢，改元郊天，制如中國，

〔一〕按：《燕敵記敘》，郭應寵收入《海嶽山房存稿》卷四，今見本書下編燕史敘。

〔二〕「首」，底本作「守」，今據福建本、下編《燕敵記敘》改。

辱二主而覆兩都，中興且遜於江左，華夏其孰與敵哉！惟東北之岳牧連帥以勸進者，有段及慕容氏，各能登壇立幟，而段從王浚於幽。慕容恃阻，以逐宇文，庬之負隅，闞如也。羯勒降漢，而爲之驅，滅浚及段，孔棘我圉。此稱燕而爲國，彼稱趙而爲敵，鯱之詐藩於虎，猶勒之於浚也。儁竟奄而有之，以肇基於龍都。時氐叛漢、趙〔二〕，既立爲秦矣，故慕容亦稱燕帝，而與之鼎足焉。當暐之禦晉，嘗震其西北。及晉大舉，賂地請師，而負盟以致寇，國族爲之臣妾，蒙戎瑣尾，敢敵之云。詎知魚羊方食于關中，而草木即兵於淝上哉！故垂首畔於鄴，繼以華陰、平陽，若泓、冲、永輩，亦能驅而納之，以爲姚羌所亡，乃知燕之復勍焉。其於江左勝負，在山、枋頭〔三〕，雖莫相尚，昔有朝宗之義在。況廣固徂征，慕容爲殲者乎。拓跋以種類而附，未幾討其陸梁，參合、平城，勝負亦當。而中山及鄴，則爲其所取，走保和龍，篡於異姓，北之稱燕者，亦爲其所畢亡。而況晉、魏之有史，安可以載記敵哉！而載記之羌亦稱秦，繼其後所與燕交者，襄之於前，萇之於西，而興之於南，莫非風馬牛也。卒爲晉夏所滅，歸於拓跋之庭。羌秦先燕

〔二〕按：氐、氏，底本二字或混用，以下徑改，不注。

〔三〕「枋」，底本作「祊」，今據福建本、北大本、下編《燕敵記敘》改。

久矣，故胡五而敵惟三。

燕敵記前

郭造卿曰：載記十六國，凉之張、李進於列傳，以奉正朔矣。然亦建元僭號，初順而末鮮終，爲其華人則別之，不以列諸夷國爾。然僭逆莫先於蜀，而漢次之。乃首漢者，爲匈奴最强，自呼翰而至呼厨[二]，名號不可勝載。爰及泰始，匪革前迷，廣闢塞垣，更招種落，接帳連韝，充郊掩甸。單于、賢王其號也，授以都尉，既侵我官，而爲大都督，封漢光鄉侯，彼且不屑。乃以其號居我中國，而兼統華夷，由此而王而帝，决裂遂不可復。聰東兼乎齊北[三]，曜西踰於隴山，覆没兩京，蒸徒百萬。天子渡江，分據地險，迴首中原不能救，劃淮以北而棄之[三]。匪惟胡人分鑣起亂，晉臣遐邇阻兵，接武而效尤焉。未環星紀，提封喪入爲戰國，百六十載[四]，黎元

〔二〕「翰」，福建本作「韓」。
〔三〕「聰」，底本作「聽」，今據福建本、北大本改。
〔三〕「淮」，底本脱，今據福建本、北大本補。
〔四〕「載」，底本作「戰」，今據福建本、北大本改。

墜地，凶族滔天，迹所由，非淵而誰！然五部之分由魏，而淵乃稱漢者，雖其假托之故，抑亦化服之久乎。蓋大義所在，夷狄知而存之，非奸雄所得掩，而孝愍之稱可徵焉。後書以獻稱，既失之不求矣。及曜因封中山改趙，載記因并漢而趙焉，是失彼所以爲漢，而其大者莫之識，不愧其國之有史乎！故稍述而表之焉。當時燕爲敵者，幽之王氏也，遼之段氏也，莫不爲勒所敗，而勒尚稱漢牧。慕容未嘗與交，至勒而胥爲趙，乃稱燕爲之敵矣。

漢元熙元年，晉永興元年也。十一月，新興匈奴劉淵僭即漢王位。淵字元海，南單于左部左賢王豹子也。漢初以公主妻冒頓，約爲甥舅國，其子孫遂冒姓劉。自魏以前，語在《追記》。至晉，其地南接燕、趙，北暨沙漠，東連九夷，西距六戎，總謂之北狄云。蓋以部落爲類，其入居塞者，曰屠各，曰鮮支，曰寇頭，曰烏譚，曰赤勒，曰捍蛭，曰黑狼，曰赤沙，曰鬱鞞，曰萎莎，曰禿童，曰勃蔑，曰羌渠，曰賀賴，曰鍾跂，曰大樓，曰雍屈，曰真樹，曰力羯，凡十九種，皆有部落，不相雜錯。屠各最豪貴，故得爲單于，統領諸種。其國號以王，曰賢，曰鹿蠡，曰於陸，曰漸尚，曰朔方，曰獨鹿，曰顯祿，曰安樂，各有左右，凡十六等，皆用單于親子弟也。其左賢王最貴，惟太子得居之[一]。其四姓，曰呼延，曰卜，曰蘭，曰喬，而呼延氏最貴，則有日逐，世爲輔相。卜氏則有左右沮渠，蘭氏則有左右當户，喬氏則有左右都侯。又有車陽、沮渠、餘地諸雜號，猶中國百官也。武帝踐阼後，塞外匈奴大水、塞泥、黑難等二萬落歸化，帝復納之，使居河西故宜陽城下。後復與晉人雜居，由是平陽、西河、太原、新興、上黨、樂平諸郡靡不有焉[二]。泰始七年正月，并州五部匈奴右賢王劉猛叛出塞，屯孔邪城。十一月，寇并州，刺史劉欽擊破之。八年，正月，監軍婁侯何楨屢破之，潛誘其左部督李恪，恪殺猛以降[三]，匈奴震服，積年不敢復畔。而五部雖分居，家在晉陽汾澗之濱焉。淵生魏嘉平中，幼而儁異，好學，師事上黨崔游，習《毛詩》《京氏易》《馬氏尚書》，尤好《春秋左氏傳》《孫武兵法》，略皆誦之，《史》《漢》、諸子，無不綜覽。嘗謂同門生朱紀、范隆曰：「吾每觀書傳，常鄙隨、陸無武，絳、灌無文。道由人弘，一物不知，固君子之所耻也。二生遇高皇而不能建封侯之業，兩公屬文帝而不能開庠序之美，惜哉！」於是

[一]「惟」，底本作「爲」，今據《晉書·四夷列傳·匈奴》改。
[二]「上」，底本作「工」，今據福建本、北大本、《晉書·四夷列傳·匈奴》改。
[三]「恪殺猛」，底本作「以猛殺」，今據《通鑑》卷七九改。

遂學武事，妙絶於衆，猿臂善射，膂力過人。有善相人見而驚，相謂曰：「此人形貌非常，吾所未見也。」深加崇敬，推分結恩[一]。太原王渾虚襟友之，命子濟拜焉[二]。咸熙中，爲侍子在洛陽，司馬昭深待之。泰始後，渾又屢言之，帝召語，大悦，謂：「淵容儀機鑒，雖由余、日磾無以加也。」濟對曰：「淵儀容機鑒，實如聖旨[三]，然其文武才幹，賢於二子遠矣。若任以東南事，吳會不足平也。」帝稱善。孔恂、楊珧進曰：「臣觀淵之才，當今懼無其比。陛下若輕其衆，不足以成事；而假之威權，平吳之後，恐其不復北渡也。非我族類，其心必異。任之以本部，臣竊爲寒心焉。況舉天阻之固以資之，其可乎？」帝默然。咸寧五年，鮮卑覆没秦、凉，帝疇咨將帥，上黨李憙曰[四]：「陛下誠能發五部衆，假淵一將軍號，鼓行而西，樹機能首可指期而梟也。」恂曰：「李公之言，未盡殄患之理也。」憙勃然曰[五]：「以匈奴勁悍，淵之曉兵，奉宣聖威，何不盡之有！」恂

[一]「推」，底本作「惟」，今據福建本、北大本、《晉書》卷一〇一《劉元海載記》改。
[二]「拜」，底本闕，今據福建本、北大本、《晉書·劉元海載記》補。
[三]「旨」，底本作「真」，今據《晉書·劉元海載記》改。
[四]「憙」，底本作「喜」，今據《晉書·劉元海載記》、《通鑑》卷八〇改。
[五]「憙」，底本作「熹」，今據《晉書·劉元海載記》、《通鑑》卷八〇改。

曰[二]：「淵若能平涼州，斬樹機能，恐涼州之患方深耳。蛟龍得雲雨，非復池中物也。」帝乃止。後東萊王彌從洛陽東歸，淵與善，餞於九曲之濱，泣謂彌曰：「王、李以鄉曲見知，每相稱達，讒間因之而進，適足爲害耳。吾本無宦情，惟足下明之。恐死洛陽[三]，永與子別。」因慷慨歔欷，縱酒長嘯，聲調亮愴。齊王攸時在九曲，比聞而馳遣視之，見淵在焉，言於帝曰：「陛下不除淵，臣恐并州不得久寧。」渾進曰：「淵之爲長者，渾爲保明之。且大晉方表信殊俗，懷遠以德，如何以無萌之疑，殺人侍子，以示晉德不弘乎。」帝曰：「渾言是也。」會豹卒，以淵代爲左部帥。然自漢、魏來，羌、胡、鮮卑降者，多處之塞内諸郡，數因忿恨，殺害長史，漸爲民患。太康元年，侍御史郭欽請：「及平吴之威，謀臣猛將之略，漸徙内郡雜胡於邊地，峻四夷出入之防，明先王荒服之制，此萬世之長策也。」帝不聽。五年，塞外匈奴來降者，帝乃處之塞内河西。十年，詔以淵拜北部都尉，明刑法，禁姦邪，輕財好施，推誠接物，五部雋傑無不至者。幽、冀名儒，後門秀士，不遠千里，亦皆遊焉。惠帝永熙元年，太尉楊駿輔政，以淵爲建威將

〔二〕「曰」，底本作「若」，今據福建本、北大本、《晉書·劉元海載記》改。
〔三〕「恐」，底本作「當」，今據《晉書·劉元海載記》改。

軍、五部大都督，封漢光鄉侯。元康末，坐部人叛出塞免官。時太子洗馬江統以爲戎狄亂華，宜早絶其原，乃作《徙戎論》以警朝廷，曰：「并州之胡，本實匈奴桀惡之寇也。建安中，使右賢王去卑誘質呼厨泉，聽其部落散居六郡。咸熙之際，以一部太彊，分爲三率。泰始之初，又增爲四。於是劉猛内叛，連結外虜。近者郝散之變，發於穀遠。今五部之衆，户至數萬，人口之盛，過於西戎。其天性驍勇，弓馬便利，倍於氐、羌，若有不虞，風塵之慮，則并州之域，可爲寒心。此等皆可申諭發遣，還其本域，慰彼羈旅懷土之思，釋我華夏纖介之憂。惠此中國，以綏四方，德施永世，於計爲長也。」朝廷不能用。永寧元年，成都王穎鎮鄴，表淵行寧朔將軍，監五部軍事，使將兵在鄴。第四子聰，一名載，字玄明，驍勇絶倫，博涉經史，善屬文，猿臂善射，彎弓三百斤。弱冠游京師，名士莫不與交。穎以聰爲積弩將軍。帝失馭，寇盗蜂起，淵從祖故北部都尉、右賢王宣等竊議曰：「昔我先人，與漢約爲兄弟，憂泰同之[二]。自漢亡以來[三]，魏、晉代興，單于雖有虚號，無復尺土之業，自餘王侯，降同编户。今吾衆雖衰，猶不減二萬，

[二]「憂泰」，底本作「夏秦」，今據福建本、北大本、《晉書·劉元海載記》改。
[三]「亡」，底本作「王」，今據福建本、北大本、《晉書·劉元海載記》、《通鑑》卷八五改。

奈何斂首就役，奄過百年乎！今司馬氏骨肉相殘，四海鼎沸，興邦復業，此其時矣。左賢王淵姿器絶人，幹宇超世，天若不恢崇單于，終不虛生此人也。」于是密共推爲大單于，乃使其黨呼延攸詣鄴以告之。淵請歸會葬，穎弗許。乃令攸先歸，告宣等招集五部，引會宜陽諸胡，聲言應穎，實背之。永興元年，穎爲皇太弟，以淵爲太弟屯騎校尉。帝伐穎，次於蕩陰，穎假淵輔國將軍，督北城守事。七月，六軍敗績，穎以淵爲冠軍將軍，封盧奴伯。并州刺史東瀛公騰、安北將軍王浚起兵伐穎，淵說穎：「還説五部赴國難，以二部摧東瀛，三部梟王浚，二豎之首，可指日而懸矣。」穎悦，拜淵爲北單于、參丞相軍事。八月，淵至左國城，宣等上大單于號，二旬，衆已五萬，都於離石，以聰爲鹿蠡王。遣左於陸王宏帥精騎五千，會穎將王粹拒騰。粹敗，宏無及而歸。浚使主簿祁弘爲前鋒，率鮮卑攻鄴，穎敗，挾天子南奔洛陽。騰乞師於拓拔猗㐌，猗㐌及弟猗盧擊淵於西河，破之。淵聞穎去鄴，命右於陸王景、左獨鹿王延年等率步騎二萬，將討鮮卑、烏桓救之。宣等固諫曰：「晋爲無道，奴隸御我，是以右賢王猛不勝其忿。屬晋綱未弛，大事不遂，右賢塗地，單于之耻也。今司馬氏父子兄弟自相魚肉，此天厭晋德，授之於我。單于積德在躬，爲晋人所服，方當興我邦族，復呼韓邪之業。鮮卑、烏桓，我之氣類，可以爲援，奈何拒之而拯仇敵乎！今天假手於我，而違之不祥，逆衆不濟，反受其咎。願單于勿疑。」淵曰：「善！當爲崇岡峻阜[一]，何能爲培塿乎！夫帝王豈有常焉？大禹出於西戎[二]，文王生於東夷，顧惟德所授耳。今見衆十餘萬，皆一當晉十，鼓行而摧亂晉，猶拉枯耳。上可以成漢高之業，下不失爲魏武，呼韓邪何足效哉！」宣等稽首曰：「非所及也！」十月，遷於左國城，胡、晉遠歸者數萬。淵謂群臣曰：「漢有天下世長，恩德結於人心，是以昭烈崎嶇一州，而能抗衡天下。吾又漢氏甥，約爲兄弟，兄亡弟紹，不亦可乎？且可稱漢，追尊後主[三]，以懷人望。」宣等請上尊號，淵曰：「今四方未定，且可依高祖，稱漢王。」乃爲壇於南郊，僭即漢王位，下令曰：「昔我太祖高皇帝以神武應期，廓開大業。太宗孝文皇帝重以明德，升平漢道。世宗孝武皇帝拓土攘夷，地過唐日。中宗孝宣皇帝搜揚俊乂，多士盈朝。是我祖宗道邁三王，功高五帝，故卜年倍於夏、商，卜世過於姬氏。而元、成多僻，哀、平短祚，賊臣王莽，滔天簒逆。我世祖光武皇帝誕資聖武，恢復鴻基，祀漢配天，不失舊物，俾三光晦而復明，神器幽而復顯。顯宗孝明皇帝、肅宗孝章皇帝累葉重暉，炎光再闡。自和、安以後，皇綱漸頽，

〔一〕「岡」，底本作「罔」，今據福建本、北大本、《晉書·劉元海載記》改。
〔二〕「出」，底本作「生」，今據福建本、《晉書·劉元海載記》改。
〔三〕「尊」，底本作「遵」，今據福建本、《晉書·劉元海載記》改。

天步艱難，國統頻絶。黄巾海沸於九州，群閹流毒於四海。董卓因之，肆其狂勃。曹操父子，繼圖篡業。孝愍委棄萬國，昭烈播越岷、蜀，冀否終有泰，旋軫舊京。何圖天未悔禍，後帝窘辱。自社稷淪喪，宗廟之不血食，四十年於兹矣。今天誘其衷，悔禍皇漢，使司馬氏父子兄弟迭相殘滅，黎庶塗炭，靡所控告。孤今猥爲群公所推，紹脩三祖之業，顧兹尫闇，戰惶靡厝。但以大耻未雪，社稷無主，銜膽栖冰，勉從群議。」乃赦其境内，改元，追尊禪爲孝懷皇帝[二]，立高祖以下三祖五宗神主而祭之。立其妻呼延氏爲皇后，置百官，以劉宣爲丞相，崔游爲御史大夫。游固辭不受，其餘拜授有差。十二月，騰使將軍聶玄來討，戰於大陵，敗績。騰懼，率并州二萬餘户下山東，遂所在爲寇。淵遣其建武將軍劉曜寇太原、泫氏、屯留、長子、中都[三]，皆陷之。曜，族子也。曜好讀書，善屬文，鐵厚一寸，射而洞之。常自比樂毅及蕭、曹，時人莫之許也。惟聰重之，曰：「永明，漢世祖、魏武之流，數公何足道哉！」

二年，騰遣司馬瑜、周良、石鮮等來討，次於離石汾城。淵遣武牙將軍劉欽等六軍

[二]「禪」，底本作「褌」，今據福建本、北大本、《晉書·劉元海載記》改。

[三]「泫」，底本作「弦」，今據《晉書·劉元海載記》、《通鑑》卷八五改。

距瑜等，四戰，瑜皆敗，欽振旅而歸。是歲，離石大飢，遷於黎亭，以就邸閣穀。留太尉宏、護軍馬景守離石，使大司農卜豫運粮以給之。

三年，八月，晉以王浚都督東夷、河北諸軍事，領幽州刺史，恃鮮卑、烏桓以爲羽翼也。故凡浚戰具之，以其領幽也。十二月，以前將軍劉景爲使持節、征討大都督、大將軍，要擊并州刺史劉琨於板橋，爲琨所敗，琨遂據晉陽。

四年，五月，晉馬牧帥魏郡汲桑聚衆反。石勒字世龍，初名㔨，上黨武鄉羯人也。其先匈奴別部羌渠之胄，祖、父並爲部落小帥。勒年十四，隨邑人行販洛陽，倚嘯上東門。王衍見而異之，顧謂左右曰：「向者胡雛，吾觀其聲視有奇志，恐將爲天下患。」馳往收之，已去。父老及相者皆曰：「此胡狀貌奇異，志度非常，其終不可量也。」及賣與茌平人爲奴，有一老父謂之曰：「君魚龍髮際上四道已成，當貴爲人主。甲戌之歲，王彭祖可圖。」勒曰：「若如公言，弗敢忘德。」忽然不見。與汲桑招集十八騎，起而爲盜。及淵稱漢王於黎亭，勒、桑帥牧人乘苑馬數百騎，從成都王穎故將公師藩，桑始命㔨以石姓，而勒名焉。桑自號大將軍，以勒爲前驅，長驅入鄴，殺東瀛公騰，擊兖〔二〕，而攻幽

〔二〕按：繫、擊，底本二字或混用，以下徑改，不注。

州刺史石尠於樂陵，尠死之。十月，胡部大張訇督、馮莫突等爲勒所説，單騎隨之歸漢，漢署訇督爲親漢王，莫突爲大都督，以勒爲輔漢將軍、平晉王以統之。烏丸張伏利度有衆二千，壁於樂平，淵屢招不能致。勒僞獲罪於淵，因奔之。伏利度大悦，結爲兄弟，使率諸胡寇掠，所向無前，諸胡畏服。勒知衆心之附己也，乃因會執伏利度，告諸胡曰：「今起大事，我與伏利度孰堪爲主？」諸胡咸推勒，於是釋伏利度，率其部衆歸淵。淵加勒督山東征討諸軍事，以伏利度衆配之。

永鳳元年，正月，淵遣撫軍將軍聰等十將南據太行，輔漢將軍石勒等十將東下趙、魏。二月，庚子，王浚破勒於常山。七月，甲辰，淵徙都蒲子，上郡鮮卑陸逐延、氐酋單徵降漢。十月，甲戌，淵僭皇帝位，大赦，改元。十一月，以子和爲大將軍，聰爲車騎大將軍，族子曜爲龍驤大將軍。丙午，都督中外諸軍事、領丞相、左賢王宣卒。宣好學，每讀《漢書》，至蕭何、鄧禹傳，未嘗不反覆咏之，曰：「大丈夫若遭二祖，終不令兩公獨擅美於前矣。」夫有淵有宣，匈奴不爲漢哉！十二月，乙亥，以和爲大司馬，封梁王〔二〕，宗室以親疎悉封郡縣王，異姓以功伐悉封郡縣公侯。

〔二〕「王」下，底本衍「尚書令」三字，今據《晉書·劉元海載記》、《通鑑》卷八六删。

河瑞元年，正月，徙都平陽，改元。三月，晉左積弩將軍朱誕奔降，爲前鋒都督，以寇洛陽。夏，安東將軍石勒寇鉅鹿、常山，衆至十餘萬，集衣冠人物，别爲君子營。以張賓爲謀主[一]，刁膺、張敬爲股肱，夔安、孔萇爲爪牙，并州諸胡、羯多從之。勒進軍常山，分遣諸將攻中山、博陵、高陽諸縣[二]，降之者數萬人。初，猛死，右賢王去卑之子誥升爰代領其衆[三]。誥升爰死，子虎立，居新興，號鐵弗氏，與白部鮮卑皆附於漢。劉琨自將擊虎。九月，王浚遣祁弘與鮮卑段務勿塵擊勒於飛龍山，大破之，勒退屯黎陽。

主聰光興元年，四月，祁弘敗漢冀州刺史劉靈於廣宗，殺之。七月，己卯，淵死，太子和立，謚淵光文皇帝，廟號高祖，葬永光陵。己酉，弟楚王聰殺和而僭位，改元。十月，石勒陷襄城，至宛。王浚遣鮮卑文鴦救之，又别將王申始大破勒于文石津[四]。

嘉平元年，五月，晉以王浚爲大司馬、侍中、大都督、督幽冀諸軍事。六月，丁酉，曜陷洛陽，執帝，納惠帝皇后羊氏。丁未，改元。八月，聰子粲陷長安，殺南陽王模及

[一]「主」，底本脱，今據福建本、北大本、《晉書·石勒載記上》、《通鑑》卷八六補。
[二]「攻」，底本作「及」，今據《晉書·石勒載記上》改。
[三]「右」，底本作「在」，今據福建本、北大本、《通鑑》卷八七改。
[四]「文」，底本作「汶」，今據《晉書·石勒載記上》、《通鑑》卷八七改。

子范陽王黎。九月，拜石勒征東大將軍，爲幽州牧，固辭將軍不受。而浚、勒各領幽州，爲敵矣。十月，勒殺大將軍、齊公王彌而并其衆，表稱彌叛逆。聰大怒，遣使讓勒專害公輔，有無君之心。然猶恐其貳也，加鎮東大將軍、督并幽二州諸軍事、領并州刺史，持節、征討都督、校尉、開府、幽州、郡公如故，以慰其心焉。初，勒爲人所掠賣，與其母及從子虎相失。劉琨得之，遺勒，授勒侍中、車騎大將軍，領護匈奴中郎將、襄城郡公，勒不受，謝而絶之。虎字季龍，年十七矣[一]。幼，勒父子之，或稱勒弟焉。

二年，四月，丙寅，封子敷爲渤海王，鸞爲燕王。六月，以河間王易爲車騎將軍，典宿衛。七月[二]，石勒長驅至鄴，將攻劉琨兄子演于三臺。右侯張賓曰：「演雖弱，衆猶數千，三臺險固，攻之未易猝拔。捨而去之，彼將自潰。方今王彭祖、劉越石爲公之大敵，宜先取之，演不足顧也。且天下饑亂[三]，公雖擁大兵，遊行羈旅，人無定志，非所以保萬全、制四方也。不若擇便地而據之，廣聚粮儲，西稟平陽，以圖幽、并，此霸王之業也。邯鄲、襄國，形勝之地，請擇一而都之。」勒曰：「右侯之計是。」遂進據襄國。

[一]「十」，底本闕，今據福建本、北大本、《晉書》卷一〇六《石季龍載記上》、《通鑑》卷八八補。
[二]「七」，底本作「九」，今據《通鑑》卷八八改。
[三]「饑」，底本作「機」，今據福建本、北大本、《通鑑》卷八八改。

賓復曰[二]：「今吾居此，彭祖、越石所以深忌也。恐城塹未固，資儲未廣，而二寇交至。宜亟收野穀，且遣使至平陽，具陳鎮此之意[三]。」勒從之，分命諸將攻冀州，郡縣壁壘多降，運其穀輸襄國，且表於聰，以爲使持節、散騎常侍、都督冀幽并營四州雜夷征討諸軍事、冀州牧，進封上黨郡公，邑五萬户，開府、幽州牧、東夷校尉如故。十月，封子恒爲代王。十一月，贈討虜將軍傅虎爲幽州刺史。代公子六脩之攻晉陽，中山王曜戰，墮馬，中七創，虎以馬授曜而死之也。十二月，勒遣七將攻浚假署游綸等於苑鄉。浚遣督護王昌帥段疾陸眷諸弟攻襄國，勒禽其從弟末柸，盟而還之，由是段氏附勒，浚勢遂衰。綸等亦降勒。

三年，四月，壬申，晉帝即位。勒克鄴，演奔廩丘，三臺流民皆降於勒。勒問張賓，求賢望以綏之，賓薦故東萊太守趙彭，徵署爲魏郡太守。彭至，入泣而辭曰：「臣往策名晉室，食其禄矣。犬馬戀主，切不敢忘。誠知晉之宗廟鞠爲茂草，亦猶洪川東逝，往而不還。明公應符受命，可謂攀龍之會。但受人之榮，復事二姓，臣志所不爲，恐亦明

〔二〕「復」，底本作「複」，今據福建本、北大本、《通鑑》卷八八改。
〔三〕「具」，底本作「且」，今據福建本、北大本、《通鑑》卷八八改。

公之所不許。若賜臣餘年，全臣一介之願者，明公大造之惠也。」勒默然。賓進曰：「自將軍神旗所經，衣冠之士靡不變節，未有能以大義進退者。至如此賢，以將軍爲高祖，自擬爲四公，所謂君臣相知，此亦足成將軍不世之高，何必吏之。」勒大悦，曰：「右侯之言，得孤心矣。」于是賜安車駟馬，養以卿禄，辟其子明爲參軍。以桃豹爲魏郡太守，鎮鄴三臺，尋代以虎，虎篡奪萌於此矣。五月，烏桓薄盛執渤海太守，率所部五千降勒，山東郡縣相繼爲勒所取。聰以勒爲侍中、征東大將軍。烏桓審廣亦叛王浚，潛附勒。十二月，勒遣舍人王子春多齎珍寶，奉表於浚勸進。浚大悦，封子春等爲列侯，報聘厚酬之。浚司馬游統遣使私附於勒〔二〕，勒斬使送浚，浚益不疑勒矣。

四年，三月，壬午，勒襲破薊州，斬浚，停薊二日，焚宫殿。以故尚書燕國劉翰行幽州刺史，戍薊，置守宰而還，語在《督記》。時東北八州：勒入鄴，殺都督、東燕王騰；寇信都，殺冀州刺史王斌；襲鄄城，殺兗州刺史袁孚；攻新蔡，殺豫州刺史、新蔡王確；襲蒙城，擒青州都督苟晞；克上白，斬青州刺史李惲；攻信都，殺冀州刺史王象；攻定陵，殺兗州刺史田徽；襲幽州，擒王浚；除李惲、田徽，乃王浚承制所

〔二〕「浚」，底本作「俊」，今據福建本、《晉書·石勒載記上》、《通鑑》卷八八改。

授，是滅其七也。劉翰不欲從勒，乃歸段匹磾，遂據薊城。勒遣兵圍薊樂陵太守邵續，匹磾使其弟文鴦救之，勒引去。時勒以幽、冀漸平，始下州郡閱實户口，户出帛二匹，租二斛。

建元元年，二月，晉進拓跋猗盧爵爲代王，置官屬，食代、常山二郡，常山已爲勒有矣。三月，改元，大赦。九月，遣大鴻臚范龕持節策命勒，賜以弓矢，加崇爲陝東伯，得專征伐，拜封刺史、將軍、守宰、列侯，歲盡集上。章武人王眘起兵于科斗壘〔二〕，擾亂勒河間、渤海諸郡。勒以揚武張夷爲河間太守，參軍臨深爲渤海太守〔三〕，各率步騎三千以鎮靜之。使長樂太守程遐屯於昌亭，爲之聲勢。徙平原烏丸展廣、劉哆等部落三萬餘户於襄國。

麟嘉元年，四月，勒使虎攻劉演等於廩丘，幽州刺史段匹磾使其弟文鴦救之。虎拔廩丘，演奔文鴦軍，虎獲演弟啟以歸。七月，勒遣將屯并州，招納流民二十萬户。聰遣使讓勒，不受命。十一月，乙未，聰破長安，晉帝降。壬寅，大赦，改元，以大司馬曜

〔二〕「眘」，底本作「賫」，今據《晉書·石勒載記上》改。
〔三〕「軍」，底本作「將」，今據《晉書·石勒載記上》改。

爲假黄鉞、大都督陜西諸軍事、太宰，封秦王，與勒借分陜之義，而漢卒分此兩人焉。十二月，劉琨長史李弘以并州降於勒，琨遂奔於段匹磾。勒將孔萇攻琨將箕澹於代郡，澹死之時，司、冀、并、兖州流民數萬户在遼西，迭相招引〔二〕，人不安業。萇等攻群賊帥馬嚴、馮䐗〔三〕，久而不克，勒問計於張賓，賓對曰：「嚴、䐗等本非公深仇，遼西流人悉有戀本之志。今宜班師息甲，選良牧守，任以龔遂之事，不拘常制，宣澤奮威，則幽、冀之寇可翹足而靜，遼西流人可指時而至矣。」勒曰：「右侯之計是也。」召萇等歸，署武遂令李回爲易北督護、振武將軍，兼高陽太守。嚴士衆素服回威德，多叛嚴歸之。嚴以部衆離貳，懼，奔於幽州，溺水而死。䐗率衆降於勒。回移居易京，流人降者歲常數千，勒甚嘉之，封回弋陽子，邑三百户。加賓封一千户，進位前將軍，固辭不受。

二年，晉建武元年也。七月，段匹磾推劉琨爲大都督，檄其兄遼西公疾陸眷及叔父涉復辰、弟末柸等會於固安，將謀討勒。勒間使厚賂末柸以間之，乃説辰、眷等引還，琨、匹磾亦退如薊城。邵續使兄子濟攻勒渤海，虜三千餘人而還。

〔二〕「澹死之時，司、冀、并、兖州流民數萬户在遼西，迭相招」，底本脱二十字，今據福建本、北大本、《晉書·石勒載記上》補。

〔三〕「䐗」，底本作「睹」，今據北大本、《晉書·石勒載記上》、《通鑑》卷八九改。

主曜光初元年，五月，癸丑，段末柸殺鮮卑單于涉復辰，自立爲單于。匹磾自幽攻末柸，敗，奔還，因害劉琨，將佐相繼降勒。末柸遣弟騎督擊匹磾於幽州，匹磾率其部衆數千將奔邵續，勒將石越要之於鹽山，大敗之，匹磾退保幽州。越中流矢死，勒爲之屏樂三月，贈平南將軍。末柸自稱幽州刺史。七月，聰徵勒爲大將軍、録尚書事，受遺詔輔政，勒固辭。又使持節署勒爲大將軍、持節鉞、都督、侍中、校尉、領幽冀二州牧如故〔二〕，增封十郡，勒辭不受。癸亥，聰死。甲子，太子粲即位，大赦，改元漢昌。葬聰於宣光陵，謚曰昭武皇帝，廟號烈宗。八月，司空靳準殺之，自立爲漢天王。十月，丞相曜自立，改元。十二月，靳伏誅。虎帥幽、冀兵會勒攻平陽，置戍而歸。

二年，四月，勒遣虎擊河西鮮卑日六延於朔方，大破之，斬首二萬級，俘虜三萬餘人。孔萇攻幽州諸郡，悉取之。六月，丙子，曜改漢爲趙。冬，勒稱趙王。

三年，六月，巴酋權渠降，徙其部落二十餘萬口于長安。曜大悦，讌群臣於東堂，語及平生，泫然流涕，遂下詔曰：「蓋褒德惟舊，聖后之所先；念惠録孤，明王之盛典。是以世祖草創河北，而致封嚴尤之孫；魏武勒兵宋、梁，追慟橋公之墓。前新贈大

〔二〕「鉞」，底本作「越」，今據《晉書·石勒載記上》改。

司徒烈愍公崔岳、中書令曹恂、晉陽太守王忠、太子洗馬劉綏等，或識朕於童齔之中[二]，或濟朕於艱窘之極。言念君子，實傷我心。《詩》不云乎：『中心藏之，何日忘之。』岳，漢昌初雖有褒贈，屬否運之際，禮章莫備，今可贈岳使持節、侍中、大司徒、遼東公；恂大司空、南郡公，綏左光禄大夫、平昌公，忠鎮軍將軍、安平侯，並加散騎常侍。但皆丘墓夷滅，申哀莫由。有司其速班訪岳等子孫，授以茅土，稱朕意焉。」初，曜弱冠游於洛陽，坐事當誅，與恂奔於綏。綏匿之於書匱，載送於忠，忠送之朝鮮。歲餘，饑窘，變姓名，傭爲縣卒。岳爲朝鮮令，見而異之，推問所由。曜叩頭自首，流涕求哀。岳曰：「卿謂崔元嵩不如孫賓碩乎，何懼之甚也！今詔捕卿甚峻，百姓間不可保也。此縣幽僻，勢能相濟，縱有大急，不過解印綬與卿俱去耳。吾既門衰，無兄弟之累，身又薄祜[三]，未有兒子，卿猶吾子弟也，勿爲過憂。大丈夫處身立世[三]，鳥獸投人，要欲濟之，而況君子乎！」給以衣服，資供書傳[四]。曜遂從岳，質通疑滯，恩顧甚厚。岳從容謂

〔二〕「齔」，底本作「齡」，今據北大本、《晉書》一〇三《劉曜載記》改。
〔三〕「祜」，底本作「祐」，今據《晉書·劉曜載記》改；以下徑改，不注。
〔三〕「立」，底本作「在」，今據《晉書·劉曜載記》改。
〔四〕「書」，底本作「習」，今據《晉書·劉曜載記》改。

曜曰：「劉生姿宇神調，命世之才也！四海脱有微風摇之者，英雄之魁，卿其人矣。」恂雖於屯厄中，事曜有君臣禮，故曜德之。遇赦而歸。晉之朝鮮縣，屬樂浪郡，此追舊事也。勒立而燕無曜事矣，至十二年趙亡。始，淵以晉永嘉四年僭位，至曜三世，凡二十有七載，以咸和四年滅。史贊曰：「惟皇不範，邇甸居穹。丹朱罕嗣，冒頓争雄。胡旌飇月，朔馬騰風。埃塵淮浦，虓呼河宫。未央朝寂，謻門旦空。郭欽之慮，辛有知戎[二]。」

後趙石勒元年，趙曜光初二年也。冬，勒將佐虎等勸稱尊號，不許。十一月，請稱大將軍、大單于、領冀州牧、趙王，依劉先主在蜀、魏武帝在鄴故事，以河内、魏、汲、頓丘、平原、清河、鉅鹿、常山、中山、長樂、樂平十一郡，并前趙國、廣平、陽平、章武、渤海、河間、上黨、定襄、范陽、漁陽、武邑、燕國、樂陵十三郡，合二十四郡[三]，户二十九萬，爲趙國。封内依舊改爲内史，準《禹貢》、魏武復冀州之境，南至盟津，西達龍門，東至於河，北至於塞垣。以大單于鎮撫百蠻。罷并、朔、司三州，通置

[二]「辛」，底本作「幸」，今據福建本、北大本、《晉書·劉曜載記》改；以下徑改，不注。
[三]「合」，底本作「各」，今據福建本、北大本、《晉書·石勒載記上》改。

部司以監之。勒西面而讓者五，南面而讓者四，百寮皆叩頭固請，乃許之。戊寅，即位，大赦，依春秋時列國，稱元年，建社稷，立宗廟，營東西官署。號胡人爲國人，置門臣祭酒，專主胡人辭訟[二]，重禁胡人，不得陵侮衣冠華族。遣使循行州郡，勸課農桑。朝會始用天子禮樂，衣冠、儀物，從容可觀焉。加右侯張賓大執法，專總朝政，呼右侯而不敢名。以虎爲單于元輔、都督禁衛諸軍事，尋加驃騎將軍、侍中、開府，賜爵中山公。

二年，正月，段匹磾攻薊，勒命虎圍厭次。二月，執續。六月，段文鴦大破孔萇。七月，勒下幽州，爲晉鎮西將軍祖逖修范陽祖、父墓，置守冢二家。逖聽河上諸塢兩屬，此用間於勒之智也。然勒爲逖修祖、父墓，又斬叛吏而送其首，所以懈逖推鋒越河之心也。虎率騎三萬討鮮卑鬱粥於離石[三]，俘獲及牛馬十餘萬。鬱粥奔烏桓，悉降其衆城。

三年，二月，癸亥，虎攻段匹磾於厭次，執文鴦及匹磾，散諸流民三萬餘户，復其本業，置守宰以撫之，於是幽、冀、并三州皆屬焉。匹磾兄弟與邵續後皆爲勒殺，蓋厭次既破，而無後患矣。

[二]「主」，底本作「立」，今據福建本、北大本、《通鑑》卷九一改。

[三]「粥」，底本作「弼」，今據福建本、北大本、《晉書》卷一〇五《石勒載記下》改；以下徑改，不注。

四年，十二月，張賓死，勒哭之慟，曰：「天不欲成吾事耶？何奪吾右侯之速也！」匈奴方畔，晉崔游以淵師不爲臣，寓不變於夷之義也。高瞻當慕附晉時，可以仕而不仕者，未免介意於華夷，其志節良可尚焉。夫勒以胡、羯餓隸，而能嚮居君子，重禁胡人不得凌侮華族，晉文欲俘樊陽民，而視之不及多矣，所以能跨有中原。以國士遇賓，賓爲夷狄盡謀以反害我中國，雖有它美，不足稱焉。

五年，四月，勒遣使結好於慕容廆，廆執送建康，此與燕爲敵之始也。十一月，以參軍樊坦爲章武内史。勒見其衣冠弊壞，問之，坦率然對曰：「頃爲羯賊所掠，資財蕩盡。」勒笑曰：「羯賊乃爾無道邪！今當相償。」坦大懼，叩頭泣謝。勒賜車馬衣服裝錢三百萬而遣之。勒之法令甚嚴，諱胡尤峻。有突入止車門，而勒大怒，問宮門小執法馮翥。翥惶懼忘諱，對曰：「向有醉胡乘馬馳入，甚呵禦之，而不可與語。」勒曰：「胡人正自難與言。」恕而不罪。

七年，二月，勒使宇文乞得歸擊慕容廆，爲燕所敗，民降附之者數萬。是歲，虎擊代王紇那，戰於句注陘北，破之。紇那徙都，避於大寧。

太和元年，二月，大赦，改元。十二月，己卯，勒獲曜，久乃殺之。

二年，九月，虎獲趙太子熙等而滅趙。

建平元年，二月，勒稱大趙天王，行皇帝事。九月，即位，大赦，改元。初，丁零翟斌世居康居，後徙中國，至是入朝，以斌爲句町王。

三年，正月，勒饗高句麗、宇文屋孤使，酒酣，謂中書令徐光曰：「朕方自古開基，何等主也？」對曰：「陛下神武籌略邁於高皇，雄藝卓犖超絶魏祖，自三王已來無可比者〔二〕，其軒轅之亞乎！」勒笑曰：「人豈不自知，卿言亦太過。朕若逢高皇，當北面事之，與韓、彭競鞭而争先耳。若遇光武，當並驅中原，未知鹿死誰手。大丈夫行事當礌礌落落，如日月皎然，終不如曹孟德、司馬仲達父子，欺孤兒寡婦，狐媚以取天下也。朕當在二劉間耳，軒轅豈所擬乎！」群臣皆頓首稱萬歲。四月，光承間言：「今國家無事，而陛下神色若有不怡，何也？」勒曰：「吴、蜀未平，吾恐後世不以吾爲受命之王也。」光曰：「魏承漢運，劉備雖興於蜀，漢豈得爲不亡乎！孫權在吴，猶今之李氏也。陛下苞括二都，平蕩八州，帝王之統不在陛下，當復在誰！且陛下不憂腹心之疾，而更憂四支乎！」因言中山王虎有輕太子色，恐萬年後不能制也。勒始令太子省可尚書奏事，虎門可設雀羅矣。

〔二〕「王」，底本作「五」，今據福建本、北大本、《晉書·石勒載記下》改。

四年，七月，戊辰，勒死，年六十，謚明帝，廟號高祖，太子弘即位。八月，虎爲丞相、魏王、大單于，加九錫。封其子宣爲河間王，鑒爲代王，斌爲章武王。

主弘延熙元年，正月，改元。十一月，虎稱居攝趙天王，幽弘及太后程氏而弑之。

主虎建武元年，正月，庚午朔，改元。九月，虎遷都于鄴，始聽民爲僧。

二年，十一月，索頭郁鞠帥衆三萬降趙，拜郁鞠等十三人爲親趙王，散其部衆于冀、青等六州。

三年，正月，辛巳，虎依殷周制，稱大趙天王，即位於南郊。七月，殺太子邃及妃張氏，并男女二十六人同埋于一棺。十一月，段遼數侵趙邊。燕王皝稱藩，乞師以伐遼，還其質而密期以明年。

四年，正月，燕遣都尉趙槃如趙，聽師期。虎將擊段遼，募驍勇者三萬人，悉拜龍騰中郎。會遼遣段屈雲襲趙幽州，刺史李孟退保易京。虎乃以桃豹爲横海將軍，王華爲度遼將軍，帥舟師十萬出漂渝津；支雄爲龍驤大將軍，姚弋仲爲冠軍將軍，帥步騎七萬爲前鋒以伐遼。師次范陽，百姓饑儉，軍供有闕。虎怒，太守惶怖避匿。郡功曹弱冠李績，少以風節知名，清辯有辭理，進曰：「郡帶北裔，與寇接壤，疆埸之間，人懷危慮。聞輿駕親戎，將除殘賊，雖嬰兒白首，咸思效命，非唯爲國，亦自求寧，雖身膏草野，猶甘爲之，敢有私吝，而闕軍實！但比年災儉，家有菜色，困弊力屈，無所取濟，逋廢之罪，情在可矜。」虎見績年少有壯節，嘉而恕之，由是太守獲免。三月，槃還至棘城。遼爲燕所敗，遼左右長史劉群、盧諶、崔悅等封府庫請降[一]。虎遣將軍郭太、麻秋帥輕騎二萬追遼，至密雲山，獲其母、妻，斬首三千級。遼單騎走險，遣其子乞特真奉表及獻名馬於趙，虎受之。虎入令支宮，論功封賞各有差。徙段國民二萬餘户於司、雍、兗、豫四州，士大夫之有才行，皆擢敘之。陽裕詣軍門降，虎讓之曰：「卿昔爲奴虜走，今爲士人來，豈識知天命，將逃匿無地邪？」對曰：「臣昔事王公，不能匡濟，逃於段氏，復不能全。今陛下天網高張，籠絡四海，幽、冀豪傑，莫不風從，如臣比肩，無所獨愧。生死之命，惟陛下制之！」虎悦，即拜北平太守。五月，虎以跳不會趙兵攻遼，而自專利，伐之，語在《朔記》。虎還師至襄國，復從征文武有差。至鄴，設飲至禮，賜俘偏於丞郎。太子宣帥步騎二萬擊朔方鮮卑斛摩頭[二]，殺之，斬首四萬餘級。十二月，段遼自密雲山遣使求迎於趙，既而中悔，復遣使求迎於燕。虎遣征東將軍麻秋迎[三]，遼密通燕，敗

[一]「左右」，底本作「在軍」，今據《晉書·石季龍載記上》、《通鑑》卷九六改。
[二]「摩」，底本作「庫」，今據《晉書·石季龍載記上》、《通鑑》卷九六改。
[三]「秋」，底本作「狄」，今據《晉書·石季龍載記上》、《通鑑》卷九六改

趙兵。虎削秋官爵。

五年，三月[二]，燕襲趙遼西，俘獲千餘家而去，斬積弩將軍呼延晃。段遼反於燕，燕人殺遼及其黨與數十人，送遼首於趙。八月，寇晉之兵，大都督夔安掠漢東，擁七千餘户，遷於幽、冀。冬十月[三]，以撫軍將軍李農爲使持節、監遼西北平諸軍事、征東將軍、營州牧，鎮令支。攻凡城，經旬不能克，乃退。虎以遼西逼近燕境，數遭攻襲，乃悉徙其民於冀州之南。

六年，十月，趙欲擊燕，爲燕襲，直抵薊城，入高陽，燒積聚，略三萬餘家而去。幽州刺史石光擁兵數萬，閉城不敢出，坐懦弱，徵還。燕公斌督邊州，淫酒荒穢，好畋獵，常懸管而入。征北將軍張賀度以邊防宜警，每裁諫之。斌怒，辱賀度。虎聞之，杖斌一百，使主書禮儀持節監之。斌殺儀，又欲殺賀度，賀度嚴衛馳白之。虎遣尚書張離持節帥騎追斌，鞭之三百，免官歸第，誅其親信十餘人。

七年，十月，王華帥舟師自海道襲破燕西安平。

[二]「三」，底本作「二」，今據福建本、《通鑑》卷九六改。
[三]「冬十月」，福建本無，《通鑑》卷九六此事載「九月」下。

八年，十二月，命青、冀、幽州爲東征之計，皆三五發卒，自幽州東至白狼，大興屯田。

九年，八月，太子宣擊鮮卑斛穀提[一]，大破之，斬首三萬級。宇文逸豆歸執段遼弟蘭，送于趙[二]，并獻駿馬萬匹。虎命蘭帥所從鮮卑五千人屯令支。

十年，四月，平北將軍尹農攻燕凡城，不克而還，黜農爲庶人。

十一年，十二月，使征東將軍鄧恒將兵數萬屯樂安，治攻具，爲取燕計。畏燕平狄將軍慕容霸，不敢犯。

十四年，八月，太子宣殺弟秦公韜，虎殺宣妻子二十九人。九月，虎議立太子，太尉張舉曰：「燕公斌有武略，彭城公遵有文德，唯陛下所擇。」將軍張豺以燕公母賤，又常有過，彭城公前以太子事廢，今立之[三]，恐有微恨，請立齊公世。世母劉曜幼女安定公主，有殊色，豺獲而納于虎，嬖之。遂立世爲太子，劉氏爲后。

太寧元年，正月，辛未朔，虎僭皇帝位，大赦，改元。諸子皆進爵爲王，以燕王斌

[一]「提」，底本作「捷」，今據《通鑑》卷九七改。
[二]「送」，底本脱，今據《通鑑》卷九七補。
[三]「今」，底本脱，今據《通鑑》卷九八補。

爲大都督中外諸軍事。四月，乙卯，虎病甚，以遵爲大將軍，鎮關右；斌爲丞相，録尚書事；張豺爲鎮衛大將軍、領軍將軍、吏部尚書；並受遺詔輔政。劉后惡斌輔政，恐不利太子，與豺謀去之。斌在襄國，遣使詐謂曰：「主上疾已漸愈，王須獵者，可少停也。」斌素好獵嗜酒，遂留獵，且縱酒。劉氏與豺因矯詔稱斌無忠孝心，免官歸第，使豺弟雄帥龍騰五百人守之。此虎幽宏故智也。乙丑，遵自北地幽州至鄴，敕朝堂受拜，配禁兵三萬遣之，遵涕泣而去。是日，虎疾小瘳，問：「遵至未？」左右對曰：「去已久矣。」虎曰：「恨不見之！」虎臨西閣，龍騰中部二百餘人列拜於前，虎問：「何求？」皆曰：「聖體不安，宜令燕王入宿衛，典兵馬。」或言：「乞以爲皇太子。」虎曰：「燕王不在内邪？召以來！」左右言：「王酒病，不能入。」虎曰：「促持輦迎之，當付璽綬。」亦竟無行者。尋惛眩而入。豺使雄矯詔殺斌。戊辰，劉氏復矯詔以豺爲太保、都督中外諸軍、録尚書事，如霍光故事。己巳，虎死，世嗣位，尊劉氏爲皇太后，臨朝稱制。以豺爲丞相，辭不受，請以彭城王遵及義陽王鑒爲左、右丞相，以慰其心，劉氏從之。遵舉兵向闕，庚寅，斬豺，夷三族，假劉氏令，即位，大赦。辛卯，封世爲譙王，廢劉氏爲太妃，尋皆殺之。立故燕王斌子衍爲皇太子，以鑒爲侍中、太傅，沛王沖爲太保，樂平公苞爲大司馬，汝陰王琨爲大將軍，武興公閔爲都督中外諸軍事、輔國大將軍。初，遵之廢立也，謂閔：「努力！事成，以爾爲太子。」乃立衍而閔失望。時沖鎮薊，聞遵殺世自立，謂其僚佐曰：「世受先帝命，遵輒廢而殺之，罪莫大焉！其敕内外戒嚴，孤將親討之。」于是留寧北將軍沐堅戍幽州，帥衆五萬南下，傳檄燕、趙，所在雲集，比至常山，衆十餘萬，軍於苑鄉。遇遵赦書，沖曰：「皆吾弟也，死者不可復追，何爲復相殘乎！吾將歸矣。」其將陳暹曰：「彭城篡弒自尊，爲罪大矣。王雖北旆，臣將南轅，俟平京師，擒彭城，然後奉迎大駕。」沖乃復進。遵馳遣王擢以書喻沖，沖弗聽。遵假閔黄鉞、金鉦，與司空李農帥精卒十萬，戰於平棘，沖大敗，被獲於元氏，賜死，阬其士卒三萬餘人。晉聞亂，遣將經營北方。燕講武戒嚴，爲進取之計。六月，葬虎於顯原陵，謚武皇帝，廟號太祖。十一月，閔殺遵立鑒。十二月，閔斬龍驤將軍孫伏都、劉銖等，自鳳陽門至琨華殿，横尸相枕，流血成渠。宣令内外六夷，敢稱兵仗者斬。胡人或斬關、或踰城而出者，不可勝數。閔使尚書王簡、少府王鬱帥衆數千守鑒於御龍觀，懸食以給之。下令城中曰：「近日孫、劉構逆，支黨伏誅，良善一無預也。今日已後，與官同心者住〔二〕，不同心者各任所之。」敕城門不復相禁。於是趙人百里内悉入城，胡、羯人去者

〔二〕「住」，底本作「往」，今據福建本、北大本、《晉書·石季龍載記下附冉閔傳》改。

填門。閔知胡不爲己用，班令内外：「趙人斬一胡首送鳳陽門者，文官進位三等，武官悉拜牙門。」一日斬首數萬。閔親帥趙人以誅胡、羯，無貴賤男女少長皆斬之，死者二十餘萬，尸諸城外，悉爲野犬豺狼所食。其屯戍四方者，閔皆以書命趙人爲將帥者誅之，或高鼻多鬚，濫死者半。

永興元年，正月，閔欲去石氏迹，托以讖文有「繼趙李」，更國號曰衛[一]，易姓李氏，大赦，改元青龍。建義將軍段勤據黎陽，段龕據陳留，及他據者衆各數萬，皆不附於閔。勤，末柸子；龕，蘭子也。閏月，閔廢鑒，并殺虎二十八孫，僭即位，大赦，改元永興，國號大魏。二月，燕王儁伐魏，敗之。閔復姓冉氏。趙新興王祗僭皇帝位於襄國，改元，虎之子也。十一月，閔帥步騎十萬攻襄國，署其子太原王胤爲大單于、驃騎大將軍，以降胡一千配之爲麾下。光禄大夫韋謏諫曰：「胡、羯皆我之仇敵，今來歸附，苟從性命耳。萬一爲變，悔之何及。請誅屏降胡，去單于之號，以防微杜漸。」閔方欲撫納群胡，大怒，誅謏及其子伯陽。

二年，二月，戊寅，閔攻圍襄國百餘日，祗去皇帝號，稱趙王，遣太尉張舉乞師于

[一]「衛」，底本作「魏」，今據福建本、《通鑑》卷九八改。

燕。閔使中郎廣寧常煒使燕，爲燕所囚。三月，冠軍大將軍姚弋仲遣子襄及汝陰王琨各引兵救襄國，閔遣車騎將軍胡睦拒襄於長蘆，敗還。閔自出與戰，適燕兵至，三面距之，魏兵大敗，閔與十餘騎走還鄴[一]。降胡粟特康等執大單于胤及左僕射劉琦以降趙，祗殺之，凡死者十餘萬人。閔還鄴，贈韋謏大司徒。昔之殺胡過虐，而胡即報之矣。初，閔之爲趙相也，悉散倉庫樹私恩，與羌、胡無月不戰。趙所徙青、雍、幽、荊四州民，及氐、羌、胡、蠻數百萬口，以趙法禁不行，各還本土，道路交錯，互相殺掠，其能達者，十有二三。中原大亂，因以饑疫，人相食，無復耕者。四月，閔幽州刺史劉準等降燕。趙將劉顯弑祗以降魏，拜顯爲大將軍、大單于、冀州牧。七月，顯稱帝于襄國。八月，魏中山、趙郡太守及庫傉官偉降燕。

三年，正月，魏殺劉顯，滅襄國。趙汝陰王琨以其妻妾奔晉，斬於建康，石氏遂絕。虎十三子，五人爲閔所殺，八人自相殘害，琨死而石氏盡滅矣。始，勒以晉咸和三年僭立，二主四子，凡二十三年，以永和五年滅。段勤自稱趙帝。四月，甲子，燕滅魏。

史贊曰：「中朝不競，蠻狄爭衡。塵飛五嶽，霧晻三精。狡焉石氏，怙亂窮兵。流

[一]「與十餘」，底本作「十餘萬」，今據《晉書·石季龍載記下附冉閔傳》、《通鑑》卷九九補删。

災肆慝[二]，剽邑屠城。始自群盗，終假鴻名。勿謂凶醜，亦曰時英。季龍篡奪，淫虐播聲。身喪國泯，其由禍盈。」

郭造卿曰：劉淵之興，幽州猶故也，即隣兖、冀，亦非所有。彼有并西，耳有幽州，刺史鎮於離石，屬西河國，遥稱之也。及雍州没於聰，長安都於曜[三]，而幽刺鎮北地，名是而實非焉。勒、廆兼有司、幽、并、冀、兖、青、徐、豫、雍、秦十州，固將上與二劉敵，而何有於慕容！豈謂燕以平遼，即能驅而奪之哉？蓋國以人爲本，石氏雖得地，民多歸於遼西，其不能敵燕，一也。然劉之彊，初爲晉部，至二帝蒙塵，神州淪没，敷天率土，爲之痛心矣。惟勒祖、父，部落小率，身起於奴牧，知漢不知晉。劉琨所不能招，祖逖所不能誘，惟求慕容通好，而使爲執送建康。建康復焚其幣，嘗移檄以討之。燕伏爲天子臣，而名其爲賊伐之，二也。勒死繼以虎，人日離而國日亂；皝卒繼以儁，人日附而國日治。蠱之既壞，冉閔速其殃；燎之方揚，劉準順而利。故太白經昴，朱龍千里自斃；常山策見，異鳥五色

[二]「肆」，底本作「四」，今據《晉書·石季龍載記下附冉閔傳》改。
[三]「曜」，底本作「耀」，今據《晉書·劉曜載記》改。

成章矣。天意既有興亡，閔其奚以爲哉！三也。

燕敵記後[一]

郭造卿曰：時諸國爲敵，至後石最强。然張據瓜、凉，李專巴、蜀，遼左人屬慕容，洛南地歸司馬[二]。逮於苻氏，兼而有之，居九州之七，跨三分之二矣。其人户略計，兵仗精卒九十七萬，益良家子三萬，是百萬之兵也。雖以嬴秦，不加於此。蓋土廣民衆，而晉不能有，罪在制命者，苻秦何逆焉。文中子曰[三]：昔周制至公之命，故齊桓、管仲不得而背也；晉制至私之命，故苻秦、王猛不得而事也。其應天順命，安國濟民乎三十餘年，中國士民，東西南北，自遠而至，猛之力也，而堅有臣矣。燕之六州，尤猛所鎮焉。兼并易也，堅凝之難。以堅之明，及猛之略，簡召六州，以補守令。至鮮卑乘亂，一呼而爲燕，豈燕之仁澤，而能以敵秦哉？蓋君心治亂之本，人心向背所由焉。仲死而齊亂，内寵蠱之也；猛死而秦亡，女戎孽之

[一] 「後」，底本作「后」，今據上卷《燕敵记前》改。
[二] 按：洛、落，底本二字或混用，以下徑改，不注。
[三] 「中」，底本作「仲」，今據本卷之後「郭造卿曰」改。

也。桓、堅非正心之主，仲、猛非格心之臣。但知忌鮮卑，而亟其外畔，不知無敵國外患，禍機内伏者深矣[二]。

秦皇始元年[三]，正月，丙辰，健僭大秦天王、大單于位，改元，追尊父洪爲武惠皇帝，廟號太祖。洪，略陽臨渭氐人也。其先有扈苗裔，世爲西戎酋長。洪屬永嘉亂，宗人推爲盟主。歸劉曜，拜率義侯。又降石虎，爲冠軍將軍。又降晉，爲征北大將軍、都督河北諸軍事、冀州刺史、廣川郡公。時有説苻稱尊號者，洪亦以讖文有「艸付應王」，又其孫堅背有是二字，遂改姓苻氏，自稱大將軍、大單于、三秦王[三]。謂博士胡文曰：「孤率衆十萬，居形勝之地，冉閔、慕容儁可指辰而殄，姚襄父子克之在吾數中，孤取天下，有易於漢祖。」尋死，健嗣位，第三子也，字建業。去秦王號，稱晉爵。及都長安，稱天王，以子萇爲太子，方爲高陽公，碩爲北平公，武爲燕公，幼爲趙公，皆遥授也，而志在燕矣。以弟輔國將軍雄爲都督中外諸軍事、丞相、車騎大將軍、雍州牧、東海公。是歲趙亡。

〔一〕「禍」，底本脱，今據福建本、北大本補。
〔二〕「皇始」，底本二字互乙，今據福建本、《晉書》卷一一二《苻健載記》、《通鑑》卷九九正。
〔三〕「三」，底本脱，今據《晉書・苻洪載記》、《通鑑》卷九八補。

二年，正月，辛卯，雄等請正號，依漢、晉之舊，不必效石氏之初[一]。儁從之，僭皇帝位，諸公皆進爵爲王，且言單于所以統壹百蠻，非天子所宜領，以授太子萇。十一月，戊辰，燕王儁僭皇帝位，爲大國，與晉而鼎立矣。

四年，六月，晉太尉桓温奉王師敗績，引還。丙申，東海王雄卒於軍，子堅襲爵，字永固，一字文玉。

壽光元年，六月，乙酉，健薨，謚景明皇帝，廟號高祖。丙戌，太子生即位，改元，第三子也。

二年，正月，遣使閻負、梁殊語涼州牧張玄靚曰：「先帝開基，彊燕納欵，八州順軌。燕雖虎視關東，猶以地勢之義，逆順之理，北面稱藩，貢不踰期，致肅慎楛矢[二]，通九夷之珍[三]。」使臣之詞，以詐涼也。涼遣使稱藩。燕將軍慕輿長卿率衆七千入自軹關，

[一]「之」，底本脱，今據《通鑑》卷九九補。
[二]「楛」，底本作「楉」，今據《晉書》卷一一二《苻生載記》改。
[三]「珍」，底本作「軫」，今據《晉書·苻生載記》改。

攻幽州刺史强哲于裴氏堡〔一〕。晉將軍劉度等率衆四千，攻青州刺史王朗於盧氏〔二〕。生遣前將軍新興王飛拒度，建節將軍鄧羌拒長卿。飛未至而度退。羌及長卿戰于堡南，大破燕兵，獲長卿及甲首二千七百餘級。此秦、燕交敵之始也。

永興元年，五月，生梦大魚食蒲，又長安謡曰：「東海大魚化爲龍，男皆爲王女爲公。問在何所洛門東。」東海公，堅所封也，爲龍驤將軍，第在洛門東。生不知是堅，以謡梦之故，誅太師、録尚書事、廣寧公魚遵并其七子十孫。廣寧公，遥授燕郡也。六月，特進、領御史中丞梁平老等謂堅曰：「主上失德，上下嗷嗷，人懷異志。燕、晉二方，伺隙而動，恐禍發之日，家國俱亡。此殿下之事也，宜早圖之！」堅遂殺生，去皇帝號，稱大秦天王，改元，追尊父雄爲文桓皇帝，以王猛爲中書侍郎，掌機密。九月，秦大將軍、冀州牧張平降晉，拜并州刺史，據新興、鴈門、河西、太原、上黨、上郡諸地〔三〕，壁壘三百餘，夷、夏十餘萬户，拜置征鎮，欲與燕、秦爲敵國。十月，寇略秦境，堅以晉

〔一〕「强哲」，底本作「彊哲」，今據《晋書·苻生載記》、《通鑑》卷一〇〇改；以下徑改，不注。

〔二〕「於」，底本脱，今據北大本、《通鑑》卷一〇〇補；「氏」下，底本衍「堡」字，今據《晉書·苻生載記》、《通鑑》卷一〇〇删。

〔三〕「興」，底本作「平」，今據福建本、《通鑑》卷一〇〇改。

公柳都督并冀州諸軍事，加并州牧，鎮蒲坂以禦之。

二年，二月，堅自將討張平。三月，平衆大潰，請降，堅拜平右將軍。九月，燕使司徒慕容評討平於并州，壁壘百餘降於燕。儁以右僕射悦綰爲并州刺史以撫之，降平所署征西將軍諸葛驤等壁壘百三十八，儁復其官爵。平帥衆三千奔平陽，復請降於燕。十二月，儁欲經營秦、晉，令州縣校實見户。

甘露二年，正月，燕主儁薨，太子暐立。十月，烏桓獨孤部、鮮卑没奕干各帥衆數萬來降，處之塞南。陽平公融諫曰：「戎狄人面獸心，不知仁義。其稽顙内附，實貪地利，非懷德也；不敢犯邊，實憚兵威，非感恩也。今處之塞内，與民雜居，彼窺郡縣虚實，必爲邊患。不如徙之塞外，以防未然。」從之。

三年，二月，平陽人舉郡降燕，置守將戍之。九月，平殺燕守將，既而爲秦所攻，復謝罪求救於燕。以反覆，弗救也，遂滅於秦。

建元元年，三月，燕拔洛陽，太宰慕容恪略地至崤、澠〔二〕。堅懼其入關，親屯陝城以備之。

〔二〕「略」，底本脱，「崤」，底本作「淆」，今據《晉書》卷一一三《苻堅載記上》、《通鑑》卷一〇一補改。

二年，五月，代王什翼犍遣左長史燕鳳入貢[一]。

三年，五月，壬辰，燕慕容恪卒。堅陰有圖燕之計，命匈奴曹轂如燕朝貢，以西戎主簿郭辯爲副，入燕覘之。九月，晉公柳、趙公雙復與魏公庾、燕公武謀作亂。

四年，二月，魏公庾以陝城降燕，請兵接應。秦人大懼，盛兵守華陰，燕人不應。十二月，拔陝城，賜庾死，以范陽公抑爲征東大將軍、并州刺史[二]，鎮蒲阪。

五年，七月，晉大司馬桓温師次於枋頭，伐燕。燕請救，賂我虎牢以西地。八月，遣師以步騎二萬往救，且報使於燕。九月，晉師敗績。十一月[三]，辛亥朔，燕吴王垂來奔，以爲冠軍將軍。十二月，攻燕洛陽，爲其背割虎牢也。

六年，正月，輔國將軍王猛等克燕洛陽。慕容垂世子令爲猛所間，奔燕，堅赦垂罪，而待如初。史臣曰：「昔周得微子而革商命，秦得由余而霸西戎，吴得伍員而克彊楚，漢得陳平而誅項籍，魏得許攸而破袁紹。彼敵國之材臣，來爲己用，進取之良資也。王猛知垂之心久而難信，獨不念燕尚未滅，垂以材高功盛，無罪見疑，窮困歸秦，未有異

[一]「什翼犍」，底本作「什翼健」，今據《魏書》卷一《序紀》、《通鑑》卷一〇一改；以下徑改，不注。
[二]「抑」，底本作「柳」，今據北大本、《通鑑》卷一〇二改。
[三]「一」，底本脱，今據《通鑑》卷一〇二補。

心，遽以猜忌殺之，是助燕爲無道，而塞來者之門也。故秦王禮之以收燕望，親之以盡燕情，寵之以傾燕衆，信之以結燕心，未爲過矣。猛何汲汲於殺垂，乃爲市井鬻賣之行，有如嫉其寵而讒之者，豈雅德君子所宜爲哉！」以猛爲司徒、録尚書事，封平陽郡侯。猛固辭曰：「今燕、吴未平，戎車方駕，而始得一城，即受三事賞，若克殄二寇，將何以加之！」堅曰：「苟不蹔抑朕心，何以顯卿謙光之美！已詔有司權聽所守，封爵酧庸，其勉從朕命！」四月，遣猛督十將步騎六萬伐燕。六月，乙卯，堅送猛于霸上〔二〕，曰：「今委卿以關東任，當先破壺關，平上黨，長驅取鄴，所謂『疾雷不及掩耳』。吾當親督萬衆，繼卿星發，舟車粮運，水陸俱進，卿勿以爲後慮也。」猛曰：「臣仗威靈，奉成算，盪平殘胡，如風掃葉，願不煩鑾輿親犯塵霧，但願速敕所司，部置鮮卑之所。」并堅大悦。七月，猛克壺關，執其上黨太守慕容越。九月，入晉陽，執其并州刺史慕容莊。燕太傅慕容評帥精兵四十萬救二城，不敢進。十月，壬戌，猛遣將軍徐成覘燕軍形要，期以日中，及昏而返。猛怒，將斬之。洛州刺史鄧羌請之曰：「今賊衆我寡，詰朝將戰。成，大將也，宜且宥之。」猛曰：「若不殺成，軍法不立。」羌固請曰：「成，羌之郡將

〔二〕「霸」，底本作「壩」，今據《晉書·苻堅載記上》改。

也，雖違期應斬，羌願與成效戰以贖之。」猛弗聽。羌怒，還營，嚴鼓勒兵，將攻猛。猛問其故，羌曰：「受詔討遠賊，今有近賊自相殺，欲先除之！」猛謂羌義而有勇，使語之曰：「將軍止，吾今赦之。」成既免，羌詣猛謝。猛執其手曰：「吾試將軍耳。將軍於郡將尚爾，況國家乎，吾不復憂賊矣！」甲子，猛陳於渭源而誓之曰：「王景略受國厚恩，任兼内外，今與諸君深入賊地，當竭力致死，有進無退，共立大功，以報國家。受爵明君之朝，稱觴父母之室，不亦美乎！」衆皆踴躍，破釜棄粮，大呼競進。猛望燕兵之衆，謂羌曰：「今日之事，非將軍不能破勍敵。成敗之機，在兹一舉，將軍勉之！」羌曰：「若能以司隸見與者，公勿以爲憂。」猛曰：「此非吾所及，必以安定太守、萬户侯相處。」羌不悦而退。俄而兵交，猛召之，羌寢弗應。猛馳就許之，羌乃大飲，馳赴燕陣，大破之。評單騎走還鄴，秦兵長驅而東。魏史臣崔鴻曰：「羌請郡將以撓法，徇私也；勒兵欲攻王猛，無上也；臨陣豫求司隸，邀君也。有此三者，罪莫大焉。猛能容其所短，收其所長，若馴猛虎，馭悍馬，以成大功。《詩》云『采葑采菲，無以下體』，猛之謂與！」丁卯，圍鄴。猛上疏稱：「臣以甲子日大殲醜類，順陛下仁愛之志，使六州士庶不覺易主，自非守迷違命，一無所害。」堅報曰：「將軍役不踰時，而元惡克舉，勳高前古。朕今親帥六軍，星馳電赴。將軍其休養將士，以待朕至，然後取之。」十一月，自帥精鋭十萬赴鄴，七日而至安陽，宴祖、父時故老。猛潛如安陽謁堅，堅曰：「昔周亞夫不迎漢文帝，今將軍臨敵而棄軍，何也？」猛曰〔二〕：「亞夫前却人主以求名，臣竊少之。且臣奉陛下威靈，擊垂亡之虜，譬如釜中之魚，何足慮也〔三〕！監國沖幼，鑾駕遠臨，脱有不虞，悔之何及！陛下忘臣灞上之言邪？」戊寅，鄴納秦兵，暐奔。辛巳，堅入鄴宫，獲暐，下詔大赦，曰：「朕以寡薄〔三〕，猥承休命，不能懷遠以德，柔服四維，至使戎車屢駕，有害斯民，雖百姓之過〔四〕，然亦朕之罪也。其大赦天下，與之更始。」時以猛功，爲使持節、都督關東六州諸軍事〔五〕、車騎大將軍、開府儀同三司、冀州牧，鎮鄴，進爵清河郡侯，悉評第中物賜之，仍賜美妾五人，上女妓十人，中妓三十人，馬百匹〔六〕，車十乘。猛上疏固辭，不受賜。羌爲使持節、征虜將軍、安定太守，賜爵真定郡

〔二〕「亞夫不迎漢文帝，今將軍臨敵而棄軍，何也？猛曰」，底本脱十九字，今據福建本、北大本、《晉書·苻堅載記上》、《通鑑》卷一〇二補。
〔三〕「慮」，底本作「盧」，今據福建本、北大本、《晉書·苻堅載記上》、《通鑑》卷一〇二改。
〔三〕「薄」，底本作「德」，今據福建本、《通鑑》卷一〇二改。
〔四〕「姓」，底本作「世」，今據福建本、北大本、《通鑑》卷一〇二改。
〔五〕「使」、「都督」，底本脱三字，今據《晉書·苻堅載記上》、《通鑑》卷一〇二補。
〔六〕「百」，底本作「八」，今據福建本、《晉書》卷一一四《苻堅載記下附王猛傳》改。

侯[二]；郭慶爲持節、都督幽州諸軍事、幽州刺史，鎮薊，賜爵襄城郡侯。其餘將士封賞各有差[三]。州縣牧守令長，皆因舊以授之。遣繡衣使者循行關東州郡，燕政有不便於民者，皆變除之。車駕自鄴如枋頭，宴父老，改枋頭曰永昌，復之終世。甲寅，至長安，封暐爲新興侯。

七年，正月，徙關東豪傑及雜夷十五萬户於關中，處烏桓雜類於馮翊、北地[三]，丁零翟斌於新安、澠池。諸因亂流移欲還舊業者，聽之。二月，堅以關東初平，守令宜得人，令王猛以便宜簡召英俊[四]，補六州守令，授訖，言臺除正。伐慕容桓於遼東[五]，滅之。八月，猛以潞川功，請以鄧羌爲司隸，命羌進號鎮軍將軍，位特進。猛以六州事重，言於堅，請改授親賢，及府選便宜，輒已停寢，别乞一州自效。堅報曰：「朕之於卿，義則君臣，親踰骨肉，雖復桓、昭之有管、樂，玄德之有孔明，自謂踰之。夫人主勞於求才，逸於得士。既以六州相委，則朕無東顧之憂，非所以爲優崇，乃朕自求安逸也。夫取之

〔二〕「真」，底本作「正」，今據福建本、北大本、《通鑑》卷一〇二改。
〔三〕「封」，底本作「分」，今據福建本、《晉書·苻堅載記上》、《通鑑》卷一〇二改。
〔三〕「地」，底本作「方」，今據福建本、北大本、《晉書·苻堅載記上》、《通鑑》卷一〇三改。
〔四〕「宜」，底本作「益」，今據《晉書·苻堅載記下附王猛傳》、《通鑑》卷一〇三改。
〔五〕按：「伐慕容桓於遼東，滅之」，據《晉書》卷九《簡文帝紀》，此事在咸安二年，即建元八年，《燕史》疑誤。

不易，守之亦難，苟任非其人，患生慮表，豈獨朕之憂，亦卿之責也。故虚位台鼎，而以分陝爲先。卿未照朕心，殊乖素望。新政俟才，宜速銓補，俟東方化洽，當衮衣西歸。」仍遣侍中梁讜詣鄴諭旨，猛乃視事如故。

八年，二月，以清河房曠爲尚書左丞，徵曠兄默及清河崔逞、燕國韓胤爲尚書郎，北平陽陟、田勰、陽瑶爲著作佐郎，郝晷爲清河相。瑶，騖之子。皆關東士望，猛所薦也。冠軍將軍垂請爲燕戮其叔父評，乃出評爲范陽太守，燕諸王悉補邊郡。史臣曰：「古之人，滅人之國而人悦，何哉？爲人除害故也。彼評者，蔽君專政，忌賢疾功，愚闇貪虐，以喪其國，國亡不死，逃遁見禽。堅不以爲誅首，又從而寵秩之，是愛一人而不愛一國之人也，其失人心多矣。故施恩於人而人莫之恩，盡誠於人而人莫之誠，卒於功名不遂，容身無所，由於不得其道故也〔二〕。」詔：「關東民學通一經、才成一藝者，所在郡縣以禮送之。在官百石以上，學不通一經、才不成一藝者，罷遣還民。」六月，癸酉，以王猛爲丞相、中書監、尚書令、太子太傅、司隸校尉，特進、常侍、持節、將軍、侯如故。以陽平公融爲使持節、都督六州諸軍事、鎮東大將軍、冀州牧。八月，猛至長

〔二〕「其道」，底本脱二字，今據福建本、北大本、《通鑑》卷一〇三補。

安，復加都督中外諸軍事，猛三四辭，不允。融在冀州，高選綱紀，以尚書郎房默、河間相申紹爲治中别駕，清河崔宏爲州從事，管記室。融年少，爲政好新奇，貴苛察。紹數規正，導以寬和，融雖敬之，未能盡從。後紹出爲濟北太守，融屢以過失聞，數致譴讓，乃自恨不用紹言。嘗坐擅起學舍，有司所糾，遣主簿李纂詣長安自理。纂憂懼，道卒。融問紹：「誰可使者？」紹曰：「燕尚書郎高泰[一]，清辯有膽智，可使也。」先是，猛及融屢辟泰，不起，至是，融謂泰曰：「君子救人之急，卿不得復辭！」泰乃從命。至長安，猛見之，笑曰：「高子伯於今乃來，何其遲也！」泰曰：「罪人來就刑，何問遲速耶！」猛曰：「何謂也？」泰曰：「昔魯僖公以泮宫發頌，齊宣王以稷下垂聲。今陽平公開建學宫，追蹤齊、魯，未聞明詔褒美，乃更煩有司舉劾。明公阿衡聖朝，懲勸如此，下吏何所逃其罪乎！」猛曰：「是吾過也。」事遂得釋。猛因歎曰：「高子伯豈陽平所宜吏乎[二]！」言於堅，召見，悦之，問治本。對曰：「治本在得人，得人在審舉，審舉在核真。未有官得人而國家不治者也。」堅曰：「可謂辭簡而理博矣。」以爲尚書郎。

[一]「燕」，底本脱，今據福建本、北大本、《通鑑》卷一〇三補。
[二]「吏」，底本脱，今據福建本、北大本、《通鑑》卷一〇三補。

泰固請還州，許之。十一月，都督北蕃諸軍事、鎮北大將軍、開府儀同三司、朔方桓侯梁平老卒。平老在鎮十餘年，鮮卑、匈奴憚而愛之。

九年，夏，代使燕鳳入貢。四月，有慧星出於尾、箕，長十餘丈，經太微，掃東井，自夏及秋冬不滅。秦太史令張猛曰：「尾、箕，燕分；東井，秦分也。今彗星起尾、箕而掃東井，十年後燕當滅秦，二十年後代當滅燕。慕容暐父子兄弟，我之仇敵，而布列朝廷，貴盛莫二，臣竊憂之。宜翦其魁桀，以消天變也。」堅不聽。陽平公融疏曰：「東胡跨據六州，南面稱帝，陛下勞師累年，然後得之，本非慕義而來。今親而幸之，使其父子兄弟森然滿朝，執權履職，勢傾勳舊。臣愚以爲狼虎之心，終不可養，星變如此，願少留意焉。」報曰：「朕方混六合爲一家，視夷狄爲赤子，汝宜息慮，勿懷耿介。夫惟修德可以禳灾，苟能内求諸己，何懼外患乎！」

十年，十二月，有人入明光殿，大呼曰：「甲申、乙酉，魚羊食人，悲哉無復遺！」堅命執之，不獲。秘書監朱彤、秘書侍郎趙整固請誅諸鮮卑，堅不聽。整，宦官也，博文彊記，能屬文，好直言，上書及面諫，前後五十餘事。慕容垂夫人段氏得幸於堅，同輦遊於後庭，整以歌諫，堅改容謝之，命夫人下輦。

十一年，七月，王猛寢疾，上疏。堅覽之悲慟，親至猛第視疾，訪以後事。猛曰：

「晉雖僻處江南，然正朔相承，上下安和。臣没之後，願勿以晉爲圖。鮮卑、西羌，我之仇敵，終爲人患，宜漸除之，以便社稷。」言終而卒。

十二年，二月，辛卯，堅下詔分遣侍臣周巡郡縣，問民疾苦。八月，甲午，平涼州。十月，鮮卑劉衛辰爲代所逼，求救。以幽州刺史、行唐公洛爲北討大都督，帥幽、冀兵十萬擊代；使并州刺史俱難，鎮軍將軍鄧羌，尚書趙遷、李柔，前將軍朱彤，前禁將軍張蚝，右禁將軍郭慶，帥步騎二十萬，東出和龍，西出上郡，與洛會，以衛辰爲鄉導。十一月，代王什翼犍敗，帥衆奔陰山之北。及秦兵退，十二月，復還雲中。無何，爲庶長子寔君所弒，秦兵趨之，部衆大亂。洛遷其少子窟咄於長安，堅使之入太學。下詔曰：「張天錫藉祖、父之資，承百年之業，擅命河右，叛換偏隅〔二〕。索頭世跨朔北，中分區域，東賓穢貊，西引烏孫，控弦百萬，虎視雲中。爰命兩師，分討黠虜，役不淹歲，窮殄二兇，俘降百萬，闢土九千。五帝之所未賓，周、漢之所未至，莫不重譯來王，懷風率職。有司可速班功受爵，戎士悉復之五歲〔三〕，賜爵三級。」於是加洛征西將軍，以羌

〔二〕「換」，底本作「據」，今據福建本、《通鑑》卷一〇四改。
〔三〕「士」，底本作「事」，今據福建本、《通鑑》卷一〇四改。

爲并州刺史。陽平國常侍慕容紹私謂其兄楷曰：「秦恃强大[二]，務勝不休，將敗，而燕祚將恢復焉。」

十三年，高句麗、新羅、西南夷皆遣使入貢。趙故將作功曹熊邈屢爲堅言石氏宫室器玩之盛，堅以邈爲將作長史，領尚方丞，大修舟艦、兵器，飾以金銀，頗極精巧。慕容農私言於垂曰：「自王猛死，秦之法制日以頹靡，今又重之以奢侈，殃將至矣。」時晉謝安欲增修宫室，以弊陋，後人謂人無能。常侍王彪之曰：「凡任天下之重者，當保國寧家，緝熙政事。乃以修宫室屋爲能耶！」安不能奪其議，故終彪之之世，無所營造。則二國之存亡，即此可觀矣。

十四年，二月，堅遣征南大將軍、都督征討諸軍事、守尚書令、長樂公丕，武衛將軍苟萇，尚書慕容暐，帥步騎七萬寇襄陽；京兆尹慕容垂，揚武將軍姚萇等帥衆出南鄉。四月，垂拔南陽，執太守鄭裔，與丕會襄陽。時秦、晉爲敵，慕容以燕人，有事而書。

十五年，正月，堅欲自攻襄陽，詔陽平公融以關東六州兵會壽春，融諫而止。二月，

[二]「兄楷曰秦」，底本脱四字，今據《通鑑》卷一〇四補。

戊午，陷襄陽，執晉守將朱序，以其能守節，拜尚書。將軍慕容越拔順陽。時晉僑置幽、冀、青、并於江北。五月，乙丑，兵六萬圍晉幽州刺史田洛于三阿。六月，戊子，兖州刺史謝玄自廣陵來救，與洛等大戰，破之。

十六年，正月，堅復以北海公重爲鎮北大將軍，鎮薊。重嘗鎮洛陽，謀反，堅命長史呂光檻車送長安，赦，以公就第。三月，以征北將軍、幽州刺史、行唐公洛，爲使持節、都督益寧西南夷諸軍事、征南大將軍、益州牧，使自伊闕趨襄陽，泝漢而上。重、洛，健之兄子也。洛勇而多力，能坐制奔牛，射洞犂耳，重之弟，自以有滅代之功，求開府儀同三司，不得，由是怨憤恚怒。梁成時鎮襄陽，洛謀於官屬曰：「孤於帝室，至親也。主上不能以將相任孤，常擯孤於外，既投之西裔，復不聽過京師，此必有伏計，欲使梁成沈孤於漢水矣。爲宜束手就命乎？爲追晉陽之事，以匡社稷邪？諸君意何如？」幽州治中平顏安陳祥瑞，勸洛舉兵，曰：「逆取順守，湯、武是也；因禍爲福，桓、文是也。主上雖不爲昏暴，然窮兵黷武，民思息肩者，十室而九。若明公神旗一建，必率土雲從。今跨據全燕，地盡東海，北總烏桓、鮮卑，東引句麗、百濟，控弦之士，不減十餘萬，奈何束手就縛，蹈不測之禍乎！」洛攘袂大言，曰：「孤計決矣，沮謀者斬！」於是自稱大將軍、大都督、秦王，以顏爲幽州刺史，爲謀主，玄菟太守吉貞爲左長史[二]，遼東太守趙讚爲左司馬，昌黎太守王緼爲右司馬，遼西太守王琳[三]、北平太守皇甫傑、牧官都尉魏敷等爲從事中郎。分遣使者徵兵於鮮卑、烏桓、高句麗、百濟、新羅、休忍等諸國，遣兵三萬助重戍薊[三]。諸國皆曰：「吾爲天子守藩，不能從行唐公爲逆。」洛懼，欲止，猶豫不決。緼、琳、傑、敷知其無成，欲告之，洛皆殺之。貞、讚曰：「今諸國不從，事乖本圖，明公若憚益州之行者，當遣使奉表乞留，主上亦不慮不從。」顔曰[四]：「今事形已露，何可中止！宜聲言受詔，盡幽州之兵南出中山、常山，陽平公必郊迎。因而執之，進據冀州，摠關東之衆以圖西土，天下可指麾而定也！」洛從之。四月，洛衆七萬發和龍。堅召群臣謀之，步兵校尉呂光曰：「行唐公以至親爲逆，此天下所共疾。願假臣步騎五萬，取之如拾遺耳。」堅曰：「重、洛兄弟，據東北一隅，兵賦全資，未可輕也。」光曰：「彼衆迫於凶威，一時蟻聚耳。若以大軍臨之，勢必瓦解，不足憂矣。」堅乃遣使讓洛，使還和龍，當以幽州永爲世封。洛謂使者曰：「汝還白東海

[二]「左」，底本作「在」，今據福建本、北大本、《通鑑》卷一〇四改。
[三]「琳」，底本作「淋」，今據《通鑑》卷一〇四改。
[三]「兵」，底本作「分」，今據《通鑑》卷一〇四改。
[四]「顔」，底本作「規」；按：《晉書·苻堅載記上》作「平顔」，《通鑑》卷一〇四作「平規」，今據上下文及《晉書》改。

王，幽州褊狹，不足以容萬乘，須王秦中，以承高祖業。若能迎駕潼關者，當位爲上公，爵歸本國。」堅大怒，遣左將軍武都竇衝及呂光帥步騎四萬討之；右將軍都貴馳傳詣鄴，將冀州兵三萬爲前鋒；以融爲征討大都督。重悉薊城之衆與洛會，屯中山，有衆十萬。五月，衝等大敗洛於中山，生擒之及其將蘭殊，送長安。重走還薊，光追斬之。屯騎校尉石越自東萊帥騎一萬，浮海行四百里，襲和龍，斬顔及其黨與百餘人，幽州悉平。堅赦洛、殊不誅，署殊爲將軍，徙洛於凉州西海郡。六月，丁卯，召融爲侍中、中書監、都督中外諸軍事、車騎大將軍、司隸校尉、録尚書事；以征南大將軍、守尚書令、長樂公丕，爲都督關東諸軍事、征東大將軍、冀州牧。堅以關東地廣人殷，思所以鎮靜之，引群臣議。以氐種類繁滋，七月，分十五萬户，使諸宗親各領之，散居方鎮，如古諸侯。丕領仇池、九嵕氐酋三千，立征東左、右司馬分領之，又立長樂世卿、郎中令、録事、參軍、別駕之屬。八月，分幽州置平州，以石越爲平州刺史，領護鮮卑中郎將，鎮龍城；大鴻臚韓胤領護赤沙中郎將，移烏桓府于代郡之平城；中書令梁讜爲安遠將軍、幽州刺史，鎮薊城：各配氐户三千[一]，及各鎮領配而行。堅送丕至灞上，流涕而別。諸

[一]「三」，底本作「二」，今據福建本、《晉書·苻堅載記上》、《通鑑》卷一〇四改。

氏別其父兄，皆慟哭，哀感路人，識者以爲喪亂流離之象。趙整因侍宴，援琴而歌曰：「阿得脂，阿得脂，博勞舅父是仇綏[一]，尾長翼短不能飛。遠徙種人留鮮卑，一旦緩急當語誰！」堅笑而不納。

十七年，二月，東夷、西域六十二國入貢。

十八年，四月，以扶風太守王永爲幽州刺史。永，猛之子。兄皮，兇險無行，謀反，赦之，徙朔方。永清修好學，故堅用之。時謀伐晉，以陽平公融爲征南大將軍、開府儀同三司。五月，幽州蝗生，廣袤千里。堅使散騎常侍彭城劉蘭發幽、冀、青、并民撲除之。十月，堅會群臣於太極殿，議平江南，議者多以爲不可，久而不决。堅乃獨留融詢之，融泣曰：「晉未可滅，昭然甚明。今勞師大舉，恐無萬全之功。且臣之所憂，不止於此。陛下寵育鮮卑、羌、羯，布滿畿甸，此屬皆我深仇。太子獨與弱卒數萬留守京師，臣懼不虞之變，生於腹心肘腋，不可悔也。臣頑愚不足采，王景略一時豪傑，陛下常比之諸葛武侯，獨不記其臨没之言乎！」堅不聽。朝臣進諫者衆，太子宏曰：「今歲在吴

[一]「勞」，底本作「羅」，今據《晉書·苻堅載記下》、《通鑑》卷一〇四改。

分[一]，又晉君無罪，若大舉不捷，恐威名外挫，財力内竭，此群下所以疑也！」堅曰：「昔吾滅燕，亦犯歲而捷，天道固難知也。秦滅六國，豈皆其君暴虐乎！」由是決意伐晉，諫者皆不聽。時蘭討幽州蝗，經秋冬不能滅[二]。十二月，有司奏徵蘭下廷尉，堅曰：「灾降自天，非人力所能除。此由朕之失政，蘭何罪乎！」是歲，秦大熟，上田畝收七十石，下田三十石。蝗不出幽州境，不食麻、豆，上田畝收百石，下者五十石。是年，新平郡獻玉器。初，堅即位，新平王彫陳説圖讖，大悦，以爲太史令。彫嘗曰：「謹按讖云：『古月之末亂中州，洪水大起健西流，惟有雄子定八州。』此即三祖、陛下之聖諱也。又曰：『當有艸付臣又土，滅東燕，破白虜，氐在中，華在表。』按圖讖之文，陛下當滅燕，平六州。願徙汧、隴諸氐於京師，三秦大户置之於邊地，以應圖讖之言。」堅訪之王猛，猛以彫爲左道惑衆，勸堅誅之。彫臨刑上疏曰：「臣以趙建武四年，從京兆劉湛學，明於圖記，謂臣曰：『新平地古顓頊之墟，里名曰雞閭。記云：此里應出帝王寶器，其名曰延壽寶鼎。顓頊有云，河上先生爲吾隱之於咸陽西北，吾之孫有艸付臣又土

[一]「吴」，底本作「兵」，今據《晉書·苻堅載記下》、《通鑑》卷一〇四改。
[二]「冬」，底本脱，今據《晉書·苻堅載記下》、《通鑑》卷一〇四補。

應之。』湛又云：『吾嘗齋於室中，夜有流星，大如半月，落於此地，斯蓋是乎！』顧陛下志之，平七州之後，出於壬午之年。」至是而新平人得之以獻，器銘篆書文題之法，一爲天王，二爲王后〔一〕，三爲三公，四爲諸侯，五爲伯子男，六爲卿大夫，七爲元士。自此以下，考載文記，列帝王名臣，自天子王后〔二〕，內外次序，上應天文，象紫宮布列，依玉牒版辭，不違帝王之數〔三〕。從上元人皇起，至中元，窮於下元，天地一變，盡三元而止。堅以彤言有徵，追贈光祿大夫。

十九年，五月，晉都督桓沖帥師十萬攻襄陽，別將拔蜀五城，及萬歲、筑陽等城。堅遣征南將軍鉅鹿公叡、冠軍將軍慕容垂等，帥步騎五萬救襄陽。叡遣垂爲前鋒，進臨沔水。沖退還上明。堅遂下詔大舉攻晉，民每十丁遣一兵，其良家子年二十以下有材勇者，皆拜羽林郎。良家子至者三萬餘騎，拜秦州主簿趙盛之爲少年都統。朝臣皆不欲堅行，獨垂及步兵校尉姚萇與良家子勸之。陽平公融曰：「鮮卑、羌虜，我之仇讎，常思風塵之變以逞其志，所陳策畫，何可從也！良家少年皆富饒子弟，不閑軍旅，苟爲諂諛

〔一〕「王」，底本作「皇」，今據福建本、《晉書・苻堅載記下》改。
〔二〕「王」，底本作「三」，今據福建本、《晉書・苻堅載記下》改。
〔三〕「不違」，底本脱二字，今據《晉書・苻堅載記下》補。

之言，以會陛下之意耳。今信而用之，輕舉大事，臣恐功既不成，仍有後患，悔無及也！」堅不聽。八月，戊午，堅遣融督後將軍張蚝及垂等步騎二十五萬爲前鋒；以兗州刺史姚萇爲龍驤將軍、督益梁州諸軍事，且謂之曰：「昔朕以龍驤建業，未嘗輕以授人，卿其勉之！」左將軍竇衝曰：「王者無戲言，此不祥之徵也！」堅默然。甲子，堅發長安，戎卒六十餘萬，騎二十七萬，旗鼓相望，前後千里。九月，堅至項城，凉州之兵始達咸陽，蜀、漢之兵順流而下，幽、冀之兵至於彭城[一]，東西萬里，水陸齊進，漕運萬艘。十月，癸酉，融克壽陽，垂拔鄖城[二]，堅會於壽陽。前鋒爲晉前鋒都督謝玄遣廣陵相劉牢之所敗，斬獲將帥，步騎崩潰。晉諸軍水陸繼進。堅與融登城望之，以八公山上草木皆以爲晉兵[三]。十一月，秦兵逼肥水而陳，玄等引兵渡水而擊之。融馳騎略陣，爲晉兵所殺，兵遂大潰，自相蹈藉而死者，蔽野塞川。其走者聞風聲鶴唳，皆以爲晉兵且至，晝夜草行露宿，饑餒死者什七八。堅所乘雲母車爲晉獲，復取壽陽。堅中流矢，單騎走至淮北，饑甚。民有進壺飧豚髀者，堅食之，賜帛十疋，綿十斤。辭曰：「陛下厭苦安

〔一〕「幽冀之兵」，底本脱四字，今據北大本、《晉書·苻堅載記下》、《通鑑》卷一〇五補。
〔二〕「鄖」，底本作「勛」，今據福建本、北大本、《晉書·苻堅載記下》、《通鑑》卷一〇五改；以下徑改，不注。
〔三〕「八」，底本作「入」，今據福建本、北大本、《晉書·苻堅載記下》、《通鑑》卷一〇五改。

樂，自取危困。臣爲陛下子，飼父而求報乎！」弗顧而去。堅謂張夫人曰：「吾今復何面目治天下乎！」潸然流涕。時諸軍皆潰，惟垂所將三萬人獨全，堅以千餘騎奔之。垂世子寶、弟德、參軍趙秋及諸親黨多勸垂殺堅，垂皆不從，悉以兵授堅[二]。慕容暐以平南將軍從垂爲前鋒，屯鄖城，聞堅敗，棄其衆遁去。堅收離集散，比至洛陽，衆十餘萬，百官威儀軍容麄備。行至澠池，未及關，垂請至鄴展墓，因巡撫燕、代，張威以安戎狄。堅許之。左僕射權翼諫，不聽。遣將軍李蛮、閔亮、尹國帥衆三千送之。尋懼垂爲變，又遣驃騎將軍石越帥精卒三千戍鄴。十二月，堅至長安東行宫，哭陽平公融而後入，告罪於太廟，赦殊死以下，復死事者家。垂至鄴西館，潛與燕故臣謀起兵。會衛軍從事中郎丁零翟斌起兵叛秦，謀攻豫州牧、平原公暉於洛陽，長樂公丕遣垂及廣武將軍苻飛龍討之。垂殺飛龍，盡坑其衆。暉遣武平侯毛當擊斌，爲慕容鳳所斬。垂遣人如鄴，密告其子農等逃出，起兵于列人。

二十年，正月，丙戌，垂至洛陽，暉拒之。翟斌奉垂爲盟主，而即燕王位。丕使石

[二]「授」，底本作「援」，今據《通鑑》卷一〇五改。

越擊慕容農，爲所斬。毛當及越皆驍將，及失之，人情騷動，盜賊群起。庚戌，垂至鄴[二]，改元。壬子，攻鄴，拔外郭。關東六州郡縣，多送任子，請降於燕。三月，暐潛使諸弟及宗人起兵於外，北地長史泓起兵於華陰，平陽太守沖起兵以應之。堅謂權翼曰：「不用卿言，使鮮卑至此！」爲遣垂也。四月，以鉅鹿公叡及龍驤將軍姚萇攻泓。泓殺叡，萇懼罪，奔渭北，叛，自稱秦王。五月，慕容麟拔常山。六月，燕人殺泓，立沖爲皇太弟。七月，麟克中山，沖據阿房。八月，幽州刺史王永破燕寧朔將軍平規於薊南，進據唐城。九月，沖進逼長安，堅曰：「吾不用王景略、陽平公言，使白虜敢至於此！」翟真叛垂，通丕攻燕，爲農所敗，冀州郡縣復從燕。十二月，暐謀叛，及其宗族、城内鮮卑無少長男女皆殺之。

太安元年，正月，沖僭位於阿房，改元更始。甲子，沖戰於白渠，秦兵大敗。二月，垂帶方王佐與平規共攻薊已久，王永兵屢敗，使昌黎太守宋敞燒和龍及薊城宫室，帥衆三萬奔壺關。佐等入薊。四月，鄴中饑，丕就晉穀於枋頭。五月，沖攻長安，驍將楊定爲禽。堅大懼，出奔五將山，留太子宏守長安。六月，宏不能守，出奔，沖入據長安。

〔二〕「至」，底本脱，今據福建本、《通鑑》卷一〇五補。

七月，堅至五將山，萇帥騎圍之，秦兵皆敗走，執詣新平，幽於別室。宏奔晉。丕帥衆自枋頭將歸鄴，敗晉兵於谷口，復入鄴城。八月，辛丑，萇遣人縊堅於新平佛寺，欲隱其名，謚堅曰壯烈天王。丕在鄴，將西赴長安。王永在壺關，遣使招之，丕乃帥鄴中男女六萬餘口西如潞川。驃騎將軍張蚝、并州刺史王騰迎之入晉陽。永留平州刺史苻沖守壺關，自帥騎一萬會丕於晉陽。丕始知長安不守，堅已死，乃發喪，即位，改元，謚堅曰宣昭皇帝，廟號世祖。丕字永叔，堅之長庶子也。苻氏定、鑒，堅之從叔；紹、謨，從弟；亮，從子也。前守信都、常山、中山，爲燕所下而降，鑒爲禽。十月，聞丕即位，定等皆自河北遣使謝罪。十一月，以定爲冀州牧，紹爲冀州都督，謨爲幽州牧，亮爲幽平二州都督，並進爵郡公。以中山太守王兗固守博陵，爲秦拒燕，而以爲平州刺史。十二月，慕容麟拔博陵，殺兗及苻鑒，宋敞救兗，不及而還，丕以爲平州刺史[一]。丙申，苻定據信都以拒燕，垂以慕容精爲冀州刺史，攻之。

太初元年，正月，辛未，燕王垂僭即皇帝位。六月，垂遣將攻定、紹、謨、亮等，

[一]「十二月，慕容麟拔博陵，殺兗及苻鑑，宋敞救兗，不及而還，丕以爲平州刺史」，底本脱二十九字，今據福建本、北大本、《通鑑》卷一〇六補。

皆降之，封爲侯，曰：「以酬秦主之德也。」丕以王永爲左丞相，永傳檄四方，曰：「昔夏有窮夷之難，少康起焉。王莽毒殺平帝，世祖重光漢道。百六之運，何代無之！天降喪亂，羌、胡猾夏〔二〕，先帝晏駕賊庭，京師鞠爲寇穴，神州蕭條，生靈塗炭。天未亡秦，社稷有奉。主上聖德恢弘，道侔光武，所在宅心，天人歸屬，必當隆中興之功，復配天之美。姚萇殘虐，慕容垂凶暴，所過滅户夷烟，毁發丘墓，毒徧存亡，痛纒幽顯，雖黄巾之害於九州，赤眉之暴於四海，方之未爲甚也。今素秋將及，行師令辰，公侯牧守，壘主鄉豪，戮力國家，乃心王室，各帥所統，以孟冬上旬會大駕於臨晉。」於是天水姜延等咸承檄起兵，各有衆數萬，遣使詣丕，皆就拜。十月，燕河東王慕容永求丕假道東歸，弗許而戰，丕敗南奔，爲晉將所殺。永遂僭位，改元中興。十一月，登即位於隴東，字文高，堅之族孫也。丕以爲征西大將軍、南安王，而立，改元太初，謚丕哀平皇帝。登集離散之兵，厲死休之志，雖衆寡不敵，難以立功，而義烈慷慨，亦有足稱焉。而於燕無戰，不具。在位九年〔三〕，爲姚萇子興所殺。太子崇立，改元延初，謚登高皇帝，廟號太

〔二〕「猾」，底本作「華」，今據福建本、北大本、《晉書·苻丕載記》改。

〔三〕「在」，底本脱，今據《晉書·苻丕載記》補。

宗。崇尋爲西秦所殺。自健以晉永和七年僭位，至崇六主，凡四十有四歲，滅。

史贊曰：「洪惟壯勇，威稜氐種。健藉世資，遂雄關隴。長生昏虐，敗不旋踵。永固禎祥，肇自龍驤。垂旒負扆[二]，竊帝圖王。患生縱敵，亂起矜彊。丕登僭假，淪胥以亡。」

郭造卿曰：秦亡由於垂、萇，史司馬謂其不然。使堅治國無失道，則垂、萇皆能臣也，烏能爲亂哉！蓋昔吴之亡，數戰則民疲，數勝則主驕，以驕主御疲民，未有不亡者。堅似之矣。是一説也。然燕本鼎立之國，羌昔若非秦敵，而爲國深慮者，防之不若鮮卑。燕昔之輕秦，猶秦之輕晉也。輕秦則燕亡，輕晉則秦亡。而燕以多難復興，秦一蹶不振，何哉？或謂燕亡以猛在，猛亡而燕復固。然謂猛臨終之言，慮鮮卑及羌故也，且言晉不可伐，胥違之，故罔不敗。文中論曰：武王不敢逆天命背人而事紂，齊相不敢逆天命背人而黜周。蓋皆歸罪於晉[三]，毋乃非猛之心乎！堅以紂視生，誅獨夫，何罪焉；猛以周尊晉，存正朔，無尤焉。蓋燕昔皆事晉，晉之

[二]「旒」，底本作「旈」，今據福建本、《晉書・苻丕載記》改。
[三]「晉」，底本脱，今據福建本、北大本補。

天命未改，燕寇之而遂亡，乃猛之言在焉。猛達天人之際，不以燕亡爲無敵，非以晉强爲莫敵，蓋以正朔不可敵矣。况當羌之方興，而與鮮卑爲犄角哉。故竊取文中言，而爲裁其所以亡。

燕朔記

燕朔記敘[一]

史者，正名其先乎。而夷稱燕，何以哉？或曰：尊中國以正亂，五胡鮮卑爲盛，焉則夷之。然其究則同，其初豈無以異乎？山戎、烏桓，邈勿論已。自魏受封，名以率義，當晉篡而犯者，或革命未服耳。既知正朔當主中原，則順受羈縻而尊天子矣。匈奴首亂，繼之以羯。彼介遼左，隔乎幽、薊，勸進江左，受朔稱藩，上牋太尉，豈曰無衣。至獻璽而告捷，諸胡能若是乎？亦豈若彼氐、羌，先事强虜，力屈乃降，勢便而叛者哉！蓋燕亂於浚、於段，歸之勒、虎，乃取而治之，遂奄有中原，承諸胡而後興，非方亂乃爾也。以視涼之華胄，其忠順與同，而名實有加，功罪之重輕，可論矣！或曰：

[一] 按：《燕朔記》殘佚嚴重，《記敘》、《記一》、《記二》已闕，僅存《記三》、《記四》。今據郭造卿《海嶽山房存稿》卷四補入《燕朔記敘》，又見本書下編燕史敘。

尊天子以正僭，五胡慕容爲甚，焉則夷之。夫周之齊、晉，雖霸而不敢稱天王，吴、楚以夷置之。燕本繇伯至於王，未嘗聞其請命，爲不討之日久矣，雖於列國非罪首，然亦後僭之權輿也。慕容久奉正朔，册拜一由天子。及代稱王建元，皝乃自王以請，既安且吉。斯如《春秋》稱元而未僭號，不亦薄乎云爾哉！石趙滅而冉魏亡，猶責以服殷之義，雖武且未盡善，斯制命者之罪矣。《元經》以而稱秦，何獨於燕不然歟？或曰：亂也，僭也，既恕之矣，無以則霸乎？燕初居追、貊間，九世不通上國，非秦先之勤王，楚先之賜胙也。自齊伐而晉和，至昭乃開五郡，東雖至遼，北雖至代，西阻以趙，南阻以齊，於攘夷且無稱，襲而不以正耳。慕容起碣，及隴海表之爲臣妾，塞外爲之附庸，拔洛陽而據青、淄，雖《甘棠》之風微，而疆理之迹廣矣。故以霸名子，其志有在焉。但知尊中國勸進，而未能九合一匡，知斂髮而冠步搖，其左衽之徒猶熾也。乃僭大位以抗正朔，盛不及乎前秦，永不及乎北魏，是可霸而非霸，敢與桓、文齒哉！自廆而皝，稱王尚再請命，至改年則叛矣。自皝而儁，號元未敢入寇，至拒命則逆矣。迨儁之暐也，問晉鼎以失國，奉秦朔而失正，是後則不足云矣。夫中國之迸，四夷爲正朔所不及也。即古天子班朔，侯國不齊，三正雜用，而其曆且不一。燕昔奉周朔，其用不可知，若以元紀年，則未嘗從周矣。即太史公爲表，於漢尚爾，及年有號，而表尚不齊焉。第不敢僭號於元，諸侯王莫不然耳。迄於莽亂，稱者二三，中興復定於一。至鼎立復亂，而燕之公孫亦僭王號元，未幾而隨滅亡，夷狄孰敢干乎！惟晉廩君苗裔，其違王化遠矣。自牧而元，自王而帝，西始於成，北次以漢，而石羯，而拓拔，而苻秦，而慕容，胡運之朔，其稱居六。朔者月之初，義取於始也。而燕年有號者，蓋自公孫始；其號之以帝者，則自慕容始。

燕朔記三〔一〕

郭造卿曰：虓既王矣，而儁不帝乎？况得之趙、魏，而非取於晉哉。所尊江左爲王室，每致意於興復，其乃祖心尚未改，乃考則鮮克終爾。王而請命於帝矣，帝其何所請乎？故始之獻璽者，張氏、段氏、慕容氏同。而後惟慕容氏，則無璽爲有璽，以僭亂之未定，矯誣上帝以請命也。韓恒昔駁請王，而至於貶斥，會爲尚書令，未嘗聞有異議，豈以果能靖四海，而宜天子位乎？至定五行之次，不以承趙爲

〔一〕「三」，底本脱，今據福建本目録、北大本目録補。

諱[二]，則能定大亂邦，可開明堂以治之，何必符瑞欺世，而取璽紀年哉！然則玉版之文，及常山珪璧，然歟？否歟？故議禮制度，諸臣亦有可觀，而本之則亡，没世焉爾矣。

燕元年，晉永和五年也。儁即位踰年，依春秋列國故事，稱元年，赦境内。四月，晉帝詔遣謁者陳沈，拜儁爲使持節、侍中、都督河北諸軍事、幽冀并平四州牧、大將軍、大單于、燕王，承制封拜，一如廆、皝故事。韓恒爲營丘太守，政化大行，徵拜諮議參軍，加揚烈將軍。時趙、魏大亂，燕平狄將軍霸上書曰：「石虎窮凶極暴，天之所棄，餘燼僅存，自相魚肉。今中國倒懸，企望仁恤，若大軍一振，勢必投戈。」北平太守孫興亦表言：「石氏大亂，宜以時進取中原。」儁以新遭大喪，弗許。霸馳詣龍城，曰：「時來易失，赴機在速，兼弱攻昧，今其時矣。萬一石氏衰而復興，或有英雄據其成資，豈惟失此大利，亦恐更爲後患。」儁曰：「鄴中雖亂，其征東將軍鄧恒據安樂，兵彊糧足。今若伐之，東道不可由也，當由盧龍，山徑險狹，虜乘高斷要，首尾爲患，將若之何？」霸曰：「恒雖爲石氏拒守，其將士顧家，人懷歸志，若大軍臨之，自然瓦解。臣請爲前

[二]「諱」，底本作「韓」，今據福建本改。

驅，東出徒河，潛趣令支，出其不意。彼聞之，勢必震駭，上不過閉門自守，下不免棄城逃潰，何暇禦我哉！殿下可以安步而前矣。」儁猶豫未決，以問五材將軍封奕，對曰：「用兵之道，敵彊則用智，敵弱則用勢。是故以大吞小，猶狼之食豚也；以治易亂，猶日之消雪也。大王自上世以來，積德累仁，兵彊士練。石虎極其殘暴，死未瞑目，子孫爭國，上下乖亂。中國之民，墜於塗炭，延頸企踵，以待振拔。大王若揚兵南邁，先取薊城，次指鄴都，宣耀威德，懷撫遺民，彼孰不扶老提幼，以迎大王。凶黨將望旗冰碎，安能爲害乎！」從事中郎黄泓曰：「今太白經天，歲星集畢北，陰國受命，此必然之驗也。宜速出師，以承天意。」折衝將軍慕輿根曰：「中國之民困石氏之亂，咸思易主，以救湯火之急，此千載一時，不可失也。自武宣王以來，招賢養士，務農訓兵，正俟今日。時至不取，更復顧慮，豈天意未欲使海内平定邪？將大王不欲取天下也？」儁笑而從之。以恪爲輔國將軍，評爲輔弼將軍，郎中令陽騖爲輔義將軍，謂之「三輔」。霸爲前鋒都督、建鋒將軍，選精兵二十餘萬，礪甲嚴兵，爲進取計。十二月，儁遣使至涼州，約張重華共擊趙。高句麗王釗送前東夷護軍宋晃於儁[二]，儁赦之，更名曰活，拜爲

[二] 「于」，底本闕，今據《通鑑》卷九八補。

中尉。

二年，正月，冉閔弒石氏，僭位稱魏。二月，儁遣霸將兵二萬自東道出徒河，慕輿于自西道出蠮螉塞，儁自中道出盧龍塞以伐趙。以恪及鮮于亮爲前驅，命慕輿遲槎山通道。留世子曄守龍城，以內史劉斌爲大司農，與典書令皇甫真留統後事。霸軍至三陘，趙征東將軍鄧恒惶怖，焚倉庫，弃安樂遁去，與幽州刺史王午共保薊。徒河南部都尉孫泳急入安樂，撲滅餘火，籍其穀帛。霸收安樂、北平兵糧，與儁會於臨渠。三月，燕兵至無終，午留其將王佗以數千人守薊，與鄧恒走保魯口。乙巳，儁拔薊，斬佗，欲悉阬士卒千餘人。霸諫曰：「吊伐之義，先代常典。趙爲暴虐，王興師伐之，將以拯民於塗炭，而撫有中州也。今始得薊而阬其士卒，豈可爲王師先聲哉！」儁從之，入都於薊，中州士女降者相繼。燕兵至范陽，太守李產字子喬，郡人也。少剛厲，有志格。永嘉之亂，同郡祖逖擁衆部於南土，力能自固，產往依之。逖素好縱横，弟約有大志，產微知其旨，乃率子弟十數人間行還鄉里，仕石氏，守本郡。燕前鋒達郡界，產欲爲石氏拒燕，衆莫爲用，勸產降。產曰：「夫受人之祿，當同負災危。今若舍節以圖存，義士將謂我何！」衆潰，始率八城令長詣軍請降。儁嘲之曰：「卿受石氏寵任，衣錦本鄉，何不能立功於時，而反委質乎！烈士處身於世，固當如是邪？」產泣曰：「誠知天命有歸，非微臣所抗。然犬馬爲主，豈忘自效。但以孤窮勢蹙，致力無術，僶俛歸死，實非誠欵。」儁嘉其慷慨，顧謂左右曰：「此真長者。」乃擢用之，復以爲太守。産子幽州別駕績，字伯陽，爲午主簿，隨在魯口。恒謂午曰：「績鄉里在北，父已降燕，今雖在此，終難相保，徒爲人累，不如去之。」午曰：「是何言哉！績能立義捐家，相從喪亂，情節之重，有侔古烈。若懷嫌害之，燕、趙士謂我輩直聚爲賊，了無意識，必駭衆望。」恒乃止。午猶恐終爲恒害，乃資遣之。見儁，讓之曰：「卿不識天命而棄朕，背親邀名，今來，不亦晚乎！」對曰：「臣聞豫讓報智伯仇，稱於前史。臣戀舊主，志存微節，官身所在，何事非君。殿下方弘唐、虞之化，臣未謂歸順之晚也。」儁悦曰：「此亦事主之一節耳。」善待之。以弟宜爲代郡城郎，孫泳爲廣寧太守，悉置幽州郡縣守宰。甲子，使中部俟釐慕輿句督薊中留事，自將擊恒於魯口。軍至清梁[一]，恒將鹿勃早將數千人夜襲燕營，半已得入，先犯前鋒都督霸，突入幕下。霸起奮擊，手殺十餘人，早不能進，由是燕軍得嚴。儁謂慕輿根曰：「賊鋒甚鋭，宜且避之。」根正色曰：「我衆彼寡，力不相敵，故乘夜來戰，冀萬一獲利。今求賊得賊，正當擊之，復何所疑！王但安卧，臣等自破之！」儁不

[一]「清」，底本作「青」，今據《通鑑》卷九八改。

能自安，内史李洪從儁出營外，屯高冢上。根帥左右精勇數百人，從中牙直前擊早，李洪徐整騎隊還助之，早乃退走。衆軍追擊四十餘里，早僅身免，從卒略盡。儁引兵還薊。四月，趙石祇僭帝，遣汝陰王琨將兵十萬伐魏[一]。七月，段龕據廣固，自稱齊王。初，父蘭死于令支，龕代領其衆，因石氏亂，擁部落南徙也。八月，代郡人趙榼帥三百餘家，叛燕歸趙并州刺史張平。儁徙廣寧、上谷二郡民於徐無，代郡民於凡城。九月，儁南徇冀州，取章武、河間。初，渤海賈堅，少尚氣節，仕趙爲殿中督。趙亡，堅棄冉閔還鄉里，擁部曲數千家。慕容評徇渤海，遣使招之，堅終不降。評與戰於高城，陣擒之，斬首三千餘級。儁以評爲章武太守，封裕爲河間太守[二]。儁與恪皆愛賈堅材，其年六十餘矣。恪聞其善射，置牛百步上以試之。堅曰：「少之時能令不中[三]，今老矣，往往中之。」乃再發，一矢拂脊，一矢磨腹，皆附膚落毛，上下如一，觀者咸服其妙。以爲樂陵太守，治高城。十月，儁還薊，留諸將守之。還至龍城，謁陵廟。

三年，二月，魏冉閔攻圍襄國百餘日，石祇危急，乃去皇帝號，稱趙王，遣太尉張

[一]「汝」，底本作「女」，今據福建本、《通鑑》卷九八改。
[二]「封裕」，底本作「恪」，今據福建本、《通鑑》卷九八改。
[三]「不」，底本脱，今據福建本、《通鑑》卷九八補。

舉來乞師，許送傳國璽。中軍將軍張春乞師於姚弋仲，亦遣使來告，遣禦難將軍悦綰將兵三萬會之。閔聞燕欲救趙，遣大司馬從事中郎廣寧常煒來使。儁使引之觀下，命記室封裕詰之曰：「冉閔，石氏養息，常才也。負恩作逆，有何祥應，敢輒稱大號乎？」煒曰：「天之所興，其致不同。狼烏紀于三王，黄龍表于漢、魏。寡君應天馭曆，能無祥乎！且用兵殺伐〔二〕，哲王盛典，湯、武親行誅放，而仲尼美之。魏武養於宦官，莫知所出，衆不盈旅，終成大功。暴胡酷亂，蒼生屠膾，寡君奮劍而誅除之，黎元獲濟，可謂功格皇天，烈侔高祖。恭承乾命，有何不可？」裕曰：「人言閔初立，鑄金爲像，以卜成敗，而像不成，信諸？」煒曰：「不聞。」裕曰：「南來者皆云，何故隱之乎？」煒曰：「姦僞之人，欲矯天命以惑人者，乃假符瑞、托蓍龜以自重。寡君今握乾符，類上帝，四海懸諸掌，大業集于身，何所求慮，而取信此乎〔三〕！」裕曰：「張舉言在襄國。」煒曰：「殺胡之日，在鄴者殆無孑遺，時有迸漏者，皆潛伏溝瀆中耳，彼安知璽所在！求救而爲妄誕辭，無所不可，況一璽乎！」儁猶以舉言爲信，而欣閔鑄形之不成也，乃

〔二〕「伐」，底本作「罰」，今據《晉書·慕容儁載記》改。
〔三〕「取」，底本作「聚」，今據《晉書·慕容儁載記》改。

積柴其旁，使裕以其私誘之，曰：「君更熟思之，無爲徒取灰滅也。」煒神色自若，抗言：「石氏貪暴，親帥大兵攻燕國都，雖不克而返，然志在必取。故運資糧、聚器械於東北者，非以相資，乃欲相滅也。寡君誅翦石氏，雖不爲燕，臣子之心，聞仇讎之滅〔二〕，義當如何？而更爲彼責我，不亦異乎！吾聞死者骨肉下於土，精魂升於天。蒙君之惠，速益薪縱火，使僕得上訴於帝，足矣！」左右請殺之，儁曰：「古者兵交，使在其間，此亦人臣常事。彼不憚殺身以殉主，忠臣也。且閔有罪，使臣何預焉！」使出就館。夜，使其鄉人趙瞻往勞之，且曰：「君何不以實言乎？王怒，欲處君於遼、碣之表矣，奈何？」煒曰：「吾結髮以來，尚不欺布衣，况千乘乎！曲意苟合，性所不能；直情盡言，雖沈東海，不敢避也！」遂卧向壁，不復與言。瞻具以白，乃囚之龍城。儁還薊。三月，弋仲遣子襄及石琨各引兵救襄國，閔悉衆與戰，適綰兵至，去魏數里，曳柴揚塵，魏人恟懼。三人三面擊之〔三〕，石祇自後衝之，魏兵大敗，閔與十餘騎走，潛還鄴。渤海人

〔二〕「滅」，底本脱，今據《通鑑》卷九九補。
〔三〕「擊」，底本作「督」，今據《通鑑》卷九九改。

逢約[一]，因趙亂，擁衆數千家附魏，爲其渤海太守。故太守劉準[二]，土豪蓨人封放，振威將軍悛子奕之從弟也，別聚衆自守。閔以準爲幽州刺史，與約中分渤海。雋使封奕伐約，使昌黎太守高開伐準及放。開，瞻之子也。奕引兵直抵約壘，遣人謂曰：「相與鄉里，隔絶日久，會遇甚難。時事利害，人皆有心，非所論也。願單出一見，以寫佇結之情。」約素信重奕，即出，見於門外，各屏騎卒，單馬交語。奕敘平生畢，因説之曰：「與君累世同鄉，情相愛重，誠欲君享祚無窮。今既獲展奉，不可不盡所懷。冉閔乘石氏亂，奄有成資，天下宜服其彊，而禍亂方始，豈非天命不可以力爭哉？燕王奕世載德，奉義討亂，所征無敵。今已都薊，南臨趙、魏，遠近襁負歸之。民厭荼毒，咸思有道。閔亡匪朝伊夕，成敗昭然易見。且燕王肇開王業，虛心賢雋，君能翻然改圖，則功參絳、灌，慶流苗裔。孰與爲亡國守孤城，以待必至之禍哉[三]！」約悵然不言。奕給使張安有勇力[四]，豫戒俟約氣下，突前持其馬鞚，因挾而馳至營。奕與坐，謂曰：「君計不能自決，

〔一〕「逢」，底本作「逄」，今據《通鑑》卷九九改；以下徑改，不注。
〔二〕「準」下，《通鑑》卷九九有「隗之兄子也」五字。
〔三〕「待」，底本作「符」，今據福建本、《通鑑》卷九九改。
〔四〕「有」，底本脱，今據《通鑑》卷九九補。

故相爲決之，非欲取君以邀功，乃欲全君以安民也。」開至渤海，準、放迎降，儁以放爲渤海太守，準爲左司馬，約參軍事。以約誘於人而遇獲，更名之曰釣。無何，祗爲劉顯所弑，傳首於鄴，閔焚之。八月，儁遣恪攻中山，評攻王午於魯口。魏寧北將軍白同〔二〕、中山太守上谷侯龕閉城拒守。恪留左將軍彪守之，南徇常山，軍於九門。魏趙郡太守遼西李邽舉郡降，恪厚撫之，將邽還圍中山，龕乃降。恪入中山，斬同，遷其將帥、土豪數十家詣薊，餘皆安堵，軍令嚴明，秋毫不犯。評至南安，午將鄭生拒戰，評擊斬之。緖還自襄國，乃知張舉之妄〔三〕，殺之。煒有四男二女在中山，儁釋煒囚，使諸子就見之。煒上疏謝恩，儁手令答曰：「卿本不爲生計，孤以州里相存耳。今大亂中，諸子盡至，豈非天所念邪！天且念卿，況於孤乎！」賜妾一人，穀三百斛，使居凡城。以孫興爲中山太守，興善於綏撫，中山遂安。庫傉官偉帥衆自上黨降燕。十月，逢釣亡歸渤海，招集舊衆以叛燕。樂陵太守賈堅使人告諭鄉人，示以成敗，釣部衆稍散，遂奔晉。十二月，儁如龍城。中山丁零翟鼠帥所部降，封爲歸義王。

〔二〕「魏」下，底本衍「將軍」二字，今據《晉書》卷一〇七《石季龍載記下附冉閔傳》删。
〔三〕「之」，底本脱，今據《通鑑》卷九九補。

元璽元年，晉太和八年也。三月，乙巳，儁還薊，稍徙軍中文武兵民家屬於薊。時魏既克襄國，因游食常山、中山諸郡。趙立義將軍段勤叛燕，末柸之子也。聚胡、羯萬餘人保據繹幕，自稱趙帝。四月，甲子，儁遣垂擊勤，恪及封奕等擊閔，儁如中山，爲二軍聲援。閔將戰，其大將軍董閏、車騎將軍張温諫曰：「鮮卑乘勝鋒鋭，且彼衆我寡，宜且避之，俟其驕墮，而益兵擊之。」閔怒曰：「吾成師以出，志平幽州，斬儁。今遇恪而避之，人其謂我何！」司徒劉茂、特進郎闓相謂曰：「吾君此行，必不還矣，吾等何爲坐待戮辱！」皆自殺。閔軍於安喜，恪引兵從之。閔趣常山，恪追及於泒水魏昌之廉臺[一]。十戰，燕皆不勝。閔素有勇名，兵精鋭，燕人憚之。恪巡陳，謂將士曰：「閔勇而無謀，一夫敵耳！其師老卒饑，甲兵雖精，其實難用，不足破也！」閔以所將多步卒，而燕皆騎兵，引兵將趣林中。恪參軍高開曰：「吾騎兵利平地，若閔得入林，不可復制矣。宜亟遣輕騎邀之，既合而陽走，誘致平地，可擊也。」恪從之。魏兵還就平地[二]，恪分軍爲三部，謂諸將曰：「閔性輕鋭[三]，又自以衆少，必致死於我。我厚集中軍待之，俟

[一]「泒」，底本作「派」，今據福建本、北大本、《晉書・慕容儁載記》改；以下徑改，不注。
[二]「就」，底本作「救」，今據福建本、北大本、《通鑑》卷九九改。
[三]「性」，底本作「往」，今據《晉書・慕容儁載記》、《通鑑》卷九九改。

合，卿等旁擊之，蔑不克矣。」乃擇鮮卑善射者五千人[一]，以鐵鎖連馬，爲方陳而前，則閔兵雖致死，而陣不可破矣。閔左操兩刃矛，右執鈎戟，乘千里馬朱龍，順風以擊燕兵，斬首三百餘級。望見大幢，知其爲中軍，直衝之。燕兩軍從旁夾擊，閔三面受敵，大破之，圍數重。閔潰圍東走二十餘里，朱龍忽斃，爲執，斬首七千餘級，殺魏僕射劉群，執閏、温及閔，送薊。閔子操奔魯口。開被創而卒。恪軍呼沱，閔將蘇亥遣其將金光率騎數千拒[二]，恪逆擊斬之，亥大懼，奔并州。恪進屯常山，儁命鎮中山。己卯，閔至薊。儁大赦，立閔而責之曰：「汝奴僕下才，何得妄稱帝？」閔曰：「天下大亂，爾曹夷狄，禽獸之類，猶欲篡逆。况我中土英雄，何得不稱帝邪！」儁怒，鞭之三百，送於龍城，告廆、皝廟。垂軍至繹幕，勤與弟思聰舉城降。甲申，儁遣評及中尉侯龕帥精騎萬人[三]，攻閔世子智於鄴。癸巳，至鄴。魏大將軍蔣幹及智閉城拒守，城外皆降。五月，鄴中大饑，人相食，故趙時宫人被食略盡。幹使侍中繆嵩、詹事劉猗奉表請降於晉，且求救於安西將軍謝尚，尚遣督護戴施救之。庚申，儁遣廣威將軍軍、殿中將軍根、右司馬皇甫

[一]「射」，底本作「騎」，今據《晉書·石季龍載記下附冉閔傳》、《通鑑》卷九九改。
[二]「金光」，底本作「某先」，今據《晉書·慕容儁載記》改。
[三]「尉」，底本作「蔚」，今據福建本、北大本、《通鑑》卷九九改。

真等帥步騎二萬助評攻鄴。辛卯，斬閔於龍城遏陘山。六月，甲子，幹帥精鋭五千及晉兵出戰，評大破之，斬首四千餘級，幹脱走入城。是時，鷰巢於正陽殿西椒，生三雛，項上有竪毛。凡城獻異鳥，五色成章。儁謂群僚曰：「是何祥也？」咸稱：「鷰者，燕鳥也。首有毛冠者，言大燕龍興，冠通天冕章甫之象也。巢正陽西椒者，言至尊臨軒，朝萬國之徵也。三子者，數應三統之驗也[二]。神鳥五色，言聖朝將繼五行之籙，以御四海者也。」儁覽之大悦。群臣勸稱尊號，儁答曰：「吾本幽漠射獵之鄉，被髮左衽之俗[三]，曆數之籙，寧有分邪！卿等苟相褒舉[三]，以覬非望[四]，實匪寡德所宜聞也。」七月，丙辰，儁如中山。午聞魏敗恒死，午自稱安國王。八月，戊辰，儁遣恪、奕及陽鶩攻之[五]。午閉城自守，送冉操詣燕軍。恪善用兵，知魯口未可取[六]，徒久攻而斃士卒，故掠禾稼，全師而還。庚午，魏長水校尉馬願等開鄴城納燕兵，戴施、蔣幹懸縋而下，奔于倉垣。

[一]「數」，底本作「教」，今據福建本、北大本、《晉書·慕容儁載記》改。
[二]「俗」，底本作「裕」，今據福建本、北大本、《晉書·慕容儁載記》改。
[三]「苟相」，底本作「徇」，今據《晉書·慕容儁載記》改。
[四]「覬」，底本作「覲」，今據福建本、北大本、《晉書·慕容儁載記》改。
[五]「陽鶩」，底本作「陽鶩」，今據《晉書·慕容暐載記附陽鶩傳》、《通鑑》卷九九改；以下徑改，不注。
[六]「未」，底本作「禾」，今據《通鑑》卷九九胡三省《音注》改。

尚書令王簡、左僕射張乾、右僕射郎肅皆自殺。評送魏后董氏、太子智、太尉申鍾、司空條攸[一]、中書監聶熊、司隸校尉籍羆、中書令李垣及諸王公卿士乘輿服御於薊。其它珍貨充溢，皇甫真一無所取，惟存恤人物，收圖籍而已。是時，傳國璽已送於建康，儁欲神其事，言曆運在己，乃詐云董氏獻璽，賜號奉璽君，智爵海賓侯，以鍾爲大將軍右長史。命評鎮鄴。十月，丁卯，儁還薊。故趙將擁兵據州郡者，各遣使降，儁以爲刺史，王擢爲益州，夔逸爲秦州，張平爲并州，李歷爲兖州，高昌爲安西將軍，劉寧爲車騎將軍。恪屯安平，積糧，治攻具，將討午。丙戌，中山蘇林起兵於無極，稱天子，恪自魯口還討之。閏月，戊子，儁遣根助恪攻林，斬之。午爲部將秦興所殺，吕護殺興，復自稱安國王。十一月，丁卯，群僚共上尊號，許之，始置百官，以奕爲太尉，恪爲侍中，鷟爲尚書令，真爲尚書左僕射、典書令，張悕爲尚書右僕射，宋活爲中書監，韓恒爲中書令，其餘文武，拜授有差。戊辰，儁即皇帝位，大赦，自謂獲國璽，改元爲號。晉使適至，謂曰：「汝還白汝天子，我承人乏，爲中國所推，爲帝矣。」追尊廆爲高祖武宣皇帝，皝爲太祖文明皇帝。改司州爲中州，置司隸校尉官。建留臺於龍城，以玄菟太守乙

[一]「攸」，底本作「牧」，今據《晉書·石季龍載記下附冉閔傳》、《通鑑》卷九九改。

逸爲尚書，專委留務。其從行文武、諸藩使人及登號之日者，悉增位三級。泒河之師，守鄴之軍，下及戰士，賜各有差。臨陣戰亡者，將士加增二等，士卒復其子孫。殿中舊人，皆隨才擢敘。初，石虎使人探策於華山，得玉版，文曰：「歲在申酉，不絶如綫。歲在壬子，真人乃見。」及此，燕人咸以爲儁應也。署黄泓爲進謀將軍、太史令、關内侯。將定五行次，衆論紛紜。恒疾，在龍城，召以決之。群下言：「大燕受命，上承光紀黑精之君，運曆傳屬，代金行之後，宜行夏時，服周冕，旗幟尚黑，牲牡尚玄。」從之。既而恒至，曰：「趙有中原，匪惟人事，天所命之，而人奪焉，臣竊謂不可。且大燕王迹始於震，《易》爲青龍，受命初，見於都邑城。龍爲木德，幽契之符也。」儁初雖難改〔二〕，終從恒議焉。清河聶熊爲秘書監，聞而嘆曰：「不有君子，國何以興，其韓令君之謂乎！」十二月，以遏逕山斬閔處左右七里草木悉枯，蝗蟲大起，而自五月至是，乃遣使者祀閔，謚以武悼天王，其日大雪。

二年，二月，庚子，立妃可足渾氏爲皇后，世子曄爲皇太子，皆自龍城遷於薊宫。李産自擢用，歷位尚書，剛正好直言，每進見，未嘗不論朝政得失，同輩咸憚焉，儁亦

〔二〕「難」，底本脱，今據《晉書·慕容儁載記附韓恒傳》補。

敬其儒雅。前後固辭年老，不堪理劇，乃拜太子太傅。晉寧朔將軍榮胡以彭城、魯郡叛，來降。三月，趙故將衛尉常山李犢聚衆數千，叛於普壁壘。五月，恪討降之，遂東擊吕護於魯口。十一月，趙末，樂陵朱秃、陽平孫元、平原杜能、清河丁嬈各擁兵分據城邑，至是皆請降，以秃爲青州刺史，元爲兖州刺史，能爲平原太守，嬈爲立節將軍，各留撫其營。十二月，恪、軍、彪等屢薦給事黄門侍郎霸有命世才[一]，宜總大任，以爲使持節、安東將軍、北冀州刺史，鎮常山。是年，聘於代。

三年，二月，恪圍魯口。三月，拔之。護奔野王，前軍悦綰追及，悉降其衆。遣弟奉表謝罪，乃以護爲寧南將軍、河内太守。姚襄以梁國遣使來降，以爲豫州刺史、丹陽公，進屯淮南。以慕容評爲鎮南將軍、都督秦雍益梁江揚荆徐兖豫十州河南諸軍事，權鎮於洛水。以慕容彊爲前鋒都督、督荆徐二州緣淮諸軍事，進據河南。四月，戊申，封撫軍將軍軍爲襄陽王[二]，左將軍彭爲武昌王；以衛將軍恪爲大司馬、侍中、大都督、録尚書事，封太原王；鎮南將軍評爲司徒、驃騎將軍，封上庸王[三]；封安東將軍霸爲吴

〔一〕「彪」，底本作「表」，今據福建本、北大本《通鑑》卷九九改。
〔二〕「軍」，底本脱，今據《通鑑》卷九九補。
〔三〕「封太原王，鎮南將軍評爲司徒、驃騎將軍，封上庸王」，底本脱二十字，今據福建本、北大本、《通鑑》卷九九補。

王，左賢王友爲范陽王，散騎常侍厲爲下邳王，散騎常侍宜爲廬江王，寧北將軍度爲樂浪王；又封弟恒爲宜都王，逮爲臨賀王，徽爲河間王，龍爲歷陽王，納爲北海王，秀爲蘭陵王，嶽爲安豐王，德爲梁公，默爲始安公，僂爲南康公；子咸爲樂安王，亮爲渤海王，温爲帶方王，涉爲漁陽王，暐爲中山王。暐字景茂，第三子也。以陽騖爲司空，仍守尚書令。命霸徙治信都，更名曰垂，故冀州刺史所鎮也。遷侍中、右禁將軍，録留臺事，徙鎮龍城。垂大得東北之和，儁愈惡之，復召還。樂陵太守慕容鉤，翰之子也，與青州刺史朱禿共治厭次。鉤自恃宗室，每陵侮禿。禿不勝忿，七月，襲鉤，殺之，南奔于段龕。八月，大調兵衆，因發詔之日，號曰「丙戌舉」。九月，或告黄門侍郎宋斌等謀奉冉智爲主，伏誅。斌，燭之子也。十月，儁如龍城。是年，代來聘。

四年，正月，段龕襲儁將榮國於郎山，敗之。四月，儁自和龍還薊城。先是，幽、冀人以爲東遷，互相驚擾，所在屯結。群臣請討之，儁曰：「群小以朕東巡，故相惑爲亂耳。今朕既至，尋當自定，不足討也。然不虞之備，亦不可以不爲。」而令内外戒嚴。秦河内太守王會、黎陽韓高，晉蘭陵太守孫黑、濟北高柱、建興高瓮各以郡來降。初，車騎大將軍、范陽公劉寧屯據蕃城，降於苻氏，至此，率户二千詣薊歸罪，拜後將軍。給事黄門侍郎申胤上言曰：「夫名尊禮重，先王之制。冠冕之式，代或不同。漢以蕭、曹功殊群辟，故劍履上殿，入朝不趨。世無其功，則禮宜闕也。至於東宫，體此爲儀〔二〕，魏、晉因循，制不納舄。今皇儲過謙，準同百僚，禮卑逼下，有違朝式。太子有統天之重，而與諸王齊冠遠遊，非所以辨章貴賤也〔三〕。祭饗朝慶，宜正服衮衣九文，冠冕九旒〔三〕。又仲冬長至，太陰數終，黄鍾産氣，綿微於下，此月閉關息旅，后不省方。《禮記》曰：『是月也，事欲静，君子齊戒去聲色。』唯《周官》有天子之南郊從八能之説〔四〕。或以有事至靈，非朝饗之節，故有樂作之理〔五〕。王者慎微，禮從其重。前來二至闕鼓，不宜有設，今之鏗鏘，蓋以常儀。二至之禮，事殊餘節，猥動金聲，驚越神氣，施之宣養，實爲未盡。又朝服雖是古禮，絳褠始於秦、漢〔六〕，迄于今代，遂相仍準。朔望正旦，乃具衮舄。禮，諸侯旅見天子，不得終事者三，雨霑服失容，其在一焉。今或朝日天雨，未有定儀。禮貴適時，不在過恭。近以地濕不得納舄，而以衮襈改履。案稱朝服，

〔二〕「儀」，底本作「義」，今據福建本、《晉書·慕容儁載記》改。
〔三〕「非」，底本闕，今據福建本、北大本、《晉書·慕容儁載記》補。
〔三〕按：冠、寇，底本二字或混用，以下徑改，不注。
〔四〕「能」，底本作「龍」，今據福建本、《晉書·慕容儁載記》改。
〔五〕「理」，底本作「禮」，今據《晉書·慕容儁載記》改。
〔六〕「褠」，底本作「稱」，今據福建本、北大本、《晉書·慕容儁載記》改。

所以服之而朝。一體之間，上下二制，或廢或存，實乖禮意。大燕受命，侔蹤虞夏，諸所施行，宜損益定之，以爲皇代永制。」儁曰：「其劍舄不趨，事下太常參議。太子服衮冕，冠九旒，超級逼上，未可行也。冠服何容一施一廢，皆可詳定。」初，段龕稱藩於建鄴，乃與儁書，抗中表之儀[一]。儁，段氏出也，非儁稱帝。儁怒，十一月，以恪爲大都督、撫軍將軍，陽騖爲副，及慕容塵討之。儁以龕方彊，謂恪曰：「若龕遣軍拒河，不得渡者，可直取呂護。」恪分遣輕軍先至河上，具舟楫，以觀龕志趣。龕弟羆驍勇有智計[二]，曰：「恪善用兵，加其師旅衆盛[三]，恐不可抗也。若頓兵城下，雖復請降，懼終不聽。王但固守，羆請率精鋭距於河。若捷，王可馳來追擊，使虜匹馬無及；如敗，遽出請降，不失千户侯也。」龕不從。羆固請不已，龕怒，殺之。十二月，高句麗王釗遣使謝恩，貢方物，請母[四]。許之，遣殿中將軍刁龕送周氏歸其國，以釗爲録營州諸軍事[五]、征東大將軍、營州刺史，封樂浪公，王如故。上黨人馮鴦逐燕太守段剛，據安民城，自稱

〔一〕「抗」，底本作「杭」，今據福建本、《晉書·慕容儁載記》、《通鑑》卷一〇〇改。
〔二〕「羆」，底本作「熊」，今據福建本、《晉書·慕容儁載記》改。
〔三〕「旅」，底本作「旋」，今據北大本、《晉書·慕容儁載記》改。
〔四〕「母」，底本作「毋」，今據福建本、《晉書·慕容儁載記》、《通鑑》卷一〇〇改。
〔五〕「州」，底本脱，今據福建本、《晉書·慕容儁載記》補。

太守，遣使降晉。

五年，正月，恪引兵濟河，未至廣固二百餘里。龕帥衆三萬逆戰，大敗之，恪退據安平。丙申，恪大破龕於淄水，執其弟欽，斬右長史袁範等。齊王友辟閭蔚被創，恪聞其賢，遣人求之，蔚已死，士卒降者數千人。龕脱走，還城固守，恪圍之。二月，恪招撫龕諸城。己丑，龕所署徐州刺史陽都公王騰[一]、又索頭單于薛雲舉衆降，恪命騰以故職還屯陽都。時將軍慕輿長卿入軹關，攻秦幽州刺史強哲於裴氏堡。秦主生遣建節將軍鄧羌來拒，獲長卿及甲首二千餘級。七月，丙子，太子曄卒[二]，謚獻懷[三]。時韓恒、李産俱傅東宮，嘗從曄入朝。儁顧左右曰[四]：「此二傅一代偉人，未易繼也。」其見重如此。産謂子太子中庶子績曰：「以吾之才而致於此，始者之願亦已過矣。不可以西夕之年，復取笑於來今也。」固辭而歸，卒於家。八月，龕遣其屬段藴求救於晉，晉詔徐州刺史荀羡將兵隨藴救之。羡至琅邪，憚燕兵彊，不敢進。王騰攻鄄城[五]，羨進攻陽都，會霖雨，城

〔一〕「刺史」，底本脱二字，今據《晉書·慕容儁載記》、《通鑑》卷一〇〇補。
〔二〕「太」，底本作「世」，今據《晉書·慕容儁載記》、《通鑑》卷一〇〇改。
〔三〕「獻懷」，底本二字互乙，今據《晉書·慕容儁載記》、《通鑑》卷一〇〇正。
〔四〕「顧」，底本脱，今據福建本、北大本、《晉書·慕容儁載記附韓恒傳》補。
〔五〕「鄄」，底本作「甄」，今據《通鑑》卷一〇〇改。

壞，騰爲羡所獲，斬之。十月，恪圍廣固，諸將請急攻之，恪曰：「用兵之勢，有宜緩者，有宜急者，不可不察。若彼我勢敵，外有彊援，恐有腹背之患，則攻之不可不急。若我彊彼弱，無援於外，力足制之者，當羈縻守之，以待其斃。兵法十圍五攻，正謂此也。龕兵尚衆，未有離心，濟南之戰非不鋭，但用之無術，以致敗耳。攻守勢倍，軍之常法。今憑阻堅城，上下戮力，我盡鋭攻之，計數日可拔，然殺吾士卒必多矣。自有事中原，兵不蹔息，吾每念之，不覺忘寐，奈何輕用其死乎！當持久以取之〔一〕，不必求功之速也！」諸將皆曰：「非所及也。」軍中聞之，咸悦。於是築室反耕，高壘深塹以守之。齊人争運糧以饋燕軍。龕嬰城自守，樵采路絶，城中人相食。龕悉衆出戰，恪破之於圍裏，先分騎屯諸門，龕身自衝盪，僅而得入，餘兵皆没。城中氣沮，莫有固志。十一月，丙子，龕面縛出降，并執朱禿送薊。恪撫安新民，悉定齊地，徙鮮卑、胡、羯三千餘户於薊。儁具禿五刑，以龕爲伏順將軍。恪留慕容塵鎮廣固，爲青州刺史，以尚書左丞鞠殷爲東萊太守，章武太守鮮于亮爲齊郡太守，恪乃振旅而還。殷，彭之子也。彭時爲燕大長秋。王彌嘗殺彭父，曹嶷嘗敗彭。彭以書戒殷曰：「彌、嶷必有子孫，汝善招撫，

〔一〕「久」，底本作「之」，今據北大本、《晉書·慕容儁載記》改。

勿尋舊怨，以長亂源。」殷推求，得彌從子立、嶷孫巖於山中，請與相見，深結意分。彭復遣使遺以車馬衣服，郡民由是大和。羨聞龕敗，退屯下邳，留將軍諸葛攸、高平太守劉莊將三千人守琅邪，參軍戴逯等將二千人守太山〔二〕。我將慕容蘭屯卞城，羨擊斬之。

冬，儁請婚于代。

光壽元年，晉升平元年也。正月，壬戌朔，徵幽州刺史乙逸爲左光禄大夫。逸夫婦共載鹿車。子璋從數十騎，服飾甚麗，奉迎於道。逸大怒，閉車不與言，到城，深責之，璋猶不悛。逸常憂其敗，而璋更被擢任，歷中書令、御史中丞。逸乃歎曰：「吾少自修立，克己守道，僅能免罪。璋不治節儉，專爲奢縱，而更居清顯，此豈惟璋之忝幸，實時世之陵夷也！」二月，癸丑，立中山王暐爲太子，大赦，改元光壽。五月，戊寅，遣撫軍將軍垂、中軍將軍虔與護軍將軍平熙等率步騎八萬討丁零、敕勒于塞北，大破之，俘斬十餘萬級，獲馬十三萬匹〔三〕，牛羊億餘萬。匈奴單于賀賴頭帥部落三萬五千降，拜寧西將軍、雲中郡公，處之代郡平舒城。是月，納禮幣於代。六月，殺龕，阬其徒三千餘

〔二〕「逯」，底本作「逯」，今據《晉書》卷七五《荀崧傳》、《通鑑》卷一〇〇改。

〔三〕「獲」，底本作「護」，今據福建本、《晉書·慕容儁載記》、《通鑑》卷一〇〇改；以下徑改，不注。

人〔一〕。十一月，癸酉，自薊徙都鄴城。初，廆有駿馬曰赭白，有奇相逸力。石虎來攻棘城，皝將出避難，欲乘之，馬悲鳴蹀齧，人莫能近。皝曰：「此馬見異先朝，孤常仗之濟難，今不欲者，蓋先君之意也。」乃止。虎尋退〔二〕，皝益奇之。至是，四十九歲矣，而雋逸不虧，比之鮑氏驄，命鑄銅以圖其象，親爲銘贊勒其傍，立於薊東城掖門。是歲，象成而馬死。十二月〔三〕，乙巳，入鄴宮，大赦。繕修宮殿。銅雀臺建於魏武，石氏增修之，兵亂圮毁，復修焉。廷尉監常煒上言：「大燕雖革命創制，至於朝廷銓謨，亦多因循魏、晉，唯祖、父不殮葬者，獨不聽官身清朝。斯誠王教之首，不刊之式。然禮貴適時，世或損益。是以高祖制三章之法，而秦人安之。自頃中州喪亂，連兵積年，或遇傾城之敗〔四〕，覆軍之禍，坑師沈卒，往往而然，孤孫煢子，十室而九。兼三方岳峙，父子異邦，存亡吉凶，杳成天外。或便假一時，或依嬴博之制，孝子糜身無補，順孫心喪靡及。雖招魂虛葬，以叙罔極之情，又禮無招葬之文，令不此載。若斯之流，抱琳琅而無申〔五〕，

〔一〕「徒」，底本脱，今據福建本、北大本、《通鑑》卷一〇〇補。
〔二〕「退」，底本作「追」，今據福建本、北大本、《晉書·慕容儁載記》改。
〔三〕「十」，底本脱，今據福建本、北大本、《通鑑》卷一〇〇補。
〔四〕「遇」，底本作「過」，今據福建本、北大本、《晉書·慕容儁載記》改。
〔五〕「琳琅」，底本作「瑯玕」，今據福建本、北大本、《晉書·慕容儁載記》改。

懷英才而不齒，誠可痛也。恐非明揚側陋，務盡時珍之道。吴起、二陳之疇，終將無所展其才幹[一]。漢祖何由免於平城之圍？郅支之首何以懸於漢闕？謹案《戊辰詔書》，蕩清瑕穢，與天下更始，以明惟新之慶。五六年間，尋相違伐，於則天之體，臣竊未安。」儁曰：「煒宿德碩儒[二]，練明刑法，覽其所陳，良足採也。今六合未寧，喪亂未已，又正當搜奇拔異之秋，未可才行兼舉，且除此條，聽大同更議。」使昌黎、遼東二郡營起廆廟，范陽、燕郡構皝廟，以平熙領將作大匠[三]，監造二廟焉。苻堅平州刺史劉特率户五千降。河間李黑聚衆千餘，攻略州郡，殺秉強令衛顔，長樂太守傅顔討斬之。常山大樹自拔，根下得璧七十、珪七十三，光色精奇，有異常玉。儁以爲神嶽之命，遣尚書郎段勤以太牢祀之。

二年，二月，司徒、上庸王評討馮鴦。初，鴦既以上黨降建鄴，又附於張平，又復來降。平屢言之，以平故，赦其罪，以爲京兆太守。已而叛，乃討之，不克。三月[四]，甲

[一]「終」，底本作「衆」，今據福建本、《晋書·慕容儁載記》改。
[二]「煒」，底本作「愇」，今據福建本、《晋書·慕容儁載記》改。
[三]「將」，底本作「匠」，今據福建本、北大本、《晋書·慕容儁載記》改。
[四]「三月」，底本脱二字，今據《通鑑》卷一〇〇補。

戌，遣領軍將軍根將兵助評攻鴦。根欲急攻之，評曰：「鴦壁堅，不如緩之。」根曰：「不然。公至城下經月，未嘗交鋒，賊謂國家力止於此，遂相固結，冀幸萬一。今根兵初至，形勢方振，賊衆恐懼，皆有離心，計慮未定，從而攻之，無不克者。」遂急攻之。鴦與其黨果相猜忌，鴦奔野王依呂護，其衆盡降。初，閔之僭號也，虎將李歷、高昌降晉，張平降秦。次年，歷、昌降秦，又與平並率所部稱藩，遣子入侍，並受爵位，欲中立以自固，雖貢使不絶，而誠節未盡。是時，護、鴦亦陰通晉。平跨有新興、雁門、西河、太原、上黨、上郡之地，壘壁三百餘，胡、晉十餘萬户，遂拜置征鎮，爲鼎跱。九月，遣評討平於并州，撫軍將軍臧討歷於濮陽，司空陽鶩討昌於東燕。攻昌別將于黎陽，不拔。并州壘百餘降，以尚書右僕射悦綰爲安西將軍、領護匈奴中郎將、并州刺史以撫之。平所署征西諸葛驤、鎮北蘇象[二]、寧東喬庶、鎮南石賢等率壘壁百三十八降，儁大悦，皆復其官爵。平率衆三千奔平陽，復請降。歷奔滎陽，昌奔東陵，悉降其衆。十月，晉太山太守諸葛攸伐我東郡，入武陽。恪統鶩及臧距戰，晉師敗績，走還太山。北中郎將謝萬先據梁、宋，懼而遁歸。恪進兵入河南，汝、潁、譙、沛皆陷，置守宰而還。于是復

[二]「象」，底本作「衆」，今據福建本、北大本、《晉書·慕容儁載記》改。

圖經略秦、晉。十二月，令州郡校閲見丁，精覆隱漏，率户留一丁，餘悉發之，欲使步卒滿百五十萬，期明春大集，將進臨洛陽，爲三方節度。武邑劉貴上書極諫：「百姓凋敝，召兵非法，恐人不堪命，有土崩之禍。」并陳時政不便十有三事。儁悦之，付公卿博議，事多納用，乃改爲三五發兵，寬戎備一周，悉令明年季冬赴集鄴都。時調發繁數，官司各遣使者，道路旁午，郡縣苦之。太尉、領中書監封奕請：「自今非軍期嚴急，不得遣使，自餘賦發，皆責成州郡。其群司所遣彈督在外者[二]，一切攝還。」從之。賈堅爲泰山太守，屯山茌，荀羨引兵擊之。堅所將纔七百餘人，羨兵十倍。堅將出戰，諸將皆曰：「衆少，不如固守。」堅曰：「固守亦不能免，不如戰也。」遂出戰，身先士卒，殺羨兵千餘人，復還入城。羨進攻之，堅嘆曰：「吾自結髮，志立功名，而每值窮阨，豈非命乎！與其屈辱而生，不若守節而死。」乃謂將士曰：「今危困，計無所設，卿等可去，勿復顧我也。」乃開門直出。羨兵四集，堅立馬橋上，左右射之，皆應弦而倒。羨兵衆多，從塹下斫橋，堅人馬俱陷，生擒之，遂拔山茌。羨謂堅曰：「君父、祖世爲晉臣，奈何背本不降乎？」堅曰：「晉自棄中華，非吾叛也。民既無主，彊則托命。既已事人，

[二]「彈」，底本作「殫」，今據《通鑑》卷一〇〇改。

安可改節。吾東脩自立，涉趙歷燕，未嘗易志，君何怱怱相謂降乎！」羨復責之，堅罵曰：「豎子，兒女御乃公！」羨怒，執置雨中，數日，堅憤惋而卒。青州刺史塵遺司馬悅明救泰山，羨兵大敗，復取山茌。儁以堅子活爲任城太守。垂娶段氏，末柸女，才高性烈，自以貴姓，不尊事可足渾后，后銜之。儁素不快於垂，中常侍涅皓，因希旨告段氏及吴國典書令遼東高弼爲巫蠱〔二〕，欲以連汙垂〔三〕。儁收段氏及弼下大長秋、廷尉考驗，段氏及弼志氣確然，終無撓辭。掠治日急，垂愍之，私使人謂段氏曰：「人生會當一死，何堪楚毒如此！不若引服。」段氏嘆曰：「吾豈愛死者也！若自誣以惡逆，上辱祖宗，下累於王，固不爲也！」辯答益明，故垂得免禍，而段氏竟死於獄中。出垂爲平州刺史，鎮遼東。垂以段氏女弟爲繼室，可足渾氏黜之，以其妹長安君妻垂，垂不悦，由是益惡之。

三年，二月，殺段勤，勤弟思奔晉。儁立小學於顯賢里以教胄子。封子泓爲濟北王，冲爲中山王。讌群臣於蒲池，酒酣賦詩，因談經史，語及周太子晉，潸然流涕，顧謂群

〔二〕「吴」，底本作「吾」，今據福建本、《通鑑》卷一〇〇改。
〔三〕按：汙、汙，底本二字或混用，以下徑改，不注。

臣曰：「才子難得。昔魏武追痛倉舒，孫權悼登無已，孤常謂二主緣愛稱奇，無大雅之體。自景先之亡，孤鬢髮中白，始知二主有以而然。卿等言景先定何如也？孤今悼之，得無貽怪將來乎？」司徒左長史李績對曰：「獻懷之在東宮，臣爲中庶子，既忝近侍，聖質志業，臣實不敢不知。臣聞道備無愆，其唯聖人乎。先太子大德有八，未見闕也。」儁曰：「卿言亦以過矣，然試言之。」績曰：「至孝自天，性與道合，一也。聰敏慧悟，機思若流，二也。沈毅好斷，理詣無幽，三也。疾諛亮物，雅悦直言，四也。好學愛賢，不恥下問，五也。英姿邁古，藝業超時，六也。虚襟恭讓，尊師重道，七也。輕財好施，勤恤民隱，八也。」儁泣曰：「卿雖褒譽，然此兒若在，吾死無憂也。吾既不能追蹤唐、虞，官天下以禪有德，近模三王，以世傳授。景茂幼冲，器業未舉，卿以爲何如？」績曰：「皇太子天資岐嶷，聖敬日躋，而八德已聞〔二〕，而二闕未補，雅好遊畋，娱心絲竹，所以爲損耳。」儁顧謂暐曰：「伯陽之言，藥石之惠也，汝宜誡之！」暐甚不平。儁因問高年疾苦孤寡不能自存者，賜穀帛有差。後，夜忽夢石虎齧其臂，寤而惡之，命發其墓，剖棺出屍，不獲，購以百金。鄴女子李菟知而告之，得屍於東明觀下，彊而不腐。儁蹋

〔二〕「而」，《通鑑》卷一〇〇作「雖」；「已聞」，福建本、《晉書·慕容儁載記》作「闃然」，此據《通鑑》。

而罵之，曰：「死胡，安敢怖生天子！」遣御史中尉陽約數其殘酷，罪而鞭之，棄於漳水，屍倚橋柱不流。三月，聘於代。七月，高昌不能拒燕，自白馬奔滎陽。八月，晉諸葛攸又率水陸二萬來討，入自石門，屯於河渚。攸部將匡超進據碻磝，蕭館屯於新栅，又遣督護徐冏率水軍三千泛舟上下，爲東西聲勢。雋遣評、傅顏等統步騎五萬，戰於東阿，王師敗績。十月，晉謝萬軍下蔡，郗曇軍高平，來伐。曇以病退屯彭城。萬以爲燕兵大盛〔二〕，故曇退〔三〕，即引兵還，衆遂驚潰。許昌、潁川、譙、沛諸城，相次皆没於燕。是時，塞北七國賀蘭、涉勒等皆來降。十二月，雋寢疾，謂恪曰：「吾所疾惙然，當恐不濟。修短命也，復何所恨！但二寇未除，景茂冲幼，慮其未堪多難。吾欲遠追宋宣，以社稷屬汝，何如？」恪曰：「太子雖幼，天縱聰聖，必能勝殘，致治之主。臣實何人，敢亂正統乎！」雋怒曰：「兄弟之間，豈虚飾耶！」恪曰：「陛下若以臣堪荷天下任，寧不能輔少主乎！」雋曰：「若汝行周公事，吾復何憂哉！李績清方忠亮，堪任大事，汝善遇之。」乃召吴王垂，自遼東還鄴。是時，去年所徵兵集鄴城，賊盗互起，每夜攻

〔二〕「以爲」，底本作「見」，今據《通鑑》卷一〇〇改。
〔三〕「曇」，底本作「雲」，今據《通鑑》卷一〇〇改。

劫，晨昏斷行。於是寬常賦，設奇禁，賊盜有相告者，賜奉車都尉，捕誅賊首木穀和等百餘人[一]，乃止。

四年，正月，癸巳，大閱於鄴，欲使大司馬恪、司空陽鶩將之南攻。會疾篤，乃召恪、鶩及司徒評、領軍將軍根等，受遺詔輔政。甲午，儁殂，年四十二，在位十二年。儁雅好文籍，自初即位至末年，講論不倦。覽政之暇，唯與侍臣錯綜義理，凡所著述四十餘篇。性嚴重，慎威儀，未曾以慢服臨朝，雖閑居宴處，亦無懈怠色云。群臣欲立恪，辭曰：「國有儲君，非吾節也。」於是立暐，年十一。代來聘[二]。

郭造卿曰：自廆思吐谷渾而作《阿干之歌》也[三]，子孫竊號，以此爲辇後大曲，將使聞而思之，而世敦友于之好乎。歷考十六國人才，秦有猛而燕有恪，其諸宗之盛，莫過於慕容。雖吐谷渾孤憤，能開國於西域，倘以之而佐廆，恢恢不亦久乎。廆雖悔之，何益！諸子之相猶多矣。翰才優于恪，毦忌之斯奔，返而功成則僇

[一]「和」，底本作「禾」，今據《晉書·慕容儁載記》改。
[二]「聘」，底本作「聘」，今據北大本、《魏書》卷一《序紀》改。
[三]按：干、于，底本二字或混用，以下徑改，不注。

之，故魔而效尤之焉。啟魔滅石者垂，而不録其功，即乎屢易其名[一]，可謂忌心已甚，不得段氏死争，岌岌不免矣。恪於其父子，力薦而不用。暐急則仗之，既有功，將殺焉。天之所置，其能廢之乎？遂奔秦而滅燕，輦後之歌[二]，徒然矣。蓋作法於涼，其敝胥戕，此《角弓》之胥遠，而鑾髦所用憂也。

燕朔記四[三]

郭造卿曰：燕之友于，自昔乖矣，其刑于之失，蓋自儁始也。信孽后而臨弱嗣，干朝權以戕骨肉，倘非輔政有子孟，六尺且將不保矣。秦雖未强，亦既窺之。此恪彼猛，此垂彼融，未敢睥睨，有所畏焉。若德之才，垂之亞也。其言苻氏可乘，何異垂之言石哉。垂當危疑不敢言，故但壯之而已。儁能用垂以興者，而恪爲輔國領之耳。暐年未及漢昭，能辨太師根之詐，覽德大悦，將從之，豈不可與有爲者耶？恪在，復領而行，評不敢阻之矣。故恪死則垂奔，秦其不乘之乎！况狃枋頭

〔一〕「即」，底本脱，今據福建本、北大本補。
〔二〕「輦」，底本作「輩」，今據福建本、北大本改。
〔三〕「四」，底本脱，今據福建本、北大本目録補。

之解，而背虎牢之約哉。以暐而抵堅，以評而禦猛，敗不旋踵，夫何疑焉。

建熙元年，正月，戊子，暐即位，大赦境内，改元。二月，尊母可足渾氏爲皇太后。以恪爲太宰、録尚書，行周公事；評爲太傅，副贊朝政；根爲太師，鶱爲太保，參輔朝政。暐既庸弱，國事皆委之恪。而根性木强，自恃勳舊，心不服恪，舉動驕傲，有無上心，忌恪總朝權。太后頗預外事，根將伺隙爲亂，乃言於恪曰：「今主上幼冲，母后干政，殿下宜慮楊駿、諸葛元遜之變，思有以自全。且定天下者，殿下之功，兄亡弟及，先王成制。山陵畢事，可廢主上爲一國王，殿下踐尊位，以建大燕無窮之慶。」恪曰：「公醉乎？何言之悖也！昔曹臧、吴札並於家難之際，猶曰爲君非吾節。况今儲君嗣統，四海無虞，宰輔受遺，奈何便有私議，而忘先帝之言乎？」根大懼，陳謝而退。恪以告垂，勸恪誅之。恪曰：「今新遭大凶，二隣觀釁，山陵未建，宰輔自相誅滅，恐乖遠近之望，且可容忍之。」秘書監、侍中皇甫真言於恪曰：「根本庸豎，過蒙先帝厚恩，引參顧命。而小人無識，自國哀以來〔二〕，驕狠日甚，將成禍亂。明公今日居周公之地，當爲社稷深謀，早爲之所。」恪未忍顯其事，不聽。根與左衛將軍慕輿于潛謀誅恪及評，因

〔二〕「哀」，底本作「衰」，今據福建本、北大本、《通鑑》卷一〇一改。

而篡位，入白曰：「太宰、太傅將謀不軌，臣請率禁兵誅之，以安社稷。」太后將從之，暐曰：「二公國之親穆，先帝選之，托以孤嫠，終應無此。未必非太師將爲亂也。」乃止。根又思戀東土，言於太后及暐曰：「今天下蕭條，外寇非一，國大憂深，不如還東。」恪聞之，乃與評謀，密奏根罪狀，使真及右衛將軍傅顔收根等，於禁中并其妻子、黨與斬之，大赦境内。恪謝真曰：「不從君言，幾成禍敗。」恪於朝廷謹肅[一]，進止有常度。新遭大喪，誅夷狼籍，内外恟懼，舉止如常，人不見其有憂色。每出入，一人步從。或説以宜自嚴備，恪曰：「人情方懼，當自安以靖之。吾復不安，衆將何仰哉！」由是人心稍定。恪雖綜大任，而朝廷禮兢兢嚴謹，每事必諮之評，未嘗以執政專決。虚襟待物，諮詢善道，量才授任，人不踰位[二]。官屬朝臣或有過失，不顯其狀，隨宜他敘，不令失倫，唯以此爲貶。時人以爲大愧[三]，莫敢犯者。或有小過，自相責曰：「爾復欲望宰公遷官邪！」庶僚化德，希有犯矣。晉初聞儁卒，皆以爲中原可圖。太尉桓温曰：「慕容恪尚在，所憂方大耳！」三月，己卯，葬儁於龍陵，謚曰景昭皇帝，廟號烈祖。時所徵

[一]「謹」，底本作「謙」，今據《晉書》卷一一一《慕容暐載記附慕容恪傳》改。
[二]「踰」，底本作「喻」，今據《晉書·慕容暐載記附慕容恪傳》、《通鑑》卷一〇一改；以下徑改，不注。
[三]「愧」，底本作「塊」，今據福建本、北大本、《通鑑》卷一〇一改。

郡國兵以朝多難，互相驚動，往往擅自散歸，自鄴以南，道路斷塞。恪以垂爲使持節、征南將軍、都督河南諸軍事、兖州牧、荆州刺史，領護南蠻校尉，鎮梁國之蠡臺；孫希爲安西將軍、并州刺史；傅顔爲護軍將軍，帥騎二萬，觀兵河南，臨淮而還，軍威甚盛，境内乃安。希，泳之弟也[一]。十一月，恪欲以李績爲右僕射，暐不許。恪屢以爲請，暐曰：「萬機之事，皆委叔父，伯陽一人，暐請獨裁。」出爲章武太守，以憂卒。

二年，二月，平陽人舉郡來降，以建威將軍段剛爲太守，遣督護韓苞將兵共守之[二]。時方士丁進有寵於暐，欲求媚恪，説令殺評。恪大怒，奏收斬之。是月，高昌死，吕護并其衆，遣使降晉，晉拜爲前將軍、冀州刺史。護欲引晉兵襲鄴，事覺，恪謀於朝曰：「遠人不服，脩文德以來之。今護宜以恩詔降乎[三]？不宜以兵戈取也？」皇甫真曰：「護九年間三背王命，揆其姦心，凶勃未已。明公方飲馬江湘，勒銘劍閣，况護蕞爾近畿，而不梟戮乎？宜以兵取之，不可復以文檄喻也。」恪從之。三月，恪率兵五萬，以真爲冠軍將軍，將萬人至野王討之，護嬰城自守。傅顔言于恪曰：「護窮寇假合，王師

〔一〕「泳」，底本作「冰」，今據福建本、北大本、《通鑑》卷一〇一改。
〔二〕「苞」，底本作「邑」，今據福建本、《通鑑》卷一〇一改。
〔三〕「乎」，底本作「平」，今據《晉書·慕容暐載記附皇甫真傳》改。

既臨，則上下喪氣，曾不敢闚兵中路，展其螗蜋之心。此則士卒攝魂，敗亡之驗也。殿下前以廣固天險，守易攻難，故爲長久之策。今賊形便不與往同，宜急攻之，以省大費。」恪曰：「護老賊，經變多矣。觀其守備，未易卒平。頃攻黎陽，多殺精鋭，卒不能拔，自取困辱。今圈之窮城，樵採路絶，内無蓄積，外無彊援。吾嚴濬圍壘，休養將卒，以重官美貨間而離之。事淹勢窮，其釁易動。我則未勞，而寇已獘，此爲兵不血刃[一]，坐以制勝也。不過十旬，其斃必矣，何必遽殘士卒命，而趣旦夕之利哉！」遂列長圍守之。四月，鎮南將軍慶爲晉敗。七月，護將張興率勁卒七千出戰，顔擊斬之。攻圍既久，城中日蹙，真戒部將曰：「護勢窮奔突，必擇虚隙而投。吾所部士卒多羸，器甲不精，宜深爲備。」乃多課櫓楯，親察行夜者。護食盡，果夜悉精鋭趨真所部突圍[二]，不得出。恪引兵擊之，護衆死喪殆盡，棄妻子奔滎陽，而野王潰。恪存撫降民，給其廪食，徙士人、將帥於鄴，自餘各隨所樂。以護參軍廣平梁琛爲中書著作郎。真還，拜鎮西將軍、并州刺史，領護匈奴中郎將[三]。九月，張平襲平陽，殺剛、苞；攻雁門，殺太守單男。既而

[一]「兵」，底本脱，今據《晉書·慕容暐載記》補。
[二]「趨真」，底本脱二字，今據《通鑑》卷一〇一補。
[三]「領」，底本作「鎮」，今據《晉書·慕容暐載記附皇甫真傳》改。

爲秦攻，復來謝罪求救。以其反復，弗救也，平遂爲秦滅。十月，護復叛晉來奔，赦之，以爲寧南將軍、廣州刺史。燕無廣州，以刺州名授之耳。十二月，大赦。

三年，晉隆和元年也。正月，從豫州刺史孫興言：「晉冠軍將軍陳祐弊卒千餘，介守孤城〔一〕，不足取也。請步卒五千〔二〕，先取洛陽。」傅顏北襲敕勒，大獲而還。遣顏及吕護攻晉小壘以逼之。二月，護攻洛陽。三月，乙酉，晉河南太守戴施奔宛，陳祐告急。五月，丁巳，晉太尉桓温遣北中郎將庾希、竟陵太守鄧遐帥舟師三千人，助祐守洛陽。六月，甲戌，征東參軍劉拔刺殺征東將軍、冀州刺史、范陽王友於信都。七月，護退守小平津，中流矢而死。將軍段崇收軍北渡，屯於野王。鄧遐進屯新城。我將劉則與希將何謙戰於檀丘，敗績。十一月，代王什翼犍來納女〔三〕，亦以女妻之。

四年，晉興寧元年也。四月，寧東將軍慕容忠攻晉滎陽，太守劉遠奔魯陽。五月，癸卯，進拔密城，遠奔江陵。十月，塵攻晉陳留太守袁披于長平，晉汝南太守朱斌乘虚襲破許昌。

〔一〕「介」，底本作「戒」，今據《晉書·慕容暐載記》改。
〔二〕「卒」，底本作「寇」，今據福建本、《晉書·慕容暐載記》改。
〔三〕「女」，底本脱，今據福建本、北大本、《通鑑》卷一〇一補。

五年，正月，丙辰，大赦。二月，太傅評、龍驤將軍李洪略地河南。四月，洪攻許昌、汝南，敗晉兵於懸瓠，殺潁川太守李福，遂拔許昌、汝南、陳郡，徙萬餘户於幽、冀二州，遣鏖屯許昌。八月，侍中慕輿龍詣龍城，徙宗廟及所留百官皆詣鄴。恪將取洛陽，先遣人招納士民，遠近塢皆歸之，乃使司馬悦希軍盟津，孫興軍成皋，爲聲援，逼洛陽。晉冠軍長史沈勁屢以少擊衆，摧破我軍，而洛陽粮盡援絶，陳祐奔陸渾〔一〕，河南諸城悉陷於希。

六年，二月，恪、垂共攻洛陽。恪謂諸將曰：「卿等常患吾不攻，今洛陽城高而兵弱，易克也，勿更畏懦而怠惰！」遂攻之。三月，克之，其寧朔將軍竺瑶奔襄陽，執揚武將軍沈勁。勁神氣自若，恪將宥之。中軍將軍慕輿虔曰：「勁雖奇士，觀其志度，終不爲人用。今赦之，必爲後患。」遂殺之。恪略地至崤、澠，關中大震，秦王堅自將屯陜城以備之。恪以左中郎將慕容筑爲假節、征虜將軍、洛州刺史，鎮金墉；垂爲都督荆揚洛徐兖豫雍益凉秦十州諸軍事、征南大將軍、荆州牧，配兵一萬，鎮魯陽。恪還鄴，謂僚屬曰：「吾前平廣固，不能濟辟閭蔚，今定洛陽，使沈勁爲戮，雖皆非本情，然身爲

〔一〕「渾」下，底本衍「諸城」二字，今據《晉書·慕容暐載記》、《通鑑》卷一〇一删。

元帥，實有愧於四海。」恪爲將不事威嚴，專用恩信撫士卒，務綜大要，不爲苛令，使人人得便安。有犯法[二]，密縱舍之，捕斬其賊首以令軍。營若可乘，而警備嚴密，敵至莫能近者，故未嘗負敗焉。四月，壬午，太尉、武平匡公封奕卒，以司空陽騖爲太尉，侍中、光禄大夫皇甫真爲司空，領中書監。騖歷事四朝，暐既申以師傅之禮[三]，親遇日隆。及是，慨然而嘆曰：「昔常林、徐邈先代名臣，猶以鼎足任重而終辭三事[三]。以吾虚薄，何德以堪之！」固求罷職，言甚懇至，暐優答不許。年耆望重，自恪以下皆拜之。而騖清貞謙謹，老而彌篤，過於少時。戒束子孫，雖朱紫羅列，無敢違犯其法度者。奕亦歷四朝，其宣勞過於騖，子貴孫顯亦過於陽氏。豈謙德有愧於騖耶？或者史因陽氏家傳書之，而封氏闕然無述？其子孫貴顯何爲乎！時放爲吏部尚書。

七年，晉太和元年也。三月，境内多水旱，恪、評並稽首歸政，請遜位還第，曰：「臣以朽闇[四]，器非經國，過荷先帝拔擢之恩，又蒙陛下殊常之遇，猥以輕才[五]，竊位宰

〔二〕「法」，底本脱，今據《晉書·慕容恪傳》補。
〔三〕「之禮」，底本脱二字，今據《晉書·慕容暐載記附陽騖傳》補。
〔三〕「以」，底本作「未」，今據《晉書·慕容暐載記附陽騖傳》改。
〔四〕「朽」，底本作「杇」，今據《晉書·慕容暐載記》改。
〔五〕「才」，底本作「財」，今據北大本、《晉書·慕容暐載記》改。

禄，不能上諧陰陽，下釐庶政，致使水旱愆和，彝倫失序，轅弱任重，夕惕唯憂。臣聞王者則天建國，辨方正位，司必量才，官維德舉。台傅之重，參理三光，苟非其人，則靈曜爲虧。尸禄貽殃，負乘招悔，由來常道，未之或差。以姬旦之勳聖，猶近則二公不悦〔二〕，遠則管、蔡流言。况臣等寵緣戚榮，官非才授，而可久點天官，塵蔽賢路者乎？是以中年拜表，披陳丹欵。聖恩齒舊，未忍遐棄，奄冉偷榮，愆責彌厚。自待罪鼎司，歲餘辰紀，忝冒宰衡，七載于兹。雖乃心經略，而思不周務，至令二方干紀，跛扈未庭，同文之詠，有慚盛漢，深乖先帝托付之規，甚違陛下垂拱之義。臣雖不敏，竊聞君子之言，敢忘虞廷避賢之美，輒循兩疏知止之分，謹送太宰、大司馬、太傅、司徒章綬〔三〕，惟垂昭許〔三〕。」暐曰：「朕以不天，早傾乾覆，先帝所托，唯在二公。二公懿親碩德，勳高魯、衛，翼贊王室，輔導朕躬，宣慈惠和，坐而待旦，虔誠夕惕〔四〕，美亦至矣。故能外掃群凶，内清九土，四海晏如，政和時洽。雖宗廟社稷之靈，抑亦二公之力也。今關右有

〔二〕「二」，底本作「召」，今據《晉書·慕容暐載記》改。
〔三〕「章」，底本作「印」，今據《晉書·慕容暐載記》改。
〔三〕「昭」，底本作「照」，今據《晉書·慕容暐載記》改。
〔四〕「夕」，底本脱，今據《晉書·慕容暐載記》補。

未賓之氏，江吴有遺燼之虜，方賴謀猷，混寧六合，豈宜虚己謙冲，以違委任之重！王其割二疏獨善之小，以成公旦復衮之大[二]。」恪、評等固請致政，暐曰：「夫建德者必以終善爲名，佐命者則以功成爲效[三]。公與先帝開構洪基，膺天明命，將廓夷群醜，紹復隆周之迹。今災眚横流[三]，乾光墜曜。朕以眇躬，猥荷大業，不能上成先帝遺志，致使二虜游魂，所以膚功未成也，豈宜冲退。且古之王者，不以天下爲榮，憂四海若荷擔，然後仁讓之風行，則比屋而可封。今道化未純，鯨鯢未殄，宗社之重，非唯朕身，公所憂也。當思所以寧濟兆庶，靖難敦風，垂美將來，侔蹤周、漢，不宜崇飾常節，以違至公。」遂斷其讓表，恪、評等乃止。十月，撫軍將軍、下邳王厲寇晉兖州，攻太山，太守諸葛攸奔淮南[四]。厲拔魯、高平數郡，置守宰而還。十二月，晉南陽督護趙億據宛城來降，其太守桓澹走保新野，乃遣南中郎將趙盤自魯陽戍宛。時鍾律郎郭欽奏議[五]，以燕承石府水爲木德，從之，乃韓恒之議也。

〔一〕「衮」，底本作「襄」，今據《晉書·慕容暐載記》改。
〔二〕「佐」，底本作「立」，今據《晉書·慕容暐載記》改。
〔三〕「眚」，底本作「青」，今據福建本、北大本、《晉書·慕容暐載記》改。
〔四〕「淮」，底本作「河」，今據《晉書·慕容暐載記》改。
〔五〕「鍾」，底本作「鎮」，今據《晉書·慕容暐載記》改。

八年，二月，厲及鎮北將軍、宜都王桓襲敕勒。四月，晉竟陵太守羅崇擊破慕容塵。時恪言于暐曰：「吳王垂，將相之才十倍於臣，先帝以長幼之次，故臣得先之。臣死，願陛下舉國以聽吳王，可謂親賢兼舉。」恪罷朝歸第，盡心色養，手不釋卷。有疾，深慮暐政不在已，評性多猜忌，恐大司馬任不能允授人望，乃召暐兄臧謂之曰：「今勁秦跋扈，彊吳未賓，二寇並懷進取，顧我未有隙耳。夫安危在得人，國興在賢輔。大司馬總統六軍，不可任非其人。吾以常才，受顧托之重〔一〕，每欲埽平關隴，蕩一甌吳，庶嗣成先帝遺志，謝憂責於當年。而疾固彌留，恐此志不遂，所以没有餘恨也。吳王天資英傑，經略超世，汝曹若能推才任忠，和同宗盟，則四海不足圖，二虜豈能爲難哉〔二〕！若以親疎次第，當在汝及冲。女曹雖才識明敏，然年少未堪多難。國家安危，實在於此，不可昧利忘憂，以致大悔也。」又以是言告評。五月，壬辰，恪疾篤，暐親視之，問以後事。恪曰：「臣聞報恩莫大於薦賢。賢者雖在板築，猶可爲相，况至親乎！吳王文武兼資，管、蕭之亞〔三〕，陛下若任以大政，國家可安。不然，秦、晉必有窺窬之計。」言終而卒，

〔一〕「受」，底本重文，今據福建本、北大本、《晉書·慕容暐載記》删。
〔二〕「豈」，底本脱，今據《晉書·慕容暐載記》補。
〔三〕「蕭」、「亞」，底本作「簫」、「匹」，今據《晉書·慕容暐載記附慕容恪傳》、《通鑑》卷一〇一改。

國中皆痛惜之。秦王堅聞恪卒，陰有圖燕之計，欲覘其可否，命匈奴左賢王曹轂發使如燕朝貢，以西戎主簿郭辯爲副。司空皇甫真兄典及從子奮、覆皆仕秦，典爲散騎常侍。辯至，歷造公卿，謂真曰：「僕本秦人，家爲秦所誅，故寄命曹王，貴兄常侍及奮、覆兄弟並相知有素。」真怒曰：「臣無境外之交，此言何以及我！君似奸人，得無因緣假托乎？」白暐，請窮治之，評不許。辯還，爲堅言〔二〕：「燕朝政無綱紀，實可圖也。鑒機識變，唯真耳。」堅曰：「以六州之衆，豈不得智士一人哉！真亦秦人，而燕用之，固知關西多君子矣。」晉右將軍桓豁及羅崇攻宛，拔之，趙億走，趙盤退奔魯陽。豁遣輕騎追盤於雉城，大戰，敗之，執盤送於京師，戍宛而歸。七月，下邳王厲等破敕勒，獲牛馬數萬頭。初，厲兵過代地，犯其祭田，代王什翼犍怒。燕平北將軍、武强公埿以幽州兵戍雲中。八月，什翼犍攻雲中，埿棄城走，振威將軍慕輿賀辛戰没。十二月，太尉、建寧敬公陽騖卒。騖性儉約，常乘弊車瘠馬，及卒，無歛財。以皇甫真爲侍中、太尉，光禄大夫李洪爲司空。

九年，二月，以車騎將軍、中山王冲爲大司馬。冲，暐之弟。評不用恪言也。以吴

〔二〕「堅」，底本作「奸」，今據《晉書·慕容暐載記附皇甫真傳》、《通鑑》卷一〇一改。

王垂爲侍中、車騎大將軍、儀同三司。垂爲兖、荆二州牧，有聲於梁、楚南。再爲司隸，王公以下莫不累迹，故益忌之。秦魏公庾叛，以陜城來降，請兵接應。時有圖書云：「燕馬當飲渭水。」堅恐暐乘隙入關，大懼，乃盡精鋭備華陰。暐群臣議欲遣兵救庾，因圖關右。評素無經略，又受堅間貨，沮議。魏尹、散騎常侍、范陽王德上疏曰：「先帝應天順時，受命革代，方以文德懷遠，志平六合，神功未就，忽奄升遐。昔周文既没，武王嗣興。伏惟陛下則天比德，揆聖齊功，方闡崇乾基，纂成先志。逆氐僭據關隴，號同王者，惡積禍盈，自相疑戮，釁起蕭墻，勢分四國，投誠請援，旬日相尋，豈非凶運將終，數歸有道。兼弱攻昧，取亂侮亡，機之上也。今秦土四分，可謂弱矣。時來運集，天贊我矣。天與不取，反受其殃。吴、越之鑒，我之師也。宜應天人之會，建牧野之旗。命皇甫真引并、冀之衆，徑趨蒲阪[二]；吴王垂引許、洛之兵，馳解庾圍；太傅評總京都虎旅，爲二軍後繼。飛檄三輔，仁聲先路，獲城即侯，微功必賞，此則鬱概待時之雄，抱志未申之傑，必嶽峙灞上，雲屯隴下。天羅既張，内外勢合，區區僭豎，不走則降，大同之舉，今其時也。願陛下獨斷聖慮，無訪二公。」暐覽表大悦，將從之。評曰：

[二]「趨」，底本作「取」，今據《晉書·慕容暐載記》、《通鑑》卷一〇一改。

「秦，大國也，今雖有難，未易可圖。朝廷雖明，豈如先帝；吾等智略，又非太宰比。但能閉關息旅，保寧疆埸，足矣。平秦，非吾事也。」固執不許，乃止。德辭旨慷慨，識者言其有遠略。垂雅重之，見所上書，甚壯之。嘗與論軍國大謀，言必切至，謂之曰：「汝器識長進，非復吳下阿蒙也。」時秦任輔國將軍王猛。庾知評、暐無遠略，恐救師不至，乃箋於垂、真曰：「苻堅、王猛皆人傑也，謀爲燕患久矣。今若乘機不赴，恐異日燕君臣，將有甬東之悔矣。」垂得書，私於真曰：「方爲人患者，必在於秦。主上富於春秋，未能留心政事，觀太傅度略，豈能抗堅、猛乎？」真曰：「然。繞朝有云，謀之不從可何如！」九月，燕王公貴戚多占民爲蔭户，國之户口，少於私家，倉庫空竭，用度不足。尚書僕射、廣信公悦綰言於暐曰：「太宰政尚寬和，百姓多有隱附。《傳》曰：唯有德者可以寬臨衆，其次莫如猛。今三方鼎峙，各有吞併之心，而國家政法不立，豪貴恣横，至使民户殫盡，委輸無入，吏斷常俸，戰士絶廩，官貸粟帛以自贍給，既不可聞於鄰敵，且非所以爲治。宜一切罷斷諸蔭户，盡還郡縣，以實天府，肅明法令，以清四海。」暐納之，使綰專治其事，糾擿姦伏，無敢蔽匿，朝野震驚，出户二十

《載記》評賊殺餘萬。評大不平[二]。綰先有疾，自力釐校户籍，疾遂亟。十一月，卒。之也。

十年，四月，甲子，立皇后可足渾氏，太后從弟尚書令、豫章公翼之女也。晉大司馬桓温與江州刺史桓冲、豫州刺史袁真等帥步騎五萬自兖州來伐，參軍郗超言：「道遠汴淺，漕運難通。」不從。六月，天旱，水道絶，郗復建二策，又不從。郗之謀略，非常人所及，温素重之而不從者，其一直趨鄴城，決勝負於一戰，温所不敢；其一頓兵河濟，以待來年，使燕得爲備，温亦不爲也。温遣建威將軍檀玄攻胡陸，拔之，獲燕寧東將軍忠。暐以厲爲征討大都督，帥步騎二萬逆戰於黄墟，大敗，單騎奔還。高平太守徐翻舉郡降晉。其前鋒冠軍將軍鄧遐、朱序敗我將傅顔於林渚。暐復遣臧統諸軍拒温，臧不能抗[三]，乃遣散騎常侍李鳳求救於秦。七月，辛卯，温屯武陽，燕故兖州刺史孫元帥其族黨起兵應晉。温至枋頭，軍大振。暐及評大懼，謀奔和龍。垂曰：「臣請擊之，若其不捷，走未晚也。」乃以垂代臧爲使持節、南討大都督，帥征南將軍德等衆五萬拒温。

[二]「評」，底本作「許」，今據福建本、《晉書·慕容暐載記》改。
[三]「抗」，底本作「拒」，今據《通鑑》卷一〇二改。

垂表司徒左長史申胤、黄門侍郎封孚、尚書郎悉羅騰皆從軍。胤，鍾之子；孚，放之子也。又遣散騎侍郎樂嵩請救於秦，許賂以虎牢以西地。堅引群臣議於東堂，皆曰：「昔桓温伐我，至灞上，燕不我救。今温伐燕，我何救焉！且燕不稱藩於我，我何爲救之乎！」王猛密言曰：「燕雖强大，評非温敵也。若温舉山東，進屯洛邑，收幽、冀之兵，引并、豫之粟，觀兵崤、澠，則陛下大事去矣。今不如合燕以退温，温退，燕亦病矣。我乘其弊，不亦善乎！」堅從之。八月，遣將軍苟池、洛川刺史鄧羌帥步騎二萬救燕，出自洛陽，軍至潁川。又遣散騎侍郎姜撫報使於燕，外爲赴援，内實觀隙，志在兼并矣。孚問於胤曰：「温衆彊士整，乘流直進。今大軍徒逡巡高岸，兵不接刃，未見克殄之理〔二〕，事將何如？」胤曰：「以温今日聲勢〔三〕，似能有爲，然吾觀之，必無成功。晉室衰弱，温專制其國，朝臣未必皆同心，其得志，衆所不願也，必將乖阻以敗其事。又，温驕而恃衆，怯於應變。大衆深入，值可乘之會，反更逍遥中流，不出赴利，欲望持久，坐取全勝。若粮廪愆懸，情見勢屈，必不戰自敗，此自然

〔二〕「理」，底本作「期」，今據《通鑑》卷一〇二改。
〔三〕「聲」，底本作「擊」，今據福建本、《通鑑》卷一〇二改。

之數也。」温以燕降人段思爲鄉導，悉羅騰與温戰，生擒思；温使故趙將李述徇趙、魏，騰又與虎賁中郎將染干津擊斬之：温軍奪氣。初，温使真攻譙、梁，開石門以通水運。真克譙、梁而不能開石門，水運路塞。九月，德帥騎一萬，蘭臺治書侍御史劉當帥騎五千，屯石門以絶其漕；豫州刺史李邽帥州兵五千，斷温粮道。當，佩之子也。德使將軍慕容宙帥騎一千爲前鋒，與晉兵遇。宙曰：「晉人輕剽，怯於陷敵，勇於乘退，宜設餌以釣之。」乃使二百騎挑戰，分餘騎爲三伏。挑戰者兵未交而走，晉兵追之，宙帥伏以擊之，晉兵死者甚衆。温數戰不利，粮儲復竭，又聞秦兵將至，丙申，焚舟棄甲，自陸奔還。以毛虎生督東燕等四郡諸軍事，領東燕太守。温自東燕出倉垣，鑿井而飲，行七百餘里。燕諸將争欲追之，垂曰：「不可。温初退惶恐，必嚴設警備，簡精鋭爲後拒，擊之未必得志，不如緩之。彼幸吾未至，必晝夜疾趨，俟其士衆力盡氣衰，擊之，無不克矣。」乃帥八千騎徐躡其後。温果兼道而進。數日，垂告諸將曰：「温可擊矣。」乃急追之。辛丑，及温於襄邑。德先帥勁騎四千伏於襄邑東澗中，與垂夾擊温，大破之，斬首三萬級。秦兵邀擊温於譙，又破之，死者復以萬計〔二〕。孫元遂據

〔二〕「者」，底本脱，今據《晉書·慕容暐載記》、《通鑑》卷一〇二補。

武陽以拒燕，燕左衛將軍孟高討擒之。十月，己巳，温收散卒，屯於山陽。深耻喪敗，乃歸罪於真，奏免爲庶人，又免遐官。真以温誣己，不服，表温罪狀，朝廷不報。真遂據壽春叛，降燕且請救，亦遣使如秦。温以毛虎生領淮南太守，守歷陽，外以備壽春，内以衛江南也。燕、秦既結好，使者數往來，散騎侍郎太原郝晷、給事黄門侍郎梁琛相繼如秦。晷與猛有舊，猛接以平生，問東方事。晷見燕政不修，將亡，而秦大治，陰欲自托於猛，頗泄其實。琛至長安，堅方畋於萬年，欲引見之。琛曰：「秦使至燕，燕君臣朝服備禮，灑掃宫庭，乃敢見焉。今秦主欲野見之，使臣不敢聞命。」尚書郎辛勁曰：「賓客入境，惟主人所以處之，君焉得專制其禮！且天子稱乘輿，所至曰行在所，何常居之有！又，《春秋》亦有遇禮，何爲不可乎！」琛曰：「晉室不綱，靈祚歸德，二方乘運，俱受明命。而桓温猖狂，闚我王略，燕危秦孤，勢不獨立。是以秦王同恤時患，有結好援。東朝君臣，引領西望，愧其不競，以爲鄰憂，西使之辱，敬待有加。今彊寇既退，交聘方始，謂宜崇禮篤義，以固二國之歡。若忽慢使臣，是卑燕也，豈修好之義乎！夫天子以四海爲家，故行曰乘輿，止曰行在。今海縣瓜裂，天光分曜，安得以乘輿、行在爲言哉！禮，不期而見曰遇，蓋因事權行，其禮簡略，豈平居容與之所爲！我客使單行，誠勢屈於主人，然苟不以禮，亦不從也。」堅乃爲設行宮，百僚陪位而延客，如燕朝儀。事畢，堅與私宴，問：「東朝名臣爲誰？」琛曰：「太傅、上庸王評，明德茂親，光輔王室；車騎大將軍吳王垂，雄略冠世，折衝禦侮。其餘或以文進，或以武用，官皆稱職，野無遺賢。」琛從兄奕爲秦尚書郎，堅使典客，館琛於奕舍。琛曰：「昔諸葛瑾爲吳聘蜀，與亮惟公朝相見，退無私面，余竊慕之。今使即安私室，所不敢也。」乃不果館。奕數就邸舍，與琛卧起，間問東國事。琛曰：「今二方分據，兄弟並蒙榮寵，論其本心，各有所在。琛欲言東國之美，恐非西國所欲聞；欲言其惡，又非使臣所得論也。兄何用問爲！」堅使太子延琛相見，秦人欲使琛拜太子，先諷之曰：「鄰國之君，猶其君也；鄰國之儲君，亦何以異乎！」琛曰：「天子之子視元士，欲其由賤以登貴，尚不敢臣其父臣，況於他國之臣乎！苟無純敬，則禮有往來，情豈忘恭，但恐降屈爲煩耳。」乃不果拜。猛勸堅留琛，堅不許。暐遣大鴻臚温統拜袁真使持節、都督淮南諸軍事、征南大將軍、揚州刺史，封宣城公。統未踰淮而卒。垂既有大功，自襄邑還鄴，威名益振，評愈忌之。垂奏：「所募將士忘身立效，將軍孫蓋等摧鋒陷陳〔二〕，應蒙殊賞。」評皆抑而不行。垂數以爲言，

〔二〕「蓋」，底本作「益」，今據《晉書·慕容暐載記》、《通鑑》卷一〇二改。

與廷爭，怨隙愈深。太后素惡垂[二]，毀其戰功，與評密謀誅之。恪子楷及垂舅蘭建知之，以告，垂曰：「骨肉相殘而首亂於國，吾有死而已，不忍爲也。」頃之，二人又以告，曰：「内意已决，不可不早發。」垂曰：「必不可彌縫，吾寧避之於外乎，餘非所議。」垂内以爲憂，而未敢告諸子。世子令請曰：「尊比者如有憂色，豈非以主上幼冲，太傅疾賢，功高望重，而愈見猜邪？」垂曰：「然。吾竭力致命以破彊寇，本欲保全家國，豈知功成之後，返令身無所容乎！汝既知吾心矣，何以爲謀？」令對曰：「主上闇弱，委任太傅，一旦禍發，疾於駭機。今欲保族全身，不失大義，莫若逃之龍城，遜辭謝罪，以待主上之察。若周公之居東，庶幾可感寤而得還，此幸之大者。不然，則内撫燕、代，外懷群夷，守肥如之險以自保，亦其次也。」垂曰：「善！」十一月，辛亥朔，垂請畋於大陸[三]，因微服出鄴，將趨龍城。至邯鄲，少子麟素不爲所愛，逃還告狀，垂左右多亡叛。評白暐，遣西平公彊帥精騎追之，及於范陽。世子令斷後，彊不敢逼。會日暮，令謂垂曰：「本欲保東都以自全，今事已泄，謀不及設。秦主方

[二]「垂」，底本脱，今據《通鑑》卷一〇二補。
[三]「大」，底本脱，今據《通鑑》卷一〇二補。

招延英傑，不如往歸之。」垂曰：「今日之計，舍此安之！」乃散騎滅跡，傍南山復還鄴，隱於趙之顯原陵，石虎葬處也。俄有獵者數百騎四面而來，抗之則不能敵，逃之則無路，不知所爲。會獵者鷹皆飛颺，衆騎散去。垂乃殺白馬祭天，且盟從者。令曰：「太傅忌賢疾能，構事以來，人尤忿恨。今鄴城中莫知尊處，如嬰兒之思母，夷、夏同之。若順衆心，襲其無備，取之如指掌耳。事定之後，革弊簡能，大匡朝政，以輔主上，安國存家，功之大者也。今日之便，誠不可失，願給騎數人，足以辦之。」垂曰：「如汝之謀，事成誠爲大福，不成悔之何及！不如西奔，可以萬全。」子馬奴潛謀逃歸，殺之而行。至河陽，爲津吏所禁，斬之而濟。遂自洛陽與段夫人、世子令、令弟寶、農、隆、兄子楷、舅蘭建〔二〕、郎中令高弼俱奔秦，留妃可足渾氏於鄴。乙泉戍主吳歸追及於閿鄉，令擊之而退。初，堅自恪卒，陰有圖燕之志，憚垂威名，不敢發。及聞垂至，大喜，郊迎，執手與語曰：「天生賢傑，必相與共成大功，此自然之數也。要當與卿共定天下，告成岱宗，然後還卿本邦，世封幽州，使卿去國不失爲子之孝，歸朕不失事君之忠，不亦美乎！」垂謝曰：「羈旅之臣，免罪爲幸，本邦之榮，非所

〔二〕「蘭」，底本作「簡」，今據福建本、北大本、《通鑑》卷一〇二改。

敢望！」堅復愛令及楷才，皆厚禮之，賞賜鉅萬，每進見，屬目觀之。關中士民素聞垂父子名，皆嚮慕之。猛惡其雄略，言於堅曰：「垂，燕之戚屬，世雄東部，寬仁惠下，恩結士庶，燕、趙之間咸有奉戴之意。觀其才略，權智無方，兼其諸子明毅有幹藝，人之傑也。譬如龍、虎，非可馴之物，若借風雲，將不可復制，不如早除之。」堅曰：「吾方收攬英雄，以清四海，柰何殺之！且其初至，吾已推誠納之矣，今而害之，人將謂我何！匹夫猶不棄言，况萬乘乎！」乃以垂爲冠軍將軍，封賓徒侯，食華陰之五百户；楷爲積弩將軍。德素與垂善，及車騎從事中郎高泰，皆坐免官。尚書右丞申紹言於評曰：「今吴王出奔，外口藉藉，宜徵王僚屬賢者顯進之，粗可消謗[一]。」評曰：「誰可者？」紹曰：「高泰其領袖也。」乃以泰爲尚書郎。泰，瞻之從子；紹，胤之子也。秦留梁琛月餘，乃遣歸。琛兼程而進，比至鄴，垂已奔秦。琛言於評曰：「秦人日閲軍旅，多聚糧陝東，以琛觀之，爲和必不能久。今吴王又往歸，必有窺燕之謀矣，宜早爲備。」評曰：「不然。秦豈肯受吾叛臣，而輕敗和好哉！」琛曰：「今二國分據中原，而并稱大號，理無俱存，有并吞之志久矣。桓温入寇，彼以計相救，非

〔一〕「粗」，底本作「麗」，今據《通鑑》卷一〇二改。

愛燕也。若燕有釁，彼豈忘其本志哉！」評曰：「秦主何如人？」琛曰：「明而善斷，納諫如流。」問王猛，曰：「名不虛得，自爲千載一時。桓温不足爲慮，終爲人患者，其唯猛乎〔一〕！」評皆不以爲然。琛又以告暐，暐亦不然之。以告皇甫真，真深憂之，上疏言：「苻堅雖聘問相尋，然抗均隣敵，勢同戰國，實有窺上國心，非能慕樂德義，不忘久要也。前出兵洛川，及使者繼至，國之險易要害，彼皆具之耳目矣。觀虛實以措奸圖，聽風塵而伺國隙〔二〕，寇之常也。今吴王外奔爲謀主，伍員之禍，其可不備哉！洛陽、太原、壺關〔三〕，皆宜選將益兵，以防未然。」暐召評謀之，評曰：「秦國小力弱，恃我爲援。且苻堅庶幾善道，終不肯納叛臣言，絶二國之好。不宜輕自驚擾，以啟寇心。」卒不爲備。秦遣黄門郎石越來聘，評示之以奢，欲以誇燕富盛。高泰及太傅參軍河間劉靖言於評曰：「越言誕而視遠，非求好也，乃觀釁也。宜耀兵以示之，用折其謀。今乃示以奢，益爲其所輕矣。」評不從，泰遂謝病歸。時太后侵撓國政，評等貪昧無厭，貨賂上流，政以賄成，官非才舉，群下切齒焉。申紹上疏曰：「臣聞漢宣有

〔一〕「猛乎」，底本脱二字，今據福建本、北大本、《晉書·慕容暐載記》補。
〔二〕「塵」，底本脱，今據《晉書·慕容暐載記》補。
〔三〕「洛」，底本脱，今據福建本、北大本、《晉書·慕容暐載記》、《通鑑》卷一〇二補。

言：『與朕共治天下者，其惟良二千石乎！』是以特重此選，必妙盡英才，莫不拔自貢士，歷資内外，用能仁感猛獸，惠致群祥。今之守宰，或擢自匹夫兵將之間，或因寵戚，藉緣時會，非但無聞于州閭〔二〕，亦不經選於朝廷。又無考績，黜陟幽明。貪惰爲惡〔三〕，無刑戮之懼；清勤奉法，無爵賞之勸。百姓窮弊，侵賕無已，兵士逋逃，乃相招爲賊盜。風頽化替，莫相糾攝。且吏多則政煩，由來常患也。今之見户，不過漢一大郡，而備置百官，加之新立軍號，兼重有過往時。虛假名位，廢棄農業，公私驅擾，人無聊生。宜并官省職，務勸農桑。秦、吴二虜，僻僭一時，尚能任道捐情，肅諧僞部。况大燕累聖重光，君臨四海，而可美政或虧，取陵奸寇哉！鄰之有善，衆之所望，我之不脩，彼之願也。秦、吴狡猾，地居形勝，非惟守境而已，乃有吞噬之心。中州豐實，户兼二寇，弓馬之勁，秦、吴所憚，雲騎風馳，四方莫及。比者赴敵後機，兵不速濟，何也？皆由賦法靡恒，役之非道。郡縣守宰每於差調之際，無不舍越殷彊，首先貧弱。行留俱窘，資贍無所，人懷嗟怨，遂致奔亡，進闕供國之饒，退離蠶

〔二〕「但」，底本作「自」，今據《晉書·慕容暐載記》改。

〔三〕「惰」，底本作「情」，今據福建本、北大本、《晉書·慕容暐載記》、《通鑑》卷一〇二改。

農之要。兵豈在多，貴於用命。宜嚴制軍務，精擇守宰，復習兵教戰[二]，使偏伍有常，從戎之外，足營私業，父兄有陟岵之觀，子弟懷孔邇之顧，雖赴水火，何所不從！節儉約費，先王格謨，去華敦朴，哲后恒憲。故周公戒成王以豐財爲本，漢文以皂幃變俗，孝景宫人弗過千餘，魏武寵賜不盈十萬，薄葬不墳，儉以率下，所以割肌膚之惠，全百姓之力。謹案後宫四千餘，僮侍厮役，過兼十倍，一日之費，價盈萬金，綺縠羅紈[三]，歲增常調，戎器弗營，奢玩是務。今帑藏虚竭，軍士無賴，宰相侯王，迭以侈麗相尚，風靡之化，積習成俗，卧薪之諭，未足甚焉。宜罷浮華非要之役，峻明婚姻喪葬之條[三]，禁絶奢靡浮煩之事，出傾宫之女，均農桑之額。公卿以下，以四海爲家，賞必當功，罰必當罪，如此則紀綱肅舉[四]，公私兩遂，温、猛之首可懸之白旗，秦、吴二主可禮之歸命，豈惟不復侵寇而已哉！陛下若不遠追漢宗弋綈之模，近崇先帝補衣之美，臣恐頽風弊俗，亦且改變靡途；中興之歌，無以軫之絃詠。况拓宇兼并，不在一

[二]「教」，底本作「數」，今據福建本、北大本、《晉書·慕容暐載記》改。
[三]「縠」，底本作「縠」，今據《晉書·慕容暐載記》改。
[三]「婚姻」，底本脱二字，今據福建本、北大本、《晉書·慕容暐載記》補。
[四]「綱」，底本脱，今據福建本、北大本、《晉書·慕容暐載記》補。

城，控制戎夷，懷之以德。今魯陽、上郡，重山之外，雲、陰之北，四百有餘，而未可以羈服塞表，爲平寇之基，徒孤危托落，令善附内駭。宜攝就并、豫，以臨二河，東接漕轂，擬之丘後〔二〕，重晉陽之戍，增南藩之兵，嚴戰守之備，衒千金之餌，蓄力待時，可一舉而滅。如其虔劉送死，俟入境而斷之，可令匹馬不反。非惟絶二國闚覦，乃是戡殄之要。惟陛下覽焉。」暐不納。晉兵既退，悔割虎牢之地，遣使謂秦人曰：「頃者割地，行人失辭。有國有家者，分災救患，理之常也。」堅大怒，遣猛、羌及建威將軍梁成帥步騎三萬來伐。十二月，進攻荆州刺史、武威王筑於洛陽。

十一年，正月，王猛遺筑書，曰：「國家今已塞成皋之險，杜盟津之路，大駕虎旅百萬，自軹關取鄴都矣。金墉窮戍，外無救援，城下之師，將軍所監，豈三百弊卒所能支耶！」筑懼。暐遣衛大將軍、樂安王臧率精卒十萬解筑圍，次滎陽，與梁成、鄧羌戰石門，敗績，斬萬餘，相持於石門。筑聞而以洛陽降猛，猛陳師受之。臧城新樂，破秦兵於石門，執秦將楊猛。初，王猛之發長安也，請慕容令參其軍事，以爲鄉導。將行，造垂飲酒，從容謂垂曰：「今當遠别，卿何以贈我？使我覩物思人。」垂脱佩刀贈之。

〔二〕「之」，底本作「以」，今據福建本、北大本、《晉書·慕容暐載記》改；「丘」，底本作「兵」，今據《慕容暐載記》改。

猛至洛陽，賂垂所親金熙，使詐爲垂使者，謂令曰：「吾父子來此，以逃死也。今王猛疾人如仇，讒毁日深，秦主雖外相厚善，其心難知。丈夫逃死而卒不免，將爲天下笑[二]。吾聞東朝比來始更悔悟，主、后相尤。吾今還東，故遣告汝，吾已行矣，便可速發。」令疑之[三]，躊躇終日，又不可審覆，乃將舊騎，詐爲出獵，遂奔臧於石門。臧進屯滎陽，猛遣成、羌擊走之，斬首三千餘級，獲將軍楊璩。留羌鎮金墉，以輔國司馬桓寅爲弘農太守，代羌戍陝城，猛振旅而還。二月，癸酉，袁真卒，陳郡太守朱輔立其子瑾爲建威將軍、豫州刺史，遣子乾之如鄴請命。以瑾爲揚州刺史，輔爲荆州刺史。四月，燕、秦皆遣使助瑾，燕兵先至，爲晉將竺瑶破於武丘，又克南城。是時，堅復遣猛督鎮南將軍楊安等十將步騎六萬來伐。慕容令奔石門，猛表令叛狀，垂懼而出走，及藍田，爲追騎所獲。堅引見東堂，勞之曰：「卿家國失和，委身投朕。賢子志不忘本，猶懷首丘，亦各其志，不足深咎。然燕之將亡，非令所能存，惜其徒入虎口耳。《書》不云乎：『父父子子，無相及也。』卿何爲過懼，而狼狽如是乎！」復垂爵位，待之如舊。燕人以令叛而復

[二]「爲」，底本作「謂」，今據福建本、北大本、《通鑑》卷一〇二改。
[三]「疑」，底本作「擬」，今據福建本、北大本、《通鑑》卷一〇二改。

還，其父爲秦所厚，疑爲反間，徙之沙城，在龍都東北六百里。令自度終不得免，密謀起兵，沙城中謫戍士數千人，令皆厚撫之。五月，庚午，因殺牙門孟嬀，而城大涉圭懼，請自效。令信之，引置左右。遂帥謫戍士東襲威德城〔二〕，殺城郎慕容倉，據城部署，遣人招東西諸戍，翕然皆應之。鎮東將軍、渤海王亮鎮龍城，令將襲之，其弟麟以告亮，亮閉城拒守。癸酉，涉圭因侍直擊令，令單馬走，其黨皆潰。涉圭追至薛黎澤，擒而殺之，詣龍城白亮。亮爲誅涉圭，收令屍而葬之。六月，乙卯，堅送猛於灞上，猛請速敕所司，部置鮮卑之所，堅大悦。七月，猛攻壺關，安攻晉陽。八月，暐命評將中外精兵三十萬，宜都王桓帥衆萬餘屯沙亭，爲後繼，以拒秦。暐以秦寇爲憂，召侍郎李鳳、梁琛、樂嵩問曰：「秦兵衆寡何如？今大軍既出，秦能戰乎？」鳳曰：「秦國小兵弱，非王師之敵，景略常才，又非太傅比，不足憂也。」琛、嵩曰：「不然。兵書之義，計敵能鬬，當以算取之。若冀敵不鬬，非萬全之道也。慶鄭有云：『秦衆雖少，戰士倍我。』衆之多少，非可問也。且秦行師千里，遠來爲寇，固戰是求，何不戰之有！且吾當用謀以求勝，豈可冀其不戰而已乎！」暐不悦。猛克壺關，執上黨太守、南安王越，所過郡縣，

〔二〕「德」，底本脱，今據《通鑑》卷一〇二補。

皆望風降附，燕人大震。封孚問申胤曰：「事將何如？」胤歎曰：「鄴必亡矣，吾屬今兹將爲秦虜。然越得歲而吴伐之，卒受其禍。今福德在燕，秦雖得志，而燕之復建，不過一紀耳。」是時，晉桓温敗袁瑾於壽春，暐遣左衛將軍孟高往救，至淮北，未渡，會秦來伐，乃召高還。九月，晉陽兵多粮足，秦久之未下。猛留屯騎校尉苟長戍壺關〔二〕，引兵助安攻之，爲地道，使虎牙將軍張蚝帥壯士數百潛入城中，大呼斬關，納秦兵。辛巳，猛、安入晉陽，執并州刺史、東海王莊。評畏猛不敢進，屯於潞川。十月，辛亥，猛留將軍武都毛當戍晉陽，進兵潞川，與評相持。評以猛懸軍深入，欲以持久制之。評爲人貪鄙，鄣固山泉，鬻樵及水，積財帛如丘陵，士卒怨憤，莫有鬬志。猛聞之，笑曰：「評真奴才，雖億兆之衆不足畏，况數十萬乎！吾今兹破之必矣。」乃遣遊擊將軍郭慶帥騎五千，夜從間道出評營後，傍山起火，燒輜重，火見鄴中。暐懼不知所爲，遣侍中蘭伊讓評曰：「王，高祖子也，當以宗廟社稷爲憂。奈何不撫戰士而榷賣樵水，專以殖貨爲心乎！府庫，朕與王共之，何憂貧！若賊兵遂進，家國喪亡，王持錢帛，安所置之！皮之不存，毛將安傅！錢帛可散之三軍，以平寇凱旋爲望。」趣使戰。評大懼，遣

〔二〕「苟長」，底本從《通鑑》卷一〇二，《晉書·苻堅載記上》作「苟萇」，胡三省《通鑑音注》云「恐當作苟萇」。

使請戰於猛。甲子，猛誓師，衆皆踴躍，破釜棄粮，競進。猛望燕兵盛，勉羌以破勁敵。羌要司隸，不許。兵交，羌寢。猛就馳許之，羌乃大飲帳中，與蚝、成等跨馬運矛，馳赴燕陳，出入數四，旁若無人，搴旗斬將，殺傷數百。及日中，燕兵大敗，俘斬五萬有餘，乘勝追擊[二]，殺及降者又十餘萬人。評單騎走還鄴。秦兵長驅而東，丁卯，圍鄴。猛之未至也，鄴旁剽劫公行。及猛至，遠近帖然，號令嚴明，軍無私犯，法簡政寬，民各安業，更相謂曰：「不圖今日復見太原王乎！」猛聞之，歎曰：「玄恭信奇士也，可謂古之遺愛矣。」設太牢以祭之。十一月，桓聞評敗，引兵屯內黃。堅使羌攻信都。丁丑，桓帥鮮卑五千奔龍城。戊寅，散騎侍郎、夫餘王子餘蔚，帥扶餘、高句麗及上黨質子五百餘人，夜開鄴北門納秦兵。暐與評、臧、定襄王淵等奔龍城。自暐政無綱紀，時鄴中多怪異，人知其將滅。有神降於鄴，自稱湘女，有聲，與人相接，數日而去。辛巳，堅入鄴宮。垂收集諸子，對之悲慟，見燕公卿大夫及故吏，有慍色。高弼私於垂曰：「大王以命世之姿，遭無妄之運，迍邅棲伏，艱亦至矣。天啟嘉會[三]，靈命暫遷，此乃鴻漸之

[二]「追擊」，底本脱二字，今據《晉書·苻堅載記上》、《通鑑》卷一〇二補。

[三]「嘉」，底本作「佳」，今據《晉書》卷一二三《慕容垂載記》改。

始也，龍變之初也，深願仁慈有以慰之。且夫具高世之略，必懷遺俗之規，方當網漏吞舟，恢江海之量，弘苞養之義，收納舊臣之胄，而慰結其心，以立覆簣之基，而成九仞之功。奈何一怒捐之，竊爲太王不取也。」垂深納之。暐之出鄴也，衛士猶千餘騎，既出皆散，惟十餘騎從行。堅使郭慶追之。時道路艱難，左衛將軍孟高扶侍暐，經護二王，極其勤瘁。又所在遇盜〔二〕，轉鬬而前。數日，行至福禄，依冢解息。盜二十餘人猝至，皆挾弓矢。高持刀與戰，殺傷數人。高力極，自度必死，乃直前抱一賊，頓擊於地，大呼曰：「男兒窮矣！」餘賊從旁射高，殺之。殿中將軍艾朗見高獨戰，亦還趨賊，并死。暐失馬步走，慶追及於高陽。部將巨武將縛之，暐曰：「汝何小人，敢縛天子〔三〕！」武曰：「我受詔追賊，何謂天子！」執以詣堅。堅詰其不降而走狀，對曰：「狐死首丘，欲歸死於先人墳墓耳。」堅哀而釋之，令還宮，帥文武出降。暐稱高、朗之忠於堅，堅命厚加斂葬，拜其子爲郎中。猛誅鄴女子李菀，告石虎屍處，收虎屍於漳而葬之。慶追至龍城，評奔高句麗，高句麗執評，送於秦。桓殺亮，并其衆，奔遼東。遼東太守韓稠先

〔二〕「盜」，底本作「道」，今據福建本、北大本、《通鑑》卷一〇二改。
〔三〕「子」，底本作「下」，今據福建本、北大本、《晉書·慕容暐載記》、《通鑑》卷一〇二改。

已降秦，桓至，不得入，攻之，不克。慶遣將軍朱嶷擊之，桓棄衆單走，嶷獲而殺之。諸州牧守及六夷渠帥盡降於秦。閱名籍，凡得郡百五十七，縣一千五百七十九，户二百四十五萬八千九百六十九[一]，口九百九十八萬七千九百三十五。以燕宫人、珍寶分賜將士。初，琛之使秦也，以侍輦苟純爲副。琛每應對，不先告純。純恨之，歸言於暐曰：「琛在長安，與猛甚親善，疑有異謀。」琛又數稱秦王及猛美，且言秦將興師，宜爲備。已而秦果伐燕，皆如琛言，暐乃疑琛知其情。及評敗，遂收琛繫獄。堅入鄴而釋之，除中軍著作郎，引見，謂之曰：「卿昔言上庸王、吴王皆將相奇才，何爲不能謀畫，自使亡國乎？」對曰：「天命廢興，豈二人所能移也！」堅曰：「卿不能見幾而作，虚稱燕美，忠不自防，反爲身禍，可謂智乎？」對曰：「臣聞『幾者動之微，吉之先見者也』。如臣愚暗[二]，實所不及。然爲臣莫如忠，爲子莫如孝。自非有一至之心者，莫能保忠孝之始終。是以古之烈士，臨危不改，見死不避，以徇君親。彼知幾者，心達安危，身擇去就，不顧家國。臣就使知之，倘不忍爲[三]，况非所及耶！」堅聞悦綰之忠，恨不及見，拜

[一]「九百」，底本作「六百」，今據福建本、《晉書·苻堅載記上》改。
[二]「愚暗」，底本作「遇昧」，今據《通鑑》卷一〇二改。
[三]「不」，底本作「知」，今據《通鑑》卷一〇二改。

其子爲郎中。堅以猛爲使持節、都督關東幽并冀司豫兖六州諸軍事、車騎大將軍、開府儀同三司、冀州牧，鎮鄴，進爵清河郡侯，悉以評第中物賜之。慶爲持節、都督幽州諸軍事、揚武將軍、幽州刺史，鎮薊，賜爵襄城侯。其餘將士，封賞各有差。以京兆韋鐘爲魏郡太守，彭豹爲陽平太守，其餘州縣牧令長，皆因舊而授之。以燕常山太守申紹爲散騎侍郎，使與散騎侍郎京兆韋儒俱爲繡衣使者，循行關東州郡，觀省風俗，勸課農桑，振恤窮困，收葬死亡，旌顯節行，燕政有不便於民者，皆變除之。公孫氏二處士，永字子陽，襄平人也。少而好學恬虛，隱平郭南山，不娶，非身憩植，不衣食之，吟詠巖間，欣然自得，年餘九十，操尚不虧。與鳳俱被暐以安車徵至鄴。鳳字子鸞，上谷人也。隱於昌黎之九城山谷[一]，冬衣單布，寢土牀，夏則并食於器，停令臭敗後食之。彈琴吟詠，陶然自得，人咸異之，莫能測也。及見暐，並不言不拜。鳳衣食舉動如在九城，賓客造請，尠得與言，數年病卒。永雖經隆冬盛暑，端然自若。一歲餘，詐狂，暐送之平郭。堅又將備禮徵之[二]，難其年耆路遠，乃遣使致問。未至而亡，堅深悼之，謚曰崇虛先生。

[一]「九」，底本作「丸」，今據《晉書》卷九四《隱逸列傳·公孫鳳傳》改；以下徑改，不注。
[二]「備」，底本作「聘」，今據《晉書·隱逸列傳·公孫鳳傳》改。

十二月，堅遷暐及燕后妃、王公、百官并鮮卑四萬餘户於長安。猛表留琛爲主簿，領記室督。它日，猛與僚屬宴，語及燕朝使者，猛曰：「人心不同：昔梁君至長安，專美本朝；樂君但言桓温軍盛；郝君微説國弊。」參軍馮誕曰：「今三子皆爲國臣，敢問爲臣之道何先？」猛曰：「郝君知幾爲先哉。」誕曰：「然則明公賞丁公而誅季布也。」猛大笑。皇甫真當猛入鄴，望馬首拜之。明日更見，語乃卿猛。猛曰：「昨拜今卿，何恭慢之相違邪？」真答曰：「卿昨爲賊[二]，朝是國士，吾拜賊而卿國士，何所怪也！」猛大嘉之，謂右僕射權翼曰：「真故大器也。」甲寅，車駕至長安，封暐爲新興侯；以燕故臣評爲給事中，真爲奉車都尉，李洪爲駙馬都尉，皆奉朝請；李邽爲尚書，封衡爲尚書郎，故北地王慕容納爲廣武太守，故范陽王慕容德爲張掖太守，燕國平叡爲宣威將軍[三]，悉羅騰爲三署郎，其餘封署各有差。衡，裕之子也。真性清儉寡欲，不營産業，飲酒至石餘不亂，雅好屬文，凡著詩賦四十餘篇，居數歲而卒。樂陵王歡爲通儒，暐署爲國子博士，親就受經，遷祭酒，及是，死於長安。先是，黄泓領太史，自關内侯，尋加奉車

[二]「昨」，底本作「非」，今據福建本、北大本、《晉書·慕容暐載記附皇甫真傳》改。
[三]「國」，底本作「王」，今據《通鑑》卷一〇二改。

都尉、西海太守，領太史令、開陽亭侯，又封平舒縣五等伯，常從左右，諮決大事。靈臺令敦害其寵，謟事評，設異議以毁之。乃以泓爲太史、靈臺諸署統，加給事中。泓待敦彌厚，不以毁己易心。至暐敗，泓以老歸家，歎曰：「燕必中興，其在吴王乎！恨吾老，不及見耳。」汲郡趙秋曰：「天道在燕，而秦滅之〔一〕，不及十五年，秦必復爲燕。」桓子鳳，年十一，陰有復讐志，鮮卑、丁零有氣幹者，皆傾身與交結。權翼見而謂之曰：「兒方以才望自顯，勿效爾父，不識天命。」鳳厲色曰：「先王欲建忠而不遂，此乃人臣之節。君侯之言，豈奬勸將來之義乎！」翼改容謝之，言於堅曰：「鳳忼慨有才器，但狼子野心，恐不爲人用耳。」暐又署爲尚書、平南將軍，至建元十二年，見殺於秦，年三十五。及南燕稱尊號，追謚幽皇帝。始，廆以晉太康六年稱公，至暐四世。暐在位一十一年〔二〕，國亡。通廆、皝，凡八十五年。

史臣曰：「觀夫北陰衍氣，醜虜彙生，隔閡諸華，聲教莫之漸，雄據殊壤，貪悍成其俗，先叛後服，蓋常性也。自當途紊紀，典午握符，推亡之功，掩岷、吴而可録〔三〕，御

〔一〕「滅」，底本作「臧」，今據福建本、北大本、《通鑑》卷一〇二胡三省《音注》改。

〔二〕「一十」，底本作「二十」，今據《晉書·慕容暐載記》改。

〔三〕「可」，底本作「不」，今據《晉書·慕容暐載記》改。

遠之策，懷戎、狄而猶漏。慕容廆英姿偉量，是曰邊豪，釁迹姦圖，寔惟亂首。何者？無名而舉，表深譏於魯册；象龔致罰，昭大訓於姚典。况乎放命挻禍，距戰發其狼心；剽邑屠城，略地騁其螫賊〔一〕。既而二帝遘平陽之酷，按兵窺運；五鐸啓金陵之祚，率禮稱藩。勤王之誠，當君危而未立；匡主之節，俟國泰而將徇。適所謂相時而動，豈素蓄之欵哉！然其制敵多權，臨下以惠，勸農桑，敦地利，任賢士，該時傑，故能收一方之業，創累葉之基焉。元真體貌不恒〔二〕，暗符天表〔三〕，沈毅自處〔四〕，頗懷奇略。於是群雄角立〔五〕，争奪在辰，顯宗主祭於冲年，庾亮竊政於元舅，朝綱不振，天步孔艱，遂得據已成之資，乘土崩之會。揚兵南鶩，則烏丸卷甲；建旆東征，則宇文摧陣。乃負險自固，恃勝而驕，端拱稱王，不待朝命。昔鄭武職居三事，爵不改伯；齊桓績宣九合，位止爲侯。瞻曩烈而功微，徵前經而禮縟，谿壑難滿，此之謂乎！宣英文武兼優，加之以機

〔一〕「螫」，底本作「發」，今據福建本、《晉書·慕容皝載記》改。
〔二〕「體」，底本作「禮」，今據《晉書·慕容皝載記》史臣曰改。
〔三〕「符」，底本作「浮」，今據福建本、北大本、《晉書·慕容皝載記》改。
〔四〕「沈」，底本作「况」，今據北大本、《晉書·慕容皝載記》改。
〔五〕「角」，底本作「各」，今據福建本、《晉書·慕容皝載記》改。

斷，因石氏之釁，首圖中原，燕士協其籌〔二〕，冀馬爲其用，一戰而平巨寇，再舉而拔堅城，氣讋傍鄰，威加邊服。便謂深功被物，天數在躬，遽竊鴻名，偷安寶籙〔三〕。猶將席卷京洛，肆其蟻聚之徒；宰割黎元，縱其鯨吞之勢。使江左疲於奔命，職此之由。非夫天厭素靈，而啟異類，不然者，其鋒何以若斯！景茂庸材，不親厥務，賢輔攸賴，逆臣挫謀，於是陷金墉而欹河南，包銅城而臨漠北，西秦勁卒，頓函關而不進，東夏遺黎，企鄴宮而受首。當此之時也，凶威轉熾〔三〕。及玄恭即世，虐媼亂朝。垂以勳德不容，評以黷貨干政，志士絕忠貞之路，讒人襲交亂之風。輕鄰反速其咎，禦敵罕脩其備，以攜離之衆，抗敢死之師。鋒鏑未交，白溝淪境；衝輣暫擬，紫陌成墟〔四〕。是知由余出而戎亡，子常升而郢覆，終於身死異域，智不自全，吉凶惟人，良所謂也。」贊曰：「青山徙構，玄塞分疆。蠢茲雜種，奕世彌昌。角端掩月，步摇翻霜。乘危蝟起，怙險鴟張。假竊神器，憑陵帝鄉。守不以德，終致餘殃。」

〔二〕「士」，底本作「王」，今據《晉書·慕容暐載記》改。
〔三〕「籙」，底本作「録」，今據福建本、北大本、《晉書·慕容暐載記》改。
〔三〕「威」，底本作「歲」，今據福建本、北大本、《晉書·慕容暐載記》改。
〔四〕「墟」，底本作「虚」，今據福建本、北大本、《晉書·慕容暐載記》改。

郭造卿曰：翰、垂以孤孽奔，其才孰優劣之哉！翰不忘乎故國，而委曲以圖存。至歸而僇力策勳，死非其罪，竟無怨言，惟以中原未靖爲憾，言不及其私〔一〕。

〔一〕按：《燕朔記四》卷末「郭造卿曰」後半篇闕佚，北大本同，福建本脱去全文。

燕繫記

燕繫記敘[一]

周初封邰，竄於戎，復自豳入岐，得行乎中國，猶曰西夷之人也。其風豊、鎬以南，由分陝而分岐，繫之周、召二伯。周又追繫於豳，且尊其魯國曰頌，曷召之於燕不然？及東遷，賦《黍離》行役，寓傷乎宗周，迺以繫於王都，而爲《春秋》所由作。當太伯入吴，猶邰之竄也。豳、岐去戎而歸正，西伯以伐殷而王。吴至陵替同荆楚，斯則子之夷之耳。燕追、貊與居，亦猶乎吴、楚，雖列伯而視之秦，其於風乎何取哉！秦起西戎之大夫，以功而賜周室，不但《春秋》進之，且引而附於《詩》《書》，豈不罔終以暴滅，其驅匈奴爲正焉。漢防漸亂，極於五胡，惟鮮卑類最盛，咸托本黄帝系[二]。慕容興爲

[一] 按：《燕繫記敘》，郭應寵收入《海嶽山房存稿》卷四，今見本書下編燕史敘。

[二] 「黄」，底本作「皇」，今據下編《燕繫記敘》改。

燕而宇文滅，拓跋興爲魏而慕容滅。間稱鮮卑者齊，卒歸於宇文周。其相承之脩短，燕分崩於瓦解，周奄忽於陵夷。惟拓跋之統緒，初極北而南遷。及貢晉爲幽外蕃，是豳居之允荒也。部三分而尊者所居，則於上谷、濡源間。晉人會葬二十萬，是岐山之如市也。以援晉而受王封，非季歷之西伯乎！盛樂以爲豐，平城以爲鎬，且置鄴、中山行臺，而易代王以魏帝矣。雖燕猶有南、北，北亡於熙，高易而爲馮；南亡於超，晉易而爲宋。慕容嗣主畢絶，其遺類悉入於代，名尚繫之南北朝，爲馮氏所仍稱焉。魏乃西征秦、夏，而馮及涼繼之，則居奄諸國滅，莫敢不來庭矣。馮雖以外戚居朝，其王封猶繫之燕。既而宋篡於齊，南燕故地畢歸，天下三分有其二。况都周之洛陽，適當太和盛際，《元經》而不帝之乎！然燕女戎爲厲階，其效尤者方煽。六鎮梗而幽、代墟，爾朱肆而武川雄。二氏挾分陝之權，洛陽鞠爲黍離，魏主若居戰國，爲東、西公而已。燕羈縻於東，西亦附之者，歡、泰並繫魏臣，終焉既篡，猶借稱爲王封爾。當三代以前，中原繫之夏，而莫盛於周。自西徂東爲二南，而原之豳者，邈矣。盖恐其末流變夷而蕩也，故嚴之《詩》教〔一〕，取鑒於殷焉。暨三分以後，中原繫之夷，而莫盛於魏。自東徂西爲二篡，而原之燕

〔一〕「之」，底本脱，今據福建本、下編《燕繫記敘》補。

者，陋矣。盖喜其初習，變夏而雅也，故恕之《元經》，取喻於周焉。彼文獻無徵之世，敢尚論乎郁郁者哉！自宣而下其迹熄，亦有如元氏之英乎。昔之引綴旒者，球受乎大小而安則繫之，鼎問乎大小而危則繫之，自殷、周有然矣。魏初繫於燕，燕終繫乎魏。其季，李業興論二南，及隋文中之《豳》之《王》，其言率有取乎。如貫而竊比，不知所裁焉〔一〕。

燕繫記上〔二〕

郭造卿曰：拓跋氏先稱昌意，又曰始均，則謬矣。謂其祖李陵者，南罵索虜然也。魏爲陵後何辱？廼諱而必滅口哉！又托天而生，拔地而長，及詰汾無婦家〔三〕，力微無舅家者，襲吞卵、履拇之奇誕，而爲神明胄耳。其國自立北荒，非受中原封，而遣子入貢，則慕華可尚已。留質而行間，使其父子離，道失在晉，夷何尤焉。及

〔一〕「裁」，底本作「哉」，今據福建本、北大本、下編《燕繫記敘》改。
〔二〕「上」，底本脱，今據福建本補。
〔三〕「詰」，底本作「誥」，今據福建本、北大本、《魏書》卷一《序紀》、《通鑑》卷七七改；以下徑改，不注。

援劉、石之亂，不有泰之功乎。莫得地稱王非僭[二]，豈慕容氏所及哉！中原蒙塵而無主，晋王中興於江左，不知勸進而自絶焉，則《無衣》之風未聞，斯不及於慕容矣。建國號元，與燕交聘爲婚姻，則休戚同之。燕滅而代中衰，晉于二國罔聞焉。苻秦遂舉天號，而不能制其命，於中原乎何有。秦敗，能與燕復興，不各建元稱尊哉[三]？宜其無畔援，以締舊媾也。然垂老於用兵，爲珪年少易與耳，乃恐西永子孫憂，戕同宗爲之驅除，寧知逐子而取室，即爲播遷於南北乎。珪遂得中原，易以當塗高，至被子弑而國不摇，盖其先世若虜若犍矣。而律而毒，時惟婦寺焉，中國昔蓋有之，而况於夷者乎。自沙漠汗世子，以賢而賓中國，乃不得其死，故錫以阼胤。至寔以世子死父難，遺腹而天隮之耳。斯王、賀二后，世保其孤，孤孽自作，爾類不匱焉。至母后弑嗣君，馮俑而胡其尤矣。中國則未之聞，夷其孰有之乎？毋怪彊賊簒弑，接踵而亡之矣。

拓跋氏稱出黄帝子昌意。昌意少子，受封北國，有大鮮卑山，因號。黄帝以土德王，

〔二〕「莫」，底本闕，今據福建本補。
〔三〕「尊」，底本作「導」，今據福建本改。

故以爲氏。世爲君長，統幽都，歷三代及秦、漢，獯鬻、獫狁、山戎、匈奴之屬，暴害中州，而其裔不交南夏，是以載籍無聞焉。至毛始彊大，統國三十六，大姓九十九。自毛而貸、而觀、而樓、而越、而推寅立，迺漢桓帝時，檀石槐三部之大人〔二〕，其曰律推演者是矣，南遷大澤。而利、而俟、而肆、而機、而蓋、而儈、而隣，使其兄弟七人及族人乙旃氏、車焜氏分統部衆〔三〕，爲十族。隣老，以位授子詰汾，使南遷匈奴故地。子力微代立，後迺尊爲始祖。

始祖力微元年，歲在庚子，魏黄初之元也。率所部居長川。三十九年，魏甘露三年也。遷定襄之盛樂〔三〕。本漢郡縣，本年弃荒外，故得居之。鮮卑自軻比能與魏敵，死而北邊差安〔四〕。及拓跋氏爲盛〔五〕，控弦上馬二十餘萬，諸部畏服之，中國稱爲索頭部大人。是後近上谷，屬幽州，乃書，繫之燕也。若新興之故郡，雲中、五原、朔方、定襄，非有因不書。爲其後帝中原，視之追、貊者異矣。

〔二〕「檀」，底本作「擅」，今據福建本、《後漢書》卷一二〇《鮮卑列傳》改。
〔三〕「焜」，底本作「棍」，今據《通鑑》卷七七改。
〔三〕「盛」，底本作「成」，今據《魏書·序紀》、《北史》卷一《魏本紀第一》改。
〔四〕「邊」，底本作「遷」，今據福建本、北大本、《通鑑》卷七七胡三省《音注》改。
〔五〕「氏」，底本作「斯」，今據《通鑑》卷七七胡三省《音注》改。

四十二年，魏景元二年也。遣長子沙漠汗入貢，且觀風土，因留爲質。

四十八年，晉泰始三年也。沙漠汗至自晉。

五十六年，晉咸寧元年。六月，沙漠汗復如晉。其冬，還國，晉遺錦、罽、繒、綵、綿、絹諸物〔一〕，咸出豊厚，車牛百乘。行達并州，晉征北將軍、幽州刺史衛瓘，以其雄異，恐爲後患，乃密啟，請留不遣。帝難於失信，不許。瓘復請以金錦賂國之大人，間使危害。帝從而留之〔二〕，其國執事及外部大人，皆受瓘貨矣。

五十八年，沙漠汗歸〔三〕，以譖爲諸大人矯害。力微百有四歲矣，疾篤。烏丸王庫賢親近任勢，先受衛瓘賂，故欲沮動諸部，因礪斧於庭，謂諸大人曰：「上恨汝曹讒殺太子，今欲盡收汝曹長子殺之。」大人懼，各散走。力微尋以憂死，子悉鹿立，其國遂衰。晉嘉瓘功，封其弟爲亭侯。悉鹿九年卒，少弟綽立。

綽七年，鮮卑宇文部大人莫槐爲其下所殺，弟普撥立，綽以女妻其子丘不懃。綽卒，

〔一〕「綿」，底本作「錦」，今據《魏書・序紀》改。

〔二〕「而」，底本重文，今據福建本、《魏書・序紀》、《北史・魏本紀第一》删。

〔三〕「沙漠汗」，底本作「沙莫汗」，今據《魏書・序紀》、《通鑑》卷八〇改；以下徑改，不注。

沙漠汗少子弗立。一年死，叔父力微子禄官立[一]。

禄官元年，晋元康五年也。分國爲三部：自領一部居東，在上谷北，濡源西，東接宇文部；以兄沙漠汗長子猗㐌統一部，居代郡之參合陂北；以猗㐌弟猗盧統一部，居定襄之盛樂故城，蓋近塞之始也。自始祖來，與晋和好，民人國富，控弦騎士四十餘萬。猗盧善用兵，始出并州，遷雜胡北徙雲中、五原、朔方[二]。又西渡河，擊匈奴、烏桓諸部。自杏城以北八十里[三]，迤長城原，夾道立碣，與晋分界。代人衛操與從子雄及同郡宗親箕澹等十數往依，説猗㐌、猗盧招納晋人。猗㐌悦之，任以國事，晋人附者稍衆，拓跋氏益彊。時晋朝大臣宗室雖自相屠僇，而四方未爲變也。操、澹輩何一旦去桑梓而逐水草，何如是其早計哉？漢嚴邊關禁，懼有罪亡命出塞耳，是豈威刑迫其後乎？邊關不之詰，朝廷不之虞，其無政可知，而彼必有見者矣[四]。

二年，葬沙漠汗，晋宗室遣使會葬，遠近二十萬人。

[一]「叔」，底本作「叙」，今據《通鑑》卷八二改。
[二]「胡北」，底本作「故壯」，今據福建本、《魏書·序紀》、《北史·魏本紀第一》改。
[三]「杏」、「北八十」，底本作「恒」、「壯八千」，今據《魏書·序紀》、《北史·魏本紀第一》改。
[四]「彼」，底本作「被」，今據福建本改。

三年，猗㐌度漠北巡〔一〕，因西略諸國。

四年，東郡未耐婁大人倍斤入居遼東。

五年，宇文莫槐之子遜昵延朝賀，以長女妻之。宇文附者，爲其終代魏也。其附燕者，語在《朔記》。

七年，猗㐌至自西略，諸降附者三十餘國，凡積五歲東還。

十年，晉永興元年也。七月，帝爲成都王穎逼留在鄴。匈奴劉淵反，稱僞漢。并州刺史司馬騰來請師，衛操勸猗㐌匡助晉氏。率十餘萬騎及猗盧同時大舉，大破淵衆於西河、上黨〔二〕。會帝還洛，騰乃辭師，猗㐌與盟於汾東而還。乃使輔相衛雄、段繁，於參合陂西累石爲亭〔三〕，樹碑以記行焉。

十一年，劉淵攻司馬騰，騰復請師。猗㐌以輕騎數千救之，斬淵將綦母豚，淵南走蒲子。晉假猗㐌大單于，金印紫綬。是歲卒，子普根代立。操等，騰表授將軍、侯封。

十三年，晉永嘉元年也。禄官卒，猗盧總攝三部，上谷屬之矣。徒何大單于慕容廆

〔一〕「北」，底本作「壯」，今據福建本、北大本、《魏書·序紀》、《北史·魏本紀第一》改。
〔二〕「衆」，底本作「泉」，今據福建本、北大本、《魏書·序紀》、《北史·魏本紀第一》改。
〔三〕「陂」，底本作「破」，今據福建本、北大本、《魏書·序紀》、《北史·魏本紀第一》改。

遣使來聘，燕交之始也。

猗盧三年，晉并州刺史劉琨遣子遵爲質，猗盧嘉其意，厚報饋之。鮮卑白部大人叛入西河，匈奴北部鐵弗氏劉虎反於雁門應之，攻琨新興、雁門二郡。琨來乞師，猗盧使弟弗子鬱律將騎二萬助琨，大破白部，次攻屠虎營落。虎收餘燼，西走度河，竄朔方，降劉聰。琨感猗盧，結爲兄弟，表其功，晉帝進大單于，封代公。時代屬幽州，都督王浚不許，猗盧拒破之。以封邑去國懸遠，民不相接，乃從琨求句注、陘北地。琨欲倚盧爲援而不能制〔一〕，復表其兄弟有破匈奴功，乃徙馬邑、陰館、樓煩、繁畤、崞五縣民於陘南，更立城邑〔二〕，盡獻之。其地東接代郡，西連西河、朔方〔三〕，方數百里。猗盧乃徙十萬家以充之，由是索頭益盛矣。琨又乞師救洛陽，遣步騎二萬助之。晉太傅、東海王司馬越辭以洛中饑饉，師乃還。匈奴自漢處中壤，已隆飼秣之恩，建安分爲五部，再受都尉之命，其臣漢也久矣。書叛以正背國之實，書討以著急賊之意也。

〔一〕「倚盧」，底本作「猗」，今據《通鑑》卷八七改補。
〔二〕「立」，底本作「元」，今據《魏書·序紀》、《北史·魏本紀第一》改。
〔三〕「西連」，底本作「南連」，今據《魏書·序紀》、《北史·魏本紀第一》改。

四年，劉琨牙門將邢延以碧玉獻琨[二]，琨以與猗盧長子右賢王六脩。六脩復求于延，不得，執其妻子。延以所部襲六脩，走之，遂以新興附劉聰，請兵攻并州。

五年，十月，猗盧會劉琨討中山王曜於晉陽，破之。琨使乞師討聰及石勒，矜琨忠義，許之。會聰子粲襲晉陽，害琨父母，據其城。琨來告難，猗盧大怒，遣六脩、普根及將軍衛雄、范班、箕澹等爲前鋒，躬統衆二十萬爲後繼，琨收散卒數千爲鄉導，大破曜於汾東。粲懼，焚輜重，突圍遁走。縱騎追於藍谷，斬其將劉濡、劉豐、簡令、張平、邢延等三千餘級，伏尸數百里。猗盧大獵壽陽山，陳閲皮肉，山爲之赤。琨自營門步入拜謝，猗盧禮之。琨固請進軍，猗盧以遠來士馬疲弊，且胥後舉，饋琨馬牛羊各千餘疋，車百乘，又面勒鋭將戍之而還。晉人以帝爲聰所執，立帝兄子秦王業爲太子於長安，稱行臺。猗盧復戒嚴，命琨自列晉行臺，部分諸軍，更剋大舉。猗盧將遣十萬騎，從西河、藍谷南出[三]，晉軍從蒲阪東度，會於平陽，就食聰粟，迎復晉帝，不果。夫討虎之師琨为主，而書以；討曜之書代为首，而書會。盖代未受命，則索頭夷也，夷不踰華，故正其

[二]「邢」，底本作「邪」，今據《魏書・序紀》、《通鑑》卷八七改。

[三]「藍」，《魏書・序紀》作「鑒」。

分；代既受命，则晉藩臣也，親不掩功，故著其實。

六年，晉建興元年也。四月，猗盧遣六脩助王浚攻段疾陸眷[一]，敗還。六月，猗盧會刘琨於陘北，謀擊漢。七月，琨進據藍谷，普根屯北曲[二]，漢拒之，引退。是年，城盛樂以爲北都，修故平城爲南都。猗盧登平城西山，觀望地勢，乃更南百里，於㶟水之陽黄瓜堆築新平城[三]，晉人謂之小平城，使六脩鎮之，統領南部。於戲！漢之末也，諸郡實廢，魏之興也，諸城是成，則夷夏盛衰之候可知，而内外得失感深矣。

七年，三月，猗盧復與劉琨約期，會於平陽，伐劉聰。會石勒擒幽州刺史王浚，國内匈奴雜胡萬餘家，多勒種類，聞勒破幽州，乃謀作亂以應，發覺，伏誅，伐聰計爲中止。

八年，二月，晉帝進猗盧爲代王，置官屬，食代、常山二郡。忿聰、勒之亂而志欲平之也。請并州從事雁門莫含於劉琨，遣之，不欲行。琨曰：「以并州單弱，吾之不材，而能自存於胡、羯間者，代王力也。吾傾身竭貲，以長子爲質而奉之者，庶幾爲朝廷雪

[一]「陸」，底本作「睦」，今據《晉書·王浚傳》、《通鑑》卷八八改。

[二]「曲」，底本脱，今據《通鑑》卷八八補。

[三]「於」，底本作「放」，今據《魏書·序紀》、《北史·魏本紀第一》改。

大耻耳。卿欲爲忠臣，奈何惜共事之小誠，而忘徇國之大節乎！往事，爲之腹心，乃一州所賴也。」含遂行。猗盧甚重之，常與參大計。夫疏不踰戚，夷不亂華，聖之經也。先王建荒服，大不踰子爵。西漢之盛，匈奴慕義來朝，保塞有功者，亦皆仍其位號，單于、當户之類而已。錫之上公，啓以内土，甚矣，况進之以王封乎！衛操之徒，自往依之，乃防禁之踈，而朝無政矣。况彼置官屬，而遣從事事之。此皆琨之失謀，而晉室之不綱焉。

九年，三月，猗盧召六脩，不至，怒討之，失利，乃微服民間，爲弑。普根先守外境，聞難來赴，攻六脩，滅之。衛雄、箕澹率晉人及烏丸三百餘家，隨劉遵南奔并州〔二〕。普根立，月餘而死。子始生，普根母惟氏立之。冬，又死，國人立其從父鬱律。

鬱律元年，歲在丁丑，晉王建武元年也。其妃王氏，廣寧人。

二年，晉帝大興元年也。六月，劉虎據朔方，來侵西部。七月，逆擊，大破之，虎單騎走出塞。其從弟路孤率部落内附，以女妻之。於是西兼烏孫故地，東吞勿吉以西，控弦上馬將有百萬，精彊雄于北方。鬱律聞晉愍帝爲劉曜所害，顧謂大臣曰：「中原無

〔二〕「遵」，底本脱，今據福建本、《魏書·序紀》、《通鑑》卷八九補。

主，天其資我乎！」曜遣使請和，不納。

三年，十一月，石勒自稱趙王，遣使請爲兄弟。斬其使，絶之。

五年，晋遣使韓暢加崇鬱律爵服，不受，治兵講武，欲平南夏。惟氏以鬱律得衆心，恐不利于己子，乃害鬱律，大人死者數十人。立其子賀傉，爲元年。未親政事，惟氏臨朝，遣使與石勒通和，時人謂之女國使。

賀傉四年，始臨朝，以諸部多不服，築城於東木根山，徙居之。

五年，賀傉死，弟紇那立〔二〕，爲元年。

紇那三年，石勒遣石虎率騎五千東侵邊部，禦於句注、陘北，不利，遷大寧以避之，在廣寧大北。時鬱律長子翳槐居於舅賀蘭部，紇那遣使求之，部帥藹頭擁護不遣。紇那怒，召宇文部共擊之。宇文衆敗，紇那還大寧。

五年，賀蘭及諸部大人共立翳槐，爲元年。紇那奔於宇文部。翳槐遣弟什翼犍如襄國〔三〕，爲質於襄國請和，從者五千餘家。

〔二〕「紇」，底本作「紘」，今據福建本、《魏書·序紀》、《北史·魏本紀第一》改。
〔三〕「什」，底本作「仟」，今據福建本、北大本、《魏書·序紀》、《北史·魏本紀第一》改。

翳槐七年，藹頭不脩臣職，將召戮之，國人復貳。紇那自宇文部還入，諸部大人復奉之，爲後元年。翳槐出居於鄴，石虎奉第宅、伎妾、奴婢、什物。

紇那後二年，十一月，索頭郁鞠帥衆三萬降趙，拜郁鞠十三人爲親趙王，散其部衆于冀、青等六州〔二〕。

後三年，石虎遣將李穆率騎五千納翳槐於大寧，國人六千餘落叛紇那而歸之。紇那出居慕容部，翳槐復立，爲後元年。城新盛樂城，在故城東南十里。一年死，遺命立什翼犍，迎之於鄴。十一月，即位於繁畤北，時年十九，廣寧王后次子也。

高祖建國元年，晉咸康四年也。自猗盧卒，國多内難，部落離散。及犍立，雄勇有智略，能修祖業，國人附之。

二年，三月，遷於雲中，始置百官，分掌衆職。用代人燕鳳爲長史，許謙爲郎中令。東自濊貊，西及破落那，南距陰山，北盡沙漠，莫不款附，有衆數十萬人。代人謂它國來附者皆爲烏桓，犍分爲二部，各置大人監之。弟孤監其北，子寔君監其南。犍求婚於燕王皝，皝以妹妻之。

〔二〕「冀」，底本作「翼」，今據《晉書》卷一〇六《石季龍載記》、《通鑑》卷九五改。

三年，三月，移都雲中盛樂宮。

四年，九月，築盛樂城於故城南八里。妃慕容氏卒。十月，劉虎寇西境，犍遣軍逆擊，大破之，虎僅以身免。死，子務桓立，始來歸順，以女妻之。十二月，燕遣使來聘，并薦其宗女。

六年，八月，犍求婚於燕，皝使納馬千疋爲禮，不與，又倨慢無子婿禮。皝遣世子儁、前軍師慕容評等來擊，犍避去，燕人無所見而還。

七年，二月，遣大人拔拔秩迎妃於燕境。六月，妃至自和龍，皝女也。七月，燕遣使聘，議交婚。九月，以翳槐女妻之。

八年，燕使來聘。

九年，石虎使來聘。

十年，遣使詣鄴觀釁，以冉閔之亂也。

十四年，犍曰：「石胡衰滅，冉閔肆禍，中州紛擾，莫有匡救。吾將親率六軍，廓定四海。」乃敕諸部，各率所統，以俟大期。諸大人諫曰：「今中州大亂，誠宜進取。如聞豪彊並起，不可一舉而定，若或留連歲稔，恐無永逸之利，或有虧損之憂。」乃止。

十五年，燕王儁滅冉閔，稱尊號。

十六年，燕使來聘。

十七年，遣使於燕。

十八年，太后王氏卒，語在本傳。

十九年，正月，劉務桓死，其弟閼頭立，潛謀叛。二月，犍西巡，因而臨河招喻，從命。冬，許燕議婚。

二十年，五月，燕納禮幣。

二十一年，閼頭部民多叛，懼而東走。乘冰渡河，半濟而冰解，後衆盡歸務桓子悉勿祈。悉勿祈奪其衆，閼頭窮而歸命，待之如初。

二十二年，三月，燕使來聘。四月，悉勿祈死，弟衞辰殺其子而代之。八月，遣使朝貢。

二十三年，三月，衞辰降秦。六月，妃慕容氏卒，語在本傳。七月，衞辰來會葬，因求婚。七月，以女妻之。是歲，致賻於燕。

二十四年，春，衞辰遣使朝聘，貳於秦而專附代也。

二十五年，南巡，至君子津。十月，至代，此代入於拓拔之始也。夫永嘉之封，見拒於浚，建興之命，亦阻於匹磾，至是始入於代，而於燕爲隣矣。十一月，納女於燕而逆燕女。

二十六年，十月，擊高車，大破之，古赤狄餘種也。

二十八年，正月，衛辰謀反。東渡河，討之，懼而遁走。

三十年，十月，征衛辰，收其部落而還，俘獲生口及馬牛羊數十萬頭。

三十二年，正月，幸君子津[一]。十月，至代。

三十三年，秦破燕，禽暐。

三十四年，晉咸安元年也。春，拔拔斤謀弑[二]，世子寔格其刃，傷脇。五月，死。七月，甲戌，遺腹子珪生，爲赦境内。

三十七年，征衛辰，南走之。

三十九年，晉太元元年也。十月，秦主苻堅遣其大司馬、幽州刺史、行唐公苻洛，率幽、冀衆二十萬，及朱彤、張蚝、鄧羌等諸道來攻，侵逼南境，以救衛辰。十一月，白部、獨孤部禦之，敗。南部大人劉庫仁，衛辰之族，犍之甥也，走雲中。犍復遣庫仁

[一]「幸」，底本作「行」，今據《魏書·序紀》改。

[二]「拔拔斤」，《魏書·序紀》、《北史·魏本紀第一》、《通鑑》卷一〇三皆作「長孫斤」。據《通鑑釋文辨誤》卷五，「拔拔」爲「長孫」之舊姓。

率騎十萬逆戰於石子嶺[一]，不利。犍病，不能自將，乃率國人避陰山北。高車雜種盡叛，四面寇鈔，不得芻牧，復度漠南。秦軍稍退，乃還。十二月，還雲中。旬有二日，弟孤子斤説犍庶長子寔君曰：「王將立慕容妃子，而欲先殺汝也。」寔君信之，遂殺諸弟而弑其父。秦主執寔君及斤，至长安，車裂之，國衆離散[二]，大亂。世子子珪母賀氏，以依舅賀訥。堅分代爲二部，使庫仁、衛辰分攝國事，河東屬庫仁，以西屬衛辰。十二月，庫仁乃徙居上谷塞下，奉珪甚謹。南部大人長孫嵩及元他等，盡將故民南依庫仁，珪於是轉依獨孤部。衛辰殺五原太守而叛，庫仁擊破之。珪舅賀訥總攝東部，爲大人，遷居大寧，行其恩信，衆多歸之，侔於庫仁。

攝國之元，歲在丁丑，珪生七歲矣。

七年，八月，秦主堅伐晉，既敗於淝水，國内大亂。燕慕容垂叛秦，圍堅子長樂公丕於鄴，又遣將平規攻幽州刺史王永。劉庫仁自以受堅爵命，遣其妻兄公孫希率騎三千助永擊規，破之於薊南，乘勝長驅，進據唐城。十月，庫仁復大舉救丕[三]，發上谷及代、

[一]「復」，底本作「腹」，今據福建本、北大本、《魏書·序紀》改。

[二]「散」，底本作「敗」，今據《魏書》卷二《太祖紀》、《北史·魏本紀第一》改。

[三]按：劉庫仁救苻丕事，《通鑑》卷一〇五在拓跋珪攝國八年十月，《燕史》年誤。

雁門兵次於繁畤。燕慕輿句之子文[一]、虔之子常當徙長安[二]，遁依在庫仁領部，常思東歸無由。至是，知三部人不樂役，乃夜帥之作亂，攻庫仁，執於所匿馬廄，殺之，乘其駿馬奔燕。庫仁弟頭眷攝國部。六月，北郡縣皆復降慕容垂[三]，而上谷諸郡歸燕。

九年，庫仁子顯殺頭眷而代之，謀將殺珪，知之而免。八月，居於賀蘭部。珪從曾祖紇羅與其弟建及諸部大人共請賀訥，推珪爲主而立之。立稱人，宜立者也。代嘗援晉而珪以立，不猶愈於衞辰乎？是故夷狄必有君，禮不可廢也；小國必有統，分不可干也。

太祖登國元年，正月，戊申，珪即代王位，郊天，建元，大會於牛川。二月，遷於盛樂，務農息民，國人悦之。三月，劉顯族人奴真率所部來降。四月，改稱魏王。初，珪叔父窟咄爲秦徙於長安，因隨慕容永東徙，永以爲新興太守。八月，顯遣弟亢泥迎窟咄，以兵隨之，來逼南境，諸部騷動，人心顧望。珪左右于桓等與諸部人謀應之，事泄，誅造謀者五人，餘悉不問。珪慮内難，乃北踰陰山，依賀蘭部，阻山爲固。遣外朝大人

[一]「句」，底本作「向」，今據《通鑑》卷一〇五改。
[二]「虔」，底本作「虎」，今據福建本、北大本、《通鑑》卷一〇五改；以下徑改，不注。
[三]「北郡縣」，《通鑑》卷一〇五作「冀州郡縣」。

安同、長孫賀求救于燕以徵師。賀亡奔窟咄，同間行達中山。垂遣使來聘，并令其子賀麟步騎六千隨之〔一〕。同與燕使蘭紇俱還，達牛川，窟咄兄子意烈捍之。同乃隱商賈囊中，至暮乃入空井，得免，仍奔賀麟軍。十月，軍未至而寇前逼，賀訥弟染干陰懷異端，乃爲窟咄來侵，於是北部大人叔孫普洛等及諸烏桓亡奔衛辰〔二〕。賀麟聞之，遽遣同及朱譚等歸，國人知燕軍在近，衆心少安。珪自弩山遷牛川，屯於延水，南出代谷。窟咄進屯高柳〔三〕。珪使同詣賀麟，因剋會期。同還，珪踰参合，出代北，會賀麟於高柳。窟咄望旗奔走衛辰，爲所殺。珪悉收其衆，賀驎引兵還中山。十二月，燕使來聘，奉珪西單于印綬，封上谷王，不納。

二年，二月，如寧川。五月，劉顯地廣兵彊，雄於北方。會其兄弟乖争，長史沮陽張衮言於珪曰：「顯志在并吞，今不乘内潰取之，必爲後患。然吾不能獨克，請與燕共攻之。」珪遣安同徵兵於燕。顯掠衛辰獻燕之馬，垂遣兵擊之矣，又遣賀驎率衆來會。六月，珪親征之於馬邑南，追至彌澤，大破之。顯南奔慕容永，賀驎盡收其部落。十月，

〔一〕「賀麟」，據《晉書·慕容垂載記》、《通鑑》卷一〇六；以下或作「賀驎」，據《魏書·太祖紀》。
〔二〕「等」，底本作「節」，今據《魏書·太祖紀》、《北史·魏本紀第一》改。
〔三〕「進」，底本作「近」，今據《魏書》卷一五《窟咄傳》、《通鑑》卷一〇六改。

癸卯，幸濡源，遣外朝大人、廣寧王建使於燕，辭色高亢，垂壯之，還爲左右大夫。十一月，珪如赤城。十二月，巡松漠，還如牛川。

三年，二月，東巡。四月，如東赤城。五月，癸亥，北征庫莫奚。六月，大破之，獲其四部雜畜十餘萬，渡弱落水，班賞將士各有差。七月，庚申，庫莫部帥鳩集遺散，夜犯行宮。縱騎撲討，盡殺之。主曰：「此群狄諸種〔一〕，不識德義，互相侵盜，有犯王略，故往征之。鼠竊狗偷，何足爲患。今中州大亂，吾先平之，然後張其威懷，則無所不服矣。」其月〔二〕，車駕還自赤城，至雲中。庫莫奚本屬宇文部，與契丹同類而異種，蓋出鮮卑。自漢建安，曹操所斬蹋頓〔三〕。魏青龍中，部長軻比能爲幽州刺史王雄所殺，而散徙潢水之南，黄龍之北。至爲燕慕容皝所破，俱竄松漠間，而散爲宇文氏，或爲庫莫奚，或爲契丹。是時，契丹亦爲所大破，遂逃迸，與庫莫奚分住，契丹國在東，庫莫奚國在西。經十數年間，因有事燕、趙，俱稍滋蔓。契丹有部落於和龍北數百里，多爲寇盜。庫莫奚理饒樂水北，即鮮卑故地，而室韋、霫、白霫、地豆干、烏洛侯俱列其北，雖不

〔一〕「群狄諸種」，底本作「郡諸狄種」，今據福建本、《魏書》卷一〇〇《庫莫奚傳》、《北史》卷九四《庫莫奚傳》改。
〔二〕「其」下，底本衍「中」字，今據福建本、《魏書·太祖紀》删。
〔三〕「頓」下，底本衍「父」字，今據《通鑑》卷一〇七胡三省《音注》删。

能爲燕禍，而密邇奚、契丹[一]，朝貢必由燕達，故附。八月，使九原公元儀使於燕。十月，燕使來聘。

四年，四月，行還赤城。五月，陳留公虔使於燕。十月，燕使來聘。

五年，三月，甲申，西征高車諸部，渡弱洛水，西行至鹿渾海，襲而大破之。燕遣賀驎率衆來會。四月，丙寅，行幸意辛山，與賀驎討賀蘭、紇突鄰、紇奚三部，大破之。六月，還幸牛川。衞辰遣子直力鞮寇賀蘭部，圍之。賀訥等請降，告困。七月，丙子，引兵救之，至羊山，直力鞮退走。八月，還如牛川。遣秦王觚使燕。

六年，六月，甲辰，賀驎破賀訥於赤城。珪引兵救之，驎退走。七月，壬申，講武於牛川，行還紐垤川。燕王垂止元觚而求名馬，珪與燕絶。乃遣張衮使於慕容永，永使其大鴻臚慕容鈞奉表勸進尊號[二]。十月，戊戌[三]，珪追柔然，大破之。柔然，東胡之苗裔，亦鮮卑種也，世服於代。自秦滅代，附衞辰，不事代，故伐之。其居非近燕，不具。十一月，壬辰，諸將追擒直力鞮於木根山，衞辰爲其部下所殺。十二月，獲衞辰尸，斬

[一]「密」，底本作「蜜」，今據福建本、北大本改。
[二]「鈞」，底本作「均」，今據《魏書・太祖紀》、《北史・魏本紀第一》改。
[三]「戌」，底本作「辰」，今據福建本、《魏書・太祖紀》、《北史・魏本紀第一》改。

以徇，遂滅之。自河已南，諸部悉平。收衞辰子弟宗黨無少長五千餘人，盡殺之，皆投尸于河，以報其藉兵於秦以滅代之怨也[二]。惟其少子屈丐亡奔薛干部，後爲夏赫連勃勃也。

七年，十有二月，慕容永使來聘。

八年，正月，南巡。五月，燕主垂征慕容永於長子。六月，永來告急，遣陳留公虔、將軍庾岳率騎五萬東度河救之。垂遂圍長子。

九年，十月，慕容永滅於垂。劉顯降垂，垂以其子亢埿爲廣寧太守。

十年，五月，甲戌，燕王垂以魏叛之，侵逼附塞諸部，遣太子寶率八萬來伐，別將步騎八千爲後繼。珪用張衮計，遠徙以避之。寶至五原，造舟收穀。珪遣右司馬許謙乞師于秦姚興。興遣將楊佛嵩來援，而佛嵩稽緩。珪命許謙爲書遺之：「夫杖順以翦逆[三]，乘義而攻昧，未有非其運而顯功，無其時而著業。慕容無道，侵我疆埸，師老兵疲，天亡期至，是以遣使命軍，必望克赴。將軍據方邵之任，總熊虎之師，事與機會，今其時

[二]「藉」，底本作「籍」，今據《通鑑》卷一〇七胡三省《音注》改。
[三]「杖」，底本脱，今據《魏書》卷二四《許謙傳》補。

也。因此而舉，役不再駕，千載之勳，一朝可立。然後高會雲中，進師三魏[一]，舉觴稱壽，不亦綽乎。」佛嵩乃倍道兼行[二]。珪大悦，賜謙爵關内侯。東平公儀徙據朔方。八月，珪親治兵於河南。九月，進師臨河，築臺告津，連旌沿河東西千里有餘。寶至五原，珪別遣略陽公遵[三]率騎七萬斷後，邀其歸路，伺燕使至，盡執之。寶既久無垂問，珪復使所執使臨河呼以父死矣。十月，辛未，寶燒舡夜遁。十一月，己卯[四]，珪進軍濟河。乙酉夕，至參合陂。丙戌，大破之，語在《朔記》。生擒其王公世子以下文武將吏數千人，器甲輜重、軍資雜財十餘萬計。於俘虜中擢其才識者賈彝、賈閏、晁崇等與參謀議[五]，憲章故實。班賞大臣將校各有差。彝六世祖敷，魏幽州刺史、廣川都亭侯，子孫因家焉。彝弱冠，爲垂遼西王農記室參軍。珪先聞其名，嘗遣使者求於垂。垂彌增器敬，更加寵秩，遷驃騎長史，帶昌黎太守。閏，代郡太守，其從兄也。崇，遼東襄平人，爲垂太史郎，獲而爲令。

〔一〕「魏」，底本作「槐」，今據《魏書·許謙傳》改。
〔二〕「行」，底本作「竹」，今據《魏書·許謙傳》改。
〔三〕「遵」，底本作「尊」，今據福建本、北大本、《魏書·太祖紀》、《通鑑》卷一〇八改；以下徑改，不注。
〔四〕「己」，底本作「辛」，今據《魏書·太祖紀》、《北史·魏本紀第一》改。
〔五〕「閏」，底本作「閨」，今據《北史·魏本紀第一》、《通鑑》卷一〇八改。

皇始元年，三月，燕主垂來襲桑乾川。陳留公虔先鎮平城，時徵兵未集，虔率麾下邀擊，失利，死之。垂遂至平城西北，踰山結營，聞珪將至，乃築燕昌城自守。疾甚，遂還，卒於上谷之沮陽。子寶匿喪而還，至中山，乃僭立。六月，癸酉，遣將王建、莫題等三軍伐燕，斬廣寧太守劉亢泥，徙其部落于平城。寶上谷太守慕容普隣捐郡奔走。七月，左司馬許謙上書勸進尊號，始建天子旌旗，出入警蹕，改元。參軍事上谷張恂勸進取中原，珪善之。八月，庚寅，治兵於東郊。己亥，大舉伐燕，親勒六軍四十餘萬，南出馬邑，踰於句注，旌旗絡驛，二千餘里，鼓行而前，民屋皆震。別詔將軍封真等領三軍〔二〕，從東道出，襲幽州，圍薊。九月，戊午，次陽曲，乘西山，臨觀晉陽，命諸將引騎圍脇，已而罷還。寶并州牧、遼西王農大懼，將妻子棄城夜出，東遁，并州平。初建臺省，置百官，封公侯、將軍、刺史、太守，尚書郎已下，悉用文人。珪初拓中原，留心慰納，士大夫詣軍門者，無少長皆引入賜見，存問周悉，人得自盡，苟有微能，咸蒙敘用。以許謙爲陽曲護軍，賜爵平舒侯、安遠將軍。其子洛陽從征，爲冠軍司馬。謙尋卒，贈平東將軍、左光禄大夫、幽州刺史、高陽公，謚「文」。己未，詔輔國將軍奚牧略

〔二〕「軍」，底本作「萬」，今據《魏書·太祖紀》改。

地晋川，獲燕丹陽王買得等於平陶城。十月，乙酉，出井陘，使冠軍將軍王建、左軍將軍李栗五萬騎先驅啓行〔一〕。命冠軍將軍于栗磾〔二〕、寧朔將軍公孫蘭領步騎二萬，潛自晋陽開韓信故道。珪至，見其道脩而大悦，賜名馬。拓跋意烈先没于燕，至是，弃妻子，迎於井陘。燕李先來降，以爲征東左長史。十一月，庚子朔，珪至真定，獲太守苟延，自常山以東守宰，或捐城奔竄，或稽顙軍門，唯中山、鄴、信都三城不下。别詔征東大將軍、東平公儀五萬騎南攻鄴，建、栗等五萬騎攻信都，軍行，不得傷民桑棗。戊午，進軍中山。己未，引騎圍之。珪謂諸將曰：「朕量寶不能出戰，必當憑城自守，偷延日月。急攻則傷士，久守則費粮，不如先平鄴、信都，還取之爲便。若移軍遠去，寶必散衆求食民間，如此，則人心離阻，攻之易克。」諸將稱善。丁卯，如魯口城。燕高陽内史崔宏，父潛，爲暐黄門侍郎，有才學。垂以宏爲吏部郎〔三〕、尚書左丞，所歷著稱。自棄郡，奔海渚。珪素聞其名，遣騎追求，獲之，引見於軍門，與語，悦之，以爲黄門侍郎，與漁陽張衮對總機要，創立制度。博陵令屈遵，珪素聞其名，厚加禮焉，以爲中書令，出

〔一〕「栗」，底本作「粟」，今據福建本、《魏書·太祖紀》、《北史·魏本紀第一》、《通鑑》卷一〇八改；以下徑改，不注。
〔二〕「栗」，底本作「粟」，今據《魏書》卷三一《于栗磾傳》、《通鑑》卷一〇八改。
〔三〕「郎」，底本脱，今據福建本、《魏書》卷二四《崔玄伯傳》、《北史》卷二一《崔宏傳》補。

納號令，兼總文誥。當博陵太守申永南奔河外，屬城長吏率多逃竄〔二〕，遵獨告其吏民曰：「往年寶師大敗，今茲垂征不返，天之棄燕，人弗支也。魏帝神武命世，寬仁善納，御衆百萬，號令若一，此湯、武之師。吾欲歸命，爾等勉之，勿遇嘉運而爲禍先也。」遂降。

二年，正月，己亥朔，大饗群臣於魯口。東平公儀與珪季舅遼西公賀賴盧有隙，爲慕容德所破。寶左衛將軍慕容騰攻博陵，殺中山太守及高陽諸縣令長，抄掠租運。是時，信都攻六十日未下，士卒多傷。庚申，珪至，乃進軍。壬戌，引騎圍之。其夜，燕冀州刺史、宜都王慕容鳳踰城奔歸中山。癸亥，燕將張驤、徐超舉城降。寶聞珪如信都，乃趣博陵之深澤，屯滹沱水，遣弟賀麟攻楊城，殺常山守兵三百餘人。寶募群盜無賴者以擊魏。二月，己巳，珪進楊城。丁丑，軍於鉅鹿之柏肆塢〔三〕，臨滹沱水。其夜，寶悉衆來襲，燎及行宮，兵人駭散。珪驚起，不及衣冠，跣出。俄而燕兵自亂，珪乃擊鼓，左右及中軍將士稍稍來集。珪設奇陳，列烽營外，縱騎衝之，寶衆大敗，斬首萬餘級，擒其將軍高長等四千餘人。戊寅，寶走還中山，獲其器仗輜重數十萬計。燕朝臣降者相屬，

〔二〕「率」，底本作「卒」，今據《魏書》卷三三《屈遵傳》、《北史》卷二七《屈遵傳》改。

〔三〕「塢」，底本作「鳩」，今據《魏書·太祖紀》改。

拜賜職爵各有差。先是，燕渤海崔逞，少好學，有文才。仕暐，補著作郎[一]，撰有《燕記》，後遷黄門侍郎。暐滅，仕秦。爲翟遼所虜。垂滅翟釗，以爲秘書監。寶以爲和龍留臺尚書。張衮風聞其美，常言其材。珪得之甚喜，以爲尚書，使録三十六曹，任以政事，尋除爲御史中丞。慕容氏歸者，莨授柔玄鎮大將，勝授長樂郡守。北人謂歸義爲豆盧，賜姓豆盧氏。宇文自其先獻侯莫那，爲魏甥舅國。九世至逸豆歸，爲燕王皝所滅。其子陵爲燕駙馬都尉，封玄菟公，率甲騎五百來奔，拜都牧主，賜爵安定侯。平原徐超聚衆反於畔城，詔將軍奚辱捕斬之。并州守將封真率其種族與徒河叛，將攻刺史拓跋延，延平之。是時，柏肆之役，遠近流言，賀蘭三部反於陰館，詔安遠將軍庾岳總萬騎，平之。三月，己酉，珪次于盧奴。寶遣使求和，許之，已而寶背約。辛亥，次中山，命諸將圍之。衮曰：「寶憑三世之資，城池之固，雖皇威震赫，勢必禽殄，然窮兵極武，非王者所宜。昔酈生一説，田横委質；魯連飛書，聊將授首。臣誠德非古人，略無奇策，仰憑靈威，庶必有感。」珪從之。衮遺寶書，諭以成敗，寶大惧。是夜，賀麟謀逆，不遂，將妻子出走西山。寶恐其先據和龍，壬子夜，遂將妻子父兄宗族數千騎北遁。寶將李沈、

[一]「郎」，底本作「所」，今據《魏書》卷三二《崔逞傳》改。

王次多、張超、賈歸等來降。遣將軍長孫肥追寶，至范陽，不及而還。城内共立普隣爲主。秦王觚自不得歸，因留心學業，誦讀經書數十萬言，燕人咸稱重之。母賀氏思觚不返，憂念寤疾而卒。至此，普隣殺之，以固人心，珪哀慟之。四月，珪以軍粮未繼，乃詔儀罷鄴圍，徙屯鉅鹿，積租楊城。普隣出步卒六千餘人，伺間犯諸屯兵。詔肥等輕騎挑之，珪以虎隊五千横截其後，斬首五千，生虜七百人，宥而遣之。五月，庚子，大賞功臣。以中山城内爲普隣所脅[一]，而大軍逼之，欲降無路，乃密招喻之。甲辰，曜兵揚威，以示城内。吕顯字子明，壽張人也，爲燕河間太守，以郡降。乃命諸軍罷圍南徙，就穀河間，以待其變。甲寅，封儀爲衛王。七月，普隣遣烏丸張驤率五千餘人出城求食，攻靈壽，殺害吏民。賀麟自丁零中入于驤軍，因其衆復入中山，殺普隣而自立。珪還魯口，進軍常山之九門。時大疫，人馬牛多死。珪問疫於諸將，對曰：「在者纔十四五。」是時中山猶拒守，而飢疫並臻，群下咸思還北。珪知其意，謂之曰：「斯固天命，將若之何！四海之人，皆可與爲國，在吾所以撫之耳，何恤乎無民！」群臣乃不敢復言。遣撫軍大將軍、略陽公遵襲中山，芟其禾菽，入郛而還。中山圍久未下，軍乏食。珪問於

〔一〕「山」，底本作「出」，今據《魏書·太祖紀》、《北史·魏本紀第一》改。

群臣，崔逞對曰：「桑葚可佐粮，飛鴞食椹而改音，詩人所稱也。」珪雖用其言，聽民以椹爲租，然以逞爲侮慢，心銜之。逞又曰：「可使軍人及時自取，過時則落盡。」珪怒曰：「内賊未平，兵人安可解甲仗入山林而收椹乎？是何言歟！」以中山未拔，故不加罪。九月，賀麟飢窮，率三萬餘人出攻新市。甲子晦，珪進軍討之。晁崇奏曰：「不吉。」珪曰：「其義云何？」對曰：「昔紂以甲子亡，兵家忌之。」珪曰：「紂以甲子亡，周武不以甲子勝乎？」崇無以對。十月，丙寅，進軍新市，賀麟退阻泒水。甲戌，珪臨其營，戰於義臺塢，大破之，斬九千餘級。賀麟走西山，而奔鄴。甲申，其所署公卿、尚書、將吏、士卒降者二萬餘人。其將張驤、李沈、慕容文等先來降，尋皆亡還，是日復獲之，皆赦而不問。獲其所傳皇帝璽綬、圖書、府庫珍寶[二]，簿列數萬。班賜功臣及將士各有差。中山平。發詳冢，斬尸，以其妻僕財賜儀。夷殺觚者五族，剉以大刃。紇羅子題從征中山，徇下諸郡，撫慰新城，皆安化樂業，進爵襄城王。爲擊義臺，中流矢卒。丁亥，遣三萬騎赴儀，會賀賴盧以攻鄴。意烈以戰勳，賜爵遼西公，爲廣平太守。

[二]「綬」，底本作「授」，今據《魏書·太祖紀》改。

賜呂顯魏昌男，拜鉅鹿太守。拜拓跋素延爲幽州刺史[一]，豪奢放逸，左遷上谷太守。封豆以平定幽州三郡，拜幽州刺史。燕濮陽太守鄘範迎降，授兖州監軍。

天興元年，正月，慕容德走保滑臺，衛王儀克鄴，收其倉庫，詔賞將士各有差。儀追德至於河，不及而還。庚子，車駕自中山如常山之真定。以平棘人李系爲燕散騎侍郎、東武城令，治有能名，以爲平棘令。次趙郡之高邑。秦王猛孫憲來歸，厚禮之。遂如鄴，將定都，乃置行臺，以龍驤將軍、日南公和跋爲尚書，與左丞賈彝率郎吏及兵五千人鎮鄴。自鄴還中山，所過存問百姓。詔大軍所經州郡，復貲租一年，除山東民租賦之半。車駕將北還，發卒萬人治直道，自望都鐵關鑿恒嶺至代，五百餘里。直道自秦後無聞也，始再見於此，輕用民力，所當議者。然秦曰除，則闢而治之，此史曰治，豈隱以金椎，樹以青松，如秦之虐乎？珪慮還後山東有變，乃置行臺於中山，詔置安州，儀以左丞相守尚書令鎮中山，略陽公遵鎮渤海之合口。右軍將軍尹國先督租於冀州，聞珪將還，謀反，欲襲信都。安南將軍長孫嵩執送，斬之。辛酉，車駕發自中山，至於望都堯山。徙山東六州民吏及徒何、高麗雜夷三十六萬，百工伎巧十萬餘口，以充京師。車駕次於恒

〔一〕「素延」，底本二字互乙，今據《魏書》卷一四《曲陽侯素延傳》正。

山之陽。博陵、渤海、章武群盜並起，遵等討平之。廣川太守賀賴盧殺冀州刺史王輔，驅勒守兵，抄掠陽平、頓丘諸郡，遂南渡河，奔慕容德，爲其并州刺史，封廣寧王。二月，詔給内徙新民耕牛，計口受田。三月，漁陽庫傉官韜聚衆起兵，詔中堅將軍伊謂討之。先是，上谷侯岌及張衮、許謙等有名於時，學博今古，初來入國，聞儀待士，就儀。儀並禮之，共談當世之務，指畫山河，分别城邑，成敗要害，造次備舉〔二〕，謙等歎服。至鎮中山，遠近懷附。至是，徵還京師，詔遵代鎮中山。四月，壬戌，進遵常山王。遼西公意烈謀反，於郡賜死，原其妻子。六月，丙子，詔有司議定國號。群臣曰：「昔周、秦以前，皆自諸侯升爲天子，以其國爲天下號。自漢以來，罷侯置守，時無世繼，其應運而起者，皆不由尺土之資。今國家萬世相承，啟基雲、代，遂撫有天下。今宜以代爲號。」黄門侍郎崔宏曰：「昔商人不常厥居，故兩稱殷、商。代雖舊邦，其命維新，登國之初，已更曰魏。夫魏者，大名，神州之上國也，宜稱魏如故。」詔曰：「昔朕遠祖，總御幽都，控制遐國，雖踐王位，未定九州。逮於朕躬，處百代之季，天下分裂，諸華乏

〔二〕「次備」，底本作「以脩」，今據《魏書》卷一五《昭成子孫列傳·元儀傳》改。

主[二]。民俗雖殊，撫之在德。故躬率六軍，掃平中土，凶逆蕩除，遐邇率服。宜仍先號，以爲魏焉。」命有司正封畿，標道里，遣使循行郡國，舉奏守宰不法者，親考察黜陟之。七月，遷都平城，始營宫室，建宗廟，立社稷。漁陽烏丸庫傉官韜復聚黨爲寇。詔冠軍將軍王建平之。九月，烏丸張驤子超收合亡命，聚黨二千餘家，據渤海之南皮，自號征東大將軍、烏丸王，抄掠諸郡。詔將軍庾岳討之。十一月，辛亥，詔尚書吏部郎鄧淵等典官制等[三]。淵，燕尚書左丞翼之子也。博學，長《易》筮，入爲著作郎而轉。十二月，己丑，珪即帝位，朝野皆束髮加帽。追尊遠祖毛以下二十七人爲皇帝，謚毛曰成，貸曰節，觀曰莊，樓曰明，越曰安，推寅曰宣，利曰景，俟曰元，肆曰和，機曰定，蓋曰僖，儈曰威，隣曰獻，詰汾曰聖武，力微曰神元。世子沙漠汗曰文，未立；立悉鹿，曰章；綽曰平；禄官曰昭。其文之子三，少先立，弗曰思；長猗㐌曰桓，未立；次猗盧，立，曰穆。思之子鬱律，曰平文；桓之二子，賀傉曰惠，紇那曰煬；平文之二子，翳槐曰烈，什翼犍曰昭成。昭成子寔，未立，曰獻明，珪父也。以援立功，封紇羅上谷公。

[二]「乏」，底本作「之」，今據《魏書·太祖紀》改。
[三]「尚書吏部」，底本作「吏部尚書」，今據《魏書·太祖紀》、《北史·魏本紀第一》、《通鑑》卷一一〇正；「典」，底本作「與」，今據《魏書·太祖紀》、《北史·魏本紀第一》改。

徙六州二十二郡守宰、豪傑、吏民二千家於代都。其東至代郡，西及善無，南極陰館，北盡参合，皆爲畿内，外四方、四維，置八部帥以監之。宇文陵隨例徙武川焉，其肇基自此矣。夫自中國道衰，版圖失據，胡馬踐於畎畝，異類爲之軍師，疆域蒙污，生民罹雪，何可勝言也。拓跋氏定都雲、代，建立司州，課農勸學，留心教養，數十年後，浸浸可觀矣。其所用仕燕者，遒人祖敏，以平原太守降，賜爵安固子，拜尚書左丞。安定梁潁，爲寶黄門郎，降，拜爲建德太守。張蒲，倏武人〔一〕。父攀，仕燕爲垂御史中丞、兵部尚書，以清方稱。蒲少有父風，頗涉文史，以端謹見知，爲寶陽平、河間二郡太守、尚書左丞。中山平，寶官司敘用者多降品秩〔二〕，素聞蒲名，仍拜尚書左丞。宋隱，燕中書監恭之子也〔三〕，爲太守中舍人、本州別駕〔四〕，至是，拜尚書吏部郎〔五〕。

二年，正月，庚午，北巡，分命大將襲高車，東道三軍出長川，西道七軍出牛川，車駕親勒六軍從中道，自駮髯水西北。二月，丁亥朔，大破高車，還次牛川及薄山，並

〔一〕「倏」，底本作「收」，今據《魏書》卷三三《張蒲傳》改。
〔二〕「敘」，底本作「初」，今據《魏書·張蒲傳》改。
〔三〕按：據《魏書》卷三三《宋隱傳》，隱祖父宋活任燕中書監，父宋恭爲尚書、徐州刺史，《燕史》疑誤。
〔四〕「舍」，底本作「含」，今據福建本、北大本、《魏書·宋隱傳》改。
〔五〕「尚」，底本作「中」，今據《魏書·宋隱傳》改。

刻石紀功，班賜從臣各有差。而獵於牛川南，以高車人爲圍，周七百餘里，因驅其禽獸，南抵平城，使高車築鹿苑[一]，廣數十里。三月，氐人李辯叛慕容德，求援於鄴行臺尚書和跋。跋輕騎往應之，克滑臺，收德宫人府藏。又破德桂林王鎮，及獲郎吏將士千餘人。中山、清河太守相繼叛，平之。八月，前河間太守范陽人盧溥，聚衆海濱，總攝鄉部[二]，遂殺其鄉姻諸祖十餘人，稱使持節、征北大將軍、幽州刺史[三]，攻掠郡縣，殺幽州刺史封沓干，帥其部曲數千家，就食漁陽，遂據有數郡。七月，燕主盛拜爲幽州刺史[四]。初，奮武將軍張袞以才謀爲上所信重[五]，委以腹心。珪問中州士人於袞，薦溥及崔逞，皆用之。逞之降魏也，以天下方亂，恐無復遺種，其妻張氏與四子留冀州，逞獨與幼子頤詣平城，所留妻子遂奔燕。上并以是責逞，賜死。而溥受燕爵命，侵掠魏郡縣。上謂袞所舉皆非其人，黜袞爲尚書令史。袞乃闔門不通人事，惟手校經藉，歲餘而終。燕主寶之敗也，中書令、民部尚書渤海封懿降。懿，暐吏部尚書放之子也。上以爲給事黄門侍郎、都坐

[一]「車」，底本脱，今據福建本、《魏書·太祖紀》、《北史·魏本紀第一》、《通鑑》卷一一一補。
[二]「攝」，底本作「揖」，今據福建本、《魏書》卷四七《盧玄傳附盧溥傳》改。
[三]「征」，底本脱，今據福建本、北大本、《魏書·太祖紀》、《北史·魏本紀第一》補。
[四]按：「七月，燕主盛拜爲幽州刺史」，《燕史》七月事置於八月之後，失次。
[五]「武」，底本作「威」，今據《魏書》卷二四《張袞傳》、《通鑑》卷一一一改。

大官。問燕氏舊事，懿應對踈慢，亦坐廢於家。燕遼西太守李朗舉郡内屬，隨爲燕所殺。十二月，甲午，燕征虜將軍、燕郡太守高湖帥户三千來降，賜爵東阿侯，加右將軍，總代東諸部，北齊由此肇基矣。

三年，正月，戊午，和跋以材官將軍破盧溥於遼西[一]，生獲溥及其子焕，傳送京師，轘之。燕救不及，斬遼西守宰而還。三月，戊午，立皇后慕容氏。初，上納劉頭眷女，寵冠後庭，生子嗣。及克中山，獲寶幼女。將立爲皇后，用故事，鑄金人卜之。劉氏所鑄不成，故立慕容。五月，己巳，東巡，如涿鹿，有白兔見乘輿前，獲之。遣使者以太牢祠帝堯、帝舜廟。七月，壬子，還宫。上常以慕容垂諸子分據勢要，使權柄下移，遂至敗亡。於是，博士燕郡公孫表希旨，上《韓非書》，勸上以法制御下。左將軍李栗性簡慢任情，上以積過誅之，群下震慄。是年，改安州爲定州，領中山、常山、鉅鹿、博陵、北平、河間、趙郡，取安定天下爲名也。

四年，四月，辛卯，罷鄴行臺，置相州。十二月，乙卯，虎威將軍宿沓干伐燕，攻令支。己丑，燕中領軍宇文拔救之。壬午，宿沓干拔令支，戍之。

〔一〕「和跋」，《魏書·太祖紀》、《北史·魏本紀第一》作「和突」，《燕史》據《通鑑》卷一一一。

五年，正月，丁丑[一]，燕慕容熙遣將攻遼西，宿沓干等拒戰不利，棄令支而還，遼西太守那頡見執。初，遣北部大人賀狄干獻馬千匹，求婚於秦。聞珪以立慕容后，止狄干而絶婚，由是秦、魏有隙。八月，征秦，破其軍，斬燕降亡將王次多等以徇。是時，柔然吞併諸部，士馬繁盛，雄於北方。其地西至焉耆，東接朝鮮，南臨大漠，旁側小國皆羈屬焉[二]，自號豆代可汗。蓋北徙弱洛水，而居燕之北矣。

六年，七月，戊子，北巡，築離宮於豺山，縱士校獵東北。

天賜三年，二月，乙亥，幸代園山，建五石亭。三月，庚子，還宮。五月，舉侍官[三]，侍直左右，出納詔命，以八國良家，上谷、廣寧及代、雁門郡民年長有器望者充之，庶幾乎綴以虎賁，皆正人之意矣。而慕華，此其一也。九月，度漠北。癸巳，南還長川。南燕兖州刺史慕容法、徐州刺史段宏、西中郎將封融來奔。

四年，二月，封皇子脩爲河間王。五月，北巡，至長川而幸濡源。七月，自濡源西幸參合陂，三旬還宮。

[一]「丁」，底本作「乙」，今據《魏書·太祖紀》、《通鑑》卷一一二改。
[二]「側」，底本作「則」，今據《通鑑》卷一一二改。
[三]按：「五月，舉侍官」，據《魏書》卷一一三《官氏志》，此事在天賜四年五月，《燕史》疑誤。

五年，正月，行幸豺山宫，遂如參合陂，觀漁於延水，至寧川。六年，夏，上不豫。七月，慕容國破後，種族仍繁，支屬百餘家，謀欲外奔，發覺，誅死者三百餘人。時有遺免，不敢復姓，皆以輿爲氏。八月，封融詣晋，降劉裕。十月，段宏奔裕。戊辰，上爲子清河王紹所弑，定謚道武。壬申，長子嗣即位。

郭造卿曰：魏之號元也先燕，燕之稱帝也先魏，則其得中原，爲魏先驅耳。燕破乃屢叛，豈其頑然哉？蓋徙民邊郡，漢文曰募，光武曰歸，而此曰徙。其所欲所不欲，情在人可知也。則六州民吏及雜夷工巧四十六萬充京師，人不勝其流離矣。故群盗起燕南，庫傉官起漁陽。甫平，又徙六州二十二郡守宰豪傑吏民二千家於代都，斯范陽盧溥之嘯聚，而與燕犄角以挺也。雖立慕容氏爲后，而其支屬百餘家謀奔，死者三百人，遺免者遂改姓，則所待遺燕者酷矣。然珪能破燕之國，而燕亦能亡珪之身。珪懲慕容垂諸子，將反其所敗亡。燕郡博士希旨，遂上《韓非書》，以法制御下，乃及於子之禍。豈非嗜殺者不祥，出爾反爾，一間哉？

燕繫記中

郭造卿曰：燕馮之宴高也，所憚者道武爾，於嗣乎何畏哉。况南之慕容，訖乎徒河，且叛而從之。幽州雖爲魏有，跋乃通於江南，且能和其人民，無釁，故招諭之使，久爲之囚矣。嗣觀兵突門歸，而方有事西北。及跋死弘篡當討，况丁太武之雄威乎。故踰年即親征，歲連兵以平之。盖暴師喋血三十餘年，而爲燕役〔一〕，凉隨之亡矣。惟南承正朔爲敵，遂動幽、冀，事江淮，且復有事畿圍〔二〕，其佳兵勞民甚矣。故災於其身者，太武猶道武焉。史謂暴戾甚聰、虎，則孽作豈不幸哉。道武得六州以致叛，太武開六鎮以召亡，燕地其一二耳。而或概言乎六焉，盖治亂之相乘，而燕在其中矣。

太宗永興元年，晋義熙五年也〔三〕。十月，詔崔宏等八人共聽朝政，時人謂八公。以尚書燕鳳逮事高祖，使與都坐大官封懿等入侍講論，出議政事。引李先以備顧問，及宏皆燕舊臣也。是歲，燕高雲爲馮跋所滅。

二年，二月，戊申，南燕亡於晋。廣寧王賀賴盧没，其東牟太守率户歸國，上嘉之，

〔一〕「役」，底本作「後」，今據福建本、北大本改。
〔二〕「且」，底本作「旦」，今據福建本、北大本改。
〔三〕「義」，底本作「嘉」，今據《通鑑》卷一一五改。

賜爵平陸侯〔二〕。五月，南平公長孫嵩等自大漠還〔三〕，柔然追圍之於牛川。壬申，上北伐，聞而遁走。八月，章武民劉牙聚衆反，山陽侯奚斤討平之。

三年，二月，昌黎遼東民二千餘家内屬。五月，己巳，昌黎王慕容伯兒謀反。時上謁金陵山未返，伯兒收合輕俠失志之徒李沈等三百餘人，將爲逆。侯奚斤留守京師，聞之，乃召伯兒入天文殿東廡下，窮問欵引，悉收其黨誅之。七月，柔然可汗斛律和親于燕〔三〕。

四年，七月，己巳朔，東巡。置四廂大將、十二小將。庚寅，東巡至濡源。西巡，幸北部諸落，賜以繒帛。八月，庚戌，還宮。十二月，丁巳，北巡，至長城而還。

五年，四月，乙卯，西巡。詔前軍奚斤等先討越勤部於跋那山，盖在廣寧塞外也〔四〕。七月，破越勤倍泥部落，徙二萬餘家於大寧川。八月，辛未，賜征還將士牛馬、奴婢各有差。置新民，給農器，計口受田。虜民其夷習乎，授田，則慕華也。

〔二〕「陸」，底本作「陵」，今據《魏書》卷六四《張彝傳》、《北史》卷四三《張彝傳》改。

〔三〕「大」上，底本衍「伐」字，今據《魏書》卷三《太宗紀》、《北史·魏本紀第一》删。

〔三〕「可」，底本作「河」，今據《通鑑》卷一一六改。

〔四〕「廣」，底本作「慶」，今據《通鑑》卷一一六胡三省《音注》改。

神瑞元年，五月，契丹、庫莫奚降燕，爲其歸善王。柔然斛律受燕爵上谷侯。八月，辛丑，遣使者于什門詔諭馮跋，不屈，留之不遣。

二年，四月，己卯，北巡。五月，丁亥，上次於參合，東如大寧。丁未，田于四岬山。六月，戊午，幸去畿陂，觀漁。辛酉，次于濡源，立蜯臺，射白熊于頹牛山，獲之。丁卯，如赤城，親見長老，問民疾苦，復租一年。南次石亭，至上谷，所至問百年，訪賢俊，復民田租之半。壬申，至涿鹿，登嶠山，觀温泉，使使者以太牢祠黄帝廟。至廣寧歷山，祭舜廟。七月，還宫，復所過田租之半。十月，辛酉，如沮洳城。癸亥，還宫。

泰常元年，四月，庚申，河間王脩卒。六月，丁巳，北巡。七月，甲申，自白鹿陂西行〔二〕，大獮於牛川，登釜山，臨殷繁水，而南觀九十九泉。戊戌，還宫。十月，壬戌，徒何部落庫傉官斌先降，後復叛歸馮跋。遣將征之，幽州平，語在《朔記》。

二年，四月，丁未，燕使人王特兒等通晋，章武太守捕囚，送於代。閏十二月，壬申，幸大寧長川。是年，黄門侍郎、都坐大官、章安侯封懿卒，所撰有《燕書》，頗行于世。

〔二〕「陂」，底本作「坡」，今據福建本、《魏書·太宗紀》改。

三年，正月，丁酉朔，上自長川詔北略。三月，庚戌，以渤海范陽郡去年水，復租稅。四月，己巳，徙冀、定、幽三州徒河於代都。五月，壬子，東巡，至濡源及甘松。遣征東將軍長孫道生等帥師襲馮跋。又命驍騎將軍延普自幽州北趋遼西爲聲援〔二〕。上自突門嶺待之。道生至龍城，徙其民萬餘家而還。六月，乙酉，西返。尉諾，代人也，以平中山功，賜爵安樂子。上初，爲幽州刺史，加東統將軍，進爵爲侯，至是，轉寧東將軍〔三〕，爵武陵公。七月，戊午，至自東征。

五年，宋永初元年也。五月，庚戌，淮南公司馬國璠、池陽子司馬道賜謀外叛，司馬文思告之。庚戌，殺國璠、道賜，賜文思爵鬱林公。國璠等連引平城豪桀，坐族誅者數十人。封懿子玄之當坐，上以玄之燕朝舊族，於四子欲宥其一子。玄之曰：「弟子磨奴早孤，乞全其命。」乃爲宥之。

六年，十月，己亥，至代，遂西行。

七年，二月，丙戌，上還宮。五月，詔世子燾臨朝聽政，以代人古弼、直郎徒河盧

〔二〕「驍騎」，底本二字互乙，今據《魏書·太宗紀》、《通鑑》卷一一八正。
〔三〕「軍」，底本脱，今據《魏書》卷二六《尉諾傳》補。

魯元忠謹恭勤[二]，使給侍東宮，分典機要。是時，上將如幽州，詔尉眷輔熹居守。九月，乙巳，上如㶟南宮，遂如廣寧。辛酉，如嶠山，遣使者祠黄帝、唐堯廟。因東幸幽州，見耆年，問其所苦，賜其爵號。遣使者循行州郡，觀察風俗。十月，甲戌，還宫。壬辰，自將南侵。十一月，熹將兵出屯塞上，備柔然。

八年，二月，戊辰，築長城於長川南，起自赤城，西至五原，延袤二千餘里，備置戍衛，以備柔然也。十一月，己巳，上殂，謚明元。壬申，熹即位，大赦。十二月，進司徒長孫嵩爵爲北平王，餘並增爵有差。拓跋嬰文拜護東夷校尉，進爵建德公，鎮遼西，卒。

世祖始光元年，四月，甲辰，東巡，如大寧。七月，甲戌，還宫。是時，休屠郁原等叛，常山王素討之，斬渠率，徙千餘家於涿鹿之陽，立平原郡以處之。王憲字顯則，北海劇人，猛孫也。在高邑，歸朝，領選曹事。即位，行廷尉卿，出爲上谷太守，加中壘將軍，賜爵高唐子。清身率下，風化大行。尋拜外都大官，後進爵北海公。子崇襲，早卒。子仲智襲，歷中書侍郎、安西將軍、幽州刺史，有清平之稱。司馬準，晋之後也。

[二]「郎」、「恭」，底本作「即」、「公」，今據《魏書》卷三四《盧魯元傳》、《通鑑》卷一一九改。

泰常末來歸，太宗時除廣寧太守，悦近來遠，清儉有稱，上嘉之，賜布六百疋。

二年，二月，慕容渴悉隣反於北平，攻破郡治，太守與守將擊破之。三月，丙辰，尊保母竇氏曰保太后，遼東人也。五月，詔天下十家發大牛一，運粟塞上〔二〕。十月，癸卯，上大伐柔然，五道並進。廷尉卿長孫道生等出黑、白二漠間〔三〕，長川有漠，黑東白西。柔然絶迹北走。

三年，正月，上至自北伐。六月，詔問公卿：「今當用兵，赫連、蠕蠕，二國何先？」尚書劉絜、武京侯安原請先伐燕〔三〕。於是自雲中西巡〔四〕，至五原，因畋于陰山〔五〕，東至和兜山，在長川之南也。七月，築馬射臺於長川，上親登臺觀走馬，王公諸國君長馳射，中者賜金錦繒絮各有差。八月，還宫。

四年，正月，己亥，上如幽州。赫連昌遣其弟率衆向長安。上聞之，伐陰山木，大造攻具，再謀伐夏。二月，還平城。

〔二〕「粟」，底本脱，今據《魏書》卷四上《世祖紀上》、《北史》卷二《魏本紀第二》補。
〔三〕「間」，底本作「問」，今據《魏書》卷二五《長孫道生傳》、《通鑑》卷一二〇改。
〔三〕按：《魏書》卷二八本傳作「劉潔」，《通鑑》卷一二〇作「劉絜」，《燕史》兩從，故不統一。
〔四〕「中」，底本作「口」，今據《魏書·世祖紀上》、《北史·魏本紀第二》、《通鑑》卷一二〇改。
〔五〕「畋」，底本作「攻」，今據《通鑑》卷一二〇改。

神䴥元年，三月，平北將軍尉眷擒赫連昌，至平城，以爲寧北將軍，進爵漁陽公。六月，甲寅，行幸長川。七月，車駕還宮。八月，東如廣寧，臨觀温泉。以太牢祭黄帝、堯、舜廟。柔然紇升盖可汗遣其子將萬餘騎寇邊，上自廣寧追之，不及。九月，還宮。十月，甲辰，北巡。壬子，畋於牛川。是月，還宮。

二年，十月，征柔然、高車凱旋，告宗廟。列置新民於漠南，東至濡源，西暨五原、陰山，竟三千里，使之耕牧，收其貢賦。詔司徒、平陽王長孫翰等鎮撫之，分爲六鎮：曰武川，曰撫冥[一]，曰懷朔[二]，曰懷荒，曰柔玄，曰禦夷。故凡稱六鎮者書之，統而曰北鎮，直平城之北也。其柔玄、禦夷，近上谷。

三年，正月，庚子，上還宮。癸卯，如廣寧，臨温泉，作《温泉之歌》。二月，戊辰，還宮。三月，南邊諸將表稱宋人將入寇，所部兵少。簡幽州以南勁兵戍河上，以備之。十二月，丁卯，征平凉。其上谷公社干、廣陽公度洛孤降。是時，趙逸爲赤城鎮將，綏和荒服，十有餘年。馮跋死，弟弘篡位[三]，稱弘字爲文通。

[一]「撫」，底本作「武」，今據《通鑑》卷一三六胡三省《音注》改。
[二]「曰」，底本脱，今據福建本、北大本補。
[三]「位」，底本作「魏」，今據《魏書》卷九七《海夷馮跋傳》、《通鑑》卷一二一改。

四年，九月，壬申，詔：「訪諸有司，咸稱范陽盧玄等皆賢儁之胄，冠冕州邦[一]，有羽儀之用。《詩》不云乎：『鶴鳴九皐，聲聞於天。』庶得其人，任之政事，共臻邕熙之美。《易》曰：『我有好爵，吾與爾縻之。』如玄之比，隱跡衡門、不耀名譽者，盡敕州郡以禮發遣。」遂徵玄等及范陽祖邁、祖侃，廣寧燕崇、常陟，上谷張誕、侯辯，燕郡劉遐，河間邢穎，渤海高允、高毗、李欽，營州刺史太原張偉等三十五人[二]，及州郡遣至者數百人，差次敘用，皆一時之彦。於是人多砥尚，儒林轉興。高允詳著之《徵士頌》，以紀其行。

延和元年，正月，丙午，尊保太后爲皇太后。五月，大簡輿徒於南郊，謀將伐燕。六月，庚寅，伐和龍[三]，命太子晃録尚書。是時，晃纔五歲。又遣左僕射安原、建寧王崇等屯漠南，以備柔然。七月，己未，自濡水至遼西。己巳，臨和龍城。庚午，其石城太守李崇率十餘郡歸降，以爲平西將軍、北幽州刺史、固安侯。九月，乙卯，西還，徙其

[一] 「州」，底本作「周」，今據《魏書·世祖紀上》、《北史·魏本紀第二》改；以下徑改，不注。
[二] 「偉」，底本作「暐」，今據《魏書·世祖紀上》、《北史·魏本紀第二》、《通鑑》卷一二二改。
[三] 「和龍」，底本作「合龍」，今據福建本、北大本、《魏書·世祖紀上》、《北史·魏本紀第二》、《通鑑》卷一二二改；以下徑改，不注。

營丘等六州民三萬家於幽州。十月，癸酉，上至濡水。十一月，乙巳，至自伐和龍。十二月，己丑，弘子長樂公崇及其母弟朗、邈以遼西内屬，弘遣將封羽圍遼西，語在《朔記》。

二年，正月，乙卯，撫軍大將軍、永昌王健督諸軍救遼西。二月，庚午，詔封馮崇爲遼西王，録其國尚書事，食遼西十郡，承制假授尚書、刺史、征虜已下官。丙申〔二〕，馮朗來朝。六月，遣將伐和龍，封羽以城降，收其民三千餘家而還。八月，崇上表求説降其父，上不聽。是年，以平遠將軍、脩武侯張昭加寧東將軍，爲幽州刺史。昭，蒲之子也。蒲官至刺史，教化大行，以清著名。昭有志操，幽州年穀不登，州廩虚罄，民多菜色。昭謂民吏曰：「何我之不德，而遇其時乎！」乃使富人通濟貧乏，車馬之家糴運外境〔三〕，貧弱者勸以農桑，歲乃大熟，士女稱頌之。

三年，正月，戊戌，燕遣使求和，上不許。閏三月，辛巳，燕上表稱藩請罪，願以女充掖庭，許之，詔徵其子王仁入朝。是月，使者于什門自燕還。什門在燕二十一年，

〔二〕「申」，底本作「寅」，今據《魏書·世祖紀上》改。
〔三〕「糴」，底本作「糶」，今據《魏書》卷三三《張昭傳》改。

不屈，還拜治書御史，下詔褒稱，以比蘇武，賜羊千口、帛千疋，進爲上大夫，策告宗廟，頒示天下。六月，燕不遣子爲質，上復遣將伐之，芟其禾稼，徙其民而還。十二月，詔盧陵公大干巡撫六鎮[二]。大干鎮雲中，上北伐，爲前鋒，有功。上以其壯勇，且悉北境險要，移之巡撫，以防虜寇[三]，經略甚得事宜。

太延元年，三月，癸亥，燕遣大將湯燭通朝獻，辭以子疾，未遣。六月，甲午，詔：「有鄙婦人持方寸玉印，詣潞縣侯孫家，盖神靈之報應也。」語在《占纂》。丙午，高句麗王璉入貢，語在《貊記》。戊申，命將率騎四萬伐燕。七月，己卯，至和龍，掠男女六千口而還。燕爲數伐，不能支，又密遣人請迎於高麗。十月，癸卯，河間公安原坐謀逆誅。羅結，代人也，其先世領部落，爲國附臣。劉顯謀逆，太祖去之。結翼衛鑾輿，從幸賀蘭部，後以功賜爵屈蚍侯。太宗時，除持節、散騎常侍、寧南將軍、河內鎮將。上初，遷侍中、外都大官，總三十六曹事。年百七歲，精爽不衰。上以其忠慤，甚見信待，監典後宮，出入卧內，因除長信卿。年百有十，詔聽歸老，賜大寧東川以爲居業，

[二]「盧」，底本作「盧」，今據《魏書》卷三〇《来大千傳》、《北史》卷二五《来大千傳》改。
[三]「虜」，底本作「盧」，今據《魏書》卷三〇《來大干傳》、《北史》卷二五《來大干傳》改。

并爲築城，即號曰羅侯城。朝廷每有大事，驛馬詢訪焉。是年百二十歲，卒，贈寧東將軍、幽州刺史，謚曰貞。子斤，賜爵帶方公，除柔玄鎮都大將。其子敦卒，贈安東將軍、幽州刺史，謚恭。其子伊利，贈征北將軍、燕州刺史，謚靜。宗人彌，官至范陽太守，贈幽州刺史。

二年，二月，燕王遣使來貢，求送侍子，不許，將伐之。乃詔諭東夷、高麗諸國。三月，平東將軍娥清、安西將軍古弼等伐燕。五月，克燕白狼城，燕主帥其民東徙于高麗。部將欲追之，古弼醉，拔刀止之，燕主逃去。上檻車徵弼與清，俱黜爲門卒。乃遣使至高麗，令送燕王。清少有將略，累著戰功。先是，徒河民散居三州，頗爲民害。詔清徙之平城。清善綏撫，徙者如歸。至爲門卒，卒於家。弼尋復用之。九月，高麗不送燕王，上疾其違詔，議擊之，樂平王丕止之。於是論和龍功：浮陽侯元齊拜尚書，進爵爲河間公；彭城公勃子粟進爵爲王；尉撥遷虎賁帥，轉千人軍將[一]，除涼州軍將[二]；羽林郎長孫陳賜爵五等男；尉眷爲假節、加侍中、都督豫洛二州；穆顗功超諸將[三]，拜

[一]「軍」，底本脱，今據《魏書》卷三〇《尉撥傳》補。
[二]「軍將」，底本二字互乙，今據福建本、北大本、《魏書·尉撥傳》正。
[三]「顗」，底本作「季齊」，「功」，底本脱，今據《魏書》卷二七《穆顗傳》改補。

司衛監，加龍驤將軍，進爵長樂侯；韓茂從樂平王丕，徙其居民，及至平凉州，功多，遷司衛監，録前後功，拜散騎常侍，進爵公；毛脩之既賜奴婢、牛羊，遷特進、撫軍大將軍。諸將頻征和龍，皆以安難爲長史。難有巧思，鑿山堙谷，省力兼功，遷給事中。以燕遼西郡守怡寬除拜羽真，賜爵長虵公。建德令高育歸命，授以建忠將軍〔一〕、齊郡、建德二郡太守，賜爵肥如子。

三年，正月，戊子，太尉、北平王長孫嵩卒。二月，上如幽州，存恤孤老，問民疾苦。還如上谷，遂至代。所過復田租之半。契丹國遣使來貢。三月，以南平王渾拜假節〔二〕、都督平州諸軍事、領護東夷校尉，爲鎮東大將軍、儀同三司、平州刺史，鎮和龍。在州綏導有方，民夷悦之。諸夷震懼，各獻方物，庫莫奚與焉。己卯，上還宫。

四年，三月，高麗殺燕王文通。張偉字仲業，太原中都人也。時拜給事中，出爲營州刺史。在州郡以仁德爲先，不任刑罰，清身率下，宰守不敢爲非，卒，謚曰康。

五年，九月，丙戌，沮渠牧犍降〔三〕。安定臨涇人胡叟先避之，歸國。朝廷以其識機，

〔一〕「忠」，底本作「武」，今據《魏書》卷六二《高道悦傳》、《北史》卷四〇《高道悦傳》改。
〔二〕「節」，底本脱，今據《魏書》卷一六《南平王渾傳》補。
〔三〕「牧」，底本作「收」，今據《魏書·世祖紀上》、《北史·魏本紀第二》、《通鑑》卷一二三改。

拜虎威將軍，賜爵始復男，家於密雲，語在本傳。敦煌人索敞，至是以儒學入國，爲中書博士。先，敞在涼州日，與鄉人陰世隆文才相友。世隆至京師，被罪徙和龍，屆上谷，困不前達，土人徐能抑掠爲奴。五年，敞因行至上谷，遇見世隆，語其由狀，對泣而別。爲之訴理，得免。

太平真君元年，七月，丙申，皇太后竇氏卒，謚曰惠。十二月，以河南王曜子羯兒爲河間王，尋改封略陽王。

二年，三月，辛卯，葬惠太后於嶂山，封其弟漏頭爲遼東王。

三年，三月，壬寅，北平王長孫頹有罪，削爵爲侯。十月，己卯，封子譚爲燕王。十二月，辛巳，侍中、太保、襄城公燕人盧魯元卒，語在本傳。

四年，三月，壬戌，烏洛侯國遣使至朝。國在地豆干國北，去代四千五百里。豆干在室韋西千餘里，室韋當勿吉北，勿吉在高麗北，則烏洛侯，東夷也，去代四千五百里。無大君長，部落莫弗皆世爲之。初，魏之居北荒也，鑿石爲廟，在烏洛侯西北，以祀其先。高七十尺，南北九十步，東西四十步。其室神靈，民多祈請。上遣中書侍郎李敞詣石室，告祭天地，以皇祖、先妣配，祝曰：「天子燾謹遣敞等，用駿足、一元大武，敢昭告於皇天之靈：自啓闢之初，祐我皇祖，于彼土田[二]。歷載億年，聿來南遷。惟祖惟父，光宅中原。克翦凶醜，拓定四邊。冲人纂業，德聲弗彰。豈謂幽遐，稽首來王。具知舊廟，弗毁弗亡。悠悠之懷，希仰餘光。王業之興，起自皇祖。綿綿瓜瓞，時惟多祜。敢以丕功，配饗于天。子子孫孫，福禄永延。」敞等既祭，刻祝文於壁其所，斬樺木立之，以置牲體而還。後所立樺木生長成林，其民益神奉之，咸謂魏國感靈祇之應也。

五年，正月，壬寅，命司徒崔浩、侍中古弼等輔太子，決庶政。古弼爲人忠慎質直，嘗以上谷人上書，言苑囿太廣，乞減太半，以賜貧民。入見，欲奏其事。上方與給事中劉樹圍棋，志不在弼。弼侍坐良久，不獲陳聞。忽起，捽樹頭，掣下牀，搏其耳，毆其背，曰：「朝廷不治，實爾之罪！」上失容，捨棋曰：「不聽奏事，朕之過也。樹何罪，置之！」弼具以狀聞，主皆可其奏。弼曰：「爲人臣無禮至此，其罪大矣。」出詣公車，免冠徒跣請罪。上召入，謂曰：「吾聞築社之役，蹇𨁂而築之，端冕而事之，神降之福。然則卿有何罪！其冠履就職。苟可以利社稷、便百姓者，竭力爲之，勿顧慮也。」

六年，八月，徙諸種雜人五千餘家於北邊，令民北徙畜牧至廣漠，以餌柔然。十一

[二]「彼」，底本作「被」，今據《魏書》卷一〇八之一《禮志》改。

月，庚申，遼東王竇漏頭卒〔一〕。辛未，選冀、定、相、并、幽、平六州驍騎二萬，使永昌王仁、高凉王那分將之，爲二道，掠淮、泗以北〔二〕，徙青、徐之民以實河北。

七年，春，上與崔浩皆信重上谷寇謙之，奉其道。浩不喜佛法，每言於上。三月，詔諸州大誅沙門。六月，丙戌，發司、幽、定、冀四州十萬人築畿上塞圍，起上谷，西至於河，廣袤皆千里。長城已足爲限，而復築之，但知有地險，而輕用民力矣，况役之以六月乎！

八年，二月，癸未，行幸中山，高陽、易縣民不從官命，討平之，徙其餘燼於北地〔三〕。五月，還宮。

九年，二月，罷塞圍作。十二月，北平王長孫敦坐事，降爵爲公。

十一年，六月，己亥，殺司徒崔浩。浩自恃才略及主寵任，專制朝權，嘗薦冀、定、相、幽、并五州士數十人，皆起家爲郡守。後與中書侍郎、領著作郎高允等共譔國史，乃刊石立於郊壇東，方百步。北人忿恚，譖其暴揚國惡。上大怒，使有司案之。初，遼

〔一〕「漏」，底本作「滿」，今據《魏書》卷四下《世祖紀下》改。
〔二〕「泗」，底本作「西」，今據《魏書·世祖紀下》、《通鑑》卷一二四改。
〔三〕「燼」，底本作「盡」，今據《魏書·世祖紀下》改。

東公翟黑子有寵於上，奉使并州，受布千匹。事覺，黑子謀於允曰：「主上問我，當以實告，爲當諱之？」允曰：「公惟幄寵臣，有罪首實，庶或見原，不可重爲欺罔也。」黑子入見，不以實對，上怒，殺之。上使允授太子經，及浩被收，太子導見至尊，言史制由浩，請赦允死。上召允，問曰：「《國書》皆浩所爲乎？」對曰：「浩所領事多，總裁而已，至於著述，臣多於浩。」上怒曰：「允罪甚於浩，何以得生！」太子懼曰：「天威嚴重，允小臣，迷亂失次耳。臣曏問，皆云浩所爲。」上問允：「信如東宫所言乎？」對曰：「臣罪當滅族，不敢虚妄。殿下以臣侍講日久，哀臣，欲匄其生耳。實不問臣，臣亦無此言，不敢迷亂。」上顧太子曰：「直哉！此人情所難，而允能爲。臨死不易辭，信也；爲臣不欺君，真也。宜特除其罪以旌之。」遂赦之。太子讓之，對曰：「誠荷殿下再造之慈，違心苟免，非臣所願也。」太子動容稱嘆。允退謂人曰：「我不奉東宫指導者〔二〕，恐負遼東公翟黑子故也。」詔誅清河崔氏與同宗者無遠近，及浩姻家范陽盧氏，夷其族。時范陽盧遐後妻，王寶興從母也，緣坐没官。寶興亦逃避，未幾得出。有頒遐妻官，賜度河鎮高車滑骨。寶興盡賣貨産，自出塞，贖之以歸。十一月，辛卯，

〔二〕「導」，底本作「道」，今據《魏書》卷四八《高允傳》、《通鑑》卷一二五改。

上南伐，魯郡太守崔邪利來降，除廣寧太守。

正平元年，二月，上以前中書學士盧度世爲中書郎，玄之子也。坐崔浩事亡命，匿高陽鄭羆家。吏囚羆子，掠治之。羆戒其子曰：「君子殺身成仁，雖死不可言。」其子奉父命，吏以火爇其體，終不言而死。上乃赦度世及其族逃亡籍没者。度世自出，乃復用之。度世爲其弟娶羆妹，報德。十二月，封景穆太子之子濬爲高陽王，既以皇孫世嫡，不當爲藩，乃止。徙燕王譚爲臨淮王，楚王建爲廣陽王[一]。

高宗興安元年，三月，中常侍宗愛等弑上，謚太武。皇孫濬誅愛等。十月，戊申，即位。十一月，癸未，廣陽王建卒。壬寅，追尊考景穆太子晃爲景穆皇帝，尊乳母常氏爲保太后。后，遼西人也。太延中，以事入宫，世宗選乳濬，慈和履順，有劬勞保護功[二]。十二月，癸亥，詔以營州蝗，開倉賑恤。

二年，三月，壬午，尊保太后爲皇太后。兄英字世華，自肥如令超爲散騎常侍、鎮軍大將軍，賜爵遼西公；弟喜，鎮東大將軍、祠曹尚書、帶方公；三妹皆封縣君[三]，妹

〔一〕「建」下，底本衍「間」字，今據《魏書·世祖紀下》、《通鑑》卷一二六删。
〔二〕「劬」，底本作「勤」，今據《魏書》卷一三《皇后列傳·文成昭太后常氏傳》改。
〔三〕「妹」，底本作「姝」，今據福建本、《魏書》卷八三上《外戚列傳上·常英傳》改。

夫王睹，爲平州刺史、遼東公。追贈祖秦扶風太守亥爲鎮西將軍、遼西簡公，父渤海太守澄爲侍中、征東大將軍、太宰、遼西獻王，英母許氏博陵郡君。遣兼太常盧度世持節改葬獻王于遼西，樹碑立廟，置守冢百家。安豐公閭虎皮，進爵爲河間王。十二月，誅河間鄚民爲賊盜者，男年十五以下爲生口，班賜從臣各有差。甲午，復北平公長孫敦王爵[一]。庫莫奚、契丹等十餘國朝貢。

興光元年，九月，庚申，庫莫奚獻名馬，有一角，狀如麟，又獻文皮。十一月，北鎮將擊柔然，虜其將。十二月，丙子，上自中山如信都，還如靈丘，至溫泉宮。庚辰，還宮。

太安元年，十月，庚午，以遼西公常英爲太宰，進爵爲王；喜左光禄大夫，改封燕郡；從兄泰爲安東將軍、朝鮮侯。訢子伯夫及員爲尚書[二]，喜子振爲太子庶子。

二年，正月，乙卯，立貴人馮氏爲皇后。后，遼西郡公朗之女也。朗爲秦、雍二州刺史，坐事誅，后由是没入宫。姑爲世祖左昭儀，雅有母德，撫養教訓。年十四，選爲

〔一〕「敦」，底本作「敷」，今據《魏書》卷五《高宗紀》、《北史》卷二《魏紀二》改。
〔二〕「訢」，底本作「訴」，「子」，底本重文，今據《魏書・常英傳》改删；以下徑改，不注。

貴人。既立，訪知兄熙在長安，徵赴京，拜冠軍將軍，賜爵肥如侯，尚恭宗女博陵長公主，拜駙馬都尉。十二月，定州刺史高陽許宗之求取不節，深澤民馬超謗毀宗之，宗之歐殺超，恐其家人告狀，上超詆訕朝政。上曰：「此必妄也。朕爲天下主，何惡於超而有此耶！必宗之懼罪誣超。」案驗，果然，斬宗之於都南。以熙出爲定州刺史。

三年，正月，戊辰，徵漁陽公尉眷[二]，拜太尉，進爵爲王，録尚書事。五月，庚申，畋於松山。己巳，還宫。十月，將東巡，詔太宰常英領太師、評尚書事，起行宫於遼西黄山。

四年，正月，乙卯，如廣寧温泉宫，遂東巡平州。庚午，至於遼西黄山宫，遊宴數日，親對高年，勞問疾苦。二月，丙子，登碣石山，觀滄海，大饗群臣於山下，班賞進爵各有差。改碣石山爲樂遊山，築壇記行於海濱，遂南幸。三月，丙辰，還宫。六月，丙申，畋於松山，遂西幸。九月，乙巳，還宫。

五年，十二月，戊申，詔曰：「朕承洪業，統御群有，思恢政化[三]，以濟兆民。故薄

[二]「眷」，底本作「春」，今據《魏書·高宗紀》、《通鑑》卷一二八改。
[三]「恢」，底本作「弘」，今據《魏書·高宗紀》改。

賦斂以實其財，輕徭役以舒其力，欲令百姓脩業，人不匱乏。而六鎮、雲中、高平、二雍、秦州偏遇災旱，年穀不收。其遣開倉廩以賑之。有流徙者，諭還桑梓。欲市糴他界[二]，爲關旁郡，通其交易之路。若典司之官，分職不均，使上恩不達於下，下民不贍於時，加以重罪，無有攸縱。」魏自有國以來，勤鬬而不恤民貧，逞馬力而不辭國費，崔浩、劉潔輩言之者拳拳。君如道武，罔恤夷性，急開創，果讐報，兵革威刑，殘忍久矣。獨此一詔，仁意藹然，似非拓跋時語。史以高宗與時消息，静以鎮之，謂是類夫。是年，詔以太后母宋氏爲遼西王太妃。初，英事宋不能謹，而睹奉甚至[三]。就食於和龍，無車牛，宋疲不進，睹負宋於笈。至是，宋於英等薄，不如睹之篤，謂太后：「何不王睹而黜英？」太后曰：「英爲長兄，門户主也。家内小不顺，何足追計乎！睹雖盡力，故是他姓，奈何在英上！本州、郡公，亦足報耳。」

和平元年，四月，戊戌，皇太后常氏卒於壽安宫，詔天下大臨三日，謚曰昭。五月，癸酉，葬昭太后於廣寧鷄鳴山，太后遺志也。依惠太后故事，别立寢廟，置守陵二百家，

[二]「糴」，底本作「糶」，今據福建本、《魏書·高宗紀》改。
[三]「睹」，底本作「賭」，今據《北史》卷八〇《外戚列傳·常英傳》改。

樹碑頌德。

二年，三月，上幸信都，至靈丘。南有山，高四百餘丈，上過之，詔從官仰射山峯，無能踰者。上一發，出山三十餘丈，過山南二百二十步，遂刻石勒銘。七月，戊寅，封皇弟萬壽爲樂浪王，加征北大將軍，鎮和龍。十月，博陵之深澤、章武之東州，盜殺縣令，州軍討平之。

三年，正月，癸未，樂浪王萬壽性貪暴，自和龍徵還，道憂卒，謚曰厲。

四年，五月，壬辰，侍中、漁陽王尉眷卒。

五年，正月，丁未，封皇弟雲爲任城王，拜使持節、侍中、征東大將軍、和龍鎮都大將。七月，辛丑，北鎮游軍大破柔然[一]。

六年，五月，癸卯，上殂。甲辰，太子弘即位。六月，丙寅，謚考曰文成。封征東大將軍馮熙爲昌黎王。高宗時[二]，宗室興都爲河間太守，賜爵樂城子。爲政嚴猛，百姓憚之。後卒，追贈定州刺史、河間公，謚曰宣[三]。

[一]「然」下，底本衍「北鎮」二字，今據《魏書·高宗紀》、《通鑑》卷一二九删。
[二]「時」，底本作「世」，今據《魏書》卷一四《神元平文諸帝子孫列傳·興都傳》改。
[三]「宣」，底本作「益」，今據《魏書·興都傳》、《北史》卷一五《魏諸宗室·武衛將軍謂附興都傳》改。

顯祖天安元年，二月，太原王乙渾謀反，馮太后誅渾，臨朝稱制。是年，常英爲平州刺史，常訢爲幽州刺史，伯夫進爵范陽公。英黷貨，徙燉煌。

皇興元年，二月，宋東平太守申纂守無鹽，幽州刺史劉休賓守梁鄒等戍，皆不附魏。詔使持節、都督諸軍事、征南大將軍慕容白曜督諸軍討之。白曜，燕太祖玄孫也。出燕境而師，其事不書。庫莫奚、契丹朝貢，九月，詔賜六鎮貧民布，人三匹。

二年，四月，辛丑，庫莫奚、契丹朝貢。時東夷來朝者多，契丹使莫弗紇何辰來獻，得班享於諸國末，歸而相謂，言魏家之美，心皆忻慕。於是東北群狄聞之，莫不思服。悉萬丹部、何太何部、伏弗郁部、羽陵部、日連部、匹絜部〔二〕、黎部、叱六于部〔三〕，自元年各以名馬、文皮入獻，遂求爲常，皆得交市於密雲、和龍間，貢獻不絕。是八部者，乃奇首可汗八子，以族漸盛，故分之，而潢河之西，土河之北，奇首可汗故壤也。六月，庚辰，以昌黎王馮熙爲太傅。七月，辛亥，封皇叔太洛爲章武王。十二月，悉萬丹等十餘國朝貢。是年，置安州，治方城，領密雲、廣陽、安樂三郡。

〔二〕「絜」，底本作「㓞」，今據《魏書》卷一〇〇《契丹傳》改，《北史》卷九四《契丹傳》作「潔」。
〔三〕「于」，底本作「千」，今據《魏書·契丹傳》改，《北史·契丹傳》作「干」。

三年，二月，庫莫奚、契丹入貢。

四年，二月，廣陽王石侯薨。庫莫奚、契丹入貢。

高祖延興元年，四月，北平王長孫敦卒。八月[一]，上禪位於太子宏。丙午[二]，宏即位，方五歲，改元。群臣上弘尊號，曰太上皇帝。九月，壬午，高陽民封辯自號齊王，聚黨千餘人，州軍討滅之。

二年，六月，安州遇水雹[三]，丐租振恤。八月，辛酉，地豆干、庫莫奚朝貢。地豆干國，在室韋西千餘里。九月，戊申，統萬鎮將、河間王閭虎皮坐貪殘，賜死。十二月，庚戌，詔以代郡事同豊、沛，代民先配邊戍者，皆免之。德則不弘，勤兵於遠，築圍戍塞，長役不休，而顧區區所畿，藉口豊、沛哉！

三年，二月，戊申，契丹朝貢。四月，壬子，又至。八月，己酉，庫莫奚朝貢。九月，辛丑，又至。十月，悉萬斤國朝貢。十二月，壬子，柔然犯邊，柔玄鎮二部敕勒叛應之。

四年，九月，丙子，契丹、庫莫奚、地豆干朝貢。十二月，斬西征吐谷渾叛軍千餘

[一]「八」，底本作「六」，今據《魏書》卷六《顯祖紀》、《通鑑》卷一三三改。
[二]「丙」上，底本衍「八月」二字，今據《魏書》卷七上《高祖紀上》、《通鑑》卷一三三删。
[三]「遇」，底本作「過」，今據福建本、北大本、《魏書·高祖紀上》改；「水」，底本作「冰」，今據《高祖紀上》改。

人，次分配柔玄、武川二鎮。

五年，五月，丁酉，庫莫奚、契丹獻名馬。八月，丁卯，地豆干諸國朝貢。十二月，丙寅，改封建昌王長樂爲安樂王。

承明元年，二月，庫莫奚朝貢。六月，辛未，太上殂。馮太后內行不正，密鴆之也。謚曰獻文。戊寅，以南部尚書李訢爲司空，進爵范陽公。訢有寵於太上，與宦者侍中趙黑對綰選部。訢所奏若公孫邃爲幽州，黑疾其虧亂選體，遂争於殿庭。上皇疑之，曰：「公孫邃且止。」邃最爲訢厚，於是與黑爲深隙。尊皇太后馮氏曰太皇太后，復臨朝稱制。追贈父朗假黄鉞、太宰、燕宣王，立廟於長安。初成，使太常博士李述詣長安，册燕宣王廟，除爲尚書儀曹郎，賜爵蓨縣男。以鄭羲兼太常卿，假滎陽侯，具官屬，詣長安拜廟，刊石建碑於廟門。還，以功賜侯爵，加給事中。崔挺以工書，受敕於長安書燕宣王廟碑，賜爵泰昌子。高遵先爲樂浪王侍郎，涉歷文史，頗有筆札，進中書侍郎，詣長安，刊燕宣王廟碑，賜爵安昌子〔二〕。傅永遣詣長安，拜燕王廟，賜爵貝丘男〔三〕。陽藻字景德，

〔二〕「爵」下，底本衍「具」字，今據《魏書》卷八九《酷吏列傳·高遵傳》删。
〔三〕「貝」，底本作「具」，今據《魏書》卷七〇《傅永傳》改。

無終人也。以博士詔兼禮官，拜燕宣王廟於長安，還，授寧遠將軍，賜爵魏昌男。尋以考功郎中，除建德太守。以清貧，賜帛六十匹。尋假寧遠將軍，領統軍，外防内撫，甚得居邊之稱。解任還家，後又拜瀛州安東府長史。太后又立思燕佛圖于龍城。是年，徵常英復官，卒，謚遼西平王。七月，甲辰，庫莫奚朝貢。九月，丁亥，並契丹朝貢。癸丑，悉萬斤朝貢。

太和元年，二月，癸未，十月，丙子，庫莫奚、契丹朝貢，徵幽州刺史、冠軍將軍、阜城侯、假秦郡公陳建爲尚書右僕射，加侍中，進爵趙郡公。建，代人也。世祖時出刺。高宗以建貪暴懦弱，遣使就州杖罰五十。至是徵之。以河東公薛道標出爲鎮南將軍、平州刺史，治有聲稱。轉相州刺史，將軍如故。

二年，正月，丁巳，封昌黎王馮熙第二子始興爲北平王〔二〕。二月，丁亥，主如代湯泉，所過問民疾苦，以宫人賜貧民無妻者。曰代，以别廣寧之下洛也，盖在五臺山内矣。癸卯，還宫。是年，置東燕州，以上谷、廣寧屬之。

三年，齊建元元年也。二月，辛巳，馮太后及魏主如代郡温泉，所過如前。四月，

〔二〕「第」，底本作「弟」，今據《魏書·高祖紀上》改。

癸未，樂浪王樂平卒[二]。九月，己未，定州刺史、安樂王長樂有罪，徵詣京師，賜死。庚申，地豆干、契丹朝貢。是時，高句麗竊與柔然謀，欲取地豆干分之。契丹懼其侵軼，其莫弗賀勿干率其部落車三千乘[三]、衆萬餘口，驅徙雜畜，求入内附，入居白狼水東。自是，歲常朝貢。其地，非奇首可汗故地矣。

四年，七月，悉萬斤朝貢。

五年，六月，戊午，封皇叔猛爲安豐王。猛字季烈，加侍中，出爲和龍鎮將都大將、營州刺史，寬仁雄毅，甚有威略，戎夷畏愛之。九月，乙亥，封昌黎王馮熙世子誕爲南平王。

六年，二月，辛卯，詔曰：「靈丘郡土既褊塉，又諸州路衝，往者官私所經，供費非一。往年巡行，見其勞瘁，可復民租調十五年。」蓋都平城，南達中山，西達晋陽，皆道靈丘故也。戊申，地豆干國朝貢。七月，發州郡五萬人治靈丘道。

八年，六月，丁卯，詔班禄，因定土賦，大赦諸州，所調各隨土産，幽、平、并、

〔二〕「浪」，底本作「良」，從《魏書·高祖紀上》，今據《魏書》卷一九上《樂浪王萬壽傳》改；以下徑改，不注。

〔三〕「弗賀」，底本二字互乙，今據《魏書·契丹傳》正。

肆、上谷、廣寧、司州萬年、靈丘、雁門，皆以麻布充稅。九月，中書監高閭上表，以爲：「北狄悍愚，同於禽獸，所長者野戰，所短者攻城。若以狄之所短，奪其所長，則雖衆不能成患，雖來不能深入。又狄散居野澤，隨逐水草，戰則與家業並至，奔則與畜牧俱迯，不齎資糧而飲食自足，是以歷代能爲邊患。六鎮勢分，倍衆不鬪，互相圍逼，難以制之。請依秦、漢故事，於六鎮之北築長城，擇要害之地，往往開門，造小城於其側，置兵扞守。狄既不攻城，野掠無獲，草盡則走，終必懲艾。計六鎮東西不過千里，一夫一月之功，可城三步之地，強弱相兼，不過用十萬人，一月可就，雖暫勞，可以永逸。凡長城有五利：罷遊防之苦，一也；北部放牧，無抄掠之患，二也；登城觀敵，以逸待勞，三也；息無時之備，四也；歲常遊運，永得不匱，五也。」主優詔答之。

九年，二月，己亥，以廣陽王建弟二子嘉紹建後，爲廣陽王。八月，庚申，詔曰：「數州災水，饑饉荐臻，致有賣鬻男女者。天之所譴，在予一人，而百姓無辜，横罹艱毒，朕用殷憂夕惕，忘食與寢。今自太和六年以來，買定、冀、幽、相四州饑民良口者，盡還所親。雖娉爲妻妾，遇之非理，情不樂者，亦離之。」

十年，分置州郡，凡三十八州，二十五在河南，而十三在河北：司、并、肆、定、相、冀、幽、燕、營、平、安、瀛、汾。

十一年，八月，壬申，柔然寇邊，柔玄鎮將李兜討之。奚康生，其先代人也，世爲部落大人。祖直，平遠將軍、柔玄鎮將，入爲鎮北大將軍、内外三都大官，賜爵長進侯，卒贈幽州刺史。康生驍勇，有武藝，弓力十石，矢異常箭，從兜爲前驅軍主，頻戰陷陣，壯氣有聞，由是爲宗子隊主。辛巳，悉萬斤朝貢。十一月〔一〕，丁未，詔罷尚方錦繡綾羅之工，四民欲造，任之無禁。時久無事，府藏盈積，詔盡出御府衣服珍寶、太官雜器、太僕乘具、内庫弓矢刀鈐十分之八〔二〕，外府衣物、繒布、絲纊非供國用者，以其大半班賚百司，下至工商皂隸，逮于六鎮邊戍，畿内鰥寡、孤獨、貧癃皆有差。是年，分定州河間、高陽，冀州章武〔三〕、浮陽，置瀛州，治趙都軍城〔四〕。

十二年，五月，丁酉，詔六鎮、雲中及河西各興水田，通渠灌溉。十一月，梁州刺史、臨淮王提坐貪縱，徙配北鎮。

〔一〕「一」，底本脱，今據《魏書·高祖紀下》補。
〔二〕「鈐」，底本作「鈴」，今據《通鑑》卷一三六改。
〔三〕「章」，底本作「東」，今據《魏書》卷一〇六上《地形志上》改。
〔四〕「趙都」，底本作「楚」，今據《魏書·地形志上》改。

十三年，春，齊州刺史昌黎韓麒麟卒于官〔一〕，贈散騎常侍、安東將軍、燕郡公，謚曰康。三月，甲子，夏州刺史、章武王彬以貪賕削封。八月，戊子，詔諸州鎮有水田之處，各通溉灌，遣匠者所在指授。九月，丁未，出宫人，以賜北鎮人貧鰥無妻者〔二〕。十一月，己未，定州刺史、安豐王猛卒于州，贈太尉，謚曰匡。

十四年，四月，甲戌，地豆干頻寇邊，征西大將軍、陽平王頤擊走之〔三〕。五月，己酉，庫莫奚犯塞，安州都將樓龍兒等擊破之。以安定王休爲使持節、侍中、都督諸軍事、征東大將軍、領護東夷校尉、儀同三司、和龍鎮將。休撫防有方，賊乃款附，入爲中都大官。八月，辛卯，詔曰：「丘澤初志，配尚宜定，五德相襲，分敘有常。然異同之論，著於往漢，未詳之説，疑在今史。群官百辟，可議其所應，必令合衷，以成萬代之式。」中書監高閭議以爲：「帝王之作，百代可知，運代相承，書傳可驗。雖祚命有長短，德政有優劣，至於受終嚴祖，殷薦上帝，其致一也。故敢述其前載，舉其大略。臣聞居尊

〔一〕「官」，底本脱，今據福建本、北大本、《魏書》卷六〇《韓麒麟傳》補。按：「十三年，春，齊州刺史昌黎韓麒麟卒于官」，據《魏書》本傳，此事在太和十二年春，《燕史》疑誤。

〔二〕「鰥」，底本脱，今據《魏書·高祖紀下》補。

〔三〕「陽平」，底本二字互乙，今據福建本、北大本、《魏書·高祖紀下》、《通鑑》卷一三七正。

據極，允應明命者，莫不以中原爲正統，神州爲帝宅。苟位當名全，化迹流洽，則不專以世數爲與奪，善惡爲是非。故堯、舜禅揖，一身異尚；魏、晋相代，少紀運殊。桀、紂至虐，不廢承歷之敘；厲、惠至昏，不闕周、晋之録。計五德之論，始自漢劉，一時之議，三家致别。故張蒼以漢爲水德，賈誼、公孫臣以漢爲土德，劉向以漢爲火德〔二〕。以爲水德者〔三〕，正以嘗有水溢之應，則不推運代相承之數矣。以土德者，則以亡秦繼曆，相即爲次，不推逆順之異也。以爲火德者，懸證赤帝斬蛇之符，棄秦之暴，越惡承善，不以世次爲正也，故以承周爲火德。自兹厥後，乃以爲常。魏承漢，火生土，故魏爲土德。晋承魏，土生金，故晋爲金德。趙承晋，金生水，故趙爲水德。燕承趙，水生木，故燕爲木德。秦承燕，木生火，故秦爲火德。秦之未滅，皇魏未克神州；秦氏既亡，大魏稱制玄朔。故平文之廟，始稱太祖，以明受命之證，如周在岐之陽。若繼晋，晋亡已久；若棄秦，則中原有寄。推此而言，承秦之理，事爲明驗。故以魏承秦，魏爲土德，又五緯表驗，黄星曜彩，考氏定實，合德軒轅，承土祖末，事爲著矣。又秦、趙及燕，雖非

〔二〕「爲火德」，底本脱三字，今據《魏書》卷一〇八《禮志一》補。
〔三〕「以爲」，底本脱二字，今據《魏書·禮志一》補。

明聖，各正號赤縣，統有中土，郊天祭地，肆類咸秩，明刑制禮，不失舊章，奄岱踰河，境被淮、漢。非若齷齪邊方，僭擬之屬，遠如孫權、劉備，近若劉裕、道成，事繫蠻夷，非關中夏。伏惟聖朝〔一〕，德配天地，道被四海，承乾統曆，功侔百王。光格同於唐、虞，享祚流於周、漢，正位中境，奄有萬方。今若并棄三家，遠承晉氏，則蔑中原正次之實。存之無損於此，而有成於彼〔二〕；廢之無益於今，而有傷於事。臣愚以爲宜從尚黄，定爲土德〔三〕。又前代之君，明賢之史，皆因其可褒褒之，可貶貶之。今議者偏據可絶之義，而不録可全之禮。所論事大，垂之萬葉。宜並集中秘群儒，人人别議，擇其所長，於理爲悉。」秘書丞臣李彪、著作郎崔光等議以爲：「尚書閭議，繼近秦氏。臣職掌國籍，頗覽前書，惜此正次，慨彼非緒。輒仰推帝始，遠尋百王。魏雖建國君民，兆朕振古，祖黄制朔，緜迹有因。然此帝業，神元爲首。案神元、晉武，往來和好。至於桓、穆，洛京破亡。二帝志摧聰、勒，思存晉氏，每助劉琨，申威并、冀。是以晉室銜扶救之仁，越石深代王之請。平文、太祖，抗衡苻、石，終平燕氏，大造中區。則是司馬祚終於郟、

〔一〕「伏」，底本作「化」，今據《魏書·禮志一》改。
〔二〕「而」，底本脱，今據《魏書·禮志一》補。
〔三〕「益於今，而有傷於事。臣愚以爲宜從尚黄，定爲土德」，底本脱二十字，今據福建本、北大本、《魏書·禮志一》補。

鄜，而元氏受命於雲、代。蓋自周之滅及漢正號，幾六十年，著符尚赤。後雖張、賈殊議，蹔疑而卒從火德，以繼周氏。排虐嬴以比共工，蔑暴項而同吴廣。近蠲謬僞，遠即神正，若此之明。寧使白蛇徒斬，雕雲空結哉！自有晉傾淪，暨登國肇號，亦幾六十餘載〔二〕，物色旗幟，率多從黑。是又自然合應，玄同漢始。且秦并天下，革刱法度，漢仍其制，少所變易，猶仰推五運，竟踵隆姬。而況劉、石、苻、燕，世業促褊，綱紀弗立。魏接其弊，自有彝典，豈可異漢之承木，捨晉而立土邪？夫皇統崇極，承運至重，必當推協天緒，考審王次，不可雜以僭竊，參之彊狡。神元既晉武同世，桓、穆與懷、愍接時。晉室之淪，平文始大，廟號太祖，抑亦有由。紹晉定德，孰曰不可。而欲次兹僞僭，豈非惑乎〔三〕？臣所以慺慺惜之，唯垂察訥。」令群官議之。九月，癸丑，太皇太后馮氏殂，主哀毁過禮，服三年喪禮。十月，庚辰，主居廬，引見群寮於太和殿。太尉、東陽王丕等據權制固請，主引古禮往復，群臣迺止。胡泥，代人也，爲幽州刺史、假范陽公。以北平陽尼碩學，遂表薦之，遷平東將軍、定州刺史。以暴虐，刑罰酷濫，受納貨賄，

〔二〕「六」，底本作「之」，今據《魏書·禮志一》改。
〔三〕「乎」，底本脱，今據福建本、北大本、《魏書·禮志一》補。

徵還戮之。將就法也，主臨太華殿引見[一]，遣侍臣宣詔責之，遂就家賜自盡。張赦提，中山安喜人也。性雄武，有規畫。歷官多忍酷，以兩擒劇盜，除冠軍將軍、幽州刺史、假安喜侯。赦提克己厲約，遂有清稱。後頗縱妻段氏，多有受納，令僧尼因事通請，貪虐流聞。中散李真香出使幽州，採訪牧守政績，案驗其罪。赦提懼死欲逃，其妻姑爲太尉丕妻，恃丕親貴，自許詣丕申訴求助，謂曰：「幸得申雪，願且寬憂，不爲異計。」赦提以此差自解慰。段乃陳列真香昔嘗因假而過幽州，知赦提有好牛，從索不果。今臺使協前事，故威逼部下，拷楚過極，横以無辜，證成誣罪[二]。執事恐有不盡，使駕部令趙秦州重往究訊[三]。事伏如前，處赦提大辟。主詔賜死於第。將就盡，召妻而責之曰：「貪濁穢吾者，卿也，又安吾而不得免禍，九泉之下，當爲仇讎矣！」

十五年，三月，己酉，悉萬斤等五國朝貢。八月，戊午，詔白登、崞山、雞鳴山廟，唯遣有司行事。白登，宣武廟也。崞山，太武保母也。雞鳴，文成保母也。馮燕宣王廟在長安，敕雍州以時備祭。

[一]「華」，底本作「和」，今據《魏書》卷八九《酷吏列傳·胡泥傳》改。
[二]「誣」，底本作「無」，今據《魏書·酷吏列傳·張赦提傳》改。
[三]「駕」，底本作「假」，今據《魏書·酷吏列傳·張赦提傳》改。

十六年，正月，壬戌，侍中、司空、長樂王穆亮等受敕共議：「中書監高閭、秘書丞李彪等二人所議皇魏行次：閭以『石承晋爲水德，以燕承石爲木德，以秦承燕爲火德，大魏次秦爲土德，皆以地據中夏，以爲得統之徵。皇魏建號，事接秦末；晋既滅亡，天命在我。故因中原有寄，即而承之』。彪等據『神元皇帝與晉武並時，桓、穆二帝仍脩舊好，始自平文，逮於太祖，抗衡秦、趙，終平慕容。晋祚終於秦方，大魏興於雲朔。據漢棄秦承周之義，以皇魏承晋爲水德』。二家之論，大略如此。臣等謹共參論：伏惟皇魏世王玄朔，下迄魏、晋。趙、秦、二燕，雖地據中華，德祚微淺，並獲推敘，於理未愜。又國家積德脩長，道光萬載。彪等職主東觀，詳究圖史，所據之理，其致難奪。今欲從彪等所議，宜承晋爲水德。」詔曰：「越近承遠[一]，情所未安[二]。然考次推時，頗亦難繼。朝賢所議，豈朕能有違奪。便可依爲水德，祖申臘辰。」二月，丁酉，詔祀堯於平陽，舜於廣寧。涿鹿、廣寧舊有堯、舜祠，至是更舊祠之失矣。舜仍舊者，踵都潘之說也。

〔一〕「越」，底本脱，今據《魏書·禮志一》補。
〔二〕「未」，底本作「爲」，今據《魏書·禮志一》改。

十七年，四月，立皇后馮氏。熙之女也。五月[一]，乙卯，契丹、庫莫奚朝貢。時契丹嘗告饑，主矜之，詔聽其入關市糴。主議大舉伐齊，實欲遷都洛陽也。先遣廣陵王羽持節安撫六鎮，發其突騎，夷人寧悅。九月，庚午，幸洛陽。丁丑，主戎服執鞭而出，群臣稽顙於馬前，有至泣下者。主廼諭之曰：「今者興發不少，動而無成，何以示後！朕世居幽朔，欲南遷中土，苟不南伐，當遷都於此，王公以爲何如？」群臣無敢言者，遂定遷都之計。

十八年，正月，乙亥，帝如洛陽。二月，丙申，徙潁川王雍爲高陽王。三月，壬申，至平城。使群臣更論遷都利害，各言其志。燕州刺史穆羆進曰：「移都事大[二]，如臣愚見，謂爲未可。北有獫狁之寇，南有荆揚未賓，西有吐谷渾之阻[三]，東有高句麗之難。四方未平，九區未定。且征伐無馬，事不可克。」帝曰：「馬常出北方，厩在此置，卿何慮焉！今代在恒山北，爲九州外，非帝王之都，故遷於中原。」羆曰：「臣聞黄帝都涿鹿。古昔聖王，不必悉居中原。」帝曰：「黄帝以天下未定，居於涿鹿，既定，亦遷河南。」

[一]「五月」，底本在「主議」之上，今據《魏書·高祖紀下》，移置「乙卯」上。

[二]「事大」，底本二字互乙，今據《魏書》卷一四《東陽王丕傳》正。

[三]「吐」，底本作「土」，今據《魏書·東陽王丕傳》改。

罷辭屈而退。尚書于果曰：「非以代地爲勝伊、洛之美也，但自先帝以來，久居於此，百姓安之，一旦南遷，衆情不樂。」平陽公丕曰：「遷都大事，當訊之卜筮。」帝曰：「昔周、召聖賢，廼能卜宅。今無其人，卜之何益！且『卜以決疑，不疑何卜！』黄帝卜而龜焦，天老曰吉，黄帝從之。然則至人之知未然，審於龜矣。王者以四海爲家，或南或北〔一〕，何常之有！朕之遠祖，世居北荒。平文皇帝始都東木根山，昭成皇帝更營盛樂，道武皇帝遷於平城。朕幸屬勝殘之運，而獨不得遷乎！」群臣不敢復言。又詔諸北城人，年滿七十以上及廢疾之徒，校其元犯，以準新律，事當從坐者〔二〕，聽一身還鄉。又令一子扶養，終命之後，乃遣歸邊。七月，壬辰〔三〕，北巡。辛丑，至朔州。八月，癸丑，如懷朔鎮。己未，如武川鎮。辛酉，如撫冥鎮。甲子，如柔玄鎮。乙丑，南還。所過皆親見高年，問民疾苦，貧窘孤老，賜以粟帛。丙寅，詔六鎮及禦夷城人〔四〕，年八十以上而無子孫兄弟，終身給其廩粟；七十以上貧者，各賜粟十斛。十一月，己丑，車駕至洛

〔一〕「北」，底本脱，今據福建本、北大本、《魏書》卷一四《東陽王丕傳》、《通鑑》卷一三九補。
〔二〕「坐」，底本脱，今據福建本、北大本、《魏書・高祖紀下》補。
〔三〕「辰」，底本作「戌」，從《通鑑》卷一三九，今據《魏書・高祖紀下》改。
〔四〕「夷」，底本作「夾」，今據福建本、《魏書・高祖紀下》、《通鑑》卷一三九改。

陽。十二月，壬寅，詔禁士民胡服。戊申，詔代民遷洛者，復租賦三年。

十九年，五月，己巳，以南征赭陽失利，諸將李佐徙瀛州[一]。六月，己亥，禁胡語。癸丑[二]，有司奏：「廣川王妃葬於代都[三]，未審以新尊從舊卑，舊卑就新尊？」詔曰：「遷洛之人，自茲厥後，悉可歸骸邙嶺，皆不得就塋恒、代。其有夫先葬在北，婦今喪在南，婦人從夫，宜還代葬。若欲移父就母，亦得任之。其有妻墳於恒、代，夫死於洛，不得以尊就卑。欲移母就父，宜亦從之。若異葬，亦從之。若不在葬限，身在代喪，葬之彼此，皆得任之。其户屬恒、燕[四]，身官京洛，去留之宜，亦從所擇。其屬諸州者，各得任意。」丙辰，詔：「遷洛之民，死葬河南，不得還北。」於是代人遷洛者，悉爲河南洛陽人。九月，庚午，六宮及文武盡遷洛陽。丙戌，帝如鄴，至相州刺史高閭之館，美其治效，賞賜甚厚。閭數請本州，詔曰：「閭以懸車之年，方求衣錦，知進忘退，有塵謙德，可降號平北將軍。朝之老成，宜遂情願，徙授幽州刺史。令存勸兩脩，恩法並

[一]「佐」，底本作「伍」，今據福建本、《通鑑》卷一四〇改。
[二]「丑」，底本作「卯」，今據《通鑑》卷一四〇改。
[三]「代」，底本作「大」，今據《魏書》卷二〇《廣川王略傳》、《通鑑》卷一四〇改。
[四]「恒」，底本作「柏」，今據福建本、《魏書·廣川王略傳》改；以下徑改，不注。

舉。」閭，漁陽雍奴人也。十二月，乙未朔，引見百官於光極堂。樂陵王思譽以鎮東大將軍〔一〕、和龍鎮都大將、營州刺史，加領護東夷校尉，轉爲鎮北大將軍，謂之曰：「恒、代路懸〔二〕，舊都意重，故屈叔父遠臨此任，不可不敬慎所臨，以副朕望。」

二十年，正月，丁卯，下詔改姓元氏。諸功臣舊族自代來者，姓或重復，皆改之。主雅重門族，以范陽盧敏、清河崔宗伯、滎陽鄭羲、太原王瓊四姓，衣冠所推，咸納其女，以充後宮〔三〕。又詔爲六弟聘室：以趙郡王幹，可聘故中散大夫代郡穆明樂女；高陽王雍，可聘故中書博士范陽盧神寶女。時趙郡諸李，人物尤多，各盛家風，故世之言高華者，以五姓焉。三月，丁丑，詔：「諸州中正，各舉其鄉之名望，年五十以上守素衡門者〔四〕，授以令、長。」初，帝臨朝，令諸州中正各舉所知。幽州中正陽尼，字景文，無終人也。房堅爲齊州中正，二人各舉其子。帝曰：「昔有一祁，名垂往史；今有二奚，當聞來牒。」出堅爲濮陽太守，尼爲幽州平北府長史，帶漁陽太守。未拜，坐爲中正時受

〔一〕「思」，底本作「恩」，今據福建本、北大本、《魏書》卷一九下《樂陵王胡兒附思譽傳》改。
〔二〕「恒」，底本脱，今據福建本、《魏書・樂陵王胡兒附思譽傳》補。
〔三〕「充」，底本作「克」，今據北大本、《通鑑》卷一四〇改。
〔四〕「上」，底本脱，今據福建本、北大本、《魏書・高祖紀下》、《通鑑》卷一四〇補。

鄉人財貨，免官。從子荊，范陽太守，有吏能。七月，廢皇后馮氏。十月，廢太子恂爲庶人，以思北歸，常著胡服，不服所賜衣冠。刺史穆泰、陸叡等密謀留恂，舉兵斷關，規據陘北。

二十一年，正月，丙申，立皇子恪爲皇太子。母后高氏。其先，自渤海避亂入高句麗，父颺，母盖氏，凡四男三女，皆生於東裔。帝初，子肇與弟乘信及其鄉人韓内、冀富等舉室西歸，達龍城鎮，肇拜厲威將軍、河間子，乘信明威將軍，俱待以客禮，賜奴婢、牛馬、綵帛。鎮表后德色婉豔，任充宮掖。及至，文明皇后親幸北部曹，見后姿貌，奇之，遂入掖庭，時年十三。初，后幼，曾夢在堂内立，而日光自窗中照之，灼灼而熱，后東西避之，光猶斜照不已。如是數夕，后自怪之，以白其父颺。颺以問遼東人閔宗，宗曰：「此奇徵也，貴不可言。」颺曰：「何以知之？」宗曰：「夫日者，君人之德，帝王之象也。光照女身，必有恩命及之[二]。女避猶照者，主上來求，女不獲已也。昔有夢月入懷，猶生天子，况日照之徵。此女必將被帝命，誕育人君之象也。」遂生恪。及馮昭儀寵盛，密有母養恪意。后自代如洛陽，暴薨於汲郡之共縣，或云昭儀遺人賊后也。乙

[二]「恩」，底本作「思」，今據福建本、北大本、《魏書》卷一三《皇后列傳·孝文昭皇后高氏》改。

巳，帝北巡。二月，癸酉，帝自太原至平城。穆泰事覺[二]，伏誅。賜陸叡死於獄，宥其妻子，徙遼西爲民。而北方酋長及侍子多苦暑，乃聽其秋朝洛陽，春還部落，時人謂之鴈臣。六月，庚申，帝還洛陽。壬戌，發冀、定、瀛、相、濟五州兵二十萬攻齊。七月，甲午，立昭儀馮氏爲皇后。陽尼妻高氏[三]，渤海人。學識有文才，主敕令，入侍後宫，后之表啟，悉其辭也。

二十二年，三月，兵敗渦陽，征虜將軍劉藻、假輔國將軍高聰免死，徙平州，餘皆降奪。是年[三]，庫莫奚入寇安州，營、燕、幽三州兵擊之[四]。

二十三年，正月，乙酉，帝發鄴。三月，甲辰，賜皇后馮氏死，其家遂衰，而燕王後廢矣。使廣陽王嘉等六人輔政。四月，丙午朔，帝崩於穀塘原。丁巳，太子恪即位於魯陽。五月，丙申，謚考孝文。六月，戊辰，追尊皇妣曰文昭皇后。上欲以彭城王勰爲相，勰屢陳遺旨，請遂素懷，上對之悲慟。勰懇請不已，乃以勰爲使持節、侍中、都督

〔二〕「泰」，底本作「恭」，今據《魏書・高祖紀下》、《通鑑》卷一四一改。
〔三〕「妻」，底本脱，今據《魏書》卷九二《列女列傳》補。
〔三〕「年」，底本脱，今據《魏書》卷一〇〇《庫莫奚傳》補。
〔四〕「營」上，底本衍「時」字，今據《魏書・庫莫奚傳》删。

冀定相瀛幽平營七州諸軍事、驃騎大將軍、開府儀同三司、定州刺史。緦猶固辭[一]，上不許，乃之官。十一月，幽州民王惠定聚衆反，自稱明法皇帝，刺史李肅捕斬之。是年，庫莫奚復欵附，後每求入塞交易。詔曰：「庫莫奚去太和二十一年以前，與安、營二州邊人參居，交易往來，並無欺貳。至二十二年叛逆以來，遂爾遠竄。今雖欵附，猶在塞表，每請入塞，與百姓交易。若抑而不許，乖其歸向之心；信而不虞，或有萬一之警[二]。不容依先任其交易，事宜限節，交市之日，州遣上佐監之。」

世宗景明元年，五月，甲寅，以北鎮大饑，遣兼侍中楊播巡撫賑恤。高祖之世，承文明太后所用宦者，高陽易人劇鵬眷遇。其兄買奴，亦爲宦者，歷位幽州刺史，才志遠不及鵬。王質以常侍出爲瀛州刺史，在州十年，風化粗行，察姦糾慝[三]，究其情狀，民庶畏服之。而刑政刻峻，多笞戮，號威酷。上初，李堅以太僕卿出爲安東將軍、瀛州刺史，本州之榮[四]，同於王質，所在受納，家産鉅萬。

[一]「猶」，底本作「又」，今據《通鑑》卷一四二改。
[二]「警」，底本作「驚」，今據《魏書・庫莫奚傳》改。
[三]「慝」，底本作「匿」，今據福建本、《魏書》卷九四《閹官列傳・王質傳》改。
[四]「榮」，底本作「營」，今據《魏書・閹官列傳・李堅傳》改；以下徑改，不注。

三年，梁天監元年也。四月，平魯陽蠻於湖陽，徙萬餘户於幽、并諸州及六鎮。尋叛南走，所在追討，比及河，殺之皆盡。是年，悉萬斤朝貢。

四年，六月，丙戌，發瀛、相等六州二萬人、馬千疋，增配壽春。十一月，癸亥，上以遷洛，北邊荒遠，因以饑饉[一]，百姓困弊，上加尚書左僕射源懷侍中、行臺、使持節，巡行北邊六鎮、恒燕朔三州，賑給貧乏，考論殿最，事之得失，皆先決後聞。懷通濟有無，飢民賴之。又表曰：「景明以來，北蕃連年災旱[二]，高原陸野，不任營殖，唯有水田，少可菑畆。然主將參僚，專擅腴美，瘠土荒疇，給於百姓，因此困弊，日月滋甚。諸鎮水田[三]，請依地令分給細民，先貧後富。若分付不平，令一人怨訟者，鎮將已下連署之官，各奪一時之禄。四人已上，奪禄一周。北鎮邊蕃，事異諸夏，往日署官，全不差别。沃野一鎮，自將已下八百餘人，黎庶怨嗟，僉曰煩猥。邊隅事尠，實少畿服，請主帥吏佐，五分減二。」詔曰：「省表具恤民之懷[四]，已敕有司，一依所上，下爲永準。如

〔一〕「以」，底本脱，今據《通鑑》卷一四五補。
〔二〕「蕃」，底本作「番」，今據《魏書》卷四一《源懷傳》改；以下徑改，不注。
〔三〕「水」，底本作「外」，今據《魏書・源懷傳》改。
〔四〕「具」，底本作「真」，今據《魏書・源懷傳》改。

斯之比，不便於民，損化害政者，其備列以聞。」時細民爲豪彊陵壓，積年枉滯，一朝見申者，日有百數。所上事宜便於北邊者，凡四十餘條，皆見嘉納。

正始元年，六月，戊戌，詔立周旦、夷齊廟於首陽山。九月，柔然侵沃野及懷朔鎮，詔車騎大將軍源懷出行北邊，指授方略，隨須徵發，皆以便宜從事。懷至雲中，柔然遁去。懷以爲用夏制夷，莫如城郭。還至恒、代，按視諸鎮左右要害之地，可以築城置戍之處，欲東西爲九城，及儲糧積仗之宜，犬牙相救之勢，凡五十八條，表上之，曰：「今定鼎成周，去北遥遠，代表諸國，頗或外叛。仍遭旱饑，戎馬甲兵，十分闕八。謂宜準舊鎮，東西相望，令形勢相接，築城置戍，分兵要害，勸農積粟，警急之日，隨便翦討。彼遊騎之寇，終不敢攻城，亦不敢越城南出。如此，北方無憂矣。」從之。十一月，戊午，詔營繕國學。時平寧日久，學業大盛，燕、齊、趙、魏間，教授者不可勝數。弟子著録，多者千餘人，少者猶數百。州舉茂異，郡貢孝廉，每年逾衆。十二月，丙子，以苑牧公田分賜代遷之户。己卯，詔群臣議律令，太尉、西閣祭酒、兼廷尉評陽固上《改律令議》，除給事中，出爲北平太守，甚有惠政。久之，以公事免。固字敬安，無終人也。

三年，三月，己卯，樂浪王長命坐殺人，賜死，國除。四月，甲辰，詔遣使者巡慰北邊酋長。七月，己丑，發瀛、相等六州十萬人，以濟南軍。

四年，四月，壬寅，悉萬斤朝貢。八月，辛卯，契丹朝貢。己亥，平東將軍楊大眼徙營州爲兵，討鍾離之敗也。庚子，庫莫奚朝貢。十月，丁巳，悉萬斤朝貢。十一月，丁未，自碣石至于劍閣，東西七千里，置二十二都尉[一]。

永平元年，七月，辛卯，契丹朝貢。甲午，以夫人高氏爲皇后，文昭皇后弟偃之女也。八月，庚午，庫莫奚朝貢。

二年，正月，丁亥，悉萬斤朝貢。七月，癸未，契丹朝貢。

三年，閏六月，己亥，契丹朝貢。十月，戊戌，庫莫奚朝貢。

四年，三月，壬戌，廣陽懿烈王嘉卒。七月，辛酉，契丹朝貢。

延昌元年，正月，丙辰，以車騎將軍、尚書令高肇爲司徒。涼州刺史高雙專肆貪暴，以罪免而貨肇，復起爲幽州刺史。以貪穢被劾，罪未判，遇赦復任，未幾而卒。三月[二]，己未，安樂王詮卒。四月，戊辰，詔河北饑民就穀燕、恒二州。辛未，詔就六鎮。七月，

〔一〕「十二」，底本作「十四」，今據《魏書》卷八《世宗紀》改。
〔二〕「三」，底本作「二」，今據《魏書·世宗紀》改。

契丹朝貢。十月，庫莫奚朝貢。

二年，二月，甲戌，以六鎮大饑，開倉賑贍。閏二月，辛丑，以苑牧地賜代遷民無田者。八月，庚戌，庫莫奚、契丹朝貢，

三年，九月，契丹朝貢。十月，庫莫奚朝貢。十一月，丁巳，幽州沙門劉僧紹聚衆反，自號浄居國明法王，州郡捕斬之。時以恩倖稱者寇猛，自上踐阼，爱其膂力，置之左右，爲千牛備身，歷轉遂至武衛將軍，出入禁中無忌。自以上谷寇氏，得補燕州中正，而不能甄別士庶也。家漸富侈，宅宇高華，妾隸充溢，微榮弟姪。死，贈平北將軍、燕州刺史。

四年，正月，丁巳，主殂，太子詡即位，方七歲。二月，庚辰，尊皇后高氏爲皇太后。辛巳，司徒高肇至京師，賜死。己亥，尊胡充華爲皇太妃，詡母也。三月，甲辰朔，皇太后出俗爲尼。八月，丙子，尊皇太妃爲皇太后。九月，乙巳，皇太后臨朝聽政。庚申，庫莫奚朝貢。是年，詔慕容改輿氏者復舊姓，而其子女先入掖庭者，猶號慕容，特多於它族。世遵，陽平王熙玄孫也。世宗時拜前軍將軍，行幽州事，兼西中郎將，又行青州事，尋遷驍騎將軍。出爲征虜將軍、幽州刺史。性清和，推誠化導，百姓樂之。

郭造卿曰：中原之胡主，孝文其至盛乎！文中所讃者，無得而貶之也。南北

挈其實，齊之篡弑，夷狄類也。魏方問其罪，又徙都中原，而變於夏矣。是後自夷都中原者，其孰庶幾及之乎？嗟夫！俗之難變也久矣。趙武靈以中國變胡服，破原邑而爲騎，其與宗人國人言，有若盤庚遷都之難。魏興久而趨華有日矣，以帝之卓然，遷都不能諭其子，及化其胡服，至諸大臣謀叛。傷哉！有君無臣乎。帝寧傷父子恩，而力復先王之典。服堯則堯，服桀則桀。武靈爲中國之夷狄，戰國不以之貶王，太王以西夷，王季、文王以西伯，而皆追稱王。況服先王之法服，都先王之名都，若帝視之齊〔二〕，其孰宜？帝崩而恪立，幽州即叛，末年又亂，諸州多稱兵。史比之漢世安、順、元、成，雖太和之風替，然孝文餘慶猶存。是後，則魏日非矣，其何以蒙帝號哉！

燕繫記下〔三〕

郭造卿曰：周稷封母家以姜嫄，開國至大任、大姒，女德茂焉，風化本也。魏

〔二〕「之」，底本作「文」，今據福建本、北大本改。
〔三〕「下」，底本脱，今據福建本、北大本補。

自平文有稱，乃出燕之上谷，至於慕容氏，無譽無咎焉。及保母者二，爲遼東、西人，尊爲太后，甚乖禮典。及文成再臨朝，遼高氏毓世宗，此赫赫時也，而滅之者在矣。馮熾稍微，高炎迭興，元舅執國政，胡豔斯繼之。世象漢俑而用，子立必殺其母，獨此煽方處，爲禍水不滅。馮弑妃之子，胡自弑其子而再臨朝，婬穢尤甚。爾朱投之河，波及乎朝紳，宗社爲之播遷，日淪胥以不反。夫陽一陰二，夷狄女主，陰數極焉。卒相尋而國爲二，不能一之，必亡也。

肅宗熙平元年，四月，戊戌，以瀛州民飢，開倉賑恤。九月，任城王澄以北邊鎮將選舉彌輕，恐賊虜闚邊〔二〕，山陵危迫，奏求重鎮將之選，修警備之嚴，詔公卿議之。廷尉少卿袁翻以爲：「比緣邊州郡，官不擇人，唯論資級。或值貪污之人，廣開戍邏，多置帥領，或用其左右姻親，或受人貨財請屬，皆無防寇心，唯用意聚斂。其勇力之兵，驅令抄掠，若遇彊敵，即爲奴虜，如有執獲，奪爲己富。其羸弱老小輩，微解金鐵之功，少閑草木之作，無不搜營窮壘，苦役百端。自餘或伐木深山，或芸草平陸，販貿往還，相望道路。此等祿既不多，貲亦有限，皆收其實絹，給其虛粟，窮其力，薄其衣，用其

〔二〕「闚」，底本作「闕」，今據福建本、北大本、《魏書》卷一九中《任城王澄傳》、《通鑑》卷一四八改。

功，節其食，綿冬歷夏，加之疾苦，死於溝瀆者什常七八。是以鄰敵伺間，擾我疆埸，皆由邊任不得其人故也。愚謂今後南北邊諸藩及郡縣府佐、統軍至於戍主，皆令朝臣王公已下各舉所知，必選其才，不拘階級。若稱職及敗官，并所舉之人隨事賞罰。」太后不能用。

二年，正月，冀州大乘餘賊復相聚結，突入瀛州，刺史宇文福之子員外散騎侍郎延帥奴客拒之。賊燒齋閤，延突火抱福出外，肌髮皆焦，勒衆苦戰，賊遂散走，追討，平之。二月，庚子，契丹朝貢。四月，乙卯，安定王超改封北平王。八月，己酉，契丹使人祖真等朝貢，還，太后以其俗嫁娶用青氈爲上服，人給兩疋，賞其欵誠，餘依式朝貢。九月，城平、營所治肥如、和龍二城。初，元洪超持節兼黄門侍郎，綏慰冀部。還，言「冀土寬廣，界去州六七百里，負海險遠。宜分置一州，鎮遏海曲。」遂分瀛、冀二州，置滄州，治饒安城。十月，庚寅，以幽、冀、滄、瀛四州大飢，遣尚書侍郎鄧羨詣州，開倉賑恤。

神龜元年，正月，幽州大饑，民死者三千七百九十九人，詔刺史趙邕開倉賑恤。三月，辛巳，靈壽武敬公于忠卒。忠後妻，中山王尼須女，微解《詩》《書》，太后引爲女侍中，賜號范陽郡君。貞孝女宗者，趙郡柏人人，趙郡太守李叔胤之女，范陽盧元禮之妻。至孝，聞于州里。父卒，號動幾絶者數四，賴母崔氏慰勉之，得全。三年銷瘠，非人扶不起。及歸夫氏，與母分隔，便飲食日損，涕泣不絶，日就羸篤。盧氏合家慰喻，不解，乃遣歸寧。還家乃復故，如此者八九焉。元禮卒，李追亡撫存，禮無違者，事姑以孝謹著。母崔，以年終於洛陽，凶問初到，舉聲慟絶，一宿乃蘇，水漿不入口者六日。姑其慮不濟，親送奔喪。而氣力危殆，自范陽向洛，八旬方達，攀櫬號踊，以卒。有司以狀聞，詔曰：「孔子稱毀不滅性，蓋爲其廢養絶類也。李既非嫡子，而孝不勝哀，雖乖俯就，而志厲義遠，若不加旌異，則無以勸引澆浮。可追號曰貞孝女宗，易其里爲孝德里，標李、盧二門，以惇風俗。」九月，戊申，皇太后高氏被胡太后弑於瑶光寺。十月，丁卯，以尼禮葬於北邙。

二年，二月，庚午，羽林虎賁亂，焚征西將軍張彝第，毆傷之，殺其子。懷朔鎮人高歡爲函使，至洛陽，見之，還家，傾貲以結客。或問其故，歡曰：「宿衛相帥焚領軍大臣第，朝廷懼其亂而不問，爲政如此，事可知矣。財物豈可常守耶！」自是有澄清天下志矣。壬寅，詔：「冀、瀛之境，往經寇暴，死者既多，白骨横道。可遣專令收葬。」八月，己未，御史中尉、東平王匡坐事削除官爵，未幾，復除平州刺史。九月，瀛州民劉宣明謀反，伏誅。時趙郡王幹子謐，以散騎常侍、平北將軍爲幽州刺史。其妃，太后從女也。未發，坐毆其妃，免官。

正光元年，七月，侍中元乂、劉騰使龍驤府長史宋維誣清河王懌逆謀[一]，案無狀，維當反坐，黜爲昌平郡守。維字伯緒，列人人也。至是，幽太后於北宮，以懌爲太后所幸，竟誣而殺之。十一月，己亥，以柔然可汗阿那瓌爲朔方公、蠕蠕王，如親王。時魏方彊盛，於洛水橋南御道東作四館，道西立四里。有自江南來降者，處之金陵館，三年之後，賜宅於歸正里。自北夷降者，處燕然館，賜宅於歸德里。自東夷降者，處扶桑館，賜宅於慕化里。自西夷降者，處崦嵫館，賜宅於慕義里。及阿那瓌入朝，以燕然館處之。阿那瓌屢求返國，朝議異同不決。阿那瓌以金百斤賂乂。十二月，壬子，詔聽北歸。封回本名叔念，高祖以爲族人磨奴後[二]，賜名焉，燕太尉奕之後也。皇興初，爲中書學生。襲爵富城子，後除鎮遠將軍、安州刺史。山民原朴，父子賓旅，同寢一室。回下車，勒令別處，其俗遂改。徵爲太尉長史。上百姓困乏，回表求賑恤，免其兵調，州内甚賴之。除又歷都官尚書、冀州大中正[三]。時有滎陽鄭雲諂事騰，以紫纈四百疋，得爲安州刺史。除

[一] 按：維、繼，底本二字或混用，以下徑改，不注。
[二] 「奴」，底本作「孤」，今據《魏書》卷三二《封回傳》改。
[三] 「又」下，底本衍「至」字，今據《魏書·封回傳》删。

書旦出，暮往詣回，坐未定，謂回曰：「我爲安州，卿知之否？彼土治生，何事爲便？」回答之曰：「卿荷國寵靈，位至方伯，雖不能拔園葵，去織婦，宜思方略〔一〕，以濟百姓。如何見造而問治生乎？封回不爲商賈，何以相示。」雲慚媿失色。

二年，三月，甲午，右衛將軍奚康生於禁内將殺元乂，不果，爲乂矯害，流其子千牛備身奚難於安州〔二〕。

四年，二月，壬申，追封故清河王懌爲范陽王。丁丑，河間王琛、章武王融並以貪汙削爵除名。柔然大飢，阿那瓌帥衆入境〔三〕，表求賑給。己卯，以尚書左丞元孚爲北道行臺，持節撫諭之。將行，表陳便宜，以爲：「蠕蠕久來彊大，昔在代京，常爲重備。今天祚大魏，使彼自亂亡，稽首請服。朝廷鳩其散亡，禮送令返，宜因此時，善思遠策。昔漢宣之世，呼韓欵塞，漢遣董忠、韓昌領邊郡士馬送出朔方〔四〕，因留衛助。又光武時，亦使中郎將段彬置安集掾史，隨單于所在，參察動靜。今宜略依舊事，借其閑地，聽其

〔一〕「宜」，底本作「且」，今據《魏書·封回傳》改。

〔二〕「難」下，底本衍「當」字，今據《魏書》卷七三《奚康生傳》删。

〔三〕「瓌」，底本作「環」，今據《魏書·肅宗紀》、《通鑑》卷一四九改；「衆」，底本作「象」，今據福建本、北大本、《肅宗紀》、《通鑑》改；以下皆徑改，不注。

〔四〕「出」下，底本衍「爲」字，今據《魏書》卷一八《臨淮王譚附元孚傳》、《通鑑》卷一四九删。

田牧，粗置官屬，示相慰撫。嚴戒邊兵，因令防察，使親不至矯詐，疎不容反叛，最策之得者也。」不從。四月，孚持白虎幡勞阿那瓌於柔玄、懷荒二鎮間。阿那瓌衆號三十萬，陰有異志，遂拘留孚，載以轀車。每集其衆，坐孚東廂，稱爲行臺，甚加禮敬。引兵而南，所過剽掠，至平城，乃聽孚還。有司奏孚辱命，抵罪。時尚書令李崇等奉詔討柔然，出塞三千里，不及而還。長史魏蘭根説崇曰：「昔緣邊初置諸鎮，地廣人稀，或徵發中原彊宗子弟，或國之肺腑，寄以爪牙。中年以來，有司號爲府户，役同厮養，官婚班齒，致失清流，而本來族類，各居榮顯，顧瞻彼此，理當憤怨〔一〕。宜改鎮立州，分置郡縣，凡是府户，悉免爲民，入仕次敘，一準其舊，文武兼用，威恩並施。此計若行，國家庶無北顧之慮矣。」崇爲之奏聞，不報。八月，己巳，詔曰：「狂蠢肆暴，陵竊北垂，雖軍威時接，賊徒懾遁〔二〕，然獯虐所過，多罹其禍〔三〕。言念斯潡，有軫深懷。可敕北道行臺，遣使巡檢，遭寇之處，飢餒不粒者，厚加賑恤，務令存濟。」癸未，追復故范陽王悸爲清河王。九月，丁酉，庫莫奚朝貢。

〔一〕「當」，底本作「宜」，今據《通鑑》卷一四九改。
〔二〕「懾」，底本作「攝」，今據福建本、北大本、《魏書·肅宗紀》改。
〔三〕「罹」，底本作「離」，今據北大本改。

五年，三月，沃野鎮人破六韓拔陵弑武衛將軍于景及鎮將，改元真王。因柔然入寇，請糧而景不給也。諸鎮華夷民往往響應。拔陵南侵，圍武川而攻懷朔。以臨淮王彧都督北討諸軍事，討之。五月，敗於五原，坐削除官爵。壬申，加尚書令李崇使持節、北討大都督，命撫軍將軍崔暹、鎮軍將軍廣陽王深等皆受崇節度。暹字元欽，東武人也。爲平北將軍、瀛州刺史，貪暴安忍，民庶患之。嘗出獵州北，單騎至於民村。井有汲水婦人，暹令飲馬，因問曰：「崔瀛州何如？」婦人不知其暹也，答曰：「百姓何罪，得如此癩兒刺史！」暹默然而去。以不稱職被解還京。至是，乃爲都督。七月，戊午，復河間王琛、臨淮王彧本封。暹違崇節度，大敗於白道，單騎奔還。崇亦力戰敗還，相持於雲中。深上言邊情憤怨〔二〕，與魏蘭根同。又言：「自定鼎伊、洛，邊任益輕，惟底滯凡才，乃出爲鎮將，轉相模習，專事聚斂。或諸方姦吏，犯罪配邊，爲之指蹤，政以賄立，邊人無不切齒。及阿那瓌背恩縱掠，發奔命追之，十五萬衆度沙漠，不日而還。邊人見此援師，遂自意輕中國〔三〕。尚書令臣崇求改鎮爲州，抑亦先覺，朝廷未許。而高闕戍主御

〔二〕「深」，底本作「琛」，今據《魏書》卷一八《廣陽王深傳》、《通鑑》卷一五〇改。
〔三〕「自」，底本作「有」，今據福建本、《魏書·廣陽王深傳》、《通鑑》卷一五〇改。

下失和[一]，拔陵殺之，遂相帥爲亂，攻城掠地，所過夷滅，王師屢北，賊黨日盛。此段之舉，指望銷平，而崔暹隻輪不返。臣崇與臣遂巡復路，相與還次雲中，將士之情莫不解體。今日所慮，非止西北，將恐諸鎮尋亦如此，天下事何易可量！」書奏，不省。詔以暹繫廷尉，暹以女妓、田園賂元乂，得不坐。八月，東西部敕勒皆叛，附於拔陵，上始思崇、深言。丙申，下詔：「諸州鎮軍貫，非有罪配隸者，皆免爲民。」改鎮爲州，以懷朔鎮爲朔州，更分廣寧以屬之；命朔州曰雲州。遣兼黄門侍郎酈道元爲大使，撫慰六鎮，與崇籌宜置立，裁減去留，儲兵積粟，以爲邊備。時已盡叛，道元不果行。李仲遵字業尚[二]，隴西人也。彭城王勰爲定州，請爲開府參軍。除左將軍、營州刺史。時州鎮叛亂，營州城内，咸有異心。仲遵单車赴州，與黄門侍郎盧同慰勞。仲遵以恩信懷誘，率皆怡悦。上又詔同爲行台北出。同疑人情難信，聚兵將往。十月，城民劉安定等有異志，謂欲圖己，還相恐動，與就德興執仲遵，據城反。二子清石、阿罕亦見殺。城民王惡兒斬安定以降，德興東走，自稱燕王。詔以同爲幽州刺史，兼尚書行臺，勞之。殺奚難於

[一]「和」，底本作「合」，今據《魏書·廣陽王深傳》、《通鑑》卷一五〇改。
[二]「字」，《魏書》卷三九《李寶附仲遵傳》作「有」。

安州。德興降而復反[一]，同屢爲所敗而還。十二月，契丹、地豆干、庫莫奚朝貢。時恩倖侯剛領御史中尉，洛陽人。其先代人，以上谷先有侯氏，始家焉。長子詳，主衣都統。剛請以爲燕州刺史[二]、冠軍將軍，欲爲家世之基。是年，拜司徒左長史，領嘗藥典御、燕州大中正。

孝昌元年，二月，詔追復樂浪王長命本爵，以其子忠紹之。四月，辛卯，太后復臨朝攝政，賜元义死，發劉騰墓。宋維時爲營州刺史，除名還里，仍追前誣告清河王事，於鄴賜死。先是，給事黄門侍郎元順以忤义[三]，出爲刺史，徵還，爲侍中。及穆紹侍坐，仍論幽州刺史盧同之罪。同先有近宅借紹，紹頗欲爲言。順勃然曰：「盧同終將無罪！」太后曰：「何得如侍中言？」順曰：「同有好宅與要勢侍中，豈慮罪也！」紹慚，不敢復言，同坐黨除名。崔休字惠盛，清河人，逞之玄孫也。少孤貧，矯然自立。舉秀才，多歷内任。世宗時，先以母老辭州，尋行幽州事，徵拜司徒右長史[四]。後除平北將軍、幽

[一]「反」，底本作「返」，今據福建本、《魏書》卷七六《盧同傳》改。

[二]「燕」，底本作「幽」，今據福建本、《魏書》卷九三《恩倖列傳·侯剛傳》改。

[三]「忤」，底本作「杵」，今據福建本、北大本、《通鑑》卷一五〇改。

[四]「徒」，底本脱，今據《魏書》卷六九《崔休传》補。

州刺史，進號安北將軍。遷安東將軍、青州刺史。九郡民千人上書頌休德，太后善之。休在幽、青州五六年，皆清白爱民，甚著聲績，二州懷其德澤，百姓追思之。徵爲安南將軍，歷轉殿中尚書。六月，拔陵爲廣陽王深部軍主賀拔勝及參軍于謹所敗〔一〕，復破於柔然，南徙渡河。賊前後降附者二十萬人，深與行臺元纂表：「乞於恒州北別立郡縣，安置降户，隨宜賑貸，息其亂心。」不從。詔黄門侍郎楊昱分處之於冀、定、瀛三州就食。深謂纂曰：「此輩復爲乞活，禍亂當由此作矣〔二〕！」八月，柔玄鎮人杜洛周率衆起上谷，號元真王，與尖山人侯淵攻没郡縣，高歡與同志從之。洛周圍燕州刺史博陵崔秉，其子仲哲泣訴於朝。九月，丙辰，詔左將軍、幽州刺史常景兼尚書，爲行臺。征虜將軍元譚，謚弟也。頗强立，少爲宗室所推敬。先自羽林監出爲高陽太守，爲政嚴斷〔三〕，豪右畏之。徵入爲直閣將軍。至是，以武衛將军爲幽州都督、平北將軍，以禦之。除仲哲爲別將，共討杜周。景表求：「勒幽州諸縣悉入古城，山路有通賊處，權發兵夫，隨宜置戍，以

〔一〕「于」，底本作「於」，今據福建本、《通鑑》卷一五〇改；以下徑改，不注。
〔二〕「作」，底本作「祚」，今據福建本、北大本、《魏書》卷一八《廣陽王深傳》改。
〔三〕「斷」，底本作「憚」，今據《魏書》卷二一上《趙郡王幹附元譚傳》改。

爲防遏。又以頃來差兵，不盡彊壯[二]。今之三長，皆是豪門多丁爲之，且求權發爲兵。」皆從之。進號平北將軍。別敕譚，北自盧龍塞，至軍都關，皆置兵守險，以杜賊出入之路。又詔景山中嶮路之處捍塞。景遣府録事參軍裴智成發范陽三長兵，以守白嶇。譚據居庸下口。初，敕勒酋長斛律金從拔陵，知其無成，乃詣雲州降，仍稍引其衆南出黄瓜堆，爲洛周所破，脱身歸梁郡公爾朱榮，榮以爲別將。淵亦歸之。

二年，正月，庚戌，封廣平王懷庶長子誨爲范陽王。是月，安州石離、穴城、斛鹽三戍兵反，應杜洛周，衆合二萬，洛周自松岍赴之。行臺常景使崔仲哲屯軍都關以邀之，仲哲戰没。洛周又自外應之，腹背受敵，元譚軍遂夜潰。詔以景所部別將李琚代譚爲都督，征下口；降景爲後將軍，解州任。平北府參軍盧文偉，家素貧儉[三]，善於營理，兼展私力致富。詔兼尚書郎中，景啟爲行臺郎中。及北方將亂，荒儉，積稻穀於范陽城，多賑贍，彌爲鄉里所歸。五原降户在恒州者，因洛周反，謀奉廣陽王深爲主。深懼，上書求還洛陽。以左衛將軍楊津代之，爲北道大都督，詔深爲吏部尚書，而委州事於甄楷。

〔二〕「壯」，底本作「杜」，今據福建本、《魏書》卷八二《常景傳》改。
〔三〕「儉」，底本作「險」，今據《北齊書》卷二二《盧文偉傳》改。

降户鮮于脩禮、毛普賢等帥北鎮流民反於定州之左城，改元魯興。武川宇文肱與焉，陵之孫，韜之子也。祖、父並以武略稱。肱任俠有氣幹，避地於中山而陷于賊。脩禮屠村掠野，引向州城。城内先有燕、恒、雲三州避難人，皆依傍市鄽，草廬攢住[一]。脩禮聲云欲收此輩共舉。時恐有内應，楷見人情不安，慮變，乃收州人中麤豪者，皆殺之，以威外賊，固城民心。脩禮忿楷屠害北人，遂掘其父墓，載棺巡城，示相報復。及刺史元固至，楷乃還家。津至靈丘，殺之，入據州城。出擊之，賊退，人心少安。詔尋以津爲定州刺史，兼北道行臺。又以揚州刺史長孫稚爲大都督、北討諸軍事，與河間王琛共討脩禮。四月，朔州城民鮮于阿胡等據城反。洛周南出，鈔掠薊城。景爲幽、安等四州行臺，乃遣統軍梁仲禮擊破之，獲賊將禦夷鎮將軍孫念恒[二]。丁未，都督李琚與洛周戰於薊城北，敗没。景帥衆拒之，賊不敢逼，洛周引還上谷。乃授景平北將軍、光禄大夫、行臺如故。戊申，以稚、琛失利奔還[三]，免官爵。庫莫奚朝貢。五月，丁未，車駕北討，内外

[一]「草」，底本作「莫」，今據《魏書》卷六八《甄楷傳》改。
[二]「恒」，底本脱，今據福建本、《魏書·常景傳》補。
[三]「琛」，底本作「深」，今據《魏書·肅宗紀》、《通鑑》卷一五一改。

戒嚴。以廣陽王深爲大都督，率左都督章武王融、右都督裴衍北討脩禮。戊申〔一〕，崔秉率衆棄燕州城，南走中山，坐免官。六月，丙子，洛周遣其都督王曹紇真、馬叱斤等攻幽州，掠穀，遇雨，衆疲。七月，丙午，景遣都督于榮、刺史王延年邀於粟園〔二〕，大破之，斬紇真，及獲將卒三千餘級。洛周趣范陽，景與榮等又破之。復遣别將重破之於州西虎眼泉，擒斬及溺死者甚衆。戊申，鮮于阿胡擁朔州流民陷平城，行臺僕射元纂奔冀州。恒，魏故都也，南遷之後，委用非人，雜胡降夷，撫馭乖道，致有淪溺，不競甚矣。八月，癸巳，賊帥元洪業斬脩禮，請降。其黨葛榮殺之自立，而以宇文肱戰没於唐阿，其子洛生爲漁陽王，領肱餘衆。高歡從洛周，醜其行事，私與段榮輩圖之〔三〕，不果，自柔玄而逃，爲其騎所追。子澄及女皆幼，妻婁氏於牛上抱負之。澄屢落牛，歡彎弓將射之以決去。婁氏呼段榮求救，賴榮遽下取之以免，遂奔葛賊。九月，葛賊北趣瀛州，廣陽王深自交津躡之。辛亥，至白牛邏，爲賊輕騎掩擊。章武王融苦戰終日，無援，爲殺。葛

〔一〕「戊」上，底本衍「五月」二字，今據《魏書·肅宗紀》、《通鑑》卷一五一删。
〔二〕「園」，底本作「國」，今據福建本、《魏書·肅宗紀》、《通鑑》卷一五一改。
〔三〕「輩」，底本作「背」，今據福建本、《北齊書》卷一《神武紀上》改。

賊自稱天子，國號齊，改元廣安。深聞融敗，停軍不進〔一〕，引軍還，趣定州，爲津所疑，攻之，間走，爲葛賊所殺。甲申，景又敗洛周，斬其武川王賀拔文興〔二〕、別帥侯莫陳升，生禽男女四百口，牛驢五千餘頭〔三〕。先是，邢遜，鄭縣人也，以吏部郎中出爲安遠將軍、平州刺史。以北蕃多難〔四〕，稽留不進，免。至是，就德興攻陷平州，殺刺史王買奴。十一月，洛周圍范陽。戊戌，民反者僕骨那執幽州刺史王延年及景、文偉，送洛周，開門納之，以盧勇爲本郡范陽王。勇字季禮，同之侄，文偉族人。先是，刁整字景智〔五〕，渤海饒安人也。自征虜將軍出除范陽太守。時已兵亂，整郡獲全。去郡之後，尋被陷没。北平陽藻在鄉，爲洛周所囚，發病卒。其子弼字世輔，長於吏事，爲幽州別駕，加輕騎將軍。城陷，遂率宗親南渡河，居於青州。陽休之爲景、延年州主簿，與宗鄉數千家南奔章武，轉至青州。

三年，二月，丁酉，詔曰：「關、隴遭罹寇難，燕、趙賊逆憑陵，蒼生波流，耕農

〔一〕「軍」，底本作「車」，今據福建本、《通鑑》卷一五一改。
〔二〕「文」，底本作「交」，今據《魏書・肅宗紀》、《通鑑》卷一五一改。
〔三〕「五」，底本脱，今據《魏書・肅宗紀》補。
〔四〕「北」，底本脱，今據《魏書》卷六五《邢遜傳》補。
〔五〕「刁」，底本作「刀」，今據《魏書》卷二六《刁整傳》改；以下徑改，不注。

靡業。加諸轉運，勞役已甚，州倉儲實，無宜懸匱。自非開輸賞之格，何以息漕運之煩。凡有能輸粟入瀛、定、岐、雍四州者，官斗二百斛賞一階；入二華州者，五百石賞一階[二]。不限多少，粟畢授官。」七月，相州刺史、樂安王鑒據鄴反，以征北將軍源子邕爲北討都督[三]，攻鑒，誅之。八月，丁未，除子邕冀州刺史，使討葛榮，死之[三]。時渤海高翼以山東豪右，即家拜渤海太守。至郡未幾，賊徒愈盛，翼部率合境，徙居河、濟間，因置東冀州，以爲刺史。輔國將軍、滄州刺史邢晏，字幼平，鄭縣人也。爲政清静，吏民安之。孝昌中卒，贈征北將軍、尚書左僕射、瀛州刺史，謚文貞。晏篤於義讓，初爲南兖州刺史，例得一子解褐，乃啓其孤弟子子慎[四]，年甫十二，而其子已弱冠矣。後以之爲滄州，復啓孤兄子昕爲府主簿[五]，而其子並未從宦[六]。世人以此多之。

〔二〕「五」，底本作「三」，今據《魏書·肅宗紀》改。
〔三〕「征」，底本作「鎮」，今據《魏書》卷四一《源子雍傳》改。
〔三〕「以征北將軍源子邕爲北討都督，攻鑒，誅之。八月，丁未，除子邕冀州刺史，使討葛榮，死之」，福建本此句作「八月，丁未，爲討葛賊都督源子邕所斬。子邕尋討葛賊，爲殺」。
〔四〕「子」，底本脱，今據《魏書》卷六五《邢晏傳》補。
〔五〕「昕」，底本作「斯」，今據北大本、《魏書·邢晏傳》改。
〔六〕「宦」，《魏書·邢晏傳》作「官」。

武泰元年，主攸永安元年也〔二〕。正月，乙丑，定州陷。北道行臺楊津守定州，居脩禮、洛周間〔三〕，迭來攻圍〔三〕，不克。及葛賊代脩禮統衆，固守三年。洛周圍之，無援。津遣子遁突圍出，詣柔然阿那瓌求救〔四〕。遁日泣請〔五〕，阿那瓌遣其從祖吐豆發帥精騎萬餘南出，前鋒至廣昌，次飛狐。賊塞隘，柔然遂還。津長史李裔引賊入，執津，欲烹之，既而捨之。瀛州刺史元寧以城降洛周。洛周僭竊，特無綱紀，於市令、驛帥咸以爲王，呼曰市王、驛王。封裔爲定州王〔六〕。救兵書次，《春秋》所譏。柔然宜直前破圍，酬魏人飼秣之恩，而逡巡隣境，致津陷執，去賊一間耳。此觀釁之師也。二月，葛榮擊洛周，殺之，并其衆。以盧勇爲燕王。高歡又自葛賊奔大都督爾朱榮於秀容。榮都督六州民，兵勢强盛，朝廷憚之。上書，以「葛賊雖并洛周，威恩未著，人類差異，形勢可分〔七〕」，遂

〔二〕「年」，底本脱，今據福建本、北大本補。
〔三〕「居」，底本作「時」，今據福建本、《通鑑》卷一五二改。
〔三〕「來」，底本作「求」，今據福建本、《通鑑》卷一五二改。
〔四〕「瓌」，底本作「懷」，今據北大本、《魏書》卷五八《楊津傳》改；以下徑改，不注。
〔五〕「遁」，底本脱，今據福建本、北大本、《魏書·楊津傳》補。
〔六〕「封」，底本作「討」，今據《魏書》卷三六《李裔傳》改。
〔七〕「分」，底本作「公」，今據福建本、北大本、《魏書》卷七四《爾朱榮傳》、《通鑑》卷一五二改。

勒兵而出。主以逼於太后，密詔榮舉兵内向，欲以脅太后。太后私人儼、紇恐禍及己，陰與太后酖主。癸丑，暴殂，謚孝明。太后欲久專政，甲寅，立故臨洮王寶暉世子釗，年三歲。裴延儁字平子，河東聞喜人也。上初，常侍起居，又轉平北將軍、幽州刺史。范陽郡有舊督亢渠，徑五十里，漁陽燕郡有魏故戾陵諸堰，廣袤三十里，皆廢毁多時，莫能修復。時水旱不調，民多飢餒，延儁謂疏通舊跡，勢必可成，乃表求營造。遂躬自履行，相度水形，隨力分督〔一〕，未幾而就，溉田百萬餘畝，爲利十倍，百姓賴之。本涿人盧文偉，爲本州平北府長流參軍所説也〔二〕，其脩立之功，多委之。又命主簿酈惲修起學校，禮教大行，民歌謡之。在州五年，考績爲天下最。繼母隨延儁在薊，時遇重患，啓求侍母還京療治。至都未幾，拜太常卿。鄭瓊字祖珍，開封人。有強幹之稱〔三〕，自太尉諮議爲范陽太守，治頗有聲，卒贈太常少卿。劉永字履南〔四〕，彭城人也。頗有將略，歷中散大夫、龍驤將軍，兼大鴻臚卿，持節拜高麗王安，還，除范陽太守。盧道將字祖業，范

〔一〕「分」，底本作「發」，今據《魏書》卷六九《裴延儁傳》改。
〔二〕「參」，底本作「恭」，今據《北齊書》卷二二《盧文偉傳》改。
〔三〕「強」，底本作「絶」，今據《魏書》卷五六《鄭瓊傳》改。
〔四〕「南」，底本作「尚」，今據《魏書》卷五五《劉永傳》改。

陽人也。以秘書丞出爲燕郡太守，下車表樂毅、霍原之墓，而爲立祠。優禮儒生，勵勸學業，敦課農桑〔二〕，墾田歲倍。皆孝明世也。三月，癸未，葛賊陷滄州，執刺史薛慶之，居民死者十八九。四月，榮立長樂王子攸而入，濟河，彭城王思弟三子也。戊戌，即位，以榮爲侍中、都督中外諸軍事、大將軍、尚書令、領軍將軍、太原王。己亥，太后、百寮相率備法駕來迎。庚子，榮沈太后及太子於河，乃大誅伐，更樹親黨，引百官於河陰行宫，縱兵殺之，自丞相高陽王雍、北平王超等死者二千餘人。仍遷攸於河橋。若諸王仕燕者，陽平王熙曾孫法壽，累遷中散大夫，出除龍驤將軍、安州刺史。先令所親微服入境，觀察風俗。下車便大行賞罰，於是境内肅然。更滿還朝，吏人詣闕訴乞，肅宗嘉之，詔復州任。後徵爲太中大夫。汝陰王天賜次子汎，字普安。自元士稍遷營州刺史，性貪殘，人不堪命，相率逐之。汎走平州，後除光禄大夫、宗正卿，封東燕縣男。俱於河陰遇害。高歡勸其稱帝，榮乃自鑄金爲像〔三〕，凡四鑄，不成。功曹參軍劉靈助，燕郡人，少師事范陽劉弁，好陰陽占卜，而麤疎無賴。常去來燕、恒之界，或時負販，或復

〔二〕「桑」，底本作「柔」，今據《魏書》卷四七《盧道將傳》改。
〔三〕「像」，底本作「象」，今據《魏書·爾朱榮傳》、《通鑑》卷一五二改。

劫盜，賣術於市。後自代至秀容，因事榮。榮信卜筮，而靈助所占屢中，遂被親待。奉車都尉盧道虔兄弟，亦相率朝於行宮[二]，靈助以其州里，衛護之，由是朝士與諸盧相隨免害者數十人。至是，言天時人事未可。榮曰：「若我未可，當迎天穆立之。」靈助曰：「亦不吉，惟長樂王有天命耳。」榮乃夜迎主還宮，望馬首叩頭請死。辛丑，攸入城，御太極殿，改元建義。榮乞追贈諸王朝貴横死者，以塞責。於是廣陽王深以下，人皆得追封也。又詔復北平公長孫悦以王爵，以北平王還，復爲安定王。超拜靈助光禄大夫，封長子縣開國伯，食邑七百户。尋進爵爲公，增邑，通前千户。五月，丁巳朔，加大將軍榮北道大行臺。六月，洛周、脩禮之寇瀛、冀諸州，人多避亂，南向幽州。前平北府主簿河間邢杲[三]，擁率部曲，屯鄚城，以拒洛周、葛榮，垂將三載。及廣陽王深等敗後，杲南度，居青州北海界。青州刺史元世儁以爲新安郡太守，未報。其從子子瑶以資蔭居前，乃授河間太守。杲深耻恨，遂反。所在流人先爲土人凌忽，聞而率衆從之，旬朔間十餘

[二]「朝」，底本脱，今據《魏書·劉靈助傳》補。
[三]按：杲、果，底本二字或混用，以下徑改，不注。

萬户，劫害齊人，號爲「䟽榆賊」[一]。河南人常笑河北人好食榆葉[二]，故因以號之也。杲自署漢王，年號天統。青州人疑河北人爲杲内應，遂害陽弼。時以光禄大夫魏蘭根兼尚書，使齊、濟、二兖四州安撫，并置郡縣。杲，蘭根之甥也。復詔蘭根銜命慰勞[三]，杲不下。戊申，以征東將軍、金紫光禄大夫李叔仁爲車騎大將軍、儀同三司，率衆討之。辛亥，詔曰：「朕當親御六戎，埽靜燕、代。大將軍、太原王爾朱榮率精甲十萬爲左軍，上黨王天穆總衆八萬爲前軍，司徒公楊椿勒兵十萬爲右軍，司空公穆紹統卒八萬爲後軍。」是月[四]，葛賊衆退屯相州之北。七月，安州刺史江文遥卒，齊城人也。肅宗時遷後將軍，刺安州，善撫綏納，甚得物情。洛周、葛賊等相繼叛逆，自幽、燕已南悉皆淪陷，唯文遥介在群賊外[五]，孤城獨守，鳩集荒餘，且耕且戰，百姓皆樂爲用。遘疾卒於州，長史許思祖等以其遺愛在民，復推其子果行州事。既攝州任，乃遣使奉表。上嘉之，除果

〔一〕「䟽」，底本作「甜」，今據《魏書》卷一四《上黨王天穆傳》改。
〔二〕「葉」，底本作「菜」，今據《魏書·上黨王天穆傳》改。
〔三〕「銜」，底本作「御」，今據《北齊書》卷二三《魏蘭根傳》改。
〔四〕「月」，底本作「夜」，今據《魏書·孝莊紀》改。
〔五〕「介」，底本作「界」，今據福建本、北大本、《魏書》卷七一《江文遥傳》改。

通直散騎侍郎〔二〕，假節、龍驤將軍、行安州事、當州都督。九月，壬申，榮禽葛賊於滏口，冀、定、滄、瀛、殷五州平，乃復改元永安。十月，丁亥，榮檻送葛賊及漁陽王於京師，斬之。房謨字敬放，洛陽人也。正光末，歷位昌平、代郡太守。及六鎮亂，謨率所部奔中山。朝廷以謨得北邊人情，以爲假燕州事，北轉至幽州，爲鮮于脩禮所執〔三〕，仍陷葛賊。賊敗後，遣弟詣闕。然謨寡嗜欲，自守，内營家産，足爲富贍，不假官俸〔三〕，是以世稱清白。丁酉，以冀州之長樂、相州之南趙、定州之博陵、滄州之浮陽、平州之遼西、燕州之上谷、幽州之漁陽七郡各萬户，增封太原王爾朱榮爲太原國〔四〕。戊戌，加榮太師。常景復還朝，尋復本官，兼黄門侍郎。宇文泰，父肱、母樂浪王氏季子也。肱從脩禮死，泰陷於葛賊。賊平，榮愛泰才，以爲統軍、燕州刺史。靈助以從征，特除散騎常侍、撫軍將軍、幽州刺史。壬子，使征虜將軍韓子熙招諭邢杲，杲許降而復反。叔仁擊之於濰水，失利而還。十二月，庚子，詔行臺尚書左僕射于暉征瑕丘，還師攻邢杲。葛

〔二〕「果」，底本作「景」，今據《魏書·江文遥傳》改。
〔三〕「禮」，底本作「理」，今據《北史》卷五五《房謨傳》改。
〔三〕「俸」，底本作「奉」，今據《北史·房謨傳》改。
〔四〕「增」，底本作「贈」，今據福建本、《北史·孝莊紀》改。

賊餘黨韓樓、郝長有衆數萬，據幽州反，北邊被其患。榮以撫軍將軍賀拔勝爲大都督，鎮中山。樓畏勝威名，不敢南出。

敬宗永安二年，正月，甲寅，于暉所部都督彭樂率二千餘騎叛奔於韓樓，乃班師。二月，甲午，燕州民王慶祖聚衆於上黨，自稱爲王。爾朱榮擒之。三月，壬戌，詔上黨王天穆討邢杲，以費穆爲前鋒大都督。幽州流民盧城人最爲兇悍，遂令劉靈助兼尚書，軍前慰勞之。時以北海王顥自梁歸入寇，集文武議之。衆皆曰：「杲衆彊盛，宜爲先。」行台尚書薛琡曰[一]：「杲衆雖多，鼠狗，非有遠志。顥帝室近親，來稱義舉[二]，其勢難測，宜先去之。」天穆以諸將多欲擊杲，朝議亦以顥孤弱不足慮，先杲而後顥。四月，辛丑，天穆及都督高歡、慕容紹宗大破杲於濟南，杲降，送京師，斬於市。歡累遷第三鎮人酋長。是月，顥拔考城[三]。五月，壬子朔，克梁國，即帝位於睢陽城。榮以歡爲晉州刺史。甲戌，主攸北行。丙子，顥入洛陽，改元建武。戊寅，榮北見攸，遂即日南還。六月，壬寅，進攻河内，令靈助筮之。靈助曰：「未時必剋。」時已向中，士衆疲怠，靈助

[一]「薛」，底本作「蔣」，今據《北齊書》卷二六《薛琡傳》、《通鑑》卷一五三改。
[二]「義」，底本作「戰」，今據《北齊書·薛琡傳》、《通鑑》卷一五三改。
[三]「考」，底本作「垂」，今據《魏書·孝莊紀》、《通鑑》卷一五三改。

曰：「時至矣。」榮鼓之，將士騰躍，即剋斬其將[一]。及至北中城，榮攻不獲，以盛暑，衆議且還，待凉。攸詔靈助筮之，曰：「必當破賊。」詔曰：「何日？」曰：「十八、十九間。」戊辰，顥南走。閏七月，辛巳，攸駕還宫。以靈助領幽州大中正，尋加征東將軍，增邑五百户，進爵爲燕郡公。詔贈其父僧安爲幽州刺史。九月，榮使大都督、驃騎將軍侯淵討樓於薊，配卒甚少，騎止七百。或以爲言，榮曰：「淵臨機設變[二]，是其所長，若總大衆，未必能用。今以此衆擊此賊，必能取之。」淵遂廣張軍聲，多設供具，親帥數百騎，深入樓境。去薊百餘里，值賊帥陳周馬步萬餘，淵潛伏以乘其背，大破之，虜其卒五千餘人。尋還其馬仗，縱令入城。左右諫曰：「既獲賊衆，何爲復資遣之？」淵曰：「我兵既少，不可力戰，須爲奇計以離間之[三]，乃可克也。」淵度其已至，遂率都督竇熾等騎夜進，昧旦，叩其城門。樓果疑降卒爲淵内應，遂走[四]，追擒之，幽州平。以淵爲平州刺史，鎮范陽。熾有謀略，嘗從范陽祁忻受《左氏春秋》，又有膂力過人，以手

[一]「剋」，底本作「刻」，今據福建本改。
[二]「機」，底本作「譏」，今據《魏書》卷八〇《侯淵傳》、《通鑑》卷一五三改。
[三]「離」，底本作「雜」，今據《魏書·侯淵傳》、《通鑑》卷一五三改。
[四]「走」，底本脱，今據福建本、《魏書·侯淵傳》、《通鑑》卷一五三補。

斬樓〔一〕，拜揚烈將軍。盧文偉自洛周敗，復入葛賊，葛賊敗而歸家。率長子道恭及鄉閭屯守范陽，抗樓，乃以行范陽郡事。防守二年，與士卒同勞苦，散財拯之，莫不感悦。樓平，除范陽太守。盧文翼爲都督，守范陽三城，拒樓有功，賜爵范陽子。時靈助兼尚書左僕射，慰勞幽州流民於濮陽、頓丘，因帥流民北還。與淵共滅樓，仍以行幽州事，加車騎將軍，又爲幽、平、營、安四州行臺。獨孤信爲爾朱別將〔二〕，自陷葛賊，平，從淵征樓，疋馬挑戰，擒賊漁陽王袁肆周，拜員外散騎侍郎，尋轉驍騎將軍。邵洪哲，上谷沮陽人也。縣令范道榮先自朐城歸欵〔三〕，以除縣令。道榮鄉人徐孔明，妄經公府，訟道榮非勳。道榮坐除名，羇旅孤貧，不能自理。洪哲不勝義憤，遂代詣京師，明申曲直，經歷寒暑，不憚劬勞，道榮卒得復雪。又北鎮反亂，道榮孤单，無所歸附。洪哲兄伯川復率鄉人來相迎接，送達幽州。道榮感其誠節，訴省申聞。詔下州郡，標其里閭。十一月，就德興遺使降，營州平。是歲，賜常景爵高陽子，拜韋旭爲右將軍、南幽州刺史〔四〕。綦儁

〔一〕「樓」，底本脱，今據《周書》卷三〇《竇熾傳》、《北史》卷六一《竇熾傳》補。
〔二〕按：據《周書》卷一六《獨孤信傳》，信「爲爾朱別將」，在爾朱榮平定葛榮之後，《燕史》失次。
〔三〕「朐」，底本作「鉤」，今據《魏書》卷八七《節義列傳・邵洪哲傳》改。
〔四〕「幽」，底本作「營」，今據《周書》卷三一《韋孝寬傳》改。

字㩉顯[一]，洛陽人也。累遷滄州刺史，甚爲吏人畏悅，尋除太僕卿。以幽州中正祖瑩參議律曆[二]，賜爵容城子。

三年，九月，戊戌，主攸殺天柱將軍爾朱榮及上黨王元天穆於明光殿，遣前燕州刺史崔淵等帥衆鎮北中。是夜，爲太傅爾朱世隆所擒，多殺害。復詔以司空楊津爲使持節、督并肆燕恒等九州諸軍事、驃騎大將軍、北道大行臺。刁整於元顥入洛，爲其滄州刺史。攸還朝，整坐免官。及是，就除鎮東將軍、行滄州事。榮初表遼陽竇瑗爲北道大行臺左丞[三]，賞新昌男，因從東討葛賊，封容城縣開國伯。瑗乞以容城伯讓兄叔珍，詔聽以新昌男轉授之，叔珍由是位至太山太守。十月，壬申，都督爾朱兆立長廣王曄，號年建明。以高歡爲平陽郡公。范陽太守盧文偉誘平州刺史侯淵出獵[四]，閉門拒之。淵屯於郡南[五]，爲榮舉哀，勒兵南向。攸使東萊王貴平爲大使，慰勞幽、薊，淵乃詐降，遂執貴平自隨。

〔一〕「儁」，底本作「攜」，今據北大本、《魏書》卷八一《綦儁傳》改；「㩉」，底本作「標」，今據《魏書·綦儁傳》改。
〔二〕「瑩」，底本作「臺」，今據《魏書》卷八二《祖瑩傳》改。
〔三〕「左丞」，底本脱二字，今據《魏書》卷八八《良吏列傳·竇瑗傳》補。
〔四〕「范」上，底本衍「十一月」三字，今據《通鑑》卷一五四删。
〔五〕「屯」，底本脱，今據福建本、《魏書·侯淵傳》、《通鑑》卷一五四補。

進至中山[一]，行臺僕射魏蘭根邀擊之，爲敗。十二月，甲辰，兆等襲京師，幽攸於永寧寺，殺皇子及左僕射、范陽王誨等。甲子，弒主於晉陽三級佛寺，後謚爲孝莊。是月，河西人紇豆陵步蕃大破兆於秀容，南逼晉陽。兆頻戰不利，懼，召高歡[二]。歡與進兵，合斬步蕃，遂誓爲兄弟。先時，葛榮部衆流入并、肆者二十餘萬，爲契胡陵暴，皆不聊生，大小二十六反，誅夷者半，猶謀亂不止。兆患之，問計於歡。歡曰：「六鎮反殘，不可盡殺，宜選王素腹心者，私使統焉。若有犯者，直責其帥，則所罪者寡矣。」兆善之，而使歡統焉。居無何，以并、肆頻年霜旱，降户面無穀色，請令就食山東，待温飽而處分之。兆從其議，長史慕容紹宗諫曰：「不可。方今四方紛擾，人懷異志。高公雄才蓋世，復使握大兵於外，譬如借蛟龍以雲雨，將不可制矣。」兆不從。曄授淵驃騎大將軍、儀同三司、左軍大都督、漁陽郡開國公[三]。

廢主恭普泰元年，二月，己巳，爾朱兆廢主曄，立廣陵王恭，改元。三月，癸酉，封曄爲東海王。劉靈助本寒微，一朝至四州行臺，自謂方術可以動衆，又推筭知爾朱將

[一] 「至」，底本作「自」，今據《魏書·侯淵傳》、《通鑑》卷一五四改。
[二] 「召」，底本作「詔」，今據福建本、北大本、《通鑑》卷一五四改。
[三] 「郡」，底本脱，今據《魏書·侯淵傳》改。

衰，乃與盧文偉同謀起兵，自稱燕王、開府儀同三司、大行臺，聲言義舉，爲敬宗復讐。諸州豪又咸相結附。且馴養大鳥，稱爲己瑞，妄述圖讖，云「劉氏當王」，又云「欲知避世入鳥村」，遂刻氈爲人象，畫桃木爲符書，作詭道厭祝法，民多信之。當爾朱兆頻與步蕃戰不利，靈助唱言：「爾朱自然當滅，不須我兵。」由是幽、瀛、滄、冀民多從之。夜舉火爲號，不舉火者，諸村共屠之。其克瀛州，留文偉行州事，自引兵赴定州，南至博陵之安國城。兆遣監軍孫白鷂至冀州，托言調發民馬，俟撫軍將軍、兼侍中、河北大使高乾及弟平北將軍、通直散騎常侍昂送馬而收之[二]。乾等知之，與前河内太守封隆之等合謀，潛部勒壯士，襲據信都，殺白鷂，執刺史元嶷。乾等欲推其父翼行州事，翼曰[三]：「和集鄉里，我不如封皮。」乃奉隆之，回子也。爲敬宗舉哀，將士皆縞素，升壇誓衆，辭氣激揚，莫不哀憤。於是移檄州郡，共討爾朱氏，仍受靈助節度。時饒安劉孟和與平昌劉海寶、弟叔宗俱聚衆襲滄州，以應高氏兄弟。昂以海寶權行滄州事。刁整假征東大將軍、滄冀瀛三州刺史，心附爾朱，遣弟子安壽襲殺海寶，而叔宗、孟和仍歸昂。殷州

〔二〕「昂」，底本作「昴」，今據《北齊書》卷二一《高昂傳》改；以下徑改，不注。
〔三〕「翼」，底本作「冀」，今據《通鑑》卷一五五改。

刺史爾朱羽生阻兵據州。無何，歡聲言討信都，人皆懼。南趙郡太守李元忠家居，迎歡，語之曰：「殷州小，無糧，不足以濟大事。若向冀州，高乾必爲明君主人。冀、殷既合，滄、瀛、幽、定自然弭服。」遂往信都，而乾等開門納之。元忠族叔景遺以俠聞，趨謁軍門。歡素聞其名，接之甚厚。命與元忠舉兵於西山，仍與大軍會。癸酉，主賜歡爵渤海王，徵使入朝，歡辭。加兆都督十州，南盡汾、晋，北極雲、朔，諸軍事，世襲并州刺史。歡辭不就徵〔二〕。世隆白主，以侯淵及驃騎大將軍、都督恒雲燕朔四州諸軍事代人叱列延慶討靈助，至安國城。淵畏其衆，謂延慶曰：「靈助善於卜占，百姓信惑，所在響應。未易可圖〔三〕，若萬一戰有利鈍，則大事去矣。未若還師西入，據關要險，以待其變。」延慶曰：「靈助，庸人也。天道深遠，豈其所識。大兵一臨，彼皆恃其妖術，坐看符厭，寧肯戮力致死，與吾争勝負哉！如吾計者，政欲出營城外，詭言西歸。靈助聞之，必信而自寬，潛軍往襲，可一往而擒。」淵從之，出頓城西，聲云欲還。丙申，簡千騎夜發，直抵靈助壘，戰斬之，傳首洛陽，支分其體。初，靈助起兵，自占勝負，曰：「三月之

〔二〕按：「歡辭不就徵」，《燕史》上文已有，此處重出。
〔三〕「未」，底本作「夫」，今據北大本、《魏書》卷八〇《叱列延慶傳》改；以下徑改，不注。

末，我必入定州，爾朱氏不久當滅。」及將戰，靈助自筮之，卦成不吉〔二〕，以手折蓍，棄之於地，云：「此何知也！」至見擒，首函入定州，果以三月末。文偉弃州，走還本郡，仍與高乾兄弟相影響。延慶除使持節、侍中、都督恒雲燕朔定五州諸軍事、定州刺史。堯雄字休武，長子人也。少驍果，善騎射，輕財重氣，爲時輩所重。永安中，拜宣威將軍、給事中、持節慰勞恒燕朔三州大使，仍爲都督，從延慶平靈助，拜鎮東將軍、燕州刺史，封城平縣伯。四月，癸丑，以歡爲大都督、東道大行臺、冀州刺史。東道，謂太行、恒山以東也。六月，庚申，歡起兵於信都，詐爲書，稱爾朱兆將以六鎮人配契胡爲部曲。又爲并州符，發萬人，討步落稽。衆皆憂懼而從之反，未敢顯言叛爾朱氏。會元忠舉兵逼殷州，高乾殺羽生，乃抗表罪狀爾朱氏。以元忠行殷州事。景遺以功除龍驤將軍、昌平縣公，邑八百户。七月，爾朱世隆籍没楊津家，津子愔逃，見歡，言討爾朱氏之策，歡署行台郎中。龐蒼鷹自太原來奔〔三〕。以爲行臺郎，尋以爲安州刺史。九月，癸巳，恭以子恕爲渤海王。十月，壬寅，歡立章武王融子渤海太守朗於信都，改元中興。

〔二〕「吉」，底本作「及」，今據《魏書》卷九一《術藝列傳·劉靈助傳》改。
〔三〕「龐」上，底本衍「時第一鎮酋長」六字。按《北齊書·神武紀上》，「第一鎮人酋長」爲北魏節閔帝授予高歡的加官，非龐蒼鷹官銜，《燕史》誤，今據删。

以歡爲侍中、丞相、都督中外諸軍事、大將軍、録尚書事、大行臺，以高乾爲侍中、司空，高昂爲驃騎將軍、儀同三司、冀州刺史，終其身。乾字乾邕，昂字敖曹。慎字仲密[一]，起家除滄州刺史，尋轉光州，乾之弟，昂之兄也。其父翼，卒贈都督冀定瀛幽等六州事[二]。文偉遣子懷道奉啓陳誠，歡嘉納之，除安東將軍、安州刺史。時安州刺史盧曹從靈助起兵，未降文偉，仍居帥任，行幽州臺事，加鎮軍、正刺史。曹因靈助敗，據幽州降爾朱兆，兆仍以爲刺史，據城不下。文偉不得入州，即於郡所爲州治，召盧勇，不應。李愍者，元忠之宗人也，前易陽郡太守，遷樂平，未之郡，自率所部西保石門山[三]，潛與靈助、盧曹等同舉，敗而愍遂入西門。歡以書招之，擁衆來赴。歡親迎之，除持節、將軍、相州刺史。

二年，正月，壬午，高歡拔鄴，召李愍守之。二月，甲子，以歡爲大丞相、柱國大將軍、太師。閏三月，庚申，隴西王爾朱天光等衆二十萬會歡兵於鄴。歡大都督高敖曹將鄉里部曲三千人以從，歡曰：「高都督所將皆漢兵，恐不足集事。欲割鮮卑兵千餘人

〔一〕「仲」，底本作「子」，今據《北齊書》卷二一《高慎傳》改。
〔二〕「六」，底本作「十」，今據《北齊書》卷二一《高乾傳》改。
〔三〕「率」，底本作「其」，今據《北齊書》卷二二《李愍傳》改。

相雜用之，何如？」敖曹曰：「敖曹所將，練習已久，前後格鬬，不減鮮卑。今若雜之，情不相合，勝則争功，退則推罪，不煩更配也。」壬戌，與戰，以千騎横擊而大敗之。兆對慕容紹宗撫膺曰：「不用公言，以至於此！」欲輕騎西走，紹宗反旗鳴角，收散卒成軍而去。四月，辛巳，歡幽王恭於崇訓寺。戊子，廢主朗而立平陽王脩，廣平王懷第三子也。即位於洛城東郭，改元太昌。以歡爲大丞相、天柱大將軍、太師，世襲定州刺史[一]。車騎大將軍祖瑩以太常行禮，封文安縣子。壬辰，歡還鄴。五月，丙申，恭殂，後謚節閔。歡以安州刺史盧文偉，累加散騎常侍。李景遺以使持節、大都督、左將軍[二]，進爵昌平郡公，增邑三百户，加車騎將軍。六月，丙寅及乙酉，庫莫奚、契丹朝貢。九月，癸卯，進燕郡開國公賀拔允爲王。十月，癸丑，以廢主子渤海王恕改沛郡王。十一月，甲辰，殺安定王朗、東海王曄。十二月，丁亥，改元永熙。贈劉靈助使持節[三]、散騎常侍、都督幽瀛冀三州諸軍事、驃騎大將軍、尚書左僕射[四]、開府儀同三司、幽州刺史，謚

[一]「定」，底本作「守」，今據福建本、《北齊書·神武紀上》、《通鑑》卷一五五改。
[二]「大」，底本脱，今據《北齊書》卷二二《李景遺傳》補。
[三]按：「贈劉靈助使持節」，據《魏書·劉靈助傳》，此事在「永熙二年」，《燕史》疑誤。
[四]「僕」，底本作「鄴」，今據福建本、《魏書·劉靈助傳》改。

曰恭。子宗輝襲。

孝武永熙二年，正月，丁酉，爾朱兆爲高歡所破，自殺，其氏滅。罷諸行臺。丁巳，以驃騎將軍、前滄州刺史高聿爲驃騎將軍，儀同三司[一]。三月，己丑朔，加驃騎大將軍、滄州刺史賈顯智開府儀同三司。在州貪縱，甚爲民害，尋徵還京師，加授侍中。無極人也。辛卯，詔以前晉解行臺[二]，今高車阿至羅相率降欵，復以歡爲大行臺[三]，隨機裁處。甲午，上以歡有異圖，以司空高乾負兩端，彼此漏泄，賜死。其弟光州刺史仲密、徐州刺史敖曹奔晉陽[四]。七月，關中大行臺賀拔岳府司馬宇文泰請使晉陽，以觀歡之爲人。泰返，謂岳曰[五]：「歡所以未篡者，正憚公兄弟耳。公潛爲之備，圖歡不難。」岳大悦。

三年，二月，秦州刺史侯莫陳悦通於高歡，誘殺賀拔岳。以宇文泰爲大都督，統岳軍討悦，悦縊死於野。四月，戊午，契丹朝貢。六月，丁巳，歡上表，極言泰及侍中、兼領軍使斛斯椿罪惡。上乃召荆州刺史賀拔勝，加泰兼尚書僕射，爲關西大行臺。辛卯，

〔一〕「司」下，底本衍「事」字，今據福建本、《魏書》卷一一《出帝紀》删。
〔二〕「解」，底本作「鮮」，今據福建本、北大本、《魏書・出帝紀》改。
〔三〕「復」，底本作「服」，今據福建本、《魏書・出帝紀》、《通鑑》卷一五六改。
〔四〕「敖」，底本作「教」，今據福建本、北大本、《北齊書》卷二一《高昂傳》、《通鑑》卷一五六改。
〔五〕「謂」，底本作「詔」，今據《周書》卷一《文帝紀上》、《通鑑》卷一五六改。

下詔戒嚴伐梁，實謀北討。七月，己丑，帝親帥六軍十餘萬次河橋。歡遂勒兵南向洛陽，使僕射孫騰爲滄瀛幽安等八州行臺。丙午，上與南陽王寶炬、清河王亶、廣陽王湛等以五千騎東渡河，宿於瀍西。夜，亶、湛逃歸，獨武衛將軍獨孤信單騎追及，上賜御馬，進爵浮陽郡公〔一〕。戊申，上西奔長安。己酉，歡入洛陽。八月，甲寅，歡推清河王亶爲大司馬〔二〕，承制決事。泰備法駕，迎上入長安，自是爲西魏，而令不東行矣。辛酉，歡自追迎駕。九月，發晉陽，凡四十啓，上皆不報。己酉，歡東還。十月，至洛陽，又表請還宮，上不答。丙寅，乃立亶子善見爲帝，年十一，改元天平，是爲東魏。贈高乾冀定幽瀛等十州軍事。時安州恃險遠不賓，歡以大行臺左丞高慎爲僕射，平之。又以封隆之爲安德郡公，贈其妻祖氏爲范陽郡君。戊辰，齊州刺史侯淵襲高陽郡，克之，斬東萊王元貴平，傳首洛陽。丙子，歡奉上遷鄴，召祖瑩議之〔三〕，以功遷儀同三司，進爵爲文安伯。十二月，丁卯，燕郡王賀拔允卒，賜死也。丙子，遣侍中封隆之等五人爲大使，巡諭天

〔一〕「浮」，底本作「漁」，今據《周書》卷一六《獨孤信傳》、《北史》卷六一《獨孤信傳》改。
〔二〕「亶爲大」，底本脱三字，今據福建本、北大本、《魏書·出帝紀》、《通鑑》卷一五六補。
〔三〕「議」，底本作「儀」，今據福建本、北大本、《魏書·祖瑩傳》改；以下徑改，不注。

下。班書州郡，誡約牧守令長〔二〕，稱中山太守竇瑗，以爲勸厲焉。尋使持節、征東將軍、平州刺史，在州政如郡政，聲譽甚美，爲吏民所懷。盧恭道自父文偉據范陽〔三〕，屢經寇難，助父防守。七兵尚書郭秀素與交欵，及任事，每稱荐之。歡亦聞其名，時除龍驤將軍、范陽太守。在郡有德惠。先文偉卒，贈使持節、都督幽平二州軍事〔三〕、幽州刺史、度支尚書，謚曰定。李裔爲大丞相參軍，預定策功，封固安縣開國伯，食邑四百户，加征東將軍。閏月，癸巳，西魏主脩與泰有隙，爲酖而殂，謚孝武。泰立南陽王寶炬。

東魏孝靜帝天平二年，正月，戊申朔，西魏主即位，改元大統〔四〕。己酉，進其丞相、略陽公泰爲都督中外諸軍、録尚書事、大行臺，改封安定郡公。己巳，褒詔歡爲相國、假黄鉞、殊禮，固辭。二月，己丑，東南道大都督尉長命平兗州寇樊子鵠，轉鎮范陽城。長命，太安狄那人也。父顯，鎮遠將軍、代郡太守。長命性和厚，有器識。及歡建大義，參計策，拜安南將軍。轉北，就拜幽州刺史、督安平二州事。州居北垂，土荒民散，長

〔二〕「誡」，底本作「誠」，今據福建本、北大本、《魏書·良吏列傳·竇瑗傳》改。
〔三〕「恭道」，底本二字互乙，今據《北齊書》卷二二《盧恭道傳》正。
〔三〕「事」，底本作「士」，今據福建本、《北齊書·盧恭道附郭秀傳》改。
〔四〕「大」，底本作「天」，今據《北史》卷五《魏本紀第五》、《通鑑》卷一五七改。

命雖多聚斂，然以恩撫民，少得安集。尋以疾去職。未幾，復徵拜車騎大將軍、都督西燕幽滄瀛四州諸軍事、幽州刺史。卒於州，贈以本官，加司空，謚武壯。三月，壬申，歡入朝于鄴，以孝武帝后，歡長女也，妻彭城王韶。歡先納敬宗后，生子湝[一]。春，契丹朝貢。七月，西魏下詔數歡二十罪，歡亦移檄于西魏，以討宇文黑獺逆徒。

三年，正月，甲子，詔加歡九錫，固辭而止。二月，丁酉，渤海世子高澄年十五，以使持節、尚書令、大行臺、并州刺史入輔政[二]，加領軍、左右京畿大都督，以鮮卑、高車酋庶皆隸之。遷瀛州別駕崔伯謙爲京畿司馬[三]，勞之曰：「卿騁足瀛部，已著康歌，督府務殷，是用相授。」三月，丁卯，范陽人盧公纂，字仲延，率流人以陽夏太守叛，大都督元整等平之。八月，涿州隕霜，大飢。

四年，六月，壬申，歡遊汾陽燕京山之天池，得奇石，隱起成文，曰：「六王三川。」以問行臺郎中陽休之，對曰：「六者，大王之字。王者，當王天下。河、洛、伊爲三川，涇、渭、洛亦爲三川。大王若受天命，終應奄有關、洛。」歡曰：「世人無事常言

[一]「湝」，底本作「攸」，今據《北齊書》卷一〇《彭城王傳》改；以下徑改，不注。
[二]「輔」，底本作「轉」，今據福建本、《北齊書》卷三《文襄帝紀》、《通鑑》卷一五七改。
[三]「崔伯謙」，底本作「孟業」，今據《北齊書》卷四六《循吏列傳·崔伯謙傳》改。

我反，况聞此乎！慎勿妄言！」行臺郎中中山杜弼承間勸歡受禪，歡舉杖擊走之。九月，柔然爲西魏來侵，歡擊走之。歡每號令軍士[一]，常令丞相屬代郡張華原宣旨，其語鮮卑則曰：「漢民是汝奴，夫爲汝耕，婦爲汝織，輸汝粟帛，令汝温飽，汝何爲陵之？」其語華人則曰：「鮮卑是汝作客，得汝一斛粟，一匹絹，爲汝擊賊，令汝安寧，汝何爲疾之？」時鮮卑共輕華人，惟憚高敖曹。歡號令將士，常鮮卑語，敖曹在列，則爲之華言。以爲軍司、大都督，統七十六都督。十月，己酉，西魏大行臺元季海、大都督獨孤信逼洛州，刺史廣陽王湛棄城歸鄴。壬辰[二]，宇文泰大破歡軍於沙苑[三]，拜柱國大將軍[四]。十二月，河南諸州多失守。河間邢磨納、范陽盧季禮、仲禮及從弟景裕等皆起兵海隅[五]，以應西魏。以安州刺史盧文偉行東雍州事，而文偉召季禮，不應。

元象元年，五月，阿那瓌掠幽州范陽，南至易水。八月，辛卯，歡大破西魏兵於河

〔一〕「每」，底本作「常」，今據《北齊書》卷四六《循吏例傳·張華原傳》、《通鑑》卷一五七改。
〔二〕「壬」上，底本衍「十一月」三字，今據《周書》卷二《文帝紀下》、《通鑑》卷一五七删。按：二書此事皆在「十月壬辰」，且在「己酉」事前，《燕史》失次。
〔三〕「文」，底本作「大」，今據《周書》卷二《文帝紀下》、《通鑑》卷一五七改。
〔四〕「大」，底本作「上」，今據《周書·文帝紀下》、《通鑑》卷一五七改。
〔五〕「隅」，底本作「陽」，今據《通鑑》卷一五七改。

陰。九月，大都督賀拔仁擊邢磨納、范陽盧氏，平，獲景裕、仲禮等。歡免其罪，置之賓館，以經教授太原公以下。以季禮爲丞相主簿。以都督步大汗薩行燕州事〔二〕。樂城公堯傑先爲爾朱兆滄州刺史〔三〕，至瀛州，知兆敗，降歡，留行瀛州事。自伯進爵爲公，出爲磨城鎮大都督，轉安州刺史，卒於州。時安州陷於天平，寄治幽州北界也。贈使持節、滄瀛二州諸軍事、尚書左僕射。從弟雄，從兆敗於廣阿〔三〕，率所部據定州，歸歡，尋以爲車騎大將軍〔四〕，代傑於瀛州。行臺薛琡表平西將軍盧懷道行平州事，徵赴霸府。文偉之子，初奉啟詣歡者也。是年，徵封第八子湝爲章武郡公。江果在安州，賊勢轉盛，臺援不接。果以阻隔強寇，内徙無由，乃携諸弟并率城民東奔高麗。至平定，詔高麗送果，是時還朝。

興和元年，五月，甲戌，立皇后，高氏歡女也。六月，乙酉，以尚書左僕射司馬子如爲山東黜陟大使，尋爲東北道大行臺，差選勇士〔五〕。十一月，乙丑，歡朝於鄴，辭渤海

〔二〕「步」，底本作「涉」，今據《北齊書》卷二〇《步大汗薩傳》改。
〔三〕「堯」，底本作「光」，今據《北齊書》卷二〇《堯傑傳》改。
〔三〕「阿」，底本作「河」，今據《北齊書》卷二〇《堯雄傳》改。
〔四〕「車」，底本作「率」，今據《北齊書·堯雄傳》改。
〔五〕「勇」，底本脱，今據《魏書》卷一二《孝靜帝紀》補。

王及都督中外諸軍事，詔不許。

二年，西魏遥授安西將軍、晋州刺史范陽盧光携家西入，除丞相府記室參軍，賜爵范陽縣伯。

三年，二月，辛亥，西魏幽州刺史、順陽王仲景坐事賜死。五月，歡巡北境，遣使與柔然通和。時禁網疎闊，官司相爲聚斂，唯豫州刺史堯雄義然後取，復能接下以恩，甚爲吏民所懷附。又在邊著績，徵還，尋領司、冀、瀛、定、齊、青、膠、兖、殷、滄十州士卒十萬，巡行西南，分守險要。尋卒於鄴。歡以諸州調絹不依舊式，民甚苦之，奏令悉以四十尺爲疋。自喪亂以來，農商失業，六鎮之民，相帥内徙，就食齊、晋，歡因之以成霸業。東西分裂，連年戰争，河南州郡，鞠爲茂草，公私困竭，民多餓死。歡命諸州濱河及津、梁，皆置倉積穀，以相轉漕，供軍旅，備饑饉。又於幽、瀛、滄、青四州傍海煮鹽，共竈滄千四百八十四[一]，瀛四百五十二，幽百八十，青五百四十六，又於邯鄲四，計終歲，其鹽二十萬九千七百二斛四升，軍國所資，粗得周贍。至是，東方連歲大稔，穀斛至九錢，山東之民稍復蘇息矣。十月，甲寅，班《麟趾新制》。時竇瑗爲平

[一]「八十四」，底本脱「四」字，今據《魏書》卷一一〇《食貨志》補。

州刺史，宣示，尋入朝議之，語在本傳。除大宗正卿〔一〕，領本州營州大中正。

四年，六月，丙申，復前侍中、樂浪王忠爵。

武定元年，二月，壬申，北豫州刺史高仲密據虎牢附西魏，爲其侍中、司徒，封渤海公。盧叔仁，范陽涿人也。年十八，州辟主簿，舉秀才，除員外郎。以親老，乃辭歸就養。父母既歿，哀毀六年，躬營墳壟，遂有終焉之志。魏景明中，被徵入洛，授威遠將軍、武賁中郎將，非其好也。尋除鎮遠將軍、通直散騎常侍，並稱疾不朝。乃出爲幽州司馬，又辭歸鄉里，當時咸稱其高尚焉。盧誕〔二〕，幼而通亮，博學有詞彩。郡辟功曹，州舉秀才，不行。起家侍御史、輔國將軍、太中大夫、幽州别駕、北豫州都督府長史。時刺史高仲密以州歸朝，朝遣大將軍李遠率軍赴援。誕與文武二千餘人奉候大軍，以功授鎮東將軍、金紫光禄大夫，封固安縣伯，邑五百户〔三〕。尋加散騎侍郎，拜給事黄門侍郎。八月，歡召夫五萬，於肆州北山築城〔四〕，西自馬陵戍，東至土墱，四十日罷。張亮字

〔一〕「正」，底本脱，今據《魏書・良吏列傳・竇瑗傳》補。
〔二〕「盧」，底本作「李」，今據《周書》卷四五《儒林列傳・盧誕傳》改。
〔三〕「五」，底本作「三」，今據《周書・儒林列傳・盧誕傳》改。
〔四〕「肆」，底本作「四」，今據福建本、北大本、《北齊書・神武紀上》改。

伯德，隰城人也，時拜太中大夫。薛琡嘗夢亮於山上挂絲，以告亮，且占之曰：「山上絲，幽字也。君其爲幽州乎？」數月，出爲幽州刺史。河間貢孝廉鄭人權會，策居上第，解褐四門博士。

二年，正月，地豆干朝貢。三月，癸巳，歡巡行冀、定二州，總合河北六州文籍，商校户口增損，親自部分，多在馬上，徵責文簿，指景取備，事緒非一。瀛州長史高邑李稚廉〔一〕，每應機立成〔二〕，恒先期會，莫不雅合深旨，爲諸州准的。顧東北道行臺司馬子如曰：「觀稚廉處分，快人意也。」因集文武數萬人，令郎中杜弼宣旨慰勞，仍詰諸州長史、守令〔三〕，諸人並謝罪，稚廉獨前拜恩，觀者咸嘆美之。其日，賜以牛酒。瀛州刺史韓軌，字百年，狄那人也。在州聚斂，爲御史糾劾，削除官爵。時李繪字敬文，趙郡柏人人也。使梁回，以常侍拜平南將軍、高陽内史。郡境舊有猛獸，民常患之。繪欲修檻，遂因鬪死，咸以爲化感所致，皆請申上，繪不聽。歡東巡郡國，瀛州城西駐馬久立，使慰之曰：「孤在晋，知山東守唯卿一人用意。及入境觀風，信如所聞。但善始令終，將

〔一〕「廉」，底本脱，今據福建本、北大本、《北齊書》卷四三《李稚廉傳》補。
〔二〕「機」，底本脱，今據《北齊書·李稚廉傳》補。
〔三〕「詰」，底本作「詣」，今據《北齊書·李稚廉傳》改。

位至不次。」河間守崔謀恃其弟暹勢，從繪乞麋角、鴒羽。繪答書曰：「鴒有六翮，飛則冲天。麋有四足，走便入海。下官膚體疏懶，手足遲鈍，不能逐飛追走，遠事佞人。」是時，澄使暹選司徒長史，暹荐繪，既不果，咸謂由此書也。子如廵檢諸州，守令已下，委其黜陟。至定州，斬深澤縣令，至冀州，斬東光縣令，皆稽留時漏，致之極刑。若言有進退，少不合意，便令武士頓曳，白刃臨項。士庶惶懼，不知所爲。壬子，轉尚書令。四月，室韋遣使張焉豆伐等獻方物。室韋與契丹國連，其南者爲契丹，北者號室韋。有五部，不相總一，所謂南室韋、北室韋、钵室韋、深末怛室韋、大室韋，並無君長，人衆貧弱，蓋契丹之類也。五月，丁酉〔二〕，太尉、廣陽王湛卒。

三年，二月，西魏丞相泰始通使於突厥。突厥本西方小國，姓阿史那氏，世居金山之陽，爲柔然鐵工。至其酋長土門始大，頗侵魏西邊。魏使至，其國人皆喜曰：「大國使者至，吾國其將興矣。」自此通中國，後西魏引以攻幽、燕。十月，丁卯，歡上言：「幽、定、安三州，北接蠕蠕，請於險要修立城防以戍之〔三〕。」躬自臨履，莫不嚴固。是

〔二〕「丁」，底本作「乙」，今據《魏書·孝静帝紀》、《通鑑》卷一五八改。
〔三〕「立」，底本作「五」，今據《北齊書·神武紀下》改。

年，驃騎大將軍、儀同三司李元忠卒。父顯甫，爲安州刺史。元忠居喪以孝聞，卒，贈使持節、督定冀殷幽四州諸軍事、大將軍、司徒、定州刺史，謚敬惠[一]。

四年，室韋、地豆干朝貢。

五年，正月，丙午，相國、渤海王歡卒。辛亥，司徒侯景據潁川，率河南六州附西魏，授太傅、河南大行臺、上谷郡公。七月，景復背西魏，遣使乞附於梁。戊戌，詔贈相國、齊王，備九錫殊禮，謚曰獻武。以澄爲使持節、大丞相、都督中外諸軍事、録尚書事、大行臺、渤海王。是月，以楊紹爲燕州刺史。紹屢從征戰，録其前後功，除之。

六年，六月，大將軍澄巡北邊城戍，賑賜有差。十月，戊申，侯景反於梁。高湝，字子深，歡第五子也。先是，淮陽王元孝友，少有時譽，累遷滄州刺史，爲政温和，好行小惠，不能清白，而無所侵犯，百姓亦以此便之。是年，湝出爲滄州刺史，爲政嚴察，部内肅然。守令參佐，下及胥吏，行游往來，皆自齎粮食。纖介知人間事。有主簿張達，嘗詣州，夜投人舍，食鷄羹。湝對衆曰：「食鷄羹何不還價直？」達伏罪，合境號爲神

[一]「州諸軍事、大將軍、司徒、定州刺史，謚敬惠」，底本脱十六字，今據《北齊書》卷二二《李元忠傳》補。

明。又有一人從幽州來，驢馱鹿脯〔二〕。至滄州界，脚痛行遲，偶會一人爲伴，遂盜驢及脯去。旦告州，浟乃令左右及府僚吏分市鹿脯，不限其價。其主見脯，識之，推獲盜者。轉都督、定州刺史。時有被盜黑牛，背上有白毛。長史韋道建謂中從事魏道勝曰〔三〕：「使君在滄州日，擒姦如神，若捉得此賊，定神矣。」浟乃詐爲上府市牛皮，倍酬價直，使牛主認之，因獲其盜。建等嘆服〔三〕。是年，西魏車騎大將軍李標從兄柱國大將軍弼討稽胡功，除幽州刺史。其先，遼東襄平人也。室韋朝貢。

七年，四月，大行臺、燕郡景惠公慕容紹宗卒。甲辰，進大將軍、渤海王澄位相國，封齊王，加殊禮，食冀州之渤海、長樂、安德、武邑、瀛州之河間五郡。是月，侯景弒蕭主衍。八月，辛卯，澄爲蘭京盜殺。是年，中書侍郎、兼尚食典御陽休之除太子庶子，遷給事黄門侍郎，進中軍將軍、幽州大中正。陽休之〔四〕，北平無終人也。室韋、地豆干朝貢。

〔二〕「脯」，底本作「捕」，今據福建本、北大本、《北齊書》卷一〇《彭城王浟傳》改。
〔三〕「建」，底本脱，今據《北齊書·彭城王浟傳》補。
〔三〕「建」，底本作「道」，今據《北齊書·彭城王浟傳》改。
〔四〕「休」，底本脱，今據《北齊書》卷四二《陽休之傳》補。

八年，正月，丁卯，贈澄備殊禮，謚文襄。戊辰，詔進太原公高洋位丞相、都督中外諸軍、録尚書事、大行臺、齊郡王。甲戌，地豆干、契丹朝貢。三月，庚寅，進齊郡王爵爲齊王。四月，西魏封皇子儒爲燕王。五月，甲寅，詔齊王爲相國，總百揆，封冀州之渤海、長樂、安德、武邑，瀛州之河間、高陽、章武，定州之中山、常山、博陵十郡，二十萬户[一]，備九錫之禮如故。是時，渤海高德政爲齊王管記，親昵莫比。北平太守宋景業及金紫光禄大夫徐之才等皆善圖讖，以爲太歲在午，當有革命，因德政以白洋，勸之受禪。洋以告婁太妃，太妃曰：「汝父如龍，兄如虎，猶以天位不可妄據，終身北面。汝獨何人，欲行舜、禹之事乎！」洋以告之才，之才曰：「正爲不及父兄，故宜早升尊位耳。」洋鑄像卜之而成，召諸勳貴議之，莫敢對。長史杜弼曰：「關西，國之勍敵，若受魏禪，恐彼挾天子[二]，自稱義兵而東向，王何以待之！」之才曰：「今與王争天下者，彼亦欲爲王所爲，縱其屈彊，不過隨我稱帝耳。」弼無以應。遂議禪，而名儒李鉉從駕還都。鉉，渤海南皮人也。家素貧苦，常春秋務農，冬乃入學。年十六，從漁陽

[一]「二」，底本作「三」，今據《魏書・孝静帝紀》、《北齊書》卷四《文宣帝紀》改。
[二]「彼」，底本作「被」，今據福建本、《通鑑》卷一六三改。

鮮于靈馥受《左氏春秋》[二]。年二十七，歸養二親，因教授鄉里，生徒至數百，燕、趙間能言經者，多出其門。獻武時妙簡碩學，以教諸子，文襄以鉉應旨，徵詣晉陽。嘗與北平陽絢等同居東館，師友諸王。至是，將受禅，乃與俱還。

郭造卿曰：孝文遷洛陽，嘆晉誦《黍離》而流涕焉，居亡何，亂播遷而史氏如訟矣。夫宗周弃之秦，則秦而東者，爲周也。其云西周者，有追盛之稱焉，有紀哀之稱焉，世殊而地則異矣。今魏存者收之書，故其紀無西，爲齊托禅於東，是但東焉以也。隋則托禪於周，而推西者爲正。西者東所立，弃社稷以奔，就黑獺而爲之挾，即禽獸行，所亡視歡所更立，如何哉！故東、西唯所繫，篡於齊則齊，篡於周則周，未篡並爲魏焉，所謂正、僞者誰？西尚存其名，東則居其實，燕何擇而舍諸。

[二] 「漁」，底本作「范」，今據《北齊書》卷四二《儒林列傳·李鉉傳》改。

北京古籍叢書

[明]郭造卿 著 邱居里 輯錄點校

燕史

下

全國高校古籍整理研究工作委員會直接資助項目
2014年度北京市古籍整理出版資助項目

燕道記

燕道記一[一]

郭造卿曰[二]：隋煬撫一統而騁三駕[三]，勞營特甚，務以吞遼矣。廼孽由兹作，而禍首於涿。懷遠督運之夫，即爲代己之君。發兵詔集涿郡，蓋因無道暴甚，故得以恐民而遂其詐也。曾聞子來之朝，而有左閭之警乎？故漢祖崛起於五載，光武重興以三年。唐公突然聲罪，不事盜詐之效尤，期月以成帝業。事不必於半古，功之倍者無算，非其時勢然歟！蓋本天命有歸，而太宗爲之子也。當時假借名號，無慮

[一] 按：《燕道記》殘佚嚴重，全記今存三卷，各卷首尾不相銜接。《記一》始唐高祖武德元年，至高宗開耀二年，後有闕文，且無卷末「郭造卿曰」。《記二》始德宗興元元年五月李晟收復京城，至文宗太和七年，卷首、卷末均無「郭造卿曰」。《記三》始武宗會昌元年，至哀帝天祐四年梁篡唐亡，卷首、卷末亦無「郭造卿曰」。「一」，底本脱，今據福建本補。

[二] 按：《燕道記》前無敘，郭應寵取《燕道記一》卷首「郭造卿曰」，入《海嶽山房存稿》卷四，爲《燕道記敘》，今見本書下編燕史敘。

[三] 「煬」，底本作「陽」，今據福建本、北大本、下編《燕道記敘》改。

五十家，其叛服不常，又在於燕。故天下既定，禪位之謀甫成，稱幽、燕而叛者三，莫不謀奔於突厥。隋末實由之亡，唐初藉之以興焉。姑屈於外兇，以緩其内訌；且藉以内芰，廼紓乎外患。至頡利爲禽，以雪臣事之羞。繇突利畔降，及奚、契丹等服，直於幽之東偏者，失其肩背而狼疾也。故遠交乎突利，而結盟於香火；實近攻乎頡利，而受俘於京師也。貞觀盛而北狄伏，以此。然聖治内親而詳，外踈而略，所以遠侮而省勞也〔一〕。漢武都護，已勤内人；太宗置府，豈爲得策？蓋不驅之漢北，而使處幽、靈間，不令各從其土俗任貢，而置吏如漢儀，將以比内地，不久而郡縣之矣。獨有遼左，以爲遺憾焉。卒之西北疆宇多淪虜中，而終唐夷警未嘗絶書者，豈非曲爲彼謀者，究必成乎自斃歟？自是而後，謀日左矣。

高祖諱淵，字叔德，姓李氏，隴西成紀人。其七世祖暠〔二〕，當晉末，爲凉武昭王。曾祖熙，爲金門鎮將而戍武川〔三〕，因家焉〔四〕。熙之孫太尉虎，西魏賜姓大野氏，佐周代魏，

〔一〕「也」，底本脱，今據福建本、北大本、下編《燕道記敘》補。
〔二〕「暠」，底本作「崧」，今據《舊唐書》卷一《高祖紀》、《新唐書》卷一《高祖紀》改（中華書局一九七五年點校本）。
〔三〕「門」，底本作「川」，今據《舊唐書·高祖紀》、《新唐書·高祖紀》改。
〔四〕「因」，底本脱，今據《舊唐書·高祖紀》、《新唐書·高祖紀》補。

爲八柱國之一，追封唐國公，其祖也。父昞，襲封爲柱國大將軍。淵襲封，復姓。隋大業中，遼東之役，以殿内少監、衛尉少卿遣督運粮於懷遠鎮。后竇氏，周武帝甥女也。聞隋篡周，自投牀下，曰：「恨我非男子，不能救舅家禍。」父上柱國毅遽掩其口，曰：「毋妄言，赤吾族！」常謂母長公主曰：「此女有奇相，且識不凡，何可妄與人。」因雀屏中選，歸唐，而卒於涿。楊玄感將亂，其兄弟從征在遼者皆逃歸，淵先覺以聞，煬帝遂班師，以爲弘化留守，節度關右諸郡兵，以禦玄感。後拜太原留守，破高陽賊歷山飛於西河。是時大亂而兵蜂起，其在燕域者，羅藝據幽州，高開道據北平，竇建德起河間。次子世民陰圖建義。時右勳衛長孫順德與右勳侍劉弘基皆避遼東之役[一]，與亡命晉陽，與世民善而圖之。世民使其客唐儉説淵曰：「公日角龍庭，性協圖讖，係天下望久矣。若外嘯豪傑，北招戎狄，右收燕、趙，濟河而南，以據秦、雍，湯、武之業也。」淵心然之，授大將軍府記室參軍。十三年，五月，甲子，起兵。乙巳，靈壽寇酋郗士陵降，以爲鎮東將軍、燕郡公。時隋故柳城太守楊林甫，幽州總管羅藝所黜，淵遣其子琮招之，挈郡以來，授檢校總管。十一月，甲子，唐兵入京師。尊隋帝爲太上皇帝，立代王爲皇

[一]「劉弘基」，底本脱三字，今據《通鑑》卷一八三補。

帝，改元義寧，自爲大丞相，封唐王，加殊禮、相國、九錫。次年，五月，戊午，稱禪，爲皇帝。

武德元年，五月，甲子，即位。罷幽、燕等郡，復置州，以太守爲刺史。時凡邊要州皆置總管府，以統數州之兵。辛未[一]，始畢遣骨咄禄特勒來，宴之太極殿，奏九部樂。是時避亂者多入突厥，突厥强盛，東自契丹、室韋，西盡吐谷渾、高昌，皆臣之，控弦百餘萬。帝資其兵馬，前後餉遺不可勝記。突厥乃恃功，每遣使者至長安，輒驕倨。帝以中原未定，優容之。十二月，丁酉，隋襄平太守鄧暠以柳城、北平二郡來降[二]，以暠爲營州總管。初，宇文化及遣使招羅藝，藝曰：「我隋臣也。」斬其使者，爲煬帝發喪，臨三日。竇建德、高開道各遣使招之，藝曰：「皆劇賊耳，安足以共功名哉！」得隋通直謁者温彦博[三]，以爲司馬，贊成藝以幽州歸唐。藝令衆曰：「吾聞唐公已定關中，人望歸之，事無不成，此真吾主也。吾將從之，敢沮議者斬！」會張道源以户曹參軍慰撫山東，藝遂奉表，與漁陽、上谷等諸郡皆來降。癸未，詔以藝爲幽州總管。彦博爲府長史，字

[一]「辛」上，底本衍「六月」二字，今據《通鑑》卷一八五删。
[二]「降」，底本脱，今據福建本、《通鑑》卷一八六補。
[三]「直」，底本作「立」，今據《舊唐書》卷六一《温彦博傳》、《通鑑》卷一八六改。

大臨，并州祁人也。隋涿郡太守薛世雄卒於涿[二]，其子萬均、萬徹客幽州，俱以勇略爲藝所親待。詔以萬均爲上柱國、永安郡公，萬徹爲車騎將軍、武安縣公。建德既克冀州，兵威益盛，帥衆十萬寇幽州。藝將逆，萬均曰：「彼衆我寡，出戰必敗，宜以計勝。不若使羸兵背城阻水爲陳以誘之，彼必度水擊我。萬均請以精騎百人伏城旁，俟半渡擊之，蔑不勝矣。」藝從之。建德果引兵渡水，邀擊，大破之。建德竟不能至城下，乃分兵掠霍堡及雍奴等縣，藝復邀擊，敗之。凡相拒百餘日，建德不能克，乃還樂壽。道源撫慰燕、趙，争來欵附，帝下詔褒美，累封范陽郡公，雍州櫟陽人也[三]。

二年，閏二月，辛丑，竇建德斬宇文化及於聊城。其弟士及與帝素相結，嘗獻金環，通諄勤。化及敗，有謀起兵擊建德，以收河北、觀形勢者，士及乃來降。帝數之曰：「汝兄弟率思歸之卒，爲入關計，此時若得我父子，豈肯相存乎？今欲何地自處？」士及謝曰：「臣罪誠不容誅。但臣早奉龍顔，久存心腹。往在涿郡，嘗夜中密論時事。頃又奉所獻，冀以此自贖。」帝笑謂右僕射裴寂曰：「此人與我論天下事，至今已六七年

〔二〕「薛」，底本脱，今據《隋書》卷六五《薛世雄傳》、《舊唐書》卷六九《薛萬徹傳》補。

〔三〕「櫟」，底本作「樂」，今據福建本改。按：「雍州櫟陽人」，今據《舊唐書》卷一八七上《忠義傳上·張道源傳》、《新唐書》卷一九一《忠義傳上·張道源傳》，皆云道源「并州祁人」，《燕史》疑誤。

矣，公輩皆在其後。」時士及妹爲昭儀，有寵，由是漸見親待，授上儀同。三月，壬辰，鄧暠擊高開道，敗之。四月，隋將帥、郡縣及賊帥前後繼有降者，詔以王孝師爲滄州總管。六月，庚子，建德陷滄州。己酉，突厥使來告始畢可汗之喪，其子什鉢苾幼，未立，立其弟俟利弗設爲處羅可汗，仍尚始畢可賀敦隋義成公主〔一〕。以什鉢苾爲尼步設，使建牙，居東偏，直幽州之北。時聘使至豐州，而始畢死，詔留金幣，不遣。突厥怒，引兵南至河。范陽郡公張長遜遣原聘使出塞勞之，若專致賻者，虜引退。長遜改總管，封楊國公。九月〔二〕，庚寅，建德陷趙州，執總管張志昂及道源。建德以二人及邢州刺史陳君賓不早下〔三〕，欲殺之。其國子祭酒凌敬諫曰：「人臣各爲其主，彼堅守不下，迺忠臣也。今大王殺之，何以勵群下乎！」建德怒曰：「吾至城下，彼猶不降，力屈就擒，何可捨也！」敬迺曰：「今大王使大將高士興拒羅藝於易水，藝纔至，興即降，大王以爲何如？」建德乃悟，即命釋之。十月，己亥，賜幽州總管、燕公羅藝姓李氏，封燕郡王。

〔一〕「成」，底本作「陽」，今據《舊唐書》卷一九四上《突厥傳上》、《新唐書》卷二一五上《突厥傳上》、《通鑑》卷一八九改。

〔二〕「九」，底本作「七」，今據《新唐書·高祖紀》、《通鑑》卷一八七改。

〔三〕「人」，底本作「月」，今據福建本、《通鑑》卷一八七改。

辛丑，藝破建德於衡水。樊興從征，累積戰功，封營國公，賜物二千段，黃金三十鋌[二]。十一月，丙子，建德陷黎州，執河北大使、淮安王神通等，釋之。是年，契丹入寇平州。

三年，正月[三]，甲午，竇建德僭稱夏王。先是，隋煬帝蕭后及齊王暕子政道陷於其所，至是，處羅迎之於牙所，立爲隋王。隋末中國人在虜庭者悉隸之，行隋正朔，置百官，居於定襄城，有徒一萬。四月，甲寅，秦王世民及宋金剛戰於雀鼠谷，大破之。壬戌，敗劉武周於洺州。武周聞金剛敗，大懼，亡入於突厥。金剛亦入突厥，未幾，謀走上谷，突厥追獲，要斬之。右武衛大將軍姜寶誼爲金剛所虜，死之。賊平，詔迎其柩，贈左衛大將軍、幽州總管，謚曰剛。五月，建德遣高士興擊李藝於幽州，不克，退軍籠火城。藝襲擊，大破之，斬首五千級。七月，壬戌，秦王討僞鄭王世充，以上谷公王君廓自洛口斷其餉道。君廓本群盜，帝興義兵，招之，不從，而歸李密。密不禮，復來歸，授上柱國，假河內太守、常山郡公，頃遷遼州刺史，徙封上谷。丙申，武周謀歸馬邑，突厥殺之於白道。十月，庚子，高開道遣使來降。開道之襲殺高曇晟，并其衆。是年，

[二]「三十鋌」，底本作「二十鋌」，今據《舊唐書》卷五七《樊興傳》改。
[三]「正」，底本作「二」，今據《舊唐書·高祖紀》改。

復稱燕王，建元，署百官。建德之圍幽州也，藝告急於開道。開道帥二千騎救之，建德懼其驍鋭，引去。開道因藝遣使來降。戊申，以爲蔚州總管，賜姓李氏，封北平郡王。開道請降，受之宜也。然未能如耿況之遣子，竇融之入朝矣，且未如藝之效力，而拜爵賜姓，無乃太優乎！藝卒不可保，宜開道之飀去也。尋以精騎五百抵幽州，欲圖藝。自從數騎入都督府，且覩藝，而與張飲盡歡，知不可圖，遂去。建德帥衆二十萬復攻幽州，兵已攀堞。薛萬均、萬徹帥敢死士百人從地道出其背，掩擊之，潰走，斬首千餘級。藝兵乘勝薄其營。建德陳於營中，填塹而出，奮擊，大破之。建德逐北，至其城下，攻之，不克而還。十一月，僞梁師都遣其尚書陸季覽説處羅曰：「比者中原喪亂，分爲數國，勢均力弱〔二〕，故皆北附突厥。今武周既滅，唐國益大，師都甘從亡破，亦恐次及可汗。不若及其未定，南取中原，如魏道武所爲，師都請爲鄉導。」處羅從之，謀使莫賀咄設入自原州，泥步設與師都入自延州，處羅入自并州，突利可汗與奚、霫、契丹、靺鞨入自幽州，會建德之師，自滏口西入，會於晉、絳。莫賀咄設者，處羅之弟咄苾，啓民第三子

〔二〕「勢」，底本作「藝」，今據《舊唐書》卷五六《梁師都傳》、《通鑑》卷一八八改。

也。突利者，什鉢苾也。自泥步設而立爲可汗[一]，隋淮南公主之北也，遂妻之。處羅又欲取并州以居楊政道，其群臣多諫之。處羅曰：「我父失國，賴隋得立，此恩不可忘。」將出師而死。隋義成公主以其子奥射設醜弱，廢之，更立莫賀咄設，號頡利可汗，而公主又妻之。乙酉，頡利遣使告處羅喪，帝禮之如始畢。十二月，壬辰，藝破建德軍於籠火城。

四年，三月，庚申，以靺鞨渠帥突地稽爲燕州總管。是時，契丹鏖入抄邊境，至是，别部酋帥隋金紫光禄大夫孫敖曹與突地稽俱遣使内附，詔令於營州城傍安置，授雲麾將軍，行遼州總管。而它君長或小入寇。五月，壬戌，秦王禽竇建德於武牢。戊辰，王世充降，河南、北悉平。六月，庚子，營州人石世則執其總管晉文衍叛，附於靺鞨，奉突地稽爲主。七月，乙丑[二]，高句麗王建武遣使入貢，百濟、新羅亦貢，語在《貊記》。丁卯，以天下略定，大赦百姓，給復一年。癸酉，置錢監於洛、并、幽、益等州。是時，頡利承父兄資，士馬雄盛，有憑凌中夏之志。妻義成公主，公主從弟善經又説之曰：

[一] 「泥」，底本作「尼」，今據《舊唐書·突厥傳上》、《新唐書·突厥傳上》改。
[二] 「乙」，底本作「丁」，今據《通鑑》卷一八九改。

「昔啟民爲兄弟所逼，脱身奔隋，賴文皇帝力，有此土宇，子孫享之。今唐天子非隋子孫，可汗宜奉楊政道伐之，以報文皇帝德。」頡利然之，而請求無厭，言詞驕慢，時時爲寇，拘留使者。帝怒，亦留其使，而屢入寇焉。河北雖平，建德故將猶驚懼不安。高雅賢謀亂，遂以建德所封漢東公劉黑闥爲首，甲戌，反於漳南。朝廷置山東道行臺於洺州，魏、冀、定、滄並置總管府。丁丑，以淮安王神通爲河北道行臺右僕射。黑闥屢陷州縣，刺史多戰死，而建德舊黨稍稍出歸之，衆至二千人，爲壇祭建德，告以舉兵意，自稱大將軍。八月，丁亥，命太子安撫北邊[一]。詔發關中步騎三千，使將軍秦武通、定州總管李玄通會幽州總管李藝擊之。丁未，屯衛將軍王行敏徇燕、趙，與黑闥戰歷亭，破之。既而釋甲不設備，爲所掩，縛致麾下。使拜，不屈，死之。九月，神通將關内兵至冀州，與藝兵合。又發邢、洺、相、魏、恒、趙等州兵，合五萬餘，與黑闥戰於饒陽城南，布陣十餘里。黑闥衆少，依隄單行而陣以當之。會風雪，神通乘風擊之，既而風返，神通大敗，士馬軍資失亡三分之二。藝居西偏，擊雅賢，破之，逐奔數里，聞大軍不利，退保藁城。黑闥就擊之，藝亦敗。薛萬均、萬徹皆爲虜，截髮驅之，亡歸。藝引兵歸幽州。

[一]「子」，底本作「守」，今據《通鑑》卷一八九改。

黑闥勢大振，庚寅，陷瀛州，殺刺史盧士叡。時幽州大飢，高開道許粟賑之，藝遣老弱就食，皆厚遇之。藝喜，不以虞，乃發民三千人、車數百乘、驢馬千餘疋往受粟。乃悉留之，告絶於藝，復稱燕王，北連突厥，南結黑闥，引兵攻易州，不克，大掠而去。又遣其將謝稜詐降藝，請援。藝出兵應之，將至懷戎，稜襲擊破之。開道連突厥，數入寇，恒、定、幽、易等州騷然罹患矣。是時，黑闥屢陷諸郡，殺刺史，又破神通，於是移書趙、魏，建德將卒争殺唐官吏以應之。又破義安王孝常及李世勣，半載間，盡復建德舊境。十二月，丁卯，秦王世民、齊王元吉討之。

五年，正月，丙申，黑闥定都洺州，僭稱漢東王。庚寅，東鹽州治中王才藝殺刺史田華，以城應之。己酉，李藝將所部兵數萬會秦王討之。黑闥聞而留萬人，使其左僕射范願守洺州，自將拒藝，夜宿沙河。我永年令程名振載鼓六十具，於城西二里隄上急擊之，城中地皆震動。願驚懼，馳告黑闥，遽還，遣其弟十善與行臺張君立將萬兵，擊藝於鼓城。壬子，戰徐河，十善、君立大敗，所失亡八千人。二月，丙子，藝取黑闥定、欒、廉、趙四州，獲其尚書劉希道，引兵會秦王於洺州。三月，營于洺南，分兵屯水北。黑闥數挑戰，堅壁不應，别遣奇兵絶其粮道。黑闥運粮於冀、貝、滄、瀛諸州，水陸俱進。名振以千餘人邀之，沈其舟，焚其車。名振母潘、妻李没在賊中[一]，黑闥大怒，遂殺之。帝賂頡利，且許結昏，廼遣所執使還。庚子，遣使來修好，帝亦遣其使還。頡利與高開道、苑君璋合衆攻并州總管劉世讓於雁門[二]，月餘廼退。丁未，黑闥敗，與顧奔突厥。秦王盡復所陷州縣，山東平。突地稽引兵會定州，受秦王節度，以功封蓍國公[三]，徙其部落于幽州昌平城[四]。開道寇易州，殺刺史慕容孝幹。四月，丁卯，廢山東行臺，黑闥平也。六月，辛亥，黑闥引突厥寇河北、山東，詔蓺擊之。七月，黑闥至定州，其故將在鮮虞，復聚兵應之。甲午，以淮陽王道玄爲河北道行軍總管，討之。八月，辛亥，以洺、荆、交、并、幽五州爲大總管府[五]。九月，丙午[六]，開道寇蠡州，黑闥陷瀛州，殺刺史馬匡武。鹽州人馬君德以城叛，附黑闥。十月，己酉，詔齊王元吉討黑闥。契丹寇北平。乙丑，道玄與黑闥戰下博，敗死，山東震駭，州縣皆叛附黑闥，旬日間，盡復故地。

〔一〕「妻」，底本作「姜」，今據福建本、北大本、《舊唐書》卷八三《程名振傳》改。
〔二〕「管」，底本作「官」，今據《通鑑》卷一九〇改。
〔三〕「功」，底本作「公」，今據《舊唐書》卷一九九下《北狄傳·靺鞨傳》改。
〔四〕「部」，底本作「郭」，今據《舊唐書·北狄傳·靺鞨傳》、《通鑑》卷一九〇改。
〔五〕「洺」，底本作「洛」，今據《舊唐書·高祖紀》、《通鑑》卷一九〇改。
〔六〕「丙」，底本作「壬」，今據《新唐書·高祖紀》、《通鑑》卷一九〇改。

乙亥，黑闥進據洺州。十一月，庚辰，滄州刺史程大買爲迫，棄城走。元吉畏彊，不敢進。甲申，命皇太子討黑闥。乙酉，封宗室孝協爲范陽郡王[一]，孝友爲河間王。是歲，詔遣還隋高麗俘人，令其賓送隋人萬數。奚人來附，析初置饒樂都督府[二]，置鮮、崇等州。

六年，正月，己卯，劉黑闥所署饒州刺史諸葛德威執黑闥降。時黑闥爲官軍所逼，奔走至饒陽，從者纔百餘人，餒甚，入城求食。德威迎延入城，不可，德威涕泣固請，乃從至旁市中憩止[三]。德威饋食，未畢而執之，送詣太子。程名振請手斬其首祭母，尋以功拜營州都督府長史，封東平郡公[四]，賜物二千段，黄金三百兩。李藝從太子會洺州，請入朝[五]。庚午，以爲左翊衛大將軍。三月，高開道掠文安、魯城，驃騎將軍平善政破之。五月，癸卯，開道引奚騎寇幽州，突地稽破之。八月，辛未，開道以奚侵幽州，州兵却之。九月，壬寅，引突厥二萬騎寇幽州。十月，壬戌，突厥以開道兵善攻具，從陷馬邑。

〔一〕「協」，底本作「恭」，今據《舊唐書》卷六〇《宗室傳·長平王叔良附孝協傳》改。
〔二〕「析」，底本作「祈」，今據福建本改。
〔三〕「旁」，底本作「勞」，今據《舊唐書》卷五五《劉黑闥傳》、《通鑑》卷一九〇改。
〔四〕「平」，底本脱，今據《舊唐書·程名振傳》、《新唐書》卷一一一《程名振傳》補。
〔五〕「朝」下，底本衍「廟」字，今據《通鑑》卷一九〇删。

先是，隋廢周之蔚州，以靈丘縣屬肆州。今以雁門郡之靈丘、易州之飛狐地置蔚州[一]。是年，契丹君長咄羅遣使貢名馬、豐貂。室韋亦貢。其國部：曰嶺西，曰山北，曰黄頭，强部也，曰大如者，曰小如者，曰婆萵，曰訥北，曰駱丹，曰大，凡九。其諸部爲烏素固最西，與回紇接，而東爲移塞没，爲塞曷支[二]，爲和解，爲烏羅護，爲那禮，爲蒙兀，爲落俎。其稱烏丸國，古烏丸之遺人也。武德及是時[三]，亦遣使朝貢，謂之東室韋焉。竝在柳城東北，近者三千五百里[四]，遠者六千二百里。霫亦貢方物。

七年，正月，己酉，高麗王建武遣使請班曆。二月，丁未，遣使册封爲遼東郡王，百濟王扶餘璋爲帶方郡王，新羅王金真平爲樂浪郡王。戊午，改大總管府爲大都督府。高開道見群盗相繼平，欲降，自疑數反覆，恐得罪，不敢，且恃突厥，遂無降意。其將卒皆山東人，思歸心離。開道選勇士數百，謂之義兒親兵，常直閤内，使部將張金樹領之。所受黑闥故將張君立，與金樹密謀取之。金樹遣黨數人入閤内，與義兒戲，向夕，

〔一〕「今以雁門郡」，底本脱五字，今據《舊唐書》卷三九《地理志二》、《舊唐書》卷三九《地理志三》補。
〔二〕「曷」，底本作「冒」，今據福建本、《舊唐書·北狄傳·室韋傳》、《新唐書·北狄傳·室韋傳》改。
〔三〕「武德及是時」，《唐會要》卷九六作「武德八年」（臺灣影印清乾隆文淵閣《四庫全書》本）。
〔四〕「三」，底本作「二」，今據《舊唐書·北狄傳·室韋傳》改。

潛斷其弓弦，藏刀槊于床下。迨暝，金樹帥黨譟攻閤中，所遣者抱稍趨出[二]。義兒將禦之，而君立外舉火，内外惶擾，義兒争出降。開道知不免，擐甲挺刃坐堂上，與妻妾奏樂酣飲。衆憚其勇，不敢逼。天且明，縊妻妾及諸子，乃自殺。金樹悉斬義兒，并殺君立，死者五百餘人，遣使來降。己未，詔以其地置嬀州。壬戌，以金樹爲北燕州都督。

其稱亂者，邊庭號稱勇力，多材武，兩漢取天下，往往賴之，亦勇於公戰耳，不樂禍也。其如彭寵、開道，旋即誅滅，皆變生幕下，歸正義主，以成其富貴。蒼頭、假子，何爲哉！

六月，太子建成將謀秦王，密使右虞候率可達志從李藝發幽州突騎三百，置東宫諸坊，欲以補長上。爲告，帝召太子責之，而流志於嶲州。藝初入朝，帝待之甚厚。藝自以功高任重，無所降下。秦王左右嘗至其營，藝無故歐擊之。帝怒，以屬吏，久而迺釋，待之如初。至是，太子、秦王隙益深矣。八月，頡利、突利二可汗舉國入寇，道自原州，連營南上。關中霖雨，粮運阻絶，諸將憂見于色，頓兵於豳州[三]。二可汗卒萬餘騎奄至城西，乘高而陣，將士大駭。秦王世民親帥百騎馳詣虜陣，責可汗負誓背約，索之决戰。

[二]「稍」，底本作「稍」，今據福建本、《舊唐書》卷五五《高開道傳》、《新唐書》卷八六《高開道傳》改。
[三]「豳」，底本作「幽」，今據福建本、北大本、《舊唐書·突厥傳上》、《新唐書·突厥傳上》、《通鑑》卷一九一改。

頡利弗之測，笑而不對。世民又前，令騎告突利曰：「爾往與我盟，有急相救。今迺引兵來，何無香火之情也？」突利亦不應。世民前，將渡溝水。頡利見世民輕出，又聞香火之言，疑突利與有謀，迺遣止世民曰：「王不須渡，我無它意，更欲與王申固盟約耳。」乃引兵稍却。是後，世民潛師夜出，冒雨而進。突厥弓矢筋膠俱解，不可用，大驚。世民又遣説突利以利害，突利悦，聽命。頡利欲戰，突利不可，乃遣突利與其夾畢特勒阿史那思摩來見，請和親。世民許之。思摩，頡利之從叔也。突利因自托于世民，請結爲兄弟。世民亦以恩意撫之，與盟而去。壬申，思摩入見，帝引升御榻，慰勞之，賜爵和順王。豳州非幽州也，於突厥曷詳焉？突利，豳州之突厥，他日先降，而頡利迺禽，故凡其事詳之。

八年，六月，甲子，突厥寇定州，命皇太子往幽州，秦王往并州，備之。丙子，詔李藝仍以燕郡王、本官領天節軍將[二]，鎮涇州，屯華亭縣及彈箏峽，以備突厥。爲素有威名，北夷所憚也。右領軍將軍、彭國公王君廓以從破黑闥功，令鎮幽州。九月，丙午，君廓破突厥於幽州，俘斬二千餘人，獲馬五千匹。帝大悦，徵入朝，賜以御馬，令乘於

〔二〕「軍將」，底本二字互乙，今據福建本、《舊唐書》卷五六《羅藝傳》、《新唐書》卷九二《羅藝傳》正。

庭殿，乘而出，因謂侍臣曰：「吾聞藺相如叱秦王，目眥出血。君廓往擊竇建德，將出戰，李靖遏之，發憤大呼，目及鼻、耳一時流血。此之壯氣，何謝古人，安可以常例賞之。」復賜錦袍、金帶，還鎮幽州〔二〕。

九年，正月，丙寅，命州縣修城隍，備突厥。六月，庚申，秦王殺太子、齊王元吉，子漁陽王承鸞等皆坐僇。癸亥，遂立秦王爲皇太子。甲子，罷幽州大都督府。壬申，帝詔加尊號爲太上皇帝。廬江郡王瑗，字德圭，高祖從父兄子也。是年，自信州總管都督幽州。帝以其懦怯，非邊將才，使君廓助典兵事。君廓勇悍絕人，瑗推心結婚姻。建成謀害秦王，密與瑗結。建成死，詔遣通事舍人崔敦禮馳驛召瑗入朝。瑗不自安，有懼色，謀於君廓。君廓素險薄，欲取瑗爲功，迺紿曰〔三〕：「京師變未可知，大王以國懿親作鎮，擁兵數萬，奈何受單使召，自投罔罟乎！」相與泣。瑗曰：「我今以命托公，舉事決矣。」乃劫敦禮，問以京師機事。敦禮竟無異詞，囚之。發驛徵兵，且召北燕州刺史王詵赴薊計事。兵曹參軍王利涉說瑗曰：「王不奉詔而擅發兵，此爲反矣。須權宜應變，結

〔二〕「州」，底本作「之」，今據福建本、北大本、《舊唐書》卷六〇《宗室傳·王君廓傳》、《新唐書》卷九二《王君廓傳》改。
〔三〕「紿」，底本作「詒」，今據《舊唐書·宗室傳·廬江王瑗傳》改。

衆心。今諸刺史徵或不集，何以保全？」瑗曰：「奈何？」利涉曰：「山東酋豪先從竇建德，僞官今並黜，與編户夷，此人思亂，若枯望雨。王宜發使，復其舊職，隨在募兵，有不從，得輒誅，則河北可呼吸定也。乃遣誅北連突厥，自太原南臨蒲、絳，大王鴐詣洛陽，西入潼關，兩軍合勢，不旬月，天下定矣。」瑗從之，而以内外機務悉付君廓。利涉以君廓多翻覆，説瑗委兵於誅而除君廓，瑗不能決。君廓知之，迺從數騎候誅，留騎于外，曰：「聞呼則入。」遂獨欵誅，詐曰：「有急變，當白。」誅方沐，握髮出，即斬之，持首告其衆：「瑗與誅共反，禁錮敕使，擅追兵集。今誅已斬，獨瑗，無能爲也。汝若從者，終亦族滅。若從我取之，立得富貴矣。禍福如是，意欲何之？」衆皆願討賊。君廓揮麾下登城西面，而自領千餘人先往獄中，出敦禮。瑗始知之，遽率數百人披甲，纔至門外，與遇。君廓謂瑗衆曰：「瑗作逆誤人，何忽從之，以自取塗炭乎？」衆皆倒戈潰走。瑗塊然謂君廓曰：「小人賣我自媚，行當自及矣〔二〕。」爲禽而縊之。辛巳〔三〕，傳

〔二〕「及」，底本作「反」，今據《舊唐書·宗室傳·盧江王瑗傳》、《新唐書》卷七八《宗室傳·盧江王瑗傳》、《通鑑》卷一九一改。

〔三〕「辛巳」，底本作「丁丑」，今據《通鑑》卷一九一改。

首京師，廢爲庶人，絶屬籍[一]。壬午，以君廓爲左領軍大將兼幽州都督，以瑗家口賜之。皇太子聞敦禮不屈，壯之，遷左衛郎將，賜以良馬及黄金雜物。癸未，赦幽州管内爲瑗所詿誤者。八月，癸亥，傳位皇太子。甲子，即皇帝位，大赦天下，給復幽州等郡各一年。十月，癸酉，定功臣封户，君廓千三百户，藝千二百户，營國公樊世興户四百。十二月，前幽州記室、直中書省張藴古上《大寶箴》，帝嘉之，賜以束帛，除大理丞。遣國子助教朱子奢賜高麗、百濟、新羅，諭三國釋憾。在武德世，薛立儉爲莫縣令，政理清白，名重于時。

太宗貞觀元年，正月，辛丑，天節將軍、燕郡王李藝據涇州反。自帝即位，拜開府儀同三司，内不自安。聽曹州妖巫李五戒及妻孟氏言，廼詐稱奉密敕，勒兵入朝。遂引兵至豳州，衆潰，棄妻子，將奔突厥。至烏氏，左右斬之，傳首長安。復其本姓羅氏。弟壽，爲利州都督，與妻孟氏及巫李氏俱坐誅。二月，因山川形便，分天下爲十道，以滄、易、幽、涿、燕、營、平等處並隸河北道。九月，辛未，幽州都督王君廓謀叛，道死。朝廷初以其武將不習時事，鄭州李玄道，中書令房玄齡從甥也，以給事中出拜爲幽

[一]「屬籍」，底本二字互乙，今據《舊唐書·宗室傳·盧江王瑗傳》、《新唐書·宗室傳·盧江王瑗傳》正。

州長史，以維持府事。君廓屢爲非法，玄道數正議裁之。嘗又遺玄道婢，問婢所由，云本良家子，爲君廓所掠，因放遣之，君廓甚不悦。至是，徵君廓入朝，憑之附書。君廓私發之，不識草書，疑其告己罪。行至渭南，殺驛吏而逃，將奔突厥，爲野人所殺。帝顧君廓前功，爲收葬，待其家如初。御史大夫温彦博奏：「叛逆不宜食封邑，有司失所宜言。」迺貶爲庶人。玄道坐流嶲州，未幾徵還。時陳君賓、張允濟相繼爲幽州刺史[一]。允濟，青州北海人也。隋高陽郡丞。時缺太守，允濟獨統郡事，吏民畏悦，擢之。

二年，正月，丁巳[二]，徙諸王，以楚王祐爲燕王。張後胤，字嗣宗，蘇州崑山人也。以學行禪其父冲業。高祖鎮太原，引爲客，以《春秋左傳》授秦王。武德中，擢員外散騎侍郎[三]，賜宅一區。初，帝在太原，嘗問：「隋運將終，得天下者何姓？」答曰：「公家德業，天下繫心，若順天而動，自河以北，指撝可定，則長驅關右，帝業可成矣。」至是，帝進以燕王諮議，從王入朝，召見，自陳所言。帝曰：「是事未始忘之。」迺賜燕

[一] 按：「陳君賓爲幽州刺史」，今據《舊唐書》卷一八五上《良吏傳上·陳君賓傳》、《新唐書》卷一九七《循吏傳·陳君賓傳》，陳在武德、貞觀間任邢州刺史，非幽州刺史，《燕史》疑誤。
[二] 「巳」，底本作「未」，今據《新唐書》卷二《太宗紀》、《通鑑》卷一九二改。
[三] 「外」，底本作「郎」，今據《新唐書》卷一九八《儒學傳上·張後胤傳》改。

月池。言及平昔，帝從容曰：「今日弟子何如？」後胤曰：「昔孔子門人三千，達者無子男之位。臣翼贊一人，爲萬乘主，計臣之功，過於先聖。」帝爲之笑，令群臣以《春秋》酬難。帝曰：「朕昔受大義於君，今尚記之。」後胤頓首謝曰：「陛下乃生知，臣叨天功爲己力，罪也。」帝大悦，賜良馬五匹，遷燕王府司馬。後歷國子祭酒，遷散騎常侍，致仕，加金紫光禄大夫。二月，丙戌〔一〕，靺鞨内屬。初，突厥既彊，匈奴别種敕勒諸部分散，有薛延陀、迴紇、都播、骨利幹、多濫葛、同羅、僕固、拔野古、思結、渾、斛薛、結、阿跌〔二〕、契苾、白霫等十五部，皆居磧北，臣服之。至是叛，頡利不能制，而國益衰，六畜疲羸，人皆菜色。鴻臚卿鄭元璹使還，言狀，群臣多勸乘間擊之，帝不從。突利直幽州東北〔三〕，所管奚、霫等數十部。拔野古，東隣於靺鞨。霫、白霫，匈奴别種也，居鮮卑故地，潢水北，與同羅、僕骨接〔四〕。避薛延陀，保奥支水、冷陘山。東靺鞨，西突厥，南契丹，北烏羅渾，地周二千里，四塞以山。有都倫紇斤部落四萬户，勝兵萬

〔一〕「丙」，底本作「壬」，今據《舊唐書》卷二《太宗紀上》改。
〔二〕「阿」，底本脱，今據《通鑑》卷一九二補。
〔三〕「直」，底本作「突」，今據《舊唐書·突厥傳上》、《通鑑》卷一九二改。
〔四〕「同」，底本作「固」，今據《新唐書》卷二一七下《回鶻傳下》改。

餘人。其部有三：曰居延，曰無若没，曰潢水，而在拔野古東。突利徵税無度，諸部多叛之來降。頡利以其失衆責之。及薛延陀、回紇等敗欲谷設，突利之弟也。頡利遣突利討之，又敗，輕騎奔還。頡利怒〔一〕，拘句餘而撻之，突利由是怨，陰欲叛。頡利數徵兵，不與，表請入朝。帝謂侍臣曰：「曏者突厥之彊，控弦百萬，憑陵中夏，用是驕恣，以失其民。今自請入朝，非困窮，肯如是乎！朕聞，且喜且懼。何則？突厥衰則邊境安矣，故喜；然朕或失道，它日亦將如之，能無懼乎！卿曹宜不惜苦諫，以輔朕之不逮也。」頡利攻突利。四月，丁亥，突利使來求救。帝謀於大臣曰：「朕與突利結爲兄弟，有急不可不救〔二〕。然頡利亦與有盟，奈何？」兵部尚書杜如晦曰：「戎狄無信，終當負約。夫取亂侮亡〔三〕，古之道也。今不因亂取之，而後悔無及矣。」詔秦武通以并州兵馬隨便應接〔四〕，將軍周範屯太原以圖進取。丙申，契丹酋長摩會帥部落來降〔五〕。頡利不欲外夷與唐合，請以梁師都易之。帝謂使曰：「契丹、突厥異類，今來歸附，何故索之？師都

〔一〕「怒」，底本作「奴」，今據《舊唐書·突厥傳上》、《新唐書·突厥傳上》、《通鑑》卷一九二改。
〔二〕「救」，底本作「求」，今據《舊唐書·突厥傳上》、《新唐書·突厥傳上》、《通鑑》卷一九二改。
〔三〕「侮」，底本作「悔」，今據《通鑑》卷一九二改。
〔四〕「接」，底本作「援」，今據《舊唐書·突厥傳上》改。
〔五〕「酋」，底本作「奠」，今據福建本、北大本、《通鑑》卷一九二改。

中國編户[一]，盜我土地，暴我百姓，突厥受而庇焉，我討輒救之。彼如魚游釜中，何患不我有哉！借使其不得乎，竟不以降附民與易也。」先是，帝知突厥政亂，不能庇師都，以書諭之，不從，遂圍朔方。突厥不敢救，城中食盡。壬寅，其從父弟洛仁殺之，舉城降，以其地爲夏州。九月，己未，突厥寇邊。朝臣或請修古長城[二]，發民乘堡障。帝曰：「突厥災異相仍，頡利不懼而修德，暴虐滋甚[三]，骨内相攻，亡在朝夕。朕方爲公掃清沙漠，安用勞民遠修鄣塞乎！」十月，以瀛州刺史盧祖尚才兼文武，廉平公直，治有能名，徵入朝，諭以：「交趾久不得人，須卿鎮撫。」祖尚拜謝而出，悔之，辭以舊疾。諭旨，固辭[四]，戊子，斬之朝堂。既而悔之，詔復其官。祖尚字季良，光州樂安人也。時突厥北邊諸姓多叛頡利，歸薛延陀，共推其俟斤夷男[五]，不敢當。帝方圖頡利，冊拜爲真珠毗伽可汗，賜以鼓纛。夷男大喜，遣使入貢，建牙大漠之鬱督軍山下，東至靺鞨，西至西突厥，南接沙磧，北至俱淪水，回紇、拔野古、阿跌、同羅、僕骨、霫諸部皆屬焉。

〔一〕「户」，底本作「尸」，今據《新唐書·北狄傳·契丹傳》改。
〔二〕「或」，底本作「咸」，今據《新唐書·突厥傳上》、《通鑑》卷一九三改。
〔三〕「虐」，底本作「虚」，今據福建本、北大本、《通鑑》卷一九三改。
〔四〕「辭」，底本作「難」，今據福建本、北大本、《舊唐書》卷六九《盧祖尚傳》、《通鑑》卷一九三改。
〔五〕「斤」，底本作「凡」，今據《通鑑》卷一九三改。

三年，正月，辛亥，契丹摩會來朝，賜鼓纛，由是有常貢。九月，戊午，拔野古、僕骨、同羅、奚酋長並帥衆來降。十一月，庚申，以幽州都督薛萬徹爲暢武道行軍總管[一]，並各總管衆合十餘萬，皆受行軍大總管、兵部尚書李靖節度，分道出擊突厥。十二月，戊辰，突利入朝，帝禮之甚厚，頻賜以御膳。謂侍臣曰：「往者太上皇以百姓之故，稱臣於突厥，朕常痛心。今單于稽顙，庶幾可雪前耻。」壬午，靺鞨遣使入貢。帝曰：「靺鞨遠來，蓋突厥已服之故也。昔人謂禦戎無上策。朕治安中國，而四夷自服，豈非上策乎！」是年，室韋貢豐貂，白霫貢方物，自此朝貢不絶。

四年，正月，乙亥，李靖襲定襄，破之，獲隋蕭后及楊政道，至京師。二月，甲辰，靖破頡利於陰山[二]，殺隋義成公主，禽其子疊羅施，斥地自陰山北至大漠[三]，露布以聞。甲寅，以克突厥赦天下。三月，戊辰，以突厥夾畢特勒阿史那思摩爲右武候大將軍。丙子，以突利爲右衛將軍，食邑，封七百户。庚辰，俘頡利，送京師。小可汗蘇尼失舉衆

[一] 按：「幽」，《舊唐書·突厥傳上》、《新唐書·太宗紀》作「營」，《通鑑》卷一九三作「靈」。
[二] 「山」下，底本衍「禽之」二字，今據《舊唐書》卷三《太宗紀下》、《通鑑》卷一九三删。
[三] 「山」，底本作「地」，今據《通鑑》卷一九三改。

來降，漠南地遂空。夷男率其部東返故國[二]，建庭於都尉捷山北，獨邏河之南[三]，東至室韋，西至金山，南至突厥，北臨瀚海，即古匈奴故地，勝兵二十萬。四月，戊戌，帝御順天樓，盛陳文物，引見頡利，數以五罪，哭謝而退。詔館於太僕，厚廩食之。太上皇聞而嘆曰：「漢高祖困白登不能報，今我子能滅突厥，吾付托得人，復何憂哉！」西北諸蕃詣闕，請帝爲天可汗。帝曰：「我爲大唐天子，又下行可汗事乎？」群臣及四夷皆稱萬歲。於是降璽書，册命其君長，則兼稱之。突厥既亡，其部落或北附薛延陀，或奔西域，其來降尚十萬口，詔群臣議區處之宜。朝士多言：「北狄自古爲中國患，今幸而破亡，非曰慕義自歸也。宜悉徙河南兗、豫間，分其種落，散居州縣，教之耕織，可以化胡虜爲農民，是中國有加户，而漠北遂永空矣。」中書侍郎顏師古、禮部侍郎李百藥、給事中杜楚客皆言：「突厥雖云一國，與鐵勒皆上古所不臣。今既臣之，而其種類區分，各有酋帥。今宜因其離散，各即本部，署爲君長，不相臣屬。縱欲存阿史那氏，唯可其本族而已。國分則弱而易制，勢敵則難相吞滅，各自保全，必不能抗衡中國。仍請處之

[二]「男」，底本作「南」，今據福建本、《舊唐書·北狄傳·鐵勒傳》改。
[三]「邏」，底本脱，今據《舊唐書·北狄傳·鐵勒傳》補。

河北，於定襄置都護府，爲其節度，此長轡遠馭之道，安邊之長策也。」夏州都督竇靜以爲：「戎狄如禽獸，不可刑法威，不可仁義教。況彼首丘，情未忘也。置之中國，有損無益，恐一旦變生，犯我王略。莫若因破亡之餘，施以望外之恩，假之王侯之號，妻以宗室之女，分其土地，析其部落〔一〕，使其權弱勢分，易爲羈制〔二〕，可使常爲藩臣，永保邊塞。」中書令温彦博以爲：「徙於兖、豫間，則乖違物性，非所以存養之也。請準漢建武故事，置降匈奴於塞下，全其部落，順其土俗，因而撫之，以實空虚之地，使爲中國扞蔽，且示無所猜，策之善者也。」秘書監魏徵以爲：「突厥世爲寇盜，百姓之讎也。今幸而破亡，以其降附，不忍盡殺，宜縱之使還故土。夫秦、漢以鋭師猛將擊取河南地爲郡縣者，不欲使近中國也。奈何以河南處之！夫戎狄人面獸心，弱則請服，彊則叛亂〔三〕，固其常性〔四〕。今降者衆逾十萬，假數年後，蕃息應倍，而近在幾甸，必爲腹心疾，不可悔也。」彦博曰：「不然。天子於四夷，若天地之於萬物，覆載而全安之〔五〕。今突厥歸命，

〔一〕按：析，折，底本二字或混用，以下徑改，不注；「其」，底本脱，今據《通鑑》卷一九三補。
〔二〕「羈」，底本作「覇」，今據福建本、北大本、《通鑑》卷一九三改。
〔三〕「亂」，底本作「背」，今據《通鑑》卷一九三改。
〔四〕「性」，底本作「也」，今據《通鑑》卷一九三改。
〔五〕「全安」，底本二字互乙，今據《新唐書·突厥傳上》正。

不加哀憐而棄之，殊非天地之義，而有阻四夷之嫌。若處以河南，所謂死而生之，亡而存之者也。」徵曰：「魏時胡落分處近郡，晉初與民雜居中國〔一〕。郭欽、江統皆勸武帝驅出塞外，以絶亂階，不用。後二十餘年，伊、洛遂爲氈裘之域，所謂養虎自遺患，迺前事之明鑑也。」彦博曰：「聖人道無不通，故有教無類。彼既殘創，窮而歸命，若救其死亡〔二〕，授以生業，教之以禮義，數年後，悉吾民。選其酋長，使入宿衛，畏威懷德，何後患之恤！光武居南單于於内郡〔三〕，不終爲漢藩翰乎？」帝卒用彦博策，使度朔方地，東自幽州，西至靈州，分突利故所統地，置順、祐、化、長四州都督府。又分頡利地爲六州，左置定襄都督府，右置雲中都督府，以統其衆。五月，辛未，以突利爲順州都督，使帥部落官，治營州南之五柳戍。帝戒之曰：「爾祖啓民，亡失兵馬，挺身奔隋，隋立以爲大可汗，遂至强盛，奄有北荒。爾父始畢反爲隋患，無歲不侵中國，天道不容，大降災變，故使爾今日亂亡而窮，迺投我如此。我所以不立爾爲可汗者，懲啟民前事故也。今命爾爲都督，爾宜善守國法，勿相侵掠，非徒欲中國久安，亦使爾宗族永全也。」壬

〔一〕「民」，底本作「戎」，今據《通鑑》卷一九三改。
〔二〕「救」，底本作「殺」，今據福建本、北大本、《通鑑》卷一九三改。
〔三〕「於内郡」，底本作「而内地」，今據《舊唐書·突厥傳上》改。

申，以蘇尼失爲懷德郡王。頡利之亡也，諸部落酋長皆棄來降，獨思摩隨之，竟與俱禽。帝嘉其忠，拜右武候大將軍、化州都督、懷化郡王，尋以爲北開州都督，使統頡利舊衆于河南。其餘酋長至者〔一〕，皆拜將軍、中郎將，布列朝廷，凡五百人。五品以上奉朝請者，百餘人，殆與朝士相半。因而入居長安者，近萬家。六月，丁酉，以蘇尼失爲北寧州都督，以中郎將史善應爲北撫州都督。壬寅，以右驍衛將軍康蘇密爲北安州都督〔二〕。八月，戊午，欲谷設自頡利敗，奔高昌。聞突利爲唐所禮，來降。營州都督、檢校東夷校尉薛萬淑，遣契丹酋長貪没折説諭東北諸夷〔三〕，奚、霫、室韋等十餘部皆内附朝貢。萬淑，萬均之兄也，封梁郡公。九月，庚午，令收瘞長城南骸骨，仍令致祭。

五年，八月，甲辰，遣使毁高麗所置京觀，收隋人骸骨，祭而葬之。十月，右衛大將軍、順州都督、北平郡王阿史那什鉢苾徵入朝，至并州，卒。帝爲舉哀，詔中書侍郎岑文本爲碑文。子賀邏鶻嗣。室韋、白霫貢方物。初，帝令議封建，秘書監魏徵以「燕、秦、趙、代，俱帶外夷，若有警急，追兵内地，難以奔赴」而止。

〔一〕「長」，底本脱，今據《通鑑》卷一九三補。
〔二〕「密」，底本脱，今據《通鑑》卷一九三補。
〔三〕「諭」，底本脱，今據福建本、《通鑑》卷一九三補。

六年，十月，癸未，復以頡利爲右衛將軍。烏羅渾獻貂皮。烏羅渾即烏落侯，言訛也。自是一貢，後無聞焉。是年，旌表劉君良，瀛州饒陽人也。累代義居，兄弟雖至四從，皆如同氣，尺布斗粟，人無私焉。大業末，天下飢饉，君良妻勸其分析[二]，迺竊取庭樹上鳥雛，交置諸巢中，令群鳥鬬競，舉家怪之。其妻曰：「方今天下大亂，争鬬之秋，禽鳥尚不能相容，况於人乎！」君良從之，分别後月餘，方知其計。中夜，遂攬妻髮大呼曰：「此即破家賊耳！」召諸昆弟，哭以告之。是夜棄其妻，更與諸兄弟同居處，情契如初。屬盜起，閭里依之爲堡數百家，因名爲義成堡。武德七年，深州别駕楊弘業造其第，見有六院，唯一飼，子弟數十人，皆有禮節，咨嗟而去。

七年，十二月，戊午，帝從上皇置酒故漢未央宫。上皇命頡利起舞，又命蠻酋詠詩[三]，既而嘆曰：「胡越一家，古未有也！」帝奉觴上壽。是年，給事中劉洎封爲清苑男，荆州江陵人也。任國公劉弘基坐與義安王孝常謀逆交遊，除名。起爲易州刺史，復封爵。

[二]「析」，底本作「拆」，今據《舊唐書》卷一八八《孝友傳·劉良君傳》改。
[三]「酋」，底本作「酉」，今據福建本、北大本、《通鑑》卷一九四改。

八年，正月，壬寅[一]，以幽州大都督長史張亮等使於四方，觀省風俗。

十年，正月，癸丑，徙諸王，以皇弟魏王靈夔爲燕王，祐爲齊王。三月，癸丑，出諸王爲都督，以靈夔爲幽州都督，賜實封八百户。時瀛州張士衡，自唐興講教鄉里。靈夔備玄纁束帛，就家邀聘，北面事之。

十一年，六月，己未，定制諸王爲世封刺史。戊辰，定制勳臣爲世封刺史。改封趙郡王孝恭爲河間郡王，爲觀州刺史。十二月，辛酉，百濟王太子隆來朝[二]。

十二年，正月，乙未，吏部尚書高士廉等撰《氏族志》成，上之。先是，山東人士崔、盧、李、鄭諸族，好自矜地望。帝惡之，廼命責譜諜[三]，考真僞，第甲乙，然廉等猶以崔民幹爲第一。帝廼以皇族爲首，外戚次之，民幹降爲第三。

十三年，四月，突利弟結社率自帝初年入朝，歷位中郎將。從幸九成宫，陰結部落，擁賀邏鶻夜犯御營，敗走，獲斬之。自是，言事者多云突厥留河南不便。帝亦患之，謂侍臣曰：「中國，根幹也；四夷，枝葉也。割根幹以奉枝葉，木豈滋榮？朕不用魏徵

〔一〕「壬寅」，底本作「辛丑」，今據《舊唐書·太宗紀下》、《新唐書·太宗紀》改。
〔二〕「太子隆」，底本作「子隱」，今據《舊唐書·太宗紀下》改。
〔三〕「責」，底本作「貴」，今據《舊唐書》卷六五《高士廉傳》、《新唐書》卷九五《高儉傳》、《通鑑》卷一九五改。

言，幾致狼狽。」七月，庚辰，詔李思摩爲乙彌泥孰俟利苾可汗[二]，賜之鼓纛。突厥及胡在諸州安置者，並令度河，還其舊部，俾世作藩屏，長保邊塞。突厥憚薛延陀，不肯出塞。帝賜薛延陀璽書，令無相抄掠而遣之。思摩建牙於河北故定襄城。漢歸匈奴曰北庭，匈奴故庭也，在大磧北。唐歸突厥曰舊都，渡河而已，建牙定襄，猶爲我土云。蓋魏、晉末，突厥漸南，至其歸降，而議區處，納之兗、豫，是謂忌而不弘，委之河南，斯則縱而遺患。惟徵請遣還河北，及師古國小權分之説，其爲慮深而計審矣。帝曜遠而捐之，兹雖北還，未尋遠蹟。于是以磧北爲延陀，而南爲突厥，兩漢四境之全，竟不可復見矣。

十二月，壬午，詔於幽州置常平倉。

十四年，五月，壬寅，徙燕王靈夔爲魯王。十月，己卯，詔以贈司空、河間元王孝恭配享高祖廟。十二月，乙卯，高麗世子相權來朝[三]。

十五年，五月，丙子，詔百濟王子扶餘義慈襲位，仍封爲带方郡王。十一月，癸酉，

[二] 「李」，底本作「季」，今據福建本、北大本、《舊唐書·太宗紀下》、《通鑑》卷一九五改。
[三] 「相權」，底本作「相勸」，今據《舊唐書·太宗紀下》改，《舊唐書》卷一九九上《東夷傳·高麗傳》、《新唐書》卷二二〇《東夷傳·高麗傳》作「桓權」。

薛延陀夷男以同羅、僕骨、回紇、靺鞨、霫之衆度漠，屯於白道川[一]，擊突厥。俟利苾不能禦，率部落入長城，保朔州，遣使告急。帝命營州都督張儉帥部騎兵及奚、霫、契丹壓其東境[二]，與李思摩共犄角以救突厥[三]。無何，儉坐事免，詔以白衣領職[四]。營州部與契丹、奚、霫、靺鞨諸蕃切畛。高麗引衆入寇，儉帥衆破之，兼護東夷校尉。儉字師約，京兆新豐人也。

十六年，十一月，丁巳，營州都督張儉奏，高麗東部大夫蓋蘇文弑其王建武[五]，爲舉哀，遣使吊祭。

十七年，二月[六]，戊申，圖畫勳臣二十四人於凌烟閣，宗室河間王孝恭。七月，癸巳，給事中、兼修國史許敬宗以修《武德》、《今上實録》成，封高陽縣男，賜物八百段，權檢校黄門侍郎。杭新城人。其先自高陽南渡，世仕高顯。父隋禮部侍郎善心，死

[一]「川」，底本作「門」，今據《舊唐書・太宗紀下》、《新唐書・回鶻傳下》、《通鑑》卷一九六改。
[二]「壓」，底本作「壥」，今據《舊唐書・太宗紀下》、《通鑑》卷一九六改。
[三]「犄」，底本作「特」，今據北大本、《通鑑》卷一九六改；以下徑改，不注。
[四]「詔」，底本作「照」，今據《新唐書》卷一一一《張儉傳》改。
[五]「弑」，底本作「試」，今據福建本、北大本、《舊唐書・太宗紀下》、《通鑑》卷一九六改。
[六]「二」，底本作「正」，今據《新唐書・太宗紀》、《通鑑》卷一九六改。

于隋難者。

十八年，七月，甲午，詔張儉等帥幽、營兵及契丹、奚、霫、靺鞨先輕騎略遼東。十一月[一]，甲午，以刑部尚書、鄖國公張亮爲平壤道行軍大總管[二]，以舟師出萊州，以太子詹事、左衛率李世勣爲遼東道行軍大總管，以陸師出柳城，率十六總管伐高麗。突厥南渡河，請處於勝、夏之間。俟利苾之北度也，有衆十萬，勝兵四萬人，不能撫御，衆不愜服，故悉棄而南。帝許之，且曰：「保十五年無突厥之患。」俟利苾既失衆，輕騎入朝，以爲右武衛將軍。

十九年，二月，庚戌，帝統六軍如洛陽宮。乙卯，皇太子監國於定州。四月，癸卯，誓師於幽州，大饗軍士。丁未，車駕發幽州，侍郎岑文本卒於軍[三]。丁巳，至北平。癸亥，世勣等拔蓋牟城。五月，己巳，平壤道總管拔沙卑城。庚午，車駕次遼澤，瘗隋人戰亡者。乙亥，遼東道總管張君乂戰敗。丁丑，車駕渡遼，誅君乂。甲申，克遼東城。

[一] 「一」，底本脱，今據《舊唐書・太宗紀下》、《新唐書・太宗紀》、《通鑑》卷一九七補。

[二] 「鄖」，底本作「勛」，今據《舊唐書》卷六九《張亮傳》改。

[三] 按：「岑文本卒于軍」，底本在「丁巳至北平」下，今據《舊唐書・太宗紀下》、《新唐書・太宗紀》、《通鑑》卷一九七，改在「丁未」下。

六月，丁酉，克白巖城。丙辰，至安市城，攻之不克。九月，癸未，班師。十月，丙午，至營州，盡召契丹酋長窟哥及老人[一]，差賜繒綵，以窟哥爲左武衛將軍。葬遼東戰亡士卒骸骨於柳城東南。丙辰，入臨渝關，皇太子自定州迎謁。戊午，次漢武臺，刻石以紀功。十一月，辛未，至幽州。癸酉，大饗，還軍。庚辰，次易州，州司馬陳元璹使民於地室蓄火種蔬而進之。帝惡其諂[二]，免之。癸未，平壤道行軍總管張文幹伏誅。丙戌，次定州。十二月，戊申，次并州。庚申，殺侍中清苑男劉洎。

二十年，三月，己巳，至自伐高麗。閏月，罷遼州都督府及遼、巖、蓋三州，前年伐高麗所置也。六月，薛延陀多彌可汗，爲回紇酋長吐迷度與僕骨、同羅共擊之。乙亥，詔代州都督薛萬徹、營州都督張儉及江夏王道宗各將所部兵，分道並進，以擊薛延陀。帝遣校尉宇文法詣烏羅護、靺鞨，遇薛延陀阿波設兵於東境，法帥靺鞨擊破之。薛延陀國中驚擾，曰：「唐兵至矣！」諸部大亂。多彌引奔，回紇攻而殺之[三]，并其宗族殆盡，

[一]「丹」，底本作「州」，今據福建本、《舊唐書·北狄傳·契丹傳》、《新唐書·北狄傳·契丹傳》、《通鑑》卷一九八改。
[二]「惡」，底本作「恐」，今據《通鑑》卷一九八改。
[三]「攻」，底本作「收」，今據《通鑑》卷一九八改。

遂據其地。諸俟斤互相攻擊[二]，争遣使歸命，其餘衆西走，別立咄摩支[三]。尋去可汗之號，奉表，請居鬱督軍山北；詔安集之。敕勒九姓酋長或來降附，或未歸服[三]，帝詔：「自詣靈州招撫。其去歲征遼東兵，皆不調發。」七月，咄摩支至京師。八月，鐵勒諸部酋長皆請入朝。壬申，詔以：「戎狄與天地俱生，上皇並列，流殃構禍，廼自運初。朕聊命偏師，遂禽頡利，始弘廟略，已滅延陀。鐵勒百餘萬户，散處北溟[四]，遠遣使人，委身内屬，請同編列，並爲州郡。混元以降，殊未前聞。宜備禮告廟，仍頒示普天下。」十二月，白霫酋長來朝。是年，沛國公、宜州刺史鄭元璹卒，贈幽州刺史。元璹屢充突厥使，有和戎功。

二十一年，正月，丙申，詔以白霫部爲寘顔州。時諸胡所置六府七州，各以酋長爲都督、刺史。三月，戊子，左武衛大將軍牛進達爲青丘道行軍大總管[五]，李世勣爲遼東道行軍大總管，帥三總管兵伐高麗。六月，丁丑，詔以：「隋末喪亂，邊民多爲戎狄所略。

〔二〕「俟」，底本作「侯」，今據福建本、北大本、《通鑑》卷一九八改。
〔三〕「咄」，底本作「吐」，今據《舊唐書·北狄傳·鐵勒傳》、《新唐書·回鶻傳下》、《通鑑》卷一九八改；以下徑改，不注。
〔三〕「未」，底本作「來」，今據《通鑑》卷一九八改。
〔四〕「溟」，底本作「漠」，今據《舊唐書·北狄傳·鐵勒傳》、《通鑑》卷一九八改。
〔五〕「牛」，底本作「朱」，今據《舊唐書·太宗紀下》、《新唐書·東夷傳·高麗傳》、《通鑑》卷一九八改。

今鐵勒歸化，宜遣使詣燕然等州，與都督相知，訪求没落人，贖以財貨，給粮遞還本貫。其室韋、烏羅護、靺鞨三部人爲薛延陀所掠[二]，亦令贖還。」

二十二年，正月，庚寅，中書令馬周卒，贈幽州都督。丙午，左武衛大將軍薛萬徹爲青丘道行軍大總管，以伐高麗。四月，己未，契丹辱紇主曲據帥衆内附，以其地置玄州，以曲據爲刺史，隸營州都督府。六月，以白霫别部爲居延州[三]，即用俟斤爲刺史。丙寅，太子少詹事張行成存問河北從軍者家，令州縣爲營農。十一月，庚子，契丹帥窟哥、奚帥可度者並内屬，以契丹部爲松漠府，以窟哥爲使持節十州諸軍事、松漠都督，封無極男，賜姓李。立其别帥屯部達稽爲峭落州，紇便爲彈汗州，獨活爲無逢州，芬問爲羽陵州，突便爲白連州，芮奚部爲徒何州，墜斤爲萬丹州，伏部爲疋黎、赤山二州，俱隸松漠府，各以其辱紇主爲刺史。以奚部爲饒樂都督府，拜可度者爲持節六州諸軍事、饒樂都督，封樓煩縣公，亦賜李氏。立其别帥屯部，以阿會爲弱水州，處和爲祁黎州，奥失爲洛瓌州，度稽爲太魯州，元俟折爲渴野州。二府各以其辱紇主爲刺史。辛丑，復置

[二]「護」，底本脱，今據《通鑑》卷一九八補。
[三]「别」，底本脱，今據《新唐書・回鶻傳下》、《通鑑》卷一九九補。

東夷都護府於營州，兼統松漠、饒樂地，置東夷校尉，而以營州都督張儉爲都護。二十三年，五月，己巳，帝崩。罷遼東之役及諸土木功。四夷入仕於朝及來朝貢者數百人，聞喪皆慟哭，翦髮、剺面、割耳，流血灑地。帝時以蒲州刺史杜楚客政有能名，徙瀛州，後爲魏王府長史。杜陵人，淹之姪，如晦弟也〔二〕。

高宗永徽元年，正月，丙午，以兼侍中張行成爲侍中，封北平縣公。定州義豐人也。加侍中于志寧光禄大夫，進封燕國公。雍州高陵人，周太師、燕文公謹曾孫也。九月，庚子，右驍衛郎將高侃執突厥車鼻可汗，阿史那之族也。貞觀間通貢，且請入朝。太宗遣使迎之，使至，無行意。使欲劫之，覺，殺使。太宗怒，遣侃俘而釋之，處其餘衆於鬱督軍山，置狼山都督府以統之。於是，突厥盡爲封内臣，分置單于、瀚海二都督府〔三〕，領十都督二十四州〔三〕，各以其酋長爲刺史、都督。時東夷都護張儉加金紫光禄大夫，弟延師〔四〕，左衛大將軍、范陽郡公。

〔二〕「弟」，底本脱，今據福建本、北大本、《舊唐書》卷六六《杜楚客傳》、《新唐書》卷九六《杜楚客傳》補。
〔三〕「瀚」，底本作「翰」，今據《舊唐書·突厥傳上》、《新唐書·突厥傳上》、《通鑑》卷一九九改。
〔三〕按：「二十四州」，今據《舊唐書·突厥傳上》、《通鑑》卷一九九，單于都督府領十四州，瀚海都督府領八州；《新唐書·突厥傳上》，單于都督府領二十四州，瀚海都督府領八州：《燕史》疑誤。
〔四〕「弟」，底本脱，今據《舊唐書》卷六六《張儉傳》、《新唐書·張儉傳》補。

二年，遷左武候中郎將田仁會爲平州刺史[一]，勸務農學，稱爲善政。後轉刺郢州，以禱雨民歌之。雍州長安人，隋幽州刺史軌之孫也。

三年，同州刺史劉德威卒，贈禮部尚書、幽州都督。户部尚書楊纂卒。

四年，二月，戊子，江夏王道宗配流桂州。其婿左千牛備身韋待價，緣坐左遷盧龍府果毅，退高麗襲兵於吐護真水。九月，壬戌，尚書右僕射、北平縣公張行成卒。十一月，癸丑，兵部尚書崔敦禮爲侍中，累封固安縣公。雍州咸陽人。薛大鼎，貞觀中累轉鴻臚少卿、滄州刺史。州界有無棣河，隋末廞塞，大鼎奏浚之，引於海，里民歌之曰：「新河得通舟檝利，直達滄海魚鹽至[二]。昔日徒行今騁駟，美哉薛公德滂被。」大鼎又以州界卑下，遂決長蘆及漳、衡等三河，分洩夏潦，境内無復水害。賈敦頤，曹州冤句人也[三]，歷遷瀛州刺史。在職清潔。每入朝，盡室而行，唯弊車一乘，羸馬數匹，羈勒闕，以繩代之，見者不知爲刺史。州瀕滹沱、滱二水，歲溢，壞室廬，寖洳數百里。爲立堰庸，水不能暴，百姓利之。時，弟敦實爲饒陽令，政清静，吏民嘉美。舊制，大功之嫌

[一]「左」，底本脱，今據《舊唐書·良吏傳上·田仁會傳》、《新唐書·循吏傳·田仁會傳》補。
[二]「魚鹽」，底本二字互乙，今據《舊唐書·良吏傳上·薛大鼎傳》、《新唐書·循吏傳·薛大鼎傳》正。
[三]「冤」，底本作「宛」，今據《舊唐書·良吏傳上·賈敦頤傳》、《新唐書·循吏傳·賈敦頤傳》改。

不連官。朝廷以其兄弟治行相尚，故不徙以示寵。時，曹州刺史鄭德本有治名，及大鼎、敦頤，河北稱「鐺脚刺史」。是年，大鼎遷銀青光禄大夫，行荆州大都督。蒲州汾陽人也。敦頤亦遷洛州。

五年，六月，丙寅，河北大水，遣使慮囚。十月，高麗遣其將安固將高麗、靺鞨兵擊契丹，松漠都督李窟哥大敗之於新城。

六年，二月，乙丑，營州都督、兼東夷都護程名振等擊高麗。五月，壬午，敗之於貴端水〔一〕。

顯慶元年，正月，辛未，立代王弘爲皇太子。在東宫，讀《左氏春秋》，至楚世子商臣弒其君，喟而廢卷〔二〕，不忍讀，改而受《禮》。幽州録事參軍郎餘令〔三〕，續梁元帝《孝德傳》〔四〕，爲《後傳》三十卷以獻，甚見嗟重。改著作佐郎，卒。郎餘令，定州新樂人

〔一〕「貴端」，底本二字互乙，今據《舊唐書》卷四《高宗紀上》、《新唐書》卷三《高宗紀》、《通鑑》卷一九九正。
〔二〕「喟」，底本作「毁」，今據《新唐書》卷八一《三宗諸子傳·孝敬皇帝弘傳》改。
〔三〕「餘」，底本作「徐」，今據《舊唐書》卷一八九下《儒學傳下·郎餘令傳》、《新唐書》卷一九九《儒學傳中·郎餘令傳》改。
〔四〕「德」，底本作「子」，今據《舊唐書·儒學傳下·郎餘令傳》、《新唐書·儒學傳中·郎餘令傳》改。

也。舉進士，由霍王府參軍徙幽州。有客僧聚衆積薪自焚[一]，長史裴照率官屬將觀焉。餘令曰：「好生惡死，情也。違越教義，不近人情。明公佐守重藩，須察之，毋得輕往，觀此妖妄。」照因按問，果得姦。語在史《儒學傳》。八月，丙申，太子少師、同中書門下三品、固安公崔敦禮卒。

三年，六月，壬子，程名振攻高麗，敗之於赤烽鎮。又以契丹逆擊，大破之。拜窟哥爲左監門大將軍[二]，可度者爲右監門大將軍。

四年，十一月，癸亥，右領軍中郎將薛仁貴等破高麗於橫山。

五年，三月，辛亥，以左武衛大將軍蘇定方爲神丘道行軍大總管，帥左驍衛將軍、嵎夷道行軍總管劉伯英等，會嵎夷道行軍總管、新羅王春秋，伐百濟。五月，戊辰，以定襄都督阿史德樞賓、左武候將軍延陀梯真、居延州都督李含珠並爲冷岍道行軍總管，以討叛奚、契丹。其酋窟哥、可度者死而連叛也。仍命尚書右丞崔餘慶充使，總護三部兵。奚尋遣使降，斬其王疋帝。更以樞賓等爲砂磚道行軍總管，以討契丹。八月，庚辰，

[一]「客」，底本作「容」，今據福建本、北大本、《舊唐書・儒學傳下・郎餘令傳》改。
[二]「左」，底本脱，今據《舊唐書・北狄傳・契丹傳》補。

平百濟，面縛其王扶餘義慈、太子隆等，以其地置熊津等五都督府。十一月，戊戌，獻俘。十二月，壬午，以左驍衛大將軍契苾何力爲浿江道，蘇定方爲遼東道，劉伯英爲平壤道，並以行軍大總管擊高麗。薛仁貴、辛文陵破契丹於黑山。阿史德樞賓禽松漠都督阿卜固，獻東都。是後，李含珠死，弟厥都繼之。後白霫無聞焉。京兆萬年人韋弘機，時以殿中監爲檀州刺史[一]，以邊州陋僻，無學校，不知文儒貴，迺修學宫，畫孔子、七十二子、漢晉名儒像，自爲贊，敦勸生徒，由是大化[二]。

龍朔元年，正月，乙卯，於河南、北等州募兵，往平壤、帶方道行營。戊午，以鴻臚卿蕭嗣業爲扶餘道行軍總管，帥回紇等諸部兵詣平壤。三月，百濟叛。起白衣從軍原青州刺史劉仁軌檢校帶方州刺史，領故熊津都督王文度兵[三]，以解鎮守百濟府城郎將劉仁願之圍[四]。四月[五]，庚辰，命兵部尚書、同中書門下三品任雅相爲浿江道大總管，率三十五軍伐高麗。九月，大破之，詔班師。

[一]「州」，底本脱，今據福建本、北大本、《新唐書》卷一〇〇《韋弘機傳》補。
[二]「大」，底本作「可」，今據《新唐書·韋弘機傳》改。
[三]「度」，底本作「廣」，今據《舊唐書》卷八四《劉仁軌傳》、《新唐書》卷一〇八《劉仁軌傳》、《通鑑》卷二〇〇改。
[四]「城」下，底本衍「中」字，今據《舊唐書·劉仁軌傳》、《新唐書·劉仁軌傳》、《通鑑》卷二〇〇删。
[五]「四」，底本作「是」，今據福建本、北大本、《新唐書·高宗紀》、《通鑑》卷二〇〇改。

二年，二月，甲戌，浿江道大總管任雅相卒於軍。戊寅，沃沮道總管龐孝泰與子十三人戰死於高麗之蛇水。七月，戊子，右威衛將軍孫仁師爲熊津道行軍總管，以伐百濟。三年，八月，戊申，遣按察大使于十道。九月，戊午，孫仁師及百濟戰於白江，敗之。

麟德二年，十月，壬戌，帶方州刺史劉仁軌以新羅、百濟、躭羅、倭國使者浮海西還，會祠泰山，以仁軌爲大司憲，兼知政事。癸亥，高麗王子福男來會祠。十一月，致仕華州刺史、燕國公于志寧卒，贈幽州都督。時李謹行累遷營州都督，突地稽子也。

乾封元年，六月，壬寅，高麗泉男生請内附。詔左驍衛大將軍契苾何力爲遼東安撫大使〔二〕，援之。左金吾衛大將軍龐同善、營州都督高偘爲遼東道行軍總管。九月，同善大破高麗兵。以泉男生爲特進、遼東大都督〔三〕，兼平壤道安撫大使。戊子，金紫大夫致仕劉祥道卒，贈幽州都督。十月，己酉，以司空、英國公李勣爲遼東道行軍大總管，率六總管兵。時河間王孝恭次子晦累除營州都督，以善政聞，璽書慰勞，賜物三百段，轉右金

〔二〕「驍」，底本作「騎」，今據福建本、《舊唐書》卷五《高宗紀下》、《新唐書·高宗紀》、《通鑑》卷二〇一改。
〔三〕「男生」，底本二字互乙，今據福建本、《舊唐書·東夷傳·高麗傳》、《新唐書》卷一一〇《諸夷番將傳·泉男生傳》、《通鑑》卷二〇一正；以下徑改，不注。

吾將軍。後當武后時，遷秋官尚書，贈幽州都督。

二年，九月，辛未，李勣破遼東之新城。召泉男生入朝，加封玄菟郡公，賜第京師，遣還軍。是年，左武衛將軍蘇定方卒，贈幽州都督。

總章元年，正月，壬子，以右相劉仁軌爲遼東道副大總管，兼安撫大使、浿江道行軍總管。二月，壬午，李勣克高麗之扶餘、南蘇、木底、蒼巖城〔一〕。八月，辛酉，卑列道行軍總管、右威衛將軍劉仁願坐征高麗逗留，流姚州〔二〕。九月，癸巳，勣執高麗王高藏。十二月，丁巳，獻俘。以其地爲安東都護府於平壤，以統之。擢其酋帥有功者爲都督、刺史、縣令，與華人參理。以右威衛大將軍薛仁貴檢校安東都護，鎮撫之。以灤河暴漲，三日濟，旋師不乏，超拜檀州刺史韋弘機爲司農少卿〔三〕。以右屯衛兵曹參軍蔣儼使高麗不屈，事平得歸，奇其節，授朝散大夫〔四〕，爲幽州司馬。劉祥道以巡察使到部，表最狀，擢會州刺史。常州義興人也。

〔一〕「南」，底本脱，今據《新唐書·高宗紀》補。
〔二〕「流」，底本脱，今據福建本、北大本、《通鑑》卷二〇一補。
〔三〕「少」，底本脱，今據《新唐書》卷一〇〇《韋弘機傳》補。
〔四〕「散」，底本脱，今據福建本、《舊唐書·良吏傳上·蔣儼傳》、《新唐書》卷一〇〇《蔣儼傳》補。

二年，五月，庚子，移高麗户入内地萊、營二州，量配于江、淮以南，山南、并、凉以西諸州安置。

咸亨元年，正月，辛卯[一]，列遼東地爲州縣。四月，庚午，高麗酋長鉗牟岑叛，寇邊。左監門衛大將軍高侃爲東州道行軍總管，右領軍衛大將軍李謹行爲燕山道行軍總管，以伐之[二]。

二年，七月，乙未朔，高侃破高麗餘衆於安市城。

三年，十二月，高侃破高麗餘衆白水山，大破新羅救兵於横水。

四年，閏五月，丁卯，李謹行破高麗叛黨于瓠盧河西，平壤餘衆遁新羅。其夫人劉氏以守伐奴城，封燕國夫人。

上元元年，二月，壬午，以左庶子、同中書門下三品劉仁軌爲鷄林道大總管，伐新羅。削新羅國王法敏官爵，立其弟臨海郡公仁問爲新羅王於京師，使歸國。

二年，二月，劉仁軌大破新羅，詔以李謹行爲安東鎮撫大使，以經略之。法敏入貢

[一]「卯」，底本作「未」，今據福建本、《舊唐書·高宗紀下》改。
[二]「伐」，底本作「代」，今據福建本、北大本、《新唐書·高宗紀》改；以下徑改，不注。

謝罪，赦，復其爵。仁問中道而還，封臨海郡公。

儀鳳元年，二月，甲戌，移安東都護府於遼東故城。閏三月，乙酉，以左衛大將軍契苾何力等討吐蕃。何力尋卒，其子明，孺褓授上柱國、漁陽縣公[一]。十二月，戊午，中書侍郎、同中書門下三品薛元超爲河北道大使，巡撫。

二年，二月，丁巳，移安東都護府于新城，以高藏、扶餘隆爲遼東、熊津都督，封朝鮮、帶方郡王以統之。四月，以河南、北旱，遣使賑給。御史劉思立上疏，以爲：「今麥秀蠶老，農事方殷，敕使撫巡，人皆竦忭，忘其家業，冀此天恩，聚集參迎，妨廢不少。既緣賑給，須立簿書，本欲安存，反成煩擾。望且委州縣賑給，待秋務閑，出使褒貶。」疏奏，遂止。

三年，正月，癸未，遣金吾將軍曹懷舜等分往河南、北募猛士，不問布衣及仕宦，以伐吐蕃。監察御史原武婁師德應猛士詔從軍，以功遷殿中侍御史。九月，癸亥，侍中張文瓘卒，贈幽州都督。

調露元年，正月，辛未，户部尚書許圉師卒，贈幽州都督。十月，單于大都護府置

[一]「孺」，底本作「儒」，今據福建本、《新唐書·諸夷番將傳·契苾何力傳》改；以下徑改，不注。

後二十年，北部無事。突厥首領阿史那温傅、奉職二部反，立泥熟匐爲可汗，二十四州酋長皆叛應之，衆數十萬。遣鴻臚卿、單于大都護府長史蕭嗣業等討之[一]，大敗。突厥遂寇定州，刺史、霍王元軌命開門偃旗，虜疑有伏，懼而宵遁。然猶煽誘奚、契丹侵略營州，都督周道務遣户曹始平唐休璟將兵擊破之於獨護山，超拜豐州司馬。十一月，癸未，宴吏部侍郎裴行儉，謂之曰：「卿有文武兼資，今授卿二職。」廼除禮部尚書，兼檢校右衛大將軍。甲辰，以行儉爲定襄道行軍大總管，將兵十八萬，與營州都督周道務、西軍檢校豐州都督程務挺[二]、東軍幽州都督李文暕以討突厥[三]，並受行儉節度。務挺，名振之子也。

永隆元年，三月，裴行儉大破突厥於黑山，禽奉職，殺泥熟匐，餘黨走保狼山。行儉引軍還。伏念自立爲可汗，頡利從兄之子也[四]，與温傅連兵爲寇[五]。

開耀元年，正月，癸巳，以行儉爲定襄道大總管，以右武衛將軍曹懷舜、幽州都督

〔一〕「府」，底本脱，今據《舊唐書・高宗紀下》、《通鑑》卷二〇二補。
〔二〕「豐」，底本作「曹」，今據《舊唐書》卷八三《程務挺傳》、《新唐書》卷一一一《程務挺傳》、《通鑑》卷二〇二改。
〔三〕「討」，底本作「封」，今據《新唐書・高宗紀》、《通鑑》卷二〇二改。
〔四〕「從」，底本脱，今據《舊唐書・突厥傳上》、《通鑑》卷二〇二胡三省注補。
〔五〕「温」，底本脱，今據福建本、北大本、《舊唐書・突厥傳上》、《新唐書・突厥傳上》、《通鑑》卷二〇二補。

李文暕爲副，討突厥。懷舜、文暕等之[一]。

燕道記二[二]

之于白華[三]，朱泚、姚令言遁，晟收復京城。渾瑊破賊於咸陽，韓遊瓌追泚於涇州[四]。六月，癸卯，贈陽惠元右僕射。姚令言伏誅。甲辰，泚將幽州韓旻斬之以降，傳首至行在。詔以梁州爲興元府。丙辰，斬僞相李忠臣，籍没其家。戊午，發興元。七月，丙子，次鳳翔。喬琳、蔣鎮、張光晟等以受僞官[五]，伏誅。丁丑，歛葬泚所害郡王、王子、王孫七十七人。庚辰，遣孔巢父賫太子太保敕牒，往河中宣授懷光。壬午，至自興元。丁亥，懷光殺巢父。辛卯，大赦。曹王皋敗希烈於應山。八月，辛丑，詔爲段秀實

[一] 按：「之」下，《燕史》各本脱文，且《燕道記一》卷末無「郭造卿曰」，疑有脱佚。

[二] 按：《燕道記二》，始唐德宗興元元年五月李晟收復京城，至文宗太和七年，與《記一》、《記三》皆不相銜接；且卷首脱去篇題與「郭造卿曰」，并有闕文，卷末亦無「郭造卿曰」，疑有脱佚。

[三] 按：本段所記爲唐德宗興元元年事，「之」上有脱文。

[四] 「瓌」，底本作「環」，今據《舊唐書》卷一二《德宗紀上》、《通鑑》卷二三一改。

[五] 「光」，底本作「元」，今據《舊唐書·德宗紀上》、《通鑑》卷二三一改。

樹碑立廟。以李納兼前帶陸海運、押新羅渤海兩蕃等使。壬寅[一]，顔真卿爲希烈所殺。癸卯，遣渾瑊等討懷光於同州。朱滔上表待罪。九月，乙亥，王武俊加檢校司徒，李抱真檢校司空，並賜實封五百户，賞破滔功也。十月，詔給朔方懷光行營兵冬衣。乙丑，馬燧收絳州[二]。閏月，庚午，詔赦希烈脅從。乙亥，詔宋亳[三]、淄青、澤潞、河東、恒冀、幽、易定、魏博等節度，螟蝗饑饉，各賜米三萬石[四]，于楚州付之。丁丑，晟至涇州，誅田希鑒。戊子，希烈將李澄以滑州降[五]。十一月，癸卯，宋亳節度使劉洽破希烈衆于陳州。戊午，克汴州，希烈遁歸蔡州。

貞元元年，正月，癸丑，贈顔真卿司徒，謚文忠，特授其子頵等官。真卿不死於安史之難，而竟死其黨，皆因燕畔逆，以顯其忠烈也。二月，丙寅朔，遣工部尚書賈耽、侍郎劉太真分往東都、兩河宣慰[六]。兩河饑，斗米千錢。三月，懷光殺步軍兵馬使田仙

[一]「壬寅」，底本脱二字，今據《舊唐書》卷一二八《顔真卿傳》、《通鑑》卷二三一補。
[二]「馬燧收絳州」，底本脱五字，今據《舊唐書·德宗紀上》、《通鑑》卷二三一補。
[三]「亳」，底本作「毫」，今據《舊唐書·德宗紀上》改；以下徑改，不注。
[四]「三」，底本作「五」，今據《舊唐書·德宗紀上》改。
[五]「滑」，底本作「渭」，今據《舊唐書·德宗紀上》、《通鑑》卷二三一改。
[六]「兩」，底本作「西」，今據福建本、《舊唐書·德宗紀上》改；以下徑改，不注。

浩、都虞候呂鳴岳〔一〕。丁未〔二〕，李希烈陷南陽，殺守將黃金岳〔三〕。戊午，加李納爲司空。四月，壬午，燧及渾瑊又破之於長春宮。六月，己丑，朱滔死，贈司徒。涿州刺史劉怦稱留後。戊子，馬燧敗懷光於陶城。七月，壬子，以怦爲幽州盧龍節度使。八月，甲子，懷光大將尉珪以焦籬堡降〔四〕。丁卯，其將徐庭光以長春宮兵六千人降〔五〕。甲戌，朔方將牛名俊斬懷光，傳首闕下。赦一子，收葬其尸。罷討淮西兵。九月，己亥，盧龍節度使劉怦病，請以子濟權知節度事，從之。庚申，怦卒。辛巳，以濟爲節度使。

二年，二月，癸亥，山南東道節度使樊澤敗希烈於泌河。三月，壬寅，滑州節度使李澄破希烈衆於鄭州。四月，丙寅，淮西將陳仙奇殺李希烈及其妻子以降。五月，希烈將李惠登以隨州降。六月，癸未，横海軍使、滄州刺史程日華卒，其子懷直自稱觀察留後。是月，淮西兵馬使幽州潞人吳少誠殺其節度使陳仙奇，自稱留後。七月，己酉，以少誠爲蔡州刺史，知節度留後。希烈將薛翼以唐州降，侯召以光州降。

〔一〕「呂」，底本作「李」，今據《新唐書》卷七《德宗紀》、《通鑑》卷二三一改。

〔二〕「丁」，底本作「乙」，今據《舊唐書·德宗紀上》、《新唐書·德宗紀》改。

〔三〕「守」，底本作「首」，今據《舊唐書·德宗紀上》改。

〔四〕「珪」，底本脱，今據《舊唐書·德宗紀上》、《通鑑》卷二三一補。

〔五〕「光」，底本脱，今據《舊唐書·德宗紀上》、《通鑑》卷二三一補。

三年，五月，吴少誠殺申州刺史張伯元，殿中侍御史鄭常[一]。

四年，三月，爲太尉李晟立五廟，祖思恭贈幽州大都督。七月，己未，契丹、奚、室韋寇振武。

五年，二月，戊戌，以滄景留後程懷直爲滄景觀察使。三月，戊辰，詔以李懷光外孫燕八八爲左衛率府胄曹參軍[二]，賜姓名曰李承緒[三]，仍賜錢千貫，俾自營産業。十月，己丑，易定節度使、檢校司空、平章事張孝忠以擅出兵襲蔚州，降檢校司空爲左僕射。是年，室韋使來朝。

七年，三月，癸未，義武節度使張孝忠卒。七月，戊寅，以邕王謜爲義武軍節度使、易定觀察等大使[四]，以孝忠子定州刺史張昇雲爲留後。是年，幽州殘奚衆六萬[五]。

〔一〕「三年，五月，吴少誠殺申州刺史張伯元，殿中侍御史鄭常」，底本脱二十二字，今據福建本、《舊唐書・德宗紀上》、《通鑑》卷二三二補。

〔二〕「胄」，底本脱，今據《舊唐書・德宗紀下》、《通鑑》卷二三三補。

〔三〕「名」下，底本衍「留後」二字，今據《舊唐書・德宗紀下》、《通鑑》卷二三三删。

〔四〕「謜」，底本作「諒」，今據《舊唐書・德宗紀下》、卷一五〇《德宗順宗諸子傳・文敬太子謜傳》、《新唐書》卷八二《十一宗諸子傳・文敬太子謜傳》改。

〔五〕按：「是年，幽州殘奚衆六萬」，今據《舊唐書・北狄傳・奚傳》、《新唐書・北狄傳・奚傳》、《通鑑》卷二三五，此事在貞元十一年，《燕史》疑誤。

八年，五月，癸酉，平盧節度使李納卒，子青州刺史師古自稱留後[一]。八月，乙丑，分命朝臣賑河南、北水災。辛卯，以師古爲鄆州大都督長史、平盧淄青等州節度使。十一月，幽州節度使劉濟及其弟瀛州刺史澭戰于瀛州，澭敗，奔京師。閏十二月，室韋都督和解熱素等一十人來朝。

九年，二月，庚戌，以張昇雲爲義武節度使[二]。是年，契丹使來朝。

十年，二月，丙午，以瀛州刺史劉澭爲秦州刺史。三月，乙亥，義武軍節度使滄州程懷直來朝，賜安業坊宅[三]，妓一人，令還鎮。是年，契丹大首領梅落拽何已下，各授官放還。九月，戊戌，賜定州張昇雲名茂昭。

十一年，四月，丙寅，幽州節度使劉濟奏，奚王啜利等六萬餘衆寇平州，破之於青都山。八月，辛亥，司徒、侍中、北平王馬燧卒，謚莊武。九月，丁巳，横海軍亂，大將程懷信逐其節度使懷直。十月，丁丑，以虔王諒爲横海軍節度大使，以兵馬使程懷信爲留後。是歲，契丹大首領熱蘇等二十五人來朝。

[一]「子青州刺史」，底本作「七月戊寅」，今據福建本、《新唐書·德宗紀》、《通鑑》卷二三四改。
[二]「昇雲」，底本二字互乙，今據《舊唐書·德宗紀下》、《通鑑》卷二三四正；以下徑改，不注。
[三]「業」，底本作「樂」，今據《舊唐書·德宗紀下》、卷一四三《程懷直傳》改。

十二年，正月，壬子，以前滄州節度使程懷直爲左龍武統軍〔一〕。乙丑，以成德軍節度使、檢校司徒、侍中渾瑊及王武俊兼中書令，興元嚴震、魏博田緒、盧龍劉濟、西川韋臯同平章事，諸節鎮悉加檢校官。中書令爲三省長官，平章事爲宰相。既以勳臣與方鎮並遷，而又於諸道節鎮普加檢校官，名爵之濫〔二〕，極矣，視初年削平藩鎮之鋭，隳矣。四月，庚午，魏博節度使田緒卒。八月，己巳，以前魏博節度副使田季安爲節度使。

十三年，秋，八月，癸酉〔三〕，起復義武節度使張茂昭弟茂宗爲左衛將軍，尚公主。帝之初立，有縣主將嫁〔四〕，帝從姊妹卒，命罷之。有司奏供張已具，帝曰：「爾愛其費〔五〕，我愛其禮。」始則愛禮於縣主，今則于己女不愛焉。九月，甲辰，陞定州爲大都督府。十月，吴少誠開刁溝，命兵部郎中范陽盧群詰之，罷役。

〔一〕「龍」，底本作「朝」，今據《舊唐書》《德宗紀下》、《程懷直傳》、《新唐書》卷二一三《藩鎮横海傳·程懷直傳》改。
〔二〕「名」，底本作「各」，今據北大本改。
〔三〕「八月癸酉」，底本作「七月」，今據《通鑑》卷二三五改補。
〔四〕「嫁」下，底本衍「令」字，今據《通鑑》卷二三六删。
〔五〕「費」，底本作「賓」，今據《通鑑》卷二三六改。

十四年，九月，彰義節度使吳少誠反[一]，侵壽州。二月[二]，乙亥，賜光蔡節度曰彰義軍[三]。

十五年，三月，壬申，於易州滿城縣置永清軍。甲寅[四]，少誠寇唐州，守將張嘉瑜死之[五]。八月，丙午，陳許節度留後上官涚戰臨潁[六]，敗績，少誠進陷許州。丙辰，削奪其官爵，命諸道成德、幽州、淄青、魏博、易定等進討。十一月，丁未，山南東道節度使于頔敗之於吳房，涚又敗之於柴籬。辛亥，安黄節度使伊慎敗之於鍾山[七]。十二月，庚午，壽州刺史王宗又敗之於秋柵。乙未，諸道兵潰于小溵河。

十六年，正月，乙巳，易定兵及少誠戰，敗績。二月，乙酉，鹽夏等節度使韓全義爲蔡州行營招討使。己丑，左龍武統軍程懷直卒[八]。四月，辛卯，以義成行軍司馬范陽盧

[一]「彰義節度使」，底本闕五字，今據《通鑑》二三五補。
[二]按：《燕史》「二月」事置於「九月」之下，失次。
[三]「蔡」，底本闕，今據《舊唐書·德宗紀下》補。
[四]按：《燕史》三月「甲寅」事置於「壬申」之下，失次。
[五]「張嘉瑜死」，底本作「張豪降」，今據《新唐書·德宗紀》、《通鑑》卷二三五改。
[六]「涚」，底本作「悦」，今據《舊唐書·德宗紀下》、《新唐書·德宗紀》、《通鑑》卷二三五改。
[七]「鍾」，底本作「鐘」，今據《新唐書·德宗紀》改。
[八]「己丑左龍武統」，底本脱六字，今據《舊唐書·德宗紀下》補。

群節度。五月，庚戌，全義戰於溵南，大潰。六月，丙午，鄆州李師古加同平章事。七月，丁巳，伊慎敗之于申州。丙寅，少誠擊敗全義於五樓〔一〕，走保陳州。八月，劉濟及弟涿州刺史源戰於涿州〔二〕，執之。九月〔三〕，盧群卒，語在本傳。以齊抗同平章事，瀛州高陽人。十月，辛未，吳少誠引兵歸蔡州〔四〕，上表待罪。戊子，詔赦之，復其官爵。

十七年，六月，丁巳，成德節度使王武俊卒，贈太師，謚忠烈。七月，辛巳，以子士真充節度使。

二十年，十月，辛亥，易定節度使張茂昭來朝。

二十一年，正月，帝崩。奚當帝世兩朝獻〔五〕。二月，己酉，以張茂昭兼同平章事，來朝而寵之也。壬子，李師古發兵屯曹州，寇滑之東鄙，聞國喪而乘之也。七月，丙子，加李師古檢校侍中。癸巳，横海軍節度使程懷信卒，其子副使執恭自稱留後，以爲節度使。

〔一〕「擊」，底本作「襲」，今據《通鑑》卷二三五改。
〔二〕「戰於涿州」，底本脱四字，今據《新唐書·德宗紀》補。
〔三〕「九月」，底本脱二字，今據《舊唐書·德宗紀下》、《通鑑》卷二三五補。
〔四〕「吳」上，底本衍「以」字，今據《舊唐書·德宗紀下》、《通鑑》卷二三五删。
〔五〕「兩」，底本脱，今據《新唐書·北狄傳·奚傳》補。

憲宗元和元年，正月，壬午，以成德節度使、檢校司空王士真同平章事。癸未，西川節度副使劉闢反，命神策行營節度使高崇文討之[一]。崇文，幽州人。二月，乙丑，奚饒樂東府都督、襲歸誠郡王梅落可入朝[二]，加檢校司空、歸誠郡王，放還。癸丑，以魏博田季安同平章事。三月[三]，壬辰，以崇文爲東川節度副使。四月[四]，戊申，以隴右經略使、秦州刺史劉澭，爲保義軍節度使。五月，壬申，以横海軍留後程執恭爲節度使。六月[五]，加幽州劉濟侍中，淄青李師古檢校司徒[六]。閏六月，壬子朔，李師古卒。八月，己巳，以建王審爲鄆州大都督，遥領淄青節度使，以副使師道充留後。九月，甲子，易定張茂昭來朝。十月，丙寅，以高崇文爲西川節度使。壬午，以師道爲節度使。

二年，八月，辛巳，封左僕射于頔爲燕國公。十二月，丙寅，以高崇文爲邠寧節度

[一]「崇文討之」，底本脱四字，今據福建本、北大本補。
[二]「可」，底本作「耳」，今據《舊唐書·憲宗紀上》、《通鑑》卷二三七改；以下徑改，不注。
[三]「三」，底本作「四」，今據《舊唐書·憲宗紀上》改。
[四]「四月」，底本脱二字，今據《通鑑》卷二三七補。
[五]「六月」，底本脱二字，今據《舊唐書·憲宗紀上》、《通鑑》卷二三七補。
[六]按：「加幽州劉濟侍中，淄青李師古檢校司徒」，底本此句在四月「劉澭」之下，今據《舊唐書·憲宗紀上》、《通鑑》卷二三七，移置「六月」。

使。丙子，劉濉卒。己卯，史官李吉甫上《元和國計簿》[一]，餘十五道，若易定、魏博、鎮冀、范陽、滄景、淮西、淄青，爲藩鎮諸州，不申户口。奚、契丹入貢[二]。落可入朝，加檢校司空、歸誠郡王，放還[三]。

三年，十一月，横海軍節度使程執恭來朝。是歲，以奚部酋索氏爲左威衛將軍同正，充檀薊州游奕兵馬使[四]，没辱孤平州游奕兵馬使，皆賜姓李氏。然陰結回鶻、室韋兵犯西城、振武，不寧。

四年，三月，乙酉，成德節度使王士真卒，其子承宗自稱留後。閏月，以王士則爲神策大將軍，以其姪承宗擅立，避之，歸京師而命之。九月，庚戌，王承宗表獻德、棣二州，詔以承宗爲成德節度使，德州刺史薛昌朝充保信節度使，領德、棣二州。丁卯，邠寧節度使、檢校司空、同平章事高崇文卒，語在本傳。十月，辛巳，承宗襲執昌朝以歸。癸未，削奪承宗官爵，討之。以左神策中尉吐突承璀爲招討處置等使。戊子，以爲

[一]「簿」，底本脱，今據《舊唐書·憲宗紀上》、《通鑑》卷二三七補。
[二]「丹」，底本脱，今據《舊唐書·憲宗紀上》補。
[三]按：「落可入朝，加檢校司空、歸誠郡王，放還」，今據《舊唐書·北狄傳·奚傳》、《新唐書·北狄傳·奚傳》、《通鑑》卷二三七，此事在元和元年，《燕史》上文已載，此誤重出。
[四]「檀」，底本作「擅」，今據《舊唐書·北狄傳·奚傳》、《新唐書·北狄傳·奚傳》改。

鎮州招討宣慰使。己丑，詔軍進討。己亥，軍發京師，帝御通化門，勞遣之。十一月，己巳，彰義節度使吳少誠卒，其弟少陽自稱留後。李絳等因言：「少誠病不起，淮西四旁皆國家州縣[一]，不與賊鄰[二]。朝廷命帥，今正其時，萬一不從，可議征討。臣願捨恒冀難致之策，就申蔡易成之謀。脱或恒冀連兵，事未如意，蔡州有隙，勢可興師。南北之役俱興，財力之用不足，倘不得已，須赦承宗，則恩德虛施，威令頓廢。不如早賜處分，以收鎮冀之心；坐待機宜，必獲申蔡之利。」

五年，正月，己巳，盧龍節度使劉濟討王承宗，拔饒陽、束鹿。田季安取堂陽。承璀戰不利，左神策大將軍酈定進戰死。三月，己未，以吳少陽爲淮西留後[三]。四月，甲申，鎮州行營招討使吐突承璀執昭義節度使盧從史，送京師。丁亥，河東范希朝、義武張茂昭奏破賊於木刀溝。五月，乙巳，昭義軍三千人夜潰，奔魏州。六月，戊寅，奚、回紇、室韋寇振武。七月，庚子，承宗上表自首，請輸賦授官[四]。丁未，制雪王承宗，復官爵。加劉濟

[一]「家」，底本脱，今據《通鑑》卷二三八補。
[二]「鄰」，底本作「通」，今據《通鑑》卷二三八改。
[三]「後」，底本作「守」，今據《舊唐書·憲宗紀上》、《通鑑》卷二三八改。
[四]「賦」，底本作「賊」，今據《舊唐書·憲宗紀上》、《通鑑》卷二三八改。

中書令，田季安司徒，李師道僕射，並以罷兵加賞也。乙卯，瀛州刺史劉總殺其父濟及其兄緄，自稱留後。九月，辛亥，降承璀爲軍器使。壬戌，以劉總爲節度使[一]。十月，辛巳，張茂昭以易、定二州歸有司[二]。定州將楊伯玉誘亂，拘行軍司馬任廸簡。别將張佐元殺伯玉。茂昭謀歸朝，廸簡卒殺佐元。壬辰，以爲義武節度使。甲午，以茂昭爲河中節度使。十一月，庚申，以前保信薛昌朝爲右武衛將軍，前以承宗囚于鎮州，至是歸朝也。

六年，正月，丙申，以吴少陽爲彰義節度使。二月，丙子，河中節度使、檢校太尉、中書令張茂昭卒。四月，癸酉，以茂昭家妓四十七人歸定州。五月，甲午朔，取受王承宗錢物人品官王伯恭杖死。

七年，六月，己亥，鎮州甲仗庫火，兵仗都盡。王承宗謀叛，始懼，仍殺主庫吏百餘人[三]。八月，戊戌，魏博節度使田季安卒，其子懷諫自稱留後。十月，乙未，魏博軍以季安兵馬使田興知留事，興以六州歸有司，責吏奉貢。甲辰，詔以興爲節度使。十一月，辛酉，赦魏博六州，給復一年，賜高年、孤獨、廢疾粟帛，賞軍士。乙丑，遣知制誥裴

[一]「劉總」，底本脱二字，今據《舊唐書·憲宗紀上》補。
[二]「易」，底本作「義」，今據《新唐書》卷七《憲宗紀》改。
[三]「主」，底本作「三」，今據《舊唐書》卷一五《憲宗紀下》改；以下徑改，不注。

度宣慰魏博。辛巳，以前魏博副使田懷諫爲右監門衛將軍，賜宅一區，芻粟等。

八年，二月[一]，辛卯，賜田興名弘正。以田融爲相州刺史，興之兄也[二]。四月，辛亥，賜魏博錢二十萬貫，市軍粮。九月，丙辰，淄青李師道進鶻十二，命還之。乙丑，淮西吴少陽獻馬三百匹[三]。十一月，辛巳，敕賜張茂昭家歲帛二千匹。奚遣使來朝。室韋自五年至是三朝[四]。

九年，六月，庚辰，以義武軍副使渾鎬爲節度使。閏八月[五]，己巳，加田弘正檢校右僕射，賞三軍錢二十萬貫[六]。丙辰[七]，彰義節度使吴少陽卒[八]，其子元濟自稱留後。九月，

〔一〕「二」，底本作「正」，今據《舊唐書·憲宗紀下》改。
〔二〕按：「以田融爲相州刺史」，據《通鑑》卷二三九，此事在元和八年正月癸亥，《燕史》置於二月田興賜名之後，失次。
〔三〕「百」，底本作「千」，今據《舊唐書·憲宗紀下》改。
〔四〕按：「室韋自五年至是三朝」，今據《舊唐書·北狄傳·室韋傳》、《新唐書·北狄傳·室韋傳》，此事在文宗太和五年至八年，非憲宗元和事，《燕史》疑誤。
〔五〕「閏」，底本脱，今據《舊唐書·憲宗紀下》補。
〔六〕「軍」，底本作「萬」，今據福建本、《舊唐書·憲宗紀下》改。
〔七〕「丙」上，底本衍「八月」二字，今據《新唐書·憲宗紀》、《通鑑》卷二三九删。按：元和元年閏八月乙巳朔，丙辰事應在己巳事之前，《燕史》失次。
〔八〕「彰」，底本作「章」，今據《通鑑》卷二三九改。

己丑，元濟匿喪，拒朝使弔祭。焚劫舞陽等四縣〔一〕。十月，甲子〔二〕，以山南東道節度使嚴綬爲申光蔡招撫使〔三〕。十二月〔四〕，室韋大都督阿成等三十人來朝〔五〕。

十年，正月，丙申〔六〕，嚴綬帥師次蔡州界。己亥，制削吳元濟官爵，討之。二月，甲辰，綬敗于磁丘，退守唐州。田弘正遣其子布及宣武節度韓弘子公武將兵助討淮西。三月，庚子，忠武節度使李光顔敗賊於臨潁。四月，甲辰，又敗之於南頓〔七〕。辛亥，李師道遣盜焚河陰轉運院。五月，辛巳，遣御史中丞裴度宣慰淮西行營，還。丙申，光顔大破賊於時曲。六月，癸卯，師道盜殺中書侍郎、同平章事武元衡，擊傷裴度首。戊申，京師大索。庚戌，捕得八人，以爲王承宗所使，誅之。乙丑，以度代元衡。時方連諸道兵，環拿不解，内外大恐，人累息。有請罷度，安二鎮。帝怒，謂其隳賊計，「朕用一度，足

〔一〕「焚」，底本作「樊」，今據福建本、北大本、《舊唐書・憲宗紀下》改。
〔二〕「甲子」，底本作「丙午」，今據《舊唐書・憲宗紀下》、《新唐書・憲宗紀》、《通鑑》卷二三九改。
〔三〕「蔡」，底本脱，今據《舊唐書・憲宗紀下》、《新唐書・憲宗紀》、《通鑑》卷二三九補。
〔四〕「二」，底本作「一」，今據《舊唐書・北狄傳・室韋傳》改。
〔五〕「都」，底本作「勝」，今據《舊唐書・北狄傳・室韋傳》改。按：阿成等來朝事，今據《舊唐書・北狄傳・室韋傳》，在文宗太和九年，非憲宗元和九年，《燕史》疑誤。
〔六〕「申」，底本作「午」，今據福建本、《舊唐書・憲宗紀下》改。
〔七〕「頓」，底本作「頻」，今據《舊唐書・憲宗紀下》、《通鑑》卷二三九改。

破三賊」，而内外始安，討賊益急矣。七月，甲戌，詔絶王承宗朝貢。其所隸博野、樂壽二縣〔一〕，本屬范陽，以隸劉總。八月，丁未，師道遣兵襲東都，捕得，伏誅，留守吕元膺敗之。乙丑，光顔敗於時曲〔二〕。九月，癸酉，以韓弘爲淮西行營兵馬都統。十一月，壬申，光顔敗賊於小溵河。丁丑，又敗之於固始〔三〕。戊寅，盜焚獻陵寢宫，詔發振武兵二千，會義武軍以討王承宗〔四〕。十二月，甲辰，武寧軍都押衙敗師道衆於平陰〔五〕。是歲，奚、契丹貢。

十一年，正月，乙亥，幽州劉總敗王承宗於武彊〔六〕。癸未，制削王承宗官爵，討之，以所襲封邑賜武俊子金吾將軍士平〔七〕。令河東、河北道諸鎮加兵進討。甲申，盜斷建陵門

〔一〕「博」，底本作「將」，今據《舊唐書·憲宗紀下》改。
〔二〕「敗」下，底本衍「賊」字，今據《新唐書·憲宗紀》、《通鑑》卷二三九删。
〔三〕「固」，底本作「國」，今據《新唐書·憲宗紀》、《通鑑》卷二三九改。
〔四〕「義」，底本作「戰」，今據《舊唐書·憲宗紀下》、《通鑑》卷二三九改。
〔五〕「師」，底本作「郡」，今據《新唐書·憲宗紀》、《通鑑》卷二三九改。
〔六〕「彊」，底本闕，今據《新唐書·憲宗紀》、《通鑑》卷二三九補。
〔七〕「平」，底本作「則」，今據《舊唐書·憲宗紀下》、卷一四二《王士平傳》、《新唐書》卷二一一《藩鎮鎮冀傳·王承宗傳》改。

戟[二]。甲子，光顔奏破賊。二月，庚子，承宗焚蔚州[三]。癸卯，以内庫絹四萬疋賞幽、魏將士[三]。四月，庚子，光顔敗淮西兵於陵雲柵。乙卯，劉總敗承宗於深州。六月，甲辰，唐鄧節度使高霞寓敗績於鐵城，退保新興柵。庚戌，田弘正敗承宗於南宫。七月，丁丑，貶霞寓爲歸州刺史。壬午，宣武軍破淮西兵於郾城。八月，己未，昭義節度郗士美破承宗於柏鄉。十月，丙寅，加李師道檢校司空、平章事。十二月，丙午，以易州刺史陳楚爲定州刺史，以代義武節度使渾鎬[四]。鎬與承宗戰，大敗[五]。奚使獻名馬，契丹貢。

十二年，正月，癸未，貶義武節度使渾鎬爲循州刺史。二月，甲寅，岳鄂團練使李道古攻申州，敗績。三月，壬戌，昭義兵敗於柏鄉。戊辰，滄州程執恭改名權。癸未，賊將吴秀琳以文城柵兵三千降於唐鄧隨節度李愬。四月，辛卯，愬敗賊於嵖岈山。乙未，光顔又敗之於郾城。丙子，罷河北行營，各使還鎮，專討淮西。六月，壬戌，元濟請降。

〔二〕「門」，底本脱，今據福建本、北大本、《舊唐書·憲宗紀下》、《新唐書·憲宗紀》、《通鑑》卷二三九補。
〔三〕「焚」，底本作「陷」，今據《新唐書·憲宗紀》改。
〔三〕「庫」，底本脱，今據《舊唐書·憲宗紀下》補。
〔四〕「代」，底本作「付」，今據《舊唐書》卷一三四《渾鎬傳》、《新唐書》卷一五五《渾鎬傳》改。
〔五〕「敗」下，底本衍「之」字，今據《通鑑》卷二三九刪。

七月，丙辰，以裴度兼彰義節度使〔二〕，充淮西宣慰處置使〔三〕。八月，癸亥，河陽節度使烏重胤敗績於賈店。九月，甲寅，愬敗之於吴房。十月，癸酉，夜襲蔡州，禽吴元濟，檻送京師。十一月，丙戌，帝御門受俘，斬吴元濟。以魏博行營兵馬使田布爲右金吾衛將軍。

十三年，正月，庚寅，敕李師道奉表納質，并獻三州，令諫議大夫張宿宣慰。二月，己酉，横海節度使程權入朝，以滄、景二州歸於有司。四月，甲寅，王承宗納質請吏，復獻二州。庚辰，詔復其官爵。以華州刺史鄭權爲德州刺史、横海軍節度、德棣滄景等州觀察使。六月，丁丑，以滄景節度使程權爲邠州刺史、邠寧節度使〔三〕。七月，甲申，以田弘正兼司空。乙酉，詔宣武、魏博、義成、武寧、横海五鎮討李師道〔四〕。十一月，壬寅，以河陽節度使烏重胤爲滄州刺史、横海軍節度、滄景德棣觀察等使。十二月，戊寅，軍前禽師道將夏侯澄四十七人，並付魏博、義成管之。是年，奚、契丹朝貢。

〔二〕「彰義」，底本二字互乙，今據《舊唐書·憲宗紀下》、《通鑑》卷二四〇正。
〔三〕「處」，底本作「巡」，今據《舊唐書·憲宗紀下》、《新唐書·憲宗紀》、《通鑑》卷二四〇改。
〔三〕「刺史、邠寧」，底本脱四字，今據《舊唐書·憲宗紀下》補。
〔四〕「義成、武」，底本脱三字，今據《舊唐書·憲宗紀下》、《通鑑》卷二四〇補。

十四年，正月，丙申，魏博軍破賊五萬於東阿。辛巳，斬前滄州刺史，以拒詔不納鄭權也。丙午，魏博破賊萬人於陽穀。二月，乙卯，敕淄青行營諸軍，禁鹵掠焚殺。以冀、鎮水災，賜王承宗綾絹萬匹。二月[一]，戊午，平盧都將劉悟執李師道，斬之[二]。庚午，以悟爲義成節度使。四月，丙寅，詔諸道支郡兵馬並令刺史領之，横海節度使烏重胤奏也。六月，辛酉，敕定州大都督府復上州[三]。八月，戊午，王承宗進位檢校左僕射。己未，田弘正入朝。丁亥，宴之與大將判官二百人於麟德殿，賜物有差。九月，辛丑，以弘正兄相州刺史融檢校刑部尚書，兼太子賓客，分司東都。甲辰，以弘正依前檢校司徒，兼侍中，賜實封三百户。三上表乞留闕廷，不許。

十五年，正月，庚辰，成德節度使王承宗請置四州官及縣令，從之。十月，庚辰，卒。辛巳，其弟成德軍觀察等使承元以其四州歸有司。乙酉，徙魏博節度使田弘正代承宗，以承元爲義成節度，義成劉懷爲昭義，昭義李愬爲魏博，並節度使。十一月，癸卯，赦成德四州死罪以下，賜將士錢百萬緡。

[一] 按：「二月」，《燕史》上文已有，此處重出。
[二] 「斬」，底本脱，今據福建本、北大本、《舊唐書・憲宗紀下》、《通鑑》卷二四一補。
[三] 「督」，底本脱，今據《舊唐書・憲宗紀下》補。

長慶元年，正月，辛丑，令河北諸道各令均定兩稅。二月，己卯，盧龍節度使劉總奏乞棄官爲僧，以八州歸有司，請分爲三道焉。仍乞賜錢百萬緡，以賞將士。三月，癸丑，以總兼侍中，充天平節度使[一]；以宣武節度使張弘靖爲盧龍節度使。乙卯，以權知京兆尹盧士玫爲瀛莫觀察使，從總所請析也[二]。丁巳，詔總兄弟子姪皆除官，大將僚佐亦宜超擢[三]，百姓給復一年，軍士賜錢如所請。赦八州死罪以下。總遂請爲僧，癸亥，棄鎮而去，死於定州界。七月，甲辰，幽州都知兵馬使朱克融囚張弘靖以反。壬戌，成德大將王庭凑殺其節度田弘正以反。八月，壬申，克融陷莫州。癸酉，廷凑陷冀州，刺史王進岌死之。丙子，瀛州軍亂，執士玫，叛附於克融。廷凑寇深州。丁丑，詔魏博、横海、昭義、河東、義武兵，佐起復弘正子布涇原節度使[四]，以爲魏博節度使，討之。己丑，以河東節度使裴度爲幽、鎮兩道招討使。癸巳，廷凑圍深州。九月，壬子，克融掠易州三縣。十月，丙寅，以裴度爲鎮州四面行營都招討使。時忠武陳許等州觀察使李遜憤幽、

[一]「天」，底本作「太」，今據《舊唐書》卷一六《穆宗紀》、《通鑑》卷二四一改。
[二]「總」，底本作「極」，今據《舊唐書·穆宗紀》改。
[三]「宜」，底本作「宣」，今據《舊唐書·穆宗紀》、《通鑑》卷二四一改。
[四]「起」，底本作「超」，今據福建本、《舊唐書·穆宗紀》、《通鑑》卷二四一改；「涇」，底本作「太」，今據《舊唐書·穆宗紀》、《通鑑》卷二四一改。

鎮繼亂，請身先討賊，不許，但命以兵一萬，會於行營。遜奉詔，即日發兵，故先諸軍至。左領軍大將軍杜叔良[一]，以善事權倖進，時幽、鎮兵勢方盛，未敢進。上欲速功，宦者薦之，爲深州諸道行營節度使。庭辭，大言：「臣旦夕破賊矣。」以深冀節度使牛元翼爲成德節度使。丁丑，度自將兵出承天軍故關討王庭湊[二]。克融馳寇蔚州[三]。戊寅，廷湊寇貝州。己卯，易州刺史柳公濟奏敗幽州兵於白石嶺。庚辰，横海軍節度使烏重胤奏敗成德兵於饒陽[四]。辛巳，魏博節度使田布討賊，屯南宫，拔其二柵。重胤將全軍救深州[五]，諸軍所係重，獨當幽、鎮東南。宿將，知賊未可破，按兵觀釁。帝怒[六]，而徙以爲山南西道節度使。丙戌，以叔良代之。十一月，裴度既出在幽、鎮，翰林學士元稹與中官樞密魏弘簡深相結，恐度有功，復大用，妨己，故度所奏畫，多從中沮壞之。度表極陳朋比姦蠹狀，以爲：「逆竪構亂，震驚山東；姦臣作朋，撓敗國政。陛下欲掃蕩幽、

[一]「左」，底本脱，今據《舊唐書·穆宗紀》、《新唐書》卷八《穆宗紀》、《通鑑》卷二四二補。
[二]「軍」，底本作「年」，「王庭湊」，底本脱三字，今據《通鑑》卷二四二改補。
[三]「融」，底本脱，今據《通鑑》卷二四二補。
[四]「饒」，底本作「龍」，今據《舊唐書·穆宗紀》、《新唐書·穆宗紀》、《通鑑》卷二四二改。
[五]「救」，底本作「據」，今據《通鑑》卷二四二改。
[六]「帝」，底本闕，今據《通鑑》卷二四二補。

鎮，先宜肅清朝廷。何者？爲患有大小，議事有先後。河朔逆賊，祇亂山東，禁闈姦臣，必亂天下。是則河朔患小，禁闈患大。小者，臣與諸將必能翦滅；大者，非陛下覺寤制斷，無以驅除。今文武百僚，中外萬品，有心者無不忿憤，有口者無不咨嗟，直以獎用方深，不敢抵觸，恐事未行而禍已及[二]，不爲國計，且爲身謀。臣自兵興以來，所陳章疏，事皆切要，所奉書詔，多有參差。蒙陛下委付之意不輕，遭姦臣抑損之事不少。臣素與佞倖亦無讐嫌，正以臣前請乘傳詣闕，面陳軍事，姦臣最所畏憚，恐臣發其過，百計止臣。臣又請與諸軍齊進，隨便攻討。姦臣恐臣或有成功，曲加沮礙，逗遛日時，進退皆受羈牽，意見悉遭蔽塞。但欲令臣失所，使臣無成，則天下理亂，山東勝負，悉不顧矣。爲臣事君，一至於此。若朝中姦臣盡去，則河朔逆賊不討自平；若朝中姦臣尚存，則逆賊縱平無益。陛下儻未信臣言，乞出表，使百官集議，彼不受責，臣當伏辜。」表一一上，上雖不悅，以度大臣，不得已，以弘簡爲弓箭庫使，稹爲工部侍郎。稹雖解翰林，恩遇如故。時宿州刺史李直臣坐贓當死，宦官受賂爲請，御史中丞牛僧孺固請誅之。帝惜其才，僧孺對曰：「彼不才者無足慮，無過温飽及安樂耳。設法所以制其才。

[二] 「及」，底本作「久」，今據福建本、《舊唐書》卷一七〇《裴度傳》、《通鑑》卷二四二改。

安禄山、朱泚皆才過人，法不能制者也。」十一月，辛酉，淄青節度使薛平奏突將馬廷崟作亂，伏誅。時幽、鎮兵攻棣州，平遣大將李叔佐救之。軍士因刺史供饋稍薄，怨怒，宵潰，推廷崟爲主，攻青州。討平之。自憲宗征伐四方，國用耗矣。帝賞賚無藝，幽、鎮用兵，謀諸道十五萬計，調發火馳，民不堪疲。有司勢不能支，乃詔朝臣議反討先後可否。東川節度使王涯獻狀曰：「幽、鎮四州〔二〕，悖亂天紀，迷亭育之厚德，肆狼虎之非心，因縶鼎臣，戕賊戎帥，毒流州郡，釁及賓僚。凡在有情，孰不痛憤。伏以國家文德誕敷，武功繼立，遠無不伏，邇無不安，矧兹二方，敢逆天理。臣竊料詔書朝下，諸鎮夕驅，以貔貅問罪之師，當猖狂失節之寇，傾山壓卵，决海灌熒，勢之相懸，不是過也。但常山、薊郡，虞、虢相依，一時興師，恐費財力。罪有輕重，事有後先，譬之攻堅，宜從易者。如聞范陽肇亂，出自一時，事非宿謀，迹亦可驗。鎮州構禍，殊匪偶然，扇諸屬城，以兵拒境。如此，則幽薊之衆，可示寬刑；鎮冀之戎，可資先討〔三〕。况庭凑闒茸，不席父祖之資；成德分離，又多迫脅之勢。今日魏博思復讐之衆，昭義願盡敵之

〔二〕「四」，《舊唐書》卷一四二《王廷凑傳》、卷一六九《王涯傳》作「兩」。

〔三〕「討」，底本作「計」，今據福建本、《舊唐書》《王廷凑傳》、《王涯傳》改；以下徑改，不注。

師，參之晉陽，輔以滄德，犄角而進，實若建瓴。盡屠其城，然後北首燕路，在朝廷不爲失信，於軍勢實得機宜。臣又聞，用兵若鬭，先扼其喉。今瀛鄚、易定〔二〕，兩賊之咽喉也。宜假以威柄，戍以重兵，俾其死生不相知，間諜無所入，而以大軍先進冀、趙，次臨井陘，此一舉萬全之勢也。」於是命易定節度使陳楚閉境以抗克融，諸軍三面進討。十二月，庚午，帝聞叔良兵大敗於博野。丁丑，楚敗克融兵於望都及北平。戊寅，以鳳翔節度使李光顔爲忠武節度使，代李遜，兼代叔良深州行營節度使〔三〕。辛巳，赴鎮，帝御通化門臨送〔三〕，賜玉帶、名馬。乙酉，以克融爲盧龍節度使。戊子，義武奏破莫州清源等柵。帝賜賚無藝，府庫竭空。既集諸道兵，調發火馳，民不堪勞。仰度支者兵十五萬，府司懼不給，置南北供軍院。既薄賊鄙，饟道梗棘，樵蘇不繼，兵番休取芻蒸〔四〕。所須衣帛，未半道，諸軍多彊取之，有司弗能制。其縣師深入者〔五〕，不得衣食。又監軍宦人，悉

〔二〕「鄚」，底本作「鄭」，今據《舊唐書·王廷湊傳》、卷一六九《王涯傳》改。
〔三〕「兼」，底本闕，今據《通鑑》卷二四二補。
〔三〕「化門」，底本闕二字，今據《舊唐書·穆宗紀》補。
〔四〕「兵」，底本作「民」，今據《新唐書·藩鎮鎮冀傳·王廷湊傳》改。
〔五〕「師」，底本脱，今據福建本、《新唐書·藩鎮鎮冀傳·王廷湊傳》補。

取精票士自随，疲瑣者備行陳，戰輒潰。二賊衆不過萬餘[一]，王師統制不一，訖無功。宰相不知兵，爲異議揺奪，裁報乖戾。深州圍益急。

二年，正月，丁酉，幽州兵陷弓高。中書舍人白居易上言，以爲：「自幽、鎮逆命，朝廷徵諸道，計兵十七八萬，四面攻圍，已踰半年。王師無功，賊勢猶盛，弓高既陷，粮道不通，下博、深州，饑窮日急。蓋由節將太衆，其心不齊，莫肯率先，遞相顧望。又，朝廷賞罰，近日不行，未立功者或以拜官[二]，已敗衄者不聞得罪。既無懲勸，以至遷延，若不改張，必無所望。請令李光顔將諸道勁兵約三四萬人，從東速進，開弓高粮路，解深、邢重圍，與元翼合勢。令裴度將太原全軍，兼招討舊職，西面壓境，觀釁而動。若乘虚得便，即令同力翦除；若戰勝賊窮，亦許受降納欵。如此，則夾攻以分其力，招諭以動其心，必未及誅夷，自生變故。又請詔光顔選諸道兵精鋭者留之，其餘不可用者，悉遣歸本道，自守土疆。蓋兵多而不精，豈惟虚費衣粮，兼恐撓敗軍陣故也[三]。今既祇留

[一]「二賊」，底本作「一城」，今據《新唐書・藩鎮鎮冀傳・王廷湊傳》改。
[二]「拜」，底本作「敗」，今據福建本、《通鑑》卷二四二改。
[三]「陣」，底本作「隊」，今據福建本、《通鑑》卷二四二改。

東西二帥，請各置都監一人，諸道監軍，一時停罷。如此，則衆齊令一〔一〕，必有成功。又，朝廷本用田布，令報父讐，今領全師出界，供給度支，數月已來，都不進討。非田布故欲如此，抑有其由。聞魏博一軍，屢經優賞，兵驕將富，莫肯爲用。況其一月之費，計實錢二十八萬緡，若更遷延，將何供給？此尤宜早令退軍者也。若兩道止共留兵六萬，所費無多，既易支持，自然豐足。今事宜日急，其間變故，遠不可知。苟兵數不抽，軍費不減，食既不足，衆何以安！不安之中，何事不有！況有司逼於供軍，百端斂率，不許即用度交闕〔二〕，盡許則人心無憀。自古安危，皆繫於此。伏乞聖慮，察而念之。」疏奏，不省。己亥，度支饋滄州粮車六百乘〔三〕，至下博，盡爲幽、鎮所掠。時諸軍匱乏〔四〕，供軍院所運衣粮，往往不得至院，在途爲諸軍邀奪，其懸軍深入者，皆凍餒無所得。癸卯，魏博節度使田布自殺。己酉，詔以兵馬使史憲誠代之。既得旄鉞，復結幽、鎮。庚戌，以德州刺史王日簡爲滄州刺史，充橫海節度使，以代杜叔良。壬子，貶叔良於歸州。

〔一〕「帥，請各置都監一人，諸道監軍，一時停罷。如此，則衆齊令」，底本脱二十二字，今據《通鑑》卷二四二補。
〔二〕「交」，底本作「支」，今據福建本、《通鑑》卷二四二改。
〔三〕「饋」，底本作「匱」，今據福建本、《通鑑》卷二四二改。
〔四〕「軍」，底本脱，今據《通鑑》卷二四二補。

二月，甲子，赦王庭湊，用爲成德節度使，軍中將士官爵皆復其舊。以兵部侍郎韓愈爲宣慰使。上之初即位也，兩河略定，宰臣蕭俛、段文昌以爲，天下漸宜消兵，請密詔天下軍鎮，每歲百兵中，以八人逃、死爲格。帝方荒宴，遂可其奏。軍士落籍者衆，皆聚山澤爲盜。又幽、鎮亂作，一呼而皆集。詔徵諸道兵討之，兵皆少，猝召募烏合。又，諸節度既有監軍，其領偏軍者亦置中使監陳，將不得專號令，戰小勝則飛驛奏捷，自爲功，不勝，迫脅爲主將罪。悉擇驍勇以自衛，遣羸懦者就戰，故多敗。又凡用兵，皆授方略於禁中，朝令夕改，事否不知所從〔一〕，惟督令速戰。中使如織，驛馬不足，掠行人馬繼之，驛路人不敢行。故雖諸道十五萬衆，裴度元臣宿望，烏重胤、李光顏皆當時名將，討萬餘衆，屯守踰年，竟無成功，財竭力盡。崔植、杜元穎爲相，皆庸才，無遠略。憲誠既逼殺田布，朝廷不能討，遂並克融、庭湊以節授之。由是再失河朔，迄唐亡不能復。丁亥，以裴度爲司空、東都留守、平章事如故。元稹害之，故罷其兵。論者交章言：「時未偃兵，度有將相才，兵不可罷。」帝不省。會中人使幽、鎮還，言：「軍中謂度在朝，而兩河諸侯忠者懷，强者畏。今居東，人人失望。」帝悟，乃詔度入朝。三月，武寧

〔一〕「事否不知所從」，《通鑑》卷二四二作「不知所從，不度可否」。

節度副使王智興掠徐州〔一〕，逐其節度使崔群〔二〕。初，智興將精兵討幽、鎮，群忌之，爲所覺。及有詔赦，罷兵歸，遂逐之，而大掠鹽鐵院錢帛，衛群以出。丙午，加克融、庭湊檢校工部尚書，以解深州圍。然庭湊兵猶在城下，至元翼突圍而出，深州遂陷於庭湊。戊申，裴度至長安，對於麟德殿，伏奏龍墀，謝討賊無功〔三〕，因敘河北用兵，嗚咽流涕。帝改容慰勞之，待以殊禮〔四〕，宰臣拜賀。戊午，元翼出深州來朝，州陷於成德，殺將吏一百八十人〔五〕。己未，以滄景德棣爲一鎮〔六〕，以李全略爲横海節度使。五月，戊午〔七〕，克融進馬羊，請價以賞軍〔八〕。六月，丁卯，以易州刺史柳公濟爲義武節度使〔九〕。七月，己酉，遣中使至鎮州，取弘正骸骨。詔李憕死於禄山，子十人，多被害，惟二子源、彭得脱。

〔一〕「副」，底本脱，今據《舊唐書·穆宗紀》、《新唐書·穆宗紀》、《通鑑》卷二四二補。

〔二〕「節度」，底本作「觀察」，今據《舊唐書·穆宗紀》、《新唐書·穆宗紀》、《通鑑》卷二四二改。

〔三〕「討」，底本脱，今據福建本、北大本、《舊唐書·裴度傳》、《通鑑》卷二四二補。

〔四〕「殊」，底本脱，今據《新唐書》卷一七三《裴度傳》補。

〔五〕「一百」，底本脱，今據《舊唐書·穆宗紀》、《舊唐書·王廷湊傳》、《新唐書·藩鎮鎮冀傳·王廷湊傳》補。

〔六〕「棣」，底本重文，今據福建本、《舊唐書·穆宗紀》删。

〔七〕「午」，底本作「子」，今據福建本、《舊唐書·穆宗紀》、《通鑑》卷二四二改。

〔八〕「請」，底本作「清」，今據《舊唐書·穆宗紀》、《通鑑》卷二四二改。

〔九〕「易」，底本作「馬」，今據《舊唐書·穆宗紀》、《通鑑》卷二四二改。

源方八歲，俘爲奴，轉側民間。代宗時，故吏識于洛陽，贖出之，歸其宗屬。聞於朝，授河南府參軍，遷司農主簿。源以父死燕寇手，乃悲憤，不仕不娶，不食酒葷，爲僧。御史中丞李德裕表薦之，曰：「處士李源，即故禮部尚書、東都留守、贈司徒、忠烈公李憕之少子。天與忠孝，嗣兹貞烈。以父死國難，哀纏終身，自司農寺主簿，絶心禄仕，垂五十年〔一〕。暨於衰暮〔二〕，多依惠林佛寺，本憕之墅也。寺之正殿〔三〕，即憕之寢室，源過殿必趨，未嘗登踐，隨僧一食，已五十年。其端心執孝，無有不至〔四〕。抱此貞節，棄於清朝〔五〕，竊爲陛下惜之。」辛亥，詔曰：「禮著死綏，傳稱握節，捐生守位，取重人倫。爲義甚明，其風或替，言念於此，慨然興懷。而朝之公卿，有上言者，云天寶之季，盜起幽陵，振蕩生靈，噬吞河洛。贈司徒、忠烈公憕，處難居首，正色受屠，兩河聞風，再固危壁〔六〕，首立殊節，到今稱之。其子源，有曾、閔之行，可貫於神明；有巢、由之風，

〔一〕「垂」，底本脱，今據《舊唐書》卷一八七《忠義傳下·李憕傳》補。
〔二〕「衰暮」，底本作「哀慕」，今據《舊唐書·忠義傳下·李憕傳》改。
〔三〕「之」，底本作「以」，今據《舊唐書·忠義傳下·李憕傳》改。
〔四〕「有」，底本作「自」，今據《舊唐書·忠義傳下·李憕傳》改。
〔五〕「朝」，底本作「臣」，今據《舊唐書·忠義傳下·李憕傳》改。
〔六〕「壁」，底本作「璧」，今據《舊唐書·忠義傳下·李憕傳》、《新唐書·忠義傳上·李憕傳》改。

可希於太古。山林以寄其迹，爵禄不入于心，泊然無營，五十餘載。夫褒忠可以勸臣節，旌孝可以激人倫，尚義可以警澆浮，敬老可以厚風俗。舉茲四者，大儆於時。是用擢自衡門，立於文陛，處以諫職，冀聞讜言，仍加印紱，式示光寵。可守左諫議大夫，賜緋魚袋，仍敕河南尹差官，就所居敦諭遣發。」帝尋令中使齎手詔、緋袍、牙笏、絹二百疋[二]，往洛陽惠林寺宣賜。源受詔，對中使苦陳疾甚年高，不能趨拜，附表謝恩。其官告、服色、絹，皆辭不受。竟卒於寺。

四年，三月，甲子，庭湊殺故山南東道節度使牛元翼家。初，元翼在襄陽，數賂請家，不與；及聞其死，乃盡屠之，其酷毒如此。帝聞嗟悼，嘆宰輔非才，使兇賊熾肆。學士韋處厚上疏曰：「臣聞汲黯在朝，淮南寢謀；干木處魏，諸侯息兵。王霸之理，以一士止百萬之師，一賢制千里之難。裴度元勳巨德，文武兼備。若位巖廟，委參决，必使戎虜畏威，幽、鎮自臣。管仲曰：『離而聽之則愚，合而聽之則聖。』治亂之本，非有他術[三]。陛下當饋而歎，恨無蕭、曹，今一裴度，擯棄于外，所以馮唐知漢文帝有頗、牧

[二]「手」，底本重文，今據福建本、北大本、《舊唐書·忠義傳下·李憕傳》删。
[三]「術」，底本脱，今據《新唐書·裴度傳》、《通鑑》卷二四三補。

不能用也。」帝感悟。六月，丙申，陳許節度使李光顔守司徒〔一〕。九月，戊午，加克融檢校司空。十二月，癸未，奚、契丹朝貢。

敬宗寶曆二年，三月，丁亥，敕罷修東都。帝即位初，欲幸東都，宰相及朝臣諫甚衆，不聽，遣度支員外郎按視修之。會幽、鎮皆請以兵匠助修，乃罷，非以從諫，畏諸藩之稱兵也。四月，戊戌，横海節度使李全略卒，其子同捷自稱留後。丙午〔二〕，以王庭湊檢校司空。丙寅，賜聖德碑文。五月，庚辰，幽州軍亂，殺節度使朱克融，其子延嗣稱節度使〔三〕。九月，戊寅，兵馬使李載義殺之，自稱留後。守司徒光顔卒。十月，乙亥〔四〕，以載義爲盧龍節度使。劉蕡字去華，幽州昌平人，勉之子也。博學善屬文，尤精《左氏春秋》。客遊梁、汴間，能言王霸大略，耿介嫉惡。慨元和後閽寺權盛，神策中尉王守澄負弑逆罪，更二帝不能討，天下憤之。十二月，辛丑，中官劉克明等弑帝，守澄率禁軍討之，迎立江王爲天子，廢立由之，握兵横制海内，目爲南北司〔五〕，愛惡相攻，爲水火。

〔一〕「陳許」，底本作「横海軍」，今據《舊唐書》卷一七上《敬宗紀》改。
〔二〕「丙」，底本作「壬」，今據《舊唐書·敬宗紀》改。
〔三〕「延」，底本作「廷」，今據《舊唐書·敬宗紀》、《通鑑》卷二四三改；以下徑改，不注。
〔四〕「亥」，底本作「未朔」，今據《舊唐書·敬宗紀》、《通鑑》卷二四三改。
〔五〕「目」，底本作「自」，今據《舊唐書》卷一九〇下《文苑傳下·劉蕡傳》改。

蕡居草澤，憤惋。新主在藩邸，知兩朝積弊，思洗宿耻，將翦落其支黨[二]，士民相慶望治。蕡時擢進士第，慨然有澄清之志矣。是年，契丹朝貢。

文宗太和元年，三月，壬午，幽州李載義奏送張弘靖判官家屬赴闕。五月，丙子，以天平軍節度使烏重胤爲橫海軍節度使，以前攝橫海副使李同捷爲兗海節度使，就加魏博史憲誠同平章事。丁丑，加盧龍、成德節度使檢校。七月，癸亥，以同捷不受詔，結幽、鎮謀叛，徐州節度使王智興請討，發諸道兵討之。八月，庚子，詔削同捷官爵，復以張茂宗爲兗海節度使。十一月，丙申，橫海節度使烏重胤卒。庚辰，以保義軍節度使李寰代之，討同捷。十二月，庚戌[三]，以王智興爲滄州行營招撫使。

二年，三月，辛巳，帝御宣政殿，親試制策所舉賢良方正能直言極諫諸儒百餘人於庭。策曰：「朕聞古先哲王之治也，玄默無爲，端拱思道，陶甿心以居簡，凝日用而不宰，厚下以立本，推誠而建中。繇是天人通，陰陽和，俗躋仁壽，物無疵癘。噫！盛德之所臻，敻乎莫可及已。三代令王，質文迭究，百僞滋熾，風流寖微，自漢以降，足徵

[二]「將」，底本作「博」，今據《新唐書》卷一七八《劉蕡傳》改。
[三]「庚」，底本作「戊」，今據《新唐書》卷八《文宗紀》改。

蓋寡。朕顧惟昧道，祇荷丕構，奉若謨訓，不敢怠荒。任賢惕厲，宵衣旰食，詎追三五之遐軌，庶紹祖宗之鴻緒。而心有所未達，行有所未孚，由中及外，闕政斯廣。是以人不率化，氣或湮阨，災旱竟歲，播植愆時。國廩罕蓄，乏九年之儲；吏道多端，微三載之績。京師，諸夏之本也，將以觀治，而豪猾踰檢；太學，明教之源也，期於變風，而生徒惰業。列郡在乎頒條，而干禁或未絕；百工在乎按度，而淫巧或未息。俗恬風靡，積訛成蠹。其擇官濟治也，聽人以言，則枝葉難辨；御下以法，則恥格不形。其阜財發號也，生之寡而食之衆，煩於令而鮮於治。思所以究此繆盭，致之治平，兹心浩然，若涉淵冰。故前詔有司，博延群彦，佇啟宿懵〔二〕，冀臻時雍。子大夫皆識達古今，志在康濟，造廷待問，副朕虛懷。必當箴主之闕，辨政之疵，明綱條之致紊，稽富庶之所急。何施斯革於前弊，何澤斯惠於下土，何修而治古可近，何道而和氣克充。推之本源，著於條對。至若夷吾輕重之權，孰輔於治〔三〕？嚴尤底定之策，孰叶於時？元凱之考課何先？叔子之克平何務？惟此龜鑑，擇乎中庸，斯在洽聞，朕將親覽。」劉蕡對曰：「臣

〔二〕「佇」，底本作「停」，今據福建本、北大本、《舊唐書·文苑傳下·劉蕡傳》、《新唐書·劉蕡傳》改。
〔三〕「輔」，底本作「補」，今據福建本、北大本、《舊唐書·文苑傳下·劉蕡傳》、《新唐書·劉蕡傳》改。

誠不佞，有正國致君之術，無位而不得行；有犯顏敢諫之心，無路而不得達。但懷憤鬱抑，思有時而一發耳。常欲與庶人議於道，商賈謗於市，得通上聽，一悟主心，雖被妖言之罪，無所悔焉。況逢陛下以至德嗣興，以大明垂照，詢求過闕〔一〕，咨訪嘉謨，制詔中外，舉直言極諫者。臣辱斯舉，專承大問〔二〕，敢不悉意以言。至于上之所忌，時之所禁，權幸之所諱惡，有司之所與奪，臣愚不識。伏惟陛下少加優容，不使聖時有讜言而受戮者，乃天下之幸也。謹昧死以對。伏惟聖策，有思古先之治，念玄默之化，將欲通天地以濟俗，和陰陽以煦物，見陛下慕道之深也。臣以爲哲王之治，其則不遠，惟陛下致之之道何如耳。伏惟聖策，有祇荷丕構而不敢荒寧，奉若謨訓而罔有怠忽，見陛下憂勞之至也。若夫任賢惕厲，宵衣旰食，宜黜左右之纖佞，進股肱之大臣；若夫追蹤三五，紹復祖宗，宜鑒前古之興亡，明當代之成敗。心有所未達，以下情蔽而不得上通；行有所未孚，以上澤壅而不得下浹。欲人之化也，在修己以先之；欲氣之和也，在遂性以導之。救災旱在致乎精誠〔三〕，廣播殖在視乎食力。國廩罕蓄，本乎冗食尚繁；吏道多端，

〔一〕「詢」，底本作「詔」，今據《舊唐書·文苑傳下·劉蕡傳》、《新唐書·劉蕡傳》改。
〔二〕「承」，底本作「臣」，今據《舊唐書·文苑傳下·劉蕡傳》、《新唐書·劉蕡傳》改。
〔三〕「誠」，底本作「神」，今據《舊唐書·文苑傳下·劉蕡傳》、《新唐書·劉蕡傳》改。

本乎選用失當。豪猾踰檢，繇中外之法殊；生徒惰業，繇學校之官廢。列郡干禁，繇授任非人；百工淫巧，繇制度不立。伏以聖策，有擇官濟治之心[一]，阜財發號之歎，見陛下教化之本也。且進人以行，則枝葉安有難辨乎？防下以禮，則耻格安有不形乎[二]？念生寡而食衆，可罷斥惰游；念令煩而治鮮[三]，要察其行否。博延群彥，願陛下必納其言；造廷待問，則小臣安敢愛死。伏以聖策，有求賢箴闕之言，審政辨疵之令，見陛下咨訪之勤也。遂小臣斥姦豪之志[四]，則弊革於前；守陛下念康濟之心，則惠敷于下。邪正之道分，而治古可近；禮樂之方著，而和氣克充[五]。至若夷吾之法，非皇王之權；嚴尤所陳，無最上之策。元凱所先，不若唐堯考績；叔子所務，不若虞舜舞干。且俱非大德之中庸，上聖之龜鑑，又何足爲陛下道哉！或有以繫安危之機[六]，兆存亡之變者，臣請披肝膽，爲陛下別白而重言之。臣前所謂『哲王之治，其則不遠』者，在陛下慎思之，

〔一〕「擇」，底本作「澤」，今據《舊唐書·文苑傳下·劉蕡傳》、《新唐書·劉蕡傳》改。
〔二〕「安」，底本脱，今據福建本、《舊唐書·文苑傳下·劉蕡傳》、《新唐書·劉蕡傳》補。
〔三〕「煩」，底本作「繁」，今據福建本、《舊唐書·文苑傳下·劉蕡傳》、《新唐書·劉蕡傳》改。
〔四〕「志」，底本作「至」，今據《舊唐書·文苑傳下·劉蕡傳》、《新唐書·劉蕡傳》改。
〔五〕「克」，底本作「可」，今據福建本、《舊唐書·文苑傳下·劉蕡傳》、《新唐書·劉蕡傳》改。
〔六〕「或」，底本脱，今據《舊唐書·文苑傳下·劉蕡傳》、《新唐書·劉蕡傳》補。

力行之[一]，始終不懈而已[二]。謹按《春秋》：『元者，氣之始也；春者，歲之元也。』《春秋》以元加於歲，春加於王，明王者當奉若天道，以謹其始也。又舉時以終歲，舉月以終時，《春秋》雖無事，必書首月以存時，明王者當奉若天道，以謹其終也。王者動作終始必法於天者，以其運行不息也。陛下能謹其始，又能謹其終，懋而脩之，勤而行之，則可以執契而居簡，無爲而不宰，廣立本之大業，崇建中之盛德。又安有三代循環之弊，而爲百僞滋熾之漸乎[三]？臣故曰『唯陛下致之之道何如耳』。臣前所謂『若夫任賢惕厲[四]，宵衣旰食，宜黜左右之纖佞，進股肱之大臣』，實以陛下憂勞之至也。臣聞不宜憂而憂者，國必衰；宜憂而不憂者，國必危。陛下不以國家存亡之事，社稷安危之策，而降於清問。臣未知陛下以布衣之臣，不足與定大計耶？或萬機之勤，而聖慮有所未至耶？不然，何宜憂而不憂者乎？臣以爲陛下宜先憂者，宮闈將變，社稷將危，天下將傾，四海將亂。此四者，國家已然之兆，故臣謂聖慮宜先及之。夫帝業艱難而成之，故

[一]「行之」，底本脱二字，今據《舊唐書·文苑傳下·劉蕡傳》、《新唐書·劉蕡傳》補。
[二]「懈」，底本作「解」，今據《舊唐書·文苑傳下·劉蕡傳》、《新唐書·劉蕡傳》改。
[三]「僞」，底本作「世」，今據《舊唐書·文苑傳下·劉蕡傳》、《新唐書·劉蕡傳》改。
[四]「謂」，底本作「爲」，今據《舊唐書·文苑傳下·劉蕡傳》、《新唐書·劉蕡傳》改。

不可容易而守之。太祖肇其基，高祖勤其績，太宗定其業，玄宗繼其明，至於陛下，二百有餘載矣。其間聖明相因，擾亂繼作，未有不委用賢士，親近正人，而能紹興其徽烈者也〔一〕。或一日不念，則顛覆大器，宗廟之耻，萬古爲恨〔二〕。臣謹按《春秋》，人君之道，在體元以居正，昔董仲舒爲漢武帝言之略矣。其所未盡者，臣得爲陛下備論之。夫繼故必書即位，所以正其始也；終必書所終之地，所以正其終也。故爲君者，所發必正言，所履必正道，所居必正位，所近必正人。《春秋》『閽弑吴子餘祭』，書其名〔三〕，譏疏遠賢士，昵刑人，有不君之道矣。伏惟陛下思祖宗開國之勤，念《春秋》繼故之誡。明法度之端，則發正言而履正道；杜篡弑之漸〔四〕，則居正位而近正人。遠刀鋸之賤，親骨鯁之直，輔相得以專其任，庶寮得以守其官。奈何以褻近五六人，總天下大政，外專陛下之命，内竊陛下之權，威攝朝廷，勢傾海内，群臣莫敢指其狀，天子不得制其心。禍稔蕭牆，姦生帷幄，臣恐曹節、侯覽，復生於今日，此宫闈之所以將變也。臣謹案《春秋》，

〔一〕「徽」，底本作「機」，今據《舊唐書·文苑傳下·劉蕡傳》改。
〔二〕「爲」，底本作「無」，今據《舊唐書·文苑傳下·劉蕡傳》、《新唐書·劉蕡傳》改。
〔三〕「書」上，底本衍「不」字，今據《新唐書·劉蕡傳》删。
〔四〕「弑」，底本作「殺」，今據福建本、《舊唐書·文苑傳下·劉蕡傳》、《新唐書·劉蕡傳》改。

魯『定公元年春王』，不言正月者，《春秋》以爲先君不得正其終，則後君不得正其始，故曰『定無正』也。今忠賢無腹心之寄，閽寺專廢立之權，陷先帝不得正其終，致陛下不得正其始。況皇儲未建，郊祀未修，將相之職不歸，名器之宜不定，此社稷之所以將危也。臣謹案《春秋》，『王札子殺召伯、毛伯』。《春秋》之義，兩下相殺不書。此書者，重其顓王命也。夫天之所授者在命，君之所存者在令。操其命而失之者，是不君也；侵其命而專之者，是不臣也。君不君，臣不臣，此天下之所以將傾也。臣謹案《春秋》，晉趙鞅以晉陽之兵叛入于晉。書其歸者，能逐君側之惡以安其君〔一〕，故《春秋》善之。今威柄陵夷，藩臣跋扈。有不達人臣之節，首亂者以安君爲名；不究《春秋》之微，稱兵者以逐惡爲義。則政刑不繇乎天子，征伐必自於諸侯，此海内之所以將亂也。故樊噲排闥而雪涕，袁盎當車而抗辭，京房發憤以殞身，竇武不顧而畢命，此皆陛下明知之矣。臣謹案《春秋》，晉狐射姑殺陽處父，書襄公殺之者，以其上漏言也。襄公不能固陰重之機，處父所以及殘賊之禍，故《春秋》非之。夫上漏其情，則下不敢盡意；上泄其事，則下不敢盡言。故《傳》有『造膝』、『詭辭』之文，《易》有『失身』、『害

〔一〕「之」，底本脱，今據福建本、《舊唐書·文苑傳下·劉蕡傳》補。

成』之戒。今公卿大臣，非不欲爲陛下言之，慮陛下不能用也。陛下既忽之而不用，必泄其言；臣下既言之而不行，必嬰其禍。適足鉗直臣之口，重姦臣之威。是以欲盡其言，則有失身之懼；欲盡其意，則有害成之憂。裴回鬱塞，以俟陛下感悟，然後盡其啟沃耳。陛下何不以聽朝之餘，時御便殿，召當世賢相與舊德老臣，訪持變扶危之謀，求定傾救亂之術，塞陰邪之路，屏褻狎之臣，制侵陵迫脅之心，復門户掃除之役，戒其所宜戒，憂其所宜憂。既不能治於前，當治於後；既不能正其始，當正其終。則可以虔奉典謨，克承丕構，終任賢之效，無宵旰之憂矣。臣前所謂『若夫追蹤三五[一]，紹復祖宗，宜鑒前古之興亡，明當時之成敗』者。臣聞堯、禹之爲君，而天下之大治者，以能任九官、四岳、十二牧，不失其舉，不貳其業，不侵其職。居官惟其能，左右唯其賢。元凱在下，雖微必舉；四凶在朝，雖强必誅。考其安危，明其取舍。至秦二世，漢之元、成，咸願措國如唐、虞，致身於堯、舜，而終敗亡者，以其不見安危之機，不知取舍之道，不任大臣，不辨姦人，不親忠良，不遠讒佞也。伏惟陛下察唐、虞之所以興，而景行於前；鑒秦、漢之所以亡，而戒懼於後。陛下無謂廟堂無賢相，庶官無賢士。今綱紀

[一]「夫」，底本作「决」，今據《舊唐書・文苑傳下・劉蕡傳》改。

未絶，典刑猶在，人誰不欲致身爲王臣，致時爲太平，陛下何忽而不用之邪？又有居官非其能[二]，左右非其賢，其惡如四凶，其詐如趙高，其姦如恭、顯，陛下又何憚而不去之邪？神器固有歸，天命固有分，祖宗固有靈，忠臣固有心，陛下其念之哉！昔秦之亡也，失於彊暴；漢之亡也，失於微弱。彊暴則賊臣畏死而害上[三]，微弱則姦臣竊權而震主。臣伏見敬宗皇帝不虞亡秦之禍，不翦其萌；伏惟陛下深軫亡漢之憂，以杜其漸。則祖宗之洪業可紹，三五之遐軌可追矣。臣前所謂陛下『心有所未達，以下情塞而不能上通，行有所未孚，以上澤壅而不得下浹』者。且百姓有塗炭之苦，陛下無繇而知；陛下有子惠之心，百姓無繇而信。臣謹按《春秋》書『梁亡』不書『取』者，梁自亡也。以其思慮昏而耳目塞[三]，上出惡政，人爲寇盜，皆不知其所以然，自取滅亡也。臣聞國君之所以尊者[四]，重其社稷也；社稷之所以重者，存其百姓也。苟百姓之不存，則雖社稷之不得固其重；苟社稷之不重，則雖人君不得保其尊。故治天下者，不可不知百姓之情。

〔二〕「居官」，底本二字互乙，今據《舊唐書·文苑傳下·劉蕡傳》、《新唐書·劉蕡傳》正。
〔三〕「畏死」，底本作「死傷」，今據《舊唐書·文苑傳下·劉蕡傳》、《新唐書·劉蕡傳》改。
〔三〕「耳目」，底本作「己自」，今據《舊唐書·文苑傳下·劉蕡傳》、《新唐書·劉蕡傳》改。
〔四〕「國」，底本脱，今據《舊唐書·文苑傳下·劉蕡傳》、《新唐書·劉蕡傳》補。

百姓者，陛下之赤子。陛下宜令慈仁者親育之，如保傅焉，如乳哺焉，如師之教導焉。故人之於上也，恭之如神明〔一〕，愛之如父母。今或不然。陛下親近貴倖，分曹建署，補除卒吏，召致賓客，因其貨賄，假以氣勢。大者統藩方，小者爲牧守。居上無清惠之政，而有饕餮之害；居下無忠誠之節，而有姦欺之罪。故人之於上也，畏之如豺狼〔二〕，惡之如讐敵。今海内困窮，處處流散〔三〕，飢者不得食，寒者不得衣，鰥寡孤獨者不得存，老幼疾病者不得養。加以國之權柄，顚於左右，貪臣聚歛以固寵，姦吏因緣而弄法。寃痛之聲，上達於九天，下入於九泉，鬼神爲之怨怒，陰陽爲之愆錯。君門萬重而不得告訴〔四〕，士人無所歸化〔五〕，百姓無所歸命。官亂人貧，盜賊並起，土崩之勢，憂在旦夕。即不幸因之以疾厲，繼之以凶荒，臣恐陳勝、吴廣不獨起於秦，赤眉、黄巾不獨生於漢，故臣所以爲陛下發憤扼腕，痛心泣血爾。如此，則百姓有塗炭之苦，陛下何繇而知之乎？陛下

〔一〕「如」，底本作「於」，今據《舊唐書·文苑傳下·劉蕡傳》、《新唐書·劉蕡傳》改；以下徑改，不注。
〔二〕「狼」，底本作「豺」，今據福建本、北大本、《舊唐書·文苑傳下·劉蕡傳》、《新唐書·劉蕡傳》改。
〔三〕「散」，底本作「離」，今據《舊唐書·文苑傳下·劉蕡傳》、《新唐書·劉蕡傳》改。
〔四〕「重」，底本作「里」，今據福建本、《新唐書·劉蕡傳》改；「得」，底本脱，今據《舊唐書·文苑傳下·劉蕡傳》、《新唐書·劉蕡傳》補。
〔五〕「化」，底本作「托」，今據《舊唐書·文苑傳下·劉蕡傳》、《新唐書·劉蕡傳》改。

有子惠之心，百姓安得而信之乎？使陛下『行有所未孚，心有所未達』，固其然也。臣聞漢元帝即位之初，更制七十餘事，其心甚誠，其稱甚美。然紀綱日紊，國祚日衰，姦宄日强，黎元日困，繇不能擇賢明而任之，失其操柄也。自陛下御宇，憂勤兆庶，屢降德音，四海之内，莫不抗首而長思，自喜復生於死亡之中也。伏惟陛下慎終如始，以塞萬方之望。誠能揭國柄以歸於相，持兵柄以歸於將，去貪臣聚歛之政，除姦吏因緣之害，惟忠賢是近，惟正直是用，内寵便僻〔二〕，無所聽焉。選清慎之官，擇仁惠之長，敏之以利，煦之以和，教之以孝慈，導之以德義，去耳目之塞，通上下之情，俾萬國歡康，兆庶蘇息，即心無不達，而行無不孚矣。臣前所謂『欲兆人之化也，在修己以先之』者。臣聞德以修己，教以導人。修之也，則人不勸而自至；導之也，則人不教而率從。是以君子欲政之必行也，故以身先之；欲人之從化也，故以道御之。今陛下先之以身而政未必行〔三〕，御之以道而人未從化，豈立教之旨未盡其方邪？夫立教之方，在乎君以明制之，臣以忠行之。君以知人爲明，臣以正時爲忠。知人則任賢以去邪，正時則固本而守法。

〔二〕「僻」，底本作「辟」，今據福建本、《舊唐書·文苑傳下·劉蕡傳》、《新唐書·劉蕡傳》改。
〔三〕「之」，底本脱，今據《舊唐書·文苑傳下·劉蕡傳》、《新唐書·劉蕡傳》補。

賢不任則重賞不足以勸善，邪不去則嚴刑不足以禁非〔一〕，本不固則民流，法不守則政散，而欲教之使必至，化之使必行，不可得也。陛下能斥姦邪而不私其左右，舉賢正而不遺其疏遠，則化浹於朝廷矣；愛人以敦本，分職而奉法，脩其身以及其人，始於中而成於外〔二〕，則化行於天下矣。臣前所謂『欲氣之和也，在於遂其性以導之』者，當納人於仁壽也。夫欲人之仁壽也，在乎立制度，修教化。夫制度立則財用省，財用省則賦斂輕，賦斂輕則人富矣；教化脩則爭競息，爭競息則刑罰清，刑罰清則人安矣。既富矣，則仁義興焉；既安矣，則壽考至焉。仁義之心感於下，和平之氣應於上，故災害不作，休祥荐臻，四方底寧，萬物咸遂矣。臣前所謂『救災旱在乎致精誠』者。臣謹按《春秋》，魯僖公七月之中，三書『不雨』者，以其人君有恤人之志也。文公三年之中，一書『不雨』者，以其人君無憫人之心也。故僖公致精誠而旱不害物，文公無恤憫而旱則成災〔三〕。陛下誠能有恤人之心，則無成災之變矣。臣前所謂『廣播殖在視乎食力』者。臣謹案

〔一〕「邪」，底本作「刑」，今據福建本、《舊唐書·文苑傳下·劉蕡傳》、《新唐書·劉蕡傳》改；「刑」，底本作「行」，今據《舊唐書·文苑傳下·劉蕡傳》、《新唐書·劉蕡傳》改。

〔二〕「始」，底本作「治」，今據福建本、《舊唐書·文苑傳下·劉蕡傳》、《新唐書·劉蕡傳》改。

〔三〕「文公」，底本作「人君」，「恤憫」，底本二字互乙，今據福建本、《舊唐書·文苑傳下·劉蕡傳》、《新唐書·劉蕡傳》改正。

《春秋》：『君人者，必時視人之所勤。人勤於力，則功築罕；人勤於財，則貢賦少；人勤於食，則百事廢。』今財食與力皆勤矣，願陛下廢百事之用，以廣三時之務，則播植不愆矣[一]。臣前所謂『國廩罕蓄，本乎冗食尚繁』者。臣謹按《春秋》，『臧孫辰告糴於齊』[二]。《春秋》譏其無九年之蓄，一年不登而百姓飢。臣願斥游惰之人以篤耕殖，省不急之費以贍黎元，則廩蓄不乏矣。臣前所謂『吏道多端，本乎選用失當』者，繇國家取人不盡其材，任人不明其要故也。今陛下之用人也，求其聲而不求其實；故人之趨進也，務其末而不務其本。臣願覈考課之實，定遷序之制，則多端之吏息矣。臣前所謂『豪猾踰檢，繇中外之法殊』者，以其官禁不一也。臣謹按《春秋》，齊桓公盟諸侯不日，而葵丘之盟特以日者，美其能宣明天子之禁，率奉王官之法，故《春秋》備而書之。夫官者，五帝、三王之所建也[三]；法者，高祖、太宗之所制也。法宜畫一，官宜正名。今又分外官、中官之員，立南司、北司之局，或犯禁於南，則亡命於北，或正刑於外，則破律於中，法出多門，人無所措，實繇兵農勢異，而中外法殊也。臣聞古者因井田以

[一]「植」，底本脱，今據福建本、《舊唐書·文苑傳下·劉蕡傳》、《新唐書·劉蕡傳》補。
[二]「糴」，底本作「糶」，今據福建本、《舊唐書·文苑傳下·劉蕡傳》、《新唐書·劉蕡傳》改。
[三]「王」，底本作「皇」，今據《舊唐書·文苑傳下·劉蕡傳》、《新唐書·劉蕡傳》改。

制軍賦，間農事以修武備，提封約卒乘之數，命將在公卿之列，故兵農一致而文武同方，可以保乂邦家，式遏禍亂。暨太宗皇帝肇建邦典，亦置府兵，臺省軍衛，文武參掌，居閑歲則櫜弓力穡〔一〕，將有事則釋耒荷戈，所以修復古制，不廢舊物。今則不然。夏官不知兵籍，止於奉朝請；六軍不主兵事，止於養階勳。軍容合中官之政，戎律附内臣之職。首一戴武弁，疾文吏如仇讐；足一蹈軍門〔二〕，視農夫如草芥。謀不足以翦除兇逆，而詐足以抑揚威福；勇不足以鎮衛社稷，而暴足以侵軼里閭。羈紲藩臣，干陵宰輔，隳裂王度，汨亂朝經。張武夫之威，上以制君父；假天子之命，下以御英豪。有藏姦觀釁之心，無仗節死難之誼。豈先王經文緯武之旨邪！臣願陛下貫文武之道，均兵農之功，正貴賤之名，一中外之法，還軍衛之職〔三〕，修省署之官，近崇貞觀之規，遠復成周之制，自邦畿以刑於下國，始天子而達於諸侯，則可以制猾姦之彊，無踰檢之患矣。臣前所謂『生徒惰業，繇學校之官廢』者，蓋國家貴其禄而賤其能，先其事而後其行，故庶官乏通經之學，諸生無脩業之心矣。臣前所謂『列郡干禁，繇授任非人』者。臣以爲刺史之任，

〔一〕「閑」，底本作「間」，今據《舊唐書・文苑傳下・劉蕡傳》、《新唐書・劉蕡傳》改。
〔二〕「一」，底本作「已」，今據福建本、《舊唐書・文苑傳下・劉蕡傳》、《新唐書・劉蕡傳》改。
〔三〕「衛」，底本作「威」，今據福建本、北大本、《舊唐書・文苑傳下・劉蕡傳》、《新唐書・劉蕡傳》改。

治亂之根本繫焉，朝廷之法制在焉，權可以御豪强，恩可以惠孤寡，强可以禦姦寇，政可以移風俗。其將校有曾經戰陣[一]，及功臣子弟，各請隨宜酬賞。如無治人之術者，不當任此官，即絶干禁之患矣。臣前所謂『百工淫巧，繇制度不立』者。臣請以官位禄秩[二]，制其器用車服，禁以金銀珠玉，錦繡雕鏤，不蓄於私室，則無蕩心之巧矣。臣前所謂『辨枝葉』者，繇考言以詢行也；臣前所謂『形於耻格』者，繇道德而齊禮也。臣前所謂『念生寡而食衆[三]，可罷斥惰遊』者[四]，已備於前矣。臣前所謂『令煩而治鮮，要察其行否』者。臣聞號令者，乃治國之具也，君審而出之，臣奉而行之，或虧上旨，罪在不赦。今陛下令煩而治鮮，得非持之者有所蔽欺乎？臣前謂『博延群彦，願陛下必納其言；造廷待問，則小臣不敢愛死』者。臣聞晁錯爲漢畫削諸侯之策[五]，非不知禍之將至也。忠臣之心，壯夫之節，苟利社稷，死無悔焉。今臣非不知言發而禍應[六]，計行而身

〔一〕「曾」，底本作「争」，今據福建本、《舊唐書·文苑傳下·劉蕡傳》、《新唐書·劉蕡傳》改。
〔二〕「請」，底本作「謂」，今據《舊唐書·文苑傳下·劉蕡傳》、《新唐書·劉蕡傳》改。
〔三〕「食衆」，底本二字互乙，今據《舊唐書·文苑傳下·劉蕡傳》、《新唐書·劉蕡傳》正。
〔四〕「惰游」，底本二字互乙，今據《舊唐書·文苑傳下·劉蕡傳》、《新唐書·劉蕡傳》正。
〔五〕「畫」，底本脱，今據《舊唐書·文苑傳下·劉蕡傳》補。
〔六〕「臣」，底本作「知」，今據福建本、《舊唐書·文苑傳下·劉蕡傳》、《新唐書·劉蕡傳》改。

僇，蓋痛社稷之危，哀生人之困，豈忍姑息時忌，竊陛下一命之寵哉！昔龍逄死而啟殷，比干死而啟周，韓非死而啟漢，陳蕃死而啟魏。今臣之來也〔一〕，有司或不敢薦臣之言，陛下又無以察臣之心，退必戮於權臣之手。臣幸得從四子游於地下，固臣之願也。所不知殺臣者，臣死之後，將孰爲啟之哉！至如人主之闕，政教之疵，前日之弊，臣既言之矣。若乃流下土之惠，修近古之治，而致和平者，在陛下行之而已。然上之所陳者，實以臣親承聖問，敢不條對。雖臣之愚，以爲未極教化之大端，皇王之要道。伏惟陛下事天地以教人敬，奉宗廟以教人孝，養高年以教人悌長，字百姓以教人慈幼，調元氣以煦育，扇大和以仁壽，可以逍遥無爲，垂拱成化。至若念陶鈞之道，在擇宰相以任之，使權造化之柄；念保定之功，在擇將帥以任之，使修閫外之寄；念百度之未貞，在擇庶官而任之，使顯職業之守；念百姓之愁痛，在擇良吏以任之，使明惠養之術。自然言足以爲天下教，動足以爲天下法，仁足以勸善，義足以禁非，又何必宵衣旰食，勞神惕慮，然後以致其理哉！」是時，第策官左散騎常侍馮宿、太常少卿賈餗、庫部郎中龐嚴，皆時文士也，見蕢對嗟伏，以爲過古晁、董，而畏中官眦睚，不敢留籍中。士人讀其辭，

〔一〕「臣」下，底本衍「人」字，今據《舊唐書·文苑傳下·劉蕢傳》、《新唐書·劉蕢傳》删。

至感慨流涕者。諫官、御史將交章論其直，而執政從而弭之，以避怨於黄門。於時，被選者二十有三人，所言皆冗齪常務，類得優調。河南府參軍事李郃曰：「蕡不第而我輩登科，顔之厚矣。」乃上疏曰：「陛下御正殿，求直言，使人得自奮。臣才志懦劣，不能質今古是非，使陛下聞未聞之言，行未行之事，忽忽内思，愧羞神明。今蕡所對，敢空臆盡言〔一〕，至皇王之成敗，陛下所防閑〔二〕，時政之安危，不私所料。又引《春秋》爲據，漢、魏以來，無與蕡比。有司以言涉訐忤，不敢聞。自詔書下，萬口藉藉，歎其誠鯁〔三〕，至於垂泣，謂蕡指切左右，畏近臣銜怒，變興非常，朝野惴息，誠恐忠良道窮〔四〕，綱紀遂絶，季漢之亂，復興于今。以陛下仁聖，近臣故無害忠良之謀；以宗廟威嚴，近臣故無速敗亡之禍。指事取驗，何懼直言？且陛下以直言召天下士，蕡矢直言副陛下所問〔五〕，雖訐必容，雖過當獎，書於史策，千古光明。使萬有一蕡不幸死，天下必曰陛下陰殺讜直，結讎海内，忠義之士，皆憚誅夷，人心一摇，無以自解。况臣所對，不及蕡遠甚，

〔一〕「敢」，底本作「皆」，今據福建本、《新唐書·劉蕡傳》改。
〔二〕「防閑」，底本作「訪問」，今據《新唐書·劉蕡傳》改。
〔三〕「鯁」，底本作「梗」，今據福建本、北大本、《新唐書·劉蕡傳》改。
〔四〕「道」，底本重文，今據福建本、北大本、《新唐書·劉蕡傳》删。
〔五〕「且陛下以直言召天下士，蕡矢直言」，底本脱十四字，今據福建本、北大本、《新唐書·劉蕡傳》補。

内懷愧耻，自謂賢良，奈人言何！乞回臣所授，以旌賁直。臣逃苟且之慚，朝有公正之路，陛下免天下之疑[一]，顧不美哉[二]！」帝不納。七月，己巳，詔罪王庭凑，陰以兵粮與李同捷也。九月，丁亥，王智興奏拔横海棣州。甲午，削庭凑官爵，命諸道討之。十一月，癸未朔，易定節度使柳公濟奏拔横海寨兵。乙酉[三]，以左金吾衛大將李祐爲横海節度使。十二月，丁巳，智興破無棣。乙丑，魏博大將亓志紹亂其軍[四]。丁丑[五]，命發義成、河陽兵討之。

三年，正月，庚子，義成節度使李聽討魏博亂軍，平之。二月，李祐帥諸道兵擊李同捷，破之。丙寅，魏博使子唐奉表入朝請命。四月，戊辰，同捷降。五月，甲申，滄景宣慰使柏耆斬之于塗，滄景平。祐入滄州。丙申，祐卒，以前義武軍節度使傅毅爲横海節度使。六月，甲戌，滄州軍亂，殺其節度使憲誠，推士將何進滔知留後以拒命。八

[一]「陛下免天下之疑」，底本脱七字，今據《新唐書·劉賁傳》補。
[二]「顧」，底本作「豈」，今據《新唐書·劉賁傳》改。
[三]「酉」，底本作「未」，今據《舊唐書》卷一七上《文宗紀上》、《通鑑》卷二四三改。
[四]「亓」，底本闕，今據《舊唐書·文宗紀上》、《通鑑》卷二四三補。
[五]「丑」，底本作「酉」，今據《通鑑》卷二四三改。

月，壬子，以進滔爲魏博節度使。癸丑[一]，以衛尉卿殷侑爲齊德滄景節度使[二]。壬申，赦王庭湊，復其官爵。

四年，三月，奚寇幽州。四月，丁未，盧龍節度使李載義擊破之。檢校司徒、平章事李載義守太保[三]。辛酉，擒其王茹羯以獻，賜茹羯冠帶。辛未，庭湊請修建初、啟運二陵[四]，從之。九月，壬午，以茹羯爲右驍衛將軍同正。

五年，正月，丁巳，賜滄德節度使曰義昌軍。庚申，幽州後院副兵馬楊志誠逐其節度使李載義，自立爲留後，殺莫州刺史張慶初[五]。二月，壬辰，載義自易州來朝，以爲太保、同平章事如故。以志誠爲盧龍留後。四月，己丑，以志誠爲節度使。

六年，九月，辛丑，幽州置新城縣於古督亢地[六]。十二月，乙亥，昭義節度使劉從諫來朝，其妻燕國夫人裴氏勸之也。

〔一〕「癸」，底本作「辛」，今據《舊唐書·文宗紀上》、《通鑑》卷二四四改。
〔二〕「侑」，底本作「洧」，今據《舊唐書·文宗紀上》、《通鑑》卷二四四改。
〔三〕「檢」上，底本衍「六月己巳」四字，今據《舊唐書》卷一八〇《李載義傳》删。
〔四〕「請」，底本脱，今據《舊唐書》卷一七下《文宗紀下》補。
〔五〕「慶」，底本作「敬」，今據《新唐書·文宗紀》、《通鑑》卷二四四改。
〔六〕「古」，底本作「左」，今據《舊唐書·文宗紀下》改。

七年，二月，癸亥，加盧龍節度使、檢校工部尚書楊志誠檢校吏部尚書。三月，辛卯，志誠執官告、春衣、送奚契丹使，怒不得僕射而不受吏部也〔一〕。七月，同平章事李德裕言：「昔玄宗以臨淄王定内難，自是疑忌宗室，不令出閤，議者以爲幽閉骨肉，虧傷人倫〔二〕。鼂使天寶末、建中初〔三〕，宗室散處方州，雖未能安定王室〔四〕，尚可各全其生。所以悉爲安禄山、朱泚魚肉者，由聚於一宫故也。陛下誠因册太子，制書聽宗室年高屬疏者出閤〔五〕，且除諸州上佐，使擕其男女出外婚嫁〔六〕。此百年弊法〔七〕，一旦去之，海内孰不忻悦。」帝從之。八月，庚寅，册太子〔八〕，因下制諸王如裕言，竟以議除官不决而罷。壬寅，加志誠檢校右僕射，仍遣詔使慰諭之。

殿中侍御史杜牧之，憤河朔三鎮之桀驁，而朝議者專事姑息。牧嫌不當位而言，實

〔一〕「僕」，底本作「樸」，今據福建本、北大本、《通鑑》卷二四四改。
〔二〕「倫」，底本闕，今據《通鑑》卷二四四補。
〔三〕「鼂」，底本闕，「末」，底本作「外」，今據《通鑑》卷二四四補改。
〔四〕「室」，底本作「宗」，今據北大本、《通鑑》卷二四四改。
〔五〕「疏」，底本闕，今據北大本、《通鑑》卷二四四補。
〔六〕「擕」，底本作「視」，「婚嫁」，底本作「始□」，今據《通鑑》卷二四四改補。
〔七〕「此」，底本作「則」，今據《通鑑》卷二四四改。
〔八〕「子」，底本作「史」，今據福建本、《舊唐書·文宗紀下》、《通鑑》卷二四四改。

有罪，故作《罪言》，其辭曰：「生人常病兵，兵祖於山東，羡於天下[二]。不得山東，兵不可死。山東之地，禹畫九土曰冀州，舜以其分太大，離爲幽州，爲并州。程其水土，與河南等，常重十一二，故其人沈鷙多材力，重許可，能辛苦。魏、晉以下，工機纖雜，意態百出，倍益卑弊，人益脆弱，惟山東敦五種，本兵矢[三]，他不能蕩而自若也。産健馬，下者日馳二百里，所以兵常當天下。冀州，以其恃强不循理，冀其必破弱；雖已破，冀其復强大也。并州，力足以吞并也。幽州，幽陰慘殺也。聖人因以爲名。黄帝時，蚩尤爲兵階，自後帝王多居其地。周劣齊霸，不一世，晉大[三]，常傭役諸侯。至秦萃鋭三晉，經六世乃能得韓[四]，遂折天下脊；復得趙，因拾取諸國。韓信聯齊有之，故蒯通知漢、楚輕重在信。光武始於上谷，成於鄗。魏武舉官渡，三分天下有其二。晉亂胡作，至宋武號英雄，得蜀，得關中，盡有河南地[五]，十分天下之八，然不能使一人渡河以窺胡。至高齊荒蕩，宇文取之，隋文因以滅陳，五百年間，天下乃一家。隋文非宋武敵也，

〔二〕「羡」，底本作「胤」，今據福建本、《新唐書》卷一六六《杜牧傳》改。
〔三〕「矢」，底本作「實」，今據《新唐書·杜牧傳》改。
〔三〕「大」，底本作「文」，今據《新唐書·杜牧傳》改。
〔四〕「乃」，底本作「及」，今據《新唐書·杜牧傳》改。
〔五〕「有」，底本作「其」，今據《新唐書·杜牧傳》改。

是宋不得山東，隋得山東，故隋爲王[一]，宋爲霸。由此言之，山東，王者不得不爲王，霸者不得不爲霸，猾賊得之，足以致天下不安。天寶末，燕盜起，出入成皋、函、潼間，若涉無人地。郭、李輩兵五十萬，不能過鄴。自爾百餘城，天下力盡[二]，不得尺寸，人望之若回鶻、吐蕃，義無敢窺者。國家因之畦河修障戍，塞其街蹊。齊、魯、梁、蔡被其風流，因亦爲寇[三]。以裹拓表，以表撑裹，混澒回轉[四]，顛倒横邪，未嘗五年間不戰[五]。生人日頓委，四夷日昌熾，天子因之幸陝，幸漢中，焦焦然七十餘年。運遭孝武，澣衣一肉，不畋不樂[六]，自卑冗中拔取將相，凡十三年[七]，乃能盡得河南、山西地，洗削更革，罔不能適。惟山東不服，亦再攻之，皆不利。豈天使生人未至於怗泰邪[八]？豈人謀未至邪？何其艱哉！今日天子聖明，超出古昔，志於平治。若欲悉使生人無事，其要

〔一〕「王」，底本作「帝」，今據《新唐書·杜牧傳》改。
〔二〕「力盡」，底本二字互乙，今據《新唐書·杜牧傳》正。
〔三〕「亦」，底本作「以」，今據《新唐書·杜牧傳》、《通鑑》卷二四四改。
〔四〕「澒」，底本作「傾」，今據《新唐書·杜牧傳》改。
〔五〕「間」，底本脱，今據福建本、北大本、《新唐書·杜牧傳》補。
〔六〕「樂」，底本作「遊」，今據《新唐書·杜牧傳》改。
〔七〕「凡」，底本脱，今據《新唐書·杜牧傳》補；「年」，底本闕，今據福建本、《新唐書·杜牧傳》補。
〔八〕「怗」，底本作「恬」，今據《新唐書·杜牧傳》改。

先去兵。不得山東，兵不可去。今者，上策莫於自治。何者？當貞元時，山東有燕、趙、魏叛，河南有齊、蔡叛，梁、徐、陳、汝、白馬津、盟津、襄、鄧、安、黄、壽春皆戍厚兵，十餘所，纔足自護治所，實不輟一人以他使，遂使我力解勢弛，熟視不軌者，無可奈何。階此，蜀亦叛，吴亦叛，其他未叛者，迎時上下，不可保信。自元和初至今二十九年間，得蜀，得吴，得蔡，得齊，收郡縣二百餘城，所未能得，唯山東百城耳。土地人户，財物用兵，較之往年，豈不綽綽乎？亦足自以爲治也。法令制度，品式條章，果自治乎？賢才姦惡，搜選置捨，果自治乎？障戍鎮守，干戈車馬，果自治乎？井閭阡陌，倉廪財賦，果自治乎？如不果自治，是助虜爲虜。環土三千里，植根七十年，復有天下陰爲之助〔一〕，則安可以取？故曰上策莫如自治。中策莫如取魏。魏於山東最重，於河南亦最重。魏在山東，以其能遮趙也。既不可越魏以取趙，固不可越趙以取燕。是燕、趙常取重於魏，魏常操燕、趙之命〔二〕。故魏在山東最重。黎陽距白馬津三十里，新鄉距盟津百五十里，陴壘相望，朝駕暮戰，是二津虜能潰一，則馳入武皋〔三〕，不數

〔一〕「爲之」，底本二字互乙，今據《新唐書·杜牧傳》正。
〔二〕「命」，底本脱，今據福建本、北大本、《新唐書·杜牧傳》補。
〔三〕「入」，底本脱，今據《新唐書·杜牧傳》補。

日間哉。故魏於河南亦最重。元和中，舉天下兵誅蔡，誅齊，頓之五年，無山東憂者，以能得魏也。昨日誅滄，頓之三年，無山東憂，亦以能得魏也[一]。長慶初誅趙，一日五諸侯兵四出潰解，以失魏也。昨日誅趙，罷如長慶時，亦以失魏也。故河南、山東之輕重在魏。非魏强大，地形使然也。故曰取魏爲中策。最下策爲浪戰，不計地勢，不審攻守是也。兵多粟多，敺人使戰者，便於守；兵少粟少[二]，人不敺自戰者，便於戰。故我常失於戰，虜常困於守。山東叛且三五世，後生所見，言語舉止，無非叛也。以爲事理正當如此，沈酣入骨髓[三]，無以爲非者，至有圍急食盡，啖屍以戰。以此爲俗，豈可與決一勝一負哉？自十餘年，凡三收趙，食盡且下。郗士美敗，趙復振；杜叔良敗，趙復振；李聽敗，趙復振。故曰不計地勢，不審攻守，爲浪戰，最下策也。」

又傷府兵廢壞，作《原十六衛》，曰：「貞觀中，内以十六衛蓄養戎臣，外開折衝、果毅府五百七十四，以儲兵伍，有事則戎臣提兵居外，無事則放兵居内。其居内也，富

[一]「昨日誅滄，頓之三年，無山東憂，亦以能得魏也」，底本脱十八字，今據福建本、《新唐書·杜牧傳》補。
[二]「粟少」，底本脱「少」字，今據福建本、北大本、《新唐書·杜牧傳》補。
[三]「髓」下，底本衍「無非叛也，以爲事理正當如此，沈酣入骨髓」十七字，今據福建本、北大本、《新唐書·杜牧傳》删。

貴恩澤，以奉其身[一]，所部之兵，散舍諸府，三時耕稼[二]，一時治武，籍藏將府，伍散田畝，力解勢破，人人自愛，雖有蚩尤爲帥，亦不可使爲亂耳。及其居外也，緣部之兵被檄乃來，斧鉞在前，爵賞在後，飄暴交倅，豈暇異略！雖有蚩尤爲帥，亦無能爲叛也。自貞觀至於開元，百三十年間，戎臣兵伍，未始逆篡，此大聖人所以柄統輕重，制鄣表裏，聖算神術也。至於開元末，愚儒請罷府兵，武夫請搏四夷[三]，於是府兵内剷，邊兵外作。尾大中乾，成燕偏重，而天下掀然，根萌燼燃矣。蓋兵居外則叛，居内則篡。使外不叛，内不篡，其置府立衛乎！近代以來，爲將者率皆市兒輩，多齎金玉[四]，負倚幽陰[五]，折券受質而得之[六]，絶不識禮義之教，無復慷慨之氣。其强傑愎悖者[七]，則撓削法制，斬族忠良，力一勢便[八]，罔不爲寇；其陰泥巧狡者，亦能家算口斂，委於邪倖，由

[一]「其身」，底本作「養之」，今據《通鑑》卷二四四改。
[二]「耕」，底本作「排」，今據《通鑑》卷二四四改。
[三]「搏」，底本作「摶」，今據福建本、《通鑑》卷二四四改。
[四]「多」，底本脱，今據福建本、《通鑑》卷二四四補。
[五]「倚」，底本作「荷」，今據福建本、《通鑑》卷二四四改。
[六]「折券受質而得之」，《通鑑》卷二四四作「折券交貨所能致也」。
[七]「者」，底本作「知」，今據《通鑑》卷二四四改。
[八]「力」，底本脱，今據福建本、《通鑑》卷二四四補。

卿市公，去郡得都，四履所治，指爲別館。是以天下兵亂不息，齊人乾耗，靡不由是矣。嗚呼！文皇帝十六衛之旨，其誰原而復之乎！

又作《戰論》，曰：「河北視天下，猶珠璣也；天下視河北，猶四支也。河北氣俗渾厚，果於戰耕，加以土息健馬，便於馳敵，是以出則勝，處則饒，不窺天下之産，自可封殖。亦猶大農之家，不待珠璣然後以爲富也。國家無河北，則精甲、鋭卒、良弓、健馬無有也。河東、盟津、滑臺、大梁、彭城、東平，盡宿厚兵，不可他使。六鎮之兵，低首仰給。咸陽西北，戎夷大屯。赤地盡取，始能應費；四支盡解，頭腹兀然，其能以是久爲安乎！誠能治其五敗，則一戰可定，四支可生。戰士離落，兵甲鈍弊[一]，是不蒐練之過，其敗一也。百人荷戈，千夫仰食，此不責實之過，其敗二也。小勝則張皇邀賞，貴極富溢，則不肯搜奇出死，以勤於我，此厚賞之過，其敗三也。多喪兵士[二]，跳身而來，回視刀鋸，氣色甚安，此輕罰之過，其敗四也。大將兵柄，不得自專，恩臣、敕使，迭來揮之，恍駭之間，虜騎乘之，遂取吾之鼓旗，此不專任之過，其敗五也。今誠欲調

[一]「鈍」，底本作「銑」，今據福建本、《通鑑》卷二四四改。
[二]「兵」，底本脱，今據《通鑑》卷二四四補。

持干戈[二]，灑掃垢污，以爲萬世安，而乃踵前非，是不可爲也。」

又作《守論》：「議者曰：夫倔强之徒，吾以良將勁卒爲銜策[三]，高位美爵，充飽其腹，安而不撓，外而不拘，亦猶豢養虎狼而不怫其心，則忿氣不萌。此大曆、貞元所以守邦也[三]，亦何必疾戰[四]，焚煎吾民，然後以爲快。愚曰：生人油然多欲而不得，則爭亂隨之，是以教笞於家[五]，刑罰於國，征伐於天下，此所以裁其欲而塞其爭也。大曆、貞元之間，盡反此道，提區區之有，而塞無涯之爭，是以首尾指支，幾不能相運掉也。今不知非此，而反用以爲經，愚見爲盜者，非止於河北而已。嗚呼！大曆、貞元守邦之術，永戒之哉[六]！」

〔二〕「持」，底本脱，今據福建本、北大本、《通鑑》卷二四四補。
〔三〕「銜」，底本作「衛」，今據福建本、《通鑑》卷二四四改。
〔三〕「以」，底本脱，今據《通鑑》卷二四四補。
〔四〕「必」，底本作「心」，今據《通鑑》卷二四四改。
〔五〕「笞」，底本作「答」，今據《通鑑》卷二四四改。
〔六〕按：《燕道記二》卷末無「郭造卿曰」。

燕道記三[一]

武宗會昌元年，六月，乙巳，以魏博留後何重順爲節度使。九月，癸巳，盧龍軍亂，殺節度使史元忠，推陳行泰主留務。閏月，復亂，殺之，立牙將張絳。十月，雄武軍使張仲武請討平之，詔以仲武知兵馬使。

二年，正月，丙申朔，以撫王紘充幽州盧龍節度大使，張仲武爲留後。三月，詔經略回鶻。其衆自振武、大同，東因室韋、黑沙，南趣雄武軍西北界，窺幽州。仲武殺其酋監奚、契丹取歲貢及詗中國事者八百餘人[二]。五月，遣弟仲至等破回鶻特勒那頡啜屯山北及赤心部落七千帳，斬捕共九萬人，降者三萬，以其降帳分配諸道。那頡啜走，烏介可汗殺之。契丹在大和、開成間朝獻，帝惡其外附回鶻，不復官爵渠長。七月，契丹酋

〔一〕按：《燕道記三》，始武宗會昌元年，至哀帝天祐四年梁篡唐亡，與《記二》不相銜接；且卷首、卷末皆無「郭造卿曰」，疑有脱佚。

〔二〕「殺」，底本作「毅」，今據福建本、北大本、《舊唐書》卷一八〇《張仲武傳》、《新唐書》卷二一二《藩鎮盧龍傳・張仲武傳》、《通鑑》卷二四六改。

屈戍始復内附〔二〕，拜雲麾將軍、守右武衛將軍員外置同正員。仲武請易回鶻所與舊印，賜唐新印，曰「奉國契丹之印」，而室韋遂朝貢不絶。九月，以仲武爲幽州盧龍節度使，充回鶻東面招討使，指揮當道行營及奚、契丹、室韋等兵。

三年，正月，庚子，幽州諸道兵討回鶻，敗之於殺胡山，迎太和公主以歸〔三〕。詔以張仲武檢校尚書右僕射。從黠戞斯請，討黑車子。回鶻降幽者前後三萬人，皆散隸諸道。四月，乙丑，昭義節度使劉從諫死，稱病，請命其弟子稹爲留後。帝謀於宰相，多以爲「回鶻餘燼未滅，邊鄙猶警備，復討澤潞，國力不支，請以稹權知軍事」。諫官、群臣上言者亦然。李德裕獨曰：「河朔三鎮，習亂已久，人心難化，故累朝置之度外。澤潞近處腹心，一軍素稱忠義，嘗破走朱滔，擒盧從史。異日多用儒臣爲帥，如李抱真成立此軍，德宗猶不許襲，使李緘護喪歸東都。敬宗不恤國務，宰相又無遠略，劉悟死，因循以授從諫。遂跋扈難制，累表迫脅朝廷，今垂死，復以兵權擅付豎子。若又因而授之，則諸鎮誰不思叛，天子威令不復行矣。」帝問：「何術以制之？」對：「稹所恃者河朔

〔二〕「酋」，底本作「首」，今據福建本、北大本、《舊唐書·北狄傳·契丹傳》、《新唐書·北狄傳·契丹傳》改。
〔三〕「太」，底本作「大」，今據《舊唐書》卷一八上《武宗紀》、《通鑑》卷二四七改。

三鎮，但得鎮、魏不與之同，則積無能爲也。若遣重臣往諭，以河朔自艱難來，列聖許傳襲，已成故事，與澤潞不同。今朝廷將加兵澤潞，不欲更出禁軍至山東。其山東三州隸昭義者，委兩鎮攻之，兼令徧諭將士，以賊平厚加官賞。苟兩鎮聽命，不從旁沮撓官軍，積必成擒矣。」帝喜，遂決討之，群臣言不復入矣。命草詔賜兩鎮，其略曰：「勿以子孫之謀，欲存輔車之勢。但能顯立功效，自然福及後昆。」帝以其語要切，曰：「當直告之是也。」又賜張仲武詔，以「回鶻餘燼未滅，塞上多虞，專委卿禦侮」〔二〕。元逵、弘敬得詔，悚息聽命。黄州刺史杜牧上德裕書：「今者上黨叛，與昔淮西不同。淮西爲寇僅五十歲，其人味寇腴之利，風俗固而氣燄成，自以爲天下兵莫敵，根源深固，取之則難。夫上黨，自安、史南下，不甚附隸。建中後，每奮忠義，是以卿公。抱真常以孤窮寒苦之兵，横折河朔强梁之衆，以此驗之，人心忠赤，習尚專一，可以盡見矣。從諫求繼，時與同者，鄆州所從中軍二千耳。值寶曆多故，因以授之。今纔二十餘歲，風俗未改，故老尚存，雖欲劫之，必不用命。今成德、魏博雖盡節效順，亦不過圍一城，攻一堡，係纍稺老而已。若使河陽節度使王茂元萬人爲壘，窒天井之口，高壁深塹，勿與之

〔二〕「未滅，塞上多虞，專委卿禦侮」，底本脱十一字，今據《通鑑》卷二四七補。

戰。只以忠武、武寧兩軍，附以青州五千精甲，宣、潤二千弩手，徑擣上黨，不過數月，必覆其巢穴矣。」時德裕制置澤潞，頗采其言。五月〔一〕，辛丑，制削奪從諫及積官爵，有曰：「成德軍節度使王元逵，魏博節度使何弘敬，或姻連王室，或任重藩維，懇陳一至之誠，願揚九伐之戰。吴漢任職，受詔而初無辦嚴；卜式朴忠，未戰而義形於色。必能稟鄭侯之指縱，成葛亮之心伐。咨爾二帥〔二〕，朕所注懷，元逵可充北面招討澤潞使，弘敬充東面招討澤潞使。」先是，河北諸鎮有自立者，朝廷必先有弔祭使，次册贈使、宣慰使繼往，商度軍情。必不可與節，乃除官，候軍中不聽代，乃用兵，故常半歲，得爲備。至是，宰相亦且遣使諭之，帝即下詔討之。元逵即日出師，屯趙州。六月，黠戛斯可汗遣使入貢，賜書諭以速平回鶻、黑車子，乃遣使行册命。丙子，詔鎮、魏元逵等節度，以七月中旬五道齊進，劉稹求降，皆不得受。七月，遣刑部侍郎、兼御史中丞李回宣諭河北三鎮：今幽州乘秋早平回鶻，鎮、魏早平澤潞〔三〕。甲辰，德裕言：「臣見鄢日河朔

〔一〕「五」，底本作「七」，今據《新唐書》卷八《武宗紀》、《通鑑》卷二四七改。
〔二〕「爾」，底本脱，今據福建本、北大本、《舊唐書》卷一八上《武宗紀》補。「帥」，底本作「師」，今據《舊唐書·武宗紀》改。
〔三〕「早平回鶻，鎮魏」，底本脱六字，今據福建本、北大本、《舊唐書·武宗紀》、《通鑑》卷二四七補。

用兵，諸道利於出境，仰給度支。或陰通賊，借一縣一柵据之，自爲功，坐食轉輸，延引歲時。今詔令成德取邢，魏博取洺[一]，河陽取澤，晉絳、河東取潞州，毋得取縣。」帝從之。乙巳，積上表自陳，弘敬亦爲奏雪，皆不報。回至河朔，三鎮帥皆具櫜鞬郊迎，立於道左，不敢令人控馬，讓制使先行。自兵興以來，未有也。回明辯有膽氣，三鎮無不奉詔。王元逵奏拔宣務柵，擊堯山。詔稱元逵功，以激勵諸道未進兵，加元逵同平章事。八月，鎮之前鋒入邢州境已踰月，魏猶未出師。元逵屢有密表，稱弘敬懷兩端。丁卯，從李德裕言，遣王宰。命忠武節度使王宰將全軍徑魏博，直抵磁州，以分賊勢。弘敬乃懼，而遂出師。

四年，正月，乙酉朔，太原軍逐節度，亂，奔汾州，及石會關守將楊弁，以關降於積。朝議喧然，或言兩地皆應罷兵。王宰又上言：「遊奕將得積表，臣遣人至澤潞，積賊有意歸附。若許招納，乞降詔命！」李德裕言：「宰擅受積表，遣人入賊中，而不聞奏，意欲擅招撫之功。昔韓信破田榮，李靖擒頡利，皆因其請降，潛兵掩襲。寧可令宰失信，豈得損朝廷威命乎！建立奇功，實在今日。必不以太原小擾，而失此事機也。望

[一]「洺」，底本作「潞」，今據《舊唐書・武宗紀》、《通鑑》卷二四七改。

即遣使至行營，督進兵，掩其無備。」而相府與宰書：「昔王承宗雖逆命，猶遣弟承恭奉表詣張相祈哀，遣子知感、知信入朝，憲宗猶未之許。今稹不詣尚書面縛，又不遣血屬祈哀，置章表於衢路間。遊奕將不即毀除[一]，罪也。況稹與亂軍通姦，逆狀如此，而將帥大臣可容受其詐乎？是私惠悉歸臣下，不赦在朝廷，事體交失之矣。自今有章表，即所在焚之，惟面縛而來，或容受焉。」二月[二]，乙卯，克太原。黠戛斯使入貢，言欲徙居回鶻牙帳，請發兵之期及集會之地。詔諭以「今秋可汗攻回鶻、黑車子時，當令幽州、太原、振武、天德四鎮出兵要路，邀其亡逸，便申册命，並依回鶻故事。」閏月，德裕言：「鎮、魏屯兵雖多，終不能分賊勢者，下營不離故處，每三兩月一深入，燒掠而已。賊但固城柵，城外民亦不顧[三]。宜令進營据要害以逼之。」八月，辛卯，鎮、魏奏邢、洺、磁三州降[四]。宰相入賀。德裕曰：「昭義根本，盡在山東，三州降，則上黨不日有變矣。」上曰：「郭誼必梟劉稹以自贖。」德裕曰：「誠如聖料。」帝曰：「今所宜先處者何

〔一〕「不」，底本脱，今據《通鑑》卷二四七補。
〔二〕「二」，底本作「三」，今據《通鑑》卷二四七改。
〔三〕「亦」，底本闕，今據《通鑑》卷二四八補。
〔四〕「磁」，底本作「滋」，今據《舊唐書·武宗紀》、《新唐書·武宗紀》、《通鑑》卷二四八改；以下徑改，不注。

事？」德裕請以給事中盧弘正爲三州留後。曰：「萬一鎮、魏請占三州，朝廷難於可否。」詔山南東道兼昭義節度使盧鈞乘驛赴鎮。潞人聞三州降，大懼，郭誼遂殺稹及宗黨，流血成泥，函稹首以降自贖。乙未，以聞。丙申，宰相入賀。德裕奏：「今不須置邢、洺、磁留後，但遣盧弘正宣慰三州及鎮、魏兩道[一]。」罷鈞山南東道，專爲昭義節度使。自用兵以來，河北三鎮每遣使者至京師，德裕常面諭之曰：「河朔兵力雖强，不能自立，須藉朝廷官爵威命以安軍情[二]。歸語汝使，與其使大將邀宣慰敕使以求官爵，何如自奮忠義，立功立事，結知明主，使恩出朝廷，不亦榮乎！且以耳目所及者言之，李載義在幽州，爲國家盡忠，平滄景，及爲軍中所逐，不失作節度使，後鎮太原，位至宰相。楊志誠遣大將遮勅使馬求官，及爲軍中所逐，朝廷竟不赦其罪。此二人禍福，足以觀矣。」德裕復以其言白帝，曰：「當如此明告之。」由是三鎮不敢有異志。執送誼等至京師，斬之。德裕奏：「据幽州奏事官言：誳回鶻上下離心，可汗欲之安西，其部落言親戚皆在唐，不如歸唐。又與室韋相失，不日來降[三]，或自相殘滅。望遣識事中使賜詔仲

[一]「鎮」，底本脱，今據福建本、北大本、《通鑑》卷二四八補。
[二]「須」，底本作「預」，今據《通鑑》卷二四八改。
[三]「來」，底本作「求」，今據《通鑑》卷二四八改。

武，諭鎮、魏已平昭義，惟回鶻未滅，仲武猶帶北面招討使，宜思立功也[一]。」

五年，正月，以秘書監盧弘宣爲義武節度使。八月，壬午，禁佛寺。盧龍節度使封於居庸關，遊僧入境則斬之。

六年，正月，己未，契丹、室韋使朝，對於麟德殿。七月，回鶻衆不能軍，往往詣幽州降。烏介嫁妹與室韋，托附之，留者多饑寒死，餘不過三千。黑車子幸其殘，爲回鶻相殺之於金山[二]，其下奉其弟遏捻特勒爲可汗[三]。九月，以劍南東川節度使、檢校禮部尚書盧商，爲兵部侍郎、判度支、中書侍郎、同平章，兼工部尚書，翰之族孫也[四]。十月，敕：「太廟祫享，合以功臣配。」其憲宗廟，高崇文與焉。

宣宗大中元年，五月，北部諸山奚悉叛。張仲武大破諸奚，擒酋渠，燒帳落二十萬，取其刺史以下面耳三百，羊牛七萬，輜貯五百乘，獻京師。是時回鶻已衰，其遏捻可汗殘部五千，仰給於奚王石舍朗。及奚破，回鶻無食，所存貴人以下不滿五百，依於室韋。

[一]「立」，底本作「策」，今據《通鑑》卷二四八改。
[二]「爲回鶻」，底本作「其同」，今據《舊唐書》卷一九五《迴紇傳》改。
[三]「勒」，底本作「達」，今據《新唐書·回鶻傳下》、《通鑑》卷二四八改。
[四]「族孫」，底本闕二字，今據《通鑑》卷二四八補。

八月，盧商出爲鄂岳觀察使。

二年，正月，室韋使者入賀正，過幽州，仲武使歸取遏捻等。遏捻聞之，陰與妻合騎夜奔而西，諸相達官老幼大哭。室韋分其餘衆爲七，七姓共占之。居三日〔二〕，黠戛斯遣諸胡兵七萬取遏捻及回鶻，大破室韋，悉收回鶻餘衆歸磧北。猶有數帳，潛竄山林，鈔盜諸胡焉。

三年，四月，癸巳，盧龍節度使張仲武卒，子直方稱留後。六月，戊申，以爲節度使。閏十一月，奔京師，其牙將周綝爲留後。

四年，八月，盧龍節度使周綝卒。九月，丁酉，以張允伸爲留後。十一月，壬寅，爲節度使。

六年，七月，丙辰，檢校司空、太子少師、上柱國、范陽郡開國公、食邑二百户盧鈞，爲太原尹〔三〕、北都留守、河東節度使。

九年，正月，甲申，成德節度使王元逵卒。癸卯，以其子紹鼎爲留後。三月，以史

〔二〕「三」，底本作「二」，今據《舊唐書·迴紇傳》、《通鑑》卷二四八改。
〔三〕「尹」，底本脱，今據《舊唐書》卷一八下《宣宗紀》補。

部侍郎鄭涯爲義武軍節度使。七月，以河東節度、檢校司空、太原尹、北都留守、上柱國、范陽郡開國公、食邑二千户盧鈞守尚書右僕射。

十一年，八月[二]，成德軍節度使王紹鼎卒，其弟紹懿爲留後[三]。以鄭涯爲宣武節度副使[三]，以北庭節度使盧簡求爲義武節度使。九月，辛酉，以銀青光禄大夫、檢校司空、太子太師、上柱國、范陽郡開國公、食邑二千户盧鈞，爲檢校司空、同中書門下平章事、興元尹，充山南西道節度使。十月，辛卯，入回鶻册禮使、衛尉少卿王端章等貶爲遠州司馬，以出塞，黑車子阻路而回也。十一月，壬寅，以紹懿爲節度使。

十三年，九月，盧龍張允伸同平章事，加魏博何弘敬兼中書令、楚國公。

懿宗咸通元年，正月，御紫宸殿受朝[四]，對室韋使。八月，以鳳翔隴右節度使、銀青光禄大夫、檢校刑部尚書盧簡求，爲太原尹、北都留守、河東節度使。

四年，正月，甲子朔。庚午[五]，盧簡求罷，詔以太子少師致仕，歸東都。

〔二〕「月」下，底本衍「庚子」二字，按：大中十一年八月乙丑朔，無庚子，今據《舊唐書·宣宗紀》、《通鑑》卷二四九删。
〔三〕「懿」，底本作「德」，今據《舊唐書·宣宗紀》、《新唐書》卷八《宣宗紀》、《通鑑》卷二四九改；以下徑改，不注。
〔三〕「副」，底本脱，今據《舊唐書·宣宗紀》補。
〔四〕「宸」，底本脱，今據福建本、北大本、《舊唐書》卷一九上《懿宗紀》補。
〔五〕「庚午」，底本脱二字，今據《舊唐書·懿宗紀》補。

五年，七月，以驍衛將軍高駢爲嶺南西道節度使[一]，崇文之孫也，語在前記。十一月，乙酉，以大同軍防禦使盧簡方爲義昌軍節度使[二]。七年，三月，成德節度使王紹懿卒。就加張允伸兼太保、平章事，進封燕國公。六月，魏博節度使何弘敬卒，其子全皞爲留後。八月，以王景崇爲成德節度使。十一月[三]，以高駢爲静海節度使。

八年，正月，以何全皞爲魏博節度使。

九年，正月，丙申，就加張允伸檢校太傅。是年，奚王突董蘇使大都督薩葛入朝[四]，室韋大酋怛烈亦遣使與之至京師[五]。是時，契丹王習爾之再遣使者入朝，部落寖彊。室韋非顯夷，是後史官多失傳矣。契丹方彊，奚不敢亢，而舉部役屬。虜政苛，奚怨之，其酋去諸引别部内附，保嬀州北山，遂爲東、西奚。

十二年，七月，敕鳌革諸道奏官請章服。其滄德、易定等道觀察防禦等使，每道每

〔一〕「衛」，底本作「騎」，今據《通鑑》卷二五〇改。
〔二〕「方」，底本作「万」，今據《舊唐書·懿宗紀》改。
〔三〕「一」，底本脱，今據福建本、北大本、《通鑑》卷二五〇補。
〔四〕「薩」，底本作「隆」，今據《新唐書·北狄傳·奚傳》改。
〔五〕「怛」，底本作「坦」，今據《新唐書·北狄傳·室韋傳》改。

年除令、録外，許量奏簿、尉及中下州判司、縣丞共三人〔二〕。幽、鎮、魏三道望，且準承前舊例處分。

十三年，正月，丙申，幽州節度使張允伸卒，以子簡會爲留後。三月，奔京師，以爲諸衛將軍。四月，以平州刺史張公素爲平盧留後。六月，以爲節度使。

十四年，九月，加王景崇中書令，韓君雄、張公素並同平章事。賜君雄名允中。

僖宗乾符元年，四月，以高駢爲劍南西川節度使。十月，以户部侍郎、知制誥、翰林學士、賜紫金魚袋盧攜守本官〔三〕，同平章事。十一月，魏博韓允中卒。十二月，以其子簡爲留後。

二年，正月，丙戌，以高駢爲西川節度使。三月，以魏博留後韓簡爲節度使。六月，幽州將李茂勳逐節度使張公素，自稱爲留後。八月，以茂勳爲節度使。

三年，三月，盧龍李茂勳請立其子可舉爲留後，茂勳以左僕射致仕。五月，以可舉爲節度使。七月，加魏博韓簡同平章事。八月，加成德王景崇兼中書令。十二月，青、

〔二〕「簿」，底本作「薄」，今據《舊唐書·懿宗紀》改。
〔三〕「攜」，底本作「雋」，今據北大本、《新唐書》卷九《僖宗紀》、《通鑑》卷二五二改；「守」，底本脱，今據《新唐書·僖宗紀》、《通鑑》卷二五二改補。

滄軍戍安南還，至桂州，作亂，逐觀察使李瓚。

五年，五月，丁酉，盧携罷爲太子賓客、分司。十月，詔幽州、昭義兵討李國昌父子於蔚州。

六年，十月，以高駢爲淮南節度使，進封燕國公；以涇原節度使周寶爲鎮海節度使。寶，燕之平州人也。十一月，戊午，以定州已來制置使王處存爲義武節度使。十二月，以太子賓客、分司盧携，爲兵部尚書、門下侍郎、同平章事。

廣明元年，三月，以高駢爲諸道行營都統。六月，幽州兵及諸行營討克用於蔚州。十一月，庚申，東都奏黄巢寇淮，入汝，漸西。帝開延英[一]，泣對宰輔。議皆欲守潼關，觀軍容使田令孜願選左右神策弓弩手[二]，自將而東。帝曰：「侍衛將士，豈習征戰？」令孜曰：「昔安禄山構逆，玄宗幸蜀以避之。」崔沆曰：「禄山衆纔五萬，比巢不足言矣。」豆盧瑑曰：「哥舒翰十五萬衆[三]，不能守潼關。今巢衆六十萬，潼關又無哥舒兵。若令孜爲社稷計，三川帥臣皆其腹心，比於玄宗則有備矣。」帝不懌，即閲軍，令守潼

〔一〕「開」，底本作「問」，今據《通鑑》卷二五四改。
〔二〕「手」，底本脱，今據《通鑑》卷二五四補。
〔三〕「十五」，底本二字互乙，今據《通鑑》卷二五四正。

關，以馬軍將軍張承範與令孜等將。而兵募貧人，粮不宿飽，識者已寒心矣。丁卯，巢陷東都。十二月，庚辰朔，犯潼關，外兵潰。承範告急，於關上表云：「臣離京六日，甲卒未增一人，餽餉未聞影響。到關之日，巨寇已來，以二千餘人拒六十萬衆，外軍飢潰，蹋開禁坑〔二〕。臣之失守，鼎鑊甘心；朝廷謀臣，愧顏何寄！或聞陛下已議西巡，竊以鑾輿一動，則上下土崩。臣敢以猶生之軀，而奮冒死之語，願急徵兵，以救關防，則高祖、太宗之業，庶幾猶可扶持，使黄巢繼安禄山之亡，微臣勝哥舒翰之死！」辛巳，賊攻潼關〔三〕，承範潰，賊入關。甲申〔三〕，令孜歸罪盧攜，罷爲太子賓客，攜自盡。帝出幸興元〔四〕。丙戌，巢入長安。壬寅，僭位於含元殿。發攜尸，戮之。以前幽州節度副使張直方爲檢校左僕射，以迎之於灞上也。及謀爲劫巢，而族爲屠。丁酉，車駕至興元，詔諸道收復京師。帝在道中無供頓，漢陰令李康以騾馱糗數百獻〔五〕，從軍始得食。問令，由度

〔二〕「蹋」，底本作「獨」，今據《通鑑》卷二五四改。
〔三〕「潼關」，底本作「篛」，今據《通鑑》卷二五四改。
〔三〕「甲申」，底本作「癸未」，今據《舊唐書》卷一九下《僖宗紀》、《新唐書·僖宗紀》、《通鑑》卷二五四改。
〔四〕「帝」上，底本衍「甲申」二字，今據上下文删。
〔五〕「康」，底本作「原」，今據《通鑑》卷二五四改。

支員外郎張濬所教〔二〕，召詣行在，拜兵部郎中。義武節度使王處存不俟詔，舉軍入援，間道詣興元衛駕。與河中留後王重榮結盟，引軍屯渭北。

中和元年，正月，車駕發興元〔三〕。丁丑，至成都。二月，丙申，加高駢東面都統，使討黄巢。四月，戊寅朔。壬午〔三〕，勤王兵入長安。義武王處存率鋭卒入城，不整，賊乘之，還營。丁亥，賊復入長安。高駢移檄討賊，出屯，不發。七月，辛未，以處存爲東南面行營招討使。九月，辛亥，駢罷兵還府〔四〕。

二年，正月，辛未，王處存爲京城東面都統。二月，李克用寇蔚州，既附忻、代也〔五〕。二月〔六〕，加高駢侍中，罷鹽鐵轉運使而貢賦絶。閏七月，加魏博節度使韓簡兼侍中。八月，簡陷孟州。十月，寇鄆州。詔義武處存諭克用。

三年，正月，成德節度使王景崇卒，其子鎔自稱留後。二月，魏博軍亂，其將樂行

〔二〕「教」，底本作「數」，今據福建本、《通鑑》卷二五四改。
〔三〕「發」，底本作「登」，今據《通鑑》卷二五四改。
〔三〕「壬午」，底本脱二字，今據《新唐書・僖宗紀》、《通鑑》卷二五四補。
〔四〕「罷」，底本脱，今據福建本、《通鑑》卷二五四補。
〔五〕「忻」，底本作「炘」，今據《舊唐書・僖宗紀》、《通鑑》卷二五四改。
〔六〕按：「二月」，《燕史》上文已有，此處重出。

達自稱留後，而殺節度使韓簡。甲子，以鎔爲留後。四月，丙午，雁門節度使李克用復京師。七月，以留後成德王鎔、魏博樂行達並爲節度使。

四年，正月，賜魏博節度使樂行達名彦禎。六月，丙午，黄巢伏誅。七月，壬午，獻巢首及姬妾，帝御大玄樓受之，宣問姬妾：「汝曹皆勳貴子女，受國恩，何爲從賊？」其居首者對曰：「狂賊凶逆，國家以百萬衆，失守宗祧，播遷巴、蜀。今陛下以不能拒賊責一女子，置公卿將相于何地乎？」帝不復問，皆僇於市。居首獨就刑，神色肅然。十月，以義成節度使、中書令王鐸徙爲義昌節度使。十二月〔二〕，過魏博，爲彦禎子從訓劫殺，及賓從三百餘人，奪其侍妾資裝，朝廷不能問。

光啟元年，三月，丁卯，車駕至京師。己巳，赦天下。時朝廷號令所行，惟河西、山南、劍南、嶺南數十州而已。河北諸鎮，惟義武尚屬朝廷。幽州李可舉乘天子播遷，中原大亂，以河朔三鎮休戚相同，惟易、定二郡爲朝廷所有，連兵攻之。王處存求援于李克用，失易州而復之。克用自擊敗成德兵。六月，可舉爲其將李全忠所襲而死，全忠

〔二〕「二」，底本脱，今據《舊唐書·僖宗紀》、《新唐書·僖宗紀》、《通鑑》卷二五六補。

自稱留後。七月，以全忠爲留後。義昌軍亂，逐其節度使楊全玫[一]，奔幽州，牙將盧彦威自稱留後。以保鑾都將曹誠爲義昌節度使[二]。時以泰寧節度使齊克讓爲義武節度使，以處存爲河中節度使。八月，處存至晉州，不納而還。十二月，河中、河東連叛。乙亥，克用犯京師。丙子，如鳳翔。

二年，正月，戊子，田令孜劫駕如興元。四月，乙卯，邠寧節度使朱玫叛[三]，奉襄王熅權監軍國事，入于京師，僞加藩鎮官爵，以高駢爲太師，兼中書令，而奉表勸進。遣户部侍郎夏侯潭河北宣諭，諸藩節將多受其僞署，惟定州、太原、宣武、河中拒而不受。八月，幽州盧龍節度使李全忠卒，其子匡威自稱留後。十月，丙午，熅僭位，改元。十二月，丙辰，玫伏誅。丁巳[四]，熅伏誅。

三年，三月，壬辰，車駕至鳳翔。四月，甲子，淮南兵馬使執高駢。九月，駢殺於宣歙觀察使。凡光啟中，天下盜興，北疆多叛。契丹習爾之死[五]，族人欽德嗣，乃鈔奚、

〔一〕「玫」，底本作「政」，今據《舊唐書・僖宗紀》、《新唐書・僖宗紀》、《通鑑》卷二五六改；以下徑改，不注。
〔二〕「鑾」，底本作「鸞」，今據《舊唐書・僖宗紀》、《新唐書・僖宗紀》、《通鑑》卷二五六改。
〔三〕「玫」，底本作「玟」，今據北大本、《舊唐書・僖宗紀》、《新唐書・僖宗紀》、《通鑑》卷二五六改；以下徑改，不注。
〔四〕「巳」，底本作「卯」，今據福建本、北大本、《新唐書・僖宗紀》改。
〔五〕「習爾之」，底本作「乃爾」，今據《新唐書・北狄傳・契丹傳》改。

室韋，小小部種皆役服之，入寇幽、薊。其居曰梟羅箇没里。没里者，河也。是謂黄水之南，黄龍之北，得鮮卑故地，北接室韋，東隣高麗，西界奚國，而南至營州。其先部族之大者，曰大賀氏，有八部：曰達稽部，峭落州；曰紇便部，弾汗州；曰獨活部，無逢州；曰芬問部，羽陵州；曰突便部，日連州；曰芮奚部，徒河州；曰墜斤部，萬丹州；曰伏部，州二：匹黎、赤山。自大賀氏微，有遥輦氏，亦有八部：其一曰但利皆部，二曰乙室活部，三曰實活部，四曰納尾部，五曰頻没部，六曰内會鷄部，七曰集解部，八曰奚嗢部。阻午可汗分三耶律爲七部，二審密爲五，并前八部，爲二十部。三耶律連四未二〔二〕，强不可制云。部之長號大人，而常推一大人建旂鼓以統八部。至其歲久，或其國有灾疾而畜牧衰，則八部聚議，以旗鼓立其次而代之，被代者以爲約本如此，不敢争。

文德元年，二月，己丑，帝至長安。是月，魏博軍亂，逐其節度使樂彦禎，推牙將羅弘信權知留後。四月，乙亥，羅弘信殺彦禎及其子從訓，詔以弘信知魏博留後。

〔二〕「四」，底本作「西」，今據福建本、北大本改。

昭宗龍紀元年[一]。

大順元年，四月，丙辰朔，李克用攻雲州防禦使赫連鐸，幽州兵援之于蔚州，殺其大將安金俊。鐸與匡威請討克用，全忠亦請與河北三鎮共除之。宰臣張濬與克用隙，獨議討而孔緯和之。五月，乃削克用官爵、屬籍，制特進中書侍郎、兵部尚書、同平章事、集賢殿大學士、上柱國、河間郡開國公、食邑七百户張濬，太原四面行營兵馬都統招討使、制置使，京兆尹孫揆副之；以鎮國節度使韓建爲招討都虞候，兼供軍粮料使；匡威爲北面招討使，鐸副之；全忠爲南面[二]，王鎔爲東面，並招討使，以伐太原。六月，辛酉，授盧彦威爲義昌節度使。昔請命，不許。幽、鎮因討太原，爲請，許之。十二月[三]，壬午，克用拒破官軍，三戰三捷趙城，濬、建敗績於晉、絳，遁還，師徒丧亡殆盡。是役也，朝廷倚全忠及河朔三鎮。濬至晉州，全忠方連兵徐、鄆，雖遣將攻澤州而身不至。行營乃求兵粮於鎮、魏，倚河東爲扞蔽，皆不出兵，惟華、邠、鳳翔、鄜、夏

〔一〕按：「年」下，《燕史》疑有脱佚。
〔二〕「全忠」，底本二字在「匡威」上，今據《舊唐書》卷二〇上《昭宗紀》、《新唐書》卷一〇《昭宗紀》、《通鑑》卷二五八改。
〔三〕「二」，底本作「一」，今據《舊唐書・昭宗紀》改。

烏合會之。未交而副招討孫揆被擒，幽、雲俱敗，軍容楊復恭復從中沮之。

二年，正月，丙辰，羅弘信爲朱全忠擊敗，請和，還軍魏博，自是服於汴。庚申，貶張濬、孔緯遠州刺史，復李克用官爵。七月，幽州節度使李匡威援成德節度使王鎔。十一月，幽、鎮復謀分定州地〔一〕，其節度使王處存求援於太原。李克用拔王鎔臨城，匡威引兵救之，大掠，還軍於邢。

景福元年，正月，丙寅，幽、鎮合攻堯山，李克用將李嗣勳大破之〔二〕。三月〔三〕，太原、易定合攻王鎔。癸丑，拔其天長鎮。辛酉，詔解河東及鎮、定、幽四鎮。四月〔四〕，匡威出侵雲、代〔五〕。壬寅，克用引兵還。八月，己亥，匡威及赫連鐸擊李克用於雲州〔六〕，大敗之，而遁於天成軍。

〔一〕「復」，底本脱，「定」，底本作「鎮」，今據福建本、《舊唐書·昭宗紀》補改。
〔二〕「嗣」，底本作「樹」，今據福建本、《舊五代史》卷二六《唐書·武皇紀上》、《新五代史》卷四《唐本紀·莊宗紀上》（均中華書局一九七四年點校本）、《通鑑》卷二五九改。
〔三〕「三月」，底本作「二月癸丑朔」，今據《通鑑》卷二五九刪改。
〔四〕「四月」，底本脱二字，今據《通鑑》卷二五九補。
〔五〕「侵」，底本闕，今據福建本、《通鑑》卷二五九補。
〔六〕「鐸」，底本作「釋」，今據《通鑑》卷二五九改。

二年，二月，甲午，克用擊鎔於井陘，匡威救之，克用還攻邢州。三月，辛酉，匡威爲匡籌所逐，奔鎮州。四月，丁亥，匡威劫王鎔，鎮人殺之。幽州將劉仁恭攻匡威，不克，奔河東。六月，匡籌攻鎔，以報殺匡威之耻也。七月，鎔救邢州，克用敗之，而與連和。九月，甲申，鳳翔節度使李茂貞犯京師。

乾寧元年，正月，乙丑朔，以李匡籌爲盧龍節度使。十一月，克用攻拔匡籌武州，圍新州。十二月〔一〕，辛亥，攻嬀州。壬子，大敗匡籌於居庸關外。甲寅，匡籌舉族奔滄州，爲義昌節度使盧彦威所殺〔二〕。丙辰，克用進據幽州。

二年，正月，辛酉，李克用入幽州。二月〔三〕，乙未，以劉仁恭爲盧龍留後。五月，甲子，節度使靜難王行瑜、鎮國韓建及李茂貞犯闕〔四〕。七月，壬子，以仁恭爲節度使。十月，義武節度使王處存卒，軍中推其子節度副使郜爲留後。十二月，甲申朔，封李克用爲晉王。

〔一〕「二」，底本脱，今據《通鑑》卷二五九補。
〔二〕「盧」，底本作「李」，今據《通鑑》卷二五九改。
〔三〕「二月」，底本脱二字，今據《通鑑》卷二五九補。
〔四〕「建」、「貞」，底本作「延」、「與」，今據《舊唐書·昭宗紀》、《新唐書·昭宗紀》、《通鑑》卷二六〇改。

三年，閏正月，晉王李克用遣將存信將兵救兖、鄆，羅弘信襲之，晉軍潰。六月，魏兵獲克用子，殺之。庚戌，李茂貞舉兵犯闕。七月[一]，丙申，帝行在於華州，茂貞入長安。

四年，三月，戊寅，進封中書令韓建昌黎郡王。九月，辛巳，李克用攻幽州，爲仁恭所敗。節度使王部加同平章事。

光化元年，三月，幽州劉仁恭子守文陷滄州，義昌節度使盧彦威奔於汴州。幽州遂有滄、景、德三州，以守文爲義昌留後，與汴修好，會魏兵擊李克用[二]。八月，壬戌，帝至長安。九月，乙亥，加王鎔兼中書令，羅弘信守侍中。弘信尋卒，軍中推其子紹武知留後。十月，癸卯，以紹威爲留後。十一月[三]，甲寅，以爲節度使。

二年，正月，劉仁恭屠貝州，進攻魏州。三月[四]，戊申，汴兵救魏，幽兵大敗。仁恭自是不振，而全忠益横矣。壬午，晉兵救魏。以既敗幽兵，與絶，晉兵引還。汴乘而攻

[一]「七月」，底本在「庚戌」上，今據《舊唐書·昭宗紀》、《通鑑》卷二六〇，移置「丙申」上。
[二]「李克用」，底本作「留」，今據《通鑑》二六一改。
[三]「一」，底本作「二」，今據《通鑑》卷二六一改。
[四]「三」，底本作「二」，今據《通鑑》卷二六一改。

晉，大敗而還。

三年，四月，汴遣兖、鄆、滑、魏四鎮兵攻幽州。五月，庚寅，拔德州。己亥，圍滄州。仁恭求救於晉，晉攻汴邢、洺以救之。六月，汴兵大破幽兵，仁恭走保瓦橋。七月，晉兵復攻邢、洺以救滄州，汴軍敗還。八月，壬午，開府儀同三司、檢校太尉、兼中書令、江陵尹、上柱國、上谷郡王、食邑三千户成汭[一]，檢校太師、中書令。九月，汴以鎮、晉交通而伐之，以王鎔質子、犒軍而還，遂會魏兵擊仁恭。甲寅，拔瀛州。十月，丙辰，拔景州。辛酉，拔莫州，又下二十城，自瓦橋西攻定州。甲申，義武節度使王郜奔晉陽，軍中推其叔後院都知兵馬使處直爲留後。丙申，殺其孔目官梁汶以謝罪，且犒師。汴兵乃還，仍爲求節鉞。幽兵救之於易水，爲汴兵所大敗，由是，河北諸鎮皆服於全忠矣。晉兵來救，拔懷州，攻河陽而還。十一月，己丑，中尉劉季述幽帝於少陽院。辛卯，立太子裕。進士無棣李愚客遊華州，上韓建書，曰：「明公居近關重鎮，君父幽辱，坐視凶逆而忘勤王之舉，僕所未諭也。一朝山東侯伯唱義連衡，鼓行而西，明公欲求自安，其可得乎！不如馳檄四方，諭以逆順，軍聲一振，則元凶破膽，旬浹，二豎首

[一]「太尉」，底本脱二字，今據《舊唐書·昭宗紀》補。

傳于天下，計無便於此者。」建雖不能用，厚待之。愚堅辭而去。建昔凶悖既肆，愚於是爲失言，但其志則忠矣。以燕人而録之。丁未，全忠在定州行營[二]，聞亂而還。

天復元年，正月，乙酉朔，神策指揮使孫德昭等誅劉季述等，帝復於位，黜太子裕爲德王。二月，辛未，封朱全忠爲梁王。十月，戊戌，全忠犯京師。十一月，壬子[三]，帝如鳳翔。辛酉，兵部侍郎盧光啟權勾當中書事。丁卯，光啟爲諫議大夫，參知機務。戊辰，犯鳳翔。是歲，契丹痕德董可汗立[三]，以迭剌部阿保機爲本部夷離董，專征討，連破室韋於厥口，及討奚帥轄剌哥，俘獲甚衆。

二年，四月，乙巳，盧光啟罷爲太子太保。七月，契丹以兵四十萬伐河東、代北[四]，攻下九郡，獲生口九萬五千，駞馬牛羊不可勝紀。

三年，正月，戊申，殺左右神策軍護軍中尉韓全誨等。甲子，帝幸朱全忠營，遂發鳳翔。己巳，入長安。庚午，大誅宦者七百餘人。其出使外方者，詔所在誅之。惟監軍

[二]「全」，底本脱，今據福建本、北大本、《舊唐書·昭宗紀》、《通鑑》卷二六二補。
[三]「壬子」，底本原在「十一月」前，今據《舊唐書·昭宗紀》、《新唐書·昭宗紀》、《通鑑》卷二六二改。
[三]「董」，底本作「董」，今據《遼史》卷一《太祖紀上》（中華書局一九七四年點校本）改。
[四]「代」，底本作「河」，今據《遼史·太祖紀上》改。

幽州張居翰、河東張承業等，爲仁恭、克用所匿得全，斬他囚以應詔。詔成德節度使王鎔選進五十人，充敕使。劉蕡對後七年〔一〕，有甘露之難。令狐楚、牛僧孺節度山南東、西道〔二〕，王質爲宣歙觀察使，皆表蕡幕府，授秘書郎、使府御史，以師禮禮之。而宦人深疾蕡，誣以罪，貶柳州司户參軍，卒。始，帝恭儉求治，志除凶人，然懦而不睿，臣下畏禍不敢言，故蕡對極陳晉襄公殺陽處父以戒帝，又引閽殺吴子〔三〕，陰贊帝決。帝後與宋申錫謀誅守澄，不克，守澄廢帝弟漳王而斥申錫，帝依違其間，不敢主也。賈餗與王涯、李訓、舒元輿位宰相，以謀敗〔四〕，皆爲中官夷其宗。餗昔不敢聞蕡策，而竟以不知謀蒙禍，宦者益横，帝以憂崩。及是，左拾遺羅衮上言：「蕡當大和時，宦官始熾，因直言策，請奪爵土，復掃除之役，遂罹譴逐〔五〕，身死異土，六十餘年，正人義夫，切齒飲泣。比陛下幽東内，幸西州，王室幾喪。使蕡策蚤用，則杜漸防萌，逆節可消，寧殷憂多難，

〔一〕「對」下，底本衍「第」字，今據《新唐書·劉蕡傳》删。
〔二〕「牛僧孺」，底本作「牛僧儒」，今據《舊唐書》卷一七二《牛僧孺傳》改；以下徑改，不注。
〔三〕「閽殺吴子」，底本闕四字，今據福建本、北大本、《新唐書·劉蕡傳》補。
〔四〕「敗」，底本作「叛」，今據《新唐書·劉蕡傳》改。
〔五〕「罹」，底本作「羅」，今據《新唐書·劉蕡傳》改。

遠及聖世耶！今天地反正，枉魂憤胔，有望於陛下。」帝感悟，贈蕡左諫議大夫〔一〕，訪子孫授以官云。史贊曰：「漢武帝三策，董仲舒所對，陳天人大概，緩而不切也。蕡與諸儒偕進，獨譏切宦官，然亦太疏直矣。戒帝漏言，而身誦語於廷〔二〕，何耶？其後宋申錫以謀泄貶，李訓以計不臧死，宦者遂彊，可不戒哉！意蕡之賢〔三〕，當先以忠結上，後爲帝謀天下所以安危者，庶其紓患耶！」二月，丙子，殺吏部侍郎盧光啟。庚辰，進全忠爵梁王。春，契丹伐女直，下之〔四〕，獲其户三百。五月，丁未，晉以都將王敬暉殺刺史叛，降於仁恭，討之，幽兵救之而退。九月，阿保機復攻下河東懷遠等軍。十月，引軍略至薊北，俘獲以還。先是，阿保機之父撒剌的爲夷离菫，俘奚七千户，徙饒樂之清河。至是，創爲奚迭剌部〔五〕，分十三縣。遂拜阿保機于越，總知軍國事。十二月〔六〕，契丹入寇幽、薊。劉仁恭習知其情僞，常選將練兵，踰摘星嶺，契丹畏懼。每霜降，燎塞下草，

〔一〕「左」，底本作「右」，今據《新唐書·劉蕡傳》改。
〔二〕「語」，底本脱，今據福建本、北大本、《新唐書·劉蕡傳》卷末贊曰補。
〔三〕「意」，底本脱，今據福建本、《新唐書·劉蕡傳》卷末贊曰補。
〔四〕「下」，底本闕，今據《遼史·太祖紀上》補。
〔五〕「迭」，底本作「佚」，今據福建本、《遼史·太祖紀上》改。
〔六〕「二」，底本作「一」，今據《通鑑》卷二六四改。

使不得留牧，馬多死。契丹乃乞盟，獻良馬，求牧地。仁恭許之，奉約惟謹。阿保機敗約，遣其妻兄阿述律鉢將萬騎寇渝關。仁恭子守光戍平州，僞與和，帳飲具於野，酒酣伏發，擒之。群胡慟哭，願納馬五千以贖，不許。輸重賂求之，乃與盟，乘勝大破室韋，十年不敢近邊[一]。十二月[二]，丙申，全忠殺尚書左僕射致仕張濬。

天祐元年，閏四月，甲辰，車駕至洛陽。乙巳，大赦，改元。詔云：「魏鎮定燕，航大河而畢至。」時劉仁恭輩移檄往來，尚以興復爲辭。乙卯，更命魏博曰天雄軍。癸亥，進天雄節度使、長沙郡王羅紹威爵鄴王。八月，壬寅，全忠弒帝於椒殿。丙午，太子柷即位。

哀帝天祐二年[三]，三月，戊寅，以正議大夫、尚書吏部侍郎、上柱國、賜紫魚袋張文蔚，爲中書侍郎、同平章事、監修國史、判度支，河間人也。五月，戊寅，宴群臣於崇勳殿，全忠與王鎔、羅紹威置宴也。六月，戊子朔，殺朝士於白馬驛。七月，庚午夜，

〔一〕「近邊」，底本作「進一」，今據《新唐書·北狄傳·契丹傳》改。
〔二〕「十二月」，《燕史》上文已有，此處重出。
〔三〕「祐」，底本作「佑」，今據福建本、北大本、《舊唐書》卷二〇下《哀帝紀》、《新唐書》卷一〇《哀帝紀》、《通鑑》卷二六五改。

天雄牙將李公佺謀亂，不克，奔滄州。十月，癸丑，敕成德軍改爲武順，及管內五縣名[二]，以避全忠祖、父諱也。十一月，辛巳，以全忠爲相國，總百揆，以廿一道爲魏國[三]，進封魏王，加九錫。全忠怒其稽緩，讓不受。全忠急於受禪，使樞密使蔣玄暉等謀之。議：「魏、晉以來，皆先封大國，加九錫、殊禮，乃受禪。當次弟行之，先除諸道元帥。」全忠大怒。譖玄暉等欲延唐祚，故逗遛其事，以須變也。玄暉懼而言狀曰：「唐祚已盡，天命歸王，愚智皆知之。玄暉等非敢有背德，但以今茲晉、燕、岐、蜀皆吾勍敵，王遽受禪，彼心未服，不可不曲盡義理，乃取之，欲爲王創萬代之業矣。」全忠叱之曰：「奴果反矣！」故復爲此，全忠滋不悦。二十一道，天雄、武順、義武，其三也。十二月，乙未，全忠爲天下兵馬元帥。丁酉，全忠殺玄暉。戊申，弑何太后。

三年，正月，庚午，羅紹威引梁兵殺其牙軍八千。詰旦，全忠入魏。四月，癸未，天雄軍亂，全忠平之。義昌節度使劉守文攻貝及冀[三]，拔蓨縣，進攻阜城。全忠遣將救冀州，滄兵去。五月，丁巳，全忠北巡邊，還入于魏。七月，壬申，全忠至大梁。九月，

〔二〕「管」，底本作「受」，今據《舊唐書·哀帝紀》改。

〔三〕「以」，底本脱，「魏」，底本作「相」，今據《通鑑》卷二六五補改。

〔三〕「貝」，底本作「且」，今據《通鑑》卷二六五改。

丁卯，全忠至滄州，軍於長蘆。劉仁恭救之，且求救於晉陽。晉陽攻潞州，□援之[二]。閏十二月[三]，戊辰，潞州降晉陽。甲戌，全忠旋師。

四年，正月，壬寅，全忠自長蘆至大梁，哀帝遣御史大夫薛貽矩賫詔慰勞之[三]。全忠自□□□乃還[四]。三月，甲辰，以攝中書令張文蔚爲册禮使。是月，劉仁恭爲子守光所囚，守光自稱節度使。四月，甲子，梁篡唐亡[五]。

〔二〕「□」，底本有闕文；「援」，底本闕，今據福建本補。
〔三〕「閏」，底本脱，今據《舊唐書·哀帝紀》、《新唐書·哀帝紀》、《通鑑》卷二六五補。
〔三〕「哀」，底本闕，今據福建本補。
〔四〕「□□□」，《燕史》各本此處闕文。
〔五〕按：《燕道記三》卷末無「郭造卿曰」。

燕鎮記

燕鎮記一[一]

郭造卿曰[二]：唐置節度使，自幽州始，而軍士立主帥，則自平盧始。時未入青淄，其事莫非燕也。節度據故鎮，則自盧龍始，成德及魏博從之，其州尋有所移削。而非若是，據者久而附益之。二鎮殺帥要留後，亦始之于茲焉，獨鼎立以視唐亡，而謂河北三鎮云。昔州統於幽者六，平盧尚未之入[三]，於古五郡未盡。至安、史兼及河東，出其戲下據者，澤潞、淮蔡皆然，况趙、魏爲鄰，不從而稱燕乎！及降而復爲鎮，更四姓十七世，若以春秋視之，節度豈非其君耶？賊于將士者，茲不謂之弑。

[一]「一」，底本脱，今據福建本補。

[二] 按：《燕鎮記》前無敘，郭應寵取《燕鎮記一》卷首「郭造卿曰」，入《海嶽山房存稿》卷四，爲《燕鎮記敘》，今見本書下編燕史敘。

[三]「入」，底本脱，今據福建本、北大本、下編《燕鎮記敘》補。

其初身負逆節，天討所不加，又從而命之，率同歸於亂耳。懷仙復據范陽，即同諸鎮異圖。使其不死於希彩，希彩不死於懷瑗，則必傳襲如趙、魏，其留後豈它屬乎？蓋由泚、滔爲謀，故兄帝而弟王。王則包藏乎帝，以助亂於皇都。宜伏泚誅[二]，幸而免[三]，由怦之不背主也，朱氏竟不獲襲矣。劉出衆推而得之，使其反戈問罪，歸身闕下，則爲義舉，豈彼所與知哉！子濟其猶賢乎，而孫總爲最兇，一旦舉鎮歸朝，實懼父兄爲祟，乃鬼神所不容，無逃於天地耳。朱氏復襲而據之，遂追伏乎滔誅，至於無遺種焉，其世襲自此輟矣。當諸鎮同起爲援而竊據者，燕之李最先沒，趙之子次之，而魏爲最永，亦當此時而訖。其党淮蔡既滅，燕遺種孰存乎！易、滄雖分自成德，地本燕而附燕，始分者亦易姓，自是世當再論焉。

玄宗開元元年，幽州置防禦大使。

二年，置幽州節度、諸州軍管内經略、鎮守大使，領幽、易、平、檀、嬀、燕六州，治幽州；置營平鎮守，治平州。

[二]「宜」，底本作「豈」，今據福建本、北大本、下編《燕鎮記敘》改。
[三]「免」，底本作「兑」，今據福建本改。

五年，營州置平盧軍使，語在《蕃記》。

七年，升平盧軍使爲平盧軍節度、經略、河北支度、管内諸蕃及營前等使[一]，兼領安東都護及營、遼、燕三州。

八年，幽州節度兼本軍州經略大使，并節度河北諸軍大使。

十三年，滄州置横海軍使。

十五年，五月，以鄂王涓爲幽州都督、節度大使，兼河北支度營田使[二]。時節度大使多諸王遥領之，以潁王澐爲安東都護、平盧節度大使。

十八年，閏六月，甲申，分幽州置薊州。是年，幽州節度使增領薊、滄二州。

二十年，幽州節度使兼河北處置採訪使，增領衛、相、洺、貝、冀、魏、深、趙、恒、定、邢、德、博、棣、營、鄚十六州及安東都護府[三]。是後張守珪節度幽州，語在《蕃記》。

二十四年，安禄山爲平盧討擊使，守珪部將也。

[一]「爲」，底本脱，今據福建本、北大本、《新唐書》卷六六《方鎮表三》補。
[二]「支度」，底本二字互乙，今據福建本、《新唐書・方鎮表三》正；「使」，底本作「事」，今據《新唐書・方鎮表三》改。
[三]「定」下，底本衍「易」字，「鄚」，底本作「鄭」，今據《新唐書・方鎮表三》、《通鑑》卷二一三删改。

二十七年，六月，守珪罷，御史大夫李適之兼幽州節度使，增領河北海運使。

二十八年，八月，以禄山爲營州都督[一]，充平盧軍節度使，兼押兩蕃、渤海、黑水四府經略處置使。

二十九年，幽州節度副使領平盧軍節度副使，治順化州。

天寶元年，正月，分平盧爲節度，以安禄山爲節度使。是時置十節度使、經略使以備邊，更幽州節度爲范陽節度，增領歸順、歸德二郡，臨制奚、契丹，統經略、威武、清夷、静塞、恒陽、北平、高陽、唐興、横海九軍，屯幽、薊、嬀、檀、易、恒、定、漠、滄九州之境，治幽州，兵九萬一千四百人。平盧節度鎮撫室韋、靺鞨，統平盧、盧龍二軍，榆關守捉，安東都護府，屯平、營二州之境，治營州，兵三萬七千五百人。是歲，李適之復召入，以裴寬爲范陽節度使，兼採訪使，又加御史大夫。時北平軍使烏承恩恃以蕃酋與中貴通[二]，恣求貨賄，寬以法按之。檀州刺史何僧獻生口數十人，寬悉命歸

[一] 按：「二十八年，八月，以禄山爲營州都督」，今據《舊唐書》卷九《玄宗紀下》、《通鑑》卷二一四，此事在「開元二十九年」，《燕史》疑誤。

[二] 「使」，底本脱，《舊唐書》卷一〇〇《裴寬傳》、《新唐書》卷一三〇《裴寬傳》補；「恃」，底本作「特」，今據福建本、《舊唐書·裴寬傳》、《新唐書·裴寬傳》改。

之，故夷人感悦。

二年，平盧節度使治遼西故城，副都護領保定軍使〔一〕。

三載，三月，以禄山兼范陽節度使，裴寬入爲户部尚書，兼御史大夫。居數日，有河北將士入奏，盛言寬在范陽能政，塞上思之，上嗟嘆良久。

九載，八月，丁巳，以禄山兼河北道採訪處置使。

十載，二月，丙辰〔二〕，以禄山兼河東節度使。

十四載，十一月，禄山及平盧兵馬使史思明反於范陽，詔以封常清爲范陽節度使以討之。厥後，安、史父子更屠夷，語在《寇記》。凡節度使爲寇署者不載。

肅宗乾元元年，二月〔三〕，庚午，以安東副大都護王玄志爲營州刺史〔四〕，充平盧節度使。九月，庚寅，平盧兵馬使董秦會九節度討安慶緒。十二月，玄宗遣中使往撫慰將士，且就察軍中所欲立者，授旌節。裨將高麗李懷玉殺玄志子，推侯希逸爲平盧軍使。希逸

〔一〕「軍」，底本作「庫」，今據福建本、《新唐書·方鎮表三》改。
〔二〕「丙辰」，底本作「庚辰」，《舊唐書·玄宗紀下》作「丁巳」，今據《通鑑》卷二一六改。
〔三〕「二」，底本作「正」，今據《通鑑》卷二二〇改。
〔四〕「副」下，底本衍「使」字，今據《通鑑》卷二二〇删。

之母，懷玉姑也，故懷玉立之。朝廷因以希逸爲節度副使，節度使由軍士廢立自此始。

二年，三月，壬申，九節度師潰，董秦改濮州刺史。八月，壬戌，以李光弼爲幽州長史、河北節度使。九月，濮將田神功陷僞燕[一]，爲其平盧兵馬使，歸降。光弼仍爲平盧兵馬使。

上元元年，六月，乙酉，神功破史思明兵于鄭州。

二年，正月，丁未，平盧軍擊揚州叛長史劉展，平之，逐大掠江淮。五月，戊戌，希逸破史朝義范陽兵。建丑月，引兵南渡海，至青州，語在《寇記》。

寶應元年，建寅月，希逸於青州北渡河，至兗州。五月，甲申，爲平盧青淄齊沂密海六州節度使，而青州冠平盧之號焉。十一月，丁丑，破僞燕二節度使，鄴郡薛嵩以相、衛、洺、邢四州降於陳鄭潞澤節度使李抱玉，恒陽張忠志以恒、定、易、趙、深五州降於河東節度使辛雲京。既受代，朔方行營節度使僕固懷恩皆令復位。丁酉，以忠志爲成德節度使，仍統其五州，賜姓名李寶臣，語在《成德記》。

代宗廣德元年，正月，甲申，朝義自殺。其范陽節度使李懷仙降，睢陽節度使田承

[一]「濮」上，底本衍「滑」字，今據《通鑑》卷二二一刪。

嗣以魏州降。閏月，癸亥，詔以懷仙仍故地，爲幽州盧龍節度使，遷檢校兵部尚書，兼侍中、武威郡王〔一〕。改范陽爲幽州，平盧往青淄而又兼盧龍也。奏僞軍將朱懷珪爲平盧留後。時以薛嵩降州四，分相置貝〔二〕，分洺置磁〔三〕，爲六州節度使。承嗣爲魏博德滄瀛五州防禦使，尋以爲節度使，語在《魏博記》。五月，丁卯，制分河北四鎮諸州，以幽、莫、嬀、檀、平、薊爲幽州管〔四〕。

永泰元年，六月，平州置柳城軍，奏懷珪爲柳城軍使〔五〕。

大曆三年，六月，壬辰，幽州麾下兵馬使朱希彩、經略副使朱泚及弟滔共殺節度使李懷仙。三人俱幽州昌平人，本同宗者。泚、滔，懷珪子，共斬閽者入〔六〕，希彩未至。黎明，泚懼欲亡，滔曰：「謀不成，有死，逃將焉往？」俄希彩至，共斬之，族其家。閏月，成德李寶臣以懷仙世舊，無辜覆族，討之，敗歸。朝廷不獲已，宥希彩。庚申，以

〔一〕「檢校」，底本二字互乙，今據《舊唐書》卷一一《代宗紀》正。
〔二〕「置」，底本闕，今據福建本、北大本補。
〔三〕「洺」，底本作「洛」，今據《舊唐書·地理志二》、《舊唐書·地理志三》改。
〔四〕「嬀」，底本作「僞」，今據福建本、北大本、《通鑑》卷二二二改；「檀」，底本作「擅」，今據《通鑑》卷二二二改。
〔五〕「珪」，底本作「珏」，今據福建本、北大本、《舊唐書》卷二〇〇下《朱泚傳》改。
〔六〕「閽者」，底本作「闕」，今據《新唐書·藩鎮盧龍傳·李懷仙傳》改補。

河南副元帥、黄門侍郎、同平章事王縉領幽州盧龍軍節度使。丁卯，授希彩御史中丞，充幽州節度副使，權知軍州事。詔縉赴鎮[一]，乙亥，如幽州。希彩蒐卒伍，大陳戎備逆之。縉晏然建旌棨而行，希彩迎謁甚恭[二]。縉度終不可制，勞軍旬日而還。八月，庚午，以縉爲河東節度使，餘如故。加希彩御史大夫，充幽州節度留後。遣兵部侍郎李涵兼御史大夫，使河北宣慰，以幽州亂故也。十一月，丁亥，加希彩幽州大都督府長史、幽州盧龍軍節度使。是年，平盧行軍司馬許杲將卒三千人駐濠州，不去，窺淮南。節度使崔圓令副使張萬福攝濠州刺史，杲聞，即提卒去，止當塗。帝召萬福以爲和州刺史、行營防禦使，討杲。萬福至州，杲懼，移軍上元，又北至楚州大掠。淮南節度使韋元甫命萬福追討之，未至淮陰，杲爲其將康自勸所逐。自勸擁兵繼掠，循淮而東。萬福倍道追而殺之，免者十二三。是兵乃田神功所將，以平劉展於江淮也。是後舊將士既盡，而平盧在青，非交兵不具于此。

[一]「縉」，底本脱，今據福建本、北大本、《舊唐書·代宗紀》補。
[二]「迎」，底本作「請」，今據《舊唐書》卷一四三《朱希彩傳》、《新唐書·藩鎮盧龍傳·李懷仙傳》、《通鑑》卷二二四改。

五年，四月[一]，丁未，封希彩爲高密郡王[二]，驁恣不軌，虐不堪命。權知門下省事元載既殺内侍監魚朝恩，驕溢。有丈人自宣州來求官，載度其不足任事，但贈河北一書，遣之。丈人不悦，行至幽州，私發書視之，惟署名，無一言。大怒，不得已，試謁院僚。判官聞有載書，大驚[三]，立白希彩，遣大校以箱受書，館之上舍，留宴數日，辭去，贈絹千疋。其威權動人如此。

六年，十月，壬午，滄州復置横海軍。

七年，七月，希彩爲孔目官李懷瑗因衆怒而殺之[四]。初，與泚、滔謀殺懷仙，以其宗姓，深委任之。滔尤狡譎多端，領帳下親兵，是禍亦其兄弟謀也。倉卒衆未有屬，泚營城北，滔得衆心，潛使百餘人大呼軍門曰：「節度使非朱副使莫可。」衆愕眙，因推泚權知留後，遣使言狀。泚輕財好施，每戰得，輒分麾下，是用濟其兇謀。十月，辛未，以爲檢校左常侍、幽州盧龍節度使、幽州長史，兼御史大夫。

[一]「四」，底本作「二」，今據《舊唐書·代宗紀》改。
[二]「彩」，底本作「烈」，今據《舊唐書·代宗紀》、《新唐書·藩鎮盧龍傳·李懷仙傳》改。
[三]「大」，底本作「人」，今據福建本、《通鑑》卷二二四改。
[四]「因衆怒」，底本作「間衆怨」，今據《舊唐書·朱希彩傳》、《通鑑》卷二二四改。

八年，八月，辛未，泚遣滔將精騎五千詣涇州防秋，語在《泚記》。

九年，六月，泚復遣滔奉表請入朝。七月，泚朝，行，以軍屬滔。幕府蔡廷玉、朱體微曰：「滔雖大弟，多變不情，如假以兵，是嫁之禍也。」不聽。

十年，正月，乙巳，以滔試殿中監、權知幽州盧龍節度留後，兼御史大夫，脅泚入朝，翦其牙角。泚覺之，不敢歸，乃表留闕下，從之。滔遂殺李懷瑗等有功者二十餘人，威振三軍。四月[一]，乙未，以田承嗣叛，命幽州與澤潞等八道兵前臨魏博討之[二]。滔方恭順，與節度使成德李寶臣、河東薛兼訓攻其北。九月，丙辰，與寶臣攻滄州，不克。十月，寶臣爲承嗣所間，遂襲滔於瓦橋，滔幾不免。又欲乘勝取范陽。劉怦，昌平人，滔姑子也。父貢，常爲廣邊大斗軍使。怦少爲范陽裨將，以親老疾，輒去職居養，懷仙檄召不至。積軍功爲雄武軍使，廣屯田，節用，以辦理稱。稍遷涿州刺史，滔奏署留府事，以寬緩得衆心。寶臣來攻，怦設方略，勒兵完守。寶臣知有備，不敢進。承嗣聞幽、恒

[一]「四月」，底本脱二字，今據《舊唐書·代宗紀》、《新唐書·代宗紀》、《通鑑》卷二二五補。

[二] 按：「乙未，以田承嗣叛，命幽州與澤潞等八道兵前臨魏博討之」，今據《通鑑》卷二二五，此事在「四月乙未」；然是年四月癸亥朔，無乙未，《舊唐書·代宗紀》在「四月乙丑」，《新唐書》卷六《代宗紀》在「四月癸未」。「澤潞」，底本二字互乙，今據福建本、《舊唐書·代宗紀》、《通鑑》卷二二五正。

交兵，即引軍南還。竇臣以高陽軍使張孝忠爲易州刺史，備之。十一月，丁酉，魏博將吴希光以瀛州降。

十四年，五月，癸亥〔一〕，嗣帝即位。六月，詔罷幽州貢麝香。先是，回紇女妻奚王，大曆末〔二〕，奚亂，殺王，女逃歸，道平盧。滔以錦繡張道，待其至，請昏。女悦，許焉。既而遣使脩壻禮于回紇〔三〕，報以名馬、重寶。回紇謂滔爲朱郎。

德宗建中元年，二月，丙申，黜陟使洪經綸至河北道。以范陽高霞寓五代不異居，孝聞里閭，言之，詔表闕于門。八月，甲午，泚以遂寧郡王、同平章事，進兼中書令，加太尉。

二年，七月，癸未，以成德僞留後李惟岳與魏博、平盧連兵拒命，詔滔討之，軍莫州。滔以張孝忠善戰，師出，慮撓後，乃遣判官蔡雄説之，曰：「惟岳乳臭兒，敢弄兵拒朝命。滔奉詔伐罪，使君宿將，何爲助逆，不自求多福？今昭義、河東軍破魏博之田

〔一〕「亥」，底本作「未」，今據《舊唐書·德宗紀上》、《新唐書·德宗紀》、《通鑑》卷二二五改。
〔二〕「曆」，底本脱，今據福建本、北大本、《新唐書·藩鎮盧龍傳·朱滔傳》補。
〔三〕「壻」，底本作「婚」，今據福建本、北大本、《新唐書·藩鎮盧龍傳·朱滔傳》改。

悦，淮寧李僕射克襄陽，梁崇義尸出井中，斬漢江上者五千人〔一〕，河南諸軍〔二〕，計日北首，恒、魏之亡，可佇立而須也。使君誠能去逆，首舉易州歸朝，則破惟岳自使君始，是轉禍爲福之策也。」孝忠然之，遣牙官程華詣滔，以録事參軍董稹奉表詣闕〔三〕。滔又表薦之，帝悦，九月，辛酉，授孝忠檢校工部尚書、成德軍節度使。甚德滔，爲子茂和娶滔女，深相結。是年，省燕州及順化州。

三年，正月，丙寅，李惟岳兵與魏博將孟祐守束鹿。滔、孝忠拔之，命偏師以守，進圍深州。惟岳發萬人，與祐圍束鹿。戊寅，滔、孝忠與戰城下。惟岳將王武俊以騎三千方陳横進，滔繢帛爲狻猊象，使猛士百人蒙之，鼓譟而馳。敵馬驚亂，隨擊，大破之，惟岳焚營遁。滔欲乘勝攻恒州，孝忠引兵西北〔四〕，軍於義豐。滔大驚，孝忠將佐皆怪之，諫曰：「尚書布赤心於大夫，至矣。今潰逆寇而不終其功，竊所未諭。」孝忠曰：「本求破賊，賊破矣。然恒州宿將尚多，未易與者，迫之則并力死鬭，緩之則自相圖。諸君第

〔一〕「上」，底本脱，今據《新唐書》卷一四八《張孝忠傳》補。
〔二〕「河」，底本作「江」，今據福建本、《新唐書·張孝忠傳》、《通鑑》卷二二七改。
〔三〕「稹」，底本作「禎」，今據《新唐書·張孝忠傳》、《通鑑》卷二二七改；以下徑改，不注。
〔四〕「西」，底本作「而」，今據《新唐書·張孝忠傳》、《通鑑》卷二二七改。

觀之，吾軍義豐，坐待惟岳殄滅耳。彼朱大夫言大識淺，可與共始，難與共終也！」滔遂屯束鹿，不敢進。無何，武俊斬惟岳首，獻京師。深州刺史楊榮國，惟岳妹夫也，降滔，使復位。其將康自知以趙州歸國。時河北略定，惟田悦爲招討使馬燧所攻未下，河陽諸軍攻平盧僞留後李納於濮州。二月，甲子，三分成德地，以孝忠檢校兵部尚書，爲易定滄三州節度使；以恒冀與武俊，以深趙與日知，俱爲都團練觀察使。滔加檢校司徒，爲幽州盧龍軍節度使，以平盧德、棣二州隸焉〔一〕，令滔還鎮取之。滔請深州，不許，請恒、定七州賦供軍，不許，怨望，留屯深州。武俊素輕孝忠，自負功，耻居下，而與日知並，且失趙、定二州，又詔取粮、馬分給滔及燧，疑，不奉詔。悦窮而得間矣，遣判官王侑、許士則間道至深州，説滔曰：「司徒奉詔討惟岳，不旬朔間，拔束鹿，下深州，突騎再戰再勝，故惟岳勢蹙，爲王大夫梟，此皆司徒功也。聞出幽州日，有詔，令得惟岳城邑，皆隸本鎮。今城皆賞降將，司徒寸尺不預焉，乃使自取德、棣，而割深於日知，是朝廷自棄其信矣。且陛下英武獨斷，有秦皇、漢武風，志欲掃清河朔，不使藩鎮承襲。功臣劉晏等皆旋踵破滅，殺梁崇義，誅其口三百餘，血丹漢江。今日魏亡，則

〔一〕「隸」，底本脱，今據福建本、北大本、《舊唐書》卷一四三《朱滔傳》、《通鑑》卷二二七補。

取燕、趙，如牽轅下馬矣。若魏存，則俱安。司徒矜危而救之，既得存亡繼絶之義，獤邑敬以貝州廣湯沐[一]，亦子孫萬世利也。」滔素有異志，大喜，即遣侑歸報魏州，使將士知有外援，各自堅。又遣判官王郅與士則詣恒州，説武俊曰：「大夫出萬死計，血䘗衣袖，誅逆首而拔亂根。日知不出趙州，豈得同日論功哉！而朝廷褒賞不殊，且坐得二州，河北士以不得深，誰不爲大夫憤邑者。又聞有詔，三千石餉朱司徒，而以馬五百疋給馬僕射。蓋以大夫善戰無前爲後患[二]，先欲貧弱軍府。候平魏日，使僕射北首，司徒南向，下漳、滏，共相滅耳。司徒亦不敢自保，使郅等效愚計[三]，欲大夫連營南旆，粟不出窖，馬不離廐，而自供軍，爲强國，救解田尚書倒懸而存之，義聲且滿天下矣。司徒不欲深州與日知，願以效之。大夫請早定其刺史，三鎮連兵相救，若耳目股肱，豈不永永無患哉！」武俊喜諾，遣判官王巨源使滔，且令知深州事，刻日南向。滔又遣人説孝忠，不從。四月，戊午，帝以平盧德、棣兩州刺史李士真、李長卿歸正，仍各授其州刺史。

[一]「湯」，底本作「陽」，今據福建本、北大本、《新唐書》卷二一〇《藩鎮魏博傳・田悦傳》改。
[二]「善」，底本脱，今據《新唐書・藩鎮魏博傳・田悦傳》、《通鑑》卷二二七補。
[三]「使」，底本脱，今據福建本、《通鑑》卷二二七補。

不知滔有異志[一]，求援。滔遣大將李濟時將三千人，聲言助守德州，且召士真詣深州議軍事，至則留之，使濟時領州事。庚申，帝遣中使發盧龍、恒冀、易定兵萬人討魏州。武俊不受詔，執送滔。滔矢于衆曰[二]：「將士蹀血鬭，既下堅城，朝廷乃奪之，奏賞勳皆不報。君等敕裝，疾趨魏州，破馬燧軍取温飽，何如？」皆不應。三號之，乃曰：「幽人從安、史反而南者，骸無一返，遺人痛心疾髓。太尉、司徒皆受國寵，將士亦各蒙官勳，且保之，不復它冀矣。」滔默然罷，潛誅大將異議數十人，厚撫循其士卒。日知發其謀于燧，以聞。帝以悦未下，武俊復叛，力未能及滔，壬戌，賜爵通義郡王，實户三百，冀安之而益悖。分兵營趙州逼日知，以深州授巨源。武俊以子士真爲恒冀深三州留後，圍趙州。劉怦知幽州留後，聞滔救悦[三]，以書諫曰：「司徒身節制、太尉，位宰相，恩遇極矣。今昌平有太尉鄉、司徒里，此丈夫不朽名也。但以忠順自持，則罔不濟耳。比者務大樂戰，不顧成敗，如安、史者，今復何有哉！怦忝密親，默而無告，是負重知。惟司徒圖之，無貽悔。」滔雖不從，亦嘉其盡忠，卒無二，使留守范陽。起兵南，恐孝忠襲，

〔一〕「志」，底本作「州」，今據福建本、北大本、《通鑑》卷二二七改。
〔二〕「滔」，底本脱，今據福建本、北大本、《通鑑》卷二二七補。
〔三〕「救」，底本作「殺」，今據福建本、《舊唐書》卷一四三《劉怦傳》、《通鑑》卷二二七改。

復遣蔡雄説之。孝忠曰：「司徒不鄙樸彊辱教[二]，惟岳負恩爲逆節，而歸國爲忠臣。奉教既爲忠臣矣，不敢復逆而助逆也。且吾與武俊出夷落，少相狎，深矣，知其喜翻覆。幸謝司徒，勿忘鄙言，容日必相念焉。」雄復欲巧説之，怒欲執送京師，雄懼，逃歸。滔復啖以金帛，不受，乃使怦屯要害備之。滔將步騎二萬五千發深州，次束鹿。詰旦，吹角未畢，軍大譟曰：「天子令司徒歸幽州矣，奈何違敕而南乎？」滔懼，走入，匿傳舍。雄與兵馬使宗頊等矯諭士卒曰：「汝輩勿喧[三]，聽司徒令。」衆稍止。雄曰：「司徒以幽州少絲纊，意在深州久矣。初發范陽，奉天子約，得惟岳州縣者有之，故與汝曹血戰，取爲寬賦率耳。乃以與日知，又賜功絹人十匹，至魏州西境，盡爲馬僕射奪。司徒處范陽，富貴足矣，今茲南行，夫豈自爲哉？汝曹不欲南，任自歸北，何用諠悖而乖失軍禮乎！」衆不知所爲，乃曰：「賞物不爲守護，敕使何爲？」遂入其使院，擘裂之而呼曰：「雖知司徒爲士卒，有此行，竟不如奉詔歸鎮。」乃命：「詰朝復憩深州，數日而歸

[二]「彊」，底本作「僵」，今據《新唐書·張孝忠傳》改。
[三]「輩」，底本作「輦」，今據《通鑑》卷二二七改。

鎮。」衆乃悔謝[一]。滔訪唱亂二百餘人，誅之，餘股栗，乃復舉而南，取寧晉，留屯待武俊[二]。武俊將步騎萬五千[三]，取元氏而趨之。滔有請於泚，或不順，蔡廷玉爲行軍司馬，必折之，俾循故法。及滔破悦，寖傲肆。其婿鄭雲逵爲判官，廷玉惡之，言於泚，奏貶莫州參軍。滔復奏爲掌書記。逵深構廷玉於滔，妄云：「素毁滔，欲回分燕。」又與要籍朱體微曰：「滔在鎮，多專擅，非長者，不可畀兵權。」滔怒，表言二人離間骨肉[四]，請逮於有司，數遺泚書[五]，必殺之。泚怒滔奪其軍，不從而隙。至滔叛，帝以表示泚，泚亦白發其書，乃歸罪二人以慰滔。甲子，貶廷玉柳州司户，體微萬州南浦尉。左巡使、殿中侍御史鄭詹誤遞文符至昭應送之。滔使諜伺諸朝，曰：「上若不殺廷玉，當謫去，得東出洛，我且縛致麾下，支解之。」廷玉等將行，帝勞之曰：「爾姑行，爲國受屈，歲中當還。」廷玉至藍田驛，人白詹：「商於道險，不可往。」乃召還，而東趨潼關。廷玉告

[一]「悔」，底本作「誨」，今據福建本、北大本、《新唐書·藩鎮盧龍傳·朱滔傳》改。
[二]「留」，底本脱，今據《通鑑》卷二二七補。
[三]「萬」，底本作「馬」，今據福建本、《通鑑》卷二二七改。
[四]「間」，底本脱，今據《新唐書》卷一九三《忠義傳下·蔡廷玉傳》補。
[五]「遺」，底本脱，今據福建本、北大本補。

子少誠、少良曰〔一〕：「我爲天子不血刃下幽十一城，欲裂其壤，使不得桀，而敗於將成，豈非天之助逆邪！今吏使我出東都，此殆滔計，吾不可以辱國。」比至靈寶西，與體微赴河死。滔遣人以蠟書置髻中，遺泚同叛，爲燧所獲，及使者送闕下。帝驛召泚，留之長安私第。語在《泚記》。五月，丙戌，滔、武俊自寧晉南救魏州。辛卯，詔朔方節度使李懷光及神策步騎萬五千人東討悦，且拒滔等。滔至宗城，雲逵及其弟方逵、參謀田景仙以諫〔二〕，不從，棄妻子，奔燧軍，送雲逵於長安。六月〔三〕，己卯〔四〕，滔、武俊軍至魏州，悦具牛酒出迎，魏人懽呼動地。滔營於愜山。懷光軍亦至，燧等盛軍容迎之。滔以爲襲己，遽出陳。懷光勇而無謀，欲乘其營壘未就擊之。燧請且休兵觀釁，懷光曰：「彼壁將爲後患，此時惡可失也。」遂擊于山西，殺步卒千餘人，潰之。懷光按轡而觀，有喜色。卒爭入營取寶貨，武俊引二千騎横衝其軍爲二，滔兵繼之，王師大敗，蹙入永清渠，蹈籍如丘，水爲不流，燧等各收保。是夕，滔堰渠入王莽故河，絶粮道及歸路，且水深

〔一〕「誠」，底本作「歲」，今據福建本、《新唐書·忠義傳下·蔡廷玉傳》改。
〔二〕「其」，底本作「方」，今據《舊唐書》卷一三七《鄭雲逵傳》改。
〔三〕「六月」，底本脱二字，今據《通鑑》卷二二七補。
〔四〕「己卯」，底本作「乙卯」，今據《通鑑》卷二二七改。

三尺餘。燧遣使卑辭謝滔，求歸，以河北事委五郎處之。滔許而武俊爲不可，滔不從，語在《成德記》。七月，燧與諸軍涉而西，退保魏縣以拒。滔乃謝武俊，爲所恨。後數日，滔等亦引兵營魏縣東南，與官軍隔水相拒。時李納爲宣武節度劉洽攻，求救，滔使信都承慶助之。神策營招討使李晟請北解趙州圍，與孝忠合勢圖范陽，則武俊等當捨趙矣。帝壯而許之，俾神策三將軍莫仁擢等隸之[二]。晟自魏州引兵趨趙州[三]，士真解圍去。晟留趙州三日，與孝忠合，北略恒州。悦德滔救，欲尊而臣之，滔不可，曰：「愜山之捷，皆王大夫力，滔何敢獨居尊位！」於是幽州判官李子千、恒冀判官鄭濡等議：「古有列國，連衡抗秦。請與鄆州李大夫爲四王國，並建號，如昔奉周正朔，築壇同盟，有不如約者，衆共伐之。不然，豈得常爲叛臣而無主，用兵既無名，有功無爵賞，使將吏何所依歸乎！」咸然之，乃擇日築壇於魏西。十一月，己卯朔，登壇告天。滔以安、史起燕，俄並滅，避其名。冀，堯都，乃稱大冀王。悦稱魏，武俊稱趙，納稱齊，三讓而就位。滔爲盟主，稱孤；其三王稱寡人。居堂曰殿，下皆稱臣，謂殿下。下命曰令，上

[二] 「俾」，底本作「但」，今據福建本、北大本、《新唐書》卷一五四《李晟傳》改。
[三] 「魏州」，底本脱二字，今據《新唐書·李晟傳》、《通鑑》卷二二七補。

書曰牋。妻曰妃，長子曰世子，庶子曰國公。各以其所治州爲府。滔改幽州爲范陽府，以子爲府留後，稱元帥，用親信爲留守，亦以軍政委之。置左右内史，視丞相；内史令、監，視侍中、中書令；東西侍郎，視門下、中書；東曹給事、西曹舍人，視給事中、中書舍人；司議大夫，視諫議大夫；六官省，視尚書；東、西曹僕射，視左、右僕射；御史臺曰執憲，置大夫至監察御史；驅使要籍官曰承令；左右將軍曰虎牙、豹略；軍使曰鷹揚、龍驤；皆倣天朝，易其名。以怦爲范陽府留守，柳良器、李子千爲左右内史，滔兄瓊瑰、陸慶爲東西曹僕射〔二〕，楊霽、馬寔、寇瞻、楊榮國爲司文、司武、司禮、司刑侍郎〔三〕，李士真、樊播爲執憲大夫、中丞，其餘以次補署。聘處士張遂、王道爲司諫。而武俊、悦、納各從所署。時淮寧節度使李希烈承詔討納，而自謀納襲汴州〔三〕。又密通滔等四僞國，拒王師累月。聞希烈反，兵勢甚盛，相謀遣使詣許州，告稱王。十二月，丁丑，希烈自稱天下都元帥、太尉、建興王。滔等尋遣使上表〔四〕，稱臣勸進。

〔二〕「陸」，底本作「陵」，今據福建本、《新唐書·藩鎮盧龍傳·朱滔傳》改。
〔三〕「瞻」，底本作「贍」，今據《新唐書·藩鎮盧龍傳·朱滔傳》改。
〔三〕「汴」，底本作「汴」，今據《通鑑》卷二二七改。
〔四〕「滔等」，底本脱，今據《通鑑》卷二二八補。

四年，三月，希烈遣押牙韋清詣滔乞師，清逃奔於宣武。五月，李晟謀取涿、莫二州，以絶幽、魏往來路，與張孝忠子昇雲圍滔易州刺史鄭景濟於清苑，決水灌之，累月不下。悦、武俊引兵戰白樓，孝忠兵急，晟引步騎擊破之，清苑圍益急。滔以司武尚書馬寔爲留守，將步騎萬餘守魏營[一]，與武俊拒燧；自將步騎萬五千救清苑，絶晟粮道。兵至定州，晟不知，夜引兵還。滔疑有伏，不敢逼，遽保瀛州。晟合孝忠兵千人城萊水[二]，滔驍將烏薩戒以兵七百襲殺城卒數百，晟不出。景濟望滔軍[三]，立幟爲應。滔進軍薄晟，戰不利，城中兵亦出，晟大敗，奔易州，昇雲走满城[四]。晟自正月至五月，内攻景濟，外拒滔等[五]，而兵不解。會晟病甚，軍中引還，保定州，滔猶不敢逼。武俊以滔既破晟，留屯瀛州，未還魏橋[六]，遣給事中宋端趣讓。端見滔，言頗不遜，滔怒，使謂武俊曰：「滔以救魏博故，叛君棄兄，如脱屣耳。王必相疑，聽王所爲。」端還報，武俊自辨

[一]「將」，底本脱，今據《通鑑》卷二二八補。
[二]「萊水」，底本作「菜子」，今據《新唐書·藩鎮盧龍傳·朱滔傳》改。
[三]「景」，底本作「境」，今據福建本、《新唐書·藩鎮盧龍傳·朱滔傳》改。
[四]「城」下，底本衍「陷」字，今據《新唐書·藩鎮盧龍傳·朱滔傳》、《通鑑》卷二二八删。
[五]「滔」，底本作「捕」，今據福建本、《舊唐書》卷一三三《李晟傳》、《新唐書·李晟傳》改。
[六]「橋」，底本作「矯」，今據福建本、《通鑑》卷二二八改。

於寔曰：「寡人望王速來指蹤[一]，決勝負，何敢獲罪於王[二]。王異日并天下，寡人得六七城，爲節度，足矣。」寔以狀白滔，言：「趙王知端無禮，深加責讓，實無它志。」趙承令官鄭和隨寔使者謝滔，乃悦，相待如初。然武俊益恨矣，遂與悦潛謀絶滔。昭義節度使李抱真又使賈林説之，陰約結。十月，丙午，涇原兵亂於京師，帝出幸奉天，叛衆推泚爲主。壬子，僭稱大秦皇帝，改元。癸丑，以滔爲冀王、太尉、尚書令[三]，號皇太弟。帝遣中使告難，燧等皆班師，武俊及寔亦還。泚遣使遺滔書，委以除殘河北，當會於洛陽。滔得書西向拜，宣示軍府，移牒誇諸道曰：「今發突騎四十萬，赴洛陽，與皇帝會上陽宫。」亦欲僭稱帝，乘輿、法從及赦令皆具。滔爲回紇婿，既王，與武俊、悦、納啟回紇曰：「四國願聽命於可汗，謹各上金鑰，啟閉出納，唯所命。」至是，乞師焉，而武俊亦先乞師，使絶李懷光等粮道。未至，懷光等西去，而回紇達干將回紇部千人、雜虜二千人適至幽州北境。滔因説達干：「若能同渡而南取東都，玉帛子女不貲賂之。」達干

[一]「蹤」，底本作「縱」，今據北大本、《新唐書・藩鎮盧龍傳・朱滔傳》改。
[二]「獲」，底本作「護」，今據福建本改。
[三]「尉」，底本作「守」，今據福建本、《舊唐書・朱泚傳》、《新唐書》卷二二五中《逆臣傳中・朱泚傳》改；「尚」，底本作「中」，今據《舊唐書・朱泚傳》、《新唐書・逆臣傳中・朱泚傳》改。

許諾。滔約曰〔一〕：「五十里舍，以須悦軍。」時賈林復説武俊叛滔，促之，語在《成德記》，且激之曰：「自古國家有患，未必不因之更興。况主上九葉天子，聰明英俊，天下誰肯捨之而共事朱泚乎！大夫異邦豪族，不應謀中夏。且滔心幽險〔二〕，王室强則須大夫援兵〔三〕，卑則即思併吞。河朔古無冀國，惟趙、魏、燕耳。冀乃大夫封域也。滔爲盟主，輕蔑同列。今稱冀，且西倚其兄，北引回紇，其志在窺冀州，欲盡吞河朔而王之，明甚！大夫雖欲爲之臣，胡可得焉！且大夫雄勇善戰，非滔比。本以忠義手誅叛臣，當時宰相處置失宜，爲滔誑誘，故蹉跌至此。不若與昭義并力取滔，勢必獲之。滔亡則泚自破，此不世之功也。今諸道輻凑攻泚，不日當平之。若天下定，始悔而歸國，晚矣！」時滔强調歛，二鎮不能堪。武俊既隙，攘袂作色而起，曰：「二百年天子尚不能臣，豈能臣田舍兒乎！」遂與抱真、燧結約爲兄弟，然猶外事滔〔四〕，禮甚謹，與悦各遣使見滔于

〔一〕「曰」，底本作「日」，今據《新唐書·藩鎮盧龍傳·朱滔傳》改。
〔二〕「幽」，底本脱，今據《舊唐書·王武俊傳》改。
〔三〕「援」，底本作「授」，今據福建本、《舊唐書·王武俊傳》、《新唐書·藩鎮鎮冀傳·王武俊傳》改。
〔四〕「事」，底本作「視」，今據福建本、北大本、《通鑑》卷二三一八改。

河間，賀泚稱尊號，且請寔兵共攻日知。十月[一]，壬申，攻趙州，不克。十一月[二]，辛巳，寔歸瀛州，武俊送之五里，犒贈甚厚。武俊歸恒州。癸巳，懷光破泚於奉天，圍解。十二月，奉天密使至河北，赦悅、武俊、納罪，仍賂以官爵。悅等皆陰歸欵，尚未敢顯言絶滔，各稱王如故。滔使虎牙將軍王郅説悅及武俊，各以五千兵會，曰：「日者八郎有急，滔與趙王不敢愛其死，竭力赴救，幸而解圍。今太尉三兄受命關中，滔欲與回紇共往助之，願八郎治兵，與滔渡河，共取大梁。」悅心不欲行而難絶滔，乃謾辭許之。滔復遣内使舍人李琯見悅，審可否。悅猶豫，密召留守扈𦬇等議之。司武侍郎許士則曰：「滔昔事懷仙，爲牙將，與希彩共殺懷仙而立希彩。希彩寵信其兄弟至矣，滔又與判官子瑗殺希彩，而立泚爲帥。復勸泚入朝而自爲留後，雖勸以忠義，實奪之權也。平生與同謀共功如子瑗之徒[三]，負而殺者二十餘人。今又與泚東西相應，使得志，泚不爲容，況同盟乎！其爲人如此，大王之親不加泚，勇不加懷仙、希彩，何從得其肺腑，而托之於鬲邪！彼引幽陵、回紇十萬兵，屯於郊坰，大王出迎，則成擒矣。兼魏國之兵，南向度

〔一〕「十」下，底本衍「一」字，今據《通鑑》卷二二八删。
〔二〕「十一月」，底本脱三字，今據《通鑑》卷二二八補。
〔三〕「之」，底本脱，今據《通鑑》卷二二九補。

河，與關中相應，天下孰能當之！大王於時，悔之無及。不若陽許而陰爲之備，厚加迎勞，托以它故，遣將分兵而隨之。如此，外不失報德名，而内無倉猝憂矣。」萼等皆以爲然。武俊聞瑨適魏，遣司刑員外郎田秀馳見悦曰：「武俊鄙以宰相處事失宜，恐禍及身，又八郎困重圍，故與滔合兵救之。今天子方在隱憂，以德綏我，我曹何得不悔過而歸之。乃捨九葉天子不事，而事泚及滔乎！且泚未稱帝時，滔比肩爲王，固輕我曹矣。況使之南平汴、洛，與泚連衡，吾屬不皆爲虜乎！八郎慎勿與俱南，閉城拒守，武俊請伺隙，連昭義擊滅之，與八郎再清河朔，復爲節度使，共事天子，不亦善乎！」悦意遂決，紿滔云：「從行，必如前约。」丁卯，滔將范陽步三萬、騎二萬，私從者復萬餘人，回紇三千人，牛馬槖駝倍之，發河間而南，輜重首尾四十里。是月，詔以國子祭酒董晉爲河北宣尉使。

興元元年，正月，癸酉朔，改元，大赦。「李希烈、田悦、王武俊、李納等，咸復爵位，仍遣使宣諭如初。滔雖緣泚連坐[二]，路遠必不同謀，永念舊勳，務在弘貸，如能效順，亦與惟新。」武俊、悦、納見赦令，皆去王號，上表謝罪，惟希烈稱帝。滔入趙境，

[二] 「滔」，底本作「蹈」，今據福建本、北大本、《舊唐書·德宗紀上》、《通鑑》卷二二九改。

大具犒享；入魏境，供承倍豐，使者迎候，相望於道。丁丑，滔至永濟，遣王郅見悦，約會館陶，偕渡河。悦以將士勒兵不聽出爲解，惟令右僕射孟希祐備步騎五千，以供芻牧之役。復遣司禮侍郎裴抗等謝。滔大怒，曰：「田悦逆賊，曏在重圍，命如絲髮，使我叛君棄兄，發兵晝夜赴之，幸而得存。許我以貝州，我辭不取；尊我爲天子，我辭不受。今乃負恩，誤我遠來，飾辭不出！」武俊又遣人謂滔曰：「悦有憾矣，須公南，斷歸路，宜少備。」滔聞益怒，入永濟，執悦吏掠訊，不得其情，殺之。即日，遣馬寔攻宗城、經城，楊榮國攻寇氏，皆拔之。又縱回紇掠館陶頓幄帟、器皿、車牛以去。悦閉城自守。壬午，滔遣抗等還，分兵置吏守平恩、永濟。丙戌，滔自引兵北圍貝州，引水環之。刺吏邢曹俊拒守。滔縱范陽及回紇兵大掠諸縣〔二〕，又拔武城，通德、棣二州，使給軍食。遣寔將步騎五千屯寇氏，以逼魏州。辛卯，武俊爲恒冀深節度使。二月，辛酉，兼幽州盧龍節度使。甲子，懷光反，帝復幸梁州。三月，壬申朔〔三〕，魏博兵馬使田緒殺悦，而抱真、武俊連兵將救貝州，聞亂，不敢進。滔喜曰：「悦負恩，天假手於緒也！」即

〔二〕「縱」，底本作「從」，今據《通鑑》卷二二九改。
〔三〕「申」，底本作「戌」，今據《通鑑》卷二三〇改。

遣執憲大夫鄭景濟等將步騎五千助寔，合兵萬二千，攻魏州。寔軍王莽河，縱騎及回紇四出剽掠。滔别遣人説緒，許以本道節度使。緒方危迫，遣隨軍使侯臧詣貝州送欵[二]。滔喜，遣臧還報，使亟定盟約。時緒部署城内定，抱真、武俊又遣使詣緒，許赴援，如悦存日約。緒乃召幕僚議，曾穆、盧南史曰：「用兵雖尚威武，亦本仁義。今幽陵恣行殺掠，白骨蔽野，雖先僕射背德，其民何罪！今雖盛强，其亡可跂而待也。況昭義、恒冀方相與攻之，奈何以目前之急，欲從人爲逆乎！」而勸歸朝。遣使奉表，詣行在，城守以俟命。四月，庚戌，詔緒爲魏博節度使。滔攻貝州百餘日，寔攻魏州踰四旬，皆不下。賈林復爲抱真説武俊曰：「滔志吞貝、魏，更值悦被害，魏人氣懾矣。儻旬日不救，必爲滔有矣，而張孝忠將北面之。滔連兵三道，益以回紇，進臨常山，明公欲保家族，得乎？昭義且退保西山，河朔盡入于滔矣。若乘魏、貝未下，與昭義合軍破之[三]，則聲振關中，而泚喪氣，不日梟夷，京邑可坐復。奉鑾輿反正，諸將不朽之業，孰有居明公右者哉！」武俊悦，從之，而内尤豫。抱真造其壁，約兄弟。武俊曰：「滔所恃者回紇耳，

[二]「臧」，底本作「藏」，今據福建本、《通鑑》卷二三〇改。
[三]「軍」，底本脱，今據《新唐書·藩鎮鎮冀傳·王武俊傳》補。

不足畏也。明日，願十兄按轡臨視，武俊決爲十兄破之。」乃連營而進。五月，乙亥，距貝州一舍而軍。滔聞兩軍將至，急召寔，寔晝夜兼行赴之。或謂滔曰：「武俊善野戰，不可當其鋒。宜徙營稍前逼之，使回紇絶粮道，我坐食德、棣餫〔一〕，依營而陳，利則進攻，否則入保，待其饑疲，可制也。」滔疑未決。會寔軍至，滔命明日出戰。寔言：「軍士冒暑困憊，請休息數日。」常侍楊布、將軍蔡雄引回紇達干見滔，達干曰：「回紇在國與隣戰，常以五百騎破數千，如掃葉耳。今受大王金帛、牛酒前後無算，思爲立效，此其時矣。明日，願大王駐馬高丘，觀回紇翦武俊騎，使匹馬不返。」布、雄曰：「大王英略蓋世，舉燕、薊全軍〔二〕，將掃河南，清關中。今見小敵冘豫不擊，殊失遠近望，將何以成霸業！達干請戰，是也。」術士尹少伯亦言必勝。滔喜，遂決意出戰。丙子旦，滔將迎戰。武俊戒士曰：「軍未飽食，毋妄動〔三〕。」遣兵馬使趙琳、趙萬敵將五百騎伏桑林，抱真列方陳於後，部將王虔休犄角待之。滔令寔及部將盧南史陣而西，李少成引回紇、

〔一〕「我」，底本作「裁」，今據福建本、《通鑑》卷二三一改。
〔二〕「薊」，底本作「鎮」，今據《通鑑》卷二三一改。
〔三〕按：「武俊戒士曰：軍未飽食，毋妄動」，今據《新唐書·藩鎮鎮冀傳·王武俊傳》，作「武俊戒士飽食，曰：軍未合，毋妄動」，《燕史》疑誤。

契丹翼之，挑戰。武俊使步兵決戰，與子士清引騎居前，望少成軍當之，抱真次。滔馳騎二百出武俊東南，乘高鼓譟震地，回紇恃捷，怒馬過其後。武俊命騎控以避其鋭，將返，乃縱擊而斷之。琳精騎三百横林中出，虜騎將引還，囂不能止，先奔潰。滔騎亦潰，自踐步陳，皆東奔趣營，失虜馬三百。武俊中流矢，謂抱真曰：「士少衰，盍以騎濟師，巢穴可覆也。」抱真使來希皓率勁騎薄滔營，盧玄真乘其後，滔懼，引衆去。希皓追之，武俊邀於隘，滔大敗，其出三萬人，纔餘八千入營堅守。會暮，昏霧，抱真軍其營西北，武俊軍東北。滔夜半焚宫如晝，師大譟殷地，潛引出南門，趣德州遁去，委所掠山積。兩軍以霧，不能追也。滔恨布、雄、少伯謬，遂殺而歸幽州。所降棣州刺史趙鎬，降武俊。滔心既内慚，又恐劉怦留守范陽，因敗圖己。怦悉發兵甲夾道二十餘里，具儀仗，迎入府，相對悲喜，時人多怦忠於所事。武俊還恒州，表讓幽州盧龍節度使，帝許之。五月〔二〕，戊戌，收復京城。六月，癸卯，泚等伏誅。其僞太子遂及壻金吾將軍馬悦，逃歸幽州。八月，滔自敗還，武俊屢攻之，殆不能軍，上表待罪。九月，詔：「滔累獻欵疏，

〔二〕按：「五月」，《燕史》上文已有，此處重出。

深效懇誠，省之惻然，良用悲嘆。宜委武俊、抱真開示大信，深加曉諭。若誠心益固[一]，善跡克彰，朕當掩釁録勳，與之昭雪。」然敗後氣沮索，邑邑被病，故事一委於怦。

貞元元年，六月，辛卯，滔死，年四十二。將士奉怦權知軍事，爲衆服也。七月，壬子，怦以前涿州刺史，兼御史中丞，授幽州大都督府長史，兼御史大夫、幽州盧龍節度副大使、知節度使、管内營田觀察、押奚契丹經略盧龍軍等使、彭城郡公，以長子莫州刺史濟兼御史中丞，充行軍司馬。濟初難産，侍者見一大蛇[二]，黑氣勃勃，莫不驚走。及長，頗異常童，所居室焚，人皆驚救，濟從容而出，衆異之。游學京師，第進士，歷州縣牧宰而居莫。八月，怦疾病，次子澭侍湯液，未嘗離。澭喜讀書，工武藝[三]，輕財愛士，得人死力。事滔，常陳逆順之理。九月，己亥，詔以濟權知節度府事，怦請也。庚申，怦卒，年五十九，贈兵部尚書，廢朝三日，賜布帛有差。澭以父遺命，召濟於莫州，而以軍府授之。軍人習河朔舊事，請代父爲帥。辛巳，以濟爲幽州長史，兼御史大夫，

[一]「益」，底本作「審」，今據《舊唐書・朱滔傳》改。
[二]「蛇」，底本作「蜿」，今據福建本、《舊唐書》卷一四三《劉濟傳》改。
[三]「工」，底本作「攻」，今據《舊唐書》卷一四三《劉澭傳》改。

爲節度等使[二]。濟德滩讓，以爲瀛州刺史，許代己。時李希烈侵寇，鎮兵動摇，雖輸忠款，未能盡朝廷倚賴意。帝密詔壽州刺史張建封，選特達識略士往喻。王屋山人温造，建封嘗咨謀之，而不敢縻以職事。奉命，乃强署節度參謀，使幽州。與語，極欵誠，未訖，濟俯伏流涕，曰：「濟僻在遐裔，不知天子神聖，大臣忠蓋。願得率先諸侯，效死節。」造還，建封以其名上聞。帝愛其才，召見，甚奇之，欲用爲諫官，以語泄事寢，歸隱。濟累遷檢校兵部尚書。

五年，遷左僕射。

八年，十一月，以其長子緄爲副大使。滩以負前言，怨之，通表朝廷，遣兵千人防秋。濟怒，發兵擊破之。

十年，二月，丙午，以滩爲秦州刺史、隴右經略軍使。滩爲濟所逼，請西扞隴坻[三]，遂將部兵千五百人、男女萬餘口直詣京師，號令嚴整，在道無一敢取雞犬者。帝嘉之，授是以理普潤。軍中不擊柝，不設音樂，士卒病者，滩親視之，死者哭之。

[二]「度」下，底本衍「使」字，今據《舊唐書·德宗紀上》删。
[三]「坻」，底本作「阺」，今據《通鑑》卷二三四改。

十一年，四月，丙寅，幽州奏破奚王啜刺等。時奚寇平州，濟擊走之，窮追至青都山，斬首二萬級，虜獲六萬餘衆。後又掠檀、薊北鄙，濟會室韋破之，東北晏然。

十六年，七月，濟弟源爲涿州刺史，不受教，奏貶莫州參軍，不受詔。濟帥師至涿，源拒戰，未合而潰，執歸幽州。上請令入覲，乃詔爲檢校工部尚書，兼左武衛將軍，徵之。是時朝廷優容藩鎮，兩河擅繼襲，尤驕蹇不奉法。惟濟最恭順，朝獻相繼。帝亦以恩禮接之，尋加同平章事。

順宗永貞元年，正月，帝即位，加檢校司徒。秘書少監楊於陵宣先帝遺詔於太原、幽州，節府獻遺無所納，拜華州刺史。十月，戊戌，山人羅令則伏誅。令則自長安如普潤，言異端數百言，矯稱太上皇誥，徵兵於潍，且說以廢立。潍命繫之，令則又曰：「某之黨多矣。公無囚我，約大行梓宮發時，伺便而動兵，無不濟。」潍械送至京師，并其黨杖殺之。

憲宗元和元年，四月，戊申，録潍功，賜其額曰保義軍節度使。六月，丁酉，加濟兼侍中。

二年，八月，濟與節度使成德王士真、義武張茂昭争私隙，迭相表請加罪。戊寅，以給事中房式爲三鎮宣慰使[二]，和解之。十一月，昭義節度使盧從史與士真、濟潛通，而外獻策，請圖山東。擅兵東出，敕還，久乃從命。十二月，濰卒。濰在州，蕃戎畏懼，不敢入寇。嘗慨然志復河湟，屢爲朝廷言，不見省，議者壯之。累封彭城郡公。及病，籍士馬求代，還，卒於道，年四十九。贈尚書右僕射，謚曰景，世多其爲信臣。

四年，十月，癸卯，詔神策中尉吐突承璀爲招討宣慰使[三]，帥諸道討成德節度使王承宗。十一月，彰義節度使吴少誠死，魏博節度使田季安聞之，將出兵逆王師。幽州牙將譚忠爲濟使魏，知其謀，沮之，乃止。忠歸，欲激濟討承宗，會濟召諸將議：「天子知我怨趙，必命我伐之。趙且大備，我伐與不伐，孰利？」忠疾言曰：「天子終不使伐趙，趙亦不備燕。」濟怒曰：「爾何不直言濟與承宗反乎！」命繫之。使視趙境，果不設備。後一日，詔果來，令濟：「專護北疆，勿使朕復挂胡憂，而得專心於承宗。」濟乃釋忠，謝而問曰：「信如子斷矣，何以知之？」忠曰：「盧從史外親燕，內實忌之；外絶趙，內實與之。此爲趙畫曰：燕以趙爲障，雖甚怨趙，必不殘之，不足虞也。一旦示趙不敢

〔二〕「中」，底本脱，今據《通鑑》卷二三七補。
〔三〕「承璀」，底本作「承瓘」，今據《舊唐書》卷一三四《宦官傳·吐突承璀傳》、《新唐書》卷二〇七《宦者傳上·吐突承璀傳》改；以下徑改，不注。

抗燕，二且使燕獲疑天子。趙既不備燕，潞人則走告於天子曰：『燕厚怨趙，趙見伐而不備燕，是燕反與趙也。』此所知天子終不使君伐趙，趙亦不備燕也。」濟曰：「計安出？」忠曰：「燕、趙爲怨，天下無不知。今天子伐趙，君坐全燕之甲，一人未濟易水，此正使潞人以燕賣恩於趙，敗忠于上，兩皆售也。是燕貯忠義心，卒染私趙之口，而卒不見德於趙，惡聲徒嘈嘈於天下耳。惟君熟思之！」濟曰：「吾知之矣。」乃下令：「五日畢出，後者醢以徇！」自將兵七萬討承宗。使緄假爲副使，領留務，次子總爲瀛州刺史，濟署爲行營都兵馬使。

五年，正月，諸軍皆未進，濟獨前奮擊，破之，拔饒陽、束鹿，生擒三百餘人，斬首千餘級，獻逆將於闕，優詔褒之。又爲四韻詩上獻，以表忠憤之志。將大軍次瀛州。五月，乙巳，奏拔安平。攻久不下，總以八千先登，日中拔之。濟前後大獻俘獲，賞功頗厚，仍與子孫六品官者凡四人。七月，丁未，赦承宗，録功，進兼中書令。在鎮二十餘年，雖輸忠欵，竟不入覲。又不友其二弟。有疾，總軍饒陽，陰賊險譎，潛伺其隙，與判官張玘、孔目官成國寶及帳內小將謀，使詐從京師來，曰：「朝廷以相公前屯瀛州，逗留不進，除副大使爲節度使矣。」明日，又使人曰：「副大使旌節至太原矣。」又使人走而呼曰：「旌節過代矣。」舉軍驚。濟憤怒，不知所爲，殺主兵大將數十人及素善緄者[二]，亟追緄詣行營，以玘兄涿州刺史臯代知留務，總之妻父也。濟朝至昃不食，渴，索飲酏漿。總使親吏唐弘實寘毒而進之。乙卯，濟卒，年五十四。緄至涿州，總矯父命杖殺之，乃發喪。帝爲輟朝三日，賻禮有加，贈太師，謚莊武。李益舉進士，與李賀齊名，以有癡疾不調官，而不得意，北遊河朔。濟嘗辟置幕府，進爲營田副使。嘗與濟詩，語怨望，有「不上望京樓」之句。帝雅知名，召還，爲秘書監、集賢殿學士。自負才地，凌籍士，衆多不堪。諫官暴其幽州詩句，降居散秩。朝廷不知總弑逆，因授爲節度使，封楚國公[三]。

十年，七月，甲戌，詔以「王承宗所部博野、樂壽兩縣本屬范陽，宜却隸劉總」。十二月，承宗縱兵四掠，幽、滄、定三鎮苦之，争上表請討，帝許之。

十一年，正月，己巳，總奏破成德兵，拔武强，斬首千餘級。癸未，制削承宗官爵，命幽州等六節度使討之。二月，己未，總破成德兵，斬首千餘級，昭義、魏博亦勝之。

[二] 「素」，底本作「索」，今據《舊唐書·劉總傳》、《新唐書·藩鎮盧龍傳·劉濟傳》、《通鑑》卷二三八改。
[三] 「楚」，底本作「燕」，今據《新唐書·藩鎮盧龍傳·劉總傳》改。

詔以内庫絹四萬疋賞幽、魏將士。三月，總圍樂壽。四月，乙卯，總奏破成德兵於深州，斬首二千五百級。十一月，丙寅，總以檢校司空同平章事。

十二年，五月，丙子，罷河北行營，各使還鎮。總既得武彊，引兵出境纔五里，留屯不進。朝士言宜專討淮西，從之，而總乃歸鎮。

十三年，四月，甲寅，承宗獻德、棣二州并質子，至京師。先是，總按軍持兩端，以利饋賫。及淮蔡、淄青平，承宗憂死，魏博田弘正入鎮州，總失黨援，懷懼，謀自安。又數見父兄爲祟，甚慘懼，乃于官署後衣食浮屠數百人，晝夜祈禳。每公退，憩祠場則暫安，若居卧内他室，輒恟惕不能寐〔一〕。晚年尤悸，請落髮爲僧，以祓除之。譚忠復説之曰：「天地之數，合必離，離必合。河北與天下離六十年，數窮必合。往泚、希烈自立，趙、冀、齊、魏稱王，馮陵弄兵〔二〕，低目相視〔三〕，可謂危矣，然卒于無事。元和以來，劉闢、李錡、田季安、盧從史、齊、蔡之强〔四〕，自以爲深根固蔕，天下莫能危也。然顧眄之

〔一〕「恟」，底本作「恼」，今據《舊唐書・劉總傳》改。
〔二〕「馮」，底本作「馬」，今據福建本改。
〔三〕「低」，底本作「抵」，今據《新唐書・藩鎮盧龍傳・劉總傳》改。
〔四〕「季」，底本作「李」，今據福建本、《新唐書・藩鎮盧龍傳・劉總傳》、《通鑑》卷二四〇改。

間，或首於都市，或身爲逐客，而家族覆滅，皆君自見。此非人力，殆天誅也。況今天子神聖威武，苦身焦思，縮衣節食，以養戰士，此志豈須臾忘天下哉！今國兵駸駸北來，趙已獻德、棣十二城，助魏破齊。惟燕無一日勞，後世得無事乎？竊爲君憂之。」總泣且謝曰：「聞先生言，吾心定矣。」遂專意事朝廷。

穆宗長慶元年，正月，己巳，以京兆司録温造爲太原、幽、鎮宣諭使。帝選可使幽州者，或薦造，帝召之曰：「朕在東宮時，聞總請覲。及我即位，比年上書不絶，约行期，即瘖默不報[二]。雖書使便蕃，未盡朕深意。卿其爲朕此行。」造對曰：「臣府縣走吏，不宜行，望輕事重，恐辱國命，無能諭旨。」帝曰：「卿識機知變，往喻我懷，無多讓。」造初入范陽，總具櫜鞬郊迎，乃宣帝命，開示禍福。總矍然俯伏流汗，若兵加於頸矣。總遂言：「自王承宗阻兵，先臣濟備陳征伐之策，請以身先之，屬被疾不克。臣願述先志，且欲盡更河朔舊風[三]。請分所屬爲三道：以幽、涿、營爲一道，除宣武節度使張弘靖爲節度使；平、薊、嬀、檀爲一道，除平盧節度使薛平爲節度使；瀛、莫爲一

[二]「默」，底本作「然」，今據福建本、《舊唐書》卷一六五《温造傳》改。
[三]「且」，底本作「竊」，今據《舊唐書·劉總傳》改。

道，除權知京兆尹盧士玫爲觀察使。」弘靖先在河東，以寬簡得衆，總與隣境，聞其風望。以燕人桀驁日久，故舉自代，安輯之。平，嵩之子，知河朔風俗，而盡誠於國，故舉之。士玫，山東人，以文儒進，端厚無競，爲吏部員外郎，善職，再遷尹京兆，總妻族親也。總又盡擇麾下難制素有異志者都知兵馬使朱滔孫克融等，送京師，乞加獎拔，使燕人慕羨禄位，而尊朝廷焉。二月，己卯，奏乞棄官爲僧。三月，丁酉朔，獻征馬萬五千疋。群臣或疑其詐，帝獨納之，而欲速得范陽。辛亥，命給事中韋弘慶充幽州宣慰使〔二〕，左拾遺狄兼謩副之。癸丑，以幽州盧龍軍節度副大使、知節度事、押奚契丹兩蕃經略等使、檢校司空、同中書門下平章事、楚國公劉總，可檢校司徒，兼侍中，充天平節度、鄆曹濮等州觀察等使；以宣武軍節度使、檢校右僕射、同平章事張弘靖，爲檢校司空、同平章事，兼幽州大都督府長史〔三〕，充幽州盧龍軍節度使。乙卯，以士玫爲瀛州刺史，充瀛莫等州都團練觀察使。帝方沖逸，宰相崔植、杜元穎素不知兵，無遠略，昧大體，謂兩河無虞，不復禍亂矣。苟欲重弘靖權，故惟分瀛、莫，從總請，析置之。其析

〔二〕「韋」，底本作「常」，今據福建本、《舊唐書·穆宗紀》改。
〔三〕「幽」，底本脱，今據北大本、《舊唐書·穆宗紀》補。

二節度者，皆付之於弘靖。丁巳，詔：「總已極上台，仍移重鎮，兄弟子姪，各授官榮，大將僚佐，亦宜超擢。幽州百姓給復一年，赦死罪以下，賜三軍賞設錢百萬緡。」帝謂宰相曰：「必用給事中薛存慶，可以宣諭朕意。」對延英一刻，遣之，使宣慰所部高年惸獨不能自存者，官吏就問，賜粟帛，與弘靖計會支給。總又請以私第爲佛寺，戊午，遣中使賜額曰「報恩」。幽州奏其堅請爲僧，賜以紫僧服，賜號「大覺」，及天平節鉞、侍中告身，惟擇。詔未至，總自髡，遂與譚忠俱行。將士懷其世惠，遮留之，不得進。總殺其唱帥者十餘人，夜以印節授留後皐，衣浮屠服遁去。及明，軍中始知之，皐奏總不知所在。癸亥，死於定州境。四月，丙寅朔，授總弟約及男礎等至長安者十一人〔二〕，内五爲刺史，餘朝班宿衛。庚午，易定奏總爲僧及死於當道事，帝輟朝五日，贈太尉，擇日備禮册命，賻絹布千五百段，米粟五百石。忠護喪至，亦卒。忠，絳人，喜兵，善謀事，蓋健男子云。甲午〔三〕，以弘靖入幽州，受朝賀。中書、門下奏燕、薊八州平，准禮，宜告陵廟，從之。五月，癸卯，幽州大將李參已下十八人，並爲刺史及諸衛將軍。壬戌，幽

〔二〕「礎」，底本作「楚」，今據《新唐書·藩鎮盧龍傳·劉總傳》改。
〔三〕「甲午」，底本作「四月」，今據《舊唐書·穆宗紀》改。

州宣慰使薛存慶卒於鎮州。克融等久羈旅京師，至假匄，衣食無措，日詣中書求自試，不之省。及除弘靖幽州，勒就驅使。克融輩觖望，皆憤怨[一]。弘靖入薊，老幼男女夾道觀之。河朔舊帥，均寒暑朝夕與士卒同，不安輿張蓋。弘靖素富貴，倨不知風土，肩輿於三軍中，人頗駭之。而莊默自專，旬一決事，賓客、將吏罕聞其言，情意不接。委成於參佐判官韋雍、張宗厚數輩，復少年，輕鋭酣肆，夜歸，燭火滿街，前後呵叱，居人尤駭。弘靖以安、史亂始幽州，于初政革其俗，發塚毁柩，衆滋失望。雍等詬責吏士，繩以法，輒目爲反虜，謂曰：「今天下無事，汝輩挽兩石力弓，不如識一丁字。」軍中以氣自任，深銜之。其賞設銀，弘靖留五之一充府雜費，而雍輩復裁刻糧賜，軍士不勝憤。七月，甲辰，雍出，逢小將馬衝前導，命曳下，街中杖之。薊軍未嘗更笞辱[二]，不服。雍以白弘靖，命軍虞候繫治之。是夕，連營譟亂，將校不能制，遂入府，掠貲賄婢妾，囚弘靖於薊門館，執殺雍[三]。其妻蕭與俱出，左右格之。雍臨刃，蕭呼曰：「我苟生無益，願今日死君前。」刑者斷其臂，蕭意象晏然，觀者哀歎，即夕死。及殺寮幕張宗元、崔仲

[一]「怨」，底本作「怒」，今據《新唐書·藩鎮盧龍傳·朱克融傳》改。
[二]「笞」，底本作「苦」，今據《新唐書》卷一二七《張弘靖傳》改。
[三]「執」，底本作「特」，今據《舊唐書》卷一二九《張弘靖傳》、《新唐書·張弘靖傳》改。

卿、鄭塤、都虞候劉操、押牙張抱元。明日，軍士稍稍自悔，悉詣館謝弘靖，請改心事之。凡三請，不應。衆曰：「不赦吾曹矣，軍中可一日無帥乎？」迎舊將朱洄奉之〔一〕，滔子也。甲寅，監軍奏軍亂，軍人取洄爲留後。洄有智謫，以疾廢卧家，自辭老病，推子克融，衆從之。帝慮防禦名不足抗兇逆，即除士玫檢校工部尚書，充瀛莫節度使。丁巳，貶弘靖爲賓客，分司東都。己未，再貶吉州刺史。庚申，以昭義節度使劉悟檢校司空，兼幽州大都督府長史，充幽州盧龍節度副大使，知節度事。詔相州刺史崔弘禮往幽州，副弘靖。未及行，軍亂，而改絳州刺史〔二〕。八月，癸巳，鎮州監軍奏軍亂，殺節度使田弘正，推牙將王庭湊爲留後。辛未，敕公卿大臣至中書議討幽、鎮，忠武節度使李遜請討，身先之。詔但以兵萬人會行營，即日發兵，先諸軍至。士玫節度瀛莫，罄家貲，助軍用，堅拒叛徒者。月餘，救不至，瀛莫將士家屬多在幽州，壬申，莫州都虞候張良佐潛引幽州兵入城，刺史吴暐爲逐，不知所在。丙子〔三〕，瀛州軍亂，執士玫及監軍僚佐，叛附幽州，送囚於客館。悟馳往幽州，瀛、莫屬克融，不得入。以其方彊，請且授節鉞，

〔一〕「洄」，底本作「泗」，今據福建本、北大本、《新唐書·藩鎮盧龍傳·朱克融傳》、《通鑑》卷二四二改。
〔二〕「而」，底本作「未」，今據福建本改。
〔三〕「子」，底本作「丁」，今據福建本、《新唐書·穆宗紀》、《通鑑》卷二四二改。

而徐圖之，詔悟還鎮。己丑，以河東節度使裴度充幽鎮兩道招撫使。癸巳，幽州兵從庭凑圍深州。九月，壬子，克融焚掠易州、淶水、遂城、滿城。十月，丁丑，遣兵寇蔚州。己卯，易州刺史柳公濟奏敗幽州三千兵於白石嶺，殺千餘人。辛卯，悟奏自將昭義兵次臨城。克融又轉寇定州。十一月，丙申，義武軍節度使陳楚敗之，破其二萬。十二月，丁丑，楚奏敗克融兵於望都及北平，斬獲萬餘人。乙酉，以克融檢校左散騎常侍，充幽州盧龍軍節度使，其拘囚弘靖、殺害府寮罪，一切釋宥。時師久無功，軍興不給，執政議鎮、幽均逆，而克融全弘靖不敢害，姑赦燕而專討趙。帝度幽未可復取，從之。故府判官張徹先累官范陽府監察御史，御史中丞牛僧孺奏以爲御史，府惜不敢留，遣之。而密奏：「臣始至孤怯，須彊佐乃濟。」發半道，有詔以還，仍迁殿中侍御史，加賜朱衣、銀魚。至數日，軍亂，怨其府從事，盡殺之，而相約：「張御史長者，毋侮辱轢蹙我事，勿殺。」置之帥所。居月餘，有詔使至，徹謂：「弘靖公無負此土，中使至，可因請見自辯〔二〕，幸得脱免歸。」即推門求出。衆駭：「張御史忠義，必爲其帥歸罪我人，遷之別館。」徹出户大罵：「汝何敢反！前日吴元濟斬東市，昨日李師道斬軍中，同惡者父母

〔二〕「自辯」，底本作「辨」，今據《通鑑》卷二四二胡三省注引韓愈《張徹墓誌》補改。

妻子肉餧狗鼠鴟鵶。汝何敢反！」且行且罵。衆畏惡不忍聞，且虞生變，乃擊之，罵不絕而死。衆皆曰：「義士！義士！」或收瘞之。薊有道士，獻丹藥於山南東道節度使柳公綽，試之驗，問所從來。曰：「鍊此丹於薊門。」公綽疾克融叛，遽謂之曰：「惜哉！此藥來於賊臣境乎！雖驗何益。」乃沈之江，而逐道士。戊子，義武奏破莫州清源等三柵，斬獲千餘人。

二年，正月，丁酉，幽州兵陷滄州弓高縣〔二〕。初，守備甚嚴，有中使夜至，守將不內，旦乃得入，中使大詬怒。賊諜知之，他日，僞爲中使，投夜至城下，守將遽內之，賊衆隨以陷。又同鎮兵圍下博。中書舍人白居易上言：「請開糧道，解深、邢重圍。」不省。二月，甲子，以弘靖爲撫州刺史。初貶吉州，尚拘幽州，克融受節，乃還。三月，丙午，加克融檢校工部尚書，以宣慰使韓愈書譙諭之，解深州圍而褒之也。五月，戊午，克融進馬萬匹，羊十萬口，而表先請直充犒賞。以增領瀛、莫二州，廢瀛莫節度使。

四年，正月，嗣帝即位。四月，葬張徹。事聞，帝壯之，贈給事中。其友侯雲長佐

〔二〕「弓」，底本作「兮」，今據《舊唐書·穆宗紀》、《通鑑》卷二四二改。

鄆使[二]，請於其帥馬僕射，爲之選軍中，得故與徹相知張泰、李元實者，使以幣請之范陽。范陽人義而歸之。以聞，詔所在給船轝傳歸其家，賜錢物以葬，韓愈爲墓誌銘。九月，戊午，加克融檢校司空。十二月，癸未，奚、契丹朝貢。

敬宗寶曆二年，三月，勑罷修東都。令度支員外郎盧貞先遣中使楊文端賜克融時服，詭爲殊惡，執勑使。又奏：「匄假將士春衣，乞給度支三十萬端匹[三]，不省，軍有變。且將遣工五千，助修宫闕。」帝患之，欲遣重臣宣慰，仍索春衣勑使。宰相裴度曰：「克融家本兇族，無禮已甚，殆將滅矣。譬豺虎山林間，自咆哮跳踉，而久當自困，必不敢離窟穴。今勿遣重使及索勑使，旬日，賜詔云：『聞中官稍失去就，反命，朕自處分之。春衣不謹，方詰有司。丁匠兵馬，速赴東都，已令載塗供擬矣。』此則真挫其姦，得詔必章惶失圖。若猶含容，則云：『營繕宫闕事，有司有緒，毋遣役爲遠勞。朝廷召發，乃有賜予，三軍春衣，朕何惜之。第諸道未嘗有此，安可以獨與范陽哉！』」帝悦，從其次，皆如度所料，而送文端歸。五月，庚辰，幽州軍亂，殺克融及子延齡，軍中立次子

[二]「鄆」，底本作「暉」，今據福建本、北大本改；「使」，底本脱，今據《五百家注昌黎文集》卷三四《故幽州節度判官贈給事中清河張君墓誌銘》補（臺灣影印清乾隆文淵閣《四庫全書》本）。

[三]「端匹」，底本二字互乙，今據《舊唐書》《裴度傳》、卷一八〇《朱克融傳》、《通鑑》卷二四三正。

延嗣主軍務。辛卯，贈克融司徒。李再義，范陽氏，自稱常山愍王承乾後。祖，檢校太子賓客兼侍御史凝。父，澶州刺史庭弼。再義爲王孫，性矜蕩，好豪俠遊，力挽强角觝。延嗣虐劉濟偉之，引補帳下，積多，遷牙前都知兵馬使、檢校光禄大夫，兼監察御史。延嗣用其人，再義因衆不忍，與弟牙内兵馬使再寧，九月〔一〕，戊寅，殺之，屠其家三百餘人，而再義權知留後，數延嗣罪以聞。十月，乙亥，帝深嘉再義，詔拜檢校户部尚書，兼御史大夫，封武威郡王，充幽州盧龍等軍節度副大使、知節度事，賜名載義。

史臣曰：「國家崇樹藩屏，保界山河，得其人則區宇以寧，失其授則干戈勃起。若懷仙之輩，習亂河朔，志深狡蠹，忠義之談，罔經耳目，以暴亂爲事業，以專殺爲雄豪，或父子兄弟，或將帥卒伍，迭相屠滅，以成風俗。斯乃王道寢微，教化不及。惜哉蒸民，陷彼虎吻！其間劉總，粗貯臣誠〔二〕，然而殺父兄以圖榮，落鬌髮而避禍〔三〕，未旋踵而暴卒他境，斯謂報應之驗與！」贊曰：「國法不綱，賊臣鴟張。雖曰父子，兇如虎狼。惡稔族滅，身屠地亡。蠢兹伏莽，汙我彝章。」

〔一〕「九月」，底本脱二字，今據《舊唐書·敬宗紀》、《新唐書》卷八《敬宗紀》、《通鑑》卷二四三補。
〔二〕「臣」，底本脱，今據福建本、北大本、《舊唐書》卷一四三卷末史臣曰補。
〔三〕「鬌」，底本作「鬒」，今據《舊唐書》卷一四三卷末史臣曰改。

郭造卿曰[一]：藩鎮可以常治乎哉？當革復之端，尤肯綮之難。幽燕六十餘年矣，劉總負重罪，始懼而懺悔，自剖三道請除，及遣麾下於朝，爲國家謀甚忠，此匡復之機也。趙、魏且既效從，天下一匡在兹矣。乃顧盻而亂生，實人謀之不臧。或咎不從總言，俾弘靖兼二道，及放克融從歸，而逞之復亂爾。夫羈旅假貸求官，克融非有遠志。弘靖居省出鎮，未嘗無令名，以名而用之，雖畀全鎮可也。當未下車，若問俗焉，則介夷狄之區，一丁不識其所短；承安、史之汙，四聖不軌其所忌矣。以若泰伯之東吴乎，則可端委而治焉；以若仲升之西域乎，則於大綱而總焉。以若負固之淮蔡乎[二]，愬納之於來歸，度撫之于既平，况兹夾道以觀化哉。宜聲色不動，使其吏民按堵。劉氏于國雖順，其家逆同安、史，天討之所未加，舊屬不免猶疑也。弗問安、史，彼則自寧，而諱短避忌，咸與維新焉。若以僭帝僞王雖易，劉三世遺孽尚在，當爲後患訾之[三]，則潛消默奪，因機以鼓其民。昔滔黨魏拒命[四]，燕

〔一〕按：《燕鎮記一》卷末「郭造卿曰」，郭應寵收入《海嶽山房别稿》卷五，今見本書下編燕史論二《唐至勝國》第四篇。
〔二〕「固」，底本作「困」，今據福建本、北大本、《别稿》卷五改。
〔三〕「訾」，底本作「怨」，今據《别稿》卷五改。
〔四〕「魏」，底本脱，今據福建本、北大本、《别稿》卷五補。

軍二百餘人不從，爲之僇。是皆義士也[二]，訪恤子孫，引爲驅使。滔子洄既老疾，克融困於失勢，或以事誅之，或仍送於朝，而不以反虜爲目，則燕人皆吾人矣。惜乎其不然，曷觀義武乎。廸簡爲之折節[三]，且身被其囚辱，幸即自討請罪，而俯順忍隱，五年以疾行，國體雖少存，亦褻矣。幽燕豈比中山，可輙目以反虜乎？其大失衆心在此。躬尤驕泰以戾之，矧糧賜之朘削，幕僚之縱肆哉。而以公綽尹京兆，所施神策小卒者施之於河朔，其何以行之[三]！及變而女婦爲掠，倘田布自死，晚矣[四]。彼徒窾語而復請，其能效廸簡之折節乎[五]？豈堪有靦擁空名，而受其再僇辱哉？第當其三請，姑宜從[六]。

〔二〕「皆」，底本作「背」，今據福建本、北大本、《别稿》卷五改。
〔三〕「折」，底本作「稍」，今據下文及《别稿》卷五改。
〔三〕「之」，底本脱，今據福建本、北大本、《别稿》卷五補。
〔四〕「晚」，底本作「脱」，今據《别稿》卷五改。
〔五〕「其」，底本脱，今據福建本、北大本、《别稿》卷五補。
〔六〕「從」，底本脱，今據福建本、《别稿》卷五補。

燕鎮記二[一]

稱范陽[二]。裴寬爲范陽使，懷珪爲衙前將[三]，授折衝將軍。生泚，至五載，生滔。及安、史亂，懷珪爲其管軍將。

代宗廣德元年，正月，甲申，賊將李懷仙歸順，拜幽州節度使。奏懷珪爲薊州刺史、平盧留後、柳城軍使。

大曆元年，懷珪卒。泚以父資從軍，幼壯偉，腰帶十圍，騎射武藝不出人，外寬和而實狠刻。滔變詐多端倪[四]，並爲懷仙部將，俄改泚經略副使。

三年，六月[五]，壬辰，幽州兵馬使朱希彩殺節度使李懷仙，泚、滔兵殺之也。十一月，丁亥，希彩自留後爲節度使，以泚、滔同宗而委任之。

〔一〕按：《燕鎮記二》，《燕史》卷首無篇題與「郭造卿曰」，且有脱文，應有闕佚。
〔二〕按：本段所記爲唐玄宗天寶年間事，「稱」上有脱文。
〔三〕「將」，底本作「對」，今據《舊唐書·朱泚傳》改。
〔四〕「變」，底本脱，今據《新唐書·藩鎮盧龍傳·朱滔傳》補。
〔五〕「三年六月」，底本作「二年」，今據《舊唐書·代宗紀》、《新唐書·代宗紀》、《通鑑》卷二二四改補。

七年，七月，希彩爲孔目官李懷瑗所殺〔二〕，由泚、滔之謀也。滔諷軍士立泚爲權知留後。十月，辛未，以爲檢校左散騎常侍，充幽州盧龍節度使、幽州刺史，尋兼御史大夫，語在《盧龍記》。泚奏蔡廷玉署幕府。廷玉與泚同里閈，少狎，嘗事禄山，未有聞。性沈略，善交，内外愛附。泚多所叩咨，數遣至京師。當時幽州兵彊財雄，士驕悍，日思吞并，不知禮法。廷玉間語泚曰：「古未有不臣而能推福及子孫者。公南聯趙、魏，北逼奚虜，兵多地險〔三〕，然非永安計，一日趙、魏反噬，公乃沸鼎魚耳。不如奉天子，剗多難，可勒勳鼎彝，而棄危就安矣。」泚善之。廷玉陰欲耗其力，則諷出金帛禮士。又勸歸貢賦，助天子經費，獻牛馬係道，儲廥爲單。

八年，八月，辛未，泚遣滔將精騎二千五百人赴朝，詣涇州防秋。多者四千人，淮南、浙西、魏博〔三〕；次三千人，成德、山南東道、湖南、宣歙、劍南西川〔四〕；次二千人，昭義、荆南、山南西道、劍南東川；次一千五百人〔五〕，鄂岳、福建；而淮西、幽州

〔二〕「懷」，底本脱，今據福建本、北大本、《新唐書·代宗紀》、《通鑑》卷二二四補。
〔三〕「險」，底本作「儉」，今據《新唐書·忠義傳下·蔡廷玉傳》改。
〔三〕按：浙西防秋兵四千人，今據《舊唐書·代宗紀》，浙西防秋兵爲三千人，《燕史》疑誤。
〔四〕「川」，底本作「門」，今據福建本、北大本、《舊唐書·代宗紀》改。
〔五〕「一千」，底本脱二字，今據《舊唐書·代宗紀》補。

不與焉。若六年秋〔一〕，淮西節度使李忠臣將二千屯奉天防秋，史特書之矣。自安、史叛，山南、幽州兵未嘗爲用，外雖示順，實倔强不庭。泚首效節，爲諸郡倡，帝大喜，命千騎迓滔於國門，許勒兵東入長安通化門，西出開遠門，出師赴涇州行營。凡外兵未有還皇城者〔二〕，獨許以示優異也。仍召對於三殿，臨軒勞問，曰：「卿材孰與泚多？」滔曰：「統御士衆〔三〕，方略明辨，臣不及泚。臣年二十八，獲謁龍顏，泚長臣五歲，未入鳳闕，泚不及臣。」帝愈喜，置酒開遠門餞之。戍還，乃謀奪泚兵。廷玉先勸泚入朝，泚將聽，諸校怒，縛而辱之，無撓辭。泚不忍殺，囚歲餘出之，謂：「而亦悔乎？」曰：「導公爲逆即悔，勉以義，何悔爲！」復縶滿歲，問曰：「能省過否？不爾，且死。」對曰：「不殺我，公得名；殺我，吾得名。」泚不能屈，待如初。朱體微亦泚腹心，於廷玉有建白，輒左右之，故泚愈信焉，滔桀傲稍革。廷玉遂蔵朝事。泚乃奏涿州爲永泰軍，薊州靜塞軍，瀛州清夷軍，莫州唐興軍，置團練使，以支郡隸屬，盧龍軍稍削。滔詭說曰：「天下諸侯未有朝者，先至，得天子意，而子孫安矣。」泚信而將入朝。九月，

〔一〕「六年」，底本脱二字，今據《通鑑》卷二二四補。
〔二〕「未有」，底本二字互乙，今據《舊唐書·朱滔傳》正。
〔三〕「士」，底本作「示」，今據福建本、北大本、《舊唐書·朱滔傳》、《新唐書·藩鎮盧龍傳·朱滔傳》改。

戊子，詔泚加檢校户部尚書，封懷寧郡王〔一〕，實封二百户〔二〕，手詔褒美。鄭雲逵，滎陽人。大曆初，舉進士，性果誕敢言，客游兩河，以畫干於泚〔三〕。泚悦，表爲節度掌書記、檢校祠部員外郎〔四〕，以滔女妻之。

九年，六月，泚復遣滔及鄭雲逵奉表將入朝，自將步騎五千防秋，帝許之。天寶自幽州首亂，懷仙以來鮮有朝謁。泚兄弟相繼入覲，詔築大第以待泚。以軍屬滔，廷玉、體微共白：「公入朝爲功臣首，後務至重，須付誠信者，不可以屬滔。」七月，泚以范陽甲士自隨，體微隨行。至蔚州，泚疾，或勸還，俟間而即行，泚曰：「輿尸猶往。」將吏乃不敢言。九月，庚子，以偶日至京師，士民觀者如堵。非觭日不視朝，特召見，御内殿。是夜，太白入南斗。辛丑，宴泚及將士於延英殿，賜御馬二、戰馬十、金銀錦綵甚厚，又以器物十牀、馬四十四、絹二萬疋、衣千七百襲賜將士，宴賚隆渥，近時未有。甲辰，命同節度使郭子儀、李抱玉、馬璘分統諸道防秋兵，河陽、永平，子儀主之；決

〔一〕按：「九月，戊子，詔泚加檢校户部尚書，封懷寧郡王」，今據《舊唐書·代宗紀》，此事在「二月，丁卯」，《燕史》疑誤。
〔二〕「二」，底本作「三」，今據《新唐書·逆臣傳中·朱泚傳》改。
〔三〕「干」，底本脱，今據《舊唐書·鄭雲逵傳》補。
〔四〕「檢校」，底本二字互乙，今據福建本、北大本、《舊唐書·鄭雲逵傳》正。

勝、楊猷，抱玉主之；淮西、鳳翔，璘主之；泚仍盧龍節度，主汴宋、淄青兵。

十年，正月，乙巳，表請留闕下，以弟滔知幽州盧龍留後。九月，戊午，命出鎮奉天行營，賜金銀繒綵及内庫弓箭以寵之，吐蕃寇涇州也。

十一年，八月，丙寅，加同中書門下平章事，出屯奉天行營，復賜金銀綵繒并内庫弓箭以寵之。

十二年，八月，癸卯，與同平章事常衮請停賜饌〔一〕，許之。十二月，丙戌，自涇州還闕，加檢校司空。庚子，以幽州節度使兼隴右節度副大使，仍權知河西澤潞行營兵馬事。

十三年，六月，戊戌，泚以隴州汧源軍士趙貴家得貓鼠同乳，籠而獻之，以表瑞。常衮率百官稱賀，中書舍人崔祐甫獨曰：「可弔不可賀。物反常爲妖。臣聞《禮》〔二〕：『迎猫〔三〕，爲其食田鼠。』爲人去害，雖細必録，則捕鼠乃其職也。今受畜於人，不能食鼠而同乳，妖耳，何賀爲！宜戒法吏不察姦、邊吏不禦寇者，則猫能致功，鼠不爲害

〔一〕「衮」，底本作「襲」，今據《舊唐書·代宗紀》、《通鑑》卷二二五改。

〔二〕「禮」，底本脱，今據福建本、北大本、《舊唐書》卷三七《五行志》、卷一一九《崔祐甫傳》、《新唐書》卷一四二《崔祐甫傳》補。

〔三〕「迎」，底本作「逆」，今據福建本、《舊唐書·五行志》、《崔祐甫傳》、《新唐書·崔祐甫傳》改。

矣。又按禮部式具列三瑞，無猫不捕鼠之目，以兹稱慶，臣所未詳。」帝深嘉之。九月，庚午，詔吐蕃逼涇州，泚同子儀及涇原節度使段秀實共却之。尋徙封泚遂寧郡王。

十四年，三月，丁未，李忠臣爲左廂都虞候李希烈逐，奔京師。帝以其常有功，使以檢校司空、同平章事留奉朝請，以希烈爲留後。皆燕遼西人，希烈語在其記。五月，癸亥，嗣帝即位。常衮與崔祐甫論喪禮不合，衆請貶祐甫。郭子儀、泚雖以軍功爲宰相，皆不預朝政，衮獨居政事堂，如故事，代署名貶祐甫。子儀、泚表其非罪，帝問：「卿向言可貶，今云非罪[一]，何也？」對：「初不知。」帝以衮爲欺罔。閏月，甲辰，貶衮而相祐甫。六月，庚戌，以泚爲鳳翔尹，進封三百户。帝爲太子時，知蔡廷玉名，召見而禮眷殊隆，詔以檢校大理少卿爲司馬，朱體微爲要籍。鄭雲逵以事忤泚，二人亦惡之，奏貶莫州參軍。滔仍請爲判官。十月[二]，丁酉朔，吐蕃、南詔合入寇，聲取蜀。宰相楊炎請發泚所領范陽兵數千人，雜禁兵往擊。遂發禁兵四千人，使右神策都將李晟將之，及邠、隴、范陽兵，追破於七盤。

〔一〕「今」，底本作「之」，今據《舊唐書·崔祐甫傳》、《新唐書·崔祐甫傳》、《通鑑》卷二二五改。
〔二〕「月」，底本作「年」，今據《舊唐書·德宗紀上》、《新唐書·德宗紀》、《通鑑》卷二二五改。

德宗建中元年，二月[一]，楊炎議城原州，以復秦、原。帝遣中使問段秀實，對以爲不可。炎怒，徵爲司農卿[二]。戒其家曰：「若過岐，泚必致贈遺，慎毋納。」果致大綾三百[三]，家人拒之，致於都，秀實怒曰：「吾終不可以污吾第。」以置司農堂梁間[四]。丁未，令邠寧節度使李懷光兼涇原節度使，居前督作，泚與朔方節度使崔寧爲後繼。懷光素暴，涇士聞之懼，別駕劉文喜因亂請留秀實，不則屬泚。癸亥，詔泚代懷光兼使，文喜又不受，欲自邀旌節。四月，乙未，據州叛，遣子質吐蕃求援。詔泚、懷光討之。五月，圍之於涇州，杜出入，閉壁不與戰，久之不拔。文喜使裨將劉海賓入陳事，海賓潛請假節而斬其首。帝不予，詔攻之如初，爲減太官脯醢給軍。文喜猶壁閉，以待吐蕃。師至，泚、懷光欲避之，別將韓遊瓌曰[五]：「戎若來，涇人必變，誰肯爲反賊没身於虜者[六]，少須之。」俄吐蕃游騎升高招涇人，衆曰：「始吾屬爲文喜求節度，天子致討則歸罪，安能

[一]「二月」，底本脱二字，今據福建本、《舊唐書·德宗紀上》、《通鑑》卷二二六補。
[二]「農」，底本作「馬」，今據福建本、《舊唐書》卷一二八《段秀實傳》、《新唐書》卷一五三《段秀實傳》改。
[三]「三」，底本脱，今據《新唐書·段秀實傳》補。
[四]「置」，底本作「致」，今據福建本、《新唐書·段秀實傳》改。
[五]「瓌」，底本脱，今據《新唐書·逆臣傳中·朱泚傳》補。
[六]「反賊」，底本二字互乙，今據《新唐書·逆臣傳中·朱泚傳》正。

以赭巘面爲異俗乎！」庚寅，海賓殺文喜，傳首入泚軍。泚一無所戮，涇人德之，而原州竟罷役。六月，辛丑，築奉天城。博士待詔桑道茂言：「陛下不出數年，暫有離宮之厄。臣望奉天有天子氣，宜亟高大其城以備非常。」俄齎一縑見李晟，再拜曰：「公貴盛無比，然我命在公手，能見赦否？」晟大驚，不領其言。道茂出懷中書[一]，署姓名於左，曰：「爲賊逼脅。」固請。晟笑曰：「欲我何語？」曰：「第言准狀赦之。」晟勉從。已以縑易晟衫[二]，請題衿膺曰：「它日爲信。」再拜而去。七月，己丑，賜忠州刺史劉晏死，天下寃之。荆南節度使庾準希炎指，誣奏晏與泚書，求營救[三]，辭怨望及補兵[四]，欲拒朝命也。八月，甲午，進泚兼中書令，贈曾祖禮部尚書，祖太子太師，父左僕射，加泚太尉、盧龍隴右節度如故，還屯鳳翔。以舒王謨爲四鎮北庭行軍、涇原節度大使，以涇州牙前兵馬使姚令言爲留後。忠臣嘗因奏對，帝謂之曰：「卿耳甚大，真貴人也。」對曰：「臣聞驢耳甚大，龍耳甚小。臣耳雖大，乃驢耳耳。」帝悦之。雖木强，不喜儒生。

[一]「茂」，底本脱，今據《新唐書》卷二〇四《方技傳·桑道茂傳》補。
[二]「以」，底本脱，今據福建本、北大本、《新唐書·方技傳·桑道茂傳》補。
[三]「救」，底本脱，今據《通鑑》卷二二六補。
[四]「辭」，底本作「解」，今據《通鑑》卷二二六改；「補」，底本作「捕」，今據福建本、《通鑑》卷二二六改。

是年，學士張涉，帝春宮時侍講也，以受前湖南觀察使辛京杲金，帝怒，欲寘法。忠臣奏曰：「陛下貴爲天子，而先生以乏財犯法，以臣愚觀之，非先生過也。」帝意解，但免歸田里。京杲嘗以私忿杖殺部曲，有司劾當抵死，帝將從之。忠臣曰：「京杲當死久矣！」問故，對曰：「其諸父兄弟皆戰死，獨京杲從行尚存，是以知之。」帝亦憫然，左遷王傅而已。忠臣乘機救濟，多此類。

三年，四月，壬戌，賜滔爵通義郡王。滔連成德叛，而魏博未下，力未能制，冀以安之，滔反謀益甚。甲子，貶蔡廷玉爲柳州司户，朱體微萬州南浦尉。滔憾二人，數書請泚殺之，不從，而兄弟以隙。及拒命，帝歸罪二人以慰之。左巡使、殿中侍御史鄭詹誤遞符至昭應送之〔一〕，至藍田，召還而東。二人疑爲執之送滔，至靈寶西，赴河死。帝聞之，駭異，歸其柩，厚賻之。宰相盧杞常與御史大夫嚴郢共構楊炎，炎死，復忌郢，因奏：「二人死，泚必疑爲詔旨，請三司按詹，以罪其大夫。」太子詹事邵説善郢，勸泚抗疏申寃。會滔合魏博叛，遣使以蠟書約泚。河東節度使馬燧獲之於招討行營，並使送長

〔一〕「昭」，底本作「時」，今據《通鑑》卷二二七改。

安，泚不知。帝驛召之，而以幽州兵在鳳翔，思得重臣以代[一]。中書侍郎、同平章事張鎰忠直[二]，帝所重，杞欲專朝政，忌之，對曰：「泚名位素崇，鳳翔將校班秩已高，非宰相信臣無以鎮撫之，臣宜行。」帝俛首未言。杞曰：「陛下必以臣貌寢，不爲三軍所服，恐生後變，臣不敢自謀。固惟聖明所裁。」帝顧鎰曰：「才兼文武，望重内外，無以易卿矣。其爲朕撫盧龍士。」鎰知爲杞所排，無辭以免，再拜受命。戊寅，以兼鳳翔尹、隴右節度使代泚。泚至，示以蠟書并使，惶恐頓首請罪。帝曰：「千里不同謀，卿何謝爲！」留長安私第，賜實封五百户，賓氏名園、涇水上腴田及錦綵金銀器甚厚，以安之。其幽州盧龍節度、太尉、中書令並如故，不朝請。京兆户曹參軍姜公輔諫曰：「陛下若不能坦懷待泚，不如誅之，無自養虎貽害。」不從。壬午，郢獄成，貶爲費州長史，杖殺詹。五月，貶説爲歸州刺史，以其爲泚草奏救郢也。後與郢咸卒於貶所。七月，壬辰，殿中丞李雲端以謀反誅。歲旱，京師括率商户供軍，人心摇。鳳翔留鎮幽州兵多離散[三]，入南

〔一〕「代」，底本作「待」，今據《通鑑》卷二二七改。
〔二〕「鎰」，底本作「鑑」，今據《舊唐書》卷一二五《張鎰傳》、《新唐書》卷一五二《張鎰傳》、《通鑑》卷二二七改；以下徑改，不注。
〔三〕「多」，底本作「雖」，今據《舊唐書》卷一三四《馬燧傳附馬暢傳》改。

山爲盜。馬燧子鴻臚少卿暢留京師，與雲端善，因會飲，言時事將危，乃遣家人温靖與父書於行營，具陳利害，可班師還鎮。燧怒，執靖奏狀，令兄左散騎常侍炫執暢請罪。帝以燧方招討，不竟其事，誅雲端等十一人，敕炫就第，賜杖三十。癸巳，罷括率商錢。十一月，己卯朔，盧龍、魏博、成德、平盧四鎮稱王。十二月，丁丑，淮寧叛，節度使李希烈自稱天下都元帥、太尉、建興王[一]，滔等勸進。

四年，七月，壬辰，忠臣同平章事盧杞、關播盟吐蕃區頰贊於京師。十月，丙午，涇原節度使姚令言將兵五千至京師[二]，往征希烈，以解襄城之圍也。軍士皆泚舊部曲，冒雨，寒甚，多攜子弟來，冀得厚賜遺家，至，無賜。丁未，至滻水，詔京兆尹王翃犒師，肉敗而糲食菜餤。衆怒蹴之，揚言曰：「吾輩將死敵，食且不一飽，安能以草命而拒白刃邪！國家瓊林、大盈二庫，金帛盈溢，何爲？不如相與取之。」乃擐甲反旗鼓譟，趣京城。令言入辭，尚在禁中，聞之，馳至長樂阪，遇而引滿向。令言抱馬鬣突入亂兵，呼曰：「諸君東征立功，何患不富貴，乃爲族滅計乎！」軍士以兵擁而西。帝遽命賜帛，

[一]「建」，底本作「進」，今據《舊唐書·德宗紀上》、《通鑑》卷二二七改。

[二]「十月，丙午，涇原節度使姚令言將兵五千至京師」，底本脱十九字，今據福建本、《通鑑》卷二二八補。

人二匹，衆益怒，射中使。又命中使宣慰，出通化門，賊殺之。又命賜金帛二十車，賊入城，囂不可遏矣。百姓狼狽駭走[一]，賊大呼告之曰：「汝曹勿恐，不奪汝商貨僦質矣[二]，不稅汝間架陌錢矣！」帝遣普王誼、翰林学士姜公輔出慰諭，賊陳丹鳳門，小民聚觀者萬計。初，神策軍使白志貞掌招募禁兵，東征死亡者皆隱不以聞，但受市井富兒賂而補之，名在軍籍受給賜而居肆，入傭於軍使。段秀實疏言：「自萬乘而千百，此大制小，十制一，尊君卑臣，强幹弱支之義也。今外有不庭之虜，内有梗命之臣。竊觀禁兵不精，其數全少，卒有患難，將何待之！猛虎以爪牙爲百獸畏，去之，則犬彘能爲敵矣。」至是，招神策六軍[三]，無一至。賊斬關而入，帝與王貴妃、韋淑妃、太子、諸王、唐安公主自苑北門出，王貴妃衣中繫傳國寶以從，使普王前驅，太子執兵殿，後宫諸王、公主不及從者什七八。宦官竇文場、霍仙鳴帥屬左右僅百人從。郭子儀子司農卿曙以部曲數十人獵苑中，聞蹕，謁道左，遂以衆從。右龍武軍使令狐建方教射軍中，聞，帥四

[一]「狼」，底本脱，今據福建本、北大本、《通鑑》卷二二八補。
[二]「貨」，底本作「賈」，今據福建本、《通鑑》卷二二八改。
[三]「策」，底本脱，今據福建本、北大本、《舊唐書·段秀實傳》、《新唐書·段秀實傳》補。

百人至[一]，使殿。公輔叩馬言曰：「朱泚常爲涇帥，得士心，坐弟滔故廢處京師，居常怏怏。若賊奉爲主，則難制之。請馳騎捕取以從。」帝蒼黄曰：「無及矣！」夜至咸陽，飯數匕而過。時變出非意，群臣皆不知乘輿所之。盧杞、關播、李竦踰中書垣而出，志貞、翃及御史大夫于頎[二]、中丞劉從一、户部侍郎趙贊、翰林學士陸贄、吴通微等追及於咸陽。左金吾將軍、中軍都虞候渾瑊以數十騎自夾城入北内，哀兵欲擊賊，乘輿出矣。令言陣五門，衛兵不出，賊入登含元殿，大呼曰：「天子既出矣，宜人自求富。」遂譟入宜春苑，輦運府庫，小民因之，通夕不已。道路更剽掠[三]，諸坊相帥自保。賊屯于白華門，令言與謀：「今衆無主，不能久。舊帥朱太尉方囚錮，久失權，思亂，若迎之，事濟矣。」乃遣數百騎迎於晉昌里第[四]。泚僞讓不答，留飲使者，觀衆心。暮，數百騎復往，乃按轡列炬，觀者萬計，傳呼入宫，居前殿，設警嚴。戊申旦，徙居白華殿，牓稱：「涇原將士久處邊陲，不習朝章，輙入宫闕，致驚乘輿西幸。太尉已權知六軍，應神策等

[一]「人」，底本脱，今據福建本、《通鑑》卷二二八補。
[二]「頎」，底本作「頎」，今據福建本、北大本、《通鑑》卷二二八改。
[三]「剽」，底本作「摽」，今據《新唐書·逆臣傳中·朱泚傳》改；以下徑改，不注。
[四]「遺」，底本脱，今據《通鑑》卷二二八補。

軍士及百官，凡三日悉詣行在，留者詣本司，稽彼此無名，誅。」於是百官出見，或勸迎乘輿。泚顧望愕然，衆遁去。光禄卿源休以才能稱，使回紇還，爲杞阻，賞薄，怨望。屏人密語，陳成敗，引符命，勸之僭逆[二]。泚喜，未決。宿衛舉白幡降者，列闕前甚衆。泚夜於苑門出兵，旦自通化門入，絡繹，張弓露刃以威衆。帝自咸陽欲往鳳翔，公輔曰：「鎰雖信臣，文吏也，所領皆泚部曲、漁陽突騎。涇軍既變，倚之非萬全計。」帝亦思桑道茂言，是日遲曉，幸奉天。縣令杜正元上府計事，聞大駕猝至，官吏惶恐，欲逃匿山谷。主簿蘇弁諭之曰：「君上避狄，臣下當伏難死節。肅宗幸靈武，至新平、安平，二太守潛遁，帝命斬以徇。諸君知其事乎！」衆心乃安，而迎扈無闕，就加試弁爲大理司直[三]。文武臣稍稍繼至。太子賓客朱士明屯普潤，以麾下四十騎赴。成德李惟簡，節度使惟岳弟也。以惟岳拒命，自將家僮票士百餘奉母鄭奔京師，拘於客省。將赴難，謀於母，鄭曰：「爾父立功河朔，位宰相，身未至京師，兄死於人手。爾入朝，未識天子，不能效忠，吾不子汝矣。」督其行曰：「爾能死王事，而吾不朽矣。」乃斬關出，更七戰，

[二]「僭」，底本脱，今據《通鑑》卷二二八補；「逆」，底本作「送」，今據福建本、北大本、《通鑑》卷二二八改。
[三]「直」，底本脱，今據《舊唐書》卷一八九下《儒學傳下·蘇弁傳》補。

得及行在。帝見，厚撫之，拜太子諭德。己酉，瑊以子弟家屬至，素有威望，衆心因之稍安。汴滑兵馬使賈隱林，嘗從瑊討賊有功，入衛，率衆扈行在。帝偉其貌，問家世，答曰：「故范陽節度副使循，臣從父也。」帝異之，引至卧内，以手版畫地陳攻守計，因奏：「臣嘗夢日墜，以首承之。」帝曰：「非朕耶？」因令糾察行在，遷檢校右散騎常侍，封武威郡王。庚戌，休勸泚禁城門，毋得出，朝士往往易服爲傭僕，潛出城門。郎路泌以孝弟聞，棄妻子奔行在。休又誘文武士，若忠臣以前功久失兵柄；太僕卿張光晟以節義稱，自負才，不得志；黜陟使洪經綸以激魏博變，罷職家居：泚悉起而用之。凡衣冠竄者，多所誘致。工部侍郎蔣鎮，父尚書左丞洌，叔父涣，並授安、史僞職。然其家風修整，爲士大夫稱。鎮與兄錬並以文學進，且以教義禮法爲己任〔一〕，而鎮有簡儉稱〔二〕，泚素慕之，妹妻休弟，故遂交好。初亂，錬從休。鎮竄鄠縣西，馬躓，墜溝傷足。僕逃歸，投錬以告。錬與休喜，言之泚，令二百騎求之。明日，擁至。都官員外郎彭偃以文學鋭進，爲時論抑，不得志。泚素知之，從駕不及，匿田家〔三〕，得之，喜。及太常少

〔一〕「教」，底本作「節」，今據《舊唐書》卷一二七《蔣鎮傳》改。
〔二〕「儉」，底本作「檢」，今據福建本、《舊唐書·蔣鎮傳》改。
〔三〕「田」，底本作「回」，今據《舊唐書》卷一二七《彭偃傳》改。

卿敬釭[二]，以勇略皆爲時重，而皆爲泚用。鳳翔將張廷芝、涇將段誠諫將薊、隴卒三千救襄城，未出潼關，謀應泚。東討前鋒陳利貞麾下將從之，夜半難作，利貞拔劍當軍門，大謼曰：「欲過門者，先殺我！」衆畏其勇，乃止。而廷芝、誠諫殺隴右兵馬使戴蘭，潰歸泚。泚自謂得衆歸，謀益堅。以休爲京兆尹、判度支，忠臣爲皇城使，百司供億，六軍宿衛，咸擬乘輿[三]。而使劉忠孝出潼關，召還幽、隴卒。至華陰，候吏李翼不敢問[三]。尉李夷簡曰：「泚必反[四]。此兵救襄城，乃賊舊部，是將返還助逆耳。帝越在孤城，召天下兵未至，可使兇狡復西乎？請驗之。」翼馳及潼關[五]，果得召符，白於關將鎮國軍副使駱元光，斬以徇，其兵不得入，由是華州獨完。駱元光，即李元諒也。安息人，本安氏[六]，爲宦官駱奉先養息，而冒姓。居軍十年，士心憚服。至是，收僞符，獻行在，

[二]「釭」，底本作「缸」，今據《通鑑》卷二二八改；以下徑改，不注。
[三]「擬」，底本作「疑」，今據《通鑑》卷二二八改。
[三]「吏」，底本作「使」，今據《新唐書》卷一三一《李夷簡傳》改。
[四]「必」，底本作「乃」，今據《新唐書·李夷簡傳》改。
[五]「潼」，底本脱，今據《新唐書·李夷簡傳》補。
[六]「本安」，底本作「李李」，今據福建本、《新唐書》卷一五六《李元諒傳》改。

轉官。夷簡不言，棄官去。長安尉韋綬，變服乘驢而至行在〔一〕，即除華陰令。辛亥，瑊爲京畿渭北節度使、行在都虞候，志貞爲都知兵馬使，建爲中軍鼓角使〔二〕，神策都虞候侯仲莊爲左衛將軍，兼奉天防城使〔三〕。侯仲莊本光弼麾下，又從子儀爲心腹，封上谷王，爲金吾左衛將軍，兼奉天防城使，修壘堞，晝夜執戈徼巡。泚不知段秀實置其饋于堂梁間，以其久失兵柄〔四〕，爲司農卿，必怏怏，遣數十騎召之。閉門拒，騎士踰垣入，劫以兵。自度不免，乃訣子弟曰：「國家有患，吾於何避之，當以死徇社稷。汝曹宜自求生。」乃往見。泚喜曰：「段公來，吾事濟矣。」延坐問計，秀實曰：「將士東征，犒賜不豐，過在有司，主上曷知。公本以忠義聞天下，今涇軍遽披猖，使乘輿播越，而待命于公。宜諭以禍福，使奉迎贖辜，此莫大之功也。」泚默然，而以其皆被廢，仍委以謀。秀實往來，密與所厚左驍衛將軍劉海賓、涇原都虞候何明禮、孔目官岐靈岳圖之。初，有言亂兵立泚，且來攻城，宜備守具。杞切齒言：「泚忠貞，群臣莫及，奈何以亂言而傷大臣心乎。」

〔一〕「乘」，底本作「棄」，今據《舊唐書》卷一六二《韋綬傳》改。
〔二〕「志貞爲都知兵馬使，建爲中軍鼓角使」，底本脱十五字，今據福建本、北大本、《舊唐書·德宗紀上》、《通鑑》卷二二八補。
〔三〕「神策都虞候侯仲莊爲左衛將軍，兼奉天防城使」，底本脱十九字，今據《通鑑》卷二二八補。
〔四〕「柄」，底本作「農」，今據福建本、《通鑑》卷二二八改。

臣請百口保之。」帝亦以爲然。又聞群臣勸泚奉迎[一]，乃詔近道所徵援兵至，皆營三十里外。公輔諫曰：「王者不嚴羽衛，何以重威靈。今宿衛單寡，防慮不可不深。若泚竭忠奉迎，何憚於兵多；如其不然，有備無患。」帝乃悉召援兵入。杞及志貞言：「臣觀泚心迹，必不至爲逆[二]，願擇大臣宣慰以察之。」帝問從臣，皆憚行。金吾將軍吴溆[三]，章敬皇后弟也，請行，帝悦。溆退而告人曰：「食禄而違難，何以爲臣！吾幸托肺腑，非不知必死，且無益於國事。但舉朝無蹈難臣，使聖情慊慊耳！」遂奉詔詣泚。泚陽受命，館於客省。檢校太常卿柳晟，和政公主子也。與泚左右將軍光晟、郭常皆雅故，請入京説賊黨貳之。奉密詔，陳順逆，常即奉約自拔歸。要籍朱既昌洩之，及常繫外獄。泚遣涇原兵馬使韓旻將鋭兵三千，聲言迎大駕，疾馳而襲之。秀實以奉天守備單弱，謂靈岳曰：「事急矣！」使詐爲令言符，令旻且還，當與大軍俱發。竊令言印未至，倒用司農印，募急走追之。旻至駱驛，得符還。秀實謂同謀曰：「旻來，吾屬無類矣！我當直搏

[一]「群」，底本作「功」，今據《新唐書》卷一五二《姜公輔傳》、《通鑑》卷二二八改。
[二]「至」，底本作「自」，今據《新唐書·姜公輔傳》、《通鑑》卷二二八改。
[三]「溆」，底本作「淑」，今據《舊唐書》卷一八三《外戚傳·吴溆傳》、《新唐書·忠義傳下·吴溆傳》、《通鑑》卷二二八改；以下徑改，不注。

泚，殺之，不克則死，終不能爲之臣！」乃令海賓、明禮陰結軍中士，應於外。旻兵至，泚、令言大驚，靈岳獨承罪死，不及秀實等。是日，庚戌，泚、秀實戎服至，並坐議稱帝事。秀實勃然起，執休腕奪其象笏，前唾泚面大罵曰：「狂賊，可磔萬段，我豈從汝反耶！」擊之。泚舉臂扞，纔中額，血濺地，與搏恟恟。左右猝愕，海賓不敢進。泚得忠臣助，匍匐脱。秀實知事不成，大呼曰：「我不同汝反，何不殺我乎！」泚一手承血，一手止衆曰：「義士也！勿殺。」衆争前殺之，年六十五。泚哭甚哀。司農吏以堂梁綾告，視，封如故。葬以三品禮。海賓縗服而逃〔一〕。帝聞秀實死，恨委用不至，涕泗久之，命輟朝七日。宰相以方多難，不宜纏萬機。太常博士陳京曰：「丞相言非也。夫褒大節，恤賢臣，天下所以安。況卓卓特異者乎！」帝曰：「善。」擢左補闕〔二〕。漵爲殺〔三〕。柳晟有力，夜半坎垣毁械出，斷髮爲僧，間歸。帝爲流涕，乃知漵死狀，悲甚，遷晟將作少監。張鎰性儒緩，好修飾邊幅，不習軍事。欲迎大駕，罄家具獻行在。後營將李楚琳剽悍，嘗事泚，爲所厚，軍中畏之。行軍司馬齊映與同幕齊抗言：「不去之，必爲亂首。」

〔一〕「縗服」，底本作「纕」，今據《通鑑》卷二二八改補。
〔二〕「補」，底本作「輔」，今據《新唐書》卷二〇〇《儒學傳下·陳京傳》改。
〔三〕「爲」，底本作「已」，今據福建本改。

遂命戍隴州，托故未發。鎰方爲迎駕憂，謂其去，不備之。壬子，楚琳夜帥黨作亂，鎰縋城走一舍，及二子，賊追殺之，判官王沼、張元度、柳遇、李溆皆死[二]。映爲軍中指導，自水竇出。抗爲傭保負荷而逃。帝以奉天隘，欲幸鳳翔。户部尚書蕭復聞之，遽請見，曰：「陛下大誤。鳳翔將卒皆泚故部曲，其中必有與同惡者。臣尚憂鎰不能久，豈得以鑾輿蹈不測之淵乎！」帝曰：「行計已決矣，試爲卿留旦夕。」明日，聞亂，乃止。映、抗至，以映爲御史中丞，抗爲侍御史。楚琳自爲節度使，降泚。隴州刺史郝通奔之。泚大陳旗章金石於廷，傳言立宗室王監國，士庶競觀。泚入宣政殿，侍衛皆卒伍，臣寮纔十餘，稱大秦皇帝，改元應天。癸丑，泚下詔稱「幽囚中，神器自至」，以示受命。立兄子遂爲皇太子，弟滔冀王、太尉、尚書令[三]，號皇太弟。拜姚令言侍中、關内副元帥，李忠臣司空，兼侍中，源休中書侍郎、同平章事、判度支，蔣鎮吏部侍郎，樊系禮部侍郎，蔣鍊、崔莫御史中丞，敬釭御史大夫，洪經綸太常少卿，彭偃中書舍人，裴揆、崔幼真給事中，許季常京兆尹，張光晟、仇敬忠、崔宣、張寶、何望之、段誠諫、張廷芝、

[二]「度」，底本作「慶」，今據《舊唐書·張鎰傳》、《新唐書·張鎰傳》改。
[三]「尚」，底本作「中」，今據《舊唐書·朱泚傳》、《新唐書·逆臣傳中·朱泚傳》改。

杜如江並署節度使。不愛府庫金帛，以悦將士，公卿在外，家屬皆給月俸。令言、休共掌朝政，凡泚謀畫、遷除、兵餉，皆禀休。休勸誅翦在京宗室[一]，以絶人望，命萬年縣賊曹尉楊偡專决斷，殺郡王、王子、王孫七十七人於故節度使馬璘宅。甲寅，得海賓，殺之，而不引明禮。系以故太常卿爲逼譔册文[二]，悔，仰藥死。辭令一出偃手，尤悖謾。尋以鎮爲門下侍郎，李子平爲諫議大夫，並同平章事。鎮每憂沮，懷刃，將自裁，多爲鍊所解。大理卿蔣沇，東京判官死禄山難清兄也，詣行在，爲泚得，逼以官，絶粒稱病，潛竄免。鎮亦謀竄匿，以懦怯不果。兵部侍郎劉廼卧病，泚使鎮説之，托瘖疾，灸灼偏體。再往，不可脅，乃嘆曰：「鎮亦忝列曹[三]，不能舍生，污辱膻腥，豈可復污賢者乎？」歔欷而返。休議逼脅衣冠，大加殺戮，鎮輒力争，多救護。新野庾河[四]，父大理少卿光烈，叔吏部侍郎光先，不受禄山僞官而逃。河與季弟倬，亦逃此難於山谷。太常卿蕭定，藏匿里閭，並免。秘書少監趙曄，竄終南山谷。惟修撰張荐，詭姓名，匿城中，

[一]「在」，底本脱，今據《通鑑》卷二二八補。
[二]「册文」，底本二字互乙，今據《通鑑》卷二二八正。
[三]「曹」，底本作「朝」，今據《通鑑》卷二三〇改。
[四]「庾」，底本作「廋」，今據福建本、《舊唐書·忠義傳下·庾敬休傳》改。

著《史遁先生傳》。右龍武將軍李觀，將衛兵千餘人從奉天，委召募，數日，得二千餘人，列通衢，旗鼓嚴整，城人增氣，賜封二百户，二子授八品官。城中方苦無甲兵。令言之東出也，以兵馬使馮河清爲涇原留後，判官、殿中侍御史姚況知涇州事。聞帝幸奉天，集將士大哭，激以忠義，發甲兵器械百餘車，通夕輸行在，士氣大振。詔河清爲涇原節度使、安定郡王，兼御史大夫，況兼御史中丞、行軍司馬。右僕射、同平章事崔寧至，帝喜甚，撫勞有加。寧退，謂所親曰：「主上聰明英武，從善如流，但爲杞所惑至此！」因潸然出涕。杞聞，與翃謀。翃言[二]：「初亂之夕，臣與寧及頎俱出延平門而西，寧數下馬趨厠，久之不至，有顧望意。」會泚素聞尚書左丞柳載名，欲得之，僞除同平章事，以寧爲中書令。寧朔方掌書記康湛時爲盩厔尉[三]，翃使詐爲寧遺泚書，獻之。杞因譖：「寧、泚結盟，約爲内應，密受僞署，故獨後。今復得所與賊書，反狀明甚。若兇渠外逼，姦臣内謀，則大事去矣。」因俯仰歔欷，曰：「臣備位宰相，危顛不能持扶，罪當死。」帝命左右扶起之。乙卯，詔寧宣慰江淮，引就幕下，宣密旨，使二力士縊殺而籍

[二]「翃」，底本作「翊」，今據福建本、《舊唐書》卷一一七《崔寧傳》、《新唐書》卷一四四《崔寧傳》、《通鑑》卷二二八改。
[三]「厔」，底本作「屋」，今據福建本、《舊唐書·崔寧傳》、《新唐書·崔寧傳》、《通鑑》卷二二八改。

没之。命贊草詔誅寧，贊索與泚書，無之。中外皆稱冤，帝乃赦其家，歸資産。載匿終南山谷，泚榜笞其子索之。載羸服步行踰旬，方達行在。工部尚書蕭昕，年八十餘，步出城。泚求之急，獨竄山谷間而達，遷太子少傅〔二〕，爵晉陵郡公。辛京杲以工部尚書致仕，老病不能從，西向慟哭〔三〕，卒。帝遣中使告難於魏縣行營，諸將相與慟哭，節度使李懷光赴長安，太原馬燧、河陽李艽歸鎮，昭義李抱真退屯臨洺，以備滔。泚具鑾輿自將逼奉天，軍勢甚盛。以令言爲元帥，光晟副之；以忠臣爲京兆尹、皇城留守，居中書省；敬忠爲同華等州節度使、拓東王，以扞關東之師；李日月爲西道先鋒經略使。明禮從行，謀殺泚而死。邠寧留後韓遊瓌〔三〕、慶州刺史論惟明、監軍翟文秀受詔將兵三千，拒泚於便橋〔四〕，遇醴泉。遊瓌欲還趨奉天，文秀曰：「我向奉天，賊隨至，是引賊以迫天子也。不若壁此，賊必不敢越，越則與奉天夾攻之。」遊瓌曰〔五〕：「賊强我弱，若分以綴

〔一〕「少」，底本作「太」，今據《舊唐書》卷一四六《蕭昕傳》、《新唐書》卷一五九《蕭昕傳》改。
〔二〕「西」，底本脱，今據福建本、北大本、《新唐書》卷一四七《辛雲京傳附京杲傳》補。
〔三〕「後」，底本作「侯」，今據《新唐書》卷一五六《韓遊瓌傳》、《通鑑》卷二二八改。
〔四〕「橋」，底本作「稿」，今據《新唐書・韓遊瓌傳》、《通鑑》卷二二八改。
〔五〕「瓌」，底本作「壞」，今據福建本、北大本、《通鑑》卷二二八改；以下徑改，不注。

我而直趣奉天，奉天又弱[一]，何夾攻之有！且吾卒饑寒而賊多財，彼以利誘，吾不能禁矣。今我急趨，所以衛天子。」遂引兵入奉天。泚隨至，倉卒，羽衛單寡，賊乘勝争入東壅門。瑊與遊瓌、惟明自卯至午[二]，殺傷大半。會門内有草車數乘，瑊使養子虞候高固帥甲士，以長刀連斫數賊，皆一當百，曳車塞門，焚之。衆軍乘火力戰，賊乃退，死者萬計。泚重圍已合，營於城東三里，擊柝張火布野。使西明寺僧法堅爲匠師，造攻具，毁佛寺爲梯衝。遊瓌曰：「寺材皆乾薪[三]，但具火以待之。」泚日來攻城，瑊、遊瓌、隱林、仲莊等晝夜力戰。奉天人趙植獻家財勞軍，率家人奴客以死拒守。幽州兵從泚入朝而救襄城者，突入潼關，歸泚於奉天，神策、普潤戍卒亦歸之，有衆數萬。泚遣使遺滔書，稱：「三秦指日克平，大河之北，委卿除殄，可會於洛陽。」滔宣示軍伍，移節誇諸道，魏博、成德遣使以泚賀滔。滔、河北藩鎮并引回紇渡河，會東都。汝鄭應援使劉德信、高秉哲自汝州取沙苑馬五百，將子弟軍入援，壁昭應，戰見子陵，三敗之。以東渭橋有轉輸粟米，癸亥，進屯之。泚夜攻奉天東、西、南三面。甲子，瑊力戰却之，左龍

[一]「奉天」，底本脱，今據《通鑑》卷二二八補。
[二]「明」，底本作「論」，今據《舊唐書·德宗紀上》、《通鑑》卷二二八改。
[三]「材」，底本作「林」，今據福建本、北大本、《通鑑》卷二二八改。

武大將軍呂希倩戰死。乙丑，泚復攻城，將軍高重捷破日月梁山隅，乘勝逐北，身先士卒，賊伏擒之。麾下十餘人奮死追奪之，賊不能拒，乃斬首而去。麾下收其尸入城，帝撫哭盡哀，結蒲爲首葬之，贈司空。泚亦集衆哭之：「忠臣！」束蒲爲身，用三品禮而葬。泚既勝，則令都人曰：「奉天殘黨，不終日當平。」日月鋭甚，自謂無前，乃焚陵廟，鹵御物。瑊伏兵漠谷，引數千騎跳攻長安。泚大驚，踣榻前。瑊引却，日月尾之，爲伏射殺。泚悵恨，歸其尸於長安，厚葬之。其母不哭，駡曰：「奚奴，國家負而何事，死且晚矣！」己巳，加瑊京畿渭南北金商節度使。自丁巳至辛未，四面晝夜攻，矢石不絶，瑊隨機應變，僅能自固。初，泚鎮鳳翔，遣將牛雲光將幽州兵五百人戍隴州[一]，以隴右營田判官、殿中侍御史韋皋領隴右留後[二]，爲隴州刺史，兼御史大夫[三]。鎰之難，郝通奔鳳翔[四]，雲光詐疾，請皋爲帥，俟至，執以應泚。别將翟曄伺知，白皋，雲光懼，帥衆奔泚。至汧陽，遇泚奴蘇玉充使齎詔加皋中丞，説雲光曰：「皋，書生也。君不如從我

〔一〕「光」，底本作「先」，今據《舊唐書》卷一四〇《韋皋傳》、《新唐書》卷一五八《韋皋傳》、《通鑑》卷二二八改。
〔二〕「中」，底本脱，今據福建本、北大本、《舊唐書·韋皋傳》、《新唐書·韋皋傳》、《通鑑》卷二二八補。
〔三〕按：韋皋「爲隴州刺史，兼御史大夫」，今據《舊唐書·德宗紀上》、《通鑑》卷二二九，此事在「十一月乙亥」，《燕史》下文亦載，此處重出。
〔四〕「郝」，底本脱，今據《舊唐書·韋皋傳》、《新唐書·韋皋傳》、《通鑑》卷二二八補。

返，皋受命，乃吾人〔一〕；不受，誅書生如取孤豘耳〔二〕。」雲光從之，返旆疾趨，俱至隴州。皋登陴問雲光曰：「曏者不告而行，今返，何也？」雲光曰：「曏未知公心，今公有新命，故復來，訖生死。」皋曰：「善。」乃先納玉，僞受詔，謂雲光曰：「大使苟無異心，請釋甲，俾衆勿疑。」雲光易之，悉輸甲兵入。明日，宴於郡舍，伏甲左右廡，酒行，及其卒盡誅之，以其首徇。泚奴劉海廣許皋以鳳翔節度使，至，斬之及從騎三人，縱一使報泚。築壇，盟將士曰：「協力一心，以誅元惡。楚琳賊虐本使，既不能事上，安能恤下，亦宜共討之。」遣兄平、弇詣奉天，復遣使求援於吐蕃。十一月，乙亥，以隴州爲奉義軍，擢皋爲御史大夫，充節度使。靈武留後杜希全，鹽州刺史戴休顏，夏州刺史時常春，兵六千，會渭北節度使李建徽，合萬人入援，將至。帝召將相議道所從出，播、杞以漠谷路近爲便〔三〕。瑊曰：「漠谷險狹，恐爲賊邀。不若自乾陵北過，附柏城而行〔四〕，營於東北鷄子堆〔五〕，與城中爲犄角，且分賊勢。」杞曰：「漠谷若爲賊邀，則出城

〔一〕「乃」，底本作「及」，今據《通鑑》卷二二八改。
〔二〕「取」，底本脱，今據《通鑑》卷二二八補。
〔三〕按：「播、杞以漠谷路近爲便」，今據《通鑑》卷二二九，關播與渾瑊不同意經漠谷，《燕史》疑誤。
〔四〕「而」，底本作「爲」，今據《舊唐書》卷一三四《渾瑊傳》、《通鑑》卷二二九改。
〔五〕「堆」，底本作「准」，今據《舊唐書·渾瑊傳》、《通鑑》卷二二九改。

中兵援。儻出乾陵，恐驚陵寢。」瑊曰：「自泚圍城，晝夜斬松柏，驚多矣。今城中危急，諸道救兵未至，僅四軍來，所繫非輕。若得營據要地，則泚可以計破矣。」杞曰：「陛下行師，豈比逆賊！若我軍過之，非自驚陵寢哉！」志貞從而贊之，乃命自漠谷進。丙子，軍至漠谷，賊邀，奪據水口，乘高以大弩、巨石左右夾擊〔二〕，死傷甚衆。城中應援亦敗，四軍夕潰，退保邠州。泚閲輜重於城下，從官相視失色〔三〕。攻城益急，穿塹環之。泚移帳於乾陵，衣黄葆扇，侍從環以朱紫閹官，宴賜奏樂，拜舞紛紜。下視城中，動静見之。休爲泚謀主，人謂逆甚於泚。每王師不利，喜見眉宇。晝夜與令言爲謀。群兇宴醉，二人論功，令言自比蕭何，休争之曰：「成秦大業，無右出我，當視蕭何無讓，子當曹參可矣。」即收圖籍，貯府庫，人笑謂「火迫酇侯」。令騎環城招誘士民，以城破在漏刻，笑其不識天命。旬日，復偏攻東北角，城中死傷甚衆。神策左司馬、御史大夫、河北行營節度使李晟，與義武軍節度使張孝忠攻滔，奉詔召，泣下，即日治嚴。孝忠以軍介幽、鎮，意屢止無西。晟與將吏曰：「天子播越，人臣當百舍一息，死而後已。義

〔二〕「夾」，底本脱，今據《舊唐書・渾瑊傳》補。
〔三〕「相」，底本脱，今據《通鑑》卷二二九補。

武乃止吾行乎！當以子爲質。」約昏，并遺良馬。解玉带遺其親將曰：「吾欲西，爲別。」陳赴難之意，使諭孝忠，乃遣大將楊榮國將鋭兵六百俱西。晟帥都虞候邢君牙等，兼塗踰飛狐而次代州[一]。丁丑，加檢校工部尚書、神策行營節度使[二]，實封二百户。陝虢觀察使姚明敭聞變[三]，以軍事委都防禦副使張勸，詣行在。勸募兵得數萬人，甲申，以勸爲陝虢節度使。城圍經月，資粮且盡。嘗遣健步出覘賊，懇以苦寒爲辭，跪奏，乞一襦袴。帝爲求不獲，竟憫默而遣之。太官總糲米二斛，每伺賊休息，夜遣人采蕪菁根而進，刈蘆以秣御馬。帝召公卿將吏謂曰：「朕以不德，負宗廟，自陷危亡，固宜。公等無罪，家在賊中，宜早降以救親族。」群臣皆頓首流涕，期死無貳，故困急而鋭氣不衰。時粮料使崔縱勸懷光入援，河中尹李齊運傾軍資犒士，急趨，西屯蒲城，衆五萬。晟行且收兵，樵採無犯，亦自蒲津濟，軍於東渭橋。其始卒四千，善撫御，與同疾苦，旬月至萬餘。軍中便宜，唯君牙得豫。神策兵馬使尚可孤，宇文別種也。出爲應援淮西使，將兵三千。詔徵，自襄城而援，入武關，賊方盛，修柵壁七盤，敗泚將敬忠，取藍田縣。華州爲望

[一]「狐」，底本作「孤」，今據《舊唐書·李晟傳》、《新唐書·李晟傳》、《通鑑》卷二二九改。
[二]「工部」，底本脱二字，今據《舊唐書·李晟傳》補。
[三]「使」，底本脱，今據《通鑑》卷二二九補。

之所襲，刺史董晉走行在。賊據城，將聚兵絶東道。駱元光自潼關徑薄其城[一]，襲拔之，望之還長安，元光遂軍之。倉卒，裹罽爲鎧[二]，剡蒿爲矢，數日，募衆萬餘，軍氣乃振。屢却賊，使不能東出，即拜鎮國節度使，將兵二千，西屯昭應。馬燧遣行軍司馬王權及子彙，率大將子將兵五千入援，屯中渭橋。可孤守藍田，賊不能踰渭南。泚黨所據，惟長安而已，援軍遊騎時至望春樓下。忠臣等數衂，請救。泚恐民間乘敝抄之，遣兵皆晝伏夜行。内以長安爲憂，乃急攻奉天。使法堅造百尺雲梯，廣數十丈，裹兕革，下施巨輪[三]，上容壯士五百人，城中望之恟懼。帝問群臣，瑊、仲莊對曰：「臣觀其勢甚重，則易陷。」神武軍使韓澄曰[四]：「此小技，不足上勞聖慮，臣等請禦之。」乃度梯所傃，廣城東北隅三十步，穴地道，深丈餘[五]，積馬糞五六尺，多儲膏油、松脂、薪葦於其上。次二日，即令爇糞。丁亥，泚盛兵鼓譟攻南城。遊瓌[六]曰：「此欲分吾力也。」乃趨嚴東

〔一〕「駱」，底本脱，今據《舊唐書》卷一四四《李元諒傳》、《新唐書·李元諒傳》、《通鑑》卷二二九補。
〔二〕「鎧」，底本作「饋」，今據《新唐書·李元諒傳》改。
〔三〕「施」，底本作「拖」，今據福建本、《新唐書》卷一五五《渾瑊傳》、《通鑑》卷二二九改。
〔四〕「澄」，底本作「登」，今據《新唐書·逆臣傳中·朱泚傳》、《通鑑》卷二二九改。
〔五〕「丈」，底本作「尺」，今據《舊唐書·渾瑊傳》、《通鑑》卷二二九改。
〔六〕「遊瓌」，底本作「遊環」，今據《舊唐書》卷一四四《韓遊瓌傳》、《新唐書·韓遊瓌傳》改；以下徑改，不注。

北。戊子，北風甚迅，泚順推雲梯，冒濕毡，懸水囊，載壯士，具三千餘人繼登，翼以轒輼，且伏其下。於東北隅，旁爲草廬，迴環相屬，並運薪土填塹，矢石所不能傷。賊有傅堞者，帝與瑊對泣，群臣惟仰首祝天。帝以無名告身自御史大夫實食五百户以下千餘軸授瑊[一]，使募死士禦之，仍授御筆，使視功大小書名給之。告身不足，則書身代告。令中官馬承倩從，曰：「今便與卿别，更不用對，有急，令承倩對奏。」瑊俯伏流涕，帝拊其背，歔欷不自勝。士卒凍餒，又乏甲胄，瑊撫諭，勵以忠義。身中流矢，自拔，血戰不輟，以激士心，鼓譟力戰。遊瓌遣將郭詢、郭廷玉，以鋭士傅滿直出，火雲梯[二]。會其輾轉，偏輪陷，不能前却。宿火從地中出，平明，熖高於壘，風回熖轉，城上投葦散松揮膏，流數百步。須臾，梯燼[三]，臭聞數里，賊囂而退。城中讙呼震地，三門出兵，太子親督戰，賊死者數千人。太子爲將士裹瘡痍。即日，先授瑊二子官，餘授將校有差。入夜，泚復攻城，以百眷弩射[四]，矢及御前三步，帝大驚。舒王誼晝夜傳詔，不解帶，三

〔一〕「御史」，底本作「卿」，今據《通鑑》卷二二九改。
〔二〕「火」，底本重文，今據福建本、北大本、《新唐書·韓遊瓌傳》删。
〔三〕「燼」，底本作「爐」，今據福建本、北大本、《通鑑》卷二二九改。
〔四〕「射」，底本作「躬」，今據福建本、北大本、《新唐書·逆臣傳中·朱泚傳》改。

旬有六日矣。賊復造雲車，周重鐵。懷光自蒲城引兵趨涇陽，並北山而西，先遣兵馬使張韶奉蠟表至。帝大喜，舁徇四隅，歡聲如雷。賊不之測，疑懼，緩攻。癸巳，懷光敗泚兵於醴泉，遂戰城下，自辰至昏，賊潰。帝下觀戰，傳詔曰：「賊衆亦朕赤子，勿多殺！」聞者感激。是夜，泚遁歸長安。衆以謂復三日無援，則破矣。杞先保泚不反，及是，帝亦不詰。隱林同群臣稱慶畢，而流涕言：「念陛下資靈太急，不能容瑕，若此未改，憂未艾也。臣尚不勝爲聖明憂。」帝不以爲忤。圍解，食盡，父老争上壺飧餅餌〔一〕。詔殿中侍御史万俟著治金、商道，權通轉輸〔二〕。劍南節度使張延賞獻帛錦十馱，以賜軍士。淮南節度使陳少游討希烈，屯盱眙〔三〕，聞泚亂，歸廣陵，修塹壘，繕甲兵。浙江東西節度使韓滉閉關梁，禁馬牛出境，築石頭城，穿井近百所，繕館第數十，修塢壁，起建業，抵京峴，樓堞相屬，備車駕渡江，且自固，以備少游也。鹽鐵使包佶，將錢帛八百萬輸京師。少游以泚據京師，未即收復，彊取之，乃奪其守卒三千。佶纔數十人，至上元，復爲滉所奪。南方藩鎮各閉境自守，惟曹王皋數遣使間道貢獻。希烈攻逼汴、鄭，

〔一〕「父老」，底本二字互乙，今據《新唐書·逆臣傳中·朱泚傳》正。
〔二〕「權」，底本作「灌」，今據《新唐書·逆臣傳中·朱泚傳》改。
〔三〕「眙」，底本作「胎」，今據《通鑑》卷二二九改。

江、淮路絶，朝貢皆自宣、饒、荆、襄趣武關[二]。臯治郵驛，平道路，由是往來使通行。諸道貢賦繼至，用度始振，因大賜軍中。泚至長安，令言方治攻具，忠臣每坊團結，人皆厭苦。泚悉止之，曰：「攻守吾自有計。」嘗使人僞周呼曰：「奉天陷矣！」欲以惑衆。百姓相顧飲泣，道路寂若無人，臺省吏落落數輩，郎官六七而已。太學生初將從亂，何蕃正色叱之，故六館卒無污。泚令如常選舉，初有數十人陳狀，旬日亦皆屏退。中人朱重曜，泚最暱，兄呼之，爲謀曰：「執其家以招士大夫，不來者夷之。」孫知古諫曰：「陛下以柔服人，若夷其妻子，是絶嚮化意。且義士殺身，何顧於家！」乃止。會窮冬大雨，星官謂：「當以宗中年長者禳之。」泚乃殺重曜，而以王禮葬。懷光先言：「杞等姦佞誤國，事平則請誅之。」解重圍，爲所排，咫尺天子，不得入朝，命與建徽、晟及神策兵馬使楊惠元引軍屯便橋，刻期取長安。懷光憤怨，引兵至魯店，留二日乃行。頓兵咸陽，暴杞等罪狀。十二月，壬戌，貶杞、志貞、贊爲遠州司馬，殺文秀，不得已從懷光請也。乙丑，以翰林學士、祠部員外郎陸贄爲考功郎中，金部員外郎吴通微爲職方郎

[二]「貢」，底本脱，今據《通鑑》卷二二九補。

中〔二〕。贊上奏，辭以：「初到奉天，扈從將吏，例加兩階，今翰林獨遷官〔三〕。夫行罰，先貴近而後卑遠，則令不犯；行賞，先卑遠而後貴近，則功不遺。望先録大勞，次徧群品，則臣亦不敢獨辭〔三〕。」帝不許。癸酉，關播罷爲刑部尚書。太子太保韋倫流涕於朝曰：「宰相無狀，使天下至此〔四〕，而不失爲尚書，於後何勸！不痛心哉！」是月，滔遣使連恒、魏，與泚應援，遂發河間而南。恒、魏竟叛，爲所敗而止。語在三鎮記。

郭造卿曰〔五〕：嗟夫！盜有道，泚則亡之矣。僅所異於滔者幾希，猶存焉爾。故殺諸王以防仇，而於陵廟不忍毀；位爲弟所奪，復奏以爲留後；犯僭逆而圖篡業，即立兄子爲之嗣。其職維疾，亦足哀也。然滔心異勢隔，可借以爲援乎？彼不屑于昌平司徒鄉、太尉里〔六〕，而稱王爲盟主。且不自揣其才力，避僞燕之短祚，承堯都而稱冀，其鑾輿亦已具矣。皇太弟、冀王之推，豈足以滿其志歟？蓋泚憤爲所賣，既

〔二〕「金」，底本作「舍」，今據《通鑑》卷二二九改。
〔三〕「遷」，底本作「遺」，今據福建本、北大本、《通鑑》卷二二九改。
〔三〕「敢獨」，底本二字互乙，今據《通鑑》卷二二九正。
〔四〕「下」，底本作「子」，今據《舊唐書》卷一三八《韋倫傳》、《新唐書》卷一四三《韋倫傳》改。
〔五〕按：《燕鎮記二》卷末「郭造卿曰」，郭應寵收入《海嶽山房別稿》卷五，今見本書下編燕史論二《唐至勝國》第十一篇。
〔六〕「司徒鄉太尉里」，《舊唐書・劉怦傳》、《新唐書・藩鎮盧龍傳・朱滔傳》、《通鑑》卷二二七皆作「太尉鄉司徒里」。

得志，則陵之而帝，兼乎秦、漢，其阼斯永於陶唐矣。乃不及期而亡，即五胡有此二代，其感亦不若此，不爲安、史所笑乎！滔倘不阻於魏、恒，引回紇直抵東都，天皇爲之篡，皇子爲之殘矣。天餘其殃，以永厥鑒，不僇於其身而子失位，不僇于其子而孫赤族，視安、史，其間幾何哉！

燕鎮記三

郭造卿曰[一]：史謂滔爲厲階，而泚留於京邑，但樂荒雞之鳴，惟幸和鑾之動，由幽節嘗因亂得，神器爲可邀求也。帝若取李承之言，不委烈以征討，取公輔之諫，即令泚以就行，則必無涇原之亂，及奉天之危急矣。嗟夫！此人事也，豈不有天意乎？當泚入朝，士民快覩，其夜太白入南斗，尋有占離宫之厄者。未狩帝失爲既往，源休、張鎰之釁勿論矣[二]。古小人誤國，君顛沛則悔之，或斥或誅，以謝衆憤。奉天至山南，其顛沛屢矣，滻水何以復反？禁軍何以悉空？百口保其不叛，何以

[一] 按：《燕鎮記三》卷首「郭造卿曰」，郭應寵收入《海嶽山房别稿》卷五，今見本書下編燕史論二《唐至勝國》第十五篇。
[二] 「釁」，底本作「亹」，今據北大本、《别稿》卷五改。

稱帝而犯闕？吴溆宣慰悼其死，崔寧縊殺赦其寃。至漠谷之大潰，遂被圍而涕泣。杞無一籌可用，及一效有驗者。至懷光鳴鼓，乃仍爲之惑，而激其復叛，則誅有餘辜矣。不得已而貶，事平將復用之，且言不覺其奸，鑒非天昏而然乎？使因創艾，不諉天命，從陸贄等言，即下詔罪己，則三軍感激同袍，奉天不待懷光解矣。何有南中之行，而太息於永嘉哉！故興元之赦，稍足以回人心，而朱虎膽期未至，雖天生晟爲社稷，熒惑退舍不進兵，道茂請赦乃行之，其達天人之際者與！然在君相不言命，興元詔亦可觀矣。

興元元年，正月，癸酉朔，改元，大赦希烈、悦、武俊、納等，滔與惟新：「泚反易天常，盜竊名器，暴犯陵寢，所不忍言，獲罪祖宗，朕不敢赦。其脅從將吏百姓等，但官軍未到京城以前，去逆效順，并散歸本道、本軍者，並從赦例。諸道、諸軍應赴奉天及進收京城將士，並賜名『奉天定難功臣』。其所加墊陌錢、税間架、竹木茶漆[二]、榷鐵之類[三]，悉停。」赦下，四方大悦，士卒感泣。武俊、悦、納皆去王號，上表謝罪。希

[二]「漆」，底本作「案」，今據《舊唐書・德宗紀上》、《新唐書・德宗紀》、《通鑑》卷二二九改。
[三]「鐵」下，底本衍「税」字，今據《通鑑》卷二二九删。

烈僭帝，改元。泚以本封遂寧，漢地也，更國號稱漢元天皇，改元天皇。或云：「王師欲潛壞京城四隅垣以入。」泚懼，詔金吾布士於衢，吏儲五炬以防夜，城隅率百步建一樓，候望非常。凡祠房廟廬皆帷甲，戒：「軍來，四面擊。」太倉粮竭，賊督吏索觀寺餘米萬斛，鞭朴流離，士寖飢〔二〕，而神策六軍從行在及哥舒曜、李晟諸兵皆家禀不絕。或請停給，泚曰：「士在外，而弱稚絕食則死，豈吾心哉！」加以繕械〔三〕，費日廣而府庫尚有餘蓄，即厚斂居人。許季常曰：「一旦有急，請藉中人公侯三千族之貲，足矣。」或謂：「陛下既受命矣，不宜存唐九廟諸陵。」泚曰：「朕嘗北面之，胡忍此！」賊衆見赦令，涇原士謀殺泚，方宿未央，知之，輙徙它處，衆謀亦止。張光晟與懷光對壁，李希倩請精騎五百犯之，不許，曰：「西軍方彊，不可輕取敗。」日暮，兩軍退。希倩謁泚曰：「光晟有他志，視西軍不戰，臣請擊。」不許。請斬光晟，不許，曰：「彼善將，不戰，蓋知未可乎！」希倩怒曰：「臣盡心事君，不見信，願乞要領，歸淮西。」許諾，以馬十匹、繒錦一百賜東歸。希倩慚，復入曰：「臣愚褊，罪當死，願死軍前。」許之。光

〔二〕「寖」，底本作「寢」，今據北大本、《新唐書·逆臣傳中·朱泚傳》改。
〔三〕「械」，底本作「戒」，今據福建本、北大本、《通鑑》卷二二九改。

晟見曰：「臣不敢反。」因再拜，慰勉之。希倩，希烈弟也。官軍決龍首、香積二堨，城中水絶，泚役數百人治之。東出灞水，與王師戰，大敗奔還，闔都門，士皆甲以待之，久乃罷。有爲詩曰：「此水連涇水，雙眸血滿川〔二〕。青牛逐朱虎，方號太平年。」子平請修攻具，襲懷光，取苑中六街大木爲衝車，程役苦甚，不堪。禁居人夜行，三人以上不得聚飲食，上下惴恐。唯盧龍、神策、團練兵爲用，涇原軍不可制，但完守所獲，不出戰，故泚數北，憂甚，欲出走。術家争曰：「陛下不出宫，雖西軍入，且自有變。」泚據以自安。帝於行宫廡下貯諸道貢獻物，牓曰瓊林、大盈庫。陸贄以爲戰守之功，賞賚未行而遽私别庫，則士卒怨望，無復鬭志。上疏諫：「頃者六師初降，外扞兇徒，内防危堞，晝夜不息，殆將五旬，凍餒交侵，死傷相枕，畢命同力，竟夷大艱。良以陛下不厚其身，絶甘以同卒伍，輟食以啗功勞。無猛制而人不攜，懷所感也；無厚賞而人不怨，悉所無也。今者攻圍已解，衣食已豐，而謠讟方興，軍情稍阻，豈不以勇夫恒性，嗜利矜功，其患難既與同憂，而好樂不與同利，苟異恬默，能無怨咨哉！陛下誠能近想重圍之殷憂，追戒平居之專欲，凡在二庫貨賄，盡令出賜有功，每獲珍華，先給軍賞，如此，

〔二〕「眸」，底本作「眄」，今據《新唐書》卷三五《五行志二》改。

則亂必靖，賊必平，徐駕六龍，旋復都邑，天子之貴，豈當憂貧！是乃散其小儲而成其大儲，損其小寶而固其大寶也。」帝即命去其牓。丙申，以渾瑊爲行在都知兵馬使，尋加實封五百户。辛丑，以扈從北門左右羽林、龍武、神武六軍無統，乃置統軍，秩從三品，寵武臣，以遊瓌、惟明、隱林掌之。吐蕃尚結贊請出兵助收京城，庚子，遣秘書監崔漢衡使吐蕃[一]，發其兵。二月，戊申，詔曰：「見危致命之謂忠，臨義有勇之謂烈。惟爾克勵臣節，不憚殺身；惟予式嘉乃勳，懋昭大典。曰台不德，罔克若天，遘茲殷憂，變起都邑。惟爾卿士，嗷然靡依[二]，逼畏所加，淄澠共混。故開府儀同三司、檢校禮部尚書、兼司農卿、上柱國、張掖郡王段秀實[三]，操行岳立，忠厚精至，義形於色，勇必有仁。頃者嘗鎮涇原，克著威惠。叛卒知訓，洛爾以誠；賊泚藏姦，欺爾以詐。守人臣之大節，見元惡之深情，端委國門，挺身白刃。誓碎兇渠之首，以敵君父之讎，視死如歸，履虎致咥。噫！天未悔禍，事乖垂成，雄風壯圖，振駭群盜。昔王蠋守死以全節，周顗正色而抗詞，惟我信臣，無愧前哲。聲震寰宇，義冠古今，足以激勵人倫，光昭史册。不有

〔一〕按：衡、衜，底本二字或混用，以下徑改，不注。
〔二〕「嗷」，底本作「放」，今據《舊唐書·段秀實傳》改。
〔三〕「農」，底本脱，今據《舊唐書·段秀實傳》補。

殊等之賞，孰表非常之功。爰議疇庸，特超檢限，著之甲令，樹此風聲。可贈太尉，謚曰忠烈，宣付史官[二]，仍賜實封五百户、莊宅各一區。長子與三品正員官，諸子並與五品正員官。仍廢朝三日。收京城後，以禮葬祭，旌表門閭。朕承天子人，臨馭億兆，一夫不獲，時予之辜。况誠信不達，屢致寇戎；使抱義之臣，陷於兇逆。有臨危致命，殁而逾彰；有因事成功，權以合道。苟利社稷，存亡一致，酬報之典，豈限常倫。並委所司，訪其事跡，續具條奏。當加褒異，錫其井賦，圖形雲閣，書功鼎彝，以彰我有服節死義之臣，傳於不朽。」贈吴溆太子太保，謚曰忠，賜其家實封二百户[三]，子五品正員。張鎰太子太傅[三]。賈隱林卒，贈左僕射，賞其能直言也。賜其家實封三百户，賻絹百匹，米百石，並丧葬官給。晟謀取長安，劉德信與屯東渭橋[四]，不受節制。晟追其罪，斬之，數騎馳入，勞其軍，並將之，勢益振。懷光脅朝廷逐盧杞等，内不自安，懷異志，奏與晟合軍陳濤斜，屢請戰，逗留，且欲併其軍。帝使陸贄宣慰，還言：「泚稽誅，保聚宫

〔二〕「宜」，底本作「宜」，今據《舊唐書・段秀實傳》改。

〔三〕「封」，底本作「户」，今據《舊唐書・外戚傳・吴溆傳》改。

〔三〕「鎰」，底本作「謚」，今據福建本、北大本、《舊唐書・張鎰傳》、《新唐書・張鎰傳》改。

〔四〕「東」，底本作「柬」，今據福建本、《舊唐書・李晟傳》、《新唐書・李晟傳》、《通鑑》卷二三〇改；以下徑改，不注。

苑，而懷光按兵阻撓，請許晟移軍東渭橋。」懷光宣言通泚，車駕當自遠避。韓遊瓌，朔方將也，掌兵在奉天，而誘致之。遊瓌密奏，仍請罷其兵權。帝以：「若泚何？」對曰：「陛下既許將士以克城殊賞，將士奉天子命，誰不欲討賊而爭取富貴乎！邠府兵以萬數，借使臣得將之，亦足以誅泚矣。況諸道必有杖義者乎，何憂泚！」帝然之。辛酉，晟以懷光反狀已明，請通蜀、漢道，以備巡幸，未報。會吐蕃欲佐誅泚[一]，帝議幸咸陽督戰。懷光疑帝奪其軍，圖反益急，奪併李建徽、陽惠元二軍，惠元奔奉天，爲所殺。先是，泚令腹心穆庭光、宋瑗齎書誘山南西道節度使嚴震同叛，震斬之。帝將幸梁州，震聞，馳表至奉天迎駕，遣將以兵扈從。甲子，懷光反。丁卯，帝聞其將驚乘輿，乃決狩梁州，命瑊戒嚴，行營兵馬使戴休顏守奉天[二]，朝臣將士狼狽扈從[三]。次渭陽而太息曰：「朕行，將有永嘉之事乎？」侍臣對曰：「臨大難無畏者[四]，聖人勇也。臣等敢不竭力社稷，陛下何慮之過耶！」劉迺聞上幸山南，搏膺嘆呼，年六十，自投於牀，不食數日而

〔一〕「誅」，底本脱，今據《舊唐書·李晟傳》、《新唐書·李晟傳》補。
〔二〕「戴」，底本作「戰」，今據《通鑑》卷二三〇改。
〔三〕「狽」，底本作「猊」，今據《通鑑》卷二三〇改。
〔四〕「臨」，底本脱，今據《新唐書·叛臣傳上·李懷光傳》補。

卒。恐乘輿不能復返，自絶不仕泚也。李惟簡從瑊討賊有功，加御史中丞，以三十騎從，夜失道，馳至盩厔西，聞中人語，問而密語以見。帝流涕，執其手曰：「爾有母，乃能從朕至此乎！」對曰：「臣誓以死！」比明，北方有塵起，帝憂甚，惟簡登望曰：「渾瑊以騎來矣。」瑊至，遂決趨興元，惟簡前導。太子少師喬琳托以馬乏遲留〔二〕。帝以琳舊老，敬重之，慰諭頗至，給以御馬。又辭老疾，不堪阻險登頓。帝悵然，賜所執策曰：「勉爲良圖，與卿訣矣。」乃自盩厔辭，後數日，削髮，匿於仙遊寺。泚聞，令數十騎召至長安。源休被公服，饋肉食之，雖辭讓，而僧言求施焉〔三〕。時京師知帝益西，二叛膠固，而琳輩逃歸，乘輿不返矣。亂且成，朝士竄匿者多出仕泚，凡十七人。或謂泚：「官多缺，宜擇才補之，脅以兵，使不敢拒。」泚曰：「强受則人懼，但欲仕者與之，安能叩户而拜官耶！」乃以琳爲吏部尚書。選人有請「所注某官不穩便」者，琳曰：「足下謂此選乃竟穩便乎？」河東將王權、馬彙引兵歸太原。晟以帝復出幸，得除河中同絳節度使及加同平章事制，拜哭受命，謂將佐曰：「長安，宗廟所在，天下根本，若諸將

〔二〕「少」，底本作「太」，今據《舊唐書》卷一二七《喬琳傳》、《通鑑》卷二三〇改。

〔三〕「施」，底本作「師」，今據《舊唐書·喬琳傳》改。

皆從行，誰當滅賊者！」乃治城隍，繕甲兵，爲復京城計。鄭雲逵自奉天往依之，表以禮部侍郎爲軍司馬〔二〕，時咨逮戎略。泚與懷光聲勢甚盛，因南狩，人益揺。晟處二强寇間，餉乏援絶，每以忠義勵衆，故雖單弱，士氣不衰。乃假官以督渭北芻粟，不旬日而羨，流涕誓衆，决志平賊。懷光謀襲晟於東渭橋，諸士卒願擊泚而不從叛，乃已。節度巡官李景略亦勸殺泚以自贖，懷光不能從。是時，遊瓌屯邠寧，戴休顔屯奉天，分典京西要路，元光屯昭應，可孤屯藍田，分扼京東要路，皆受晟節度，犄角勢成，軍聲大振矣。三月，甲申，懷光移軍涇陽，而趨河中。初連泚，欲同滅晟。泚畏懷光强，通好餽遺，書以兄事之，約削平關中，割山河，永爲隣國。及董晉以國子祭酒兼御史大夫宣慰恒州，還過河中，而説懷光曰：「公之功天下無敵，而過未有聞於人。某至陛下，言公情，聖明無不赦焉。彼泚爲臣背君，苟得志，於公何有？今不能事君，而能爲公臣乎？公爲太尉，寵何加焉。若將臣彼而不能事君乎？彼犯天下怒，朝夕戮死者也。故求同罪與比〔三〕，而公何利焉？且敵彼有餘力，不如明絶而襲取之，清宫迎天子，庶人服請罪，

〔二〕「表」，底本作「喪」，今據福建本、北大本、《新唐書》卷一六一《鄭雲逵傳》改。
〔三〕「同」，底本重文，今據福建本、北大本删。

雖有大過猶將揜焉，如公，則誰敢議！」懷光喜且泣，晉亦泣。又語其將卒[一]，皆拜且泣。故懷光不竟與合。泚因其叛而逐君，乃賜詔徵其兵，如晉言，懷光慚怒而懼矣。丁亥，以晟兼京畿渭北鄜坊丹延節度使。庚寅，車駕至城固，唐安公主薨，帝長女，甚愛之。在道，民有獻瓜果者，欲以散試官授之。贄以：「止可賜錢帛。」帝以：「試官虛名，無損於事。」贄以：「今突鋒排難竭力展勞者，既以是酬之。若獻瓜果而亦授，則彼謂吾軀命，上視之同草芥矣。」帝行止與贄俱，梁、洋道險，相失，經夕不至。帝驚憂涕泣，募得者賞千金。久之至，喜甚，太子以下皆賀。然竟以數直諫忤意，雖號内相，未得拜之。壬辰，車駕至梁州。初，二逆連結，寇盜縱横，瑊分布諸軍翼衛。纔入駱谷，以侯仲莊殿，及山南兵擊退賊兵。駱谷道隘，儲供不豫，從官乏食。帝嘆曰：「早用晟言，三蜀之利，可坐有也。」且阻霖潦，衛兵或有異語[二]，亦有亡歸泚者。帝召謂曰：「朕不德而苦公等，宜執朕送泚，以謝天下。」諸將皆感泣，曰：「願死生從陛下。」時郭曙與李觀、令狐建及諸功臣子李昇、李彦輔、韋清相與齧臂爲盟[三]，著行幐、釘鞵，被

[一]「卒」，底本作「率」，今據《新唐書》卷一五一《董晉傳》改。
[二]「兵」，底本脱，今據《新唐書》卷一三七《郭曙傳》補。
[三]「彦」，底本作「産」，今據福建本、北大本、《新唐書·郭曙傳》改。

甲請見，曰：「南行路險，且虞姦變。臣等世蒙恩，今相誓，願更鞚上馬。」許之，他將不得近。而齊暎以儒臣侍，每過險，常執轡。馬駭頗甚，帝懼傷之，令舍轡，而堅執，久之乃止。帝問其故，對曰：「馬奔蹶，不過傷臣。如舍而犯清塵，臣萬死何以塞責。」帝嘉奬，拜給事中。昇，檢校尚書左僕射叔明子也。叔明出家貲助軍，悉衣幣獻宮掖，每私疏勵昇，見危誓死。昇奉以策勳。叔明改太子太傅，封蓟國公，致仕，卒。山南地薄民貧，自安、史來盜剽，口耗大半，雖節制十五州，租賦不及中原數縣。及駐蹕，用窘。帝欲幸成都，震言：「山南地接京畿，晟方鋭圖收復[二]，藉六軍爲聲援。若幸西川，則諸將顧望，難責成功，晟未有收復之期也。」會晟表至，請駐蹕勿西，如震言，乃止。震萬方供億，民不困而事甚辨，加檢校户部尚書、馮翊郡王，實封二百户。李楚琳於奉天解圍，數貢奉帝不已，除鳳翔節度使，而心惡之。議者言其挾兩端，當隄防其狙伺。使屢至，不召不遣，欲以瑊代之。贄諫曰：「楚琳之罪舊矣，今議者不亦晚哉！且勤王之師在畿内者，急宣速告，晷刻是争。商嶺既回遠，而駱谷又爲賊扼，通王命者唯褒斜爾。若復阻艱，南北敻絶，則諸鎮向背者，居二逆誘脅中，我勝則來，賊勝遂往，此焉

[二]「收」，底本重文，今據福建本、北大本、《舊唐書》卷一一七《嚴震傳》、《通鑑》卷二三〇删。

幾會，不容差跌。使楚琳逞憾，敢爲猖狂，南塞要衝，東延巨猾，則我咽喉梗而心膂分矣，豈不病哉！今兩顧遲疑，是乃天誘其衷，通我歸途而濟大業也。若不加撫循而追抉宿疵，凡今將吏，孰免疑畏？況阻命及脅從，自知負恩，安敢歸化，不撓興復之機乎？」帝釋然，召見其使，優詔勞安之。己亥，加瑊檢校左僕射、同平章事、靈州大都督，兼朔方節度使、邠寧振武永平奉天行營兵馬副元帥，帝臨軒授鉞，用拜韓信故事。制曰：「寇賊干紀，授爾節鉞，以戡多難，往欽哉！」瑊頓首曰：「敢不畢力，以對揚天子休命。」乃率諸軍趨京師。朱士明從幸，爲賊係歸長安。路泌排潰軍而出，再爲流矢所中，裂裳濡血，以策干瑊，深重之，辟爲從事。左拾遺奚陟居喪，間道走及，拜起居郎、翰林學士，不受職。曹王皐以帝蒙塵於外，不敢居城府，乃於西塞山上游大洲屯軍〔二〕，而脩進獻。四月，壬寅，詔奉天隨從將士，並賜號「元從功臣」。初，欲以內外普號之，贄曰：「宮官具寮，恪居奔走，勞則有之，何功之云？難則嘗之，何定之云？今與奮命者齒，恐沮戰士之心，結勳臣之憤〔三〕。」帝乃止。以遊環爲邠寧節度使。癸卯，

〔二〕「洲」，底本作「州」，今據《舊唐書》卷一三一《李皐傳》改。
〔三〕「憤」，底本作「忿」，今據《舊唐書》卷一三九《陸贄傳》、《新唐書》卷一五七《陸贄傳》改。

以休顏爲奉天行營節度使。甲辰，加晟鄜坊京畿渭北商華副元帥。晟家百口及神策軍士家屬皆在長安，泚善遇之。軍中有言及家者，晟泣曰：「天子何在，敢言家乎！」泚遣晟親近以家書欵壁門，曰：「公家無恙。」晟怒曰：「爾敢爲賊閒乎！」立斬之。軍士盛夏猶衣裘褐，感帥忠誼，終無叛志。乙巳，以陝虢防遏使唐朝臣爲河中同絳節度使。前河中尹李齊運爲京兆尹，徵募工役，版築城壘，飛芻輓粟，以供晟軍。瑊帥諸軍出斜谷，赴京畿。漢衡勸吐蕃出兵助之，尚結贊曰：「邠軍不出〔二〕，將襲我後。」遊瓌聞之，遣將曹子達將兵三千往會瑊軍，吐蕃遣將論莽羅衣將兵二萬從之。楚琳自鳳翔遣將石鍠領卒七百，從瑊拔武功。庚戌，泚將韓旻、田旻、張廷芝、宋歸朝等攻武功〔三〕，鍠迎降之。瑊戰不利，收兵登西原。會子達以吐蕃至，破賊於武亭川，斬首萬餘級，田旻以馬逸免，韓旻僅以身免，歸朝奔懷光。瑊遂進屯奉天，與晟東西逼長安。甲寅，帝欲爲唐安公主造塔，厚葬之。公輔諫：「山南非久居之地，公主葬，合歸長安，宜儉薄，以副軍須之急。」帝怒，罷同平章事，爲左庶子。加西川節度使張延賞同平章事，以駕在奉

〔二〕「邠」，底本作「頒」，今據福建本、北大本、《通鑑》卷二三〇改。
〔三〕「庚戌，泚將韓旻、田旻、張廷芝、宋歸朝等攻武功」，底本脱十八字，今據福建本、北大本、《舊唐書·朱泚傳》、《新唐書·逆臣傳中·朱泚傳》、《通鑑》卷二三〇補。

天，貢獻踵道，及次梁，倚劍蜀爲根本[一]，而賞其供億無乏也。甲子，遊瓌引兵會瑊於奉天。是月，加馮河清檢校工部尚書。泚遣使數誘之[二]，皆爲斬以徇。涇卒傳言吐蕃助國有功，河清將以叛卒孥賞而歸之。大將田希鑒密通泚，設詭書以摇衆也。涇卒乃殺河清[三]。泚以希鑒爲涇原節度使，姚况挺身還鄉里。五月，山南地熱，包佶署判官王紹督輕貨趣間道而走洋州[四]，見行在。帝勞之曰：「吾軍乏春衣，朕且衣袂，柰何？」紹流涕曰：「佶遣臣貢奉，繒帛無慮五十萬，當即至。」帝曰：「道回遠，經費方急，何可望。」後五日至，及曹王皋進獻繼之，先給將士，而後御焉。韓滉獻綾羅四十擔，凡十萬疋，詣行在，米百艘，餉晟軍，請以鎮兵三萬助討賊，詔嘉勞之。吐蕃既大掠去，泚使希鑒厚賂以金帛，受之，遊瓌以聞。瑊又奏：「尚結贊屢遣人約刻日取長安，既而不至，聞其衆以大疫引去。」帝以晟、瑊兵少，欲依之復京城，聞其去，甚憂之，以問贄。對：「吐蕃貪狡[五]，反覆多端，深入郊畿，陰受賊使，致令群帥進退憂虞。欲舍之獨前，慮其懷怨

〔一〕「倚」，底本作「停」，今據《新唐書·張延賞傳》改。
〔二〕「數」，底本作「婁」，今據《新唐書》卷一四七《馮河清傳》、《通鑑》卷二三〇改。
〔三〕「河」，底本重文，今據福建本、北大本、《通鑑》卷二三〇删。
〔四〕「貨」，底本作「齎」，今據《舊唐書》卷一二三《王紹傳》、《新唐書》卷一四九《王紹傳》改。
〔五〕「狡」，底本作「狹」，今據《通鑑》卷二三一改。

罣，否臧皆兇。不若假便宜之權，待以殊常之賞，則將帥感悅，智勇得伸矣。」令言等屢使有肆情干命者，能此時戮其違詔乎〔六〕？則違命者不果行罰，從命又未必合宜，進退羈有異。乃遥爲規畫〔五〕，違命則失君威，從命則害軍事。上有掣肘之譏，下無死綏之志。設九重之中，機會變于斯須，而定計千里之外。兵勢無常，傳聞與指實不同〔四〕，懸算與臨事以：「賢君選將，委任責成，故能成功。況今秦、梁相去千里〔三〕，鋒鏑交於原野，而決策而勤砥礪，京城旬月收復矣。」帝復命議瑊、晟諸軍規畫，令其進取，審定條疏以聞。贄其遠避封疆，懷光别保蒲、絳，形勢既分，腹背無患，瑊、晟諸帥，才力得伸。慎接撫是以順王化者，其心不得不怠；陷寇境者，其勢不得不堅。戎若未歸，泚終不滅。今幸不恤，而畏專其利〔二〕；賊黨懼其勝，不死則悉遺人禽；百姓畏其來，有財必盡爲所掠。乘躡〔一〕；欲待之合勢，苦其失信稽延。將帥恐信任之不專，且患奪其功；士卒恐舊勞之

〔一〕「躡」，底本作「攝」，今據《通鑑》卷二三一改。
〔二〕「專」，底本作「奪」，今據《通鑑》卷二三一改。
〔三〕「千里」，底本脱二字，今據《通鑑》卷二三一補。
〔四〕「聞」，底本作「間」，今據《通鑑》卷二三一改。
〔五〕「遥」，底本作「退」，今據福建本、北大本、《通鑑》卷二三一改。
〔六〕「時」，底本作「肘」，今據《通鑑》卷二三一改。

遣諜覘軍期，晟皆獲，釋縛而引示陳，謂：「歸語諸賊，善爲固守，勿不忠於泚。」皆飲食給錢而縱之。泚遣光晟將精兵五千屯九曲，去東渭橋十餘里，密通欵矣。庚寅[一]，晟集兵馬使吴詵、王佖、趙光銑、楊萬榮、孟日華、田子奇[二]，都虞候邢君牙、李演、史萬頃，神策將孟涉、康英俊，決勝軍使唐良臣，華州將郭審金、權文成，商州將彭元俊等誓師以收復京城，遂耀武至通化門外，賊不敢出而還。辛卯，召諸將問所從入，皆請先拔外城，乃北清宫。晟曰：「外城坊市闤隘，若設伏格鬥，非計。賊重兵精甲聚苑中，自北直拔腹心[三]，則必奔潰，而宫闕不殘，坊市無擾矣。」咸曰：「善！」乃牒堿及元光、可孤，刻期集城下。壬辰，可孤斬敬忠於藍田西，遂進軍，與晟決策進討。乙未，晟移軍光泰門外米倉村[四]。丙申，晟自臨築壘，泚將庭芝、希倩引兵大至。晟曰：「始吾憂賊不出，今天誘之，冒死矣。」命詵以副元帥縱兵擊之。元光華州營在北，兵少，賊併攻之。晟命演、佖等精兵馳救，力戰，敗走之。中軍譟而追，乘勝入光泰門，再戰，又

[一]「寅」，底本作「申」，今據福建本、北大本、《通鑑》卷二三一改。
[二]「銑」，底本作「鋭」，今據《舊唐書·李晟傳》改；以下徑改，不注。
[三]「拔」，底本作「被」，今據《新唐書·李晟傳》改。
[四]「軍」，底本在「門」下，今據《舊唐書·李晟傳》、《通鑑》卷二三一改。

破之。會夜，晟斂兵還[一]。賊餘衆走保白華門，終夜慟哭。丁酉，復出兵，諸將請待西軍夾攻[二]。晟曰：「賊數敗，破膽，不乘勝取之，苟俟西軍，是容其成備，非計。」戰屢捷，可孤屢爲先鋒，元光敗之於滻西。戊戌，悉軍，使演、佖將騎兵，萬頃將步兵，自光泰門外直抵苑北神麚村，夜潰苑牆二百餘步，而賊樹柵以拒兵爲阻。晟怒叱諸將曰：「安得縱賊如此，吾先斬公輩矣！」萬頃懼，拔柵以入，佖、演繼之，賊潰，執其將段誠諫，諸軍分入雷譟[三]。令言等殊死鬭，晟命良臣、光銑、萬榮、日華步騎蹙之，十餘戰而前。賊入白華門，伏千騎出軍背。晟帥百餘騎回馳之，左右呼曰：「相公來！」賊驚潰，禽馘殆盡。光晟勸泚出亡，乃與太子及休、令言、廷芝、子平引殘軍萬人西走，光晟送之出城而還，降。晟遣子奇騎追泚，餘黨悉降。晟屯含元殿前，舍右金吾仗，令諸軍曰：「晟實不武，上憑睿算，幸得殲厥兇渠，克清宫禁，皆將士力也。長安士庶，久陷賊庭，若小有震驚，豈弔伐之意哉！晟與公等室家相見非晚，五日内無得輒通家問，違者斬。」命齊運部攝令長安陳元衆、萬年韋上伋安慰居人。晟大將高明曜取賊妓一，司馬

[一]「晟」，底本作「戰」，今據《通鑑》卷二三一改。
[二]「西軍」，底本作「琿」，今據《舊唐書·李晟傳》改。
[三]「入」，底本作「分」，今據福建本、北大本、《舊唐書·李晟傳》、《新唐書·李晟傳》改。

佃取賊馬二，可孤軍士取賊馬者〔二〕，立斬以徇。安堵無秋毫犯，士庶感悦流涕，遠坊有經宿乃知者。是日，瑊、休顔、遊瓌亦克咸陽，斬三千餘級，追至中渭橋。聞泚西走，分兵趨岐陽邀之。己亥，晟進屯延秋門〔三〕，使涉屯白華門，可孤屯望仙門，元光屯章敬寺，晟以牙前三千屯安國寺，以鎮京城。斬賊黨希倩、釭等八人於市，發朱重曜尸，斬之。出士明于囚，薦於瑊。六月，癸卯，露布上行在，曰：「臣已肅清宫禁，祇謁寢園，鍾簴不移，廟貌如故。」帝覽之，涕下霑襟，群臣無不隕涕，因上壽稱萬歲，奏：「晟虔奉聖謨，盪滌兇慝。然古樹動，力復都邑者有之，至於宗廟不震，市肆不易，長安人不識旗鼓，自三代以來，未有也。」帝曰：「天生晟，爲社稷萬人，豈獨爲朕哉！」又問：「誰爲辭？」對以掌書記吴人于公異，帝咨嗟久之。泚將奔吐蕃，其衆緣路散亡，迷失道，問野人，對曰：「朱太尉耶？」源休曰：「漢皇帝也。」曰：「天網恢恢，走將安所？」泚怒，欲殺之，乃逸。比至涇州長武城，纔百餘騎。希鑒及將楊澄閉城登埤拒之。泚曰：「汝節，吾所授，柰何臨危相負乎！」焚其門。希鑒投節火中，曰：「還汝

〔二〕「者」，底本作「二」，今據《舊唐書·李晟傳》改。

〔三〕按：「己亥，晟進屯延秋門」，今據《新唐書·渾瑊傳》，戊戌日，渾瑊等克咸陽後，進屯延秋門，非李晟在長安事，《燕史》疑誤。

節！」泚舉軍哭，城中望見其子弟亦哭。宋膺曰：「某妻哭，斬矣！」衆止哭。泚更舍於逆旅，復遣梁廷芬入見，曰：「公殺一節度，今雖歸順，天子必不容。何如納朱公，共成大事乎！」希鑒陰可之。廷芬出報，泚悦，遣復往，請授平章事〔二〕，不從，廷芬不復入。泚獨與范陽親兵三千及宗族賓客北趣驛馬關，寧州刺史夏侯英開門，陣而待，泚不敢入，因保彭原西城屯。廷芬與泚腹心朱惟孝夜射泚，墜窖中，韓旻、薛綸、高幽嵒、武震、朱進卿、董希芝共斬之，使膺傳首以獻。泚死年四十三。惟不獲朱遂，傳爲野人所殺，或云與泚壻金吾將軍馬悦走黨項，數月得入幽州。令言爲涇州卒殺，以降於希鑒。休、子平自寧州奔鳳翔，楚琳斬之。甲辰，皆傳首行在。帝命贄草詔賜堿，使訪求奉天奔亡内人，給裝，使赴行在。贄諫曰：「大難始平，而百役疲瘵之甿，重傷殘廢之卒，皆忍死扶疾，想聞德音。以大臣馳傳，迎復神主，修飭郊丘，展禋享之禮，中告謝之意，恤死義，犒有功。崇進忠直，優問耆耄，定反側，寬脅從，官失職，復廢業。若葺宫室，治服玩，耳目之娱，巾櫛之侍，皆宜後之。且内人當離潰，或爲將士所私。昔人掩絶

〔二〕「平」，底本作「本」，今據《舊唐書·朱泚傳》改，

纓[一]，飲盜馬，豈忘其愛耶？知爲君之體然也。而乃首訪内人，非所以副維新之望。」遂不降詔，竟遣中使諭瑊求之[二]。乙巳，詔吏部侍郎班宏充宣慰使[三]，入京城勞問將士，撫慰烝黎。初，泚號其宅曰「潛龍宫」，悉移内庫珍貨瓌寶以實之。識者曰：「《易》『潛龍勿用』，此敗徵也。」無幾，百姓剽奪，泚在不能止。府庫爲泚用不貲，至是尚有餘蓄，人皆追怨致亂，由有司暴斂云。丙午，晟斬受泚寵任者崔宣、洪經綸、彭偃、杜如江、吴希光等十三人于安國寺前。又表守節不屈者劉迺、趙曄、蔣沇、程鎮之、薛岌等，迺贈禮部尚書，謚貞惠，曄贈華州刺史，京杲贈太子少保，拜蕭定太子少師，沇拜騎散常侍。己酉，拜晟司徒，兼中書令，實封千户；元光、可孤加檢校左右僕射，實封各五百户。以希鑒檢校御史中丞，爲涇原節度使。癸丑，詔改梁州爲興元府，加尹震檢校尚書左僕射，實封二百户。甲寅，拜瑊侍中，實封八百户。遊瓌、休顔加檢校左右僕射，實封四百、二百户有差。行在左右廂兵馬使令狐建、時常春，並加散騎常侍。丙辰，禽忠臣於樊川，年六十九，并斬其子而籍没之。晟奏：「僞署同惡抵法家，所没財物、牛馬、

[一]「絶」，底本作「袍」，今據福建本、北大本、《舊唐書·陸贄傳》、《新唐書·陸贄傳》改。
[二]「瑊」，底本作「誠」，今據《新唐書·陸贄傳》改。
[三]「宏」，底本作「宋」，今據福建本、《舊唐書·德宗紀上》、《通鑑》卷二三一改。

奴婢，請以賞軍。」從之。惟李日月母得貸。懷光送歸朝於興元，伏誅。帝問贄：「今鳳翔有迎駕諸軍，形勢甚盛，欲因此代楚琳，何如？」對以：「如此事同脇執，以言乎除亂則不武，以言乎務理則不誠。輦路所經，首行脅奪，易一帥而虧萬乘之義，得一方而結四海之疑[一]。用是時巡，後將安入！謂之權也，不亦反乎！不若奠枕京邑，徽授一官，彼喜於恩宥，將奔走不暇，安敢輙有旅拒，復勞誅鉏哉！」戊午，車駕發興元。晟綜理攝署，以備百司，遣詵將兵三千至寶鷄清道[二]，請自至鳳翔迎扈，不許。七月，丙子，車駕至鳳翔[三]，斬喬琳、張光晟、蔣鎮、蔣鍊、李通等。晟條受賊寵可免死者，以琳七十餘，憫其衰老，請減死。帝以其：「累經重任，頓虧臣節，自受逆命，頗聞譏誚悖慢之言，背義[四]，固不可捨。」琳臨刑，嘆曰：「以七月七日生，而亦以此日死，豈非命歟！」晟愛光晟才，且以滅泚頗有力，欲表用之，俾令歸私第。每大宴會，就令坐，元光怒曰：「吾不能與反虜同坐！」拂衣去。晟乃拘之私第，詔不可原，乃殺之。蔣氏父、

〔一〕「疑」，底本作「宜」，今據《通鑑》卷二三一改。
〔二〕「詵」，底本作「銑」，今據福建本、北大本、《舊唐書·李晟傳》、《新唐書·李晟傳》改。
〔三〕「迎扈，不許。七月，丙子，車駕至鳳翔」，底本脱十三字，今據福建本、北大本、《通鑑》卷二三一補。
〔四〕「背」，底本作「皆」，今據《舊唐書·喬琳傳》改。

叔免安、史之誅，而其兄弟並僇，家門以潰。源休三子，同斬東市。員外郎李華僞署爲鳳閣舍人〔一〕，三司類例減等，從輕貶官〔二〕。晟在渭橋，熒惑守歲，久之乃退。賓佐皆賀，曰：「熒惑退舍，皇家之福也！宜速進兵。」晟曰：「天子野次，臣下知死敵而已。天象高遠，誰得知之！」既克長安，乃謂之曰：「曏非相拒也，兵不可使知耳。蓋五星盈縮無常，萬一復來守歲，吾軍不戰自潰矣！」皆謝非所及。桑道茂果污僞官，與逆徒縛旗下，將就刑，出晟衫及書以示，晟爲奏原之。丁丑，令所司具凶禮，葬泚所殺宗室七十七人，收殮於净域寺。壬午，至長安，瑊、遊瓌、休顔以其衆扈從，晟、元光、可孤以其衆奉迎，步騎十餘萬，旌旗數十里，都民僧道歡呼感泣。晟戎服謁見於三橋，先賀平賊，後謝收復之晚，伏路左請罪。帝駐馬慰撫，爲之掩涕，命給事中齊映起之，左右扶上馬。郭晞以中丞居父喪，值泚亂，南走山谷。賊舁致之，欲污以官，佯瘖不答，賊露兵脅〔三〕，不動。數以城中事貽書於晟，既而奔奉天。又逼署檢校左散騎常侍曖官，辭以

〔一〕按：「員外郎李華僞署爲鳳閣舍人」，今據《舊唐書·文苑傳下·李華傳》、《新唐書》卷二〇三《文藝傳下·李華傳》，此是唐玄宗安史之亂時事，《燕史》疑誤。

〔二〕「貶官」，底本脱二字，今據《舊唐書·文苑傳下·李華傳》、《新唐書·文藝傳下·李華傳》補。

〔三〕「露」，底本作「路」，今據《新唐書》卷一三七《郭晞傳》改。

居喪被疾。曖尚昇平公主，公主坐事，留禁中。曖與兄及公主逃行在，帝即免主罪，進曖金紫光禄大夫，實封五十户，尋遷太常少卿。晞改太子賓客。以扈從山南功，乃擢曙等金吾大將軍，建等爲禁軍將軍，寵遇甚厚。李惟簡封武安郡王，朱士明封東陽郡王。是時，張薦擢左拾遺，奚陟改太子司議，庾河終兵部郎中，柳晟爲原王長史。柳載至梁州，加左散騎常侍，上言：「頃爲狂賊點穢，臣實耻稱舊名。」矧載字文從戈，非偃武所宜，請改爲渾。」制可。崔祐甫妻王氏陷泚中，泚嘗與祐甫同列，雅重其爲人，乃遺繒帛穀粟。王氏受而緘之，至是，具陳其狀以獻，士君子益重祐甫家法。帝發吐蕃以討泚，許成功以伊西、北庭地與之。泚誅，吐蕃來求地，帝欲召兩鎮節度還，與之，以左散騎李泌言而止[二]。辛卯，御丹鳳樓，大赦天下，贈晟父欽太子太保，母王氏代國夫人，賜永崇里第、涇陽上田、延平門之林園、女樂八人。甲午，入第，命京兆府供帳酒饌，賜教坊樂具，鼓吹迎導，宰臣節將送之，京師以爲榮觀。又御製《紀功碑》，俾皇太子書之，刊石立於東渭橋。又令太子書碑詞，賜之。帝每閒日，宫中輒宴功臣，賞賜豐渥，晟爲首，瑊次之，諸將相又次之。八月，辛丑，詔曰：「贈太尉秀實，授乎貞烈，激其頹風，

[二]「泌」，底本作「佖」，今據福建本、《通鑑》卷二三一改。

蒼黄之中，密藴雄斷。將紓國難，詭收寇兵，撓其兇謀，果集吾事。挺身徑進，奮擊渠魁，英名凛然，振邁千古。宜差官致祭，并旌表門閭，緣葬所須，一切官給。仍於墓所，官爲置廟立碑，以揚徽烈。」蔡廷玉子少誠等適終喪，晟表丐追贈廷玉，并官二子。帝方招滔，寢其事，遂已。壬寅，希烈殺太師顔真卿，怒其弟希倩之誅也。晟以涇州倚邊，屢害軍帥，奏請往理之。癸卯，樓煩郡王瑊改封咸寧郡王，合川郡王晟改封西平郡王，晟兼鳳翔隴右節度使及四鎮北庭涇原行營副元帥，實封千五百户。時楚琳入朝，晟請與俱至鳳翔斬之，以懲逆亂。帝以新復京師，務安反仄，不許。甲辰，以楚琳爲左金吾衛將軍，韋臯爲左金吾衛大將軍，杜希全、唐朝臣各爲節度使〔一〕。丙午，晟至鳳翔，治殺鎰之罪，斬裨將王斌等十餘人。戊申，以休顔爲左龍武統軍。九月，庚午，賜瑊大寧里第，并女樂五人，詔宰臣節將賜樂饋贈，如送晟入第故事。休顔、元光亦賜甲第女樂。十月，戊辰，復以宦官分典禁旅。自魚朝恩誅，代宗不復使典兵。帝即位，委白志貞，得罪，復以宦官竇文場代之，從幸山南，兩軍稍集。還長安，頗忌宿將握兵多者，稍稍罷之，乃以文場監神策軍左廂兵馬使，王希遷監右。宰相蕭復常言：「宦官自艱難以來，多爲

〔一〕「全」，底本作「金」，今據《舊唐書・德宗紀上》、《通鑑》卷二三一改。

監軍，恃恩縱横。此屬但應掌宫掖事，不宜委以兵權國政。」帝不悦，踈之，出爲宣慰使。此令宦官握兵柄，終唐不爲復奪矣。閏月，丙子，以希鑒爲衛尉卿。丁丑，晟至涇，并其子及黨石奇等三十餘人伏誅，討其殺河清也。贈河清尚書左僕射，再贈太子少傅〔一〕。况拜太子中舍人，未賞功，歲饑餓死。十一月，乙丑，蕭復以使江南還，與宰相同對訖，復獨留，奏曰：「陛下自返宫闕，勳臣已蒙官爵，唯旌善懲惡，未有區分。陳少遊將相之寄最崇，首敗臣節；韋皋名宦最卑，特建忠義。請令皋代少遊，則天下明然知逆順之理。」帝許之，復罷不果。十二月，戊子，以吏部郎中崔造爲給事中。造爲建州刺史，聞泚亂，馳檄比州，發部兵二千以待命，帝嘉之。召還京師，至藍田，以舅源休同逆，疏請罪。帝以爲有禮，下詔慰勉而擢之。自貞元後，累朝凡赦書節文褒奬忠烈，必以秀實爲首。其子伯倫〔二〕，官至太子詹事。彭偃子充符得不死，辟鄜坊府。或薦其能，召還京師。庫部員外郎孔戣謂京兆尹裴武曰：「泚所下詔，指斥乘輿，皆偃爲之。悖逆之子，不鳥竄獸伏〔三〕，乃干譽求進乎？子盍效季孫行父逐莒僕，以勉事君者。」武遂逐充符。

〔一〕「少」，底本作「太」，今據《新唐書·馮河清傳》改。
〔二〕「伯」，底本作「朝」，今據《舊唐書·段秀實傳》、《新唐書·段秀實傳》改；以下徑改，不注。
〔三〕「獸」，底本脱，今據《舊唐書》卷一五四《孔戣傳》、《新唐書》卷一六三《孔戣傳》補。

憲宗元和四年[一]，八月，癸卯，贈太師李晟，贈太尉段秀實，宜配享德宗廟庭。

文宗太和二年[二]，正月，甲子，伯倫奏：「有司奉敕，爲先臣秀實置廟立碑，今月行升祔禮[三]。」詔曰：「秀實忠衛宗社，功配廟食，義風所激，千載凜然。間代勳力[四]，須異等夷。宜賜綾絹百五疋，以度支物充。仍令所司供少牢，并給鹵簿人夫，兼太常博士一人檢校。」尋加伯倫檢校左散騎常侍，兼殿中監。九年，歷太僕卿，卒。宰臣李石奏曰：「伯倫，秀寔之子。自古歿身以衛社稷者，無如秀實賢。」帝憫然曰：「伯倫宜加賻贈。」仍輟朝一日，以禮忠臣之嗣。孫嶷，右金吾衛大將軍，封西平郡公。甘露之變，當誅宰臣，裴度奏忠臣後，宜免，貶循州司馬[五]。

〔一〕「憲宗元和」，底本作「文宗太和」，今據《舊唐書·憲宗紀上》、《李晟傳》、《新唐書·李晟傳》改。
〔二〕「文宗太和二年」，底本作「五年」，今據《舊唐書·段秀實傳》補改。
〔三〕「月」、「升」，底本作「日」、「外」，今據《舊唐書·段秀實傳》改。
〔四〕「力」，底本作「烈」，今據《舊唐書·段秀實傳》改。
〔五〕按：《燕鎮記三》卷末無「郭造卿曰」。

燕鎮記四

郭造卿曰：恒定深趙，冀易滄棣，土宇昄章，易燕所係。《禹貢》既載，于州曰冀，北宸幽陵，丘而爲鄚。壯哉爾居，帝者之制，軍名成德，人豈不義。藩臣顧之，爾心毋貳，乃距乃降，以罷以置。七析而三，三裒而四，如翦如伐，有苞有肆。金膚玉符，帶礪奕世，卓矣承元，靖共以俟。訖唐四姓，代有十二，其黨則同，非群斯異。王臣爲權，罹殃而熾，曷俾厥仇，爰及苗裔。國步孔艱，載跋載疐，亦有順守，武順作媒。孰無畔援，晉梁交質，王氏訖矣，燕孽是弑。又入於唐，終風且壇〔一〕。北都中京〔二〕，中國所嬰，族類益非，用是容誌。

肅宗寶應元年，十一月，丁酉，置成德軍於恒州，賜李寶臣鐵券，授開府儀同三司、檢校禮部尚書、恒州刺史，兼御史大夫、清河郡王，仍節度使，總成德軍。寶臣，范陽屬奚張忠志也，字爲輔〔三〕。初事安、史，爲恒陽節度使，統有趙、恒、深、定、易五州。

〔一〕「壇」，底本作「都」，今據福建本改。
〔二〕「北都中京」，底本脱四字，今據福建本補。
〔三〕「爲輔」，底本作「輔本」，今據《新唐書·藩鎮鎮冀傳·李寶臣傳》改。

歸正，賜鐵券，許不死，及賫予不貲。又賜姓名，贈曾祖素左驍衛大將軍，祖越左金吾衛大將軍，父佶左武衛大將軍。其帳下契丹人王武俊，爲先鋒兵馬使。奚人張孝忠，爲飛狐、高陽二軍使。二人皆賜名也。武俊本名没諾干，字元英。孝忠本名阿勞，以字而賜之。寶臣並愛其驍勇，以妻妹妻孝忠，以女妻武俊長子士真。二人語在《安史記》，後並領鎮。

代宗廣德元年，閏[一]。五月，丁卯，制分河北諸州[二]，成德所管如故。無何，增領青淄之冀州。

永泰元年，冀州之武强、瀛州之博野、樂壽屬深州。

大曆三年，三月，壬申，割定州之鼓城、趙州之欒城屬恒州。恒州行唐縣置泜州，以靈壽、恒陽隸之。閏六月，庚午，加寶臣右僕射。幽州兵馬使朱希彩殺節度使李懷仙[三]，自稱留後。遣將討之，爲敗，乃以希彩爲留後，而厲寶臣以官爵。

九年，廢泜州，以恒陽屬定州。

[一] 按：今據《通鑑》卷二二二，廣德元年閏正月，「閏」下，《燕史》應有脱文。

[二] 「制」，底本作「剖」，今據《通鑑》卷二二二改。

[三] 「仙」，底本作「先」，今據《舊唐書》卷一四三《李懷仙傳》、《新唐書·藩鎮盧龍傳·李懷仙傳》、《通鑑》卷二二四改。

十年，二月，以魏博節度使田承嗣反，請討之。時寳臣步卒五萬，馬五千，勇冠河朔諸帥。加以六州自給，軍用殷積，招亡命，繕兵仗，不禀朝旨，自補官吏，私王賦。恒本石城，因滹水灌而拓之，屹然雄諸鎮。天寳中，天下州郡皆治銅爲玄宗像，置祠擬佛刹。及安、史亂，賊部悉鎔之，而恒獨存，故見寵異，加賜實封百户。初，與平盧節度使李正己皆爲承嗣所易。弟寳正爲承嗣婿，在魏州，與其子維擊鞠，馬駭，觸維死。承嗣怒而縶之以告，寳臣謝教不謹，緘杖使示責，承嗣遂鞭殺之，由是交惡。及其拒命，陷相州，與正己更言可討狀。帝因其相圖，勢離而易制，從之。四月，會諸道兵前臨魏博，及太原兵攻其北。六月，辛未，魏將裴志清攻冀州，以其衆降。甲戌，承嗣自將圍冀州，寳臣使高陽軍使張孝忠將精兵四千禦之，出上谷，屯貝丘。承嗣見其整肅，嘆曰：「張阿勞在焉，冀州未可圖也！」寳臣大軍繼之，承嗣燒輜重遁。孝忠謹重，深受委任，屯易，甚著威惠，統制十餘年，故魏兵自卻焉。九月，丙辰，會正己于棗强，進圍貝州，承嗣救之。兩軍各享士，頒優賞，寳臣軍厚而正己頗觳，士卒咄咄怨望。正己懼變，即引退。寳臣亦退，而與幽州留後朱滔攻承嗣之滄州。田庭玠守之，不克。是月，月暈〔一〕，昴、畢中有黑氣，乍合乍散，占曰「趙地連兵」。自此，世爲强鎮所據矣。十月，承嗣腹心將盧子期攻磁州〔二〕，城將陷，寶臣與昭義留後李承昭往救，大敗之於清水，擒送京師。河南諸將又大破魏田悦於陳留。承嗣弟廷琳守貝州，遣高嵩巖將兵三千戍宗城。孝忠破而斬之，逸所執將四十餘人〔三〕。會王武俊執子期而洺、瀛降，承嗣大懾，求解，不許，乃紿正己，止其兵。帝嘉寶臣擒子期功，遣中使馬承倩詔勞之〔四〕，將還，寶臣詣館，遺百縑。承倩詈詬，擲于道，寶臣顧左右慚。還休府中，獨武俊佩刀立於門下，語之故。召入，解刀與語，曰：「見向者頑豎乎？」武俊曰：「今趙新戰立功，豎子尚爾，倘寇平後，以幅詔召歸闕下，則一匹夫耳。不如釋魏爲資，上策也。」寶臣曰：「趙、魏有釁，可推心腹哉？」對曰：「勢同患均，欬唾間，轉寇讎爲父子矣。」遂有玩寇意。承嗣知寶臣少長范陽〔五〕，爲故里，而心欲得之，刻石爲讖云：「二帝同功勢萬全，將田作伴入幽燕。」二帝，指寶臣、正己也。密瘞之境内，使望氣者云：「此中有王氣。」

〔一〕「月」，底本作「日」，今據《新唐書》卷三二《天文志二》改。
〔二〕「磁」，底本作「邢」，今據《舊唐書·代宗紀》、《通鑑》卷二二五改。
〔三〕「將」，底本脱，今據《新唐書·藩鎮盧龍傳·李寶臣傳》補。
〔四〕「倩」，底本作「債」，今據福建本、北大本、《新唐書·藩鎮鎮冀傳·李寶臣傳》、《通鑑》卷二二五改；以下徑改，不注。
〔五〕「少」，底本作「稍」，今據福建本、北大本、《新唐書·藩鎮鎮冀傳·李寶臣傳》改。

果掘而得之。又使客諷之曰：「公與滔共取滄州，即有功，利歸天子，公於何賴？誠捨承嗣罪，請奉滄州入趙，可不勞師而致，且願取范陽自效。公將騎前驅，承嗣率步卒繼，此萬全勢也。」寶臣喜得滄州，又語與讖合，遂陰交承嗣，圖范陽，魏兵陳境上以自驗。寶臣謬謂滔使曰：「吾聞朱公貌如神，可得繪像而觀之乎？」滔圖與之，縣射堂，大會諸將，熟視曰：「信神人也！」密選精騎二千，夜馳三百里，襲之於瓦橋，戒曰：「取貌如縣射堂者。」兩軍方睦，不虞變，滔狼狽出戰而走，會衣他服免，諸將擒類滔者以歸。欲乘勝取范陽，偵其雄武軍使劉怦留守有備〔二〕，不敢進。承嗣聞幽、恒釁成，而旋軍入堡，使告寶臣：「河內有警，不暇從公。石讖，吾戲爲耳！」寶臣慚怒而退，以孝忠爲易州刺史，分精騎七千以備滔，尋授太子賓客，兼御史中丞，封范陽郡王。

十一年，十二月，丁亥，寶臣以太子太傅、檢校尚書左僕射封隴西郡王，而檢校司空、同中書門下平章事，名位既高，又擅七州，陰畜不臣心。與平盧、魏博及襄州節度使梁崇義根據蟠結，雖奉朝廷而不遵法令，若異域。恒、定、趙三州地震〔三〕。冬無雪〔三〕。

〔二〕「怦」，底本作「平」，今據福建本、《通鑑》卷二二五改。
〔三〕按：「恒、定、趙三州地震」，今據《新唐書》《代宗紀》、《五行志二》，此事在大曆十二年，《燕史》重出。
〔三〕按：「冬無雪」，今據《新唐書·代宗紀》，此事在大曆十二年，《燕史》疑誤。

十二年，冬，恒、定、趙三州地大震，三日乃止。束鹿、寧晉地裂數丈，沙石隨水流出平地，壞廬舍，壓數百人。

十三年，八月，甲戌朔，李寶臣請復姓張，許之。

十四年，二月，癸未，田承嗣死，以其兄子悅爲留後。初，承嗣與正己、崇義、寶臣約，期以土地傳子孫，寶臣大悅，力請從之。四月，癸未，復賜寶臣姓李。既請復姓，又不自安，乃更請賜姓，其驕恣如此。五月，嗣帝即位，拜司空，兼太子太傅。子三：惟誠、惟岳、惟簡，而惟岳以嫡子爲行軍司馬、恒州刺史。年少而暗懦，欲傳以軍府，恐諸將不伏。暮年益多猜忌，殺大將辛忠義、盧俶，刺史深州張獻誠、定州張南容、趙州張彭老、冀州許崇俊等，至有十餘人同日死者，凡二十餘人，沒其家，諸將攜貳。召張孝忠於易州，不至，使其弟孝節諭旨。孝忠復命曰：「諸將何辜，連頸受戮。今亦懼死，不敢往，亦不敢叛，猶公不覲，而無他志也。」孝節泣曰：「兄不行，吾歸死矣。」曰：「偕往則併命，吾在而無患也。」乃歸，果不之罪。武俊位卑，而以勇特親愛。士真少驍悍冠軍[二]，沈謀有斷，以壻爲帳中親將，復厚結其左右，故武俊與孝忠無遠近得免

[二]「驍」，底本作「騎」，今據福建本、《舊唐書》卷一四二《王士真傳》改。

焉。時深州東鹿縣中有水影，長七八尺，遥望見人馬往來，如在水中。及至前，則不見水，此兵孽也。

德宗建中元年，九月，滹沱横流，自山而下，轉石折樹，水高丈餘，苗稼蕩盡。冬無雪。

二年，正月，戊辰，寶臣卒。妖人知其志異，言終有天位，乃爲符瑞及鐫名字於石。寶臣深室清齋蔬食，築壇，置金匜、玉斝、銀盤，承仙液。又僞刻石爲印，金填文字，檄告境内云：「靈芝朱草，王者之瑞，輒生壇上，香滿院中。靈石呈祥，天符飛應，甘露如蜜〔二〕，神酒盈杯。匪我所求，不期自至，宜令知悉，同爲喜慶〔三〕。」將吏無敢言者。妖人復言：「當有金箱玉印自天下，大寶，天所授，四方不戰而臣。」寶臣大悦，厚賚金帛，而妖人且云：「飲甘露湯，即天神降。」飲之失音。素善孝忠，指北而已，三日卒，年六十四。或云妖人慮詐洩，置堇毒之也，悉誅。孔目官胡震、家僮王他奴勸惟岳匿喪二旬餘，詐爲寶臣表，求襲。不報，遣給事中班宏往問疾，且諭之。厚賂，不受，還報。

〔二〕「蜜」，底本作「密」，今據《通鑑》卷二二六胡三省注引《燕南記》改。
〔三〕「喜」，底本作「善」，今據《通鑑》卷二二六胡三省注引《燕南記》改。

乃發喪，自爲留後，使將佐共奏求旌節。帝欲革前弊，不許。田悦屢爲之請，不得。朝臣或諫曰：「惟岳據父業，不因而命之，必亂。」帝曰：「賊本無資爲亂，皆借我土地，假我位號，以聚其衆耳。曏日因所欲而命之多矣，其亂不已，是爵命適足以長亂也。其必亂者，命不命等耳。」竟不許。悦乃與正己潛謀惟岳，勒兵拒命。成德判官邵真事寶臣，掌文記，泣諫曰：「先公位將相，受國恩甚厚。大夫衰絰中，遽欲負國而違命乎？魏近爲與國，絶之則速禍，請厚禮遣其使，徐更圖之。齊遠而交疏，械其使者送京師〔一〕，且請討之。朝廷嘉大夫忠，則旄鉞庶幾可得矣。」惟岳然之，使草奏。長史畢華曰：「先公與二道結好二十餘年矣，奈何棄之！一旦且執其使，朝廷未必見信，而彼來襲，孤軍何以待焉！」惟岳又從之。前定州刺史、清江郡王谷從政，略涉儒學，有風操，爲豪傑士。父崇義，天寶末幽州大將，以雄敢聞。歷左金吾衛大將軍，遂客薊門。寶臣、孝忠妻，皆其女兄弟也〔二〕，故從政爲舅氏。有膽略，頗讀書，武俊等敬憚之。寶臣初倚任，晚稍疏忌，從政闔門謝交游。惟岳亦忌之，不與圖事，日夜與他奴等計議，多散金帛以悦

〔一〕「使」，底本作「死」，今據《通鑑》卷二二六改。
〔二〕「女兄弟」，底本作「壻」，今據《新唐書·儒學傳上·谷從政傳》改。

將士。從政往見，曰：「今海内無事，天子神明，欲致太平，絀諸侯專地。爾輒首違詔命，必遣諸道致討。然人心難知，而天道難欺。將士受賞，皆言盡死一戰；不勝，各生離心。大將有權者乘危伺便，反取爲功，自古不少矣。且先公殺高班大將百數，其子弟欲復讐乘危相覆者，聞命帥，莫之先矣。其聞命疾驅以復仇，若虎狼之欲得獸也，必盡力後已，將何以禦之？昔田承嗣從安、史父子同叛，身經百戰，凶悍聞天下，違詔舉兵，自謂無敵。及盧子期就擒，吴希光歸國，身投零陵，指天垂泣，不知所措。賴先公按兵爲之地，而再三祈請，非先帝寬仁赦不誅，田氏豈有種乎！今悦兇獪，孰與承嗣？爾生長富貴，齒髪尚少，不更艱危，乃信左右，欲旅拒而效承嗣，大禍不立至乎？今圖久安計，不若謝辭將佐，使惟誠攝留後，爾入朝乞留宿衛。恩命决於聖志，必悦爾忠義，縱無大位，不失榮禄矣。吾亦知爾素疎忌我，顧以舅甥情急，不得不言耳！」惟岳及左右益惡之。從政復杜門移病不出，他奴等疑其怨望，日伺之〔二〕。從政懼，乃吐血，即仰藥，五日且死，曰：「吾不恨死，而痛張氏族滅矣！」惟誠者，惟岳庶兄也。以父蔭爲殿中丞，遷檢校户部員外郎，好儒術，謙裕，得衆心。寶臣愛之，委以軍事。爲正嫡，

〔二〕「日」，底本作「且」，今據《新唐書·儒學傳上·谷從政傳》改。

固讓惟岳，不受。其同母妹爲正己子納婦，故寶臣爲請復故姓。是日，惟岳送之於齊。會汴州展城，訛言東封，故正己懼，發兵萬人屯曹州。悦亦完聚爲備，與惟岳、崇義遥相應助，河南繹騷。帝命永平節度使李勉爲都統，備之。五月，惟岳定計，連兵拒命，悦遣兵馬使孟希祐將步騎五千來助。七月，詔幽州朱滔討惟岳。時正己卒，納秘之，擅領軍務。而悦爲招討使馬燧所敗，求救於納、惟岳，俱遣兵救。八月，滔軍於莫州，遣判官蔡雄説張孝忠歸正，從之，遂遣録事參軍董稹奉表詣闕，以易、定二州降，甚德滔，深相結。九月，辛酉，授孝忠檢校工部尚書、恒州刺史，兼御史大夫，充成德軍節度使，仍賜實封二百户，令與滔併力督惟岳護喪歸朝。惟岳拒命，孝義及孝忠三女在恒，悉害之。十一月，己巳，詔：「寶臣有忠勞於王室。惟岳隳墜父業，蔑棄國恩，繚經擅掌戎務，外結兇黨，益固姦謀，不孝不忠，宜肆原野。」削成德節度都知兵馬使、恒州刺史、襲高麗朝鮮郡王官爵，募所部降者[二]，赦而賞之。

三年，正月，丙寅，惟岳遣兵與孟希祐守束鹿。滔、孝忠攻拔之，進圍深州。悦亦嬰城矣。惟岳憂懼，邵真復説遣使詣河東謝燧，而密表遣弟惟簡見帝。乃斬諸將逆命者，

〔二〕「部」，底本脱，今據福建本、《通鑑》卷二二七補。

使妻父冀州刺史鄭詵權知軍事，身入朝待命。惟簡行，希祐知之，密告悦。悦大怒，使衙官扈岌讓曰：「尚書爲誰求節，而叛逆舉兵乎？敝邑雖少挫於河東，而感激士大夫乘城拒守，以爲後圖。今大夫信讒，歸罪於尚書，自求湔雪，何負而至此！幸遣希祐還軍，無遺王師禽。若能誅真以徇，則相待如初；不然，請絶。」畢華曰：「田尚書以大夫故陷身重圍，不可以一旦負。且魏雖被圍，蓄積多，未可下。齊兵强地廣，裾帶山河，而謂之東秦，險固之國也。與相持維，足抗天下。事固未可知，奈何二三其計乎！夫背義不祥，輕慮生禍。且希祐驍將，武俊善戰，前日逐滔，僅免。今合兩將，破滔必矣。惟審圖之！」惟岳素怯，見深圍未解，畏希祐還，乃對岌斬真謝之。明日，發萬人與希祐圍束鹿。武俊亦爲左右構，惜其勇而未忍除也，使率三千騎爲前鋒〔一〕。武俊私念：「我破滔，則軍大振，歸，殺我必矣。」故戰不甚力。丙寅〔二〕，大敗於城下，惟岳燒營遁。滔欲乘勝攻恒州，以孝忠不從而止。惟岳趙州刺史康日知與别駕李濯及部將百人〔三〕，啐牲血共盟固州。閏月，乙未，歸正。武俊益爲疑，甚懼，未嘗接賓客，貶損導從僅一二。或

〔一〕「鋒」，底本作「綘」，今據福建本、北大本、《通鑑》卷二二七改。
〔二〕「丙」，底本作「戊」，今據《舊唐書·德宗紀上》、《新唐書·德宗紀》、《通鑑》卷二二七改。
〔三〕「濯」，底本作「淮」，今據《新唐書》卷一四八《康日知傳》改。

謂惟岳曰：「先君以腹心委武俊，使之佐大夫，士真又屬肺腑。今披肝膽，恃此耳。且危難當可使，勇冠三軍者其誰？乃復加猜阻，而使之如日知乎？」惟岳曰：「我待之自厚〔二〕，不獨先公遺旨也。」由是無疑。乃使步軍將衛常寧兵五千，與武俊騎八百，共擊趙州。又使士真將府中兵自衛。武俊既出恒州，謂常寧曰：「大夫溺讒，吾朝不圖夕。今幸身出虎口，安能顧妻子屠滅，而復持頸就刀哉！勝否不歸恒，其歸張尚書乎！」常寧與副李獻誠曰：「大夫暗弱，信任左右，其勢終爲滔滅，則鎡基爲隣人奪矣。君不聞詔書乎，斬大夫首，以所官爵授。況其狂惑易圖。中丞素爲衆服，與其出亡，授地于人，曷若倒戈而取馘，轉禍福於反掌乎！有如不捷，歸張未晚也。」武俊然之。日知使客謝曰：「惟岳孱而寡謀，豈足與共安危哉！所恃魏博爲援。前歲悅血𡑞邢，壕可浮，不能殘其半堞。況吾城固士和，引歲其能下乎？」又紿爲臺檢示曰：「使者齎詔諭中丞，柰何負天子而從小兒哉！」武俊信之。會惟岳使要藉謝遵至壁議事〔三〕，引之同謀，使內應。遵還，密告士真。甲辰，武俊、常寧自趙州引兵還，遵與士真矯命，啟城門納之。黎明，

〔二〕「厚」，底本作「後」，今據福建本、《舊唐書・王士真傳》改。
〔三〕「議」，底本作「義」，今據福建本、《新唐書・藩鎮鎮冀傳・李惟岳傳》改。

帥數百騎突入府門，遣裨校虞候任越劫惟岳〔二〕，曰：「大夫與齊、魏同惡，今魏兵已敗，齊爲趙州所限，幽州兵近在定，三軍且救死。聞有詔召大夫，宜亟歸。」惟岳惶遽出，士真應于内，殺十餘人。武俊令曰：「大夫叛逆，將士歸順，敢拒者族！」衆莫敢亢，遂殺詵、他奴、長慶等二十餘人，以惟岳舊使子，欲生送之長安。常寧曰：「彼見天子，將復以叛逆歸咎於中丞。」乃使任越牽出〔三〕，縊之戟門下。士真傳首京師，遣判官孟華與俱。華忠直有才略〔三〕，帝問河朔利害，應對慷慨稱旨，擢檢校兵部郎中，兼侍御史。武俊表邵真忠，贈户部尚書，其息吕，擢冀州長史〔四〕。惟岳初叛，惟簡以家僮票士百餘奉母鄭奔京師〔五〕，拘於客省。及赴奉天難，始得擢用，語在《朱泚記》中。深州刺史楊榮國，惟岳姊夫也，降於滔，受而代之矣。二月，戊午，定州刺史楊政義降。甲戌，給復易、定、深、趙、恒、冀六州三年，赦吏民爲迫脅者。甲子，武俊以檢校太子賓客授檢校秘

〔二〕「裨」，底本作「押」，今據福建本、北大本、《新唐書·藩鎮鎮冀傳·李惟岳傳》改；「候」，底本脱，今據《舊唐書·李惟岳傳》補。
〔三〕「出」，底本脱，今據《新唐書·藩鎮鎮冀傳·李惟岳傳》補。
〔三〕「直」，底本作「真」，今據福建本、北大本、《通鑑》卷二二七改。
〔四〕「長」，底本作「剌」，今據《新唐書·藩鎮鎮冀傳·李惟岳傳》改。
〔五〕「票」，底本作「廪」，今據福建本、《新唐書·藩鎮鎮冀傳·李惟簡傳》改。

書少監，兼御史大夫、恒州刺史、恒冀都團練觀察使〔一〕，實封五百户；士真爲副大使，而罷成德軍。日知爲趙州刺史、深趙都團練觀察使，實封二百户。孝忠檢校兵部尚書，爲易定滄三州節度使。時趙州寧晉縣仁孝里沙河北棠樹甚茂，百姓禱之爲神。忽有群蛇數千自東南來，趨北岸〔二〕，集棠樹下，爲二積〔三〕，留居南岸者爲一。俄有三龜徑寸，繞行積傍，積蛇盡死，而後各登其積。此分鎮應之也。武俊素輕孝忠，又以手誅惟岳，功在日知上，不節度而團練與並，且怒失趙、定二州，又詔粮三千石給滔，馬五百匹給燧，以朝廷不欲故人爲節度，魏博既下，必取恒冀，故分其勢以弱之，益疑懼，不奉詔。滔亦怨失深州。悦聞之，而得間，使王侑、許士則説滔及武俊。滔以深州歸武俊，語在《盧龍記》。二鎮遂連兵救魏，悦爲燧等及昭義、河陽、神策等兵敗於洹水，勢蹙而復振。四月，庚申，詔中使發幽、恒等兵萬人討魏。武俊不受詔，執使者送滔。以士真爲恒冀深三州留後，將兵圍趙州；自將步騎萬五千取元氏，東趨寧晉，會滔。帝遽遣孟華歸，爲團練副使，諭旨至而師出。華諫曰：「大夫不觀安、史乎？當未覆滅時，自謂天下可

〔一〕「使」，底本脱，今據福建本、北大本、《舊唐書》《德宗紀上》、《王武俊傳》、《通鑑》卷二二七補。
〔二〕「趨」，底本作「起」，今據《太平御覽》卷九三三改（臺灣影印清乾隆文淵閣《四庫全書》本）。
〔三〕「積」，底本作「集」，今據《太平御覽》卷九三三改；以下徑改，不注。

取，今日尚汨汨乎哉！自古力臣，未有屢立大功而不獲厚者，大夫何患焉！帝意甚厚，不日移康中丞，以深、趙歸大夫，乃何觖望失地，劇自暴棄於逆亂乎！」武俊不聽。華在幕屬，婞婞不回，同舍忌之。爲副使，尤取嫉，有言：「華陰以軍中便宜奏天子，故得超遷，而將覆吾軍矣，宜備之。」武俊惑，以舊人未忍殺，奪職，使歸私第。初，昭義節度使李抱真與燧不相能，故數逗撓，無成功。帝遣中使和解之。及武俊逼趙州，抱真分麾下二千戍邢州。燧大怒曰：「餘賊未除，宜相戮力，乃分兵自守乎！」而欲班師。神策營招討使李晟説燧曰：「奉詔東討者，吾三帥也。邢、趙比壤，今賊兵加趙，是邢有晝夜憂，李尚書分兵守之，不爲私。今公遽引歸，而衆謂公何？」燧悟，乃單騎造抱真壘，釋憾而結歡。會燧之洺州刺史田昂請入朝，而奏以洺州隸抱真，請磁州刺史盧玄卿爲洺州刺史，兼充魏博招討使副。晟軍先隸抱真，抱真請兼隸燧〔二〕，以示協和。帝皆從之。五月，丙戌，武俊與滔自寧晉南救魏。辛卯，詔朔方節度使李懷光率神策兵東討，繼至，縱兵大潰滔壁，而恃勝輕進，反爲武俊及大將趙萬敵等引二千兵橫衝而敗。懷光還走壁。武俊等夜堰永濟渠，注王莽故河，絶餉道。燧計窮，而與滔素姻家，乃遣使謾

〔二〕「抱真請」，底本作「而玄卿」，今據福建本、《通鑑》卷二二七改。

謝曰：「老夫不自量，與諸公遇。王大夫善戰，天下無前，吾固宜敗。幸五郎圖之，使老夫得還河東，諸將亦罷兵，吾爲言天子，以河北地付五郎處之。」滔亦陰忌武俊勝且不制，即謂曰：「王師既敗，馬公卑約如此，不宜逼人以險。」武俊曰：「燧等皆國名臣，連兵十萬，一戰而北，貽羞國家，何面目見天子耶！彼行不五十里，必反拒我矣。」滔固許之。七月，庚子，燧至魏縣，堅壁，與懷光、抱真、晟四節度保魏橋。武俊、滔、悦亦屯其東南，隔河對壘，燧師復振。滔慚謝，嫌隙始構矣。是月，晟引兵趨趙州，士真解圍去，而屯於易、定。十一月，武俊使大將張鍾葵寇趙州，日知擊敗之，斬首上獻。晟北略恒州，圍范陽，以解趙圍。武俊如判官恒冀鄭儒、幽州李子千等議，與滔、悦僭號王。武俊國號趙，以恒爲真定府，命士真留守，兼元帥，以畢華、鄭儒爲左右内史，王士良司刑，士佑司文，士清司武，並爲尚書，士則司禮侍郎〔一〕，宋端給事中，王洽内史舍人，張士清執憲大夫，衛常寧内史監，委以軍事，皇甫祝尚書右僕射，餘以次封拜。以孟華爲司禮尚書。華從武俊至臨清，稱病還恒州。武俊令子察所爲，乃闔門謝客。武俊知不足忌，無殺意。竟不受僞職，嘔血死。常寧即謀殺武俊，腰斬。十二月，遣使詣

〔一〕按：「司禮」，《新唐書·藩鎮鎮冀傳·王武俊傳》作「司文」。

許州，勸叛節度使李希烈稱帝。

四年，正月，武俊又上表勸進於希烈。五月，朱滔有清苑之捷，還軍瀛州。武俊以其未還魏橋[一]，趣之而怒，雖得自辨，而心憾滔益甚，潛與悦謀絶滔。六月，抱真使參謀賈林詐降，見武俊曰：「是來傳詔，非降也。」武俊色動，問故。林曰：「天子知大夫宿著誠效，及登壇建國日，撫膺顧左右曰：『我本忠義，天子不察，故至是，非得已也。』諸將嘗表大夫至誠，天子見表動色，曰：『朕前事誤，悔無及矣。朋友失意尚可謝，朕爲四海主，毫芒過失，反不得自新耶！』今大夫親斷逆首，而宰相闇事宜，國家與大夫烏有細故哉！彼滔以利相動，大夫何取焉？誠能與昭義同心，曠然改圖，上不失君臣之義，下可爲子孫計。」武俊曰：「僕胡人也，爲將尚知撫百姓，况天子安天下，而專務殺人乎！今山東連兵，暴骨灌莽，雖勝誰與守？豈不欲歸國哉！業與諸鎮盟，僕性樸强，不欲曲在我。天子若刷以蕩恩，僕首倡歸命，有不從者，奉辭伐之，則上不負天子，下不負同列，河北不五旬定矣。」使林還報，陰約結。十月，涇陽師犯闕，帝幸奉天，滔兄泚潛僞，乃説武俊、悦連和，俱西應泚，且引回紇往。抱真退軍臨洺，悦説武俊與滔

[一]「魏橋」，底本脱二字，今據《通鑑》二二八補。

踵襲之。抱真遣林説武俊曰：「今洺軍精，退而前輜重，後鋭師，人心固壹，不可圖也。使戰勝得地[二]，利歸魏博，不幸喪師，恒獨受其災。今易、定、滄、趙，乃大夫故地，何不先復之乎？」武俊遂北歸，背悦約。林復激之，謂：「滔燕而稱冀，將圖冀州矣。使滔制山東，則當臣事之。」武俊既與滔隙，因攘袂而作。語在《盧龍記》。遂南修好抱真，連燧盟，猶外事滔甚謹。以泚稱尊號，遣使賀滔於河間，且請其馬寔兵，共攻趙州。壬申，攻之。十一月，不克，各引兵還，武俊歸恒州。奉天圍解。十二月，帝在奉天，使人賂武俊、悦等官爵，皆密歸欵，而未敢絶滔，各稱王如故。滔遣虎牙將軍王郅、内史舍人李琯見悦，約渡河取大梁。悦猶豫。武俊聞之，遣司刑員外郎田秀馳説之，悦意遂決。語在《魏博記》。

興元元年，正月，癸酉朔，帝在奉天，下罪己詔，大赦，命兵部員外郎李充爲恒冀宣慰使。武俊大集軍，削王號，上表謝罪。滔發范陽，與回紇兵過恒境，武俊猶大具犒享，示無他。辛卯，復置成德軍，從馬燧請，詔武俊與抱真擊滔，而以深、趙益之。詔國子祭酒兼御史大夫董晉、中使王進傑自行在至，詔授武俊檢校兵部尚書、成德節度使、

[二]「勝」，底本脱，今據《新唐書·藩鎮鎮冀傳·王武俊傳》、《通鑑》卷二二八補。

恒冀深趙四州觀察使，以士真爲副使。丙申，以康日知兼同州刺史，充奉誠軍，爲晉慈隰節度使。二月，辛酉，加武俊司空、同平章事，兼幽州盧龍節度使、琅邪郡王，令討滔，士真仍爲副使、檢校工部尚書。三月，滔以悦背之，攻貝州百餘日，遣馬寔攻魏州，經四旬，皆不下，將絶白馬津，南趨洛。懷光、希烈、納各竊據一方，羽書調發天下纔十之三〔一〕，人心惴恐。及田緒殺悦，賈林復爲抱真説武俊，從之。戊辰，武俊軍於南宫東南，抱真自臨洺引兵屯經城，兩軍相拒十里而會，尚相疑。明日，抱真以數騎詣武俊營，賓客共諫止之。抱真命行軍司馬盧玄卿勒兵以俟，曰：「吾此舉繫天下安危，若其不還，勒部北歸以聽朝命，亦惟子；勵兵東嚮以雪讐耻，亦惟子。」遂行。武俊嚴備以待之，抱真見之，曰：「泚、希烈争竊帝號，滔攻貝州，其志皆欲自肆於天下。足下既不能與競長雄，乃捨九葉天子而甘臣反虜乎？且詔書罪己，禹、湯之心也。天子蒙難，暴露播越，公能自安哉？」持之而涕縱横，武俊亦悲不自勝，左右泣，莫能仰視。遂約爲兄弟，誓同滅賊，卜日同征。武俊曰：「相公十兄名高四海，曏蒙開諭，得棄逆從順，免葅醢而享王公。今又不間胡虜，辱爲兄弟，當何爲報乎！」抱真退入武俊帳中，酣寢久之。

〔一〕「之」，底本作「二」，今據《新唐書·藩鎮鎮冀傳·王武俊傳》改。

武俊感激，待之益恭，指心仰天，曰：「此身已許十兄死矣。」遂連營而進。五月，乙亥，會于鉅鹿，距貝州一舍而軍。丙子旦，與子士清戰，背之，語在《盧龍記》。武俊善射，嘗與賓客獵，一日射雉兎九十五，觀者駭伏。是戰中流矢，尚邀滔于隘，敗之。抱真以山東蝗，食少，歸潞。武俊班師恒州。會詔復滔官爵，表讓幽州盧龍節度使，許之。六月，庚子朔，升恒州爲大都督府，即授長史。滔敗，其棣州刺史趙鎬降武俊，朝廷及德州以賜之。滄州節度使程日華初以武俊拒命招之，給留其馬二百疋，至是，以其歸國，反馬直，復通好。七月，壬午，車駕自梁州至長安，以懷光叛，南狩而返，寵遇武俊益厚，子孫雖襁褓，悉官之。九月，乙亥，加檢校司徒，賜實封五百户，以破滔功也。閏十月[二]，乙亥，以恒冀螟蝗爲灾，賜米五萬石。

貞元元年，七月，辛亥，加王士真爲德棣都團練觀察使、檢校兵部尚書、清河郡王、成德節度副使。武俊丁母憂，起復加左金吾上將軍。免喪，加開府儀同三司。子士平，以父勳補原王府諮議，選尚義陽公主，加秘書少監同正、駙馬都尉。

六年，二月，丁酉，趙鎬以棣州降李納。鎬有罪，武俊召之不往。田緒以兄朝在淄

〔二〕「閏」，底本脱，今據《舊唐書·德宗紀上》補。

青，懼納。緒之從判官孫光佐謀賂納[二]，招鎬以邑降而悅之。三月，武俊使士真擊之，不克。五月，武俊屯冀州，將擊鎬。鎬奔鄆州，納分兵據之。緒使光佐如鄆州，矯詔以棣州隸納。武俊怒，遣士清伐貝州，取經城等四縣。帝屢詔納以棣州歸武俊，納遷延，請易以海州，帝不許。乃請詔武俊先歸緒四縣，帝從之。十二月，納始以棣州歸武俊。

七年，趙州柏鄉民李崇貞家黃犬乳犢。

八年，十一月[三]，武俊引兵屯德、棣，將取蛤蝝、三汊城，聞詔，遂還師。語在《平盧記》。

九年，四月，丁丑，削海州團練使張昇璘而杖之。義武節度使昇雲弟，納婿也。以公座罵武俊而奏之，因而遣兵襲取義豐，掠安喜、無極萬餘口，徙之德、棣。語在《義武記》。

十年，四月，恒州巨人跡見。六月，壬寅朔，昭義節度使李抱真卒，其子殿中侍御史緘與抱真從甥元仲經謀，不發喪，詐為抱真表，求襲。又詐為書，遣裨將陳榮詣武俊，

[二] 「緒」，底本作「納」，今據《新唐書·藩鎮魏博傳·田悅傳》、《通鑑》卷二三三改。
[三] 「一」，底本作「二」，今據《通鑑》卷二三四改。

假貨財。武俊怒曰：「吾與乃公善者，恭王命，非同惡也。今聞乃公已亡，誰詐其子使不俟朝制邪？」囚縈，既而使歸，質責緘。是年，深州置永寧軍。

十二年，正月，乙丑，加武俊檢校太尉，兼中書令，得建宗廟京師，有司供擬。

十六年，五月，壬子，徐泗濠節度使張建封卒，子愔爲軍中脅，主留事。平盧李師古將乘喪復故地，愔大懼。武俊擁兵觀釁，徐掌書記馮宿以書説曰：「張公與公爲兄弟，欲共力驅兩河歸天子，天下莫不知。今張公不幸，幼兒爲亂兵脇，内則誠欵隔絶，外則强寇侵逼，公安得坐視乎哉？誠能奏天子不忘舊勳，赦愔罪，使束身自歸，則公有靖亂功及繼絶之德矣。」武俊悦，即表聞，授愔留後。

十七年，六月，丁巳，武俊卒，年六十七。輟朝五日，群臣詣延英門奉慰，如中書令渾瑊故事。詔左庶子上公持節册贈太師，賻絹三千匹、布千端、米粟三千碩。太常謚曰威烈，帝曰：「武俊竭忠奉國，宜賜忠烈。」子四：士真、士清、士平、士則。七月，辛巳，授士真左金吾衛大將軍、恒州大都督府長史，充成德軍節度、恒冀深趙德棣等州觀察等使，尋檢校尚書左僕射。

順宗永貞元年，三月，戊子，進檢校司空。士真佐父立功，備歷艱險，得位之後，恬然守善，雖自補屬吏，賦不上供，然歲貢貨財[一]，名爲進奉者，亦數十萬。若趙萬敵，以騎將健鬭聞燕、趙，而使之入朝。比幽、魏，最恭順。

憲宗元和元年，正月，壬午，加士真同平章事。李惟簡由左神威大將軍轉天威統軍，加檢校户部尚書、左金吾大將軍，充街使。長上萬國俊奪興平民田，吏畏不敢治，至是訴於惟簡，即日廢國俊，以地與民。夏，鎮、冀蝗害稼。

二年，八月，戊寅，以給事中房式爲幽州、成德、義武宣慰使，以三鎮争隙而和解之也。

三年，十一月，昭義節度使盧從史，内潛通士真及盧龍劉濟[二]，而外獻策請圖山東，擅引兵東出[三]。

四年，三月，乙酉，士真卒。子承宗、承元、承通、承系、承榮[四]。承宗以副大使自

[一]「貨」，底本脱，今據《舊唐書·王士真傳》補。
[二]「内」、「濟」，底本作「來」、「潛」，「士真」，底本脱，今據《通鑑》卷二三七改補。
[三]按：「三年，十一月，昭義節度使盧從史，内潛通士真及盧龍劉濟，而外獻策請圖山東，擅引兵東出」，今據《通鑑》卷二三七，此事在元和二年十一月，《燕史》疑誤。
[四]按：今據《舊唐書》《憲宗紀下》、《王士真傳》、《新唐書·藩鎮鎮冀傳·王承宗傳》，王士真子又有「承迪」，未知與「承通」是同一人否。

爲留後。始，河北三鎮自置副大使，處以嫡長，故承宗以御史大夫爲都知兵馬、鎮府右司馬。及總留事，不容諸父。士清以父勳，累官殿中少監同正，爲冀州刺史、御史大夫，封北海郡王，早卒。士則以其擅立，懼禍及宗。劉栖楚出寒鄙，爲承宗小吏，因事繩之，以首觸地，竟不能奪其果鋭而奇之，爲士則幕客，與同歸京師〔二〕。閏月，以士則爲神策大將軍。四月，帝欲革河北世襲弊，乘士真死，欲朝廷除人，不則討之。義武張茂昭與宿隙，請伐。辛相裴垍曰：「李納跋扈不恭，武俊有功於國。陛下前許納子師道，今奪承宗，沮勸違理，彼必不服。」議久不决。帝問諸學士，李絳等對曰：「河北不遵聲教，誰不憤歎，然今取之，或未能焉〔三〕。成德自武俊，父子相承，四十餘年，人忸不以爲非，惟拒命則討之。况承宗總軍務矣，一旦易而奉詔乎？其隣鎮世襲同體，聞彼除人，内各不安，雖茂昭有請，亦恐非誠也。今必除代，鄰亦勸成。若所除得人，彼則自以爲功；詔令或有不行，各因而潛結焉。國體不可遽休，須興師四討，而彼將帥加爵，士卒則給衣粮，按兵玩寇，坐觀勝負，其勞費之病，咸歸國家矣。今江淮水潦，公私刓困，軍旅未

〔二〕「與同」，底本二字互乙，今據《通鑑》卷二三七正。
〔三〕「能焉」，底本作「龍馬」，今據福建本、北大本、《通鑑》卷二三七改。

可輕議也。宜即詔承宗嗣領留務事便。」左軍中尉吐突承璀欲希上意，奪垍權，自請將兵討之。帝疑未決。宗正少卿李拭奏稱：「承宗不可不討。承璀親近信臣，宜委禁兵，使統諸軍，誰敢不服！」帝以拭狀示諸學士，曰：「此姦臣也，知朕欲將承璀，故上此奏。卿曹記之，自今勿令得進用。」盧從史遭父喪，兵部侍郎權德輿諫以爲：「欲變山東，先擇昭義之師。從史拔自軍校，偃蹇不法，今可因喪，選守臣代之。成德習俗既久，當制以漸。許成德請則可，昭義不可許。」帝不聽。從史久未起復，懼，因承璀説帝，請發本軍討承宗。壬辰，起復從史左金吾大將軍，餘如故。七月，帝密問諸學士曰：「今欲用承宗爲成德留後，割其德、棣爲一鎮，并使輸二税，請官吏，如師道，何如？」絳等對曰：「德、棣隸之久矣，今一旦割之，恐及其將士憂疑，怨望爲亂。况鄰道爲它日慮，萬一潛構旅拒，則處之倍難矣。願更三思之。二税、官吏，願因弔祭使自諭之，令上表陳乞，如師道例，勿令知出上意。幸而聽命則可，不者，體亦無損矣[一]。」承宗久未得朝命，頗懼，累表自訴。八月，壬午，遣京兆少尹裴武宣慰，承宗受詔甚恭，曰：「三軍見迫，不暇俟朝旨，請獻德、棣二州明懇欵。」九月，甲辰朔，武復命。當士真卒，以承

[一]「損」，底本作「槓」，今據福建本、北大本、《通鑑》卷二三八改。

宗拒命，議不得謚。太常博士馮宿謂其世勞不可遺，上佳謚[一]，示不忘忠，追贈司徒，謚景襄。庚戌，詔曰：「朕臨馭天下，及此五年，三叛誅夷[二]，四方清泰，不以武功自負，常推恩信爲先[三]。爾父云亡，即欲命卿受詔。而遠近方鎮，内外人情，紛紛奏陳，皆云不可。朕以卿累代積勳賢之業，一門有忠義之風，功著艱危，恩連姻戚。雖中心是念，而衆情難違，可否之間，久不能决。然亦欲觀卿進退之禮，察卿忠孝之節。自罹憫凶[四]，倏經時月，待使臣而動皆得禮，奉章疏而言必由衷。請獻官員，願輸貢賦，而又上陳密欵，遠達深誠，潔身而謀出三軍，捐己而讓推二郡。斯真得臣子之大節，知君親之大恩。公卿既然，朕意亦定，特加新命，仍撫舊封。命授卿起復左金吾衛大將軍、檢校工部尚書，充成德軍節度使、恒冀深趙等州觀察等使，兼御史大夫，仍賜上柱國，并賜誥身旌節等。往想卿忠孝，哀感兼深。其德、棣兩州，以卿退讓，元欲卿於親屬之内選受一人，在法雖有推恩，相時亦恐非便。今所以除薛昌朝德棣兩州觀察使。昌朝昔常事卿先父，今又

〔一〕「佳」，底本作「嘉」，今據《新唐書》卷一七七《馮宿傳》改。
〔二〕「三」，底本脱，今據福建本、《白氏長慶集》卷五六補（臺灣影印清乾隆文淵閣《四庫全書》本）。
〔三〕「推」，底本作「惟」，今據《白氏長慶集》卷五六改；「恩」，底本作「忠」，今據福建本、《白氏長慶集》卷五六改。
〔四〕「罹」，底本作「羅」，今據福建本、北大本、《白氏長慶集》卷五六改；「凶」、底本作「匈」，今據《白氏長慶集》卷五六改。

與卿親隣，卿宜具以誠懷，令報昌朝知悉。卿今受命之後，足得節制三軍[二]，使其不失事宜，方見卿之忠蓋。昨者衆情易惑，非卿不能效此誠；群議交排，非朕不能斷此意。所宜保持大義，勉勵遠圖，深念斯言，永副予望[三]。其當軍大將已下，各宜特與改轉，卿即條録聞奏，其官健等，亦宜量加優賞。」以德、棣二州爲保信軍。薛昌朝，相衛等州節度使嵩子也。嵩初與竇臣並降，受鎮。昌朝以檢校右散騎常侍、德州刺史、御史大夫充保信軍節度及觀察，以離其親將也。制下，魏博田季安得飛報，先知之，使謂承宗曰：「昌朝陰通朝廷，故受節鉞。」承宗遽馳數百騎入德州，劫之。中使送昌朝節過魏，季安陽爲宴勞，留使者累日，比至德州，十月，辛巳，昌朝囚於真定矣。帝以武爲欺罔，又有譖其使還先宿垍家，旦乃入見。帝甚怒，語絳，欲貶之嶺南。絳曰：「武昔陷李懷光軍中，不屈，豈今日遽爲姦回乎？蓋賊多變詐，人情難盡。承宗始懼誅討，故請獻二州。既蒙恩貸，而開分割之端，隣道皆所不欲，必有陰間而誘脅之，使變其初者，非武之罪也。今陛下選武入逆亂地，使還，一語不相應，遽竄之遐荒。臣恐自今奉使賊庭者

[二] 「足」，底本作「是」，今據《白氏長慶集》卷五六改。
[三] 「永」，底本作「求」，今據《白氏長慶集》卷五六改。

戒之，苟求便身，依阿兩可，莫肯盡誠陳利害，非國家之利。且珀、武久處朝廷，諳練事體，豈有使還，未見天子而先宿宰相家乎！臣敢保其必不然。殆有讒人欲傷武及珀者，願加察之。」帝遂不問，詔更遣棣州刺史田涣爲二州團練守捉使，冀漸離。仍遣中使景忠信諭遣昌朝還鎮，不奉詔。帝怒，癸未，詔：「承宗頃在苫廬，潛窺戎鎮，而内外以事君之禮，逆而必誅，分土之儀〔一〕，專則有辟。朕念其先祖嘗有茂勳，貸以私恩，抑於公議。使臣旁午以告諭，孽童俯伏以陳誠，願獻兩州，期無二事。朕欲收其後效，用以曲全，授節制於舊疆，齒勳賢於列位。况德、棣非成德所管，昌朝是承宗懿親，俾撫近隣，斯誠厚渥，外雖兩鎮，内實一家。而承宗象恭懷姦，肖貌稔禍，欺裴武於得位之後，縶昌朝於受命之中。豺狼之性，飽之而愈發；梟獍之心，養之而益兇。加以表疏之中，悖慢斯甚，義士之所興嘆，天地之所不容〔二〕。式遏亂略，期於無刑，恭行天誅，示於有制〔三〕。可削承宗在身官爵。」以左神策中尉吐突承璀爲左右神策、河中河陽浙西宣歙等道鎮州行營兵馬使、招討處置等使，以討之。龍武將軍趙萬敵上言討之必捷，令爲神策先

〔一〕「儀」，底本作「義」，今據《舊唐書》《憲宗紀上》、卷一四二《王承宗傳》改。
〔二〕「地」，底本作「下」，今據福建本、北大本、《舊唐書·憲宗紀上》改。
〔三〕「示於」，底本作「於以」，今據《舊唐書·王承宗傳》改。

鋒將。内官宋惟澄、曹進玉、馬朝江等爲行營館驛粮料等使。戊子，翰林學士白居易、京兆尹許孟容與諫官面論，征伐大事，不可以内官爲將帥。補闕獨孤郁，其言尤激切。己丑，改處置爲宣慰，猶存招討名[二]。詔：「武俊忠節茂著，及士真墳墓[三]，軍士勿樵採。其士平、士則，各守本官[三]，襲武俊實封。」己亥，承璀將神策兵發長安，帝御通化門勞遣之，命恒州四面藩鎮進兵。十一月，季安聞討承宗，計沮撓之，以幽州牙將譚忠言而止。忠歸，又激劉濟討承宗，遂出師。語在《盧龍記》。

五年，正月，劉濟拔趙饒陽、束鹿。河中、河東、振武、義武四軍爲恒州北面招討，會於定州。丁卯，河東將王榮拔洄湟鎮。承璀無威略，至軍，師不振。左神策大將酈定進號驍將，以擒蜀劉闢功，封陽山郡王。己巳，戰北，馳而僨。趙人曰：「酈王也。」害之，師氣益折，不能討。三月，己未[四]，淮西以吴少陽爲留後。白居易上言：「河北本不當用兵，今已失大將，成功有何所望。臣恐河北諸將見少陽已受制命，必引事例輕重，

[二]「猶」，底本作「尤」，今據《舊唐書·憲宗紀上》改。
[三]「真」，底本脱，今據福建本、北大本、《舊唐書·憲宗紀上》補。
[三]「各」，底本闕，今據福建本、北大本、《舊唐書·憲宗紀上》補。
[四]「三月己未」，底本脱四字，今據《舊唐書·憲宗紀上》、《通鑑》卷二三八補。

同詞請雪承宗。章表繼來，義無不許，請而後捨，體勢可知。轉令承宗膠固，則與奪皆由鄰道，恩信不出朝廷，誠恐威權盡歸河北矣。」不從。四月，諸軍久無功，且多覆，獨左武衛將軍高霞寓有功，詔藏所獲鎧仗於神策庫旌之。先是，太常卿權德輿諫曰：「神策兵市井屠販，不更戰陣，恐因勞憚遠，潰爲盜賊。恒冀騎壯兵多，攻之必引時月，西戎乘間，則禁衛不可頓虚。山東疥癬也，京師心腹也，不可不深念。且師出半年，費緡錢五百萬。方夏盛暑水潦，疾疫且降，誠慮有潰橈之變。山東諸侯，皆以息自副，人心不遠，誰肯爲陛下盡力者？又盧從史倚寇爲援，訹承璀邀寵利，宜召行營善將，令倍驛馳，度至半道，授以澤潞，而徙從史它鎮，破奸圖以赦承宗，衆情必服。」帝未許。初，從史首建伐趙策，及興師，逗留陰通，令軍士潛懷趙密號，又高芻粟直以販度支，諷朝廷求平章事，誣奏諸道通賊，不可進兵。書記孔戡代秉筆，至不軌之言，極諫，怒不從，戡謝病去。帝因居易、德輿言，患之。會其牙將王翊元入奏，垍引語，爲言臣義，微動其心。翊元遂輸誠，言從史陰謀及可取狀。垍令還本軍經營，復來京師，遂得其都知兵馬使烏重胤等欵要。垍言：「從史狡猾驕很，必將爲亂。今聞其對神策行營，視承璀如嬰兒，往來殊不設備，是天亡之時也。失今，不因機而取，後雖興大兵，未可歲月破焉。」帝初愕而熟計，乃許之。從史猥沓，承璀盛陳奇玩夸之，稍遺所欲，益狎。甲申，承瓘與行營兵馬使李聽謀，召從史博，伏壯士幕下，突出，擒詣帳後縛，内車中。左右驚亂，承瓘斬十餘人，諭以密詔。從史營士聞之，皆甲出趨譁。重胤當軍門叱曰：「天子有詔，從者賞，敢違者斬！」霞寓又麾而大呼曰：「元惡縛矣，公等宜自安！」即脱鎧揖而前，士卒皆斂兵還部伍。會夜疾驅，未明出境，道路無知者。軍中欲留霞寓爲帥，間道去。丁亥，節度使河東范希朝、義武張茂昭大破承宗衆於木刀溝。沙陀朱邪執宜以軍七百爲前鋒〔二〕，遇而飛矢雨集，執宜貫陳鏖鬬，李光顔等乘之，斬首萬級。鎮兵解，進蔚州刺史。戊戌，貶從史爲驩州司馬，賜死。五月，幽州軍拔安平。七月，庚子，承宗遣判官崔遂上表三封，乞自陳首，其略曰〔三〕：「臣頃在苫廬，綿歷時序，恭守朝旨，罔敢闕違。復奉詔書，令獻州郡，迫以三軍之勢，不從孤臣之心。今天兵四臨，王命久絶，白刃之下，難避國刑，殷憂之中，轉積釁隙。中由盧從史首爲亂階，興天下之兵，生海内之亂，既不忠於國，不孝於家。當其聞父之喪，已變爲臣之節，迫脅天使，潰紊朝經。而乃幸臣居喪，敗臣求利，上敢欺於聖主，下不顧其死親，矯情徒見於封章，邪妄素萌

〔二〕「爲」與「前鋒」，底本互乙，今據福建本、《新唐書》卷二一八《沙陀傳》正。
〔三〕「略」，底本作「異」，今據福建本、《舊唐書・王承宗傳》改。

於胸臆。今構禍者已就擒獲，抱寃者實冀辨明。况臣之一軍，素守忠義，横被從史離間君臣，哀號轅門，痛隔恩外。冀陛下追念祖、父之前勞，俯觀臣子之來效，特開湯網，使樂堯年。」承宗使至，朝廷亦以師久無功，國威日沮，餉不屬，平盧、盧龍數表請赦，丁未，乃詔雪其罪，以故地與之，罷諸道兵，共賜帛二十八萬四百三十端匹。時招討非人，諸軍解體，而藩隣觀望養寇，空爲逗撓，以弊國賦。度支郎中、東道行營粮料使董溪〔二〕，晉之子也，坐盗軍貲流封州，至長沙，賜死。承宗以國兵薄境而罷，誣從史，得不詰，雖上章表謙讓，瞀然益無顧憚矣。九月，辛亥，承璀自行營還，爲左軍中尉，絳、垍等交章論之，乃降爲軍器使，中外相賀。十一月，庚申，昌朝歸，授右武衛將軍。

六年，五月，甲午朔，取受承宗錢物人品官王伯恭杖死。庚子，以金吾大將軍李惟簡爲鳳翔節度使。隴州地與吐蕃接，舊常朝夕相伺，更入攻鈔，人不得息。惟簡以爲邊將當謹守備、蓄財穀以待寇，不當覩小利，起事盗恩，禁不得妄入其地。益市耕牛，鑄農器，以給農之不能自具者，增墾田數十萬畝。屬歲屢稔，公私有餘，販者流及他方〔三〕。

〔二〕「溪」，底本作「漢」，今據福建本、《新唐書》卷一五一《董溪傳》、《通鑑》卷二三八改。
〔三〕「他」，底本作「地」，今據福建本、《通鑑》卷二三八改。

十二月，己丑，以户部侍郎李絳爲中書侍郎、同平章事。趙之贊皇人也，而議藩鎮，多成德便宜。

七年，六月，己亥，鎮州甲杖庫十三間災，兵仗都盡。承宗常蓄叛謀，始懼，兇氣稍奪，仍殺主庫吏百餘人。

十年，三月，淮西兵屢敗，求救於恒、鄆。承宗與師道數上表請赦元濟，帝不從。五月，遣牙將尹少卿奏事，且爲元濟遊説。少卿至中書，辭指不遜，宰相武元衡叱出之。承宗上書詆毁元衡，與師道謀姦計百端，以沮用兵，遣盗火河陰漕院。六月，盗殺元衡，傷中丞裴度，京師大索，不獲。士平尚義陽公主，公主縱恣不法，士平與争忿。帝怒，幽公主於禁中，士平於私第，不令出入。頃釋之，出爲安州刺史，坐與中貴交結，又貶賀州司户。時輕薄文士蔡南、獨孤申叔爲義陽主歌辭，《團雪》《散雪》等曲，言其遊處離異狀，往往歌於酒席。帝聞而惡之，欲廢進士科，令所司網捉，得南、申叔貶之，由是稍止。至是，成德軍進奏院有鎮州卒張晏等，行止無狀，衆多疑之。士平乃與兄士則奏盗出承宗，捕得晏等八人，命京兆尹裴武、監察御史陳中師鞫之。癸亥，詔以承宗前後三表出示百僚，議其罪，咸請聲罪伐之。中師按晏等具服，宰相張弘靖疑不實，屢言，帝不聽。戊辰，斬晏等五人，殺其黨十四人，而盗謀焚宫闕及犯陵寢，語在《平盧記》。

七月，甲戌，詔數：「承宗自滌瑕疵，累加獎拔，列在維藩之任，待以忠正之徒。謂懷君父之恩，克勵人臣之節。而動思棄命，恣逞非心，傲狠反常[一]，橫辱無畏。以其先祖，嘗立忠勳，每念含容[二]，庶聞悛革。曾不知陰謀逆狀[三]，久則愈彰，兇德禍機，盈而自覆。乃敢輕肆指斥，妄陳表章，潛遣姦人，内懷兵刃，賊殺元輔，毒傷憲臣，縱其兇殘，無所顧望。推窮事迹，罪狀昭明，周覽讞詞，良用驚嘆。宜令絶其朝貢。駙馬都尉承系、太子贊善承廸、丹王府司馬承榮等，並宜遠郡安置[四]。」以博野、樂壽故范陽地[五]，歸盧龍節度使劉總。曰：「冀其翻然改過，束身自歸。攻討之期，更俟後命。」而未有詔討之師。魏博節度使田弘正屯兵於其境，承宗屢敗之。弘正忿，表請擊之，帝不許。表十上，乃聽至貝州。十月，丙午，軍於貝州。十一月，戊寅，詔發振武兵二千，會義武兵討承

[一]「狠」，底本作「很」，今據福建本、北大本、《舊唐書·憲宗紀下》改。
[二]「念」，底本作「令」，今據《舊唐書·憲宗紀下》改。
[三]「狀」，底本脱，今據福建本、北大本、《舊唐書·憲宗紀下》補。
[四]「郡」，底本作「近」，今據《舊唐書·憲宗紀下》改。
[五]「野」，底本脱，今據《舊唐書·憲宗紀下》、《新唐書·藩鎮鎮冀傳·王承宗傳》補。

宗。十二月，承宗揣旨[一]，兵不即進[二]，縱兵肆掠滄、景、易、定間，三鎮皆苦之，爭上表請討。帝欲許之，弘靖以「方討淮西，爲兩役並舉，國力不支，請併力平元濟，乃征恒冀。」帝不爲止，弘靖求罷。

十一年，正月，己巳，幽州奏破成德兵於武强，斬千餘級。癸未，制削承宗官爵，以士平承實封，奉父後。命河東、幽州、義武、横海、魏博、昭義六節度兵進討，免鄰賊州二歲税。宰相韋貫之屢請先取元濟，後討承宗，帝不聽。二月，庚子，承宗焚蔚州。乙卯，昭義節度使郗士美奏斬千餘級，拔固城。乙丑，奏拔鴟城。士美初遣兵馬使王獻領勁兵一萬爲前鋒[三]，獻兇惡恃亂，逗撓不進，遽令召至，數其罪斬之。下令曰：「敢後出者斬！」士美親鼓之，兵既合，而賊軍大敗。三月，己卯，幽州兵圍樂壽。四月，乙卯，破於深州，斬首二千五百級。乙丑，義武節度渾鎬奏破之于九門，殺千餘人。七月，壬午，魏博兵次於南宫，奏殺二千餘人。諸軍雖有小勝，互相觀望，獨士美引精兵壓境。八月，己未，奏大破於柏鄉，殺、降並千餘人，爲三壘以環之，賊不敢犯。帝大悦，

[一]「揣」，底本作「惴」，今據福建本、《新唐書·藩鎮鎮冀傳·王承宗傳》改。
[二]「兵」，底本脱，今據福建本、北大本、《新唐書·藩鎮鎮冀傳·王承宗傳》補。
[三]「一」，底本脱，今據《舊唐書》卷一五七《郗士美傳》補。

曰：「吾故知士美能辨吾事。」于時四面七八鎮兵共十餘萬，以環鎮、冀，未有首功，多犯法。士美兵士勇敢畏法，威聲甚振，承宗大懼。初叛，士則請占籍京兆。宰相裴度言：「士則武俊子，軍中必有懷之者。」乃用爲邢州刺史，兼本州團練使，從士美討賊，冀以傾離趙人。王怡以武俊從子守南宫，士則招之，約歸命，謀洩遇害。子元伯奔還，擢監察御史，詔贈怡尚書左僕射。士則即恃此，頗不受士美節制，行止以兵自衛，雖謁士美，而衛兵如故。吏呵止之，士則不能平，見於辭氣。士美密以狀聞，乃以張遵代還。十二月，横海奏破成德兵。鎬屢勝而敗奔，語在《義武記》。

十二年，三月，乙丑，鄰士美敗於柏鄉，拔營歸，士卒死者千餘人。戊寅，承宗兵二萬入東光，斷白橋路，横海節度使程權不能禦，以衆歸滄。五月，六鎮兵十萬餘，回環數千里，以分其勢。然無統帥，營屯遠離，期約難一，故歷二年無功。千里饋運，牛驢死者什四五。劉總得武彊，乃留屯不進，月支給度支錢十五萬緡。宰相李逢吉及朝士多言：「宜併力先平淮西，乘勝勢回取成德，拾芥耳！」帝猶豫，久乃從之。五月[二]，丙子，罷河北行營，各還鎮。十月，癸酉，元濟平。布衣柏耆以策干行軍司馬韓愈，

[二] 按：「五月」，《燕史》上文已有，此處重出。

曰：「元濟就擒，承宗破膽矣。願得天子節，入鎮掉舌而下之[一]。」愈白宣慰處置使裴度[二]，遣之。既至，以大義動承宗，泣懼。使牙將石汎求哀於弘正，請以二子知感、知信爲質，求入侍，及獻德、棣二州，輸租賦，請官吏。弘正爲疏，帝初不許。弘正表疏相繼，帝重其意，從之，遣虞部員外郎殷侑銜命往。

十三年，四月，甲寅朔，弘正送承宗二子，命於客舍安置，及德、棣二州圖印，至京師。庚戌，詔曰：「帝者承天子人，下臨萬國。觀乾坤覆載之施，常務其曲全；用德刑撫御之方，每先其弘貸。叛則必伐，服而捨之，訪於典謨，亦尚斯道。朕祇符前訓，纘嗣丕圖，底寧方隅，蕩滌氛祲。上以攄祖宗之宿憤，下以致黎庶之阜康。思厚者生[三]，務去者殺，至於包荒藏慝，屈法伸恩，苟衷誠之可矜，則宥過而無大。王承宗頃居喪紀，見賣於隣封；後領蕃城，受疑於朝野。國恩雖厚，時憲不容，戚實自貽，寵非我絶。百辟卿士，昌言在廷，四方諸侯，飛奏盈篋，竟請致討，爭先出軍。尚復廣示招懷，務存容納，至於動衆，事豈願然。開境愍罹其殺傷，退舍爲伏其士伍，取陷救溺，能無慘嗟。

[一]「鎮」，底本作「節」，今據福建本、北大本、《新唐書》卷一七五《柏耆傳》改。
[二]「宣」，底本脱，今據《通鑑》卷二四〇補。
[三]「思」，底本作「恩」，今據福建本、《舊唐書·王承宗傳》改。

以其先祖武俊，有勞王室，書於甲令，銘在景鐘；雖再駕王師，俯從人欲，而十代之宥，常切朕懷。近以三朝稱慶，八表流澤，廣此鴻霈，開其自新。而承宗果能翻然改圖，披露忠懇，遠遣二子，進陳表章，緘圖印以上聞，獻德、棣之名部，發囷奉粟，并竈貢鹽[二]，地願帥於職方，物請歸於司會。且天子所臨，莫非王土，折兹舊服，將表爾誠，諒由效順之心，悉見納忠之志，抑而不撫，何以示懷。朕念此方，亦猶赤子，一物失所，寢興靡寧，忍驅樂土之人，竟就陳原之戮。既克翦暴，常思止戈，予之此心，天地臨鑒。况常山師旅，舊有功勞，將改往以修來，誓酬恩而遷善，鑒精誠之俱切，俾渙汗而再敷。曠滌乃愆，斷於朕志，復此殊渥，當懷永圖。承宗可依前銀青光禄大夫、檢校吏部尚書、鎮州大都督府長史、御史大夫，充成德軍節度、鎮冀深趙觀察等使。」仍令尚書右丞崔從往。議者謂承宗狠譎，非單使可屈。往次魏博，請以五百騎隨行，辭之，惟童騎十數，疾趨。集軍士毬場，承宗素服俟命，爲陳順逆禍福，音辭暢厲，士咸感動。乃以德、棣隸横海，復承宗實封户三百，以所部饑，賜帛萬疋。五月，乙酉[三]，李惟簡卒，贈尚書右

[二]「鹽」，底本作「烟」，今據《舊唐書・王承宗傳》改。
[三]「乙酉」，底本作「戊子」，今據《舊唐書・憲宗紀下》改。

僕射[一]。子元本，輕薄無行，私侍襄陽公主，事敗，以功臣子貸死，流嶺南。語在《義武記》。弟銖，好學多識，有儒者風。惟誠入齊，爲李納營田副使，歷兗、淄、濟、淮四州刺史，竟客死東平。七月，乙酉，以李師道叛，制討之。承宗弟承元，爲觀察支使、朝議郎、左金吾衛胄曹參軍[二]，兼監察御史，年始十六。有沈謀，勸承宗以二千騎佐王師平師道。承宗少之，不用其言，而軍中往往指目之。十一月[三]。

十四年，二月，乙卯，以鎮、冀水災，賜綾絹萬疋。壬戌，師道伏誅，承宗奉法益謹。八月，戊午，加承宗金紫光禄大夫、檢校尚書左僕射。

十五年，正月，庚辰，承宗奏鎮、冀、深、趙等州，每州請置録事參軍一員[四]，判司三員，每縣令、主簿各吏補授，皆聽朝旨，從之。閏一月[五]，丙午，嗣帝即位。己未，改恒岳爲鎮岳，恒州爲鎮州，定州恒陽縣爲曲陽縣，恒王房子孫爲泜王房，避尊諱也。十月，承宗死，其下秘不發喪。子知感、知信在朝，諸將欲取帥於屬内諸州，參謀崔燧以

〔一〕「右」，底本作「左」，今據《舊唐書·李惟簡傳》、《新唐書·藩鎮鎮冀傳·李惟簡傳》改。
〔二〕「支」，底本脱，今據《舊唐書》卷一四二《王承元傳》、《通鑑》卷二四一補。
〔三〕按：「十一月」下，《燕史》應有闕文。
〔四〕「員」，底本作「負」，今據福建本、北大本、《舊唐書·憲宗紀下》改。
〔五〕「閏」，底本脱，今據《新唐書·穆宗紀》、《通鑑》卷二四一補。

承宗祖母涼國夫人李氏命，諭諸將及親兵，立承元，時年十八。將士拜之，不受，泣且拜。諸將固請，承元曰：「天子遣中使監軍，有事當請與議。」及至，亦如命，乃謝曰：「諸公未忘先德，以及孺子，使攝軍務〔一〕，敢請盡節天子，以遵忠烈王遺志。苟有令，其從乎？」衆諾惟命，乃視事都將聽事，徧令左右，不得稱爲留後，事關參佐。庚辰，監軍奏承宗疾亟，弟承元權知留後，并承元密以四州歸有司請帥表聞。帝深嘉之，辛巳，遣起居舍人柏耆宣慰之。癸未，成德奏承宗卒，詔贈侍中。乙酉，徙魏博田弘正爲成德節度使；承元以鎮冀深趙等觀察度支使、朝議郎、試金吾左衛胄曹參軍，兼監察御史，加銀青光禄大夫、檢校工部尚書、使持節滑州諸軍事，守滑州刺史、御史大夫，充義成軍節度、鄭滑等觀察等使；徙義成劉悟爲昭義；昭義李愬於魏博。左金吾將軍楊元卿上言以爲非便〔二〕，又詣宰相深陳利害。十一月，癸卯，制：「朕聞帝王丕宅四海，子育群生，如天無不覆，如日無不燭。乃睠冀方，初喪戎帥，念乎三軍之事，洎于四州之人〔三〕。

〔一〕「軍」，底本作「重」，今據《通鑑》卷二四一改。
〔二〕「上言」，底本脱二字，今據《通鑑》卷二四一補。
〔三〕「洎」，底本作「泊」，今據福建本、《新唐書·穆宗紀》改；「州」，底本作「海」，今據福建本、北大本、《新唐書·穆宗紀》改。

或懷忠積誠，而思用莫展；或災荒兵役，而望恤何階。今則昌運一開，誠節咸著。王承元首陳章疏，願赴闕庭。永念父兄之忠，克固君臣之義，已加殊獎，別委重藩。又念成德軍將士等，叶謀向義，丹欵載申，咸欲效其器能，各宜列之爵秩。大將史重歸、牛元翼已超授寵榮，今更都加厚賜。宜令諫議大夫鄭覃，起居舍人王璠副之，往鎮州宣慰，賜錢一百萬貫。王澤所洽，天網方恢，宥過釋冤，與人休泰。其管内禁中囚徒，罪無輕重，並宜釋放。朕以武俊之勳勞，光於彝鼎；士真之恭恪，繼被節旄。承宗感恩，亦克立效。永言十代之宥，俾賜一門之勞。承宗兄弟已授官爵，其承宗葬事，亦差官監視，務令周厚。」丁未，封李氏爲晉國太夫人。承元既請朝命，諸將及鄰道爭以兩河故事勸之，皆不聽。及移鎮，將士譁，不受命。承元與柏耆召，以詔旨諭之，諸將哭於軍。承元盡賜以家貲，擇勞者擢之，謂曰：「諸君以先代故，不欲承元去，意甚厚。然使違天子詔，罪死。昔李師道奉赦，舉族將西，爲諸將固留，後共殺之。今君等幸置我，勿爲師道，幸矣！」涕泣不自勝而偏拜之。十將李寂等十餘固留，斬以徇。覃至宣慰，開曉大義，軍中乃定。即以宣制日，領兵二千赴滑。將吏或以鎮器用財貨行〔二〕，令悉留之。丁

〔二〕「用財」，底本作「賄」，今據《通鑑》卷二四一補改。

未，至義成鎮。辛亥，弘正以聞。弘正戊午至鎮，赦囚徒，問孤獨廢疾不能自存者，粟帛有差[一]。元翼趙人，才果而謀，承宗倚爲强雄，時以爲深州刺史。

《新書》贊曰：「田承嗣幾擒矣，李寶臣怒承倩而釋魏。建中之際，三將軍持鋭躪血，功無成者。四叛連勢，兵結難作，天子不能守宗廟。傳及弘正[二]，去污入朝，數年復亂，唐終不得魏。與夫豎刁亂齊，孰爲輕重？朱滔、武俊，地聯交昵。及泚僭天子，滔將應之。泚失其朋[三]，不出孤城，終底覆夷。用林之功，賞不及身，德宗爲不明哉！」

郭造卿曰[四]：自先降而受命焉，河北三鎮於趙始。殺帥而立始於燕，入覲以逆亦始之；侵鄰而叛始於魏，歸地以亂亦始之。夫入覲歸地，其忠順爲美矣，豈大繆至於逆亂，非失事機而然歟？乃若獻畿而喪鎮，鎮喪而軍分，分軍而復鎮，鎮復而地削，反復相乘於淪亡，趙尤始末屢失焉。當史賊之莫遏也，忠志舉五州降，首折幽薊之鋭，使朝義窮而授首。田、李繼之，河北方復，不遂握其機宜，坐失之於僕

[一] 按：「弘正戊午至鎮，赦囚徒，問孤獨廢疾不能自存者，粟帛有差」，今據《新唐書》卷一四八《王承元傳》，此爲鄭覃宣慰鎮州事，《燕史》疑誤。
[二] 「傳」，底本作「侍」，今據《新唐書·藩镇魏博傳》改。
[三] 「朋」，底本作「明」，今據福建本、《新唐書·藩镇鎮冀傳》改。
[四] 按：《燕鎮記四》卷末「郭造卿曰」，郭應寵收入《海嶽山房别稿》卷五，今見本書下編燕史論二《唐至勝國》第五篇。

固。幸其先叛而即亡，苞蘗不亦易折乎？時諸州有改管，而成德如故，錫之以宗籍，名其爲竇臣焉。未幾，燕殺節帥，趙獨首討之，雖不勝猶勝，而獎以加爵矣，帝竟不能以制燕。及其討魏垂平，以忿承倩而罷，翫梗遂不可復折。此貂、夙沙衛之疾，河北日以不瘳矣，倘能革其承襲乎？燕不與之異姓，魏不與其從子，惟岳雖嫡，敢越哉？顧自趙而謾試之，彼不免於有辭。幸俘馘之自至，處之若有差等焉。不削武俊之二州，俾與孝忠爲並列，節鉞新而統轄均，其何辭以過望哉！則張、王相犄角，燕、魏之連衡解，不日而田必亡，朱則次之，恒、冀、深、趙，勢同於易、定矣。乃失宜而致衆僨，滔以之糾合，悦以之復熾，是機不足惜者歟！及承宗循故事，而以副使留後請，非惟岳之不恭，何於師道異施哉。獨拂宰臣之議〔二〕，及却居易諸疏，與淮西並討之，視受鉞如兒戲。以元帥而任承璀，權重於監軍，制駭於曠古，其爲承倩也大矣。及失律不能止，而竟如其所請，雖曰悔罪削地，天威不既褻乎〔三〕！至於承元之自歸，尤大失乎機宜，并河北而不復，豈盡藩鎮之罪邪！

〔二〕「臣」，底本作「相」，今據福建本、北大本、《别稿》卷五改。
〔三〕「既」，底本作「能」，今據福建本改，《别稿》卷五作「甚」。

燕鎮記五

郭造卿曰[一]：當夫藩鎮連衡，帝惟恐其不臣，地不必有司歸，官不必王人代。或被逐歸闕，必厚慰安之；或所叛州軍獻，酬之必過其望；或自削一二謝，赦之必加以澤。無非鼓舞而招徠，稍除憑淩斯已矣。孰有以全鎮入朝，庶幾郭令公者乎[三]！然業非傳於先世，鎮非連之河北，其勢可以自拔，而忠得以自靖也。山東元和初，易、定屢朝，二州先歸于忠順。雖首舉鎮，本支分於成德，軍亦屢梗乃定。豈若魏博六州，興全歸於一旦歟。蓋因其軍心向順，而命復鎮以順之。横海遂繼以滄、景，承宗乃懼而割德、棣，未幾承元全歸矣。不當仍復故鎮，與魏而並治乎？倘用重胤之策，假刺史以權，而各得其職，久安則人化服，殆將引領自歸，如堙防之通壑矣。胡爲率爾紛更，元卿以爲非便哉。矧弘正不惜全境，移翼衛以戢新鎮；乃有司則吝微費，致困斃而摇舊伍。俾其父子俱喪，兩鎮胥失，幽州助亂，河朔淪

[一] 按：《燕鎮記五》卷首「郭造卿曰」，自「当夫藩鎮……河朔淪于唐亡」，郭應寵收入《海嶽山房别稿》卷五，今見本書下編燕史論二《唐至勝國》第六篇。

[三] 「庶幾郭」，《别稿》卷五改作「而如田」。

於唐亡。燕、魏有華有夷，惟趙開鎮於燕。范陽奚屬之世二，饒樂契丹之世三，安東回紇之世六，與夷相爲終始焉。則其淪胥之害，視燕、魏尤深矣。雖其間有差等，而順逆亦各相當。奚失爵而存世，非惟簡之勤王乎？契丹始獲於誅叛，卒則延之以歸正。賊篡貫盈，回紇爲甚，幸其子孫克蓋，即效勞於王家。景崇以國公因星變受命，衮冕易心焉，衮冕厭於軍府，而受其臣稱矣。黄巢變起，即斬僞使，爲宗廟陵寢出涕，不以其志切於勤王。賁之以遺其子，故幼嗣鎮而不亂，壯封國而不争，坤乾龍虎之兆，實畢應之於斯矣。没齒孽乃自作，其族爲燕人赤者，毋乃承書之餘慶，而亦受釁之餘殃乎。

穆宗長慶元年，三月，甲辰，晉國太夫人李氏以鄭滑節度使王承元祖母朝見，帝令朝太后於南内，筵待錫賚異等〔一〕，昆弟及從父昆弟拜刺史四人，登朝者四十人，從事將校能者皆擢用。帝命宰相蕭俛撰《士真神道碑》，對曰：「承宗先朝阻命，事無可觀。臣器褊狹〔二〕，秉筆不能溢美。或撰進後〔三〕，例行貺遺，公然阻絶，上違撫納之宜；僶俛受之，

〔一〕「待」，底本作「侍」，今據《舊唐書·王承元傳》改。
〔二〕「褊」，底本作「偏」，今據福建本、北大本、《舊唐書》卷一七二《蕭俛傳》改。
〔三〕「撰進」，底本二字互乙，今據《舊唐書·蕭俛傳》正。

非臣生平微志。」帝嘉而免之。五月，壬戌，幽州宣慰使薛存慶卒於鎮州。六月，彗星出于昴，長一丈，凡十日不見，占趙地兵起。弘正自以在魏，久與鎮人戰，有父兄仇，而承元以二千兵赴滑，亦以魏兵二千從入軍，留自衛，請度支供糧賜。户部侍郎、判度支崔倰剛褊〔一〕，無遠慮，謂魏、鎮各自有兵，以例沮却之，四上表，不報。六月〔二〕，乃遣魏兵歸。王庭凑，本回紇阿布思種將也〔三〕，世隸安東都護府。曾祖五哥之，事實臣父子，驍果善鬭。武俊愛而子之，故冒王姓，以累功授左武衛將軍同正。祖左金吾衛將軍末怛活，父太子賓客、樂安郡王升朝，世爲王氏騎將，累遷右職。廷凑駢脅，沈鷙少言，喜讀《鬼谷》、兵家諸書，陰狡雄斷，爲承宗牙内兵馬使。嘗使至河陽，醉寢於路，有過其所者視之，曰：「非常人也！」從者以告，馳及之，問故，曰：「吾見君鼻之息，左若龍，右若虎，子孫當王百年。家有大樹，覆及堂，公興矣。」是時樹庇寢，適爲都知兵馬使，謀亂久，以魏兵在，不敢發。既去，每挾細故於軍中。弘正厚骨肉，兄弟子侄在兩都者數十人，競侈靡，日費约二十萬，輂魏、鎮貨供之，相屬於道，將士頗不平。詔賞設錢

〔一〕「倰」，底本作「俊」，今據《舊唐書》卷一四一《田弘正傳》、《新唐書》卷一四八《田弘正傳》、《通鑑》卷二四二改。
〔二〕「六月」，《燕史》上文已有，此處重出。
〔三〕「阿」，底本脱，今據《舊唐書·王廷凑傳》、《新唐書·藩鎮鎮冀傳·王廷凑傳》、《通鑑》卷二四二補。

百萬緡，度支不時至。庭湊暴其稽，士果有怨言，弘正親加慰諭。七月，壬戌夜，庭湊結牙兵譟府署，遲明，殺弘正及僚佐、元從將吏并家屬三百餘人。惟判官劉茂復免，士相戒曰：「是人議事盡忠，遇吾等信，敢干其家者共殺之。」庭湊自稱留後，逼監軍宋惟澄奏求節鉞。八月，癸巳，惟澄以聞，朝廷震駭。倭爲宰相植再從兄，故莫敢言其罪。辛未，以楊元卿爲涇原節度使，賜白玉帶，爲其言易鎮非計也。議者以弘正子布當討賊而代之。癸酉，庭湊遣盜殺冀州刺史王進岌，分兵據其州。李愬聞弘正卧，素服令將士討賊以報德，衆皆痛哭。愬以牛元翼成德良將也，遺之寶劍、玉帶，曰：「昔吾先人以此劍立大勳，吾又以平蔡州，今以授公，努力討賊。」元翼以劍、帶徇於軍，報曰：「願盡死！」愬疾不能軍。乙亥，布以涇原節度使解縗爲魏博節度使[一]，討之。丙子，庭湊遣部將王位以鋭兵攻元翼於深州，不克。丁丑，詔魏博、横海、昭義、河東、義武諸軍各臨成德境，若庭湊執迷不服罪，即進討。鎮州大將王位等五人謀誅之，不克，并部兵死者三千餘人[二]。己卯，以元翼爲深冀節度使，爲其在成德，名出庭湊遠甚也。丁亥，以殿

[一]「縗」，底本作「纕」，今據《新唐書》卷一四八《田布傳》改。
[二]「部」，底本作「步」，今據《通鑑》卷二四二改。

中侍御史温造爲起居舍人，充鎮州四面諸軍宣慰使，歷澤潞、河東、魏博、横海、深冀、易定等道，諭軍期。己丑，以河東節度使裴度爲幽鎮兩道招撫使。癸巳，庭凑因幽州朱克融亂而合拒王師，圍深州。九月，丙午，内常侍段文政監領鄭滑、河東、許三道兵援深州。癸酉，布奏出師五千，赴貝州行營。十月，丙寅，以度爲鎮州四面行營都招討使，左領軍衛大將軍杜叔良爲深冀諸道行營節度使。以元翼爲成德節度使，宣武進援兵五百，元翼以固城守。丁丑，度自將兵出承天軍故關以討。戊寅，庭凑寇貝州。庚辰，横海軍節度烏重胤，宿將，獨當一面，奏敗之於饒陽[二]。辛巳，布將全軍三萬討，拔二栅。丙戌，以叔良代重胤。時帝鋭破賊，重胤知時不可，按兵觀釁圖之，帝浮於聽受而代之。戊子，布奏自率全師進討。辛卯，悟奏自將兵次臨城。十一月，甲午朔，度奏破賊於會星鎮，又入元氏，焚壁二十二。乙巳，武寧節度使崔群奏，遣副使王智興率師三千赴行營。戊申，以司農卿裴武爲鎮州行營供軍使。庭凑圍深州，梯衝雲合，元翼拒守。叔良將諸道兵，且承度捷赴之而輒北，鎮人知其怯，常先犯之。十二月，庚午，監軍謝良通奏叔良於博野失亡七千餘人，脱身還，喪旌節。戊寅，以鳳翔節度使李光顔爲忠武節度

[二]「奏」，底本作「凑」，今據《舊唐書·穆宗紀》、《通鑑》卷二四二改。

使，代李遜，仍兼深冀行營節度使，以中官楊永和監之。叔良兵久無功，府庫空竭不支，乃詔執政議攻討先後〔一〕。劍南東川節度使王涯以爲：「范陽非宿謀，可先事鎮州。况庭湊闒茸〔二〕，不席父兄之資；成德分離，又多逼脅之勢〔三〕。今以魏博思復仇之衆，昭義願盡敵之師，參之晉陽，輔以滄德〔四〕，犄角而進，易若建瓴，盡屠其城，而後北首燕路。夫用兵若鬬，先扼喉領。今瀛莫、易定宜屯重兵〔五〕，俾死生不相聞，間諜不得入，此莫勝之策也。」乃詔義武節度使陳楚閉境〔六〕，赦克融，督三道專討。丁丑，奏庭湊寇定州，楚敗之〔七〕。沙陀執宜與易定軍犄角破賊於深州。

二年，正月，丁酉，幽州寇陷弓高，官軍糧道絶。己亥，庭湊攻魏博等度支轉運車六百乘，食愈困，所須衣帛爲諸道邀奪，而凍餒無所得。庚子，田布衆潰，南營通於牙

〔一〕「攻」，底本作「反」，今據《新唐書·藩鎮鎮冀傳·王廷凑傳》改。
〔二〕「茸」，底本作「葺」，今據《舊唐書》《王庭凑傳》、《王涯傳》改。
〔三〕「又」，底本作「人」，今據《舊唐書·王廷凑傳》改。
〔四〕「德」，底本作「易」，今據《舊唐書·王廷凑傳》、《新唐書·藩鎮鎮冀傳·王廷凑傳》改。
〔五〕「宜」，底本作「置」，今據《新唐書·王廷凑傳》、《新唐書·藩鎮鎮冀傳·王廷凑傳》改。
〔六〕「乃」下，底本衍「若」字，今據福建本、北大本、《新唐書·藩鎮鎮冀傳·王廷凑傳》删。
〔七〕按：「丁丑，奏庭凑寇定州，楚敗之」，今據《新唐書·穆宗紀》、《通鑑》卷二四二，寇定州，爲陳楚所敗者爲朱克融，非王庭湊，《燕史》疑誤。

將史憲誠，布自殺，憲誠爲節度，與幽、鎮結援。庚戌，以德州刺史王日簡爲横海軍節度使，本成德牙將也。壬子，貶叔良爲歸州刺史。庭湊圍元翼，久不解，官軍三面救之，皆以乏粮不能進，雖光顔善將，亦閉壁自守而已。軍士自采薪芻，日給不過陳米一勺，圍益急。二月，甲子，詔赦庭湊，仍授檢校右散騎常侍、鎮州大都督府長史、御史大夫，充成德軍節度、鎮冀深趙等州觀察等使，軍中將士官爵皆復舊，以兵部侍郎韓愈爲宣慰使。丙寅，以元翼爲山南東道節度使，以左右神策行營瀛州樂壽鎮兵馬使傅良弼、博野鎮遏使李寰爲沂、忻兩州刺史。二城前以武俊破滔功隷之，而介於范陽；又以承宗叛，詔予幽州；既昭雪而罷，燕兵出輒薄其城，常爲劇屯，互脅不從，各堅壁，戰守有狀而擢之。癸酉，帝因鎮、魏復亂，恐承元所屯冀兵三千於滑，相訹爲叛，乃徙承元爲鄜坊節度使。便道入覲，帝器之，數召顧問。丙戌，以兵部郎中、知制誥馮宿爲山南東道節度副使，權知留後。以庭湊雖受節鉞，恨元翼受詔而未解重圍，遣中使入深州，督元翼赴鎮。裴度書以大義責，克融即解圍去，庭湊退舍而已。三月，丙午，加庭湊、克融兼檢校工部尚書，褒其解深圍，庭湊兵猶在城下。愈既行，衆危之。詔至境觀事勢，勿遽入，愈曰：「止，君之仁；死，臣之義。」遂往。庭湊拔刀弦弓以逆之，及館，甲士羅庭。庭湊言曰：「所以棼棼者此曹，而非庭湊也。」愈厲聲曰：「天子以尚書有將帥材，故賜節鉞，乃不能與健兒語耶？」甲士前曰：「先太師爲國擊走朱滔，血衣猶在，此軍何負朝廷，乃以爲賊乎？」愈曰：「汝曹尚能記先太師乎？夫逆順爲禍福，不遠矣。自安、史來，至元濟、師道，子孫有存仕宦者邪？田令公以魏博歸朝廷〔二〕，雖孩提皆美官。承元以此軍歸正，弱冠爲節度使。劉悟、李祐，今皆爲節度使。汝曹亦聞之乎？」衆曰：「弘正刻，故不安。」愈曰：「汝曹既害之而殘其家矣。」庭凑恐衆心動，麾之使出，曰：「侍郎來，欲何爲？」愈曰：「神策六將軍，如元翼者不少，但朝廷顧大體，不可棄之耳。何爲圍之不置？」庭凑曰：「即當出之矣。」因宴禮愈而歸。戊申，度來朝。宰相元稹思立奇策以厭人心，所善于方言：「王昭、王友明皆豪士，雅游燕、趙間，能得賊要領，可使反間而出元翼。願以家資辦行，得兵部虚告二十，以便宜募士。」稹然之。李逢吉陰令知謀李賞説度曰〔三〕：「于方爲稹結客，將刺公。」度隱不發。神策軍中尉以聞，詔三司使韓皋、鄭覃及逢吉雜治，無刺度狀，而方計暴聞，遂與度偕罷相，而方竟坐誅。故司空頔之子也。父常不臣而富，方以財交結游俠而敗。逢吉遂爲相。丁巳，

〔二〕「田」，底本作「由」，今據《通鑑》卷二四二改。
〔三〕「賞」，底本作「党」，今據《舊唐書》卷一六六《元稹傳》、《新唐書》卷一七四《元稹傳》、《通鑑》卷二四二改。

以承元爲鳳翔節度使。戊午，元翼將十餘騎突圍，跳德、棣來朝。大將臧平等舉城降，庭凑責其堅守，殺平等將吏百八十餘人。良弼率衆出，力戰，乃得去。寰率三千赴忻州[二]，殺追兵三百餘人，不敢前追而還。餘衆二千，猶固守博野。是亂聯師十五萬，無成功，賊鋒不可嬰，而二城二將截然峙中者累歲，梗其呑暴，復得跳以歸朝，議者以爲難。四月，甲戌，以寰、良弼爲神策都知兵馬使，賜第京師，更賜奴婢服馬。七月，己酉，元翼見延英，賚問優縟。遣中使楊再冒至鎮州，取其家族，及送弘正喪。庭凑奏殯者亡所在，家族須秋遣之。

四年，正月，癸酉，嗣帝即位。三月，甲子，庭凑夷元翼家。初，魏博史憲誠遣其弟入趙，四返[三]，説庭凑曰：「田公非得罪于趙，尸尚何惜乎！元翼去深州，乃一孤將，何利其家庭！」凑乃歸弘正喪於京師。元翼在襄陽，數賂請家，不與。聞平等死，憤恚卒，悉還所賜於朝，廷凑乃盡屠之。六月，帝聞，惜其寃横，傷悼久之，仍嘆宰執非才，縱姦臣跋扈。翰林學士韋處厚言：「才如裴度，不宜擯斥。」丙申，度以山南西道節度使

〔二〕「忻」，底本作「忭」，今據福建本、北大本、《新唐書》卷一四八《傅良弼傳》改。
〔三〕「返」，底本作「反」，今據《新唐書》卷一四八《牛元翼傳》改。

加同平章事，而於庭凑不問，乃益挺，與朱、史深結爲援。

敬宗寶曆二年，二月，以兵匠助修東都，帝爲之罷役。四月，丙午，加檢校司空。庭凑請於當道立聖德碑，丙寅，出碑文賜之。爲横海李全略子同捷求領節度。

文宗太和元年，五月，丁丑，加檢校官，慮横海李同捷拒命構禍也。同捷拒命，重賂河北諸鎮。八月，庚子，發幽、魏、徐、兖師討之。庭凑本窺横海，乘隙欲取之，而爲求節鉞不獲，乃撓魏北鄙以牽制之。是時，承元祖母喪，詔曰：「武俊當横流時，拯定奔潰，功在史官。今李不幸，贈卹宜加厚。」且給儀仗以葬。

二年，五月，庚子〔二〕，昭義節度使劉從諫請討庭凑。庭凑餽同捷滄景鹺粮，囚鄰道使者不遣，侵境以撓王師也。七月，甲辰，詔中書四品以上官議討可否。以帝意鋭討，無敢異論，獨衛尉卿殷侑以：「庭凑再亂河朔，方徇招懷，雖附兇徒，未甚彰露，宜且含容，專事横海。願以宗社安危爲計，善師攻心爲武，含垢安人爲遠圖，網漏吞舟爲至誡。」不納。己巳，下詔罪狀庭凑，助同捷亂，命鄰道各嚴守備，聽其自新。八月，庭凑

〔二〕「庚子」，底本作「乙未」，今據《舊唐書·文宗紀上》改。

反。壬申，義武節度使柳公濟敗之於新樂。己卯，從諫敗之於臨城。癸未，又敗之於昭慶[二]。九月，甲午，絶其輸貢，削官爵，命諸道四面進討。有能斬庭凑者，賜錢二萬緡，優畀之官。以州鎮降者，等差爲比。公濟勝之於行唐。癸卯，又敗之於博野，焚柵十五。庭凑射蠟書求救於幽州，行營節度使李載義獲之。同捷軍勢日蹙，不能救，遣人誘魏博兵馬使亓志紹作亂[三]。

三年，正月，庚子，亓志紹與庭凑合兵掠貝州，李聽、史唐合兵擊破之，志紹將兵五千奔鎮州。四月，戊辰，李祐拔德州，城中將卒三千餘人來奔鎮州。同捷請降於祐，宣慰使柏耆斬之。或言庭凑以奇兵篡也。六月，丙辰，詔：「鎮州四面行營各歸本道休息，但務保境，勿相往來。惟庭凑效順，爲達章表，餘皆勿受。」河東節度使李程奏得庭凑書，請納景州，以同捷平，稍畏也，而弓高、樂陵、長河三縣固守焉。八月，壬申，以庭凑遣使，因隣道微露詣闕請罪意。帝方厭兵，乃赦之，依前檢校司徒、成德軍節度使，將士各復官爵，還所上州。

[二]「昭」，底本作「招」，今據福建本、北大本、《新唐書·文宗紀》改。
[三]「亓」，底本作「开」，今據《通鑑》卷二四三改；以下徑改，不注。

四年，四月，辛未，庭湊請修建初、啟運二陵，從之。久之，兼太子太傅、太原郡開國公，食邑二千户。

五年，十一月[二]，庚戌，鳳翔節度使王承元入朝。鳳翔右衺涇、原，地平少巖險，吐蕃數入盜。承元據勝地爲鄣，置守兵千，詔號臨汧城。府郛左百賈所聚，異時爲虜剽攲，至燎烽相警。承元版堞繚之，人乃告安。以勞封岐國公。己未，加檢校司空、御史大夫，充平盧節度使、淄青登萊觀察等使[三]。

七年[三]，十二月，癸卯，承元卒於平盧。初，鹽禁未嘗行兩河，承元請歸有司，淄青始有上供，兖、鄆諸鎮皆奉法[四]，承元資仁裕，所至愛利[五]。卒年三十三，贈司徒。

八年，十一月，癸丑，庭湊死，贈太尉，累贈至太師。自寶臣來，雖惟岳、承宗繼

[二]「一」，底本脱，今據《舊唐書·文宗紀下》補。
[三]「萊」，底本作「菜」，今據福建本、《舊唐書·王承元傳》改。
[三]「七」，底本作「六」，今據《舊唐書》《文宗紀下》、《王承元傳》改。
[四]「兖」，底本脱，今據《舊唐書·王承元傳》、《新唐書·王承元傳》補。
[五]「愛」，底本作「受」，今據《新唐書·王承元傳》改。

叛，猶親隣畏法，稍屈則祈自新。其兇悖肆毒，甘亂不臣[一]，未有如庭凑者[二]。初賤微時，鄰有道士爲卜，得乾之坤，曰：「君將有土。」及得鎮貴，贈曾祖越州都督，祖左散騎常侍，父禮部尚書。迎事道士甚謹，復問：「壽幾何？」答曰：「公三十年後，當有二王。」庭凑立十三年，應之，蓋廋文也[三]。軍中奉其子鎮州左司馬、兼都知兵馬使元逵爲留後[四]，請命。

九年，正月，己卯，起復元逵定遠將軍、守左金吾衛大將軍、檢校工部尚書，爲節度觀察使。元逵素懷忠順，頓革父風，及領藩垣，頗輸誠欵，歲時貢奉，結轍於途，帝嘉之。夏，鎮州蝗害稼。

開成元年，七月，鎮州滹沱河溢，害稼。

二年，六月，丁酉，詔以絳王悟女壽安公主出降元逵，加駙馬都尉。元逵遣段氏姑詣闕納聘禮。段氏進食二千盤，并御衣、戰馬、公主粧奩及私白身女口等，其從如雲，

〔一〕「不」，底本重文，今據福建本、北大本、《新唐書·藩鎮鎮冀傳·王廷凑傳》删。
〔二〕「未有」，底本二字互乙，今據《舊唐書·王廷凑傳》正。
〔三〕「廋」，底本作「庾」，今據福建本、北大本、《新唐書·藩鎮鎮冀傳·王廷凑傳》改。
〔四〕「兼都知兵馬」，底本脱五字，今據《舊唐書》卷一四二《王元逵傳》補。

朝野榮之。

三年，秋，鎮、定蝗，草木盡。

四年[一]，八月，壬申，奏四州蝗食稼，至野草樹葉皆盡。

武宗會昌三年，四月，乙丑，昭義節度使劉從諫卒，其從子稹自稱留後。帝問宰臣，李德裕請伐之，言：「稹所恃者河朔耳，若遣大臣諭上旨，出山東兵，破之必矣。」五月，戊戌，命成德以步騎三千守臨洺，掠堯山。辛丑，制：「成德軍嘗以梟騎横陣[二]，首破朱滔。戰氣方酣，再迴魯陽之日；鼓音不息，三周不注之山[三]。以元逵本官充北面招討澤潞使，同魏博節度使何弘敬討之。」元逵受詔日，即出屯趙州。七月，甲辰，詔令分取邢州，魏博取洺，毋得取縣。宣慰使李回至，郊迎甚恭，奉詔惟謹。奏拔宣務柵，擊堯山。詔責諸道進兵，稱元逵功以激勵之，加同平章事。八月，前鋒入邢境踰月，而魏博猶未出師，屢密表稱弘敬懷兩端，帝乃急之出師。

四年，正月，乙酉朔，太原軍亂。辛卯，詔元逵以步騎五千自土門出，以應接河東

[一]「四」，底本作「五」，今據《舊唐書·文宗紀下》、《五行志》改。

[二]「嘗」，底本作「營」，今據《舊唐書·武宗紀》改。

[三]「三周不注」，底本作「三騎不周」，今據《舊唐書·武宗紀》改。

都知兵馬使王逢兵，克之。閏七月[二]，丙子，元逵奏邢州刺史裴問、堯山別將高元武以城降。堯山都知兵馬使魏元談等久不下，乃降，元逵皆殺之。八月，乙未，稹傳首至闕。戊戌，以元逵檢校司空，兼太子太師、同平章事，進封太原郡開國公，食邑實封二千户[三]。昭義屬城有嘗無禮者，推求得二十餘人，斬之，餘衆懼，復閉城自守。德裕等奏：「寇孽既平，盡爲國家城鎮，豈可令元逵窮兵攻討乎[三]？望遣中使賜城將士敕，招安之。仍詔元逵引兵歸鎮，并詔昭義節度使盧鈞自遣使安撫之[四]。」鈞後召入，封范陽郡公。

六年，四月，辛未，嗣帝釋服，加元逵檢校太保，兼太傅。

宣宗大中九年，正月，甲申，成德軍奏王元逵卒，册贈太師，謚曰忠。子紹鼎，字嗣先，以鎮州大都督府左司馬、知府事、節度副使、都知兵馬使，軍中立之。癸卯，詔以爲留後。五月，丙寅，起復雲麾將軍、守左金吾衛大將軍同正、檢校工部尚書、都督府長史、成德軍節度、鎮深冀趙觀察使。

[二]「七」，底本作「四」，今據《新唐書·武宗紀》、《通鑑》卷二四八改。
[三] 按：「食邑實封二千户」，今據《舊唐書·王元逵傳》，作「食邑二千户，食實封二百户」，《燕史》疑誤。
[三]「窮」，底本作「家」，今據《通鑑》卷二四八改。
[四]「鈞」，底本作「鈞」，今據《舊唐書》卷一七七《盧鈞傳》、《新唐書》卷一八二《盧鈞傳》、《通鑑》卷二四八改；以下徑改，不注。

十一年，二月，加銀青光禄大夫、檢校尚書右僕射，餘官如故。三月，起復朝請大夫、深州刺史、御史大夫、兼成德節度判官王紹懿，可檢校左散騎常侍〔一〕、鎮府左司馬、知府事，充成德軍節度副使，兼都知兵馬使，尋改御史大夫。以成德軍中軍兵馬使、銀青光禄大夫、檢校太子賓客、兼監察御史王景胤，可本官、深州刺史、本州團練守捉使。檢校常侍、右神武大將軍、知軍事王紹孚，可落起復，依前右神武大將軍。懿、孚，鼎之弟，並壽安公主子。景胤，鼎之子也。紹鼎沈湎自放〔二〕，性暴厚歛，升樓彈射路人以爲樂，衆欲逐之。八月，卒，贈司空，賻布帛三百段，米粟二百碩〔三〕，累贈司徒、太尉，又贈太傅。子景胤、景崇、景蕚。景崇字孟安，爲嫡，年幼不任事，紹鼎以軍政授紹懿，軍中遂立之。戊寅，以皇子昭王汭爲開府儀同三司、守鎮州大都督府長史、成德軍節度〔四〕、鎮冀深趙觀察等大使，以紹懿留後，仍賜紫金魚袋。十一月，壬寅，以爲節度使、檢校工部尚書，兼御史大夫、太原縣開國伯，食邑七百户。加檢校司空。紹懿出景胤爲

〔一〕「校」，底本作「檢」，今據福建本、《舊唐書·宣宗紀》改。
〔二〕「放」，底本脱，今據《新唐書·藩鎮鎮冀傳·王紹鼎傳》補。
〔三〕「粟」，底本作「票」，今據福建本、北大本、《新唐書·藩鎮鎮冀傳·王紹鼎傳》改。
〔四〕「度」，底本脱，今據《舊唐書·宣宗紀》補。

深州刺史，景崇爲鎮州大都督府左司馬、知府事、都知兵馬使。

懿宗咸通七年[一]，三月，戊寅，紹懿卒[二]。在鎮十年，軍民便其寬簡。疾篤[三]，召景崇，謂之曰：「先君以汝幼，托軍政，俟長授之。今汝雖少，勉負荷，禮藩鄰，奉朝旨，則家業不墜矣。」監軍上狀，帝嘉之，贈司徒。四月，壽安公主上表請入朝，詔曰：「志興奏汝以景崇未降恩命，欲來朝覲事，具悉。景崇素聞孝悌，頗有義方，洽三軍愛戴之情，荷千里折衝之寄。纘乃舊服，綽有令猷，朝廷獎能[四]，續有處分。緣孝明太后園寢有日，庶事且停，候祔廟禮成，當允誠請。」六月，景崇起復忠武將軍、左金吾衛將軍同正、檢校右散騎常侍，兼鎮州大都督府左司馬、知府事、御史中丞，充留後，仍賜上柱國、紫金魚袋。十二月，授節度使、檢校工部尚書。景崇以公主嫡孫，尤被寵幸。

九年，九月，徐賊龐勛反，景崇令大將從諸軍討之。

十年，九月，徐賊平，以功授檢校右僕射，封太原縣男，食邑三百户。及祖母章惠

[一]「咸」，底本作「成」，今據福建本、《舊唐書·懿宗紀》、《新唐書》卷九《懿宗紀》改。
[二]「紹」，底本脱，今據《舊唐書·懿宗紀》、《新唐書·懿宗紀》、《通鑑》卷二五〇補。
[三]「篤」，底本作「篤」，今據福建本、北大本、《舊唐書》卷一四二《王景崇傳》改。
[四]「獎」，底本作「異」，今據《舊唐書·懿宗紀》改。

長公主薨，居喪如禮。起復左金吾衛上將軍同正，進位檢校司空。以政委賓佐，檢戒親屬不得與。嘗欲引母昆弟爲牙將，其佐張位曰：「軍中用人，有勞有能，若私其人，厚畀田宅禄食可也，何必以官。」景崇謝。

十一年，八月，魏博亂，軍中推大將韓君雄爲留後，景崇爲請旌節，從之。十二月，加景崇同平章事。

十三年，八月，加中書令。時熒惑、太白、辰、鎮彙昴、畢，詔景崇被衮冕，軍府稱臣以厭之。

僖宗乾符二年，四月，加侍中。

三年，八月，加開府儀同三司、檢校太尉，兼中書令，俄封趙國公，食邑三千户，食實封二百户。丁母秦國夫人張憂，居喪如禮，號慕羸惙〔二〕，時稱之。

五年〔三〕，起復本官，封上柱國、常山郡王，食邑六千户。景崇讓中書令於其兄景儒，而求易定節度。宰相崔沆謂魏博、盧龍且相援，執不可。

〔二〕「惙」，底本作「啜」，今據福建本、北大本、《新唐書·藩鎮鎮冀傳·王景崇傳》改。
〔三〕「五」，底本作「三」，今據福建本、北大本、《新唐書·藩鎮鎮冀傳·王景崇傳》改。

廣明元年，十二月，黄巢犯闕，帝西狩。僞使賫詔至，斬以徇，因發兵馳檄諸道節度使，合義武王處存連師西入關，奔問行在，貢輸相踵。每語及宗廟園陵，輒流涕。關輔平定，以功拜太尉。

中和二年，二月，蔚州刺史蘇祐爲河東節度使李克用所攻，乞師幽州，屯美女谷，兵不利。祐將出奔，會詔徙濮州刺史，擁兵之官，道於鎮。景崇館於靈壽，肆其下剽掠，景崇殺之。十二月，庚戌，景崇卒。嗣節度凡十七年，十三遷，年三十七〔一〕。

三年，正月，以景崇卒，詔贈太傅，謚忠穆。子鎔十歲，爲兵馬留後。二月，甲子，以鎔爲留後。七月，授檢校工部尚書、節度使。時諸鎮豪傑並起而交争，鎔介於其間，承祖、父百年業，士馬彊而積蓄富，爲唐累世藩臣。年雖少，藉其世家以取重，四方諸鎮廢立承繼請於朝者，皆因鎔以聞。時李克用等攻黄巢，鎔再饋粟以濟師。

光啟元年，閏三月，乘輿還自蜀，鎔獻耕牛千頭、農具九千〔二〕、兵仗十萬〔三〕。先是，李克用虎視山東，方謀吞據，鎔以重賂結納修好。及克用擊孟方立於邢州，鎔饋芻粮。

〔一〕「年」，底本脱，今據福建本、《新唐書·藩鎮鎮冀傳·王景崇傳》補。
〔二〕「九千」，底本作「七年」，今據《舊唐書·僖宗紀》改。
〔三〕「十萬」，底本作「萬計」，今據《舊唐書·僖宗紀》改。

邢州平，克用遂謀山東，屯常山西，引輕騎涉滹沱諜軍[一]，會大澍，平地水出，鎔兵奄至，克用匿林中以免。鎔與盧龍李匡威俱惡克用彊，而王處存乃厚善之，二鎮遂議分其地，幽攻易，鎮攻無極。克用救之，二鎮俱走。自將攻無極，鎮兵退保新城，復進擊，拔新城，追至九門，斬首萬餘級。

昭宗大順元年，五月，制討太原，以鎔爲東面招討使。六月，鎔同魏博爲德州刺史盧彦威請義昌節度使。

二年，四月，李克用圍雲州，分兵出井陘，屯常山，大掠深、趙。幽州以步騎萬餘援，克用引還。十月，克用與李存孝來伐，又遣別將李存信等出井陘會之，大破鎔於龍尾崗，斬獲萬計，遂拔臨城，攻元氏、柏鄉。匡威救之[二]，屯鄗[三]。克用聞之，大掠而還，軍於邢州。存孝，飛狐人安敬思也。善騎射，數有奇功，克用以爲邢洺磁州留後。與存信俱爲假子，不睦，存信獨有寵。存孝在邢州，欲立大功以勝之，乃建議取鎮、冀。存信從中沮之，不時聽許。

[一]「諜」，底本脱，今據《新唐書·藩鎮鎮冀傳·王鎔傳》補。
[二]「匡」，底本作「逞」，今據福建本、北大本、《新唐書·藩鎮鎮冀傳·王鎔傳》、《通鑑》卷二五八改。
[三]「鄗」，底本作「鎬」，今據《新唐書·藩鎮鎮冀傳·王鎔傳》改。

景福元年，正月，幽、鎮合兵十萬，攻堯山。克用遣存孝救之，不克，以存信爲藩漢馬步都指揮使，共擊之，互猜忌逗留。克用更遣李嗣勳等擊，大破之，死者三萬人。二月，王處存恐幽、鎮復合兵攻之，求援於太原，並自將。而鎔未嘗臨軍[一]，遣追風都團練使段亮、翦寇都團練使馬珂等，以兵屬匡威[二]。庚寅，克用、處存復合兵來攻。三月，癸丑，拔天長鎮。戊午，鎔兵戰於新市，禽克用將薛萬金。幽州兵三萬來救。克用自軍常山鎮，易定衆軍堅固鎮[三]，燕、趙卒分拒之[四]。克用兵度滹沱[五]，鎔兵十萬，夜襲磁水，敗之，斬二萬級，奪鎧仗三百乘。辛酉，克用退壁欒城，詔和解之。四月，幽州援兵侵雲、代，實以牽其師。壬寅，克用還。十月，存孝叛克用，以三州歸國。存信還自堯山，譖其無心擊賊，疑與有私約。存孝自以有功於克用，而信任顧不及，憤怨，且懼及禍，乃潛結鎔及汴宋節度使朱全忠，上表以三州歸朝廷，乞賜旌節及會諸道兵討克用。詔以存孝爲邢洺磁節度使，不許會兵。而鎔與連兵，克用假道於鎔，不答。

[一] 「臨」，底本脱，今據福建本、北大本、《新五代史》卷三九《王鎔傳》補。
[二] 「屬」，底本作「尾」，今據《新五代史·王鎔傳》改。
[三] 「固」，底本作「因」，今據福建本、北大本、《舊唐書·昭宗紀》改。
[四] 「拒之」，底本脱二字，今據福建本、北大本、《舊唐書·昭宗紀》補。
[五] 「克用」，底本脱二字，今據福建本、北大本、《新唐書·藩鎮鎮冀傳·王鎔傳》補。

二年，二月，李克用圍邢州，鎔遣牙將王藏海致書解之。克用怒鎔誘存孝，遂斬藏海，擊鎔，敗鎮兵於平山。辛巳，攻天長鎮，旬日不下。鎔出兵三萬救之，克用逆破于叱日嶺，斬首萬餘級，餘衆潰去。河東軍無食，脯其尸而啗之。辛卯，克用進下井陘，來伐。存孝將兵救鎔，遂入鎮，與鎔計事。鎔又乞師於全忠，全忠方與武寧節度使時溥相攻，不能救，但遣克用書，言：「鄴下十萬精兵，抑而未進。」復書：「倘實軍鄴下，顒望降臨；必欲一決雌雄，願角逐於常山之尾。」鎔又求救於幽州。甲午，匡威引騎五千來救，敗之於元氏，克用引還邢州。鎔具牛酒，會匡威於藁城，餉金二十萬以謝。三月，匡威自鎮州還，爲弟匡籌所逐。鎔德其助己，迎歸鎮州，築館於梅子園寶壽寺，父事之。匡威少游燕、趙間，每裴佪常山，愛之不能去。先是，欲入朝，遣客李抱真請命，卒不果。及是，抱真還，因失國無聊，引之登城西大悲浮屠，顧覽泫然，美山川，樂風土。以鎔年少，潛謀奪之，抱真爲畫策。匡威陽爲完城，繕甲訓士，視如子，陰以恩施悦其將士。王氏在鎮久，鎮人愛之，不徇匡威。詐爲親忌日，鎔去衛從，晨詣館慰吊。匡威素服衷甲，伏兵劫之，殺其府屬楊治及親吏淡從〔二〕，有甲者牽鎔袞。匡威曰：「與我

〔二〕「淡」，底本作「談」，今據《新唐書·藩鎮鎮冀傳·王鎔傳》改。

四州，可不死！」鎔趨抱匡威曰：「鎔爲晉所困，幾亡矣。賴公有今日，無以報公，欲得四州，鎔所甘心也。」因叩頭，「不若與公共歸府，以位讓，則將士莫之拒。」匡威素少鎔，以爲無能爲也，與鎔方轡陳兵入府。行遇親軍營，軍士閉門大譟，大風雷雨，木拔瓦飛。匡威入東偏門，鎮親軍閉之。有屠者墨君和[一]，望鎔識之，自缺垣躍出，袒而拳毆其甲士，賊衆披靡。乃挾鎔於馬上，負之登屋。鎮人既得鎔，匡威走東園，兵圍之，與抱真並其黨燕人俱死焉。明日，鎔以禮歛匡威，素服哭於庭，遣使告匡籌。匡籌雖憾其兄，而陽以大義詰死狀，表於朝，言鎔殺其兄，請舉兵復冤。詔不許。鎔年方十七，體疎瘦，爲君和所挾，頸痛頭偏者累日。賞君和千金，第一區，約宥十死。六月，匡籌來伐樂壽、武强，以報匡威之耻也。七月，鎔遣兵救邢州，克用出縛馬關，敗之於平山。壬申，進擊鎮州外壘。鎔内失幽州助，因乞盟，進幣五十萬，饋粮二十萬，請出兵助攻邢州，乃得解。克用治兵於欒城，存信屯琉璃陂[二]，合鎔兵三萬，進屯任縣而圍邢。存孝泥首謝罪，曰：「兒爲存信所逼至此。」克用叱之曰：「爾與全忠及鎔書，罵我多矣，亦

[一]「者」，底本脱，今據福建本、北大本、《新五代史·王鎔傳》、《通鑑》卷二五九補。
[二]「陂」，底本作「波」，今據《新唐書·藩鎮鎮冀傳·王鎔傳》、《通鑑》卷二五九改。

存信教汝乎？」車裂於晉陽。

乾寧二年[二]，三月，加鎔兼侍中。

四年，七月，克用遺書於鎔，與義武共定關中，迎還天子。以幽州節度使劉仁恭違命，不果。

光化元年，八月，河東以汴州得邢、洺、磁，日相攻擊，詔使和解。克用欲奉詔，耻先自屈，乃致書鎔，使通全忠[三]。全忠不從。九月，加鎔兼中書令。十二月，全忠得潞州，因圖河東，使魏博羅紹威諷鎔絶太原，共尊汴。鎔依違，全忠不悦。

二年，三月，汴、魏攻盧龍，至臨清而大敗之。鎮人亦出兵邀擊，屯蓨城，擊其歸於東境，得十八。

三年，七月，全忠復攻幽州劉仁恭，兵連不解。鎔遣使和解之，會久雨，全忠兵亦還。八月，全忠大破克用將李嗣昭於洺州，得鎔與嗣昭書，言梁事，惡其與沙陀交通，移兵伐之，顧謂葛從周曰：「得鎮州以與爾，爾爲我先鋒。」從周至臨城，中流矢，臥輿

[二]「乾寧」，底本脱二字，今據《通鑑》卷二六〇補。
[三]「使」，底本作「便」，今據福建本、北大本、《通鑑》卷二六一改。

中，梁軍大沮[一]。自將兵下臨城，踰滹沱，焚鎮州南門關城[二]。全忠次元氏。鎔倉卒，懼，謂賓佐曰：「事危矣，奈何？」判官周式，辨士也，率先而對曰：「此難與力争矣，而可以理奪也。式與全忠有舊，請入梁軍乞和。」全忠怒罵曰：「吾嘗以書招鎔，乃朋附吾仇，違盟爽信，不來，煩吾至此，必期於無舍。而爾爲説客，晚矣！吾知李嗣昭在城中，可使之先出。」即出書示之，式曰：「今天子在上，諸侯守封睦隣，所以息争，且撫民也。鎮州密邇太原，困於侵暴，四鄰各自保，莫相救恤。王公與之連和，以息人鋒鏑間。況繼奉天子詔和解，能無一番紙墜北路乎？且太原與趙本無恩，嗣昭庸肯入趙哉！今明公果欲取一鎮州止乎？而欲成伯業於天下耶？如欲成伯業，爲唐桓、文，天下誰不聽命，豈惟蕞爾鎮州哉！然伯者責人以義，不以私。昔曹公破袁紹，得魏將吏與紹書，悉焚之，此英雄事耳。今梁兵舉，不崇禮義，知兵舉無名，而假嗣昭爲辭，將困人於險，而以窮威武乎？則鎮州雖小，城堅食足。明公雖有十萬衆[三]，期於無舍，亦難矣！況王氏五代六公，秉旄撫士，時推忠孝，人人爲之死，而待嗣昭乎哉？」全忠笑攬

[一]「沮」，底本作「阻」，今據北大本、《新五代史·王鎔傳》改。
[二]「焚」，底本作「樊」，今據福建本、北大本、《新五代史·王鎔傳》、《通鑑》卷二六二改。
[三]「十」，底本作「力」，今據福建本、《通鑑》卷二六二改。

式袂，延之帳中，曰：「與公戲耳！」因延於座，議和。乃遣客將劉捍單騎入見鎔。鎔以子節度副使昭祚及大將子弟爲質，以文繒二十萬犒軍。全忠取馬牛萬計，引還，以女妻昭祚。成德判官張澤言於鎔曰：「河東，勍敵也。今雖有朱氏援，譬如失火家，安能俟遠水乎！彼幽、滄、易定，猶附河東。不若説朱公乘勝兼服之，使河北諸鎮合一，則可以制河東矣。」鎔復遣式往説，全忠喜，乃擊取幽州城，義武請服而罷。

天復元年，三月，全忠復攻太原，以兗、鄆兵會成德兵[一]，入自土門。四月，丁巳，會汴別將白奉國，自井陘入。己未，拔承天軍。

三年，正月，誅宦官，乃詔成德選進五十人充敕使，取其風土深厚，人性謹樸也。

昭宣天祐二年，十月，癸丑[三]，更名成德軍曰武順，其管内藁城縣曰藁平，信都曰堯都，欒城曰欒氏，阜城曰漢阜，臨城爲房子，皆避全忠祖、父名也。十一月，辛巳，以全忠爲相國，總百揆，以武順等二十一道爲魏國，不受。

三年，四月，滄州節度使劉守文攻冀州。鎮州大將王釗攻魏州叛將李重霸於宗城，

[一]「兗」，底本作「充」，今據福建本、北大本、《通鑑》卷二六二改。
[三]「丑」，底本作「酉」，今據《舊唐書・哀帝紀》、《通鑑》卷二六五改。

全忠遣歸救冀，滄州兵乃去。丙午，重霸棄城走，汴將胡規追斬之。

四年，四月，甲子，全忠更名晃，篡唐，更大梁，元開平。鎔奉其正朔。五月，丁丑朔，加開府儀同三司、守太師、中書令，仍賜敦睦保定大功臣、上柱國、趙王[二]，食邑一萬五千户，食實封一千户，襲食實封二百五十户。

七年，八月，庚申，梁使來弔鎔母何氏喪。鎔雖不輸梁常賦，而貢獻甚勤。會使弔，且授起復官。時鄰道弔客皆在館，使者見晉使，歸言：「鎔潛與晉通，鎮、定勢彊，恐終難制。」晃深然之，疑鎔貳於晉，且欲因鄰王紹威卒，除移鎮、定。會燕王守光發兵屯淶水，欲侵定州，晃遣供奉官杜廷隱、丁延徽監魏博兵三千，分屯深、冀，聲言恐燕兵南寇，助趙守禦，又云分兵就食。趙將石公立戍深州，白鎔拒之。鎔遽命開門，移公立於外避之。公立出門，指城而泣曰：「朱氏滅唐社稷，三尺童子知其爲人。而我王猶恃姻好，以長者期之，所謂開門揖盜者也。惜乎，此城人今爲虜矣！」梁人有亡奔真定，以所謀告鎔，乃大懼。不敢先自絕，但遣使詣洛陽，訴稱：「燕兵已還，與定州講和如故，深、冀戍見魏博兵入，奔走驚駭，乞召之還。」晃遣使詣真定慰諭。未幾，廷隱等閉

[二]「大功臣」，此據《舊唐書》卷一四二《王鎔傳》，《新五代史·王鎔傳》作「久大功臣」。

門，盡殺趙戍兵，乘城拒守。十一月，己丑，以寧國軍節度使王景仁爲北面行營招討使，以攻趙。鎔乃命公立攻之，不克。遣使求援於燕，不救。至晉陽，義武節度使王處直使亦至，欲共推晉爲盟主，合兵攻梁。晉王會將佐謀之，皆曰：「鎔久臣朱温，歲輸重賂，結婚姻，其交深矣。此必詐也，宜徐觀之。」王曰：「彼亦擇利害而爲之耳。王氏在唐世猶或臣或叛，况肯終爲朱氏臣乎？彼朱温之女，何如壽安公主！今救死不贍，何顧昬姻！我若疑而不救，正墮朱氏計中。宜趣發兵赴之，叶力破梁必矣。」乃發兵，遣振武節度使周德威將之，出井陘，屯趙州。自是，鎮、定復稱唐天祐年號，以武順爲成德軍。司天言：「來月太陰虧，不利宿兵於外。」晃召景仁等還洛陽。十二月，己未，晃聞晉兵已屯趙州，與合，乃命景仁等擊之。庚申，自河陽度河，會羅周翰兵，合四萬，軍於邢、洺。丁丑，景仁等又合魏滑、汴宋等兵，共七萬，進軍柏鄉。辛巳，鎔復告急於晉，晉王以蕃漢副總管李存審守晉陽，自將兵由贊皇東下，處直遣將以從。辛巳，王至趙州，與德威合石橋，獲梁芻蕘者二百人，問之曰：「初發洛陽，梁主有何號令？」對曰：「梁主戒上將云：『鎮州反覆，終遺子孫患。今悉以精兵付汝，雖其城鐵乎，而必爲我取焉。』」王命送於趙，以堅其附晉也。壬午，晉軍距柏鄉一舍，遣德威等以胡騎迫梁營，馳射且詬之。梁將韓勍等將步騎三萬，分三道追之，皆神威、龍驤、拱辰等軍，鎧胄皆被繒綺，鏤金銀，光彩炫耀，晉人望之奪氣。德威謂馬步都虞候李存璋曰：「梁人志不在戰，徒欲曜兵耳，不挫其鋭，則吾軍不振。」乃徇於軍曰[二]：「彼皆汴州天武軍，屠酤傭販之徒耳，衣鎧雖鮮，十不能當汝一。能獲一夫足自富，此乃奇貨，不可失也。」帥千餘精騎，擊其兩端，左右馳突，出入數四，獲百餘人，且戰且却，距野河而止。梁兵亦退。德威言：「賊勢甚盛，宜按兵以待其衰。」王曰：「吾孤軍遠救人急，三鎮烏合，利速戰。公乃欲按兵持重，何也？」德威曰：「鎮、定兵長守城，短野戰。且吾所恃者騎兵，利平原廣野馳突。今壓賊壘門，騎無所展足，且衆寡不敵，彼知虚實，則殆矣。」王不悦，退卧帳中，諸將莫敢言。德威往見監軍張承業，曰：「大王驟勝輕敵，不量力而務速戰。今去賊咫尺，所限者一水耳。彼若造橋薄我，我無類矣。不若退軍高邑，誘賊離營，彼出則歸，彼歸則出，别以輕騎掠饋餉，不過踰月，破之必矣。」承業入，褰帳撫王曰[三]：「此豈王安寢時耶！德威老將知兵，其言不可忽也。」王蹶然興曰：「予方思之。」梁閉壘不出，有降者，詰之，曰：「景仁方多造浮橋。」引以見王，笑曰：「果如

[二]「徇」，底本作「詢」，今據《通鑑》卷二六七改；以下徑改，不注。
[三]「褰」，底本作「寨」，今據《通鑑》卷二六七改。

公料。」即退保高邑。

八年，正月，丙戌朔，日食。梁崇政使敬翔白晃曰：「兵可憂矣。」晃爲之旰食。柏鄉比不儲芻[二]，梁兵刈芻自給，晉人日以遊軍抄之，不出。周德威使胡騎三百環營馳射而詬之，愈疑有伏，不敢出，剉屋茅坐席飼馬，多死。丁亥，德威與別將史建瑭、李嗣源將精騎三千[三]，壓梁壘門而詬之。王景仁怒，悉衆而出，德威等轉戰數十里，而北至高邑南。李存璋以步兵陳野河上，梁軍横亘數里，競前奪橋，鎮、定步兵不能支。晉王謂匡衛都指揮使李建及曰：「賊過橋，不可復制矣。」建及選卒二百，援鎗大譟，力戰却之。王策馬高丘以望，曰：「梁兵争進而囂，我兵整而静，必勝。平原淺草[三]，可前可却，真吾之勝地也！」戰自巳至午，未決。王謂德威曰：「兩軍合，勢不可離，興亡在此一舉。我爲先登，公可繼之。」德威叩馬諫曰：「觀梁兵輕出而遠來，勢可以勞逸制，未易以力勝也。彼去營舍餘，雖挾糗糧，亦不暇食。日昳後，饑渴内迫，矢刃外交[四]，士卒勞倦，

[二]「不儲」，底本闕二字，今據《通鑑》卷二六七補。
[三]「瑭」，底本作「塘」，今據福建本、北大本、《舊五代史》卷五五《史建瑭傳》、《新五代史》卷二五《史建瑭傳》、《通鑑》卷二六七改；以下徑改，不注。
[三]「淺」，底本作「深」，今據《新五代史》卷二五《周德威傳》改。
[四]「外」，底本脱，今據福建本、北大本、《通鑑》卷二六七補。

必有退志。而我以精騎乘之，必大捷，今未可也。」王乃止。時梁兵爲方陳，魏、滑兵於東，宋、汴兵於西。至晡，梁軍未食，士無鬬志。景仁等稍却，東偏塵起，德威疾呼曰：「梁兵走矣！」麾西偏曰：「魏、滑軍走！」於東曰：「宋、汴軍走矣！」晉兵大譟爭進，魏、滑兵乃先退。嗣源、建瑭呼於西陳前曰：「東陳走矣，爾何久留！」梁兵互怖大潰，存璋引步兵乘之，呼曰：「梁人亦吾人也，父兄子弟餉軍者勿殺。」於是戰士悉解甲投兵而棄之，囂動天地。趙人以深、冀之憾，不顧剽掠，但奪白刃追之。梁龍驤、神捷精兵殆盡，景仁、勍、思安以數十騎走。晉兵夜至柏鄉，梁尸蔽地，所棄糧食資財器械無算，凡斬首二萬級。嗣源等追奔至邢州，河朔大震。梁保義節度使王檀嚴備〔一〕，納敗卒，給資粮，散遣歸道。晉王收兵屯趙州。廷隱等聞敗，棄深、冀而去，悉驅二州丁壯爲奴婢，老弱者阬之，城中存壞垣而已。癸巳，梁復以天雄軍節度使楊師厚爲北面行營都招討使，屯河陽，收散兵，旬餘，得萬人。己亥，王遣德威、建瑭三千騎趣澶、魏，承業、存璋以步兵攻邢州，自以大軍繼之，移檄河北州縣，諭利害。晃遣別將徐仁溥兵

〔一〕「保」，底本作「寶」，今據福建本、北大本、《通鑑》卷二六七改。

千人，自西山夜入邢州，助檀城守。二月，庚午，燕王守光既克滄州，聞梁敗柏鄉〔一〕，使人謂鎔及王處直，欲爲并、幽、鎮、定四鎮盟主。鎔患之，告晉，晉乃先取燕。會師厚自磁、相引兵救邢、魏，壬申，晉解圍去。師厚追，逾漳水而還，邢州圍亦解，師厚留守魏州。鎔自謁晉王於趙州，大犒將士，遣其養子德明將三十七都常從晉王征討。德明者，張文禮，燕人也，事燕背主〔二〕，語在《變記》。自燕奔鎔，好誕言兵，鎔奇而子之。壬午，晉王發趙州，歸晉陽，留德威等將三千人戍趙州。六月，癸丑朔，守光諷鎮、定，尊己爲尚父，鎔告晉王，陽尊之。晃命師厚將兵三萬屯邢州，攻鎔，甚懼。七月，甲辰，會晉於承天軍。王謂鎔父友也，事之甚恭。鎔以梁寇爲憂，晉王曰：「朱温之惡極矣，天將誅之，雖有師厚輩，不能救也。脱有侵軼，僕自帥衆當之，叔父勿以爲憂。」鎔捧卮爲壽，謂王爲四十六舅。幼子昭誨從行，王斷衿盟，許妻以女，晉、趙之交遂固。九月，庚子，晃發洛陽，疾愈，聞晉、趙謀攻，而自將拒之。十一月〔三〕，壬午，南還至貝州，聞晉、趙兵不出。

〔一〕「敗」，底本作「攻」，今據《通鑑》卷二六七改。
〔二〕「背」，底本作「肯」，今據福建本、北大本改。
〔三〕「一」，底本脱，今據《通鑑》卷二六八補。

九年，正月，晉兵東出飛狐，伐燕以救易定，趙將王德明會之於易水。丁酉，至幽州城下，守光求救於晃。二月，晃疾愈，議自將擊鎮、定以救之。乙亥，至魏州，命楊師厚、副使河陽節度使李周彝圍棗彊，平盧節度使賀德倫、副使天平留後袁象先圍蓨縣[二]。戊寅，晃至貝州，晝夜兼行。三月，辛巳，至下博南，登觀津冢。趙將符習引數百騎巡邏，不知爲晃，遽前逼之。或告：「晉兵大至矣！」晃棄行幄，亟引兵趣棗强，與師厚軍合。棗强城小而堅，趙人聚精兵數千守。師厚急攻，數日不下，城壞復修，死傷萬數。城中矢石將竭，謀出降，有一卒奮曰：「賊自柏鄉喪敗已來，視我鎮人裂眥，今往歸之，如自投虎口耳。困窮如此，何身爲！我請獨往試之。」夜縋城詐降[三]。周彞召問城中備，對曰：「非半月，未易下也。」因請一劍，「效死先登，取守城將首」。不許，使荷擔從軍。卒得間，舉擔擊周彝首，踣地，左右救至，得免。晃聞愈怒，命師厚晝夜急攻。丙戌，屠之，血流盈城。初，晃引兵渡河，聲言五十萬。晉忻州刺史李存審與史建瑭以三千兵屯趙州，患兵少，裨將趙行實請入土門避之，存審不可。及德倫攻蓨縣，

[二]「使河陽節度使李周彝圍棗彊，平盧節度使賀德倫，副使」，底本脱二十二字，今據福建本、北大本、《通鑑》卷二六八補。
[三]「縋」，底本作「縮」，今據福建本、北大本、《通鑑》卷二六八改。

謂建瑭及馬步都虞候李嗣肱曰：「吾王方事幽薊，無兵此來，南方事委吾輩。今蓨急，使賊得，西侵深、冀，患益深矣。安得坐視乎！當以奇計破之。」乃引兵扼下博橋，使分道擒生。建瑭分麾下爲五隊，各百人，一之衡水，一之南宫，一之信都，一之阜城，自將一隊深入，與嗣肱遇梁軍樵芻，執數百人。明日，會下博橋，殺之，留數人，斷臂縱去，曰：「爲我語朱公，晉王大軍至矣！」晃引師厚兵五萬，就德倫共攻蓨[二]。丁亥，至縣西，未及營。建瑭、嗣肱各將三百騎，效梁軍旗幟服色，與樵芻雜行，暮至德倫營，殺門者，縱火大譟，弓矢亂發，左右馳突，既暝，各斬馘執俘而去。營中大擾，不知所爲。斷臂者復來，曰：「晉軍大至矣！」晃大駭，燒營夜遁，迷失道，委屈行百五十里[三]，戊子旦，至冀州。蓨之耕者皆荷鉏奮挺逐之，委棄軍資器械無算。既而復騎覘，晉軍未來，乃史先鋒遊騎耳。晃不勝慚，病增劇，不能乘肩輿，留貝州旬餘，軍始集，還洛陽。六月，戊寅，晃被子友珪弑而篡。十一月，趙王德明將兵三萬掠武城，至臨清，下宗城。癸丑，師厚伏兵唐店，邀擊，大破之，斬首五千餘級。

[二]「倫」，底本脱，今據福建本、北大本、《通鑑》卷二六八補。
[三]「委屈行百五」，底本脱五字，今據《通鑑》卷二六八補。

十年[一]，五月，楊師厚與劉守奇將汴滑、徐兗、魏博、邢洺兵十萬，大掠趙境。師厚自柏鄉入，攻土門，趣趙州，守奇自貝州入，趣冀州，所過焚掠。庚戌，師厚至鎮州，營南門外，燔其關城。壬子，自九門退軍下博，守奇引兵與會，拔下博。存審、建瑭戍趙州，兵少，趙王告急於德威，遣騎將李紹衡會德明拒梁軍。師厚、守奇自弓高度御河而東，逼滄州。八月，乙亥，鎔會晉王於天長鎮。十二月，庚午，晉王平燕，俘其父子。欲自雲、代歸，鎔及處直請由中山、真定趣井陘，從之。甲申，至定州。丙戌，謁北岳廟，至行唐，鎔迎謁於路。

十一年，正月，戊戌朔，鎔詣晉王行帳，上壽置酒。請見燕王父子[二]，脱械[三]，引就席同坐[四]，鎔答拜，贈衣服、鞍馬、酒饌。己亥，從晉王獵行唐西，送境上而別。丙辰，晉獻燕俘於太廟，又械仁恭，祭先王墓而斬之。或説鎔曰：「大王所稱尚書令，乃梁官也，既與梁爲讎，不當稱其官。且自太宗踐阼已來，無敢當其名者。今晉王爲盟主[五]，勳

〔一〕按：「十年」，底本作「乾化三年」，今據《燕史·鎮記五》，于唐末不稱後梁年號，今從上下文，改作唐哀帝天祐「十年」。
〔二〕「請」上，底本衍「己亥」二字，今據《通鑑》卷二六九删。
〔三〕「脱」，底本脱，今據《通鑑》卷二六九補。
〔四〕「引」，底本作「飲」，今據《通鑑》卷二六九改。
〔五〕「主」，底本脱，今據福建本、北大本、《通鑑》卷二六九補。

高位卑，不若讓之。」鎔曰：「善！」乃與處直各遣使，推王爲尚書令。晉王三讓而受，始開府置行臺，如太宗故事。七月，王既克幽州，會鎔及周德威於趙州，南攻邢州，昭義節度使李嗣昭引部兵會之。師厚救邢州，軍漳水東。晉軍至張公橋，裨將曹進金來奔。晉軍退，諸鎮兵皆引歸。八月，王還晉陽。

十二年，七月，梁大將劉鄩以晉兵盡在魏州，將襲晉陽。周德威自幽州救晉陽，急追鄩，再宿，至南宮，擒其斥候[一]，斷腕而縱之，使知，鄩軍大駭。八月，乃將萬餘人薄鎮、定營，大敗，奔還。

十四年，四月，晉以鎮、定兵從解幽州圍，而退契丹。是時，諸鎮相弊於戰争，鎔仁而不武，未嘗敢爲兵先。它兵攻之，常藉隣援。附晉以兵從，而境内無事。都人士女安樂，褒衣博帶，務奢侈嬉游。鎔恃世鎮，得士人心，尤驕自佚，治府第園沼極盛，深居，不親政，皆仰成僚佐，權移左右。行軍司馬李藹、宦者李弘規用事於中外。軍事悉委德明，從晉王於行營，欲寄以腹心，使都指揮使符習代還，以爲防城使。有僧誠惠，自言能降龍。嘗過鎮州，鎔不爲禮，誠惠怒曰：「吾有毒龍五百，當遣一，揭片石，常

[一]「候」，底本脱，今據《通鑑》卷二六九補。

山人皆魚鱉也。」會次年滹沱大水，壞鎮州關城，人皆以爲神。故鎔晚年好左道，講禪經，受符籙[一]，廣齊醮，鍊丹藥，以求長生。盛飾館宇於西山，與道士王若訥留游，登王母祠，使婦人維錦繡牽持而上，將佐士卒陪從不下萬人，往來供頓苦之。

十七年，十二月，自西山還府，宿於鶻營莊。所尤幸宦者石希蒙以佞同卧起，復請之它所。弘規諫曰：「晉王夾河血戰，暴露親矢石，而吾王乃處休，竭軍需，務燕游。時方艱難叵測，忘返至逾月，倘一夫閉空宫，不納從者，而將安歸乎？」鎔懼，命駕，希蒙密言：「弘規妄生猜嫌，出不遜語以劫脅，夸大而長威福耳。」王遂信宿不言歸。弘規怒，令内牙都將蘇漢衡帥親軍，擐甲拔刃[二]，詣帳前曰：「士卒暴露久矣，願從王歸國！」弘規進曰：「此皆希蒙逢而長之罪也。且聞欲陰謀逆，請誅以謝衆。」王不聽。牙兵遂大譟，斬希蒙首，擲於前。王怒且懼，亟歸。是夕[三]，遣長子副大使昭祚及德明圍弘規及藹第，族誅之，連坐者數十家，殺漢衡，收黨與，窮反狀，親軍大恐。

[一]「籙」，底本作「録」，今據《通鑑》卷二七一改。
[二]「擐」，底本作「環」，今據福建本、北大本、《新五代史·王鎔傳》、《通鑑》卷二七一改。
[三]「是」，底本脱，今據《通鑑》卷二七一補。

十八年，二月，弘規既族，昭祚驕愎，又欲附者皆族之。其部兵五百人欲逃[一]，聚泣偶語，未知所之。會諸軍有給賜，王忿親軍，獨不時與，衆益懼。德明素蓄異志，因而激之曰：「王命盡阬爾曹。我不忍爾無罪而駢首受僇，第違命，如獲罪何？」衆皆感泣。是夕，親軍有宿潭城西門者，聚飲而謀之。酒酣[二]，中驍健者曰：「吾曹識王太保意，今夕富貴决矣！」夜半，千餘人踰城入。王方焚香受籙，二人斷首，袖而出，因焚府第。軍校張友順帥衆詣德明第，請爲留後。復稱張文禮，盡滅王氏族，獨置昭祚妻普寧公主，以自托於梁。三月，遣使告亂於晉王，且奉牋勸進，而求節鉞。王方置酒作樂，投杯悲泣，欲討之。僚佐以：「其罪誠大，然吾方與梁争，可更立敵於肘腋乎？宜姑從其請以安之。」遣節度判官盧質承制授以成德留後[三]。雖受晉命，内不自安。七月，復遣間使求援於契丹，且告梁主曰：「王氏屠於亂兵，公主幸無恙。今臣已北召契丹，乞發甲兵萬人助，自德、棣度河，則晉人遁逃不暇矣。」梁主未决，同平章事敬翔曰：「不乘此釁復

[一]「部」，底本作「步」，今據福建本、北大本、《通鑑》卷二七一改。
[二]「酒」，底本脱，今據《通鑑》卷二七一補。
[三]「承」，底本作「成」，今據福建本、北大本、《通鑑》卷二七一改。

河北，則晉人不可復破矣。宜徇其請[一]，勿失。」寵臣趙、張輩曰：「今拒彊寇於河上，盡吾兵力猶懼不支，可分萬人以救之乎？且彼坐持兩端，欲以自固，於我何利焉！」乃止。晉人屢於塞上及河津獲其蠟丸絹書，皆遣使歸之，慚懼，且忌趙故將，多誅滅。符習將趙兵萬人從王在德勝，文禮以習子蒙爲都督府參軍，遣人齎錢帛勞行營將士以悦之，請召歸，代以他將。習泣涕請留，王曰：「吾與趙王同盟討賊，義猶骨肉，不意一旦禍生肘腋，吾誠痛之。汝苟不忘舊君，能爲之復仇乎？吾則佐以兵糧。」習與部將三十餘人舉身投地慟哭曰：「臣世家趙，受故使恩，嘗授劍使攘寇自效。變故以來，寃憤無訴，每欲引自剄，顧無益於死者。今大王念故使，許之復寃，願以所部效死，敢煩霸府兵乎！」文禮參軍張允脱身歸晉，繫獄。所遣鎔故從事李鏻[二]，陰爲晝可破之策。八月，庚申，王以習爲成德留後。又命天平節度使閻寶、相州刺史史建瑭將兵助之，自邢、洺而北。文禮先病腹疽，家鬼夜哭，河水變血，游魚皆死。甲子，建瑭先鋒拔趙州[三]，刺史王鋋降，復以爲刺史。文禮驚懼而死，子處瑾秘不發喪，與黨韓正時謀悉力拒晉。九月，

[一]「請」，底本作「情」，今據《通鑑》卷二七一改。
[二]「鏻」，底本作「璘」，今據《舊五代史》卷一〇五《李鏻傳》、《新五代史》卷五七《李鏻傳》改；以下徑改，不注。
[三]「拔」，底本作「扳」，今據福建本、北大本、《通鑑》卷二七一改。

晉兵渡滹沱，圍鎮州，決漕渠灌之，獲其深州刺史張友順。壬辰，建瑭攻城門，中流矢卒。王處直爲唇齒，請存鎮。王取與梁蠟書示[二]，以：「弒君，義不可赦。既負我，又潛引梁兵，於易定何恤焉！」處直患之。其孽子郁奔晉，爲王婿，居新州防禦使，使賂契丹犯塞，牽晉兵以解鎮圍。其養子都恐郁歸奪嗣，因軍府不欲召契丹，會處直與文禮使者宴於城東，歸，執而并妻妾幽之，盡殺其子孫在中山及將佐腹心者。都自爲留後，壹效文禮所爲，具狀白晉，因以代處直。十一月，晉王自將攻鎮州，處瑾遣弟處琪、幕僚齊儉請服。不許，盡鋭，旬月不克。處瑾使正時將千騎突圍，求救定州，晉兵追斬於行唐。契丹主既許郁出兵，郁啖以鎮州利。十二月，辛未，契丹舉國來攻幽，拔涿，因進攻定。都告急於晉[三]，晉王自鎮州將親軍五千救之。

十九年，二月，閻寶築壘圍鎮州，決滹沱水環之，内外斷絶，城中食盡。丙午，遣五百餘人出求食。寶縱其出，欲伏兵取之。其人遂攻長圍，寶輕之，不爲備。俄數千人繼至，諸軍未集，鎮人遂壞長圍而出，縱火攻營[三]。寶不能拒，退保趙州。鎮人悉毁營，

[二]「蠟」，底本作「臘」，今據《新五代史》卷三九《王處直傳》改。
[三]「都」，底本作「郁」，今據《通鑑》卷二七一改。
[三]「縱」，底本作「從」，今據《通鑑》卷二七一改。

取芻粟，數日不盡。晉王聞之，以昭義節度使兼中書令李嗣昭爲北面招討使，代寶。四月，甲戌，處瑾遣兵千人迎粮於九門，嗣昭設伏於故營，邀擊，殺獲殆盡。餘五人匿破垣間〔一〕，嗣昭環馬射之〔二〕，反爲賊矢中腦。顧箙中矢盡，拔矢於腦，壹發而殪。日暮還營，創流血不止，卒。寶慚憤，發疽卒。晉以振武節度使李存進代嗣昭爲招討使。五月，乙酉，至鎮，營東垣渡，夾滹沱爲壘。土惡，壘不能就，存進伐木爲柵。九月，戊寅朔，軍晨出芻牧，處瑾弟處球乘無備，將兵七千人奄至東垣渡。而晉騎兵亦向鎮州城，兩左。鎮兵及營門，存進狼狽，引十餘人鬭橋上〔三〕。鎮兵退，晉騎兵斷其後，夾擊，鎮兵殆盡，存進亦戰没。晉主以蕃漢馬步總管李存審爲北面招討使。自嗣昭戰殁，遺命觀察支使任圜代將其軍，號令嚴肅。處球等閉城堅守，不可下。圜數諭禍福，而鎮人信之。嘗擁兵至城下，處球登城呼圜曰：「城中兵食俱盡，而久抗王師，若泥首自歸，懼無以塞責。幸公見哀，指其生路。」圜告之曰：「以子先人，固難容貸，然罰不及嗣，子可從輕。其如拒守經年，傷吾大將何！一朝困竭，方布欵誠，以此計之，子亦難免。但坐而待斃，

〔一〕「破」，底本作「垝」，今據《新五代史》卷三六《李嗣昭傳》改。
〔二〕「嗣」，底本脱，今據《新五代史·李嗣昭傳》、《通鑑》卷二七一補。
〔三〕「橋」，底本作「墻」，今據福建本、《新五代史》卷三六《李存進傳》、《通鑑》卷二七一改。

曷若伏而俟命乎！」處球流涕曰：「公言是也！」乃遣人送狀乞降，人皆稱圜不欺。處瑾使詣行臺，王未報。丙午，存審兵至城下，守將李再豐爲内應，夜密投縋納晉兵。比明畢登，執文禮妻及處瑾兄弟家人，折足，其黨高濛、李翥、齊儉送行臺〔二〕。趙人皆請臠食之，磔文禮尸。鎮吏民嘗乞降，得保家族者甚衆。而出張允爲魏州功曹，以符習爲成德節度使，再豐爲冀州刺史，趙仁貞爲深州刺史，烏震爲趙州刺史。震信都人，爲裨校從征，家在趙，文禮執其母、妻及子十餘人以招，不顧。文禮乃斷手鼻，割而不誅〔三〕，縱至習軍，皆不忍正視。震一慟而自止，憤激自勵，身先士卒，故破鎮，以功拜爵，人憾爲不孝。習不敢當成德，辭曰：「故使無後而未葬，習當斬衰以葬之，俟禮畢聽命。」趙故侍者得鎔遺灰中，王命習祭葬之，畢，即詣行臺。趙人請晉王兼領成德節度使，從之，而割相、衛二州置義寧軍，以習爲節度使。習以魏博、霸府不可分爲辭，願自取河南一鎮，乃以爲天平節度使、東南面招討使。加存審兼侍中，召李鏻爲支使。十二月，以魏博觀察判官張憲兼鎮冀觀察判官，權鎮州軍府事。當鎔族滅，少子昭誨年十歲，軍士有

〔二〕「濛」，底本作「蒙」，今據《通鑑》卷二七一改。
〔三〕「誅」，底本作「殊」，今據《新五代史》卷二六《烏震傳》改。

德鎔者，藏之穴中。亂定，髡髮，被僧衣，遇湖南人李震，匿於茶籠中，載之湖南，爲南岳浮屠，易名崇隱。及長，思歸。習爲宣武節度使，震以歸，習表於朝，自稱前成德軍中軍使以見，拜考功郎中、司農少卿。周顯德中，猶爲少府監云。

史臣曰：「土運中微，群盜孔熾。竇臣附麗安、史，流毒中原，終竊土疆，爲國蟊賊。加以武俊之狼狡〔二〕，爲其腹心，或叛或臣，見利忘義，蛇吞蝮吐，垂二百年。哀哉！王政不綱，以至於此。若使明皇不懈於開元之政，姚崇久握於阿衡，詎有柳城一胡，敢窺佐伯，况其下者哉！觀此，無君可爲太息。」贊曰：「鴟鴞爲怪，必取其昏。人君失政，爲盜啟門。牙旗金鉞，虎子狼孫。茫茫黔首，於何叫閽！」

郭造卿曰：王氏以回紇餘種而徼盜趙土，唐帥郗、杜、李三取之，績下而敗。趙疊復振〔三〕，垂百餘年，迄唐不爲王土。及亡，天惡之矣。故賢母喪而天椓昌，假子承之作孽，蟊賊以爲内訌。晉兵彊天下，仗順討逆，而臨弱鎮，宜一鼓下之矣。趙人忘王氏百年，乃爲張仇爭一旦，使晉四驍將相繼輿尸歸，豈趙勇而晉怯哉？其蠡

〔二〕「加」，底本脱，今據《舊唐書》卷一四二卷末史臣曰補。
〔三〕「疊」，福建本作「輒」。

古之伐罪乎！闔城負逆者重，不有明諭，宥其支黨，故盡力而免屠，晉雖以常勝之帥，能輕决死之衆歟？然趙竟歸於晉者，其如弘規所稱乎！故其答鎔云：「天下非百戰，莫能勝而得之，敢帷房以自肥哉！」斯盡反鎔之所爲，符習仗而滅賊矣。當大舉伐梁，既領河東、盧龍、魏博，又能長駕遠馭，及此新定之大藩乎。習既讓節，則當擇人，即任存審而填撫，能取必能守之矣。僅以張憲權事[二]，兼領之于崇韜，轉委任圜，責於張彭，乃倒柄以授嗣源，復猜疑而致釁。苟竟反鎔所爲，何不能保其終焉。况乎自肥益甚，不同歸於篡滅哉！

燕鎮記六[三]

欽讓所執[三]。七月，以陝西神策兩軍節度兵馬使李忠臣爲太常卿同正，兼御史中丞、淮西十一州節度使，尋加安州刺史，仍鎮蔡州；而以希烈爲偏裨[四]，後累授將軍、試光

[二]「事」，底本脱，今據福建本、北大本補。
[三] 按：《燕鎮記六》，卷首無文題及「郭造卿曰」，且有脱文，應有闕佚。
[三] 按：本段所記爲唐代宗寶應元年事，「欽」上有脱文。
[四]「偏」，底本作「徧」，今據《舊唐書》卷一四五《李希烈傳》、《新唐書》卷二二五中《逆臣傳中·李希烈傳》改。

祿卿、殿中監，善騎射，軍中籍籍高其才。

廣德元年，六月，加忠臣御史大夫。時迴紇可汗既歸國，留判官安恪、石帝庭於河陽守貲儥，因此招亡命爲寇，道路壅隔，受詔討平之。

永泰元年，九月，河北副元帥僕固懷恩誘回紇、吐蕃等犯西陲，京師戒嚴。帝追諸道兵以扼衝要，多不時出。忠臣方會鞠，中使至，即整師飭駕。監軍大將固請：「軍行須擇日。」忠臣怒，奮臂麾衆曰：「君父在難，方擇日乃救乎！」己酉，進發，屯東渭橋。自此方隅有警，必先期而至。帝嘉其忠節[一]，加本道觀察使[二]，寵賜倍等。

大曆元年，十二月，癸卯，同華節度使周智光反，詔忠臣與神策將李太清討之。

二年[三]，正月，甲子，周智光伏誅。忠臣入朝，以收華州爲名，帥所部大掠，自潼關至赤水二百里間，財蓄殆盡，官吏有衣紙，或數日不食者。

三年[四]，加檢校工部尚書，實封通前三百户。

〔一〕「嘉」，底本作「加」，今據《舊唐書》卷一四五《李忠臣傳》、《新唐書》卷二二四下《叛臣傳下·李忠臣傳》改；以下徑改，不注。

〔二〕「加」，底本作「如」，今據福建本、北大本、《舊唐書·李忠臣傳》、《新唐書·叛臣傳下·李忠臣傳》改。

〔三〕「二」，底本作「三」，今據《舊唐書·代宗記》、《新唐書·代宗紀》、《通鑑》卷二二四改。

〔四〕「三」，底本作「二」，今據《舊唐書·李忠臣傳》改。

五年，加蔡州刺史。

六年，八月，忠臣將軍二千屯奉天防秋。

七年，加檢校右僕射、知省事。

八年，十一月，辛酉，以淮西節度使來朝。

九年，九月，甲戌，防秋於涇州。

十年，三月，甲午，陝州軍亂，逐兵馬使趙令珍，觀察使李國清不能禁，卑辭徧拜將士，乃免，軍士大掠庫物。會忠臣入朝過陝，奉命按之，將士畏其兵威，不敢動。即圍棘，約士匿名投庫物，一日獲萬緡，盡以給從兵爲賞。四月，乙未，命討叛節度使田承嗣於魏州，河東兵攻其北，淮西兵攻其南。五月，丁未，統永平、河陽、懷、澤步騎四萬攻衛州。九月，丙辰，淄青、成德引兵退，忠臣遂釋衛州，南渡河，屯陽武。

十一年，八月，甲申，敕諸節度忠臣與永平李勉、河陽馬燧及淮南陳少游、淄青李正己討汴宋留後李靈曜。九月，乙丑，合燧軍於鄭州。不意靈曜猝至，逆戰，退滎澤。賊焚廬舍[一]，淮西軍士潰去什五六，鄭州士民驚，走入東都。忠臣將歸淮西，燧固執不

[一] 「廬」，底本作「盧」，今據《舊唐書·馬燧傳》改。

可，曰：「以順討逆，何憂不克，奈何自棄功名！」堅壁不動，請爲先鋒，勸其還兵擊之。忠臣稍收散卒，數日皆集，軍勢復振。壬申，宋州刺史李僧惠敗賊於雍丘。十月，乙酉，忠臣行汴南，燧行汴北，屢破賊於中牟西梁固。賊選鋭兵八千，號爲「餓狼軍」，燧獨引軍破之，追至浚儀。壬寅，與少遊前軍合，大戰於汴州城西，靈曜敗，入城固守。癸卯，忠臣等圍之。田承嗣遣姪悦兵二萬救靈曜，敗永平、淄青兵於匡城，乘勝進汴州，營城北一舍，方陣而進。丙午，忠臣遣裨將李重倩將輕騎數百夜貫其營，斬數十百人而還。希烈弟也〔一〕。遂會宋州、淮南、浙西兵，與戰不利，請救於燧。燧引奇兵四千人擊破之，忠臣遂乘以大軍鼓譟入，不戰而潰之，死者相枕藉，悦脱身走。靈曜開門夜遁，汴州平。燧軍務多咨於判官張建封，知忠臣暴戾，以功讓之，不入汴城，引軍西屯板橋。忠臣入，果專功，僧惠與争，因會爲殺。且以其謀出别駕劉昌，欲殺之，遁。遂械送靈曜至京師，伏誅。十二月，庚戌，録功，以淮西節度使、檢校右僕射、安州刺史、西平郡王，加檢校司空、同中書門下平章事，仍兼汴州刺史，治汴州。以希烈爲左廂都虞候，加開府儀同三司。忠臣在鎮，設戍邏以征商賈，又縱兵剽行人，道路幾絶。岳沔都團練

〔一〕按：李重倩「希烈弟也」，今據《通鑑》卷二二五，重倩爲奚人，希烈弟則名「希倩」，《燕史》疑誤。

穆寧與夾淮爲治，有威，忠臣憚之，掠劫爲衰。然性貪殘嗜色，逼淫將吏妻女。政荒無紀，悉委妹壻張惠光，爲押牙，挾勢暴横，軍州苦之。或白之，不信，俄以爲節度副使。又以其子爲牙將，愈暴横，惟希烈爲衆所伏。

十四年，三月，丁未，希烈因衆怒，與少將丁暠、賈子華、監軍判官蔣知璋等舉兵殺惠光父子，以脅逐忠臣。單騎奔京師，帝以其有功，素寵之，不責也，其職如故，留奉朝請。詔以皇子忻王造爲淮西節度副大使，授希烈蔡州刺史，兼御史中丞、淮西節度留後〔一〕，詔滑亳節度使李勉兼領汴州於永平。閏五月〔二〕，戊子，嗣帝既即位，加御史大夫，充淮西節度支度營田觀察使。六月，庚戌，中使邵光超賜希烈旌節，贈之僕馬，縑七百匹，黄茗二百斤。帝聞之，怒，杖六十而流之。中使未歸者，皆潛棄所得於山谷，雖與之，莫敢受。九月，甲戌，改淮西節度爲淮寧軍以寵之。

德宗建中元年，加希烈檢校禮部尚書。

二年，六月，癸巳〔三〕，進爵南平王，加漢南北兵馬招撫使，爲諸軍都統，督諸道兵討

〔一〕「中丞」，底本作「大夫」，今據《舊唐書·李希烈傳》改。
〔二〕「閏」，底本脱，今據《通鑑》卷二二五補。
〔三〕「六月癸巳」，底本作「六月己巳」，《舊唐書·德宗紀上》作「五月己巳」，今據《新唐書·德宗紀》、《通鑑》卷二二七改。

山南東道叛節度使梁崇義。崇義陰與趙、魏、齊三鎮相結，雖奄有七州，帶甲二萬，視群兇爲寡弱，法獨治而禮最恭。懼誅，未嘗入覲。荆南牙將吴少誠從其帥庾準入覲[一]，道襄陽，度崇義必叛，密畫討擒之略，將自陳於闕下。屬希烈初授節旄，鋭志立功，以其策干，爲聞。有詔慰飭，不次封少誠爲通義郡王[二]。希烈請討崇義，未許。及其招詔使不納，帝議討之，每對朝士亟稱希烈忠。黜陟使李承還自淮西，言：「若用之，必立微功，第恐偃蹇不臣，而更煩用兵耳！」帝不以爲然。至是，督諸道節度使劍南西川張延賞、東川王叔邕、山南東道賈耽、荆南李昌巙、淮南陳少游兵討之。宰相楊炎諫曰：「希烈爲董秦養子，親任無比，卒逐秦而奪其位。爲人狠戾無親，無功獨屈强不法，使平崇義，何以制之！」帝曰：「朕業許之矣，不能食言。」炎固争之，帝益不平。希烈受制專征，乃以少誠爲前鋒。七月，以久雨，未進兵。帝怪之，宰相盧杞密言：「希烈遷延，以炎故也。」遂罷炎相以悦之。八月，壬子，崇義伏誅。崇義攻江陵，以通黔、嶺，及四望，大敗而歸，遂屯襄、鄧。希烈先發千兵守臨漢，爲屠，無噍類。既而统大軍循漢以上，

[一]「準」，底本作「質」，今據《舊唐書》卷一四五《吴少誠傳》、《新唐書》卷二一四《吴少誠傳》改。
[二]「義」，底本作「議」，今據《舊唐書·吴少誠傳》、《新唐書·吴少誠傳》、《通鑑》卷二二七改。

與諸道兵大破其將翟暉、杜少誠于蠻水，追至涑口，又破之。二將請降，使將其衆先入襄陽慰諭。崇義將閉壁守，而衆斬關争出，不可止，與妻投井死，傳首闕下。希烈悉戮其親戚，選嘗役臨漢者三千，悉斬之。九月，壬戌，録功，加檢校右僕射、同中書門下平章事，賜實封五百户。少誠賜實封五十。江西牙將伊慎從征，以統，摧鋒陷敵，功多而材，爲希烈所愛[二]，數遺善馬，欲縻之，慎以計遁歸本道。希烈乘破崇義勢，得襄陽而據之。甲子，以河中尹李承轉襄州刺史，爲山南東道節度使，思其言也。慮希烈不受命，欲送以禁兵。承請單騎赴鎮，至襄陽，爲寘外館，迫脅萬方。承恬然自安，誓死不屈。希烈乃大掠闔境，襄、漢蕩然，仍留牙將守所掠而去。

三年，七月，甲辰，進希烈檢校司空，兼淄青兖鄆登萊齊等州節度支度營田新羅渤海兩蕃使，令討淄青叛留後李納。十月，辛亥，以湖南觀察使、嗣曹王皐爲江南西道節度使，伊慎、李伯潛、劉旻悉補大將，擢王鍔爲中軍，以馬彝、許孟容爲幕府，治戰艦，裒兵二萬。以二千五百人委慎等教之。自將五百人，教以秦兵團力法[三]，聯賞罰，弛張如

[二] 「希烈」，底本作「殺恐」，今據《舊唐書》卷一五一《伊慎傳》改。
[三] 「力」，底本作「兵」，今據《新唐書》卷八〇《太宗諸子傳·曹王皐傳》改。

一。乃約以五百人擊慎卒二千五百，莫能當其鋒，即盡以教之，備淮西也。希烈懼慎爲皋用，遺之七屬甲[一]，詐爲復書，墜境上。帝聞，遣中使即軍中斬慎。皋爲論雪，未報。會江賊三千餘衆入寇，皋遣慎擊賊自贖，斬首數百級而還。朝廷信其不貳，得免。十一月，長至，幽、恒、魏博、淄青節度朱滔、王武俊、田悅、李納俱僭稱王[二]。希烈擁衆三萬，次許州，聲言招諭納，乃潛遣所親李苣約納襲汴州[三]。李勉治蔡渠，引東南餉[四]。希烈檄之云兼領淄青，欲假道之官。勉以合由陳留，治道具饌以待，而嚴爲備。希烈不果往，乃大慢罵。自是縱志，多悖言，日遣使交通河北四王。納數遣游兵度汴，爲向導，絶汴餉路，東南轉輸者皆不敢由汴渠，自蔡水而上。選騎兵尤精者爲左右門槍、奉國四將[五]，步兵尤精者爲左右克平十將。其地少馬，精兵皆乘騾，謂之「騾子軍」，尤悍鋭，甲皆畫雷公星文以厭勝，詛詈王師，所部雄黠兇熾。四王旅拒王師，不免困弊，皆勸進焉。十二月，丁丑，希烈自稱天下都元帥、太尉、建興王，五賊株連，勢半天下。初，

〔一〕「屬」，底本作「鏁」，今據《舊唐書·伊慎傳》、《新唐書》卷一七〇《伊慎傳》、《通鑑》卷二二七改。
〔二〕「王」，底本脱，今據福建本、北大本、《舊唐書·德宗紀上》補。
〔三〕「約」，底本作「納」，今據福建本、《新唐書·逆臣傳中·李希烈傳》改。
〔四〕「引」，底本作「列」，今據《新唐書·逆臣傳中·李希烈傳》改。
〔五〕「槍」，底本作「搶」，今據《通鑑》卷二三二改。

大理寺評事李元平，本湖南判官，薄有才藝，疏傲，敢大言[二]，好論兵。中書闗播奇之，薦為將相器。以汝州距許州最近[三]，刺史韋光裔懦弱不任[三]，特召見元平，超左補闕，不數日，擢檢校吏部郎中，兼汝州別駕、知州事。左丞柳載曰：「是夫衒玉而賈石者也[四]，往必見禽，何賊之攘！」至即募徒治城。希烈陰使壯士應募，入執役板築，凡入數百人[五]，不之覺。

四年，正月，庚寅，希烈遣將李克誠襲汝州，詔諸節度以兵犄角攻討。汴將唐漢臣、高秉哲以萬人屯汝水，未至，克誠乘霧進，將數百騎突至城下[六]，應募者應之，縛元平馳見希烈，恐懼，便液污地。元平狀眇小無鬚，希烈戲克誠曰：「使爾取元平，乃以其兒來邪！」因嫚罵曰：「盲宰相以汝當我，何相輕也！」署爲御史中丞。以判官周晃為汝州刺史，而武關梗絕。希烈遣別將董待名、韓霜露、劉敬宗、陳質等四出抄掠，取尉氏，

〔二〕「大言」，底本二字互乙，今據《舊唐書》卷一三〇《李元平傳》、《通鑑》卷二二八正。
〔三〕「距許州」，底本三字重文，今據福建本、北大本、《通鑑》卷二二八刪。
〔三〕「弱」，底本脱，今據《舊唐書·李元平傳》補。
〔四〕「者」，底本脱，今據《新唐書》卷一四二《柳渾傳》補。
〔五〕「入」，底本作「十」，今據《舊唐書·李元平傳》、《通鑑》卷二二八改。
〔六〕「將」上，底本衍「庚寅」二字，今據《通鑑》卷二二八刪。

圍鄭州，官軍數為敗，邏騎西至彭婆。東都震駭，竄匿山谷，留守鄭叔則入保西苑。關播聞元平見執，且授僞職，詫曰：「其事濟矣！」謂能覆賊成功也，左右笑之。太子太師顔真卿，老而正直不衰，盧杞忌，欲出之，數遣使問方鎮所便。真卿往見，辭曰：「先中丞傳首平原，真卿以舌舐面血，公今乃不相容乎！」杞矍然起拜，然銜恨切骨。至是，帝問計於杞，對曰：「希烈年少，恃功驕慢，將佐莫敢諫止。誠得儒雅重臣，奉宣聖澤，爲陳禍福，必革心悔過，可不勞軍旅而服。真卿三朝舊臣，忠直剛決，名重海内，人所敬信[二]，真其人也！」帝不覺其中之，甲午，命真卿詣許州宣慰。詔下，舉朝失色。戊戌，以左龍武大將軍哥舒曜爲東都汝州節度使，將鳳翔、邠寧、涇原、奉天、好時行營兵萬餘人及諸道兵討希烈[三]。曜，翰子也。帝召見，問曰：「卿治兵孰與父賢？」對曰：「先臣，臣安敢比。但斬長蛇，殪封豕，然後待罪私室，臣之願也。」帝曰：「爾父在開元時，朝廷無西憂；今朕得卿，亦不東慮。」及行，帝祖通化門。是日，牙旗折。昔翰出師如此，而斬持旗者，卒以敗，今曜復爾，人皆憂之。曜遇賊於郟城，前鋒將陳

[二]「人」，底本脱，今據《通鑑》卷二二八補。
[三]「萬」，底本作「馬」，今據《新唐書》卷一三五《哥舒曜傳》、《通鑑》卷二二八改。

利貞出奇兵五百，横擣其右，擊破之。賊勢小沮，數月不敢前，而遣將封有麟據澄州，以絶南路貢獻，商旅皆不通。壬寅，詔陝虢觀察使姚明敭治上津山路，置郵驛，通南方貢貨。二月，丁卯，曜克汝州，擒晃，斬將二人。真卿乘驛至東都，叔則曰：「往必不克，宜少留，胥後命。」真卿曰：「君命也，將焉避之！」遂行。李勉密表言：「失一元老，貽國家羞，請留。」又使人邀於路，不及。至，欲宣詔，希烈使養子千餘人環繞慢罵，拔刃爲將剸啗狀。真卿足不移地，顔色不變。希烈遽身蔽之，麾衆令退，揖就館，禮之，意遣還。元平在座，真卿責之，慚而起，密白希烈，遂留不遣。四王遣樊藩等上表稱臣，使者拜舞於前，説曰：「朝廷誅滅功臣，失信天下。都統英武自天，功烈蓋世，爲朝廷所猜忌，將有韓、白之禍。願亟稱尊號，使四方臣民知有所歸。」乃召真卿，示之曰：「今四王見推，不謀而同。太師觀此事勢，豈吾獨爲朝廷忌[二]，而無所自容也耶？」真卿曰：「此乃四兇也。公不保功業，爲唐忠臣，受王封，乃與亂賊相從[三]，而求同覆滅耶？」希烈不悦，扶真卿出。他日，四使同宴，曰：「聞太師名德久矣。今都統將稱大

[二]「吾」，底本作「無」，今據《通鑑》卷二二八改。
[三]「相」，底本作「將」，今據《通鑑》卷二二八改。

號而適至，是天以宰相賜都統也。」真卿叱之曰：「何謂宰相乎！汝知有罵禄山而死者杲卿，乃吾兄也。吾年八十，知守兄節死耳，豈受汝輩誘脅乎！」四使不敢復言。又大宴逆黨，召坐，觀倡優斥黷朝政爲戲[一]。真卿怒曰：「公，人臣也，奈何使此曹若此！」拂衣而起。希烈慚，亦呵止之。三月，戊寅，李皋斬霜露於黄梅。希烈兵柵蔡山，險不可攻。皋與中軍王鍔兵三千屯潯陽，聲言西取蘄州，分兵旁南涯，引舟師泝江上。賊師以老弱守柵，引兵循江隨戰。去蔡山三百餘里，皋令步兵登舟，順流東下，不日拔蔡山。賊兵還救，間一日方至，大破之。進拔蘄州，降其將李良於白巖。辛卯，敗其將陳質于黄州，斬首千餘，拔之，兵益振。皋表伊慎爲蘄州刺史，王鍔爲江州刺史。李承治襄期年，軍府稍完，與希烈數往來，遣心腹臧叔雅于許、蔡，厚結其部曲，陰圖之。若懷寧都虞候周曾[二]、許州鎮遏兵馬使王玢[三]、押牙姚憺、韋清四人相善，號四公子，輸欵於皋及勉。憺、清居中，密藥毒希烈，不死。會希烈遣曾與十將康秀琳、吕從賁、梁興朝、

[一] 「倡」，底本作「俳」，今據《舊唐書·顔真卿傳》、《新唐書》卷一五三《顔真卿傳》改。
[二] 「候」，底本脱，今據《通鑑》卷二二八補。
[三] 「玢」，底本作「玠」，今據《舊唐書·李希烈傳》、《新唐書》卷一九三《忠義傳下·周曾傳》、《通鑑》卷二二八改。

賈樂卿、侯仙欽將兵三萬攻曜[二]，至襄城，其假子十人從之。曾等密謀還軍襲希烈，奉真卿爲節度使，玢、憺、清爲内應[三]，事洩，爲假子所知，以告。遣李克誠别將騾軍三千人襲曾等，殺之，收其兵，并殺玢、憺及其黨秀琳等。始，清與曾等約，事泄毋相引，故獨得免。清恐終及，請詣幽州乞師[三]，至襄邑，逊奔宣武節度使劉洽。曾等之變，希烈閉壁數日，其黨寇尉氏、鄭州者聞之，亦遁歸。乃上表歸咎於曾等，引兵還蔡州，外示悔過從順，實待幽州等援也。帝不赦，詔斬希烈者，四品以上得其官，五品以下户四百，民賜復三年。爲希烈殺者，各贈官遣祭。甲午，詔贈曾太尉，玢司徒[四]，憺工部尚書，從賁、秀琳尚書左右僕射[五]，興朝等皆秩尚書，遣尚書蕭昕致祭境上，命勉、曜訪其家子孫，恤之。希烈乃置真卿於龍興寺，使甲士十人守館舍，掘方丈坎於庭下，阬之。真卿怡然，見希烈曰：「死生已定，何必多端！亟以一劍相與，豈不快公心事邪！」希烈乃

注。

〔二〕「欽」，底本作「飲」，今據福建本、《新唐書·忠義傳下·周曾傳》改。

〔三〕「玢」，底本作「㣎」，今據《舊唐書·李希烈傳》、《新唐書·忠義傳下·周曾傳》、《通鑑》卷二二八改；以下徑改。不

〔三〕「乞」，底本作「迄」，今據福建本、北大本、《新唐書·忠義傳下·周曾傳》、《通鑑》卷二二八改。

〔四〕「玢」，底本作「珍」，今據《舊唐書·李希烈傳》、《新唐書·忠義傳下·周曾傳》改。

〔五〕「從」，底本脱，今據《舊唐書·李希烈傳》、《新唐書·逆臣傳中·李希烈傳》及上文補。

謝之。丁酉，荆南節度使張伯儀同殿中監張獻甫大敗於安州〔一〕，伯儀中流矢，師却，失所持節。賊追及，奮刀以禦，刃相嚮，不得下。會救至，免，至漢水，拿野人船以達沔州。潰兵至江陵，哭於庭，伯儀妻勞勉〔二〕，出家帛給之，乃定。伯儀收散卒還。希烈以旌節及俘馘誇示真卿〔三〕，號慟投地，絶而復蘇。度必死，乃作遺表、墓誌等文，指寢室西壁下曰：「此吾殯所也。」自是不復與人言。每與諸子書，令嚴奉家廟，恤諸孤而已。修撰張薦上疏曰：「去正月中，真卿奉使淮西，期不先戒，行無素備。受命之後，不宿於家，親黨不遑告别，介副不及陳請，孱僮單騎，即日載馳〔四〕。冒姦鋒於臨汝，折元惡於許下，捐軀杖義〔五〕，威詬群兇〔六〕，遂令脅制者回慮，忠勇者肆情。周曾奮發於外，韋清伺應於内，希烈蒼黄窘迫，奔固舊穴，蓋真卿義風所激也。真卿逮事四朝，爲國元老，忠直孝友，羽儀王室。行年八十，被羸老之疾，拘囚環堵之間，顧盼鉤戟之下，呼嗟憤恚，失

〔一〕「伯」，底本重文，今據福建本、北大本、《通鑑》卷二二八删。
〔二〕「勉」，底本脱，今據《新唐書》卷一三九《張伯儀傳》補。
〔三〕「旌節」，底本作「節度」，今據《舊唐書・顔真卿傳》、《新唐書・顔真卿傳》改。
〔四〕「載馳」，底本二字互乙，今據《新唐書》卷一六一《張薦傳》正。
〔五〕「杖」，底本作「伏」，今據福建本、《新唐書・張薦傳》改。
〔六〕「詬」，底本作「諾」，今據《新唐書・張薦傳》改。

寝忘食，不知悲翁〔一〕，何以堪此。伏聞希烈之母鍾念幼子，目不絶泣，求責希烈。又希烈妻、祖母郭及妻妹封並逮捕京師。此三人留之無益，請寘境上，以贖真卿，先降詔書，分明諭告。且希烈知真卿人望，不敢加害，既無嫌隙，但因循未遣耳。若歸其親愛，賊亦何吝還一使哉！臣又聞真卿所遣兄子峴及家僮從官奉表來者五輩，皆留中。其子頵等拳拳實希一見，望許休澣，告以安否。」疏奏，盧杞持之，不報。四月，帝以神策軍使白志貞爲京城召募使，募禁兵以討淮西。志貞請嘗爲節度、觀察、都團練使者〔二〕，不問存没，並勒其子弟帥奴馬自備資裝從軍，授以五品官〔三〕，貧者甚苦之，人心始摇。庚申，加永平宣武河陽都統勉爲淮西招討處置使，曜爲之副；以伯儀爲淮西應援招討使，玭、皋副之。先是，希烈之敗也，詔城襄城。曜以疲人版築，不如按甲持重以挫之，帝不許。至是，詔督進兵。丙子，曜至潁橋，大雨雷震，軍中七馬斃，人不能言十之二三〔四〕。曜懼，還保襄城。賊將李光輝縱火攻栅，殪人於塹以薄壘，曜苦戰却之。八月，丁未，希

〔一〕「翁」，底本闕，今據福建本、北大本、《新唐書·張薦傳》補。
〔二〕「請」，底本作「卿」，今據福建本、北大本、《通鑑》卷二二八改。
〔三〕「授」，底本作「受」，今據《通鑑》卷二二八改。
〔四〕「人不能言十之二三」，《舊唐書·德宗紀上》作「人死者十之三四」。

烈將三萬圍襄城，築甬道屬城，矢集如雨。陳利貞登埤捍守，七旬未嘗櫛沐，非議事不下城。乙卯，賊將季昌以隨州降，尋復爲其將康叔夜所殺。帝召翰林學士陸贄問策，贄言：「勞於復遠，莫若近修；多方救失，莫若改行。今幽、燕、恒、魏之勢，緩而禍輕；汝、洛、滎、汴之勢[二]，急而禍重。田悦覆敗之餘，無復遠略。王武俊有勇無謀，朱滔多疑少決，互相制劫，急則合力，退則背憎，不能有越軼之患，此謂緩也。希烈果於奔噬，忍於傷殘，据蔡、許富全之地，而益鄧、襄虜獲之實，東寇則饟道阻[三]，北窺則都邑震，此謂急也。代、朔、邠、靈，自昔之精騎，上黨、盟津，皆今之選師，舉而委之山東，將多而勢分，兵廣而財屈，則屯戍失於太繁也[三]。李勉，文吏也，而當汴必争之地；哥舒曜之衆，烏合也，扞襄城方鋭之賊。本非素習，首鼠莫前，則守禦失於不足也。今若還李芃於河陽，以援東都，李懷光而解襄城圍[四]，專以太原、澤、潞兵抗山東，則梁、宋安矣。」時勉遣漢臣將萬人救襄城，遣神策軍行營兵馬使劉德信帥節度觀察團練

[二]「洛滎」，底本作「洛宋」，今據《新唐書》卷一五七《陸贄傳》改。
[三]「饟」，底本作「饋」，今據《新唐書·陸贄傳》改。
[三]「失」，底本作「夫」，今據福建本、北大本、《新唐書·陸贄傳》改。
[四]「光」，底本脱，今據福建本、北大本、《新唐書·陸贄傳》改。

子弟兵三千人屯陽翟助之。勉奏：「賊精兵皆在襄城，而許必空，若直襲許，襄圍自解。」不待報，遣二將趣許州。未至數十里，有詔詰讓，使班師，二將狼狽返，無復斥候。九月，丙戌，克誠伏兵邀之滬澗，殺傷大半，輜械皆亡，漢臣奔大梁，德信奔汝州。賊而賊取陽翟，覆伯儀軍，游兵剽掠至伊闕。勉懼東都危，復遣將李堅華四千人戍之。賊兵絶其後，堅華不得歸。汴軍沮，襄城益危。帝以諸軍討淮寧者不相統一，庚子，詔以代宗孫舒王謨爲揚州大都督、持節、荆襄江西沔鄂等道節度，兼諸軍行營兵馬都元帥，改名誼，徙封普王，令統攝諸軍，進攻希烈。大開幕府[二]，文武僚屬之盛，前後出師未有也。希烈獨忌金吾大將軍渾瑊，間諜交通。瑊奏狀，帝特保證之，賜馬一疋并鞍轡，錦綵二百匹。普王開府，制下，未行。十月，丁未，詔涇原節度使姚令言發涇原諸道兵救襄城，至滻水，倒戈謀叛。戊申，車駕幸奉天，亂兵推原涇帥盧龍節度使朱泚爲主，由是師氣不足以抗賊。曜食盡，棄奔洛陽。癸丑，襄城陷。希烈毒酷，每對陣殺人，流血盈前，而言笑自若，以此人畏服，爲盡死。丁巳，泚自將逼奉天，以忠臣爲京兆尹。十一月，神策兵馬使尚可孤討希烈，將三千人在襄陽，自武關入援，敗泚兵。陳少游討希

[二] 「幕」，底本作「募」，今據北大本、《舊唐書·李希烈傳》改。

烈，屯盱眙，聞泚亂，歸廣陵，修繕甲兵。南方藩鎮，各閉境自守，惟皋數遣使間道貢獻。希烈逼汴、鄭，江、淮路絶，其武關無阻，皆皋力也。十二月，希烈乘襄城捷，攻汴，驅令運築壘道，忿未就，并人築之，謂「濕薪」。勉城守累月，外救莫至，謂其將曰：「兇逆殘酷〔二〕，若與較力，必多殺無辜，而吾不忍也。」庚午，將萬餘人潛潰圍，奔宋州。滑州刺史李澄以城降之，爲其尚書令，兼永平節度使。勉上表請罪，帝謂其使曰：「朕猶失守宗廟，勉宜自安。」待之如初。劉洽遣兵馬使高翼將精兵五千保襄邑，希烈攻拔之，翼赴水死。希烈乘勝以五萬衆攻寧陵，聲言欲南襲，而江、淮大震。少遊懼，遣參謀温述由壽州送欵，曰：「濠、壽、舒、廬，已令弛備，韜戈卷甲，伏俟指揮。」希烈又謀襲陳州，分兵數千略定諸縣。李侃爲項城令，以城小賊鋭，欲逃去。婦楊氏曰：「寇至當守，力不足，則死焉。君而逃，尚誰守？」侃曰〔三〕：「兵少財乏，若何？」婦曰：「縣不守則賊地也，倉廩府庫皆其積，百姓皆其戰士，而于國家何有！請重賞募死士，尚可濟。」侃乃召吏民入廷中，曰：「令誠若主也，然滿歲則去，非如吏民生此土，

〔二〕「逆」，底本作「送」，今據福建本、北大本、《舊唐書》卷一三一《李勉傳》改。
〔三〕「侃」，底本作「保」，今據《新唐書》卷二〇五《列女傳·楊烈婦傳》改。

墳墓存焉。宜相與死守，忍失身北面奉賊乎！」衆泣，許諾。乃徇曰：「以瓦石擊賊賞千錢，以刀矢殺賊者萬錢。」得數百人。侃率以乘城，婦自爨以享衆。報賊曰：「項城父老義不下賊，得吾城不足爲威，宜速去，苟失利，無益也。」賊大笑。侃中流矢，還家，婦責曰：「君不在，人誰肯固守！死於外，猶愈於牀也。」侃遽登城。會賊將中矢死，遂引去，縣卒完，皆楊氏力也，故時稱爲烈婦云。詔遷侃太平令。

興元元年，正月，癸酉朔，帝下詔罪己，大赦希烈等，河北叛者皆上表謝罪，去王號。希烈自恃强富，遂謀稱帝，遣人問儀於真卿，曰：「老夫耄矣，常爲禮官，所記惟諸侯朝覲禮耳。」希烈遂僭稱帝，國號大楚，改元武成。以張鸞子、鄭賁爲侍中，孫廣爲中書令，李綬、李元平同平章事。境内建四節度，以汴州爲大梁府，治安州，李清虚爲尹。署百官。染石作璽。又於上蔡、襄城獲折車釭，奉以爲瑞。又於唐州獲一象，亦瑞之，以惑下。遣將辛景臻、安華謂真卿曰：「不能屈節，當自焚。」積柴沃油于庭，真卿趨赴火，景臻止之。又遣將楊豊賫赦揚州，賜少遊。至壽州，爲刺史張建封候騎所得。建封對中使自行在及江南回者二人，及少遊判官許子瑞，廷責而腰斬於市。少遊聞之駭懼。初，希烈跋扈，壽州刺史崔昭數與書疏往來，少遊奏之。帝選代，盧杞惡建封，乃自岳州刺史移任。至是，封僞書，奏其交通狀。帝悦，以建封爲濠壽廬三州都團練使。

希烈大怒，署其大將杜少誠爲僕射、淮南節度使，將步騎萬餘人，令先取壽州，後之江都。建封遣將賀蘭元均、邵怡守霍丘秋柵〔二〕，判官裴均參贊之。少誠竟不能過，遂南寇蘄、黄，欲斷江路。鹽鐵使包佶督江、淮財賦，泝江詣行在，至蘄口，遇少誠入寇黄梅。伊慎以破蘄州功爲刺史，皋遣將兵七千拒之，戰於永安戍。慎列三柵，相去纔四里，偃旗卧鼓於中柵。少誠至，分兵圍之，部隊未嚴，聲鼓而三柵齊出奮擊，不爲行陣。賊亂，少誠脱身走，斬首萬級，封尸爲京觀，江路遂通，佶乃得前。密使入朝，具奏少遊奪財賦事。少遊懼，厚歛所部償之。希烈以夏口上流要地，使驍將董侍募死士七千襲鄂州。刺史李兼偃旗卧鼓，閉門以待之。侍撤屋材以焚門，兼帥士卒出戰，大破之。帝以兼爲鄂岳沔都團練使。於是，希烈東畏皋，西畏兼，不敢復窺江、淮矣。戊戌，加劉洽汴滑宋亳都統副使，知都統事，勉悉以其衆授之。洽率邠隴幽行營節度使曲環等軍十餘萬，戰白塔，不利，引還。卒柏少清攬轡曰：「公少不利，遽北，奈何！」洽不聽，夜入宋州。二月，希烈遂以五萬圍寧陵，過水灌之。守將高彦昭及御史中丞、攝濮州刺史劉昌以三千人守之。故滑州刺史李澄，令親信人盧融間道賫表達奉天。帝嘉之，以蠟丸帛詔

〔二〕「均」，底本作「均」，今據福建本、北大本、《舊唐書》卷一四〇《張建封傳》、《通鑑》卷二二九改。

加澄刑部尚書，兼汴州刺史、汴滑節度觀察使。澄秘而集兵嚴習，外猶事之。希烈疑變，遣養子六百人戍白馬，召澄共攻寧陵，舟乘銜踵，亘七十里。澄至石柱，密令衆焚營驚遁，養子果乘以剽掠，澄悉歸罪，斬之以白希烈，無以罪也。昌守寧陵，深塹以遏地道，凡四旬有半不釋甲。賊使妖人祈風，火戰棚盡，坎堞欲登。彦昭按劍乘陴，士感奮，風亦反〔二〕。昌計于衆曰：「軍法，倍不戰。賊衆吾寡，不如退以驕賊，自宋出精鋭，擣不意，功可成。」彦昭謝曰：「君少待，請盡力。」乃登城誓衆曰：「中丞欲示弱，覆而取之，誠善。然我爲守，得失在主人。今士創重者多，須供養，如棄城去，則傷者死内，逃者死外，吾衆盡矣。」士皆泣拜，曰：「公在是，誰敢去！」昌大慚。彦昭椎家牛犒士，士死戰，斬首三千級。請援於洽，其屬作書，言城且危。彦昭視曰：「君輕我耶！」取紙自爲書。洽得書壯之，喜曰：「健將在西，吾何憂！」選兵八百，夜艾而入。希烈不知，親令軍中詰旦拔城。會鎮海節度使韓滉遣將王栖曜、李長榮、柏良器將鋭來助，栖曜等以彊弩數千游汴渠，夜入城，射希烈，及其坐幄，士奮出。希烈驚曰：「宣、潤弩手至矣！」遂大敗，取其旆，賊乘城者皆死，斬首萬級，解圍去。追北至襄邑，收賊

〔二〕「亦」，底本作「以」，今據《新唐書·逆臣傳中·李希烈傳》改。

貲粮而還，以復汴、宋路。洽表其功，拜彦昭御史大夫，實封百五十户[一]。良器年二十四，更戰陣六十二，自從李光弼平安、史，領中郎將，至是，封平原郡王。建封亦屯固始[二]，彦其旁。希烈懼，還汴州。神策行營節度使李晟謀取長安，劉德信不受節制，晟數以滬澗敗及所過剽掠罪，斬之，併其軍。三月，丁酉，加洽同平章事，權知汴滑宋亳都統兵馬事。五月，己亥[三]，晟復京城，斬李希倩等。六月，甲辰，泚及李忠臣伏誅，事在《泚記》。七月，壬午，皋遣伊慎、王鍔破苟莽柵，進圍安州。城阻涢水爲固，攻之累日不下。希烈令甥劉戒虚將步騎八千援之，慎分別將李伯潛逆擊於應山，斬千餘級，禽戒虚及大將二、裨將二十，斬首千餘。面縛戒虚等到城下，乃使人説之。賊曰：「得大將及賓佐一二人爲信[四]，當降。」皋乃使鍔及馬彝縋城而入，既成約，殺不從者，斬其刺史王嘉祥，大呼以出。明日，城開，皋以其衆入。賊兵援隨州，皋遣慎破其别將康叔夜于厲鄉，遂復平静、白鴈等關。希烈懼，乃戢兵。慎拜安州刺史。七月[五]，河中節度使李懷

[一]「百五十」，底本作「五百」，今據《新唐書·逆臣傳中·李希烈傳》改。
[二]「封」，底本脱，今據福建本、北大本、《新唐書·逆臣傳中·李希烈傳》改。
[三]「己亥」，底本作「乙未」，今據《通鑑》二三一改。
[四]「賓」，底本作「寬」，今據《舊唐書》卷一三一《李皋傳》改。
[五]「七月」，《燕史》上文已有，此處重出。

光叛，帝復出幸。八月，壬寅，希烈聞弟希倩死，忿，乃遣閹奴與景臻輩至蔡州，曰：「有敕。」真卿再拜。奴曰：「賜卿死。」真卿曰：「老臣無狀，罪當死。不知使者幾日發長安？」奴曰：「自大梁來者。」真卿罵曰：「乃逆賊耳，何爲敕！」遂縊殺之，年七十七。皋聞之泣，三軍皆慟，因表其節。李元平爲僞相，或告其有二者，乃斷一指自誓。十月[二]，辛丑，罷勉都統、節度使，累表以喪師失守，固讓也。其檢校司徒、同平章事如故，召之。閏十月，庚午，詔：「朕臨御萬方，失於君道，兵革不息，于今五年。閔衆庶之勞，悔征伐之事，而李希烈蔑義棄德，反道虐人。朕哀彼生靈，陷于塗炭，苟存拯物[三]，不憚屈身。故於歲首，特布新令，赦其殊死，待以至誠。使臣纔及於郊圻，巨猾已聞其僭竊，酷烈滋甚，吞噬無厭。將相大臣，咸懷憤激，繼陳章疏，固請討除。朕以所行天誅，本去人害，兵戈既接，玉石難分。言念勳臣，横遭脅制，雖思改革，厥路無由。受污終身，銜冤没代，淪胥以逞，誠可痛傷。豈孽自一夫，而毒流萬姓，爲人父母，寧不愧懷！宜令諸道節度使明行曉諭，罪止元兇，脅制之徒，一切不問。」澄知大

〔二〕「十月」，底本脱二字，今據《新唐書·德宗紀》、《通鑑》二三一補。

〔三〕「拯」，底本作「極」，今據福建本、北大本、《舊唐書·德宗紀上》改。

梁兵少，不能制滑州，會中官薛盈珍且至，加檢校兵部尚書，封武威郡王，賜實封五百户。澄乃乘勢焚僞旌節，誓衆歸國，戊子降。甲午，以爲汴滑節度使。希烈遣翟崇暉悉衆攻陳州，久不克。刺史李公廉計窮，洽遣昌以兵馬都虞候將浙西兵，與環等將守寧陵兵三萬救之。十一月，癸卯，至州西五十里。晨壓其陳，未成列，擒崇暉，斬首三萬餘級。希烈失澄而暉敗，懼奔蔡州。澄趨汴州，屯城北門，不敢進。洽兵至城東。戊午，守將田懷珍開門納之，擒僞將相鄭賁、劉敬宗、張伯元、吕子嚴、李達干。明日，澄入，舍于浚儀，兩軍日忿競，不自安。會鄭州賊將孫液降澄，澄遣子清馳赴。先此，河陽節度使李芃使偏將雍希顥攻鄭，數殘剽，液拒之。及納清，希顥大怒，急攻鄭。清助守，殺河陽兵數千，希顥焚陽武去[二]。澄遂如鄭。詔以都統司馬薛珏爲汴州刺史，液爲鄭州刺史。是月，勉至長安，素服待罪。議者多以勉失守大梁，不宜尚爲相。常侍李泌言：「勉公忠雅正，而用兵非所長。及大梁不守，將士棄妻子而從之者殆二萬人，足見其得衆心矣。且洽出勉麾下，勉至睢陽，悉舉其衆授之，卒平大梁，亦勉之功也。」詔令復位，勉引過充位而已。當賊烈始亂，兇滔莫當，天方厚其毒而降之罰。況勉以文吏，當虎狼

[二]「陽武」，底本二字互乙，今據《舊唐書》卷一三二《李澄傳》、《新唐書》卷一四一《李澄傳》正。

之隊，應變非長，援軍莫至。時關輔俶擾矣，人心揺動矣，其全師奔宋，非量力之耻也。與其坐受喪敗，何如真卿之棄平原乎！洽屯汴州，得《希烈起居注》，「某月日，少遊上表歸順。」少遊慚懼發疾，十二月，乙亥，死，贈太尉，賻祭如常儀。

貞元元年，正月，癸丑，詔曰：「君臣之義，生録其功，殁厚其禮。况才優匡國，忠至滅身，朕自興歎，勞於寤寐。故光禄大夫、守太子太師、上柱國、魯郡公顔真卿〔二〕，器質天資，公忠傑出，出入四朝，堅貞一志。屬賊臣擾亂，委以存諭，拘脅累歲，死而不撓，稽其盛節，實謂猶生。朕致貽斯禍，慚悼靡及，式崇嘉命，兼延爾嗣。可贈司徒，謚文忠，仍賜布帛五百端。男頵、碩等喪制終，所司奏超授官秩。」三月，丁未，希烈陷鄧州，殺唐鄧招討使黄金嶽〔三〕。戊午，詔以李澄爲鄭滑節度使。四月，丁丑，以李皋爲荆南節度使，江、漢倚之爲固。未幾，伊慎飛書招諭賊將李思登，以隨州降。凡下州四、縣十七，大小十餘陳，未嘗敗衄。八月，甲戌，李懷光叛而伏誅。帝問陸贄：「河中既平，復何事宜區處？」令悉條奏。贄慮必有希旨生事，以乘勝討淮西者。希烈必誘諭所

〔二〕「公」，底本脱，今據福建本、《舊唐書·顔真卿傳》補。
〔三〕「嶽」，底本作「兵」，今據《舊唐書·德宗紀上》改。

部及新附諸帥，曰：「奉天息兵之旨，乃因窘急而言，朝廷稍安，必復誅伐。」蓋泚滅而懷光戮，懷光戮而希烈征[一]，希烈倘平，禍將次及。則四方負罪者孰不自疑，河朔、青齊固當嚮應，兵連禍結，賦役繁興，建中之憂，行將復起矣。乃奏：「今皇運中興，天禍將悔，以逆泚之偷居上國，以懷光之竊保中畿，歲未再周，以次梟殄，實衆歷驚心之日，群生改觀之時。威則已行，惠猶未洽，誠宜上副天眷，下收物情，布恤人之惠以濟威，乘滅賊之威以行惠。」又曰：「臣所未敢保其必從，唯希烈一人而已。揆其私心，不願從哉？想其潛慮，不追悔哉？但以猖狂失計，已竊大名[二]，雖荷陛下全宥之恩，然不能自靦於天地間耳[三]。縱未順命，斯爲獨夫，内則無辭以起兵，外則無類以求助。其計不過厚撫部曲，偷容歲時，心雖陸梁，勢必不致。陛下但敕諸鎮各守封疆，彼既氣奪算窮，是乃狴牢之類，不有人禍，則當鬼誅。古謂不戰而屈人兵者，此之謂歟！」丁卯，詔諸道與淮西連接者，宜各守封疆，非彼侵軼，不須進討。希烈若降，當待以不死；自餘百姓，一無所問。

〔一〕「懷光戮」，底本脱三字，今據福建本、北大本、《通鑑》卷二三二補。
〔二〕「大」，底本重文，今據福建本、北大本、《通鑑》卷二三二删。
〔三〕「自」，底本作「目」，今據《通鑑》卷二三二改。

二年，二月，癸亥，山南東道節度使樊澤戰於泌河，擊擒賊將杜文朝衆五千以獻。三月，壬寅，李澄奏破賊將于鄭州。希烈兵勢日蹙，時皋、建封、澤、環四略其地，縮氣不敢摇。希烈初入汴，聞户曹參軍竇良女桂娘美，甲士至門，彊取之。女將出門，顧親曰：「慎無戚我，我能滅賊。」後有寵，與秘謀，能轉移之。其牙將陳仙奇起行伍，忠勇可用，而妻亦竇姓，願如姒娣者，以固其夫，希烈許諾。乘間往，謂仙奇妻曰：「賊雖强，終必敗，姊宜早圖遺種。」竇久而寤。及希烈啖牛肉遇疾，仙奇令醫陳仙甫毒之，死。子不發喪，欲悉誅諸老將，乃自立，未決。有獻含桃者，竇請分遺仙奇妻，因蠟帛丸雜果中，出所謀。仙奇大驚，言於薛育曰：「兩日希烈稱疾，但怪樂曲雜發，晝夜不絶，此乃有謀未定，示暇于外，事在不疑矣。」明日，與育各率部兵譟入。子出，徧拜曰：「請去帝號，如淄青故事。」語已，仙奇曰：「爾父勃逆，天子詔所誅。」乃斬之。四月，丙寅，函希烈、妻、子七首以獻，尸希烈於市。帝嘉其忠，甲申，即拜淮西節度使，百姓給復二年，都統玄佐、澄、環、皋、耽、建封，各與一子正員官，賞平淮、蔡功也。仙奇頗竭誠，仍遣使送顔文忠喪歸。玄佐，洽賜名也。七月，希烈將薛翼以唐州、侯召以光州降，淮西悉平。仙奇爲兵馬使吴少誠所殺，詔贈太子太保，賻布帛米粟有差[一]，喪事官給。少誠知謀出於竇而殺之。

六年，十一月，庚午，南郊，赦文授真卿一子五品正員，故頵等得録用。初，將誅李元平，或言其在賊中微有謀慮，貸死，流珍州。會赦，得歸剡中。浙東觀察使皇甫政表其到[二]，以發上怒，復流賀州，死。當周曾輩死而贈詔，雖三世有罪，常降一等。時曾無後，女及曾兄子酅争襲封，有司奏：「曾首謀歸順，身死賊手。陛下錫真食，不幸絶嗣。宜令酅以五十户奉祀，女亦封五十户。」文宗詔曰：「朕每覽國史，見忠烈臣子，未嘗不嗟嘆久之，思有以報。如聞從覽、弘式，實杲卿、真卿之曾孫[三]。永惟九泉，既不可作，旌其嗣續，諒協典彝。考績已深於宦塗者，命列于中臺；官次未齒于縉紳者，俾佐於左輔。庶使天下，再新義風。」以弘式爲同州參軍。真卿字清臣，死于希烈，爲盧杞所陷。段秀實字成公，死於朱泚，爲楊炎所黜也。

史臣曰：「每思先軫免胄，子路結纓，雖云其忠，未聞於道。如成公孝於家，能於

[一]「布」，底本脱，今據《舊唐書·李希烈傳》補。
[二]「東」，底本作「中」，今據《舊唐書·李元平傳》改。
[三]「杲卿」，底本脱二字，今據《舊唐書·顔真卿傳》補。

軍，忠於國，是武之英也。苟無炎弄權，若任之爲將，遂展其才，豈有泚之禍焉！如清臣富於學，守其正，全其節，是文之傑也。苟無杞惡直，若任之爲相，遂行其道，豈有希烈之叛焉！夫國，得賢則安，失賢則危。德宗内信姦邪，外斥良善〔二〕，幾致危亡，宜哉。噫！『仁以爲己任，不亦重乎；死而後已，不亦遠乎。』二君守道殁身，爲時垂訓，希代之士也，光文武之道焉。」贊曰：「自古皆死，得正爲順。二公云亡，萬代垂訓。」

郭造卿曰：顔之死，烈矣，曾輩不亦奇哉，而竇氏女尤奇。初若死之，灾及其親。至以身殺賊，節失而仇報，蓋與姑受僞官，而圖反正等耳。曾輩不足成事，而竇女計行焉，乃不死奚爲，尚待僇於逆黨哉？雖杜牧爲作《烈女傳》，而其志概難言矣。彼仕僞周，有受權寵，不能返正。及返正不誅諸武，而受王封，遭其禍，謂其雖忠不烈，孰軒孰輊之乎！若夫楊氏於項城，既知君臣大義，而且成事有方，視誠節徇忠果毅，不亦猶賢也歟哉！

〔二〕「外」，底本脱，今據《舊唐書》卷一二八卷末史臣曰補。

燕鎮記七[一]

郭造卿曰[二]：李懷光之居幽州，其先茹，渤海人也。渤海入唐，祚榮初逆，武藝初順。逆不能危社稷，順不過屬羈縻，豈若懷光乎哉，勤王解帝室之難，而悖畔爲播遷焉。史云，事君有死無貳。懷恩、懷光，凶終一致，惜其勇烈爲勞臣，乃不終而反噬[三]。夫臣莫難於不貳，可蕃將而多求哉！懷光厥初出汾陽門，不揣謀代其位，及誣殺諸將，横矣。已而視僕固樹四鎮，則未焉。當行營各歸，獨毅然赴難，將誅奸佞，其志則壯。及論吐蕃之三害，言亦不可廢也。使君善厲之爲用，翊以諸將忠義，抑亦謂臨淮之次矣，豈但燕國、遼陽爲烈哉！其反噬繇於忮慝，忮慝本之鞫人[四]，此《詩》傷君子信讒，而原亂所由生也。蓋負解圍之功，將清惡於君側，不密無術，咫尺阻隔。倘臨淮而當此，其能免於愧恨乎？然文秀罪減於奉先，而盧

[一] 「七」，底本脱，今據福建本、北大本補。
[二] 按：《燕鎮記七》卷首「郭造卿曰」，郭應寵收入《海嶽山房别稿》卷五，今見本書下編燕史論二《唐至勝國》第十二篇。
[三] 「乃」，底本脱，今據福建本、北大本、《别稿》卷五補。
[四] 「忮慝」，底本脱二字，今據福建本、北大本、《别稿》卷五補。

杞惡浮於雲京。辛、駱在大曆如故，懷恩所以不伏。茲杞貶文秀殺，則宜以兵諫謝矣，曰：「臣罪當誅，幸聖明曲赦，俾待斧鉞於長安，敢不克復以請死。」帝降叛鎮，且即授之，寧此社稷，功不淩烟是享哉！乃連泚逼駕，桐葉破而泰山棄矣。帝拳拳愍恤，其何救於淪喪乎！燕有同事者二，景略哭軍門而歸，惠元奔奉天以死，庶幾中國有人也。安、史及茹，燕蕃雄將〔一〕，是之謂三叛。其事則類僕固，中國且屏之，而況出於夷乎！

渤海靺鞨人李懷光，先姓茹，徙幽州。父常，爲朔方列將，以功賜姓，更名嘉慶。懷光少以武藝稱壯勇。

肅宗上元中，累遷試太僕、太常卿，主右衙兵將。

代宗廣德元年，爲河北副元帥僕固懷恩裨將，屯晉州，禦西虜。八月，懷恩叛。

二年，十月，壬申，懷恩引回紇、吐蕃逼奉天。河東節度使郭子儀使懷光追虜于麻亭而還，懷恩敗河西師于靈州。

永泰元年，閏十月，辛卯，懷光積勞至開府儀同三司、朔方軍都虞候，爲副將。克

〔一〕「蕃」，底本脱，今據福建本、北大本、《别稿》卷五補。

靈州，實封三百户。

大曆二年，正月，丁巳[一]，子儀使懷光軍渭上。甲子，平叛同華節度周智光。

六年，兼御史中丞。

八年，兼御史大夫，加軍都虞候，清勤敢誅殺，親戚無回貸。子儀任以紀綱，軍中畏而稱理。十月，庚申[二]，兵馬使渾瑊與吐蕃戰，敗于黄菅原，宿將史抗等不用命也。

十二年，九月，己巳，吐蕃入拔谷，懷光救却之。尋以母喪罷。

十三年，起復本官，兼邠寧慶都將。七月[三]，辛未，吐蕃將馬重英二萬寇鹽、慶二州，擊却之。十二月，丙戌，子儀入朝，懷光陰謀代之，矯詔，欲誅大將温儒雅等，主留務。判官杜黄裳詰之[四]，流汗服罪。

十四年，五月，嗣帝即位。閏月，甲申，罷子儀副元帥，懷光以河東朔方都虞候代之，而檢校刑部尚書，兼河中尹、邠州刺史、邠寧慶晉絳慈隰節度支度營田觀察押諸蕃

〔一〕「丁巳」，底本作「甲子」，今據《通鑑》卷二二四改。
〔二〕「申」，底本作「午」，今據《通鑑》卷二二四改。
〔三〕「七」，底本作「六」，今據《舊唐書·代宗紀》、《通鑑》卷二二五改。
〔四〕「杜」，底本脱，今據《通鑑》卷二二五補。

部落等使，分領其任。引衆城長武，據原首，臨涇水，以扼空道，吐蕃不敢南侵。邠將素出其右，怏怏多不服者。因防秋，屯長武，軍期進退不時，爲監軍翟文秀所誘，奏令宿衛，既離營，使人追捕，誣以他罪，且及黄蓂之敗，由之殺史抗、温儒雅、龐仙鶴、張獻明、李光逸五人。

德宗建中元年，二月，楊炎爲相，奏城原州，怒節度使段秀實沮之，徵爲司農卿。丁未，以懷光兼四鎮北庭行營涇原節度使，使移軍原州，留後劉文喜爲别駕，而命懷光居前督作，同平章事、節度使盧龍朱泚、西川崔寧各萬人翼後。詔下，涇州爲城具，將士怒昔屢徙，且懷光令嚴峻，嘗殺五將而懼之。文喜因衆心不安，據州不受詔，疏復求秀實或泚爲帥。詔泚兼而代之。四月，乙未朔，文喜叛，帝命泚、懷光討之。五月，己卯，平，加懷光檢校太子少師。

二年，七月，辛巳[二]，遷檢校左僕射，兼靈州大都督、單于鎮北大都護、朔方節度支度營田觀察鹽池押諸蕃部落六城水運使，實封四百户，邠寧節度等使如故。

三年，五月，河東節度使馬燧等軍討魏博節度使田悦，泚弟盧龍節度使滔及恒冀都

[二] 「辛巳」，底本作「丁丑」，今據《舊唐書·德宗紀上》、《通鑑》卷二二七改。

團練使王武俊連兵救悅。辛卯，詔懷光將朔方軍及神策步騎萬五千人東討悅，且拒滔等。六月晦，辛巳，滔至魏，懷光亦至，燧等盛容迎之。滔以爲襲己，未就壘，遽出陳。懷光欲乘擊之，燧請且休壘觀釁，不聽，遂擊於愜山西。滔軍崩沮，懷光按轡觀之，有喜色。卒争入營取寶貨，武俊二千騎横衝軍爲二，滔兵繼之，諸軍大敗，蹙入永濟渠，蹈藉如山，水爲不流焉。是夕，滔堰渠入王莽故河，絶粮道及歸路，懷光退軍於魏縣。七月，甲辰，加同平章事，益户二百，自是相持不戰。

四年，十月，戊申，帝狩奉天，泚僭大號。乙卯，告難使至魏縣，行營諸將相慟哭。粮料使崔縱勸懷光入援，從之。縱悉斂軍資偕來，晝夜馳至河中，休士三日。尹李齊運傾力犒士，士悦，尚欲休。縱先輦貨財渡河西，謂至而分賜，衆利而赴之，屯蒲城，有衆五萬。先是，武俊召回紇，使絶懷光等粮道，而懷光已西去矣。時屬泥淖，懷光奮厲軍士，趣涇陽，並北山而西。先遣兵馬使張韶微服賫蠟表至奉天，雜賊中，攻城填塹，乘間抵城下，呼曰：「我朔方軍使者。」軍帥大兵即至矣。」縋上，中數十矢，得表衣中，進之。帝大喜，舁徇四隅，歡聲如雷，賊疑而緩攻。翌日癸巳，又敗泚兵於醴泉，遂竟日戰城下。神策行營節度使李晟亦至於東渭橋。泚夜遁歸長安。衆謂懷光復三日不至，城破矣。進加中書令、朔方邠寧陝虢河中晉絳慈隰行營副元帥。懷光疎而愎，自赴難，數言相盧杞、募兵使白志貞等姦佞。或説度支侍郎趙贊、京兆尹王翃曰：「懷光緣道歎憤，以爲宰相謀議乖方，度支賦歛煩重，京兆犒賜刻薄，乘輿播遷，三臣之罪也，當請誅之。今解圍自矜，謂帝必接以殊禮，帝必披襟聽其言，倘入，豈不殆哉！」翃、贊告杞，杞説帝曰：「懷光勳在社稷，賊徒破膽，若席勝破竹，一舉而長安復矣。今聽入朝，當賜宴留連，使賊爲備，卒難圖也。」帝詔懷光直引軍屯便橋，督諸將刻期進討。懷光以數千里赴難，解重圍，而咫尺爲姦臣所排，不得見天子，事可知矣。怏怏引去，留魯店二日行，頓兵咸陽，數上表暴杞等罪狀，衆論亦諠杞等。十二月，貶杞、贊、志貞爲遠州司馬。文秀，上所信任宦官也，爲其言亦殺之。懷光不自安，遂益有異志，又恐晟軍益振，能一面成功，請合軍。

興元元年，正月，詔晟會于咸陽西陳濤斜。壘未具，泚衆至，晟謂之曰：「賊保營苑，持久難攻。今敢出求戰，天以賜公也。」懷光曰：「軍適至，馬未秣，士未飯，豈可戰耶！」晟不得已，就壁。每戰，晟必錦裘繡帽自表，懷光惡而戒之。晟言：「昔在涇原，士頗畏伏，欲令見之，而奪其心爾。」懷光滋不悦。晟軍秋毫不犯，懷光軍多鹵掠，分遺之，不敢受。諸將每請出師[二]，帝屢遣中使趣之，以息卒觀釁爲辭。與泚通謀頗露，欲怒諸軍，緩戰期，奏其粮賜視神策軍薄，不均，難以戰。帝無以給，重逆其意，恐諸軍觖望，遣翰林學士陸贄宣慰，因召晟參議。懷光欲晟自乞減損，使失士心，敗其功。晟曰：「公爲元帥，專號令，增減衣食，當裁之。晟將一軍，敢不聽命。」懷光嘿然計塞，乃止。時秘書監崔漢衡使發於吐蕃，相尚結贊言：「蕃法以主兵大臣爲信，今制書無懷光名，不發。」帝命贄諭，懷光曰：「吐蕃重英陷長安，普贊責不焚掠，今克京城，必肆宿志矣，一害也。前敕克城人賞百緡，彼兵五萬，若援求賞，何以應之？二害也。虜騎必不先進，勒兵自固以觀，我勝則分功，敗則圖變，譎詐多端，誰保信之？三害也。」又嫚罵贄：「爾何所能耶！」竟不署敕。贄還奏：「賊泚稽誅偷生，懷光杖順，乘勝芟翦，易若摧枯。而乃寇奔不追，師老不用，每阻諸帥進取，事情殊不可解。陛下雖全護之，彼未知感，終恐難測，此誠事機危迫之秋也。晟屢請移軍，臣嘗以問，懷光乃云不要藉於晟，因美其盛强，則大誇輕晟。臣要約再三，雖欲悔難辭。願因此敕如晟請，別詔懷光聞之，臣言因其意而移軍，其何辭於朝。」帝從之。二月，戊申，晟結陳而

[二]「諸」，底本作「請」，今據福建本、北大本、《通鑑》卷二三〇改。

歸東渭橋。時鄜坊節度使李建徽、神策行營兵馬使陽惠元猶與聯營便橋，贄復奏曰：「懷光當管，所患太彊，逗留有他，不資傍助。比三節度附麗其營，四軍接壘，群帥異心，勢力懸絶，職名不屬。懷光輕晟等兵微位下，而忿其制不從心；晟等疑懷光養寇蓄奸，而恐其事多陵己。端居互謗，欲戰忌功，齟齬嫌釁，必不兩全。强者惡積而後亡，弱者勢危而先覆。況晟既移軍，建徽、惠元勢轉孤弱，必爲吞噬。解鬭不可不離，救焚不可不急。今宜托晟兵少，藉兩軍犄角，仍先密諭促裝，詔至進道。懷光意雖不欲，計無所施矣。」帝恐懷光生辭，且俟圖之。辛酉，奏：「懷光反狀已明，請假其偏將趙光銑、唐良臣及壻張彧爲洋、利、劍三州刺史[二]，各勒兵五百，通蜀漢道，以備巡幸。」未報。會吐蕃欲佐誅泚[三]，帝議幸咸陽，名撫慰而督進討。或謂懷光曰：「此漢祖遊雲夢策也。」大懼，反謀益急。嘗托言天子居必有城隍，發卒城咸陽，而將自據之。帝猶加太尉，增實食，賜鐵券，赦三死罪。甲子，遣使諭旨，懷光對使者投券於地，曰：「聖人疑懷光耶？人臣反，賜鐵券，不反而賜，是使反也。」左兵馬使張名振大呼軍門曰：

[二]「銑」，底本作「鋭」，今據《舊唐書·李晟傳》、《新唐書·李晟傳》、《通鑑》卷二三〇改。
[三]「誅」，底本脱，今據《舊唐書·李晟傳》、《新唐書·李晟傳》補。

「太尉視賊不許擊，待天使不敬，而果欲反耶？安、史、僕固，自取族滅，徒資忠義士立勳，以爲他人富貴耳。今功高泰山，奈何一旦自棄耶！」懷光謂：「我不反。賊方强，俟時耳。」尋移軍入咸陽城。名振曰：「乃者言不反，今日拔軍此來，何也？何不攻長安，殺泚，自取富貴，而引軍還邠耶！」懷光曰：「名振病心矣！」命拉殺之。左武鋒兵馬使石演芬，本西域人，爲懷光養子，遣客郜成義上變，請罷其都統。成義至奉天，告懷光子侍御璀，璀密白懷光。因責演芬曰：「我以爾爲子，奈何負我，死甘心乎？」演芬曰：「天子以太尉爲股肱，太尉以演芬爲心腹。太尉既負天子，演芬安得不負太尉乎！胡人不能異心，惟知事一人。苟免賊名，死甘心矣！」懷光命衊食之，皆曰：「義士也！可令快死。」斷其喉而去。使還，言懷光驕逆狀，行在始嚴門禁，從臣皆密裝以待。帝將幸梁州，山南節度使嚴震遣大將張用誠將兵至盩厔，以來迎衛。用誠爲懷光誘，震繼遣牙將馬勛奉命禽之，詣梁州，杖殺，裹其首，復命於行在。懷光以邠寧留後韓遊環掌兵在奉天，屢書約爲變。遊環密奏之，帝稱其忠義，對曰：「臣安知忠義！但懷光誤臣，使震驚乘輿，他日持臣自解耳。」帝嘉其誠，問策安出。對曰：「懷光總諸道兵，故敢恃衆爲亂。但尊官而罷其權，分地及衆，授之守將，各受本府指麾矣，懷光獨爲亂乎？」懷光夕奪建徽、惠元軍，建徽走免[一]，惠元奔奉天，爲追兵所殺，及二子，平州人也。懷光宣言：「與泚連和矣，車駕不當遠避乎！」遣將趙昇鸞内應，以驚脅乘輿。昇鸞詣行在都知兵馬使渾瑊自言，瑊遽以聞[二]，請幸梁州。帝命部勒，未畢，駕已出城西。命奉天行營兵馬使戴休顏居守，徇於軍中曰：「懷光已反！」遂乘城拒守，丁卯日也。懷光遣將孟保、惠靜壽、孫福達將精騎趣山南邀駕。三將曰：「彼使我爲不臣，我以追不及報之，彼怒，不過不吾將耳。」遇粮料使張增於盩厔，因目之曰：「軍士未朝食。何如？」增紿曰：「東數里有佛祠，吾貯粮在焉。」三將引而東，縱之剽掠。百官狼狽從行者皆入駱谷，追騎遽至，瑊令左衛大將軍、防城使侯仲莊以後軍擊，及山南軍至，却之于驛店。三將以追不及還報，皆黜。先是，東渭橋有積粟十餘萬斛，給懷光軍幾盡，而駕南幸無援。晟以孤軍處二强寇間，徒以忠義感激將士，爲復京城計。又遺懷光書，雖卑遜，示尊崇，而諭以禍福，勸之立功補過，故慚恧，未忍擊之。晟流涕誓衆，决志平賊，而軍浸盛。懷光欲襲之，三令其衆，不應，竊曰：「若與我曹擊泚，惟力是視；欲

[一] 「徽」，底本脱，今據《通鑑》卷二三〇補。
[二] 「遽」，底本作「據」，今據《通鑑》卷二三〇改。

反，擊官軍，我曹死不從也。」懷光知之，問計於賓佐，巡官良鄉李景略流涕頓首，懇請殺泚，散軍，單騎詣行在。懷光許之，令衆：「且屯涇陽，召妻孥於邠，俟至，俱往河中。春裝既辦，還攻長安，未晚也。東方諸縣皆富貴，軍發，聽俘掠。」衆許之。遂遣景略，景略出軍門，慟哭曰：「嗟乎！此軍何不幸，一旦而陷不義乎！」帝之發奉天也，遊瓌帥麾下八百餘人還邠州。懷光遣使於邠，令留後張昕悉發所留兵萬餘，及行營將士家屬會涇陽，仍遣將劉禮等以三千餘騎脅遷之。遊瓌説昕曰：「李太尉功高，自棄己蹈禍機。中丞今日可求富貴，遊瓌請帥麾下以從。」昕不忍負太尉。遊瓌謝病不出，陰與諸將高固、楊懷賓等殺昕，遣懷賓奉表以聞。時漢衡以吐蕃兵營邠南，遊瓌遣人告之，漢衡矯詔以遊瓌知軍府事。遊瓌遣懷光子玫，或曰：「何以自明乎？」曰：「殺之，其父怒，大衆必至，不如釋以走之。」懷賓子朝晟，從攻戰甚力，在懷光軍中。先是，從平文喜，及赴奉天，下咸陽，爲右廂兵馬使。泣白曰：「父立功於國，子當誅夷，不可典兵。」懷光縶之。始，懷光强，泚書兄之，約分帝關中。及其反，下攜貳，乃賜詔徵其兵。懷光慚怒，憂有内變，外恐晟襲之，且休顔斬其使，而劫掠無所得。三月，甲申，遂燒營東走，掠涇陽等十二縣，鷄犬無遺。及富平，神策將孟涉、段威勇奔晟，將士散亡相繼。攻至涇陽，懷光自同州走河中矣。壬辰，車駕至梁州。庚子，詔數懷光罪惡，敘朔方將士忠順，猶以懷光舊勳曲貸，授太子太保，而罷其餘官，委本軍舉功高望重者便宜統其將士。懷光不奉詔。四月，壬寅，以遊瓌爲邠寧節度使。癸卯[一]，休顔爲奉天行營節度使。懷光至河中，或勸都知兵馬使吕鳴岳焚橋以拒，恐不能支，遂納之。齊運棄城走。懷光遣將趙貴先築壘於同州，刺史李紓奔行在。幕僚裴向攝州事，詣貴先，以順逆責之，遂請降，州獲全。懷光將符嶠襲坊州，渭北守將竇覦帥獵團七百圍之，嶠降。靈武守將寧景璿爲懷光治第，别將李如暹曰：「爲逐天子者治第，是亦反也！」攻而殺之。五月，戊戌，晟收復長安，瑊、休顔、遊瓌亦克咸陽。祭酒董晉宣慰恒州，歸過河中，勸懷光而感泣。及幕御史李鄘、判官高郢屢勸之。郢因璀候，諭以勸父歸欵[二]。七月，庚辰，詔：「李懷光往因職任，頗著幹能。朕嗣位之初，首加拔擢，託爲心膂，授以節旄。頃歲河朔不寧，俾令征討[三]，任兼將相，恩極丘山。及朱泚猖狂，擾亂京邑，懷光迴軍赴難，宗社再寧，保佑朕躬，厥功甚茂。故元帥、河中之權，太尉、中書之秩，仍加實封，爰及宗親，人臣之榮，孰可爲比！非朕於懷光不厚，豈朕報懷光不崇！賊

[一]「癸卯」，底本脱，今據《通鑑》卷二三〇補。
[二]「欵」，底本作「疑」，今據《通鑑》卷二三一改。
[三]「征」，底本作「往」，今據《舊唐書·德宗紀上》改。

寇未除，猜嫌已構，受朱泚姦兇之説，聽張佋罔惑之言，曾不沈思，遂生疑阻，交通逆孽，殘害忠良。朕志在推誠，事皆掩覆[二]，禮遇轉厚，委任益隆。懷光都不改圖，愈深不軌。敕書慰問將士，懷光並不令宣；三軍咸欲收城，懷光並不令出。自云已共朱泚定約，不能更事國家。朕以眇身，獲承鴻業，務全大計，移幸山南，倉皇之間，備歷危險。據其罪狀，情實難容，然以解圍奉天，其功不細，昨又遣男璀謝罪，請束身歸朝。朕憫其知過之心，念其赴難之效，以功贖罪，務在優恩。今遣給事中孔巢父，賫先授懷光太子太保敕牒，往河中宣諭，三日内便與懷光同赴上都，如欲家口同行，亦聽懷光自便。朕必能保全終始，寵待如初。朔方將士，嘗立大功，子儀再收京城，咸是此軍之效。昨遠從河朔，赴難奉天，逆賊畏威，望風奔遁，永言勞績[三]，朕不暫忘。將士各竭忠謀，中遭迫脅，朕每念及，痛心自咎。比者君臣阻隔，只爲懷光一人。懷光既請入朝，尚捨其罪，況諸將士並是功臣，各宜坦然，勿更憂慮。先賜官封，一切如舊，爵如故。」壬午，車駕復長安。丁亥，巢父至河中，懷光素服待罪，巢父不之止。部多胡人，皆歎曰：

[二] 「皆」，底本作「豈」，今據福建本、北大本、《舊唐書·德宗紀上》改。
[三] 「永」，底本作「眷」，今據《舊唐書·德宗紀上》改。

「太尉無官矣！」巢父又宣言曰：「軍中誰可代太尉者？」於是宣詔未畢，譟殺巢父及中使啖守盈，懷光不之止，復繕兵爲守拒。郢伏巢父尸哭。帝聞震悼，贈巢父尚書左僕射，賜其家采帛，授子正員官，詔河中平日，以禮祭葬。先是，瑊等攻懷光於同州，其將徐廷光以精卒六千軍於長春宮以拒之，瑊等數爲敗，不能進。其妹壻要廷珍守晉，牙將毛朝敭守隰，鄭抗守慈，河東節度使馬燧皆遣人説下之。八月，癸卯，制：「天地殊位，君臣異制，苟不率道，玆謂亂常。退而增修，於是有舞干之義；諭以遷善，於是有文告之辭。若猶不悛，乃用致討，興戎動衆，豈得已哉！李懷光擢自軍候，委之節制，亟有勤績，累加寵榮。揔衆駿奔，自遠赴難，解圍逐寇，朕甚德之。位極上台，寄崇總帥，親之若同體，信之無間言。朕於斯人，亦已厚矣！而器小任重，固貽顛覆，有功自棄，無罪自疑，崇信讒邪，脅逐將帥，養寇資亂，蓄奸幸災。朕素所推誠，猶謂非實，優容任遇，坦然如初。凶德既盈〔二〕，醜跡彌露〔三〕，謀危社稷，通結渠魁，公相往來，無復忌畏，窮極兇悖，所不忍言。朕播遷巴梁，違遠陵寢，大懼失墜，爲列聖羞。賴先澤在

〔二〕「德」，底本作「跡」，今據《唐大詔令集》卷五九《馬燧渾瑊副元帥同招討河中制》改（臺灣影印清乾隆文淵閣《四庫全書》本）。

〔三〕「露」，底本作「路」，今據《翰苑集》卷八《馬燧渾瑊副元帥招討河中制》改（臺灣影印清乾隆文淵閣《四庫全書》本）。

人，兆庶知感，朔方將士，忠節不渝。懷光既沮姦謀，詭稱效順，累陳欵疏，請詣闕庭。朕深惟舊勳，務欲全貸，授以師保之任，疇其井賦之食，璽書勞問，誓以終始。懷光遂殺辱使臣，完聚守保，將以悖慢之罪，加於忠義之軍。因茲脅從，冀與同惡，謂衆可罔，謂天可欺，覆載所不容，人臣所共棄。討除大憝，招輯非辜，爰咨輔臣，以董戎寄。銀青光禄大夫、檢校司空、同中書門下平章事、兼太原尹、北都留守、充河東保寧軍節度使、北平郡王馬燧，操業端亮，器宇弘遠，秉難奪之節，負不羈之才，常持至公，深識大體，感激而三軍有勇，彌綸而庶績允諧，威聲所臨，郡邑皆復，殿於北土，隱若長城。奉天定難功臣、開府儀同三司、行侍中、兼靈州大都督、靈鹽豊夏等州節度使、管内度支營田觀察處置押蕃部落等使、充朔方邠寧振武等道奉天永平等軍行營節度兵馬副元帥、上柱國、樓煩郡王渾瑊，淳粹積中，仁厚成性，布寬大而容衆，著誠信以撫人，事必沈詳，臨危益辨，節惟貞固，在險逾彰，弘濟艱難，懋昭勳閥〔二〕，出納朕命，光膺具瞻。竝文武全材，安危注意，副我憂屬〔三〕，時惟二臣，比德協謀，往清多難。燧可兼充奉誠軍及

〔二〕「昭」，底本作「招」，今據《翰苑集》卷八《馬燧渾瑊副元帥招討河中制》改。
〔三〕「屬」，底本作「厲」，今據福建本、《翰苑集》卷八《馬燧渾瑊副元帥招討河中制》改。

晉絳隰慈等州節度[二]、管内諸軍行營兵馬副元帥，餘並如故。瑊可兼河中尹，充河中絳州節度觀察處置等使[三]，仍充河中同陝虢等州節度及管内諸軍行營兵馬副元帥，功臣、散官、勳封如故。嗚呼！朕不敏不明，失於君道，連禍未息，勞師靡居，中心自咎，鬱若焚灼。又以朔土之衆[四]，代著忠勞，横遭汙脅，深所憫惜。爾敷朕命，明諭朕懷，務於招綏，非黷威武。惟輸誠歸順，罔有不赦；惟執逆拒命，罰止元兇。寧失不經，勿濫無罪，列爵懸賞[五]，用俟勳賢。」燧以晉、隰、慈三州讓康日知，與鎮國節度使駱元光、鄜坊節度使唐朝臣合兵進討。度支欲罷懷光軍歲中稟賜，帝曰：「朔方軍累代忠義，今爲懷光所制耳。」詔冬衣及賞錢别貯，俟道路稍通即給。十月，丙辰，懷光遣閻晏寇同州，官軍敗於沙苑。詔邠將遊瓌軍六千赴之，懷賓戰甚力。乙丑，燧攻絳州，降其將馮萬興、

[二]「絳」，底本脱，「慈」，底本作「磁」，今據《唐大詔令集》卷五九《馬燧渾瑊副元帥同招討河中制》、《舊唐書·馬燧傳》補改。

[三]「節度觀察處置等使」，底本作「觀察處置等節度使」，今據《唐大詔令集》卷五九《馬燧渾瑊副元帥同招討河中制》改。

[三]「中」下，底本衍「絳州」二字，「州節度及」，底本脱四字，今據《唐大詔令集》卷五九《馬燧渾瑊副元帥同招討河中制》、《舊唐書·渾瑊傳》删補。

[四]「朔」，底本作「朕」，今據《翰苑集》卷八《馬燧渾瑊副元帥招討河中制》改。

[五]「列」，底本作「烈」，今據《翰苑集》卷八《馬燧渾瑊副元帥招討河中制》改。

任象玉[二]，其刺史王克同與承俊棄城去，得卒四千人。又遣大將李自良略定六縣，降其將辛㚟兵五千人。十二月，乙酉，瑊及懷光戰於乾坑，敗績。

貞元元年，三月，懷光以嗚岳通欵於燧，殺之，屠其家，事連郢、鄘。初，鄘母、妻陷賊中，鄘僞言兄病於洛陽，請母往視，許之，戒其妻、子勿從，鄘皆遣之。懷光怒，鄘曰：「鄘名隸軍籍，不得隨老母，奈何留婦不從姑行乎！」懷光無以罪之。嘗與郢密奏虛實及攻取方略[三]，帝手詔勞之。至是，懷光集白刃于庭，責之。郢、鄘抗言順逆無阻，軍士泣動，乃囚之。四月，壬午，燧、瑊破懷光兵於長春宮，南掘塹，圍宮城，賊將相繼來降。丙戌，詔以燧、瑊爲招撫使。五月，遊瓌請兵於瑊，共取同州之朝邑。晏欲争之，士卒指邠軍曰：「彼非吾父兄子弟乎？奈何以白刃相向也。」語甚囂，晏遽去。懷光知衆心不從，乃詐稱歸國，聚貨財，飭車馬，云俟路通入貢，由是得踰旬月。時連年旱蝗，度支告竭，京師斗米千錢，太倉米供天子及六宫，無數旬之儲。言者多請赦懷光，帝集百官，遣中使馬欽緒詢左散騎常侍李泌。泌摶桐葉破之，授以獻。帝召問故，

[二]「興」，底本作「典」，今據《舊唐書·馬燧傳》、《新唐書》卷一五五《馬燧傳》改。
[三]「及」下，底本衍「反」字，今據《舊唐書》卷一五七《李鄘傳》、《新唐書》卷一四六《李鄘傳》删。

對曰：「陛下與懷光君臣之分如此，不可復合矣！」帝意定。内侍尹元貞使同、華，擅入河中招諭之。晟請治其罪，且言赦懷光五不可：「河中距長安纔三百里，同州制其衝，多兵則示未信，少兵則力不足，忽驚東偏，何以制之？一。若赦懷光，必以晉絳慈隰還之，瑊既無所詣，日知又應遷移，二。兵力未窮，遽赦反逆，則吐蕃、回紇及李希烈，豈謂陛下德愛黎元，謂兵屈自罷乃爾，不競起其窺覦乎？三。懷光既赦，則朔方將士悉復敘勳行賞，今帑虚賞歉，是愈激之叛矣，四。既解河中，罷諸道兵，賞典不舉，怨言必起，五也。河中斗米五百，芻藁且盡，人餓死於牆壁，大將殺戮略盡，圍守旬時，彼必内潰，何爲養腹心疾，爲他日之悔哉！」又請發兵，自備資糧討之。帝方委燧、瑊，不許。六月，戊子，燧軍寶鼎，敗懷光軍於陶城，射殺其將徐伯文，斬首萬餘級，獲馬五百疋。盧懷光西走，震驚京邑，七月，甲午朔，燧自行營入朝，奏：「懷光逆甚，慎毋赦，願更得一月平。」帝許之。初，帝謂泌曰：「河中密邇京城，朔方兵素號精鋭，如達奚承俊等，皆萬人敵。朕晝夜憂之，奈何？」對曰：「天下事甚有可憂，若惟河中，不足憂者。夫料敵不料兵。今懷光，將也；承俊，徒兵耳。懷光既解奉天圍，視泚垂亡虜不能取，乃與連和，使晟得爲功。今陛下還宫闕，不束身歸罪，乃虐殺使臣，鼠伏於河中，如夢魘人耳，恐不日爲帳下梟，使諸將無以藉手也。」及虢陝都知兵馬使達奚抱暉叛[一]，謀承俊爲援，帝曰：「若蒲、陝連衡，則猝不可制。」乃以泌爲陝虢都防禦水陸運使，圖之。泌請與燧偕行，帝謂之曰：「卿至，試招懷光。」對曰：「陛下未幸梁、洋，懷光猶可降也。今豈有人臣迫逐其君，而可復立於朝乎！縱彼厚顔無慚，陛下何心見之乎！借使懷光請降，不敢受，况招之乎[二]。」至而圖抱暉，遣之[三]，承俊兵至境而去之。燧歸行營，度長春宫備嚴，久攻傷必衆，而懷光固守，不可得也，乃挺身造城下，呼庭光，庭光帥將士羅拜城上。燧知其心屈，徐曰：「我自朝廷來，可西向受命。」庭光復從而拜。燧曰：「汝曹自禄山，徇國立功三十餘年，何忽爲滅族計？從吾言，非止免禍，富貴可圖也。」衆未對。燧披襟曰：「不信，何不射我？」將士皆伏泣。燧曰：「此皆懷光罪，汝曹第堅守勿出。」皆曰：「諾。」八月，甲子，焦籬堡守將尉珪降。是夕，懷光舉火，諸營不應矣。燧復至城下。丁卯，庭光降，燧數騎入城慰撫，衆大呼曰：「吾輩復爲王人矣！」遂移軍焦籬堡。其夜，太原堡守將吴冏遁，下皆降。壬申，逼河中。

〔一〕「達奚」，底本二字互乙，今據《通鑑》卷二三一正。
〔二〕「招」，底本作「報」，今據《通鑑》卷二三二改。
〔三〕「之」，底本脱，今據福建本、《通鑑》卷二三一補。

甲戌，燧帥軍八萬至河西，河中軍士自相驚曰：「西城擐甲矣！」又曰：「東城娖隊矣！」須臾，皆易其號爲「太平」字。懷光不知所爲，乃縊死。璀先刃其二弟，自殺。朔方將牛名俊斷懷光首出降，兵猶萬六千人。燧但斬其將晏、冏等七人，出鄘、郢於獄。丁卯，詔：「朕誠信未著，撫御或乖，致使功臣陷于誅戮，謂之克敵，能不愧心！然以懷光一家，法當殲戮。念其昔居將相，常寄腹心，罪雖挂於刑書，功已藏於王府。以干紀之迹，固合滅身[二]；以赴難之勳，所宜有後。非常之澤，俾洽幽明，雖屈彝章，庶旌往效。大夫君子，無我有尤。宜以懷光男一人爲嗣，賜莊宅各一區，聽住京城。仍還懷光首級，任其收葬。妻、子遞送澧州，委李臯逐便安置[三]，使得存立。其出嫁女、諸親並釋放。陷賊將士，一切竝與洗雪[三]。河中、絳百姓，給復一年。燧兼侍中，渾瑊檢校司空，餘將卒賞賚各有差。」

五年，三月，戊辰，詔曰：「懷舊念功，仁之大也；興滅繼絶，義之弘也。昔蔡叔圮族，周公封其子於東土；韓信干紀，漢后爵其孥以弓高。侯君集之不率景化，我太宗

〔二〕「合」，底本作「當」，今據《舊唐書·德宗紀上》改。
〔三〕「委」，底本作「季」，今據《舊唐書·德宗紀上》改。
〔三〕「一切」，底本重文，今據福建本、北大本、《舊唐書·德宗紀上》删。

存其胤以主祀。詳考先王之道，洎乎烈祖之訓，皆以刑佐德，俾人嚮方。則斧鉞之誅，甲兵之伐，蓋不得已而用也。曩歲盜臣竊發，國步多虞，朕狩於近郊，指期薄伐，將振昆陽之旅〔一〕，以興涿鹿之功。徵師未達於諸侯，衛士且疲於七萃。而李懷光三軍夙駕，千里勤王，上假雷霆之威，下逐虎狼之衆。議功方始，守節靡終，潛構禍胎，拒違朝命，棄同即異，捨順效逆。爲臣至此，在法必誅，猶示綏懷，庶其牽復〔二〕。而鴞音益勵，豨突莫遷，大戮所加，曾無噍類。雖自貽伊戚，與衆棄之，而言念爾勞，何嗟及矣！以其前效猶在，孤魂無歸，懷之悅然，是用悽軫。予欲布陳大惠，冀以化成，保合太和，期於刑措。宜以懷光外孫燕八八賜姓李氏，名承緒，授左衛率府胄曹參軍，承懷光後。仍賜錢一千貫〔三〕，於懷光墓側置立莊園，侍養懷光妻王氏，并備四時享奠之禮。嗚呼！朕實不德，臨於兆人，泣辜宥罪，素誠所志。爾其保姓受氏，宣力承家，勉紹乃考之建國庸，無若爾父之違王命。」初，懷光授首，其子璀、瑗、玫皆死，惟妻王氏在，故上特捨其死。及是，又思懷光舊勳，哀其絕後，乃命承緒繼之。惠元，燕平州人，贈尚書左僕射，

〔一〕「振」，底本作「張」，今據福建本、《舊唐書·李懷光傳》改。
〔二〕「牽」，底本作「率」，今據《舊唐書·李懷光傳》改。
〔三〕「一千」，底本作「萬」，今據《舊唐書·李懷光傳》改。

及二子官。追贈演芬兵部尚書，賜其家錢三百萬，斬成義於朔方。鄘、郢爲燧奏置幕下。詔瑊特原朝晟，遊瓌以爲都虞候，與懷賓同開府。

璀，司馬《考異》有二未辨[二]，其然否皆本《舊書》傳也。《演芬傳》則璀密告其父，殺之。《高郢傳》：「璀候，諭以逆順，曰：『人臣所宜效順。且自天寶來阻兵，今誰復在？況國家自有天命，今若恃衆西向，自絶天，安知三軍不有奔潰者乎！』璀震懼，流涕氣索。」司馬用《石傳》，而載郢辭於《考異》。《新書·演芬傳》不言璀告父[三]，而懷光殺之，則非璀告其誰？又以郢諭爲「脅説」，「流涕氣索」爲「汗不能語」，無非甚而狀之耳。司馬云：「初，奉天圍解，以璀爲監察御史，寵待甚厚。及懷光屯咸陽不進，璀密言曰：『臣父必負陛下，願早爲備。臣聞君、父，一也，但今之勢，陛下未能誅臣父，臣父足危陛下。陛下待臣厚，胡人性直，不忍不言耳。』帝驚曰：『知卿大臣愛子，當爲朕委曲彌縫，而密奏之[三]！』對曰：『臣父非不愛子，臣非不愛父與宗族

[一] 按：自「璀司馬」至卷末「郭造卿曰」，郭應寵收入《海嶽山房別稿》卷五，今見本書下編燕史論二《唐至勝國》第十三篇。

[二] 「芬」，底本作「芳」，今據《新唐書·忠義傳下·石演芬傳》改；以下徑改，不注。

[三] 「而」，底本脱，今據《通鑑》卷二三二補。

也，顧力竭不能回耳。』帝曰：『然則卿也，以何策自免乎？』對曰：『臣進言非苟求生，父敗則與俱死，復何策之有！使臣賣父求生，陛下亦安用之！』帝曰：『卿勿死，爲朕更至咸陽諭父，使君臣父子俱全，不亦善乎！』至咸陽而還，曰：『無益也，願備之，勿信人言。臣今往，説諭萬方，臣父言：「汝小子何知！主上無信。吾非貪富貴，直畏死乎！汝豈可陷吾入死地耶！」』及泌赴陝，上謂：『朕再三欲全懷光者，欲惜璀也。卿至，試招之。』對以懷光不宜招，『璀固賢者，必與父俱死矣；若其不死，則亦無足貴者。』及璀父死，刃二弟，自殺。」宋人有二論焉〔二〕：一曰：德宗欲全璀，宜預詔燧，以叛逆罪止懷光，當念勤王宥其子〔三〕，懷光必使璀勿死，而璀亦可以不死矣。一曰：楚令尹子南之子，與璀皆處君臣父子變，以死繼之，可哀也已。按子南僭越未叛，棄疾爲王御士，王將討焉，曰：「爾居乎？」曰：「父戮子居，將焉用之；洩命重刑，臣亦不爲。」父死三日，以禮而請尸。既葬，曰：「行乎？」「吾與殺吾父，行將焉入！」曰：「臣乎？」曰：「棄父事仇，弗忍也。」遂縊。

〔二〕「人」下，《別稿》卷五補「胡氏」二字。
〔三〕「當」，底本作「嘗」，今據《別稿》卷五改。

郭造卿曰：棄疾可謂難矣，君子且責之備。聞命當免冠徒跣，號泣而過庭，以《無將》爲戒。或棄位全嗣以請，而乞父命於王。若父再三不從，則爲申生可矣。當解奉天時，懷光不爲忠哉？乃璀侍而父脅，爲子南也大矣。逗遛咸陽一月，晟屢奏狀，璀宜請命往，托辭以幾諫。及有演芬之舉，不過罷其都統，可密洩於父，以重其罪乎？演芬輩死，父在必誅，聞郢言懼禍，爲父報命謝罪，請束身歸朝。父又殺使者，則謝罪言欺矣，雖璀在所必誅，君乃宥之，臣其敢望。至更往而復命，知父不可諭矣，宜尸諫於父，以謝君恩焉。猶爲父在，不敢先之。帝既惜璀，必不忍族，詔赦一子，意或在璀。蓋璀在父所，帝不知其死矣。宜請尸，葬後自徇，不得請，受刑而已。矧母王氏在，寧不爲之地！弟玫在邠[二]，初非逆党，遊瓌既釋之，此可以待命矣。繹帝三詔，悔念甚篤，且還尸赦母，璀不憖留一弟，何爲若是恝，不爲宗嗣計哉？蓋不學無術，視棄疾斯下矣。帝嘗預詔葬巢父[三]，而特宥朝晟矣，何爲欲全璀而無遺詔哉？蓋巢父以帝使贈，惠元以帝將贈也。演芬以養息而贈且恤之，

〔二〕「玫」，底本作「攻」，今據福建本、《別稿》卷五改。
〔三〕「預詔」，底本二字互乙，今據《別稿》卷五正。

何詔憐叛逆之父，而不雪忠孝子心？迹有難判矣，其何解百世之下乎！《新》《舊書》及司馬，信諸？否歟？故綴之，俟所裁。

燕鎮記八〔一〕

郭造卿曰：三鎮同約世爵土，盧龍之李即殺于朱，而奪之異姓矣。泚以宗姓代入朝，與弟滔是皆非故約焉〔二〕。二十年間二姓四帥，其同封乃繼亡。寶臣以子，承嗣以姪，皆不得其死，而成德易姓焉。滔死，姑子怦而以劉襲之，子濟二十六年，子總乃以歸國，又歸滔孫而絶。魏博亦易姓爾。自廣德之元，至寶曆之初，燕三姓七帥，六十餘年矣。惟劉襲之正，朱襲者間也。太和以後，不用殺而乘便爲衆推者，載義效討逆之績，仲武樹禦戎之勳，允伸著安邊之休，非不可以克世。載義六年逐而爲志誠，四年誅而爲元忠，三年殺而爲仲武，九年卒，子逐爲允伸，乃有二十三年，自濟來所未有也。卒，子逐爲公素，四年逐於茂勳。自寶曆之末，迄乾符之初，

〔一〕「八」，底本脱，今據福建本、北大本補。
〔二〕「故」，底本脱，今據福建本、北大本補。

凡六姓七帥，五十年所矣。而後乃逼逐襲者三家八主，則未聞有一賢焉，僅三十年而唐亡。故以三鎮比論之，成德更二姓，傳五世，至入朝，明年復反，傳六世，有州四。魏博傳世五，至入朝，十年復亂，更四姓，傳十世，有州七。盧龍族姓多，傳世五，入朝僅六月，又反而屢易，李、張二氏各三，楊、史而劉，貿如也。其爲推而未得命，若陳泰之殺，張絳之逐，周綝之死，勿論已。受命以相國入者王緡、弘靖，以留後出者直方、簡會，帥之未久，亦勿論已。總之，主二十二而守文附之，州九而又三，凡視諸鎮爲多焉。以世而父子，回鶻之裔也；祖父而孫，昌平之劉也；兄弟而孫，昌平之朱也；父世而子及，范陽、深州二氏也。其間爲部殺者三，逐者三，而一以貶，一以誅焉。在列鎮固所有，惟燕尤多故爾。彼二鎮之蕭牆，田戕其從兄，王屠於假子，爲莫大之變矣。燕子酖者一，囚者一，其子兼殺兄者二，或報或烝者，尤不可道也。故大逆而戮者泚，濟惡而族者融，引族而燔者舉，兄弟奔滅者李，父子俱俘者劉焉。彼二鎮之不恭，甫僭王即止，至僞朝，受其王封矣。燕則王冀爲皇太弟，帝秦、帝漢、王燕而帝燕，二鎮之所無，十道或有之，孰如此撫者〔一〕，幾何不爲異域哉！蓋雜夷而踵亂，視之趙、魏尤殊。故弘正、承元，以入朝而見稱。總雖歸地贖罪，鬼竟誅之道路，其家幸保于朝，則怦之所遺耳。及允伸克昌，亦以德論也。後劉之僭而世其兇，故受誅醜於朱、李，喪師先於趙、魏，遂爲非所據而據，淪狄獨五百年矣。

文宗太和元年，三月，壬午，幽州李載義奏故張弘靖判官、家屬、僮厮凡百九十人，並送赴闕。五月，丙子，詔以李同捷爲兗海節度使，以天平烏重胤代之。朝廷猶慮河北節度構扇同捷使拒命，各加其官。丁丑，加載義檢校尚書右僕射，載義請討賊自效。八月，庚子〔二〕，奉詔討横海。戊午，執同捷姪與使者所遺賂奴婢四十七人以獻。其所破滄、鎮兵，皆刳剔而獻之。宰相韋處厚以書諭之，自是配隸遠地，前後完活數千人。

二年，九月，甲午，詔命盧龍同諸軍進討成德。遣給事中崔瑄宣慰幽州〔三〕，稱旨。

三年，正月，載義奏拔滄州之長蘆鎮。四月，戊辰，破滄州羅城。五月，庚寅，加檢校司徒、同平章事，賜白玉帶，示殊禮，横海平也。

〔一〕「撫」，底本作「恤」，今據福建本、北大本改。
〔二〕「庚」，底本作「唐」，今據福建本、北大本、《舊唐書·文宗紀上》、《通鑑》卷二四三改。
〔三〕「中」，底本脱，今據《舊唐書》卷一七七《崔珙傳》補。

四年，四月，丁未，奚寇幽州，載義擊破之。辛酉，禽其王茹羯以獻[一]。六月，己巳，加太保。

五年，正月，庚申，載義建賜德政碑文。中使擊鞠，楊志誠者，不知何許人，爲後院副兵馬使，與焉，遂譟于場，載義與子正元奔易州。志誠乃爲本道馬步都知兵馬使，殺莫州刺史張慶初。帝召宰臣謀之，牛僧孺先至，以爲不足憂，對曰：「陛下以范陽得失，繫國家之休戚耶？然自安、史以後，范陽非國家有。前劉總挈境嚮化歸闕，朝廷費錢八十萬貫，而無尺帛斗粟入天府，俄復失之。今日志誠猶載義也。范陽爲國家所賴者，以其北捍突厥耳[二]。乃若因而撫之，假以節鉞，彼惜其土地，自爲力，則爪牙之用，固不計於逆順。此不足煩聖慮也。」帝大喜，曰：「朕初不計此！如卿言，洗然矣。」載義於易州上言：「自破滄州賊，屢請朝，不許。今願將妻子身入見。」帝令使者抵太原慰諭[三]，賜袍笏裝器，以賞平滄景功且恭順。二月，壬辰，以爲太保、同平章事如故，賜第於永寧里，給賜優厚。以代宗子嘉王運遥領幽州節度使，以志誠爲留後、檢校左散騎常

[一]「茹」，底本作「茄」，今據福建本、《通鑑》卷二四四改。
[二]「捍」，底本作「桿」，今據福建本、北大本、《舊唐書》卷一八〇《楊志誠傳》改。
[三]「諭」，底本作「論」，今據福建本、北大本改，《新唐書·藩鎮盧龍傳·李載義傳》作「迎」。

侍，兼幽州左司馬。己酉，敕以載義入朝，於曲江亭賜宴[二]，仍命宰臣百寮赴會。四月，己丑，以爲山南西道節度使，依前守太保、同平章事。志誠改檢校工部尚書，爲節度使。志誠發載義母葬於范陽，取其財。宋司馬曰：「昔者聖人順天理，察人情，知齊民之莫能相治也，故置師長以正之；知群臣之莫能相使也，故建諸侯以制之；知列國之莫能相服也，故立天子以統之。天子之於萬國，能褒善而黜惡，抑强而服弱，撫服而懲違，禁暴而誅亂，然後發號施令[三]，而四海之内莫不率從也。《詩》曰：『勉勉我王，綱紀四方。』載義藩屏大臣，有功於國，無罪而志誠逐之，此天子所宜治也。若一無所問，因以其土田爵位授之，則是將帥之廢置殺生，皆出於士卒之手。天子雖在上，何爲哉！國家之立方鎮，豈專利其財賦而已乎！如僧孺之言，姑息偷安之術耳，豈宰相佐天子御天下之道哉！」

六年，九月，辛丑，涿州置新城縣，古督亢地也。是年，志誠表韋雍妻蕭死事，乃降敕追封蘭陵縣君。

[二]「宴」，底本作「晏」，今據《舊唐書・文宗紀下》改。

[三]「施」，底本脱，今據《通鑑》卷二四四補。

七年，二月，癸亥，加志誠檢校吏部尚書。進奏官徐廸詣宰相言：「軍中不識朝廷制，唯知尚書改僕射爲遷秩，不知工部改吏部爲美。且軍士盛飾以待新命，一旦復爲尚書，軍必慚。敕使往，恐不得出。」辭氣甚慢，宰相不以爲意。三月，壬辰，敕使至幽州，志誠果怨望不得僕射，軍亦有嫚言，因留官告使魏寶義并春衣使焦奉鸞、送奚契丹使尹士恭。甲午，遣牙將王文穎來謝恩，并讓還命官。丙申，帝復以告身并批答賜之，文穎不受輒去，帝忍不責。五月，癸卯，載義自興元入朝。六月，乙巳，以爲太原尹、北都留守、河東節度使，依前守太保、同平章事。始，回鶻使者歲入朝，所過暴慢，吏不敢誰何，但嚴兵自守。虜忸習，益驁悍，至鞭候人，剽突市區。大酋李暢曉華人語，尤凶黠，就館橫須索，抶痍郵人。載義召暢語曰：「可汗以甥舅故，使將軍朝貢，誼不容將軍暴也。天子厚饔餼以禮客，有不謹，吏皆論死。若將軍所部不戢，而敚攘自如，我必殺所犯者。將軍其少戒，勿謂中國法可忽也。」因悉罷所防兵，以兩卒護闉。暢嚴憚之，訖無犯者。八月，壬寅，詔加志誠檢校右僕射，仍遣使慰諭之。殿中侍御史杜牧憤河朔三鎮桀驁，而朝議專事姑息，乃作《罪言》。

八年，十月，辛巳，幽州軍亂，逐志誠及監軍李懷仵，推兵馬使史元忠主留務，自稱節度勾當兵馬。志誠過太原，載義奏請剔其心，償母怨，詔不許。乃自毆擊，欲殺之，賴幕僚救免，而盡戕其妻孥及從行軍卒。其驕暴如此，朝廷録前功，弗問也。時元忠進志誠衮龍衣二副及被服鞍韉，皆綉飾鸞鳳日月形，或爲王字，因付御史臺按問[一]。十一月，癸丑，載義守太傅[二]。丁卯，流志诚於嶺南[三]，至商州，殺之。丙子，幽州奏莫州軍亂，刺史張元汎不知所在。鎮州奏幽州留後史元忠爲瀛莫三軍逐出，不知所在，因元汎而誤奏也。十二月，癸未，詔以德宗子通王諶領大使，授元忠檢校左騎常侍、幽州大都督府左司馬、知府事，充留後。

九年，三月，丙辰，轉元忠檢校工部尚書，爲節度使。十一月，癸丑，載義兼侍中。會請立碑紀功，詔左僕射李程爲之辭，未有字。帝詔曰：「《周書》『凡厥正人，既富方穀』爲字。」其寵待如此。

開成二年，四月，庚申，載義卒於太原節度使，贈太尉。

三年，十一月，右丞韋温彈劾吏部員外郎張文規：「長慶中，父弘靖陷在幽州，文規徘徊京師，不尋赴難，不宜塵汙南宮。」乃出爲安州刺史。

〔一〕「付」，底本作「侍」，今據福建本、北大本、《舊唐書·楊志誠傳》改。
〔二〕按：「十一月，癸丑，載義守太傅」，今據《新唐書》卷六三《宰相表下》，此事在太和九年十一月，《燕史》疑誤。
〔三〕「志誠」，底本作「元忠」，今據《舊唐書·楊志誠傳》、《新唐書·藩鎮盧龍傳·楊志誠傳》、《通鑑》卷二四五改。

武宗會昌元年，九月，癸巳，盧龍軍亂，殺元忠，推牙將陳行泰主留後，遣監軍傔以軍中大將表來求節鉞。宰相李德裕曰：「河朔事勢，臣所熟諳。比來請帥，詔報常太速，故軍情遂固。若置數月不問，且有變。今請留監軍傔，勿遣使，以觀之。」閏月，軍中果殺行泰，立牙將張絳，復誘監軍，求節鉞，亦置不報。是時，回鶻爲黠戛斯所破〔二〕，烏介可汗托天德塞上。雄武軍使張仲武，范陽人也。父名光朝，爲幽州大將。仲武少業《左氏春秋》，擲筆即爲軍使，請擊回鶻。遣軍吏吴仲舒入朝，請以本軍伺回鶻，且稱絳慘虐，請以本軍討之。十月，仲舒至京師，詔宰相問狀。仲舒言：「行泰、絳皆遊客，人心不附。仲武，幽州舊將張光朝之子，性忠義，年五十餘，通書，習戎事，人心嚮之，願歸欵朝廷舊矣。」德裕曰：「即以爲帥，軍中得無復亂乎？」答曰：「鄉者絳初殺行泰，召仲武，欲讓以留務。牙中一二百人不可，仲武行至昌平，絳復却之。今計其纔發，雄武軍中逐絳矣。」問：「雄武士卒幾何？」對曰：「軍士八百，外有土團五百人。」問：「兵少，何以立功？」對曰：「在得人心耳。苟人不從，兵三萬何益！」問：「如不克，若何？」對曰：「幽州糧食，皆在嬀州十舍間，及北邊檀州大王、北來、保要、

〔二〕「黠」，底本作「點」，今據福建本、《通鑑》卷二四六改。

鹿固、赤城、邀虜、石子龕七鎮。萬一未能入，則據居庸關，絶其糧道，幽州自困矣。」德裕奏：「行泰、絳皆使大將表脅節鉞，不可與。今仲武先表求自效，爲朝廷討亂，與之有名，軍無辭。」乃以知盧龍留後。絳果爲軍士逐，仲武尋克幽州。

二年，正月，丙申朔，以順宗子撫王紘充領大使，以仲武檢校左散騎常侍，兼幽州左司馬，知兩使留後。三月，詔經略回鶻。初，奚、契丹羈屬之，各有監使，歲督其貢賦，且詗唐事。仲武遣牙將石公緒統二部，盡殺其監使等八百餘人。其特勒那頡啜屯山北，而叛可汗烏介。朝廷恐其與奚、契丹連謀，邀遮可汗，不敢遠離塞下，敕仲武，諭兩蕃與回鶻圖之，使可汗得北還。五月，那頡啜擁赤心宰相一族七千帳，自振武、大同，東因室韋、黑沙，南趨雄武軍西北界，窺漁陽。仲武遣弟仲至、别將游奉寰、王如清等率鋭兵三萬迎擊，大破之，降者三萬、特勒二人、可汗姊一人、大都督外宰相四人，及裨王、騎將、駝馬、旗纛、罽幕不可勝計。那頡啜中箭，透駝群潛脱，爲烏介獲殺〔一〕。仲武悉收降其帳九萬人，以分配諸道。迴鶻特勒龐俱遮、阿敦寧二部，迴紇公主密羯可敦

〔一〕「介」，底本作「界」，今據《舊唐書·迴紇傳》、《新唐書·回鶻傳下》、《通鑑》卷二四六改。

一部，外相諸洛固阿跌一部，及牙帳大將曹磨你等七部〔一〕，共三萬衆，相次降於幽州，詔配諸道。有特勒可質力二部〔二〕，東北奔大室韋。特勒荷勿啜東討契丹〔三〕，戰死。幽州得室韋酋長妻子，室韋以金帛羊馬贖之，不受，曰：「但殺回鶻監使〔四〕，則歸之矣。」七月，契丹酋屈戍復歸附〔五〕。仲武言其前用回紇印，今懇乞賜印，乃以「奉國契丹之印」賜焉〔六〕。那頡啜既殺，而可汗猶不去。八月，突寇邊。九月，仲武遣從事李周瞳、牙門將國從玘相次獻捷〔七〕，以檢校工部尚書充幽州大都督府長史、副大使、知節度事，兼御史大夫，封蘭陵郡王，充東面招撫回鶻使，其當道行營兵及奚、契丹、室韋等並自指揮，與東、西、南面使會兵於太原。及回鶻移營近南四十里，癸丑，李德裕奏：「此必契丹不與同。」乃召河東起室韋、沙陀等三部落，及幽州、振武、天德各出大兵，移營稍前，以

〔一〕「磨」，底本闕，今據福建本、北大本、《舊唐書·迴紇傳》、《新唐書·回鶻傳下》補。
〔二〕「特勒」，底本作「特勤」，《舊唐書·迴紇傳》或作「勒」，或作「勤」，今據《新唐書·回鶻傳下》及《燕史》上下文改。
〔三〕「東」，底本作「重」，今據《舊唐書·迴紇傳》改。
〔四〕「使」，底本作「吏」，今據《通鑑》卷二四六改。
〔五〕按：「七月，契丹酋屈戍復歸附」，今據《舊唐書·武宗紀》，此事在「八月」，《舊唐書·北狄傳·契丹傳》，此事在「九月」，《燕史》疑誤。
〔六〕「印」，底本作「文」，今據《舊唐書·北狄傳·契丹傳》、《新唐書·北狄傳·契丹傳》改。
〔七〕「瞳」，底本作「疃」，今據《舊唐書》卷一八〇《張仲武傳》改。

迫之。仲武稱盛寒未可進兵，請待歲首。

三年，正月，庚子，大破回鶻於殺胡山。烏介初欲入五原，掠保塞雜虜，乃先以宣門將軍四十七人，詭好結歡，伺隙。仲武賂其下，盡得所謀，因逗留其使，失師期，回鶻人馬多病死者，由是不敢犯五原塞。其尚書僕固繹到幽州，約以太和公主歸幽州。烏介去幽州界八十里下營，其親信骨肉及摩尼志浄等四人已先入振武軍〔一〕。是夜，河東節度使劉沔兵奄至烏介營，烏介驚走東北約四百里外，依和解室韋下營〔二〕，不及將太和公主同走。麟州刺史石雄兵遇太和公主帳，因迎歸國焉。烏介失勢，走保黑車子，回鶻遂衰，名王貴種相繼降捕幾千人，前後降幽州者三萬人，皆散隸于諸道。加仲武檢校尚書右僕射〔三〕，餘並如故。仲武請立石于薊北，以紀聖功。帝詔德裕爲銘，揭碑盧龍，曰：「太和之初，赤氣宵興；開成之末，彤雲暮凝。異鳥南來，胡滅之徵，北夷颷掃，厥國土崩。逼迫遷徙，震我邊鄙，長蛇去穴，奔鯨失水。上都薊門，兵連千里，曾不畏天，猶爲驕子。丐我邊穀，邀我王師，假我一城，建彼幡旗。『歸計强漢』，郅支嫚辭，狼顧朔野，

〔一〕「振」，底本作「雄」，今據《舊唐書·迴紇傳》、《新唐書·回鶻傳下》、《通鑑》卷二四七改。
〔二〕「依」，底本作「求」，今據《舊唐書·迴紇傳》改。
〔三〕「右」，底本作「左」，今據《舊唐書·武宗紀》改。

伏莽見贏。鴈門之北，羌戎雜處，濈濈群羊，茫茫大鹵。縱其梟騎，驚我牧圉，暴若豺狼，疾如風雨。皇赫斯怒，羽檄徵兵，謀而泉默，斷乃霆聲。沈機變化，動合神明，沙漠之外，虜無隱情。漁陽突騎，燕歌壯氣，赳赳元戎，眈眈虎視。金鼓誓衆，干旄蔽地，爰命其弟，屬之大事。翩翩飛將，董我三軍，稟兄之制，代帥之勤。威略火烈，胡馬星分，戈迴白日，劍薄浮雲。天街之北，旄頭已落，絶轡之野，蚩尤未縛。俾我元侯，恢弘遠略，終取單于，係之徽索。陰山寢鋒，亭徼弢弓，萬里昆夷，九驛而通。蠻夷既同，天子之功，儒臣篡美，刊石垂鴻。」五月，辛丑，討澤潞，賜詔以：「回鶻餘燼未滅，塞上多虞，專委卿禦侮。」七月，宣慰河北三鎮使李回，令幽州乘秋早平回鶻。仲武具橐鞬郊迎，立道左，不敢令人控馬，讓制使先行，如鎮、魏禮。十月，辛未，徙太原節度使劉沔爲義成節度使。仲武以沔得太和公主，隙，帝使回至幽州解之，仲武意終不平，恐其以私憾敗事，而徙之也。

四年，正月，辛丑，帝與宰相議太原事，時其軍亂也。帝曰：「仲武見鎮、魏討澤潞有功，必有慕羨之心，使之討太原，何如？」李德裕對曰：「鎮州趣太原，路最便近。仲武去年討回鶻，與太原争功，恐其不戢士卒，平人受害。」乃止。八月，乙未，澤潞平。自用兵，德裕常面諭三鎮者，以：「李載義在幽州，爲國家盡忠平滄景，及爲軍中所逐，不失爲節度使，後鎮太原，位至宰相。楊志誠遣大將遮敕使馬求官，及爲軍中所逐，朝廷竟不赦其罪。此二人禍福，足以觀矣。」德裕復以其言白上〔二〕，帝曰：「當如是明告之。」又請賜詔，以「鎮、魏已平昭義，惟回鶻未滅，仲武猶帶北面招討使，宜早思立功。」

五年，八月，壬午，大毀佛寺，復僧尼爲民。自佛教興後，祠部奏括天下寺四千六百，蘭若四萬，僧尼二十六萬。帝惡其耗蠹，汰之。五臺僧多亡奔幽州，李德裕召幽州進奏官，謂曰：「汝趣白本使，五臺僧爲將必不如幽州將，爲卒必不如幽州卒，何爲虛取容納名，染於人口！獨不見近日劉從諫招聚無算閑人〔三〕，竟有何益乎！」仲武懼，乃封二刀，付居庸關曰：「有游僧入境，則斬之。」

宣宗大中元年，二月，庚午，加仲武同平章事，賞其屢破回鶻也。五月，大破奚北部落，獻京師，而回鶻益無依。

二年，正月，室韋賀正使過幽州，仲武使歸取回鶻可汗遏捻，遂逃西歸，而幽州之

〔二〕「言」，底本脱，今據福建本、北大本、《通鑑》卷二四八補。
〔三〕「算」，底本作「等」，今據《通鑑》卷二四八改。

迴鶻不梗矣。

三年，四月，癸巳，盧龍奏節度使張仲武卒，謚曰莊，軍中立其子節度押牙、右金吾將軍直方。戊戌，以直方爲留後。六月，戊申，爲節度使。性暴忍，動多不法。軍士將作亂，直方知之，十一月，托言出獵，遂舉族奔赴闕，軍中推牙將周綝爲留後。

四年，三月，己卯，直方至京師，遣使者郊勞，拜左金吾大將軍，以其族大，給檢校工部尚書俸。久之，進檢校尚書右僕射。性暴率，坐以小罪笞殺金吾使〔一〕，改羽林統軍。八月，周綝卒，軍中表請以押牙兼馬步都知兵馬使張允伸爲留後。允伸字逢昌，范陽人也。曾祖秀，檀州刺史。祖巖，納降軍使。父朝掖，贈太尉。允伸世任幽州軍門。九月，丁酉，詔從之，加右散騎常侍。十一月，壬寅，遷檢校工部尚書、節度使。

五年，十一月，直方爲左驍衛將軍。好馳獵，在羽林，往往設罝罘於道，當宿衛不時入，故貶。

六年，十月〔二〕，貶直方爲恩州司户參軍〔三〕，以於奴婢細過輒殺，積其罪貶，母驚曰：

〔一〕「使」，底本作「史」，今據《新唐書·藩鎮盧龍傳·張直方傳》改。
〔二〕「十」，底本作「八」，今據《通鑑》卷二四九改。
〔三〕「爲」，底本作「於」，今據福建本改。

「尚有尊于我子耶？」

十一年，四月，以允伸弟允中爲荆州刺史，允千檀州刺史[一]，允辛安塞軍使，允舉納降軍使，並兼御史中丞。十二月，以幽州中軍使、檢校國子祭酒、幽府左司馬、知府事、御史中丞張簡直檢校右散騎常侍[二]，允伸子也。

十三年，八月，嗣帝即位。九月，加允伸同平章事。

懿宗咸通四年，十一月，加檢校司徒。

七年，三月，加太保、平章事、上柱國，進封燕國公。

九年，正月，加光禄大夫、檢校太傅，食邑三千户。

十一年，六月，加特進，兼侍中。先是，允伸請以弟允皡領兵討徐賊龎勛輩，帝不允，進助軍米五十萬石、鹽二萬石，詔嘉美，賜錦綵、玉帶、金銀器等物，又進其官。

十二年，正月，辛酉，允伸以風恙拜章，請委軍政，就醫藥。詔許之，以子簡會檢校工部尚書，充節度副大使，權知兵馬事。

[一]「千」，底本作「壬」，今據《舊唐書·宣宗紀》改。
[二]「司馬」，底本脱二字，今據《舊唐書·宣宗紀》補。

十三年，正月，丙申，允伸疾甚，遣使上表，納所賜旌節。朝命未至而伸卒，年八十八，子十四人，贈太尉，謚曰忠烈。允伸領鎮凡二十三年，克勤克儉，比歲豐登，邊鄙無虞，軍民用乂，談者美之。二月，平州刺史范陽張公素聞允伸卒，帥州兵來會喪。先以列將事允伸，擢平州，素有威望，爲幽州人所服。簡會知力不能制，三月，癸酉，奔京師，以爲諸衛將軍[一]。軍中推公素爲留後，詔從之。五月，辛未，敕檢校尚書左僕射、守左羽林軍統軍、御史大夫張直方貶康州司馬同正，以其部下爲盜故也。六月，以公素爲節度使。

十四年，正月，辛未，以雲朔暴亂，代北騷動，招諭大同節度使李國昌，不奉詔命。公素及太原節度使崔彦昭討之，無功。嗣帝即位，九月，加公素同平章事。

僖宗乾符元年，二月，以虢州刺史劉瞻爲刑部尚書。初，瞻爲同平章事，以忤旨爲執政路巖、韋保衡所擠，貶驩州，人以爲寃。公素上疏申解，巖等不敢加害而召還。

二年，六月，公素奔京師。性暴嚴，眸子多白，燕人號「白眼相公」，軍士多不附之。大將李茂勳，本回鶻阿布思族，回鶻敗，降於張仲武，資沈勇，善馳射，仲武器之，

[一]「諸」，底本脱，今據《通鑑》卷二五二補。

使戍邊，屢有功，賜姓名。納降將軍使陳貢言者，燕健將，爲軍士所信服。茂勳襲殺之，聲稱貢言兵向薊。公素迎擊，不利，奔。茂勳入府，衆乃知非貢言也，不得已，遂推之以聞。因以爲留後，貶公素復州司户參軍。八月，以茂勳爲節度使。

三年，三月，茂勳以病自上，表子幽州左司馬可舉權知兵馬事。制以懿宗子壽王傑爲大使；以幽州節度副使、權知兵馬使李可舉，檢校左常侍、幽州大都督府左司馬，充幽州兵馬留後。制以茂勳檢校工部尚書，守尚書左僕射，致仕。五月，以可舉爲節度使，十二月，以右金吾衛將軍張簡會爲左金吾大將軍，充右街使，其昆弟多至大將軍、刺史、郡佐者。時張直方累進左驍衛大將軍。鄭畋輔政，頗言其父仲武會昌時功：「今直方百口不能自存，每内燕，以衣敝，辭不赴。陛下録功臣，宜少優假。」詔還檢校左僕射。

五年，十月，可舉奉詔，同昭義節度使李鈞，與吐谷渾等酋長合討李國昌及子雲中守捉使克用於蔚州，軍亂，鈞死。

廣明元年，六月，庚子，蔚州都統招討使李琢奏屯代州，與可舉、吐谷渾都督赫連鐸共討沙陀[一]。李克用遣大將朔州刺史高文集守朔州，自將拒可舉於雄武軍。鐸遣説文集

[一]「赫」，底本作「郝」，今據福建本、北大本、《通鑑》卷二五三改。

歸國，文集執克用將傳文達，與沙陀酋長克用族父李友金[一]、薩葛都督米海萬、安慶都督史敬存，皆開門迎降。七月，克用自雄武軍還擊文集於朔州，可舉遣行軍司馬韓玄紹邀於藥兒嶺，大破之，殺七千餘，其將李盡忠、程懷信皆死。又殺萬人於雄武軍境。琢、鐸進攻蔚州，國昌潰，獨與克用及宗族北入達靼。詔加可舉侍中。十二月，丙戌，賊黄巢犯京師，左金吾大將軍張直方率武官十餘迎之灞上。巢僭位，復以爲僕射，公卿恃其豪，多依之。巢因召王官，不至，大索里閭。宰相豆盧瑑、崔沆等匿其家[二]，謀劫巢。或告其招納亡命，巢乃屠其族，瑑、沆等死者百餘人。

中和元年，四月，義武諸道兵討賊於長安，幽州兵無聞。

二年，二月，克用寇蔚州。四月，可舉同赫連鐸衆七萬[三]，譙柵相屬。克用直擣營，入蔚州，燔府庫，棄而去。

光啟元年，三月，可舉惡克用强，而河北諸鎮，義武尚屬朝廷，節度王處存與親善

[一]「用」，底本作「文」，今據《通鑑》卷二五三改。
[二]「豆盧瑑」，底本作「豆盧琢」，今據《舊唐書》卷一七七《豆盧瑑傳》、《新唐書》卷一一四《豆盧瑑傳》改。
[三]「衆」，底本脱，今據《新唐書·沙陀傳》補。

連姻，恐其爲山東患，乃與成德節度使王鎔連和〔一〕，謀曰：「易、定本燕、趙屬，得其地則參有之。」乃説赫連鐸攻克用背，而遣將攻易州。李全忠，范陽人也。廣明中，爲棣州司馬。有蘆生于室，一尺三節，心怪之，問别駕張建，對曰：「蘆，茅類，得澤而滋，公茅土象也〔二〕；其生三節，必傳節鉞三世乎！公勉樹功名，無忘斯言。」全忠秩滿還，事可舉爲牙將，乃遣以六萬人攻易，成德攻無極。處存告急於克用，遣將康君立等救易，而自將破鎮兵於無極，拔新城，追九門，大破之。盧龍次將劉仁恭，深州樂壽人。父晟，客范陽，爲可舉新興鎮將。仁恭從全忠，以能穴地爲道攻城〔三〕，軍中號「劉窟頭」。稍進裨校，豪縱多智，數有大志。攻易，久不下，仁恭穴入，得其城，士卒稍驕。處存引輕軍三千，蒙羊皮，夜布之野，以奇騎伏他道〔四〕。燕軍望，謂群羊，争趨之。伏騎發，大破，取易州。全忠遁歸，盡失芻糧仗鎧，懼罪，乃收餘衆反攻幽州。六月，可舉度不支，舉室登樓自燔。茂勳二世十一年而滅。全忠自爲留後。七月，以爲留後。滄州軍亂，逐

〔一〕「王」，底本作「趙」，今據《通鑑》卷二五六改。
〔二〕「象」，底本作「衆」，今據福建本改，《舊唐書》卷一八〇《李全忠傳》作「慶」，《舊唐書·藩鎮盧龍傳·李全忠傳》作「兆」。
〔三〕「城」，底本作「成」，今據福建本、《新五代史》卷三九《劉守光傳》改。
〔四〕「他」，底本作「地」，今據福建本、北大本、《新唐書·藩鎮盧龍傳·李可舉傳》改。

節度使楊全玫，立其牙將盧彥威，全玫奔幽州。

二年，正月，戊子，觀容使田令孜劫帝幸興元。四月，乙卯，邠寧節度使朱玫奉嗣襄王熅入京師，權監軍國事。八月，全忠卒，以子匡威爲留後。性豪爽，屬亂離，繕甲燕薊，嶄然有兼并志。十月，丙午，熅自立爲帝。十二月，伏誅。

昭宗大順元年，二月，克用攻雲州防禦使赫連鐸，克其東城。鐸求救於盧龍，匡威將兵三萬赴之，殺其將安金俊，至，克用引還。四月[二]，匡威、鐸請討克用。五月，匡威爲太原北面招討使，鐸副之。九月，甲申，匡威及雲州蕃漢兵三萬攻蔚州，虜其刺史邢善益。鐸引吐蕃、黠戞斯衆十萬攻遮虜軍，殺其軍使劉胡子。克用將李存信、薛阿檀擊之[三]，不勝。更命李嗣源副存信，破之。克用以大軍繼後，匡威、鐸皆敗走，獲匡威子武州刺史仁宗及鐸壻，俘斬萬計。

二年，七月，克用急攻雲州，赫連鐸奔歸吐谷渾，既而歸於幽州。克用大掠深、趙，匡威率步騎三萬援之。八月，克用引退。十月，匡威復救成德，遂與王鎔復謀攻定州。

[二]「四」，底本作「三」，今據《舊唐書·昭宗紀》、《通鑑》卷二五八改。
[三]「檀」下，底本衍「信」字，今據《舊唐書·昭宗紀》删。

景福元年，正月，匡威與王鎔合兵十餘萬，攻堯山。克用遣將李嗣勳擊破幽、鎮兵，斬獲三萬。三月，辛酉，詔和解河東及鎮、易、幽四鎮。四月，壬寅，克用以匡威侵雲、代，引兵還。八月，匡威、赫連鐸兵八萬攻雲州，壁於其北郊。克用北巡至天寧軍，聞而遣將李君慶發兵於晉陽。克用潛入新城，設伏於神堆，擒吐谷渾邏騎三百，匡威等大驚。丙申，君慶以大軍繼至，克用還入雲州。丁酉，大破匡威。己亥，匡威等燒營遁，克用追至天成軍，斬獲不可勝計。

二年[一]，二月，克用攻鎮州，告急於匡威，匡威赴之。發幽州，家人會別置酒，弟匡籌妻張氏美，匡威醉而淫之，匡籌懷忿。甲午，匡威敗河東兵於元氏，克用引還。鎔犒金帛二十萬，犒匡威軍於槀城。三月，還至博野，匡籌據城自稱留後，以符追行營兵。匡威衆潰歸，但與親近留深州，進退無所之，遣判官李抱真入奏，請歸京師。京師屢更大亂，聞匡威來朝，市人恐曰：「金頭王來謀社稷[二]。」士庶有亡竄山谷者。匡威實欲謀鎮州，而示無留意耳。鎔德其以己故致失地，迎之以入。頃，圖鎔不遂，

[一]「二」，底本作「三」，今據《舊唐書·昭宗紀》、《通鑑》卷二五九改。
[二]「金」，底本作「今」，今據福建本、《舊唐書》卷一八〇《李匡威傳》、《新唐書·藩鎮盧龍傳·李匡威傳》、《通鑑》卷二五九改。

鎮人殺之，語在《成德記》。四月，匡籌請伐鎮州，以復兄仇，詔不許。先是，仁恭嘗言：「梦大幡出指端，年四十九，當秉旌節。」匡威惡之，補景城令。會瀛州亂，殺守吏，仁恭募士千人定之。匡威復使將兵戍蔚州，過期未代，士皆怨。會匡籌篡立，戍卒奉仁恭爲帥，還攻幽州，至居庸關，爲府兵所敗，奔河東。克用厚待之，以爲壽陽鎮將，多智詐，善事人，事晉王愛將蓋寓尤謹。六月，匡籌出兵攻鎝之樂壽、武彊，以報殺匡威之耻。

乾寧元年，正月，詔授匡籌節度使。十月，仁恭數對蓋寓涕泣，自言居燕無罪，以讒見逐，因道燕虛實，陳可取之謀，願導萬兵取幽州。克用益信而愛之，方攻邢州，分兵數千，欲納之幽州，不克。匡籌益驕，數侵河東境。十一月，克用怒，大舉攻，拔武州，進圍新州。十二月，匡籌遣大將步騎七萬救新州。克用選精兵逆戰於段莊，斬首萬餘級，擒將校三百級，徇城下。是夕，新州降。辛亥，攻嬀州。壬子，匡籌兵出居庸關，克用使精騎當前以疲之，步將李存審出佗道背擊，幽州兵大敗，殺獲萬計。先是，嬀州人高思繼，世爲懷戎戍將，至其兄弟，皆以武勇雄北邊，爲匡威戍將，而憤匡籌篡。及克用將討幽州，以「思繼兄弟在孔嶺關，有兵三千，此後患也，不如招之爲吾用，則事無不成矣。」燕俗重氣義，聞晉兵爲燕報仇來招，乃欣然從之，爲前鋒。匡籌聞思繼兄弟皆叛，棄城，甲寅，挈族奔滄州。義昌節度使盧彦威利其輜重妓妾，攻而殺之於景城，盡俘其衆。張氏道産，不能進，仁恭獲，獻於克用，乃與存審封府庫以待。丙辰，克用進攻幽州，大將請降。匡籌素暗懦，初據軍府，匡威聞之，謂諸將曰：「兄失弟得，不出吾家，亦復何恨！但惜其才短，而守及二年，幸矣！」果然。幽州地歸克用。全忠三世十年而滅。張氏後立爲夫人，專房。韓夢殷，幽州安次人。少以文學知名，州别駕王演薦爲李全忠門下掾，甚喜，爲所獎録。是時，克用以爲嬀、儒二州刺史，下車，值歲饑癘，設策賑濟醫療，整紛剔蠹，恩哃信孚，勸農桑，興教化，二州大治。

二年，正月，辛酉，幽州軍民數萬，以麾蓋歌鼓迎克用入府舍，命存審及仁恭略定幽、涿、瀛、莫、嬀、檀、薊、順、營、平、新、武等州，巡屬。二月，壬子，克用還晉陽，表仁恭爲盧龍留後，留戍之。以親信燕留得等十人典機要，租賦供軍外，悉輸晉陽。以高思繼兄弟爲燕人所服，分掌燕兵，兄爲先鋒，弟爲後軍，思繼爲中軍并都指揮使，部下士卒皆山北豪也。克用臨訣，謂仁恭曰：「高氏兄弟，勢傾一方，必爲燕患也，宜善爲防之。」仁恭亦憚焉，乃留晉兵千爲衛。久之，晉戍多暴横犯法，思繼等裁以法。

克用讓之[一]，仁恭以高氏訴克用，盡誅其兄弟。仁恭欲拾收人心，以其兄子行珪爲牙將[二]，而思繼子行周十餘歲，亦收帳下，厚撫之。及稍長，補軍職。五月，静難軍王行瑜、鳳翔隴右李茂貞[三]、鎮國軍韓建三節度使師犯闕。六月，克用請討之。八月，壬子，以仁恭檢校司空，兼幽州大都督府長史，充幽州盧龍節度押奚契丹等使。

三年，七月，帝以李茂貞逼幸華州。克用爲晉王，徵盧龍兵，遣節度使成德王鎔、義武王部書，欲與共定關中，奉天子還長安。仁恭辭以契丹入寇，須兵扞禦，請俟虜退承命。

四年，二月，鄆州爲汴兵陷，攻兗州。泰寧節度使朱瑄告急於晉，克用復徵仁恭兵救之，不答。晉使屢趣出兵，相繼數月，兵不出。移書責之，仁恭抵地慢罵，囚使者，而殺燕留得等。欲殺河東戍將，戍將遁免。晉王麾下爲厚賄，多亡歸之。克用怒，自將擊之。九月，丁丑，兵五萬至安塞軍。辛巳，攻之。幽州驍將單可及者，仁恭妹夫也，號「單無敵」，引騎至。克用方酒酣，前鋒白：「賊至矣！」克用醉，曰：「仁恭何

[一]「讓」，底本作「譙」，今據《通鑑》卷二六〇改。
[二]「以」，底本脱，今據《新五代史》卷四八《高行珪傳》補。
[三]「右」，底本脱，今據福建本、北大本、《舊唐書·僖宗紀》補。

在？」對曰：「但見可及輩。」克用瞋目曰：「可及輩何足爲敵！」亟命擊之。是日大霧，不辨色。燕將楊師侃伏兵木瓜澗，晉兵失亡大半。會大風雨雷雹，幽州兵解去。克用醒而知敗，責大將李存信等曰：「吾以醉廢事，汝曹何不力争乎！」遂破晉順州，殺刺史郭簡。十月，仁恭奏稱：「克用無故稱兵見討，本道大破於木瓜澗，請自爲統帥以討。」詔不許。是時，宣武節度使朱全忠既得兖、鄆，兵甲益盛。仁恭乃獻俘於全忠，奏加同平章事。仁恭又遣使謝晉王，陳去就不自安意。克用復書略曰：「今公仗鉞控兵，理民立法，擢士則欲其報德，選將則望彼酬恩，己尚不然，人何足信！僕料猜忌出于骨肉，嫌疑生於屏帷，持干將而不敢授人，捧盟盤而何詞著誓。」仁恭既與晉絶，益募兵。

光化元年，三月，盧彦威與盧龍争鹽利，仁恭遣子守文襲滄州。彦威棄城走汴，遂取滄、景、德三州，以守文爲義昌留後。仁恭兵勢益盛，自謂得天助，并恃安塞之捷，有併吞河朔志。爲守文請旌節，未即許。會中使至范陽，仁恭嫚謂曰：「爲我語天子，旌節吾自有之，但假長安本色耳〔二〕。何屢求而見拒！」其悖慢如此〔三〕。由是兵益張，顯圖

〔二〕「色」，底本作「邑」，今據福建本、北大本、《新唐書·藩鎮盧龍傳·劉仁恭傳》、《新五代史·劉守光傳》、《通鑑》卷二六一改。

〔三〕「其」上，底本衍「爲」字，今據《通鑑》卷二六一删。

河北。時朱全忠與仁恭修好，會魏博兵擊克用，取其邢、洺、磁三州，屬汴。

二年，二月，仁恭發幽、滄等十二州兵十萬，號稱三十萬，欲兼魏、鎮。攻貝州，無少長屠萬餘户，尸投清水，爲不流，諸城各堅守不下。進營於魏州城北，節度使羅紹威求救於汴。三月，汴將李思安、葛從周、張存敬救之，屯内黄。仁恭謂守文曰：「汝勇十倍於思安，當先虜鼠輩，後禽紹威耳！」單可及將精兵五萬，循清水上。思安遣將袁象先設伏於内黄東、清水右，自引兵逆戰於繁陽，僞不勝而却。守文躡之，及内黄，思安勒兵還戰〔二〕，伏發，夾擊之，斬可及。燕軍失驍喪氣，守文僅以身免，而軍無還者，凡俘斬三萬。時從周自邢州將精騎八百，已入魏州。戊申，仁恭攻上水關、館陶門。從周與魏將賀德倫以五百騎出戰，顧門者曰：「前有勍敵，不可返顧。」命闔其扉，殊死戰。仁恭復大敗，將薛突厥、王鄶郎爲禽。明日，汴、魏乘勝合兵擊仁恭，破八寨，父子燒營而遁。汴、魏兵長驅至臨清，擁幽州兵入永濟渠無算。鎮邀擊，敗於東境。魏至滄五百里，尸籍道，凡斬首五萬。仁恭遂衰，而全忠益横矣。是春，有白氣竟天如練，

〔二〕「勒」，底本作「敕」，今據《通鑑》卷二六一改。

自西南徹東北[一]，而旋有燕卒之敗。

三年，四月，戊午，汴將遣葛從周帥兖、鄆、滑、魏四鎮兵十萬擊仁恭。五月，庚寅，拔德州，斬刺史傅公和。己亥，圍守文於滄州。仁恭遣使卑辭厚禮求救於晉，克用遣將周德威五千騎出黄澤，攻邢、洺以救之。六月，仁恭自將幽州兵五萬救滄州，營於蘆臺。監軍蔣玄暉請須其入壁，食盡可取。從周曰：「兵在機，機在上將心，非監軍所知！」乃留張存敬、氏叔琮守滄州寨，自將精兵逆戰於乾寧老鴉隄，大破仁恭，斬首三萬級，獲將馬慎交等百餘人，馬三千匹。又戰唐昌范橋，六遇輒勝，仁恭走保瓦橋[二]。七月，克用復遣將李嗣昭兵五萬攻邢、洺，敗汴軍於内丘。王鎔遣使和解幽、汴[三]，會久雨，全忠召從周還。九月，鎮人服於汴，乃遣使周式往説全忠，攻幽州。全忠喜，遣存敬會魏博兵擊仁恭。甲寅，拔瀛州。十月，丙辰，拔景州，執刺史劉仁霸。辛酉，拔莫州。又遣存敬擊仁恭，下二十城。將自瓦橋趨幽州，道濘不能進，乃道祁溝關，引兵西攻易、定。王郜方與劉守光厚，乃畀後院都知兵馬使王處直兵擾其尾，而爲所大敗，語

[一]「南」，底本脱，今據《舊唐書·昭宗紀》補。
[二]「瓦」，底本作「丸」，今據福建本、北大本、《新唐書·藩鎮盧龍傳·劉仁恭傳》、《通鑑》卷二六二改。
[三]「汴」，底本脱，今據福建本、北大本、《通鑑》卷二六二補。

在《義武記》。仁恭遣守光將兵救定州，軍于易水上。全忠遣存敬襲之，殺六萬餘人。由是，河北諸鎮皆服于汴矣。

天復元年，二月，辛未，封朱全忠爲梁王，詔加仁恭與魏博羅紹威並兼侍中。是年，置平營瀛莫等州觀察使〔一〕。

二年，七月，契丹阿保機以兵四十萬伐河東、代北〔二〕，攻下九郡，大獲生口而去〔三〕。

三年，正月，梁王朱全忠等舉兵盡誅宦官，車駕復歸長安。詔所在收捕，惟幽州監軍張居翰、河東張承業等爲仁恭、克用所匿得全，斬他囚以應詔。五月，晉雲州都將王敬暉殺刺史劉再立，叛降仁恭。晉王命李嗣昭、李存審討之。仁恭以兵五萬救敬暉，嗣昭退保樂安，敬暉舉衆棄城而去。克用怒失敬暉，杖嗣昭、存審而削其官。九月，阿保機復攻下河東、懷遠等軍。十月，引兵略至薊北，俘獲而去。十一月，仁恭習知其情僞，常選將練兵，乘秋深入，踰摘星嶺擊之，契丹畏懼。每霜降，仁恭輒焚塞下野草，契丹馬多饑死。常以良馬賂仁恭，買牧地，請聽盟约甚謹。阿保機遣妻兄阿述律鉢將萬騎寇

〔一〕「瀛」，底本脱，今據《新唐書・方鎮表三》補。
〔二〕「代」，底本作「河」，今據《遼史・太祖紀上》改。
〔三〕「大」上，底本衍「及」字，今據《遼史・太祖紀上》删。

渝關。仁恭子守光戍平州，守光僞與和，設幄犒饗於城外，酒酣，伏兵執之以入。群胡慟哭，願納馬五千以贖，不許。輸重賂請於仁恭，乃與盟歸之。

天祐元年，四月，車駕幸洛陽，改元。八月，壬寅，朱全忠遣人弒帝於椒殿。丙午，太子、輝王柷即位[二]，是爲昭宣帝，不改元，仍稱天祐。先是，帝東遷，詔至太原，克用泣謂其下曰：「乘輿不復西矣。」遣使奔問行在。李茂貞、王建與楊崇本、楊行密、趙匡凝及仁恭移檄遣使往來，雖皆以興復爲詞，克用顧藩鎮附汴者多，未可與共，惟阿保機尚可用，將結之爲援。九月，阿保機攻黑車子室韋，仁恭發兵數萬，遣養子趙霸來拒之。霸至武州，爲所諜知，使曷魯伏勁兵桃山下，遣室韋人牟里詐稱其酋所遣，約霸兵會平原。既至，四面伏發，擒霸，殲其衆。

昭宣二年，七月，庚午，天雄牙將李公佺奔滄州，以畔故也。是月，李克用遣通事康令德約盟于契丹，因其帥衆三十萬寇雲中，與連和。十月[三]，阿保機以騎兵七萬會於雲州東城。初，引兵相去五里，使人馬上持杯往來，以展酬酢禮，而告以不受代。阿保機

[二]「王柷」，底本脱二字，今據《舊唐書・哀帝紀》、《通鑑》卷二六五補。
[三]「十」下，底本衍「一」字，今據《遼史・太祖紀上》删。

受其言，易袍馬，約爲兄弟，遂延入帳中，縱酒，握手盡歡。謂曰：「唐室爲賊臣謀篡。吾以今冬大舉，弟助我精騎二萬〔二〕，同收汴、洛。」阿保機許諾。或勸克用：「因其來，可禽。」克用曰：「讐敵未滅而失信夷狄，自亡之道也。」阿保機留旬日乃去。克用贈以金繒數萬，馬三千疋，雜畜萬計以酬之。阿保機遺晉馬千疋，牛羊萬計〔三〕。既歸，擊仁恭，陷數州，盡徙其民以歸，背約更附于梁，克用恨之。

三年，正月，全忠發河南諸鎮兵七萬，遣將李思安會魏、鎮兵屯深州樂城，聲言擊滄州，討納李公佺也〔三〕，因襲天雄牙兵，闔營殪之。二月，阿保機復擊仁恭，還，襲山北奚，破之。四月，天雄牙將史仁遇作亂，據高唐。全忠遣人攻之，仁遇求救於河東及滄州。克用遣李嗣昭救之，爲梁所敗。守文兵萬人攻貝州，又攻冀州。滄州兵卒獲仁遇，鋸殺之。八月，乙酉，全忠以幽、滄首尾爲魏患，欲取滄州。甲辰，引兵發大梁。九月，辛亥朔，全忠自白馬渡河。丁卯，至滄州，軍長蘆。滄人不出。羅紹威饋運至長蘆，五

〔二〕「二」，底本作「三」，今據《舊五代史》卷一三七《外國列傳一·契丹傳》改。
〔三〕按：「克用贈以金繒數萬，馬三千疋，雜畜萬計以酬之。阿保機遺晉馬千疋，牛羊萬計」，今據《舊唐書·沙陀傳》作，保機「遺馬千疋，牛羊萬計」，《通鑑》卷二六六作，「克用贈以金繒數萬，阿保機留馬三千疋，雜畜萬計以酬之」，《燕史》疑誤。
〔三〕「公」，底本作「仁」，今據《舊唐書》卷一八一《羅威傳》、《新唐書·藩鎮魏博傳·羅紹威傳》、《通鑑》卷二六五改。

百里不絶。又建元帥府舍於魏，所過驛亭供酒饌、幄幕、什器，上下數十萬人悉備，不惟以報德，亦恐其伐虢而取虞也。仁恭救滄州，戰屢敗，乃下令境内：「男子十五以上，七十以下，悉自備兵粮詣行營。軍發後，有一人在閭里，刑無赦！」或諫曰：「今老弱悉行，婦人不能轉餉，此令必行，濫刑者衆矣。」乃命勝執兵者盡行，文其面曰「定霸都」，士人則文其腕或臂，曰「一心事主」，於是境内士民，穉孺外無不文，閭里爲空。得衆二十萬，屯瓦橋。梁軍環滄築而塹之，鳥鼠不通，内外援絶。仁恭畏其强，不敢戰。城中食盡，丸土而食，或互相食。仁恭求戰，不許。全忠使人説守文曰：「援兵勢不相及，何不早降！」守文登城應之曰：「僕於幽州，父子也。梁王方以大義服天下，若子叛父而來，將安用之！」全忠愧其辭直〔二〕，爲緩攻。十月，丙戌〔三〕，仁恭復從克用乞師，使百輩往。克用恨其反覆，不許。子存勗諫曰：「天下之勢，歸朱温什七八，雖强大如魏博、鎮、定，莫不附之。河北能爲温患者，獨我與幽、滄耳。今幽、滄爲温困，我不併力拒之，非我之利也。夫爲天下者不顧小怨，且彼嘗困我而我救其急，以德懷之，乃

〔二〕「愧」，底本作「媿」，今據福建本、北大本、《通鑑》卷二六五改。

〔三〕「戌」，底本作「午」，今據《通鑑》卷二六五改。

一舉而名實附焉。此吾復振之時，安可坐失之哉！」克用乃召幽州兵，與攻潞州，曰：「於彼則可以解圍，於我則可以拓境。」許仁恭和，召其兵。仁恭遣都指揮使李溥將兵三萬詣晉陽，晉將周德威、李嗣昭將兵與共攻潞州。十二月，乙酉，梁分步騎數萬，遣行軍司馬李周彝將之，自河陽救潞州。初，昭宗凶問至，昭義節度使丁會帥將士縞素，流涕久之。及嗣昭攻潞州，閏月，降。己巳，全忠命治攻具，將攻滄州。壬申，聞潞州不守。甲戌，引兵還。先是，調河南、北芻粮，水陸輸軍前，諸營山積。悉命焚之，烟炎數里，舟者鑿而沈之。守文遣全忠書曰：「王以百姓故，赦僕罪，解圍，王之惠也。城中數萬口，不食數月矣。與其焚之爲烟，沈之爲泥，願乞所餘以救之。」全忠爲留數囷，滄人賴以濟。明年，梁篡唐，仁恭恃遠，無憚，卒爲子囚，俘於晉，語在《變記》。

史臣曰：「大都偶國，亂之本也。故古建國，公侯不過千乘，所以强幹弱枝，而防其悖慢也。幽州列九圍之一，地方千里而遥，其民剛强，厥田沃壤〔二〕。遠則慕田、荆之義，近則染安、史之風，二百餘年，自相崇樹。雖朝廷有時命帥，而士人多務逐君〔三〕，習

〔二〕「田」，底本作「由」，今據福建本、北大本、《舊唐書》卷一八〇卷末史臣曰改。
〔三〕「士」，底本作「土」，今據《舊唐書》卷一八〇卷末史臣曰改。

若忘非，尾大不掉，非一朝一夕之故矣。若載義、仲武、允伸，因利乘便，獲領旌旗，以順守之，亦足多焉。如克融、志誠、元忠、公素、可舉、全忠，以不仁得之，靡更曩志，或尋爲篡奪，或僅傳子孫，咸非令終，蓋其宜也。」贊曰：「碣石之野〔二〕，氣勁人豪。二百餘載，自相尊高。載義、仲武，亦多忠勞。餘因篡得，不仁何逃！」

郭造卿曰：唐初藉幽燕者，以羈諸夷而已，况河朔既久失之，歸朝復不能有乎。則僧孺之對，其事勢宜爾也。宋司馬責之者正，如其處此，或僨矣。彼時回紇未訖，契丹將熾，隔越趙、魏，寧如范陽何哉！其逐帥立帥不能討，久矣，駕馭之所不及，不捐其何爲焉！亡何，仲武以驅逐奏公〔三〕，允伸以鎮靜處休，有此二帥賢，雖捐而力賴之矣。及二李啟釁於沙陀，引契丹以擾山後，而沙陀得山前。劉氏父子亡，亦不能守之，平盧失之於契丹，由是瓦橋爲重戍，日确确乎幽燕矣。噫！唐在而棄之，尚不絕乎羈縻，乃取之于唐亡焉，羈縻其可復得哉？馬、牛二公言，皆有不可廢者，當於其時勢，隨宜裁擇可也。

〔二〕「野」，底本作「地」，今據《舊唐書》卷一八〇卷末贊曰改。
〔三〕「公」，疑當作「功」。

燕鎮記九

郭造卿曰：當河北相王，而以孤危之滄，獨歸於朝廷，堅守莫我敢奪，且能開鎮秉節鉞，豈非即墨之爲烈哉！既而分景，有德有棣，及齊雖割隸不顓，視易、定改闢矣。乃三世歸順，彰天子威福。又宗奭以逆誅，既足肅乎百辟。繼而重胤忠謀，鑒燕、趙三分，竟不免於再亂，惟取三州權，歸於刺史司存，雖再有安、史，其能一州叛哉？惜乎！代者日簡，殺刺史而不問，邀副使則授之，遂長厲階以自梗。錫名義昌，亂乃復萌，而遂邀求節鉞，連河朔爲黨矣。史謂自重胤處置，横海最順於河北。豈其違重胤畫，或未之詳考乎〔一〕。洎燕奔不能存，且因利而殺之〔二〕，故燕復與争利，并其鎮而襲取焉〔三〕。兹乃始終於燕，而它間附之。爰首列其繇，及乎出入之鄉，入燕雖仍兩鎮，而燕并亡之晉矣。

〔一〕「詳」，底本作「評」，今據福建本、北大本改。
〔二〕「且」，底本脱，今據福建本、北大本補。
〔三〕「焉」，底本脱，今據福建本、北大本補。

滄州古齊地[一]，自桓公割於燕。沿革在《域表》，其爲鎮割隸具於左。

玄宗開元十三年[二]，滄州置横海軍使。

十六年，移治於長蘆。

十八年，幽州節度使增領州二，滄其一。

二十年，幽州領州十六[三]，德、棣其二。

肅宗上元二年，置淄沂節度使，治沂，領州五，其三幽之滄、德、棣[四]。又平盧節度使增領州一，齊。

代宗廣德元年，置魏博節度使，治魏州，領州五[五]，其二滄、德。平盧增領瀛、滄，未幾，二州復隸魏博。

大曆六年，十月，壬午，滄州置横海軍，天寶後廢也。

十年，幽州領瀛，平盧領德，成德節度使領滄，而横海軍廢。

〔一〕「古」，底本作「右」，今據福建本改。
〔二〕「三」，底本作「四」，今據《新唐書·方鎮表三》改。
〔三〕下「州」字，底本脱，今據《新唐書·方鎮表三》補。
〔四〕「幽」，底本作「齒」，今據福建本、北大本、《新唐書》卷六五《方鎮表二》改；以下徑改，不注。
〔五〕「州」，底本脱，今據《新唐書·方鎮表三》補。

德宗建中三年，幽州復領德、棣。

興元元年，五月，復置横海軍。初，成德易州刺史張孝忠以歸國，詔爲義武節度使，以易、定、滄三州隸之。滄州刺史李固烈，李惟岳妻兄也，即牢守之。定州安喜人程元皓，爲安禄山帳下將〔一〕，從陷兩京，頗以勇稱，史思明署爲定州刺史。子華籍本軍〔二〕，爲孝忠部下，以押牙往交州事。固烈請歸恒州，悉取軍府綾縑珍貨數十車，將行，軍士大譟，曰：「士皆菜色而馬玄黄矣，刺史不加賑恤，乃掃府庫以歸乎！」遂殺而奪之，屠其家。華聞亂，竄逃，匿床下。亂兵求得，迎之〔三〕，謂：「貪暴吾軍誅之矣，押牙何畏而亡〔四〕？請知州事。」逼而從之。孝忠即版華攝滄州刺史，素寬厚，推心，將士安之。會幽、恒朱滔、王武俊合叛，更遣人招華，皆不從。時孝忠在易州，自滄如定，必過瀛州，隸滔，以故道阻，不相聞。爲二鎮合圍，華乘城自守。州録事參軍李宇爲謀曰：「使君受圍累年，張尚書不能致援，論功獻捷，須至中山，所謂勞而無功者也。此州十縣，瀕

〔一〕「將」下，底本衍「史」字，今據《舊唐書》卷一四三《程日華傳》删。
〔二〕按：「子華」，底本在「從陷兩京」上，今據《舊唐書·程日華傳》，移置「籍」上。
〔三〕「迎」，底本作「逃」，今據福建本、北大本、《新唐書·藩鎮横海傳·程日華傳》改。
〔四〕「畏」，底本作「謂」，今據《新唐書·藩鎮横海傳·程日華傳》改。

海，有魚鹽利自給，故軍本號橫海。使君能絶易定，歸天子，自爲一州，練甲訓兵，利則出，不則守，可扼盜喉襟，爲天子封疆臣矣。使君能用僕計，請爲言於京師。」華即遣之。宇入闕，備陳華當二寇間，疲矢石。帝果嘉之，拜華御史中丞，即以爲滄州刺史，復置橫海軍，以華爲副使，知節度事，尋加工部尚書、御史大夫，賜名日華；以宇爲判官。令滄州歲供義武租錢十二萬緡，粮數萬斛。自是别爲鎮使，孝忠惟易、定二州而已。武俊又使説誘日華。滄軍乏馬，給其使曰：「敝邑爲賊攻，力屈則下之。王大夫必欲相屬，願假騎二百，抗而退之，請以地獻。」武俊喜，給之。留馬，謝使歸。武俊怒背約，而方拒王師，不及取。又與滔方睦，懼有怨，且在其攻圍，慮爲所有而止。日華由是獲全。及武俊歸國，河朔無事，乃償馬價，别陳珍幣謝過。武俊釋然，復好。

貞元元年，七月，辛亥，德、棣領於成德，置德棣都團練守捉使。

二年，四月，甲申，日華以橫海軍使爲節度使，治滄州。

四年，十一月，日華卒，贈兵部尚書。子懷直如河朔，自知留後事。朝廷嘉其父忠，起復授檢校工部尚書，兼御史大夫，爲橫海節度使留後。

五年，二月，戊戌，懷直正授爲滄州觀察使。命李宇入朝，請分弓高、景城及東光、臨津爲景州，仍請刺史。帝喜曰：「三十年無此事矣！」乃以員外郎徐伸爲景州刺史。

十年，三月，丁卯，懷直來朝，進檢校尚書右僕射，復令還鎮。

十一年，九月，丁巳，懷直不恤士，獵數日不歸。從父兄懷信爲兵馬使，乘衆怨，閉門拒之。懷直奔歸京師[二]。十月，丁丑，以前領朔方靈鹽大使、虔王諒爲節度大使，擢懷信爲横海留後。

十二年，正月，壬子，以懷直依前檢校右僕射，兼左龍武統軍，賜安業里甲第，妓女一人，以懷信爲節度使。

十六年，二月，己丑，懷直卒，年四十九，廢朝一日，贈揚州大都督。節度大使、虔王諒領徐州節度大使。

二十年，十月，甲辰，於景州南皮縣置唐昌軍。

順宗永貞元年，七月，癸巳，懷信卒，以其子副使執恭爲留後。

憲宗元和元年，五月，丙子，以執恭爲節度使。

四年，九月，庚戌，成德分德、棣二州，置保信軍節度使。

五年，七月，丁未，復以德、棣二州歸成德。

[二]「奔」，底本闕，今據福建本、北大本、《通鑑》卷二三五補。

六年，十一月，甲午，執恭入朝，累進檢校兵部尚書，封邢國公，寵禮，遣還鎮，加檢校尚書右僕射。

八年，六月，滄州水潦，浸鹽山等四縣。

十年[一]，十二月，乙丑，成德節度使王承宗縱掠幽、滄、定三鎮，上表討之。

十一年，正月，癸未，詔同六節度討承宗。十二月，壬寅，奏破之於長河，斬首千餘級。

十二年，三月，戊辰，賜執恭名權。執恭嘗夢滄州牙門額悉署「權」字，遂奏請改之。戊寅，成德兵三萬入東光，斷白橋路，權不能禦，以衆歸滄州。

十三年，二月，己酉，權自以世襲滄景，與河朔三鎮無殊，淮蔡既平，内不自安。宰相裴度諭之，上表，請舉族入朝，許之。横海將士樂自擅，不聽命，掌書記林蘊諭以禍福，權乃得出。拜蘊爲禮部員外郎。以靖安里私第仄狹，賜地二十畝，令廣其居。四月，辛丑，以河陽都知兵馬使曹華爲棣州刺史[二]，詔以河陽兵送至滴河[三]。會縣陷於平

[一]「十」下，底本衍「三」字，今據福建本、北大本、《通鑑》卷二三九删。

[二]按：「四月，辛丑，以河陽都知兵馬使曹華爲棣州刺史」，今據《通鑑》卷二四〇，此事在「五月辛丑」，《燕史》疑誤。

[三]「滴」，底本作「滳」，今據《通鑑》卷二四〇改。

盧，華擊却之〔一〕，殺二千餘人，復其縣以聞。詔加横海節度副使〔二〕。甲寅，成德請獻德、棣二州，兼入管内租税。庚辰，以華州刺史開封鄭權爲德州刺史、横海軍節度、德棣滄景等州觀察使，討淄青李師道。權以德、棣兵臨境，奏於平原、安德二縣間，置歸化縣於福壽草市，以集降民，隸德州。滄州刺史李宗奭與權不叶，不受其節制。權奏之，詔中使追還宗奭，而使其軍中留己，表稱懼亂，未敢離州。六月，丁丑，以程權檢校司空〔三〕，爲邠州刺史、邠寧節度使〔四〕。七月，癸未，詔横海合五鎮師討淄青。十一月，壬寅，詔河陽節度使烏重胤爲滄州刺史、横海節度使、滄景德棣觀察等使，鎮之，代權歸朝。州將吏懼，共逐宗奭。

十四年，正月，辛巳，誅李宗奭，爲將士逐而來朝，追罪其悖慢，斬於獨柳樹。四月，丙寅，詔諸道節度、都團練、都防禦、經略等使，所統支郡兵馬，並令刺史領之，從重胤請也。重胤奏：「河朔藩鎮，自至德來能旅拒朝命六十餘年者，由刺史失其職，

〔一〕「華」，底本作「權」，今據福建本、《通鑑》卷二四〇改。
〔二〕「加」，底本作「嘉」，今據《通鑑》卷二四〇改。
〔三〕「程」，底本作「鄭」，今據福建本、北大本、《舊唐書》卷一四三《程權傳》、《新唐書·藩鎮横海傳·程權傳》、《通鑑》卷二四〇改。
〔四〕「刺史邠寧」，底本脱四字，今據《舊唐書》《憲宗紀下》、《程權傳》、《新唐書·藩鎮横海傳·程權傳》補。

而節度使權重。所統州縣，各置鎮兵，以大將領軍事，收刺史、縣令權，自作威福，暴横爲甚。緜使刺史各得行其職，又有鎮兵，則雖有奸雄如安、史，豈能以一州獨叛哉？臣所領德、棣、景三州，已牒還刺史職事，應在州兵，並令刺史領之矣[二]。而法制修立，各歸其名分焉。」七月，甲辰，以棣州刺史曹華充沂海兗密等州都團練觀察使。十一月，程權卒[三]，贈司徒，兄弟子姪在朝列宿衛者三十餘人。

穆宗長慶元年，五月，丁巳，罷景州，其縣還滄州，以歸化縣屬德州，從重胤請也。八月[三]，丁丑，詔横海同義武諸道兵討成德王庭湊。十月[四]，戊寅，重胤奏破其兵于饒陽。丙戌，以深冀行營節度使杜叔良爲滄州刺史、横海軍節度使，以重胤爲山南西道節度使。時重胤以宿將救深澤，獨當幽、鎮東南，知賊未易破，按兵觀釁圖之，帝怒而代焉。十一月，辛酉，淄青節度使薛平奏幽、鎮兵攻棣州，平遣將李叔佐兵五百救之。刺史王稷供饋稍薄，軍怨怒，宵潰作亂，逼青州，平破之。

〔二〕「令」，底本作「領」，今據福建本、北大本、《舊唐書》卷一六一《烏重胤傳》、《通鑑》卷二四一改。
〔三〕「程」，底本作「鄭」，今據福建本、《舊唐書·程權傳》改。
〔三〕「八」，底本作「七」，今據《通鑑》卷二四二改。
〔四〕「十月」，底本在「丙戌」上，今據《舊唐書·穆宗紀》、《通鑑》卷二四二，移置「戊寅」上。

二年，正月，丁酉，幽州兵陷弓高。先是，守備甚嚴，有中使至，守將不内，旦乃復入，中使大詬。賊諜知之，他日，僞爲中使，夜至，遽内之，賊衆隨而入焉。中書舍人白居易請開弓高粮路，疏奏，不省。己亥，度支饋滄州粮車六百乘，至下博，盡爲成德軍所奪。庚戌，以德州刺史王日簡爲滄州刺史，充横海節度使，兼滄德棣等州觀察處置使[一]。日簡初事王武俊，爲成德小將。承宗時虐用其軍，故入朝，授代州刺史。田弘正遇害，帝以其故鎮將，召問所欲言。日簡陳利害，冀合帝意，且請盡死力以報[二]，遂授以刺德州，俾經略其事。是時杜叔良兵敗於博野，故以代之。壬子，貶叔良爲歸州刺史，以獻計誅幽、鎮無功，而兵敗喪旌節也。甲寅，復以弓高縣爲景州，東光、臨津、南皮、景城屬之[三]。二月，丙子，賜日簡姓名李全略。癸未，加許州節度使李光顔横海節度、滄景觀察使，其忠武、深州行營如故。以全略爲德州刺史、德棣等州節度使。以光顔縣軍深入，饋運難通，故割滄景以隸之。光顔兵聞當留滄景，皆大呼西走，不能制，因驚懼成疾。且以朝廷置制乖方，賊帥連結，未可猝平也，三月，己酉，懇辭横海節度，乞歸

[一]「滄」，底本脱，今據《舊唐書·穆宗紀》、《新唐書·藩鎮横海傳·李全略傳》補。
[二]「報」，底本作「救」，今據《新唐書·藩鎮横海傳·李全略傳》改。
[三]「津」，底本作「城」，今據《新唐書·地理志三》改。

許州，從之。己未，復以全略爲滄州刺史，充橫海節度使，仍合滄、景、德、棣爲一鎮，罷德棣二州觀察使。全略遣子同捷入侍，兼進錢千萬。五月，辛卯朔，以德州刺史李景儉爲諫議大夫，而以王稷代之。稷在棣州，善撫衆，全略忌之，且其承父平章謂餘貲富厚，悉金寶賸侍以行。全略利其財，十月，丙申，密教軍士殺而屠之，納其室女爲妓媵，以軍亂聞。全略陽忠順，陰規異謀，結軍士，爲傳久計。

四年，十二月，癸未，全略自尚書加檢校右僕射。同捷覲，踰歲歸，奏請授滄州長史、知州事，兼主中軍兵馬。初不之許，後慮其有奇策，將副經略之旨，從焉。

敬宗寶曆二年，四月，戊戌，全略卒，同捷以副大使擅領留後，重賂藩鄰，求領父節。詔久不下。九月，庚申，魏博節度史憲誠妄奏：「同捷爲軍士所逐，走歸本道，請束身歸朝。」尋奏復歸滄州。

文宗太和元年，三月，壬戌朔，同捷遣掌書記崔長奉表，與其弟同志、同巽俱入朝，請遵朝旨。同捷擅據滄景，朝廷經歲不問，見帝新嗣位，必大恩貸，示四方，故遣弟請命。議者以狡童拒命，欲以重臣代，不勞師而底定之。五月，丙子，以天平軍節度使、守司徒、同平章事烏重胤加太子太保，兼領橫海軍節度使，仍割淄青節度使齊州隸之；以前攝橫海軍節度副使、檢校國子祭酒、侍御史李同捷檢校左散騎常侍，兼兖州刺史，充兖海沂密等州節度使；就加魏博史憲誠同平章事。丁丑，加盧龍李載義、平盧康志睦、成德王庭凑檢校官，貳其黨也。同捷聞朝命改官，計窮，陰結幽、鎮謀叛。七月，癸亥，憲誠令大將傳手詔入軍，同捷矯言軍中留己，不受。武寧節度使王智興請以全軍三萬人，自備五月餉討之。德、棣民多奔入鄆。八月，庚子，詔曰：「同捷幸襲舊勳，不思纘緒，斬麻未幾，私行墨縗。毒殺忠良，擾惑部校，稽之國憲，難逭常刑。朕以頃在先朝，已稽中旨，實遵成命，未議改圖。乃由留務之權，授以戎帥，拔負海之陋，置之中華，推恩含垢，斯亦至矣〔二〕。而同捷益懷迷執，閉境練兵，大詬隣封，拒捍中使，遐邇憤怨，中外驚嗟。叛命既彰，大義當絶，事非獲已，良用撫然。其同捷在身官爵，並宜削奪，命節度使載義、重胤、智興、憲誠、志睦及義成李聽、義武張璠、天平崔弘禮各帥兵討之。」兵傅境。同捷世行姦詐，自以嘗爲成德軍將校，燕、趙可結城社，乃遣子弟，傾玉帛子女，市河北三鎮驩。載義絶其交，戊午，執其姪與使者併所賂獻。憲誠密助之，以宰相韋處厚言，懼而止。庭凑本闕横海，欲乘隙以取，爲求節鉞不獲，乃助兵境上，以撓魏師。又遣使厚賂沙陀連兵，酋長朱邪執宜拒不受。十月，重胤屢破之。十

〔二〕「至」，底本重出，今據福建本、北大本、《舊唐書》卷一四三《李同捷傳》删。

一月，丙寅，重胤卒。庚辰，以保義節度使李寰爲横海節度使，從智興請，可與立功也。十二月，庚戌[一]，以智興爲滄州行營招撫使[二]，加檢校司空、同平章事[三]，檄兗海鄆曹淄青當徐道者出車五千乘，轉粟饋軍。弘禮度道遠，乃自兗開盲山故渠[四]，自黄隊抵青丘，軍大濟。

二年，三月，己卯，智興攻棣州，焚三門，引水灌城，而河決壞之。閏月，丙戌朔，憲誠奏遣子副大使唐、都知兵馬使亓志紹帥兵二萬五千赴討。七月，甲辰[五]，以成德陰餉同捷，詔五品以上官議討。衛尉卿殷侑請緩之而專討横海，不從。九月，丁亥，智興奏拔棣州，降其將張叔連十輩[六]，銳上三千。始，刺史欒濛密上變[七]，洩，爲同捷所害，贈工部尚書。王師經年無功，智興進圍滄州，賊大懼，諸將戰愈力。右廂捉生兵馬使石雄

[一]「庚」，底本作「戊」，今據《新唐書・文宗紀》改。
[二]「撫」，底本作「討」，今據《舊唐書》卷一五六《王智興傳》、《新唐書・文宗紀》、卷一七二《王智興傳》改。
[三]「加」上，底本衍「庚戌」二字，今據《燕史》上下文删。
[四]「盲」，底本作「肓」，今據《新唐書・崔弘禮傳》改。
[五]「甲」，底本作「丙」，今據《舊唐書・文宗紀上》、《通鑑》卷二四三改。
[六]「叔」，底本作「敘」，今據《新唐書・藩鎮横海傳・李同捷傳》改。
[七]「濛密」，底本作「蒙客」，今據《新唐書・藩鎮横海傳・李同捷傳》改。

先驅渡河，前無堅陣，諸軍稍務進取。李寰自晉州赴鎮，不戢士卒，所至暴鈔，擁兵不進，坐索供饋。遂身入朝，盛陳賊勢，請濟師，欲大調發。群臣議寰兵太重，且盜滄、景，未決而棣州平。寰内愧，不自安，願留京師。庚寅，以爲夏綏節度使。甲午，命諸道討庭凑，加智興守司徒，以前夏綏節度使傅良弼爲橫海節度使。十月，平原爲魏博所拔。十一月，癸未朔，易定節度使柳公濟奏拔堅固寨，又破於寨東[一]。軍興繁夥，調發不時，始置供軍粮料使以濟諸軍。而兩河諸將每小勝，則多張首虜，冒厚賞。朝廷竭力奉之，繒帛征馬無算，江、淮爲之耗弊，實欲困朝廷，緩賊也。詔行營堅壁務農，非被襲，勿决戰，故久未成功焉。良弼至陝，卒。乙酉，以左金吾大將軍、涇原節度使李祐遷檢校户部尚書，爲滄州刺史、橫海節度使。祐以鄭滑兵三千入齊而潰，崔弘禮悉斬之，爲出鄆兵二千授祐[二]。十二月，丁巳，智興奏兵馬使李君謀以輕兵濟河，破無棣縣兵，降饒安壁五千兵。同捷勢日蹙，庭凑不能救，誘志紹爲亂於魏博，憲誠告援。辛巳，詔義成節度使李聽帥滄州行營諸軍以討志紹[三]，從憲誠請也。是年，棣州領于平盧。

[一] 「寨」，底本作「塞」，今據福建本、北大本、《通鑑》卷二四三改。
[二] 「二」，底本作「三」，今據福建本、《舊唐書·崔弘禮傳》改。
[三] 「諸」，底本作「北」，今據《通鑑》卷二四三改。

三年，正月，義成兵叛，李祐誅之。載義奏拔滄州長蘆。二月，祐帥諸道行營兵擊同捷〔二〕，破之，尸籍十餘里。祐望鄆拜曰〔三〕：「活我者，崔公也！」進攻德州。丙寅，憲誠遣子唐入朝，請以所管聽命。滄州將平，懼而唐勸之也。四月，戊辰，李載義奏破滄州羅城。祐拔德州，城中將卒三千餘人奔鎮州。同捷與祐書請降，祐奏其書。諫議大夫柏耆宣慰行營。耆父良器，爲時名將。耆以布衣嘗杖策詣淮西，干裴相國，薦以左拾遺說下成德王承宗，爲真左拾遺，遷諫議。又説成德軍，而承元以徙鎮。故志健而望高，急於干名。至是，以德州行營諸軍計會使往〔三〕，大聲勢以威制諸將。及祐受同捷請降，遣大將萬洪代守滄州。耆疑同捷詐，自將數百騎馳入滄州，以事誅洪，取同捷及家屬詣京師。乙亥，至將陵。或言庭湊欲以奇兵篡之，乃斬同捷，傳首，滄景悉平。祐入滄州，詔貸四州一年租賦。五月，丁亥，帝御興安樓，受俘獻。祐送同捷母孫、妻崔及男元達等赴闕，詔赦其母并妻息，徙湖南。流崔長商州〔四〕。同巽等以異母貸死，隨母流所。諸道

〔二〕「擊」，底本脱，今據福建本、北大本、《通鑑》卷二四四補。

〔三〕「望」，底本脱，今據福建本、北大本、《新唐書·崔弘禮傳》補。

〔三〕「計會」，底本二字互乙，今據《新唐書·柏耆傳》正。

〔四〕「長」，底本作「從長」，與《通鑑》卷二四三同，今據《舊唐書·李同捷傳》、《新唐書·藩鎮横海傳·李同捷傳》及《燕史》上文删。

兵攻三年，僅能下之，而耆徑取爲功，諸將益疾之，争上表論列。辛卯，貶耆爲循州司户，宣慰判官、殿中侍御史沈亞之爲虔州南康尉。祐初有疾，聞耆殺洪，大驚，遂劇。帝曰：「祐若死，耆殺之也！」丁酉，以前義武節度使傅毅爲滄州刺史、横海軍節度使。中六月，癸酉，内官馬國亮奏耆受同捷所得王稷女及婢九人，再命長流愛州，賜自盡。書舍人李翺以稱耆材，贊其行，坐謬舉，左授少府少監。時智興入朝，以首功宴麟德殿，賜予備厚，册拜太傅，進兼侍中；晏平以功檢校右散騎常侍。八月，癸丑，以衛尉卿殷侑檢校工部尚書，爲齊德滄景節度使，治德州，罷横海節度使也。侑陳郡人，嘗爲滄州行軍司馬。兹承喪亂餘，遺骸蔽地[二]，城空野曠，户口存者十無三四。侑不携孥，攻苦茹淡，與士卒同，表請借耕牛三萬，以給流民。乃詔度支賜綾絹五萬匹佐之，市以給，勸課有方，流散繦負而歸。

四年，十一月，辛丑朔，殷侑請廢景州爲景平縣[三]，隸滄州刺史。十二月，壬辰，廢齊州歸化縣，地入臨邑縣。

[二]「遺」，底本作「州」，今據《舊唐書》卷一六五《殷侑傳》改。
[三]「平」，底本作「州」，今據《舊唐書·文宗紀下》改。

五年，正月，丁巳，賜滄齊德節度使曰義昌軍。初，滄州兵三萬，悉取給于度支，侑一歲而賦入自贍其半，二歲而請罷度支給賜，三歲户口滋，倉廩殷，吏民胥悦，人皆忘亡，上表請立德政碑，以功加檢校吏部尚書。十月，辛巳，滄州移清池縣於南羅城内置。侑尋召入爲刑部尚書。

六年，二月，甲子朔，殷侑以前義昌節度使爲天平節度使，而以李彦佐代之。

開成二年，六月，庚戌，奏蝗害稼。

三年，六月，甲戌，以德州刺史劉約爲義昌節度副使。十一月，壬戌，彦佐爲天平節度使，以約爲義昌節度使。

四年，七月，甲辰，滄景奏大水害稼，德州尤甚，平地水深八尺。

五年，夏，滄、齊、德螟蝗害稼。劉約又奏[一]：「故德州刺史王稷值全略之亂，惟子叔泰五歲，郡人宋獻忠匿免，乃收養之。今臣約既獎其義，獻忠已補職，叔泰津送以聞。」帝憫之，詔授九品官。

[一]「劉約」，底本脱二字，今據《新唐書》卷一七〇《王稷傳》補。

宣宗大中十二年，八月，大水。杜中立字無爲，洹水人。尚憲宗真源公主〔二〕，多才。帝將用之爲京兆尹，以其年少，更出爲義昌節度使。舊徭車三千乘，歲輓鹽瀕海，苦之。中立置「飛雪將」數百人，具舟以載，民不勞而軍食足。時大水汎徐、兖、青、鄆，而滄地積卑。中立自按行，引御水入之毛河〔三〕，東注海，州無水災。

懿宗咸通五年，十一月，乙酉，以大同軍防禦使盧簡方檢校工部尚書、滄州刺史、御史大夫〔三〕，充義昌軍節度使、滄齊德觀察等使。棣州爲天平軍節度所領。

十年，六月〔四〕，徐州北面招討使曹翔攻徐寇，退屯兖州，留滄州卒四千人戍魯橋。卒擅還，翔曰：「以龐勛作亂，故討之。今滄卒不從約束，是自亂也。」勒兵迎之，圍於兖城外，擇違命者二千人，悉誅之。

十三年，七月，以盧簡方爲太僕卿。十二月，以充大同軍防禦等使，召於思政殿而諭之曰：「卿以滄州節鎮，屈轉大同。然朕以沙陀、羌、渾撓亂邊鄙〔五〕，以卿曾在雲中，

〔二〕「源」，底本作「元」，今據《新唐書》卷一七二《杜中立傳》改。
〔三〕「御」，底本脱，今據《新唐書·杜中立傳》補。
〔三〕「御史」，底本脱二字，今據福建本、《舊唐書·懿宗紀》補。
〔四〕「六」，底本作「四」，今據《通鑑》卷二五一改。
〔五〕「陀」，底本作「沱」，今據《舊唐書·懿宗紀》、《新唐書》卷一八二《盧簡方傳》改。

惠及部落也。」而楊全玫代之。是年，齊、棣二州隸於平盧。

僖宗乾符元年，滄州魯城縣生野稻水穀二千餘頃，以濟燕、趙饑民，更名縣曰乾符。

中和三年，四月，庚辰，收復京城。詔滄州大將賈滔繼進，有功。

四年，十月，以義成軍節度使、檢校太師、中書令、上柱國、晉國公王鐸，爲滄州刺史、義昌軍節度、滄德觀察處置等使。楊全玫聞鐸來，而訴于魏州。十二月，至魏，爲其節度使樂彦楨子從訓害於漳南高鷄泊，及從行三百人。

光啟元年，七月[一]，滄州軍亂，逐節度使楊全玫，立牙將盧彦威爲留後，全玫奔幽州。以保鑾都將、檢校司徒、黔中節度使曹誠檢校太保，充義昌節度使[二]，以彦威爲德州刺史[三]。誠雖不之任，而彦威請不從[四]。

昭宗大順元年，六月，乙卯，制以德州刺史、權知滄州兵馬留後盧彦威檢校尚書右僕射[五]，兼滄州刺史、御史大夫，充義昌軍節度，鎮魏。因宰相張濬用兵伐太原，爲論請

〔一〕「七」，底本作「十」，今據《通鑑》卷二五六改。
〔二〕「黔中節度使曹誠檢校太保，充義昌節度使」，底本脱十七字，今據福建本、北大本、《舊唐書·僖宗紀》補。
〔三〕「以彦威爲德州刺史」，底本脱八字，今據福建本、北大本、《通鑑》卷二五六補。
〔四〕「誠雖不之任，而彦威請不從」，底本脱十一字，今據福建本、北大本補。
〔五〕「檢」上，底本衍「兼」字，今據《舊唐書·昭宗紀》删。

而授之。

景福元年〔一〕，義昌軍節度使復領景州及安陵縣，安陵尋復屬德州。

乾寧元年，十二月，甲寅，幽州節度使李匡籌爲河東所攻，挈族奔滄州。彦威利其輜重妓妾，攻而殺之於景城，盡俘其衆。

光化元年，三月〔二〕，彦威與盧龍争鹽利，其節度使劉仁恭遣子守文襲滄州〔三〕，彦威棄城走，盧龍遂取滄、景、德三州，語在《盧龍記》。

郭造卿曰：滄之爲燕有，則父子兩鎮，雄矣。故梁必欲滅之，以示威河朔，乃不克而歸。恐阻群望，遂急於篡，是滄之堅守，適以速唐之亡耳。燕骨肉亦以此殘，而竟歸之晉，及易、定皆然。契丹陷山前，惟此二節度不隨盧龍陷，其爲鎮豈不重哉！

〔一〕「景」上，底本衍「昭宗」二字，今據《燕史》體例删。
〔二〕「三」，底本作「二」，今據《新唐書·昭宗紀》、《通鑑》卷二六一改。
〔三〕「仁」，底本闕，今據福建本、北大本、《新唐書·昭宗紀》、《通鑑》卷二六一補。

燕鎮記十

郭造卿曰：諸道藩鎮始於范陽，而趙、魏次之。自趙而分義武、横海，其先固屬之盧龍矣。如張氏本於奚，程雖中山人，故爲張部下，而皆出於安、史。二鎮居燕南，易召公所封，滄莊公所辟，尤先於五郡。至是割隸不一，義武初得三，横海分其一，啟宇爲寖微矣。然當趙氏三分，武俊功最大。既削二州，又惜節鉞，及損其糧馬〔一〕，注厝失宜，致之復叛，河北禍自此再，而不可復弭焉。孝忠受節，領州獨多，能冒衆忌無害者，其志歸順不改耳。故於分滄無彼此，共犄角以僇力也。壹是本之以順，區區横海，能抗群雄，况兼易、定者乎？蓋雖扼燕、趙間，其地不能以改鬬，亦其志在歸朝，而非爲世及謀焉。及子棄鎮維新，民之習亂遄阻，廸簡得以安其位，陳楚得以靖其難。至播不習河朔，而軍士雖習未除，竟不能留其子者，則教忠亦有足稱矣。末造王氏雖世及，本求以附於燕，燕不能存之，乃敺而梁而晉，

〔一〕「糧」，底本作「良」，今據福建本、北大本改。

卒與鎮並稱，從晉以滅燕焉。不知附項之癭〔二〕，既欲去而弗能，乃不善爲救藥潰，其能以獨存哉！

易，古燕國，定稱北平，燕之隣也。唐初，升定爲大總管府，管幽、易、燕、平、營、滄、瀛河北三十二州，尋改爲都督，而幽爲大都督府，易屬之。其沿革在《域表》。

玄宗開元二年，置幽州節度諸州軍管内經略鎮守大使，領州六，其一易。

二十年，幽州節度使兼河北處置采訪使，增領十六州，其四定、易、德、棣。

天寶元年，更幽州節度使爲范陽節度使，統軍九，其三，北平爲定，高陽爲易，横海爲滄。

肅宗寶應元年，置成德軍，領州五，治恒州，其二定、易。

代宗廣德元年，制分河北諸州，易爲成德管，德爲魏州管，滄、棣爲平盧管。

大曆三年，定州鼓城隷恒州，恒陽隷泜州〔三〕。

九年，廢泜州，而恒陽屬定。

〔二〕「附」，底本作「阿」，今據福建本、北大本改。

〔三〕「泜」，底本作「沍」，《舊唐書·地理志二》作「洹」，今據《新唐書·地理志三》、《燕鎮記四》改；以下徑改，不注。

十年，十月，以高陽軍使張孝忠爲易州刺史，語在《成德記》。成德增領滄州，而德棣平盧。

德宗建中二年，九月，辛酉，孝忠充成德軍節度使。

三年，二月，甲子，孝忠檢校兵部尚書、易定滄三州節度使。以成德定州刺史楊政義歸正，遂三分成德而罷其節度：降將王武俊分恒、冀，康日知分深、趙，復以德、棣二州隸幽州焉。四月，壬戌，河北三鎮叛，遣人説孝忠，不從，語在《盧龍記》。幽州朱滔乃使劉怦屯要害備之。孝忠居易、定，介二鎮間，浚溝固壘，修械勵士，乘城固守，强寇莫之能屈。滔悉兵攻之，詔神策招討使李晟與監軍竇文場援之[一]，滔解去，遂全其軍。五月，辛亥，賜易定節度爲義武軍，治定州，以孝忠檢校兵部尚書，爲義武軍節度使、易定滄等州觀察等使。七月，晟救趙州，留三日，請與義武合兵圍范陽，許之，遂北略恒州。

四年，五月，乙未，晟與孝忠子升雲圍朱滔易州刺史鄭景濟於清苑，累月不下[二]。滔

[一]「文場」，底本作「大場」，今據《舊唐書》卷一四一《張孝忠傳》、《新唐書·張孝忠傳》改。

[二]「下」，底本作「二」，今據福建本、北大本、《通鑑》卷二二八改。

自將救之，晟軍大敗，退保易州。滔還軍瀛州，昇雲奔滿城。會晟病，引軍還保定州[一]。十月，戊申，以涇原卒亂，犯京師，帝如奉天。故盧龍節度使朱泚反，告急於魏州行營。十一月，晟疾愈，帥衆將奔命。孝忠迫燕、趙，倚爲援，數沮行。晟留子憑，娶其女爲質，乃遣大將楊榮國將鋭兵六百與俱[二]，語在《泚記》。

興元元年，正月，壬辰，以孝忠同平章事。五月，孝忠版牙將程華攝滄州刺史事，即别爲一軍，語在《横海記》。

貞元二年，四月，甲申，以横海軍使程日華爲節度使[三]。時河北蝗旱，復大兵後，餓殍相枕。孝忠日裁豆䭕，同下粗糲，人服其儉，保完二州，爲時賢將。

三年，加檢校司空、同平章事。子茂宗，以蔭累官光禄少卿同正，詔尚義章公主。孝忠遣妻鄧國夫人昧谷氏入朝，執親迎禮。帝加賚甚厚，拜茂宗銀青光禄大夫，以公主幼，待年。

五年，十月，己丑，削孝忠司空爲左僕射，以其惑于將佐，襲蔚州，驅掠人畜。有

[一]「定」，底本作「易」，今據《舊唐書·李晟傳》、《新唐書·李晟傳》、《通鑑》卷二二八改。
[二]「榮國」，底本二字互乙，今據《舊唐書·張孝忠傳》、《新唐書·張孝忠傳》、《通鑑》卷二二九正。
[三]「華」，底本作「章」，今據福建本、《通鑑》卷二三二改。

司刻其擅興，詔書責削之也。踰旬還鎮。

六年，還其官。

七年，二月，癸未，孝忠卒，年六十二，追封上谷郡王〔一〕，加贈魏州大都督〔二〕，册贈太師，謚曰貞武。客谷况有《燕南記》三卷，以紀其事。七月，戊寅，詔拜皇孫邕王源爲義武節度大使、易定觀察使〔三〕，昇雲爲定州刺史，起復左金吾衛大將軍，充節度觀察留後。昇雲字豐明，幼而沈毅，好儒書，以父蔭累官檢校工部尚書，至是，封延德郡王。

九年，二月，甲寅，以爲節度使。其弟昇璘，以平盧節度使李納婿，爲海州團練使，以父大祥，歸定州。薄成德節度使王武俊爲人，於座上謾罵，武俊奏之。四月，削官，遣中使杖而囚之。定州富庶，武俊常欲之，因是襲取義豐，掠安喜、無極萬餘口，徙之德、棣。昇雲嬰城，屢遺厚謝，乃止。

十年，六月，癸丑，賜昇雲名茂昭。以前領大使、邕王源領昭義大使。

〔一〕「谷」，底本作「國」，今據福建本、北大本、《舊唐書・張孝忠傳》、《新唐書・張孝忠傳》改。
〔二〕「加」上，底本衍「謚曰貞」三字，今據《舊唐書・張孝忠傳》、《新唐書・張孝忠傳》删。
〔三〕「易」上，底本衍「以」字，今據《舊唐書》《德宗紀下》、卷一四一《張茂昭傳》删。

十三年，八月，癸酉，起復茂宗尚公主[二]。其母卒，遺表請終嘉禮。帝念茂昭勳，即日授雲麾將軍，起復授左衛將軍同正、駙馬都尉。左拾遺蔣乂上疏，以古未聞駙馬起復尚主者。帝遣中使諭之，不止，乃特召對於延英，謂曰：「卿所言，古禮。俗多借吉成婚者，卿何執此之堅？」對曰：「委巷不知禮教[三]，其女孤貧，無旁親可恃[三]，或有借吉從人。未聞男冒凶而娶，實恐驚駭物聽。陛下建中詔書，郡、縣主當婚，皆使有司循典故，毋用俗儀。況公主乎！且幼，待年不爲晚，而使茂宗如禮便。」太常博士韋彤、裴堪復上疏，以「夫婦人倫大端，天屬孝行爲本，所以齊、斬居五服重，二端爲風化之原焉。故婚禮，主人几筵聽命，稱事立文，謂之嘉，所以上承宗廟，下繼後嗣，不可變也。喪禮，創巨者日久，痛甚者愈遲，二十五月而畢，謂之凶，所以送死報終，示有節也。至若魯、晉墨衰奪情，事緣金革，乃有權變。若使茂宗釋衰服而服冕裳，去堊室而爲親迎，雖云輟哀借吉[四]，是亦以凶瀆嘉。伏願抑其亡母之請，顧典章不易之義，待其終制，

[二]「尚」，底本脱，今據福建本、北大本、《舊唐書》卷一四一《張茂宗傳》、《通鑑》卷二三五補。
[三]「巷」，底本脱，今據福建本、北大本、《通鑑》卷二三五補。
[三]「親」，底本作「觀」，今據福建本、北大本、《舊唐書・張茂宗傳》、《新唐書》卷一三二《蔣乂傳》改。
[四]「哀」，底本作「衰」，今據《舊唐書・張茂宗傳》改。

賜昏。」帝迂其言，竟趣下降。辛巳，成婚。自是戚里，頗承恩顧。茂宗薦布衣張宿於廣陵王府，及東宫出入，以譎辨寵擢而敗。是年，復定州爲大都督府，茂昭爲府長史。

十五年，三月，壬申，易州满城縣置永清軍。

十六年，正月，乙巳，易定同恒冀、陳許、河陽四軍討淮西叛鎮吴少誠[一]，戰，敗績而歸。

二十年，十月，辛亥，茂昭入朝，從容言河朔事，詞情忠切。帝悚聽之，曰：「恨見卿晚！」倚之經略北方，召宴麟德殿，賜良馬、甲第、器幣優具，詔其第三子克禮尚晉康縣主，進封襄陽公主。

永貞元年，正月[二]，帝崩。茂昭每入臨於太極殿，朝晡預列，哀咽不勝，人皆獎其忠懇。嗣帝立，己酉，加同平章事，復遣之鎮，賜二女樂，三表辭讓。及中使護犢車至門，茂昭立辭曰：「天子女樂，出自禁中，非臣下所宜見。昔汾陽、咸寧、西平、北平，皆有大功，故當是賜。今下臣述職以朝，奈何猥叨盛賞。後日有立功臣，陛下何以加之？」

〔一〕「定」，底本脱，今據福建本、北大本、《通鑑》卷二三五補。

〔二〕「正」，底本作「二」，今據《舊唐書·德宗紀下》、《新唐書·德宗紀》、《通鑑》卷二三六改。

帝深加禮異，復賜安仁里第，亦固讓不受。三月，戊寅，加司徒。

憲宗元和元年，十月，甲子，朝。先是，章五上，懇切，乃許留數月。令歸鎮，又請留門下，不允，加太子太保，令還。

二年，八月，戊寅，以給事中房式爲宣慰使，以與成德、幽州隙爭於朝，而和解之也。

五年，正月，河東、河中、振武、義武四軍爲恒州北面招討，會於定州。望夜，軍吏以有外軍，請罷張燈。茂昭曰：「三鎮，王師也，何謂外軍哉！」命張燈，不禁行人，不閉里門，三夜如平日，亦無敢喧嘩者。都將代州刺史李光進及弟光顏皆在行營〔二〕，軍中呼爲「大小大夫」。茂昭治廩廄〔三〕，列亭候，平易道路，以待西平軍。丁亥，承宗以騎二萬踰木刀溝，薄戰，飛矢雨集。沙陀朱邪執宜提軍侍從七百，横貫賊陣鏖鬬。茂昭擐甲爲前鋒，令子克讓、從子克儉與諸軍分左右翼繞賊，大破之，斬首萬餘級。承宗幾危，河東節度使范希朝翫寇不前，承宗故得脫，物議罪之。七月，丁未，詔班師，加檢校太

〔二〕「弟」，底本作「第」，今據福建本、《新唐書》卷一七一《李光進傳》改；「光顏」，底本二字互乙，今據《新唐書·李光進傳》正。

〔三〕「廄」，底本作「䬸」，今據《新唐書》卷一四八《張茂昭傳》改。

尉，兼太子太傅、同平章事。自安、史亂，兩河藩帥多阻命自固，父死子繼，惟茂昭請代，欲舉族入朝。河北諸鎮互遣客間説，皆不納。凡四上表，帝乃許之。九月，丙寅，以左庶子任迪簡爲義武行軍司馬。京兆萬年人也〔一〕，舉進士，乘驛往代。翰林學士李絳上言：「廸簡既往代茂昭，則士之從茂昭者，皆爲定人，宜亟授以官，詔其麾下皆聽茂昭節度。」茂昭悉以二州簿書管鑰授，遣妻李氏、子克讓、克恭先上道，誡曰：「吾使而曹出污俗矣！」乃行。十月，戊寅，虞候楊伯玉作亂。廸簡以詹帑匱，稍簡罷老者，人情不安而囚之。辛巳，將士共殺伯玉。兵馬使張佐元又亂而囚之，廸簡乞歸朝。既而將士懼，復殺佐元，奉廸簡主軍務。承茂昭侈費，公私屈乏，無以犒士，而與下同糲飯，居戟户經月，將士感之，共請還寢〔二〕，乃安其位。帝命以綾絹十萬疋賜易定將士，從絳請也。壬辰，加廸簡檢校工部尚書、定州大都府長史，充義武軍節度觀察、北平軍等使。甲午，以茂昭檢校太尉，兼中書令，爲河中尹〔三〕，充河中慈隰晉絳節度觀察等使〔四〕，時行

〔一〕「年」，底本脱，今據福建本、北大本、《舊唐書》卷一八五下《良吏傳下·任迪簡傳》、《新唐書》卷一七〇《任迪簡傳》補。

〔二〕「請」，底本闕，今據福建本、北大本、《舊唐書·良吏傳下·任迪簡傳》、《新唐書·任迪簡傳》、《通鑑》卷二三八補。

〔三〕「中」，底本作「東」，今據《舊唐書·憲宗紀上》改。

〔四〕「河中」，底本脱二字，今據《舊唐書》《憲宗紀上》、《張茂昭傳》、《新唐書·張茂昭傳》、《通鑑》卷二三八補。

及晉州也。十二月，戊寅，茂昭入朝。故事，偶日不坐，特開延英，對五刻罷。又表遷祖考骨于京兆，許之。從行將校皆拜顯職。陳楚字材卿，定州人，茂昭甥也。有武幹，事茂昭，歷牙將，常統精卒，從征伐。隨入朝，擢諸衛大將軍，封普寧郡王。

六年，二月，丙子，茂昭疽發首，卒於京師，年五十。帝廢朝五日，賻絹三千疋、布千端、米粟三千石，喪事所須皆官給，册贈太師，謚獻武。帝念其忠藎，諸昆仲子姪皆居職秩。四月，癸酉，以茂昭家妓四十七人歸定州。子克讓、克恭官至諸衛大將軍，克禮尚公主，小男克勤左武衛大將軍。

八年，十二月，辛巳，敕：「茂昭立功河朔，舉族歸朝，義烈之風，史册攸載。如聞身殁之後，家無餘財，追懷舊勳，特越常典。宜歲賜絹二千匹，春秋支給。」

九年，六月，庚辰，以檢校右散騎常侍、義武軍節度副使渾鎬檢校工部尚書，充節度使、易定觀察使、北平等軍使。皋蘭人〔二〕，太師瑊次子也。時將討淮蔡、淄青，任廸簡病不能軍，以鎬將家，藉父威名，可用治軍旅，頗有威望。廸簡居五年，上下完充。以疾入，除工部侍郎。不能朝，改太子賓客。卒，贈刑部尚書，謚曰襄。

〔二〕「人」，底本脱，今據《舊唐書·渾瑊傳》、《新唐書·渾瑊傳》補。

十年，十一月，戊寅，詔發振武兵二千，會義武軍討王承宗。

十一年，四月，乙丑，渾鎬破成德兵於九門。恒、定相去三舍，鎬短於略，不能觀釁，與承宗戰屢勝，遂引全師壓境，距恒州一舍而軍，鼓角相聞，耀鋒無制。承宗亦懼，見無斥候，潛兵入境，焚廥蓄，屠鄉聚，軍内顧而摇。會中使督戰，鎬怒，十二月，壬寅，進薄恒州，喪師半，奔還定州，亂不可遏。丙午，詔以陳楚爲易州刺史，代。軍中饑凍，聞之，掠鎬家，裸辱之。楚馳傳及郊，無迎者，左右勸無入，楚曰：「定軍不來迎以試我，今不入，正墮其計中。」乃冒雪行四十里，夜入州。校伍皆楚舊也，鎮遏亂者，歛剽歸鎬，以兵衛還朝。詔貶鎬爲韶州刺史。

十二年，七月，壬辰，詔以定州饑，募人入粟受官及減選、超資。

十三年，八月，辛酉，貶神武將軍張茂和爲永州司馬[一]。茂和嘗以膽略自衒，淮西宣慰招討處置使裴度表爲都押牙，謂度往無功，辭以疾。度請斬以勵行者，帝曰：「予以其家忠且孝，爲卿遠斥之。」後爲衛將軍。

[一] 按：「十三年，八月，辛酉，貶神武將軍張茂和爲永州司馬」，今據《通鑑》卷二四〇，此事在「十二年八月辛酉」，《燕史》疑誤。

十四年，六月，辛酉，敕定州大都尉府復爲上州。

十五年，六月，滄、景等州大雨，自癸酉至丁亥，廬舍漂没殆盡。

穆宗長慶元年，六月，大雨，至八月[一]。九月，幽州寇掠易州、淶水、遂城、满城。十月，戊寅，易州刺史柳公濟奏，破燕軍三千於白石嶺。十一月，甲午，義武節度陳楚拒燕寇於定州，破其二萬。十二月，乙亥，又破二萬于望都。戊子，又破于莫州清源等三寨，斬殺千餘人。

二年，六月，丁卯，以柳公濟爲定州刺史、義武軍節度使。七月[二]，乙卯，以陳楚爲東都留守、判尚書省事、東畿汝防禦使。本朝故事，東都留守罕用武臣，用楚，以汴宋用兵也。八月，戊辰，以楚爲河陽節度使。

三年，二月，陳楚奏：「移使府於三城，未有門戟，移懷州者於河陽。」從之。尋入爲龍武統軍、檢校司空，十月，卒，年六十一，贈司空。子君奕，至鳳翔節度使。時襄陽公主縱恣，常遊行市里。有士族薛氏子樞、渾，俱得幸，尤愛渾，每詣謁渾母，行事

[一] 按：「穆宗長慶元年，六月，大雨，至八月」，今據《新唐書》卷三四《五行志一》，此事在「寶曆元年六月」，《燕史》疑誤。

[二] 「七」，底本作「十一」，今據《舊唐書·穆宗紀》改。

姑禮。有吏誰何者，賂啗之。渾與李元本偕少年侍，出入主第。克禮忿，表聞，乃幽主禁中。以元本功臣惟簡子，故貸死，杖六十，流象州。樞、渾以元本故，從輕，杖八十，長流崖州。杜牧之時爲定州刺史，故著《罪言》，知河朔藩鎮利害。

敬宗寶曆元年，七月，癸丑，以右金吾衛大將軍、檢校工部尚書張茂宗，爲兗海沂密節度等使，加檢校兵部尚書。

文宗太和元年，八月，庚子，復以茂宗爲兗海沂密節度使。

三年，三月，壬辰，柳公濟卒。乙巳，以太原兵馬使傅毅代之[一]。義武軍不受命，都知兵馬使張璠自稱節度使。戊申，命之。五月，丁酉，以毅爲横海節度使。

九年，八月，易定監軍小將家馬飲水[二]，而吐寶珠一枚，獻之。十二月，癸丑，太子太保張茂宗卒。元和中，以左衛將軍歷閑廄使。至德時，西戎陷隴右，故隴右監及七廄皆廢，而閑廄私其地入。寶應初，以其地給貧民。茂宗恃恩[三]，奏悉收其賦，又奏取麟游、岐陽牧地三百餘頃。民訴諸朝，詔監察御史孫革按行，還奏不可。茂宗負左右助，

[一]「使」，底本脱，今據福建本、《新唐書·文宗紀》補。
[二]「小」，底本作「少」，今據《舊唐書·五行志》改。
[三]「恃」，底本作「特」，今據《舊唐書·張茂宗傳》、《新唐書》卷一四八《張茂宗傳》改。

誣革奏不實。復遣侍御史范傳式覆實，乃悉奪其田。長慶初，岐人列訴，下御史，盡以其地還民。至是，入爲左金吾衛將軍，充左衛使，終左龍武統軍。

開成三年，秋，蝗，草木皆盡。九月，辛未，張璠卒。璠在鎮十年，爲幽、鎮所憚。及有疾，請入朝，帝未及制置。疾甚，戒子元益舉族歸朝，毋得效河北故事。及卒，軍中欲立元益，觀察留後李士季不可，衆殺之，又殺大將十餘人。壬申，以易州刺史李仲遷爲定州刺史，充義武節度使。義武馬軍都虞候何清朝自拔歸朝，癸酉，以爲儀州刺史。朝廷以義昌節度使李彦佐在鎮久，甲戌，以德州刺史劉約爲副使，欲以爲代也。十月，易定監軍奏，軍中不納仲遷，請以元益爲留後。辛相議討之，帝曰：「易定地狹人貧，軍資半仰度支。急之則靡所不爲，緩之則自生變，但謹備四境以俟之。」乃除元益代州刺史。亡何，軍中果有異議，乃上表以不便仲遷爲辭，朝廷爲罷之。十一月，壬戌，詔俟元益出定州，義武將士始謀立之者皆赦不問〔二〕。以彦佐爲天平節度使，以約爲義昌節度使。丁卯，元益出定州。甲戌，以蔡州刺史韓威爲定州刺史〔三〕，充義武節度使。

〔二〕「者」，底本脱，「赦」，底本作「赧」，今據福建本、《通鑑》卷二四六補改。
〔三〕「韓」，底本作「朝」，今據福建本、《舊唐書·文宗紀下》、《通鑑》卷二四六改。

四年，五月[一]，丙午，易定蝗食秋稼。七月，癸未，以張元益爲左驍衛將軍。其母侯莫陳氏，當易定亂，説諭將士，且戒子以順朝命，故以爲趙國太夫人，賜絹二百匹。故義武節度使張茂昭少子克勤[二]，時歷左武衛將軍，有詔賜一子五品官。克勤以息幼，推與其甥。吏部員外郎裴夷直劾其：「骫有司法，引庇他族，開後日賣爵之端，不可許。」詔聽，遂著於令。

五年，八月，庚午，義武亂，逐節度使陳君賞。君賞募勇士數百人，復入軍城，盡誅亂者，乃安。

武宗會昌二年，九月[三]，癸卯，宰相李德裕奏：「回鶻移營，若與幽州合勢逼逐之，不須兵多。惟大同兵少，得易定千人助之，足矣。」乃詔河東、幽州、振武、天德各出大兵，移營前逼回鶻，以易定兵千人守大同軍[四]。

三年，定州深澤令家狗生角。京房曰：「君子危陷則生。」

[一]「五」，底本作「正」，今據《舊唐書·文宗紀下》改。
[二]「張」，底本在「克勤」前，今據福建本改。
[三]「九」，底本作「八」，今據《通鑑》卷二四六改。
[四]「兵」，底本脱，今據福建本、《通鑑》卷二四六補。

四年，正月，乙酉朔，太原軍都頭楊弁亂，逐節度使。辛卯，詔以易定千騎及宣武、兖海步兵三千，從河東行營都知兵馬使王逢克之。

五年，正月，以秘書監盧弘宣爲義武節度使。字子章，元和中進士，自劍南節度使而徙，寬厚簡易，下便之而難犯。河北法，軍中偶語者斬，至而除之。詔賜粟三十萬斛，貯飛狐西，計運致費踰於粟價，但遣吏守之。會春旱，命軍民隨意力往取粟，皆入境。時幽、魏饑甚，獨易、定無害，至秋稔而償，軍以饒。歷工部尚書、秘書監，以太子少傅致仕[一]，卒。

大中九年，三月，以吏部侍郎鄭涯檢校禮部尚書[二]，兼定州刺史、御史大夫，充義武軍節度使。

十一年，八月，以義武軍節度、易定觀察等使、檢校禮部尚書、定州刺史、上柱國、滎陽縣開國男、食邑三百户鄭涯，檢校户部尚書[三]、汴州刺史、上柱國，充宣武節度副大使、知節度事、宋亳觀察、亳州太清宫等使。以四鎮北庭行軍、涇原渭武節度使、銀青

[一]「少」，底本作「太」，今據《新唐書》卷一九七《循吏傳·盧弘宣傳》改。
[二]「涯」，底本作「朗」，今據《舊唐書·宣宗紀》改；以下徑改，不注。
[三]「書」，底本脱，今據福建本、北大本、《舊唐書·宣宗紀》補。

光禄大夫、檢校右散騎常侍、涇州刺史、御史大夫、上柱國、范陽縣開國男、食邑三百户盧簡求，可檢校工部尚書、定州刺史、義武節度使、易定觀察、北平軍等使〔一〕。字子臧〔二〕，其先范陽人也，故封徙於蒲。

僖宗乾符五年，七月，義武兵至晉陽，不解甲，譟求優賞。河東節度使曹翔斬其十將一人，乃定。

六年，十一月，以定州已來制置内閑廐宫苑等使、金紫光禄大夫、檢校刑部尚書、上柱國、太原縣開國伯、食邑七百户王處存檢校户部尚書，兼定州刺史，充義武節度、易定觀察處置、北平軍等使。京兆萬年人也，世籍神策軍，家勝業里。父宗善殖，富擬王侯，侈靡自奉，僮曹指萬〔三〕。以軍吏自奮，累除檢校司空、金吾大將軍、左街使〔四〕，遥領興元節度使。處存以父任右軍鎮使，累至驍衛將軍、左軍巡使，而歷制置也。

廣明元年，十二月，丙戌，黄巢陷京師，帝出幸。處存號哭累日，不俟詔，舉兵赴

〔一〕「北」下，底本衍「都天」，今據《舊唐書》卷一六三《盧簡求傳》删。
〔二〕「臧」，底本作「藏」，今據《舊唐書·盧簡求傳》、《新唐書》卷一七七《盧簡求傳》改。
〔三〕「萬」，底本作「千」，今據《舊唐書》卷一八二《王處存傳》改。
〔四〕「街」，底本作「衛」，今據《舊唐書·王處存傳》改。

援。遣二千人間道詣興元，衛車駕。與河中留後王重榮結盟，屯于渭北。詔處存檢校尚書右僕射〔二〕，督戰。

中和元年，四月，壬午，處存兵二萬，屯渭橋，與五帥逐黄巢衆東走，王師遂入。處存帥鋭卒五千，以白髾爲號，夜入，市民喜，争讙呼出迎，助官軍。諸軍入掠第舍，市坊少年亦冒作髾，肆爲剽。巢露宿霸上，詗知王師不整狀〔三〕，且不繼，翌日返襲。市人不知，謂王師〔三〕，歡迎之。及大戰長安中，諸軍負重不能走，死者十八九。處存收餘衆，走還營。丁亥，巢復入長安，怒民助王師，屠血成川，謂之洗城，賊勢愈熾。七月，以處存爲東南面行營招討使。

二年，正月，以處存等爲京城東面都統。處存家京師，以世受國恩，每痛國難未夷，語輒喑嗚流涕，軍中多處存義〔四〕，愈爲之用。而與河中屯渭北，官軍四集，巢勢日蹙矣。太原節度使李克用，雖累表請降，而據忻、代州，數侵掠并、汾，争樓煩監。處存世婚

〔二〕「校」，底本脱，今據福建本、北大本、《新唐書》卷一八六《王處存傳》補。「右」，底本作「左」，今據《新唐書·王處存傳》改。

〔三〕「狀」，底本作「伏」，今據福建本改。

〔三〕「謂」，底本作「爲」，今據《新唐書》卷二二五下《逆臣下·黄巢傳》改。

〔四〕「義」，底本脱，今據福建本、《新唐書·王處存傳》補。

好，十月，詔使諭之：「若誠心歘附，宜且歸朔州俟朝命；若暴横如故，當與河東、大同共討之。」處存即遣使十輩曉譬迎勸，克用從之。

三年，二月，壬子，處存與克用同進兵於乾坑，大破賊將尚讓於梁田陂。四月，繼克用兵戰渭南，賊大潰而遁蔡州。甲辰，大軍入長安，易定大將張公慶繼之。詔行營都统王鐸差興復功，以攻城破賊克用功第一，勤王舉義處存功第一〔二〕。復出兵三千屬張公慶，會諸軍捕巢泰山，滅之。五月，以處存檢校司空，加檢校司徒、同平章事，餘如故〔三〕。

〔二〕「舉義」，底本二字互乙，今據《舊唐書·王處存傳》、《新唐書·王處存傳》正。
〔三〕按：《燕鎮記十》卷末無「郭造卿曰」。

燕史跋[一]

清高錫蕃跋[二]

古《燕史》鈔本三十四卷[三]，爲目凡十：曰政、曰統、曰雄、曰鎮、曰敵、曰督、曰衜、曰繫、曰裔、曰朔，而皆系之曰紀，明郭建初造卿譔[四]。

燕庭方伯權興泉永道篆時，於厦門舊紳家見此書，以語孫儀國總戎，曰：「昔朱竹垞作《日下舊聞考》，檢書隸事一千五六百種之多，猶以未得見此書爲憾。《四庫全書》亦未著録[五]。蓋建初籍隸福清，徧游九邊，有所作，藏之篋，衍而歸。今稿本猶在閩，可寶也。」總戎即借鈔成册。方伯旋去閩，而陜右，而甘涼，而西蜀，道里遠，未郵致也，

[一] 按：《燕史》兩篇清人跋文，福建本無。
[二] 按：底本原無文題，代拟。
[三] 「古」，北大本作「右」。
[四] 「譔」，底本作「誤」，今據北大本改。
[五] 「著」，底本作「箸」，今據北大本改。

以寄貯於吴閶，將以遺之。適方伯開藩兩浙，攜之來，簡帙散亂，爲釐訂爲八册，命錫蕃校正其文。鈔胥庸劣，譌舛夥頤，且有闕文脱簡，無元書可以校補，僅就所確知爲錯誤者而乙之、添之，其疑者仍闕之。

竊以爲此非全本也。《鎮紀》弟九敘劉仁恭爲子囚俘於晉事。云「語在《變紀》」，是十紀之外，又有《變紀》也。《敵紀》弟一敘漢初以公主妻冒頓事，云「語在《追紀》」，是又有《追紀》也。《督紀》第一敘劉靖爲鎮北將軍事[一]，云「語在《牧紀》」，是又有《牧紀》也。《督紀》弟一敘肅慎來獻楛矢石砮事，弟四敘王白駒等迎燕王事，《道紀》弟一敘高句麗、新羅、百濟入貢事，《繫紀》弟二敘高句麗王璉入貢事，《裔紀》弟一敘陳饒椎破故印事，又敘討濊出漁陽事，皆云「語在《貊紀》」，凡六見，則又有《貊紀》矣。此本前無總序，疑尚不止十紀，殆皆失鈔。且建初從事幕府，與定襄侯郭登善，最留心邊防阨塞，故書中於華夏征戰、置州略地極詳。而自漢汔唐而止，至宋、元、遼、金時燕雲割據，及明萬曆以前邊事，無一語及之，何也？意尚有别紀歟？抑鈔胥急於蕆事，大半脱寫歟？或原稿久經散佚歟？安得於閩取其書而核之！倘獲全書，梓

[一]「靖」，底本作「清」，今據《晉書·劉弘傳》改。

以行世，庶攷證古今，不致如竹垞遺珠之歎乎。

時道光戊申三月，烏程高錫蕃讀一過并跋於浙藩官廨[一]。

清周其懿跋[二]

此書十紀之外，有《變紀》《追紀》《牧紀》《貊紀》，高巳生學博校之詳矣，而猶未也。如《政紀前》所敘遷郡之著者[三]，「事在《胡紀》」[四]；《政紀後》所敘臧旻除盧奴令[五]，冀州舉尤異，由刺史、太守遷中郎將，「語在《胡紀》」；《鎮紀》所敘開元五年營州置平盧軍節度使，「語在《蕃紀》」；又敘安史父子更屠夷，「語在《寇紀》」：則是又有《胡紀》《蕃紀》《寇紀》也。

燕庭先生命重加校讎，闕文脱簡，有見於正史者，即爲訂正而塗改之、添注之，未

〔一〕「廨」，北大本作「署」。
〔二〕按：底本原無文題，代擬。
〔三〕「所」，底本作「取」，今據北大本改；以下徑改，不注。
〔四〕「事」，底本脱，今據北大本補。
〔五〕「敘」，底本脱，今據北大本補。

見者，仍其舊。是書自漢迄唐，而不及宋、元、遼、金〔一〕，豈以邊釁首開於漢、唐耶？抑著録未竟耶？十紀外，所未見者已有七紀〔二〕，竊疑尚不止此七紀也。書爲明福清人郭造卿撰。造卿從事幕府，留心邊塞，其于宋、元、遼、金，似不應無紀録。昔竹垞太史以不得見此書爲憾〔三〕，《四庫全書》亦未采入〔四〕，他日得全書而校刊之〔五〕，可補正史之缺，嘉惠藝林，功豈淺鮮哉！

道光戊申春季〔六〕，嘉定周其慤識於兩浙藩署〔七〕。

〔一〕「金」，底本脱，今據北大本補。
〔二〕「所」，底本闕，今據北大本補。
〔三〕「昔」，底本作「首」，今據北大本改。
〔四〕「亦未」，底本作「二米」，今據北大本改。
〔五〕「書」，底本闕，今據北大本補。
〔六〕「季」，底本闕，今據北大本補。
〔七〕「慤」，底本闕，今據北大本補。

下編　燕史輯録

燕史敘[一]

燕初記敘

夫太古，古之初。無古而有古，是之謂太初。生之初者天，先天不可以易知；作之初者人，後人或可以與知。然必有述者，乃從而信之。古之墳典丘索，無述何從以知？故《易》本太極，而序首包犧。自帝而王，作貢告成，九土萬祼，輿圖之經。名頌莫簡，於商首《那》，而輯之亂。稱曰自古，古曰在昔，昔曰先民，孰非厥初，閔馬父以先聖而猶不敢專也。故正考父之所校文，弗厭其繁。矧後學謏聞，不爰求於先輩哉！今志燕者有諸家，嘗聞其語上古矣。粤有君長而無姓氏，及有姓氏而無國號，及有國號而無尊稱，各主其地，各子其民。其孰爲有德者乎，則群嚮而質成之，是謂天下之共主，而未嘗以

[一] 按：下編燕史敘五十三篇，輯録自郭造卿《海嶽山房存稿》卷四、卷五；其中《燕統記敘》《燕裔記敘》《燕政記敘》《燕雄記敘》《燕督記敘》《燕敵記敘》《燕繫記敘》《燕道記敘》《燕鎮記敘》等九篇，《燕史》抄本已有，郭應寵收入《存稿》時有所删改。

必世者。德不足爲天下主，則退而就諸侯位，亦不失其所世守。故雖有改號而未嘗有絶國，雖有易主而未嘗有弑君，其名分等差，未嘗截然判焉。至中古羲、黄，莫不以德興。若惟力是争，則共工、蚩尤，猶太空之迅烈。既而日月中天，其食其更，天下共覩，禪繼不疑。爲德衰放伐，弗恐爲口實，乃去皇風之未遠，官家而無不可也。由是爲夏、商，雖以直道行，至思古昔先民，則有感其初深矣。周末質勝而史，夫子猶及闕文焉。初之治簡而勢合，則其述之也略；後之治繁而勢分，則其述之也詳。分者其辨嚴，合者其事雜。燕古僻邊塞，變故之相尋，或合于中州，或分于列國，或噬于異類，或淪于左衽。聲教既殊，名實頓異。合則易稽，分則多舛。中國有可考，夷狄不足徵。太史公本《秦記》，而記秦爲獨詳，其與交者多録，外此則非所知。而况千載之後乎，是亦謂之知言矣。不佞敬從爰命侍史，爲帝爲王，咸國大君，《世本》本紀，典憲攸存，乃統以之尊，而爲《本記》其一。燕名伊始，不在幽薊，《春秋》有别，世家亂之，乃方以之辨，而爲《封記》其二。蔽芾甘棠，匪惟斯土，分陝食召，世夾成周，乃族以之敦，而爲《宗記》其三。東夷西夷，惟聖居之，豈澤世斬，爲蠻爲狄，乃化之以原，而爲《夷記》其四。環七十里，附庸孔多，陷於山戎，胡虜我圉，乃防以之慎，而爲《戎記》其五。夷狄交侵，釁自函夏，緊古於冀，兵革伊始，乃變以之定，而爲《戰記》其六。六者在國，掌故踳駁則過半矣。輯之棼棼，裂之瑣瑣，惟一以蔽之曰初。善者國之輿，惡者國之俑，是史之所托始也。

燕國記敘

燕之春秋諸侯傳，其略既不得聞已。頗見《戰國策》者，校之漢司馬氏，而於年表、世家有所當釐。兹受燕簡，則亦竊取之焉。魯史爲天下公，燕奚爲獨後？而書奔書納，其何以爲國乎。迨浸以雄戰名，凡十二諸侯，而我於六爲表。當桓、文既没時，可尊周者，以帥同姓。姬則我長，以帥異邦，封則我舊國，亦我天府，而與秦懸衡，匡王家而正諸侯，從則朝宿，違則征討，孰敢不仗義而服。乃自先世，職貢獨廢，齊嘗令我復修之，恃僻遠而孰我大，竟褻如充耳，視若贅龐焉。夫玉帛未展，雖惜周官之不綱；鬣髦是憂，弗嘆燕國之無統哉。故稱以侯以公，《春秋》書之云何，義則凛然，奚以王爲。吴、楚周封，豈曰夷之，而求鼎徵牢，則變於夷矣。我之與殊者，徵求未聞耳。既同韓而僭稱，倘不遠于天室，其於甲粟，不亦問之乎。必也正名，而人之子之，責備於昭，其亦何辭焉。吴、楚嘗去而復稱，燕則久假之不歸。時雖急在讐齊，力不暇於宗周，其中怛吊而愾念寤嘆，寧有《匪風》《下泉》曹、檜之庶幾乎？故君子言燕不復霸，而管、樂相去何逕庭焉。然孔子尊魯公，孟則侯之而王齊、梁，爲聖賢之微權。豈天命將移，九鼎不能止其震；人心既渙，四海詎能息其争。故聖經之筆以絶，王者之堂勿毁，責備雖云無辭，充類其亦有間乎。若定權衡於一言，非不佞所敢知。姑從史策之稱，稍次其年世云爾。嗟夫！十二翩翩，伯欸僅爲綴旒。及六雄相王，合從以抗秦衡，爲鄰爲交爲讐，莫非爲敵國戰。其登壇立幟而居間，大率遊説之策多矣。是故裁之兩表，因秦而存乎周。繁纓其可假乎？餼羊其可去乎？實萬世名器攸賴，豈一國春秋乎哉。

燕鄰記敘

蘇子稱天府，何獨於燕、秦乎？蓋秦欲攻燕，自蒲、潼下兵，趙隔之。徑上郡之東，出雲中、九原，乃武靈窺秦間道，胡未滅，爲所阻。無有從齊北入者，而秦無奈我何矣。時策士從横，季子爲世所多，燕、齊之游，實爲教首，苟循守之，如六國何？然五國莫善於從。燕自爲計，焉用從爲。我去秦遠矣，地雄而人梟，不惟隔雲中、九原，且呼沱、易水之險，安意内修，拓地東北，林胡遼海以内，固可天府自王。能善齊、趙，實爲樂國，秦未嘗獨窺者，賴趙之爲前耳。季子雖先主燕，而必藉趙相六國。至復齊讐，其力爲多。自武成以榮蚠攻趙〔一〕，趙田單報拔三城，是棄石交而昭釁。秦坑趙卒于長平，乃胡越同舟時也。弗救且棄之，不祥莫大焉，禽將覆軍而割地，自玆喜日多事矣。僅得昌壯，秦則震之，我尚不能支，趙其將何以禦秦？齊居秦南，秦既不由。齊以燕伐燕，燕以齊報齊，而我師之爲直，則獨以義舉耳。襄不我報，君王后善睦，我可無慮，而益善趙交。如常山蛇之首尾，我爲中以兩救焉，則秦雖加以荆楚，及驅韓、魏而誰何？乃鋭師從趙，取齊饒安予之，則雖不我讐，亦不我救矣。時君王后死，竟從燕南亡，不如玉連環而自破之乎？秦善爲盜，近竊鈎，遠胠篋，直須時耳。而於晉、楚割之急者，削則弱，弱則取。趙日削于秦，我日削于趙。趙亡則攻我，我亡在攻趙，齊亡在不我救，要之皆不善鄰也，于秦乎何誅！古有道者，守在四鄰，今安用闕鄰以利秦？鄰闕而亡隨之，是燕之計失也。故於齊、趙，特以隣記之，同稱爲戰國，非戰弗之詳。勝獲不書，非義戰也。敗書以示耻，其曲直見焉。於燕勝敗皆書，燕爲鄰之主耳。二國隣我于東、北，楚、韓、魏者，爲其西、南隣。越二國而遠邸于秦交，則燕大較可睹焉。

〔一〕「武成」，底本作「武城」，今據《史記》卷三四《燕召公世家》、卷四三《趙世家》、《戰國策》卷二一《趙策四》「燕封宋人榮蚠爲高陽君，使將而攻趙」條改。

抑因而概及之，亦以見其得失云。

燕交記敘

夫秦以衡破從，從未嘗不合也。惟遠交近攻，先世行之矣。應侯申形勢，以此爲上策，初蠶食之，卒虎噬焉。六國當反其術，可因而師之乎？蓋韓、魏處中國，爲秦機上肉耳。每翕舌於咸陽，出函關則啖之，歲月往返，頓舍於兹。楚、趙亦相肘足，而各呼吸垂涎，實爲咽喉胸腹，而縮轂乎天下矣。故其四輪受敵，近憂遠慮集焉。楚當秦南，蜀亡則楚及；趙當秦北，胡滅則趙及。或交或攻，在所應之。齊既隔於楚、趙，近親遠疎之可也。燕則不然。故應侯曰：「親韓、魏以威楚、趙，楚彊則附趙，趙彊則附楚。楚、趙皆降，齊必懼，則韓、魏因可虜。」而不及乎燕，雖談笑而閉户可也。通論根柢，藩籬三晉，齊、楚賴之，而燕獨負嵎，在繩墨之外。可與秦爲權懸，以厭案諸侯者，莫如燕。當膺必報之讐，須藉力於彊大，故屈己以下之。既報於彼無失，而能隣睦齊、趙，雖韓、魏可無附焉。交之則外藩以固，而遠宅不涉大武，楚且何爲，况于秦乎！昔三十餘世，与之不相及。彼且与越婚，越并於楚，楚并於秦，而遂開百粤，其爲計甚深遠，而我無與焉。猶甘餌不就於戾蟲，彼將從而吞噬之哉？乃因蘇氏説，叩關而挑之，彼曾何有于燕者？至爲之歸女，蓋將以越人我，且南粵乎東夷耳。是圖寄地以錯兵，豈求與我爲嘉耦？我乃積節而頓劍，斯怨耦自不可解焉，六世遂爲所滅。得失居然，既爲之仇，交勿論已。韓、魏、楚與秦，日有事于測交，不能如博，用梟爲近，而末之何矣。秦將食而安得止。此雖惜薪，彼則以煬，盡薪滅火，非得已者。故不詳國事，而詳之於戰，大都強者畔從，弱者脅橫，不過争末利、修小怨而已。各自歸敗于秦，交攻可坐策焉。燕自齊、趙外，争戰者寡矣。宜畫滹沱而守之，何亦爲昆岡之燼乎？彼當燎之，方揚視我，杯水於坳堂耳。豈非智之不若歟，而必至於孤注，亦皆不善用散以勝之，此秦之獨爲天下梟也。

燕讐記敘

當殷、周之際，存祀而賓與其仁，爲親而畔奪其義，尚論者然矣。夫夏讐其民，湯則復之，而武亦然，何讐之云哉！蓋聞有道之國，可與天下誅君；未聞無道之家，可爲獨夫棄父。則管叔伏君誅，武庚受父戮，權衡臣子之讐，其罪何可平與。乃至於莫能相尚者，而屈首甘心，尤非夫也。戰國之忘親，楚襄爲罪人，則燕昭之復讐爲正。既復而齊與平，乃茹肝涉血，又轉而之趙矣。若秦之首功百萬，我不效一鍼，割地五國，而五城曾不我取，勢則未及，奚德之云。但爲我以報齊，其名爲有德焉，而弗禮逃歸，奚可深懟乎？納亡函首，而僥幸萬一，軻、丹之孽，匪降自天矣。其搤腕切齒，不又轉而之秦乎？故喜斬子以解之，竟莫能脱於虜。嗟乎！秦爲應侯取魏齊，必執平原趙乃與；安陵守死不易受地，秦義而許之。未有輕賣窮交，忍殘至親，而輒自爲秦報如燕者。至發憤于狗屠，痛國之無人矣。迺盧遨詐而秦亡徵，天之爲燕報，又何巧與。嘻！白帝斬矣，驪塚掘矣，咸陽赭矣，擊筑而歌《大風》，讐斯爲之釋乎！

燕統記敘[一]

唐、虞、夏，其數曰曆；夏、商、周，其時曰統。官異姓以爲禪，則躬執中而惟一；家同姓以爲繼，則世改正而有三。唐如天，虞如地，夏如人。夏尚人，商尚地，周尚天。帝王五運若循環，合三才而統于一。成、康之盛，昭、穆已衰，厲流于彘，共和維之[二]，立王中興，至幽而失，雖賴秦東遷，卒歸之於秦。凡八百六十七年，過曆而統獨

[一] 按：《燕統記敘》，又見本書上編《燕史·燕統記一》前。
[二] 「維」，《燕史·燕統記敘》原作「爲」，《存稿》卷四改。

永矣。燕自受封，朝貢未聞，且僭王者百年，而與秦爲雄敵，名屬於周，實自爲國。秦雖統一，或謂閏位，而燕封廢爲郡縣，遺黎孰非仇讐乎。故從陳、項而起，其王遞易遞滅。至漢定燕乃服，遂大封同、異姓，史氏之表元，不勝其繁也。故必統有所歸，總稱帝之正朔。若紀志之更尚，高承堯運而得天，文應黄龍而得地，武用夏時而得人，乃非愚所敢知。至改元於中衰，陳聖劉太平，則國統三絶，非漢而非燕矣，是以燕統訖於兹焉。光武誅莽，功同滅秦，魏、晉而後，弑篡相仍，追論三代而下，惟漢之得統爲正。第中興而燕無封，故國邊胡，郡縣僅存，無元可以表記矣。乃以《政》而記之者，爲東京之守令，别于西京侯王，何莫而非漢统耶[二]！

燕裔記敘[三]

周室維藩，姓同以親，族異以庸。燕、齊不然，惟其庸之同矣，而曷論乎異哉。秦

[二] 「耶」下，《燕史・燕統記敘》原有「萬曆辛巳春仲，越海郭造卿撰」，《存稿》卷四删去十二字。
[三] 按：《燕裔記敘》，又見本書上編《燕史・燕裔記一》前。

方變古[二]，顓任郡縣，燕滅而續者[三]，卒史韓氏耳。尚抗漢争權，首割封于項，而滅統歸之漢。暫及苗裔，非軍功不封，非劉氏不王，遞除異叛，以屬同姓，尋滅于吕，粗而去之。壯哉！朱虚之田歌，炎劉所以復興也。倘微陳平、周勃輩，其爲力不亦艱哉！亡何，諸王屢叛，而遂分削其權，及功侯後亦殆盡，斯外戚之所獨盛[三]。州牧、部刺、郡縣，相率從風而靡焉。即宗室更生封事之忠剴，子孫以黨新而夷僇，他輩敢正其閏位哉！間有同姓憤興者，侯崇則嘉背之，相紹則竦背之，嗣起亦罔不即敗。功臣之續者幾存，恩私咸歸于莽矣[四]。惟高陵丞相侯家義，以守大郡而起，滅族至酷，及于同事，皆嘉、竦巧爲奏，戕同宗所貽也。是燕之毒流四裔，莫敢復議即真矣[五]。至勃然嘯林藪，雖有故侯種嗣，非亡命之徒，則失職之家，非守令之子孫，則郡縣之掾屬。然皆弗堪莽亂，

[二]「方」，《燕史·燕裔記敘》原作「封」，《存稿》卷四改。
[三]「燕」，《燕史·燕裔記敘》原在「續」下，《存稿》卷四改。
[三]「盛」下，《燕史·燕裔記敘》原有「數稱燕，蓋以避吕、霍，而骨肉之属日微，帶礪之盟世寒矣。故」，《存稿》卷四删去二十三字。
[四]「莽矣」下，《燕史·燕裔記敘》原有「寧知謀畔而歸正，況吏莫非所除乎」，《存稿》卷四删去十四字。
[五]「真矣」下，《燕史·燕裔記敘》原有「若夫守令，宏以漁陽死，茂以沮陽歸，豈曰不賢，孰據牧部以率属，有能繼義起者乎？雖積威之所劫，亦其遴束勢然爾」，《存稿》卷四删去四十五字。

乘民心之思漢，若秦末假楚而爲名，豈果爲漢仇報者哉！觀其立更始、建世，則所由起可知矣。倘能乘時思奮，孺子且以復立，邯鄲、安定，皆托漢胤，况梟突之雄區，而爲燕侯王哉。既不能效先驅，乃委以資假姓，不爲士大夫所竊持，以取功名于真主乎？適當南陽昆季，獨懷少康之憤，以匹夫而動豪傑，賣穀市弓弩爲資，騎牛而起，單馬而走，未嘗稍有所憑藉，而難于亭長甚矣[一]。以偏師數千人當先，大破於昆陽，乃秦、漢所未有百萬犀象之旅，功倍沛公入關多矣。倘匪以光復舊物掩之[二]，不當世爲漢祖而廟稱高乎[三]！其徇河北至燕也，所藉漁陽、上谷，而謂士大夫先世，孰非燕之遺黎乎？曷忍即捐爲莽臣，不以姑待漢興哉！其宗室功臣裔，雖既相率帝莽，改國姓以從王。至更始、建世間，封廣陽而不終。故竟本始封于漢[四]，仍稱燕，爲之諱，所以重絶莽也[五]。

[一]「甚矣」下，《燕史·燕裔記敘》原有「謂其必本於漢封，則先驅而潰者接踵。倘白馬丹書之裔，而有三户一旅在焉，自緑林以至赤眉，能孑然而獨立哉。第」，《存稿》卷四删去四十五字。
[二]「倘」，《燕史·燕裔記敘》原無，《存稿》卷四補。
[三]「不當世爲漢祖而廟稱高乎」，《燕史·燕裔記敘》原作「當滅秦爲漢祖，而廟不入高乎」，《存稿》卷四改。
[四]「故」，《燕史·燕裔記敘》原無，《存稿》卷四補。
[五]「也」下，《燕史·燕裔記敘》原有「故張衡以《莽傳》應載簒事而已，至於年月災祥，宜爲《元后本紀》；聖公居位無異望，蕭王由其封即真，宜以更始之號，建于光武之初。書數上，不聽。而兹稍如衡言，以論次于其裔，且著僭僞附焉。萬曆辛巳夏孟，越海郭造卿撰」，《存稿》卷四删去八十五字。

燕政記敘〔一〕

自王政不在周室，禮樂征伐下出，而相尚以伯。政則日陵而不止，斯陪臣爲大夫，大夫爲諸侯矣。秦尤禮樂崩廢〔二〕，至僭爲天子，惟征伐是事，削封建，置郡縣，將使天下亂賊銷，萬世不復爲戰國，何有于大夫、陪臣，而況黔首、蒼頭乎。然上陵不止者，勢必極於下反。匹夫德及征伐，曷論乎湯、武〔三〕。漁陽戍而楚澤嘷，閭左爲立王，楚牧爲義帝，沛亭長以即真，乃上谷卒史不興哉〔四〕。漢楚征伐未息，燕、代相爲終始，懲秦而大封，以錯置於郡縣，五世功侯爲宰輔，於崩廢未遑焉。武雖稍事文飭，而禮云樂云末矣。定相或策或言，猶必加以侯封，且大司馬冠將軍，權不重于初制乎！故使公卿失職，守令之政爲奪。至分部置刺史，察吏治，酷有徒而循無聞以此。宣政先内郡，而聞于燕南，渤海雖循，涿仍以酷。乃建侯之敝極，救以郡縣，未醇耳。然國命漸執於外戚，遂爲新

〔一〕按：《燕政記敘》，又見本書上編《燕史·燕政記一》前。
〔二〕「尤」，《燕史·燕政記敘》原作「承」，《存稿》卷四改。
〔三〕「乎」下，《燕史·燕政記敘》原有「舜禹」，《存稿》卷四删去二字。
〔四〕「興」，《燕史·燕政記敘》原作「異」，《存稿》卷四改。

室所紛裂。自燕五郡之入漢，其善政未嘗聞之矣。光武名雖侯裔，實守令之孫子，本躬稼而起匹夫，深知民艱由於失政，而以吏事責三公。功臣亦多請郡自效，若上谷王霸，任者二十年，而漁陽伋、堪相繼，皆以邊郡却匈奴，内安外攘，燕可覩已〔一〕。明、章禮樂班班，至匈奴遣子入學，則邊郡之絃歌，其亦有足聞者哉。故和、安以後，燕史循、酷之傳〔二〕，其張弛雖異，皆一時良吏也〔三〕。至閹戚踵亂于内，斯州牧角立於外，篡弒相仍，四夷入主，而郡縣之制〔四〕，竟不能廢。燕多邊州，漢之守令爲將及刺史督軍事者，務葆障塞以爲任。故記之於《胡》《貊》，而内外以别焉。昔戎居夏國若弁髦，《春秋》之不遺者，以事不以人也。故魏、晉、隋、唐、宋，中國政從其記，不斤斤然而爲之傳。諸夏郡縣既没，幸夷狄之有君，社稷人民，故家遺俗，綫髮猶存者，寧忍棄之哉！庶幾而有守令，非其部酋，比民爲有德者，則進之惟恐後。它亦稍存其事，以備監戒。記例之變，難乎爲之傳矣。夫《政》者正，而《統》繫焉。在東周者〔五〕，封建日重，政出大夫陪臣，

〔一〕「已」下，《燕史·燕政記敘》原有「雖歸臺閣，未盡善視之宜，不足多乎」，《存稿》卷四删去十四字。
〔二〕「史」，《燕史·燕政記敘》原作「吏」，《存稿》卷四改。
〔三〕「吏」，《燕史·燕政記敘》原作「能」，《存稿》卷四改。
〔四〕「而」，《燕史·燕政記敘》原作「其餘」，《存稿》卷四改。
〔五〕「在」，底本脱，今據《燕史·燕政記敘》補。

亂則歸之雄戰。在西漢者，封建日輕，政出州部郡縣〔一〕，亂則驅之中興。大統定而善蹟成，治安莫久於斯世。自統失於閹戚，則政失于州牧，夷狄乃入而爲政，大統之緒斯戕矣〔二〕。惟唐視魏則獨永，燕乃久没藩鎮，如漢記之幾何，故自兹而終始焉〔三〕。

燕追記敘

《詩》云「其追其貊」，燕師之北國也。然貊爲貉爲狢，其音從陌從藥，人知其爲東夷久矣，而追莫知其北狄焉。夷狄名從其呼，本不可以義求。若追以爲逐，雖胡騎則然。古之彼徒我車，於鄭大奔，又敗太鹵，我亦毁車崇卒。未聞戰國而上，胡有以騎勝者，故於經史，其義無徵。然音有旁通者，即以《詩》可推焉。追而爲之琢。追琢、敦琢，音義皆同。語在《山海經》，敦薨也〔四〕，敦頭也，敦題也，敦與也，及錞于北海，山皆北經之胡地。而追爲敦、敦爲錞者，不惟《經》以類推，《禮》又謂之淳焉。其故《書》

〔一〕「部郡」，《燕史・燕政記敘》原作「郡部」，《存稿》卷四互乙。
〔二〕「戕」，《燕史・燕政記敘》原作「綫」，《存稿》卷四改。
〔三〕「焉」下，《燕史・燕政記敘》原有「萬曆辛巳夏季，越海郭造卿撰」，《存稿》卷四删去十二字。
〔四〕「薨」，底本作「甍」，今據《山海經》卷三《北山經》改（臺灣影印清乾隆文淵閣《四庫全書》本）。

爲敦，錞于謂敦于，其韻類有八矣。蓋中國書同文，有轉注者，有諧聲者，况禁昧多端乎！夫貊之爲貉爲狢，猶追之敦之淳也。而史言胡狢，則知爲貊、貉，以孔、孟所稱，雖異而實同。追、敦，孔、孟未嘗及。《山海經》爲秘書，太史公所不言。孰爲《詩》而旁求，以推補其疑闕？故史淳維不知矣。然敦轉于淳，淳諧之以維，實匈奴之先祖，夏后氏苗裔也。桀放而死，子妻其衆妾，避之北野，亦稱爲獯鬻。獯鬻逐于黄帝，淳維何以稱焉！居地而襲其號，且禽獸行則然。中國呼爲匈奴，見于《山海經》，其國曰開題，而敦題或是矣。《經》爲《禹貢》之遺書，則是在淳維先。豈中國至殷初，而乃以改獯粥乎？故伊尹《獻令》，有匈奴無葷粥。其書雖非同文，然獯粥爲葷鬻，猶玁狁爲獫允，追敦猶乎獯匈，其音未嘗不同。古中國之姓氏，多取其先名號，夷狄亦然。或諧或轉，淳之音屯猶獯，維之音雍猶匈。惟奴與粥，中國音異。而胡無入聲，粥轉與奴平，猶高轉而爲藁，麗轉而爲離，肅轉而爲女，慎轉而爲直也。故其譯者重至於九，而况中原之音，追淳且有八乎！匈奴、獯粥，其實則一。戰國而下，漢詔中國，嘗斥爲葷粥氏，通呼則以匈奴。單于遺漢書，自稱爲匈奴，其語葷粥未之聞，而况知乎淳維哉。猶知撐犂而不知天，知孤塗而不知子也，愈久而愈失矣。况謂之追者乎！爰本厥初，記在《戎記》，所當論次者，各列于篇端。惟以追久失其解，爲繹經史而摽焉。

燕貊記敘

彼貊之與夷，自古辨之矣。種各有九，東夷稱仁，而貊同蠻稱，君子所陋也。至夷而變于貊，去箕子世遠矣。乃韓國在燕北，貊爲韓之北國。韓既歸于燕，燕又有乎遼，則夷地半入于燕，韓伯從而東徙矣。乃箕子故區爲貊有，不猶戎有孤竹者哉。燕滅韓而至開郡，則變貊以戎稱矣。考《山海經》，鉅燕在東北陬，蓋國在其南、倭北，而倭屬燕。東海之内，北海之隅，有國朝鮮，在列陽東海北、山南〔二〕，而列陽屬燕。陌人在漢水東北，地近於燕，滅之，即《韓奕》之貊也。其遺種栖東夷，秦末亦爲燕人滅，漢初謂之三韓焉。蓋國有蓋馬，而屬玄菟郡。列陽爲列口，而屬於帶方倭。帶方東萬二千里，何以屬於燕，而帶方屬之矣。其海河洲中有列姑射，西南山環之，及大蟹、大鮫、陵魚、朋紺、蓬萊、大人市〔三〕。有都州，曰郁州，而韓雁在其南。又有青丘、黑齒。蓋余在東海大荒外。或病其爲不經矣。然商《獻令》正東符婁，謂之扶餘、挹婁。其伊婁者，謂無

〔二〕「山南」，底本二字互乙，今據《山海經》卷一二《海内北經》正。
〔三〕「鮫」「朋紺」，《山海經·海内北經》作「鯾」「明組」。

盧、醫無閭，所可考有如此。則其九夷，考之周《王會》，東方方人爲方夷，穢人爲穢人，良夷爲樂浪，高夷爲高句麗，不但山戎、孤竹、令支，其名爲較著者也。而白民爲白夷，稷慎爲肅慎，大荒之山曰不咸有。肅慎氏國在白民北，白民在陵魚龍北，陵魚龍在軒轅國北。軒轅之故都，不在涿鹿乎？則若仇州、發人、周頭，詎非世所傳之異哉？彼方夷在漢，帶方爲郡，鏤爲縣，韓雁爲韓貊。蓋余至唐爲州矣。《爾雅》之所疏，玄菟、樂浪、高麗、滿飾、鳧更、索家、東屠、倭人、天鄙，而謂九夷者。玄菟、樂浪、高麗既皆爲郡縣，當列之漢郡，不但附記于《貊》。倭名今猶乎舊，則其半爲可知，雖不可以盡信，亦孰能以盡廢哉！故史東夷、朝鮮曁韓、穢之屬，以併之於高麗，儼然爲大國矣。肅慎之勿吉、靺鞨，爲渤海、女直，凡三。又有沃沮、豆婁、加羅、躭羅、紵嶼、蝦夷、扶桑、女人、長人、文身、大漢、侏儒之屬，亦於島嶼且波臣，猶中國之有附庸。况倭至日本爲大國，《經》屬鉅燕，不之及乎？間於三國，或語之矣。惟蒙古顓都燕，既於兹土有鑒戒，故稍詳而附論之，或有裨于保釐者。

燕蘗記敘

維周稼穡開國，茀豐草而種黃茂，以即有部家室。後雖失職，竄西戎，公劉至于太王，柞棫斯拔，松柏斯兑，而繇於作屏修平、啟辟攘剔者，尚矣。天不作邦，而作對乎？王季伐戎於燕京，昆夷駾喙於文王，武則自豐而居鎬。成、康載歌《行葦》，方苞以介景福。宣中興猶蒙其休，《斯干》之居如竹，《常武》之陳如山。是後山有欑棣，而其心則憂矣。《鴇羽》曰栩、曰棘、曰桑，王事之靡盬也；《下泉》曰稂、曰蕭、曰蓍，寤嘆於周京也。草木何知，取譬則異，而夷狄外侵，中國内訌矣。燕、趙開郡，始復古之中土。至秦暴興，而盡逐於塞外，厥苞異城，非方非體，故名之曰蘖，自夏則然矣。桀爲之苞，而有三蘖。外有淳維，蘖而復苞薰粥、玁狁、山戎，孰非其餘蘖哉！玁狁後爲匈奴。山戎爲胡者三，東求名馬、美女與甌脱之地，其負固可知。而爲匈奴所滅，奔保二山，烏桓、鮮卑，世以爲號，而臣屬之。緣是遺種流毒燕郡。初爲烏桓設校尉，及廢而復置。鮮卑乃附之，故或以爲其後焉。嗣而並盛，各苞斯起，繇漢末大亂，中國不遑外討。亦猶秦季冒頓興，而各桀然爲之蘖。蘖者，枿也。《爾雅》：「烈，枿餘也。」謂髡而復旁出，猶乎蘖子生。虜謂之天驕，非中國之蘖乎？自東胡復萌，元狩近塞，至魏入居，迄嘉平之初，見於史志紀傳，三百七十餘年。烏桓、蹋頓，雖有三種，魏滅之，編于齊民，收以爲名騎而已。三枿本根既朽，枯楊之華曷舊。而鮮卑又蘖其間，捁之反覆亦屢矣。惟居匈奴故地，而其部屬旁出。慕容爲燕，拓跋爲魏，宇文爲周，相繼僭帝，併包兩漢，關洛以居。《鴇羽》之唐，《下泉》之曹，凡厥中土，方役于異類，將懷西歸乎，誰因而誰極？故治晉、宋、梁、陳、隋，不但以蘖稱之矣。况契丹復居燕，而爲苞者久哉。

燕牧記敘

蓋在虞廷列方岳，而周謂方伯、連帥，至春秋爲桓、文，在戰國則廢矣。漢置部刺史以察吏治，秩卑權專，若秦監御史。綏和序位次，易之以州牧，而建平復其舊，所以督事功也。方進、朱博雖異議，莫非侃侃公家計。其言牧者古制，刺史乃時之宜，固在人不在官，而時義大矣哉！莽仍復牧，中興未革者，豈非其權尊重，姑借以統亂世乎？建武久安，復如建平，各刺一州，舉六條部郡國，莫不有政。蓋漸得自重之路，陵犯之孽釁未生，故于《統》于《政》記之，而不以刺以《牧》焉。爲其之綱之紀，自天子出則然矣。新室雜以《裔》稱，傷末路之不振也。中興而衰，政乃大敝，刺史、守令，非賄不除，貪殘致亂，怨讟朋興。故忠正憤激，乃執其咎焉，而務議更令，罔揆于厥初。有閹宦斯有蠹牘，有蠹牘斯有黨禁，有黨禁斯有鉤錮，有鉤錮斯有寇盜。寇盜興則官吏戕，官吏戕則征討行，征討行則威制重，威制重則篡奪成。中平之元，黄巾肆起，白波響應，群雄角立。宗室自焉而薦論，借公器而舉賢才。用虞、琬爲幽、豫牧，輿情亦謂之允符矣。但焉實懷私圖，遂狼據於成都，至表之荆州亦然，宗室砥柱其誰哉？忠矣虞之在幽也，惜不可以語權耳。是故及瓚之難，而牧斯爲罷焉。紹奪馥冀，因以滅瓚，兼督乎四州，幽復爲之刺。操則并入于冀而領之，至丕以篡；則焉子之於備，劉失爲劉得之；表荆竟歸之吴，皇業自此分矣。故於時凡牧者稍舉其顛末，俾成敗正僞，亦互區以別云。嗣是任寄彌廣，此始亦以此終，敝流至梁且未弭，而有劉昭之論焉。故罪魏篡者，爲繇於冀牧。新室曷嘗繇諸此，矧閹宦之假孽乎？其奸賊何可勝誅，多求之者抑末矣！彼袁氏四世五公，宜舉宗殉國步。紹際駃豎之主，專任西園尉，以小黄門爲上宰，不羞爲之中軍。乃逢大將軍設謀以誅之，將盡滅厥類，及其猶豫，弗顧城社而主於必逞，遂召董卓以激内變，則不能弭之，罪不容逭矣。況弟術劫燒宫門，致乘輿板蕩，雖闔門虀粉，寧足以謝其罪哉！及術僭壽春，而紹將繼之，據四州以有待，操則負而趨矣。蓋播亂者袁，乘亂者曹，罪在牧冀，紹則先之焉。昭且謂流禍百世，而不揣其本，是因篡罪禪，官天下爲之俑矣。

燕雄記敘[一]

召而封燕，其《國》記之矣。於近曰《隣》，於遠曰《交》，而耦曰《讐》焉，總稱戰國七雄，莫非憑藉先世之資，孰有匹夫崛起者哉！及畢歸于秦，則六翮俱伏。而其間有鷙擊者，乃出於隴畝之中，閭左爲先驅，亭長子弟輩出。項爲西楚霸王[二]，固蓋世之雄也。而劉名其爲賊，則威加海内，誅之于垓下。燕之么麽何算焉，嗣而遞封爲廣陽，莽末則承之羞矣。若中山靖王支庶，爲涿陸城侯，又云臨邑之枝，乃長沙、春陵類也。漢祚中絶而興，其雄帶州域者，皆無六國世資。光武出于長沙[三]，以布衣而得雄寶，藉漁陽、上谷以稱雄，而於燕梟突之區，則未嘗有世封焉。迨黄巾亂於赤眉，逆卓兇於新莽，弱者瞻烏於屋，强者逐鹿於場，孰知其爲雌雄，惟其飛伏何如耳。燕公孫負隅而鬭，尋相繼滅亡。昭烈以中山遠裔，販履織席爲業，所與結客起者，關、張亡命之流。當群英起義而盟，天下豈知有劉備哉！由公孫而屢顛沛，以依曹操，操乃謂曰：「今天下英

[一] 按：《燕雄記敘》，又見本書上編《燕史·燕雄記一》前。
[二] 「爲」，《燕史·燕雄記敘》原作「號」，《存稿》卷四改。
[三] 「出」，底本脱，今據《燕史·燕雄記敘》補。

雄，惟使君與操耳。」備方食失匕箸者，恐以兩雄不俱立也。斯時孫權弱冠，甫受事于江東，寧知爲一足之烈，而能以荆業備哉〔二〕！操聞爲之落筆，懼其相爲犄角矣。故群雄之頡頏，竟此三分而跱。備生于涿，稱燕之雄。操生于沛，稱楚之雄。楚而都鄴曰魏，燕而都蜀曰漢。惟權生于江表，席世業而據三州，虎視爲吴雄焉。然操喜亂逞奸，挾天子以跨中原，則視蕞爾吴、蜀，雖稱蠻夷大長，並蒲伏而稱藩，其吞噬之志不已也。備之顛沛屢矣，乃未嘗爲少貶，漢存誠爲疏屬，亡則凡稱帝胄，能以討賊名者，即可以續正統。漢失而漢得之，遂巍然黄屋左纛。豈若權稱臣于操，至丕亡而乃帝哉！故鼎足雖三，而雄立惟兩，其邪正則所當辨〔三〕，而不可以强弱論矣。備承衣带之詔，固不能以誅國賊，其先邀斬楊奉，逆黨由此以滅，帝安居而無外患，不可謂之無功。操弑伏后、皇子，其罪律之莽、卓浮矣，而如鬼爲賊，以闇奸天位。權且不與之兩立，豈得爲真正之雄哉？自秦滅姬，同姓惟燕雄焉，其世王于東北，以國而不以主也。及魏篡劉，同姓亦燕雄焉，其身帝于西南，以主而不以國也。隣則惟其左右，善也斯交焉，惡也斯讐焉，而

〔二〕「以荆」，《燕史・燕雄記敘》原作「取荆以」，《存稿》卷四改。
〔三〕「則」，《燕史・燕雄記敘》原作「在」，《存稿》卷四改。

國竟爲所亡。雄圖自此而盡，猶取故地爲封，而以燕安樂公稱焉〔二〕。嗟乎！自是而産，皆蠻狄大長稱虜而僭號者，其辱燕靈多矣。不於兹之雄，而誰爲〔三〕！

燕督記敘〔三〕

夫督之大、都，晉、宋、齊《百官志》未核也。蓋本於漢重刺史，持節。至光武初，征伐四方，置督軍御史，事竟而罷。建康初，御史中丞馮赦討九江賊，乃督揚徐二州軍事。建安中，袁紹自爲大將軍，兼督冀青幽并四州。魏武爲相，遣大將軍督軍征吴而還〔四〕，夏侯惇督二十六軍是也。督而曰都，始於魏命程昱領濟陰太守，都督兖州事。都而曰大，始於吴之媯覽爲大都督督兵馬。魏既篡漢，司馬懿以尚書轉督軍御史中丞。而置都督諸州軍事，或領刺史，云自黄初三年矣。時且以上軍大將軍曹真都督中外諸軍事，則總中外自真始。而晉督始于懿，爲都自鎮宛始，大而假黄鉞則自征蜀始，遷侍中持節

〔二〕「燕」，《燕史·燕雄記敘》在「故地」上，《存稿》卷四移置此。
〔三〕「爲」下，《燕史·燕雄記敘》原有「萬曆壬午春仲，越海郭造卿撰」，《存稿》卷四删去十二字。
〔三〕按：《燕督記敘》，又見本書上編《燕史·燕督記一》前。
〔四〕「將軍」，底本脱「軍」字，今據《燕史·燕督記敘》補。

都督中外諸軍且録尚書事，則自征遼回而受顧命始也。蓋文武大權，斯盡歸之矣。爰師及昭，翦商之心彌著，事殷之跡蔑如。炎則以晉公、相國總百揆，於是上節傳，去侍中、大都督、録尚書之號焉，遂王而之帝，自督而篡以始矣。幽州兼督自紹，而專督自吴署公孫淵[二]，不受以叛，非定制焉。後惟以州屬刺史，而鎮北將軍、假節河北諸軍事兼之。至專督而有名，自晉衛瓘。故以《督記》而始于晉焉。惟瓘及華，實惟名公。至懷、愍之亂[三]，浚則叛臣矣。爲段爲石，或督或否，而琨嘗兼之，弗克底厥終。所授慕容氏，僭而爲燕帝，授其臣如制，與東晉而抗衡焉。既控六州，又督其十，西自秦雍，南及荆揚，遂徙鄴都，而取洛陽。亡何，并鄴失於秦。復而爲後、爲南、爲北，而其制大亂。授叛者有之，授篡者有之，授夷虜者有之，凡屬之於《朔記》。蓋晉之東久矣，初嘗授此開國，幽爲其所遥督。無何，督者僑州而已。其制都督中外尤重，惟王導等居之，至末則侈而敝，故宋乘以篡焉。稱大及中外，雖亦戒慎之，而尚假黄鉞，得專戮節將，豈人臣之常器哉！齊、梁末則濫，而波及於陳亡。夫初而專幽者，爲燕也；既而兼督者，爲

〔二〕「署」，底本脱，今據《燕史·燕督記敘》補。
〔三〕「至」，底本脱，今據《燕史·燕督記敘》補。

幽也。僑而名存，不忘其故也；遥而名繫，示奄而有也。宋雖篡晉，《元經》與之，齊則僑而無幽，《經》不之予矣。然於陳亡，上具及晉，爲華夏禮樂在否，猶有與奪之義焉。兹但存其國，以具乎遺制[一]。常而爲交聘，變而爲戰争，至南淪胥而北統一，尚稱假黄鉞使持節大都督内外諸軍事，篡而爲唐。乃止於陳滅，不以隋續，爲非承晉之偏篡，故更端易名以記。猶晉後雖有牧，而稱止於鼎立也。

燕敵記敘[二]

天子中天下而立，以無敵於天下，故有征無戰，而奉曰天討。至中國敢爲敵，則其政匪自出，四夷因而交侵，是爲大亂之世矣。况其有我函夏，而居我天位者乎！昔燕由伯以侯以公，及稱王，開五郡，以連衡於秦，卒爲其所滅，不審勢量敵故也。尋起而奪於項，再畔而平於漢，至以列宗封於莽[三]，而式微莫振矣。然漁陽、上谷之力，尚足以仗

[一]「遺」，底本作「異」，今據《燕史·燕督記敘》改；以下徑改，不注。
[二] 按：《燕敵記敘》，又見本書上編《燕史·燕敵記一》前。
[三]「至」，《燕史·燕敵記敘》原作「則統一」，《存稿》卷四改。

中興。嗣而烏桓、鮮卑，爲幽、冀之讐方〔一〕，而二公孫以亂，遞爲袁、曹所滅。率義乃來王於魏〔二〕，鮮卑慕容與宇文同歸，而段氏亦然，各以其部呼焉。五胡亂首，實惟匈奴。侍子畔歸〔三〕，立而入寇，爲王爲帝，爲劉爲漢，改元郊天，制如中國，辱二主而覆兩都，中興且遜于江左，華夏其孰與敵哉！惟東北之岳牧連帥以勸進者，有段及慕容氏，各能登壇立幟。而段從王浚於幽。慕容恃阻，以逐宇文，廆之負隅，闞如也。羯勒降漢，而爲之驅，滅浚及段，孔棘我圉。此稱燕而爲國，彼稱趙而爲敵，戕之詐藩於虎，猶勒之於浚也。儁竟奄而有之，以肇基於龍都〔四〕。時氐叛漢、趙，既立爲秦矣，故慕容亦稱燕帝，而與之鼎足焉。當暐負盟以致寇〔五〕，國族爲之臣妾，蒙戎瑣尾，敢敵之云。詎知魚羊方食於關中，而草木即兵於淝上哉！故垂首畔于鄴，繼以華陰、平陽，若泓、冲、永輩，亦能驅而納之，以爲姚羌所亡，乃知燕之復勍焉。其於江左勝負，荏山、枋頭，雖莫相尚，昔有朝宗之義在。况廣固徂征，慕容爲殲者乎。拓跋以種類而附，未幾討其陸梁，參合、

〔一〕「冀」，底本作「薊」，今據《燕史·燕敵記敘》改。
〔二〕「魏」下，《燕史·燕敵記敘》原有「而遂竄服於司馬」，《存稿》卷四删去七字。
〔三〕「歸」，《燕史·燕敵記敘》原作「回」，《存稿》卷四改。
〔四〕「基」，底本作「塞」，今據《燕史·燕敵記敘》改。
〔五〕「暐」下，《燕史·燕敵記敘》原有「之禦晉，嘗震其西北，及晉大舉，賂地請師，而」，《存稿》卷四删去十七字。

平城，勝負亦當。而中山及鄴，則爲其所取，走保和龍，篡於異姓，北之稱燕者，亦爲所畢亡。而况晉、魏之有史，安可以載記敵哉！然載記之羌亦稱秦，繼其後所與燕交者，襄之於前，萇之於西，而興之於南，莫非風馬牛也。卒爲晉夏所滅，歸於拓跋之庭。羌秦先燕久矣，故胡五而敵惟三。

燕朔記敘

史者，正名其先乎。而夷稱燕，何以哉？或曰：尊中國以正亂，五胡鮮卑爲盛，焉則夷之。然其究則同，其初豈無以異乎？山戎、烏桓，邈勿論已。自魏受封，名以率義，當晉篡而犯者，或革命未服耳。既知正朔當主中原，則順受羈縻而尊天子矣。匈奴首亂，繼之以羯。彼介遼左，隔乎幽、薊，勸進江左，受朔稱藩，上牋太尉，豈曰無衣。至獻璽而告捷，諸胡能若是乎？亦豈若彼氐、羌，先事強虜，力屈乃降，勢便而叛者哉！蓋燕亂於浚、於段，歸之勒、虎，乃取而治之，遂奄有中原，承諸胡而後興，非方亂乃爾也。以視涼之華胄，其忠順與同，而名實有加，功罪之重輕，可論矣！或曰：尊天子以正僭，五胡慕容爲甚，焉則夷之。夫周之齊、晉，雖霸而不敢稱天王，吴、楚以夷置之。燕本繇伯至於王，未嘗聞其請命，爲不討之日久矣。雖於列國非罪首，然亦後僭之權輿也。慕容久奉正朔，册拜一由天子。及代稱王建元，䲔乃自王以請，既安且吉。斯如《春秋》稱元而未僭號，不亦薄乎云爾哉！石趙滅而冉魏亡，猶責以服殷之義，雖武且未盡善，斯制命者之罪矣。《元經》以而稱秦，何獨於燕不然歟？或曰：亂也，僭也，既恕之矣，無以則霸乎？燕初居追、貊間，九世不通上國，非秦先之勤王，楚先之賜胙也。自齊伐而晉和，至昭乃開五郡，東雖至遼，北雖至代，西阻以趙，南阻以齊，於攘夷且無稱，襲而不以正耳。慕容起碣，及隴海表之爲臣妾，塞外爲之附庸，拔洛陽而據青、淄，雖《甘棠》之風微，而疆理之迹廣矣。故以霸名子，其志有在焉。但知尊中國勸進，而未能九合一匡，知斂髪而冠步摇，其左袵之徒猶熾也。乃僭大位以抗正朔，盛不及乎前秦，永不及乎北魏，是可霸而非霸，敢與桓、文齒哉！自廆而䲔，稱王尚再請命，至改年則叛矣。自䲔而儁，號元未敢入寇，至拒命則逆矣。迨儁之暐也，問晉鼎以失國，奉秦朔而失正，是後則不足云矣。夫中國之迸，四夷爲正朔所不及也。即古天子班朔，侯國不齊，三正雜用，而其曆且不一。燕昔奉周朔，其用不可知，若以元紀年，則未嘗從周矣。即太史公爲表，於漢尚爾，及年有號，而表尚不齊焉。第不敢僭號於元，諸侯王莫不然耳。迄于莽亂，稱者二三，中興復定於一。至鼎立復亂，而燕之公孫亦僭王號元，未幾而隨滅亡，夷狄孰敢干乎！惟晉廩君苗裔，其違王化遠矣。自牧而元，自王而帝，西始于成，北次以漢，而石羯，而拓拔，而苻秦，而慕容，胡運之朔，其稱居六。朔者月之初，義取於始也。而燕年有號者，蓋自公孫始；其號之以帝者，則自慕容始。

燕繫記敘[一]

周初封邰，竄于戎，復自豳入岐，得行乎中國，猶曰西夷之人也。其風豐、鎬以南，由分陝而分岐，繫之周、召二伯。周又追繫于豳，且尊其魯國曰頌，曷召之于燕不然？及東遷賦《黍離》，行役寓傷乎宗周，迺以繫于王都，爲《春秋》所由作。夫當太伯入吴，猶邰之竄也。豳、岐去戎而歸正，西伯以伐殷而王。吴至陵替同荆楚，斯則子之夷之耳。燕追、貊與居，亦猶乎吴、楚，雖列伯而視之秦，其於風乎何取哉！秦起西戎之大夫，以功而賜周室，不但《春秋》進之，且引而附于《詩》《書》，豈不罔終以暴滅，其驅匈奴爲正焉。漢防漸亂，極于五胡，惟鮮卑類最盛，咸托本黄帝系。慕容興爲燕而

[一] 按：《燕繫記敘》，又見本書上編《燕史·燕繫記一》前。

宇文滅，拓跋興爲魏而慕容滅。間稱鮮卑者齊，卒歸于宇文周〔一〕。燕分崩于瓦解，周奄忽于陵夷。惟拓跋之統緒，初極北而南遷。及貢晉爲幽外蕃〔二〕，是𡋯居之允荒也。部三分而尊者所居〔三〕，則于上谷、濡源間。晉人會葬二十萬，是岐山之如市也。以援晉而受王封，非季歷之西伯乎？盛樂以爲豐，平城以爲鎬，且置鄴、中山行臺，而易代王以魏帝矣。雖燕猶有南、北，北亡于熙，高易而爲馮；南亡于超，晉易而爲宋。慕容嗣主畢絶，其遺類悉入于代，名尚繫之南北朝，爲馮氏所仍稱焉。魏乃西征秦、夏，而馮及涼繼之，則居奄諸國滅〔四〕，莫敢不來庭矣。馮雖以外戚居朝，其王封猶繫之燕。既而宋篡于齊，南燕故地畢歸，天下三分有其二。况都周之洛陽，適當太和盛際，《元經》而不帝之乎！然安女戎爲厲階〔五〕，其效尤者方煽。六鎮梗而幽代墟，爾朱肆而武川雄。二氏挾分陝之權，洛陽鞠爲黍離，魏主若居戰國，爲東、西公而已。燕羈縻于東，而西亦附之者，歡、泰並繫魏臣，終焉既篡，猶借稱爲王封爾。當三代以前，中原繫之夏，而莫盛于周。自

〔一〕「周」下，《燕史·燕繫記敘》原有「其相承之脩短」，《存稿》卷四删去六字。
〔二〕「貢晉」，底本二字互乙，今據《燕史·燕繫記敘》正。
〔三〕「分」，底本作「方」，今據《燕史·燕繫記敘》改。
〔四〕「居」，底本作「若」，今據《燕史·燕繫記敘》改。
〔五〕「安」，《燕史·燕繫記敘》原作「燕」，《存稿》卷四改。

西徂東爲二南，而原之豳者，遠矣[一]。蓋恐其末流變夷而蕩也，故嚴之《詩》教，取鑒于殷焉。暨三分以後，中原繫之夷，而莫盛于魏。自東徂西爲二篡[二]，而原之燕者，陋矣。蓋喜其初習，變夏而雅也，故恕之《元經》，取喻于周焉。彼文獻無徵之世，敢尚論乎郁郁者哉！自宣而下其迹熄，亦有如元氏之英乎。昔之引綴旒者，球受乎大小而安則繫之，鼎問乎大小而危則繫之，自殷、周有然矣。魏初繫于燕[三]，燕終繫乎魏。其季，李業興論二南，及隋文中之《豳》之《王》，其言率有取乎。如貫而竊比，不知所裁焉。

燕類記敘

蓋人別於物，其首出者爲主，而華別于夷，則中立者爲正，固各于其類矣。二帝而上，黄以威德逐葷粥；三王而下，秦以威力逐匈奴。何論德力爾殊乎，其爲正域則一爾。歷世帝王之封，合華夷而同仁者，詎非率服之成效，致和之廣運然哉！但十室無常治，八口無常齊，其本亂，其末否矣。況中國之於四夷邪！故德衰而力微，則其威不克

[一]「遠」，《燕史・燕繫記敘》原作「邈」，《存稿》卷四改。
[二]「二」，底本脱，今據《燕史・燕繫記敘》補。
[三]「初」，底本作「周」，今據《燕史・燕繫記敘》改。

振，要荒之制踈，封疆之戒弛。毋論孔棘我圉，雖叩關守塞，至來庭而錯居，遂至亂華爲罪首，蓋漢壞秦防始矣。史爲《十六春秋》，而類作《載記》。張、李時以華人，別之于列傳，且爲其尊中國，非若馮之於燕也。後魏則出其類，分天下而治，居帝王之都。郁郁乎孝文，其黎民之所懷，《元經》之所帝乎。齊、周隨之，先皆仕燕及代。而《晉書·四夷傳》，北狄以部落爲類。後魏篡于周者，乃鮮卑之宇文，與慕容、拓跋類爾。齊以渤海從拓跋，而名號六渾。隋以華陰從宇文，而姓普六茹。各以女尊事之，固甘爲之臣妾，而忘其爲鮮卑，孰非夷之類乎？篡拓跋者，由大行臺以鼎立，記之曰燕臺，之其所東北而行焉。篡宇文者，由總管府以統一，記之曰燕府，之其幽營而管焉。統一、鼎立雖殊，合而名之曰《類》。嗟乎！神州偏移之江表，正朔雜稱于胡荒，浸淫乎三百載，而人類幾乎泯矣。中國類陽，夷狄類陰，陽九而變，陰六而反，况九過於三，六幾於五乎？華運丁隆，胡運庚替。緯亂齊，鑽亂周。周能亡齊，隋亦亡周。陰極而疑于陽，故必戰血玄黄，猶未離其類也。至群無首則離，而吉永貞矣。斯唐興垂三百載，二氏莫非夷狄臣，乃中國驅除之類也，其閏曆能幾何哉？故齊變而爲隋，隋變而爲唐，三變其類乃離華，斯可以記矣。

燕道記敘〔一〕

隋煬撫一統而騁三駕，勞營特甚，務以吞遼矣。廼孽由兹作，而禍首于涿。懷遠督運之夫，即爲代己之君。發兵詔集涿郡，蓋惟無道暴甚〔二〕，故得以讋民而遂其詐耳〔三〕。曾聞子來之朝，而有左閭之警乎？故漢祖崛起于五載，光武重興以三年。唐公突爾聲罪〔四〕，不期月而成帝業〔五〕，事不必半古，功之倍無算，非其時勢然歟！蓋本天命有歸，而太宗爲之子也。當時假借名號，無慮五十家，其叛服不常，又在于燕。故天下既定，禪位之謀甫成，稱幽、燕而叛者三，莫不謀奔于突厥。隋末實由之亡，唐初藉之以興焉〔六〕。至頡利爲禽，而臣事之羞以雪〔七〕。繇突利畔降，及奚、契丹等服，直于幽之東偏者，失其肩背

〔一〕按：《燕史·燕道記》前無敘，郭應寵取《燕道記一》卷首「郭造卿曰」，入《海嶽山房存稿》卷四，爲《燕道記敘》。

〔二〕「惟」，《燕道記一》原作「因」，《存稿》卷四改。

〔三〕「讋」、「耳」，《燕道記一》原作「恐」、「也」，《存稿》卷四改。

〔四〕「爾」，《燕道記一》原作「然」，《存稿》卷四改。

〔五〕「不」下，《燕道記一》原有「事盜詐之效尤」，《存稿》卷四删去六字。

〔六〕「焉」下，《燕道記一》原有「姑屈於外兇，以緩其内訌，且藉以内芟，廼紓乎外患」，《存稿》卷四删去二十字。

〔七〕「而臣事之羞以雪」，《燕道記一》原作「以雪臣事之羞」，《存稿》卷四改。

而狼疾也。故遠交乎突利，而結盟于香火；實近攻乎頡利，而受俘于京師。貞觀盛而北狄伏，以此。然聖治内親而詳，外踈而略，所以遠侮而省勞也。漢武都護，已勤内人；太宗置府，豈爲得策？蓋不驅之漠北，而使處幽、靈間，不令各從其土俗任貢，而置吏如漢儀，將以比内地，不久而郡縣之矣。獨有遼左，以爲遺憾焉。卒之西北疆宇多淪虜中，而終唐夷警未嘗絶書者，豈非曲爲彼謀者，究必成乎自斃歟？自是而後，謀日左矣。

燕寇記敘

禄山懷逆，人人知之，帝獨昧焉，天奪其鑒。及起不虞，高者白刃不避，次者奉頭而竄，下者俛首苟免。故當時二十四郡中，惟顔氏爲大丈夫矣。封常清、高仙芝率市井不教之師，而抗方張不制之虜，誠難責效，一敗而隕之，過矣。翰雖老疾，固守有餘。郭、李屢挫强寇，漁陽路再絶，燕賊寒心，將退歸自守矣。使潼關師不出，西京豈易入乎？李蕚之説真卿請朝廷堅壁，郭、李遥計惟言固守，翰疏亦知堅守爲利，而故違之，乃朝廷失也。此時拜專閫外，緩急委之，尚未卜成敗。况監以邊令誠，乃復寄管鑰，使藉以獻賊，誅之不足贖罪矣。自古奸臣在内，大將未有成功者。國忠以貴戚柄國，既激漁陽叛，實其言以禍社稷；又逼潼關戰，利其陷而保身家。起蜀而將歸蜀，置萬乘于死地，非天誅之馬嵬，而靈武之憤安洩哉！故頗狀其流離，蓋雖燕寇所致，實由任國忠爲賊。上皇全於播遷，幸矣！

燕鎮記敘[一]

唐置節度使，自幽州始矣，而軍士立主帥，則自平盧始。時未入青淄，其事莫非燕也。節度據故鎮，則自盧龍始，成德及魏博從之[二]，殺帥要留後，亦始之于兹，獨鼎立以視唐亡，而謂河北三鎮云。昔州統於幽者六，平盧尚未之入，於古五郡未盡。至安、史兼及河東，出其戲下據者，澤潞、淮蔡皆然，况趙、魏爲鄰，不從而稱燕乎！及降而復爲鎮，更四姓十七世，若以春秋視之，節度豈非其君耶？賊于將士者，而兹不謂之弑。蓋其初身負逆節，天討所不加，又從而命之，故效尤而甚焉耳[三]。懷仙復據范陽[四]，即同

[一] 按：《燕史·燕鎮記》前無敘，郭應寵取《燕鎮記一》卷首「郭造卿曰」，入《海嶽山房存稿》卷四，爲《燕鎮記敘》。
[二] 「之」下，《燕鎮記一》原有「其州尋有所移削。非若是，據者久而附益之。二鎮」，《存稿》卷四删去十九字。
[三] 「故效尤而甚焉」，《燕鎮記一》原作「率同歸於亂」，《存稿》卷四改。
[四] 「仙」，底本作「先」，今據《燕鎮記一》改。

諸鎮異圖。使其不死乎希彩，希彩不死于懷瑗，則必傳襲如趙、魏，其留後豈它屬乎？蓋由泚、滔爲謀，故兄帝而弟王。王則包藏乎帝，以助亂于皇都，宜伏泚誅。幸而逸〔二〕，由怦之不背主也，朱氏竟不復襲矣〔三〕。劉出衆推而得之，使其反戈問罪，歸身闕下，則爲義舉，豈彼所與知哉！子濟其猶賢乎，而孫總爲最凶，一旦舉鎮歸朝，實懼父兄爲祟，乃鬼神所不容，無逃于天地耳。朱氏復襲而據之，遂追伏乎滔誅，至于無遺種焉，其世襲自此輟矣。當諸鎮同起爲援而竊據者〔三〕，燕之李最先没，趙之子次之，而魏爲最永，亦當此時而訖。其黨淮蔡既滅，燕遺種孰存乎！易、滄雖分自成德，地本燕而附燕，始分者亦易姓，自是世當再論焉。極而五季，則其變有不胜言者矣〔四〕。

燕潢記敘

自幽、燕失險，中國之東北藩籬撤矣。説者爲漢亡陘北，魏、晉之彊不損，故舉雁

〔二〕「逸」，《燕鎮記一》原作「免」，《存稿》卷四改。
〔三〕「復」，《燕鎮記一》原作「獲」，《存稿》卷四改。
〔三〕「起」，底本作「趙」，今據《燕鎮記一》改。
〔四〕「極而……者矣」，《燕鎮記一》原無，《存稿》卷四補十三字。

門以北諸州棄之，猶有關隘可守者，是豈萬全之策哉[一]？宋祖隆興，卧榻傍不容他人鼾睡，所急莫幽、燕若矣。曹翰獻圖，趙普見阻，謂取易而守難，或以深慮爲然。不知遼穆荒淫，良將寡稀，吭其喉而擣其虚，燕其不我有乎？如其有之，曹彬、張齊賢、郭進輩，其有不能守之者邪？太宗時景、聖相承，上下安睦，承天攝政，猶且知兵，何釁可乘？信賀令圖之言，屢興師旅，能不覆没？不知彼己，屢至覆師，何地之云。作《燕潢記》。

燕都記敘

金都八，燕惟五。天眷號會寧，以上京改遼之臨潢爲北，而汴京仍舊，五則六之矣。海陵以燕乃列國號，將覬覦乎中華，遂取名中都焉。于是削上京，改中以爲北，更會臨而府之，復號汴京爲南，則四京都歸厥中，規制大非昔侔矣。世宗篤戀故國，上京雖復厥舊，而中都依然不改，喬遷難以復幽也。南薦災而復營，則南遷之兆在兹。洛遂升爲中京，而一代爲都有八。凡在燕者盡喪，至進退維谷，竟托于幽軒，孰喬而不顛乎？夫

[一]「策」，底本作「册」，今據文意改。

遼棄五京而西，林牙尚復建號。金棄六京而南，女直靡有孑遺者，蓋踰夏皆種屬，逼宋則世讐也。匪惟不克自保，卒至與仇而俱亡。宋且將復汴、洛，亡何而臨安及矣。豈北之八面既破，而南之孤注能存哉？遼入汴不能居，金遷汴不能守，元乃直寘之而爲路，則不并包宇内不止。即其所取名，曰上以配天，曰大以配地，罔不在中焉，而何四方之有。控燕、雲而遠馭，尚何有於汴、洛者哉！宋惟兹都之興亡，匪惟金、元攸判。宋失汴而恃淮，爲臨安之重塹也。然渡淮而江，渡江而海者，由承五代之失局，而爲遼、金、元奕也。故秦、晉捐則都洛陽，及河、漢捐則都建康，雖非什二、百二之算，而愈于日趨日下矣。然則海陵定燕，世宗不視爲覆轍。元又從而祖之，豈非得其形險哉？按籍倘不以爲然，則請仰觀之于今日乎。

燕番記敘

奚、契丹接營州，西阻突厥，苟有事，惟燕是梗焉。然歷魏、齊，類若服，稍爲逆即大創，力非其敵也。入隋、唐，不類矣。惟太宗能致頡利闕下，用是威慑諸夷，故契丹稽首，奚、霫獻琛。自古臣妾夷狄，實爲最勝。厥後之叛，非其内變，則制馭失道爾。不然，孰首難乎？薛訥鎮幽二十餘年，兵不勤，虜亦弗敢犯。孫佺代而反之，軍破身死，不知所以代也。及訥再任并州，惑訛言，竟僨事，是善守者不必善戰矣。張守珪至幽，即梟屈烈之首，誠可以戰者乎。若禄山之治胡，擾之也，非正也。蓋是時契丹雖黠，諸部酋碌碌無能奇，可啗以利、怵以威，尚主爲榮，稱臣非屈。及阿保機，有奚，服役霫、室韋諸種，而志意不凡，窺伺謀生，不惟率彼曠野，而且南下牧馬矣。求其服從，得哉？故著其所繇叛服，而中國盛衰得失慨見矣。

燕源記敘

論守成于三代之上者，必曰周成；其下，恒曰漢之文、宋之仁。金世宗以非中華主，無稱焉。今考其論議，究其區畫，命將出師之間，制禦契丹之變，即《詩》《書》所載奚加也。胡人用漢法，自元魏始，一時創制爛然。宋真德秀謂，金源氏典章法度在元魏右。燕都故老談及世宗，往往垂涕，其德澤在人，深衷遠矣。故大定三十年間行事，鮮能及者。元王磐採而葺之，名曰《大定治績》以上，謂其時有周成、漢文之風，是故論其世也。今其書雖亡，而國史可考。表而著之，各存於編，庶幾哉知夷狄之有君也。作《燕源記》。

燕漠記敘

維神明胄有《世本》，夷狄不可以追紀矣。蒙古部本韃靼，皆靺鞨遺裔，而其語之轉也，則若秃髮爲吐蕃，天竺爲捐篤，契丹爲喫，冒頓爲墨突云爾。若曰靺鞨後爲女直，有生、熟二種。其黑水遺裔，自唐元和後爲奚、契丹所攻，居陰山，爲韃靼，而有胡故地，勇悍善戰。近漢地者謂熟韃靼，知耕種熟食；遠者謂生韃靼，射獵治生：則韃靼亦二矣。後史稱爲胡部者，未嘗考其本耳。亦猶女直先居高麗，而遂以爲高麗種云。至會昌初，其部落有五，役于黠戛斯。廣明有每相温、于越相温二首領，帳于幕南，李沙沱嘗依之。俄從平長安，逐黄巢功，乃俾牙雲、代間，而恣其畜牧，蓋窺華之漸矣。後唐天成三年四月乙酉，使來。長興二年正月庚辰，使列六薛孃居來。三年三月，首領頡哥以其族來附。漢乾祐三年八月，來附。周顯德五年四月，使來。契丹神册三年三月，韃靼來聘。統和二十三年六月〔一〕，國九部使來聘。開泰二年正月，圍鎮州，州軍堅守，乃引去。俱以韃靼書，《遼史》省其文矣。宋乾德四年入貢，仍云韃靼。金初，悟室嘗役韃

〔一〕「統」，底本作「繞」，今據《遼史》卷一四《聖宗本紀五》改。

靼。天會十三年，宋紹興五年也，胡沙虎來攻，乃稱蒙古。天眷二年，胡沙虎復攻蒙古。皇統七年十二月，蒙古始與金和，且册其酋敖羅孛極烈爲蒙輔國王〔二〕。不受，自號大蒙古國。則蒙古之稱，或金既興之後乎？有曰：蒙古即盲骨也。盲骨子，其人長七八尺，捕生麋鹿食之。金人嘗獲數輩至燕，其目能視數十里，秋毫皆見，蓋不烟火故眼明。與金隔一江也，尚渡江南爲寇，禦之則返，無如之何。《契丹事迹》謂：盲骨爲朦骨國，即唐所謂蒙兀部。則蒙古亦盲骨、蒙兀諸語之轉也。金既和，歲遺甚厚。於是蒙酋自稱祖元皇帝，改元天興，而其稱帝稱元也，有自來矣，其去鐵木真豈遠哉？而《元史》云其姓氏，爲蒙古部人。有脱奔咩哩犍，及麗阿闌果火爲世，博寒葛及博合覩撒里直〔三〕、其十世祖爲世，官則無可攷者。十世祖以來，未有稱帝者，及其稱帝爲太祖，更三宗而改元。或蒙古部，《金》《元史》皆弗考，豈其不足徵乎？雖地去燕甚遠，而都燕之由，不可不知也，亦論其世焉。

〔二〕「孛」，底本作「索」，今據《宋史全文》卷二一改，（臺灣影印清乾隆文淵閣《四庫全書》本）。
〔三〕「博寒葛」，《元史》卷一《太祖本紀》（中華書局一九七六年點校本）作「博寒葛答黑」。

燕占纂敘

燕之郡縣志，不達占，不考史，或文其闕而多無徵。不敏乃考之，爲《曆譜》宿解焉。於占或否，如卦之經矣。兹世以年編總之，自周及秦，其事寡而辨詳。爲漢儒傅會，加之以事應，恐端爲之迷，而緒失之益遠也。由是一切削之，其於經不亦合乎？然猶有存焉者，備乎有能徵者焉。諸史天文、五行，沿漢各爲志，尚有散在記傳，於占爲未備。且其歲日月辰，諸家有彼有此，乃合之而附以論著。燕在春秋，魯爲之宗，列國繫之。至戰國，則自爲之春秋矣。占而兼趙者爲其主，胡載箕及斗而分度？乃全其三垣七政，亦視世以詳略云爾。然大義主於人事，占莫重乎亂賊。凡賊三綱者，人所不容誅，一是以至於庶人，乃天下之大戒也。古國史，聞異則書，諸侯相赴，不爲災。封建廢而無史，非僭僞不能有土，國之有記鮮矣。自三分而兩裂，載記遂有十六，而燕居其四，史亦嘗有數種。它之或連或隔，於災異靡暇。然其世次沿革，史氏寧莫之知乎？而合之有綱，則必統於共主。春秋即位稱元，未嘗從乎天王月朔，亦各以告而曆，非通班也。至漢，年有號，頒之爲正朔。若尊皇與朕，不得有二稱，僭元者無赦。至僭而又四起，斯有正僞之别焉。燕之號年者，七十有一矣。夷雖主夏，不免於爲僞；而夏雖居夷，不失其爲正。或奉焉，或違焉，史繫以年，違者安附？故鼎立爲三，而正必歸漢；代遞爲五，而宗不絶唐。豈非以其爲裔劉而尊夏者乎？諸夏雖在江表，毋論乎篡否，於其國其年，必號絶者止。由晉、宋、齊、梁及唐又宋，皆然。而災祥主分域，朔之正僞毋論矣。由燕歷秦、魏及齊、周、遼、金、元，凡夷類所屬乃附之，非是盡附之江表矣。端或方微而先抽，緒或既絶而復繹，纂隨世爲之錯綜。關乎存亡大義，故必正以中夏，而於正朔不敢略。因取僭僞悉歸之，無非爲大統計焉。迨反正而奉乎隋、唐，竟歸夷而極於蒙古，乃大驅除爲一矣。皇皇大明，萬方歸正，則非草莽所纂者。

燕域表敘

蓋自肇域建極，統一郡國，驅夷復夏，至秦不爲烈乎？乃以盪滅千古，而垂戒於萬代。罪燒書坑儒者，置博士方術不問，修怨役於長城，則逐胡之功没，是故以人而廢，不君之尤皆歸矣。惟其於郡國，不能無是非焉。兹因燕役，而論其世。當附庸西垂，王室夷於豐、鎬，迄聘享東都，伯主陵而春秋，凡千七百七十三故封，及夷狄有百五十六爾。獨其世勞，得國爲正，王誓與之豐、鎬，而以岐東爲獻。及漸開地以霸，戎區小邑而已，僭有端而迹猶勤，不曰王師同袍乎？故《國風》燕、楚不與，惟列秦什於王國，

《書》亦獨存其誓，則繼周者可知矣。燕介夷貊，制七十里，而兼無終、令支之戎，薊丘、孤竹之墟，黄帝、伯夷之裔。及天下土域之争噬，侯國陵夷，政逮大夫，六卿分晉，盡邑爲縣。趙克敵之賞，則僭乎周制，其上下大夫，以縣郡爲差。齊之宗人，盡爲都邑。楚則縣陳而郡黔，所吞滅不可勝數。使非《春秋》絶筆，而亦不勝誅矣。秦不東征，晉且西侵，獻、孝乃復，天子致胙。遂徙於咸陽，爲縣四十一，有令、長、丞、尉，開阡陌以賦，而中土井田，其廢非朝夕矣。彼崎嶢五關，土半莽於戎區，耕戰日且不遑給，可責之復古爲哉？然王命致伯，而諸侯畢賀，其百五十六者，爲萬乘七，爲千乘五，史惟表其十二。既而表以六，秦爲之首出，尚率諸侯，繼齊朝周。齊尋會魏，王於國中，而以成侯封其臣。秦乃尊官，分土徹邑，次及關内，亦封列侯，爲商君，魏因而改元。齊、魏既王，秦豈甘爲之下乎？燕、韓、趙繼之，宋、中山亦然。齊又封其臣爲薛公，衛則貶侯而稱君矣。夫三五有等，而萬千爲乘。王獨配天，故曰天王。乃以天下共主，同諸侯之僭稱，是天日無二，而民王有十矣。秦若能爲周文，何國而非崇、密哉？既各力霸，跨郡連封。楚塹江、漢，而亘方城。它皆長城爲守，齊雖冠帶亦然。燕、趙之開九郡，自河而袤於海。趙以李伯守代，燕上谷以趙奢。秦因魏之上郡，取義渠二十五，又滅而合築之，視諸國爲獨雄耳。時趙致上黨，封守令侯以世，而都户萬千爲差，與昔克敵之制頓殊。燕亦裂地於昌國，以比小諸侯。秦韓、魏兩公子，雖衛商君之類，而至蜀、宛及鄧。穰、應、嫪、吕之侯，不惟其人惟其土。責郡縣兼治之實，而求餼羊於列國，孰有若其獨存哉。乃追論封建者，爲世罷侯由之。嗟乎！古有王封否乎？而千萬廢，極矣，何緦緦於三五，是之謂不知務。故六王訖而秦統一，王公之號雖除，時尚有列侯、倫侯，同、異姓凡五，勒於樂石可攷。既燕滅，召伯後有故東陵侯，而軼於《秦紀》，則其它不少也。第多誅廢，且非大功不拜，及無分民使臨耳。郡縣名則循周，而制則參魏，置監而不以世，尤易制，無異意，實安寧之術也。三代之聖復起，至是不無損益。况封建未嘗盡廢，何獨於秦疑之乎？惟其惡稔厥躬，故殃流易世。扶蘇殞而胡亥立，始皇雖裂萬邦，祇襲桀、紂而蹙喪，陳勝弗階尺土，可冒湯、武以暴興，豈其罷侯置守之故與？未越一紀，六國復立，决雌雄於霸主，歸劉氏而復亡。然報秦勸立韓後者，竟籌漢以銷侯，何哉？蓋民安於斯，則郡縣不能廢焉。漢矯秦過重，初非功臣不王，繼非同姓不王，又非諸子不王，而至支庶畢侯，與功臣苗裔竟至於俱亡，而資莽鼓亂。及白衣光復舊物，則起於郡國王孫，實太守、都尉、令之支庶，與上谷諸郡士大夫力也。故戒覆轍於先漢，不罪狂秦爲失策，功臣多請郡，而同姓寧慎封，儉制食租税爲常。豈其祖武不遵，而必殷鑒是蹈？蓋亦達於權勢之宜也。蜀以失侯王孫，起自令、尉、丞而領牧，與魏、吴鼎峙稱帝，帝冑故侯何有哉！故亦以郡國封建，第遥采嘉名而已。晉封諸王，郡爲國邑，以户爲差，名存實亡。釁起蕭墻，五胡雲擾，郡縣以墟，僑立而存。隋、唐及宋，大抵然矣。夫刃雖以利而别，不但歲月爲割，十九年若發硎，則久利而珍之。且必視其所操，寇則爲罪，擒則爲功，不善而與無同。徐夫人匕首有年，燕一旦以中銅柱，不當秦之藥囊，而於刃無尤焉。秦以私心操公法，且銷兵禁嚴，人皆無所錯，則制挺亦足以報。漢初，公郡而私國，始分民以壞古制，授之太阿，防以重閉，至於叛者四起。而後過爲削弱，幾於亡賴，不已舛乎？若心光武而法始皇，通天下爲公器，擇久利而操之，則何論。郡國要在屏翰保障，主於輔世庇民而已。區區建置，烏必古是而今非哉！燕開國者召，而開郡者昭，則廢置有兩端矣，不於秦而孰叩乎？自燕續立，凡六七封，分茅者式微，問鼎者擁踵，胡之亂華，藩之據鎮，民喜從畔甚於秦。大亂荼毒，郡縣爲割，則畔國畔將壅之，胡蘖久從而都之，其分崩離析，不勝爲之表畫。第舉燕、秦而例四方，秦、漢以概百世云耳。今爲邦畿，郡縣所止，異姓諸公徹關内，宗室諸王列藩内，千萬都户侯環衛於海内，皆典兵護守令，不使亂黔首。損益雖郁郁於周、漢，而秦規亦奚嘗以盡黜哉！率土稱稽古，盡制法令，施於後世，端拱而表正萬方，豈非千古一盛際乎！

燕律譜敘

當年舞象，從我舅氏。舅氏學宮祭酒，而執業者盈庭。善言理數，必宗宋儒，律呂諸書，靡弗精研，未嘗輕授乎人。不肖間以請焉，謂：「若奚待乎吾語，他日行當自貫爾。」亡何，舅氏云亡，不肖乃領略之。茲譜《燕曆》，而律共貫。昔賢有及者，樂則世業焉，故不人爲之傳，合而綜於是編。客問：「志地域未有爲此者，今譜奚若？曷詳於樂。」夫太史言律，而本於兵械。黃帝有涿鹿之戰，以定火災；顓頊有共工之陳，以平水害。其戰陳所在，乃幽都故墟，吹律可知勝負，況樂所由生乎。且地出孤竹，管應乎圜鍾；其日在析木，律當於泰簇。五成夾進以綴，《召南》之風攸聞；七律揆同而昭，燕北之封伊始。器有元英、大呂，歌有宋箋、高筑，而律獨尚鄒衍，其章用之郊祀焉。漢則酈炎解之，盧植亦嘗言樂。是後以世，其家祖氏，南北至唐，亦若伶倫、州鳩，其爲業也遠矣。孝孫初定雅樂。宋興，竇儼嗣徽，燕其於斯爲盛，謂之雅者，非耶？自中原淪喪，而鮮卑沸騰，慕容遞作，間以安史，羯鼓譟於漁陽，遼、金、元接其響。君子禮失而求於樂，何莫不然。適楚適秦，入漢入海。四國之歌，異轉而同樂；四夷之哭，殊音而皆哀。情之所注，非不相爲，官所必備，何陋之有。昔陽伯舞侏離，而少康賓王門，周韎師之帥屬，孰非夷箕裔土乎？雖世變而分三部，雅亡於俗，俗歸於胡，非百年莫之反矣。然聲氣爲感，則四時四通，未嘗南北格；條理若合，於七始七旦，寧以華夷鼇哉？要之不出旋宫，皆燕所有事焉。主則胡，臣則夏，雖勿譜，瞽宗舍諸？故分華、夷二部，总之八卷焉。尚論其人，更端而知。鄽也、韓也、許也，嘿嘿爾，沒沒爾；張也、高也、竇也，斷斷爾，革革爾。惟祖之褎褎然，其表范陽者哉？乃若盧氏乎？歌辭至于更製，著書不及竇常，它則姑舍。是先舅之律解，不煨於兵械，假與同堂議，理或勝之爾。舅名朝望，系稱范陽，因燕有世業在，不勝渭陽之感云。

燕宗考敘

周、召以南稱，皆當百世祀者。魯有太廟祀周公，召公於燕當有之。其國後僻陋，而失記之史矣。今地爲神都，可不爲之所乎？此甚爲缺典，有司所當請焉。余於其遺事，雖疑當闕者，因考祀事而存之，亦愛甘棠勿翦意也。

燕封考敘

卿之爲《燕封記》也，亦有感於三子焉。恐闕子之笑爲愚，而不能辨燕如石也；恐韓子之笑爲過，而不能辨燕如書也；恐列子之笑爲紿，而必得其城社冢廬也。《鬫子》曰：「宋之愚人，得燕石於五臺之東，歸而藏之，以爲大寶。周客聞而觀之，主人端冕玄服以發寶，華匱十重，緹巾十襲。客見之，盧胡而笑曰：『此燕石也，與瓦甓不異。』主人大怒，藏之愈固。」《韓非子》曰：「郢人有遺燕相國書者，夜書，火不明，因謂持燭者曰：『舉燭。』云而過書舉燭。舉燭，非書意也。燕相受書而説之，曰：『舉燭者，尚明也。尚明也者，舉賢而任之。』燕相白王，大説，國以治。治則治矣，非書意也。」《列子》曰：「燕人生於燕，長於楚，及老而還本國。過晉國，同行者誑之，指城曰：『此燕國之城。』其人愀然變容。指社曰：『此若里之社。』乃喟而嘆。指舍曰：『此若先人之廬。』乃涓然而泣。指壟曰：『此若先人之冢。』其人哭不自禁。同行者啞然大笑，曰：『予昔紿若，此晉國耳。』其人大慚。及至燕，真見燕國之城社，真見先人之廬冢，悲心更微。」故卿則詳考之矣。

燕夷考敍

嗚呼！三仁雖孔子論之，其行不同，故記不一，則心迹不白，而口實是資矣。乃於夷、齊亦然，其何以觀之哉！蓋嘗登孤竹，覽朝鮮故都，而有感於箕子。謂遼有三仁焉，自伯夷及箕子，莫非明夷也，豈曰居夷而稱之乎？舊有《夷齊志》，從《史記》爲本。亦有辨其非者，不能無失得，此孤竹之林也。史無箕世家，而敘宋及三仁，爲其事之同耳。今特表而考之，則明夷、居夷，亦各有道矣。

燕戎考敘

唐、虞以上，有山戎、獫狁、葷粥，居北。黄帝都涿鹿，逐葷粥，征狄自此始，則山戎之來遠矣。自后稷後失職，竄其間，遷豳走岐，時稱狄人。至王季，在武乙，伐西落鬼戎，俘二十翟王，而戎、翟並稱焉。大丁初，伐燕京，後克余無，命爲牧。師更伐，始呼翳徒，賜之圭瓚、秬鬯，爲伯。是周遷以狄，而興以戎矣。迨文、武爲荒服，及穆伐犬戎，而不至夷。厲寢衰，宣雖中興，薄伐玁狁，至於太原，而末年敗績。其後晉敗北戎於汾隰〔一〕，燕頃侯四年也。東遷而邢侯大破北戎，是鄭侯元年矣。蓋北戎自此稱，而病燕未之聞。入春秋，近晉曰狄，即翟，有赤有白。山戎在齊北，而北戎居其陰，皆散谿谷，百餘種，本無君長，莫相一。三代之際，或從侯伯征伐，天子以爲藩服，乃就廢

〔一〕「隰」，底本作「濕」，今據《後漢書》卷一一七《西羌傳》改。

國居之，若孤竹之類，而爵則稱子，若無終之類。後有僭稱王，而若代之類，其稱於中國，不過一二種，雖稍有分地，亦遷徙無常。總之皆翟國，其曰北曰山，猶姓之各爲氏耳。山種一，爲無終，齊伐之，晉滅之。北種二，東離支，齊所滅；西代，晉所滅。其初晉、邢破北戎，出於《竹書》，未敢信其年，乃以《春秋》經傳列焉。

燕車經考敘

蓋聞黄帝與蚩尤戰，以中夏車徒，制夷騎士，在涿鹿之野矣，而於典墳無徵焉。嘗從博士家語《易》，坤爲地，爲大輿。而坎於輿多眚。又於畜之大小，及大壯、大有、既濟、未濟，惟舍而徒爲賁[一]。它則剝也、睽也、姤也、困也，雖解亦眚矣。然坎爲水，地中爲師，言輿而爲貞凶，惟貞丈人則吉。蓋恐以此毒天下，其在君子之所依乎。然著戒雖明，而假象則晦。震行無眚，象象匪輿。左氏内、外傳，則以車占焉，而解者謂之小，其驚遠懼邇則大矣。今曷敢不占，而語《易》教哉！《書》之稱者，以庸以降，至牧野稱戎，序則聞之矣。有革有檀，而不于誓。或言《甘》左右攻及御，與《牧》之步伐，

[一]「舍」，底本作「合」，今據《周易正義》卷三改（中華書局一九八〇年《十三經注疏》影印本）。

莫非車戰法也。至歸馬放牛，豈三百兩弗乘乎。而《周官》所掌何物，故於二三策亦慎焉。惟經言莫詳於《詩》，斷章爰自《詩》始。然其會同、田獵，莫非以講武事，業在於戰，不暇及之。彼《清人》之「左旋右抽，中軍作好」而已。《東山》雖破斧缺斨〔二〕，亦既敦然在下矣。惟秦邊胡，《車鄰》匪戎，《駟鐵》雖從狩，則取其輶焉。《小戎》乃元戎之次，元戎至於啓行，襄玁狁，鋪淮夷，南征北伐，莫我敢承矣。然古之征戰殺人，中有禮焉。和鸞節奏，具於《儀篇》。大哉乎司局，它姑舍是矣。典在《周官》，記有《考工》，乃銓擇之〔三〕，以嚴經也。而戰莫詳於《春秋》，其法《左氏》爲詳。於膺戎狄者亟取之，若荆舒之役取節焉，中國不勝書矣。桓、文爲盛，亦觀其大，而綴之以武經。或曰其贋過半，贋將以倣真耳。然戰國車戰未廢，不因贋，有足徵哉？介胄者流，首孫子而尾太公，豈非以其贋乎？兹先之以《六韜》者，冠敝不下於綦，矧於車獨詳焉。衛公之問答，祇解諸家耳，亦有言其贋者，且論世而當附。

〔二〕「斨」，底本作「戕」，今據《毛詩正義》卷八《破斧》改（中華書局一九八〇年《十三經注疏》影印本）。
〔三〕「銓」，底本作「拴」，今據文意改。

燕車史考敘

今之怯虜以騎射，彼亦奚嘗不敗哉。車之勝不勝，蓋亦猶是也。世之偏所用者，率援勝而諱敗，曷不歷較其多少，而熟籌其利害乎。春秋以前，未嘗崇卒，其法具存，故不之詳。戰國兼騎，法日寖廢。自漢拜將軍，驍騎次輕車，所總領者車騎也。車先於騎，可識矣。衛、李勝敗雖殊，青固以武剛全，陵非此則全覆。安能不滿五千步卒，去邊北三十日，以印億萬驍騎，戰旬餘而殺過當，尚有四百餘人脱歸，報陛下乎。至光武，罷輕車及騎，造樓櫓、牛車於塞上。晉則獨用偏車於塞外，轉戰千里而奏功。蓋無小無大，在所用之耳。唐房琯敗以牛，而哥舒翰以馬敗於崔乾祐[一]。乾祐之勝也以草，史朝義之勝何以？乃陵所劍斬者，而羅之於帳中，且莫知以輕以重，豈非用之爾殊哉！苟不善於用，臨衝、轀轒可以墨守敗。有善者，雖輪輻及鹿角、拒馬賴之矣，而况車之適宜乎。當南渡之初，其攻禦五胡，屢取勝荆楚之區，則平野之馳驅何如。然歷考勝者孔多，而人但恐敗，過矣。故宋人往往以請，其知用輕者，有范、沈諸臣，可保其無害。惜乎未

[一]「崔乾祐」，底本作「李乾祐」，今據《舊唐書》卷一〇四《哥舒翰傳》、《新唐書》卷一三五《哥舒翰傳》改。

有用之者，毋怪未覩其利也。安可懲唐覆轍，至廢武剛於不講；迺及晉之成軌，加於偏箱不復試乎。故稽史傳，爲將昄昄在耳目者，不諱敗以援勝，而取示人通曉焉。其頗詳於秦後者，因所寢廢，釐次年世，以表廢興之繇。在虜戰者十之六，曾有用輕不利者乎？若遼、金、元，雖戎方也，彼各有所用，而竟未嘗廢。但不與中國交，則不遑及之矣。

燕經録敘

敘曰：夫《山海經》，司馬氏不言之，而録何居？燕之北國，有追有貊。貊貉通稱，《語》《孟》有之。追之爲敦，載考於《詩》，「追琢其章」，「敦琢其旅」，而義無異耳，豈假遠引乎。蓋惟是國，僅見於《雅》，而它無同文焉，其没胡中也久矣。胡音禁昧，複而多端，有不可文譯者。冒頓之謂墨毒，閼氏之謂臙脂。乃單于謂國王，而王妃謂閼氏，且不可義解矣，如其文歟？燕然之燕，琢邪之涿，梁渠之少梁，韓城之初韓，而義則非爾，如其義歟？零支於令支，稷慎於肅慎，又以爲離爲支，又以爲息爲畜，而文則非爾，其同者亦有之言乎？大澤雖百千其里，言乎陰山，或遼朔，其首皆群鳥所生，解匈奴之苑囿也。乃商之《獻令》，周之《王會》，即以貊言之，而文錯者多矣。伊之爲醫也，慮之爲巫閭也、無慮也，又符婁之爲夫餘也、邑婁也，穢之濊、薉也，良之樂浪也，高之駒驪也，省駢而句麗也，去餘而高麗也，其義未嘗不一也。追見於《經》，曰敦薨也，曰敦題也，曰敦與也，皆在流沙中，於崑崙東南，爲海内之郡，而不爲郡縣。有曰錞于母逢也，有曰埻端璽映也，維錞與埻，亦追之敦也，乃鉅燕之故族，而在東北者也。其山川宗祖，不可域以封疆，幸僅有是《經》，爲之故譜焉。今古名物，消息其間，聞見不齊，或亡或有。山不但有燕，有碣石、鴈門焉，水不但有燕，有滹沱、渤海焉，乃醫巫閭則亡，其何爲幽之鎮乎？凡鳥獸草木，亡之亦居半矣。有而見之，恒也；亡而聞之，怪也。觚竹製管而絶焉，戎菽獻捷而賤焉，鷹鶻職貢而希焉，橐駞奇蓄而雜焉，何有何亡，若循環然。非天下之至通，而與言是《經》，不爲梧丘之客，葆燕石而難辨；則爲齊野之人，侈燕宮而高談。燕嘗進於是矣，晉有張氏焉，魏有酈氏焉，矧今爲神都乎哉！

燕集録敘

敘曰：不佞之采燕詩，非古五郡不與焉。戚少保謂：「其故地而有雲中、九原，羊腸至幽陘，其山爲太行，管涔至碣石，其水爲渤海，苞鴈門而帶滹沱，燕之謂燕，亦大矣。《詩》十五國風，《周》《召》至《江漢》，檜滅於鄭，邶、鄘入衛，而其詩並存。唐、魏既爲晉，仍稱其故國。且《擊鼓》之平陳、宋，《式微》觀黎侯，《木瓜》美齊公，皆不必於其土。三國同封，其見於經，《魯頌》《齊風》，惟燕亡之。秦、漢以來，都於關、洛，長安狹邪，莫不有曲。燕所悲歌者，第善慷慨耳。長城以外爲匈奴，故多北鄙之音焉。畫郡而采之，於詩何有哉！夫周既遷，爲《王風》，而《黍離》傷宗室，《揚之水》戍申甫。《豳》僅《七月》八章，他皆文公詩也。總之，《周》《召》《王》《豳》，莫不咏周焉。況今燕爲神都，而可以五郡域乎？光武人職封疆，妄以隴右、遼左，皆胡虜所出没，而其行役，罔不戍薊。百爾鐃歌、皷吹、笳拍、箜篌之屬，風自幽、燕以北，竊比江、漢而南，莫不兼采之焉，不泱泱乎大哉！其爲胡爲貊，即爲之記之。貊可附之遼左，胡不邸於隴右乎？隋氏以前，矢詩不多，乃若燕人之作，幸勿删而逸之。曁唐鼙鼓，漁陽既動，嘯歌者衆矣，咸取節可也。」夫賓擇在主，大將軍有命，卿雖不敏，敢不拜教。但金城、玉門，去是遠而矣。若左滄海而右黄河，盡燕之故地，不亦大國之風乎？惟山有木，匠則度之，方斲是虔，矩矱在焉。若夫燕人何論，咏然從之，四方莫不采之。有全集於世者，乃或删其一二，他皆藉兹爲集，而逸之者少矣。視故志爲什伯，敢以對於少保。

燕列傳敘

敘曰：古之良史，縣千秋之鑑，象四方之人，而立之傳焉。世之天下士，咸于斯乎觀之。但金匱遺編，縉紳全者寡矣。此嶽鎮郡縣，而志之所由作，庶百世國故，雖十室可知耳。乃今代各有作，於昔不詳矣。則尚論國故者，亦第於史乎取之，而斷自今始。如入吴端委，何猶服甫尋，就繁露爲容哉！夫史之文，經之次也。有一傳萬言，於笑貌俱存，且左券右符，如貝其朋者。倘選一二策，第一臠一斑耳，何以令讀者想見其人。如虎頭之貌汾陽王者乎？都録之可也，稍椎之可也。乃謂文不在兹，吾惟事之取爾，則《春秋》之魯，其事何如，且詳及於四國，况人一方乎。弗用其長，彫棟而桷焉；弗求其全，脱輻而轂焉。必節其成章，揣而齊之，如布尺牘，間不能以寸。自謂體裁適中，人亦無所軒輊，將使顔、閔之狀，與二三子同科矣。蓋事摘而文析，於彼此謂兩闕。若借才以獵名，其蕪尤可哂焉。如涿鼎立，安平之齊，蠡吾之趙，彼則書之。漢室既東，各爲侯國，本非我土。燕莫不收，匪踈於稽覈，亦涉乎攀援矣。且自齊寓者，當始於所寓；有於趙徙者，當止於所徙。勿翦勿蔓，系世而已。曷久假之而惡知，又遠及於秦、楚，胥將引之，如列眉而駢贅乎？史芟而合者，若《儒林》之类，間如附庸流寓，但其足傳而已，何必人爲傳，而篇之列哉！嗣雖損益，毋過其則，而標題日蕪，亦世趨使然。今一隅多士，豈敵於八表。乃博齊、趙、秦、楚，張之九品十科，於史例所無者，星列而幟立焉，以爲我山川榮貌，不亦壯哉，志也乎？然志之義大，取鑒不遠，聞見炯戒，鄉不以惡廢蕪，則厚誣而務美觀。觀美則必忌惡，而義罔攸承矣，《春秋》其何以作，亂賊何爲而懼哉！直筆之後，非是鮮書，史既有傳，志則亡焉。范陽之祖，表逖而掩約；柳城之胡，認李而却安。善小爲之彰，惡大爲之匿。藩鎮世戒，弑父殺兄，故轍在兹，通天共憤，其能諱爲之主，而逋我淵藪乎？此史外之疢疾，海内之敝風也。今尤於燕乎有感，故寧拙而從史矣。

燕儀編敘

蓋自皇造帝秩，而三王彌文矣。在朝質於野，在夏質於夷，其於文若循環，非忠爲之本乎？文極則反本，質近乎忠爾。故匹夫有天下，則自野而朝矣；至五胡有中國，則自夷而夏矣。當秦、晉闢洛迭興，初惟恐乎不文。卒之而漸其勝，仍求之野與夷也。然變通時宜，惟聖者能之。理勝而文僿，情勝而質漓。秦、晉以降無取矣，季唐何有於遼乎？史以本諸箕子，謂其風隱然尚質，引太古椎輪五禮[一]，而與祭山再生何異。夫居燕、薊華區，而得覩乎漢、唐盛典，行不出於國俗，奚可以謂之知？然郊天、朝日雖缺，而祭拜之實莫加；御容山陵雖瀆，而生存之事如在。必以禮乎闕如也，亦愛乎餼而已。漢儀不爲贅，具其國儀，以歸《俗編》。兹惟條其損益，以概乎終始，於燕京無專取，故不爲之詳矣。

燕仗編敘

帝王古有威儀，而後稱乎漢官者。秦廢漢興，而朝儀成，高帝嘆曰「吾今乃知皇帝之貴」，蓋其起自匹夫矣。遼本朔漠，風渾太古，氈車遷徙，大車任載，衣皮革，轉薦草。即帝后加隆，亦惟騎馬一揮，斥地千里。金玉象革之制，冠冕章服之文，儀仗鹵薄之盛，惡知爲何物者哉。自天厭華而俾之入居，故御崇元之時，亦顧左右曰：「漢家儀物盛如此，我得於此殿坐，豈非真天子耶！」自是前警後蹕，金吾黃麾，旄頭豹尾，馳驅五京。冕冠、青衣爲祭服，通天、絳袍爲朝服，平巾幘、袍襴爲常服，朝野之上，儼

[一]「椎」，底本作「推」，今據《遼史》卷四九《禮志序》改；以下徑改，不注。

乎漢官矣。躬逢其盛者，寧不忘乎其夷也。故紀其國制於先，以存舊也，而漢制在後，亦見用夏變之一端歟。

燕聘編敘

金源之區，於宋邈矣。當日雖龍蒸虎變而不可遏，豈能越遼、燕，渡滹沱河，而與宋角雌雄哉？遼能控金，全遼固可以屏宋；金即圖遼，援遼亦足以拒金[一]。海上之盟，過計矣。遼、宋實無深讐，和好講民，得息肩者百有餘歲。乃遽舍舊鄰而親疎逖，誰爲厲階，肉可食乎？業已約輸燕税，亡命勿納，則遵誓書，守新盟，彼亦何名爲兵端？乃金方咆咻思噬，而又履其尾，鮮不咥矣。至其霧集星馳，直抵汴京，不思一創之以挫其鋭，顧奴顔婢膝以祈解。夫惡聲凌人，俟其怒，務甘言悦之，能乎？二帝蒙塵，舉族北轅，中原陸沈，誠爲無窮之慼。然古之失君者多矣。吾國有君，宋君不亡；趙王入燕，厮養之流，猶有策以反之。太公身臨鼎鑊，漢高有杯羹之語；一聞懷王之死，則令三軍縞素，負義而西。是寧厚懷王而薄其父哉？濟變之權，鼓舞之機也。二策宋當兼

[一]「拒」，底本作「據」，今據文意改。

舉，高宗昧之矣。海陵之變，信誓已渝，重結舊歡，宜振新圖。易表爲書，改臣爲姪，歲幣三去其一，即爲盈願，起立以受書，再拜而致詞，不能不深爲孝宗惜也。侂胄啓釁，固不量力，函首以獻，國體之傷，非淺鮮矣。蒙古之交，不異海上之盟。然金非宋之遼，則蒙古非宋之金，而必報之讐，不能以一律齊也。於是金之乞和於蒙古，猶若宋、遼之於金。是和也，遼以之亡，宋以之辱，金亦以之滅。昔以禍人，終以自禍，青城之困，依然於宋，間關漠北，殆有甚焉。則元之滅金，誠天假手以爲宋也。況其一敗靡遺子，而江南堂堂帝室，猶得目睹者乎。作《燕聘編》。

燕貢編敘

胡人蒞中國而撫四夷也，幅員極覆載，驛郵罔不通焉，振古來未之有矣。蓋起斗極之次，宅天府之墟，束馬懸車，棧道泛海，珍奇異産，畢矢燕庭。其殊服詭狀，職方未嘗載，《王會》不及圖，不亦希覯者哉。故貢在遼、金，而附於部屬，兹史外國十有一夷，都附地志而已。外國且貢矣，何有内屬乎。古者慕德，後則畏威，必征乃貢，自貢鮮矣。紀征者，致貢也。第平一江南，域既侈於漢武；而馳騖海外，心尤雄於秦政。憤越裳之不來，揚海波而使至。雖行之高麗，竟阻於安南。乃遠近之勢殊，兵力之施異也。

而守成能羈縻，使之貢獻不絶，端拱以受百夷，豈非其極運乎。惟安南役最大，故《輶軒》頗詳焉。今本我郡縣，都幽而嚮離，乃正域之令圖，何爲乎棄之哉。或復之有日，兹亦《指南》矣。作《燕貢編》。

燕寧編敘

兀良哈地[一]，古山戎、白霫，元大寧路，去京師八百里。國初北平行闈外，後移寧國，而漸整居。是謂今之三衛，並燕邊爲薊害，實虎豹之遺彊，能隱霧生風者，雖餓而伺豢，孰能保其馴？使寧國猶在，則在我藩離外，而我厚其防，彼其如薊何哉！故獨詳其事，而因大寧爲號，豈曰三衛寧而薊斯寧乎？東自廣寧，西徂宣寧，亦何不然，時義則大矣。

燕定編敘

天何以中原而盡與之蒙古哉？乃中原仕者，人皆所不與，此又何邪？夫孔氏且將

[一]「哈」，底本作「合」，今據本書下編《大寧辨》改。

之荆，荆人其勿仕諸？宋世未嘗有幽、薊，燕人不知宋久矣。史氏金遺民，而薄責之可也。張柔謀其師，烏得無罪乎？然燕名儒劉因，且賦《渡江》矣，於柔焉足怪！第既請從征，屋臨安之社〔二〕，又專征滅於崖山，爲中原君子痛焉。故以王猛存晉，沈勁、李湛求蓋前愆，而律之弘範。甚有引宰咺來賵，而責備以深誅者。嗟乎！自諸葛分仕，在漢則正矣。其兄弟可以漢人，爲魏、吴而攻蜀乎？但既仕，當各爲其主，孔明寧以爲非歟？世傑既從柔，爲蒙古部曲，以罪乃逃燕，而爲宋國士。南北成敗，實判於此。豈以其貴戚世卿，甘心爲之效死力？蓋報知遇之恩，盡綱常之義也。然羈旅危疑，未悉諳乎情勢；而責任備重，多致僨於事幾。奚挽式微之運，祇貽淪胥之慼，不亦悲乎！古無不亡之國，亡何擇乎華夷。但張氏決血戰，而趙氏絶血食。其先自燕土起，其後皆燕帥滅，是以中國戕中國。向背之在人雖殊，而共成天驕則一，其如天人之論何哉！惟列成敗之故，俟君子取裁焉。燕人定燕，始則史氏，其於金、宋，世無滋議。至城大統之都，定天下於一，而適觀厥成，張氏豈其微者歟？而君子於是家也，華夷功罪在，今古是非在，區區以燕云乎哉！

〔二〕「臨安」，底本二字互乙，今據文意正。

燕璽編敘

古禪惟執中爲寶，繼而易朔改統矣。至謂未盡善，尚過其曆焉，則其受命之天符，豈金玉而追琢者歟！夫璽出入貨賄，始見之於《周禮》。魯昭公可以作，季武子可以用，寧不達之上下，天王奚獨專之邪？惟秦作俑，漢以傳國，莽簒微玷，遂非完寶。且托禪以自文，則猶於俑而象之矣。尚不能以二世，則僭僞者何必殉之爲美哉？蓋統明絶而強續，豈鄙人之墜緒；璽實亡而復出，非燕石之什襲乎。兩晉、姚秦所刻，未嘗不可明辨。獨慕容氏者，而謂之神璽，有如《運斗樞》之謬黄龍負於舜、禹耳。燕人有璽自此始，燕璽失真亦始此。自是而遞歸於夷，以有傳國寶爲正統。遼之得晉者，失於桑乾河；金之得宋者，失於幽蘭軒。並假手以爲僞，接踵而相愚也；視簒奪之襲禪，雖胡虜不免焉。獨蒙古崛起，自稱統而刻璽，變中夏之謬盭，用西域之篆畫。謂文列古今之宜，固史臣之溢美；而質兼金玉之貴，則《大典》之實録也。不亦可取信當代，而卓越前朝乎哉！乃世祖以後，獻璽者既妄，争統者亦贅，寧非文儒之罪乎？夫不論乎禪簒，而但以華夷辨，則晉雖失傳國璽，目爲白板、島夷，不害其爲正統，以本諸夏之君也。及天命無所擇，胡虜亦以次承，至於集我中華大統，稱爲至元，斯實天之驕子，而匪可以常論矣。噫！議統者如棼亂絲，而求璽者如索贋鼎，皆無關於本實。而統乃竅言益甚，璽則制度考文，自漢來不能廢，惟存舊而作新，實符節之大寶。是用爲纂其故，以防乎不信者。

燕器編敘

制器尚象，備物致用，凡一伎一材，國所不棄也。司空古之首揆，在《周官》抑末矣。寖後爲曠職，況夷狄乎哉！燕自慕容稍重，遼、金亦漸備焉。蒙古起絶漠，視匈奴尤陋，何取斯爲先務，而領之以丞相？初居中土，匪匠匪遺，軍中有不嗜殺，則多假以救民。時軍功封者，百戰膏四野，幸脱於鋒鏑，襲佩符幾何？百工獨保安全，歲羅致之京師，分科居肆課其度，給餼復户專其藝，官雖耄不罷，嗣雖乏必續。豈非天工之假此，存萬彙於一脈哉？彼最重者兵械，燕古惟以函名，兹獨能張斂，則出而愈奇也。神臂柱子之弓，神鳳櫩疊之弩，筋蹄翎根之鎧，象掌羅圈之甲，與爲雷爲電、沈巨艦、摧堅城西域之大礮，尤無敵於天下，曠古以全取勝，其力居多。故名神器，立帥府焉，宜重之也。雖日用常局，韋之柔韌，臬之染繡，皆昔所靡及，而莫麗於質孫，甚至於無縫矣。況他之無益者，咸踰制而無倫乎。惟儀漏鍼灸，宜極象於天人。織紝以易繪事，宛然如生，則於御容神殿，亦存我之思成爾。若釋老鬃優，巧奪造化，石人工倍於玉，而與花卉禽獸争精絶相高，此之謂不知類甚矣。且宫闈未嘗極麗，行在惟帳殿、房車，寺觀則亘古莫尚，非諂黷求福而然耶？夫物非常爲妖。末帝作孽，竟淫巧亡，非其明戒者與？然多能絶伎，擅名於一代，亦靈精之攸鍾，寧容以閟滅哉。故史氏存其官，而述之以考工。工莫鉅於土木構築渠防，各有編存。它咸歸於成器，緝之於編，爲其肆焉。

燕農編敘

元之賦典，大哉言乎！以創守勤儉有德，以版籍户口有人，以都邑經理有土，以桑田貨殖有財，而於歲賜俸秩，至賑貸蠲恤，用之無不足，不可謂富有之業乎！自古有天命者，輿圖生齒，孰如其盛，乃弗克有永，何哉？周家自后稷，本中夏而西戎，復業此以開國，其所承者遠矣。尤慎德非一世，宜乎享過其曆焉。蒙古之先，不稼不蠶，而能於即位，拳拳以爲詔，特立司農官，考成於户部，民牧兼勸乃事，概三十而税一，内郡倣租庸調，江南通行兩税，漢、唐之寬大何加？且有義倉、常平，古之荒政、惠政，亦莫不行之矣。一有水旱，即遣使存撫，飭勵官吏，罰閉糴糶，輸納罄藏，屢赦以招復流亡，於畿内尤加意焉。大慶時巡，特恩休復，黄口太平，至於白首，遼、金之盛能然乎？蓋京師以漕運給，邊圉以和糴充。既緩粟米之征，而軍尤自食其力。由塞北及江南，輒戰輒耕，隨攻隨屯。内而樞密、宣徽，外而行省、州郡，遠控蠻夷服心，以繡錯於萬里；近則和林、高麗、遼陽、大寧所轄，亦亘古未之有，奚可以胡虜廢乎！乃不百年而敗亡，豈世主之多暴哉？然法公而人則私，蒙古、色目居長上，貪污相習成奸，賢良難與共理。有司勞來日荒，無賴呰窳日甚，額外之課目日繁，末勝而本雍矣。此膏澤之所由屯，召災不止於水旱，而社稷因以變置，豈非必自小人，雖善亦無如之何哉。使其初知所慎，言利之小人勿用，專重此以開國，則承家必有道矣。詎美意良法，易世而不可行乎？

燕殖編敘

自漢傳志有殖貨，是後及者希矣。况北夷有史，而及此矣乎？至遼僭位有國，内建宗廟朝廷，外置郡縣牧守，而貉道其復可行哉。上下相師，服御浸盛，南北相倣，制度漸繁，則殖貨之用，於斯爲急矣。古以富強稱者，必擅山海之利。遼自德祖撒剌的爲遥輦氏夷离堇，以土産多銅，置錢冶，造鐵幣，鼓鑄自此始，後遂襲開大業。太祖擅鹽策，因服八部而不代，遂爲賦税，制國用，則中國人教之也。所立鹽鐵、轉運、度支、錢帛諸司，以掌出納經費，其差等雖不可悉，而大要史志之矣。至於隣國歲幣，屬國歲獻土宜，雖亦軍國所仰給，然亦本國之所出，而史未嘗爲志，有《聘》《貢》諸篇在焉。

燕漕編敘

通惠河之入海也，衡漳貫之。遡漳西南，瀛博之野，爲臨清、堂邑，過灞而爲惠、會通河，則盡豫、兖、青、徐四州矣。境上之水，入河絶淮，至大江止，二通之利博哉。然灤居東北，將遠漕不果；御在東南，則常漕而行焉。先御後灤者，所以重漕也，衛及漳衡在其中矣。兖、濟、楊鎮，無非漕道，而故道依然，北海爲略爾。豈若龍伯波臣，莫知其鄉哉？故避之而不行，非會通則陸矣。是會通視惠通爲博者，無所因而創，有所利而垂。其在今日，尤博也。作《會漕》。

燕俗編敘

理自天而風生，情由人而俗成，理約情制而教化行。郊社本於豺獺，燕饗本於窪燔。

因緇布鹿皮之冠，而婚以媵也；因虆梩瓦棺之喪[一]，而葬以殉也。其初風龐俗野，末則質疏禮裯矣。夷狄達中國久，則慕華風，矧居之者乎。代有元魏，慕容於燕，干戈相尋，甫變奄没。唐末雜胡、羯，五郡胥夷矣。遼國本箕子，條教雖廢，流俗不無微存焉。然巫覡儺蜡，雖近戲而若狂，在禮所不廢者，古有所受之爾。推移至於五季，遼則取之石晉，胡主相承，禮節蕩然，乃未嘗無儀者，因俗苟美，緣情制宜，文理其庶幾乎。故再生柴册，可略存於編；而鬼箭瑟瑟，則顳存諸此。不没其初，美惡從焉。金俗存遼者少，而義取爲多，用夏雖未盡美，變夷亦可觀者。蒙古自朔漠，混沌有未鑿。拜天視豺獺豈殊，無酒非窪燔奚以。相安於其故儀，何有乎哉。洎取燕、汴，滅宋統一，禮浸以備者，郊廟朝饗耳，而婚葬依然，况雜西僧乎。總三國之風，雖不盡巫而居多焉，蒙古其甚矣；列官之僭濫，遼、金奚有哉！

燕譯編敘

史自遷、固以迄晉、唐，其爲書雄深浩博，讀者未能盡曉。於是裴駰、顔師古、李

[一]「梩」，底本作「視」，今據《孟子·滕文公上》改。

賢、何超、董衡諸儒訓詁註釋，然後制度、名物、方言、奇字，可以一覽而周知，其有助於後學多矣。遼方初興，與奚、室韋密邇，土俗言語，大概近俚。至太祖、太宗，奄有朔方，其制雖參用漢法，而先世奇首、遥輦之制，尚多存者。子孫相繼，亦遵守而不易，故史之所載官制、宫衛、部族、地理，率以國語爲之稱號。不有註釋以辨之，則世何從而知，後何從而考哉！今即本史，參互研究，撰次遼《國語解》以附其後，庶幾讀者無齟齬之患云。

燕幸編敘

蓋自風氣之異，宜長城以南，多雨多暑，其人耕稼桑麻，宫室城郭而居，用車馬以戒不虞，蒐苗獮狩有常經；陰山大漠，多寒多風，畋牧而給，皮毛而禦，車帳鞍馬，靡有寧歲。豈非天時地利，南北之所限者哉？遼起松漠[二]，浸包長城，違寒避暑，各乘乎時。有捺鉢之衛，有擊鞠之朋，名曰習武，衆穉且狂。乃置五京、南北院，將以控制我諸夏。時逐捺鉢、擊鞠無常，馳騁林灤爲苑囿，而京院若虚器矣。太祖經營四方，雖日

[二]「漠」，底本作「横」，今據《遼史》卷三二《營衛志中》改。

有所不暇，其射龍可謂獨雄，餘勇以暴熊虎。后妃往往亦長騎射。傳世九君，靡終正寢。若穆之無度，倖免於亡國。迺女直始終娱之以鷹路，而頭魚尤厲階，竟以魚獵亡焉。然宴飲合懽，射柳爲禜，卒成於戲，莫非盤遊也。惟居曰御，而出曰如，祭奠之所謁，征伐之所次，行在至止，豈爲無事哉？臣民所仰，其可弗審乎？粹而校之，孰多孰少？史援司馬《封禪》例，作《遊幸表》爲鑒戒。兹統羅之曰幸，以周山川之域，以維京陵之紀，而棟宇亦可概焉。但彼大事則在鷹犬，外國部屬貢獻駝馬，乃其常者，不登，而登者以奇爾。若我諸夏，簡師選徒，司馬門以令封圻，部刺史以督封疆，古法通其變，今弊革其常，毋耀容聲，必鼓氣志，節捺鉢以製陳，間擊鞠而超距，兵何患不壯且精，於醜虜有何畏焉！彼之常取勝者在我，則因敵可以應變矣。

燕巫編敘

嘗游都下西山諸刹，發藏典而摩碑碣，遼、金佞佛不如蒙古，及覽紀傳，益信其然。而胡人之好鬼，則自遼、金然矣。怪事宜多，史多闕之。若孩里夢入宏廠，王鼎揭舉空中，石魯召巫以求嗣，玄素片楮而治瘧，皆怪事也。於是下有然身焚指，上則飯僧受戒。或鑄佛建寺，或印經禱祝。行師而先厭禳，僧人官至司空。名山巨川，加以位號；五嶽四瀆，咸有封爵。意固期其報應，中亦嘗有奇中者矣。然鬼神叵測，吉凶前定。使臣焉盡道如伯雄之對，海陵而能行其言，奚至於殺身；使君焉盡道如世宗之諭，宰輔而能其守其言，奚不以永祚。禍福豈在於祈否，惟上好下必有甚。小者自多以求利，大者挾妖以作亹。觀今之世，尤可監戒。金之亡宋也，宋誕有郭京；元之亡金也，金誕有麻帔。二者或脱或殺，其當國者可哂矣。《語》云：「國將亡，聽於神。」至於假神者爲聽，而國不亡何待哉！

燕史辨[一]

三仁辨

嘗追三仁軼事，而于《史記》可異焉。《周紀》：干殺，箕囚，而太師、少師奔。《殷紀》：微去，干死，箕奴，而太師、少師奔。《宋世家》：箕不忍彰君惡，而佯狂爲奴。干見不以死争，乃直諫而見殺。太師、少師于是勸微奔。不惟異孔子所次，其自次不倫亦甚爾。夫賢者重所死，干何无罪而獨先，則箕亦可以去，微至是而奔，晚矣。微去而干死，箕諫，必不免焉。箕奴而干死，微諫，必不免焉。君惡益彰，淪胥以亡。不諫而佯狂苟去，是二子所必不爲也。觀《微子》篇，則太師、少師無遺言，皆自靖自獻於先王。即不死于諫，不可謂之不忠；即不生于奴，不可謂之不智。而乃許元子，以先王重器自獻于異姓，自好者爲之乎？蓋三諫不聽，則退而待放。古同姓之危不去國，苟

[一] 按：下編燕史辨三篇，輯録自郭造卿《海嶽山房存稿》卷八。

無君命，其何之？《書》云：「剝喪元良，放黜师保。」乃紂爲至親，未可辱以囚奴，聽其去位待罪，出王都而歸于微耳。既免僇辱，使君無殺兄之名，幸矣。則爲社稷自愛，曷敢踰國以奔命乎？幸吾君之子在，其器有司存。不幸而必有歸，則在周不敢知也。湯仁不廢禹，則武必不絶湯，雖憂國之亡，而不憂祀之殞矣。竊抱而亟逃，以求爲後于周，何爲者？且既先奔以入周，何又云克商而面縛乎？或言爲祀以請庚，故甘俘辱而不辭。然箕囚，武靖其宫，未聞如此之伏辜也。矧象賢之元子，既遜荒而如此，且以祭器聽命，則俾之爲後，所不辭矣。尚存紂之昏幼，置三監以防之乎？惟故君之子在，微必讓而不居，且其存亡在感，不忍朝殷而暮周也。姑仍其故爵，投宋以主桑林。非下車不暇訪，及遜荒不能致，先釋囚封墓，而恩禮未之及也。迨庚戮而代祀，則夏嘗爲殷之客矣，故尊爲賓恪，爵之以上公，斯禮隆而義正，微之去就可全焉。当微去而君有大過，箕可復去而不諫乎？紂謂但去之不足以拒諫，故又囚奴正士，將以賊虐諫輔也。干若未死，奚懼死，而佯狂奚爲？諫者臣職，奴則天威，故曰爲之奴，豈自爲者乎？奴既不得諫，諫而至于死，惟自靖以待誅，敢儌幸于或釋，而以二子爲無益，必求全以傳道乎？幸故君之嗣存，元子又足以待變，我罔行遯其奚爲？但甫釋而决遯，則难矣。乃訪我以彝倫，實天下之達道。天賜禹以傳世，國之存亡不與焉。謂其不忍言殷亡，或然。謂其忍死以爲道，非也。彼東夏之尹，克商十年矣，書《子微子之命》，不以宋臣之白馬而尋冠，仍稱殷之元子焉。故十有三年稱商祀，或因箕子以爲辭。王稱以箕子，則不改殷舊明矣。箕子遯東夷，猶太伯荆蠻而自棄于外國，武因而封之，不責以臣禮。或來朝如微，而若《洪範》之訪，可也。是箕子之去就，視微不亦明乎？史乃誣箕佯狂以自奴，而其誣微爲尤甚。本逢伯詿楚子受許男之降，借是以釋之耳。遷遂據而爲史，豈不謬哉！故爲《三仁辨》者，當如孔門所論次。而善言伯夷者，莫辨于孟子，謂其得百里之地而君之，皆足以朝諸侯，故以匹夫爲百世師，尚存其祀于故國。況以箕之所以君朝鮮者，使當紂惡未稔，而武庚圖存也，則中興共理，不反之掌乎？然意其隱忍而爲此，則亦非所以知之矣。

夷齊辨

尚論夷、齊者，當觀之三仁。三仁與殊，爲臣殷爾。既尊尊親親，居元子、太師、少師，不能易位而去，不能潔身而奴，不能匡君而死，其同仁焉，何居？蓋死生大矣，而莫難得死。故微、箕議去留，干未嘗有異辭。微曰「耄遜于荒」，箕曰我罔臣僕，干曷曰必死于諫乎？夫諫非臣之幸，必不聽乃去。不幸於去者奴，不幸於奴者死。死而君臣艴然貴戚，則國可知矣。儻死者與之奴，奴者與之去焉，其有去而請奴、奴而請死者乎？非惜身也，爲愛國也。奴而周戢于西土，尚爲其諫之或悛；死而兵觀于孟津，則知其言之始絶。是身關國之存亡，寧忍以死而塞責哉！觀《戡黎》及《微子》篇，祖伊但警紂，曷嘗以咎周。微、箕傷殷之必亡，未嘗忌周之必興。苟可以無死，干其有以異乎？蓋君爲社稷，死則死之；非社稷，而死之謂何？必君命無所逃，斯蹈仁而死矣。二子何必同况于夷、齊乎？身非貴戚，何以死爲？若任綱常，懼亂賊，自軒轅放伐以來，三聘五就爲己任，乃壞綱常之俑，爲長亂賊之階矣。彼卞隨、務光者，其義不已高乎？亦有疑其誣者。乃不疑于夷、齊，豈未觀之三仁，及乎孔、孟之旨哉？孟言非其君不事，避紂居北海，以待天下清，將就文王而養老焉。孔言餓于首陽之下，未言所以餓而死者。且稱之曰逸民，寧非不降不辱，因避紂而餓乎？史從爲之辭，而有叩馬之諫及《采薇》之歌，以死于不食周粟。則會朝清明，非其君而天下清，不可待矣。亦有言其遜國者。史竝採之爲傳。孔何以稱泰伯，而不少及乎此？若以齊景竝言，因衛君而問也。觀彼之得國，則此失國可知。然好名能以千乘讓，爲聖之讓而何怨？故稱是用希者，謂不念舊惡而已，其所以失國，未嘗言之矣。蓋紂醢九侯，脯鄂侯，囚西伯，皆有國者也，而孤竹無聞。世多以爲讓，事之有無不可知，而於諫伐乎何有！故孔謂求仁得仁，而有可有不可。孟謂聖之清者，若隘，君子不由也。然風爲百世師，廉頑立懦而已，皆未嘗言遜國，而況於諫伐乎！聖賢所論如此，它不敢知之矣。且史於伯夷，削大老之事。其《齊世家》尤譎，故讀者疑之。善爲之辭者，蓋有三人焉。王充曰：「太公、伯夷俱賢也，竝出周國，皆見武王，太公行耦而伯夷操違。」羅大經曰：「鷹揚、叩馬，其道並行而不相悖也。處東海之濱者，進以功業濟世；處北海之濱者，退以名節勵世。豈故相爲矛盾哉？觀伯夷之諫，太公曰義士，可見矣。」唐順之曰：「夷之歸周，歸文王也。文王終身事殷，故夷叩馬而諫。夫子稱文至德而未盡善，于武則微意可知矣。夷不嫌于同其父而不同其子，亦不嫌于太公始同而終異也。」然則遷之説，亦未可以爲誣哉。按太公爲大老，興渭之年可考。而伯夷共稱焉，乃其年則何如？詎鷹揚獨遺乎一老，下車不聞有異典。儻扣馬有是事也，既知其爲義士，豈以爲紂之所播棄，而以同於頑民與？然嘉亡國之守節，三代以下主能之，況十亂克廣德心，而武王之稱義主哉！若叩馬無是事也，然有讓國之義在焉，則天下惟二老，太公何忘于斯？即未嘗與同，事亦必相聞矣。下車不表此，而表者何人哉！夫既同避於亂世，而不同出于清時，則或當就養之後而年不待，或當文王既没而歸首陽。影響無傳久矣，故不見于《周書》及孔、孟之言焉。必如史所云，則以三仁而論二子，彼諫而戮者，本出於不幸，諫而餓者，實其所自取，意之也，非仁也。故孟言夷、尹所同，《淮南子》謂異道同仁者是也。乃於龍戰之郊，而抗鷹揚之師，非惟勢所不行，於義毋乃不可乎！謂始與太公同其父，而終與太公異其子者，心雖不可知〔一〕，事則未嘗有也。其可以事所無者，而斷其心之必有哉！愚故不敢舍孔、孟而爲之辭。

大寧辨

今言大寧者，率謂成祖畀兀良哈，蓋未之考耳。自山戎至蒙古，惟東北阻一隅，至大明，乃悉歸版圖。洪武二年，即以徐中山經略，遷山後于内地。時殘胡未殄，姑視此爲甌脱。及宋、涼二公討虜，由喜峯以翦東西，乃命潁國編伍立衛，分藩王以重鎮，掎角而鼎立焉。又守以外夷三衛，置在羈縻間，仍逐水草，就我糧餉，與中土編謫雜居，營戍諸屯。寧藩既襲，環衛有其故種，靖難藉以爲先驅，且順戍卒歸情耳，未嘗盡舉三衛而行也。三衛其時畔援不朝，負固觀望，爲我後患，姑撫而俾勿撓。永樂初復來朝，仍設衛如故，詔其鎮守邊境，世居本土，安其生業，曷嘗以大寧畀之乎？宣德東狩喜

〔一〕「心」，底本脱，今據下文補。

寨，守臣報虜侵邊，入大寧，經會州，將入寬河。則是大寧爲我邊，而會州、寬河爲侵入矣。我駕至寬河，虜以爲戍邊之兵，則我戍常出大寧可知。蹕自寬河至會州，命搜山谷，以擣虜穴。歸發鐵將軍店，三日乃入喜峯。則自會州而西，皆我大寧故地，虜未嘗敢穴入也，明矣。時歲出哨捕山賊，而至十八盤。對敵次年，即燒荒以阻其駐牧。未幾，正統入寇，而甲子出塞，踰灤，經興，過神樹，至全寧，次虎頭山、流沙河，孰非大寧境外乎？尋燒荒至廣平山。時朶顔方衰，我衆既大掠，結怨而不設備，故彼陰結北虜。我鎮臣不能離其謀，是以有也先之寇。彼棄本衛從之，及也先和而復歸衛，不過邊外出沒耳。景泰方勗勦，肅愍羈縻之，恐其煽虜为熾，不得不姑禮納焉。天順辛巳，《一統志》成，言三衛爲東北外藩，則内藩我大寧也。棄地以畀，其説未之前聞。但營、興諸衛既移，其貢道必由此行。我無營壘守望，彼既隨逐水草，漸侵入内地。我之燒荒日近，哨捕歲久不舉，又視若甌脱，彼遂整居而有之，非奉明詔而畀之也。至成化末，進《衍義補》者乃曰棄與，由於傳聞耳。弘治馬端肅遂云，移大寧都司，以其故地立三衛，益訛矣。今所駐牧者惟朶顔，因密邇，侵牟而據之，泰寧、福餘何與焉？若謂永樂果以大寧與三衛，則彼二衛皆有分地，豈甘自屏廣寧外，歲借路于朶顔哉？是後語大寧者，皆弗黐然遠究，第以訛承訛，而不知其關封疆者甚大也。昔宋、遼争黄嵬界[一]，劉忱、韓縝不能決[二]，沈括閲樞密故牘，指石長城爲界，距所争三十餘里耳。帝喜曰：「大臣不究本末，幾誤國事。」以問王安石，對曰：「將欲取之，必故與之。」于是召畀契丹，東西實失七百里。而議者云：宋之南渡，不在汴梁之括金，而在分嶺之畫界。安石冀望未獲之石田，不惜守成之要地，爲惑矣。今以不畀曰畀，《會典》三修而不考，職方司存而不知，儻如契丹之盛，以黄嵬而索宋，又如完顔之興，以盧龍而拒宋，至執以爲兵端，且以我制書爲據，我則何辭與争哉？嗟夫！知制誥者，有究心如沈括乎？或曰：文皇既不捐大寧以畀虜，而乃移都司于保定，何居？噫嘻！當遼兵殘蹂而四郊爲墟，藩封既徙而三衛未朝，諸種從征者，不願歸故部，業已散之中土，且攜其黨與而居矣。編謫既許返其故廬，而復驅之歸于故衛，則失信而憤怨，其衛命可勝虞哉？故其地遂墟，勢不能更召募而戍，則衛雖欲不徙，其誰與守乎？故夏難靖，而於是冬即移衛而移民。則揆彼時勢，非欲取而爲故與，襲前宋之弊策；乃暫移而將復置，追皇考之訏謨也。故鳴

[一]「嵬」，底本作「嵬」，今據《宋史》卷三三一《沈括傳》改；以下徑改，不注。
[二]「忱」，底本作「忱」，今據《宋史》卷一五《神宗紀二》改。

鑾鎮之諭，滅殘虜而守大寧者，非既畀而復悖之，本我地而我守之耳。乃掃犁甫定，而榆木變作，使尚未晏駕，寧置此不講哉？所可惜者，宣德輔臣，遠棄安南，近棄開平。當英、武之朝，不能贊成先志，喜峯凱還而已矣。土木之後，其誰爲遠略？史臣不究本末，遂舉而筆之書，曰棄曰與，至使成祖以犁庭之勛，反被失險之憾，不可爲長太息哉！至嘉靖初，乃沿而爲論。武選郎曰：國初設分司，封寧藩，與遼東、宣府聯絡，爲外邊。已而魏國經理，自古北至山海爲内邊。靖難，乃盡棄外邊，以與三衛爲藩。不知寧、遼、谷封，皆魏國既薨之後。且均一王子耳，何内而何外乎？當山後未遷，皆内地也。其外邊、内邊，以語永樂則可，而以語洪武、魏國，何可誣哉！自分邊之説又誤，三衛永若河套矣。職方郎作《考》，以泰寧、福餘爲足憂，而以朶顔據險爲足恃。虜必不能越三衛，而南禍平、灤諸州，且決其不能入古北口。又謂棄太寧雖非成祖初意，其不甚惜者，爲在乎詒謀耳。自二郎之説出，談邊者以爲指南。武選以至制府，兩督薊門，而竟無大建白。職方撫畿南，朶顔折于北虜，導之入古北口，首勤王見戮，無辜而稱愍。是《考》爲國家遠慮，而不知即其身近菑也。平、灤後禍尤慘，《考》豈亶其然乎？後惟墩院修，而以外邊視關口，及于墻臺繕，則以營堡爲内邊。自關墻而出隍塹，胥曰此魏國之外塞，永樂畀之久矣。今孰敢務外啓釁，如王大用乎哉？嗟夫！大用謀城霧靈，不知已畀復取之非。文錦之堡大同，曾銑之廓河套，其僨事皆有所由。今失於深考，而第藉口以爲戒，不亦謬乎！凡以邊功封爵者，驗封亦以考名總之，本不揣而末益迷。愚故竊有感而寤嘆，豈曰好辨之云。

燕史論一〔一〕

樂毅論

樂毅何若人？論之者兩端。言破齊决必勝，二邑無任久矣，乃邁全德而率列國，則庶幾乎湯、武。又有議其惡能王，下齊，不首禮賢盧，封咺舉之墓，興亡宋之墟，專仗兵威，凌轢恐喝，以屠邑而脅王蠋，遷鹵器而植汶篁，及莫服乃寵愚之，此二城之所不拔也。要之皆不免於毁譽，豈兵家之機權乎？是師本爲復仇，藉四國而舉，亟深入以乘其叛，淖齒内亂而湣自耘，豈非行天之威，疾雷迅電之勢乎？齊初討罪，民避水火，益深而熱。我師一洗，仗義有名，宜反所爲。而王實親臨之，必求以泄其憤，非毅之所得争也。及王歸，威怒霽矣，故齊民莫不悦其雲霓之蘇而霜露之節乎。若夫二邑之不服，

〔一〕按：下編燕史論一，凡二十二篇，輯録自郭造卿《海嶽山房存稿》卷八。其中《祖逖論》一篇，《存稿》有目無文，今不録；《劉先主論》《劉琨論》二篇，《燕史》抄本已有，郭應寵收入《存稿》時有所删改。

行百里者半九十，乃貫兕甲之魯縞，破錯節之盤根也。即一田單，賢十萬師，况舉宗之人及五千壯士在。儻輕與之決，鄰師已退，孤軍深入，曠日持久，鋭士死，中士傷，十百其圍，而城不拔，輸梯翟帶，皆勍敵也。毋論即墨饒，莒雖至小乎，一旅興夏，三户亡秦。王孫賈年十五，感其母一言而呼，市人四百，袒右以誅淖齒。齊之亡臣又求太子，立於莒，雖棧道木閣未迎於城陽，而人心既屬之，尤重於即墨焉。二城負海，背水爲陣，則將軍心有死，士卒氣無生矣。况通夷島，道尚未窮，燕乏舟師，無能坐困者。時從王者必王孫輩，既有王爲重以號召，二邑相犄角而爲守，雖有善攻，且誰何！燕將守聊城，田單且不能拔，况加王孫爲守，毅敢以易與耶？雖彼勢將陷，而我師亦老。况求助于倍地之秋，則妬之者未必與；求救于危城之日，而憐之者未必却。時秦且召燕，非昭莫之支矣。毅方狼顧之不暇，而能壹意逞志，必滅此而朝食哉？且國新喪主，鄰將生心。即先王没，無間，猶當歸輔社稷，以彈壓其四封，矧聞太子之不快乎！故使當是時，單不間，劫不代，吾亦有以知二城之不能拔也。何也？四國不我助，則彼不可以猝降；四國儻彼救，則我又疲于奔命。毅在而單固無所用其智，單在而毅亦無所畢其技。然則竟如之何？爲毅計者，或以根本爲重，姑釋圍而善返；或如子反逼宋，後退舍而與盟：其庶幾焉。然戰國多奇，安知無如仲連先生者出焉，爲排難解紛，睦而可媾乎。

誅夷既極，燕憤盡雪，堅守數年不下，齊臣節亦見矣。君已自立，城爲之全，奉命而歸，剖地而退。其七十二城，毅不能以盡取，單不能以悉復。如奕秋敵手，各斂局而稱國已矣。後之諸葛、司馬，爲蜀爲魏若此。故毅去而齊復，亮死而漢亡也。

荆軻論

夫燕亡不專於軻，其速敗殞宗，緊誰之殃歟？當其未發，本待客俱，一激而往，爲術可知。副以舞陽，奉圖變恐，它人且熒惑之，況怛中之主乎？然宋司馬論之，爲白公勝之流，非也。白公爲父仇，因以洩其憤。其勇士石乞等，殺令尹，劫高府，自爲王而伏誅，脅君罪固重，事亦成乃敗。丹且效曹沫之舉，不知始皇、縮、劫，非桓公、仲父比，能保其盟之不倍哉？即刺而殉之，君死國未亡，則扶蘇、蒙恬爲燕昭、樂毅，豈但如楚之徒，攻殺白公而已乎？丹但儌趙之幸，而不知軻之術，非藺之完及遂之穎焉。其時有監門侯嬴，薦朱亥於信陵，晉鄙軍奪而趙以安。舞陽一豎子，用之若亥，過矣。亡何，韓孺子有博浪之椎，自滄海君得力士，不過舞陽類耳。而滄海君非神人，則講於劍術者也。蓋聶論劍，目攝軻，又爲句踐怒叱，皆不折節而去，較乎進履，邈矣。夫軻不自脱，況能脱舞陽？倉海君能脱孺子，孺子又能脱力士，其斯爲劍術乎？誠講不講之辨也。嗟哉！秦讐未報，田光、於期待之於地下，軻其何爲辭？丹敗匿衍水，卒命而或悔，則鞠武、田光，又何辭於丹？世所深爲恨者，樊將軍不瞑耳。然既稱劍俠，烏論乎成敗哉！秦政雖暴，亦天子也。軻刺之而斷，盜窘之而殺，誤中副車者，第幸而脱耳，乃以高漸離之狎，而亦不中，天乎哉！彼燕市狗屠輩，未嘗見客，太子於燕有何德者，而竟爲燕士死志，亦較然不變，此亦丹得士矣。刎樊將軍亡，太子不忍棄之，而自願刎首，以雪腐心之耻，視之魏齊，所刎不同。太子、國俱滅，何有于將軍。使抉眼函關之上，二十年而秦亡矣，其名乃千秋知之，寧非太子之故耶？

盧生論

嗟兹其記秦乎？蓋亦盧生傳也。秦亡，其族者皆五國中人。燕有韓、臧繼王，而非丹之裔胄。召平輩雖召伯後，鹿鹿無能爲義首。世每以此爲嗛，不有盧生者乎？秦之取亡，大端有五：巡游無度，求藥海上，男女無辜，沈淪異域，博浪、蘭池既窘，猶聽微行不止，其亡徵一也，而二世托之以示强焉。因亡胡之讖，興長城之役，斷地脉，殘民力，益發謫徒，莫不思亂，其亡徵二也，而二世托之以屯戍焉。獻辟鬼，覬真人，宫觀滿雍、渭，甬道連吴、楚，梁山之語一泄，傍人無得免者，其亡徵三也，而二世托之以阿房焉。因方術之求，乃燒《詩》《書》百家語，愚耳目，非聖賢，殺誹謗，坑儒生，而專尚法律，其亡徵四也，而二世托之以誅戮焉。以鬼神事，禱周鼎，赭君山，石隕東郡，山鬼獻璧，夢與海神戰，以射殺巨魚妖孽，吉凶不悟，其亡徵五也，而二世托之以齋祠焉。凡斯亡徵，誰所爲？莫不本於盧生。蓋有男戎，必有女戎。晉以男勝戎，戎以女勝晉。燕之亡秦，何以異此。夫兵豈以衆寡哉？但主於必亡而已。秦以千萬人亡燕，不爲多；燕以一盧生亡秦，不爲少。較之於五國，又得乎奇正。正多則不可克，奇少則不可測。昔蘇氏兄弟，爲燕敝齊者，以宫室、苑囿、厚葬、佳兵耳，而盧生加之神仙。雖本非爲燕仇報，乃天假手，俾之惑亂極欲而不知所厭。故賊在左右不知，然後客死嗣移，以不肖而易賢。趙高因此襲其術，子嬰無所用其諫。驛騒遷徙，輒以數萬人不安土，歲無寧日。故閭左之屯長因漁陽，囚徒之亭長因酈山，乘願偕亡者起，遠近四呼響應，奪之若轉閉錘。尚以狗鼠不足畏，至於鹿馬莫辨，而視覆轍益甚矣。首于三户，從以六王。壅蔽極不可掩，必懼誅而行弑。人知望夷幃幄，爲閻樂之所射；不知盧生之匕首，寄於蕭墻有日矣。奚俟揭竿而叩嶢關，列炬以爐咸陽乎哉！故不曰亡秦者胡，而曰亡秦者燕；不曰亡秦者燕，則曰亡秦者盧也。其圖書奏於生，不無寓意其間，儻非昏迷之主，第爲盧胡一笑耳。然君徉而臣亦徉。叔孫嘗詭對免禍，施之于秦，可爲過乎？故徉狂非詐，要盟不信，聖賢且爲之，于盧生乎誅哉！世方弭口不敢偶，彼獨危言而不避，所云候星气三百皆良士，莫非避世宫庭中。生乃托仙藥去，索之則不復得，其智於侯生多矣。安知其为何如人！人亦何必知之也耶！

李廣論

燕塞多壯士。竟武之世，王恢既殞，郭昌、李沮足道哉。惟客將奮勇，衛、霍擅其雄焉。古言士於功名，匪止才能，亦有遭際，此數奇天幸之論也。郝賢建侯于上谷，遂成食邑于雲中，天幸有此，無論衛、霍。史於李將軍，特憐其數奇。吴賞不行，一官絶塞，景既刻薄矣，而武苦之太甚，豈皆其戰之罪哉？故不以成敗論焉。然其所以不侯，恨在隴西殺已降，何至北平，尚追殺霸陵尉乎？尉雖醉言，法固是也，將軍何罪之深！苟如望氣者言，於尉無歉心不？王大行以債誅，帝不以太后言赦，鴈門太守以畏愞棄市，其嚴如此，而所詔將軍，宏矣。將軍七爲邊太守，始上谷而終北平，雖入爲郎中令，常出北平、鴈門間，而於東道習之矣。乃至於失道，非數奇而何？三子皆爲郎，當户擊韓嫣之不遜，帝以爲能，蚤死。拜椒爲代郡守，先父死。敢代父爲郎中令，而以報父死。當户遺腹陵，帝以有廣風，至於陷虜，非戰罪也。儻戰死如成安，則名全而族著，上也。

其次如浞野，帝亦未必即忍死。陵乃將如曹柯，欲得當以報漢，乃竟以赤其族。自遭衛、霍到殺以來，至是數奇者三世，軍吏言威振匈奴，天命不遂，豈虛哉！至使隴西士大夫，而以李氏爲媿，則陵歸無所，曹柯心灰矣。故殺緒以見志者，明非教匈奴兵也。斯可報地下，以見未死之有以，且明步樂不誣罔，使司馬有面目復上父母之丘墓。乃不死，其奚爲乎？乃爲匈奴追漢軍至浚稽山，轉戰九日，不利而還，或不得已而然。昔無面目見陛下，曷可辱于新朝。既見刀環之招，遂甘胡服椎結，豈痛李氏不血食，將如蘇氏有胡子耶？子竟不得如通國歸漢，後或爲拓跋之先。將軍豈爲胡地鬼，必以爲媿不食矣。嗟夫將軍！傷哉世也！當帝未崩，三代如斯，豈非道家所忌，抑亦殺降之報乎？不惟其時哀之，天下皆爲流涕。今弔燕之故塞，爲上谷、北平二守，而虜不犯者有幾？勞苦且當十世宥，乃竟使後爲胡兒種焉。况陵望鄉臺有故跡，能不为將军潸然耶？抑又憐陵以国士，奚甘永棄于絶域。子卿、子長、子孟，三子不忍與之絶，豈其罪雖通天，而風有動人心者乎？故其戰功已白，非燕塞不詳，而具其所没胡之故，後之士大夫有憐焉。

匈奴論

有觀古人得失，而究漢家成敗，謂進取者其科有三：有謂數往數來，擾彼生息，伺其怠防，可以得志者；有謂卷甲輕齎，疾馳力戰，迅雷不下，不及掩耳者；有謂方軌巨轍，結陣而進，無堅于前，無陷于後者。是古人皆行之矣。彼稅我駕，彼駕我休，一歲之間，至九奔命，巫臣之所敝者，擾也。疾走藍田，直入武庫，擊鼓縱金，從天而下，亞夫之所制者，迅也。六十萬衆，壁于荆疆，飲食休沐，視可而進，王翦之所并者，衆也。然皆施之吴、楚南服，以之而出北塞則難。擾之者，以田産室家、桑梓禾稼之顧惜也。胡俗射獵爲生，水草是逐，師雖勤于迭出，彼何急於奔命。矧數舉數煩，我鋭斯殲，所謂先自斃也。故五威不罷，而莽以亡矣。迅之者，以間諜鄉導，地里險易之素知也。漠北沙磧确礫，山谷邃密，師雖飄忽，勢難并驅，孤軍深入，轉戰不繼，所謂遺之禽也。故博德不進，而陵以降矣。用衆之利，以十圍可以墮堅，五攻可以更駕，棲畝可以因糧，即邑可以休士也。虜騎北徙，動輒千里，畜牧既行，赤地如掌，欲戰不獲，欲進不能，士氣日衰，糧食日乏。故廣利悉力于郅居，而師卒自盡于重塹。是施之中國，一戰之捷易立，而伐國之功難成；施之外夷，保險之要易求，而出塞之畫難講也。論者固然矣，其有不然者。衛、霍之爲將，每出以取勝，度幕輕留，使北輜重，得積粟，燒其餘，而幕南無王庭，是擾之之利也。大軍以正，驃騎出奇，輕齎輕勇，直棄別出，數百里趣利，不聞其對敵，是迅之之利也。然各五萬騎，及車重兵轉數十萬，或輕騎在前而武剛在後，或常選力戰而士不離傷，非用衆之利乎？於戲！善于通變者，擾可也，迅可也，用衆可也。否則，爲莽、爲陵、爲廣利矣。兵何定形之有哉！然用衆莫嚴于轉餉，衛、霍踵軍數十萬，且取食于敵，而糧不絶。迅莫捷于用間，范明友擊匈奴而襲烏孫。擾莫堅于屯田，趙充國耕金城而斷羌、胡。此皆轉客爲主，善之善者。至於明、和之師，度遼將軍伺其南北，不藉于屯田，則不擾之擾也。春夏興師，非時不測，而非以用間，則不迅之迅也。所用衛郡卒少，而多以夷攻夷，未嘗不完師歸，則用衆而非衆也。是舉人皆病其過，然論所舉之善，前後勝算，孰如之者？兵何定形之有哉，難乎定論矣。

曹操論

魏之篡漢，雖黄初哉，自操不帝虞始矣。漢宗賢如虞者，且不之帝，如表、如焉，其能爲有亡哉？第北面西向，其言猶在紹耳。而諸侯思漢未衰，天下未可定于一，故且挾天子以令群雄，而恐喝其雌伏，則拚飛惟我矣。惟紹虎視四州，彊盛莫敵，既滅誰何！而偃然跨幽、燕，領冀牧，加魏公、九錫，遂稱王而儗天子。曰：「天命在吾，吾爲周文王。」何忘平生之言，不稱漢之曹侯乎？史謂其没身猶不敢廢漢，豈其志之不欲哉？漢之風教猶存，畏名義而自抑耳。噫！果名義之是畏，則路馬不敢齒。乃投妃殺后，至夷后妃之三族，莽、卓所不敢者，爲之皆自曹始，而弁髦乎何有哉！第密詔之誅雖慘，而謀未必絶；萬人之敵未殲，而鼎猶三分。且存之以挾吴、蜀，蜀亡吴必自服。吾爲武而子爲成，於舜、禹思兼之焉，彼心何臻！宛其死矣，猶假妻妾以欺後世，縱風教之未泯，而可與操論哉！

劉先主論[一]

王者名世之興，以五百年爲期。姬周而來，燕千有餘年[二]，而先主自涿興[三]。然帝震于東北[四]，而鼎定西南，何也？蓋於《易》爲坤，承天而時行，東北則喪朋，西南則得朋。故其之沛之荆，爲豫爲徐，不利；及至于蜀，若蹇而解上六，斯利矣。乃如坤之戰，何哉？漢興，高祖自沛入關，爲項驅而王漢中，因以養民致賢，則自西南得朋始。及出而爭天下，由雒陽都關中，至于用九群龍無首，剛而能柔，牝之貞焉。漢末，先主

〔一〕按：《劉先主論》，原爲上編《燕史·燕雄記二》卷末「郭造卿曰」，郭應寵收入《海嶽山房存稿》卷八。
〔二〕「燕」，《燕雄記二》原無，《劉先主論》補。
〔三〕「而先主自涿興」，《燕雄記二》原無，《劉先主論》補六字。
〔四〕「然」，《燕雄記二》原作「燕」，《劉先主論》改。

自涿而沛，入荆謀蜀，以王漢中，而失乎荆，則不復過沛，而視涿鹿爲異域矣[一]。乃關、張相繼而殞，所得東北朋喪矣。非上六之陰與陽争，兩敗俱傷而玄黄哉？故爲帝而稱龍，猶未離其數，與魏、吴血戰，相繼以亡于晋。天地之雜象如此，是乃三分之業也。

孫權論

夫漢亡，燕屬魏、晋矣。篡蜀後吴而何哉？蜀乃燕封之裔，遼亦稱燕通吴者。魏捕漢如螳螂，而晋爲之黄雀；吴與蜀相鷸蚌，而晋爲之漁人。然葬人之腹吞舟，歐雀之翾凌風，且將睥睨于其間，須臾而五胡作矣。蓋歷運推移有數，世道倚伏無端也。吴先爲漢臣，堅、策忠貞，世表勤王。及群雄各據，乘輿擁于賊區，乃因江表爲外藩，亦觀時變何如耳。故乘東京喪失之後，當西蜀狼狽之前，不挾天子而立，不挾同姓而立，其國豈不爲齊、晋乎？而不能如桓、文，討魏而存漢者，則時勢所在論之爾。建號鼎立，視蜀漢爲東周，能不一問其鼎。則行王政于明堂，孟氏當許以齊、晋，必不以《春秋》罪之矣。而執議正統者，弗論其世，輒誅權爲漢賊，律其與篡而同科，文不已深乎？篡而

[一]「而視」，《燕雄記二》原作「祖」，《劉先主論》改。

又篡，至于司馬氏焉，值吴氏不克荷。則古無不亡之國，奚可于其未亡，即尊晉以黜之哉？鼎雖小而名重，噫！無如負者趨何矣。

司馬懿論

莽之篡漢也，漢兵則誅之矣。惟操免于天誅，雖不免于孫，而所幸者多矣。然天運之當剝也，固以亂賊爲驅除；而天心之有定也，不以亂賊爲監戒哉？故不出五年間，生操而即生懿，俾佐之以隕漢祚，而其祚亦由此殞。雖夢惡乎會曹，而不能以必弗；忌儆于狼顧，而不能以決祛。自此祭曹氏，而權司馬矣。在魏爲六主，在晉爲三世，所耽耽其間者，何啻操、丕之睥睨於山陽乎？當塗之滅，則假于典午；典午之滅，必甚于當塗。魏之至于亡者，非燕王之子哉？燕王昔受顧命矣，奪而屬之司馬。至子奂爲少帝，又避位于炎，次金墉而館于鄴，幸不目抉晉門。當炎后及兒婦諸孫，駢首幽死于金墉，而奂幸鄴未亂，視之牖下矣。若天假以年，使其再觀懷、愍遇害于晉陽，則視鄴之死所何如？况渡江而後，其餘殃之未弭哉！

劉琨論[一]

晉亂及幽，段氏、慕容雖拜藩臣，本夷國也，而浚則賊耳。所恃惟琨[二]，民又樂歸之。一驅于浚，再敗于勒，而至奔薊就夷，并土悉入于胡，身則依于異類，由是乃不克振矣。蓋天運人情，相爲從違，有懷舊德，則恢復成，一弃其凉，鞠躬徒瘁，此萇弘所以化碧，孔明所以殞星也。有於北方岳牧，取幽虞、并琨，謂之漢、晉純臣，以心不以事功焉耳。夫仁足以安流離，而亂不能弭于公孫；義足以解胡圍，而疑不能明于匹磾。匹磾乃心王室，豈公孫若浚者比？琨之不能免者，匪天實爲之哉？然虞天性弘寬，操持儉素；琨之意氣豪侈，爲疾忌所先。虞之初舉孝廉，以修務禮義稱，雖有仁者之度，而優于決機。琨弱齡本無異操，飛纓賈謐之館，借箸馬倫之幕，本佻巧之徒也。豈材具之廟堂，而用違之封疆乎[三]？虞爲岳牧推讓，華夷人士所心附，能使故吏、鮮卑爲復

[一] 按：《劉琨論》，原爲上編《燕史·燕督記一》卷末「郭造卿曰」，郭應寵收入《海嶽山房存稿》卷八。
[二] 「恃」下，《燕督記一》原有「者」，《劉琨論》删。
[三] 「違之」，《燕督記一》原作「運于」，《劉琨論》改。

讐[一]。琨遇時屯以感激，因世亂以驅馳，既去晉陽，自悲道窮，爲之謀報者，乃至于僨事，豈人亦爲之，而天如彼何哉！第虞于上尊號[二]，申大義拒之而已。琨慍令狐勸帝而殺之[三]，其母且知禍及矣，卒以一朝亡親[四]，謂之純臣，可歟？是以琨而匹虞，猶史之以段比蘇也，其所持漢、晉之節則同，而子卿、匹磾有辨矣。

祖逖論（底本有目無文）

慕容廆論

慕容之初也，露宿莽飲而已。至魏，莫護跋向義，從伐公孫燕，而拜率義王，乃知斂髮而冠步摇，非其化向之機乎？如獲居于聖世，謂其德慕二儀，容繼三光，非歟？至廆，總角知于張華，因仇憤以憑陵，飜易慮而請降，至具衣巾見邊帥，無非負簪幘之

[一]「讐」下，《燕督記一》原有「不已而」，《劉琨論》删去三字。
[二]「第」，《燕督記一》原作「既」，《劉琨論》改。
[三]「琨慍令狐勸帝」，《燕督記一》原作「琨丁羣小，慍令狐者爲將勸稱帝」，《劉琨論》删去七字。
[四]「亡」，底本作「忘」，今據《燕督記一》改。

遺者哉！其子鷹揚，勸尊天子，以從民望，人士去洖與段而從之者如雲。遠居遼左，惟晉是輔，藉令胡、羯咸知茲義，二帝烏至于蒙塵，幽并何待于勸進哉！及帝胄播遷，而中拜使奉檄，將迎天子于吴會，圖翦鯨鯢於二京，韙哉斯言，聞之當枕戈待旦往矣。而中朝晏安，裴嶷所鄙，道失在夷，良有以也。其《上陶太尉牋》，王始興寧不有靦乎？如使江左有人，興師而命偕作，豈中原竟於板蕩，正朔阻於華夏歟？至稱王之請，韓恒所駁固正，然漢先主行之矣，况茲尤亟於鼎立乎！故先鞭絶裾，時賢之所爲，求備於慕容，是亦未可與權矣。古要荒之君，雖人土衆廣，而封爵不過子，其常也。如其變，則漢業未定，韓信有假王之請，且躡足附耳從之矣。且夷本羈縻之義，能禁其不自帝乎？况王而請之，乃不忍予哉。太尉之啓，雖尊天室而順夷情，然朝議之未定，可知其無良、平也。此晉之止于江左，而謂其有夷吾哉！

燕鄰記論七則

嗚呼！彼七雄之戰，由三寸之掉乎？然季子敝齊爲燕，弟代敝燕爲齊，不過爲婚姻奪國權，寧顧人社稷存亡哉？雖云兄弟，爲胡、越耳。既敝燕以爲齊，復敝齊以爲燕，以一人而反二國。噲好名而讓，滑喜功以攘，靡不爲蘇氏亡矣。嗟嗞乎惜哉！以兩萬乘之重，而供其三寸資，爲之丸弄蜩掇焉，何異吴、越之爲構？吴通楚而越構，卒俱滅於楚；燕通秦而齊構，亦俱滅于秦。《詩》不云乎，「讒人罔極，交亂四國」，不其然哉？自此則衡重，六國胥亂矣。

燕、齊接，桓之時，齊之覆露燕也，大矣。田氏以降，斯殊不然。齊虚則燕襲之，燕虚則齊襲之，倚伏之勢，相爲循環，要皆得士力也。夫樂毅在而齊亡，本於蘇代之中敝；樂毅去而齊復，不由田單之反間乎？蓋惠之不慧，猶湣之可閔也。故燕昭不死，樂毅不亡；樂毅不亡，田單亦難矣。燕將亡，齊不救，既受秦間，五國亡，乃守西界以圖存。夫秦王連環，君王后尚破之，五國既破，能完乎？誦即墨大夫言，爲之涕既隕矣。倘有田單在，安知秦不爲所間哉？嗟夫！六國亡，其以間一也，未有若齊不一戰者。故齊人之歌曰：「松耶，柏耶，住建共者客耶？」疾用客之不詳也，疾其客之間也。

趙與燕，爲封疆南北，若犬牙然，是誠身臂之類也。宜其深相得也，則前後爲蔽，秦雖處勢形便，垂頭中國，而膺擊無所施矣。夫何日角爲蚘乎？蚘忘其身之一也，兩口争食，相齕相殺，然則兩罷其國，共歸死于秦而已。至嘉與喜，區區之代，合兵上谷，噫嗟晚矣。矧爲秦間而貽書，令喜自齕其骨肉，殺丹以快秦焉，去遷能幾何哉！

漢高帝於戰國，其所尚者兩人。士封樂毅後，過大梁常祀公子，爲置守冢，世四時祀。濁世翩翩爲佳，實惟信陵當之哉。不但賢能多客，所居不敢加謀，其於孤危，屢破強秦，知兵善戰，一人而已。且論秦之虎狼，及親戚仇讐之國，砉然中乎其言，名冠諸侯，不虚也。它之談鋒最銛，皆足以聳世主，求如魯仲連爲天下高，則寡矣。子順承子高，皆不失孔氏風，而與孟爲儒家。其所論秦是也，奚但三晉莫之能違，燕、齊、楚知此，豈至於淪胥哉！故仲連不肯帝秦，寧蹈乎東海。子順亦不肯入秦，皆輕世肆志者，而能獨知仲連，則皆君子人也。魏自文侯開國，即受經於子夏，而師田子方，及式干木閭。其儒風猶存，而言多中倫，故以道論秦，而不專於霸術。儻魏有燕昭，子順以相，信陵以將，何有於強秦！且將坐明堂而朝諸侯矣。

韓在六國雌雄間，而包王室於封域，顓臾在魯何以伐，況天下之共主乎！視若贅疣，本非疾痛，割而潰之，有若癰疽，故先六國。隨之亡者，乃王綱雖解，天綱不漏也。蓋名器之天險既失，地險其有足恃者哉？春秋受兵多，惟鄭以虎牢。韓乃滅而都之，寧不代之受乎？故秦攻晉，而韓尤甚。宜陽，韓之阨塞，實爲兩周屏蔽。晉、楚觀兵率戎，尚不敢辟倪于周。秦之屢攻宜陽，所以窺周室耳。周雖微而地實險，空名猶足以號召，毋論王臣之義，假之亦足以伯。魏將復天子，房喜謂：「大國惡有天子，而小國利之。韓與大國弗聽，魏安能與小國立之？」非也。韓之視秦，小矣。乃即效秦自王，既篡而僭且弱，何以挾諸侯乎？寡助之至，安得不拔。周亡而成皋從，則虎牢之險失，遂效璽稱藩。五國不我救，是咽喉無骨鯁，而唇舌不齒囓，秦吞噬之猶飴蜜也。趙、魏不敢紾其臂，河山自此飽其梟矣，然各隨亡。魏有信陵，趙有武安，楚有項燕，齊有即墨大夫，多以讒誅廢，而項則死之，四國不謂無人。韓非以説而賣土，燕軻以刺而覆宗，且皆送死取僇，固惜二國未嘗有也。然漸離、子房，雖成敗頓殊，而始皇震厥躬。四國乃從之後，以快於其子孫，非二國人先之乎？嗟夫！韓、燕同稱王，燕亡不復矣。韓功未覩其大者，而成、信繼封，雖或殺或誅，復兩侯於漢數世。有謂其存趙之陰德，宜其昌阜而及此。然同滅四卿及王室與鄭，尚有食其餘者乎？或其自有天幸耳。燕自桓侯下，無勞於天子，無誦於生民，甘棠澤將斬矣。而韓乃始侯，至於十一傳，燕猶後視其亡，固召伯之所留。然魯德何以不永，而衛尚能獨存乎？

楚，重黎之裔，鬻熊之封也。受子男之田，以處草莽，亦嘗跋涉而事天子矣。當周夷王式微，諸侯或不朝，相伐，熊渠乃曰：「我蠻夷也，不與中國號謚。」立其三子爲王。及畏厲王暴虐，即去其王。數世，熊通又曰：「我蠻夷也，今諸侯皆畔，相侵或相殺。我有敝甲，欲觀中國之政。」伐隨，令請王室尊其號。不許，乃稱我先爲文王師，自尊，是謂武王。子文都郢，彊，陵江、漢間小國。至成，結舊好於諸侯，使人獻。天子賜胙，鎮南方夷、越之亂，俾無侵我中國。故辟荆山，地逾千里。齊桓問苞茅，雖與盟召陵，其薦食陸梁。伐許，肉袒而釋；執宋，射傷而罷。莊遂問周郊，而鄭伯牽羊以送矣。周裔在江、漢，以次盡滅之。靈將求鼎，祈招以諷〔二〕，其爲僭亂，可勝道哉。至平之難，而昭徙鄀。孔子相魯。王病，卜河爲祟，請禱，不從，曰：「自吾先王受封，望不過江、漢，而河非所獲罪也。」孔子謂其通大道矣。垂没，委國於三弟，五讓乃許而弗受，竟立其子惠王章，始入于戰國表。蓋在春秋之季，固睥睨神器。而其先世，蓽露藍蔞，桃弧棘矢，以共王事。史亦愛其鼎，書以子而已。燕本神明之胄，堂堂文、武之宗也。介於胡、貊，爲侯爲公，貢職不修，王室罔聞。《春秋》仍書伯，以明其僭也。雖未嘗圖周，若楚之滋甚，苟責備之，豈謂無將？如其王乎？必子之矣。故觀乎楚者，而燕可論焉。

古稱雄國，不曰晉、楚哉！晉、魏與燕，遠數千里，而韓則尤遠，若楚，益不相及矣。韓、魏爲隣秦，故無暇謀燕，或伐或救，皆與他國俱。楚儼然南服，國雖大，士雖

〔二〕「祈招」，《春秋左傳正義》昭公十二年（中華書局一九八〇年《十三經注疏》影印本）、《史記》卷四〇《楚世家》作「析父」。

勇，獨渡呼沱、臨易水而角逐焉，亦無有者。蓋越趙、魏、齊，則非其國之任。燕請救，嘗應之，雖遠未嘗亡交矣。韓、魏既滅，負芻未幾，亦至秦庭，而燕遠於楚哉，故亦出國門矣。楚之弋者，將北游目於燕之遼東，乃燕亡國之區也，而咸爲秦弋焉。秦之爲大鳥，而卒弋於楚澤之夫。故秦六十萬亡楚，楚但三户亡秦。燕尤先亡之，而以夜射焉。漁陽且晝而鳴鏑，楚澤嚆矢而赴矣。

燕讐記論二則

夫子之知來也，敘《書》而終《秦誓》，删《詩》而列《秦風》，《春秋》孛東方，而西狩獲麟，豈非秦之將興乎哉？蓋本顓頊裔，益有大功，世保西垂，而爲周附庸。自蓄馬大夫死西戎之難，救周而襄甚力，王以其地與盟，能逐戎則侯之。乃伐而卒于岐，以勞定國，得之爲正。其封雖後諸侯，而義則先同袍矣。至文收周餘民，以岐東獻于周。穆霸西戎，王賀金鼓。且有史紀事，而《春秋》紀之，其郊畤之僭不著，而城濮、河陽悉書。自入戰國表，彗屢西見，雨金震鼎，山東可知矣。當諸侯畢賀，王命之致伯也，楚以夷僭，齊、晉胥篡，燕貢不修，孰禦其王？而表不數於六，特尊之爲首出，尚率諸侯朝周，於齊威爲烈矣。實有待於諸夏，齊、魏既甘罪首，彼爲國冠者，侯藩安守乎？

乃大會龍門，僭而改元矣。燕、韓、趙效尤，宋、中山亦然，衛稱則遞貶，魯宗則式微，東西内逼，周統如綫。萬乘無等，一人失尊，而秦乃乘之，統斯爲絶焉。國無共主者三十五年，不定于一，而何以爲世？故六雄不得不亡，則秦祚不得不興。

天將興周，武以有道王；天將喪周，秦以無道帝。固末周之德衰，亦先秦之功大乎。監觀六國，舍之其誰？家惡雖積而未稔，國勢可借以前驅。天命靡常，彼昏不知。以帝雖尊於侯王，東西立者二，中北議者二，皆稱孤、寡，與王敵。故當鼎革之際，既改正朔、服色，以新臣民之視聽，則必至尊而無對。遂朕以别之，而加以皇焉，不過爲天子，示天下一人耳。及謚之有無，誠何與於治忽；即用世以紀之，于國祚乎何害？然據狼狐而蹈參伐，三十七年，兵無不加，聖明之墟俱燼，神靈之憤方盈。有子餘黎，孰願爲黔，故縣宇爲仇，而昊天不弔矣。扶蘇乃出，李斯入相，國本既移，民心自搖。儻其不然與，嗣子毋易，擇吏而治，不汔少康乎？《詩》《書》在博士，尚亦可以表章誦法，如魯生，儒術庶幾可興。始皇惡德雖多，其制作法令，施於後王者，豈不賢於幽、厲哉？乃趙高用而胡亥立，恐騏駒之易過，豈日夜以有程。鹿馬莫辨，嫪、吕奚知。其於土木、禱祀、巡游、淫刑、黷兵如故，是成始皇之桀、紂，而與漢高以湯、武。一紀土崩，踵燕而亡，六國復相角立，其於統乎何有！昔殷頑三紀未平，燕岔九原可解乎？

陰令爲賊，斯無噍類，爲報固丹孽之自作，然甘棠蔽芾，孰翦而伐焉。痛思召伯者，寧莫之讐哉？

燕貊記論

高麗，古燕貊國東之夷也。夫夷歸夏者正，而歸夷者常也。彼號三韓，而歸兩漢，正矣。至於南北朝，中原無正朔，阻隔於海陬，強夷且在其肘腋間，雖欲不歸之，得乎哉？時江南諸夏，且歷朝不能渡淮而復中原，顧反能遠航渤海，以問貢于碣石者乎？彼以慕華，而利歲賜；我以柔遠，而飾太平。循而羈縻之，自古以來，皆僅如綫耳。宋力既不能存，後且其爲女直間，而羈縻之綫，不自此而絶乎？夫漢閉關以謝西域，其後未嘗不開。翕之而張，時勢然也。卒威行于海外，匈奴肩臂爲斷。高麗之于女真，則肩其左，而至契丹，尤爲密邇。宋初未遑經略，既棄女真，尚能檄高麗兵爲我犄角。彼亦奉我正朔，絶貢于契丹，六十有餘年矣，世修職貢不廢。比其困于契丹，乞師而我不能赴，自是遂絶中國，且十餘年。當夫幽、燕既失，南北之正道阻，至是復失舟師間道，彼此竟成異域。我明假虜以鞭笞服之矣，彼之受我正朔奚爲？故毋怪其以甲子稱焉。蓋觀高麗之語二醫以近憂，何嘗不忠于我而願附哉。曷不姑與合盟，以牽制女直而存遼也。

況當國破君逃之秋，而假道以取亡俘乎？彼君臣力拒，雖自爲國免禍，其所爲我謀者，亦奚嘗不遠乎。觀夫宗澤請復通之以攻金，而金亦亟册之，懼其爲我用，則宣和失策，寧可以復追歟？彼屈首役金，所以免近災；而甘心從我，實以資厚利。金故疑之，不使間我。彼亦實不我肯背，而自附于金。即其勸我存遼之言，夫豈反爲金而滅我哉？何宋之不悟，竟自失援，而胥淪以亡，豈不悲哉？嗟乎！一島夷而繫宋、遼、金之存亡如此，詎可忽諸？迨夫金海陵，自詫將滅宋，後不二三年間，平高麗、夏國，當時孰不笑其大而無當。詎知即有蒙古，而能如其言乎？人謂金畫淮，故弱於蒙古。然其當平高麗也，得遼保州而棄之，天與不取，其不能統一，蓋在斯矣。元乃虎據而蠶食之，設遼陽省爲之控制，治以不治，遂因亂而取之。其謀固臧，而名亦正焉。昔統一之主，隋不能得東夷，唐亦遺乎新羅。元既包乎其外，乃遂肆志日本，十四萬師度海，不見敵而自棄，古喪師全敵，未有若是愚也。豈既臣服高麗，俾爲鄉導，渠與倭鄰，而不得其要領乎？蓋毋亦懼輔車唇齒之勢，虢亡虞及之憂云爾。彼其先世之爲宋謀，不欲助金而亡遼者，見政及此也。豈其自爲謀而反昧之哉？然蒙古竟以有高麗爲捍蔽，日本雖跳梁，卒不能越此以窺燕。則今都燕而控東北夷，可直視此爲綴旒，任其播越顛覆，而不一問乎？宣和之事，其前車也。今無若宋人然矣。

燕史論二[一]

郭造卿跋

余居燕有史役，日乙二十一史，有關燕事者輒標識之。比歸，兒寵搜諸故篋，沾沾喜曰：「昔陸生歸自越，裝以千金。今大人自燕歸，裝以此，視陸孰多！且陸家兒當車騎過從時，未聞能舉《新語》之概。不肖兄弟幸持茲編，視寶一劍，又何如矣！」余笑而目之，因次第以歸之。

史漢至隋[二]

一

[一] 按：下編燕史論二，凡六十八篇，輯録自郭造卿《海嶽山房別稿》卷四、卷五。

[二] 按：《史漢至隋》凡二十九篇，《別稿》卷四收録時原無序號，今補加序號，以便於區別。其中第二十四、二十五、二十六、二十八等四篇，《燕史》抄本已有，郭應寵收入《別稿》時有所删改。

按《太史公自序》，於梁王云：「七國叛逆，惟梁爲捍。」於五宗云：「五宗既王，親屬洽和。」它如楚元王之「爲漢宗藩」，荆燕之「爲漢藩輔」[二]，齊悼惠王之「實鎮東土」，此諸王有功於漢，皆得名之世家，而親疎、享國修短毋論矣。廼若吴王、淮南、衡山之屬，既無藩輔功，而其子孫又首倡叛逆，或犯姦惡，自取滅亡，故降爲列傳，不得與諸王比也。蕭、曹、平、勃，列之世家，而王、韓、黥、樊諸人，第列爲傳，意亦如此。乃陳涉亦名世家，天下亡秦由涉首事，其功足多者。班彪譏其進黜失經，而固纂父書，通爲列傳，失之矣。

二

太史公序《游俠》，亦孔子思狂狷之意。序言「季次、原憲，讀書懷獨行君子之德，義不苟合當世，終身蓬户，褐衣蔬食不厭，死而已四百餘年，而弟子志之不倦」，蓋與之矣。其所謂「緩急人之所時有」，至感于虞舜、伊尹、傅説、吕尚、夷吾、仲尼之遇，何其思之深也！謂游俠「不軌于正義，惟其言信行果，捐軀赴阨，存亡死生，不矜能伐德，蓋亦有足多者」。即「俠客之義不可少」，「比權量力，猶與季次、原憲不可同日

〔二〕「漢」，底本脱，今據《史記》卷一三〇《太史公自序》補。

論」，而抑揚輕重，已大逕庭矣。惟「逡逡有退讓君子之風」者是與，「敖而無足數」，則比之「盜跖居民間耳」，蓋深絶之也。游俠長者，如齊一變尚可至魯，不足以訓，即百郭解，何爲者哉！孟堅謂「序游俠則退處士而進奸雄」，然耶？否耶？

三

孰謂太史公而溺于貨殖者哉？亦以中國人民所喜好被服飲食、奉生送死之具，君子以養廉，壯士以賈勇，朝覲聘享，更徭租税，皆有國家者之所不可後，故于天下都會、風俗人情、物産瑣屑無不畢具，使經國者一覽可知已。其爲禹必能因土作貢，爲鞅亦能盡地利，而寬大過之。至所謂「富好行其德」，「廉吏久富，廉賈歸富」，「無則力作[一]」，既饒争時」，「本富爲上」，「雜業不中什二，則非吾財也」，「以末致財，用本守之，以武一切，用文持之」，何嘗爲「崇勢利而羞貧賤」？孟堅之譏，豈其然耶？

四

蕭相國無奇也，而客多奇。上書言相國賤買田宅數千萬，上心喜之，中客計也。何忘前謀爲民請苑，上心懼其得民，第以「利賈人金」爲辭耳，即「自媚于民」之言，帝

[一]「無則力作」，《史記》卷一二九《貨殖列傳》作「無財作力」。

之情吐矣。衛尉言「苟有便于民而請之，真宰相事」，蓋益不足以釋帝疑，故曰「欲令百姓聞吾過」，強從之云爾。孰若中帝心，若鄂侯而善之哉。

五

曹平陽戰功多得于淮陰侯，治功一遵于蕭相國，皆以清静得之矣[一]。蕭、曹雖不相能，而實相知。蕭以死薦曹，曹知必入相，及居其位，守而弗失，古人以心爲國也如此。

六

帝入關即用良策，在漢爲謀臣第一。蓋良本爲圜，故帝易轉，如趣令銷印、急定功行封、即命駕都關中類是也。獨諫不從者，欲易太子耳，而竟不出良畫。良能匿項伯，故脱帝于鴻門。良能致四皓，故卒不易太子。蓋其智謀深遠，而重于得人，及爲人用而反用人。故曰「吾不如子房」，尊而不名，有以哉！

七

二布皆爲人奴。季爲朱家所知，朱家以此名聞當世。欒爲其主報仇，則主必朱家之倫，豈欒之游揚如曹丘生者少，而并其主湮没不稱耶？漢誅功臣，惟彭越尤無謂。史謂

[一]「静」，底本作「淨」，今據《史記》卷五四《曹相國世家》改。

其不告亹輒謀，即反形具。拒其謀猶爾，何以勸不反者哉！欒明其功罪，至謂「亦欲傳之萬世」，其感動帝心深摯矣。高帝之愧，豈獨苛細哉？

八

戰國燕有兩生，皆以權變語而傳。蔡澤本希富貴者流矣，觀其問相時，寧有遠志乎？士難有才，尤難用才。澤生于燕，燕未嘗無才也。燕君失之，間關入秦，掉三寸舌取大位，偶矣。秦卒使澤于燕，丹之入質以澤，遁歸而釁由此啓，是澤以丹禍燕耳。樂毅非燕人，去燕而仕趙，不爲之謀燕，禮爲舊君如斯也。澤迺忍爲秦以覆燕，何獨無故國之思哉？世疾蒯徹烹酈生，殺田横，誅韓信，而覆人邦家。夫當武臣徇燕，使范陽爲秦守，則令必無幸，而民困鋒鏑多矣。自徹首事一説，令有朱輪華轂之榮，民無屋社膏野之痛，而趙坐收三十餘城。後左車策不出此，是有造于燕甚大，孰不雋永其言乎。所著八十一首，號曰《雋永》，不傳。其視之澤，非什百歟？倘以澤説睢者説信，何至陽狂而臨烹？

九

蓋士才用難，自用尤難，而竟二三其説，不免權變所惑矣。

所稱四公子者，爲得士名耳。孟嘗之馮驩，平原之毛遂，與信陵之侯嬴，皆奇士也。平原不求士，爲信陵所短。孟嘗之奇，亦在得鷄鳴狗盗雄耳。獨信陵善得士，士又多賢，觀其説辭五城封，及趨歸救魏，皆引大義，視侯嬴、朱亥之任俠，尤賢矣。春申自奇，非三子所及，堇有朱英而失之，豈自恃其智而昏乎？然惑李園邪謀而包藏禍心，此朱英之所以失，而自貽伊慼也，豈客之罪哉？太史公言：「蒯通、主父偃讀樂毅《報燕王書》，未嘗不廢書而泣。」古稱管、樂，齊霸燕雄。管先桓亡，毅後昭去，其用之不卒，而燕可知矣。毅嘗諭王曰：「伊尹放太甲而不疑，太甲受放而不怨，是存大義于至公，而以天下爲心者。」太子何怏於是，故見幾而作焉。鄒衍先王師，且信讒而繫之，何有先王客卿臣，不可以師命誅哉？即其貽書，而懟未釋矣。及趙謀燕，毅則泣辭曰：「不敢謀奴隸，況其子孫乎。」故爲之不加兵。毅没，田單將矣。趙過不先，罪在於燕。毅子居燕三十年，不能止燕不攻趙，乃至去燕而使趙仇，自是二國無寧日。嗟哉！毅之澤衰也。趙將李牧、廉頗，燕將栗腹、劇辛。蔡澤燕人相秦，秦以張唐相燕。昔秦公子入質，今燕太子質之，國無人何以立？管仲云亡，平仲繼焉，没而田氏篡，況無平仲乎！乃欺鄰乘釁，有將渠不知用，至覆軍殺將割地，國將亡者過半矣。豈堪丹之亡賴，復從而孤注耶。夫燕社墟而樂鄉存，漢高帝過趙，封孫叔于是鄉，號曰華成君，而奉望諸君祀。甚矣，人賢關家國，而興亡在所尚哉！

十

蓋論從横，蘇之從難而張易，蘇之辭實而張虚。蘇以爲不及張者，爲能以一而破其六耳；而張以爲不及蘇者，則其合六實難。使蘇不死，張無所騁其辨矣。使蘇蚤用于秦，必衡；而張不笞于楚，必從。辨士之謀亦無常，其大較如此。嗟夫！以人國而逞己私，雖辨士，而非俠客乎？

十一

起之不肯攻邯鄲，翦之不肯攻荆，皆老將之深慮與。起之死，以怏怏不服，有餘言，而翦能多謀田宅自堅，此起之所以不及翦也。起自裁以坑長平，而翦以三世敗，比而列傳，其示戒深矣。

十二

秦雖虎狼，咆哮乎諸侯，不能屈丹心而折軻氣。咸陽宫殿，匕首擿之矣。蓋匹夫匹婦懷必報之仇，四海之人皆敵國也。苟荆卿不入秦，而燕可無事否？彼五國先滅，孰貽伊戚乎？刺秦固亡，不刺亦亡。喜不知何以死，遷泣于房陵，建餓于松柏，韓、魏、楚則無聞。與忍隱而待虜，豈一刺之爲快。笑罵秦政環柱，燕亦有生氣矣。况高漸離之筑，又爲我朴之。後椎博浪者，舍我其孰先之耶？故今壯士感憤，髮尚爲衝冠，何待易水上，風蕭蕭而垂涕哉！

十三

嗚呼！自古處夷狄亡策，未有如漢之大謬也。吴太伯後，齊涕而女之。代后磨笄事，七雄爲羞。况巍巍帝室，下嫁于禽獸，且將奪嫡長既醮公主，而與殺父妻母之單于。蓋由帝困白登，即悔廣武之械，而户牖秘計，竟以閼氏行。但知其言驗事效，如先鶩菟之入懷，而語中蝮之斷腕也，則不遑顧其它矣。然没世未幾，帝后輒爲之渫謾，雖追罪斬敬，寧足以洩其憤哉？舞陽壯士，鴻門擁盾獨入，横行于項羽。白登非其自將，勢不可以勇用。倘此時得領十萬，安知勝負何如乎？以爲面謾，季布過矣。當時諸公尚沿乎戰國，高爲捭闔緩頰之黨，下爲販繒屠狗之流，其靦然不爲耻，何怪！乃誼以四維流涕言倒縣，類辟病痱，而乃不及乎此，反將以爲餌焉。惟晁言絶和親，欲立威于折膠，又恐其得氣，未易服於此，則亦無是非者。蓋不遑恤乎禮義，姑爲旦夕羈縻計耳。是以中行説教之候利害，一切反漢所予，而獨不絶此，以快憤于中國。故且和且絶如綫，是彼羈縻我上策也。其爲漢患，莫大乎此，喋喋呫呫，何當乎！

十四

匈奴叛臣遺種來歸，待之以不死足矣。韓、盧列封，綱紀蕩然，則責彼背主，誠薄乎云爾。亞夫不可而罷，及争廢太子，封后兄，信可謂真漢相焉。奚但守節之對，爲馭戎正論哉。倘和親初議時，亞夫當之，鞅鞅者，寧以爲可耶？令能既絶和親，有以細柳之次，七國之擊，復拜爲上將軍，假以十萬縱横，寧似勃圍于白登，而不壹創，其終身使得氣去而來南哉。

十五

大漢初定，匈奴強盛，侵寇邊境，填撫執競。求禦虜得宜，鋒養鋭蓄，内不耗而外善防，君莫如文帝；畫禦虜之策，知彼知此，盡地利而得人和，臣莫如晁錯。狄種強弱興亡，百千年幾易矣。而言鑿鑿可行，三代以下，百世莫違，智囊無遺策矣。即拜爵免罪事，論者律之王道，以名器不可假人，怙終或至幸惡。寧知其息民力于亂後，施大惠于刑錯，即樂生而保障，損資餘以轉輸，爵止顯榮，匪與執政，粟募塞下，費出有經，得時變之微權，雖小損而大益矣。且錯又云勿收農租，則匪惟實塞下而已，凡富民侯可無封，搜粟都尉可無爵矣。豈惟塞臣之當誦乎？

十六

漢狃和親，四世可覩已。武帝雄才大略，獨斷以復世仇，雪平城、嫚書之耻，不以馬邑而少阻。時之宿將遺種，皆銜強之末耳，非崛起蠭鋭，不足以領此。故于從人、外子，托之以肺腑，而衛、霍至賤，以絶幕爲勳戚矣。非獨其好大喜功也，時之可以戰而戰，且善將將知兵，豈與始皇同科哉？倘晚年無輪臺之詔，未必續乎亡秦，知世而量主者，不呫呫求多矣。五十有餘年，海内雖虚耗，昭嗣曾幾何稍休息，其勞費寧逸有餘休焉矣。至宣、元、成，欵塞來朝，生息六十餘年，不見烟火之警，人民熾盛，牛羊滿野，由外攘而内安，夫非小補云哉？明明武烈，雷霆震而虎貙慴，霜露嚴而黍稷茂，斯獨爲烈矣。

十七

漢武之制虜有機權，功有所不因，利有所不守，險有所不據，古人有行之矣。鄭宅棫林，桓公舍之，興；晉擯諸戎，魏絳和之，通；漢守函關，項羽破之，安。議帝者豈辨諸此！以其虜金人而空王庭矣，不曰搜粟校而富民侯乎？以其開朔方而置樂浪矣，不曰造陽捐而輪臺罷乎？以其通玉門而廣昡雷矣，不曰秦中實而北戍減乎？乃有可知不知，斯其所以難議。帝嘗欲教《孫吴兵法》，其可使知者法歟？

十八

文、宣、光、章之世，輪徙而實，列戍而備，魏尚以守，廉范以禦，内焉十六將軍之屯，蓄威于不殺，外焉度遼、烏桓之置，伐謀于未行，可謂籌邊裕國不失其經者矣。

有如是之保民，則雖不值匈奴南北多故，中國未嘗不尊；有如是之詰戎，則雖不有衛、霍、竇、耿北伐，外夷未嘗不服。故文中子曰：「七制之主，其人可以即戎。」誠有見于斯矣。於戲！即有文、宣矣，而武其可無乎哉？即昭承餘威屢勝，其休息焉能爲亡耶？光之謝西域者，實待明之開也；章之罷北征者，實待和之伐也。一伏一擊，相時而動。儻有光、章，而無明、和，則北虜何由欵塞，即服于南部？西域何由歸附，尤順于東胡歟？蓋班氏仗節于三朝，奇功非可以世有；竇氏勒銘于萬里，茂烈詎可以人廢哉？

十九

議欵塞者，以爲入朝可從，位諸侯王上，其禮則太優；出塞可送，忠昌留衛，其情則太昵；暫居塞下可許，乃急保受降城，其防則太忽。而爲漢人計者，入朝賜予宜厚，位諸侯王下，禮成遣歸，衛之出境。其請留光禄塞，則告之曰：「匈奴之祖先，傳幕北爲業。單于以復土爲孝，大漢以固存爲仁。留居光禄塞，非漢所以存單于、復舊業之意。」如恐兵力不足誅不服，漢其敕烏孫、烏桓、先零諸羌，以無通郅支，則恩禮周而名分正，治己治人，仁義之道也。汲黯論降胡，侯應論保塞，其足語是者，正矣，然而權宜則不然。自有單于無自入朝，乃非常之事，當以非常待之。本亢衡而肯稱臣，隆以賓禮，實防其畔。強則颺去矣，豈永爲臣乎？望之所議，未爲失策焉。

二十

桓寬當宣帝平世，術次始元《鹽鐵論》，時匈奴款塞，竟無申罷之者。元帝罷其官，三年即復之。至和帝詔罷，而竟漢世不罷，世主遂賴以足國，而爲安邊要務矣。其端開于管子，管子豈愚人哉？既富強攘夷狄有效，乃謂非先王法。豈必不言富強，而使天下貧弱，乃軌于正者歟？時公卿大夫俗吏堅持往議不知變，而賢良文學意主于必罷。其言既不獲售，亦當權衡其間，俾與農桑表裏，兵民各贍而不爲厲，用以佐軍興緩急云爾。何可過訾其失，而必反古爲哉？然其利以世移，則其害亦日深。初興于朐邴，而奪之以侯王；繼歸于縣官，而侵之以掊克；又占于豪右，而牟之以商賈。朝廷規裨爲國計，奚嘗盡獲其利哉。閭閻日以告疲，關塞日以告匱，則有聖明当寧，賢良秉鈞，文學執政，罷之惟恐後矣。自孝武以來而善救其弊，由于霍子孟知時務之要，輕傜薄賦，與民休息。帝起仄陋，嘗民疾苦，尤重二千石，使民安于田里。雖内郡潁川守，而虜亦聞其名焉，安得不稽顙闕庭。元、成坐享珍貢，農桑滿于阡陌，奚區區鹽鐵間哉！

二十一

邊郡内之扞蔽，内郡邊之根柢，其勢相須，盛衰而爲倚伏者也。水災既定，合營受成，中國之治極矣，則葷粥遠迸而蚩尤就戮，邑涿鹿以爲都，登釜山以輯瑞，邊境不亦治乎；青鳥失刑，黄竹興悼，中國之亂成矣，則三胡内侵而戎箠不至，烽燧交于驪山，左衽處乎伊洛，邊境不亦亂乎。趙藉主父，燕藉昭王之烈，莫不富國而斥胡。秦連長城，以界塞上，内外豈不截然。及遭土崩之亂，則廢塞縮地，乃漸入于内，而日益深焉。西漢之勝也，闢榆中以置郡，並陰山以爲塞，而經莽篡，邊土分崩，常山、居庸，民户内徙矣；東漢之勝也，南虜比于藩臣，羌卑雜于編户，而一遇卓兕，邊民流徙，雲中、五原，併爲一郡矣。漢祚與匈奴，其盛衰相終始爲此。至于魏、晉，則但知滋蔓之難圖，不思雜亂之起釁。當五郡于塞外而寇盜繁，是五部之厲階矣；置五部于塞内而郡縣廢，非五胡之亂本乎？故深慮杜漸之君，培根柢而達扞蔽，審勢輕重而制其機權。邊郡承平，毋侈納欵之虚聲，至飼夷塞下，以陰噏我之膏脂；内郡空虚，當懲徙戎之覆轍，勿處夷内地，以盤據我之要害。

二十二

莊生言挾策博塞，其多歧亡羊均也。戰國取士以縱横，故碣石有談天之輩矣。而漢家以經術名，豈不正乎？自立博士，設科射策，勸以官禄，百有餘年，一經説蕃滋至百餘萬言，大師衆至千餘，利禄之路然也。東漢儒學，其風世篤。經生不遠萬里，精廬動有千百，開門授徒者，編牒不下萬人。至于分争王庭，穿崖穴〔一〕，綉鞶帨，十四家千門萬户〔二〕，不勝其縱横矣，而經不以亡乎！

二十三

徐樂、主父偃、嚴安，皆蓬累瓠落人也，言能動人主，而稽古力多矣。偃所論九事，一諫伐匈奴，安言秦强，樂有瓦解土崩之談，皆切中當時之用兵者。時偃最用事，竟以發燕奸族，其爲兵也憯矣。夫大丈夫不偶時而困阨，于人數數然也。惡能得意而中人，剋核太至，若此哉！樂、安亦不偶者，且生于燕，知燕事必深。燕君豈能禮之，而壹無所言，樂之人可知也。昔蘇秦奸燕，懼誅去而車裂。偃以發燕奸，本貪于得意，將以一言中，何避五鼎烹。乃蔡澤以燕人完，樂亦有令名。蓋鐘聞于外而其中虚，刃專于人，不折則缺矣。

二十四〔三〕

國之興喪在人，上則卜于公卿，下則卜于令長。何以明其然也？建武初政，豪杰樹

〔一〕「穴」，底本脱，今據《後漢書》卷七九下《儒林列傳》范曄論補。
〔二〕「十」，底本脱，今據《後漢書·儒林列傳序》補。
〔三〕按：第二十四篇，原爲上編《燕史·燕政記後》卷首「郭造卿曰」，郭應寵收入《海嶽山房别稿》卷四。

勛倥偬[一]，尚未剖符。而密之卓茂小宰，行己在清濁間，年且七十餘耳。拔草萊而首群公，以爲太傅、褒德侯，食邑二千户，賜几杖、車馬、衣絮，官二子大夫、中郎，與周盛王表閭何異哉[二]！帝可謂知先務[三]，而得政本者矣。明明繼軌，圖畫雲臺二十八人[四]，始鄧而終以卓，則以德褒焉[五]，意者麟閣之武乎。夫武以中郎立節匈奴十九年，僅予典屬國，爵關内而不世嗣[六]。宣意在誇外夷，而藉武以爲重耳。豈若茲篤于内治[七]，爲之起家首封，復表之以殿功臣，列侯而特加以美號[八]，非亘古之曠典乎？嗟夫！厥後刑餘執

〔一〕「樹勛」，《燕政記後》原作「以樹」，《別稿》卷四改。

〔二〕「與周盛王表閭何異哉」，《燕政記後》原作「其與周、燕之盛主，表閭、立舘何異哉」，《別稿》卷四删改。

〔三〕「帝」上，《燕政記後》原有「而燕細侯之輩出，孰非其所風者乎。亡何而薨，聞問闋焉，乃賜棺槨、冢地，車駕素服，親臨送葬。细侯之跡較著，其禮則惟次之」，《別稿》卷四删去四十八字。

〔四〕「人」，《燕政記後》原作「侯，外加者四人，三爲功臣，茂則以德褒。惟兩太傅，一武一文」，《別稿》卷四删去二十二字。

〔五〕「則以德褒」，《燕政記後》在「始」前，《別稿》卷四移置此。

〔六〕「而」下，《燕政記後》原有「邑三百，子姪竟爲郎。與二千石課行尤異，爵皆」，《別稿》卷四删去十八字。

〔七〕「豈若茲」，《燕政記後》原作「茲則」，《別稿》卷四改。

〔八〕「侯」下，《燕政記後》原有「其名惟士」，《別稿》卷四删去四字。

命〔一〕，鈎黨朋興〔二〕，鬻爵上至于公侯〔三〕，招降寇以拜郎，俾舉孝廉計吏，太丘長之德微矣。安得長者見褒，而庶幾乎光、明哉〔四〕！

二十五〔五〕

祖逖與劉琨綢繆〔六〕，而仕進各異。信相避于中原，先鞭爲其所盛贊，在幽、冀之士，可謂之神錘矣。史氏謂其貪亂，至亂而乃感激。嗟晉之必亂〔七〕，不待智者所知〔八〕。惟如逖者〔九〕，世亂乃見之，而如天不祚晉何哉！故雖烈烈夙懷奇節，扣楫中流〔一〇〕，誓清凶孽，

〔一〕「嗟夫！厥後」，《燕政記後》原作「其邑汎鄉，傳之五世，與功臣上谷太守淮陵侯之爵並永，且其除以無嗣，非奪功封者比。然除在永元之末，國政亦自此衰矣」，《別稿》卷四删去四十八字，補四字。
〔二〕「鈎」上，《燕政記後》原有「辱及草莽，士夫憤激，争尚風裁」，《別稿》卷四删去十二字。
〔三〕「鬻」上，《燕政記後》原有「邦國殄瘁」，《別稿》卷四删去四字。
〔四〕「光明」，底本互乙，今據《燕政記後》正。
〔五〕按：第二十五篇，原爲上編《燕史・燕督記二》卷末「郭造卿曰」，郭應寵先收入《海嶽山房存稿》卷八，名《祖逖論》，又收入《海嶽山房別稿》卷四。今《燕史》各抄本此文闕文甚多，《存稿》卷八則有目無文，惟賴《別稿》卷四得以完整保存。
〔六〕「祖」、「劉」，《燕督記二》原無，《別稿》卷四補二字。
〔七〕「嗟」，《燕督記二》原無，《別稿》卷四補。
〔八〕「不待智」，底本脱三字，今據《別稿》卷四補。
〔九〕「如」「者」，《燕督記二》原無，《別稿》卷四補二字。
〔一〇〕「楫」，底本作「揖」，今據《晉書・祖逖傳》贊改。

鄰醜景附，遺氓載悅[二]，而天妖是徵，國耻奚雪矣。況從政者日新，豈但憂憤于將亡邪？蓋敦、隗構隙，而隗云「竭股肱之力，效之以忠貞」矣。琨乃云「魚相忘于江湖[三]，人相忘於道術」，視之擊楫者何如！故其竟奔而從夷以死也。則以清談亡晉者，豈獨王戎諸人哉？

二十六[三]

文中子云：晉、宋之亡，近于正體，于是乎未忘中國，其志將復之耳。不但裕伐南燕、後秦，及修謁五陵也，元嘉將封狼居胥，其志豈不甚壯哉。北適當大武之盛，忌我萬里長城。一旦既自壞之，所任王玄謨輩又懸受兵略，臨時宣示焉，豈能與爲敵？乃思道濟，晚矣。

二十七

慕容垂間關入秦，堅待之隆，所信者猛而屢不能間，因子以逃，尉問如故，推心置腹，固難忘之。但侮其先而篤其身，子孫稍知名義者，不以私惠歸德焉。況滅宗社而辱

[二]「氓」，《燕督記二》原作「萌」，《別稿》卷四改。
[三]「琨」，《燕督記二》原無，《別稿》卷四誤補。
[三]按：第二十六篇，原爲上編《燕史·燕督記四》卷首「郭造卿曰」的部分内容，郭應寵收入《海嶽山房別稿》卷四。

子女，夫夫豈有恝然者耶？觀其誘之以攻晉，而利其顛覆，乃授以全營，視報效于曹篤矣。心雖當誅，迹則可信。故遂請東歸，慨然聽之，至鄴而變，得失有辭焉。垂曰「關西非吾有」，堅曰「關東不與争」，則何不召丕西歸，還其故土，俾全忠孝，以酬疇昔言乎？則當堅世，必終守東藩，且堪外援，冲、永何患焉。觀其屢開丕歸路，及封苻氏叛，以酬秦王于既歿，撫待光祚如舊，流涕霑襟之言，其于鬲亦可見矣。豈若萇之悖逆，而至于弑僇哉？迺當外變四起，猶執一不易，使父子不相見，竟死于它人手，在垂雖小答其恩，在堅實大肆其怨。由能曲待于其初，不能善處于其終矣。

二十八〔一〕

梁武之在六朝，號有仁聲，而一納景降，金甌遂缺，即悔何及乎〔二〕！萬里之天塹，晉平吴以艨艟，景但一葦而航，都督四出誰何矣〔三〕。稱宇宙大將軍都督六合事，不止竟爲大漢皇帝。登太極而元大始焉，所以納元于北者，而復納蕭于南。杜弼之檄，驗于卜

〔一〕按：第二十八篇，原爲上編《燕史・燕督記六》卷首「郭造卿曰」的部分内容，郭應寵收入《海嶽山房别稿》卷四。
〔二〕「梁武……何及乎」，《燕督記六》原無，《别稿》卷四補二十四字。
〔三〕「矣」下，《燕督記六》原有「初求昏，王、謝不可，而必臣妾其子女」，《别稿》卷四删去十四字。

筮[二]。即怳若墜，而嘆「吾將無復爲晉家乎」，則中原牧守皆以地來降，方在噂𠴲中，而未爲蘧然矣。歷年雖多，而奉因果淨居，荷荷竟大夢也。

二十九

讖緯妄矣，亦有驗者。嬴秦期萬世，而即以胡亥亡。隋時呼楊爲嬴。楊廣初名英，以近嬴殃改之，而卒謚曰煬，其爲嬴也廣矣。史稱其慨然慕秦皇、漢武。秦置高麗于郡外，武罷輪臺于末齡，煬則視二世，十同八九耳。高麗之役，謀臣猛士俱極其選，諫或褒而敗或戮，有功未嘗不賞，視盡蔽于宦高，異矣。乃尤好戰，若詔問高元之罪，及追咎開皇之事，皆躬自蹈之。及盡爲李密所檄，其將何以能改也。然二世自棄，繼暴虐以驕樂；煬廣自暴，承節儉而黷淫。雖皆穉且狂，其爲戎首者浮矣。故徵閭左戍漁陽，征遼左集涿郡，懼亡一呼，思亂四起，其惡聞盜則一，此所以淪胥而忽諸也。

[二]「筮」下，《燕督記六》原有「韓山失律，未爲甚也」，《別稿》卷四刪去八字。

唐至勝國[一]

一

史臣論：唐有天下，雖歷二十君，然爲子、爲婦、爲母、爲妻、爲閹宦叛賊及方士所死者七，雖逼奪幽酖不同，而令終者不二三。咸由創業垂統，不能修齊正家，殺太子者謂之定内難，逼太子者謂之受内禪，神祖納君之妾，高則以納其父，太宗亂弟之婦，玄則以亂其子，乃禽獸夷狄之行，故内變而外亂，未有承平百年者。天之視聽亦久矣，其遺殃及五代，五十餘年，四方分裂，非極亂而不止。然猶稱於諸藩十五六年，稱其國號者二家五十三，豈武德、貞觀、開元之澤，有人可繹思者在哉？

二

玄治而亂者，安史之起也；肅亂而治者，安史之止也。然同歸於亂者，開元之不父，以楊妃而瀆中宫；上元之不子，以張后而遷西内。天乃以亂治亂焉，假以安史，箕

[一] 按：《唐至勝國》凡三十九篇，《别稿》卷五收録時原無序號，今補加序號，以便於區别。其中第四、五、六、十一、十二、十三、十五等七篇，《燕史》抄本已有，郭應寵收入《别稿》時有所删改。

尾易行。戰鬬攸降，仁亶不能滅其光；熒惑先至，九齡不能銷其反。故鉅鹿同於柏人，而沙河合若滹沱。天孽方作，人力靡勝。妃縊於山下，后殺於別殿。太上、大行，同月而崩，嗣帝、監國，皆不得侍，父子情倫，誠大變也。況夫夷黨屠戮，乃亂賊之常乎。至德之次禄山死，乾元之次慶緒死，上元之次思明死，寶應之次朝義死，相繼自殘，莫非天誅。若但討以人力，不勝其爲誅焉。嗟夫！玄、肅同薨，而安、史繼滅矣。天尚疾威未厭，如燕禍稔，何哉？

三

安史夷滅，亂庶遄止矣。乃剖河北爲藩鎮，付之朝義故將，以啓奪僇之端，則燕賊之黨始焉。偏裨殺主將，不能討，即授留後，加之以節度，寇死而賊生，禍深於安史，則燕黨之部始焉。禄山負逆，以陷京師，朱泚首入朝，獨以恭順稱，乃留居而坐得之，弟滔則據鎮以稱王，並先後族夷，則燕部之家始焉。燕人但知有安史，而奉祀之爲聖人，其蔑天子、賊主帥及奪兄弟，爲常矣。乃有元兇之於父，總弑濟以失位，光囚恭而偕亡，其俘僇尤醜於諸鎮，則自燕家之子始焉。故藩鎮易姓及世，惟燕爲最多，則天命不徹，而歷斯改卜之矣。

四[一]

藩鎮可以常治乎哉？當革復之端，尤肯綮之難。幽燕六十餘年矣，劉總負重罪，始懼而懺悔，自剖三道請除，及遺麾下于朝，爲國家謀甚忠，此匡復之機也。趙、魏且既效從，天下一匡在茲矣。乃顧眄而亂生，實人謀之不臧。或咎不從總言，俾弘靖兼二道，及放克融從歸，逞之復亂爾。夫羈旅假貸求官，克融非有遠志。弘靖居省出鎮，未嘗無令名，以名用之，雖畀全鎮可也。當未下車，若問俗焉，則介夷狄之區，一丁不識其所短；承安史之污，四聖不軌其所忌矣。以若太伯之東吴乎，則可端委以治焉；以若仲升之西域乎，則於大綱而總焉。以若負固之淮蔡乎，恕納之于來歸，度撫之于既平，况茲夾道以觀化哉。劉氏於國雖順，其家逆同安史，天討之所未加，舊屬不免猶疑也。宜聲色不動，使其吏民按堵[二]，弗問安史[三]，咸與維新焉。即以僭帝僞王遺孽尚在[四]，當爲後患毖之，亦宜潛消默奪[五]，因機以鼓其民。昔滔黨魏拒命，燕軍二百餘人不從，爲之

〔一〕按：第四篇，原爲上編《燕史·燕鎮記一》卷末「郭造卿曰」，郭應寵收入《海嶽山房別稿》卷五。
〔二〕「宜聲色不動，使其吏民按堵」，《燕鎮記一》此句在「劉氏」之上，《別稿》卷五移置此。
〔三〕「史」下，《燕鎮記一》原有「彼則自寧，而諱短避忌」，《別稿》卷五刪去九字。
〔四〕「王」下，《燕鎮記一》原有「雖易，劉三世」，《別稿》卷五刪去五字。
〔五〕「亦宜」，《燕鎮記一》原作「則」，《別稿》卷五改。

僇。是皆義士也，訪恤子孫，引爲驅使。洄既老疾[一]，克融困于失勢，或以事誅之，或仍送于朝，而不以反虜爲目，則燕人皆吾人矣。惜其不然，曷觀義武乎。廸簡爲之折節，且身被囚辱，幸即自討請罪，而忍隱五年以疾行[二]，國體雖少存，亦褻矣。幽燕豈比中山，可輒目以反虜乎？其大失衆心在此。矧尤驕泰以戾之[三]，糧賜之朘削[四]，幕僚之縱肆哉。以公綽尹京兆[五]，所施神策小卒者施之于河朔，其何以行之！及變而女婦爲掠，倘田布自死，晚矣，彼徒窾語而復請，其能效廸簡之折節乎？豈堪有靦擁空名，而受其再僇辱乎哉？第當其三請，姑從權臥治，以待朝命可也。安可悻悻無一言，絕而激之，趨于逆孽，使河朔之復絕哉。然則王縉之處希彩，其亦不失爲知機矣[六]。

〔一〕「洄」上，《燕鎮記一》原有「滔子」，《別稿》卷五删去二字。
〔二〕「而」下，《燕鎮記一》原有「俯順」，《別稿》卷五删去二字。
〔三〕「矧」，《燕鎮記一》原作「躬」，《別稿》卷五改。
〔四〕「糧」上，《燕鎮記一》原有「矧」，《別稿》卷五删。
〔五〕「京兆」，底本作「兆京」，今據《燕鎮記一》改。
〔六〕「姑從權……知機矣」，《燕鎮記一》原作「姑宜從」，《別稿》卷五删去一字，補四十七字。

五〔一〕

河北之三鎮，剖自趙始，以其先降而初受命也〔二〕。殺帥而立始于燕，入覲以逆亦始之；侵鄰而叛始于魏，歸地以亂亦始之。夫入覲歸地亦美矣〔三〕，至以逆亂，何以哉〔四〕？蓋事失機宜，則美惡同致〔五〕。當史賊之莫遏〔六〕，忠志舉五州降，首折幽薊之鋭，而朝義授首〔七〕。田、李繼之〔八〕，河北事機方復即失者，僕固之樹黨，夷孽復萌也〔九〕。其時諸州改管，成德如故，爰錫嘉名，而以寶臣目之矣〔一〇〕。未幾，燕殺其節帥，趙首討之，不勝，帝竟

〔一〕按：第五篇，原爲上編《燕史·燕鎮記四》卷末「郭造卿曰」，郭應寵收入《海嶽山房別稿》卷五。

〔二〕「河北……受命也」，《燕鎮記四》原作「自先降而受命焉，河北三鎮于趙始」，《別稿》卷五改。

〔三〕「亦」，《燕鎮記四》原作「其忠順爲」，《別稿》卷五改。

〔四〕「至于逆亂，何以哉」，《燕鎮記四》原作「豈大繆至于逆亂」，《別稿》卷五改。

〔五〕「蓋事失機宜，則美惡同致」，《燕鎮記四》原作「非失事機而然歟」，《別稿》卷五改。

〔六〕「當」上，《燕鎮記四》原有「乃若獻馘而喪鎮，鎮喪而軍分，分軍而復鎮，鎮復而地削，反覆相乘於淪亡，趙尤始末屢失焉」，《別稿》卷五删去三十六字。

〔七〕「而朝義授首」，《燕鎮記四》原作「使朝義窮而授首」，《別稿》卷五删改。

〔八〕「李」，底本作「季」，今據《燕鎮記四》改。

〔九〕「河北事機……復萌也」，《燕鎮記四》原作「河北方復，不遂握其機宜，坐失之於僕固。幸其先叛而即亡，苞蘖不亦易折乎」，《別稿》卷五删改。

〔一〇〕「其時……目之矣」，《燕鎮記四》原作「時諸州有改管，而成德如故，錫之以宗籍，名其爲寶臣焉」，《別稿》卷五改。

不能制燕，但奬竇臣以加爵[二]。又討魏未平[三]，忿承倩而玩寇[三]。此貂、夙沙衛之疾，河北日痼不瘳矣[四]，倘能革其承襲乎？燕不與之異姓，魏不與其從子，惟岳雖嫡，敢越哉？顧自趙而試之，彼有辭，宜乎。宿謀周思，使其不可復潰[五]，幸俘馘之自至，處之而有差等。不削武俊二州，俾與孝忠並列，節鉞新而統轄均，其何辭以過望哉！則張、王相犄角，燕、魏復能連衡乎[六]？不日田必亡而朱次之，恒、冀、深、趙，勢同易、定矣。乃失宜而致僨[七]，滔以之糾合，悦以之復熾，是機不足惜歟？至承宗循故事，而以副使留後請，非惟岳之不恭，何於師道異施哉？乃獨拂宰臣之議，而與淮西並討，則當

〔二〕「不勝……以加爵」，《燕鎮記四》原作「雖不勝猶勝，而奬以加爵矣，帝竟不能以制燕」，《别稿》卷五改。又，「以」，底本作「矣」，今據《燕鎮記四》改。
〔三〕「又討魏未平」，《燕鎮記四》原作「及其討魏垂平」，《别稿》卷五改。
〔三〕「忿承倩而玩寇」，《燕鎮記四》原作「以忿承倩而罷，甄梗遂不可復折」，《别稿》卷五改。
〔四〕「痼」，《燕鎮記四》原作「以」，《别稿》卷五改。
〔五〕「彼有辭……不可復潰」，《燕鎮記四》原作「彼不免於有辭」，《别稿》卷五删改。
〔六〕「復能連衡乎」，《燕鎮記四》原作「之連衡鮮」，《别稿》卷五改。
〔七〕「僨」上，《燕鎮記四》原有「衆」字，《别稿》卷五删。

元老帥師，如居易諸疏可也[一]。顧以承璀爲招討[二]，權重於監軍，制駭於曠古，其爲承倩大矣。視授鉞如兒戲[三]，罔功竟如所請[四]，雖其悔罪削地，天威不甚褻乎[五]！亡何承元自歸[六]，尤大失乎機宜，并河北終唐不復[七]，豈盡藩鎮之罪歟？

六[八]

當夫藩鎮連衡，朝惟恐其不臣[九]，地不必有司歸，官不必王人代。或被逐歸闕，必厚慰安之；或以州軍叛獻[一〇]，酬必過其望；或自削一二謝罪[一一]，赦必加以澤。無非鼓舞

[一]「而與淮西……諸疏可也」，《燕鎮記四》原作「及却居易諸疏，與淮西並討之，視受鉞如兒戲」，《別稿》卷五改。
[二]「顧以承璀爲招討」，《燕鎮記四》原作「以元帥而任承璀」，《別稿》卷五改。
[三]「視授鉞如兒戲」，《燕鎮記四》原作「及失律不能止」，《別稿》卷五改。
[四]「罔功」，《燕鎮記四》原作「而」，《別稿》卷五改。
[五]「甚」，《燕鎮記四》原作「既」，《別稿》卷五改。
[六]「亡何」，《燕鎮記四》原作「至於」，《別稿》卷五改。
[七]「終唐」，《燕鎮記四》原作「而」，《別稿》卷五改。
[八]按：第六篇，原爲上編《燕史·燕鎮記五》卷首「郭造卿曰」部分内容，郭應寵收入《海嶽山房存稿》卷五。
[九]「朝」，《燕鎮記五》原作「帝」，《別稿》卷五改。
[一〇]「以州軍叛」，《燕鎮記五》原作「所叛州軍」，《別稿》卷五改。
[一一]「罪」，《燕鎮記五》原無，《別稿》卷五補。

招徠，稍除憑陵可矣。孰自全鎮入朝[一]，而如田令公者乎[二]！承宗乃懼[三]，遂割德、棣，未幾承元以全趙歸矣[四]。當仍復故鎮[五]，與魏並治[六]。用重胤策，假刺史以權，俾各得盡其職[七]，久安而人化服，則其引領自歸[八]，如堙防之通壑矣。胡爲率爾紛更，元卿以爲非便哉。然弘正不惜全境，移翼衛以戢新鎮；有司則吝微費，致困斃而摇舊伍。俾其父子俱喪，兩鎮胥失，幽州助亂，河朔自此淪矣[九]。

七

長慶之不臧，議者爲出納吝，致其父子戕，實則易鎮謬也。夫以田氏父子賢，可以

[一]「自」，《燕鎮記五》原作「有以」，《别稿》卷五改。
[二]「而如田」，《燕鎮記五》原作「庶幾郭」，《别稿》卷五改。
[三]「承」上，《燕鎮記五》原有「然業非傳于先世，鎮非連之河北，其勢可以自拔，而忠得以自靖也。山東元和初，易、定屢朝，二州先歸于忠順。雖首舉鎮，本支分于成德，軍亦屢梗乃定。豈若魏博六州，興、全歸于一旦歟。蓋因其軍心向順，而命復鎮以順之。横海遂繼以滄、景」，《别稿》卷五删去九十二字。
[四]「以全趙歸」，《燕鎮記五》原作「全歸」，《别稿》卷五補二字。
[五]「當」上，《燕鎮記五》原有「不」，《别稿》卷五删。
[六]「治」下，《燕鎮記五》原有「乎」，《别稿》卷五删。
[七]「俾各得盡其職」，《燕鎮記五》原作「而各得其職」，《别稿》卷五改補。
[八]「則其」，《燕鎮記五》原作「殆將」，《别稿》卷五改。
[九]「自此淪矣」，《燕鎮記五》原作「淪于唐亡」，《别稿》卷五改。

卒雖首援于悟，假息豈不多哉。悟乘而取節鉞，又得正直言日聞，頗能以臣節終，子孫陰逆尤甚。主亡命，叛國相，驚震陵寢，京師騷然。嵩山之師未潰，洛陽不將流血乎？實屬階作俑，故終亦爲敗。懷玉既不顧主帥，寧復知有王室邪？當時藩鎮多叛，而師道仗孤軍，困強敵，能自拔以免，宜撫有青淄不亡，然以鮮終固敗。始從懷仙，爲軍士立，不愧其名，可對于封疆矣。河朔逆徒，皆世封鎮，正臣尤當世祀，天豈嗇其后哉？希逸

安史之亂，家幽昌平，不從逆而歸正，獨劉客奴也。爲平盧軍使，而賜名正臣，誠

八

奕世不必易，而兵食有常經，夫何亂之有哉！若易而毖後患，布去則可復任乎？魏之兵悍將驕，非可以易使，視朝廷之肥瘠，而欲秦越久矣。既有司吝於趙，殺其父未嘗罪，則度支孰如期，而慮魏殺其子乎？布罄家以給士，必不勝乎權輿，至發六州租賦，則瘠已肥國之誹生矣。潰歸之旅，豈堪復用？在布不共戴，而能須臾忘討乎？議而不從，不死何爲？此陷弘正于趙，在輕于移鎮；復陷布於魏，則亟于復鎮也。當聞父難，豈安遠鎮，必當棄而從軍。今之別將自展，及仇誅而叛平，則復勞以大鎮。倘其不然，奉朝請，彼以情事未伸，請歸葬居廬，終身不受爵祿，亦可以盡于道矣。何爲徒令田氏成忠孝于一門，而實壞魏鎮，肆叛賊于五姓哉！

不戒乎？李氏、卯金，其能以獨延歟？

九

史言淮蔡，其時俗過夷貊。自開鎮以來，董、李皆遼人，而陷于其俗久矣。安史而往，秦以淫暴逐，烈以畔逆據，動天下之兵。涇原燕卒以亂，泚乃僭帝建號。淮初乞師于燕，而滔與四王帝之，相煽構爲五賊，孰不過于夷貊哉。當國力之未及，仙奇自粗之，其功比于武俊，宜授之以節鉞。而燕人吴氏，黨賊而殺之。少誠僅保首領，孤則戕于少陽。幸以異族，徼有篡圖。元濟不懲，陷于群兇。它鎮多逆而問順，惟淮西五帥相踵，其動濯征之師，爲諸藩所未有，皆帥之爲夷貊耳。其下劫于積威，豈燕久安四聖，而本奚、契丹爲窟哉？觀鄭常、楊冀輩，未嘗不求自拔。若憲、祐、秀琳、重質，皆其地豪士，愬能善用之，不一年而成功。故相絳及甫皆謂其無黨，倘帝能早辨，因變而圖之，則不待度一出而愬三時，畢之矣。雖韓弘不欲其平，師道陰獨與通，亦竟以助寡敗。其人非樂爲之黨，雖李妻、董母，亦各有道焉。蔡人之爲吾人，其待于賊平乎？

十

藩鎮亂有日矣。二朱繼安史而作，河北連乎青海，淮西逼于襄城，士卒外頓，度支内匱，天下扼腕重足，岌岌乎斯時哉。先之防秋入覲，燕人有忠臣矣。惟其兄弟踵至，爲龍爲光，帝心簡在，臣節豈不儼然者歟。史謂家本漁陽，性惟兇狡，耳習聞于篡奪，心本乏乎忠貞也者，爲其各包異志，以共襲乎同宗。未建董秦之績，即肆僕固之圖。滔輒首叛，泚則繼之。變起蒼黄，而宿憤以快；勢據心腹，而群兇爲驅。忠臣昔崛強于僞燕，至是甘爲之臣。凡失志以行險，則倒行而逆施矣。安史雖陷兩京，曷敢稱兵靈武，故上皇安于西狩。懷恩亦假手吐蕃，未有躬犯奉天，無畏若是其甚也。賊黨從攻，忠臣居守，而反正有機矣。乃竟與之俱亡，豈非天之方蹶，而使秀實不成哉？

十一[一]

嗟夫！盜有道，泚則亡之矣[二]。滔心異勢隔，可籍以爲援乎？彼不屑于昌平司徒鄉、大尉里[三]，而稱王爲盟主。且不自揣其才力，避僞燕之短祚，承堯都而稱冀，其鑾輿亦已具矣。皇太弟、冀王之推，豈足以满其志歟？蓋泚憤爲所賣，既得志，則陵之而帝，兼乎秦、漢，其阼斯永于陶唐矣。乃不及期而亡[四]，不爲安、史所笑乎！滔倘不阻

[一] 按：第十一篇，原爲上編《燕史・燕鎮記二》卷末「郭造卿曰」，郭應寵收入《海嶽山房別稿》卷五。

[二] 「矣」下，《燕鎮記五》原有「僅所異於滔者幾希，猶存焉爾。故殺諸王以防仇，而於陵廟不忍毁。位爲弟所奪，復奏以爲留後。犯僭逆而圖篡業，即立兄子爲之嗣。其職維疾，亦足哀也。然」，《別稿》卷五删去六十字。

[三] 「司徒鄉太尉里」，《舊唐書・劉怦傳》、《新唐書・藩鎮盧龍傳・朱滔傳》、《通鑑》卷二二七皆作「太尉鄉司徒里」。

[四] 「亡」下，《燕鎮記五》原有「即五胡有此二代，其感亦不若此」，《別稿》卷五删去十三字。

於魏、恒，引迴紇直抵東都，天皇爲之篡，皇子爲之殘矣。天餘其殃，以永厥鑒，不僇于其身而子失位，不僇于其子而孫赤族，視安、史，其間幾何哉！

十二[一]

李懷光之居幽州，其先茹，渤人也[三]。渤海入唐，祚榮初逆，武藝初順。逆不能危社稷，順不過屬羈縻，豈若懷光乎哉，勤王解帝室之難，而悖畔爲播遷焉。史云，事君有死無貳。懷恩、懷光，凶終一致，惜其勇烈爲勞臣，乃不終而反噬。夫臣莫難于不貳，可蕃將而多求哉！懷光厥初出汾陽門，不揣謀代其位，及誣殺諸將，横矣。以而視僕固樹四鎮，則未焉。當行營各歸，獨毅然赴難，將誅奸佞，其志則壯。及論吐蕃之三害，言亦不可廢也。使君善厲之爲用，翊以諸將忠義，抑亦謂臨淮之次矣，豈但燕國、遼陽爲烈哉！其反噬繇于忮慝，忮慝本之鞫人，此《詩》傷君子信讒，而原亂所由生也。蓋負解圍之功，將清惡于君側，不密無術，咫尺阻隔。倘臨淮而當此，其能免於愧恨乎？然文秀罪減于奉先，而盧杞惡浮于雲京。辛、駱在大曆如故，懷恩所以不伏。兹杞貶文

〔一〕按：第十二篇，原爲上編《燕史·燕鎮記七》卷首「郭造卿曰」，郭應寵收入《海嶽山房别稿》卷五。

〔三〕「渤」，《燕鎮記七》原作「渤海」，《别稿》卷五删。

秀殺，則宜以兵諫謝矣。曰：「臣罪當誅，幸聖明曲赦，俾待斧鉞于長安，敢不克復以請死。」帝降叛鎮，且即授之，寧此社稷，功不凌烟是享哉？乃連泚逼駕，桐葉破而泰山棄矣。帝拳拳愍恤，其何救于淪喪乎。燕有同事者二，景略哭軍門而歸，惠元奔奉天以死，庶幾中國有人也。安、史及茹，燕番雄將，是之謂三叛。其事則類僕固，中國且屏之，而况出於夷乎！

十三〔一〕

瓘，司馬《攷異》有二未辨，其然否皆本《舊書》傳也。《演芬傳》則瓘密告其父，殺之。《高郢傳》瓘候，諭以逆順，曰：「人臣所宜效順。且自天寶來，阻兵今復誰在？况國家自有天命，今若恃衆西向，自絶于天，安知三軍不有奔潰者乎！」瓘震懼，流淚氣索。司馬用《石傳》，而載郢辭于《考異》。《新書·演芬傳》不言瓘告父而懷光殺之，則非瓘告其誰？又以郢諭爲脅説，流淚氣索，爲汗不能語，無非甚而狀之耳。司馬云：「初，奉天圍解，以瓘爲監察御史，寵待甚厚。及懷光屯咸陽不進，瓘密言曰：『臣父必負陛下，願早爲備。臣聞君、父一也，但今之勢，陛下未能誅臣父，臣父足危陛下。陛

〔一〕按：第十三篇，原爲上編《燕史·燕鎮記七》卷末部分内容及「郭造卿曰」，郭應寵收入《海嶽山房别稿》卷五。

下待臣厚，胡人性直，不忍不言耳。』帝驚曰：『知卿大臣愛子，當爲朕委曲彌縫，密奏之。』對曰：『臣父非不愛子，臣非不愛父與宗族也。顧力竭不能回耳。』帝曰：『然則卿也，以何策自免乎？』對曰：『臣進言非苟求生，父敗則與俱死，復何策之有！使臣賣父求生，陛下亦安用之！』帝曰：『卿勿死，爲朕更至咸陽諭父，使君臣父子俱全，不亦善乎？』至咸陽而還，曰：『無益也。願備之，勿信人言。臣今往，說諭萬方，臣父言：「汝小子何知！主上無信。吾非貪富貴，直畏死耳。汝豈可陷吾入死地邪？」』及泌赴陝，上謂：『朕再三欲全懷光者，爲惜璀也〔二〕。卿至，試招之。』對以懷光不宜招，『璀固賢者，必與父俱死矣。若其不死，則亦無足貴者。』及璀父死，刃二弟，自殺。」宋人胡氏有二論焉〔三〕：一曰：「德宗欲全璀，宜預詔燧，以叛逆罪止懷光，當念勤王有其子，懷光必使璀勿死，而璀亦可以不死矣。」一曰：「楚令尹子南之子，與璀皆處君臣父子變〔三〕，以死繼之，可哀也已。按子南僭越未叛，棄疾爲王御士，王將討焉，曰：『爾居乎？』曰：『父戮子居，將焉用之，洩命重刑，臣亦不爲。』父死三日，以禮而請

〔一〕「爲」，《燕鎮記七》原作「欲」，《別稿》卷五改。
〔二〕「胡氏」，《燕鎮記七》原無，《別稿》卷五補。
〔三〕「變」，底本脫，今據《燕鎮記七》補。

尸。既葬，曰：「行乎？」「吾與殺吾父，行將焉入！」曰：「臣乎？」曰：「棄父事仇，弗忍也。」遂縊。

嗟乎[一]！棄疾可謂難矣，君子且責之備。聞命當免冠徒跣，號泣而過庭，以《無將》爲戒。或棄位全嗣以請，而乞父命于王。若父再三不從，則爲申生可矣。當解奉天時，懷光不爲忠哉？乃瓘侍而父脅，爲子南也大矣。逗遛咸陽一月，晟屢奏狀，瓘宜請命往，托辭以幾諫。及有演芬之舉，不過罷其都統，可密洩于父，以重其罪乎？演芬輩死，父在必誅，聞郢言懼禍，爲父報命謝罪，請束身歸朝。父又殺使者，則謝罪言欺矣，雖瓘在所必誅，君乃宥之，臣其敢望。至更往而復命，知父不可諭矣，宜尸諫于父，以謝君恩焉，猶爲父在，不敢先之。帝既惜瓘，必不忍族，詔赦一子，意或在瓘。蓋瓘在父所，帝不知其死矣。宜請尸，葬後自徇，不得請，受刑而已。矧母王氏在，寧不爲之地？弟玫在邠，初非逆黨[二]，瓘不懃留[三]，何爲若是恝，不爲宗嗣計哉？蓋不學無術，

〔一〕「嗟乎」，《燕鎮記七》原無，《別稿》卷五補。

〔二〕「黨」下，《燕鎮記七》原有「游環既釋之，此可以待命矣。繹帝三詔，悔念甚篤，且還尸赦母」，《別稿》卷五刪去二十四字。

〔三〕「留」下，《燕鎮記七》原有「一弟」，《別稿》卷五刪去二字。

視棄疾斯下矣。帝嘗預詔葬巢父，而特宥朝晟矣，何爲欲全璀而無遺詔哉[一]？演芬以養息而贈且恤之，何詔憐叛逆之父，而不雪忠孝子心？迹亦難判矣，其可解百世之下乎！《新》《舊書》及司馬，信諸？否歟？故綴之，俟所裁。

十四

夫鳥之惡者，鴞與梟類也，而土梟謂之鴟，蓋亦其類耳。《王制》之捕磔，而獨挂乎梟，爲其於母不孝，而臣於君亦然。若胡人，但知有母。懷恩忿社稷功，一朝以及其親，母獨以賢而善終，身則自斃不及梟，蓋念其前勞，恤之也。諸逆之鹹多梟，惟懷光亦免者，功庶幾乎僕固，同一體而原之耳。昔淮夷馮陵，《江漢》《常武》不復作矣。《魯頌》之獻淮功，以其孔淑不逆也。猶飛鴞之集泮林，食椹而懷好音焉。唐藩鎮間叛，河北爲劇，相王而止，梟者二三焉耳。朱泚雖鴟張于燕，豈入朝有梟心哉？效勞防秋，不意幽辱，乃思畔而無繇，稱帝其適然爾。董秦之有淮西，終雖附叛以僇，先能拔于安史，有討逆歸順功。在鎮又勤王，入覲至被逐失職，偶陷于脇從，非若僕固之唱亂也。希烈爲秦私人耳，豈有功觖望？乃逐主篡節鉞，寧知請討之義哉。其禍心包藏久矣，乘梁瑕而

[一]「哉」下，《燕鎮記七》原有「蓋巢父以帝使贈，惠元以帝將贈也」，《別稿》卷五刪去十四字。

並吞之，命伐淄青，梟心畢逞。遂連黨河北，受四王勸進，寇襄城而敗王績，致涇戍以亂京師，帝爲之出狩，泚因之犯闕，懷光亦以繼叛，莫非淮寧始也，其罪浮董多矣。四王既黜，二逆伏辜，猶然帝楚，懷逆弗悛。以蒙塵之駕未返，行營兵多人擾，方戎狄乎是膺，孰仍執于淮浦，寧知天誅之自伏，而荆舒自爲懲哉。仙奇、憬獻其馘，可以好音是懷，乃爲燕黨吴氏所戕，則以三州而抗四方，尤劇于諸鎮者，莫非希烈始也，其流毒于吴深矣。少陽輩爲鴟，元濟爲之梟，而首惡本諸此。及母被逮[二]，尚念其子，則非僕固之母，其惡爲有種一間而殺之，故獨目以梟焉。

十五[三]

史謂滔爲厲階，而泚留于京邑，但樂荒鷄之鳴，惟幸和鑾之動，由幽節嘗因亂得，神器爲可邀求也。帝若取李承之言，不委烈以征討，取公輔之諫，即令泚以就行，則必無涇原之亂，及奉天之危急矣。嗟夫！此人事也，豈不有天意乎？當泚入朝，士民快覩，其夜太白入南斗，尋有占離宮之厄者。未狩帝失爲既往，源休、張鎰之釁勿論矣。

[二]「逮」，底本作「建」，今據《新唐書》卷一六一《張薦傳》改。
[三]按：第十五篇，原爲上編《燕史·燕鎮記三》卷首「郭造卿曰」，郭應寵收入《海嶽山房別稿》卷五。

古小人誤國，君顛沛則悔之，或斥或誅，以謝衆憤。奉天至山南，其顛沛屢矣，漼水何以復反？禁軍何以悉空？百口保其不叛，何以稱帝而犯闕？吴溆宣慰悼其死，崔寧縊殺赦其寃。至漠谷之潰，遂被圍而涕泣，杞無一籌可用，及一效有驗者。至懷光鳴鼓，乃仍爲之惑，而激其復叛，則誅有餘辜矣。不得已而貶，事平將復用之，且言不覺其奸，鑑非天昏而然歟？使因創艾，不諉天命，從陸贄等言，即下詔罪己，則三軍感激同袍，奉天不待懷光解矣。何有南中之行，而太息於永嘉哉！故興元之赦，稍足以回人心，而朱虎膽期未至，雖天生晟爲社稷，熒惑退舍不進兵，道茂請赦乃行之，其達天人之際者與！然在君相不言命，興元詔亦可觀矣。

十六

夫生死大矣。修短二事，賢愚一塗，而人品判焉。小人順逆二心，變塞不免於殞滅，而有不齒于鴻毛，適益君子之美者；君子夷險一節，殞滅不因以變塞，而有不趐乎泰山，何損小人之厄哉。葢幸而成其功，不幸成其名爾。唐三大僭亂，安、史也，朱、李也，黄及秦、董也。事燕居其二，氏燕有其四焉。安、史之於張、許，朱之於段，李之於顔，皆身死而嗣榮。非逆族爲之地，烏能高亭于凌烟乎？故詳其事，示鑒戒也。痛哉斯時，燕無人焉。當禄山叩馬之諫，老人既逸其名。僅有蔡廷玉者，《新書》加之于《忠義》。初陷安、史，不自拔，至朱氏，可與言哉，乃心王室，勸之入朝，適隳滔計中，而授泚以叛耳。且不善處其昆弟，至僨事而身死之，雖亦足以塞責，與張、許並列，可乎？《舊書》惜董秦云：「始奮忠義，多長者言。及失意挾邪，俄被淮陰之戮。」夫以秦之功，豈懷恩、懷光比，而淫暴被逐，奉朝請，厚幸矣。將則必誅。乃從泚居守，以比淮陰，不均失倫歟？

十七

嗚呼！朱温本中國，以唐賊而黜之矣。後唐沙陀種，而可進以繼唐乎？其姓國賜，而廟唐之宗祖，唐亡無同姓者興，賜姓不愈于異乎？克用世唐臣，雖嘗跳梁，夷性固然，而其良心未泯，實異于板蕩之世。卒而其子爲唐，雖弗乃考，若然名義猶正。以春秋律之，秦起於西戎，及幽亂，存周室而入居中國故地，得以會盟于諸侯，詩列之《王風》，誓附之《周書》。興師而作，同仇之義，榮懷則尚一人之慶，以順逆判正僞，以進退爲予奪，承倫斁而維綱常，華夷非所論也。試以燕二姓方之〔一〕。朱泚本燕世家，傳列夷狄之後。光弼賜姓，世匡王室，可以其種同禄山，不於郭令公同稱乎？則温當與泚並退

〔一〕「之」，底本重文，今據文意删。

於夷狄，而克用與光弼並進於中國矣。況滅唐所不能報之仇，以取國于久失之後耶。惜哉！不聽承業言，未滅梁而先即位。故犯遺論者，爲其仗君公義，而實復父私讐，傷臣節之不終焉耳。然以夷而從華宗，不肯改其賜姓，非嬴之本別於姬也。況由晉而稱唐號，不忍忘乎故國，豈秦之盡革乎周哉？誰將西歸，懷之好音。使夫子復生，删《詩》《書》，續《春秋》，必不外之矣。

十八

唐天寶之亂，其跋扈爲雄藩；自龍紀以後，以竊據爲永圖。後唐本沙陀貴種，南唐爲徐泗流甿，及至于得位，並姓李而國唐，年號可以相接者，故取之續唐占。嘗皆追立祖宗廟，以奉高、太之祀，亦猶莒之鄫而吕之秦也。鄫未滅於魯，而孰稱莒之世？秦未滅於漢，而孰稱吕之年？雖實亡而名存，非告朔之未去乎？其假竊誠不可掩矣，不愈於毁滅之者耶？然使時有真主出，即宋以繼唐，若唐之繼隋，而假竊奚以爲哉？惟不得已皆閏位，必將正疑而處難。以夷而黜之，石、劉其夏乎？以篡而黜之，朱、郭其禪乎？高、太在天之靈，不歆非類則已，如或有憑焉，亦難乎責實矣。梁、晉雖嘗立廟，爲朱爲石，孰若李唐，爲其家之尸祝歟。当商归周而雅作，言子孙必及臣庶，殷士之未祼，將天命其未改乎。使二唐不李其姓，亦得以臣庶而稱殷，況天命未歸宋，爲唐奚不可哉！

十九

丁亥，易定告難于晉。戊申，守光將兵二萬攻容城，易定復告急於晉。十二月，甲子，晉王遣蕃漢馬步總管周德威將兵三萬討燕，以救之。晉何以稱討？自克用請仁恭爲節度，則既命之朝矣。守光天討所必討者，時梁篡唐矣，于何請命乎？故直稱討，示無所逃耳。五代無義戰，獨有是舉焉。晉爲方鎮雄，劍及寢門外，宜也。但包茅之辭布，則楚人乞盟；縞素之兵臨，而項氏伏罪焉。惜當時不及以語此，尚未堂堂于天下也。

二十

嗣源本夷種，克用養爲子，賜姓名以附屬籍，莊宗委以兵權，君臣之分定矣。一旦爲亂兵脇，而將則必誅，况至於叛乎。或原其不得已，謂心實出於避禍，則一聞主弑，當即日揚旗西指，以討罪人，傳檄四方，遣使西迎魏王，姑請劉后臨朝，而俟嗣君至，泥首以待罪。乃遽然居監國位，布置私人以掌樞機，殺國后以及親王，繼岌安得不自殺，是亦嗣源殺之耳。至于幼王四人而不知所終，晉王父子血嗣以殲，奚忍義父遺育而皆爲魚肉乎。其天性本良，爲目不知書，寧通《春秋》之義。積習叛亂不爲懼，乃諸私人急富貴者，而陷之不義過半矣。

二十一

三代以還，夷抗夏，變也；兩漢以來，夷猾夏，常也。唐、晉之季，其靡底乎。從珂以中國人，受夷豢養爲子，既不臣而無上，復不返正歸宗，宜爲契丹所滅，變亦常焉。以夷滅夷，猶虎之啗狼也。中華之地，虜不能安，梟掠鷄之種，既久假而援册，願爲契丹所立，變亦常焉。以夷立夷，猶虎之乳豹也。重貴幸得位，安敢以比敬瑭；延廣猥定策，安敢以望維翰。惴惴且不保矣，乃不量啓侮乎。是假食牛之氣，而將以張豹變；隨群狐之媚，而將以肆狼貪也。此非畫虎不成而反類狗者哉，其喪魄就噬，常矣，豈足以謂之變耶？而記之以變者，燕土失常焉爾。猛獸當居山林，其居城市，爲變。既入圈柙者，狎之亦常耳。忽山林者入焉，裂圈柙，跳城市，往來若無人境，非負嵎而莫之攖，是之謂獸壙矣。十六州何以異是，其獨謂之變，非歟？

二十二

開運元年，正月，甲戌朔，德光自將南道兵寇滄州。乙亥，趙延壽、趙延照率前鋒五萬騎次任丘，高模翰爲統軍副使，與僧遏前驅。丙子，西道安端入雁門，圍忻、代，向太原。丁丑，德光圍貝州。乃水陸要衝，河北皆警，可轉餉，積芻粟數十萬，爲契丹數年備。河間王令温爲永清節度使，以軍校邵珂凶悖，黜之。怨望，密遣人亡入契丹，言貝粟多而兵弱，易取。會令温入朝，質珂子以自隨。大臣以諫議大夫復州防禦使吴巒前堅守雲中，契丹不能下，遣馳驛代守。巒推誠撫士，大寒，裂帷幄以衣士卒，莫不愛之，而無爪牙。珂願自效死，信之，使將兵守南門。契丹圍三日，巒投薪草焚梯衝殆盡。己卯，復攻。巒守東門，方戰，報珂引契丹自南入，反顧城中亂矣，即赴井死，被殺且萬人，而令温家屬爲虜。上憐，以爲武勝節度使。史以巒不能察珂奸，及城陷，不拒戰，遽死，《死事傳》不之列。所謂死事者，非以志專報主，計耻求全，死者復起而生者不媿乎？結纓不病其傷勇，白圭不病其害信。雍丘之破無虧仁，睢陽之破無損義。其成敗利鈍，非在所論也。巒能死守雲州〔二〕，才節不下洪、巡，則其志圖一匡，而技精九却矣。且使敬瑭知割地之失謀，趙、郭知臣虜之不義，德光知中國不可力勝，而打草括貨之爲逆施焉。使巒即死于雲，其功不在管、墨下。乃蒼黄於貝，而固責之備！珂子既質，詐豈人所必逆乎？虜衆既入戰，豈巷所可拒乎？而顧以之黜巒，五代難乎死矣！于此有能逆詐于未形，拒戰于已陷，竟失行以事讐，斯將在所與乎？蓋能行之間，自古辨之矣。

〔二〕「巒」，底本作「蠻」，今據上下文改。

二十三

嗚呼！世罪石晉，最大者三：稱臣于契丹也，獻地于契丹也，册立于契丹也。夫册立于匈奴，自漢盧芳始；獻地于猗盧，自晉劉琨始；稱臣于突厥，自唐李淵始：皆中國之僞也，夷種曷重誅焉。第以五季之亂，自相爲篡，論之養子繼世而作亂，其首惡非嗣源乎？本敬瑭獻計，以逼莊於弑，又成從珂之逆，乃自叛以滅唐。夷狄所不容，可謂中國主乎？夷類所不齒，可入中國史乎？則改唐爲晉也，夷而背夷也；其竊晉事遼也，夷而歸夷也。叛逆奚論華夷，矧夷又奚擇焉，而於敬瑭重誅哉！惟十六州之腥膻，則因僞而殉之，實神人所痛憤，故絶占年於唐後。

二十四

方晉逆抗，孤圍無援，徒一介之命，而持片舌之彊，能使契丹空國興師，應若符契，出危解難，遂成晉氏大業，維翰之力爲多。及少主新立，釁結兵連，敗約起争，則延廣壞之。二人用心異，而其受禍同。然延廣害在一朝，而維翰害在千古。人但罪延廣者重，而恕維翰以事功。當晉惠賂地於秦，識者知其無成。况本末不順，而與虜共事者，嘗見其禍矣，孰福也與哉！

二十五

五代梁、唐、晉、漢篡，其繼體未有克終。開國不被惡聲，惟有唐、漢之英爾。然存勗被弒，並滅其嗣；知遠未期，僅保厥躬焉。天之所以報施，何以異於篡哉？唐代梁，名正也，而失之急，則仗義執言，人追逆其詐矣；漢代晉，實僞也，而得之緩，則觀變幸災，人鮮燭其奸焉。當爲敬瑭押衙，從朝，潞王之叛，遇愍出奔，止於衛州傳舍，遣勇士石敢袖椎入以待變。敢格鬬死，即自率兵盡殺左右及從騎，獨置其君而去。敬瑭將叛，謀于將佐，段希堯首拒之，趙瑩、薛融未敢爲決，獨曰：「明公久將重兵，得士卒心。今據形勝，士馬精強，若稱兵傳檄，帝業可成也。奈何一紙制書，自投于虎口乎？」故桑維翰因之而獻假援之計，則二主之篡逆，孰非其所成者。孫爲父弒祖，僕嗾嗣奪主，助之逆矣，不自爲乎？故招陽城之散卒，没吐渾之家貲，遠居太原，富強自恃，社稷委於危亡，恬無勤難之舉，君侯俟其播遷，虚張追援之聲，契丹將潰，推戴以漸，必兩利以全收，弗行險于一旦。非若昔之三叛，逼主于弒，而亟即位，建號改元，自陷于亂賊之科也。是乃曹、馬之徒耳，豈非深于篡者哉？雖存勗之英武，而不及其沈重矣。然天惡陰謀，篡心莫掩，故宋藝祖直指爲篡焉。即明宗妃胤，既自奉迎矣，忍使無一盂麥飯，寒食以灑徽陵乎？故繼體旁支，爲賊臣假子所以夭椓者，視三叛奚殊？

豈非果於誅僇，而陰短祚爲報哉？石氏之始終最促，二主十有一年；唐四主三姓二畔，共十四年；漢六主三姓二弑，共三十三年。雖高祖之不及期，而漢年五代稍永者，天亦稍緩以還之，其報施固不爽也。

二十六

嗚呼！歐陽爲漢立世家，微意不與周篡也。然漢初興，能亢契丹，稍足自立。祚短而篡，崇乃屈事爲緩，其不得已可原焉。然臣而父事之，亦石晉之續耳。旻、鈞二世，其志可哀。至何之子，當受天誅，史尚以漢尊之，奚愚謬若此哉！故列季漢世家，必自鈞訖，何氏子事，列之《宋史》，是以治正亂也。

二十七

梁横衡毋論矣，繼唐而叛者二，及晉、周之初篡，皆因危懼而然。嗣源、從珂篡，敬瑭成之也；從珂、敬瑭篡，知遠成之也；而知遠深於篡，非威孰成之乎！蓋本飲博任俠殺人亡命之徒，李繼韜叛君父從梁，而尤特奇之，置麾下。及歸唐、晉，以楊光遠有姦詐之才，無英雄之氣，乃辭而從劉公者，爲其才氣似之爾。自鴻溝之奇遇，雀兒有非望矣。及劉有憂色，遂啓其篡，曰：「河東山川險固，風氣尚武，土多戰馬，靜勤稼穡，動習軍旅，此霸王之資也，其何憂乎！」將孰甚焉，而律以《春秋》，必在所誅矣。

劉成晉陽之業，郭受顧命之托，煩伐三叛，對曰：「臣不敢請，亦不敢辭，惟命。」由書算補軍吏，而讀《閫外春秋》。延見賓客，褒衣博帶，以雕青謙恭，乃何有者哉。及臨陣行營，則幅巾短服，賜予悉分之，使將士皆懽。三畔雖以次平，期年僅克一城。加檢校太師，兼侍中，特寵玉帶鞍馬之賜，因請推恩宰執、宗室、侍衛、節鎮，外暨荆、浙、河南，而濫遍天下，振古所無，匪辟作福，而施也大矣。自以樞密頭子易置，位兼將相，節度留守，如戍卒然，而朝廷不敢問。及契丹寇邊，出鎮而領樞密使如故，以外制内，故事無之。河北兵甲錢穀，皆聽節度便宜，因是致異議，將相水火，匪辟作威，其權也重矣。威福如兹，主無疑乎？田蚡族於除吏〔一〕，霍光族於驂乘，故少主所僇者，皆其推賜之黨，及乎專恣之尤，而君臣爲寇讐矣。然取僇者以此，而免僇者亦此。受其福者藉其威，遂相帥而叛向闕，致絶種嗣，以及假息，嬰孺無免，極其慘毒。前此篡弑未成，寧有禍若此者乎？是害于而家矣。致君野死，歸罪左右，僞爲號慟，曰「老夫之罪也」，乃縱火大掠，又弑殯自立，罪將誰歸乎？是凶于而國矣。然國雖爲殘，尚留支屬以報復；家竟自殞，空負螟蛉而滅宗焉。則其三期之僞朝，一身隙駒焉耳。惜乎！雖使子

〔一〕「蚡」，底本作「玢」，今據《史記》卷一〇七《魏其武安侯列傳》改。

爲舜、禹，克蓋乎前愆，而父陷弑逆，乃綱常罪大矣。萬古誰爲之贖？况非其子者耶！

二十八

癸丑，威出征，擁兵還，遂拒贇。己未，廢爲湘陰公。庚申，威監國。嗚呼！歐陽氏史，於是周稱本紀，而漢入世家矣。《春秋》趙盾之弑，未必如三傳所云，而夫子既從其史，則千古無異詞矣。隱死在威未入城前，郭允明露刃隨其後，史言弑帝而自殺。既爲親臣，何以弑？既弑，何以自殺？因自殺，遂歸以弑，而假托於太后誥。司馬疑弗能釋焉，但書「追兵已至，爲亂兵所弑」。縱威不主弑君，何以追死村落間，而故慟哭曰「老夫之罪也」。即以穿歸允明，而威其免於盾乎？紀自隱弑，即書漢亡。或曰：「以罪假立贇，而破其姦也。」或曰：「四十二日而立，以見難立，自媿也。」豈知史氏微意哉，蓋即予周立紀爾。夫晉人志三國，以魏而承漢。壽不足道者，乃歐陽而踵之，司馬之《鑑》亦然，不亦可占世變乎？

二十九

嗚呼！威以中國人而爲夷狄臣，非篡弑而能反正，公論其孰絶之者。既篡弑與朱温同科，難乎以中國矣。雖革命從周，公論其與之乎？且隱雖被篡，而旻則繼立，其先得國，視篡弑殊。昔漢之疎遠冑在，而統不以與魏。况旻以親近立，語代而以與周邪？

三十

漢之篡也，其機深，其勢順，故詐施之于前；周之篡也[1]，其勢逆，其機曲，故詐施之於後。劉銖奉命戮威，家無噍類；而威入城縱掠，以脅衆矣。爲大臣未推戴，乃因赦銖等家，非以德而報之，乃安反側然耳。昔楊行密叛將蔡儔悉毀其墳墓，儔敗，諸將請報之，行密嘆曰：「儔以此爲惡，吾豈復爲之耶？」盜不有道哉，而威其然乎？或怵於司天言，而尚求以延祚耶？李昪既幽吴讓皇，乃爲廢朝二十七日，追謚睿皇帝。自古易姓，惟此加厚，是猶紾臂奪食，而按摩爲愛也。則威之於隱，乃昪故智耳。蓋其母李太后賢知，嘗阻勿殺三大臣，及勿即出自臨兵，威聞而心服之。少主既及于難，銖之妻孥且幸不死，其何名及太后乎？故其舉事皆稱宫誥，委罪于允明，迎贇而廢之，以掩人耳目，而遂其肺肝。一婦人何爲者，姑尊事之，而實幽焉，將藉以抗崇耳。

三十一

五代之君，孰如世宗賢。取契丹三關，燕南始得歸正；復遠平淮南，而使奉貢朔。惜其爲篡弑子，以中國而從夷狄俗，竟不能反正歸宗，是亦從珂之類耳。或以終世莫敢

[1]「之」，底本重文，今據文意删。

言，故但以元舅禮之，至殺人以聞，何不如漢殺薄昭，而但置不問，則亦既知之久矣。第以受周大業，而不可明示郭氏乎。夫臣子于君父，其恩義一也。舜、禹之受禪，未嘗必從其姓，所以明有父者，乃以明有君焉。帝王之大禮，固非亂世所知。若以近事爲師，豈獲罪於威哉？彼請母事漢太后，願奉其宗廟，當承高祖祀，如嗣源之爲子焉。既篡其胤，復改其國，而名其宗爲仇，固未出于正矣。世宗如知禮，明示而勿欺，既承其業，不忘其恩。倘郭宗有人，如唐虞之作賓，如杞宋之奉祀，而用天子禮。至求無人矣，則別立義廟，歲時親享，禮如故君。或如爲人後者，情篤而禮稍別。尊父守禮爲太上皇，立宗廟而正本始，於恩義兩不悖矣。

三十二

嗟夫！五代母后，若曹氏之潞、鄂，皆非其所自出，而出晉國公主，敬瑭乃其婿也。潞逼于敬瑭，自焚，曹氏將殉之。王淑妃謂曰：「宜且避匿，俟姑夫。」曹氏曰：「吾家一朝至此，而何忍獨生乎？」不從女及壻，而從其養子。此可以無死而死，其志於唐可愍焉。晉國公主爲敬瑭后，子楚王死于叛兵矣，重貴、重睿非其子也。契丹命北遷其族，命母勿從之。李氏曰：「母不隨子，欲何所歸！」而顛沛流離，死于遼地。此可以無從而從，其志於晉可愍焉。若漢太后獨稱賢智，有三子，承訓早卒，承祐弑，承勳疾廢，而受郭威之僞尊。遷之于太平宮，誥曰：「感認深意，涕泗横流。」豈爲承勳乎？承勳踰年死矣，太后何俟越三年，則視祖母何如哉！未幾，世宗符后爲宋，亦遷于是宮，少主非其子，而母不知所終。亂世孤寡之變，易代多不忍言。而天之所以報宋者，其變亦從此占矣。

三十三

當五胡南北遞據，陵夷五季而極。五十二年之間，八姓五胡如歘，雖胡人亦厭之，祝天早生聖人。宋與晉、漢、周得國，豈甚異哉？而陳圖南曰：「天下自此定矣。」不有遼稱北帝，豈定于一者乎？然自此南北各一，亦定百有餘年。北雖易之以金，不亦謂稍久者歟。宋之君相，本幽薊，興汴梁，及播江表，南都吴越，北郡幽冀〔一〕，斗之爲度，南北分焉，卒歸蒙古于燕，蓋亦自此兆也。昔天無二日，故民無二王。自民之多王，天日亦多矣。唐貞觀方盛，突厥日有五，其種乃蔓中國，而爲五裂之兆。乾符末，兩日鬬，離而復合，三日乃止。本者其正乎？鬬者其邪乎？邪者爲夷狄，遼者生八年矣，與唐、晉、漢、周，亦五胡之季也。惟遼則貫之，及金、元三朝，三日之象，於斯止矣。正者

〔一〕「郡」，疑當作「都」。

爲中國，雖歷僭僞，唐稱未絶。乃宋三朝是貫，建隆之初爲遼，宣和之末爲金，皆南北分朝，故日並盪焉。占者以宋逼周禪，爲君臣易位，乃爾。則宣和之父子，何爲而亦然乎？金滅遼，遼之亡，無此。元滅金，金亦禪，無此。至宋之滅於胡，皆有黑子，而無重日。昔之爲南北，審矣。元亡，乃尚如建、宣，豈故種尚留于朔漠乎？則五百年之胡運而在幽者，豈偶哉？

三十四

漢繼元降，前二主四年，後四主二十九年，共三十三年國亡。唐末中國僭竊者，至是殄滅無餘矣。如氛霾一旦見天日，爲快也。惟有契丹居夷故地，而奄有幽燕，以虎視中原，是年改元乾亨，爲氛霾所未盡，乃治亂之大機，南北自從久分焉。當王白仕遼，以術歷節度使，年七十，語氣方直，嘗曰：「南朝天地山河與此不同，雖暫得小勝，不足永恃。彼若雪恥興兵，復燕薊，破榆關，而直趨灤河，恐穹廬毳毯，不勞一踐而盡。」遼厭其語，欲誅之，重其學術而免，年八十乃卒。遼亡，女直、蒙古繼之，至宋亡而寖大矣。白言垂五百年，乃大驗于今日哉。

三十五

宋之未喪師，都汴而統燕，其斗度屬析木，居野之次當在燕南，各爲其幅員，而曆之八改者，尚有行于山前，民既禀其正朔，不爲之志歲月乎？及渡江而截淮，則宋居于斗南矣，亦八改曆，燕罔聞知，史則多闕，存餼而已。葢地主南北既遐，而天之箕斗亦判。昔之居者皆都建康，吴詔公孫，晉封慕容，雖至南唐，尚通契丹。及宋則南居浙，而屈于完顔氏矣。若天不亟殛海陵，而代以世宗修好，則斗南之氛祲，其龍光乎後有？及金式微而宋圖復，劍氣若輝于斗間，則仗之北犂龍庭，以掃五國之耻，不爲中原一快哉！乃獻侂胄、師旦首于阽危垂亡之朝，視昔之送張穀，其羞且益甚矣。仍循覆轍而勾强虜，拾其遺燼以告宗社，君臣動色相賀，可卜其阼之能遠哉？未幾旋亡，斗南以傾，自古之正朔正統絶，而付之于海島。斗乎！斗乎！其如宋何！群星大小之淪没，豈亦憤而蹈之乎？

三十六

胡運無百年者，葢語其概云爾。若元魏所起，至西夏所止，綿綿若將千載焉。但以久亡復稱，若劉宋之於漢，其勢遠而號殊，弗考，則不道之矣。遼自漢、晉，邈哉毋論。惟起于唐初，而僭于唐終，歷五代至宋，先後而亡，復接而起。宋稱于南，遼稱于西，伺金嚮衰，假道於夏而將代之，宋爲之備，則其所綿綿者，不亦將三百載乎？夫中國之德盛，能卜曆而過之，胡而能過其運，豈其德之無稱哉？魏祖若高，遼宗若聖，中國不易得焉，帝乃亦眷之矣。

三十七

遼興未幾，而亂相繼，至穆則甚于幽、厲，其變起肘腋，宜矣。乃天命之未厭，遂有景而有聖。金興亦然，至于海陵，則夷德雖極惡，而明德尚亦有懷焉。二十九載之大定，醇于聖之四十有九矣。故雲龍之祥，夐異于天輔，而天心仁爱，儆戒又不少焉。世宗敬畏修省，函夏寧不讓德哉！當宋喪敗之後，相與罷兵息民，而重華夏之體，以得尊其正朔。昔德在中國，施及于蠻貊。兹則蠻貊之德，而中國懷之矣，故與孝宗相終始焉。則南北之災祥應驗，不相背盭，非天之欲平治天下，乃華夷有君如此哉！

三十八

金自遷汴後，而變怪多矣。青城之辱，宋得反焉。種種相類，非燕不具，具其數之大者。且宋亦將亡，而獨怪乎鳳何爲其來也哉？初，阿骨打生三十有六年，遼見於滮陰，史不詳其狀，十餘載而稱帝以完顔。及鐵木真生四十有一年，金見于武安，史則詳其狀，越四年而稱帝以蒙古。遼遂亡而宋德衰，惟金興爲當之。至其垂亡，宋德又衰，非蒙古之興，而當者其誰？元臣《金史表》謂，「太祖受命丙寅，先五載而朱鳳應」是也。迨至正十一年，慶遠有異禽雙飛，烏百千隨之，史亦以爲鳳凰云。其一留止，射于獞人[一]，首長尺許，毛羽五色，以獻于帥府者，久而鮮明如生。嗟夫！獲麟其衰而鳳亦衰，甚矣！豈胡元之興亡，可比德于此者哉？故小明除而大明興，初亦以鳳紀年，不亦爲之兆歟？

三十九

自胡運將衰，彗出子孫下。泰定亡，天曆變，我太祖挺生，應慶雲之祥，實惟戊辰。至于庚子，復出于東方，而雲祥迭現，我成祖應之，都燕兆此矣。昴畢間曰天街，北胡而南中國。天厭胡以開聖祖，正月乙亥即位，既復我中國統，旬半而彗其間，所以正華夏也；三月又于昴北，則驅之化外矣。元主既遁，號庚申君，蓋以是年生而取肖于猴。唐明皇酉生，好鬭鷄，禄山漁陽亂應之。君貶以庚而迎以申，祚失以申而終以庚，猴迎拜以見祥，遂送死以示孽。其居位之數三十六，以符國運實盡於此。復有狐之象焉，君占河清、白氣，而于天文習之矣。汴都兆之宋家，而榻爲其所昇。金哀死社稷，則據於宫中。至是而二者出，故及太子遁焉，我兵之不窮追，寧非與其順哉？肆惟神威，肇域燕基，庚戌受封而故主殂，庚申就國而初君滅。既平沙漠於應昌，盡滌胡種于漁陽，年

[一] 「獞」，底本作「撞」，今據《元史》卷五 · 《五行志二》改。

在戊辰，鼎定庚子。天生二祖，干支循環，既復我統，復據彼都。爰揆其初度，而彼數不及周，非天意寵綏在我，以開大明于萬世乎？

附録

著述序跋

海嶽山房存稿敘[一]

建初先生没，余既志其事而銘之矣。先生生平所論著甚多，其大者則有《燕史》、《永平》《臨汀》《上杭》諸志、《玉融古史》。《燕史》多至數百卷，書成而莫任剞劂，故尚未行世。即其他，亦或傳或否。至于名流知己假手操觚，則十九削稿，不欲傳。于是先生之文，其存者無幾。伯子孝廉汝承彙爲二十卷，以隋于穀城于先生，大相賞嘆，爲論次而授之梓。余不佞，敬從于先生後，復爲之敘。敘曰：

郭先生者，余里中人也。其尊人曰子長先生，爲比部郎，有才名，早夭。先生幼孤，即能緒其業，籍學宫，以博士業屢冠有司，然非其好也。其志在上下今古，貫穿百氏，

[一] 按：本文，輯録自郭造卿《海嶽山房存稿》卷首；又載葉向高《蒼霞草》卷八，一九九九年北京出版社《四庫禁燬書叢刊》影印明萬曆刻本。

窮搜人間未有之書，羅之胸中，以勒成一家言。蓋不久而先生之業成，海内賢士大夫，如馬恭敏、徐子與輩，皆折節與交，以作者相期許。先生又練習世務，每談當代得失之故，如決溜懸河，聽者忘倦，世遂不敢以文士目。先生迺竟困一第，以明經入太學，而先生不屑也。去之爲塞上遊，戚元敬都護開館漢莊，延先生，蓋《燕史》所由作焉。書成而先生歸。

時余已通籍里居，數從先生遊，相與揚搉藝林，窮日夜不休。因竊覩先生之文，宏深奥渺，指遠而詞修，其大致在使讀者深思以求其趣。故才可以無不遂而光常韜，意可以無不暢而氣常鬱，曲折紆迴，窮工極態，求之近代作者，稍類李于鱗。而于鱗棘，先生典，于鱗滯，先生達，于鱗以古語傳今事，先生能使古語今事混合無迹，此其所以異耳。自七子之徒推尊于鱗，而詞林館閣諸君子不能無異同，遂使文章之途分軌而岐趨。先生能爲于鱗，能不爲于鱗，概之于館閣，馳驅範矣。徒以逢掖諸生，不得翺翔石渠、天禄間，爲諸公所推轂。既沒，而迺有于先生爲之表章，豈非此道之顯晦離合，亦自有數存歟！

而説者謂，先生之才，尤長于史。今讀《燕史》一書，網羅千載，蒐輯前聞，名雖一方，實該九有。其雄洽博贍，即方之龍門、蘭臺，宜無少遜。至于辨徵、箕之誣，徵叩馬之妄，證文皇未嘗以大寧予朶顔，皆古今大窾繫，無人能發明者。使先生而任掌故之職，得肆力于編摩，其所成就，又寧可量！昔柳子厚以史責昌黎，而昌黎終謙讓不敢當。知幾《史通》，其所譏彈，自丘明而下無得免者。紀述之難如此，當吾世而失先生，豈不惜哉！

先生集，爲其史作者十之三，他文十之三，不爲史而有裨于史者亦十之三，詩僅十之一。要于諸體無所不工，而其必傳而無疑者，則以議論考索中，往往有不可磨滅之見，不獨以文已也。昔《子長先生集》，識者稱其雄勁簡奥，善紀述。父子間源流固然，迺先生閎肆矣。孝廉諸昆仲，又皆翩翩有文名。郭氏信多才，他日竟祖、父之志，又自有在。吾姑書此俟之。若先生之質行高風，超然拔出于流俗，使在聖門，必以狂狷而兼文學，則墓中之文具矣，兹不論。

里人葉向高撰。

題先考海嶽集總目後[一]

先子生而雅志經世，故于異秘牒笈，雖無所不窺，而尤沈酣于二十一史、朝家掌故，旁精曆律兵符諸書，洞悉山川阨塞。揮塵立談，慨然慕諸葛武侯、范文正公之爲人。顧困于數奇，迺因戚少保公下榻，而著《燕史》以見志。暨所纂諸郡邑乘，條畫閩滇薊遼經略諸議，裁答塞上制府諸公所問禦虜備邊便宜，不覺吐鋒穎于楮墨，間有遐思焉。今其書具在，可覆已。弱冠，即以古文詞、聲詩名當世，當世諸名公輒亟登之壇坫。然度先子意指所向，則頗在濟南李先生，而超超似有獨詣，則孤所不敢知。孤所知者，家人語耳。

先子居常，于應酬詩文雖窮極工態，意似不屑。又間多代斲之章，操觚竟，輒削其牘矣，不欲沾沾以自爲名。且戒孤：「異日慎無暴吾它所論著。」比先子歿起倉卒，孤銜恤檢諸故篋，則所存詩文堇堇。迨走齊魯燕代，涉吴越之墟，從先子曩所交游家，及佳

[一] 按：本文，輯録自郭造卿《海嶽山房存稿》卷首，又載郭應寵《郭汝承集》卷四，國家圖書館藏清抄本；文題據《郭汝承集》補。

山水嘯詠題勒處[二]，稍稍蒐羅，方得録成數種，署曰《海嶽山房存稿》，則逸者不知幾千萬言矣。間亦有代諸公操觚者，第其集業已無聞，孤不忍兩無所傳，故雖甚非先子意，孤寧冒責而收焉。得詩五卷，文十有五卷，合爲卷二十。而《燕史》諸敘，亦彙入文目中，庶世有因敘目而訪全書，不竟至于泯泯無聞，以負先子編摩之志，則孤之明發有懷也。

奉兹遺編，出往與俱，每圖剞劂，而力未能，怦怦營營，蓋十五年所矣。幸兹數載，卒業東阿，敬出以請正于穀翁于先生，大加嗟異，辱爲芟釐。今夏過白門，而吾邑臺翁葉先生重訂以授之梓。兩先生且有意而爲之玄晏，是賞駿骨以千金，而遺先子以不朽也。集校于冶城烏龍潭之文漪堂，鐫于師古齋之二酉室。工竣當紀歲月，敬附勒本末于總目之次，用識弗諼云爾。

萬曆丁未季秋既望，不肖男應寵頓首謹識。

[二]「詠」，《郭汝承集》作「吟」。

永平府志序[一]

今以文學飾吏治。孫公、沈公志永平而序之，復以志者本余門下士，而要之以一言。余初宰福唐，得郭生，重其澹臺風，而業已名海内矣。汪公伯玉、徐公子與入閩，尤折節之，不但其文以也。鄉校推德行科，督學旌者屢矣。貢太學，不第。戚元敬故嚴事于閩，遂築館漢莊，將屬之《薊略》。時採事未至，迺草《燕山古史》。而元敬以人言去，生獨爲《史》《略》留。元敬藉其留，獨爲去後重。督撫五六公相承以禮交，而拜使受之館，不謁謝于公門，其刺相聞而面未見也。余爲盧龍道，亦避不入城府。歲時念不置，行邊，約之中塗，杯酒醉而別，猶昔福唐時。余東行，將從登泰岱，謁孔林，弔蓬萊故人。孫、沈諸君子留之修郡志，余遲之不至，迺如貴竹，入關中。彼何遲遲也？得此而披之，毋迺太亟乎！非《史》《略》爲之地，日力不至于此。孫、沈樂其成，敘纂修者若畫，序體裁者如貫，而尚不足概之云。

生嘗言：「世科名士有樹文壇赤幟者，覽史籍以鳩材，唐五代後史，非考事不目，

[一] 按：本文，輯録自郭造卿《海嶽山房存稿》附録。

故外史多失職，皇都尤爲缺典。昔都關、洛，其史《漢》《唐》，其詞典雅。今承《遼》《金》《元史》，不中乎文士，然其事在都下，何可以草昧遺之哉！生則三復之而不忍置焉。將代都人執役，奈何以奪史氏權。惟具胜國，達啓宇，藏之燕山爲副耳。」自謝博士業，言歸山中，恐力不給，迺因莫府爲之。而忘寢食家室，留滯十餘年，往矣，成卷六百有奇，其彙二十餘種。沈録之而未竟，孫受之而非全，則梓之者其誰？

生嘗志汀、杭，世多其簡要，而此迺富于言，不亦祇以異乎！蓋舊志之陋劣，諸郡爲最下。然荆蠻以端委興禮樂，而文學不以武城廢。生傷昔之面墻，示後進以富美，國儉而示之以禮，將使得居諸郡上矣。抑郡燕當五之二，今在馮翊要區，塞外則五之三，《史》《略》莫不具焉。雖儉而入之，亦不勝其爲豐，豈非于具體者，藉此以見其半哉？然關政事風教，雖稗野，爲詳固多。其金石爲略，若浮雲芻狗不少矣。

且不必論其詳略，余則識其大有五：伯夷自戰國下，爲司馬氏所誣，至臨川、泰和，頗辨其諫伐，而未有爲遜國言。迺獨著之爲典，此千古首發，適于義而已。若韓昌黎諸辨，在生則不足道焉。舊大寧藩土，關國事甚大，名儒謁稱永樂棄畀于三衛，百年四海無異議。迺獨以一士諤諤，其系社稷計而重九鼎多矣。若兀良哈諸考，在生則不足道焉。凡志率略境外，倘及之，梗概耳。迺獨以守在四夷，斯爲大一統之盛。况京陵利害在，而貢闕所出入，不詳之于域外，居中其曷以制。雖至于譯語，追遵祖製而補之，若圖曲盡乎邊塞，在生則不足道焉。史爲天下作，列傳且詳矣。凡志一方者，當以士告天下。顧莫不取節，爲有司省簡編，而使其鄉國士知人論事者病之。迺獨録其全，而且爲補闕略。若林兼全乎文武，在生則不足道焉。叔世浮慕長者名，而失《春秋》之正直。舊安史尚諱之，世不知曹賊何許人。迺既悉舉無遺，以誅乎既往。於今忠烈之首祀，棒椏之膚奏，皆明斥其濫瀆，以爲後欺僞者戒。若方鎮檮杌輩，尤不足爲生道焉。見獨者其識正，道直者其氣剛。惟其有矣，是以知之。或參之異論，或語以同俗，不一稟之決筴，生則投筆逝矣。此二公之難能，在舍己成人，尤各稱其美焉，誠亦不在乎志也已。

萬曆辛卯孟夏，賜進士第巡撫陜西地方贊理軍務右僉都御史龍潭葉夢熊撰。

盧龍塞略小敘〔一〕

海嶽郭先生所爲《燕史》，無所不囊括，卷帙甚多。縮其半而爲《永平志》，而世猶

〔一〕按：本文，輯録自郭造卿、郭應寵《盧龍塞略》卷首。

不能盡傳也。伯子孝廉君又縮而爲《盧龍塞略》，蓋僅存十一于千百耳。而于塞上故實，山川阨塞，甲兵錢穀，夷虜情形，諸戰守具，靡不臚列。一開卷而塞事瞭如指掌，非但有裨掌故，抑亦籌邊者所宜知也。

今九塞所急，惟薊與遼，而盧龍介二鎮之間，相爲輕重。謀薊者不憂夷而憂虜，謀遼者不憂虜而憂夷，盧龍兼之，此非一面之利害也。故舉盧龍而遼、薊可覩矣，舉遼、薊而諸邊亦約略見矣。嗟夫！吾安得起郭先生，而與之論塞事哉！先生在塞下久，所著又有《碣石叢談》，孝廉將併梓之，而余爲引其端如此。

賜進士出身資善大夫禮部尚書兼東閣大學士同邑葉向高譔。

盧龍塞略敘[二]

余曩撫上谷，則閩中郭汝承來遊，談其尊人海嶽先生所著《燕山古史》《薊略》《永志》，可數百卷，洋洋纚纚，皆關邊陲戰守所宜，余聞之意傾。時兵使者孫方伯前守永平，故所邀先生志永者，迺出所攜録本示余。博而核，嫺掌故，而晳于疆埸，蓋籌邊之

[二] 按：本文，輯録自郭造卿、郭應寵《盧龍塞略》卷首。

龜策，匪直載記之信史也已。徵其《燕史》《薊略》，云未殺青，副在帥幕，余懷之餘十年。所起督薊門，檄視故府，則報漫漶，不復有存者矣。爲之低迴太息。會汝承再遊至薊，問之，家塾有遺編，腹笥有梗概也。遂留之署中，重鈎纂焉。本諸《永志》，參以《史》《略》，節縮成書，總曰《盧龍塞略》。爲匯十：首以圖經，次以譜表，曰紀曰傳，曰考曰議，以至阨塞夷譯，棋置臚列，恍如借箸先生也者。論次彌榷而徵，塞上之情形彌綜而具，文章經濟，父子間源流固然哉！迺能成先生之志者，汝承也。不佞卒業欣然，亟爲之授槧人，而輒竊有所概。

夫薊守遼戰，畏此簡書。盧龍當薊、遼之交，戰守莫具于是編。第自譚襄敏、戚都護去，薊浸失其初。邇河流之已事，可覆矣。遼方塵宵旰東顧憂，疆臣葸葸無以稱塞閫外萬一顧。誠安得如先生言：「和必先伐，伐必先謀。謀而服之，伐而克之，以和以守，迺永不失。」則亦何憂夷虜哉！此余不佞所黽勉從事，願策兩鎮將吏，以副拊髀，未能也。迴環先生言，余滋媿矣。因書之以弁簡端。

萬曆庚戌仲夏之吉，賜進士第資善大夫奉敕總督薊遼保定等處軍務兼理糧餉經略禦倭都察院右都御史兼兵部左侍郎新城王象乾書。

題盧龍塞略目録後[一]

家先生之遊薊門，先後一十六年，所揮麈譚塞上事甚具，戚少保公多用以決策。今臺隍屹若天險，則家先生與有畫云。少保嘗屬先生爲草《燕史》《薊略》，未竣而少保去，後帥無能竟其緒者。會東粵葉大司馬公時部永平，謀諸太守孫公，辟先生纂郡志。永平故唐盧龍軍，今屬薊帥。因以《史》《略》什五入焉，靖難以前則原乎《燕》，永樂以後則苞乎《薊》。諸凡戰守所宜，已事成敗，阨塞戎索之要，晳如列眉。書成鎸播，識者頗稱綜覈。而後守至猥，云帙繁不省也，庚屬諛聞，剗削殆盡，置此高閣，良可永嘆。夫無徵弗言也，有言弗遺也，言而徵，何病于繁！已而朝修正史，欲徵薊事，謂非郭先生所纂《永志》莫詳也，下所部問：「先生故所纂，今安在？」其書始迺復出。

噫嘻！郡有掌故，職在司存，寵也何知，而敢喋喋。惟是《史》《略》，封疆所系，倘復歲久，竟憚帙繁，弗克表厥論次，以禆當塞帷畫，則曩先生所稱少保忠計，欲以編摩示後世師何！用是惴惴懼。謬從故志，重加纂述，録其關于邊政者別爲一書，署曰

[一] 按：本文，輯録自郭造卿、郭應寵《盧龍塞略》卷首，文題代擬。

《盧龍塞略》，上之司馬幕府，庶備財擇，托以千秋。且寵也聞之，盧龍塞昔在漠南，今三之一入我版圖，它故寧藩舊封，朶顔牧之，中山、開平，遺烈猶在，具是書矣。倘亦仗鉞，有遐思乎，則寵私爲家先生規不朽，而公爲當寧東顧賛一籌也。敢告軍正，比于佐史。

萬曆庚戌正陽月朔，福唐郭應寵薰沐勒于檀幕之具美堂。

傳記資料

海嶽郭先生墓志銘[一]

吾福清有郭先生者，其自稱爲玉融山人，而世尊之曰海嶽先生。其人名僅籍太學，而所知交盡當世名卿賢士大夫。未嘗剖符儋爵，而擘畫成敗，論古今得失源委，九邊、三輔、列藩，阨塞夷險，攻守所宜，如列眉觀火。行不齎書，問以典故疑義及奇事僻語，莫有能難者。家故廉吏後，幾至負薪。迺海内故人夙好，力能拯之，輒辭，及煩爲居間報謝。或餽遺非所宜受，竟不一顧。即貴有力人，非夙昔相善，不可得見。人飲之酒，未嘗辭，竟日夕不言去，然其爲賓主之禮益恭，終其身無酒失。玩好靡麗，曾無置念，而遇幽奇胜絶，輒徘徊瞻眺不能舍。生平足跡幾盡天下名山，游塞上餘十年，晚猶以耽

[一] 按：本文，輯録自郭造卿《海嶽山房存稿》附録；又載葉向高《蒼霞草》卷一七。

小瑞巖，竟沒于此，蓋非今世人也[一]。而以少好稱詩，善爲古文辭，遂以文章掩名。迺質行灼然，可徵已。

先生名造卿，字建初。爲諸生，器于父友馬恭敏公，稱其孝友，令受業吉安羅文恭之門，嚮往彌篤。夷難興，遊吴越間[二]，客胡少保、李襄敏所，持論甚高而無所關説。歸從新安汪司馬于閩中丞臺，中丞奇其文而高其行[三]，曰：「良史材也。」其代新安者以諸生徵，不往，久之，用客禮迺見。二開府既雅重郭先生，諸介胄武臣無不願奉郭先生歡。迺先生獨歡戚都護元敬，以元敬有平寇功，又先枉車騎，爲知己，義不能辭。迨報謁，長揖據上坐，終不以都護功高而詘諸生禮[四]。其後，李都護求繼好，堅謝罷之，餽金無所受。邑令欲延先生公署中，度不能屈，迺館之蕭寺，定莫逆交。公去而惠安令邀定其

《政書》，歸，約爲羅浮游[五]。惠安令，世所稱葉化甫先生；邑令，則今以司馬平叛卒，有社稷功，龍潭先生其人也。兩公故叔姪，又皆世名人，其交先生惟恐不及，以爲安得

[一]「蓋」，《蒼霞草》作「先生」。
[二]「遊」，《蒼霞草》作「避遊」。
[三]「而高其行」，《蒼霞草》無。
[四]「禮」下，《蒼霞草》有「且是不可訓也」六字。
[五]「歸約」，《蒼霞草》作「約歸」。

諸生中有郭先生哉。而先生固厭薄諸生業，不欲就。最後，吴興徐子與攝閩學，强遣與計偕，爲儀郎所格。諸公卿共非誚儀郎，奈何拘拘而坐失天下士。先生顧獨謂：「郎執近例固當。」更過從，相稱慕，世兩高之。卒業北雍，今元相太倉王先生時爲祭酒，親臨其舍，遇以國士。或邀先生試中書，不從，祭酒大稱善。時吴興以閩觀察使入覲〔二〕，而戚都護在薊門，交聘之。都護禮甚恭，行李相望于道，促治裝。先生獨念：「徐先生俎豆吾父而旌吾母，功德施矣，未有分毫可報稱者，在三之謂何！」遂間道從之豫章。吴興没，卒藉其力治喪立後，傳其遺文。去之汀，哭故太守祠下，繪像樹碑，力争祠地于官，毋爲豪所没。後復爲請祠于其鄉。於是迺知吴興知人，能得士也。先生既已報吴興，迺之薊門，曰：「向所以辭大將軍招者，徒以吴興公故。公今捐館舍，此吾從事吾友之秋也。」至則都護爲築館漢莊，請草《燕史》。未竟，都護去，先生太息：「吾不可以廢成勞而失外史職，令山靈笑人，且恐後世無復知大將軍之爲人者。」遂留竣事，不受廩于官。前後部使者修欵，無所謁謝。故邑令分部盧龍，從道中爲班荆之雅。而維揚顧中丞至，親治具館所，樂飲然後去。皆不答拜。中丞畫海漕，活遼人十餘萬，本之則先生策

〔二〕「閩觀察使」，《蒼霞草》作「江右左使」。

也。先生既久于塞上[一]，塞上之人日益親附，欲留先生不能得，去之永平。屬舊祭酒拜相，或勸先生謁除，先生笑而去，從故永平司理沈公爲五湖遊[二]。倦而思歸，杜門掃軌，戒子弟無納貴人刺。故人帥閩，干旄屢至門，堅臥自如。日婆娑麟巖中，觀滄海微茫，及石竺、靈源諸山，爽氣襲人，輒命酒呌呼，人莫能窺其意。頃之，以登樓偶蹶卒，享年六十有二。鄉鄰故舊及稍識半面者[三]，皆來哭極哀：「天乎！郭先生而止于斯也！」太夫人春秋高，悲不自勝，曰：「傷哉，仲也！仲孝于母而恭于伯，天乎！仲胡止于斯也！」往來道路之人，聞郭先生歿皆嗟嘆，以爲至行動人，不獨文章顯耳。

始，先生父鄉賢公以主政卒官，先生幼，扶喪歸，哀動行旅。塗逢閩學使者貴溪江公，泣請：「先人所不瞑于地下者，以太母節未旌。大夫辱念先人，孤敢布其私。」江公嘆：「孺子非常人！」竟如所請。後二十年，江公家旁落，數困大徭。先生爲白于父友觀察陳公，已，復脱公子汝蘭于厄。其不忘人德，多此類。迺身所爲德甚多，未嘗自言。沒前數月，數夢從吴興遊，其貽化甫書，有「將老蘧廬」語，若爲之兆云。所著有《燕

〔一〕「于」，《蒼霞草》作「居」。
〔二〕「司理沈公」，《蒼霞草》作「沈司理公」。
〔三〕「及」，《蒼霞草》作「其」。

史》、《薊略》、《臨汀》《上杭》《永平志》〔一〕、《忠烈祠略》、《玉融古史》及詩文若干卷，皆深醇古雅，絶類秦、漢間言〔二〕，明興諸作者，未之能先〔三〕。今俱傳于世。

生于嘉靖壬辰年二月二十六日，卒萬曆癸巳年六月初七日。娶逕江林公褒女。子應寵、應時，皆世其學〔四〕，爲時名士。寵娶指使吴繼祖女〔五〕，時娶户部郎王一言女。女三，婿林龍田、謝與麟、施堯欽。與麟，教諭日培子。堯欽，舉人一臯子〔六〕。葬新安里層蕃山之原，坐壬向丙，爲萬曆癸巳十二月十一日。按家世居邑化南里之雲屯。自鄉賢公而上，爲茂才世治公〔七〕。茂才而上，爲處士定公。又上而三世，則始遷之祖。茂才配何，鄉賢配盧，俱以節旌。盧，里中宿儒雲鵠公女，郭氏之所以昌，盧公蓋有力。先生每談及外家〔八〕，未嘗不泫然泣數行下也。

〔一〕「永平」，《蒼霞草》無。
〔二〕「絶」，《蒼霞草》無。
〔三〕「明興諸作者未之能先」，《蒼霞草》無。
〔四〕「世」，《蒼霞草》作「能世」。
〔五〕「使」，《府君行狀》、《蒼霞草》作「揮」。
〔六〕「女三婿林龍田謝與麟施堯欽與麟教諭日培子堯欽舉人一臯子」，《蒼霞草》無。
〔七〕「公」，《蒼霞草》無；本文以下或同，不注。
〔八〕「外家」，《蒼霞草》作「外家事」。

葉生曰：葉司馬有言：「郭生矯矯若狂，然可托肺腑，寄死生。」徵諸吴興、貴溪及戚都護事，益信。世或謂先生以吴興、新安顯名，迺余居都門，日聞蒲州相國欲致先生[二]，竟遜謝。彼方惡名而逃之，烏乎用聲施哉！閭巷而附青雲，此何當于先生。善乎！顧季狂之歌秀才也，篤志自藏，不規不方，與世無炎涼，以爲真古之人。於乎！可謂知先生矣。小子不佞，敬志而銘之。

銘曰：名賢哲胤纘流芳，驂駕四海馳周行。北遊關塞南豫章，徘徊五湖歸故鄉。發爲詞藻餘輝光，名山石室應可藏。倏然高翮霄漢傍，網羅莫致意難將。修文期促心煩傷，鈞天往聽沐蘭湯。一抔之土掩衣裳，我銘其穴永世昌[三]。

賜進士出身翰林國史院編修通家眷晚生葉向高撰。

先考海嶽府君行狀[三]

嗚呼！不孝孤而忍狀吾先府君哉！且孤生而府君多四方遊，間數歲不一歸。邇歸

[二]「國」，《蒼霞草》作「君」。
[三]「世」，《蒼霞草》作「熾」。
[三]按：本文，輯録自郭造卿《海嶽山房存稿》附録。

甫二稔，孤又困博士業，薄遊三山，省覲不什之三。府君日從故人爲驩，暇莳竹木，問以它事，不答。客有徵生平者，則謝以酒：「野人老矣，幸稱圣世逸民，未嘗見嗤而自點。束髮讀父書，妄意當世之業。晚托千秋以見志，今其副具在，姑俟夫寥寥不可知之人耳。客何問之辱！」孤以故不得間。又私念吾父美風儀，修髯玉立，渥顏豐頤，神王而氣舒。步履�，每登臨若飛。操觚浮白，恒至丙夜迺休，且對客無倦容。翛然神仙中人也，是殆百歲壽歟。二孤方相與語，幸歲得率兒曹戲舞階下，徐更端請大人君子言而觴。迺今已矣，苫塊餘生，恐溘然朝露，而先烈不章，孤之罪也。爰強揮涕，讀所論著及交游誦説，則生平梗概頗具。謹狀其略于左，俟名公哲匠哀而擇焉。

府君諱造卿，字建初，號海嶽，又稱玉融山人。先世居邑化南里雲屯。三傳至諱定，謂之七處士。處士之子諱世治，有儒行。配何，以節旌。撫孤諱萬程，舉進士，甫授刑部主事，卒，祀鄉賢祠，有《閩中子長集》行世，則府君父也。母旌表節孝盧氏。府君生七歲，失刑部公，從母、兄扶櫬歸寓海口。就外傅，日誦數千言。弱冠，三試冠諸生，督學萬安朱公大奇之。觀察使金華姜公攝閩學，會校八閩士，拔置第一，與餼，不以諸生禮見也。先後試無不異等。迺府君顧不屑治博士家言，而好爲古文辭，稱聲詩。又精曆律，明習當世掌故，達于經國之體，指畫形勝、兵符、錢穀、歷歷如覩。父友馬恭敏公深器其才當大用，而亟稱其孝友古人所難，與之講德，以進于吉安羅文恭之門，益蒸蒸嚮逞矣。島夷訌，遊吴越間，客績溪少保胡公、豐城襄敏李公。時二公方平倭，彌羽林之變，勛名籍甚。與府君談，未嘗不折節，談竟，無關説去。公詫曰：「何物少年，不可淩駕迺爾！」左司馬新安汪公嘗開府于閩，以古文詞進諸生，獨稱府君爲良史材。西蜀塗公代爲開府，以諸生徵，不往，用客禮迺謁，公爲特置上坐。而拒李都護餽金，公大嘆服，語在紀事。蓋閩故無都護，有之，自蓬萊戚公始。公于閩功高，獨嚴事府君，何啻信陵之虚左。府君亦言：「知我孰若元敬將軍。」據上坐，所揮畫皆海國奇計。李欲浮爲慕，府君堅謝卻之矣。今司馬南粤葉公時爲邑令，聞府君名，從衆中識之，大喜，欲延于署，度不能屈，迺之蕭寺館焉。恒語人以：「郭生高視，矯矯若狂，然可寄肺腑，托死生，無隃生者。」既而公諸父化甫先生來令惠安，邀府君定其《政書》，習之最久，嘆曰：「阿咸信從邑中識天下士哉！」而顧山人季狂者，吴人也，持論高于人，無所不閱。弇州王先生問以七閩士爲誰，獨言：「閩有郭秀才建初，篤志自藏，不規不方，而與世無炎涼，古之人歟！」爲作《秀才歌》。華容孫山人兆孺聞之，謂：「余不識秀才，第顧狂不阿，其言如此，其人足奇也。」寓書吴興公，所訂神交。吴興，世所稱徐子與先生其人也。攝學政，具禮辟府君，命駕先訪，強遣之與計偕，且屬志臨汀。會計偕例格，儀郎持議堅。諸公卿皆重府君才，爲稱屈。府君顧謂：「郎議是，生固當屈。」然府君竟用是顯名京師。卒業太學，太倉王公遇以國士。居京師，多長者游。有權貴欲延入中書，輒謝不往，太倉喜，以「生不辱吾國士知」。吳興公入覲，招與俱南，而戚都護公在薊門，業已下榻留纂《薊略》。辭以：「不可先友而後師。且徐公故知我，俎豆先人而請母節孝旌，我何敢忘之。」竟從間道逸，從之豫章。卒，經紀其喪，立嗣校集以傳。去之汀，就故治爲葺祠。豪有染指祠地者，力爭于守，豪不能奪。捐貲竟繪塑，募工樹其碑，則葉公所謂寄死生無喻生者。庚辰，戚公復下榻漢莊，爲先草《燕山古史》。公以人言去，忼慨謂：「大將軍，武人也，迺有意潤色山川，示後世師。矧野人職外史，復何辭！且將軍可謂古之重臣，惜爲智謀所掩，不有野史，其孰直之乎？」留爲竣事，不受廩于官。司馬崌崍張公稱以王佐遺才，文之高奇不在弇州下。先後督撫、部刺史相承以禮交，而拜使刺稱野人，不謁謝于公門。部薊維揚顧公馳至漢莊，強起置酒，歡甚，而不答拜。前令葉公復部盧龍，行邊，約之中塗，杯酒別去。葉公敘《永志》，特稱之。顧公開府遼陽，過別，勉以無尚首功，如班定遠之平平無奇，公服爲至言。稍用其漕策，活遼人以十萬計也。居漢莊者八載，去之永平，父老留像，并戚公之景堂，若畏壘矣。時舊祭酒太倉公方大拜，人多勸之謁除，笑不應，去爲五湖遊。歸益閉户，謝人間事。

當塗有問，戒子弟以病對。故人帥閩，干旌屢至門，堅臥不起也。徐報謝曰：「勞苦將軍，野人終不以故人故，而失故吾帥。」按轡嘆息去。楚黄李公、耿公先後爲閩學使，屬邑令以「海嶽高士」扁其門，竟未面也。日婆娑麟巖中，觴詠自適。每登最高處，拄頰望雙旄、五馬、南北湖、靈、竺諸山，覺爽氣襲人，曰：「吾老是鄉，足矣。」構樓，將居之，躋攀偶蹶，扶歸，卒，是爲萬曆癸巳夏六月七日。先歲辛卯，亦以是月日自五湖至，甫二稔也。距生嘉靖壬辰二月二十六日巳時，春秋六十有二。

嗟夫！府君性至孝友，知其微者，獨恭敏馬公深。孤安得起恭敏于九京，而爲之傳哉！姑舉其概，則奉母教終身無間言，歿而母哭之慟，曰：「天乎！奈何令吾仲以死！」痛父蚤世，常讀遺書流涕，後竟托名公以集傳也。事伯兄都閫公如父。憐姑貧而節未旌，每對其孤潸然而善視之。少扶父櫬，塗遇閩督學貴溪江公，嗟異焉。傳母命，請表大母節，公益異之。更二十年而公歿子少，家益旁落，里豪數起大徭困之。府君道貴溪，拜夫人堂下，爲直于父友觀察陳公，它無所請去。觀察嘆：「孺子即自好，吾其奈若先人何？」泣而謝：「辱念先人，幸甚！先人卒京師，呼母不絶口，爲節未旌也。藉江公旌，徼惠報江公，所以爲先人者不啻足矣。」後從吴興公所，復力脱公子汝蘭于厄。故令張公茂，端方廉平人，不敢干以私，獨心念府君貧，欲爲地。府君謝不敏：

「幸忝廉吏後，復出廉吏門，恒辱之是懼，詎敢有它覬。」比公歿十餘年，府君率父老子弟爲請俎豆名宦，過吳門，必存其家也。在豫章，既已爲吳興定嗣守祠矣，常對諸公嗚咽，悲賢而無後，孰爲祀于學宫！過舍，存問夫人，拜公學宫，猶傷其至行不傳，寤寐不能諼焉。德外祖盧翁，直將尸而祝之。厚恤舅氏，後力任婚殯，且語子孫世毋忘云。囊爲諸生，首請重建廟學，表忠烈，請邑特祠。則引大義而好奇節，其天性也。性又恬澹，蟬蜕囂埃，圖籍外無長物，一切可欲，無几微疊。歸隱語孤：「迺公故丘壑中人耳，爾曹無它溷我。」生平足跡幾遍天下名山，又嘗爲出塞遊，周覽塞外山川，歸，借籌爲戚都護籌甚具。故相蒲州張公廉知府君名，顧下榻。時府君以國子生給事都御史府，相君屬御史大夫陳公導意，婉轉托痼疾于泉石以謝。今歸，雖營菟裘未就，竟用是老，儻所云爲山林，政非耶？諸習府君者，又爲孤言：「君家府君雖負簡貴聲，而與人交，無貴賤賢愚語必盡。召之飲，必歡。强屬之代，必代。杯酒揮塵，亹亹談千古上下，聽者不自知膝之前于席也。」又重然諾，喜排難卻封，有古高士仲連風。游諸公間，多陰脱人之厄，不使人知。即知而謝者，又謝以爲無有。布袍蕭然，有待而舉火者。居薊，急鄉人羈旅之不能歸者，與歸。故人喪，時至傾囊，或稱貸益之。有負之者，衆爲切齒不平，察府君未嘗見詞色。其人時過從，復召與飲如故，不問，人以此多其長者。嗚呼！傳逸民者，謂法扶風體兼四業，學窮典奥，幽居恬澹，樂以忘憂；而郭太原則好奬訓士類，褒衣博帶，周遊郡國，而不爲危言覈論，所至人争慕之。近之稱吴興者，以酒態頽唐，有叔夜玉山之風，口不喜道人過，所周不必皆急，所急不必皆良，辨應之不遺餘力。府君故師事吴興，而老逸民，迺其至性過人，風流被物，亦庶幾近之矣。然輕施樂予，而貧不盡酬其願。亟欲成刑部公志，築堤卜祠，且復始祖塋。方鳩度而卒，則事有不可知者，奈何！

娶逕江林公褒女，爲孤母。孺人白首，相莊若賓。子二：長即孤應寵，娶吴氏，鎮東衛指揮繼祖公女；次應時，娶王氏，户部郎中一言公女。女：長適侯門訓胄林龍田，次適教諭謝公日培子與麟，次許舉人施公一皐子堯欽。孫男：元瑞，聘庠生劉良知女；元琦、元珪，幼，寵出。孫女三：寵出者一，時出者二。府君蚤擅臨池技，得魏晉遺筆；所著有《燕史》、《薊略》、《永平》《臨汀》《上杭志》、《忠烈祠略》，多行于世。其副與《玉融古史》、詩文若干卷，藏于麟巖。卒前數月，嘗詒葉化甫先生書，有「將老蘧廬」語。又數夢從吴興公仙仙遊也。又手校顧山人詩，授孤曰：「孺子異日者，毋忘吾友之從事于斯也。」孤受而心動，第謂吾父任達，語無忌避，又篤念故人深摯耳。寧詎知此迺預爲不可諱地乎！傷哉！

　　孤也年踰三十，未畢經生業，天忽奪吾府君以去，又無一言而蓋棺，徒抱遺書，怦怦營營。且吾府君生而孤，才而老布衣，年而中壽，其間艱危備嘗，有至痛焉。孤間思之，五内若摧，涕涝淫，筆不能下也，蓋不忍言之矣。况兹震裂荒迷中，于章章者十尚不能舉一二爲恨。但幽不敢私誣先人，而明以罔立言君子，故有所不盡而無所溢。葬兆且卜矣，伏惟明公幸念逝者，而賜之若志表、若傳誄，感且不朽。

　　萬曆癸巳歲孟冬八日，年家弟馬欻填諱，不孝孤應寵泣血謹狀。